天津通史资料丛书

万新平总主编

天津市档案馆编

天津英租界工部局史料选编 上

天津出版传媒集团

天津古籍出版社

图书在版编目（CIP）数据

天津英租界工部局史料选编 / 天津市档案馆编. —
天津：天津古籍出版社，2012.11
（天津通史资料丛书 / 万新平总主编）
ISBN 978-7-5528-0067-8

Ⅰ. ①天… Ⅱ. ①天… Ⅲ. ①租界－公用事业－管理
－史料－天津市－1929～1941 Ⅳ. ①
D829.12②F299.272.1

中国版本图书馆CIP数据核字(2012)第255327号

天津英租界工部局史料选编

天津市档案馆/编

出版人/刘文君

*

天津古籍出版社出版
（天津市西康路35号 邮编300051）
http://www.tjabc.net
唐山天意印刷有限责任公司印刷
全国新华书店发行

开本787×1092 毫米　1/16　印张 103.5　字数 1630 千字
2012 年 11 月第 1 版　2012 年 11 月第 1 次印刷

ISBN 978-7-5528-0067-8
定　价：320.00元（全三册）

《天津英租界工部局史料选编》编辑委员会

主　任　荣　华　万新平
副主任　刘同芝　张俊桓　方　昀　杨文杰　李津海
　　　　林学奇
委　员　刘海岩　李国庆　于学蕴　韩凤兰　宋志艳

主　编　周利成
副主编　刘　琳
编　辑　李　绮　白　云　陶　丽　赖新鹏　刘轶男
　　　　吉朋辉　陈　聃

总　序

·万新平·

　　盛世修史是我国的文化传统。编纂《天津通史》是天津市广大干部群众和专家学者期盼已久的文化盛事。2004年12月，在纪念天津设卫建城600周年之际，《天津通史》编纂工作正式启动，这是跨入21世纪后天津历史学界的一件大事，是一项具有重要现实意义和学术价值的划时代的文化建设工程。

　　《天津通史》作为天津市哲学社会科学重大研究项目，坚持以马克思列宁主义、毛泽东思想、邓小平理论、"三个代表"重要思想和科学发展观为指导，以唯物史观为主导，完整把握天津历史发展的脉络，全面分析天津历史变迁的特征，深入总结天津发展的规律，深刻论述天津在中国历史发展中的地位和作用。这项工程对进一步推进天津改革开放和现代化建设，挖掘地方历史文化资源，推动文化建设和学术研究的发展，进而提高天津城市文化品位，都具有十分重要的作用。

　　编纂地方通史历来是一个地区文化建设的重要标志性工程。近年来，地方通史编纂工作方兴未艾，北京、上海、重庆、河北、山东、山西、湖北、贵州等省市都相继编辑出版了大型地方通史。天津是我国历史文化名城，有许多独特的历史发展轨迹和特点。在古代，天津从军事重镇逐步成为畿辅名城，具有中国封建城市发展的典型意义。在近代，天津是近代中国的缩影，所谓"近代中国看天津"就是对天津近代重要历史地位的一种通俗的概括。比如，天津是近代帝国主义列强侵略中国的战略要地，是中国人民反抗外来侵略的重要战场，是近代中国政治势力角逐的主要舞台，是近代中国海陆军建设的重要基地，是中国北方城市近代化的发源地，是中国共产党领导北方白区革命斗争的重要中心，是中国北方最大的进出口贸易口岸和工商业经济中心。中西社会思潮在此交汇，新式文化教育由此兴起,一批思想家、教育家和文人巨匠聚集津门,从而形成汇纳百川、包容中外的社会人文环境和历史文化积淀。新中国成立后,在社会主义建设历程中,天津克服了发展中的种种艰难曲折,取得了令人振奋的显著成就。改革开放以来,天津进入了社会主义现代化建设快速发展的新时期。在党的领导下,全市广大干部群众,在中国特色社会主义伟大旗帜指引下,解放思想,开拓创新,求真务实,团结奋进,努力建设国际港口城市、北方经济中心和生态宜居城市,不断开创改革开放和社会主义现代化建设的新局面。天津正在迅速崛起,成为推动环渤海经济圈发展的强大引擎。

回顾历史,在中国社会由一个建基于古老农业文明之上的传统社会,逐步向以高度发达的工业文明为标志的现代社会转变的历史进程中,天津占有突出的地位,起了很重要的作用,拥有极为丰厚的历史文化底蕴。中国城市发展进程中的成就与局限、经验与教训、发展与曲折、突破与障碍,都集中反映到天津这一历史文化名城身上,使天津的演变成为中国城市变迁的重要代表。通过编纂《天津通史》,对天津历史进行深入的研究,可以更深刻地认识中国城市发展的复杂性和多样性,不仅可以深入地研究天津、认识天津、展示天津,而且可以更深入地研究中国、认识中国、展示中国。

编纂《天津通史》,是一项凝聚集体智慧和力量的系统工程,是在前人基础上的升华和提高,是在新的起点上的开拓和创新。所以,必须牢固树立精品意识,力求在理论构架、学术观点、研究方法和史实资料上有所创新,有所突破;必须组织一批素质优良、功力深厚、作风扎实的专家学者集体攻关。因此,从专题研究着手,从基础资料起步,是做好该工程的基本路径。要坚持对天津历史发展进程进行全方位、综合性的研究,把各个时期、各个阶段天津地区变迁的历史全貌,真实地加以展现和记述,深入地总结天津城乡地区的政治、军事、经济、社会、文化诸方面的发展进程。不仅要研究和叙述天津的规模、形制、建筑和环境,更需要研究和分析其经济特征、文化渊源、社会结构、人口变化、居民素质等发展和演变的内涵;不仅要注重天津与周边地区,乃至与华北、西北、环渤海地区的关系和互动,还要关注天津与国内其他区域中心城市、东北亚地区乃至世界各国的相互关系;不仅要着重叙述天津本身在政治、军事、经济、文化和社会诸方面的演变史实,并从中得出符合客观实际的带有规律性的认识,还要反映出不同时期天津在全国的地位和影响。要高度重视天津历史资料的搜集和积累。史料是史学研究的基础。应该看到,前人已经收集整理了大量的天津历史资料,但从编写大型多卷本通史的需要来看,还有相当大的差距。如历代实录、通鉴、类书、文集、方志中有关天津地区的史料,开埠以来各个时期的大量档案文献,特别是散失在国外档案馆、图书馆收藏的有关天津的外国租界、领事馆、教会活动的文件、报告、调查和私人日记、信件等,近现代中外文报刊杂志中关于天津的记述,以及反映天津历史的考古和现存文物资料等,都需要进行全面系统的征集整理工作,以使《天津通史》编纂工作建立在坚实完备的史料基础之上。

为此,我们根据《天津通史》编纂工作的需要,将国内外专家学者对天津历史研究的重要成果汇编为"天津通史专题研究丛书";将经过专家整理的较为珍贵的中文历史档案和文献资料选编为"天津通史资料丛书";将征集到的有重要价值的外文历史档案和书刊资料编译为"天津通史编译丛书"。这三种丛书的编辑出版,不仅有利于提高《天津通史》的研究和编纂工作水平,同时可以把一些重要的研究成果和珍贵的历史资料及时介绍给学术界和广大读者,对深入地了解天津,认识天津,研究天津,将发挥积极的不可或缺的作用。

导　言

天津英租界沿革

　　天津是西方列强在近代中国设立租界最多的城市。在 1856 年至 1860 年的第二次鸦片战争中，英法联军攻占天津、北京后，与清政府订立了《天津条约》《北京条约》，天津被迫辟为通商口岸。英、美、法、德、比、日、俄、意、奥等九国先后在津设立租界，总面积达 23 350.5 亩，相当于当时天津城区的 7.9 倍。英租界因设立时间最早、存在时间最长、占地面积最大而最具代表性和典型性。

　　1860 年 12 月，英国驻华公使卜鲁斯照会庆亲王奕䜣及崇厚，提出永远租借天津城海河西岸紫竹林作为英国租界。卜鲁斯照会清政府的天津租界范围是："现勘得津地迤南二三里许，坐落紫竹林至下园地一方，约有四顷有余，请查明津倒地丁原册，立契永租，按照完纳钱粮。"由此，英租界成为天津最早设立的外国租界，正式名称为"驻津英国工部局所辖区域"。

　　因长年洪水泛滥，当年的紫竹林一带多为沼泽地，并不适宜建房。英租界开辟后，在以后的近 10 年里，英工部局先后修筑多条马路，特别是维多利亚道、河坝道、海大道等主干道，为居民出行提供了方便。由于这些道路临近海河，利于货物运输，遂在海河边建起了码头、仓库。随着贸易的发展，又创建了洋行、银行、饭店和戈登堂等标志性建筑。

　　在天津，多项现代化市政设施首先出现在英租界。1888—1890 年，英租界开始使用电力和公用煤气，提供照明、暖气，在天津老城里的人们还在使用煤油灯照明时，英租界已经开始使用电冰箱了。1899 年，撷取海河水源，开始使用自来水设备。在 20 世纪前，英租界已经有了菜市场、图书馆、学校和教堂。酒吧、咖啡店、运动俱乐部、网球场、公园等娱乐设施的相继出现，为旅居津门的外国侨民提供了联络感情、放松心情、休闲娱乐的场所。19 世纪，在津的侨民中英国人最多，且英租界的娱乐设施最为完备，因此天津外侨的休闲活动以英租界为主。

此后,天津英租界又经过三次扩张:1897年3月31日,英租界向西扩展到墙子河,这个扩充界(British Municipal Extension)有1 630亩;1902年10月23日,面积131亩的美租界并入,成为英租界的南扩充界(Southern Extension);1903年1月14日,英租界再度向墙子河以西扩展了3 928亩,称为推广界(British Extra Rural Extension)。至此,英租界总面积已达6 149亩。租界范围为:东临海河,南沿马场道至佟楼,西迄旧海光寺大道(今西康路),北沿宝士徒道(今营口道)与法租界毗邻。

英租界董事会于1862年设立,是英租界内的统治主体和决策机关。董事由租界里的纳税人推选产生,任期为1年,任满,全体董事改选。1899年前,租界董事会由5名董事组成,均为英籍人士,后增至9名。1902年,美租界并入英租界时,英美双方规定董事会中至少有5人为英籍,1人为美籍。后来的《驻津英国工部局1918年章程》规定,英租界董事会的董事名额必须为5人以上,其中,至少有5名为英籍。1926年,租界董事会设华籍董事2人,1927年,华籍董事席位增至3个,1930年后又增加了一名华籍副董事长。董事会下设8个常设委员会,即电气、医院、自来水、工程、机要会计、学校、警备、义勇队委员会等。各委员会委员由董事会分别兼任,董事长兼任各委员会委员。董事会负责租界中的一切应行事务,如:租界章程、任免官吏、买卖公产、筹措财政、捐税和经营公有设备及公用事业等事务。

成立于1862年的英租界工部局,是设置于英租界内的最高行政机构,也是英租界董事会的执行机构,其英文名称Britist Municipal Council,即"英国市政委员会",依照清政府工部而称工部局,实质是英租界殖民政府。工部局直接或间接受英国驻天津领事馆和英国外交部的领导,设财政处、工程处、警务处、电处务、水道处和卫生医官处等,与董事会各专门委员会对口,由董事分工统辖及董事会聘请的职员组成。日常工作设理事(秘书长)、市政工程师、电气工程师、巡捕监督、学校监督、卫生官等。其总部设在当时英租界的维多利亚道(今解放北路)东侧的维多利亚花园。

征收捐税是工部局的重要经济来源,如地亩捐、房产捐、河坝系船费、河坝租金、码头捐及各种执照捐等。此外,还有建筑图样审查费、卫生设备审核费、建筑材料占地费等名目繁多的捐税。

天津租界的收回,经历了一个漫长而曲折的过程。第一次世界大战期间,北洋政府加入协约国方面,1917年3月宣布与德、奥断交,声明收回两国在华租界。其后又陆续收回俄、比租界。而英、法、意、日四国租界的收回却要晚了30余年。1937年7月,抗战爆发后不久天津沦陷,日军借机将英、法租界封锁。1941年太平洋战争爆发后,日军"接收"了英租界,而在重庆的国民政府则声明将天津的日、意租界收回。意、法、日政府先后宣布将天津的三国租界"移交"给南京汪伪政权,但重庆国民政府则声明拒绝承认这种"接收"和"移交"。因此,这时所谓的租界收回,只能算是一种殖民地式的"收回"。与此同时,英国也与重庆国民政府签订条约,同意将天津英租界交还给中国。

1945年日本投降后,天津日租界被收回。但英、法、意租界的接收工作却一直沿至1947年才勉强完成,还不彻底。严格地说,各国租界真正回到人民手中,应是在1949年新中国成立后。

收集、整理与出版

2006年,在编写《外国人在旧天津》一书中,在查阅天津市档案馆馆藏档案时,见到了"天津英国租界工部局董事会年度报告"、"天津英国租界常年大会记录"等20余卷珍贵的天津英租界档案,但这批档案当时还未正式开放。经与天津市社会科学界联合会多次协商,决定合作开发这部分档案资源,并列入"天津通史资料丛书"。在天津市政协常委、天津市哲学社会科学规划重大课题"天津通史资料丛书"项目主持人万新平研究员,天津市档案馆馆长荣华先生的主持下,2008年中旬,正式启动了这一项目。

项目启动后,我们才发现天津市档案馆馆藏的这部分档案并不完整。为了使资料更加齐全,后与天津社会科学院刘海岩研究员到天津图书馆古籍文献部,复制扫描了天津市档案馆不存的部分。经过半年多的资料收集工作,共收集1906年至1940年中的23个年头的"天津英国租界工部局董事会年度报告",遗憾的是,其中1908、1909、1911、1913、1923、1924、1926、1928年等8个年头的"天津英国租界工部局董事会年度报告"没有找到。但我们已经得知现存于天津图书馆的1895年至1909年《京津泰晤士报》中刊登了每年的"天津英国租界工部局董事会年度报告",目前正在联系复制。此外,还收集到了"天津英国租界常年大会记录"、"关于天津英工部局建筑及卫生条例"、"天津英租界章程"等10余种,是对"天津英国租界工部局董事会年度报告"的补充和完善,算是工作中的意外收获。

"天津英国租界工部局董事会年度报告"从语言上分为两种,1906年至1926年均为英文版,1927年至1940年均为中英文合璧版。由于翻译工作浩繁而复杂,因此,我们现在编辑出版的只是1927年至1940年中英文合璧版的"天津英国租界工部局董事会年度报告",其中只有1928年因为缺失而未能编入,共13个年头。要说明的一点是,我们在编辑过程中发现,每年报告的中文内容与英文内容并不是完全吻合,往往是英文部分的内容会更多一些,文字部分我们无法弥补,但英文的图表部分我们基本上以图片的形式编入书中。此外,我们还选入了1930、1932、1933、1936、1940年5个年头的"天津英国租界常年大会记录"。

历时3年,130万字的书稿终于完成了。这项工作得以顺利进行,首先应该感谢市档案馆馆长荣华先生,从该课题的立项,到该书的选材、录入、编辑和出版工作的完成,他时刻关注着每个环节的进展。《天津通史》项目主持人万新平先生,深感该书资料的弥足珍贵,多次与市档案馆领导协商合作事宜,直接指导该书的编辑工作,并给予出版资助。天津古籍出版社刘文君社长,多年来致力于抢救国家档案图书历史文献工作,高度重视这一出版项目,列入该社重点出版项目;张玮副社长、杨莲霞副总编具体安排实施,保证了该书出版质量和出版时间。

内容与价值

"天津英国租界工部局董事会年度报告"是由两部分内容组成,一是每年年终总结的当年的"董事会报告",二是"财政报告",即当年的账目、翌年的预算,以及当年的罚款统计和救济赈款。"董事会报告"通常包括:公布当年的常年大会选举产生的董事会成员和各个委员会成员的名单,报告一年来各种捐税、租金的收入情况,以及工部局下设的工程处、电务处、水道处、警务处、警备队、卫生医官及学校的报告。

每年的4月中旬,英租界选举人都要在戈登堂举行常年大会,英国驻津总领事,英租界董事长、董事、秘书长和选举人出席会议。大会由总领事任主席并主持会议,首由董事长向大会宣读当年的工作报告和翌年的财政预算,请大会通过;后由主席主持选举人讨论,提出修改意见,由董事长对选举人的质疑予以解释,再由大会表决通过。英租界各项重大工程均由董事长提交议案交大会讨论,当场表决。最后选举新一年的新董事会成员。如果说"天津英国租界工部局董事会年度报告"是对英租界工部局董事会一年来的工作总结的话,那么,"天津英国租界常年大会记录"则是记录英租界工部局董事会当年要完成的哪些工作、如何完成的一个决策过程。

因此可以说,"天津英国租界工部局董事会年度报告"和"天津英国租界常年大会记录"全面、详实地记述了天津英租界每年的人事更迭、机构变化、财政经济、市政建设、学校教育、医疗卫生、社会救济、治安管理等各方面的发展全貌,尤其是每年的各种图表,不但将各项工作以精确的数字表现出来,而且以每年的图表做比较,直观、形象地反映了英租界的各项发展。

近些年来,在天津近代史的研究工作中,接触到了一些中外学者,他们许多人以中国租界甚至天津租界为研究课题,但资料的匮乏成为他们深入研究的窒碍。这套丛书是研究 1927 年至 1940 年天津英租界的原始资料,它的问世,将成为中外学者研究工作的一个突破口,为他们打开研究天津租界史的一扇大门。这套丛书的出版,有助于人们从一个侧面了解天津近代的历史,为天津租界史及中国租界史的研究提供了宝贵的参考资料。这也正是本书的价值所在,也是我们历时三年编辑工作的目的所在。

由于我们水平所限,书中难免有些纰漏,还请各方多提宝贵意见,以便在今后的出版中予以更正。

周利成

2012 年 8 月

目 录

天津英工部局 1927 年董事会报告暨 1928 年预算 ………… 1
    驻津英工部局 1927 年报告 ………………………………… 2
    各种捐率暨租金照费等 ……………………………………… 4
    估定房产租值捐 ……………………………………………… 12
    全年中未经占用之房产 ……………………………………… 13
    天津公学 1927 年报告 ……………………………………… 14
    财政报告 ……………………………………………………… 15

1927 年财政统计暨 1928 年预算 ……………………………… 19

1927 年图表 …………………………………………………… 56

天津英工部局 1929 年董事会报告暨 1930 年预算 ………… 81
    天津英租界常年选举人大会定于
    本年 4 月 16 日星期三下午 3:30 在戈登堂举行 …………… 82
    驻津英国工部局 1918 年章程暨修正条文 ………………… 84
    驻津英国工部局所辖区域章程 ……………………………… 85
    驻津英国工部局所辖区域地亩章程 ………………………… 87
    新拟增入章程条文"第十九条甲" …………………………… 106
    天津公学保管团契约 ………………………………………… 108
    维多利亚花园 ………………………………………………… 114
    驻津大英工部局推广界分区条例（1930 年） ……………… 115
    各种捐率暨租金照费等 ……………………………………… 119
    估定房产租值捐 ……………………………………………… 127
    工程处 1929 年报告 ………………………………………… 129
    电务处 1929 年报告 ………………………………………… 135

  水道处 1929 年报告 …………………………………………… 141
  1929 年水道处报告附件 ……………………………………… 151
  巡务处 1929 年报告 …………………………………………… 152
  1929 年犯案总表 ……………………………………………… 154
  1929 年失窃物品 ……………………………………………… 155
  1929 年卫生报告 ……………………………………………… 156
  天津公学 1929 年报告 ………………………………………… 161
  财政报告 ……………………………………………………… 163
 1929 年财政统计暨 1930 年预算 ……………………………… 167
 1929 年图表 ……………………………………………………… 202
天津英工部局 1930 年董事会报告暨 1931 年预算 …………… 219
  驻津英国工部局 1930 年报告 ………………………………… 220
  教育保管团 …………………………………………………… 221
  驻津英国工部局 1930 年(修正)章程 ………………………… 222
  各种捐率暨租金照费等 ……………………………………… 225
  估定房产租值捐 ……………………………………………… 233
  工程处 1930 年报告 …………………………………………… 235
  电务处 1930 年报告 …………………………………………… 241
  水道处 1930 年报告 …………………………………………… 247
  巡务处 1930 年管理部报告 …………………………………… 254
  巡务处 1930 年行政部报告 …………………………………… 256
  1930 年失窃物品 ……………………………………………… 258
  1930 年犯罪总表 ……………………………………………… 259
  1930 年卫生报告 ……………………………………………… 260
  天津公学 1930 年报告 ………………………………………… 264
  空地保管员[团]报告 ………………………………………… 269
  财政报告 ……………………………………………………… 275
 1930 年财政统计暨 1931 年预算 ……………………………… 279
  1930 年英国租界选举人常年大会记录 ……………………… 310
 1930 年图表 ……………………………………………………… 329
天津英工部局 1931 年董事会报告暨 1932 年预算 …………… 357

驻津英国工部局1931年报告 …………………………… 358
　　条例 …………………………………………………………… 359
　　各种捐率暨租金照费等 …………………………………… 360
　　估定房产租值捐 …………………………………………… 368
　　工程处1931年报告 ………………………………………… 370
　　电务处1931年报告 ………………………………………… 375
　　水道处1931年报告 ………………………………………… 382
　　警务处1931年报告 ………………………………………… 392
　　1931年卫生报告 …………………………………………… 397
　　天津公学1931年报告 ……………………………………… 402
　　空地保管团报告 …………………………………………… 407
　　财政报告 …………………………………………………… 408
1931年财政统计暨1932年预算 ………………………………… 413
1931年图表 …………………………………………………………… 444
天津英工部局1932年董事会报告暨1933年预算 …………… 463
　　在戈登堂举行常年大会记录 ……………………………… 464
　　天津英租界常年选举人大会定于本年4月12日
　　星期三下午3:30在戈登堂举行 …………………………… 477
　　驻津英国工部局1932年报告 ……………………………… 478
　　条例 …………………………………………………………… 479
　　各种捐率暨租金照费等 …………………………………… 492
　　估定房产租值捐 …………………………………………… 501
　　工程处1932年报告 ………………………………………… 503
　　电务处1932报告 …………………………………………… 509
　　水道处1932年报告 ………………………………………… 513
　　警务处1932年报告 ………………………………………… 522
　　1932年卫生报告 …………………………………………… 528
　　天津公学1932年报告 ……………………………………… 534
1932年财政统计暨1933年预算 ………………………………… 537
　　财政报告 …………………………………………………… 538
　　天津公学 …………………………………………………… 542

3

空地保管团 …………………………………………………… 546
　　1933年预算总目 ……………………………………………… 569
1932年图表 ……………………………………………………… 582
天津英工部局1933年董事会报告暨1934年预算 ……………… 607
　　在戈登堂举行第15次常年大会记录 ……………………… 608
　　驻津英国工部局1933年报告 ……………………………… 617
　　条例 ………………………………………………………… 618
　　各种捐率暨租金照费等 …………………………………… 621
　　估定房产租值捐 …………………………………………… 629
　　工程处1933年报告 ………………………………………… 631
　　电务处1933年报告 ………………………………………… 637
　　水道处1933年报告 ………………………………………… 642
　　警务处1933年报告 ………………………………………… 648
　　案犯类别表 ………………………………………………… 654
　　1933年卫生报告 …………………………………………… 655
　　天津公学1933年报告 ……………………………………… 659
　　空地保管团 ………………………………………………… 665
　　1932年与1933年各月码头捐收入比较表 ………………… 668
1933年财政统计暨1934年预算 ………………………………… 669
　　账政报告 …………………………………………………… 670
1933年图表 ……………………………………………………… 703
天津英工部局1934年董事会报告暨1935年预算 ……………… 715
　　驻津英国工部局1934年报告 ……………………………… 716
　　条例 ………………………………………………………… 717
　　各种捐率暨租金照费等 …………………………………… 718
　　估定房产租值捐 …………………………………………… 726
　　工程处1934年报告 ………………………………………… 728
　　电务处1934年报告 ………………………………………… 733
　　水道处1934年报告 ………………………………………… 739
　　警务处1934年报告 ………………………………………… 750
　　1934年卫生报告 …………………………………………… 755

  警务处卫生股报告 ······ 757
  耀华中学 1934 年报告 ······ 760
  天津公学 ······ 766
  空地保管团 ······ 769
  1933 年与 1934 年各月码头捐收入比较表 ······ 772
  财政报告 ······ 773
1934 年财政统计暨 1935 年预算 ······ 775
1934 年图表 ······ 808
天津英工部局 1935 年董事会报告暨 1936 年预算 ······ 827
  驻津英国工部局 1935 年报告 ······ 828
  各种捐率暨租金照费等 ······ 829
  估定房产租值捐 ······ 838
  工程处 1935 年报告 ······ 840
  电务处 1935 年报告 ······ 846
  水道处 1935 年报告 ······ 852
  皮尔、苏格林大夫意见书——给水、氟化物与斑牙 ······ 866
  警务处 1935 年报告 ······ 880
  1935 年卫生报告 ······ 886
  耀华学校 1935 年报告 ······ 893
  空地保管团 ······ 899
  1934 年与 1935 年各月码头捐收入比较表 ······ 904
  财政报告 ······ 905
1935 年财政统计暨 1936 年预算 ······ 907
1935 年图表 ······ 931
天津英工部局 1936 年董事会报告暨 1937 年预算 ······ 955
  在戈登堂举行第 18 次常年大会记录 ······ 956
  驻津英国工部局 1936 年报告 ······ 968
  工部局条例 ······ 969
  各种捐率暨租金照费等 ······ 989
  估定房产租值捐 ······ 998
  工程处 1936 年报告 ······ 1000

  电务处 1936 年报告 ………………………………………… 1004

  水道处 1936 年报告 ………………………………………… 1011

  皮尔、苏格林大夫意见书 …………………………………… 1025

  警务处 1936 年报告 ………………………………………… 1033

  1936 年卫生报告 ……………………………………………… 1040

  耀华学校 1936 年报告 ……………………………………… 1047

  1936 年财政报告 ……………………………………………… 1052

  天津英文学堂 ………………………………………………… 1054

  空地保管团 …………………………………………………… 1061

1936 年财政报告暨 1937 年预算 ……………………………… 1065

1936 年图表 …………………………………………………… 1096

天津英工部局 1937 年董事会报告暨 1938 年预算 …………… 1119

  驻津英国工部局 1937 年报告 ……………………………… 1120

  担保英租界市政借款债券持有人保管团契约 …………… 1121

  工部局条例 …………………………………………………… 1138

  各种捐率暨租金照费等 …………………………………… 1139

  估定房产租值捐 …………………………………………… 1148

  工程处 1937 年报告 ………………………………………… 1150

  电务处 1937 年报告 ………………………………………… 1156

  水道处 1937 年报告 ………………………………………… 1162

  警务处 1937 年报告 ………………………………………… 1171

  1937 年卫生报告 ……………………………………………… 1176

  耀华学校 1937 年报告 ……………………………………… 1187

  天津英文学堂 ………………………………………………… 1197

  空地保管团 …………………………………………………… 1201

  1936 年与 1937 年各月码头捐收入比较表 ……………… 1205

  1937 财政报告 ………………………………………………… 1206

1937 年财政报告暨 1938 年预算 ……………………………… 1209

1937 年图表 …………………………………………………… 1239

天津英工部局 1938 年董事会报告暨 1939 年预算 …………… 1245

  驻津英国工部局 1938 年报告 ……………………………… 1246

工部局条例 …………………………………………… 1248
　　各种捐率暨租金照费等 ……………………………… 1250
　　估定房产租值捐 ……………………………………… 1259
　　工程处1938年报告 …………………………………… 1261
　　电务处1938年报告 …………………………………… 1266
　　水道处1938年报告 …………………………………… 1271
　　警务处1938年报告 …………………………………… 1279
　　1938年卫生报告 ……………………………………… 1286
　　卫生股1938年报告 …………………………………… 1288
　　耀华学校1938年报告 ………………………………… 1296
　　1938年财政报告 ……………………………………… 1307
　　天津英文学堂 ………………………………………… 1310
　　空地保管团 …………………………………………… 1315
1938年财政报告暨1939年预算 ………………………… 1321
1938年图表 ……………………………………………… 1349
天津英工部局1939年董事会报告暨1940年预算 ……… 1357
　　驻津英国工部局1939年报告 ………………………… 1358
　　各种捐率暨租金照费等 ……………………………… 1359
　　估定房产租值捐 ……………………………………… 1367
　　工程处1939年报告 …………………………………… 1369
　　电务处1939年报告 …………………………………… 1374
　　水道处1939年报告 …………………………………… 1379
　　警务处1939年报告 …………………………………… 1389
　　英国工部局警备队1939年报告 ……………………… 1398
　　1939年卫生报告 ……………………………………… 1400
　　卫生股1939年报告 …………………………………… 1407
　　耀华学校1939年报告 ………………………………… 1414
　　1939年财政报告 ……………………………………… 1425
　　天津英文学堂 ………………………………………… 1435
　　空地保管员[团] ……………………………………… 1442
1939年财政报告暨1940年预算 ………………………… 1449

7

| 1939 年图表 | 1483 |

天津英工部局 1940 年董事会报告暨 1941 年预算 ……………………… 1503
    天津英租界选举人常年大会记录 ……………………… 1504
    驻津英国工部局 1940 年报告 ……………………… 1505
    条例(修正暨增加条文) ……………………… 1506
    电话协定书 ……………………… 1508
    各种捐率暨租金照费等 ……………………… 1509
    估定房产租值捐 ……………………… 1517
    工程处 1940 年报告 ……………………… 1519
    电务处 1940 年报告 ……………………… 1523
    水道处 1940 年报告 ……………………… 1527
    警务处 1940 年报告 ……………………… 1534
    卫生股 1940 年报告 ……………………… 1540
    英国工部局警备队 1940 年报告 ……………………… 1541
    英国工部局辅警备队报告 ……………………… 1543
    1940 年卫生报告 ……………………… 1544
    耀华学校 1940 年报告 ……………………… 1548
    天津英文学堂 ……………………… 1555
    空地保管团 ……………………… 1560
    1940 年财政报告 ……………………… 1566
    1940 年经常收支预决算比较 ……………………… 1568
    1940 年英国租界选举人常年大会记录 ……………………… 1600
1940 年图表 ……………………… 1615

天津英工部局
1927年董事会报告
暨1928年预算

驻津英工部局 1927 年报告

本董事会兹将常年市政报告连同上年(1927年)截至12月31日止之财政统计暨本年(1928年)收支预算,一并送请选举人察[查]核。

上年(1927年)3月30日英租界选举人第9次常年大会,选出董事会各董事如下:

陈巨熙君　钟蕙生君　庄乐峰君　裴恩德君　马克敦君　毕德斯君
德恩诺君　王木司君　杨嘉立君

新董事会于上年(1927年)3月31日及4月6日集议会推举杨嘉立君为董事长,毕德斯君为副董事长兼名誉会计并分组成立下列各委员会:

财政暨人员委员:

庄乐峰君　德恩诺君　王木司君　杨嘉立君

工程委员:

钟蕙生君　庄乐峰君　马克敦君　毕德斯君　王木司君

白根诺少校
乐　克　君 } 由董事公请加入

电务委员:

钟蕙生君　毕德斯君　德恩诺君　杨嘉立君

水道委员:

马克敦君　德恩诺君　王木司君　杨嘉立君　乐克君(由董事公请加入)

公安委员:

陈巨熙君　裴恩德君　罗来特君(由董事公请加入)

学务委员(天津英文学堂):

赖乃士君　裴恩德君

天津公学:

王紫虹　校长

汤谛青　教员

苏绩忱　教员

子兰圃　教员

安绩问　教员

唐钟英　女教员

奥而杰君 ⎫
毕敦纯君 ⎬ 由董事公请加入
开伯西君 ⎭

中国学务委员（天津公学）：

钟蕙生君　庄乐峰君　德恩诺君

冯仲文博士 ⎫
贺　德博士 ⎬
沙　满君　　⎬ 由董事公请加入
王　紫虹君 ⎭

义勇队委员：

马克敦君　裴恩德君

黑士上校　⎫
巴贺德少校 ⎬
麦克费君　 ⎬ 由董事公请加入
瑞德乐上尉 ⎬
那师中尉　 ⎭

董事长因职务关系为各委员会之委员：

上年5月董事长杨嘉立君请假回国至11月始返，所有该假期内职务由副董事长毕德斯君代理。

再，5月间奥而杰君及毕敦纯君因事离津辞去学务委员，所遗职务由董事公请瑞第君担任。

11月德恩诺君因事离津赴欧，辞去董事职务，遗缺由董事公请体伯君继任。

各种捐率暨租金照费等

地亩捐：

所有老租界、新租界地亩及推广租界已垫地，经过一足年之地亩捐均按估定价值二百分之三征收，推广租界内其他各地捐均按估定价值八百分之三征收。

估定房产租值捐：

所有坐落老租界、新租界内及推广租界已垫地段房屋估定租值捐概按11%征收。

建筑不足额地亩捐：

此捐率按老租界、新租界暨推广租界经过3足年之已填地亩，各地所有房产建筑平均60%为额定标准。

凡有地亩之房屋建筑不敷上列额定标准者，应按照该地不敷数目11%纳捐。

地亩转移暨抵押注册费：

地亩转移在工部局注册者，均按照本局勘估价值四百分之一收费，以25两为收费最低至百两为收费最高数目，概由新业主缴纳。

地亩抵押注册无论产业价值一概收费10两。

本局新契纸每张收填发费15两。

各种费用
运载病人汽车租赁费

路程起点	路程钟点	西人跟车(元)	华人跟车(元)
本租界内任何地点	本局所立医院之一	6	4
其他租界	同上	10	8
本租界任何地点	其他租界之任何地点	10	8
其他租界	其他租界之某医院	12	10
本租界	天津城	15	12
天津城	本租界		

附注：特别一区、二区、三区暨佟家楼费率与其他租界同。

四至石柱

三合土带字石柱	每条 3 元
设安放石柱于业主地亩工资在内	每条 3.5 元

建筑图样审查费

洋式建筑：

一、房屋建筑容积勿超过 2 万立方尺	6 元
二、增加容积每 5000 立方尺或不满 5000 立方尺	1.5 元
三、已核准图样如有更改而于容积无所增减者	1.5 元
四、房屋内部更改与现有墙壁无关者	4.5 元

否则，依照一、二两项收费。

五、设某图所载系多所同样房屋，则第一所房屋图样审查费应依上列各条计算之，其他各所仅收规定费率之半，数惟任何一种多数同样房屋图样审查费总数不得超过 75 元。

华式建筑：

住房铺面或商行

3 所或不满 3 所附带下房	4 元
10 所或不满 10 所附带下房	7.5 元
每增加房间 1 间或房屋 1 所	0.5 元
他种房屋	15 元

每段房屋取费至多不得过 75 元

附注：为便利计算上列费率起见，每一华式房屋所占平地面积，除院落不计外，不得超过 400 方尺。

卫生设备项下

核准图样费每一渗坑取费 1 元，至多以 20 元为限。

查验设备费第一次免费，第二次起每次每坑收费 5 元，至多以百元为限。

杂项

零碎建筑工程	1 元
婚丧暨寿事牌楼	5 元
牌楼如宽至 25 尺横过街道者	50 元
建筑材料堆积公共道路占地每方码每月应纳费	0.5 元

河坝系船费

轮船类：

各式轮船凡系靠英租界河坝者，以注册净吨数计，每一吨征收系船费银5分，所有纳费轮船得停靠河坝3日（即72小时由开到时起算）。如系靠时间须延长者，每增加24小时增收费15两。

驳船类：凡系靠英租界河坝驳船装载货物，每百吨或不满百吨者收系船费5两，此项货物吨数以重量或容积计算，均依轮船货单为凭。

凡有驳船每系靠河坝一次，增加收费7两。

上列各费概由各该船公司或代理人缴付。

河坝租费

凡有装卸轮船或驳船货物堆积河坝者，每吨以重量或容积计征收河坝租费银5分。

附注：装卸轮船货物凡缴此租费者，得积存河坝7日（海关假期除外）。凡有货物逾此限期仍未提取者，本局得代行收存，一切危险暨费用概由货主担负。设本局准许该货物过上列期限仍堆积河坝者，则该项货物以包计或以担计，应征收按日计算寄存费，此按日计算之寄存费率大概与津埠普通货栈按月计算栈费相等。

码头捐

凡有经过英租界河坝货物，均按各货物价值1‰征收码头捐。设系应纳税货物，则上列捐率约合海关整税2%，再者运货人或接受货物人应将该货物纳税凭证或应纳关税数目单据送交本局，以资考核是否适用（参阅本局条例第三十项甲）。

坟墓费暨下葬费

火葬费普通瓮值在内	50元
墓圹暨洋灰顶盖及下葬费在内	50元
（牧师费另计）	

汽车夫

汽车夫请求执照考验费	1元
捐照暨号码牌	
汽车暨电水自行车号码牌每对	2元

人力车号码牌每个	2元
载货车号码牌每个	0.5元
犬牌	0.1元

房屋消毒费

每房间　　　　　　　　　　　　　　　　　　　　　　　　3元

电气项下

供给电力取费定例：

用户安装电表1个，每月至少须纳用电费1元。缴纳电费时，任何项下所用电力均得列入纳费总数。例如，某用户安装电灯、烹煮、暖气用电表各一，该户每月至少须纳用电费3元，设于暖气表并未用电，则所有电灯用电或烹煮用电亦得列为暖气电表用电电费。

类别	每一电码
一、电灯用电	0.2元
二、烹煮用电	
1000至2000瓦特电气炉灶	0.05元
2000瓦特以上电气炉灶	0.035元
三、暖气用电2000瓦特以上	0.05元
四、马力用电低压力以50启罗瓦特为限随时用电	0.06元

50启罗瓦特以上随时用电特别费率另议，以用户需要为准。

五、自有道路电灯

本局依照下列价单可供给用户自有衖巷街道电灯所有灯泡、电力、修理、维持暨总开关费用一并在内。

25烛光灯	每盏每年30元
50烛光灯	每盏每年40元
100烛光灯	每盏每年60元

六、电表押租费

用户接电按下须列定价缴纳押租费：

5安丕	电表每个	20元
10安丕	电表每个	30元
20安丕	电表每个	50元

每一电码合每小时用电力1启罗瓦特

医院项下

维多利亚医院　　　　　住院费

		英租界住户或纳捐人	非本租界住户暨非纳捐人
特别病室	每日	7两	8两
普通病室	每日	5.5两	6.5两

外科手术室

重要手术	20两	25两
次要手术	10两	15两

隔离病院住院费

每日	3.5两	6.5两

注射药品非药方谱所列药材暨专利药品、食物、汽水及酒类概另收费。

电气治疗

电气治疗器(外用)由病院职员施诊	5两
按摩电机用费	1两

捐照费依下例征收

汽车、载重汽车暨拖车	每年	80元
	每季	21元
电水自行车连双坐或不连双坐	每年	40元
	每季	10.5元

此为英、法、意、日各租界通行捐,包括特别一、二、三区。天津城里城外不在此例。

马车	每月2元
人力车	每年9元
	每月1元
自行车(全天津)	每年1元
轻便排子车(小本营生)	每月1元
装货排子车及大车	每月2.2元
装货排子车(自有)	每月1.5两
手车	每月0.3元
犬	每年5元
小本营生	每月1.25元
民船	每日0.5元
	月捐0.6元或1元

（续表）

净水车		每月 3 元
粪车		每月 20 元
旅馆	一等	每月 15 元
	二等	每月 10 元
	三等	每月 5 元

图样

英租界蓝色影印全图　　　　　每张　　　　　　　　　　5 元

公用营业汽车

下列公用汽车租赁费率业经英工部局核准：

大汽车载客 5 人以上：

在 20 分钟以内最少租赁费　　　每次　　　　　　　　1.5 元

首先 40 分钟　　　　　　　　　　　　　　　　　　　2.5 元

第 1 小时　　　　　　　　　　　　　　　　　　　　　4 元

每增加 20 分钟　　　　　　　　　　　　　　　　　　1 元

小汽车只载客 5 人：

在 20 分钟以内最少租赁费　　　每次　　　　　　　　1 元

首先 40 分钟　　　　　　　　　　　　　　　　　　　2 元

第 1 点钟　　　　　　　　　　　　　　　　　　　　　3 元

每增加 0.5 小时　　　　　　　　　　　　　　　　　　1 元

钟点计算由预定时起，至乘客离车时止，再加该车回车行需用时刻。

垃圾箱

工部局规定式样垃圾箱每只　　　　　　　　　　　　2.5 元

人力车价

每次最少给价辅币　　　　　　　　　　　　　　　　0.1 元

每小时　　　　　　　　　　　　　　　　　　　　　0.3 元

每天以 12 小时计　　　　　　　　　　　　　　　　1.5 元

起重机

每次起重至少收费　　　　　　　　　　　　　　　　20 两

若以吨位计算每起 1 吨收费　　　　　　　　　　　　2.5 两

测量费

| 普通测量 | 每亩收费 | 5元 |
| 设上有建筑须划定界线者 | 每亩收费 | 7元 |

天津英文学堂学费

每学期

幼稚院	30元
9岁以下学生	35元
10岁以下学生	40元
12岁以下学生	50元
15岁以下学生	55元
15岁以上学生	60元

学费可分二次预缴,第一每期次须在该学期开学前交付,第二次在下半学期开学前交付。

学生缴付该半学期学费由本局领取入学证呈交本班教员方得入学,无入学证者不得上班。

每期学费虽可分二次缴付,凡入学学生既经于开学时入学,无论该生是否继续到校或中途辍学,该学期学费须全数缴付,除非该生家长或保护人于拟退学前给学校1个月之预告(该通知书之限期不得过下半学期开学日),则本局得斟酌情形免收该下半学期之学费。

一家有学生2人同时在校肄业者,得减收学费十分之一,有3人者减十分之二有,4人者减三分之一。

传教家之子弟得再特别减收学费十分之一。

上列减收学费可于缴付下半学期学费时核减,每学期开学前应付之上半学期学费须全数付足。

凡有学生设其家长非英国籍或美国籍者并非本租界纳捐人,应缴学费比较上列加十分之五。

天津公学

本校设高等小学、国民小学两科。

高等科2年毕业,国民科4年毕业。

本校学年分两学期。

高等科年龄自11至16岁。

国民科年龄自7岁至9岁。

高等科　　　　　学费每学期24元　　　　　每学年48元
国民科　　　　　学费每学期18元　　　　　每学年36元

非本租界住户或纳捐人之子弟高等科每学年增收学费18元，国民科增收学费18元。

一家有学生2人同时在校肄业者得减收学费十分之一，有3人者减收十分之二，有4人者减收三分之一。

本局无论何时有权拒绝收受学生或勒令学生出校并无须声明理由。

每学期学费均须于本学期开学前交纳。

学生交纳本学期学费由本局领取入学证呈交本班教员方准入学，无入学证者不得上班。

学生应用书籍及一切学生用品均须自行购备。

水　价

依水表所记每千加仑收费1元。

用户每月是否用水每水表须纳费1元，设用户所装水表不止1个，则无论何表所用水量均得列入月帐[账]。

磅房收费

大车过磅每1吨或不满1吨　　　　　0.05元大洋
每次过磅至少收费　　　　　　　　　0.2元大洋

估定房产租值捐

查本租界捐户于上次年会所公举之估价委员，业经将坐落界内各段房产本年全年租值估计完竣。

此项估定租值列有单表，凡愿参阅者可于本年4月30号以后随时惠临本局。

设捐户对于该估价委员所估全年租值或有不满意之处应于本年5月31号或早日通知本局局长，俾本局得于颁发该捐账单日期以前详细考核所具责问情由，凡有请求另行估计。全年租值之请愿书倘于本年5月31日号以前未能递到者，则本局概不受理。

每年9月为缴纳全年房产捐之期，倘至9月30号仍未缴纳者，按照本局条例第三十九条本局得征收额外附加捐，以所欠缴数之10%为准。

如本年房产捐至迟至9月30号尚未将全数照缴者，则本局对于其请求核减房产捐事概不受理。

凡已缴纳之捐因特别情形，本局得依照下列详细规定或可准予退还，惟此项捐款之应否退还，仍由本局斟酌决定。

全年中未经占用之房产

凡房产于一年中曾经占用 6 个月或 6 个月以上者，其所缴之捐概不退还。

凡房产于一年中未经占用时日超过 6 个月者，本局得斟酌情形按照下列计算表将已缴之捐退还。

计开：

只占用 5 个月者退还 10%

只占用 4 个月者退还 20%

只占用 3 个月者退还 30%

只占用 2 个月者退还 40%

只占用 1 个月者退还 50%

全年未经占用者退还 75%

凡非出租之产业应即作为有人占用照章收捐。

如查得房屋内有家具置放者，应作为有人占用。

无论如何，本局对于应收房产捐之数不得少过于该地基未曾建筑房屋之空地捐。

设各捐户依照上例有应享退还某年房产捐之权利者，应于次年 1 月 7 号以前据函请求，过期概不核办。

天津公学 1927 年报告

本校自 9 月 1 日开学诸凡顺利。查现时校舍本拟仅备初级男生 4 班,每班约 20 人之用,俟移至天津英文学堂校址时,再行添招女生,不意延至 8 月 19 日距入学考试为期仅 3 日,而报名者只 10 余人。于是公决减收学费兼招女生,结果开学日共有学生 33 人,嗣后陆续增收新生至年终学生总数增至 46 人,现正续招第二学期插班新生,所有缺额不久可望补齐。兹将初级各班现有男女学生数目列表于下:

年级	男生	女生	总计
1	11	3	14
2	8	5	13
3	3	6	9
4	7	3	10

本校因限于设备,采用男女合班制,惟各班学生均系男女分坐且学生年龄超过校章限制者,概未收录,诸生家长对于男女合班办法迄今尚无异议。校中临时试验亦照定章举行,各科目有每月一试者甚或有每周一试者,其考试结果大致尚称满意,操行成绩亦佳,全校学生尚无一人曾受记过惩戒,诸生均能按时上班,请假旷课者尚不多见。现时,本校教员为汤谪青先生、苏绩忱先生、于兰甫先生、安绩问先生、唐钟英女士,各员均专心任事,乐育为怀,襄赞校务,尽力尤多,自开学至今教员中并无一人请假一次。至于现时校舍既经修改颇合目前需用,再自设置秋千、跷跷板等游戏器具以来,诸生对于学校观念愈感美满,每逢课余犹复徘徊不舍也。本校肇基伊始,粗具规模,谨陈梗概,诸希鉴察。

校长 王龙光 启

财政报告

为汇报 1927 年截至 12 月 31 日止之财政统计暨 1928 年截至 12 月 31 日止之预算,谨将下列报告一并附请察阅。再者,本处所记账目簿册,业经英国查账公会汤生公司审核,该公司证明书已附于上年统计结算单内。

普通收入总数

查 1927 年此项收入预算总数为 765,710 两,收入实数为 808,954.75 两,实收超过预算共计 43,244.75 两,其来源胪列于下:

捐类	多收数	减收数	盈余
地亩捐		251.16	
房产捐	10,073.96		
建筑不足额地亩捐		4,666.53	
河坝收入	11,630.33		
执照捐	9,512.75		
菜市	1,029.55		
戈登堂		1,710.53	
杂项	6,086.41		
码头捐	11,540.97		
总结	49,873.97	6,629.22	43,244.75

查 1927 年新房建筑完竣者特别增多,故房产租值捐随之增多,建筑不足额地亩捐则显然减少,若河坝收入暨码头捐之增多,系本埠商务发达所致。若戈登堂费用收支两抵有不敷之数,缘该堂内工部局各办公处所用暖气、电灯及打扫费均一并列入该堂费用项下故也,嗣后戈登堂及工部局办公处拟各分立账目。

普通用费项下:

总务管理费用预算之数为 260,469 两,支出实数计 308,647.45 两,实支超过预算计 48,178.45 两,其大宗用项如下:

节目	支出增加两数
借款还本	35,400
天津英文学堂	4,500
义勇队	3,000
律师费用	3,800
隔离病院	2,300

维多利亚医院费用支出实数比较预算减少 1,300 两。

工程处：

该处支出预算为 229,630 两，实支之数计 258,475.07 两，实支超过预算计 29,845.07 两，内有董事会核准添加马路、便道等修理费开支。

总务项下特别支出：

马路、阴沟、便道等：

此项支出实数超过预算计 2 万两左右，内有为利用现存石块起见修筑西德尼道暨都柏林道石块路基及碎石路面费用 9,500 两与新马场道修筑阴沟费计 1 万两，前款系借款性质，由占润此项利便之各地主垫付。

电务处：

收入预算之数为 415,696 两，而收入实数计 455,855.42 两，实入超过预算计 40,159.42 两，内有 28,700 两系用户电灯费暨 10,600 两系特别一区用电费。

支出预算之数为 292,876 两，支出实数计 308,659.39 两，实支超过预算计 15,783.39 两，内有发电费用增加之数计 6,800 两。

购置支出：

查购置支出实数比较预算减少 10,900 两，虽发电机件项下支出较预算减少为 15,500 两，然房屋建筑及其他杂项费用有增加计 3,800 两。

水道处：

收入项下预算计 164,420 两，收入实数计 184,041.08 两，收入实数超过预算计 19,600 两，内有普通用户水价 9,700 两，特别一区用水价 6,400 两及杂项收入 1,900 两。

支出项下预算计 160,388 两，支出数实计 165,500 两，实支超过预算计 5,100 两。

购置支出：

此项支出实数比较预算共计减少 15,800 两，因总水管暨水龙头购置支出项下减少 13,000 两及接水材料购置支出减少 1,600 两。

中国医院暨中国公学：

上年有中国绅商热心公益，诸公慷慨捐助巨款计 23,940 两交由董事会收存，备设立中国医院及学校之用，除于购置项下业经支出 3,640.59 两外，尚存 20,299.41 两。

财政统计总结：

查 1927 年 5 月 11 日选举大会通过之：

普通支出预算计   1,058,317 两

而支出实数计	1,155,651 两
故实支超过预算计	97,334 两
进款收入预算计	1,345,826 两
而收入实数计	1,448,851 两
故实收超过预算计	103,025 两
特别支出预算数目计	349,178 两
支出实数计	332,098 两
此项支出实数比较预算计减少	17,080 两
总结上列两项支出预算超过收入预算总数计	61,669 两
而支出实数超过收入实数仅	38,898 两
故比较预算所列收支两抵不敷之数实减少	22,771 两

本年(1928年)预算业经各委员详细审查,旋经董事会核准。

查预算清册总结算单及现金项下所列预计售卖地亩可得价值计10.5万两,系预备工程处实行修筑新马路计划者,此项特别支出共计25万两。

会计处　韩启

1927年财政统计暨1928年预算

1927年普通收支预算比较 截至12月31日止					
1927年收入预算				1927年收入决算截至12月31日止	
两			收　入		
			地亩捐：		两
	255,180.00		已填地	254,904.17	
	15,120.00		未填地	15,143.67	
270,300.00	—			—	270,047.84
			房产捐：		
	196,826.00		依据估定房产全年租值	206,627.25	
	426.00		减去:退还之数	153.29	
196,400.00	—			—	206,473.96
			建筑不足额之地亩捐：		
30,000.00			以普通建筑平均60%为标准		25,333.47
			河坝收入：		
			系船费		
		27,000.00	轮船	32,831.45	
		1,700.00	驳船	6,237.00	
		800.00	民船	630.21	
	29,500.00	—		—	39,698.66
		16,120.00	河坝租金	17,459.22	
		1,120.00	减去:费用	1,027.55	
	15,000.00	—		—	16,431.67
44,500.00	—			—	56,130.33
					557,985.60
4,000.00			转头船位租金		4,000.00
			辅捐收入：		
			执照捐		
		37,500.00	人力车	43,038.10	
		22,500.00	排子车	23,973.60	

（续表）

		11,000.00	大车	11,585.70		
		50.00	手车	29.82		
		2,300.00	马车	2,001.80		
		840.00	旅馆	791.00		
		450.00	犬	483.83		
		60.00	押当铺	87.50		
		16,300.00	汽车	17,756.58		
		—	自行车	764.82		
	91,000.00	—			—	100,512.75
			菜市			
		6,000.00	铺面	6,102.12		
		1,200.00	摊子	1,207.48		
		7,800.00	小本营生	8,599.48		
		15,000.00	—	—	15,909.08	
		800.00	减去：费用	679.53		
	14,200.00	—		—	15,229.55	
			戈登堂			
		2,000.00	赁用费	1,899.80		
		1,800.00	减去：费用	3,410.33		
	200.00	—		—	Dr.1,510.53	
			零星收入			
		11,040.00	杂项	17,301.35		
		14,070.00	租赁	13,895.06		
	25,110.00	—		—	31,196.41	
			码头捐			
		94,235.00	收入	106,347.56		
		4,235.00	减去：费用	4,806.59		
	90,000.00	—			101,540.97	
220,510.00		—			—	246,969.15
—						—
765,710.00						808,954.75

1927年支出预算			支 出	1927年支出决算截至12月31日止	
两					两
			管理人员俸给暨工资：		
	75,340.00		华洋人员俸给	74,841.54	
	26,000.00		减去：可由电务处暨水道处归还之数	26,000.00	
49,340.00					48,841.54
			总务公费：		
	27,705.00		杂 项	33,021.15	
	4,600.00		减去：可由电务处暨水道处归还之数	4,600.00	
23,105.00					28,421.15
			捐助项下：		
		750.00	民 园	600	
		—	俄国医院	100	
		100.00	北洋医院	100	
		250.00	体育场保管团	100	
1,100.00					900
6,000.00			驻津英工部局义勇队	9,014.33	
500.00			墙子河维持费	265.02	
14,360.00			偿还继续皇家租契用款	14,360.62	
60.00			偿还英总领事馆为老租界第7号地所纳上项捐之数	60.09	
			隔离病院：		
	3,853.00		薪 俸	4,942.23	
	3,739.00		杂 项	4,444.23	
	7,592.00			9,386.46	
		1,500.00	减去：法工部局协款	1,500.00	
		2,992.00	病人住院费	2,468.02	
		4,492.00		3,968.02	
3,100.00					5,418.44
4,000.00			产妇调养院费用净数	4,186.07	
			维多利亚医院：		
	10,304.00		薪 俸	11,003.22	
	12,853.00		杂 项	13,068.28	
	23,157.00			24,071.50	
	9,257.00		减去：病人住院费	11,510.69	
13,900.00					12,560.81

（续表）

				天津英文学堂：				
		51,574.00		薪俸		55,961.18		
		10,943.00		杂项		9,156.27		
	62,517.00					65,117.45		
	25,517.00			减去：学费		23,634.74		
37,000.00								41,482.71
				英工部局藏书楼：				
	151.00			薪俸		173.6		
	639.00			杂项		166.66		
	670.00			协款		670		
1,460.00								1,010.26
				卫生处：				
	1,000.00			卫生医官费		1,000.00		
	2,755.00			卫生处职员		2,458.60		
	1,927.00			杂项		853.74		
	5,682.00					4,312.34		
	682.00			减去：入款		714.80		
5,000.00								3,597.54
				茔地项下：				
				广东路				
			600.00	助捐妇女委员会	600.00			
			100.00	保持费	70.82			
			75.00	工资	75.60			
		775.00				746.42		
				马场道				
			210.00	捐助妇女委员会	210.00			
			100.00	保持费	503.55			
			185.00	工资	184.80			
		495.00				898.35		
	1,270.00					1,644.77		
	1,270.00			减去：售卖坟墓暨火葬费		1,046.73		
								598.04
				借款还本：				
	4,000.00			1919 普通用途借款		4,000.00		
	2,380.00			1920 "同上"		2,380.00		
	7,000.00			1921 "同上"		34,400.00		

（续表）

	2,500.00			1912"同上"		2,500.00	
	—			1923"同上"		8,003.20	
15,880.00	—					—	51,283.20
				利息项下：			
	2,962.00			"B"字借款		3,000.00	
	1,820.00			1919 普通用途借款		1,820.00	
	2,062.00			1920"同上"		2,116.00	
	20,160.00			1920"同上"		20,160.00	
	3,479.00			1921"同上"		3,479.00	
	21,000.00			1921"同上"		21,000.00	
	2,800.00			1922"同上"		2,800.00	
	9,800.00			1923"同上"		9,800.00	
	18,816.00			1923"同上"		18,816.00	
	28,175.00			1924"同上"		28,175.00	
	38,500.00			1925"同上"		38,500.00	
	29,050.00			1926"同上"		29,050.00	
	12,000.00			1927年保管款项借款透支利息		2,705.20	
	—						
	190,624.00					181,422.00	
				减去：			
				电务处65万两之借款利息	55,248.49		
				水道处48.2万两之借款利息	39,525.88		
				推广租界填地用18万两			
	104,960.00	—				94,774.37	
85,664.00	—					—	86,647.63
260,469.00							308,647.45

1927年预算		巡务处	1927年支出决算截至12月31日止	
两				两
	85,122.00	巡务员役暨办公室职员薪俸	86,933.67	
	183.00	印度籍职员旅费暨病假费	147.00	
	28,471.00	普通杂费	32,258.98	
113,776.00				119,339.65
13,211.00		减去:住户请派专职巡捕费用		15,740.19
100,565.00				103,599.46
		消防队		
4,693.00		华洋人员薪俸		4,619.37
6,262.00		普通杂费		3,793.31
10,955.00				8,412.68
		消防设备		
		抽水费用:		
		抽水机件:		
	1,964.00	经常费	1,153.56	
	300.00	修理暨保持费	49.11	
2,264.00				1,202.67
		水箱、水箱房暨输水水管:		
		码头暨进水管:		
	500.00	修理及保持费	879.46	
		水箱暨水箱房:		
	75.00	修理暨保持费	21.79	
		输水洋灰水管:		
	250.00	修理暨保持费	33.41	
		节水门暨进入孔:		
	50.00	修理暨保持费	—	
		水龙头:		
	150.00	修理暨保持费	75.31	
1,025.00				1,009.97
		工程师费用项下:		
	73.00	杂费		72.80
	72.00	保险费		72.00
3,434.00				2,357.44

1927年预算		工 程 处	
		普 通 支 出	
1927年预算			1927年支出决算截至12月31日止
两			两
		桥梁：	
300.00		保持费	22.40
		河坝暨码头：	
	50.00	保持费	73.10
	4,400.00	改良费	4,298.56
4,450.00		——	4,371.66
		茔地保持项下：	
	100.00	广东路	211.84
		土坝(预防水灾)：	
	50.00	保持费	63.18
		工程师费用：	
	74,200.00	薪俸暨工资	70,663.95
	17,455.00	杂项	19,025.74
91,655.00		——	89,689.69
		便所暨秽水沟眼：	
2,600.00		保持费	2,831.31
		工部局房产：	
5,000.00		普通保持费	5,864.20
		机件暨工具项下：	
	7,700.00	保持暨经常费	5,106.33
	775.00	逐年修理	329.20
	1,200.00	购新补旧	413.20
约8,000.00		——	5,848.73
		公共院所保持费：	
	900.00	隔离病院	1,576.49
	750.00	天津英文学堂	911.18
	700.00	戈登堂	442.10
	500.00	维多利亚医院	978.47
	1,000.00	菜市	69.30
	—	产妇调养院	59.50
3,850.00		——	4,037.04
		马路、便道、路边石暨阴沟项下：	
	13,500.00	老租界、新租界马路普通修理费	37,420.21
	4,000.00	老租界、新租界马路涂刷沥青费	

（续表）

	1,500.00	推广租界马路暨水沟普通修理费	8,426.75
	5,000.00	推广租界马路涂刷沥青费	
	——		
	24,000.00		45,846.96
	1,500.00	老租界、新租界便道项下	2,098.03
	800.00	老租界、新租界暴雨水沟普通修理费	2,610.62
	600.00	冲洗阴沟费	443.86
	2,000.00	载重汽车用汽油工资暨材料	6,152.93
	2,500.00	载重汽车保持费	
	1,500.00	英租界马路、便道、路边石暨阴沟保持费	2,061.57
约 30,000.00	——		59,213.97
22,000.00		马路加宽	18,543.78
		马路项下：	
	20,000.00	路灯	19,572.68
	7,000.00	清道、冲洗马路暨水沟	8,192.77
	12,550.00	收敛垃圾	13,654.99
	5,100.00	扫除积雪	5,605.24
	50.00	街名牌	74.93
	6,000.00	沥水暨散砂	8,605.79
50,700.00	——		55,166.40
		海大道：	
925.00		保持费	1,690.64
10,000.00		公园暨花园	10,920.23
229,630.00			258,475.07

特 别 支 出			
1927年特别支出预算		1927年特别支出决算截至12月31日止	
			两
	马路项下：		
17,000.00	推广租界新阴沟		22,275.43
500.00	推广租界新暴雨水沟		108.5
400.00	租界内新通气筒等		—
500.00	新式路边水井子：推广租界用		894.78
1,600.00	便道		3,461.57
10,000.00	推广租界修筑炉灰路		15,612.79
—			
约 22,823.00			42,353.07
	购 置 支 出		
			两
	材料存储：		
8,700.00	工程处		3,191.34
500.00	学堂		602.1
500.00	维多利亚医院		252.14
1,500.00	秘书处		1,318.15
2,940.00	巡务处		2,544.83
1,000.00	隔离病院		883.00
—	产妇调养院		113.40
—			—
15,140.00			8,904.96
—			
	新建暨添盖房产：		
1,700.00	隔离病院		899,49
100.00	码头捐公事房		—
1,200.00	戈登堂		1,200.50
550.00	职员住房		633.50
500,000.00	天津英文学堂新建筑		50,000.00
700.00	藏书楼		385.00
2,500.00	临时费用		—
—			—
56,750.00			53,118.49

电务处 1927 年营业账目						
收入			支出			
预算		收入决算截至 12 月 31 日止	预算			1927 年支出决算截至 12 月 31 日止
		两				两
280,000.00	售与用户电价	308,664.69	78,650.00		发电费用煤炭工资等	85,419.76
42,730.00	售与特别一区电价	53,380.78			发电机件:	
17,866.00	公共道路电灯	18,899.05	7,300.00		修理暨保持费	9,013.67
1,000.00	住户自有道路电灯	3,098.59			分输电机:	
7,300.00	售与英工部局办公处暨所属处所电价	7,466.47	11,850.00		修理暨保持费	13,883.48
62,300.00	用户马力烹煮暨暖气用电价	59,410.55			路灯机件:	
4,500.00	零星收入	4,935.29	3,000.00		修理暨保持费	3,728.41
					工具:	
			1000.00		修理暨保持费	1,111.87
					租出机件:	
			600.00		修理暨保持费	1,144.27
					器具暨装配零件:	
			500.00		修理暨保持费	560.06
					经理费:	
				30,850.00	薪俸暨工资	30,880.70
				14,936.00	杂费	15,926.80
			45,786.00			46,727.50
			18,000.00		总务管理项下	18,000.00
					会计处:	
				3,455.00	华员薪俸	3,636.94
				1,200.00	杂费	956.14
			4,645.00			4,593.08
			52,000.00		65 万两之 8 厘年息	55,248.49
			63,595.00		折旧	63,767.51
			3,000.00		零星购置	2,807.43
			2,950.00		陈列室用费	2,653.86
			292,876.00			308,659.39
			30,705.00		资产存储	36,799.01
			92,115.00		收入超过支出之数	110,397.02
415,696.00		455,855.42	415,696.00			455,855.42

购置支出			
6,000.00	房产		9,751.95
122,040.00	发电机件		106,518.31
21,150.00	分输电机		21,865.76
1,000.00	路灯机件		772.64
500.00	工具		—
3,000.00	备租机件		3,305.16
200.00	仪器		542.09
500.00	器具暨装配零件		681.35
154,390.00			143,437.26

电务处			
1927年结算单截至12月31日止			
债务		资产	
	两		两
零星债务	741.81	零星欠户	78,221.02
用户押款	38,004.40	材料存储	67,213.36
寄售商品	11,820.08	陈列室商品	4,595.66
折旧存储	230,595.60	寄售商品	11,820.08
资产存储	59,253.28	伦敦金镑账	6,256.38
英工部局流水账截至1927年12月31日止	777,707.16	购置项下：	
		地亩	9,720.00
		房产	111,642.10
		发电机件	568,088.78
		分输电机	213,483.90
		路灯机件	16,260.20
		备租机件	14,406.17
		电气仪器	3,466.54
		工具机件	4,053.04
		器具暨装配零件	8,895.10
	1,118,122.33		1,118,122.33

上项账目业经敝公司审核，所有簿册暨收据等均无错误，为此相应签名为证。

汤生公司

查账稽核员

水道处						
1927年营业账目						
收入			支出			
预算		1927年收入决算截至12月31日止	预算			1927年支出决算截至12月31日止
		两				两
162,620.00	售出水价	180,346.83		抽水费用：		
1,800.00	巡务处租用旧产租金暨杂费	3,694.25	37,390.00	经常费		39,554.44
			2,020.00	修理暨保持费		2,024.25
			39,410.00	—		41,578.69
				滤水池费用：		
			1,100.00	经常费		1,868.95
			125.00	修理暨保持费		215.01
			1,225.00			2,083.96
				贮水塔：		
			150.00	修理暨保持费		71.01
			150.00			71.01
				澄水池：		
			3,670.00	经常费		3,573.16
			200.00	修理暨保持费		345.23
			3,870.00			3,918.39
				沉渣池暨水渠：		
			504.00	经常费		373.28
			910.00	修理暨保持费		522.65
			1,414.00			895.93
				水管、龙头暨接水材料：		
			5,525.00	修理暨保持费		4,003.52
				房屋：		
			1,025.00	修理暨保持费		1,021.56
				机件暨工具：		

（续表）

						200.00	修理暨保持费	493.73
						450.00	购新补旧	158.03
					650.00	——		
								651.76
							租用机件：	
						915.00	修理暨保持费	906.42
							工程师费用：	
						25,235.00	华洋职员薪俸	25,306.84
						8,745.00	杂费	9,365.52
					33,980.00	——		
								34,672.36
						1,394.00	公用暨河坝龙头售水价	1,339.01
							管理项下：	
					12,600.00		总务	12,600.00
							会计处：	
						2,726.00	华员薪俸	2,742.88
						872.00	杂费	799.96
					3,598.00	——		
								3,542.84
						250.00	零星购置	2,792.39
						15,822.00	折旧项下	15,905.34
							利息项下：	
						38,560.00	48.2万两之8厘年息	39,525.88
						——		——
						160,388.00		165,500.06
						4,032.00	收入超过支出列入资产存储之数	18,541.02
					——			——
164,420.00		184,041.08		164,420.00				184,041.08

购 置 支 出				
预算			1927年支出决算截至12月31日止	
两				两
39,505.00		水管暨龙头		26,447.85
3,500.00		接水材料		1,864.95
7,000.00		备租机件：水表		6,572.36
250.00		器具装配零件暨仪器		232.05
49,820.00		洋井机器		49,167.04
100,075.00				84,284.25

水道处				
1927年结算单截至12月31日止				
债 务			资 产	
		两		两
零星债务		9,794.63	零星欠户	25,771.81
用户押款		7,993.30	材料存储	57,207.97
折旧存储		43,059.52	购置项下：	
资产存储		636,216.66	地亩	108,057.50
英工部局流水账截至1927年12月31日			房产	13,914.05
			机器	19,941.81
			器具暨装配零件	4,034.31
			滤水池	26,630.00
			贮水塔暨澄水池	26,160.00
			沉渣池	21,790.83
			水管暨龙头	208,237.07
			用户水表	31,339.31
			工具机件	6,894.18
			"甲"号洋井机厂"A"	29,985.31
			"乙"号洋井机厂"B"	123,706.94
			"丙"号洋井机厂"C"	28,300.99
		731,972.08		731,972.08

上项账目业经敝公司审核，所有簿册暨收据均无错误。为此，相应签名为证。

汤生公司

查账稽核员

1927年财政统计总结

截至12月31日止

	1927年5月11日选举大会通过预算		1927年收入支出决算	
	收入	支出	收入	支出
普通项下：				
工部局总务账目	765,710.00	605,053.00	808,954.75	681,492.10
电务处	415,696.00	292,876.00	455,855.42	308,659.39
水道处	164,420.00	160,388.00	184,041.08	165,500.06
结余	—	287,509.00	—	293,199.70
	1,345,826.00	1,345,826.00	1,448,851.25	1,448,851.25
特别项下：				
上列结余	287,509.00	—	293,199.70	—
工部局总务账目：				
马路暨桥梁	—	22,823.00	—	42,353.07
购置支出	—	71,890.00	—	62,023.45
电务处购置	—	154,390.00	—	143,437.26
水道处购置	—	100,075.00	—	84,284.25
结余	61,669.00	—	38,898.33	—
	349,178.00	349,178.00	332,098.03	332,098.03

	改良地亩	
本局收用地亩：		两
新租界第2段第28号 0.056亩地价	217.65	
推广租界第1段第7号（四）2.099亩地价	6,004.00	
推广租界第1段第15号 0.760亩地价	2,786.67	
		9,008.32
中国政府征收英工部局产业地税		654.86
领事馆费用		262.50
加宽马路项下付款		26,884.97
		36,810.65

普通

	两
局有地租卖绝价	3,295.21
折旧	24,865.14
填地项下机件核销	215,358.67
结算单之结余	4,753,842.94
	————
	4,997,361.96

保管账目

	两
1927年1月1日结余	28,416.07
局有地租	3,141.59
一次付清局有地租	3,295.22
法工部局交付拆毁房屋售价	1,957.77
	————
	36,810.65

结算

	两
1927年1月1日结余	4,676,759.26
零星欠户	41,075.82
预算所列借款还本之数	51,283.20
债券保管项下借款还本之数	5,996.80
电务处收入超过支出之数以75%计	110,397.02
1927年收入超过支出之数	111,849.86
	————
	4,997,361.96

总结算单截至1927年12月31日止			
债务		资产	
	两		两
工部局借款：		地亩：	
"B"字借款1912年	47,500.00	老租界	亩 15.790　236,850.00
普通用途借款1919年（消防设备）	24,000.00	新租界	亩 109.395　437,476.00
普通用途借款1920年（投资银行）	27,860.00	推广租界	亩 161.330　541,164.95
普通用途借款1920年（电气）	252,000.00	租界外	亩 324.043　102,563.40
普通用途借款1921年（投资银行）	49,700.00		——— 1,318,054.35
普通用途借款1921年	265,600.00	旷地	
普通用途借款1922年	40,000.00	旧租界：维多利亚公园暨建筑物	亩 18.500
普通用途借款1923年	313,600.00	新租界：围墙道公园暨建筑物	亩 6.195
普通用途借款1923年	126,000.00	推广租界民园	亩 57.300
普通用途借款1924年	402,500.00	推广租界公园地亩	亩 12.020
普通用途借款1925年	550,000.00	租界外地亩	
普通用途借款1926年	415,000.00	马场道南新公园地基暨房产	亩 143.029
	——— 2,513,760.00	马路地亩：	
债券红利	5,192.88	新租界	亩 273.489　1,367,225.00
零星债务	57,098.82	推广租界	
临时债务（学堂零星合同）	68,554.43	马场道	亩 85.964　343,856.00
保管款项下：		其他马路	亩 468.416　935,246.00
道礼司奖金	70.00		——— 2,646,327.00
费柴士捐助学费	500.00	租界内街道路面、路基、阴沟、水沟暨便道现时估计价值：	1,029,740.28
嘉德士捐助学费	2,000.00	租界内桥梁	90,000.00

(续表)

天津英文学堂	128.18		房产：		
印籍巡捕储蓄银行	540.51		老租界：		
印籍巡捕延期薪俸	5,089.28		秘书长住房	9,566.26	
旅费	49,896.99		戈登堂,巡务处,保险房暨火会所	125,864.24	
皇家租契用之存款	175,905.60		河坝房屋	100.00	
年绩金	77,323.24		河坝公用便所	1,650.00	
沈巡长遗族赡养费	1,540.00		码头捐公事房	700.00	
		312,993.80	新租界：		
债券保管团	56,041.88		职员住房	37,428.35	
折合银两贴水	9,770.77		职员居所	59,029.09	
交换马路用地	1,868.67		职员居所汽车房	3,041.10	
天津公学暨医院	20,299.41		压道机棚	200.00	
银行流水账	63,885.89		博罗斯路公用便所	650.00	
普通结余	4,753,842.94		体育场便所	1,261.00	
			菜市公用便所	1,550.00	
			推广租界：		
			工程处机料场	27,229.89	
			第9段第88号地巡捕宿舍	5,287.00	
			义勇队司令部	6,515.08	
			租界外：马场道南面		
			马场道火葬炉	738.50	
				———	280,810.51
			全年局有地租折合原值		43,911.31
			菜市		
			铺面暨摊子		10,000.00
			隔离病院：		
			房屋围墙暨围子(书面计值)	51,766.46	
			器具(书面计值)	2,969.98	
				———	54,736.44
			维多利亚医院：		
			房产(书面计值)	34,797.35	
			器具(书面计值)	8,470.22	
			仪器(书面计值)	2,293.51	

(续表)

				X光机件(书面计值)	1,840.63	
					——	47,401.71
				消防设备		16,908.01
				天津英文学堂：		
				旧校舍(书面计值)	13,329.79	
				器具(书面计值)	4,509.19	
				教员书室(书面计值)	397.18	
				新试验室(书面计值)	1,785.00	
				试验室仪器(书面计值)	1,031.04	
				新校舍(已完工)	132,333.57	
				前列零星合同	68,554.43	
					——	221,940.20
				戈登路马厩暨材料场：		
				房产(书面计值)		7,067.28
				动产：		
				册列价值		168,771.10
				材料项下：		
				总材料所	77,532.43	
				巡务处	4,912.16	
				制造未完工物品	202.72	
				文具材料	6,922.29	
					——	89,569.60
				零款现金		1,239.00
				零星欠户		74,311.19
				工部局借款售价折扣		29,924.69
				投资项下：		
				道礼士奖金	70.00	
				费柴士捐助学费	500.00	
				嘉德士捐助学费	2,000.00	
				印籍巡捕储蓄银行	500.00	
				印籍巡捕延期薪俸	5,500.00	
				旅费	45,500.00	
				皇家租契用之存款	149,903.00	

(续表)

				年绩金暨沈巡长遗族赡养费		111,000.00	
				可拨用之数		3,700.00	
				电务处：		——	318,673.00
				流水账结余			777,707.16
				水道处：			
				流水账结余			636,216.66
			7,863,309.49				7,863,309.49

　　以上账目业经敝公司审核，所有簿册暨收据等均无错误，为此，相应签名为证。

汤生公司
查账稽核员

1928年预算总目				
收　入				
				两
地亩捐：				
已填地			264,851.00	
未填地			13,172.00	
			———	
				278,023.00
房产捐：				
依据估定全年房产租值			290,715.00	
减去:退还之数			715.00	
			———	
				290,000.00
河坝收入：				
系船费				
轮船		29,500.00		
驳船		1,900.00		
民船		600.00		
		———		
			32,000.00	
河坝租金		16,200.00		
减去:费用		1,125.00		
			15,075.00	
			———	
				47,075.00
转头船位租金				4,000.00
辅捐收入				
执照捐：				
人力车			42,500.00	
排子车			23,500.00	
大车			11,400.00	
手车			30.00	
马车			2,000.00	
旅馆			770.00	
犬			480.00	
押当铺			80.00	
自行车			900.00	
汽车			18,000.00	
			———	
				99,660.00
菜市：				
铺面		6,000.00		
摊子		1,200.00		
小本营生		8,300.00		

（续表）

		15,500.00	
减去：费用		800.00	
		14,700.00	
戈登堂：			
赁用费		1,960.00	
减去：费用		1,460.00	
		500.00	
零星收入：			
杂项		16,040.00	
租金		12,420.00	
		28,460.00	
码头捐：			
收入		107,175.00	
减去：费用		4,675.00	
		102,500.00	
			245,820.00
			864,918.00
各分处往来利息：			
66万两之8厘年息可由电务处归还之数		52,800.00	
63万两之8厘年息可由水道处归还之数		50,400.00	103,200.00
			968,118.00

支　出		
总　务		
		两
管理人员俸给暨工资:		
华洋人员俸给	84,204.00	
减去:可由电务处暨水道处归还之数	26,000.00	
		58,204.00
总务公费:		
杂项	29,566.00	
减去:可由电务处暨水道处归还之数	4,600.00	
		24,966.00
工部局办公处:		
杂、费	4,340.00	
减去:可归还之数	840.00	
		3,500.00
捐助项下:		
民园	8,000.00	
俄国医院	100.00	
北洋医院	100.00	
体育场保管团	500.00	
		8,700.00
驻津英工部局义勇队:		
杂费	4,150.00	
建设手枪打靶场费用	1,180.00	
		5,330.00
英工部局藏书楼:		
薪俸	162.00	
杂费	568.00	
协款	670.00	
		1,400.00
隔离病院:		
薪俸	3,957.00	
杂费	4,773.00	
	8,730.00	
减去:法工部局协款	1,500.00	
病人住院费	2,800.00	
	4,300.00	
		4,430.00

（续表）

	维多利亚医院：		
	薪俸	9,304.00	
	杂费	11,376.00	
		———	
		20,680.00	
	减去：病人住院费	11,000.00	
		———	9,680.00
	产妇调养院：		
	薪俸	2,566.00	
	杂费	6,884.00	
		———	
		9,450.00	
	减去：病人住院费	4,450.00	
		———	5,000.00
	卫生处：		
卫生医官费		1,000.00	
卫生处职员		2,954.00	
杂费		1,964.00	
		———	
		5,918.00	
减去：入款		718.00	
		———	5,200.00
茔地项下：			
广东路：			
捐助妇女委员会	600.00		
保持费	150.00		
工资	75.00		
	———	825.00	
马场道：			
捐助妇女委员会	210.00		
保持费	150.00		
工资	185.00		
		545.00	
		———	
		1,370.00	
减去：售卖坟墓暨火葬费		1,000.00	
		———	370.00
天津英文学堂：			

（续表）

薪俸		57,508.00	
杂费		15,270.00	
		72,778.00	
	减去:学费	26,390.00	
			46,388.00
	天津公学：		
薪俸自上年9月起算		3,431.00	
本年薪俸		10,534.00	
		13,965.00	
杂费自上年9月起算		2,097.00	
本年杂费		4,588.00	
		6,685.00	
		20,650.00	
减去:学费自上年9月起算		585.00	
本年学费		2,500.00	
		3,085.00	
			17,565.00
债券保管项下：			
每年应筹偿之数计23万两			
下列各借款本年应付之利息			
普通用途借款1912年("B"字借款)		2,850.00	
普通用途借款1919年(消防设备)		1,540.00	
普通用途借款1920年(投资银行)		1,950.00	
普通用途借款1921年(投资银行)		3,357.00	
普通用途借款1921年(电气)		18,942.00	
普通用途借款1921年		18,592.00	
普通用途借款1922年		2,800.00	
普通用途借款1923年		18,816.00	
普通用途借款1923年(银元借款)		8,330.00	
普通用途借款1924年		28,175.00	
普通用途借款1925年		38,500.00	
普通用途借款1926年		29,050.00	
		172,902.00	
下列各借款业经登报声明应于本年还本之数			
普通用途借款1912年("B"字借款)		2,500.00	
普通用途借款1919年(消防设备)		4,000.00	
普通用途借款1920年(投资银行)		2,380.00	

(续表)

普通用途借款1921年(投资银行)	3,500.00	
普通用途借款1920年(电气)	21,700.00	
普通用途借款1921年	27,100.00	
普通用途借款1923年(银元借款)	14,000.00	
	75,180.00	
减去:填地余利之一部份截至上年12月31日止	18,082.00	
		57,098.00
		230,000.00
透支约7万两之7厘年息		4,900.00
墙子河维持费		500.00
偿还继续皇家租契用款		14,360.00
偿还英总领事馆为老租界第7号地所纳上项捐款之数		50.00
		440,543.00

巡务处

两

巡务员役暨办公室职员薪俸	96,068.00	
普通杂费	34,535.00	
		130,603.00
减去:住户请派专职巡捕费用		14,603.00
		116,000.00

消防队

两

华洋人员薪俸	4,984.00
普通杂费	6,503.00
	11,487.00

消防设备

两

抽水费用	2,074.00

水箱、水箱房暨输水水管费用	855.00
工程师费用项下：	
杂费	84.00
保险费	72.00
	3,085.00

工程处
普通支出

		两
桥梁：		
保持费		50.00
河坝暨码头：		
保持费		150.00
土坝（预防水灾）：		
保持费		50.00
工程师费用：		
薪俸暨工资	73,112.00	
普通杂项	17,305.00	
		90,417.00
便所暨秽水沟眼：		
保持费		2,600.00
工部局房产：		
普通保持费		4,230.00
机件暨工具项下：		
保持暨经常费	5,625.00	
逐年修理	625.00	
购新补旧	350.00	
		6,600.00
公共院所保持费：		
隔离病院	900.00	
天津英文学堂	1,000.00	

维多利亚医院	1,000.00	
菜市	1,000.00	
		3,900.00

马路、便道、路边石暨阴沟项下：

老租界、新租界内马路普通修理费	13,500.00	
老租界、新租界内马路涂刷沥青费	5,000.00	
推广租界马路暨水沟普通修理费	1,500.00	
推广租界马路涂刷沥青费	8,000.00	
		28,000.00
老租界、新租界便道项下	1,500.00	
老租界、新租界暴雨水沟普通修理费	800.00	
冲洗阴沟费用	600.00	
载重汽车用汽油工资暨材料	2,000.00	
载重汽车保持费	2,500.00	
英租界马路、便道、路边石暨阴沟保持费	2,000.00	
		9,400.00
马路加宽		29,163.00

马路项下：

路灯	21,800.00	
清道、冲洗马路暨水沟	9,000.00	
收敛垃圾	15,550.00	
扫除积雪	1,000.00	
街名牌	500.00	
洒水暨散沙	8,270.00	
		56,120.00
公园暨花园		20,000.00
		250,680.00

购置支出

两

材料存储项下：

工程处	9,250.00
学堂	100.00
维多利亚医院	500.00
秘书处暨会计处	1,000.00
巡务处	3,000.00
隔离病院	500.00
天津公学	1,000.00
产妇调养院	250.00
消防队	1,000.00
	16,600.00
地亩项下：推广租界内局有地填高费	27,000.00
新建暨添盖房产：	
隔离病院	3,300.00
码头捐公事房	750.00
工部局办公处	450.00
天津英文学堂旧址	2,000.00
新建天津英文学堂	80,000.00
藏书楼洋灰阳台	1,200.00
临时费用	5,000.00
	92,700.00

总结

	两
普通购置支出：	
材料存储	16,600.00
地亩项下：推广租界内局有地填高费	27,000.00
新建暨添盖房产	92,700.00
	136,300.00

1928年电务处预算			
收 入		支 出	
	两		两
售与用户268.8万电码	376,320.00	发电费用暨煤炭工资等	103,280.00
售与特别一区用电160万电码	57,512.00	发电机件：	
公用电灯34万电码	21,000.00	修理暨保持费	8,700.00
住户自有道路电灯用电	3,000.00	分输电机：	
售与英工部局办公处暨所属处所用电9.09万电码	7,635.00	修理暨保持费	15,600.00
机器马力用电200万电码	56,000.00	路灯机件：	
用户烹煮用电45万电码	11,025.00	修理暨保持费	3,600.00
用户暖气用电22.71万电码	7,948.00	工具：	
零星收入	5,200.00	修理暨保持费	1,000.00
		租出机件：	
		修理暨保持费	2,000.00
		器具暨装配零件：	
		修理暨保持费	600.00
		经理费	
		薪俸暨工资 38,167.00	
		杂项 12,900.00	
			51,067.00
		总务管理项下	18,000.00
		会计处：	
		华员薪俸 3,805.00	
		零星费用 1,200.00	
			5,005.00
		66万两之8厘年息	52,800.00
		折旧	77,265.00
		零星购置	7,700.00
		陈列室费用	3,074.00
			349,691.00
		预计收入超过支出之数	195,949.00
	545,640.00		545,640.00

购置支出

房产	4,100.00
发电机件	12,300.00
分输电机	45,470.00
路灯机件	2,500.00
备租机件	5,000.00
陈列室商品	2,000.00
	71,370.00

1928年水道处预算			
收　入		支　出	
	两		两
售与用户水价	142,960.00	巴克斯路机厂"甲"号：	
售与特别一区水价	47,760.00	抽水费用：	
售与各轮船水价	7,900.00	经常费用	24,095.00
售与英工部局办公处暨所属处所水价	9,380.00	修理暨保持费	1,100.00
巡务处租用旧产租金暨零星收入	1,800.00		25,195.00
		厂内水管暨节水门：	
		修理暨保持费	304.00
		洋井蓄水池净水箱暨水泵井	
		经常费用	452.00
		修理暨保持费	835.00
			1,287.00
		滤水池：	
		经常费用	654.00
		修理暨保持费	100.00
			754.00
		澄水池：	
		经常费用	1,793.00
		修理暨保持费	200.00
			1,993.00
		"甲"号机厂房屋：	
		修理暨保持费	1,135.00
			30,668.00
		达克拉司路机厂"乙"号：	
		抽水费用：	
		经常费用	18,243.00
		修理暨保持费用	300.00
			18,543.00
		厂内水管暨节水门：	
		修理暨保持费	100.00
		"乙"号机厂房屋：	
		修理暨保持费	430.00
			19,073.00
		伦敦路机厂"丙"号：	

（续表）

		抽水费用：		
		经常费用	9,084.00	
		修理暨保持费	250.00	
			9,334.00	
		厂内水管暨节水门：		
		修理暨保持费	50.00	
		"丙"号机厂房屋：		
		修理暨保持费	150.00	
				9,534.00
		总水管龙头暨接水材料：		
		修理暨保持费		5,701.00
		机件暨工具：		
		修理暨保持费	300.00	
		购新补旧	900.00	
				1,200.00
		租用机件：		
		修理暨保持费		978.00
		由公用龙头暨码头龙头售出水价		1,461.00
		工程师费用		
		华洋人员薪俸	28,067.00	
		零星费用	7,527.00	
				35,594.00
		管理项下：		
		总务		12,600.00
		会计处：		
		华职员薪俸	3,178.00	
		零星费用	700.00	
				3,878.00
		零星机件购置		1,200.00
		折旧		21,695.00
		63万两之8厘年息		50,400.00
				193,982.00
		预算收入超过支出之数		15,818.00
	209,800.00			209,800.00

购置支出

	两
总水管暨水龙头	23,900.00
接水材料	2,500.00
出租机件:水表	7,000.00
器具配置零件暨仪器	250.00
洋井计画[划]项下:	
巴克斯路机厂"甲"号	6,100.00
伦敦路机厂"丙"号	23,115.00
	29,215.00
	62,865.00

本年预算总结

普通项下:	收入	支出
工部局总账	968,118.00	821,795.00
电务处	545,640.00	349,691.00
水道处	209,800.00	193,982.00
结余之数	—	358,090.00
	1,723,558.00	1,723,558.00
购置项下:		
上列结余	358,090.00	–
普通购置支出	—	136,300.00
电务处	—	71,370.00
水道处	—	62,865.00
结余之数	—	87,555.00
	358,090.00	358,090.00

现金项下

		两
截至本年 1 月 1 日止透支之数		63,900.00
债券担保：必须履行者		56,000.00
各种合同：必须履行者		68,500.00
购置支出结余	87,555.00	
水道处本年折旧(1928 年)	21,695.00	
电务处本年折旧(1928 年)	77,265.00	
旅费存储	17,000.00	
年积金存储	16,800.00	
偿还皇家租契金存储	14,360.00	
保管债券利息	21,900.00	
上存材料本年可用者(1928 年)		
水道处购置项下	10,000.00	
电务处购置项下	2,000.00	
工程处普通项下	10,000.00	
	22,000.00	
其他项下	4,825.00	
预计售卖地亩可得之价值	105,000.00	
结余之数		200,000.00
	388,400.00	388,400.00

工程处特别支出

	两
上列结余之数	200,000.00
上存材料本年可用者	50,000.00
	250,000.00

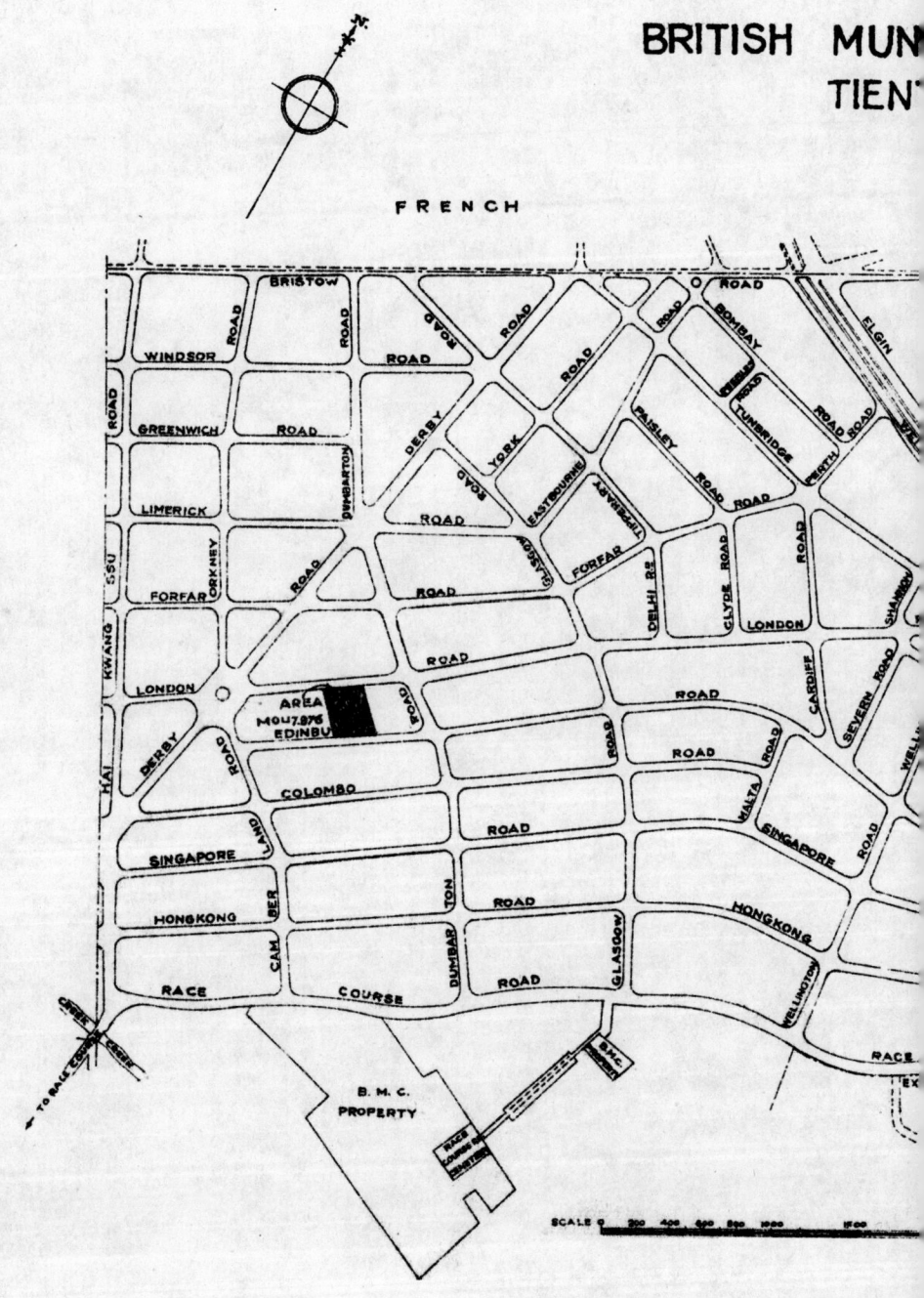

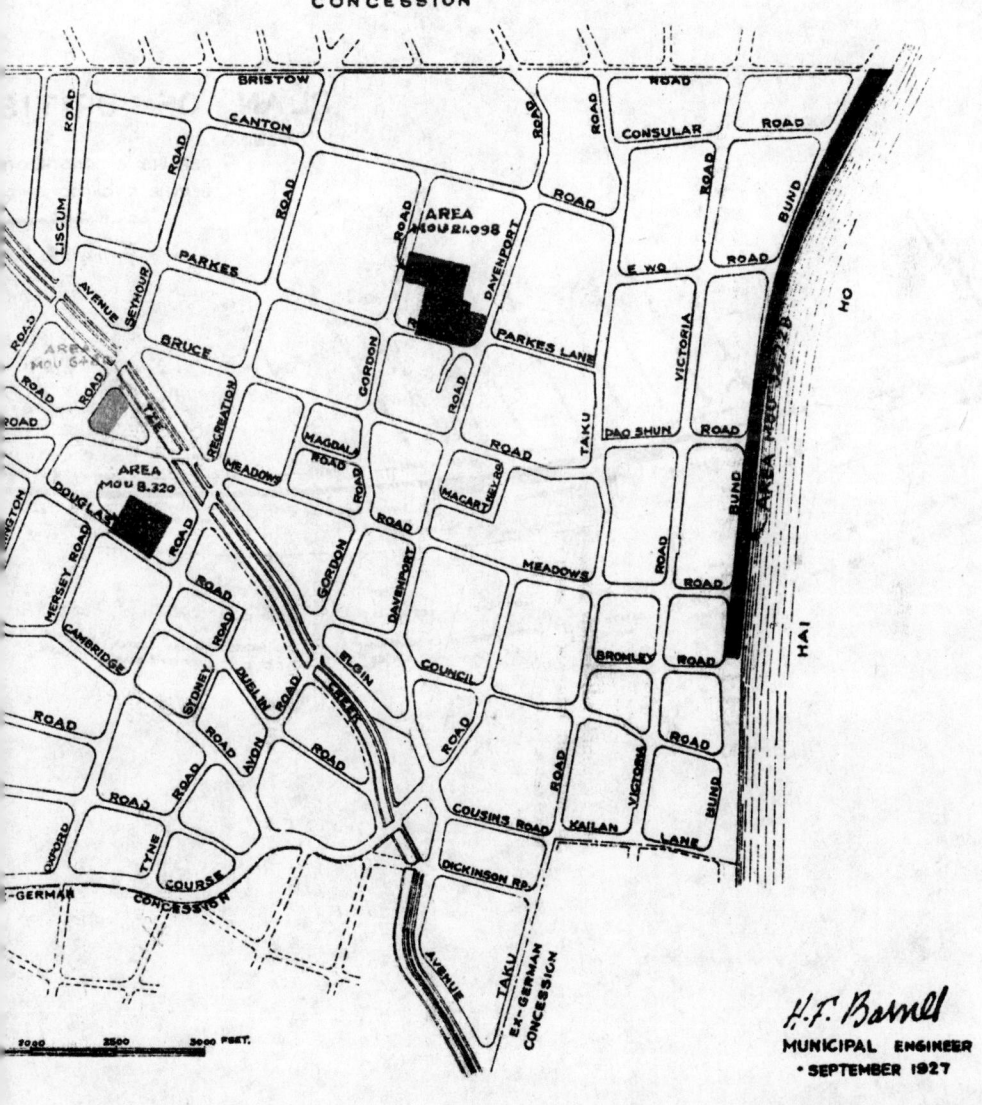

■ 天津英租界工部局史料选编

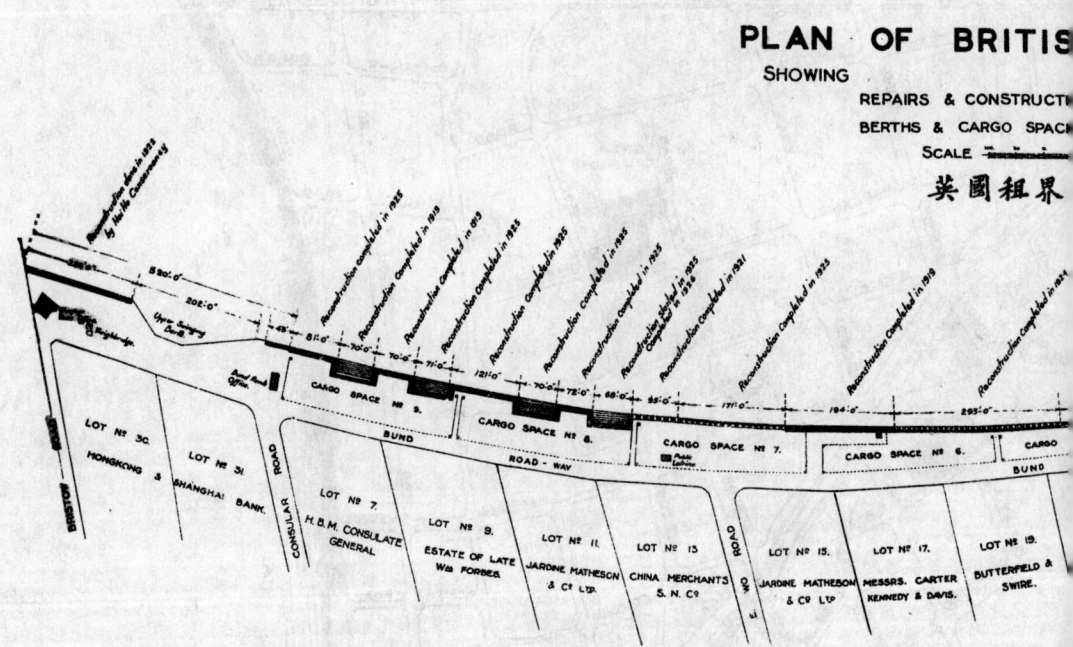

天津英工部局 1927 年董事会报告暨 1928 年预算

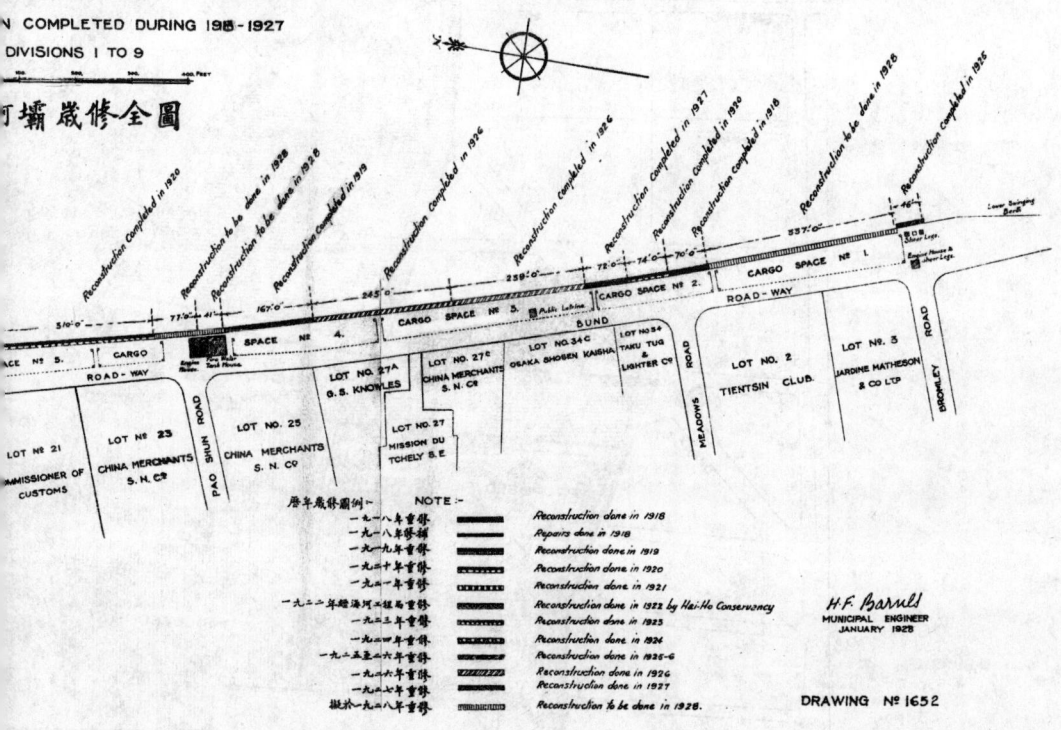

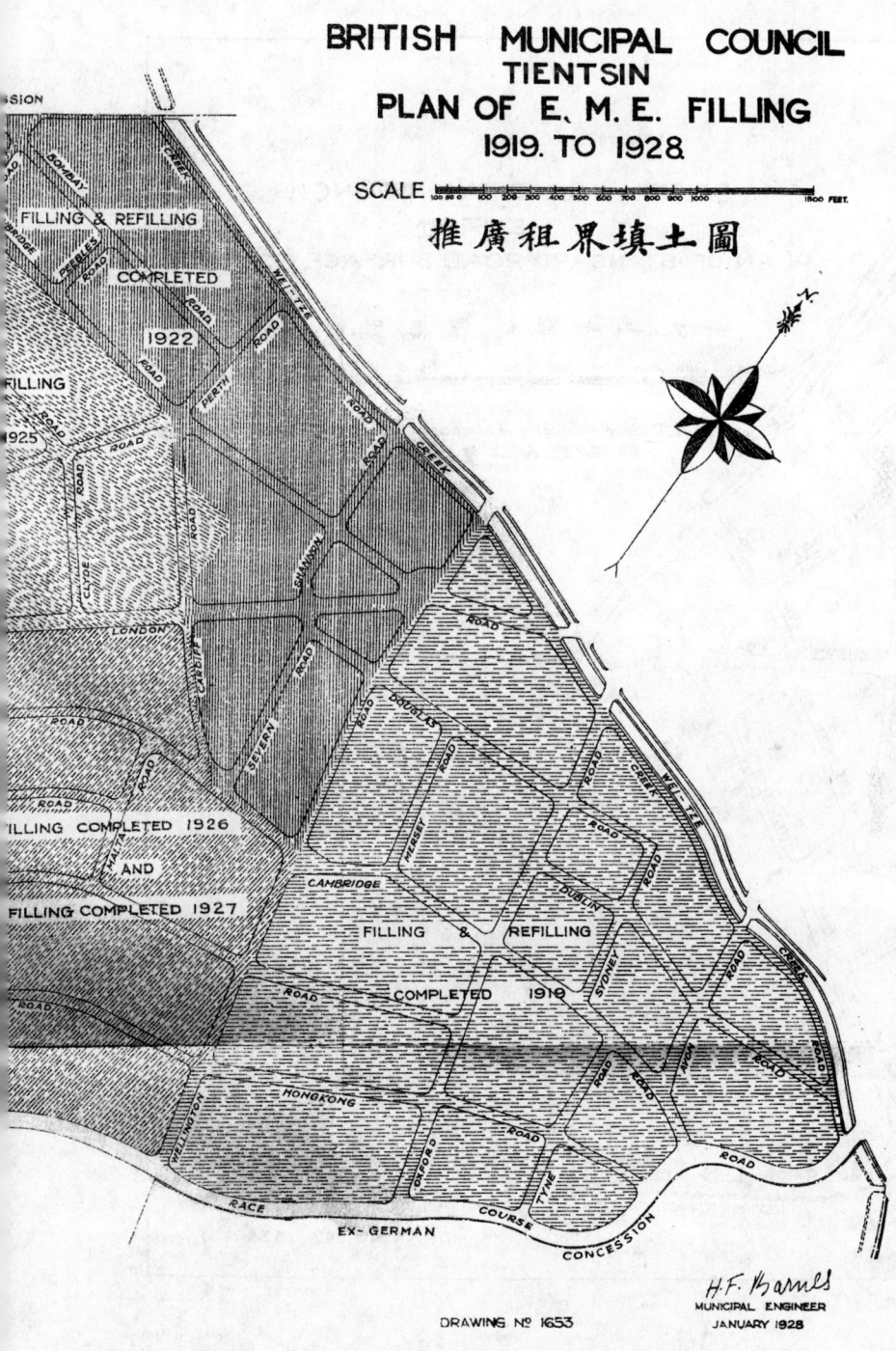

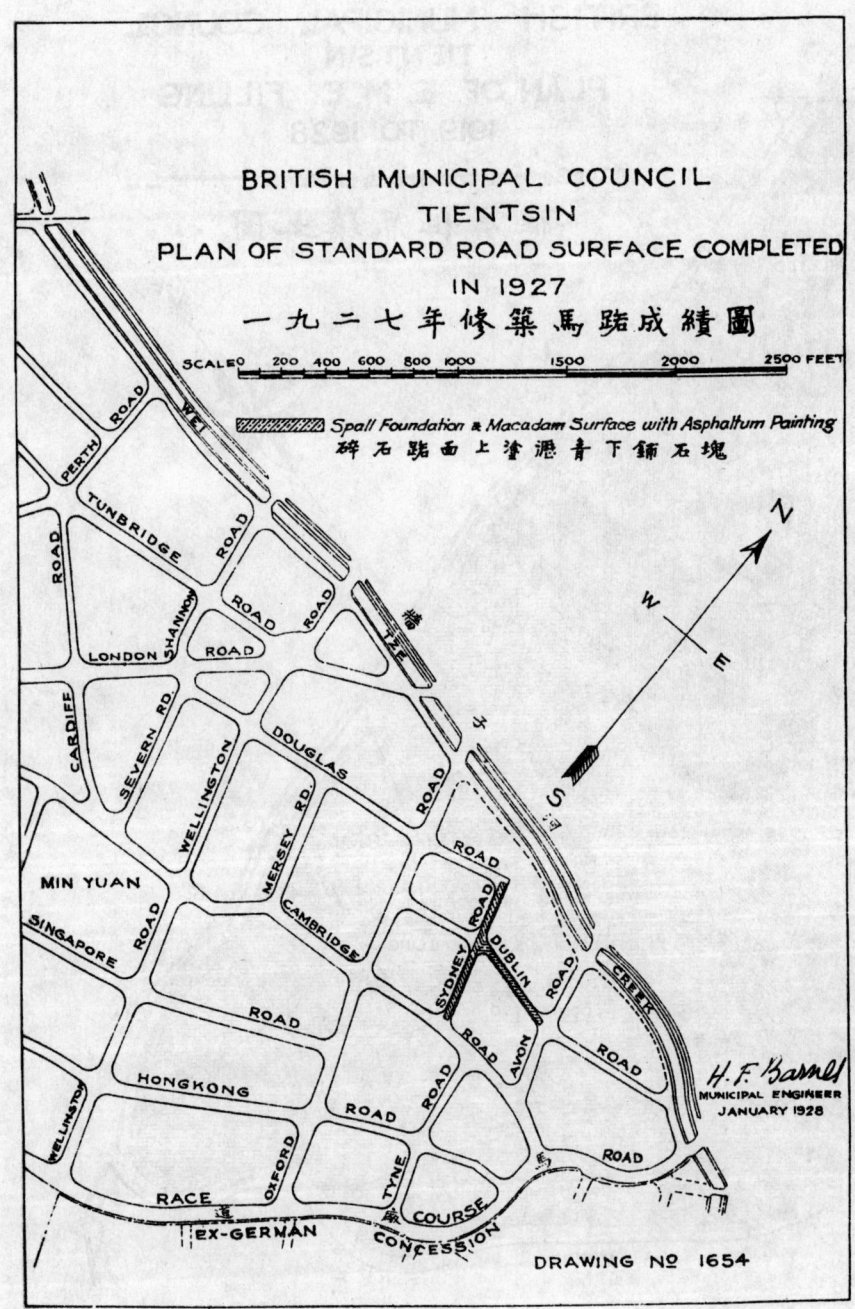

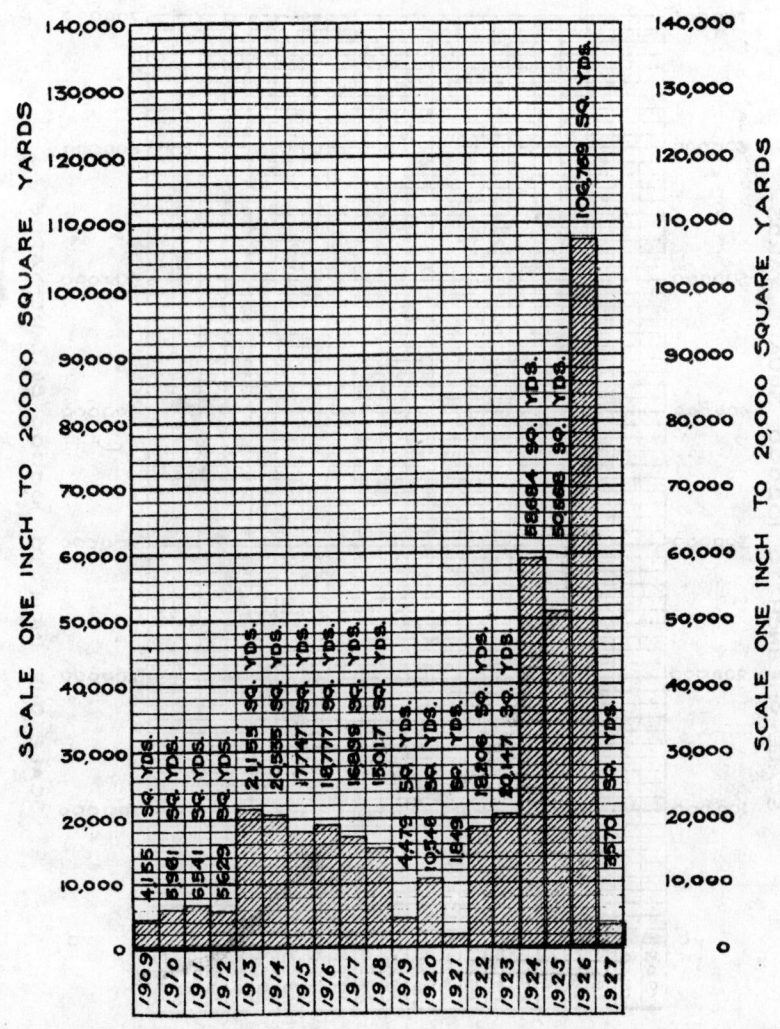

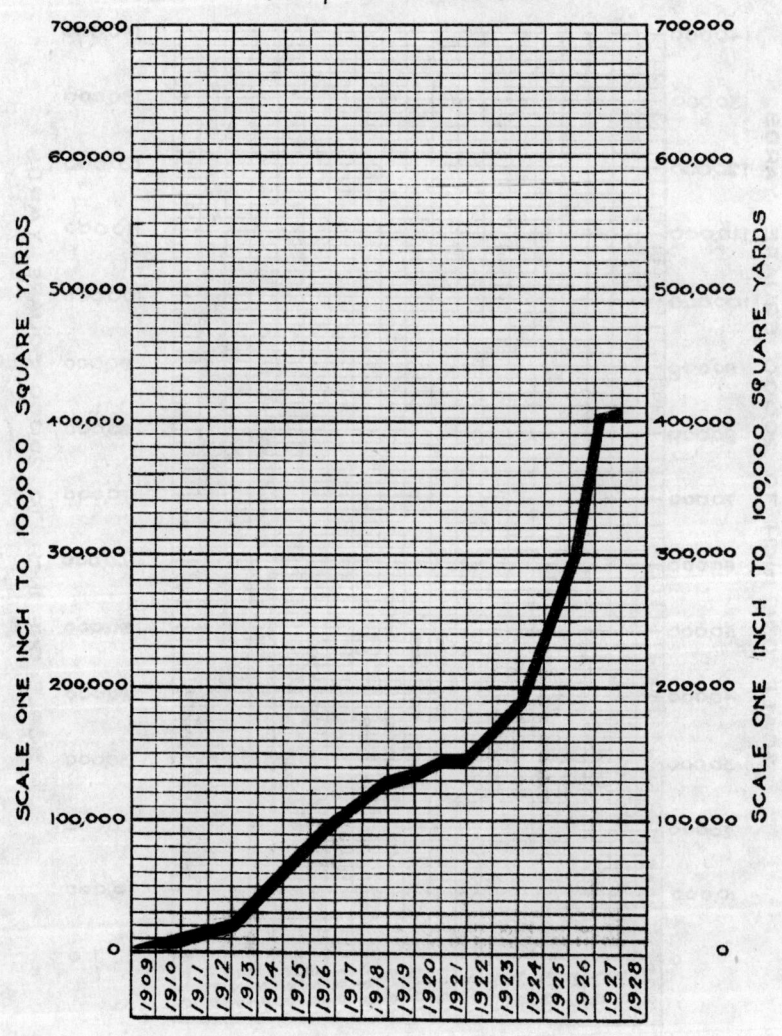

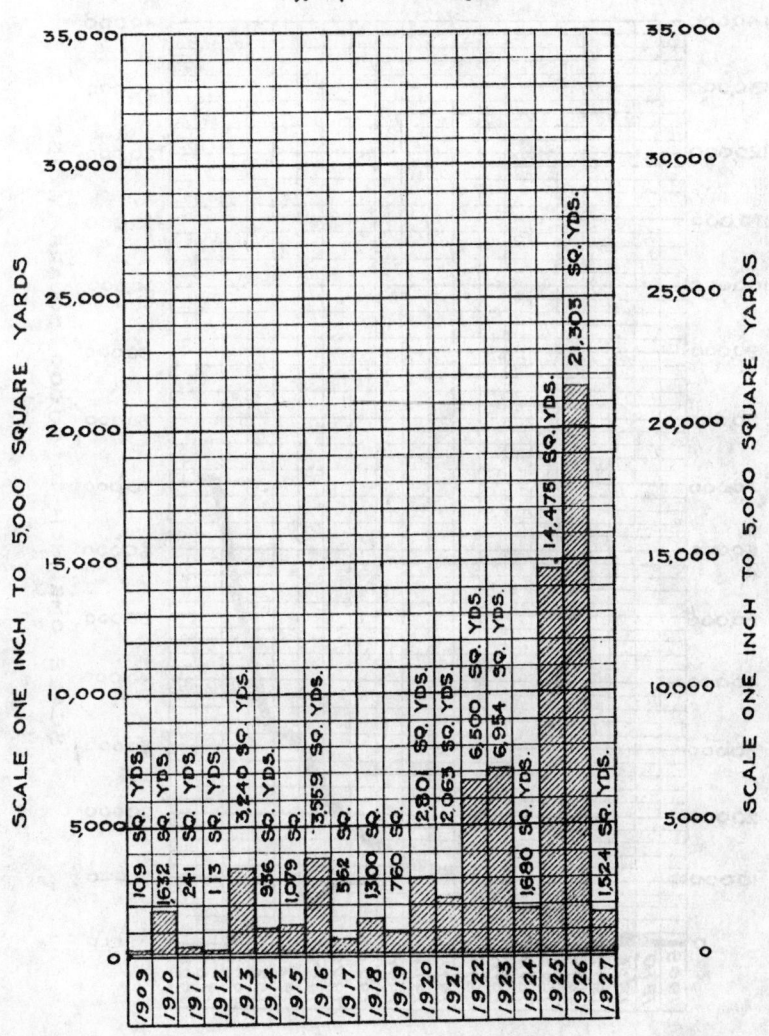

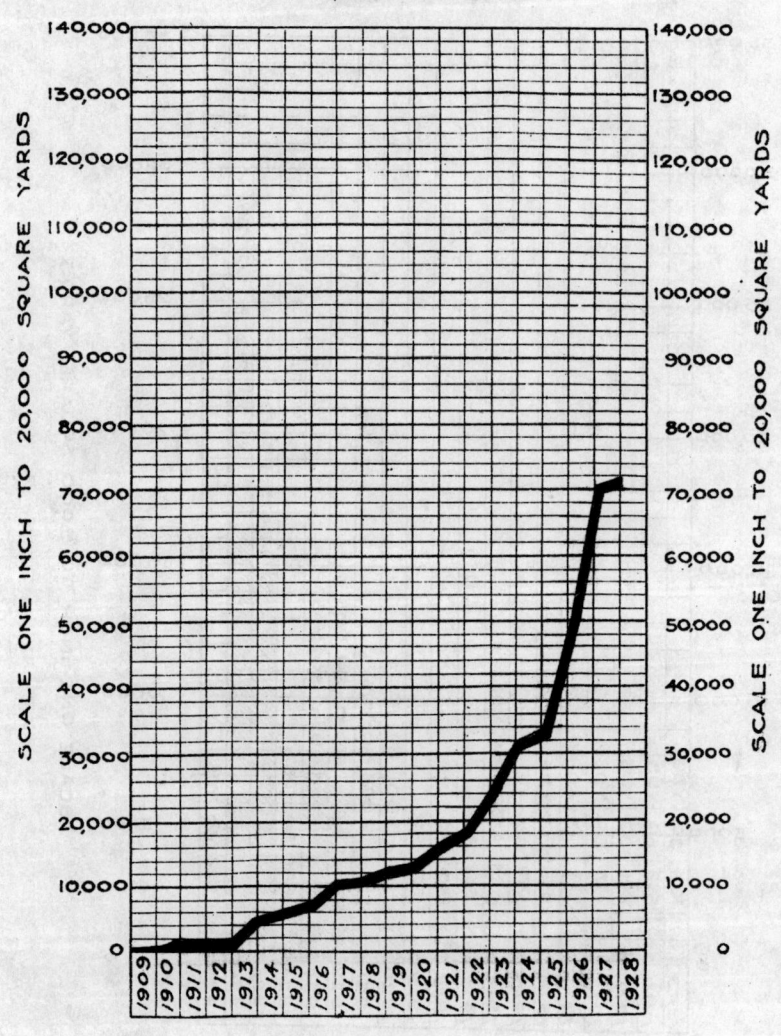

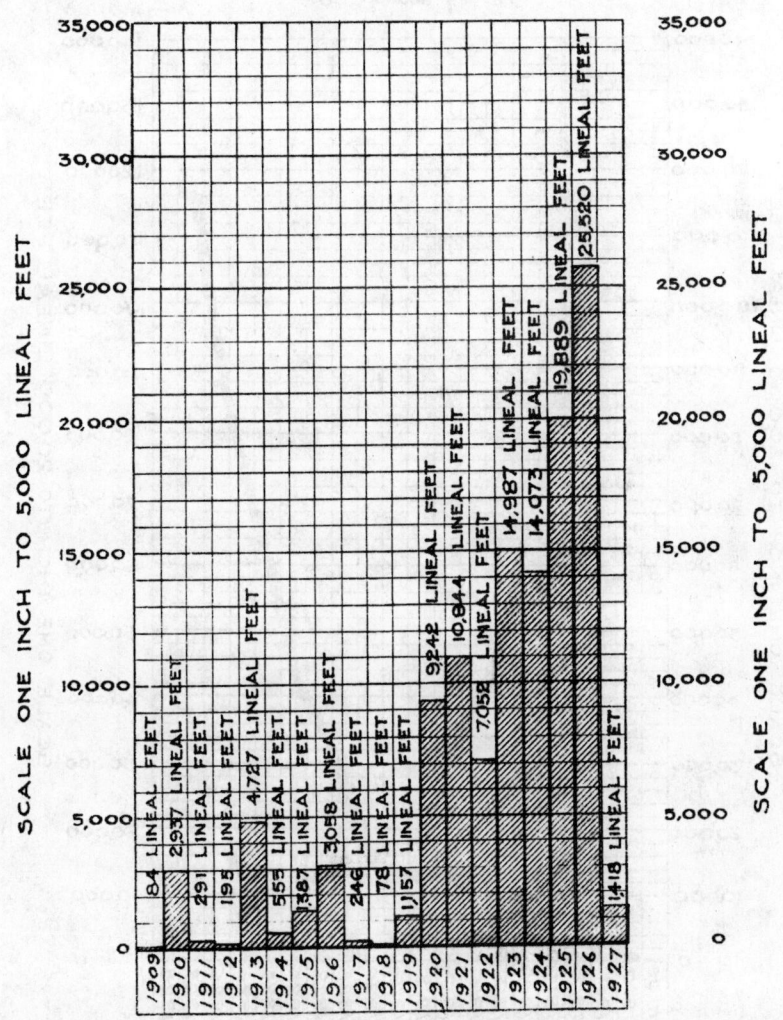

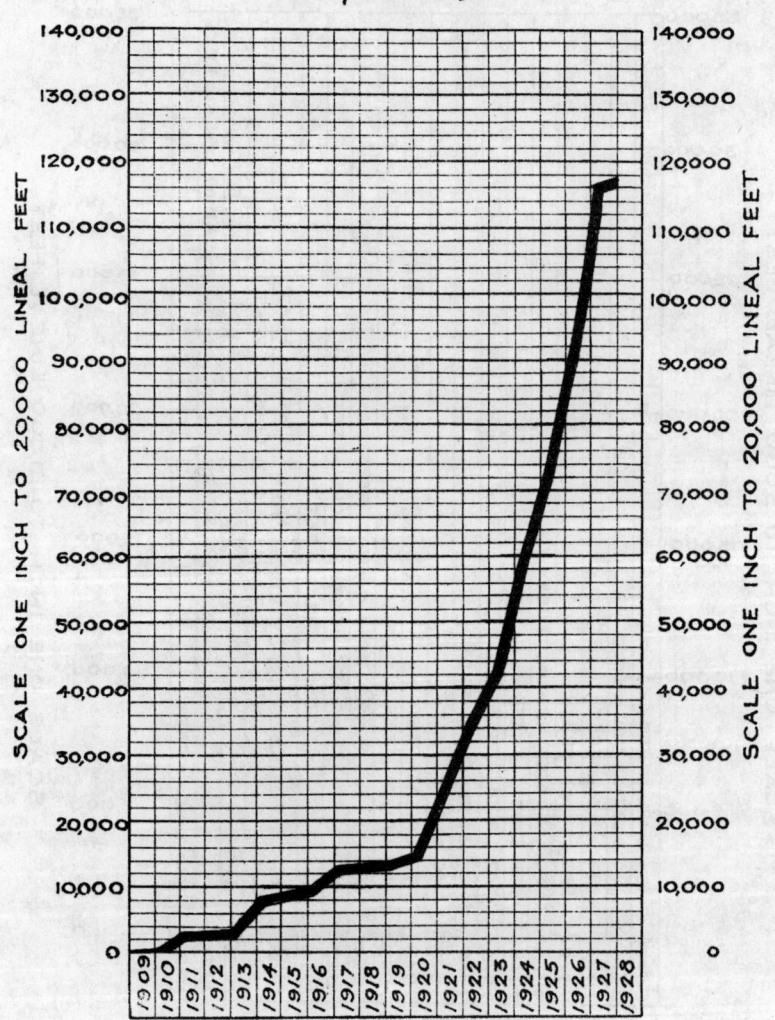

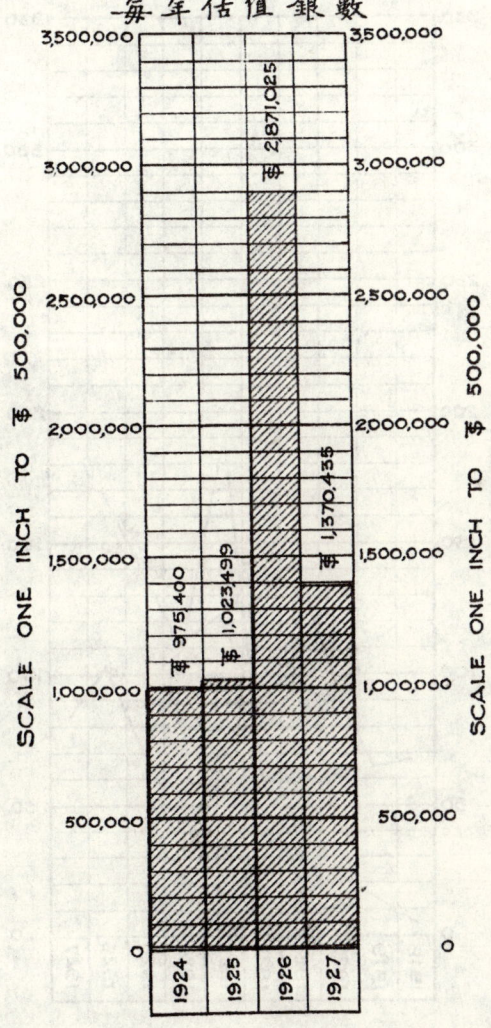

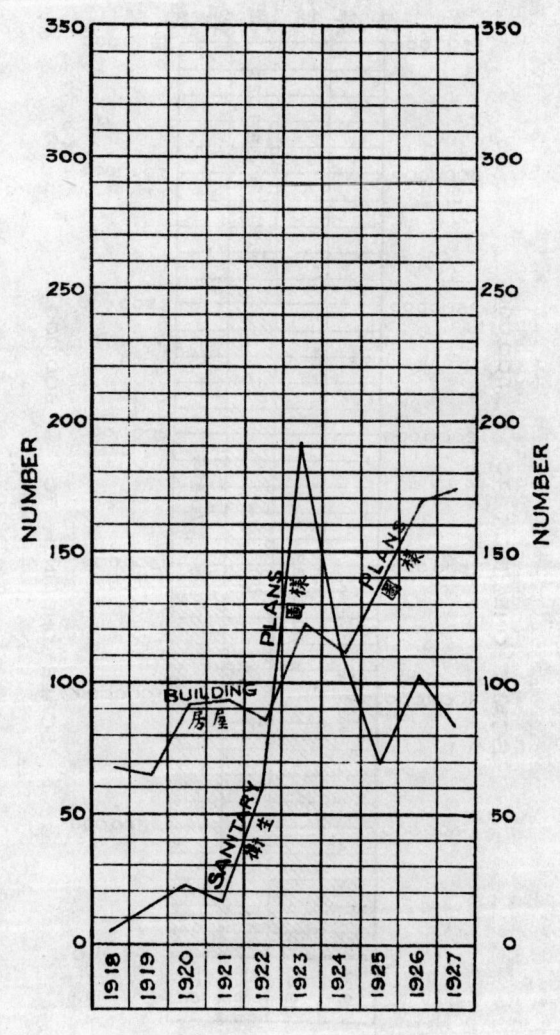

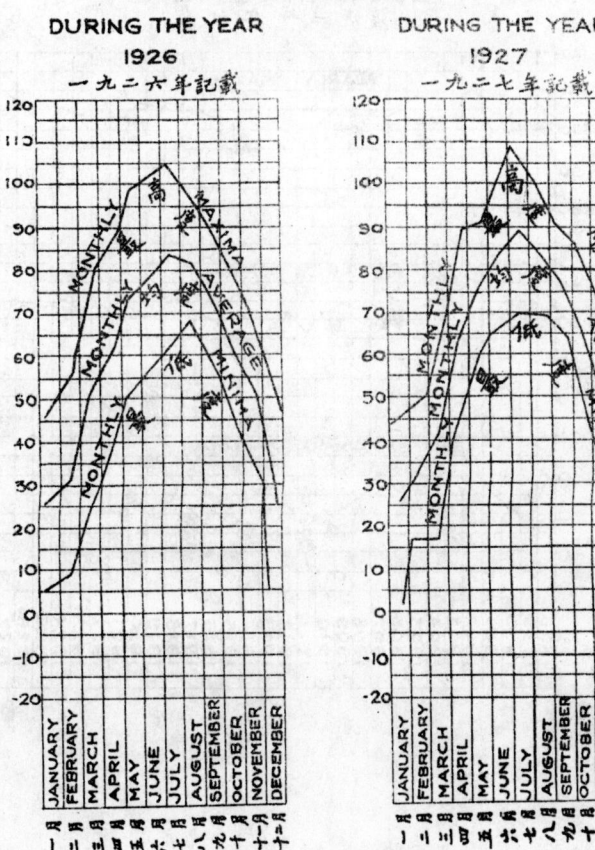

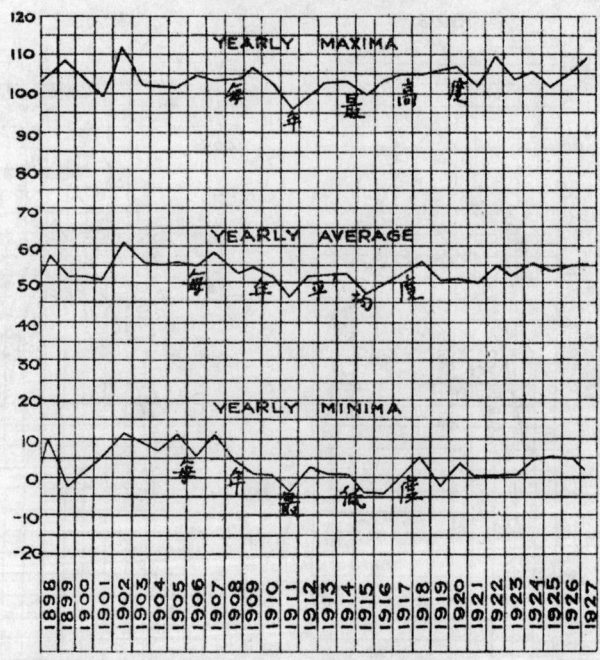

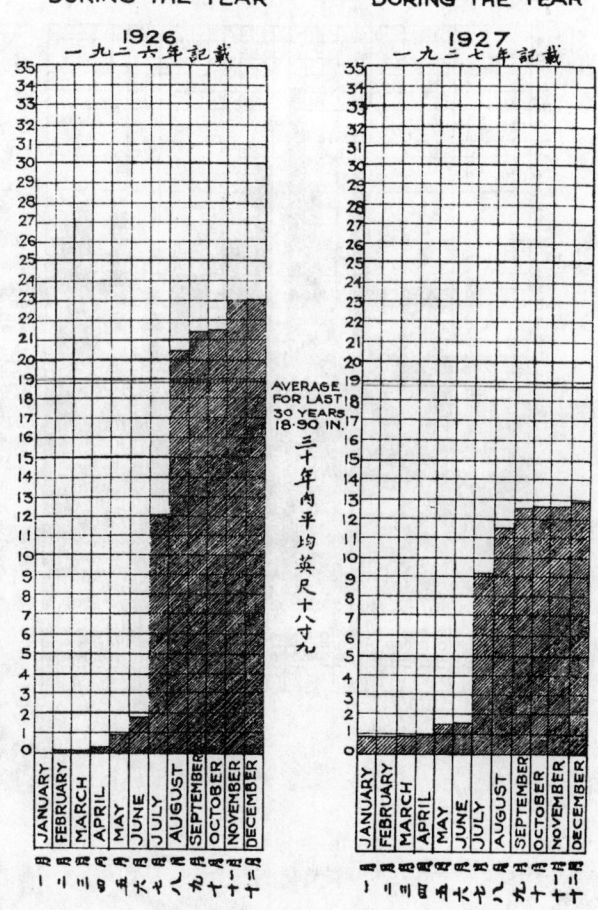

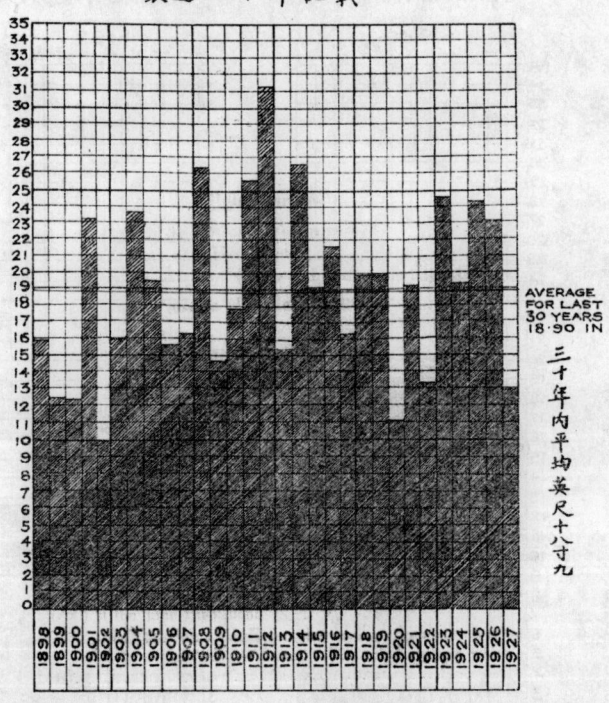

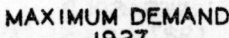

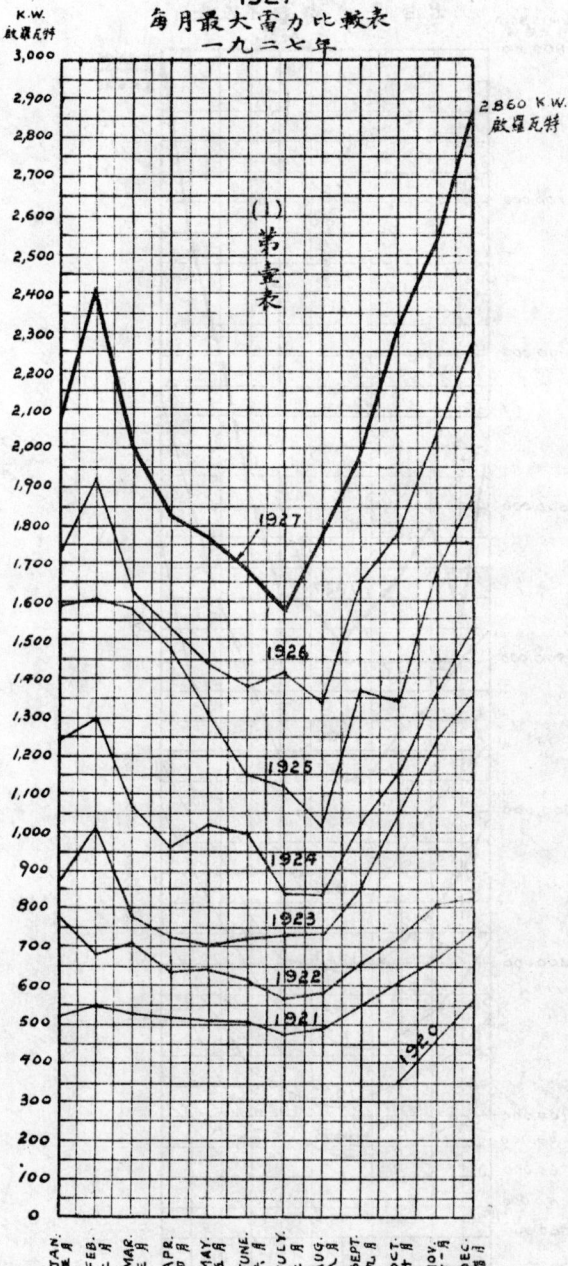

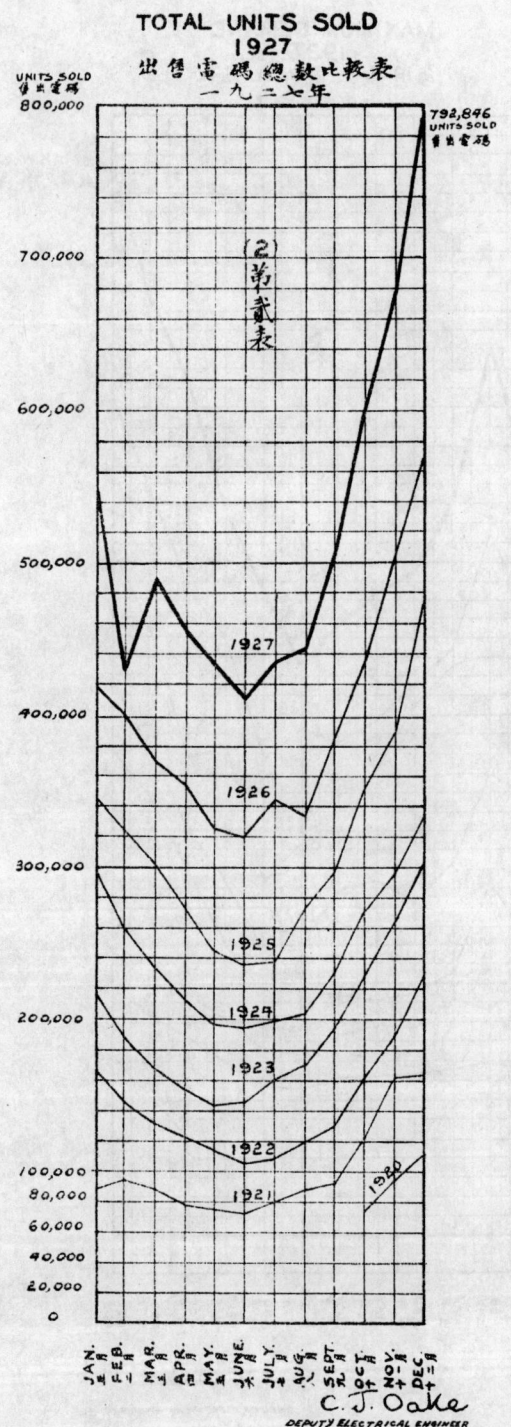

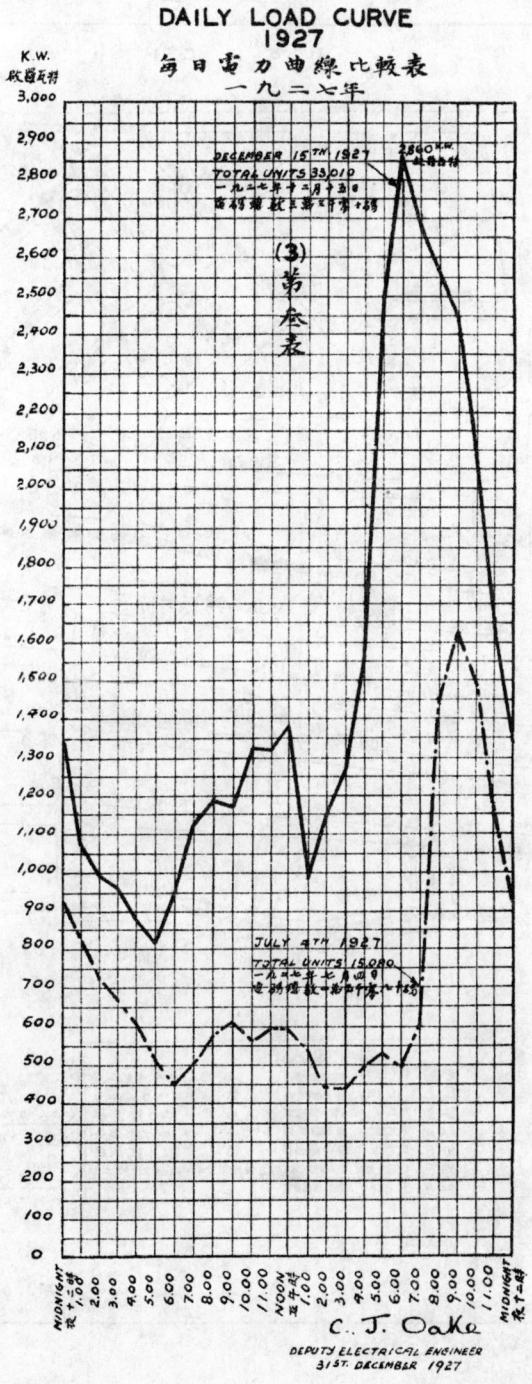

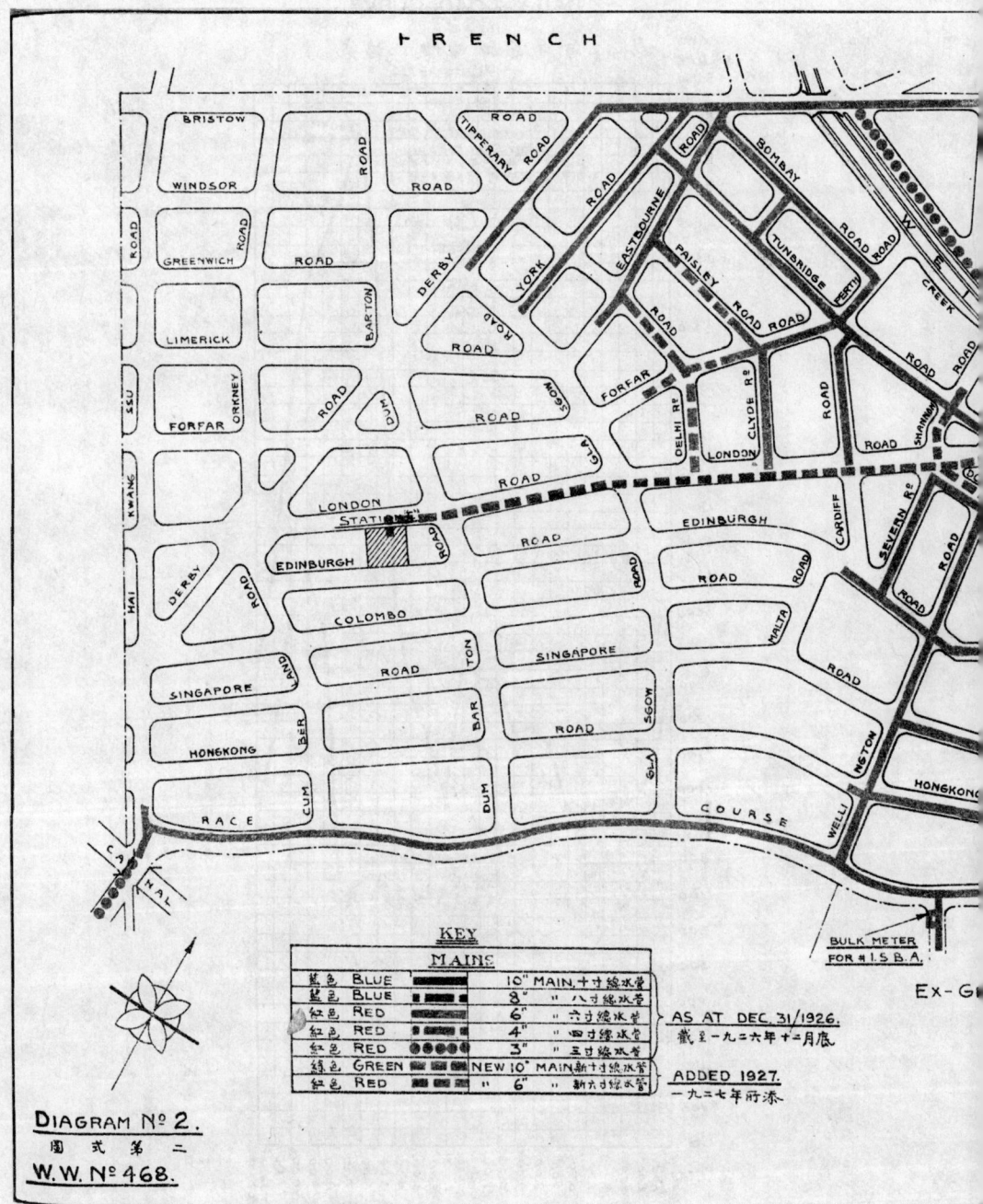

天津英工部局1927年董事会报告暨1928年预算

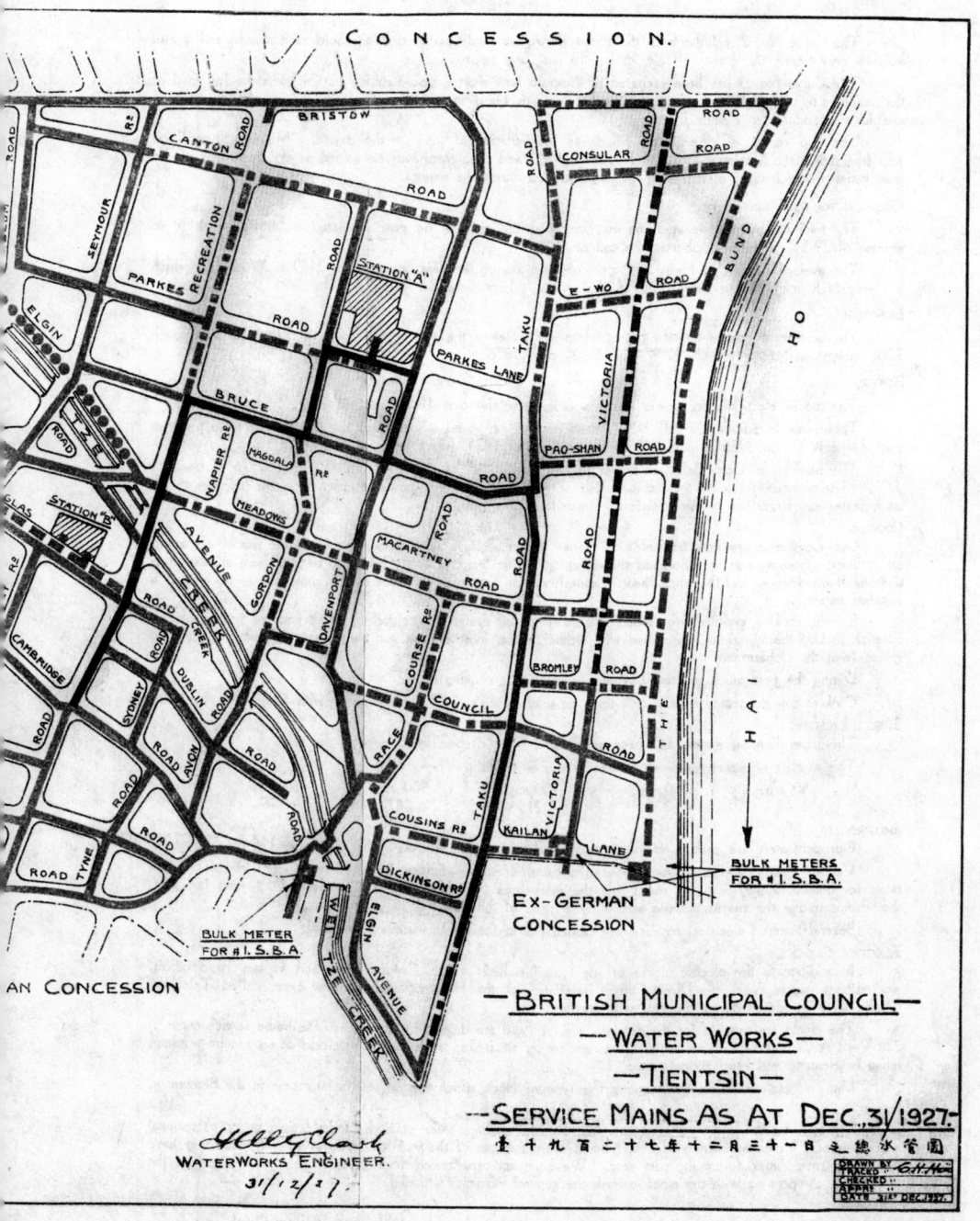

The Curve No. 2 included with this report shows the total number of Units Sold each month, and it also indicates very clearly the growth of sales during the past few years.

The Curve No. 3 has been prepared to illustrate how short a period during the 24 hours the full load of the station is in use, and how important it is therefore, to build up the day load by encouraging all uses of electricity in addition to electric lighting.

The two curves on Sheet No. 3 indicate the variation of load on the day of "Minimum Load" on July 4th, and of the Maximum Load on December 15th, and from them will be gained a very good idea of the great variation which takes place during the day and also during the seasons.

CONNECTIONS TO MAINS.

The total number of consumers on our circuits at the end of the year amounted to 2,869 which is an increase of 29.2% over the number at the end of 1926.

The average number of Units Sold per consumer during the year amounted to 2149 K.W. Hours which is a very high figure for an undertaking which has not a large industrial load.

LIGHTING.

The amount of private lighting connected to our mains at the end of the year was 3,068 K.W. through 3,206 meters an increase of 470 K.W. or 18.1% over 1926.

POWER.

The use of electricity for power shows a progressive rise over 1926.

There was an addition of 247 K.W. connected to our mains which raises the power load on our system from 2,012 K.W. in 1926 to 2,259 K.W. at the end of 1927, which is an increase of 12.3%.

The number of Units Sold for power purposes amounted to 1,612,424 K.W. Hours; an increase of 43%. The increase is much greater than that of the amount of new power connected, and it indicates that a much better and larger use is being made of the motors.

COOKING.

Our Consumers are now beginning to realise the tremendous advantages attached to the use of electricity for domestic purposes, and to understand that electricity is no longer a costly luxury to be used with great care as a means of illumination, but that cheap heat is also always on tap for the service of the consumer, to be used at a moments notice.

Electric cooking appliances of sound workmanship and design surrounded by thick pads of heat insulating material, making the apparatus, when used with ordinary care, most efficient and cheap, are obtainable on the hire system from the Department.

During the year much progress has been made in the cooking loads.

Cookers now connected amount to a total capacity of 695 K.W. as compared with 556 K.W. in 1926.

STREET LIGHTING.

The street lighting system has been maintained in good condition throughout the year.

The number of street lamps at present in use is as follows:—

50 c.p.	100 c.p.	200 c.p.	300 c.p.	600 c.p.
43	371	215	41	19

SHOWROOMS.

Our consumers are making frequent visits, and taking great interest in the stock carried in the Showroom.

Various electric appliances have been demonstrated (special interest being taken in small electric refrigerators for household use) with the result that the sales from the Showroom have increased 20% over last year, thus demonstrating the useful purpose served by a store of this nature in the Concession.

Several hundred electrical repairs were carried out in the small workshop attached.

ELECTRIC CLOCKS.

In addition to the electric clocks of the type installed at the Gordon Hall and various large offices, worked by a master clock on a Direct Current installation at the Power Station; a new type, called Telechron Clocks, were introduced during the year with success.

The clocks are suitable for the domestic pressure and are therefore connected to the house service mains at 220 Volts A.C. by means of just plugging into any socket situated in the house. The clocks do not require winding, oiling or cleaning and keep accurate time.

Many of our consumers are adopting this type of clock which can be seen at any time in the Showroom.

STAFF.

During July, the Electrical Engineer, Mr. R. A. Williams was granted Home Leave under exceptional circumstances. I wish to acknowledge and thank every member of the staff for the loyal way in which they have carried out their duties during the past year. We have not experienced the slightest trouble, each branch of the undertaking co-operating with the other towards the general efficiency attained.

C. J. OAKE, M.C. ASSOC. M.A.I.E.E.,
Deputy Electrical Engineer.

天津英工部局
1929年董事会报告
暨1930年预算

天津英租界常年选举人大会定于本年4月16日星期三下午3:30在戈登堂举行

会议日程：

一、证实上年4月17日常年选举人大会会议记录。

二、接受上年董事会报告暨通过上年截至12月31日止之全年账目。

附注：选举人对于该账目如有质问务请至迟于大会期3日前函知工部局秘书长，俾免临时答复有何遗漏或欠周详之虞。

三、审查董事会提出本年预算如荷，表示同意即请执行通过手续。

四、提出关于缴付本年地募捐暨房产租值捐动议如荷，赞成即请执行通过手续。

天津英租界选举人在本会议决定地亩捐应于4月缴纳，房产租值捐应于9月缴纳，并就此授予新董事会以征收上列4、9两月各捐之权。

五、选举本年估值委员2人。

六、审查1930年推广界分区条例如荷，表示同意即请执行通过手续。该条例原文详第34、35页（译文详第34页）。

七、审查下列议案如荷，表示同意即请执行通过手续。

天津英租界选举人在此会议允准董事会订立契约将维多利亚公园交与空地保管团执管。该契约条文详年报第31—33页（未及翻译）。

八、审查下列关于教育保管团各议案如荷，表示同意即请执行通过手续。

（一）天津英租界选举人在此会议公决，呈请英国公使核准驻津英国工部局1918年章程第十一条第十节修正条文。此项修正条文详年报第20页（译文详第26页）。

（二）天津英租界选举人在此会议公决，呈请英国公使核准驻津英国工部局1918年章程增入新条文"第十九条甲"。该新条文详年报第20、21页（译文详第25页）。

（三）天津英租界选举人在此会议允准，董事会在上列英国工部局1918

年章程修正条文暨增入新条文已核准后,订立教育保管团契约。该契约条文草案详年报第 21—29 页(译文详第 28 页)。但于契约未成立之前为实行保管计,其条文认为有何必要得更易之,惟不得抵触契约之原则。

九、上列各议案已通过后,选举人选定代表充任下列两学校之管理委员会委员。

(一)外国选举人举定英国人民 3 人充任天津英文学堂管理委员会委员。

(二)中国选举人举定中国国民 3 人充任天津公学管理委员会委员。

十、考量其他事件。

十一、选举本年新董事会董事。

附注:为便利会议进行起见,选举人对于上列议题或其他市政事件如有质问意见,务请至迟于大会期 3 日前通知秘书长,俾免临时答复疏略。

驻津英国工部局 1918 年章程暨修正条文

布　告

本章程经驻华大英国公使制定,关系重要,特此公布。俾众周知。

驻华大英国公使　朱尔典　印
北京　1918 年 12 月 17 日

皇家则例依据 1904 年枢密院中国命令第一五五条暨 1907 年枢密院修正中国命令第十三条公布之。

1918 年第九号

驻津英国工部局章程

一、本章程自第一条至第五十三条应自 1919 年 1 月 1 日起施行有效。

二、下列各章程暨条例应于 1919 年 1 月 1 日废止。

天津英国租界 1866 年 11 月 26 日地亩章程;英国工部局扩充界 1899 年 3 月 31 日地亩章程暨一切修正条文及制定条例概行废止。

三、本章程准称为驻津英国工部局 1918 年章程。

驻华大英国公使　朱尔典　印
北京　1918 年 12 月 17 日

驻津英国工部局所辖区域章程

包括地段如下：

老租界

扩充界

南扩充界即旧称为美国租界

推广界

总　目

第一条　名词释义

第二条　工部局所辖区域

第三条　常年大会

第四条　特别大会

第五条　大会议事秩序

第六条　纳捐人选举资格

第七条　占用房产人选举资格

第八条　合伙业主等

第九条　法权代理人权限

第十条　选举人登记

第十一条　选举人权限

第十二条　偿还继续皇家租契用金

第十三条　董事会组织

第十四条　董事资格之丧失

第十五条　选举董事会手续

第十六条　董事会办事手续

第十七条　董事会董事缺额

第十八条　工部局产业

第十九条　捐款征收

第二十条　条例附则

第二十条甲　警备命令

第二十一条　巡务

第二十二条　特务巡捕义勇队消防队

第二十三条　小贩行商佣仆等捐照

第二十四条　危险品捐照

第二十五条　娱乐场所等捐照

第二十六条　各种营业捐照

第二十七条　车辆、牲畜暨执事等捐照

第二十八条　军火等捐照

第二十九条　董事会颁发捐照权

第三十条　公安妨害

第三十一条　街道交通及公安妨害之取缔

第三十二条　残虐牲畜等

第三十三条　检查卫生等项

第三十四条　建筑章程

第三十五条　低地之填高

第三十六条　马路暨沟渠

第三十七条　市政公用地之取得

第三十八条　工部局职员暨夫役

第三十九条　控诉及追偿罚款权限

第四十条　控诉董事会手续

第四十一条　市政公款账目暨稽核

第四十二条　预算

第四十三条　估价委员

第四十四条　估价权限

第四十五条　强制购买产业估值

第四十六条　中国政府地税

第四十七条　地契注册

第四十八条　四至界石

第四十九条　登载通告方法

第五十条　不谙章程

第五十一条　章程暨条例之证实

第五十二条　章程暨条例之解释

第五十三条　章程之修正

驻津英国工部局所辖区域地亩章程

第一条 名词释义

本章程内所用下列名词与上下文意义不相抵触者，以下列释定意义为准。

租界系指该区域由中国政府永久租与英国政府名为英国租界而可转租于市民者。

扩充界系指该区域于1897年3月31日由天津海关道布告声明归英国当局管理，名为英国工部局扩充界或英国扩充租界而言。

南扩充界系指该区域曾划为美国租界，而于1902年10月23日由天津海关道布告声明归英国当局管理者。

推广界系指墙子河外区域于1903年1月14日由天津海关道布告声明归英国当局管理，名为英国工布局推广界而言。

选举人系指本章程第六条暨第七条之规定，即按照章程第三条、第四条所列大会时得有选举权人暨依照章程第九条法权代理人规定委托之代表投票人而言。

董事会系指本章程第十一条所载英国工部局董事会而言。

英国公使系指大英国派驻北京（北平）之公使或署理总领事或代办而言。

英国总领事系指大英国派驻天津之总领事或署理总领事或其他正式代表而言。

秘书长系指英国工部局董事会之秘书长而言。

业主系包括地亩租户执有租契，租界及得永租权，或在英工部局所辖区域内享有其他地亩所有权之人而言。

凡言人氏者包括男女暨商行及公司而言。

凡单数字包括多数；多数字包含单数。

凡阳类字包括阴类。

各条款题目不能影响本章程正文之释义。

第二条　工部局所辖区域四至界线

此项章程适用于附图所载工部局所辖区域其界限如下：

一、东北以海河为界。

二、西北以法国租界为界，自海河为起点，经飞龙路、新园路、宝士徒道中心至宝士徒道桥中心，由此点复经飞龙路中心线及河坝道西线之交切点展一直线，长约1万英尺下右，其准确终点系由马厂道临近佟家楼第二号桥北首桥墩西面，画一垂直线与上述展长直线相切成正角之处。

三、西南以前节所言垂直线为界。

四、东南以马厂道旧测东南边线至土墙旧基为界。

五、东南角之不整齐地形界线如下：南以土墙为界，现于英国租界及邻界处由界石确定至海大道中心大沽闸为止。东北以海大道中心线为界。东南以开滦巷南端延长至海河为界。

六、界线虽如前节所述，惟海大道仍旧为中国大道。

七、附图标明前节所言界线较为明晰。

第三条　常年大会

一、常年选举人大会在每年3月应由英国总领事于会期前给予至少14日至多21日之预先通告。

二、常年大会应由英国总领事主席并于赞成否决两方权数相等时，给予最后之表决。

第四条　特别大会

一、无论何时英国总领事可随时发起召集选举人大会。

二、英国总领事因多数董事或选举人至少15人之书面请求，得随时召集此项大会。

三、召集此项大会应预先在会期12日以前登报通告大众，惟英国总领事得权衡酌减通告日数或完全免除此项通告。

四、此项大会召集通告应明白声述开会宗旨。

五、此项大会所议事件应以召集该会议本旨为限。

六、选举人有登记资格而未经登记手续者，此项大会不得因此而否认其投票权。

七、凡议决或表决事件除由大会全体同意外，倘在场选举人有三分之一要求再开证实大会,则须俟至下次此项证实大会赞成通过方为有效。此项证实大会开会日期及召集方法应于该大会即时议定,惟至早须于该大会 24 小时以后。

第五条　大会议事秩序

一、大会中议决事件除由英国总领事在会中口头否认或于开会后 7 日内以书面递送董事会声明否决均作无效外,其议案经多数通过者,应毋庸再议。

二、表决手续首先应用举手法,但倘有选举人要求投票法亦可用之。

第六条　纳捐人选举资格

一、任何国籍人氏于选举人大会期 21 日前在本租界为注册之业主,依据估定产值之地亩捐或房产租值捐除建筑不足额地亩捐不计外,每年由缴纳合计 200 两或超过 200 两之义务者,得有选举资格。惟该纳捐人年龄须满足 21 岁不受任何法律束缚或褫夺公权,业经清缴。本租界各捐款并在最近 12 个月内无任意违犯本局各章程或条例情事。

二、上列纳捐人每年缴纳地亩捐、房产租值捐分计或合计每足 200 两者,得登记有选举权一权。

第七条　占用房产人选举资格

一、任何国籍人氏于选举人登记期前最近 6 整月仍占用本租界内房产不限定同一处所,其每年估定租值足 600 两者,得有选举资格,惟该占用人年龄须满足 21 岁不受任何法律束缚或褫夺公权,业经清缴。本局各种捐款并于最近 12 个月内,无任意违犯本局章程或条例情事。

二、每占用人应得之选举权数应依据其于上列 6 整月期内任何一时,占用各房产之估定全年租值最低总数为标准。

三、各占用人所用房产其估定全年租值满 600 两者,得登记有选举权一权。

第八条　合伙业主等

合伙业主代理保管财产人合伙占用人合股公司暨商行依据章程第六、七条之选举权数规定,应推举同伙 1 人执行之,并于任何选举人大会期 5 日前函知本局登记人。

第九条　法权代理人之权限

无论何人以普通法权代表某人者,得有权执行按照本章程规定某人氏应有之权利。

第十条 选举人登记

一、选举人登记簿祥载选举人姓名及资格由工部局保管之。

二、常年选举大会会期一经决定,董事会须于至多1整月至少3星期以前登载本埠报章,俾众周知。凡愿按章程第七条登记为选举人者,须于开会前至少14日内,用书面请求秘书长登记并声明未经请求者,概不得登记。秘书长对于请求人所援引各证据应察核情形得允准或勿许其登记,凡遇不合格者,秘书长应用书面通告请求人声明其拒绝理由。

三、至少于常年大会期1星期前秘书长应将有选举权人名单登载本埠报章详列,各人按照章程第六条暨第七条规定应有权数。

四、无论何人对于秘书长所列名单认为有遗漏及误列或某人所有权数有不符情事时,可于开大会期前至少5日内致函英国总领事质问,并将质问书抄送秘书长及有关系人。如所提质问业经递送总领事,应择定日期登报声明,审查各方理由,修正秘书长所列名单。此项已经更正或无须更正名单,应由总领事会同签名并于会期前公布之,此名单适用期限至次年2月1日止。

五、除章程第四条第六节所规定外,凡未经登记人于大会时,概无选举权。

第十一条 选举人之权限

为施行本章程起见,选举人有权办理下列各事:

一、推举行政委员名曰:驻津英国工部局董事会,其组织依本章程规定。

二、依本章程规定推举稽核员及估价委员。

三、无论何时依据章程第三条或第四条规定,按召集大会通过之弹劾或不信任董事会稽核员或估价委员议案得分别停止各员职权,而另举新董事会、新稽核员或新估价委员。

四、计划工部局所辖区域之管理办法。

五、规定工部局所辖区域内之捐率,征收界内业主住户地亩捐、估定房产租值捐及通行本区域之各执照费。

六、征收运至英工部局所辖区域任何地点之商品货物装卸或转口物品附捐。

七、征收停泊或系靠河坝无论何种船只系船费暨其他捐税。

八、为供给用水电流、铁道、电车道、邮便以及其他公用事业得建筑或设立或购置其全部或一部分之厂所，并随时以适当方法保持之或将其建筑权或设立权让与他人或准许，此项厂所或事业之建筑与设立或订立合同，准许此种已设立或将设立之厂所供给公众利便。

九、借款或用其他方法筹款，以工部局产业及收入作为抵押担保品。

十、设立捐助或维持不拘定宗教派别之学校奖学金、菜市、医院、音乐队、游泳池、浴池、公园及体育场藏书楼，其他有贡献于公益事业。

十一、为市政需要得随时筹划借款购置工部局所辖区域内或区域外之地亩。

十二、将上列事权之全部或一部分委托董事会执行之。

第十二条 偿还继续皇家租契用金

一、自本章程施行之日起至1960年终，依据估价委员会1918年估定本租界内租借地亩价值除房产暨工部局租用产业不计外，每一年度按二百份之一筹拨的款，此款应由董事会另立特账登记指定下列用途。

二、在皇家未决定上述区域地产续租条件前，上列筹措的款暨所生一切子金或因投资或存放所得红利应由董事会酌定经理购买信实股票或定期存放于一银行或数银行。如遇损失跌价，董事会概不负责。

三、迨皇家既经决定各地产继续租契条件，凡承认该条件并获得续租权，各承租人嗣后每年度至1960年终，应有权收领由前项特账项下为偿还继续租契用金之全部或一部分所拨付之款额，以等于其所租产业1918年估定价值二百份之一为准。除房产不计外，再加在续租第一年内各该已获得续租权租户应得前特账项下积存款项可分摊之数，此数须按照其所租产业不计房产之1918年估定价值与工部局租用产业以外之一切产业同年估定总值之比例计算之。惟任何租户应得分摊偿还数之比率不得优越于其他租户，设皇家决定续租条件较优于上列各节所规定者，则计定摊还之数应依例照减，只求足敷较优条件下所需继续租契用金为度，详本章程第五节。

四、设继续租契条件于1960年12月31日以前决定，而所有租户或已获得续租权或经皇家拒绝续租或接到继续租契条件通知后1年，尚未声请续租或续租条件别无规定，则上列此后每年度应筹拨的款，须按照各该未能获得继续租契租户产业1918年估定价值二百分之一相等之数递减之，其房产不在计算之列。

五、设皇家决定之继续租契条件较优于上列规定所计划者,则此后每年度应筹措之款当递减,只期足敷继续租契较优条件下,每年所需用金连同第三节所列分配之数为度并改为逐年缴付。依皇家核定继续租契每年需用地租计算法为标准或者皇家不核定上述计算标准,则大会选举人可另定核算办法。

六、设于1960年期满前皇家未能核定继续租契条件,则上列特账项下存款截至1960年12月31日止,应依照界期各租户所租产业不计房产之1918年估定价值之比例按户分摊之。

七、除清付因本条章程所发生之各债务外,该特账项下所余剩款应转入工部局普通账内。

第十三条 董事会组织

一、只选举人得被选为董事。

二、董事会须有董事至少5人至多10人。

三、董事会至少须有5人系英国人民。

四、董事会会长须系英国人民。

第十四条 董事资格之丧失

一、虽有章程第十三条之规定某选举人如遇下列情事,即无被选为董事之资格并不能充任董事。

(一)充任工部局稽核员或任何职务或占有隶属于董事会之赢利地位。

(二)直接或间接因本身或其股东与董事会订立任何合同或为董事会服务占有股份或利益者。

二、前节所称订立合同或服务占有股份或利益若仅限于下列各端,则其被选及充任董事之资格并不受任何限制。

(一)租地、购地或售地以及订立此项合同者。

(二)订立借款合同或关于担保还款之抵押品。

(三)对于任何公开投标之合同,其承受或拒绝之表决有关系董事并未参与者。

(四)关于登载工部局各项广告之报社占有利益。

(五)关于有限公司与董事会订立合同,以便供给本区域内用水或电灯或其他各项事业者。

三、董事遇有被人控告情事或承受破产审查者，不得继续其职务。

第十五条　董事会选举手续

一、依据章程第十三条凡选举人2人，即能按照本章程前列规定推举任何合格人员或数员为董事会董事，所推举人数至多不得过10人。推举人暨赞成人须各先署名，再征得备选人书面同意，至迟于常年大会期7日前用书信通知秘书长。

二、凡被推举人名称应于常年大会期前登载，本埠报章并于大会时宣告大众。

三、设被推举之人数仅10人，则此10人之选举应即证实之。

四、设被推举之人数超过10人，则集议人应以投票手续选定10人。

五、设被推举之人数不足10人，则此数人之选举应即证实之。

六、设选举人因故于常年大会期后10日尚未能选出董事5人，遇此情形应由英国总领事处理之。

第十六条　董事会办事手续

一、新任董事会一俟旧任董事会之账目经常年大会通过后，即行就职。

二、新任董事会于第一次开会时，应即举定正副会长并以服务董事会先进之董事主席此项选举。

三、董事会开会时，倘两方表决权相等，董事长得有第二次表决权或取决权。

四、董事有3人到场，即足办事之法定人数。

五、董事会会议遇正副董事长缺席时，应由出席董事另选该会议临时主席。

第十七条　董事会董事缺额

董事会于寻常市政年度内遇有董事缺额，董事会得多数表决另行选人补充之。惟缺额之数不得超过3人，倘于市政年度缺额董事在3人以上，英国总领事因其余董事或至少12名选举人之，请求应召集特别大会选补空额。

第十八条　工部局产业

一、工部局之动产及不动产暨随时因办理市政执有之，各产业均用"驻津英国工部局"名义登记保管之。

二、此项产业应交与在职董事会保管，在未奉选举人之特别指示应并予以全权处理。

三、工部局产业之转让或其他处置,均用驻津英国工部局名义办理之。

第十九条　捐款征收

董事会有权征收选举人于大会所核定之各项捐税暨依据此项章程条例规定之应征捐照费等。

第二十条　条例附则

一、董事会既照章举定后,凡章程及条例所规定赋与之事权、职权及管理权并经条例声明,凡隶属董事会之一切权利暨产业应交付董事会者,应完全隶属之。

二、董事会有事权、职权得随时修订条例,俾本章程之宗旨得彻底施行并为本界市政发展计及防止障害起见,得撤消修正或更改其现行及拟定之各条例并规定相当罚款,以资取缔遏止。

三、董事会出席人数须满总数三分之二,始得商订条例。

四、此项条例须于公布后,满 14 日始为有效。

五、该项条例由董事长及秘书长签字递送英国总领事,经过 14 天方得认为有效。如于该 14 天以内,总领事对于条例之全部或其一部分不与允准,则该条例或其一部份即不能施行。惟遇有上述英总领事不与允准情事,董事会可详陈英国公使其所判断即为最后之决定。

六、业经成立之条例,其效力与本章程相等。

第二十条甲　警备命令

一、英国总领事认时机严重有急切危险之时,得通告宣布警备,本租借因此即入警备时期,待至英总领事认为无须继续警备时,得用通告解除之。

二、在警备时期内,工部局得权宜随时制定取消或变更警备命令,俾严密保护本界住户生命财产,所有警备命令概须英总领事核准,否则无效。

三、工部局于警备命令内得制定违犯此项命令罚例,其施行手续应与违犯本局条例处罚同。

四、为制定取消或变更此项警备命令,董事会董事出席人数按照章程规定董事会办事足额人数,即得成立之。

五、除本局另有声明外,举凡警备命令一经公布,即施行有效。

六、警备时期一经解除,所有警备命令即停止效用。惟任何警备命令之废止不得影响下列各节:

（一）各该命令有效时之施行暨已成事实或所致利害。

（二）因警备命令施行所得权利、特权豁免及其增益暨所致负担或债务。

（三）因违犯此项命令应受之处罚。

（四）因上述权利特权豁免负担债务或处罚所发生之审查手续法律处置或调剂矫正。

上述审查手续、法律处置或调剂矫正仍准继续成立或实施之并准执行处罚，一如警备命令未经废止。

第二十一条 巡务

董事会得随时派定足额人数充当工部局巡捕，无论何人不分国籍，如有酗酒滋事或扰乱治安行为或有甘蹈法网或以身试法之嫌，巡捕应即拘交工部局值班巡官，俾得按法惩治。

第二十二条 特务巡捕 义勇队 消防队

董事会有权得随时招募特务巡捕并招编或维持义勇队及消防队与其他组队，以救护生命财产及保持公共卫生为旨。

第二十三条 小贩行商佣仆等类捐照

董事会有权办理下列各端：

一、对于小贩、乞丐、说评书人、行商、苦力以及待雇人等，或连同马匹、马车、手车、大车、排子车、人力车、自行车暨其他各种运输器具，得给照、收捐或取缔之或禁止之。

二、对于雇佣仆役得给照、收捐。

三、买卖野禽得规定时期并颁发捐照。

第二十四条 危险品捐照

一、为预防火患或炸裂致危害生命财产起见，凡未经工部局给照人氏概不得收藏、存储、出售或制造任何危险及易燃物品，如火药、炸药、淡养杂质、火棉掺樟脑合化杂物、药绵、无烟火药、爆药、霹雳酸、绿养杂质、雷酸、爆药引火线、军火、花爆、油精、汽油、火油、电石、钙炭、黄燐、火硝、硫磺以及其他物料含有上列品质制成危险物品或其他危险易燃物类。举凡董事会随时通告揭示认为危险物品，其数量超过通告限制者或系属危险贸易或存储、出售或制造枪械，非备义勇队及巡务或出猎之用者，上列各项概须先得本局执照。

二、本章程所列危险贸易系包括干式洗染、制造火柴焰火暨存储大宗棉花诸营业以及其他各商等项，经本局随时用工部局通告声明为危险贸易者而言。

三、无论何人违背本章程规定或执照上所载各节，每次应处以300元以下之罚金或监禁或监禁兼罚作苦工，以不逾3个月为限或罚款与监禁依照上列限制一并施行之。

第二十五条　娱乐场所等捐照

一、凡未经本局给有执照者，概不得开设展览会、俱乐部、公寓、音乐堂、剧场、马戏场、电影院、餐馆及其他茶点室娱乐场所，旅馆、酒柜房、球房、跳舞场、店铺、仓库、货栈或设店售卖或制造酒品或出卖鸦片烟、质硵类、可加茵药等类并其他含毒性药材及各种毒药，暨经本局随时通告认为有害药品以及各种烟药并彩券等类，未曾领得本局执照者，一律禁售之。

二、上项执照如本局拒绝发给时，无须声明拒绝理由。

三、本章程所列娱乐场系包括一切公共娱乐场所，凡含有营业图利性质者，均属之。

四、无论何人违背本条例章程规定或执照所载各节，每次应处以不逾100元之罚金。如不能缴纳罚金时，即代以不逾1月之禁锢。

第二十六条　各种营业捐照

一、凡未经本局发给执照者，概不得开设叫卖行、印字馆、雕刻石印、印刷报章、杂志，张贴广告或开设商场质当银号、钱铺、金店、银楼、牛乳房、洗衣房、茶点室、屠宰场、马车行、汽车行、牛羊豕圈栏，并不得租房存储或出售衣服与专利药品以及鲜肉、鱼虾、野禽、鸡鸭、鲜果、冰块、菜蔬暨工部局随时通告之，其他食品等项或沿途贩卖上列各种货物或所列种类之一未向本局领得执照者，一律禁售。

二、董事会对于上列各种营业虽有前节规定，得随时决定概行免照或分别免照。

三、无论何人违背本章程及执照上所载各节每次应处以不逾100元之罚金，如不能缴纳时，即处以不逾1月之禁锢。

第二十七条　车辆牲畜暨执事等捐照

一、凡未经董事会发给执照者，无论何人为公众或个人用或出赁不得置办汽船、舢舨、渡船、马匹、骡驴、汽车、电水自行车、马车、大车、手车、人力车、轿子、小车或其他车辆或驾驶电车、汽车、马车或拖拉人力车或豢犬或排列执事或参与仪仗经过工部局修筑各马路暨巷衖。

二、董事会对于上列各端虽有前节规定得随时决定概行免照或分别免照。

三、本章程所载执事仪仗字样系包括一切本地纪念游行、殡丧、嫁娶以及其他列队游行,其人数超过50或车辆超过20辆者而言。

四、无论何人违背本章程规定及执照上所载各节每次应处以不逾100元之罚金,如不能缴付时,即代以不逾1月之禁锢。

第二十八条 军火等捐照

一、除条约国之海陆军官领事馆官员及奉有命令之工部局官员暨穿着制服及行使职务之义勇队员外,无论何人未经按照此项章程领有执照者,概不得藉口任何名义携带或输送军火、子弹、炸药及刺击器等。

二、本章程所载"军火"字样系包括火炮、枪炮、气枪、手枪而言。"刺击器"系包括长刀、短刀、重棍、射丸、小刀、腰刀、矛戟枪、刺刀以及其他可以伤人利器而言。"子弹"系包括炮弹、枪弹、弹匣、弹丸、雷管、药帽、炸弹、手溜弹而言。"炸药"系包括一切有炸裂性材料勘用以制造炸药为战时军火者而言。

三、无论何人违背本章程之规定,若罪证确凿,应处以不逾300元之罚金或处以不逾3个月之禁锢或兼作苦工。查获之军火、子弹、炸药、刺击器概应充公。惟对于猎用鸟枪,本章程不适用之。

第二十九条 董事会颁发捐照权

一、凡按照此项章程颁发执照准单,本局得按事实性质需要加以限制,暨要求保证金并收取相当费用。

二、所发执照及准单,本局认为适当时得取消之或停止其效力。

第三十条 妨害公安

无论何人无故放枪、喧哗、骚扰、紊乱秩序或有其他妨害公安行为,每次应处以不逾100元之罚金,如不能缴付罚款时,即代以不逾1月之禁锢。

第三十一条 马路交通及公安妨碍之取缔

董事会有权办理下列各项:

一、工部局对于所辖区域内公共地方及通衢大道上往来行人、车马等类得加以取缔,并于紧急或危险时期倘得英国总领事之准许得,一律禁止通行。

二、凡街道杂声及夜间喧哗，咸在禁止之例。对于烟筒、烟尘或其他妨害公安状况得设法减除之。

第三十二条　残虐牲畜等

一、董事会有权干涉遏止暨控告残虐牲畜之各色人等。

二、对于迷途或疯癫之狗，本局得擒获之圈留之或杀除之。

三、凡迷途之牲畜，本局得圈留之并按照条例向饲主追求罚款。

第三十三条　检查卫生等项

董事会有权办理下列各项：

一、在瘟疫或流行病盛行时，本局得将屋宇封闭或拆毁之，给以相当之补偿代价并将病人迁移隔离之，并厉行适当设施以资保护公共卫生。

二、本局对于住宅、货栈、工厂、棚舍以及工部局所辖区域内其他无论属于何人之房产，得入内察看卫生情形及居住人健康状况。倘查有不适宜或不卫生情况，本局得即通知住户或房主限于24小时内改善之。倘有住户或房主不遵办时，应即处罚，一面由本局代为执行需要手续，并按照章程由住户或房主偿还此项费用。

三、本局得稽查所用权度并因查验是否准确得搬移之，如查有藏匿赝制权度或收藏赝币人等，即当依法律裁制之。

四、本局得稽查牛乳房、屠宰场、面包房及一切出售食物之店铺，倘其食品质料查系恶劣或不合卫生得收没之，并将售卖人依法律裁制之；对于输入本界之各食品，倘遇有不受检查或不允请领捐照情事，得禁止此类食品之输入界内。

五、洋蜡厂、锻炼厂、镕化厂、屠宰场、铸铁厂、造胰厂或制皮毛血骨处所并猪栏、厕所、粪堆、垃圾堆、杂皮堆集处、检洗羊毛所以及其他在工部局所辖区域内之工厂及经营上项，营业之房屋处所无论何时倘经公安稽查员或卫生职员证明有妨碍公益及卫生情事，本局得即通知业主或经理人于相当限期将此项有碍公益及卫生状况停止之或改良之。倘不依通告限期遵办，其业主或经理人在此延误期内每日须认缴罚金25元，至改善时为止。无论何项营业倘有妨害公益及卫生情事经人控诉，而可用之最新改良此种妨害公益及卫生办法，又尚未举行苟被控人承认于适当时期内，遵照本局指示改良及防范损害方法办理，则本局可权宜从缓施行最后裁决。

第三十四条　建筑章程

一、凡建筑或改造房屋倘本局认为关于下列各节尚未有充分准备，应即停发建筑准单。

（一）建造物之各部分构造坚实状况及稳度。

（二）火患预防及逃避火险之适当保障及设备。

（三）房屋内部及周围预备光线输入及空气流通地位。

（四）地面水平以保沟渠完全通畅。

（五）各式居民住室或豢养牲畜处所，须有光线及空气流通地位以重卫生需要。

（六）适当之厕所、便所及排泻污水设备，暨其他卫生布置。

（七）凡必要处利用不透潮湿材料，以保持卫生状况。

（八）预备容纳多数人众各式房屋须有便利直达出入处，并安全太平门之设备。

（九）适合邻近产业舒畅景物之相当保障。

（十）各界使用公共道路之安全及便利。

二、任何人氏拟建筑加盖或改造房舍屋宇者，须将该房屋图样送陈本局，标明房舍要点暨邻近现有房产及毗连道路等项。本局接受该图样后，应于相当时期内表示是否核准拟建工程。

三、业经呈送核准之图样及要目说明，倘有变更之处仍须再行送陈本局听候审查，核准后方能动工。

四、本局得规定条例辅助本章程效力及本旨之切实施行，对于图样核准备案暨房屋建筑及所属各种设备之查验得规定收费。倘遇有违背本章程及条例情事，得制定罚款并饬令拆毁或更改与本章程不符之建筑。

五、本局因拆移不符条例之任何建筑致负费用，得酌向经理建筑人或工程主动人追偿。

六、任何业主或其他人氏提议变更工程超出因本章程所规定之各条例范围者，应负责证明此项变更办法，于其用途是为适当无碍。

七、本局得权衡另立认为正当之规定，免除任何条例之遵守。

八、本局如认某种建筑不适合于勘定兴筑之某区域环境，得酌定不允核准。

九、本局对于下列各节为公益起见，得与业主另订协定或规定特别条例适用于某区、某街或其一部分，以期保持该区或该街舒适景象。

（一）可以核准之房屋种类。

（二）每亩可容建筑之屋宇数目。

（三）依楼房层数与每所房屋可以占用之地亩面积比较。

（四）楼房层数最高限度。

（五）屋顶及屋檐高度暨房屋距离公用道路位置。

（六）沿马路围墙及环栏之形式类别。

（七）屋内最大住房之最小限度。

十、凡建筑任何居住房屋一所或多所，其计划有妨碍该房屋外墙阳光效力之虑者，本局得权衡不允准各该房屋之建筑。

十一、凡新建房屋因计划不良形式过于重复或所用材料不合本局，得饬令相当之更改。

十二、在本章程施行前，业经本局核准所建之房屋，其与当时规则无所抵触者，均应认为与本章程相符。惟本局关于已建房屋下列各端得规定条例，以资改良。

（一）烟筒热汽或其他气管、锅炉、火炉及防止火险各种设备。

（二）便所设置、泄水沟渠及其他卫生设备。

（三）地板及地面水平务使泄水无阻。

十三、当本局准许铺面或营业铺房之建筑于某街道，若该街道向无此种铺面之建设，本局得饬令此项建筑自马路边起退后6英尺备为该铺面前便道外停车处所，此地段于该铺面存在时虽归工部局列为公，用于其地主权仍无变易。

十四、设现有房屋指定用途之更改或房屋之改造或添盖与本章程或各条例显有抵触之处，本局得停止此种更改。

十五、任何房屋或建筑物业经火灾或拆毁至第一层者，其盖造即认为与新建筑等。

十六、凡有建筑物因废弃或颓坏或其他缘由致呈险象者，本局得饬令封闭，设法支撑、拆卸或用其他方法保持或自由处理之。

第三十五条 低地之填高

工部局对于所辖区域内之低洼地亩有权知照，该地业主按照工部局所订标准将该地填高。倘在通知后3整月内该地主未能照办，本局得代行填高至所需高度为止,其费用由地主担任。倘遇地主无力偿还时,本局得将该地当众拍卖,就所得地价内扣除偿还填土费用外,余款交付地主。

第三十六条 马路暨沟渠

本局为便利公益起见,得斟酌情形开辟及建筑新路或将现有道路改造,并将本界所辖区域内之道路暨局有产业所在随时铺砌修理暨保持之,所有铺砌产业及筑路材料应交付董事会执管。

一、本局可随时于马路下安置输水管、脏水管或建设暗沟。俾工部局所辖区域或设置产业处所均有完美之沟渠,并得按疏泄沟渠设备之需要设置贮水池、水闸机件以及其他厂所。

二、本局于必要时可准沟渠工作横穿任何公共道路,若有损及私人利益之处,总期减少至最低限度为旨。倘为完成此项工作起见,须进过私家地产者,董事会应于递送相当通知后,再行办理。

三、董事会可随时将沟渠放大、更改或改良之,并于不适用时拆毁之或间断之,总以免除滋生阻碍为正鹄。

四、董事会于必要时可规定关于沟渠之条例,并可要求地主或住户于其地产及公共沟渠间敷设适当水管联接公共沟渠,以资疏泄。

五、修理马路时或建筑更改、拆毁或修理沟渠时,本局可将全路或其一部分于适当期间禁止通行,但对于该处住户居民之徒步出入及行人往来,仍当不加限止。

六、关于道路及沟渠或水沟用途,本局得随时规定条例并制定惩罚,取缔阻碍或滥用情事。

七、凡工部局所辖区域内之道路只可由董事会测量之,其一切权力与在英国之道理测量员相等。

第三十七条 市政公用地之取得

在工部局所辖区域内为建筑新路或开宽现有马路或改良其路线或方向或备置建屋地址或空地,以便发展市政事宜或其他公益事业,董事会所需地亩得勒令地主让与局用,按本章程之规定补偿价额。

推广界内地亩(除第一段至第九段如附图所载者)应由地主于相当通知后移交董事会,以便按照发展计划规定新路或酌留空地或彼此将地亩调换,以期适合于所拟发展计划。建筑房屋之用除关于上项计划所需之地亩外,其余面积仍依公允办法交还业主管业，并由董事会将界内各地段测量绘图后，另抄一份送交英国总领事备案，并在适当时期内分别开辟新路及留出空地。此种设备须认为足以抵偿各地主让与地亩之损失，惟所有地主让与本局之地亩面积以不逾其原有地亩20%为限。

倘地主所让之地亩逾原有地面积20%以上，其额外让出地亩当按本章程第四十五条规定补偿之。

第三十八条　工部局职员暨夫役

董事会为实行此项章程起见，于必要时得随时派用秘书、员司、巡役等，并规定各员薪额，工资津贴等项准由工部局公款内支给，并制定管理此项职员夫役章程，兼有随时察核情形撤换员役之权。

第三十九条　控诉及追偿罚款权限

凡对于本章程及条例内规定捐率，如地亩捐、房产捐、执照费附捐罚款等项延不清付人氏，董事会得由秘书长在领事署或其他该管法庭提起诉讼，并依据该法庭之判决追还欠款。倘工部局对于欠捐之货主不能查明下落或该货主为领事馆管辖所不能及者或无该管领事驻在天津者，本局经英国总领事之许可得扣留此项欠捐之货物，并设法追缴欠纳之捐款。倘系地亩捐或房产捐则可分别查抄其房产或地产，以抵偿其应纳之捐款为限。

第四十条　控诉董事会手续

一、无论何人倘因董事会或工部局员役或其代理人之违法作为而遭受损害或亏累者，均得于天津英国总领事署控诉董事会。

二、关于控诉之传票、诉状及其他诉讼手续可直接送交秘书长个人，或将抄件递交工部局办公处。

三、因此项裁判决定之赔偿损失款额英国总领事可向董事会管理之工部局产业内追偿之，或由按照本章程所收之公款内归还之。

四、无论何事或何项合同以董事会名义或遵董事会之命令由任何人员办理者，其承办人所经手之事项倘系真确奉行，本章程则对于已办事项或已订合同，董事会或董事个人方面概不负任何诉讼或要求之责。

五、关于董事会之根据正当暨业经核准之费用或其他人员因执行董事会命令所动支之各项费用，概由工部局担负，在公款内支付之。

第四十一条　市政公款账目稽核手续

一、董事会管理市政公款只得用于办理公益市政事业,并须按照选举人大会决定议案权衡处理之。

二、每界年终董事会对于在职年度工部局公款收支性质及数目应分别缮具报告。

三、此项报告经稽核后须即付印,最迟于常年大会开会期7日前公布之。

第四十二条　预算

一、董事会在任期满届以前应造报次年收支费用预算,并于常年大会开会时报告各选举人。

二、选举人于常年大会开会时,对于次年市政需要之预算得通过或修正或否决之,或仅表决选举人认为必要之预算。

第四十三条　估价委员

一、选举人于常年大会时应选派估价委员2人。

二、董事会经选举人选定后,应即指派估价委员1人。

三、如选举人应选派之估价委员仅得1人或未能决定人选,董事会于必要时得指派应有之估价委员,以足法定3人之数。

四、估价委员既经派定,其任期以至下次常年大会期为止。

五、估价委员倘在中途辞职,或因病出缺,或患病不能视事,或因他故离职,董事会得另行派人替代。

第四十四条　估价权限

一、估价委员得估计地价暨房产租值以资决定捐率,并将估定之地价暨房产租值随时修正之。

二、倘地主或住户对于估价委员所估之地价及房产租值认为不满意时,得陈诉于英国总领事,其所判断即为最后之裁决。

第四十五条　强制购置产业估值

一、董事会依照本章程规定事权购置地产时,应将其意旨通知关系业主,倘自递送通知书日起算,经过3个月后工部局与地主对于偿还产值未能同意届时可委托按照本章程推举之估价委员办理之。该估价委员询明双方意见,分别酌定偿还款额。设该购定地本有地亩房屋租户者,则上述购置地产价值或连同房屋价值内应列入此项地亩房产承租权之赔偿,所有余地价额因此购置发生之涨落亦应一并在计算之例。

二、估价委员受委托后应在1月以内决定公断,或经多数委员之赞同,得展长相当期限。

三、倘董事会或业主有不满意于估价委员之裁决时,任何方面可陈诉于英国总领事,其所判断即为最后之裁决。

第四十六条　中国政府地税

一、按照本租界皇家租地契约,每年自9月30日起之21日内,各租户应将中国政府地税每亩计制钱1500文缴纳于英国总领事署。

二、扩充界暨南扩充界及推广界内应纳中国政府之地税应由董事会向各地主分别收集后,一并汇缴中国当轴。

第四十七条　地契注册

一、工部局所辖区域内各地主应将所有地产在工部局注册,并由工部局工程师测量员或工部局所派其他人员测定后,将该地段刊列于工部局区域图内。

二、测量费用由地主担任。

三、在扩充界南扩充界暨推广界内之各地主可将管业地契送交董事会,董事会接受此项地契后,当请英国总领事函知中国该管机关发给正式地契,此项正式地契应即用董事会名义在英国总领事署注册。

四、既注册后,董事会应按照各地主原有地亩分别发给永租契据,其期限及条件须与中国该管机关所给正式地契内载明者相同,并附详图注明已互相同意之。面积修正或因留出公用地亩面积需要之更改该项永租契据应由英国总领事会签,即为在上列各区域内地产管业权之凭证。

五、本租界区域内地亩之转移应向工部局登记,并由英国总领事会签。

六、登记费应由承受转移人担任。

七、此项转移必须于成交后14日内向工部局登记,倘逾期1日或不足14日,其科罚概以一期论,每一期延误应处以百元以下之罚金,以此递加。倘有充分理由说明未能遵限登记原因,其罚款或可免缴。

八、工部局所辖区域内地产因抵押所负债务无论系属法律性质或公允处理,均应按照中国现行抵押地产章程登记,否则此项抵押债务不得在法律判断时受优先之支配,或认为比较此项抵押前所成立之普通债务有优先权。

第四十八条　四至界石

一、工部局所辖区域内之地主应在所有管业地产内竖立四至界石,标明四至界线位置时,应由工部局派员到场监视。

二、凡地主或其代表接到工部局所发第一次竖立界石通知书后,不遵照办理者,应处以25元以下之罚金,嗣后再逾限期每一日处以5元以下之罚金。

三、私立界石或擅行移动应即处以不逾250元之罚金。

第四十九条　登载通告方法

本章程规定应行公布之通告暨文件应用英文连同中国译文公布。设业经宣示于本工部局门首公众观瞻之处,或登载于本租界售阅之任何英文报章暨任何汉文报章接连2日者,即认为业经公布。

第五十条　不谙章程

一、本租界内各业主住户及进入本租界各色人等,均应明了本章程之意旨暨现时施行各条例为应尽之责任。关于此项印刷品可随时向本局索阅。

二、不明了现时施行各章程暨各条例,或不知违犯规章应受之处罚,不足为推诿免除违犯规章责任或减轻应受处罚之理由。

第五十一条　章程及条例之证明

本章程之稿本或依本章程或依旧有章程所规定之各条例刊本适用于本界各区者,业经董事长暨秘书长签画施行。若无反此之证明即足以证实此项章程或各条例之成立,并依据此项条例之显然载明足证,业经正式核准。

第五十二条　章程暨条例之解释

无论何时施行之章程或条例,遇有解释异同之处致发生争议,其意义暨施行之范围应由英国总领事决定之,惟不服裁决者,仍能呈请英国公使重加裁决。

第五十三条　章程之修正

一、除上列规定外,本章程之任何条文非经英国公使之准许,不得删除增加或更改之。

二、但出席常年或特别大会选举人于会议时,得推举委员拟具修正或增添本章程之报告。

三、上列委员如有提议修正或增添章程之议案,一经选举人在常年大会或特别大会表决通过,董事会即可将此项议案送请转呈英国公使核准施行。

新拟增入章程条文"第十九条甲"

一、依照本章程规定董事会一经举定每年应拨付保管团款额如下：

(一)天津英文学堂保管团

1.按照工部局地产登记簿每年1月1日所列外国业主"非华人"管业之天津英国租界一切地亩，经估价委员估定价值之万分之十八相等之数。

2. 按照工部局地产登记簿每年1月1日所列估定房产租值捐应由外国"非中国"人民缴付之，天津英国租界一切地亩房产价值万分之十八相等之数。

(二)天津公学保管团

1. 按照工部局地产登记簿每年1月1日所列中国业主管业之天津英国租界一切地亩，经估价委员估定价值之万分之十八相等之数。

2. 按照工部局地产登记簿每年1月1日所列估定房产租值捐应由中国人民缴付之，天津英国租界一切地亩房产价值万分之十八相等之数。

二、前项款额拨付应用下列计算法核定：

无论何年之地亩房产估定产值应计为14倍于该年，此项地亩房产由估价委员估定之全年租值。

三、上列款额董事会应均匀分期于每月末日不折不扣拨付各保管团，但须依照下列各节增加之：

(一)对于天津英文学堂之付款若当日汇丰银行公布汇兑支票，伦敦付现行市，每行平化宝银1两不足，折合英金二先令八便士者，董事会应加拨天津英文学堂保管团银两折合不敷差额，依照该保管团能购进金镑数目，仍若上述汇兑支票伦敦付现行市，每行平化宝银1两，折合英金二先令八便士为标率。

(二)关于天津公学董事会(顾及工部局财政状况并经出席正式大会选举人之特别核准)，对于19 年 月 日保管团契约第一条所列公学，校舍按照附列图样规划之建筑费用，应相机给予协款。

四、因各该保管团每年例付董事会名义酬金银1两，工部局如得保管团之请求可担任管理关于天津英文学堂暨(或)天津公学之一切账目与簿册。

五、因天津公学保管团每年例付董事会名义酬金银1两,工部局在19年 月 日保管团契约第一条所列公学,校舍按照附列图样规划建造时期内得设法办理技术方面需要之监理任务。

六、凡英国租界地亩房产按照19 年 上列两保管团契约条款规定充当(一)中国暨(二)英国教育用途者,应永久免除一切普通市政捐税暨其他征收之缴付。

七、除本章程分别制定外,举凡教育设施费用概不得由市政公款支拨。

关于教育保管团

董事会提议修正工部局章程第十一条第十节并应增入新条文一条,以便订立教育保管团契约,此项条文暨所拟保管团契约附列于后备选举人察阅。

章程第十一条第十节拟修正如下:

原文删去"不拘定宗教派别之学校奖学金"各字,修正为:(十)设立捐助或维持菜市、医院、音乐队、游泳池、浴池、公园、体育场、藏书楼及其他有贡献于公益事业。

天津公学保管团契约

　　本契约成立于 19　年　月　日驻津英国工部局（兹后称为"工部局"，此名称在适用处应包括其承继人）暨 Percy Horace Braund Kent, Hugh Felton Dyott 及 John Mogford Dickinson（兹后称为"保管团"，此名称在适用处应包括其承继人，即按照下文所指 1927 年 9 月 9 日保管团契约列称之保管团）为双方订立契约人。查工部局在 1927 年 9 月 9 日为担保 1926 年 12 月 31 日所有工部局发行债券按期本息之偿付，曾将局有产业之一部移交保管团作为正式抵押品，其细目详列上述契约，此为工部局财产之第一担负。又于 1929 年 3 月 18 日工部局与汇丰银行订立契约担保，于 1930 年 12 月 31 日或以前偿还该银行行平化宝银 15 万两，成立工部局财产之第二担负。复于 1929 年 9 月 16 日为保障工部局退职人员养老金按时支付起见，工部局与保管团订立契约成立工部局财产新加担负。兹为规定准备暨贯彻本租界中国教育设施起见，工部局愿依照本租界中英教育制度需要按公允分配标准供给各该学校协款，分别制定中英学校经费，准备将下列产业移交保管团，惟须于上述各契约所称保管团或其承继人之权利无所侵害。又查董事会对于此案提议业经 1929 年 4 月 17 日选举人大会公决通过，依照下列条款成立保管团并立此契约为凭。

　　本契约条款如下：

　　一、工部局由此将下列产业之产权管业暨抵押赎回宽限权利一概放弃，交付保管团执管。

　　拨充天津公学建筑校舍地亩一段约 52.945 亩，东至公学道，南至围墙道，北至宝士徒道，西至宝士徒道暨围墙道交岔，即天津英国工部局地亩图（见附图）所列扩充界第 31 段第 243 号地是也。董事会并担任交付保管团行平化宝银 2.5 万两为协助该校校舍建筑费用，该校经营管理应归保管团主持，至本契约规定限期届满时止。

　　二、依照前条规定，俟至该校校舍建筑成立，董事会将天津公学现时估用校址计地 4 亩，东至球场道，西至扩充界地第 206 号，北至扩充界地第 196 号，南至派克斯道即天津英国工部局地亩图（见附图）所列扩充界第 24 段第

195号地,连同上建房产一并移交保管团执管。迨前第一条所述兴筑该校校舍建筑完竣部分足以容纳肄业该校学生时,先用校址应即腾出,其管业暨占用权应完全归还董事会。

三、董事会为供给本保管团用途担任每年拨付保管团下列款额:

(一)按照工部局地产登记簿每年1月1日所列中国业主管业之天津英国租界一切地亩,经估价委员估定价值万分之十八相等之数。

(二)按照工部局地产登记簿每年1月1日所列估定房产租值捐应由中国人民缴付之,天津英国租界一切地亩房产产值万分之十八相等之数。

因此,契约规定地亩房产估定产值应计为14倍于该年,此项地亩房产由估价委员估定之全年租值。

四、上列款额应均匀分期于每月末日拨付保管团不折不扣,但董事会(顾及工部局财政状况并经出席正式大会选举人之特别核准)如决定对于本契约第一条所列公学校舍按照附列图样规画之建筑费用给予协款应相机增加。

五、凡交付保管团之地亩房产暨嗣后经保管团添置之部分列充本契约教育用途,并坐落天津英国租界者,应永久免除一切市政捐税暨其他征收之缴付。

六、因保管团每年例付董事会名义酬金银1两,工部局在本契约第一条所列公学校舍按照附列图样规划建造时期内,得设法办理技术方面需要之监理任务。

七、保管团按照第十四条规定,对于英国租界选举人应负责执管前列产业暨添置之地亩房产,充当本契约载明中国教育用途。

八、保管团与董事会之协定。

(一)前列移交产业应拨为天津公学校舍(兹后称公学)暨肄业该校学生游嬉场之用。

(二)上称公学应用中国文言暨中国国立学校通用教授法进行教育设施。

九、因保管团每年例付董事会名义酬金银1两,工部局如得保管团之请求可担任管理,关于天津公学之一切账目暨簿册。

十、前列产业暨添置部分之经营管理依照此保管团契约条款暨所列清单应由委员会执管保管团,应责成该委员会遵照本契约规定意旨切实奉行,惟委员会为遵行保管团制定手续或奉行临时需要,须将一切闻料暨账目供给于保管团。若保管团因遵章执行职务致有失察遗漏,或裁决失当情事,保管团员个人概不负责。

十一、英国租界中国选举人依照保管团之动议,用书面或登载本埠中国报章至少 1 星期之预先通告召集常年大会推选主席一人,并应依照本章程所列管理公学规定详后列清单选举委员会之中国委员,该委员会应对保管团负责执行一切管理职务,实施本契约意旨,保管团在此项会议应陈报上年账目暨本年预算。

十二、关于保管团问题,保管团依照前条规定得权衡随时用同样通告召集英国租界中国选举人暨(或)外国选举人特别大会核议之。

十三、委员会若认保管团见解有武断或不符本契约意旨情事,得请付仲裁委员会暨保管团对于公断判决条款得表示同意,若发生异议,此项仲裁应按照 1889 年英国仲裁律令法规办理。

十四、待至 1927 年 9 月 9 日债券保管团契约条款完全履行暨对于执有债券人责任业经解除,保管团应将第一条所列产业暨添置部分移交英国租界中国选举人举定之新保管团(此新保管团兹后称为公学保管团)依照保管条款执管。

十五、本契约所列各节不得影响工部局借款债券保管团 1927 年 9 月 9 日契约所列一切权利暨 1929 年 9 月 16 日保管团契约所列养老金办法之保障。兹经同意并须声明者,若一旦债券保管团按照契约为实行职权致须将该公学出售或另行处理时,对于英国租界中国选举人捐助款额业经列人资产项下用以建设该校者,须有相当之支配。

双方立此契约为凭,自签订日起施行有效。

清 单

管理委员会之组织

管理委员会应由下列委员五人组织之:

中国国民 1 人,由保管团推定。

英国国民 1 人,由天津英文学堂管理委员会推定。

中国国民 3 人,由英国租界中国选举人按照下列手续选举。

委员会有委员 3 人,一经推定或选出即得成立执行会务处理应办事宜。

管理委员会之选举

英租界中国选举人按照英国租界中国教育保管团之动议暨该保管团契约第十一条之规定召集常年大会,在会选举人应选定中国国民 3 人为本年管理委员会委员,设被推举人数超过3人者,被选人之举定应按照工部局施行章程所规定之英租界选举人常年大会投票手续执行之。

管理委员会办事手续

任何一年新委员会一经成立应于第一次集会推定委员长1人,主持一切会议,委员会出席人数满3人者,即足法定人数,每次集会出席人数始终须足法定额数,否则不得处理会务。若逢委员长不克出席,在会委员得推定临时主席。

管理委员会公邀委员

任何时委员会人数因选举人选定之3委员中有1人引退致不满5人,所遣缺额可由在职委员公邀中国国民1人补充。设所遣额缺系因保管团推定之委员或天津英文学校管理委员会推定之委员引退,则该缺额应由该引退委员原推选团体另行照推补充。

保管团款项之处理

保管团应接受董事会按照中国教育保管团契约第三条规定拨付之款额,并即将该款交付委员会遵照该保管团契约条款本其权衡处理。

管理委员会权限

委员会除本契约特别免除外,应代表保管团行使一切管理职务,以便本契约切实施行此项职务,应与本条大纲无所轩轾,并包括下列各节:

一、天津公学应用之一切教授标准暨课程之定夺。

二、所有公学一切收入、捐款、协款暨经常费用等之支拨,应按照保管团陈报上述中国选举人大会之预算案办理,惟任何保管款项或特别捐款之利益收入一切支配应按照该保管款额或特别捐款之原旨办理,但委员会在款项宽裕时,认为正当需要得于英租界中国选举人大会建议,对于该校品学兼优、成绩良好、经济艰难之学生予以援助,给予有限期之奖学金或委员会认为相当之其他经济援助,俾其在津或负笈求学得以继续深造。

三、所有该校正当之开支暨保管团核准之保险公司承保足额之保险费支付,所有保险费单据概应交付保管团。

四、上列指定管理之校舍保持暨正当修理(委员会管理范围以外所致损坏不在此例)。

五、聘任校长负责管理天津公学校务,经理校内财政及一切规划,并聘任所需各项教员襄赞校务以收成效。

六、每年预算案之规划所有薪金工资支付暨按照工部局现时施行职员年积金规定之年积金存储拨付（此项规定附列于后），与该校职员照长期例假应支旅费之逐年准备与支付。

七、停止天津公学任何教职员职务之权限。

八、负责保证收取天津公学之一切应收款项并收支登记之，根据正当遇有不遵正当手续之开支或其他不合法收支应随时报告保管团，并陈送保管团财政报告之编造，详列每年3月31日、6月30日、9月30日暨12月31日各期之财政状况，按照各该期限至迟须于3星期内编就。

九、每年一月编造本年预算，陈送保管团。

天津公学之入学规定

凡天津英租界中国选举人之子弟按照委员会规定学业程度试验及格者，得入该公学肄业，其他验有相当程度之儿童录取概由委员会全权主持。设委员会因外籍儿童或有外国父母之儿童来校肄业而执行此项权衡，则依照本契约条款外国选举人对于公学经费既无担负，该生等之肄业学费全数应由委员会全权核定，每学期由该生之家长或保护人或天津英文学堂管理委员会预先缴付。

保管团之监督责任

保管团对于管理委员会执行职务应实行监督，保证该委员会之作为始终与本契约意旨相符，兹为贯彻上述宗旨藉收实效起见，保管团应有下列权限：

一、凡委员会之提议或作为在保管团认为与契约条款或本旨不符，显有抵触者得否决之。

二、为实施本契约条款得要求委员会遵照本契约规定随时执行应尽职务，或纠正委员会逸出范围之作为。

三、要求委员会停止实行保管团认为与契约条款或本旨不符之建议。

四、委任学务视察员1人或数人，随时将教育进行状况陈报保管团，并委任工程师、营造师或测量员1人，随时报告校舍产业状况。若保管团根据各该报告查有不满意处，得通知委员会须按照保管团解释本契约意义立即遵照奉行保管团之指示。

管理委员会权限之变更

管理委员会之一切制定权限若无英租界中国教育保管团之许可，不得有何变更、废除。惟中国选举人在召集大会得推举委员数人对于此项权限须何变更担任报告,该委员所提变更须得保管团核准并经出席讨论该问题大会中国选举人之多数同意,方得准许成立。

正式条文

本契约中文条文暨英文条文业经详细校对,设或各条文之中文、英文意义有何差别,则英文条文所述意义应据为正确无误。

本契约由驻津英国工部局钤印签定。

　　　　　　　　　　　　　钤印证人　　　董事长　杨嘉立
　　　　　　　　　　　　　　　　　　　　秘书长　赖乃士

保管团签押人、签押证人 Percy Horace Braund Kent,Hugh Felton Dyott and John Mogford Dickinson.

维多利亚花园

查维多利亚花园之东部向归 Mr. James Stewart（施君）保管，为公众舒畅身心处所。兹施君愿委任新保管人员接充并解除其现有责任，董事会因此拟将该花园之全部交付本界现有空地保管团执管。

驻津大英工部局推广界分区条例(1930年)

此项特别条例附属于天津英国租界1925年营造规则,用以规定推广界内一切建筑,并依照地亩章程第三十四条第九项为保持各区舒适景象起见,本条例对于下列各区(详见附图)均适用之。

推广界共分三区,统依下列界线为准,设所定界线与某号地四至接近,本局得权宜稍加变更。若临某路一段之房屋建筑现状,或接近某区边界之某段地房屋建筑现状,统有优于本条例规定标准之趋势,本局当设法保持该处房屋本有之相称景象。

一等区 包括推广界之一部,其四至界线如下:

自马厂道与墙子河西岸交点起,向西折经马厂道至本租界西边线向北折,由此西边线至香港道向东,经香港道至格拉斯哥道再向北折,经格拉斯哥道至距离伦敦道之南约150英尺附近地点,由此向东沿距离伦敦道以南约150英尺之平行线至西芬道北折,经西芬道至达格拉道向东折,沿达格拉道至距离牛津道之西约200英尺附近地点,由此北折经第九段地至墙子河,沿墙子河西岸至上述马场道起点。

二等区 包括推广界之一部,其四至界线如下:

自本租界西边线与一等区北界线交点起,由此沿该西边线向北至距离伦敦道之北约150英尺附近地点,由此向东沿距离伦敦道以北约150英尺之平行线至格拉斯哥道,由此向东沿福发道以南平行至距离加的夫道之西约200英尺附近地点,由此向北至距离敦桥道之南约200英尺附近地点,由此向西沿敦桥道以南约200英尺之平行线至益世滨道向北折,沿益世滨道至敦桥道向西折至本租界北边线(宝士徒道),由此向东折沿宝士徒道至孟买道之北约150英尺附近,由此向东折沿孟买道以北约150英尺之平行线至距离伯斯道之东约200英尺附近第24段地,再向东南折至距离伯斯道暨敦桥道约200英尺之平行线至威灵顿道,由此沿伦敦道至墙子河,沿墙子河西岸至一等区之北界线,沿此一等区北界线至本租界西边线上述起点。

三等区 包括推广界之一等区暨二等区界线以外其余区域:

建筑范围 为预防将来加宽马路，妨碍房屋便利适用起见，凡有建筑均须自马路边退后至下列之界线为度。此外，本局可允准建筑至马路边之房屋为平房式之门房暨汽车房等。惟须声明者，何时本局认为有加宽该马路之必要，各该业主须将此类平房依制定界线向后迁让，不得要求任何赔偿。

所谓界线者，即在爱丁堡道、剑桥道、克伦波道、新加坡道、香港道暨马场道各马路北面应退后之界线，均以 30 英尺为度。在各该马路之南面除马场道外，应退后之界线均以 6 英尺为度。又推广界内其他各道路两旁应退后之界线，均以 6 英尺为度。

此即谓上述马路加宽一旦实行，凡因加宽需用地亩得由工部局给价，惟对于马路加宽需用地段上已经建造之平房迁移（如门房汽车房等），不给予任何费用。

推广界可以建筑之房屋种类，均依下列规则定之：

一、对于用主

一等区系专备住宅建筑之用，二等区之规划亦以住宅建筑为主，某种铺面暨商业建筑果可准许，惟须按照适用此区定例，如房屋占用地面之比例暨两所房屋距离间应留空地等限制。此外，如临地第一层房非备居住用者，则周围空地内可准许建筑平房，其高度不得过 16 英尺。又任何职业买卖设本局认为该区住户可据以反对者，如嘈杂过甚，振动邻右，烟灰弥漫，秽气充塞，致碍公共卫生或危害生命，或因其他缘由本局概不准许设立。若任何买卖有请领营业执照者，本局仅据与该区住户不宜为理由，得拒绝之。

三等区按工部局 1925 年营造条例系以铺面建设为主，但按照适用该区限制而建筑纯粹住房或铺面式住房，并与该区房屋占用地面比例暨两所房屋距离间应留空地定例相符，则本局可准许之。

二、各区地亩面积额定建筑数

每段地亩上可建筑之住房座数在一等区内每 4 分地上不得多过一所，在二等区暨三等区内每 3 分地上不得多过一所。

此节规定并非谓在一等区内每所房屋必须绝对用地亩 4 分（或在二等区暨三等区每所房屋必须绝对用地 3 分），惟一等区内任何号地上建造房屋座数依该号地总面积，其上各所房屋用地之平均不得小于 4 分（在二等区或三等区每块地上各所房屋用地之平均不得小于 3 分）。类如某业主在一等区有某号地 2 亩，其上至多可盖造房屋 5 所，但每所房屋不必准确用地 4 分（或连同院落面积合计须满4分),各所房屋用地间可超过4分或不足4分,惟各所占用地之平均不得小于4分。

若该业主在二等区或三等区有某号地3亩者,其上可建造房屋10所。

三、房屋建筑占用地面积与本有地亩总面积计算

每块地上房屋建筑占用地面积不得超过该块地亩本有总面积十分之六,其他如关于二等区暨三等区限制参照一项规定。

例如上述一等区内某业主有地2亩,该地面积计有2乘6609合13218方尺,其上可准许建造之房屋(上房、下房、汽车房等概计算在内),只准占用该地面积十分之六,即13,218乘0.6,合计7,931方尺,其余剩地十分之四,计6,287方尺当划作前后院落暨引路等用。

本节规定对于二等区暨三等区均适用之,惟在该两区内各业主于其所有地亩十分之六上可建筑平房,二层或多层楼房外,在其余十分之四地上尚许建筑平房(高度不得超过16英尺),但在此类房屋之临地一层内不准作居住卧室之用,只可列作他项用途,如公共汽车房或工厂。

又须指明者,上节规定不惟在二等区暨三等区内准许建造多所房屋紧挨列成一排,即在一等区内此类成排房屋亦得建造之,惟其格式形状须较优于二等区暨三等区内,可准建筑之同类房屋。

四、关于两所房屋距离间应留空地

一等区 各业主在一等区内建筑房屋须于该房屋之两方面留出空地,其每一方面空地最少宽度应与该房屋主要墙壁高度相等,此高度系由地面起算并须参照下列各节:

(一)若两所房屋属于同一居户或合成一宅而高度不同,则此两所房屋距离间应留之空地宽度可依较低之房屋为准。

(二)若建筑之房屋至毗连邻居产业边界之间应留空地者,则建筑业主应留空地之宽度至临产边界止须依其所建房屋高度之半为准,无论如何不得较狭于10英尺。

(三)设该建筑系靠临马路,则该马路可列入应留空地宽度计算内。

任何区内所有住房建筑不得相背切靠,致碍空气流通。

一等区内任何住宅之最大房间容积不得小于2500立方英尺。

五、关于二等区暨三等区内住房

各建筑业主应于建造房屋之两方面留出空地,其每一面至小宽度如下:

平房式建筑(地窖除外)：每一面须留空地宽 10 英尺。

双层式建筑(地窖除外)：每一面须留空地宽 15 英尺。

三层楼建筑(地窖除外)：每一面须留空地宽 20 英尺。

四层暨四层以上之建筑：每一面须留空地宽度应与该房屋主要墙壁之高度相等，此高度系由地面起算。

惟同时须参照下列各节：

(一)若两所房屋属于同一居户或合成一宅而高度不等，则此两所房屋间须留之空地可依照上述较低房屋之空地规定宽度为准。

(二)若建筑之房屋至毗连之邻居产业边界间应留空地者，则建筑业主须按照上列空地规定宽度之半划留，惟无论如何，此应留空地之宽度不得较狭于 10 英尺。

(三)若该建筑系靠临马路，则该马路可列入应留空地宽度计算内。

各种捐率暨租金照费等

地亩捐：

所有老租界、扩充界地亩及推广界之已垫高经过一足年之地亩捐均按估定价值1%征收，推广租界内其他各地捐均按估定价值四百分之一征收。

估定房产租值捐：

所有坐落老租界、扩充界及推广界内已垫地段房屋估定租值捐概按11%征收。

地亩转移暨抵押注册费：

地亩转移在工部局注册者均按照本局堪估价值四百分之一收费，以25两为收费最低数目，至百两为收费最高数目，概由新业主缴纳。

地亩抵押登记无论产业价值一概收费10两。

杂项收费

广告招贴暨告白等

本租界内建立广告暨招贴告白等依照下列规定行之：

一、本界内公众观瞻处所未经本局巡务处给与允准，不得任意张贴广告。

二、凡有备贴广告之招牌建立须得有本局工程处之允准。

三、请求准许人于必要时须将广告式样送呈巡务处备阅。

四、凡有通告广告务须经本局巡务处盖章、记号、加注日期然后张贴。

五、违犯以上规定者得科以200元以下之罚金。

六、本规定对于营业或工业场所于该营业等所在地建立之广告招牌不适用之。

押款与收费由本局酌定之。

现时收费定每方尺每年收费银5厘。

运载病人汽车租赁费

路程起点	路程终点	西人跟车(元)	华人跟车(元)
本租界内任何地点	本局所立医院之一	6	4
其他租界	同上	10	8

本租界任何地点	其他租界之任何地点	10	8
其他租界	其他租界之某医院	12	10
本租界	天津城	15	12
天津城	本租界		

附注：特别一区、二区、三区暨佟家楼之费率与其他租界同。

四至石柱

混凝土带字石柱　　　　　　　　　　　　　　　　　　　　每条3元
石柱安放于业主地亩工资在内　　　　　　　　　　　　　　每条3.5元

建筑图样审查费

洋式建筑：

一、每所房屋建筑容积不超过2万立方尺　　　　　　　　　　6元

二、增加容积每5000立方尺或不满5000立方尺　　　　　　　1.5元

三、已核准图样如有更改而于容积无所增减者　　　　　　　1.5元

四、房屋内部更改与现有墙壁无关者　　　　　　　　　　　4.5元

否则依照一、二两项收费

五、设某图所载系多所同样房屋，则第一所房屋图样审查费应依上列费率计算之，其他各所仅收规定费率之半数，惟任何一种多数同样房屋图样审查费总数不得超过　　　　　　　　　　　　　　　　　　　　　　75元

附注：任何单所房图之审查费不得超过　　　　　　　　　　35元

华式建筑：

住房铺面或商行

3所或不满3所附带下房　　　　　　　　　　　　　　　　　4元

10所或不满10所附带下房　　　　　　　　　　　　　　　　7.5元

每增加房间1间或房屋1所　　　　　　　　　　　　　　　　0.5元

他种房屋　　　　　　　　　　　　　　　　　　　　　　　15元

每段房屋取费至多不得过　　　　　　　　　　　　　　　　75元

附注：为便利计算上列费率起见，每一华式房屋所占平地面积除院落不计外，不得超过400方尺。

卫生设备项下

核准图样费每一渗坑取费1元至多以20元为限。

查验设备费第一次免费，第二次起每次每坑收费5元，至多以百元为限。

杂项

婚丧暨寿事牌楼	5元
牌楼如宽至25英尺横过街道者	50元
建筑材料堆积公共道路占地每方码每月应纳费	0.5元

河坝系船费

轮船类：

各式轮船凡系靠英租界河坝者，以注册净吨数计每一吨征收系船费银5分，所有纳费轮船得停靠河坝3日（即72小时由开到时起算），如系靠时间须延长者，每增加24小时增加收费15两。

驳船类：

凡系靠英租界河坝驳船装载货物，每百吨或不满百吨者收系船费5两，此项货物吨数以重量或容积计算，均按照轮船货单为凭。

凡有驳船每系靠河坝一次增加收费7两，设系本局请求移动者不在此例。

上列各费概由各该船公司或代理人缴付。

河坝租费

凡有装卸轮船或驳船货物堆积河坝者，每吨以重量或容积计征收河坝租费银5分，此费由接受占用船位准许单之商行缴付。

附注：装卸轮船货物凡缴此租费者，得积存河坝7日（海关假期除外）。凡有货物逾此限期仍未提取者，本局得代行收存，一切危险暨费用概由货主担负，设本局准许该项货物过上列期限仍堆积河坝者，则该项货物以包计或以担计应征收按日计算寄存费，此按日计算之寄存费率大概与津埠普通货栈按月计算栈费相等。

码头捐

凡有经过英租界河坝货物均按各货物价值千分之一征收码头捐。

坟墓费暨下葬费

火葬费普通瓮值在内	50元
墓圹暨洋灰顶盖及下葬费在内	50元
（牧师费另计）	

汽车夫

汽车夫请求执照考验费	1元

捐照号码牌

汽车暨电水自行车号码牌每对	2元
人力车号码牌每个	2元
载货车号码牌每个	0.5元
犬牌	0.1毛
房屋消毒费	
每一房间	3元

电气项下

供给电力取费定例：

用户安装电表一个，每月至少须纳用电费1元，缴纳电费时任何项下所用电流均得列入纳费总数，例如某用户安装电灯、烹煮、暖气用电表各一，该用户每月至少须纳用电费3元，设于暖气表并未用电，则所有电灯用电或烹煮用电亦得列为暖气电表用电电费。

类别	每一电码
一、电灯用电	0.2元
二、烹煮用电	
1000至2000瓦特电气炉灶	0.05元
2000瓦特以上电气炉灶	0.035元
三、暖气用电2000瓦特以上	0.05元
四、马力用电低压电力以50启	
罗瓦特为限随时用电	0.06元

50启罗瓦特以上随时用电特别费率另议，以用户需要为标准。

五、自有道路电灯

本局依照下列价单可供给用户自有衖巷街道电灯所有灯泡、电力、修理、维持暨总开关费用一并在内。

25烛光灯	每盏每年	30元
50烛光灯	每盏每年	40元
100烛光灯	每盏每年	60元

六、电表押租费

用户接电须按下列定价缴纳押租费

5安瓩[培]	电表每个	20元

10 安丕[培]　　　　　　电表每个　30 元
20 安丕[培]　　　　　　电表每个　　　　　　　　　　　50 元

医院项下

维多利亚医院　　　　　住院费

		英租界住户 或纳捐人	非本租界住户 暨非纳捐人
特别病室	每日	7.5 两	10 两
普通病室	每日	6 两	8 两
外科手术室			
重要手术		20 两	25 两
次要手术		10 两	15 两

隔离病院住院费　英法租界住户暨(或)纳捐人　非英法租界住户暨(或)纳捐人

　　　　　　　　　每日　　3.5 两　　　　　　　　6.5 两

产妇调养院住院费　　每日　　10 两

注射药品非药方谱所列药材暨专利药品、食物、汽水及酒类概另收费。

X 光照收费

类别\收费	本局收费(元)	医生手续费(元)	总数(元)
牙齿 1 枚	2	10	12
牙齿 2 枚	3	13	16
牙齿 3 枚	4	16	20
牙齿 4 枚	5	19	24
牙齿 5 枚	6	22	28
牙齿 6 枚	7	25	32
牙齿 7 枚	8	28	36
牙齿 8 枚	9	31	40
牙齿 9 枚	10	34	44
牙齿 10 枚	11	37	48
大印片 10 寸×12 寸　12 寸×14 寸	10	15	25
小印片 8 寸×10 寸　6 寸半×8.5 寸	5	15	20
幕影查考	5	15	20

电气治疗：

电气治疗器（外症）由病院职员施诊（每0.5小时）		5两
包括按摩费（每0.5小时）		5两
包括按摩费（每1小时）		10两
按摩电机用费	每次	1两
普通按摩费	每1次	5元
	2次	10元
	3次	15元
	3次以后每一次	3元

捐照费率列下

汽车、载重汽车暨拖车	每年	80元
	每季	21元
电水自行车　连双座	每年	40元
或不连双座	每季	10.5元

此为英、法、意、日各租界通行捐，包括特别一、二、三区，天津城里城外不在此例。

长途汽车特别捐（每季加收15元）

公用汽车特别捐（每季加收5元）

马车	每年	18元
	每月	2元
人力车	每年	9元
	每月	1元
自行车（全天津）	每年	1元
轻便排子车（小本营生）	每月	1元
装货排子车及大车	每月	2.2元
装货排子车（自有）	每月	1.5两
手车	每月	0.3元
犬	每年	5元
小本营生	每月	1.25元
民船	每日	0.5元
	月捐	0.6毛或1元

| 净水车 | 每月 | 3元 |
| 粪车 | 每月 | 20元 |

旅馆

一等	每月	15元
二等	每月	10元
三等	每月	5元

图样

| 英租界蓝色影印全图 | 每张 | 5元 |

公用营业汽车

下列公用汽车租赁费率业经英国工部局核准：

大汽车载客5人以上

在20分钟以内最少租赁费	每次	1.5元
首先40分钟		2.5元
第一小时		4元
每增加20分钟		1元

小汽车只载客5人

在20分钟以内最少租赁费	每次	1元
首先40分钟		2元
第1小时		3元
每增加0.5小时		1元

钟点计算由预定时起至乘客离车时止再加该车开回车行需用时刻。

垃圾箱

| 工部局规定式样垃圾箱每只 | 2.5元 |

人力车价

每次最少给价辅币	0.1元
每小时	0.3元
每天以12时计	1.5元

起重机

| 每次起重至少收费 | 20两 |
| 若以吨位计算每起1吨收费 | 2.5两 |

重量最大限制 30 吨

测量费

普通测量　　　　　　　　每亩收费　　　　　　　　　　5 元
设其上房屋位置须划定界线者　每亩收费　　　　　　　　7 元

水价

依水表记载每千加伦收费 1 元。

用户每月是否用水,每一水表须纳费 1 元。设用户所装水表不止一个,则无论何表所用水量均得列入月账。

磅房收费

大车过磅每 1 吨或不满 1 吨　　　　　　　　　　0.05 元大洋
每次过磅至少收费　　　　　　　　　　　　　　　0.2 元大洋

估定房产租值捐

查本租界捐人于上次常年大会所公举之估价委员业将坐落界内各段房产本年全年租值估计完竣。

此项估定租值列有单表，凡愿参阅者可于本年5月31日以后，随时惠临本局。

设捐户对于该估值委员所估全年租值或有不满意处，应于本年6月30日或早日通知本局局长，俾本局得于颁发该捐账单日期以前详细考核所具责问理由，凡有请求另行估计全年租值之请愿书倘于本年6月30日以前未能递到者，则本局概不受理。

每年9月为缴纳全年房产捐之期，倘至9月30日仍未缴纳者，按照本局条例第三十九条本局得征收额外附加捐，以欠缴捐数之10%为标准。

如本年房产捐至迟到9月30日尚未将全数照缴者，则本局对于其请求核减房产捐事概不受理。

凡已缴纳之捐款本局得依照下列特别情形或准予退还。惟须详细声明者，此项捐款之应否退还完全由本局权衡决定。

未经全年占用之产业：

凡房产于一年度中曾经占用9整月以上者，其所缴捐款概不退还。

凡房产于一年度中未经占用之时期满3整月或多过3整月者，本局可酌核情形按照下列计算表将已缴之捐款退还。

计开：

未占用3个月者退还5%。

未占用4个月者退还10%。

未占用5个月者退还15%。

未占用6个月者退还20%。

未占用7个月者退还30%。

未占用8个月者退还40%。

未占用9个月者退还50%。

未占用 10 个月者退还 60%。

未占用 11 个月者退还 70%。

未占用 12 个月者退还 80%。

凡非出租之产业应即作为有人占用照章收捐。

如查得房屋内有家具置放者应作为有人占用。

若各纳捐人依照上例认为有要求退还本年份房产捐之权利者,应于次年 1 月 15 日以前具函请求,过期概不核办。

1930 年 4 月 1 日

工程处 1929 年报告

本年建设工程强半,采用自备工力办理成绩更形显著,除推广界水力机填土地段挖掘土坝工程暨房屋建筑工程外,所有其他工程概由自备工筑造,工作状况较为精细,与夫工费节省概堪称意。例如路基铺填暨路面工程所得成绩竟超过预算 14%,而费用则仍不逾预算原额。故此,1930 年工部局拟建房舍亦期采用自备工办理,以资减少包工建筑。

1929 年铺筑路线如下:

伦敦道北半面:自威灵顿道至德列道,路基系洋灰混凝土,路面系开滦钢砖。

下列各路路基系普通红砖,路面系沥青混凝土:

加的夫道:自伦敦道至爱丁堡道

益世滨道:自格拉斯哥道至敦桥道

克伦波道:自登百敦道至马耳他道

广东道:自利斯克目道至达文波道

戈登道:自巴克斯道至广东道

下列各路系旧碎石路基上盖沥青混凝土。

宝士徒道:自大北道至墙子河

敦桥道:自威灵顿道至约克道

全年铺筑路线总面积计 46,557 方码,计长 3 英里。

1929 年阴沟建筑路线如下:

新加波道:自格拉斯哥道至马耳他道,计长 684 英尺,沟管系椭形,高 3 英尺,宽 2 英尺。

克伦波道:计长 1,896 英尺,沟管系椭形,高 1.5 英尺,宽 1 英尺。

总计长约 0.5 英里。

于公学道与围墙道交岔口三角坑地点建筑之天津公学新校舍第一部分外壳业已竣工,该屋大概于 1930 年之夏秋间即可占用。

本年界内业主建筑房产无足记述,已完工之房屋产值仅 1,566,923 元,内有919,230元产值之房屋系1927年具领建筑准单者,年前未完工之建筑计值563,614元。

推广界内填土成绩仍未增高,本年所填总量只131,612方,俟填地段尚须60万方,依此计算全区之填高恐五年内未克竣事。

推广界内尘土为患业已设法消除,沿马场道平行线曾建设防范沙土围篱暨于新填地内遍栽零陵香草种子,尚称见效。

自本年6月1日起,本界捐照收费已改由工程处管理。

对于运货车辆之载重过限暨车轮边皮之过于狭窄仍继续厉行取缔,藉以防止马路毁坏。迩来各车载重限度尚遵规章,若排子车(人拉)车轮边皮业已改用4英寸宽度,其他旧式大车(骡马拉)虽经过各租界然仍来往乡间,其配用较狭车轮边皮(3寸或不满3寸)一时恐难改换,惟此类窄轮货车须缴付较重车捐。

本年工程细目胪列于下:

桥梁:保持暨修理工程计有列斯克目道暨佟家楼各木桥。

河坝:除木工碎修外,本年未动洋灰混凝土工程。

塜[冢]园:马厂道暨广东道各塜[冢]园仅修筑保持工程。

火葬炉:本年共计用13次。

填地土坝:推广界内建筑土坝围绕第八号暨第九号水坑共计用土27,152方,以备水力机灌填。

防水土坝:为预防秋汛水势,夏间曾特加修理巩固并在海光寺缺口(马场道暨佟家楼桥梁经过之处)另储堵塞材料以防万一。

填土:填土工程之第七计划于3月7日即开始工作,推广界内本年填土总量计131,612方,第五号暨第六号水坑业已填满,惟第七号水坑仅填45%。

本年填土工作列表如下:

第五号水坑包括推广界地亩第64段暨第55段计36,821.08方。

第六号水坑包括推广界地亩第54段计47,126.72方。

第七号水坑包括推广界地亩第53段计47,664.76方。

总计:131,612.56方。

抽水机于本年11月26日停止工作。

公园:维多利亚花园暨围墙道公园仅施以普通维持修理工程。

便所暨秽水沟眼:概经酌加修理以资保持清洁卫生状况。

工部局房屋：三角坑旧址天津公学新校舍第一部分业经落成，所有门窗、暖气设备暨卫生设备期于数月内即可位置妥当，预备 1930 年秋季占用。

天津英文学堂夫役住所、自行车棚暨学堂内部装修布置业经工竣，靠临中街之巡务处办公室与巡务人员宿舍曾大加修盖，工部局职员住所亦有添改工程。

新工程场：本年该场供给沥青混凝土掺合运至本界新筑各马路地点计有 48,327 立方尺，另加路面沥青片计 11,333 立方尺。

化验室查验沥青混凝土计 327 次、沥青油 97 次暨宝德伦洋灰 479 次，辗轮榨碎石块共计 258,000 万立方尺，辗轮榨成寸半石块计 67,032 立方尺，1 寸石块计 79,156 立方尺，小石块计 136,284 立方尺。

机厂暨工具项下：

本处机厂业经检查修理各轧路汽机暨运输机件亦经妥加修理。

马路便道暨暴雨水沟项下：

铁筋混凝土路基上铺开滦钢砖。

伦敦道北半面自威灵顿道至德列道计 5,200 方码。

三层砖路基上铺沥青混凝土路线如下：

加的夫道：自伦敦道至爱丁堡道计 2,200 方码。

敦伯顿道：自马场道至香港道计 1,450 方码。

益世滨道：自格拉斯哥道至敦桥道计 3,560 方码。

福发道：自格拉斯哥道至德列道计 1,500 方码。

格拉斯哥道：自马场道至香港道计 1,460 方码。

克伦巴道：自敦伯顿道至马尔他道计 5,500 方码。

敦桥道：自宝士徒道至约克道计 1,010 方码。

爱丁堡道暨加的夫道毗连处计 2,417 方码。

此段之路基砖工系 1928 年铺填。

单层砖路基上铺沥青混凝土路线如下：

广东道：自列斯克目道至达文波道计 7,700 方码。

戈登道：自巴克斯道至广东道计 2,500 方码。

附注：旋因该处地土异常松软，所有广东道自列斯克目道至红墙道间之路基暨戈登道之西半边自巴克斯道至广东道之间均改用双层砖路基。

旧碎石路基上铺沥青路线如下：

宝士徒道：自大北道至墙子河计 4,400 方码。

敦桥道：自威灵顿道至约克道计 7,690 方码。

本年铺筑路线总面积计 46,557 方码，合 1.58 万英尺（约 3 英尺）。

连同以往 5 年，并计算合 338,934 方码，约 18.73 英里。

路边水沟石：

本年建设之路边水沟石计长 24,420 英尺，近 20 年建设之比较参观附表。

便道：

本年便道之建筑共计 10,619 方码，历年建筑成绩参观附表。

暴雨水沟：

本年暴雨水沟之建筑计长 2,076 英尺。

阴沟项下：

克伦巴道：自敦伯顿道至马尔他道计 1,896 英尺。沟管系椭形，高 1.6 英尺，宽 1 英尺。

新加波道：自格拉斯哥道至马尔他道计 684 英尺。沟管系椭形，高 3 英尺，宽 2 英尺。

合计总长得 0.489 英里。

连同前 5 年沟管建筑计算合 35,115 英尺或 6.65 英里。

街道项下：

列有电灯、清道洒水、扫除积雪暨街道名牌。

电灯：

300 烛光灯	41 盏	200 烛光灯	227 盏
100 烛光灯	431 盏	50 烛光灯	40 盏
600 烛光灯（码头卸货用）	19 盏		

清道工作：

本年所收集暨处置之脏土量列下：

住户垃圾：	9,143 方
街道脏土：	1,539 方
泥土：	189 方
炉灰：	767 方
马粪：	190 方

沟泥: 222 方

总计: 12,050 方

洒水：供给洒道用水概经滤净,本年总计共用 2,293,900 加伦。

扫除积雪：

本年下雪共 7 次,扫除总量约 1,600 方。

街道名牌：

本界各街口新建蓝白洋磁街道名牌计 29 块,木质交通指挥信号牌 5 方。

本处厂地豢养牲口暨置用机件于 1929 年 12 月 31 日列册如下：

马	2 匹
驴	48 匹
脏土车	29 辆
沟泥车	17 辆
铁手车	15 辆
木手车	6 辆
载重机车	8 辆
载重拖车	4 辆
铁水车（马拉）	11 辆
机器水车	1 辆
脏水车	2 辆
马帚	6 架
马具	46 副

牲口总数：

	1928 年旧存数	1929 年毁灭数	新购	现存
马	1	1	2	2
驴	50	5	3	48

其他工程：

本年其他工程建筑胪列于后

通接阴沟之路边水井子		191 个
四至界石	业经位置各地	计 73 条
	造就备用	43 条
卫生设备检验		75 处

脏水井清理 764 处

白色油刷马路交通指示线计长 31,883 英尺

气候：

本年报告附有 30 年来气候测量统计表、历年雨水暨寒暑记载及曲线图等。

本处工人：

本年雇用劳工无甚周折，且未受任何工潮影响。

职员：

本处助理工程员克赖君于 1929 年 1 月 17 日辞去职务，花木管理员郎嘉德夫人 6 个月试用业经期满，成绩尚佳，遂于 5 月 1 日实任该职，助理工程员巴恩斯自 3 月 16 日起至 10 月 9 日止在假，副工程师乔谒纳于 9 月 3 日藉长期例假之便离津返国。

工程师　巴恩士

电务处 1929 年报告

总论：溯自电务处成立迄今已九易寒暑，机厂开始运用已历八载，本年发电机件全部及分输电流设备保持状况井然无瑕，全年工作成绩由技术方面观察堪称优良，匝年电流供给除因墙子河淤塞致凝水柜暂失效用，电机厂发生障碍并一次短时间之电流停止外，全年并无间断。

分输电机之大部分效用经年毫无阻滞，除某日巨鸟落集电线致电流路捷决一次暨某处地底线发生障碍外，现有设备效能堪称完美，并足证明架空式电线之效用不亚于地底线。

售电：1929 年售电总额比较上年殊形缩减，洵为历来所未见。本埠商业不振暨多数外兵之他调，概为本处售电减色之由。

查本年售出电码总计 7,489,845，比较 1928 年之 8,023,485 电码减少 6.6%，若按电气马力计接线之电动机虽增加 25%，然所售马力电码竟比较上年减缩 10%。关于电灯用电虽通接用户增加 7%，然售电仍减缩 11.5%，由此可知，商业市面萧涩之梗概。

本处经济状况截至年底止计开如下：

购置成本项下	1,162,050.49 两
折旧存储	381,488.36 两
购置存储	154,610.18 两
债款实数	687,249.31 两
售电收入	522,881.77 两
扣除折旧	82,312.65 两
之余利总数	222,178.74 两
成本利益	19.1%
借款利益	32.3%
盈余净数	171,967.99 两
扣除折旧	82,312.65 两
八厘年息	50,210.75 两

本年余利虽不如上年,然比较英国同样电气事业盈利标率尚堪称强。

本处营业净利自成立至今逐年详数胪列于下:　　　　　　　　　　两

1920 年 10 月开办电流供给取自购买	8,004.00
1921 年购买总量电流再分售用户	61,635.60
1922 年一部分本厂摩发其余取自购买	57,535.69
1923 年电流总量概由本厂摩发	41,564.37
1924 年　同上	85,648.98
1925 年　同上	93,084.88
1926 年　同上	89,817.09
1927 年　同上	147,196.03
1928 年　同上	209,459.59
1929 年　同上	171,967.99
总数	965,914.22

自 1920 年本厂开办以来,本处归还工部局总务款项计 811,304 两。

2 年前定购之新式锅炉以应需电负荷增加者业经到厂位置就绪,因此,本年购置项下显然增多,其他如两处电压变更机厂之扩充改造亦为购置增加之由,惜市面不振,打包业务减色,致上列新设备未能完全得其效用。

本处设备成本连同 7500 启罗瓦特发电厂暨所有分输电流设备合计为 1,162,050 两,此数包括本年增加购置实数计 156,027 两。查上述 7,500 启罗瓦特机厂建设费计 851,111 两,合每一启罗瓦特占 113.48 两,全部分输电流设备分输总量达 8,650 启罗瓦特,其建设费计 257,560 两,合每一启罗瓦特负荷占 29.77 两。又现时厂内锅炉设备发汽总量足敷添设 4,000 或 5,000 启罗瓦特发电机之需,此系预计电流负荷增加之设置,深期不久可以实现。上列每一启罗瓦特之建设费仍为市政电务营业最低廉之标率。

发电机件:厂内发电机件除因改良运用及增进机件稳固妥靠性稍事更改外,并无重要添置,全年保持成绩良好。维格司厂制造之两架涡轮发电机尤堪称美,运用终年非惟毫无障碍,且其旋转速度匝年未变。查本界多数住户借电力烹煮并用以校准时计,此电机旋转速度若是稳定,洵为日常之要。锅炉房所增添之拔柏葛新锅炉,总发汽量每小时合 5 万磅,该锅炉业已安置就绪,概由本厂常工办理。

煤炭消耗:

1929年发电总量计9,209,883启罗瓦特小时,共用煤炭13,635吨,合每一电码用煤3.315磅,此数比较1928年之数(3.24磅)稍增,爰因煤质稍次所致。若以煤炭价值计每一电码之费用实数比较,1928年仍然减少。上列煤炭总量消耗数内尚包括蒸制售卖冰厂暨汽水公司所需之净水量7万加仑费用。

本处发电厂燃烧煤灰得宜终年烟尘绝无,临近住户向未有因此责难者,附刊本处厂址相片可证明该烟筒之无烟尘也。

分输电流设备:

本处分输电流设备全部保持成绩斐然,虽历用九载其完整状况一如新置,尤以乔森裴立波变压器为最精美,自置用以来,向未发生鲜微障碍。查分输电流设备概系架空式,其简单妥靠实为增高效率之由。昨年分输电流总量损失计9.4%,本年增至10%,此爰日间电流需要,若打包电动马力需要减少所致。

电流分输处:

除高林暨隆茂大院两分输出业经更改位置重造外,并无新分输处之建设,发电厂内分输处业已改用较大变压器两架以代旧有之9具,各分输处现有变压器总量为4,950启罗瓦特,以应业经接线之8,652启罗瓦特负荷。

电表:

截至年终止,用户通接电表总数计4,557个,比较去年增加552个,所有接用电表莫不时加检查以资校准。本年查验电表总数计1,842个,校准手续辄当,用户施行按时检查证明多数电表虽经装用数载,然其速率准确仍丝毫未变。

电流需要最高度量:

本年发电厂供给电流最高量数系在11月21日,比较上年最高量数稍低。

近10年需电最高量数如下:

年份	需电最高量数增数	增加	减少
1920	550启罗瓦特		
1921	691	增25%	
1922	840	增22%	
1923	1,350	增61.0%	
1924	1,530	增13.0%	

1925	1,881	增 23.0%
1926	2,270	增 20.5%
1927	2,860	增 26.0%
1928	3,100	增 8.5%
1929	2,810	减 9.5%

负荷供求相因数：

分输电流设备负荷供求相因数依据厂外负荷供给实量暨售出电流总量计为32%，比较上年无所变更，发电机厂负荷供求相因数为37.3%，上年所得之数为36%，两数相比无甚差别。

售电总量：

本年售电总量计7,489,845，电码比较上年售电总量计减6.6%，历年售电总量胪列如下：

年份	用户电灯	电马力	暖气烹煮	公用电灯	特别一区	总量
1921	685,985	132,141		169,635	202,525	1,190,286
1922	892,617	344,391		186,517	303,897	1,727,422
1923	1,052,425	509,841	19,912	208,629	526,396	2,317,203
1924	1,262,215	572,398	111,406	220,483	749,850	2,916,352
1925	1,536,564	785,541	241,428	230,084	959,100	3,752,717
1926	1,859,640	1,124,876	437,610	250,280	1,048,100	4,720,506
1927	2,368,289	1,612,424	507,742	302,767	1,376,090	6,167,312
1928	2,879,751	2,564,558	548,401	318,398	1,712,377	8,023,485
1929	2,564,749	2,318,488	630,550	315,727	1,660,331	7,489,845
近2年之比较减少	11%	9.6%	15%	1%	3%	6.6%

接线：

截至本年底通接用户总数计3,361，负荷总量为8,652启罗瓦特，上年之用户总数为3,170，负荷总量为7,410启罗瓦特，上列通接各种负荷虽形增加，然究因市面萧条售电总量依然减色。

电灯：

目下发电厂供给电流以供应电灯之需要为大宗，然其他家常用电需要亦日渐见增，将来此日常需要用电总量与灯光用电总量彼此相等自可预卜。截至本年底止，通接用户电表计3,783个，灯光用电计3,448启罗瓦特，超出昨年灯光用电量计233启罗瓦特。惟1928年之灯光用电增加量计490启罗瓦特,若参观前列售电总量表所载比较核算本年实减少11%,通接用户总数虽形增多7.5%,电流需用仍未能免缩减。

电马力：

本年马力用电计2,318,488启罗瓦特小时，比较1928年之2,564,558启罗瓦特小时减少9.6%，查业经通接之马力机负荷总数计3,175启罗瓦特。1928年之此项负荷总计为2,582启罗瓦特,两相比较,增加之数为18%,惟用电仍形减少9.6%。

暖气烹饪等：

本处对于暖气烹饪等用电经营日见起色,此可证诸本年此类售电总量者也。陈列室前曾采办各种电灶用以研究何式最为经济合用,兹此目的已达其利便处,不惟较优于煤炭或煤气炉灶且烹饪口味有增添佳妙之美,寻常煤炭炉灶之烟尘充塞不合卫生,用户利其废除改用电气烹饪固所宜也。

迩来本界购置电气冰箱者已日见普通，嗣后新式冰箱之畅销当可预期，最近且有利用电气消热以校正夏季溽暑者,津埠气候暑中潮湿需此校正应有增无已。

增高冷水热度为电务人员之最难而富有意味之问题。本处经数阅月之试验，发明一效用极大之电流热水具，其计划制造完全由本处人员办理,价值低，效率大，业经制就多具，住户可随意试用，预期多数用户感其利便比乐于采用。

其他各式精巧家常借电流增高热度或烹煮用器业由本处陈列室采办以增用户利便,最近并运到多架血液循环机,此机在美国各地畅销,诚为增进康健之利器。

公用电灯：

此项设备本年除保持适用外,并无更改添增,查本界路灯建设之高度暨距离概与英京泰姆士河沿岸设备相同。

现有公用电灯如下：

50烛光	40盏	100烛光	431盏	200烛光	227盏
300烛光	41盏	600烛光	19盏		

陈列室：

该室设立中街,随时试验证明电气用具利便,成效显著。本年售出电气用具总计1280件,该室并担任用户需要修理,全年经修电器用具计473件。

职员：

本处副工程师欧克君于年终辞职返国，殊深怅感。查本处业务发达成绩优良，端赖全处人员协力合作得获发电费用减轻，给电可靠性增高之效，匝年且未受任何工潮影响。

本处兼设有补习班以备工人工作钟点外学习中国字义，各班次之成立概系义务性质，教授职务统由本处职员友人分任，如此提倡公益良堪感佩。

欧克君、安德而君暨王相臣君之勤于职守，良足嘉许。

驻英锡拉君为本处工程顾问，凡属于本处事务皆资赞助。

电务工程处师　伟廉士

水道处 1929 年报告

一、本处 1929 年业务自经营方面暨技术方面观察成绩尚属良好，惜自经济方面观察售水量不敷预算原额甚多，致各项收入概形减缩，未克同时称美。夏季用水总量减少，故取给于过滤河水量数至微，全年之用水供给几完全取之自流井。巴克司道机厂之新抽水机房屋已经落成，气压机暨附属机件业已位置停妥，该抽水机房所有机件之装置本应早日完竣，系因制造厂在装运前自行试验所得效用与说明书所载未尽符合，以致延缓起运，大概转年春季当可运津，不误夏季应用也。巴克司道厂地新开凿自流井工程，业于 7 月 14 日动工，惟于 8 月 9 日开凿该井至 308 尺深度时，井筒忽被钻凿具损坏，致须废弃另于距离该井眼 150 英尺地面开凿新井眼，此项工程期于转年 3 月完竣，以备抽水试验。因迩来本界各项建筑发展迟钝致原拟计划设置总水管 10,310 尺未得实现，本年设置水管仅 3,790 尺，新用户通接水表总数只 92 处，此为工部局管理水道处以来最少之数。

二、消防设备暨河坝进水机厂

该机厂全部暨一切设备概经妥为保持，随时可得应用。查本年沿河区域低压抽水设备并未因消防供给多数水量，前为免除进水管口淤塞起见，曾于抽水机之一架上规复喷射机件，所得效果甚佳，迨至 9 月间河道状况日见进步，此项冲洗机件无装置之必要，遂即拆卸。

本处预定逐渐更换低压水龙头代以高压水龙头，计划业已次第实行，本年因此设置之 6 英寸新总水管暨地面水龙头计有领事道之一段，即自本界中街至海大道，现经通接此新总水管者有德隆洋行新货栈装置之洒水设备，查上述河水抽引机之运用本为汲引河水输至滤水池以备补助水量供给之不足，惟本年该机运用时期甚短，仅自 4 月 16 日至 7 月 13 日止，此后各井产水总量即足敷用。

三、巴克司道机厂

该厂机件暨一切设备概经保持适当运用，经年无稍间断且未发生任何障碍，本年水量需要减缩，故过滤河水需要亦随之而减，滤水池之需用时期只自

4月16日起至7月13日而已。

该机厂第二号暨第三号井供给水量连同过滤河水补充水量胪列如下：

	总水量(加仑)	过滤河水补充数量(加仑)	
1月	12,521,000	无	全系井水
2月	12,629,000	无	全系井水
3月	13,232,000	无	全系井水
4月	14,823,000	1,092,240	
5月	19,901,000	2,131,220	
6月	21,163,000	4,498,820	
7月	16,595,000	819,180	
8月	15,234,000	无	全系井水
9月	16,703,000	无	全系井水
10月	15,748,000	无	全系井水
11月	13,838,000	无	全系井水
12月	13,168,000	无	全系井水
总计	185,595,000	8,541,460	

四、巴克司道机厂：新工程

(一)拆毁工程：因新抽水机房需用地址旧有之净水贮蓄池第一号暨第二号滤水池与材料房旁之工人宿舍均于年初拆毁，待至1930年此新抽水机房全部齐备运用时，旧有蒸汽抽水机件锅炉、旧抽水机房第四号暨第五号滤水池、第四号澄清池与贮水塔概当取消。

(二)抽水机房：该机房之建筑系由中美建筑公司承办，该公司于1927年曾建筑达格拉道机厂房屋暨蓄水池者也，该公司在承揽此机房工程商订合同时曾拟具建筑设计，附列铁筋混凝土圆筒形屋顶与特别筑造之基础，用以适合该处地土复杂性质暨不渗漏之管子甬道改良设计以备采择，此项计划业已由本处采用。建筑合同载明总价为15,800两，该机房之外面系用开滦"D"式钢砖包砌，窗框门框概系 Crittall & Co.用钢制就，机房构造系完全火不焚材料，其内部地平计长76英尺，宽40英尺，其布置足以安装一切机器暨计量表件，因此，凡管理与检查事宜皆集中于此。抽水机房内压气机之位置在机房之南面，主要抽水机器之位置在机房之北面，进水总管暨输水总管之位置在主要抽水机器下面之铁筋混凝土甬道内，此甬道直穿机房之纵长，又横穿西端井口出水之。滚水坝箱下面所装主要文脱立量水表之位置在该甬道之西端，滚水坝室与主要抽水机房之间筑有间隔墙壁，主要管理机盘即装置于此。又抽水机房之地平与滚水坝室之地平系属同一高度即大沽低水平20，上述管子甬道即可由此滚水坝室降级而入，并有电灯设备，其布置与达格拉道机厂相同，此项工程系由慎昌洋行承办。

查普通暖汽设备汽管繁多价值昂贵，故此次改用 Modine 布置法，须装置之散热管较少，位置适合墙壁，再借低马力电风扇用以吹动循环。查此项暖汽散热管暨蒸汽锅炉系由本埠泰孚洋行承办，其安置手续则由本处自办，此种暖汽设备业经证实效率显著，并用费俭省，盖普通散热管须装置32架，而Modine式者仅装置四架即已敷用。

（三）自流井

本处新凿自流井之合同系由日本大阪 Brown Artesian Well & Waterworks Co., 承办，开凿工程价值为3.2万元。查该公司于1928年曾代日本工部局开凿同样自流井一眼，此次开凿系用美国喀利佛捏法，初用井筒为14英寸径，深度大概当钻至700英尺，每日产水量希望得达40万加伦。该井开凿工作业于7月14日动工，钻凿进行颇见顺利，不期于8月9日钻凿深度达308尺时发生障碍，井筒忽被钻凿机件损坏，卒以无法救济遂告废弃，因之另于该厂址择地开凿新井眼，此项新工程系于9月11日起工，该新井虽距废弃井眼仅150英尺，然钻凿进行因地质复杂迭感困难，尤以钻凿所遇抵力梗阻为甚，钻凿深度虽于11月7日已达330英尺，然井筒直径至是须减缩至12英寸，嗣后钻凿渐感顺利，待至年终，深度已达350英尺，故预期至1930年3月15日当可试验抽水，上述废井损失系由包工人担负。

（四）机件 新抽水机房装置机件如下：

擎引空气暨井水机件

压气机连同收气筒暨管子

机量117立方尺系用皮带转动	4架
装配V字缺口滚水坝之量水箱	3具
主要抽水机件	
每分钟500加伦电力抽水机	1架
每分钟1千加伦电力抽水机	1架
每分钟1千加伦电马力机暨汽油机转动之抽水机	1架

41 立方尺电马力机暨汽油机转动之旋轮式乏汽机	1 架
14 英寸文脱立量水表	1 架
主要抽水机管子暨节水门	1 套
主要电表盘	1 座

所用压气机系 Ingersoll-Rand 制造,一架本在伦敦道机厂,又三架寄存临时厂屋,现已全数安置,新机房内所有井口出水管拟重行布置,俾涌水箱位置于井口平台之上,所产水量得借自然重力流入抽水机房内之滚水坝箱,再流入贮水池逼压空气,传递管之布置仅借舌门之开关即得运用压气机一架或多架抽汲任何井水。

电马力线布置法与达格拉道机厂同皆用钢管分布,此项工程概由慎昌洋行承办。

主要抽水机件概系新购,由本处工程顾问 Messrs. J. & A. Leslie & Reid, Edinburgh 于年首经手定购,各部制造厂名如下:

主要抽水机	Messrs.	Pulsometer Engineering Co., Ltd.
电马力机	,,	Lancashire Dynamo & Motor Co., Ltd
电马力机开动器	,,	Allen West & Co., Ltd
主要电表盘	,,	Erskine Heap & Co., Ltd
汽油机	,,	Record Corporation Ltd
旋轮式乏汽机	,,	Bernard Holland & Co., Ltd
文脱立量水表	,,	Geo. Kent & Co., Ltd
抽水机管	,,	Staveley Iron Works Ltd.
节水门	,,	Glenfield & Kennedy Ltd.

上列机件除主要抽水机外业已运厂位置就绪,该抽水机因在制造厂所试验时曾发现障碍未臻合同所载效率,但最近本处工程顾问来函报告所现障碍业已消除,约于 1930 年初即可起运。

厂内布置既已周密,其运用效率当臻完善,待至新抽水机亦开始运用时各机厂给水压力即可自每方寸 37.5 磅增高至 50 磅,界时界内旧有石筑贮水塔即可作废。

五、达格拉道机厂

该厂设备效用颇著,经年并未发生障碍,所置一号机器曾经会同瑞士机车制造厂改良设计,换用新旋轮式压气机,其运用已有相当成绩,旧有机件现已运回制造厂,所审查本厂厂址暨一切设备业经详加整理,凡莅厂参观各界对于布置观瞻莫不赞许,厂外且栽有花木,每逢夏秋翠色青葱,益增美观,厂内便道已于春初改铺砖基、沥青、混凝土,并于东口建筑门房,在贮水池周围暨井口附近均添筑沟渠以资宣泄。

该厂第四号暨第五号井产水量如下:

	加仑
1月	11,989,600
2月	10,381,600
3月	11,423,200
4月	11,546,600
5月	10,958,700
6月	10,894,700
7月	11,596,700
8月	12,023,000
9月	11,720,400
10月	11,572,100
11月	11,504,900
12月	11,075,400
总数量	136,686,900

六、伦敦道机厂

该厂机件效用妥靠,概与达格拉道机厂相等,所置华新顿高速度输水抽水机之运用比之司东 Stone 抽水机较为经济,故全年大部分之工作概由华新顿抽水机担负,司东抽水机仅为备用而已,旋轮式压气机之效用依然良好,Ingersoll–Rand 9"×8"压气机业已搬移至巴克司道机厂之新抽水机房内。

该机厂一切机件业经妥为整理,厂屋内部概经油刷见新,厂址填土工程亦已完竣,并于占用面积之周筑有围篱。

第七号甲井之产水量未克臻合同担保数量业于1928年报告内述及,本年1月间依照包工人之建议曾加工抽汲,旋经觉察井底淤塞,嗣后设法吹动积沙,发现井筒在水箆下18英尺处有屈曲状况,并查核该井之产水各层地质现象有不如他井地层之通利无阻,其陷塌实在缘由仅可推测及之,按下列之一项或数项之原因似可视为该井塌陷之由。

(一)井筒周围泥孔之坍塌

(二)产水地层之下陷

(三)因抽汲增加井筒外之气压致井筒下水篦屈曲

兹后决定废弃该井,所有该井开凿费之半数由包工人偿还,为解除合同之办法。

该机厂第七号井产水量如下:　　　　　　　　　　　加伦

月份	产水量
1月	7,815,400
2月	7,199,500
3月	8,093,800
4月	7,684,000
5月	7,795,500
6月	7,422,900
7月	8,077,400
8月	7,519,500
9月	7,611,600
10月	7,871,600
11月	7,735,000
12月	7,977,500
总数量	92,803,700

七、自流井

由每月水质化验报告观察各井水之化合成份比诸上年报告所列无甚变异,各井之每星期产水量测验业经实行两载,每一分钟产水量之平均列下:

井号	1928年	1929年	逼压空气量按立方尺计
第2号	216加伦	221加伦	117
第3号	254加伦	238加伦	117
第4号	158加伦	133加伦	117
第5号	126加伦	133加伦	117
第6号	167加伦	176加伦	160

查第三号第四号暨第五号井产水量统有减少之趋势,为增加产量起见,曾利用吹动流通法,但无永久功效,虽反吹法或能发生特殊效力,惟易于损坏水篦铜网故未便专一利用,并为稳定第五号井之产水量起见,该井筒内曾装

配4英寸径升水管,安至364英尺深度,此升水管装置后,该井产水量已稍增加,然同样之配置于第四号井未见任何功效。查第二号井暨第三号井产水量依然畅旺,至年底止第二号井平均产水量为每一分钟228加伦,第三号井之平均产水量为每一分钟260加伦,第六号井之平均产水量未现增减,每一分钟仍为175加伦。

在开凿各井之先,本拟采用"Stepped"(拾级)深度计划,惜此制仅得实现于巴克司道机厂之第二号暨第三号井。查其他井址下各产水地层之间别无相当厚度之不渗水泥土,地层为之盖护或间隔,并由钻凿日记暨水质化验观察且无整齐地层组织,产水地层之组合缺乏均匀状况并欠连续,恐系袋形之组合。查各井所出沙子亦非同一性质,自第二号暨第三号井所见沙子较为粗大,凡此皆为该地址及地质组合本有之特别情形,遂于开凿计划之全部有密切关系,然已证明每井各成一特殊问题,抽水状况至今尚未见有两井相同者,因水量之变易所有空气输入须有相当之变更俾副实用,并须随时设法防范水筐之阻塞。

八、总水管暨水龙头

本年并无剧烈爆炸或破裂情事。查本界马路强半系用沥青、混凝土、砖基或混凝土基铺筑,如有水管破裂其发现不如往时之迅速,虽有特殊仪器用以测勘破裂所在,仍不易寻得也。

1929年添设之总水管连同历年设置之总水管丈尺列表于下:

年期	总水管尺数	地面水龙头	地下水龙头
1929	3,790	12	1
1928	7,327	12	3
1927	8,589	7	6
1926	17,237	16	22
1925	13,439	15	12
1924	16,108	30	0
1923	7,640	11	1
7年总数	74,130	103	45

自工部局经营管理以来,新布设之总水管计长14英里。

九、用户水管之通接

本年通接用户总数仅 92 处，比之上年计减少 139 处，洵为工部局接办管理以来最低数目，历年水管通接处总加之数列下：

年期	用户水管通接总数
1929	1,931
1928	1,839
1927	1,608
1926	1,473
1925	1,140
1924	1,027
1923	805

十、每日水量需要

3 处抽水机厂水量供给每日最多数量暨最少数量胪列于后：

	最高量	最低量
1 月	1,097,100	976,400
2 月	1,181,800	907,300
3 月	1,146,100	966,700
4 月	1,196,200	1,038,900
5 月	1,386,500	104,300
6 月	1,458,900	1,081,600
7 月	1,329,100	1,038,800
8 月	1,231,600	989,500
9 月	1,358,100	1,086,900
10 月	1,182,900	1,007,800
11 月	1,249,700	1,030,500
12 月	1,097,800	1,003,400

最高数量记载在 6 月 24 日，计 1,458,900 加伦，比较 1928 年最高数量 1,740,300 加伦计减少 281,400 加伦（16.10%）需用水量之缩减计有数因，如雨水过多，市民暨军队之移居海滨与本埠轮船交通之阻滞。

十一、售出水量

每月售水量总数以加伦计如下：

	一、英租界用户	二、河坝轮船用水	三、特别一区用水	四、总数量
	加仑	加仑	加仑	加仑
1月	18,482,300	144,480	7,624,900	26,251,680
2月	14,892,700	117,376	6,865,600	21,875,676
3月	16,859,300	190,400	8,001,200	25,050,900
4月	18,804,500	178,304	8,286,700	27,269,504
5月	21,738,410	163,296	9,459,400	31,361,106
6月	22,388,500	211,232	9,976,200	32,575,932
7月	19,902,900	172,480	9,123,300	29,198,680
8月	19,135,100	148,288	9,146,200	28,429,588
9月	19,289,100	278,656	9,080,600	28,648,356
10月	18,668,150	309,568	8,348,000	27,325,718
11月	17,569,650	245,280	7,833,700	25,648,630
12月	16,955,800	277,312	7,563,300	24,796,412
	224,686,410	2,436,672	101,309,100	328,432,182

与上年售量之比较列下：

年期	一	二	三	四
1928	262,073,730	3,974,432	105,951,800	371,999,962
1929	224,686,410	2,436,672	101,309,100	328,432,182
减少数	37,387,320	537,760	4,642,700	43,567,780
	14.1%	3.7%	4.4%	11.7%

查预算数内虽已列入因美国陆战队兵士影响之用水减缩,本年各项收入仍未克臻预算原额,本租界暨特别一区住户锐减,海河状况不良,轮舶交通阻滞与工业萧条概为减少水量需要之原因,又气候剧变,如春冬寒冷时期延长,夏季雨水连绵亦为减少用水之由,加以本界住房多数空闲,通接水管虽已于昨今两年办理,然多未得利用也。

化验师之报告：

各井水质化分适合饮料标准,成绩依然优美,本处并得有本界卫生医官签准之报告。

十二、职员

本处人员举止暨服务成绩皆极良好, 惟为撙节经费起见不得不稍事裁减。查助理工程师顾君幼卿业于2月因病辞职,监工员 Mr. A. W. Nash 由3月起借按例长假返国,旋因本处技术人员须事更动,该员服务合同于11月期满时即未续订,7月间本处聘英国勃敏汉大学理科学士董君干臣试充助理工程师,半年期满,成绩优良,现已聘定董君为本处职员。又查黎雷君合同至1930年5月期满,但黎君已声明辞意,本处无缘得其继续襄赞,殊深怅惘。

水道处总工程师　克拉克

1929年水道处报告附件

赖大夫之水质化验报告

水样取自	第二号井	第三号井	第四号井	第五号井	第六号井	总水管混合给水
水质化验按每100万分计						
盐性阿母尼亚	0.12	0.20	0.10	0.15	0.15	0.175
黏胶淡气阿母尼亚	0.10	0.15	0.12	0.15	0.175	0.15
亚硝酸盐	无	无	无	无	无	无
强硝酸盐	无	无	无	无	无	无
游动氯气	无	无	无	无	无	无
纳氯盐	112.20	280.80	210.60	158.00	193.00	193.05
碳酸气（已消融）	些少	些少	些少	些少	些少	些少
氧气（已消融）	3.50	4.25	3.75	2.75	3.00	4.25
需要氧气"甲"酸质化	0.20	0.40	0.50	0.40	0.40	0.40
需要氧气"乙"碱质化	0.20	0.40	0.50	0.40	0.40	0.35
蒸发余滓摄氏表100度	664.00	856.00	748.00	696.00	692.00	764.00
燃烧余滓 红热	600.00	785.00	690.00	625.00	632.00	712.00
硬度按10分计						
总硬度	20	36.0	27	20	15	26
固定硬度	19	34.5	25	19	14	22.5

巡务处 1929 年报告

本年携械抢案比较上年减少，诚为本界治安良好现象。查 1927 年抢案总计有 17 起，1928 年总计有 37 起，1929 年总计仅 21 起，且案情无如昨年秋冬之凶恶危险。缘军人吴杰暨其旧部既被擒获，处以枪决罪刑，此类悍匪遂逐渐敛迹。本界添派持枪巡士梭巡，各区亦为警惕盗匪远窜之由。惟盗案发觉有时难辨真伪，事主之狡诡，仆役亏蚀财务借口掩饰，亦所难免。

绑票为本埠初次发生要案。本年共见 3 起，其一为有名西商，其二为卜居本界买办，其三为本界华绅子弟赴法租界上学被架。查该西商（布瑞纳）于 11 月 4 日在马厂道被绑，惟当时侦缉紧急，绑匪卒于是月 14 日将票放回，该匪党亦于是日暨翌日先后被捕。

关于被绑中国住户，各该家属与其仆役皆缄口默守秘密，巡务处因之毫无线索以资侦寻。但上述幼童被匪禁锢匪窟，13 日后于 5 月 8 日释放，安然只身回寓。揆之前后情形，似系缴款赎票性质，但其家族始终缄默，此案颠末遂至无法根究。

被绑买办之家族态度亦复如上述，虽曾缴付巨款，奈票匪似不守信约食言反汗，收款后仍勒赎不已，该票迄今尚未放还。

堪使警察及海关当局注意者，尚有下列新奇案情：查 9 月 9 日消防队突接红墙道某宅失慎警报，待消防人员驰至火警地点，该宅居住人报称火势业经扑灭。旋经询问缘何擅发警报，该住户竟抗拒局员入内视察。讵知该屋内备装全套机件，用以提取凡士苓[林]油与脂肪质化合之海罗[洛]因。此项毒品似系由欧洲经西比利亚私运而来，当时搜查该屋发现海罗[洛]因依普通药材计值 1,672 元，按私运偷售计值 4,906 元。赁屋人暨肇事煮制人业经即时逮捕。

1929 年界内命案计有 4 起。其一系两命遭害，幸犯案男女皆被捕获。

综核控告案件：本年失窃物品价值总计 62,242 元，寻获物品价值总计 22,212 元，比较失窃物值计约占 35%。按本埠情形论，巡务尚堪尽职。惟上列失窃物值总数内尚包括某首饰楼，因店伙疏忽致被诈骗贵重饰物计值 1.5 万元。

受煽惑酝酿之工潮,本年未多见。本界海京地毡厂工潮,当时形势严重,几酿暴动,旋经相当调解,遂得和平了结。

迩来本界迭次发现住户接得匿名恐吓诈财信件情事。凡报告巡务处者,无不亟事根究调查,后接恐吓信件人似未再有任何烦扰。惟此类恐吓信件多半可以戏弄视之。

意外遇险,总计有98起,皆属普通性质。依本界车辆交通拥挤状况论,不得不赞美各车驾驶人之技术纯熟也。内有一案,因两车相撞致丧2命,中外各一。另有一案,因长途汽车两辆疾驶相碰致车身翻倒,压毙道旁候客洋车夫1人。肇事驾驶人虽被逮捕,经法庭判决,然荣兴汽车行对于死亡家属迄今未付赔恤。该汽车公司对于上年报告所列因伤致命第110号华捕恤金赔偿亦因循敷衍,不肯遵行。

巡务处改组经历,以1929年为最。所有本界捐照查察暨收费手续业经由6月起改由工程处管理。即本界卫生事宜亦同时改归工程处兼理。查本处改组计划,经董事会于本年4月核准,现已次第实行,惟间有言之维易行之维艰者。若夏季本处职员2人放弃信任,串同不良份子,在彼负责保护区域内创设大规模赌窟,询(洵)为阻滞改组之近因。该渎职人员业于7月30日被撤,同时巡务教员1人、侦探股速记生1人,因戚谊关系相继辞差。补充此项缺额人员之选择,煞费时日。故改组计划年内未克实现。

驻津各国军队军容举止概称无瑕,本年别未滋生事端。鄙人且欣然报告本年处理案件,尚无涉及美国兵员或意大利陆战队人员。

巡务处处长　郝满

1929 年犯案总表

类别	1月	2月	3月	4月	5月	6月	7月	8月	9月	10月	11月	12月	总计
拐带										8	7	2	17
殴打	3		5	1	4	5		7	2	1		2	30
乞丐	38	25	21	21	34	7	19	50	35	37	40	23	350
违反警章	639	535	1346	652	488	423	503	499	463	434	274	176	6,432
不遵卫生规定	141	118	126	121	124	6	1	1	6	2	6	9	661
偷窃	1	3	3		1	3	1		2	6	3	2	25
骚扰公安	121	139	161	197	189	160	161	149	152	110	97	118	1,754
残害牲畜			6	6	2	6	1	3	3	1	1	3	34
酗酒殴打	1			1					2				3
酩酊大醉	7	3	3	4	3	4	1	8	6	9	8	6	62
酗酒滋事	5		3	3	2	4	6	2	2	2	3	2	34
诈取					1			1		1			3
欺骗	3		1	4	10	1		2	5	7	1	2	37
任意疾驶			3		4	5	6	5	10	2	1		36
赌博	6	9	18	36	16	16	25	15	5	39	17	8	210
住宅小缮	7	7	5	8	10	11	27	20	22	11	23	21	172
河坝小缮	19	21	11	14	21	13	15	14	12	11	11	7	169
凶杀									1	1			2
非法敛取	34	20	33	42	43	45	44	33	23	10	26	22	384
杂项	23	31	56	56	66	94	54	14	26	31	22	28	501
抢犯	5						5	12		4			26
命案		2											2
总数	1,053	919	1,801	1,162	1,022	798	872	835	775	732	546	429	10,944

1928 年总数　　14,452

巡务处处长　郝满

1929年失窃物品

控告案数			387
缉获人数			123
定罪人数			91
失窃物品价值			$ 62,242.23
寻获物品价值			$ 22,212.20
	携械抢案		
携械抢案数			21
未成立抢案数			4
绑票案			3
未成立路劫案数			5
缉获人数			16
失盗物品价值			$ 16,193.00
寻获物品价值			$ 200.00
		巡务处处长	郝满

1929年卫生报告

本年英租界内卫生状况梗概如下：

猩红热：查此症在1928年冬季几成流行病，惟至本年春季特形减少，嗣后继续偶有发现，惟同时患猩红热暨白喉症者计有4起，其中3人因此身故。

腮腺热：春季患此病者甚众，惟病性皆属轻微。

白喉：据英租界暨邻区报告，发现患此病者殊形增加，但多数患者其洗刷咽喉之绒绵经初次放大微菌查验，凡验有类似白喉症者，皆列为疑如白喉，施以需要诊治，故皆通报为白喉。

水痘：本年春末夏初患此症者甚多，惟病性轻微。

百日咳：秋初发现多日患此病症，强半似系由海滨传染而来，间有变为气管炎暨肺膜炎者。

脑膜炎：本年发觉此病者有数起，惟在本埠未成流行病。

脑炎昏睡病：报告患此病者计有2起，皆系他处传染而来。

严重脑脊髓炎：患此病者计有3人，皆属壮年，其中2人系在本埠起病，其他1人系自他处感受而来。

霍乱：患者仅有1人。

发疹热病：英租界内未发生此症。

瘟疫：未见患疫症之报告。

肠热伤寒：英租界内患此病者有数人，比之1928年稍现增加，惟在其他附近界内，患此病症之增多殊形显著，故此劝告各住户询问约定医生，采用预防病症种痘法之保护，藉资防范。

肠胃病：本年春末夏初蝇虫较为稀少，又铁路交通别无阻滞，故多数儿童于夏季均得赴海滨，因此患此病者比较1928年减少。如安置适当铁纱门窗蔽子，藉以围护厨房暨储藏食物处所，防范蝇虫阑入，与择用新鲜烹饪食品、新鲜水果暨用冰箱收藏菜蔬、鱼肉，另用一机制冰箱收藏牛乳、黄油等，皆为防范疾病良法。

巡务处病院：此病院效用日著，凡患轻微病症人员，皆得藉此及早诊治，该处新招人员均须经医生检验，凡此皆为保持巡务处较优效率原因。本年入院人数共计502，所诊病类有痢疾、气管郁热、疟疾、饮食积滞、小肠闭结、肠炎、胃疾、轻微损伤（如筋骨扭伤、刀伤、碰伤、脚部擦伤等）暨风湿、骨痛、伤风、赤眼等。

凡须详细诊治之病症，概住院医治，一切眼病除赤眼外，皆送往马大夫医院。

巡务病院诊治人数共计华巡捕360人，住户门岗117人，卫生人员5人，办公室职员20人，消防队22人，统核住院人数为318人。惟间有一人住院多过一次者，故依入院居住次数计得502，每次住院日数平均合3.57日，按524人计，因病在假日数总计1792，即每人每年平均入院病假3.4日。上列计[记]载乃抱[包]括多数巡务人员职务所系风雨寒暑昼夜轮值轻微损伤在所难免，而卫生状况得有如此成绩，殊属良好。

英租界外国人死亡数：总计34人，男性20人，女性14人，死亡原因病别不同，无庸赘述。

英租界中国人死亡数：上年总数为418，本年总数为350，其中男性179人，女性171人。

死亡人数大半系因呼吸要部致病，多数乃属肺痨，其次普通病症为危产及产后暨妇女阴部病症，第三普通病症为痢疾。

阴沟设备：本界脏水井设备之成绩继续显著，所有脏水井概经检查，关于按时检查清理日期列有图表查。迩来墙子河暨八里台小河日渐淤塞，殊碍潮水冲涮墙子河效用，若不亟施以浚挖工作，将来结果恐于本界公共卫生大有妨碍。

给水：本界给水成绩甚佳，用水总量400兆加伦之392兆系由自流井供给，其余8兆加伦系过滤消毒河水，待开凿新井工程完竣。1930年之用水总量当可完全由自流井供给，据按月微菌检查报告证明，自流井水质甚合饮料之用。

运载病人汽车：本界现有运载病人汽车1辆，须应载送一切病人之需，患传染病症人，亦须用此汽车载送，故载运传染病人后，在消毒时间，该车即不可运载其他病人。该车且陈旧破残，几不堪用，为此购置运载病人新汽车1辆实为急要。该新汽车并应装备救急医药材料，以应不时紧急或道路意外危险之需用，该旧有病人汽车可修理刷新，专用以运送传染病人，洵为要图。

维多利亚医院
每月住院人数表

月份 病别	1月	2月	3月	4月	5月	6月	7月	8月	9月	10月	11月	12月	全年	死亡人数
内科	11	4	8	7	11	8	6	4	5	4	14	8	90	
外科	1	3	5	3	2	4	4	2	5	2	4	3	38	
手术解剖	9	5	5	4	6	1	5	8		3	3	4	58	
总数	21	12	18	14	19	13	15	14	15	9	21	15	186	8

门诊:按摩暨电气治疗13人,X光照135人。

产妇调养院入院人数共66人:分娩57人,小产3人,察验6人。

住院日数总计699人。

婴儿死亡2人。

隔离病院住院人数共40人。依国籍计人数:英国17人,中国6人,美2人,俄10人,法1人,比1人,德3人;依病类计人数:猩红热15人,白喉猩红热3人,白喉2人,肠热症2人,肺痨3人,百日咳3人,喉症2人,天花2人,腮腺热症1人,疹子1人,水痘1人,霍乱1人,脑膜痰[炎]4人。总数40人,死亡6人。

卫生医官　葛尔普　大夫

1929年英租界外国人死亡数目列下

	男	女	共计
血瘤	1人		
脑膜炎		1人	
胎生残病		1人	
痢疾	1人		
心内膜炎		1人	
枪打伤口	2人		
声管发炎		1人	
心肌炎瘫病	1人		
肺炎	2人		
白喉猩红热		2人	
肺炎痰决	1人		
发症热病		1人	
中风	2人		
脑膜热病	1人		
痨病		1人	
肺病		1人	

(续表)

脑壳破裂	1人		
痰决	4人	3人	
胰腺炎		1人	
腹膜炎	1人		
肾腺炎		1人	
败血症	1人		
肺痨	1人		
瘟热症	1人		
总数	20人	14人	34人

1929年英租界中国人死亡数目列下

	男	女	共计
意外遇险	3人		
中风		1人	
煤气熏毙	1人	1人	
气郁热	28人	18人	
心疾		1人	
肺痨	4人	1人	
肚泻		1人	
积劳	2人	1人	
鼓症	2人	3人	
羊痫风	5人		
呕血	3人	1人	
痰决	1人	4人	
脑膜炎		1人	
大肠闭结	11人	5人	
疯瘫	4人	4人	
老迈衰弱		3人	
咽喉腮腺炎热	1人		
产后		10人	
气喘	6人	6人	
血毒	4人	1人	
肺炎	1人	1人	
毒瘤		1人	
惊风	4人	3人	
白喉	2人	1人	
痢疾	15人	9人	
癫痫病		1人	

(续表)

女性病症		45人	
痔疮	1人		
吗啡毒	1人		
杀害	4人		
肺病	73人	46人	
猩红热	2人		
败血症	1人		
总数	179人	171人	350人
道路发现华人尸首36具			

天津公学 1929 年报告

上学年终了,即 1929 年 6 月 30 日本校初级小学四年级学年考试,及格学生计有男生 21 人、女生 14 人,成绩优良,均给予毕业证书。本年毕业学生总数比较上年增加 22 人,本年第一学期续招初级小学一年级男女生各一班,以补学年终例升班级遗额。新班连同旧有班次合计共有足额班次 13 班,学生总数计 337 名,比较上年总数 219 名,计增加 54%,以往三年肄业学生总数列表如下,以供参考。

年期	1927	1928	1929
男生	29	148	211
女生	17	71	126
总数	46	219	337

为适合现时教授标准起见,前订课程暨关于学生缺课、退学、甄别考试成绩及奖励品学兼优学生各项章程,业经公学委员会重加审核修正。至本校例用教科书籍,无不详加选择应用,历史地理舆图、解释图画、理学仪器暨最近出版《中国百科全书》靡不备置,即各生日用纸张亦由本校代办,以取一致。因此,添列簿册手续不免稍形烦琐,其他教育最新设施与卫生需要亦力求完善,俾臻完备,而增学生进益。

健康:本年学生健康状况除乍冷时间学生每有寒暖失调外,余甚安适,各讲堂温度、空气流通均按时校准。

迟到:上半年学生程度稍形参差,故每有迟到、忘携书籍等小过,发现此项失检,学生恒被勒令课后留堂半小时或 1 小时,以示薄惩。迩来违犯者已不多,见上述惩罚施行,尚属收效。

清晨会集:此制创始于下半年,每逢会集,校长、教员俱致简明训词,谆谆教导,勉以修身勤学至理。惟大礼堂地势窄狭,不敷同时容纳全校学生,因之男生、女生须分期会集,星期一、星期五为男生会集期,星期二、星期六为女生会集期。

考试:照例临时考试,平均成绩颇堪称许,间有资质迟钝、科目成绩较差者，然一经规勉，加意攻勤，所得成绩已大见进步。

体育：本校学生爱习篮球，以高级生为最惜，原有体育空场地势湫隘，不敷建设正式球场，现用篮球柱位仅属临时附设，略具规模而已，各班学生莅场体操尚须移动其他体育用品，若秋千、跷跳板等，因之学生体育兴致不克十分踊跃。

校舍修葺：现用校舍建造有年，旧有暖气、卫生各项设备显有不合，目前需要之处业经相机修葺，以供实用。讲堂装置陈列墙板暨迁移暖气设备位置，在在以增高效用为旨，上列修葺工程概由工部局工程处办理敏捷，经济无待赘述。当夏季雨水泛滥，校舍地窖积水深度陡增，暖气锅炉被淹，抽水机件同时失其效用，设非工程处派工迅速修葺有方，其损害固不堪逆料。

教职员：本年教职员成绩良好，下半年新聘女教员4人，担任因新招班次增添各项课程。女教员赵宪章决意入河北师范大学，以资深造，故于10月1日辞去本校教职，遗缺由仓传宪女士补充。现时男教员计有郑炳勋、庞文元、李鹤鸣、于兰圃、卓炜、赵象文、郭文林、孙毓泽、樊樊甫等9人；女教员计有张冰、穆玛丽、仓传宪、吴佩旒、胡巽、修华泽、李淑媛、孙家瑛等8人，暨书记徐孝骞一员，均各尽所长襄赞校务，本校倚畀良殷。

今者校基稳固，纲纪井然，嗣后成绩日臻完美，洵可预期也。

校长 严松章

财政报告

兹为汇报1929年截至12月31日止之财政统计,暨1930年截至12月31日止之预算,仅将下列报告附请察阅。本处所记账目簿册业经英国查账公会汤生公司审核,该公司证明书已附于统计结算单内。

总务普通收入:

1928年报告(所列各分处往来利息不计):普通收入预算总数为951,745两,惟收入实数为946,687两,实收不敷预算计5,058两,其来源胪列于下:

捐类	减收数(两)	增收数(两)	不敷(两)
地亩捐	10		
房产捐	5,029		
河坝收入	7,360		
执照捐		11,005	
菜市		1,012	
戈登堂	93		
杂项		3,547	
码头捐	8,130		
总计	20,622	15,564	5,058

本年空间房屋之增多暨新房屋建筑落成之减少,为房产捐缩减之原因;市面萧条影响所及,致河坝收入暨码头捐咸形减色;惟杂项收入暨菜市收入皆稍现增加;各项执照捐之增多尤形显著;但汽车捐收入比较预算原额计减少5%。

总务普通支出:

查预算所列总务管理费用为494,282两,本年实支之数为501,710两,实支之数比较预算计增多7,428两,增加缘由列下:

本年间银价低落,因此薪金项下实支之数计超出预算原额8%。又总务公费项下计多支3,000两,其中2,000两系法律手续费,余1,000两为杂项费用之增添。查工部局办公处项下计增支电灯费800两,暨可由戈登堂租赁费归还之数减少250两;又义勇队项下列有军火费暨汽车装甲费支出未经支用共计2,300两；又隔离病院病人住院收入比较预算原额计减少2,800两，惟维多利亚医院病人住院费之收入比较预算计增多900两。其余各项支出无须特别注述。

巡务处：查该处服装费、器械费、旅费积蓄暨杂项开支，共计增支1.26万两，但中国巡务人员暨印巡之薪金与学习语言奖金计减支6,100两，又住户门岗项下收入计增多7,000两。

消防队：薪金项下计增支130两，杂费项下计减支约1750两。

消防设备：经常费修理暨保持费用总计比较预算减支700两。

工程处：1929年预算所列工程处支出为259,315两，实支之数为271,290两，其差额详数列下：

华职员薪工计增支3,200两；纸张费增支1,800两；席棚费暨巡务人员居所保持费计增支1,500两；沥青混凝土搀合机保持费增支1,900两；清道项下增支7,000两；公园保持费增支1000两；马路、便道、路边石暨阴沟项下减支4,150两；清除积雪之支出预算所列为3,000两，而实支之数仅800两，合计减支2,200两。总核上列各项暨其他零星差额，总结实较预算多支1.2万两。

总务特别支出：

马路便道等：本年此项费用计减支约4,000两，详工程师报告。

机件工具暨置新剔旧：此项实支之数比较预算计减少约2,000两，是可无须赘注。

房屋建筑新工程暨添盖项下：

本年间董事会接有报告，关于天津英文学堂有须履行支出之款额计1万两，在预算编制时未经列入，旋经查核与事实相符，董事会即允准将该数追列预算案内。又关于他项尚有节用，减支之数计6,200两，其中6,000两乃备建造河坝小本营生铺面之数，此项工程计划业经决定取消。

电务处：

收入项下：查本年营业账总收入比较预算原额计减收7.53万两，其详数列下：

售与用户电价计减少	55,050两
住户烹煮、暖气消用电力计减少	19,900两
其他零星增减合计减少	350两
总计	减收75,300两

支出项下：支出实数比较预算原额减少 19,400 两，其详数列下：

发电费用计减支	10,400 两
发电机件修理暨保持费计减支	2,100 两
轮电机件暨路灯机件修理暨保持费计减支	3,600 两
利息项下计减支	1,600 两
零星机件添置计减支	2,700 两
其他零星增减数目不列	

购置项下：支出实数比较预算稍现增加，计发电机厂增支 12,250 两，出租机件增支 4,000 两，但房产项下计减支 11,750 两，暨其他各项计减支 4,000 两。

水道处：

收入项下：收入实数比较预算计减少 36,700 两，其详数列下：

类别	减少（两）	增多（两）	实减（两）
普通用户水价收入	28,400		
特别一区用水价收入	6,200		
轮船用水价收入	1,900		
工部局办公处暨附属处所用水价收入	1,800		
杂项收入		1,600	
总数	38,300	1,600	36,700

支出项下：本年营业账目支出计减少 17600 两，其详数列下：

类别	减少（两）	增多（两）	实减（两）
巴克斯道"甲"号机厂	7,900		
达格拉道"乙"号机厂	1,800		
伦敦道"丙"号机厂	1,200		
总水管暨水龙头	1,700		
机件工具	1,400		
工程师费用		3,300	
折旧	1,300		
利息	4,700		
其他各项	900		
总计	20,900	3,300	17,600

购置项下：支出实数比较预算计减支 2.7 万两，其主要节减为总水管暨龙头，计减支 1.7 万两，与自流井计划项下计减支 7,600 两。

局有地租找价：1929 年由此项下计得收入 26,579.7 两，因此本年现金实况比之预算所列殊较良好，此款业已列入预算案内，新巡务宿舍项下备建筑该新房屋时支用。

财政统计总结：

查 1929 年 4 月 17 日选举人通过之预算计列：

普通支出预算数	1,473,425 两
本年普通支出实数	1,453,958 两
支出实数比较预算计减少	19,467 两
收入预算数	1,886,243 两
收入实数计	1,761,794 两
收入实数比较预算计减少	124,449 两
特别支出预算数为	545,895 两
支出实数为	518,607 两
此项支出实数比较预算计减少	27,288 两
上列两项预算支出总数超过预算收入总数	133,077 两
支出实数超过收入实数	210,771 两
故比较预算所列收支两抵不敷之数实增多	77,694 两

1930 年预算：1930 年预算业经各委员会预先详加审查，并经董事会核准。查预算清册总结算单及现金项下所列 1930 年截至 12 月 31 日止之财政状况，预计银行透支之数或达 61,675 两。

会计处长　韩联书

1929 年财政统计
暨 1930 年预算

1929 年普通收支预决算比较

截至 12 月 31 日止

1929 年收入预算				收入		1929 年收入决算截至 12 月 31 日止	
	两			地亩捐：			两
		281,569.00		已填地		281,559.39	
		9,936.00		未填地		9,936.09	
291,505.00		—				—	291,495.48
				房产捐：			
		293,004.00		依据估定房产全年租值		291,878.94	
		1,004.00		减去:退还之数		4,558.87	
292,000.00		—				—	287,320.07
				建筑不足额地捐：			
25,440.00				依房屋建筑平均 50%为标准			25,091.19
				河坝收入：			
				系船费			
			39,500.00	轮船	29,918.55		
			14,500.00	驳船	13,172.25		
			600.00	民船	631.22		
		54,600.00	—		—	43,722.02	
			16,380.00	河坝租金	19,799.58		
			1,280.00	减去:费用	1,182.30		
		15,100.00				18,617.28	
69,700.00		—				—	62,339.30
4,000.00				转头船位租金			4,000.00
				辅捐收入：			
				执照捐			
			50,000.00	人力车	55,678.07		
			25,000.00	排子车	29,288.03		
			12,000.00	大车	15,986.81		

（续表）

682,645.00								670,246.00
		20.00		杂项	125.14			
		1,500.00		马车	1,579.20			
		900.00		旅馆	1,218.00			
		1,000.00		犬	1,104.25			
		80.00		押当铺	140.00			
		1,500.00		自行车	1,296.05			
		20,000.00		汽车	18,995.96			
	112,000.00				125,411.51			
				减去：费用	2,406.75			
					—		123,004.76	
				菜市				
		6,000.00		铺面	6,092.08			
		1,200.00		摊子	1,185.64			
		9,300.00		小本营生	9,959.26			
	16,500.00	—			—	17,236.98		
	800.00			减去：费用	525.21			
	15,700.00	—				—	16,711.77	
				戈登堂				
		2,500.00		赁用费	1,848.90			
		2,100.00		减去：费用	1,541.75			
	400.00	—			—	307.15		
				零星收入				
		18,636.00		杂项	22,172.05			
		12,364.00		租金	12,374.52			
	31,000.00	—			—	34,546.57		
				码头捐				
		114,620.00		收入	107,214.63			
		4,620.00		减去：费用	5,343.96			
	110,000.00				—	101,870.67		
269,100.00	—					—		276,440.92
951,745.00								946,686.96
				各分处来往利息：				
		52,800.00		可由电务处归还之数	50,210.75			
		57,600.00		可由水道处归还之数	51,260.27			
	108,800.00					—		101,471.02
	—							—
1,060,545.00								1,048,157.98

1929年支出预算			支出	1929年支出决算截至12月31日止	
两					两
			管理人员俸给暨工资		
	90,875.00		华洋人员俸给	95,488.29	
	26,000.00		减去:可由电务处暨水道处归还之数	26,000.00	
64,875.00	—			—	69,488.29
			总务公费		
	32,450.00		杂项	35,331.67	
	4,600.00		减去:可由电务处暨水道处归还之数	4,600.00	
27,850.00	—			—	30,731.67
			工部局办公处费用:		
	5,000.00		杂项	5,845.08	
	1,000.00		减去:可由戈登堂租赁费归还之数	745.50	
4,000.00	—			—	5,099.58
			捐助项下:		
	1,200.00		民园	1,200.00	
	100.00		俄国医院	100.00	
	100.00		北洋医院	100.00	
	700.00		体育场保管团	700.00	
	500.00		妇女慈善会	500.00	
2,600.00					2,600.00
	4,000.00		养老金	4,460.07	
			驻津英工部局义勇队:		
	6,160.00		杂项	3,513.02	
6,160.00	—			—	3,513.02
			工部局藏书楼:		
	162.00		薪俸	161.70	
	368.00		杂费	411.99	
	670.00		协款	670.00	
1,200.00					1,243.69
			隔离医院:		
		6,681.00	薪俸	6,791.14	
		7,119.00	杂费	6,643.41	
	13,800.00	—		13,434.55	
110,685.00					117,136.32
		1,500.00	减去:法工部局协款	1,500.00	
		5,300.00	病人住院费	2,502.23	

(续表)

	6,800.00					4,002.23	
7,000.00							9,432.32
				维多利亚医院：			
		10,983.00		薪俸	10,602.82		
		14,152.00		杂费	14,487.71		
		25,135.00				25,090.53	
		12,135.00		减去：病人住院费		13,025.40	
13,000.00							12,065.13
				产妇调养院：			
		2,985.00		薪俸	3,725.44		
		6,815.00		杂费	7,776.70		
		9,800.00				11,502.14	
		3,800.00		减去：病人住院费		5,306.20	
6,000.00							6,195.94
				卫生处：			
		1,000.00		卫生医官费	1,000.00		
		2,938.00		卫生处职员	2,563.79		
		1,522.00		杂费	723.70		
		5,460.00				4,287.49	
		460.00		减去：入款	643.65		
5,000.00							3,643.84
				塚[冢]园项下：			
				广东道			
			600.00	捐助妇女委员会	600.00		
			150.00	保持费	210.04		
			75.00	工资	75.60		
		825.00				885.64	
141,685.00							148,473.55
				马厂道			
			210.00	捐助妇女委员会	210.00		
			480.00	保持费	761.20		
			185.00	工资	184.80		
		875.00				1,156.00	
	1,700.00					2,041.64	
	1,200.00			减去：售卖墓穴暨火葬费		1,701.00	
500.00							340.64
				天津英文学堂			
51,261.00				协款			51,261.00

（续表）

			天津公学		
53,521.00			协款		53,521.00
2,500.00			临时项下		2,774.03
			债券保管项下：		
230,000.00			核定每年应付各借款之本利		230,000.00
400.00			墙子河维持费		923.73
14,360.00			偿还继续皇家租契用款		14,360.62
55.00			偿还英总领事馆所纳上项用款之数		55.28
——					——
494,282.00					501,709.85

		巡务处		
1929年支出预算			1929年支出决算截至12月31日止	
两				两
	103,676.00	巡务员役暨办公室职员薪俸	97,216.28	
	34,519.00	普通杂费	48,426.66	
	138,195.00		145,642.94	
	18,195.00	减去：住户雇佣门岗费用	25,241.21	
120,000.00	——			120,401.73
		消防队		
	5,067.00	华洋人员薪俸	5,201.35	
	6,433.00	普通杂费	4,698.49	
11,500.00	——			9,899.84
		消防设备		
		抽水费用		
		抽水机件		
	2,223.00	经常费：水箱,水箱房,输送水管码头,进水管	1,657.11	
	975.00	修理暨保持费	841.02	
		工程师费用项下：		
	291.00	杂费	291.90	
	72.00	保险费	72.00	
3,561.00	——		——	2,862.03

工程处			
1929年支出预算		1929年支出决算截至12月31日止	
两			两
	普通支出		
	桥梁:		
150.00	保持费		42.65
—	河坝暨码头:		
250.00	保持费		87.17
	土坝(预防水灾):		
50.00	保持费		431.89
	工程师费用:		
94,323.00	薪俸暨工资	98,688.80	
9,960.00	杂费	11,557.64	
104,283.00			110,246.44
	便所暨秽水沟眼:		
3,000.00	保持费		3,312.62
	工部局房产:		
5,650.00	普通保持费		7,262.65
	机件暨工具项下:		
6,100.00	保持费暨经常费	8,280.64	
650.00	逐年修理	307.55	
400.00	购新补旧	421.52	
7,150.00			9,009.71
	公共院所保持费:		
400.00	隔离病院	862.84	
1,300.00	维多利亚医院	2,549.44	
2,000.00	菜市	1,015.66	
200.00	产妇调养院	140.72	
3,900.00			4,568.66
124,433.00			134,961.79
	马路、便道、路边石暨阴沟项下:		
13,500.00	老租界扩充界内马路普通修理费	15,396.81	
5,000.00	老租界扩充界内马路涂刷沥青费	3,870.04	
1,500.00	推广租界马路水沟普通修理费	1,705.35	
8,000.00	推广租界马路涂刷沥青费	729.41	
28,000.00			21,701.61
1,500.00	老租界扩充界便道项下:	2,381.74	
800.00	老租界扩充界暨推广界暴雨水沟普通修理费	442.60	
700.00	冲洗阴沟费用	1,248.95	

（续表）

	2,000.00	载重汽车用汽油、工资暨材料费	2,909.73	
	2,500.00	载重汽车保持费	3,362.25	
	2,000.00	英租界马路、便道、路边石暨阴沟保持费	1,304.44	
37,500.00	——		——	33,351.32
14,282.00		马路加宽		14,835.23
		路政项下：		
	21,800.00	路灯	21,550.77	
	9,000.00	清道冲洗马路暨水沟	15,958.25	
	20,550.00	收敛垃圾	20,668.32	
	3,000.00	扫除积雪	775.78	
	250.00	街名牌	480.90	
	8,500.00	沥水暨散砂	7,742.13	
63,100.00		——		67,176.15
20,000.00		公园暨花园		20,965.25
——				
259,315.00				271,289.74

1929年特别支出预算		1929年特别支出决算截至12月31日止	
特别支出			
两			两
	马路项下：		
10,000.00	推广界新阴沟		6,789.37
6,000.00	推广界新暴雨水沟		6,146.83
6,000.00	路边石暨阴沟		6,234.11
3,500.00	新式路边水井子		4,347.33
20,000.00	便道		12,591.31
124,300.00	马路		130,018.32
200.00	桥梁		—
170,000.00			166,127.27

购置支出			
两			两
	器械暨购新补旧：		
9,965.00	工程处		6,403.70
500.00	维多利亚医院		1,614.85
9,131.78	天津英文学堂		9,131.78
1,000.00	隔离病院		1,016.24
1,500.00	秘书处暨会计处		1,999.75
250.00	产妇调养院		225.97
1,535.00	消防队		974.79
4,000.00	巡务处		4,498.38
27,881.78			25,865.46

	新建筑暨添盖房产		
两			两
500.00	隔离病院		—
50.00	码头捐局		—
200.00	工部局办公处		170.11
17,168.22	天津英文学堂1929年购置支出		6,302.88
	天津英文学堂协定于1930年须付之款		10,865.34
25,000.00	天津公学		25,000.00
2,200.00	职员居所		2,595.74
40,000.00	新巡务宿舍暨火会所		40,000.00
6,000.00	河坝小本营生铺面		—
91,118.22			84,934.07

电务处 1929 年营业账目						
收入				支出		
两		两	两			两
收入预算		收入决算截至 12 月 31 日止	支出预算			1931 年支出决算截至 12 月 31 日止
395,000.00	售与用户电价	339,947.68	110,000.00		发电费用煤炭工资等	100,610.61
64,560.00	售与特别一区电价	63,090.94			发电机件：	
21,000.00	公共道路电灯	20,821.60	14,000.00		修理暨保持费	11,922.28
3,300.00	住户自有道路电灯	3,896.15			分输电机：	
9,240.00	售与英工部局办公处暨附属处所电价	9,061.67	14,900.00		修理暨保持费	13,304.41
100,200.00	售与用户烹煮马力暨暖气用电价	80,322.73			路灯机件：	
4,900.00	零星收入	5,741.00	4,500.00		修理暨保持费	2,794.43
					工具：	
			600.00		修理暨保持费	677.65
					租出机件：	
			2,200.00		修理暨保持费	2,313.55
					器具暨装配零件：	
			1,000.00		修理暨保持费	923.22
					经理费用：	
				40,833.00	薪俸暨工资	42,566.87
				15,190.00	杂费	4,602.82
			56,023.00			57,169.69
			18,000.00		总务管理项下	18,000.00
					会计处：	
				4,500.00	中国职员薪俸	4,687.28
				1,400.00	杂项	1,288.89
			5,900.00			5,976.17
			52,800.00		66 万两之 8 厘年息	50,210.75
			81,579.00		折旧	82,312.65
			4,000.00		零星购置	1,275.69
			3,801.00		陈列室用费	3,422.73
			370,303.00			350,913.78
			56,974.00		资产存储	42,992.00
			170,923.00		收入超过支出之数	128,975.99
598,200.00		522,881.77	598,200.00			两 522,881.77

天津英工部局1929年董事会报告暨1930年预算

电务处			
1929年结算单截至12月31日止			
债　务		资　产	
	两		两
零星债务	15,741.83	零星欠户	76,632.78
拔柏葛锅炉公司		材料存储	72,078.86
1929年运到机件—缓付之款计开如下： 1.6.30 £1,322. 4.10@2/2= $ 12,205.31 1.6.31 £1,254.19.10@2/2= $ 11,584.54 1.6.32 £1,186.14.10@2/2= $ 10,954.54		陈列室商品	5,409.03
	34,744.39		
用户押款	44,165.10	寄售商品(参照对页)	17,673.31
寄售商品(参照对页)	17,673.31	伦敦金镑帐	1,853.01
折旧存储	381,488.36	购置项下：	
资产存储	154,610.18	地亩	9,720.00
英工部局流水账截至1929年12月31日止	687,274.31	房产	135,281.76
		发电机件截至1929年12月31日止	671,364.81
		拔柏葛锅炉公司运到机件价值付款缓期须列入1930、1931年暨1932年预算债务项下之数	34,744.39
			706,109.20
		分输电机	257,560.33
		路灯机件	17,934.36
		备租机件	21,762.63
		电气仪器	3,279.62
		工具机件	2,928.82
		器具暨装配零件	7,473.77
	1,335,697.48		1,335,697.48

1929年12月31日

　　敝公司已将上列截至1929年12月31日止之结算单审核,并得有一切所需闻料暨解释,据敝公司考核所知并参照工部局供给之说明暨簿册所列注解,该结算单之开列用以表示工部局之实在正确,财政状况是系正当。

汤生公司
查账稽核员
天津　1930年3月4日

收入预算	1929年收入决算截至12月31日止		支出预算	1929年支出决算截至12月31日止	
两		两	两		两
162,121.00	售与用户水价	133,714.02		巴克司道"甲"号机厂抽水费用：	
48,397.00	售与特别一区水价	42,124.33			
4,900.00	售与轮船水价	3,045.84	26,497.00	经常费	20,929.21
10,280.00	售与英工部局办公处暨附属处所水价	8,458.11	850.00	修理暨保持费	713.58
1,800.00	巡务处租用房产收费暨杂项	3,411.58	27,347.00		21,642.79
	支出超过收入数目列入资产存储项下	6,126.80		厂内水管暨节水门：	
			431.00	修理暨保持费	305.92
				自流井净水贮水池	
				贮水池暨抽水井	
			402.00	经常费	380.30
			650.00	修理暨保持费	685.86
			1,052.00		1,066.16
				滤水池：	
			782.00	经常费	303.33
			100.00	修理暨保持费	76.55
			882.00		379.88
				澄水池：	
			2,540.00	经常费	1,001.42
			30.00	修理暨保持费	191.40
			2,570.00		1,192.82
				"甲"号机厂房：	
			1,045.00	修理暨保持费	832.27
		33,327.00			25,419.84
				达格拉道"乙"号机厂抽水费用：	
			18,594.00	经常费	17,077.48

(续表)

					350.00	修理暨保持费	219.67	
				18,944.00				17,297.15
						厂内水管暨节水门:		
					100.00	修理暨保持费	53.61	
					480.00	"乙"号机厂房:	435.39	
				19,524.00				17,786.15
						伦敦道"丙"号机厂:		
						抽水费用:		
					12,237.00	经常费	11,218.92	
					350.00	修理暨保持费	194.05	
				12,587.00				11,412.97
						厂内水管暨节水门:		
					30.00	修理暨保持费	14.96	
						"丙"号机厂房:		
					170.00	修理暨保持费	156.78	
				12,787.00				11,584.71
						总水管龙头暨接水材料:		
					6,397.00	修理暨保持费		4,737.45
						机件暨工具:		
					500.00	修理暨保持费	511.38	
					2,150.00	购新补旧	747.21	
				2,650.00				1,258.59
						租用机件:		
					1,089.00	修理暨保持费		1,257.97
					1,302.00	公用暨河坝龙头售水价		819.17
						工程师费用:		
					30,790.00	华洋职员薪俸	33,812.66	
					8,939.00	杂项	9,270.02	
				39,729.00				43,082.68
						管理项下:		

（续表）

			12,600.00		总务		12,600.00
					会计处：		
			3,290.00		华员薪俸	3,252.91	
			900.00		杂费	819.93	
			4,190.00				4,072.84
			735.00		加添之零星机件		214.19
			24,134.00		折旧项下		22,786.82
			56,000.00		利息:70万两之8厘年息	51,260.27	
		214,464.00				196,880.68	
		13,034.00			收支两抵盈余列入资产存储		
227,498.00	196,880.68		227,498.00			两	196,880.68
				购置项下			
28,660.00					总水管暨龙头		11,755.21
2,500.00					接水材料		1,369.93
6,000.00					借出机件—水表		4,180.29
410.00					器具装配零件暨仪器		335.17
—					机件暨工具		1,345.17
					自流井计划项下：		
			92,210.00		巴克司道"甲"号机厂	95,533.63	
			2,330.00		达格拉道"乙"号机厂	1,747.95	
			6,285.00		伦敦道"丙"号机厂	4,066.15	
100,825.00		—					93,215.43
					地亩：		
					伦敦道厂地填高费		197.69
138,395.00							112,398.89

水道处			
1929年结算单截至12月31日止			
债 务		资 产	
	两		两
零星债务	56,290.80	零星欠户	23,555.35
用户押款	8,836.38	材料存储	53,272.33
折旧存储	50,228.90	购置项下：	
英工部局流水账结至1929年12月31日止	691,942.07	地亩	115,901.35
		房产	2,823.77
		机器	6,026.01
		家俱暨装配零件	3,656.20
		滤水池	5,918.77
		贮水塔暨澄水池	7,922.39
		沉渣池	4,848.37
		总水管暨龙头	236,348.68
		用户水表	41,093.41
		工具机件	9,203.03
		"甲"号自流井机厂	130,684.78
		"乙"号自流井机厂	126,947.01
		"丙"号自流井机厂	39,096.70
	807,298.15		807,298.15

1929年12月31日

敝公司已将上列截至1929年12月31日之结算单审核并得有一切所需闻料暨解释，据敝公司考核所知并参照工部局供给之说明暨簿册所列注解，该结算之开列用以表示工部局之实在正确，财政状况是系正当。

汤生公司

查账稽核员

天津 1930年3月4日

	1929年财政统计总结截至十二月三十一日止			
	1929年4月11日选举人大会通过之预算		1929年收入支出决算	
	收入	支出	收入	支出
普通项下：				两
工部局总务账目	1,060,545.00	888,658.00	1,048,157.98	906,163.19
电务处	598,200.00	370,303.00	522,881.77	350.913.78
水道处	227,498.00	214,464.00	190,753.88	196,880.68
结余	—	412,818.00	—	307,835.98
	1,886,243.00	1,886,243.00	1,761,793.63	1,761,793.63
特别项下：				
上列结余	412,818.00	—	307,835.98	—
工部局总务账目：				
马路、阴沟、便道暨水沟	—	170,000.00	—	166,127.27
购置支出	—	109,000.00	—	110,799.53
电务处购置	—	128,500.00	—	129,281.73
水道处购置	—	138,395.00	—	112,398.89
结余	133,077.00	—	210,771.44	—
	545,895.00	545,895.00	518,607.42	518,607.42

1929年总结算单截至12月31日止					
债务			资产		
	两	两		亩数	两	两
工部局借款：			地亩：			
"B"字借款	42,500.00		老租界地亩	15.790	236,850.00	
普通用途借款1919年（消防队）	12,600.00		扩充界地亩	109.395	418,442.35	
普通用途借款1920年（投资银行）	23,100.00		推广界地亩	145.743	480,896.70	
普通用途借款1920年（电气）	168,700.00		租界外地亩	300.693	104,305.22	
普通用途借款1921年（投资银行）	39,200.00			———		1,240,494.27
普通用途借款1921年	201,600.00		空地			
普通用途借款1922年	40,000.00		老租界维多利亚公园暨建筑物	18.500		
普通用途借款1923	313,600.00		扩充界围墙道公园暨建筑物	6.195		
普通用途借款1923年（银元借款）	70,000.00		推广界民园	57.300		
普通用途借款1924年	402,500.00		推广界公园地亩	12.020		
普通用途借款1925年	550,000.00		本租界外			
普通用途借款1926年	415,000.00		马厂道南新公园地基暨房屋等	106.029		
	———	2,278,800.00				
零星债务		149,452.77				
保管款项：			马路地亩：			
印籍巡捕储蓄银行	442.19		扩充界	274.295	1,371,475.00	
旅费	41,444.77		推广界			
皇家租契用存款	231,102.79		马场道	85.964	343,856.00	
年积金	133,989.75		其他马路	471.275	942,550.00	
沈巡长遗族赡养费	1,540.00					2,657,881.00
	———	408,519.50	本租界内街道、路面、路基、阴沟、水沟暨便道现时核估价值：			1,244,783.65
债券保管团		21,577.15	本租界桥梁：			82,800.00
折合银两贴水		7,574.12	房屋：			
天津公学流水账结余		24,583.67	老租界：			
天津英文学堂流水账结余		12,397.11	秘书长住房		10,846.45	
银行流水账		18,371.41				
总结余		4,870,422.43	戈登堂、巡务处、保险房暨火会所		126,499.89	
天津英文学堂总结算						

(续表)

单 参看对页（假定结算单附列于后）		401,034.21	河坝房屋	100	
天津公学总结算单参看对页（假定结算单附列于后）		256,674.22	河坝公用便所	1,650.00	
			码头捐公事房	1,399.00	
			华职员餐堂	1,021.20	
			扩充界：		
			职员住房	40,059.09	
			职员居所	59,029.09	
			职员居所汽车房	3,041.10	
			轧道机房	200.00	
			博罗斯道公用便所	650.00	
			体育场便所	1,261.00	
			菜市公用便所	1,550.00	
			推广界：		
			工程处新机料场	27,229.89	
			第九段第88号地巡务宿舍	45,287.00	
			义勇队司令部	6,515.08	
			租界外 马场道南面：		
				———	327,077.25
			全年局有地租折合原值		19,626.39
			菜市：		
			铺面暨摊子		10,000.00
			隔离病院：		
			房屋围墙暨围篱（书面计值）	55,700.16	
			器具（书面计值）	4,824.50	
				———	60,524.66
			维多利亚医院：		
			房屋（书面计值）	34,797.35	
			器具（书面计值）	8,978.07	
			仪器（书面计值）	1,956.74	
			X光机件（书面计值）	1,490.91	
				———	47,223.07
			消防设备		16,908.01
					5,707,318.30
			戈登道、马厩暨材料场：		
			房屋（书面计值）		7,067.28
			动产：		

(续表)

				册列价值		150,098.66
				材料项下(册列价值):		
				总材料所	46,537.40	
				巡务处	5,108.38	
				制造未完工物品	110.39	
				文具材料	4,274.07	
					———	56,030.24
				零款现金		1,633.10
				零星欠户		114,042.01
				投资项下		376,292.19
				电务处:		
				流水账结余		687,274.31
				水道处:		
				流水账结余		691,942.07
				天津英文学堂(参看对页)		401,034.21
				天津公学(参看对页)		256,674.22
			8,449,406.59			8,449,406.59

1929年12月31日

敝公司已将上列截至1929年12月31日之结算单审核并得有一切所需闻料暨解释据敝公司考核所知并参照工部局供给之说明暨簿册所载注解,该结算单之开列用以表示工部局之实在正确,财政状况是系正当。

汤生公司

查账稽核员

天津　1930年3月4日

天津英文学堂截至1929年12月31日之假定结算单					
债务			资产		
	两	两	资产项下:	两	两
保管团款额项下:			地亩15.587,每亩执5000两(书面计值)	85,728.50	
费柴士奖学金(参照对页)	500.00		(移交价值后再决定)		
陶礼司奖金(参照对页)	70.00		地亩37.00(马场道南面体育场)	—	
加德奖学金(参照对页)	2,000.00		(移交价值后再决定)		

(续表)

旅费存储(参照对页)	12,000.00		房屋	275,487.56	
		14,570.00	家具	16,719.17	
零星债务账目：			实验室仪器	3,670.37	
学生入校缴存款项(参照对页)		2,401.00	职员藏书楼	395.16	
债务存款账目：			学校书籍暨文具	9,016.26	
缴存之款额学生离校未经提回之数目		17.36		———	391,017.02
			投资项下：		
奖学金暨奖金项下由下列各项积存之利息：			1.普通借款债券(参照对页)	500.00	
			2.普通借款债券(参照对页)	70.00	
陶礼司奖金(参照对页)	12.25		3.普通借款债券(参照对页)	2,000.00	
加德奖学金(参照对页)	10.00			12,000.00	
费柴士奖学金(参照对页)	35.00			———	14,570.00
	———	57.25	零星欠户账目：		
总结余		401,034.21	应收学费	95.69	
			英国工部局：		
			1929年核准数内未支用数目	10,865.34	
			减去：1929年学校经费多支之数	848.15	
				10,017.19	
			零星债(参照对页)	2,401.00	
			债务存储数(参照对页)	17.36	
			奖学金暨奖金(参照对页)	57.25	
				12,492.80	
			减去：上列零星欠户已列为学校收入之应收学费项下，但截至1929年12月31日止未经收集之数	95.69	
				———	12,397.11
					———
					418,079.82

天津英工部局 1929 年董事会报告暨 1930 年预算

天津公学截至 1929 年 12 月 31 日之假定结算单

债务		资产		
	两		两	两
学校暨医院公众捐款项下结余数(参照对页)	15,058.85	地亩-英文学堂旧校址计地 4 亩,每亩 5000 两(书面计值)		20,000.00
准备款额项下(参照对页)1929 年工部局预算准备款额之结余可列为将来资产暨(或)学校经费	9,524.82	(归还董事会条款载明新拟保管团契约)		
总结余	256,674.22	地亩-第 31 段第 343 号计 52.945 亩(书面计值)		163,764.35
	----	移交价值后再决定		
		房产-在英文学堂旧校址		15,114.79
		(归还董事会条款载明新拟保管团契约)		
		新校址房产		54,849.61
		器具		2,945.47
		英国工部局		
		1929 年核准经费未支用之结余(参照对页)	9,524.82	
		学校暨医院捐款项下未支用之结余(参照对页)	15,058.85	
			----	24,583.67
	----			----
	281,257.89			281,257.89

债券保管团账目

驻津英工部局市政借款债券保管团

收入		支出	
	两		两
1928 年 12 月 31 日之结余	40,589.24	偿付海河工程局填地费用截至 1929 年 12 月 31 日止	46,954.80
填地余利截至 1929 年 12 月 31 日止	95,627.19	新开马路暨修理土坝截至 1929 年 12 月 31 日止	9,257.22
按季结算结余所得利息截至 1929 年 12 月 31 日止	3,019.34	偿付 1929 年借款利息:	
1929 年预算所列之数	230,000.00	"B"字借款	2,700.00
1929 年 12 月 31 日结余	2,382.85	1919 普通用途借款	1,260.00
截至 1929 年 12 月 31 日止中签之债券于 1930 年付款:		1920 普通用途借款	1,783.60
付款日期 1930 年 3 月 1 日 普通借款 1920 年(电气)	1,050.00	1920 普通用途借款	15,988.00
付款日期 1930 年 3 月 5 日 普通借款 1920 年(投资银行)	2,310.00	1921 普通用途借款	2,989.00

(续表)

付款日期1930年3月5日 普通借款1921年（投资银行）	3,430.00		1921普通用途借款	16,695.00
付款日期1930年4月1日 普通借款1912年"B"字	2,500.00		1922普通用途借款	2,800.00
付款日期1930年7月1日 普通借款1919年（消防设备）	600.00		1923普通用途借款	6,860.00
付款日期1930年7月1日 普通借款1923年（银元借款）	14,000.00		1923普通用途借款	18,816.00
付款日期1930年9月5日 普通借款1921年（投资银行）	70.00		1924普通用途借款	28,175.00
	————		1925普通用途借款	38,500.00
	23,960.00		1926普通用途借款	29,050.00
减去保管团截至1929年12月31日之结余账目	21,577.15			————165,616.60
			偿还中签之债券截至1929年12月31日止	
			1919普通用途借款消防队	8,000.00
			1920普通用途借款投资银行	4,690.00
			1919普通用途借款"B"字借款	5,000.00
			1921普通用途借款	36,900.00
			1923普通用途借款银元借款	56,000.00
			1920普通用途借款电气	32,200.00
			1921普通用途借款投资银行	7,000.00
				————149,790.00
		371,618.62		371,618.62

1930年预算总目			
收　入			
		两	两
地亩捐:			
已填地		199,214.00	
未填地		5,289.00	
		———	200,503.00
房产捐:			
依据估定全年房产租值		302,000.00	
减去:退还之数		7,000.00	
		———	295,000.00
河坝收:			
租定船位租金	43,330.00		
备租船位租金	20,400.00		
驳船	2,100.00		
民船	203.00		
	———	66,033.00	
减去:费用		1,033.00	
		———	65,000.00
转头船位租金			4,000.00
辅捐收入			
执照捐:			
人力车	58,100.00		
排子车	31,600.00		
大车	17,750.00		
汽车	19,000.00		
马车	1,600.00		
旅馆	1,220.00		
犬	1,440.00		
押当铺	140.00		
自行车	1,300.00		
杂项	350.00		
小本营生	10,200.00		
	———	142,700.00	
减去:费用		5,000.00	
菜市:		137,700.00	564,503.00
铺面	6,100.00		
摊子	1,200.00		
	———	7,300.00	

(续表)

		两	两
地亩捐:			
已填地		199,214.00	
未填地		5,289.00	
		———	200,503.00
房产捐:			
依据估定全年房产租值		302,000.00	
减去:退还之数		7,000.00	
		———	295,000.00
河坝收:			
租定船位租金	43,330.00		
备租船位租金	20,400.00		
驳船	2,100.00		
民船	203.00		
	———	66,033.00	
减去:费用		1,033.00	
		———	65,000.00
转头船位租金			4,000.00
辅捐收入			
执照捐:			
人力车	58,100.00		
排子车	31,600.00		
大车	17,750.00		
汽车	19,000.00		
马车	1,600.00		
旅馆	1,220.00		
犬	1,440.00		
押当铺	140.00		
自行车	1,300.00		
杂项	350.00		
小本营生	10,200.00		
	———	142,700.00	
减去:费用		5,000.00	
菜市:			
铺面	6,100.00		
摊子	1,200.00		
		———	7,300.00

（续表）

减去:费用	388.00		
		6,912.00	
戈登堂:			
租赁费	2,500.00		
减去:费用	2,100.00		
		400.00	
零星收入:			
杂项	14,924.00		
租金	12,576.00		
		27,500.00	
码头捐:			
收入	90,515.00		
减去:	5,515.00		
		85,000.00	
			257,512.00
流水账利息			2,585.00
			824,600.00
各分处往来利息:			
66万两之8厘年息可由电务处归还之数		52,800.00	
72万两之8厘年息可由水道处归还之数		57,600.00	
			110,400.00
			935,000.00

支 出			
总 务			
			两
管理人员俸给暨工资		107,070.00	
总务公费		28,300.00	
		———	
		135,370.00	
减去:可由电务处归还之	18,000.00		
可由水道处归还之数	12,600.00		
		30,600.00	
			104,770.00
工部局办公处:			
杂费		5,850.00	
减去:可归还之数		750.00	
		———	
			5,100.00
捐助项下:			
民园		1,200.00	
俄国医院		100.00	
北洋医院		100.00	
体育场保管团		700.00	
天津妇女慈善会		500.00	
		———	
			2,600.00
养老金			6,300.00
天津英工部局义勇队:			
杂项			4,000.00
工部局藏书楼:			
薪俸		172.00	
杂费		408.00	
协款		670.00	
			1,250.00
隔离病院:			
薪俸		7,664.00	
杂费		7,146.00	
		———	
		14,810.00	
减去:法工部局协款	1,500.00		
病人住院费	3,310.00		
	———		
		4,810.00	
		———	10,000.00
			134,020.00

（续表）

	维多利亚医院：		
	薪俸	11,962.00	
	杂项	13,358.00	
		25,320.00	
	减去:病人住院费	11,820.00	
			13,500.00
	产妇调养院：		
	薪俸	4,705.00	
	杂费	8,120.00	
		12,825.00	
	减去:病人住院费	5,325.00	
			7,500.00
	卫生处：		
	卫生医官费	1,000.00	
	卫生处职员	1,762.00	
	杂费	1,598.00	
		4,360.00	
	减去:入款	560.00	
			3,800.00
	塚[冢]园项下：		
	广东道：		
	捐助妇女委员会	600.00	
	保持费	220.00	
	工资	75.00	
		900.00	
	马厂道：		
	捐助妇女委员会	210.00	
	保持费	505.00	
	工资	185.00	
		900.00	
		1,800.00	
	减去:售卖墓穴暨火葬费	1,300.00	
			500.00
	天津英文学堂：		
	薪俸	64,699.00	

(续表)

杂项	17,949.00		
	82,648.00		
减去:学费	29,000.00		
		53,648.00	
增加:上列核定协款与实支费用之差额		13,338.00	
			66,986.00
(须准予拨付之协款按纳捐外人登记管业之地亩暨房产估定产值,每1万两拨付18两计现时总计值合30,236,662两,须拨付之数为54,426两,按2先令8便士汇兑行市折合英金7,256.16镑,再按2先令2便士行市核算,计折合银两66,986。)			122,047.00
天津公学:			
薪俸	26,777.00		
杂项	5,551.00		
零星家具添增	1,730.00		
	34,058.00		
减去:学费	10,248.00		
		23,810.00	
增加:上列核定协款与实支费用之差额		29,299.00	
			53,109.00
(须准予拨付之协款按纳捐中国人登记管业之地亩暨房产估定产值,每1万两拨付18两,计现时总计值合29,504,998两,须拨付之数为53,109两。)			
墙子河 维持费			400.00
偿还继续皇家租契用款按1918年估定地产价值2,873,124两之半厘计算			14,360.00
偿还英总领事馆为老租界第7号地所纳上项捐款数目			60.00
债券保管项下:			
核定每年应付各借款之本利			230,000.00
临时用途			5,375.00
			529,610.00

巡务处

	两	两
巡务处员役暨办公室职员薪俸	123,271.00	
普通杂费	36,419.00	
		159,690.00

减去:住户请派门岗巡捕费用收入	23,100.00
支出	19,410.00
	3,690.00
	156,000.00

消防队

华洋职员薪俸	5,697.00
普通杂费	6,903.00
	12,600.00

消防设备

抽水费用	2,308.00
水箱、水箱房暨输水设备用	672.00
工程师费用项下:	
杂费	203.00
保险费	72.00
	3,255.00

工程处
普通支出

					两
桥梁:					
保持费					150.00
河坝暨码头:					
保持费					250.00
土坝(预防水灾):					
保持费					500.00
工程师费用:					
薪俸暨工资				110,656.00	
普通杂费				18,950.00	
					129,606.00
便所暨秽水沟眼:					
保持费					3,400.00

（续表）

工部局房产：						
普通保持费					4,700.00	
机件暨工具项下：						
保持费暨经常费				5,750.00		
逐年修理				550.00		
购新补旧				400.00		
					6,700.00	
公共院所保持费：						
隔离医院				850.00		
产妇调养院				100.00		
维多利亚医院				2,300.00		
菜市				1,500.00		
					4,750.00	
						150,056.00
马路、便道、路边石暨阴沟项下：						
老租界扩充界内马路普通修理费				16,000.00		
老租界扩充界内马路涂刷沥青费				2,500.00		
推广界马路暨水沟普通修理费				1,500.00		
推广界马路涂刷沥青费				5,000.00		
老租界扩充界推广界便道项下				2,500.00		
老租界扩充界推广界暴雨水沟普通修理费				500.00		
冲洗阴沟费用				1,500.00		
载重汽车用汽油工资暨材料				2,500.00		
载重汽车保持费				2,500.00		
英租界马路便道路边石暨阴沟保持费				2,000.00		
					36,500.00	
马路加宽					1,000.00	
路政项下：						
路灯				21,800.00		
清道冲洗马路暨水沟				13,000.00		
收敛垃圾				22,350.00		
扫除积雪				3,000.00		
街名牌				150.00		
洒水暨散沙				10,670.00		
					70,970.00	
公园暨花园					20,000.00	
					278,526.00	

（续表）

				两
器械暨换新补旧：				
工程处			3,900.00	
维多利亚医院			1,500.00	
秘书处暨会计处			1,500.00	
隔离病院			1,000.00	
产妇调养院			200.00	
			————	
			8,100.00	

特别支出				
新建暨添盖房产：				
隔离病院			500.00	
新建巡务宿舍暨火会所			45,000.00	
工部局办公处：更改捐务公事房			500.00	
维多利亚医院			1,500.00	
临时费用			5000.00	
			————	
				52,500.00
马路阴沟便道暨水沟				57,200.00
				————
				109,700.00

1930年电务处预算				
收　入		支　出		
	两			两
售与用户 280万电码	392,000.00	发电费用暨煤炭工资等		100,877.00
售与特别一区用电161万电码	63,600.00	发电机件：		
公用电灯31.57万电码	20,900.00	修理暨保持费		10,000.00
用户自有道路电灯用电	3,000.00	分输电机：		
售与英工部局办公处暨附属处所用电1.7万电码	8,990.00	修理暨保持费		10,000.00
机器马力用电232万电码	61,730.00	路灯机件：		
用户烹煮用电93万电码	12,985.00	修理暨保持费		3,000.00

(续表)

用户暖气用电15.1万电码	5,285.00	工具：		
零星收入	5,300.00	修理暨保持费		700.00
		租出机件：		
		修理暨保持费		2,000.00
		家具暨装配零件：		
		修理暨保持费		1,200.00
		经理费项下：		
		薪俸暨工资	42,484.00	
		杂费	13,075.00	
			———	55,559.00
		总务管理项下		18,000.00
		会计处：		
		华员薪俸	5,829.00	
		零星费用	1,250.00	
			———	7,079.00
		六十六万之八厘年息		52,800.00
		折旧		94,908.00
		零星购置		3,500.00
		陈列室费用		3,943.00
				———
				363,566.00
		预计收入超过支出之数		210,224.00
	———			———
	573,790.00			573,790.00

购置支出				
				两
房产				1,000.00
发电机件				22,710.00
分输电机				12,200.00
路灯机件				1,000.00
备租机件				6,000.00
工具				500.00
仪器				500.00
家具、装配零件暨连脚				700.00
				———
				44,610.00

1930年水道处预算			
收入		支出	
	两		两
售与用户水价	142,583.00	巴克斯道机厂"甲"号：	
售与特别一区水价	44,560.00	抽水费用：	
售与各轮船水价	4,225.00	经常费用	22,220.00
售与英工部局办公处暨附属处所水价	10,508.00	修理暨保持费	370.00
巡务处租用旧产租金暨零星收入	1,800.00		——— 22,590.00
		厂内水管暨节水门：	
		修理暨保持费	100.00
		"甲"号机厂房屋：	
		修理暨保持费	1,305.00
			——— 23,995.00
		达格拉道机厂"乙"号：	
		抽水费用：	
		经常费用	16,770.00
		修理暨保持费	250.00
			17,020.00
		厂内水管暨节水门：	
		修理暨保持费	75.00
		"乙"号机厂房屋：	
		修理暨保持费	415.00
			——— 17,510.00
		伦敦道机厂"丙"号：	
		抽水费用：	
		经常费用	11,035.00
		修理暨保持费	200.00
			——— 11,235.00
		厂内水管暨节水门：	
		修理暨保持费	30.00
		"丙"号机厂房屋：	
		修理暨保持费	150.00
			——— 11,415.00
			52,920.00
		总水管龙头暨接水材料：	
		修理暨保持费	5,700.00
		机件暨工具：	
		修理暨保持费	450.00
		购新补旧	400.00

（续表）

				850.00
		租用机件：		
		修理暨保持费		1,400.00
		由公用龙头暨码头龙头售出水价		712.00
		工程师费用：		
		华洋人员薪俸	35,799.00	
		零星费用	8,990.00	
				44,789.00
		管理项下：		
		总务		12,600.00
		会计处：		
		华职员薪俸	3,950.00	
		零星费用	835.00	
				4,785.00
		零星机件购置		100.00
		折旧		18,079.00
		72万两之八厘年息		57,600.00
				199,535.00
		预算收入超过支出之数		4,141.00
	203,676.00			203,676.00

购置支出			
			两
总水管暨水龙头			9,200.00
接水材料			1,800.00
出租机件：水表			4,000.00
家具、零星配置暨仪器			150.00
自流井计划项下：			
巴克斯道机厂"甲"号		4,400.00	
达格拉道机厂"乙"号		500.00	
伦敦道机厂"丙"号		470.00	
			5,370.00
			20,520.00

1930 年预算总结			
		收入	支出
普通项下：		两	两
工部局总账		935,000.00	984,836.00
电务处		573,790.00	363,566.00
水道处		203,676.00	202,790.00
结余之数		—	161,274.00
		———	———
		1,712,466.00	1,712,466.00
特别支出：			
上列结余		161,274.00	
马路、阴沟、便道、水沟			57,200.00
普通购置项下			52,500.00
电务处购置项下			44,610.00
水道处购置项下			20,520.00
结余之数		13,556.00	
		———	———
		174,830.00	174,830.00
现金项下			
1930 年 1 月 1 日银行透支数目			18,370.00
1929 年零星欠户		27,310.00	
1929 年零星债务			38,405.00
1930 年预算不敷数目			13,556.00
1930 年预算旧存材料减少		17,000.00	
1930 年预算在 1931 年应付之中国旧历新年奖金		13,900.00	
1929 年收集之保管款额等候投资生利			28,400.00
1929 年 12 月 31 日债券保管团之结余			21,600.00
新巡务宿舍(1929 年账)指定用途			40,000.00
天津公学(1929 年账)指定用途			6,790.00
天津英文学堂(1929 年账)指定用途			15,439.00
水道处(1929 年账)指定用途			44,615.00
1929 年 12 月 31 日天津公学管理委员会之结余			25,700.00
1930 年决定用途可在 1931 年支付之数		20,000.00	
1930 年电务处折旧		94,910.00	
1930 年水道处折旧		18,080.00	
结余:不敷之数		61,675.00	
		———	———
		252,875.00	252,875.00

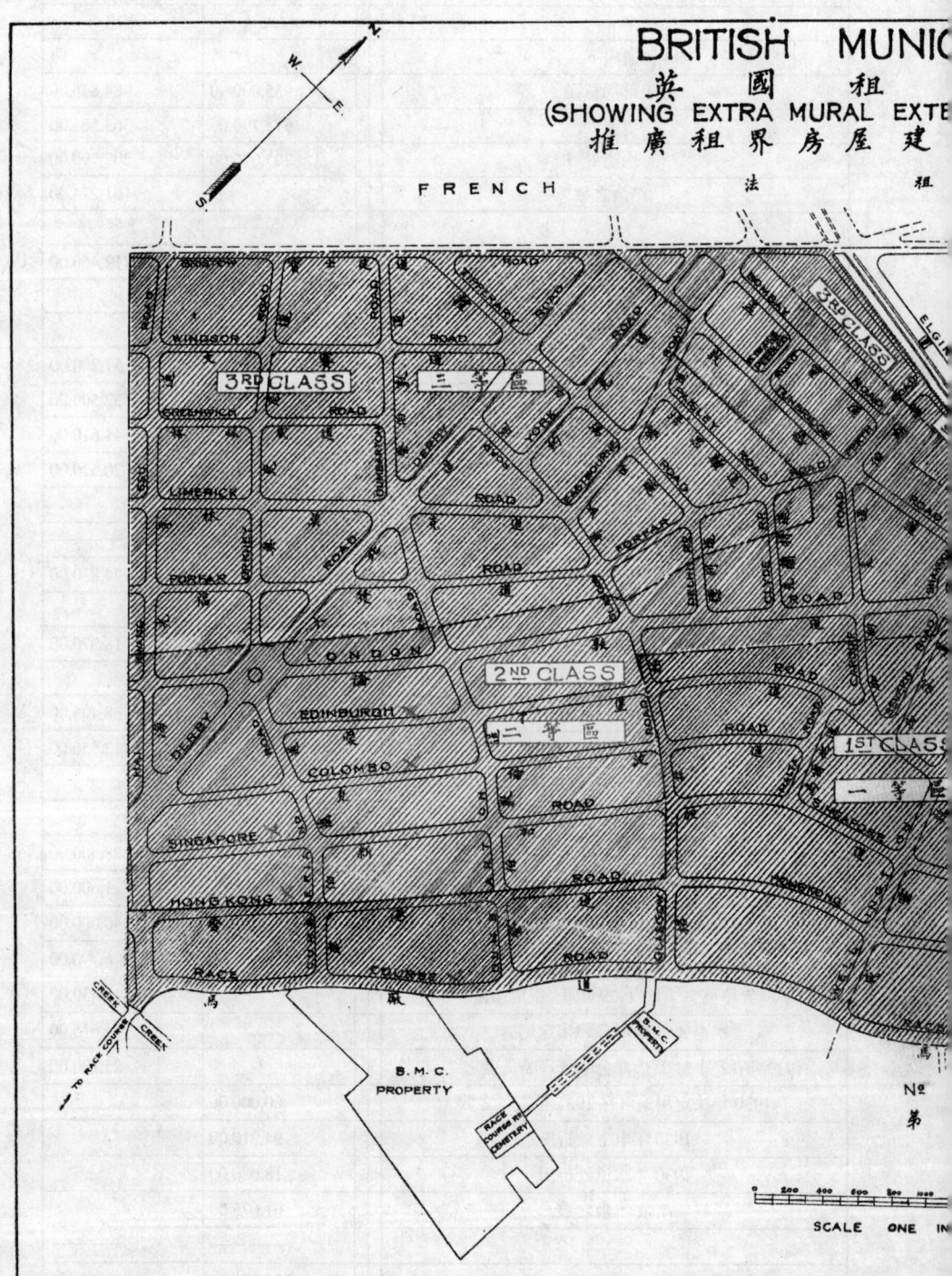

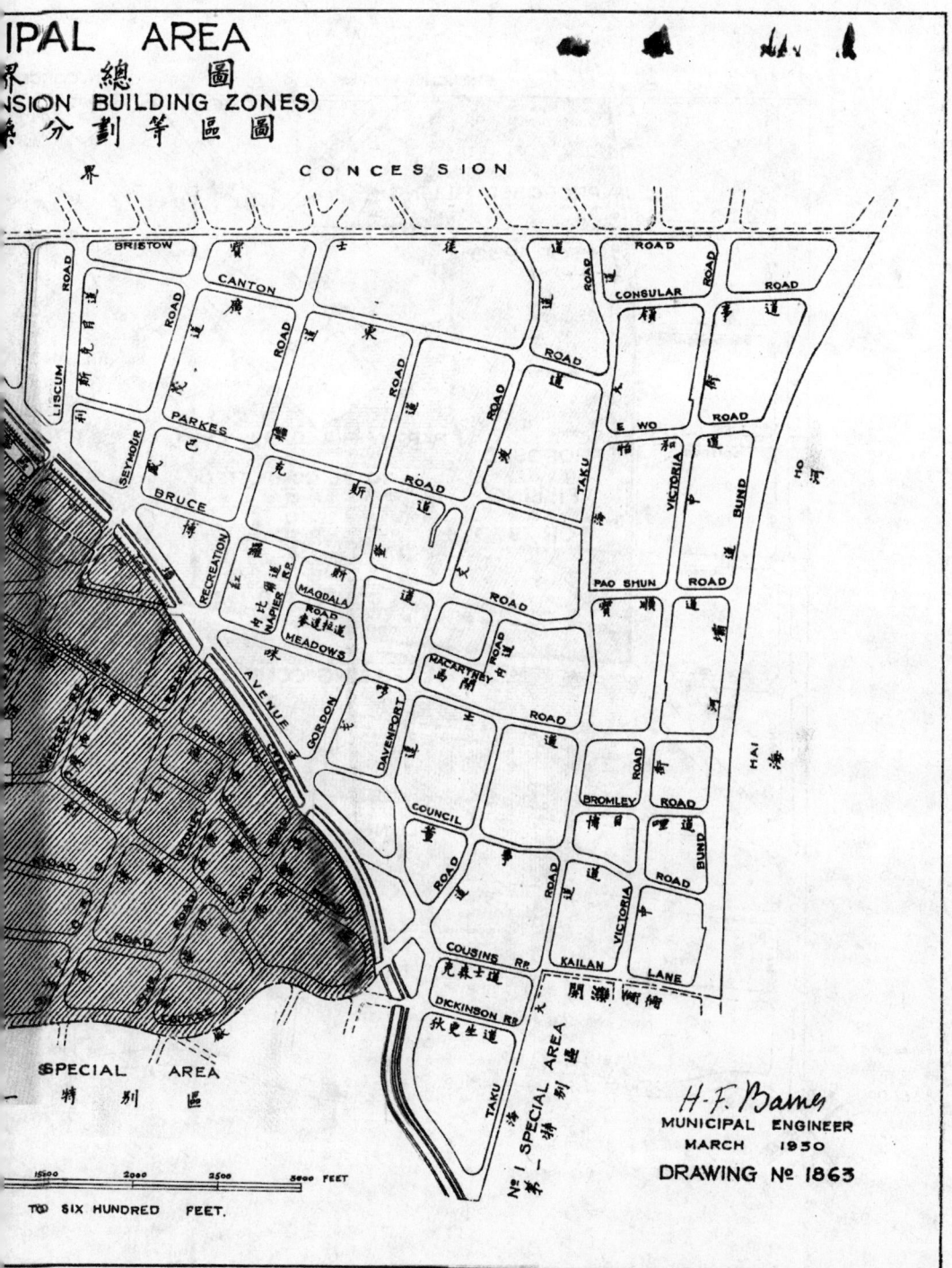

天津英租界工部局史料选编

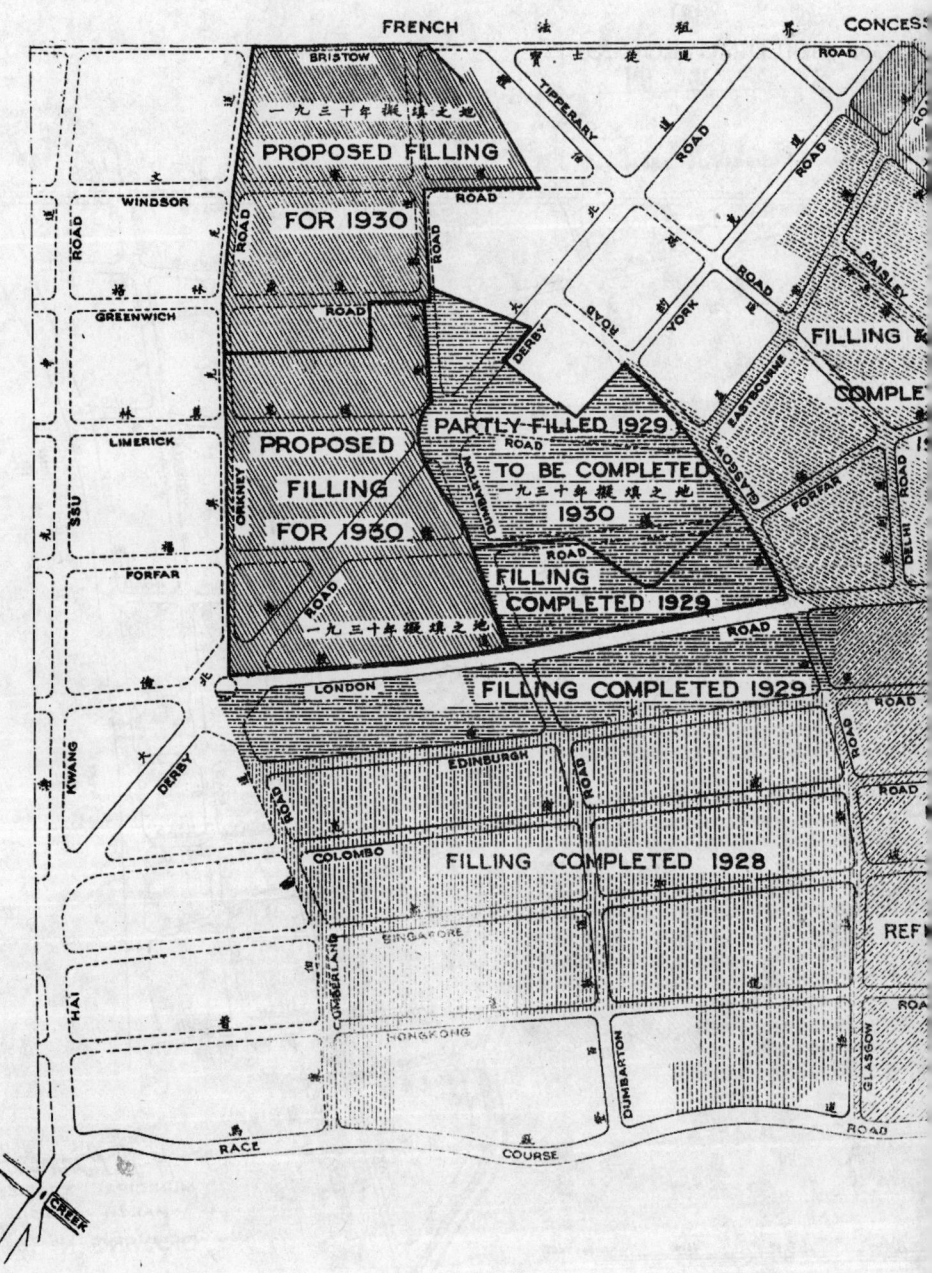

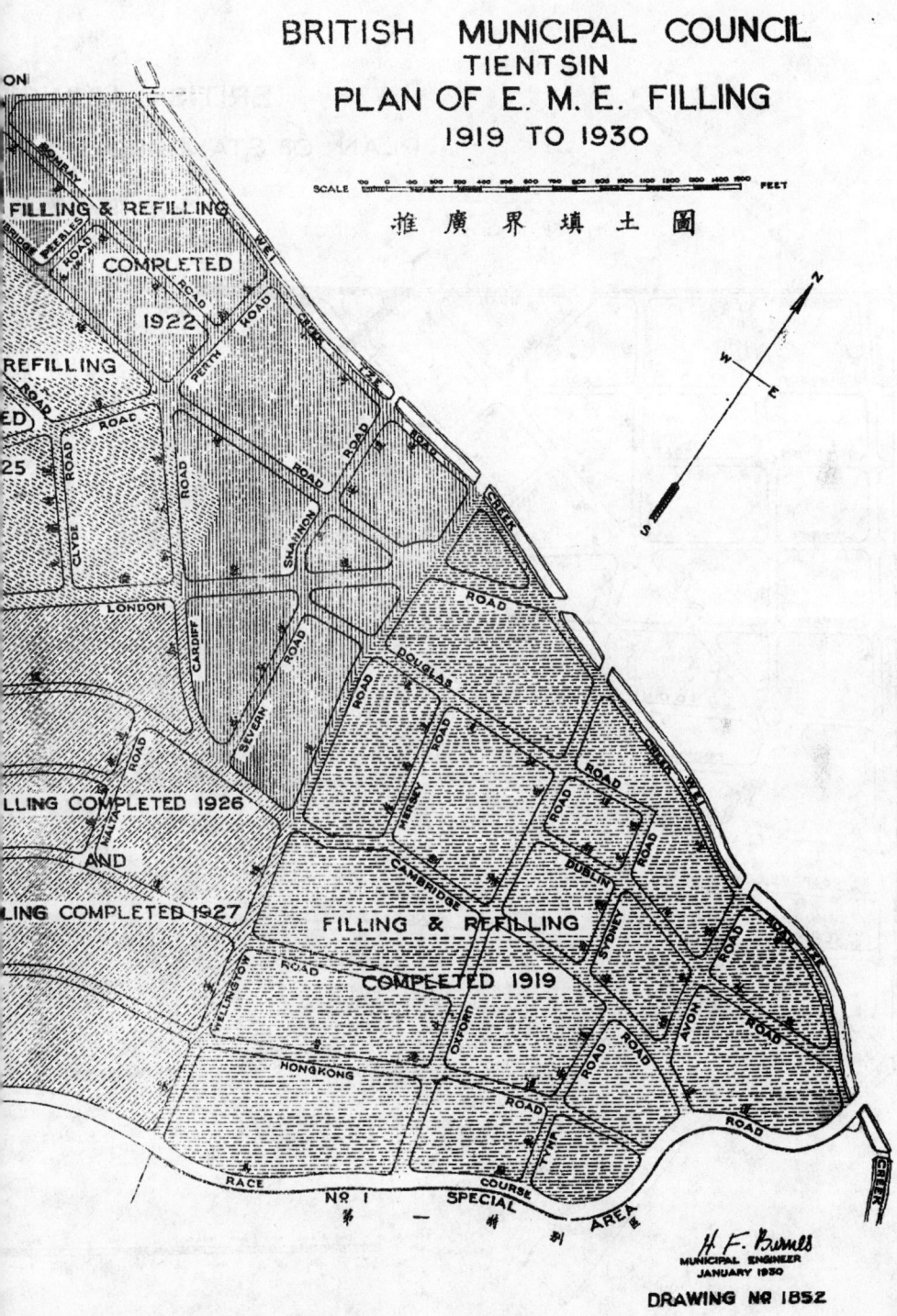

■ 天津英租界工部局史料选编

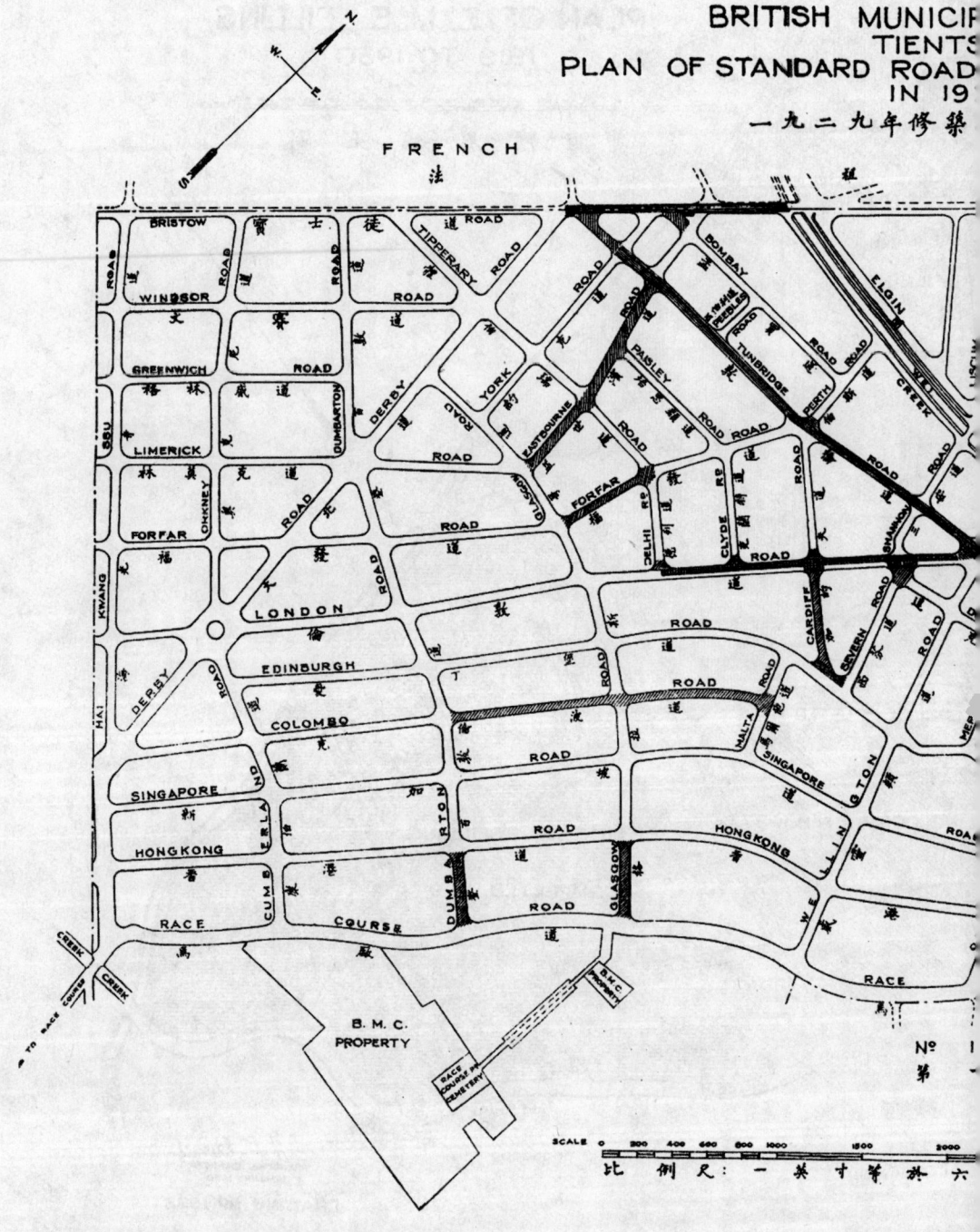

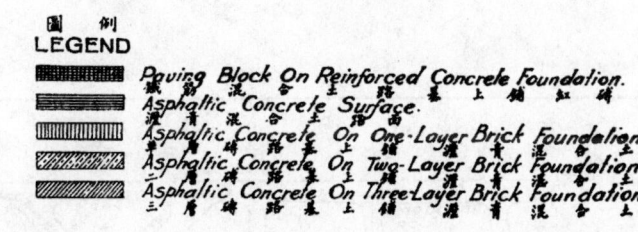

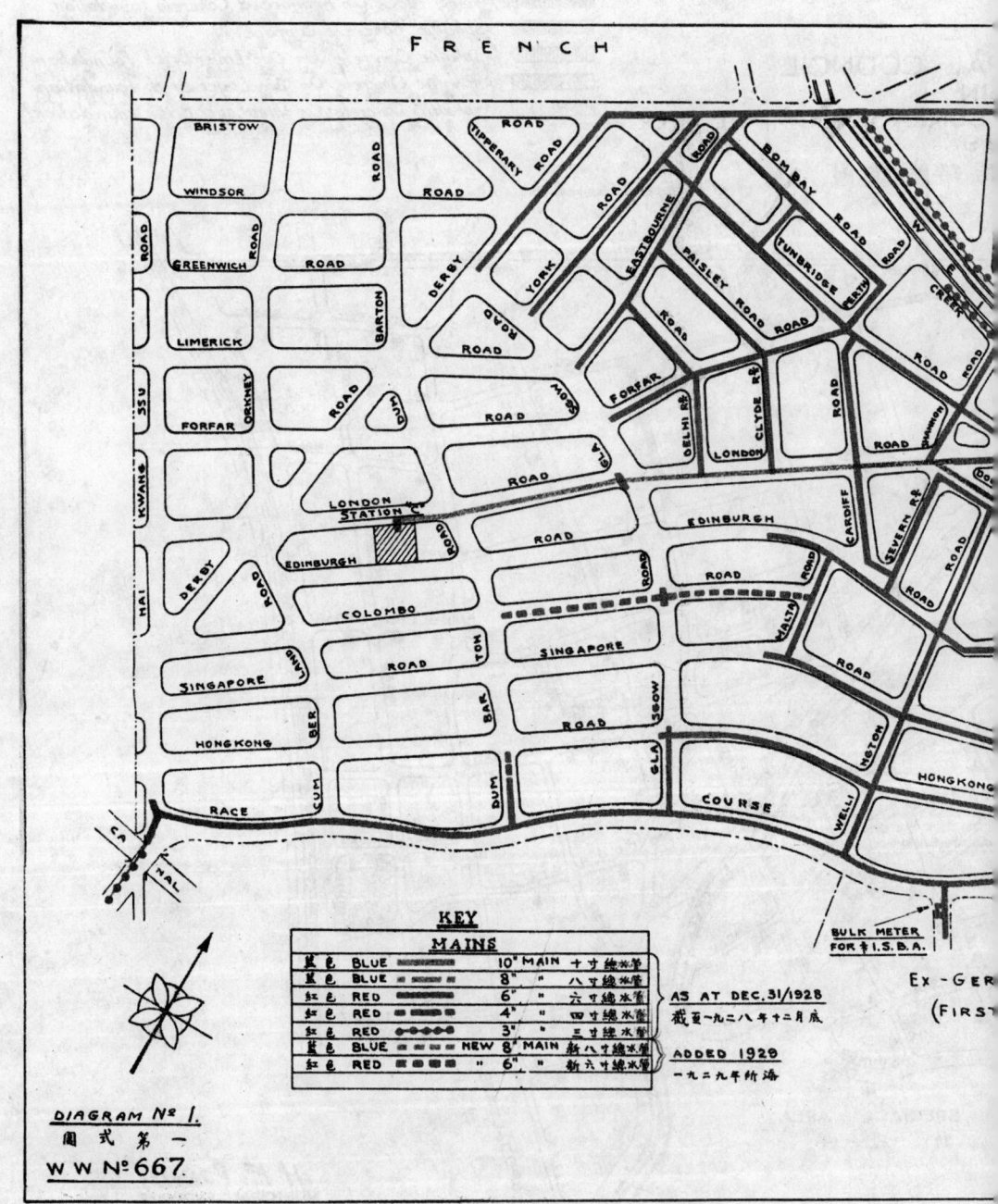

天津英工部局 1929 年董事会报告暨 1930 年预算

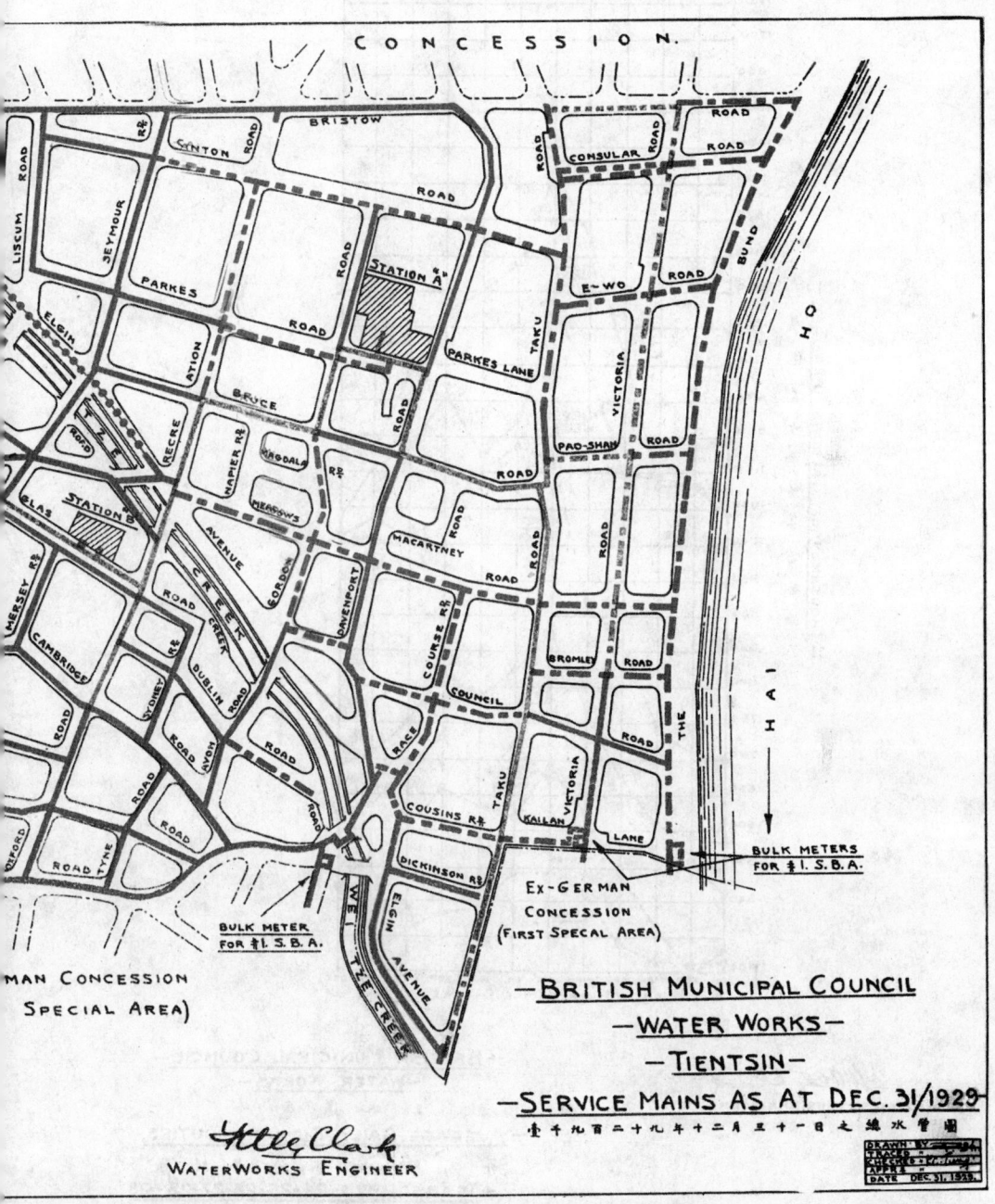

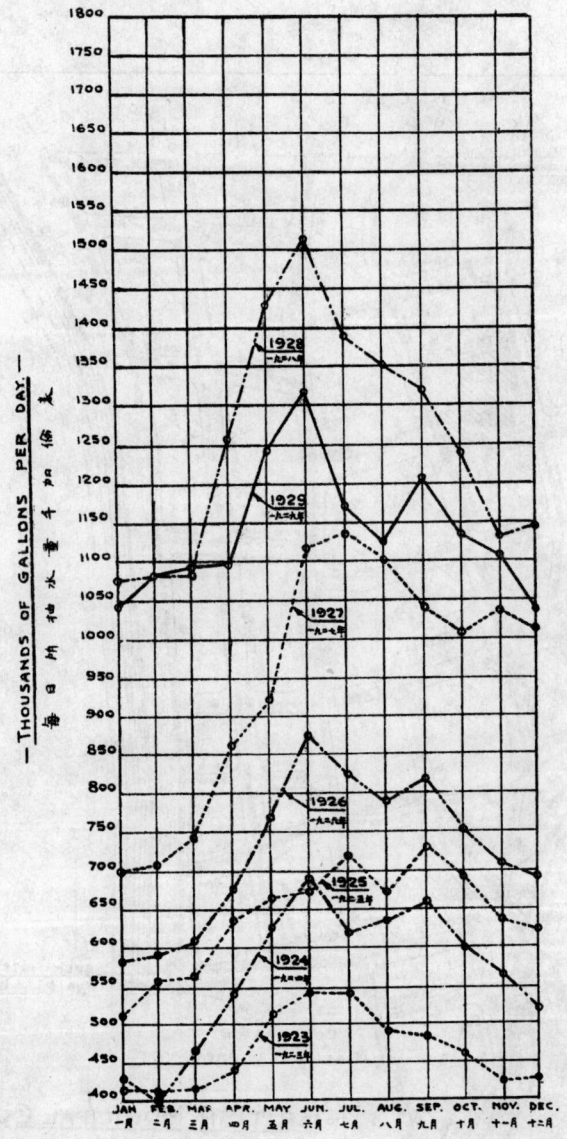

天津英工部局1929年董事会报告暨1930年预算

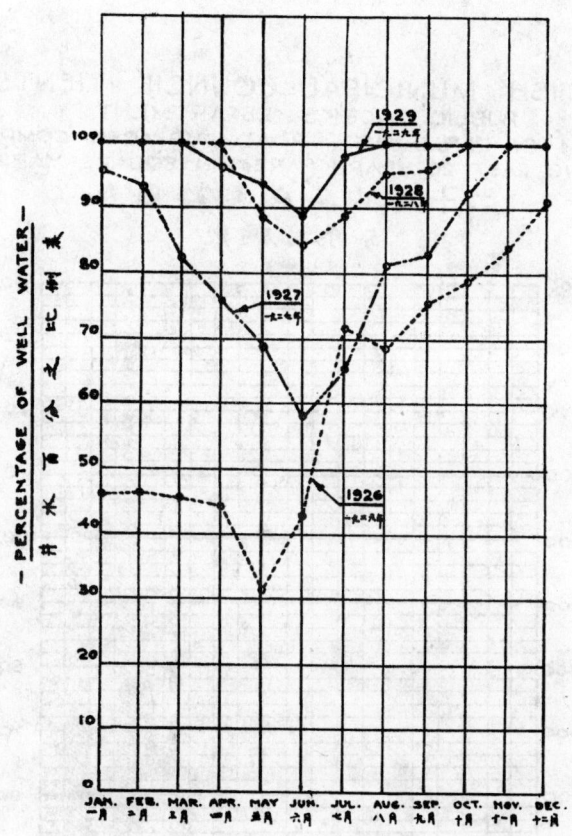

駐津英工部局
BRITISH MUNICIPAL COUNCIL
WATER WORKS
水道處
PERCENTAGE OF WELL WATER
井水百分之比例
PUMPED INTO TOWN MAINS
放入界內之總水管內
YEARS: 1926-27-28-29
一九二六年至一九二九年

DIAGRAM Nº 4
圖式第四

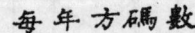

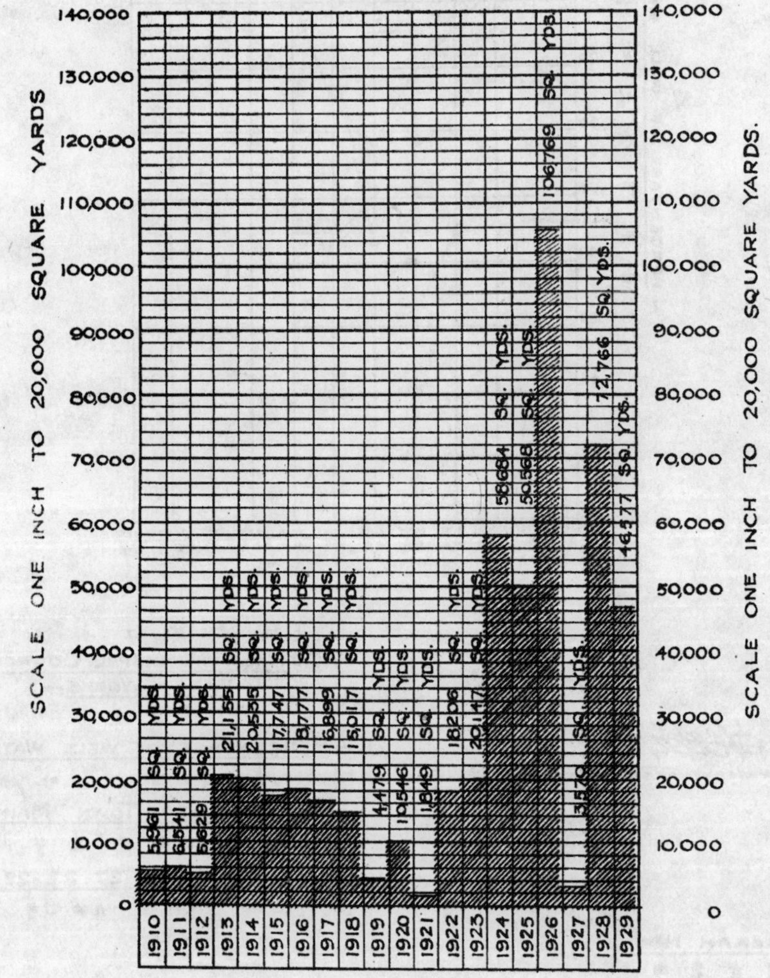

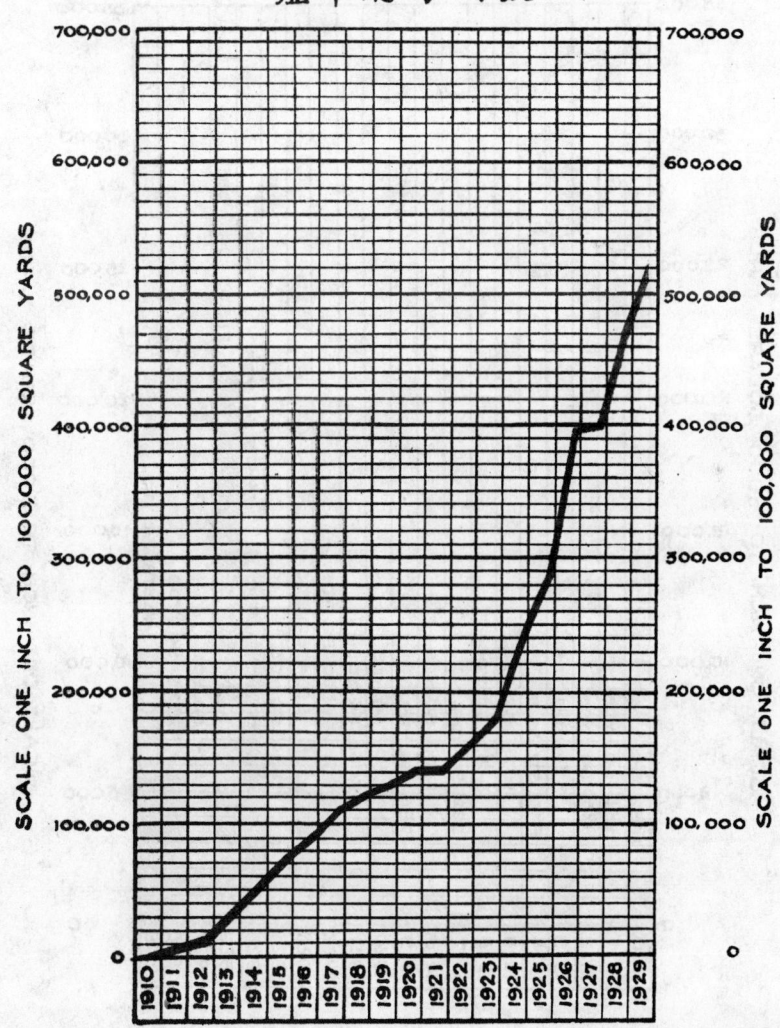

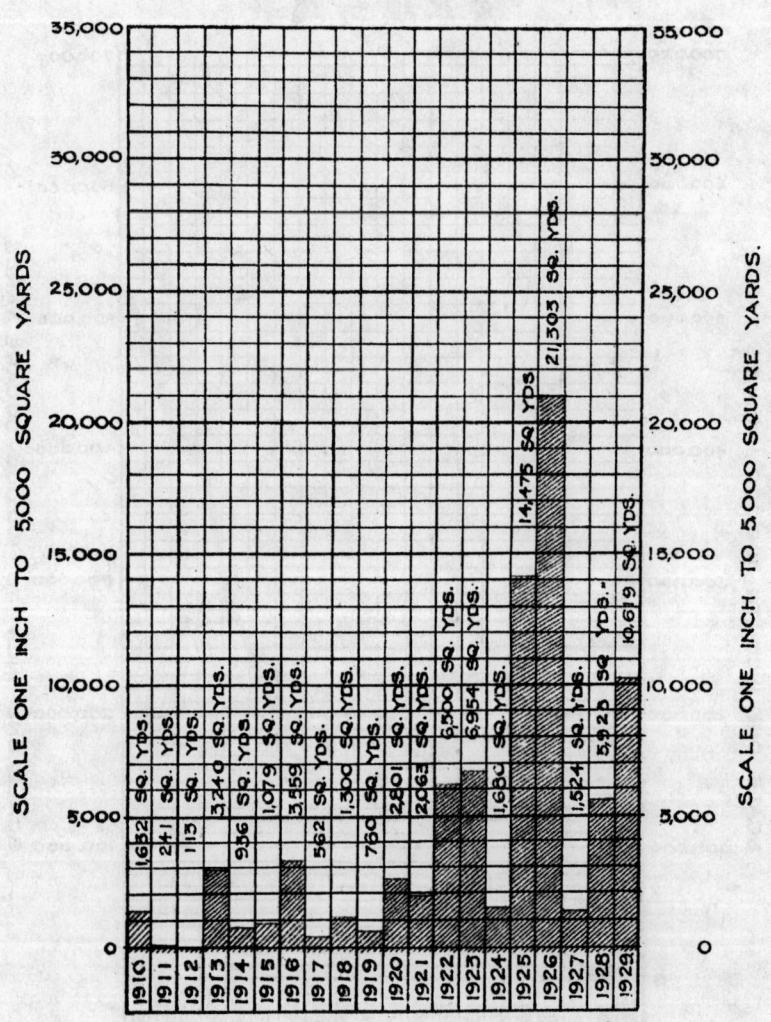

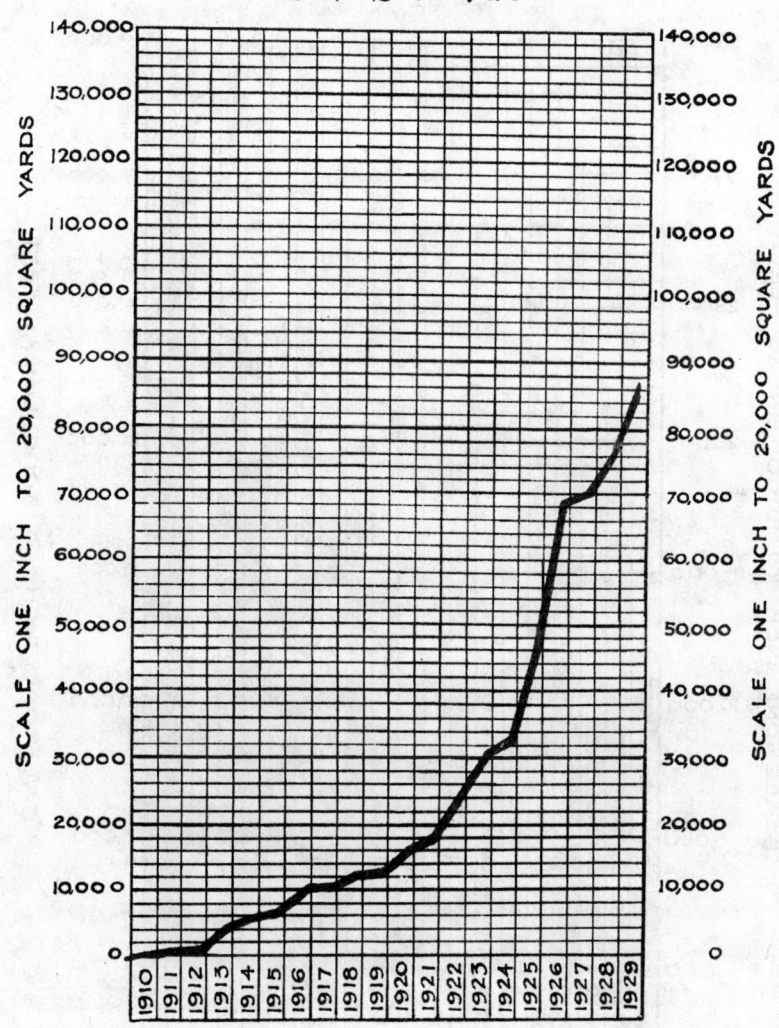

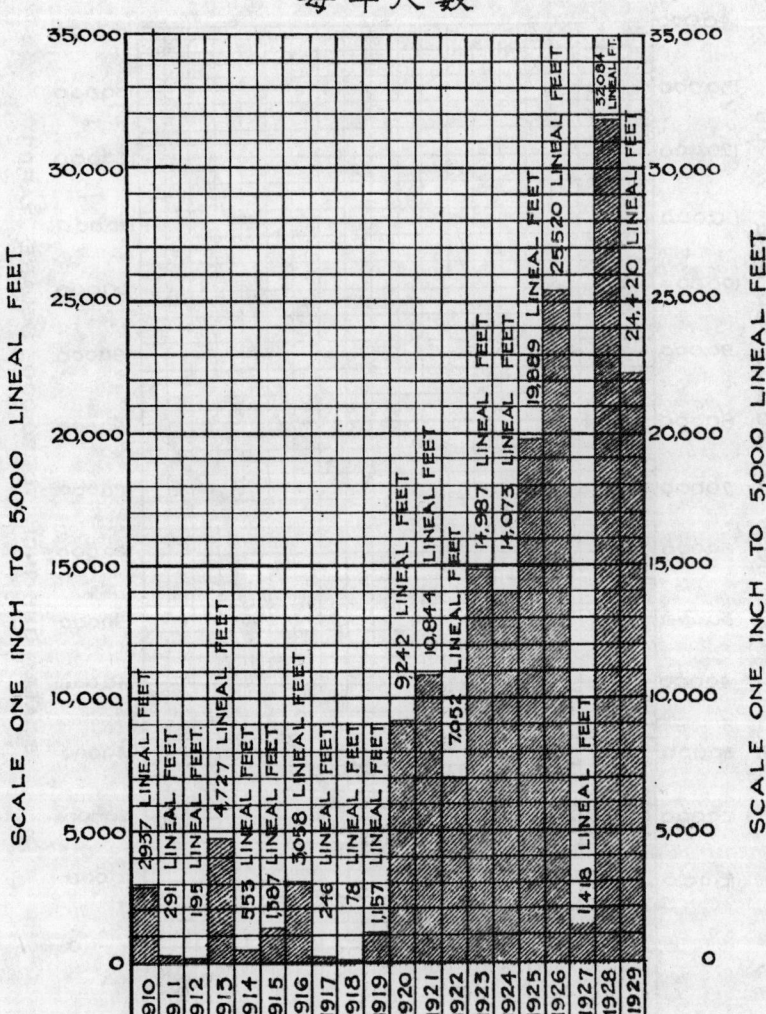

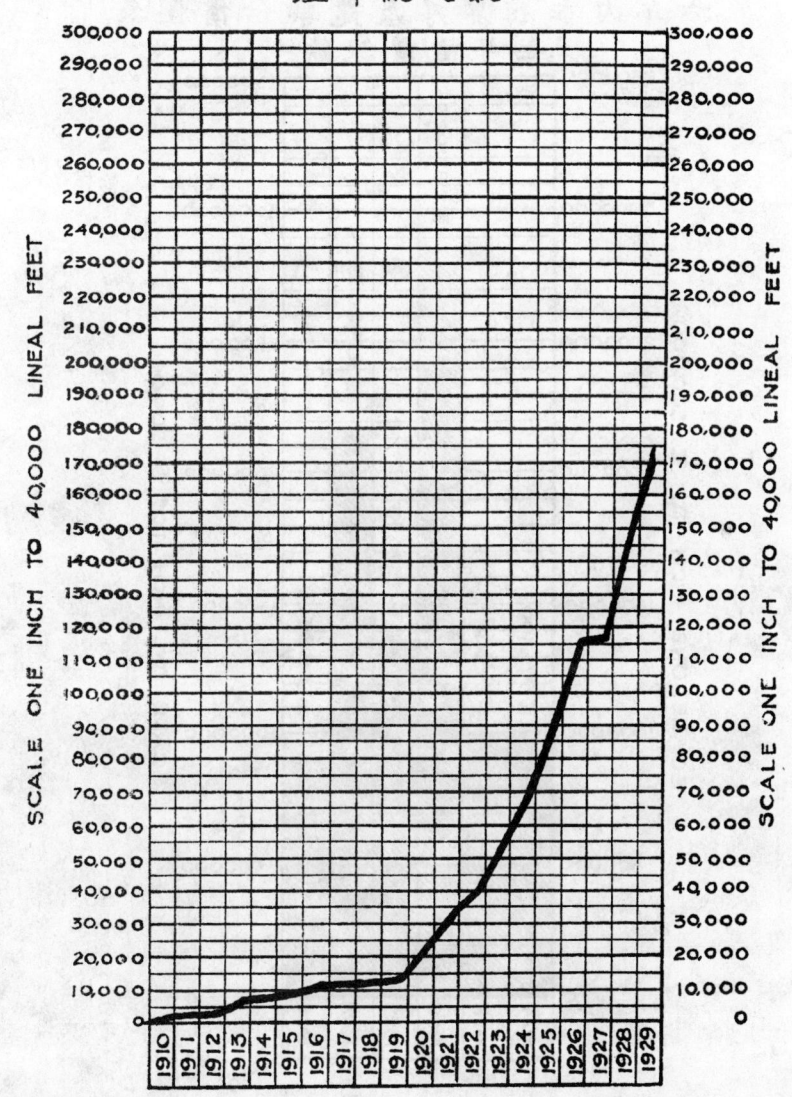

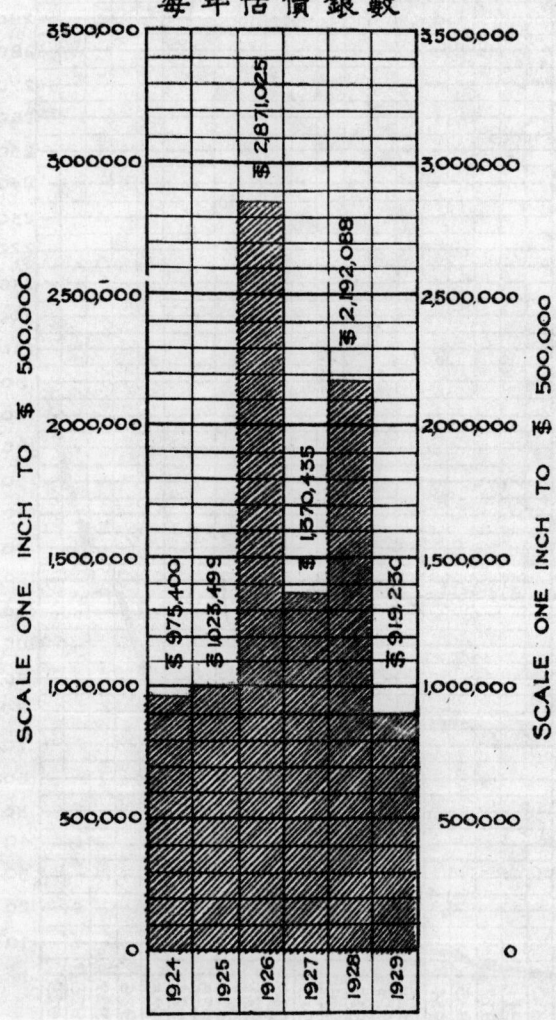

天津英工部局
1930年董事会报告
暨1931年预算

驻津英国工部局 1930 年报告

本董事会兹将常年市政报告连同 1930 年截至 12 月 31 日止之财政统计暨 1931 年之收支预算一并送请选举人察[查]核。

1930 年 4 月 16 日英租界选举人第十二次常年大会选出董事会各董事如下：

卞白眉君、钟蕙生君、庄乐峰君、胡光澄君、梁惠吾君、裴恩德君、毕德斯君、戴 乐君、体伯君、杨嘉立君

新董事会于 1930 年 4 月 30 日集议会推举杨嘉立君为董事长，庄乐峰君为副董事长，并分组成立下列各委员会。

人员财政暨医院委员：卞白眉君、庄乐峰君、梁惠吾君、毕德斯君、杨嘉立君

工程委员：钟蕙生君、庄乐峰君、胡光澄君、毕德斯君、体伯君、邸克耳少校(由董事会公请加入)

公安委员：卞白眉君、钟蕙生君、庄乐峰君、裴恩德君、杨嘉立君

电务委员：钟蕙生君、梁惠吾君、戴 乐君、杨嘉立君

水道委员：胡光澄君、戴 乐君、杨嘉立君

董事长因职务关系为各委员会之委员

教育保管团

天津公学

查 1929 年年报所列新拟增入章程条文第 19 条甲业经上年 4 月 16 日选举人大会议决修正,兹特请选举人注意之该修正条文第 3 节乙经驻华大英国公使制定英国外务大臣核准如下:

原文:关于天津公学董事会(顾及工部局财政状况并经出席大会选举人之特别核准)对于……规画[划]之建筑费用应相机给予协款。

修正为:关于天津公学董事会应随时列入预算或得出席大会选举人之核准,协济天津公学保管团依照 1930 年 11 月 10 日保管团契约第 1 条所列暨其所附图样之校舍建筑费。

驻津英国工部局 1930 年(修正)章程

兹将 1930 年 11 月 15 日驻华大英国公使布告列入年报，以备本界选举人察阅。查章程第 37 条原文关于推广界为规画[划]马路暨空地让与地段暨章程第 47 条原文，关于扩充界、南扩充界及推广界地亩更换地契各节，其一切手续业经完竣已不适用，故由该布告声明作废。

布告

下列章程经驻华大英国公使制定，英国外务大臣校准特此公布俾众周知。

驻华大英国公使　蓝普森　印
北平　1930 年 11 月 15 日

皇家则例依据 1925 年枢密院中国命令第 209 条公布之。

1930 年第四号　驻津英国工部局章程修正条文

一、驻津英国工部局 1918 年章程第 11 条原文应修正删去"不拘定宗教派别之学校奖学金"各字。

二、驻津英国工部局 1918 年章程应增入下列条文列为：

第十九条甲

(一)依照本章程规定董事会一经选举每年应拨付保管团款额如下：

1.天津英文学堂保管团

(1)按照工部局地产登记簿每年 1 月 1 日所列外国业主"非中国人"管业之天津英国租界一切地亩，经估价委员估定价值之万分之十八相等之数；

(2)按照工部局地产登记簿每年 1 月 1 日所列估定房产租值捐，应由外国"非中国"人民缴付之天津英国租界一切地亩房产价值万分之十八相等之数。

2.天津公学保管团

(1)按照工部局地产登记簿每年 1 月 1 日所列中国业主管业之天津英国租界一切地亩，经估价委员估定价值之万分之十八相等之数。

（2）按照工部局地产登记簿每年 1 月 1 日所列估定房产租值捐,应由中国人民缴付之天津英国租界一切地亩房产价值万分之十八相等之数。

（二）前项款额拨付应用下列计算法核定：

无论何年之地亩房产估定产值应计为 14 倍,于该年此项地亩房产由估价委员估定之全年租值。

（三）上列款额董事会应均匀分期于每月末日不折不扣拨付各保管团,但须依照下列各节增加之。

1. 对于天津英文学堂之付款,若当日汇丰银行公布汇兑支票伦敦付现行市,每行平化宝银一两不足,折合英金二先令八便士者,董事会应加拨天津英文学堂保管团银两折合不敷差额,依照该保管团能购进金镑数目仍若上述汇兑支票伦敦付现行市,每行平化宝银一两折合英金二先令八便士为标准。

2. 关于天津公学董事会应随时列入预算或得出席大会选举人之核准,协济天津公学保管团依照 1930 年 11 月 10 日保管团契约第 1 条所列暨其所附图样之校舍建筑费。

（四）因各该保管团每年例付工部局名义酬金银一两,工部局如得保管团之请求,可担任管理关于天津英文学堂暨(或)天津公学之一切账目与簿册。

（五）因天津公学保管团每年例付工部局名义酬金银一两,工部局在 1930 年 11 月 10 日保管团契约第 1 条所列公学校舍按照附列图样规画[划]建造时期内,可设法办理技术方面需要之监理任务。

（六）凡英国租界地亩房产按照 1930 年 11 月 10 日上列两保,管团契约条款规定充当(一)中国教育暨(二)英国教育用途者,应永久免除一切普通市政捐税暨其他征收之缴付。

（七）除本章程分别制定外,举凡教育设施费用概不得由市政公款支拨。

三、驻津英国工部局 1918 年章程第 37 条原文中第 2 段与第 3 段应即作废。

四、依照驻津英国工部局 1922 年(修正)章程第 2 条修正之驻津英国工部局 1918 年章程第 47 条应即作废,换以下列条文：

第 47 条　地契登记

（一）工部局所辖区域内各地主应将所有地产在工部局登记并由工部局工程师测量员或工部局所派其他人员测定后,将该地段刊列于工部局区域图内；

(二)测量费用由地主担任；

(三)本租界区域内地亩之转移应向工部局登记；

(四)登记费应由承受转移人担任；

(五)此项转移必须于成交后 14 日内向工部局登记，倘逾期 1 日或不足 14 日其科罚概以一期论，每延误一期应处以百元以下之罚金依此递加，倘有充分理由说明未能遵限登记原因，其罚款或可免缴；

(六) 工部局所辖区域内地产因抵押所负债务无论系属法律性质或公允处理，应均按照中国现行抵押地产章程登记，否则此项抵押债务不得在法律判断时受优先之支配或认为比较此项抵押前所成立之普通债务有优先权。

五、本章程准称为驻津英国工部局 1930 年(修正)章程

驻华大英国公使　蓝普森　印

北平　1930 年 11 月 15 日

英国外务大臣　韩德森核准。

各种捐率暨租金照费等

地亩捐：

所有老租界、扩充界地亩及推广界之已垫高经过一足年之地亩捐均按估定价值1%征收，推广租界内其他各地捐均按估定价值四百分之一征收。

估定房产租值捐：

所有坐落老租界、扩充界及推广界内已垫地段房屋估定租值捐，概按11%征收。

地亩转移暨抵押登记费：

地亩转移在工部局登记者，均按照本局勘估价值四百分之一收费，以25两为收费最低数目至百两为收费最高数目，概由新业主缴纳。

地亩抵押登记无论产业价值一概收费10两。

杂项收费

广告招贴及告白等：

本租界内建立广告暨招贴告白等，依照下列规定行之：

一、本界内公众观瞻处所未经本局巡务处给与允准，不得任意张贴广告；

二、凡有备贴广告之招牌建立，须得有本局工程处之允准；

三、请求准许人于必要时，须将广告式样送呈巡务处备阅；

四、凡有通告广告务须经本局巡务处盖章、记号、加注日期，然后张贴；

五、违犯以上规定者，得科以200元以下之罚金；

六、本规定对于营业或工业厂所建立于该营业等所在地之广告招牌不适用之，押款与收费由本局酌定之。

现时收费定每方尺每年收费银5厘。

运戴（载）病人汽车租赁费

路程起点	路程终点	西人跟车（元）	中国人跟车（元）
本租界内任何地点	本局所立医院之一	6	4
其他租界	同上	10	8
本租任何地点	其他租界之任何地点	10	8

			(续表)
其他租界	其他租界之某医院	12	10
本租界	天津城	15	12
天津城	本租界		

附注：特别一区、二区、三区暨佟家楼之费率与其他租界同。

四至石柱

混凝土带字石柱　　　　　　　　　　　　　　　　　　每条 3 元

石柱安放于业主地亩工资在内　　　　　　　　　　　每条 3.5 元

建筑图样审查费

洋式建筑：

一、每所房屋建筑容积不超过 20,000 立方尺　　　　　　6 元

二、增加容积每 5000 立方尺或不满 5000 立方尺　　　　1.5 元

三、已核准图样如有更改而于容积无所增减者　　　　　1.5 元

四、房屋内部更改与现有墙壁无关者　　　　　　　　　4.5 元

否则依照甲、乙两项收费

五、设某图所载系多所同样房屋，则第 1 所房屋图样审查费应依上列费率计算之，其他各所仅收规定费率之半数，惟任何一种多所同样房图校审查费总数不得超过　　　　　　　　　　　　　　　　　　　　　　75 元

附注：任何单所房图之审查费不得超过　　　　　　　35 元

中国式建筑：

住房铺面或商行：

3 所或不满 3 所附带下房　　　　　　　　　　　　　　4 元

10 所或不满 10 所附带下房　　　　　　　　　　　　　7.5 元

每增加房间 1 间或房屋 1 所　　　　　　　　　　　　0.5 元

他种房屋　　　　　　　　　　　　　　　　　　　　　15 元

每段房屋取费至多不得过　　　　　　　　　　　　　75 元

附注：为便利计算上列费率起见，每一中国式房屋所占平地面积除院落不计外，不得超过 400 方尺。

卫生设备项下

核准图样费每一渗坑取费 1 元，至多以 20 元为限。

查验设备费第 1 次免费，第 2 次起每次每坑收费 5 元，至多以百元为限。

杂项

婚丧暨寿事牌楼	5 元
牌楼如宽至 25 英尺横过街道者	50 元
建筑材料堆积公共道路占地,每方码每月应纳费	0.5 元

河坝系船费

轮船类：

各式轮船凡系靠英租界河坝者,以注册净吨数计每一吨收系船费银 5 分,所有纳费轮船得停靠河坝 3 日(即 72 小时由开到时起算),如系靠时间须延长者,每增加 24 小时,增加收费 15 两。

驳船类：

凡系靠英租界河坝驳船装载货物每百吨或不满百吨者,收系船费 5 两,此项货物吨数以重量或容积计算,均按照轮船货单为凭,凡有驳船每系靠河坝一次,增加收费 7 两,倘系本局请求移动者,不在此例。

上列各费概由各该船公司或代理人缴付。

河坝租费

凡有装卸轮船或驳船货物堆积河坝者,每吨以重量或容积计征收河坝租费银 5 分,此费由接受占用船位准许单之商行缴付。

附注：装卸轮船货物凡缴此租费者得积存河坝 7 日(海关假期除外),凡有货物逾此限期仍未提取者,本局得代行收存,一切危险暨费用概由货主担负,设本局准许该项货物过上列期限仍堆积河坝者,则该项货物以包计或以担计应征收按日计算寄存费,此按日计算之寄存费率大概与津埠普通货栈按月计算栈费相等。

码头捐

凡有经过英租界河坝货物均按各货物价值千分之一征收码头捐。

坟墓费暨下葬费

火葬费普通瓮值在内	50 元
墓圹暨洋灰顶盖及下葬费在内	50 元

(牧师费另计)

汽车夫

汽车夫请求执照考验费	1 元

捐照号码牌

人力车号码牌每个   2元
载货车号码牌每个   0.5元
狗牌   0.1元

房屋消毒费

每1房间   3元

电流费率

划分用电制项下

电灯用电每度电码   0.25元
暖气用电每度电码   0.06元另装表线
烹饪用电每度电码   0.04元另装表线
暖气、烹饪须另装电表，每一电表每月电码收费最少数   1.25元

充量用电制项下

用户采用此制期以一整年为至低限度，各用户按装一个电表即敷应用由墙塞即可通接暖气、烹饪、炉灶等项，此制收费计分二部：

一、额定月费：凡用户装设电灯满一千瓦特者（即每1小时用一电码），每月须缴付额定月费洋9元，例如某户电灯设备其各电灯泡同时燃点能耗用300瓦特者（即每1小时耗用十分之三之电码），每月须缴付额定月费洋2.7元，若其电灯设备各灯泡同时燃点能耗用400瓦特者（即每1小时耗用十分之四之电码），每月须缴付额定月费3.6元。

每一用户最少之额定月费为1.25元。

二、电码收费：于上列额定月费外，再加收耗用电码费按耗用电量度数计算。无论其为电灯、暖气、烹饪或任何用电采用此制之用户不必另装暖气及烹饪等用电电表暨电线业经说明。

（一）凡用户用电仅限于电灯者，每度电码取费0.1元；

（二）若用户用电包括电灯、暖气并其暖气暨（或）电冰箱等用具之耗用电量堪满1000瓦特或至少等于其电灯用电量四分之一者（依大者为准），每度电码取费0.06元；

（三）若用户用电包括电灯、暖气并其烹饪专用电炉灶者，每度电码取费0.04元。

| 电马力 | 用电量在 50 启罗瓦特为最高限度者 | 每一电码 0.06 元 |

用电量超过 50 启罗瓦特者　　　　　　　　　每一电码 0.04 元

其他多量用电取费另行核议

各用户不明了"充量用电制"应如何采用本局电务工程师当予解释一切，并对于该用户装设之电灯估计额定月费

自有道路电灯

本局依照下列价单可供给用户自有弄巷街道电灯所有灯泡、电力修理、维持暨总开关费用一并在内。

25 烛光灯	每盏每年 30 元
50 烛光灯	每盏每年 40 元
100 烛光灯	每盏每年 60 元

电表押租费

用户接电须按下列定价缴纳押租费：

5 安丕	电表每个	20 元
10 安丕	电表每个	30 元
20 安丕	电表每个	50 元

医院项下

维多利亚医院		住院费	
		英租界住户或纳捐人	非本租界住户暨非纳捐人
特别病室	每日	7.5 两	10 两
普通病室	每日	6 两	8 两
外科手术室			
重要手术		20 两	25 两
次要手术		10 两	15 两
隔离病院住院费	英法租界住户暨(或)纳捐人		非英法租界住户暨(或)纳捐人
	每日	3.5 两	6.5 两
产妇调养院住院费	每日	10 两	

注射药品非药方谱所列药材暨专利药品、食物、汽水及酒类概另收费。

X光照收费

收费 类别	本局收费(元)	医生手续费(元)	总数(元)
牙齿1枚	2	10	12
牙齿2枚	3	13	16
牙齿3枚	4	16	20
牙齿4枚	5	19	24
牙齿5枚	6	22	28
牙齿6枚	7	25	32
牙齿7枚	8	28	36
牙齿8枚	9	31	40
牙齿9枚	10	34	44
牙齿10枚	11	37	48
大印片 10寸×12寸 12寸×14寸	10	15	25
小印片 8寸×10寸 6.5寸×8.5寸	5	15	20
幕影查考	5	15	20

电气治疗

电气治疗器(外症)由病院职员施诊　　　（每半小时）　　　5两

　　　　　包括按摩费　　　　　　　　（每半小时）　　　5两

包括按摩费　　　　　　　　　　　　　（每1小时）　　　10两

按摩电机用费　　　　　　　　　　　　每次　　　　　　1两

普通按摩费　　　　　　　　　　　　　每1次　　　　　5元

　　　　　　　　　　　　　　　　　　2次　　　　　　10元

　　　　　　　　　　　　　　　　　　3次　　　　　　15元

　　　　　　　　　　　　　　　　　　3次以后每1次　　3元

捐照费率列下

汽车、载重汽车暨拖车　　　　　　每年80元　　　　每季21元

电水自行车连双坐或不连双坐　　　每年40元　　　　每季10.5元

此为英、法、意、日各租界通行捐包括特别一、二、三区,天津城里、城外不在此例。

长途汽车特别捐(第季加收15元)

公共汽车特别捐(第季加收5元)

马车　　　　　　　　　　　　　　每年18元　　　　每月2元

人力车　　　　　　　　　　　　　每年9元　　　　　每月1元

自行车(全天津)	每年 1 元
轻便排子车(小本营生)	每月 1 元
装货排子车或大车	每月 2.2 元
装货排子车(自有)	每月 1.5 两
手车	每月 0.3 元
犬	每年 5 元
小本营生	每月 1.25 元
民船 每日 0.5 元	月捐 0.6 元或 1 元
净水车	每月 3 元
粪车	每月 20 元
旅馆	
一等	每月 15 元
二等	每月 10 元
三等	每月 5 元

图样：

英租界蓝色影印全图　　　　　　　　　　　　每张 5 元

公用营业汽车

下列公用汽车租赁费率业经英国工部局核准：

大汽车载额 5 人以上：

在 20 分钟以内最少租赁费	每次 1.5 元
首先 40 分钟	2.5 元
第 1 小时	4 元
每增加 20 分钟	1 元

小汽车只载客 5 人：

在 20 分钟以内最少租赁费	每次 1 元
首先 40 分钟	2 元
第 1 小时	3 元
每增加半小时	1 元

钟点计算由预定时起至乘客离车时止，再加该车开回车行需用时刻。

垃圾箱：　　　　　工部局规定式样垃圾箱每只　　　2.5 元

人力车价

每次最少给价辅币	0.1 元
每小时	0.3 元
每天以 12 时计	1.5 元

起重机

每次起重至少收费	20 两
若以吨位计算每起一吨收费	2.5 两
重量最大限制 30 吨	

测量费

普通测量	每亩收费 5 元
设上建房屋位置须划定界线者	每亩收费 7 元

水价

依水表记载每千加仑收费 1 元

用户每月是否用水，每一水表须纳费 1 元，设用户所装水表不止一个，则无论何表所用水量均得列入月账。

磅房收费

大车过磅每 1 吨或不满 1 吨	0.05 元大洋
每次过磅至少收费	0.2 元大洋

估定房产租值捐

查本租界纳捐人于上次常年大会所公举之估价委员,业将坐落界内各段房产本年全年租值估计完竣。

此项估定租值列有单表,凡愿参阅者,可于本年5月31日以后随时惠临本局。倘捐户对于该估价委员所估全年租值或有不满意处,应于本年6月30日或早日通知本局局长,俾所具质问理由得于颁发该捐账单日期以前受详细考核,凡有请求另行估计全年租值之请愿书,倘于本年6月30日以前未能递到者,概不受理。

每年9月为缴纳全年房产捐之期,倘至9月30日仍未缴纳者,按照本局条例第39条,本局得征收额外附加捐,以欠缴捐数之10%为标准。

如本年房产租值捐至迟到9月30日尚未将全数照缴者,则本局对于其请求核减房产捐事概不受理。

凡已缴纳之捐款,本局得依照下列特别情形或准予退还,惟须详细声明者,此项捐款之应否退还完全由本局权衡决定。

房产租值捐要求退还规定:

一、凡房产于一年度中有未经占用时期,本局可酌核情形按照下列计算表将已缴之捐款退还。

计开:

未占用1个月者退还5%

未占用2个月者退还10%

未占用3个月者退还15%

未占用4个月者退还20%

未占用5个月者退还25%

未占用6个月者退还30%

未占用7个月者退还35%

未占用8个月者退还40%

未占用9个月者退还50%

未占用10个月者退还60%

未占用 11 个月者退还 70%

未占用 12 个月者退还 80%

二、凡非出租之房产应作为有人占用。

三、若房屋内置有家具或货物者,应作为有人占用。

四、凡房屋空间满足一整月者,即自本月某日空间至次月之同一日期得要求退捐。惟该房业主或经租人,应即于房屋空出日报告工部局,并每满届一个月继续报告一次,一俟租出应再于租出日立即报告之,倘不依此随时报告注明每段地空间房屋住址,其退还房捐要求当即失效。

五、第 1 次报告房屋空间须用特别格式,此种特别格式可向英工部局会计处索取,该格式内应列房屋号数,系业主用以志别其管业地段房屋定有不同额之租金者。

各段房产类别列次:

(一)多所成排房屋其租赁以一整所为单位者;

(二)某段地房产系铺面办公室住所或分租楼房暨货栈合成者,其出租以全部或一部分为单位者;

(三)货栈其出租以分截部分为单位者;。

(四)菜市建有铺面住房摊子概可分租者;

(五)大所住房其出租以房间为单位者。

六、业主或经租人于要求退捐时,须采用"首次报告"格式并于该报告内详细分别说明每段房产之出租单位与租金之总收入暨各单位之按月租金数目。

七、此后业主或经租人再有退捐要求,仅须用信函援引首次报告,注明产业段数号数,工部局主管退捐要求人员当即于该房屋之首次报告照行注明。

八、倘每年地捐至 4 月 30 日,房捐至 9 月 30 日,尚未全数清缴者,其退捐要求本局概不受理。

九、凡有退捐要求,应函交驻津英国工部局会计处长,并于封皮注明请求退捐字样。

十、工部局得随时派员查明请求书内所具各节,如查有具报不实或误报情事,其所具要求概作无效。

十一、证书格式须经业主或经租人签注如下:

"鄙人证明房产租值捐退还,请求书内所具各节据鄙人所知所言概系实情。"

工程处 1930 年报告

本年建设工程连同新房屋建筑概由自雇工办理,其工作成绩与工资节省概堪称意比之往年包工建筑精美过之,1930 年铺筑路线列下:

围墙道北半面　自公学道至咪哆士道　路基系洋灰混凝土　路面系开滦缸砖

下列各路路基系普通红砖,路面系沥青混凝土。

博目哩道　　自河坝道至中街

爱丁堡道　　马尔德道以西

公学道　　　自宝士徒道至围墙道

马尔德道　　自新加坡道至克伦波道

三安道　　　自伦敦道至敦桥道

各路铺筑总面积计 9635 方码,计长 0.70 英里。

本界内便道修筑间有试用沥青路面料藉资考求者,因此榨石机杵积细末得以废物利用。查深冬严寒堪为此种便道酷烈考证,入冬以来便道所盖沥青并未发现若何裂纹,嗣后采用此材料修筑便道当能收良好成绩,其浮面光润朴素微具韧性,行人履之比实踏洋灰混凝土较为舒适。惟其不滑故无须刻划凹纹免集尘土其保持清洁亦因之较易。若依自雇工计算其修筑价值当较用洋灰混凝土节省四分之一。

1930 年阴沟建筑路线如下:

宝士徒道　自益世滨道至约克道　沟管系椭形　高 3.9 英尺　宽 2.6 英尺

格拉斯哥道　自益世滨道至福发道　沟管系椭形　高 4.6 英尺　宽 3 英尺

格拉斯哥道　自大北道至约克道　　　　　　　高 1.6 英尺　宽 1 英尺

公学道(全长)　　　　　　　　　　　　　　高 1.6 英尺　宽 1 英尺

体伯瑞道　自大北道至约克道　　　　　　　　高 1.6 英尺　宽 1 英尺

约克道　　自格拉斯哥道至宝士徒道

　　　　　　　　高 2.3 英尺　　宽 1.6 英尺　　长 428.5 英尺

高 3 英尺　　　宽 2 英尺　　　长 384 英尺

高 3.9 英尺　　宽 2.6 英尺　　长 759 英尺

总长约英里四分之三。

新建于面临围墙道、宝士徒道暨公学道三角坑地址之天津公学校舍之第一部分业经落成,该校中学部已于9月初占用之,其第二部分之地基已于秋末动工。

用自雇工建造之巡务处新宿舍其第一部分之外壳业于年内竣工,所有暖气暨卫生设备亦已开始布置。

天津公学新校舍与巡务处新宿舍第一部分之地板曾试用胶质化合材料墁砌,所得成绩极佳,各该建筑未建造部分当继续用之,此项材料适合于公共建筑地板之用具有数优点。查其品质耐久履之无声其浮面光润而易于洗刷暨其价值低廉,尤属可取。

上年于推广界内曾栽植零陵香草藉减尘土效用显然,该草不惟根芽蔓延结连泥土,而其枝叶成荫且聚集潮气,堪为野草滋生之种籽,今者零陵香草栽植之处野草无不丛生。

本年推广界内填土工作共计 116,357 方,所剩未填面积尚须 480,000 方,依本年进行程率计尚须 4 年方能竣事。

1930 年界内业主建造房屋总计值银 517,596 两,内有 252,012 两,系于 1928 年与 1929 年间具领建筑准照,而于本年竣工者,现时建造未完工之房产计至 1930 年底共值银 137,420 两。

关于墙子河疏浚规画[划]各关系主管机关曾于本年派代表举行会议研究办法,市政府工务局业已将该河身测量,现正拟具疏浚计画[划]并编制预算。

本年附捐收入成绩颇佳,总数超过 141,500 两。查大车装载过重,最易轧坏马路,本处职员对此时加注意,颇著成效。

本年工程细目胪列于下:

桥梁:佟家楼桥梁面暨列斯克目道桥栏概经修理

河坝:仅修理木工暨因轮舶系靠所致损坏之混凝土工程

塚[冢]园:马厂道暨广东道各塚[冢]园只修筑保持工程,查马厂道塚[冢]园之将来需要恐须扩充填地面积至双倍于现时范围,惟目下工部局未克规划及此。

火葬炉 1930 年共计用 14 次

填地土坝：本年无建筑新土坝之需要，所有工程只保持旧土坝而已。

防水土坝：各土坝均修理保持坚固

填土：填土工作于 3 月 7 日开工至 11 月 30 日停工，填地材料殆完全取之咪哆士道抽水管口马厂道管线，工作时期只六星期而已。第七号水坑业已填满，第八号水坑已填 52%。

本年填土工作列表于次：

第 7 水坑包括推广界地第 39 段、50 段、53 段暨 54 段，计 61,605 方。

第 8 水坑包括推广界地第 46 段、49 段、51 段、52 段、52 甲，计 54,751 方。

总计 116,357 方。

公园：维多利亚花园暨围墙道公园之花架围、栏藤萝架暨游嬉场设备等项概经修理。

所暨秽水沟眼：概经妥加修理，用资保持清洁卫生状况。

工部局房产：天津公学新校舍包括在内，其第一部分业已落成并经该校占用，其第二部之地基亦已动工。

巡务处新宿舍之第一部分暨火会所之建筑业已竣工，皆由自雇工办理其暖气及卫生设备，则由包工承做，计至年终此项设备布置尚未蒇事。

新工程场：

本年该场供给沥青混凝土搀合计 35,972 立方尺，路面沥青料计 11,271 立方尺，辗轮榨碎石块共计 32,102 立方尺，榨成寸半石块计 6,645 立方尺，1 寸石块计 10,625 立方尺，6 分小石块计 16,900 立方尺。

化验室查验沥青混凝土暨沥青与砖块等共计 238 次

机厂暨工具项下：

各机器运输车辆暨轧路汽辗概经本厂妥加修理

马路便道暨暴雨水沟项下：

本年修筑路线面积共计　　　9,635 方码，　计长 0.7 英里

连同已往 6 年一并计算合　　348,569 码，　计长 19.43 英里

铁筋混凝路基上铺开滦缸砖

围墙道　　自公学道至咪哆士道　　　　　　　　　　3,107 方码

3 层砖路基上铺沥青混凝路线列下：

博目哩道	自河坝道至中街	计 1,098 方码
爱丁堡道	自马尔德道交岔处	787 方码
公学道	自宝士徒道至围墙道	2,632 方码
马尔德道	自新加坡道至克伦波道	633 方码
三安道	自伦敦道至敦桥道	计 937 方码
围墙道	桥端	计 441 方码
总计		9,635 方码

阴沟项下：

本年修筑路基列下：

宝士徒道　自益世滨道至约克道计 222 英尺　沟管系椭形高 3.9 英尺宽 2.6 英尺

格拉斯哥道　自益世滨道至福发道计 299 英尺　沟管系椭形高 4.6 英尺宽 3 英尺

格拉斯哥道　自大北道至约克道计 249 英尺　沟管系椭形高 1.6 英尺宽 1 英尺

公学道　自宝士徒道至围墙道计 1,045 英尺　沟管系椭形高 1.6 英尺宽 1 英尺

体伯瑞道　自大北道至约克道计 318 英尺　沟管系椭形高 1.6 英尺宽 1 英尺

约克道　自格拉斯哥道至宝士徒道

椭形沟管	高 2.3 英尺	宽 1.6 英尺	长 428 英尺
	高 3 英尺	宽 2 英尺	长 384 英尺
	高 3.9 英尺	宽 2.6 英尺	长 759 英尺

总计长 3,704 英尺或 0.70 英里。连同已往 6 年一并计算，合总长 34,819 英尺或 7.35 英里。

路边水沟石：

本年建设之路边水沟石计长 6,704 英尺

便道：

1930 年便道之建筑共计 8,289 码方，其中 887 方码系用洋灰混凝土，其余 7,402 方码系用沥青路面料建造。

暴雨水沟：

本年暴雨水沟之建筑总计长 1,232 英尺

路灯项下：

50 烛光灯	40 盏
100 烛光灯	438 盏
200 烛光灯	228 盏
300 烛光灯	42 盏
600 烛光灯(码头卸货用)	19 盏

洒水：

供给洒路面用滤净水量本年总计用 2,031,100 加伦

清道工作：

本年所收集暨处置之脏土量列下：

住户垃圾	10,277.89 方
街道脏土	1,782.18 方
泥土	84.05 方
炉灰	733.14 方
马粪	234.18 方
沟泥	204.00 方
总计	13,315.44 方

扫除积雪：

本年下雪共计 6 次扫除总量约 900 方

街道名牌：

本年未添置

本处厂地豢养牲口暨置用机件计至 1930 年 12 月 31 日止列册于次

马	1 匹
骡	49 匹
脏土车	29 辆
沟泥车	17 辆
载重机车(蒸汽 2 辆)	7 辆
载重拖车	4 辆
铁水车(马拉)	11 辆
机力水车	1 辆

脏水车	2 辆
马帚	7 架
驾马具	50 副

牲口总数

	1929 年	1930 年	新购	现存
马	2	1	0	1
骡	48	3	4	49

其他工程：

本年其他工程建筑胪列于次

通接阴沟之路边井子	82 个
位置四至界石	115 条
卫生设备检验	37 处
白色油刷交通指示线计长	23,029 英尺
脏水井清理	816 处

气候：

本年报告附有已往 30 年即自 1901 年起至 1930 年终气候测量记录表，暨历年雨水及寒暑记载曲线图

本处工人：

本年雇用劳工无甚周折，且雇用极易。

职员：

副工程师乔蔼纳于本年 4 月 3 日销假视事，助理员乐富于 5 月 10 日藉长期例假之便离津返国。

工程师　巴恩士

电务处 1930 年报告

总论：1930 年为电务处成立后第十年期，其机厂开始运用已八载，于兹在最初二年之电流乃购自邻厂历年成绩显然赓续进展，仅于 1929 年因驻军远离商业不振，售电量稍现低落，已往十年之发展由售电总额比较之即可知其梗概。查 1920 年 12 月之售电量为 89,000 电码，1930 年 12 月之售电量为 870,000 电码。

本年发电机厂与分输设备保持状况均井然无瑕，全年运用除本机厂电力发生一次数秒钟之停止外，实未瞬息间断，分输设备之效用妥靠。一若发电机件除因狂风暴雨暨意外之阻碍，其电流分输未曾发生何种间断。

架空电线设备业于本年切实整理保持效用臻最高程度，查多数市民不惟藉电流以充灯亮并有用以烹饪暨校准时计者，故电流供给务须保持妥靠性洵为至要。

售电：本年市面虽萧条异常，然售电线量比较 1929 年仍增多 6%，比较售量最高之 1928 年仅减 1%。若依本年 12 月售电计其总量比较 1928 年暨 1929 年任何 1 月为多，由此观测对于 1931 年之售电总量可抱乐观。

本年售电总量共计 7,941,722 电码，查 1929 年之售电总量为 7,489,000 电码，1928 年为 8,023,000 电码。

1930 年所售马力电码比较上年增加 9.5%，电灯电码虽历久低落，现亦渐形增加颇堪，注意日后售量增加似可预期。

本处经济状况截至年底止计开于次：

购置成本项下	1,197,988 两
折旧存储	472,976 两
购置存储	197,304 两
债款实数	594,661 两
售电收入	535,399 两
扣除折旧	96,953 两
之余利总数	216,757 两

成本利益	18%
债款利益	36.4%
盈余净数	170,777 两
扣除折旧	96,953 两
8 厘年息	45,980 两

本年成本余利之比率虽不如 1928 年，然比较 1929 年则显有增加，揆以市面萧涩[瑟]状况，得此成绩尚堪告慰。

本处营业净利自成立至今逐年详数胪列于次：

1920 年 10 月开办电流取自购买	8,004.00 两
1921 年购买总电流再分售用户	61,635.60 两
1922 年一部分电流本厂摩发，其余取自购买	57,535.69 两
1923 年电流完全由本厂摩发	41,564.37 两
1924 年电流完全由本厂摩发	85,648.98 两
1925 年电流完全由本厂摩发	93,084.88 两
1926 年电流完全由本厂摩发	89,817.09 两
1927 年电流完全由本厂摩发	147,196.03 两
1928 年电流完全由本厂摩发	209,459.59 两
1929 年电流完全由本厂摩发	171,967.99 两
1930 年电流完全由本厂摩发	170,777.54 两
总数	1,136,691.76 两

本处自 1920 年开办以来归还工部局总务款项合计 939,387 两。

本年购置之添增仅 35,938 两，其大部分系用以偿付前购新式锅炉未清价额。查 1929 年之购置支出为 156,000 两，本处现时设备存本总计 1,197,988 两，此数包括 7500 启罗瓦特发电机厂建设费计值 874,536 两，合每一启罗瓦特占 116 两，本处分输电流设备计值 267,713 两，其分输总量达 9,333 启罗瓦特，合每一启罗瓦特负何占 28.60 两。此项发电厂建设每一启罗瓦特占 116 两暨分输电流设备费每一启罗瓦特负荷占 28.60 两，实为市政电务营业建设费特形低廉之标率。

发电机件：发电机件于本年并无重要添置更改，惟全厂机件会加切实整理保持清洁完美状况以臻运用效率，凡莅厂参观者莫不赞许有加，本埠住户如愿光临敬祈预定时期无任欢迎。

本年机件修理工程比之往年较为重要,所置抽引机件车轴概经换以特制铬钢暨堪更换之,普通枕托亦皆易以钢珠枕托旧有铸铁舌门概经换以铸钢舌门,此项更换不惟用以增加机厂设备之妥靠性,并藉此减少嗣后保持费用。

本厂运用成绩极佳,除于夏季因炎暑及墙子河浅旱影响微现障碍外,全厂机件继续开动几及18月并无间断,如斯成绩不易。再行改善本处电流供给概由维格斯制造之两架涡输发电机摩发效率优美无庸赘述,英制机件之妥靠效率之显著由此足以取徵比诸其他制造机件传闻障碍者固有区别也。本厂前置拔柏葛锅炉蒸煮终年别无不良现状,其中3座锅炉虽已运用八载,其状况仍无异当日新置。

查本厂位置界内住房区域发展之中心烟突喷泄烟尘之为患良堪,注意本处有鉴及此力事研究消除办法,所得成效尚佳观察本厂烟突已无烟尘可观。

欲求理想所期之烟尘绝迹城市非废弃煤炉灶、蒸汽、暖气设备,换用电气炉灶、电力暖气不可,其电流可取自集中发电机厂,盖机厂烟突之烟尘固易于完全消除,俾免弥漫空中,本处消除烟尘成绩可由附列相片得之我人一切需要。若灯亮、马力、烹饪热力暨暖气概藉电流取用当非遥远。

煤炭消耗:全年发电消耗煤量总计用一号煤末13,673吨,合每一电码耗煤3.2036磅,此数比较以前标率为优。

分输电流设备:本年无重要之扩充改革各线概系架空式,经缜密保持成效灿然,终年电流供给洵无间断可言。查新置500启罗瓦特变压器2架系费端邸厂制,其余概为乔森裴立波制。自置用以来有历九载余者,始终未发生障碍,其品质构造之精良无待赞词。全年本厂电流分输暨变压损失计8.73%,比之1929年之10%与1928年之9.4%殊形削减,实为各电厂所不仅见之低率。

电流分输处:本年未建造新分输处,惟旧有2处业经重建,换以较大之变压器,各分处器械概经整理保持洁净完美一如。其他设备现用之变压器总量合计5,175启罗瓦特,以应业经接线之负荷计9333启罗瓦特。

电表:查电表为纪载用电惟一之标准,本处于电表测验莫不力求精详,备租各表概系名厂制造准确妥靠,其成本虽稍高,比之贱值速率不准确者,反较为经济且无错记邀人不满意之弊,截至年终止通接之电表总数计4,880个。本年校验表数计1,366个,其校准手续辄当用户施行检查证明电表准确率均数实臻99.5%。

查用户对于电表之准确率偶有抱疑虑者,尤于冬季为甚,盖冬月昼短夜长,普通需电概形稍增乃属自然状态,用户固无庸因此怀疑焉。本处对于电表准率缜密校对不厌求详,凡通接之电表鲜有发现不准确速率之可能,倘有电表差率超过1%者,无不及时撤换归之查验室。

本年新接之电表计323个,多数系在最后3个月中通接者。

电流需要最高度量:1930年发电机厂供给电流最高量数系在12月24日,其最高度数为2,860启罗瓦特,此数适与1927年最高数相等,比较1928年虽稍低落,然比较1929年已显增加,故预计此后之用电需要当较前有起色也。已往十年每年最高需要量胪列于下,逐年均现增加,待至最近2年因市面凋敝忽现低落,本年复有上趋之势。

年份	需电最高量数(启罗瓦特)	增加	减少
1920年	550		
1921年	691	25%	
1922年	840	22%	
1923年	1350	61%	
1924年	1530	13%	
1925年	1881	23%	
1926年	2270	20.5%	
1927年	2860	26%	
1928年	3100	8.5%	
1929年	2810		9.5%
1930年	260	1.7%	

负荷供求相应数:此数表示电流不在负荷高峰时间之需要,即灯亮电流需要不多之时,乃为工程师与经济家所注意者也。本厂分输电流设备负荷供求相应数,依据厂外负荷最高量供给暨售出电流总量计为34%,比较上年32%显有进步。

售电总量:本年售电总量计7,941,722电码,比较上年增加6%,历年售电总量胪列于次:

年份	用户电灯	电马力	暖气烹煮	公用电灯	特别一区	总量
1921	685,985	132,141		169,635	202,525	1,190,286
1922	892,617	344,391		186,517	303,897	1,727,422
1923	1,052,425	509,841	19,912	208,629	526,396	2,317,203

（续表）

1924	1,262,215	572,398	111,406	220,483	749,850	2,916,352
1925	1,536,564	785,541	241,428	230,084	959,100	3,752,717
1926	1,859,640	1,124,876	437,610	250,280	1,048,100	4,720,506
1927	2,368,289	1,612,424	507,742	302,767	1,376,090	6,167,312
1928	2,879,751	2,564,558	548,401	318,398	1,712,377	8,023,485
1929	2,564,749	2,318,488	630,550	315,727	1,660,331	7,489,845
1930	2,584,322	2,547,849	773,230	324,777	1,711,544	7,941,722
近2年之比较增多	1%	9.5%	22.5%	3%	3%	6%

查上列增加售量各部分均与份也，尤以本年最后数月之增加为显著，至1931年初此上向趋势尚继续无变。

接电用户：计至年底止接电用户总数共3,585户，比较上年3,361户计增6%，通接负荷之总量共9,333启罗瓦特，此数比较上年计增8%。

电灯：此为现时电流之最要用途，故其收入亦最旺。本界电灯用电共需2,584,322电码，占总量32%，查本年最后3个月电灯用电量已现增加，其增率虽不如电马力、电气、烹饪等之高，然其新增用途即氤气广告电灯颇堪，注意此类电灯业已畅销于全球各大商埠，惟其构造甚脆弱，除非本地仿制不易普及采用。

电马力：此项电流用途计增加9.5%，尤以近年终数月为显著，若依12月份核计该月增加用量计33%。本年通接之电马力机计有数起，统计总量合3,300启罗瓦特，比之上年通接之负荷计增4%。

暖气、烹饪、散热等：此次电流用途计增加22.5%，其发展得臻如此成绩殊堪称许，惟因银价狂跌，舶来品价值陡增，前此预备用户租赁之电炉灶已不克继续供应，本处为迎合用户惠顾盛意竭力加工自造电灶，业经竣工者迭经使用成绩甚佳。近二年本处陈列室自制电灶之发热炉条不下百数，用备替换旧有电灶之损坏无一不效用称意，现时电灶之妥靠无异于普通煤炉灶。

关于储积式电流热水器虽经本处设法推销，但因金价关系成本过昂未能多售。查电冰箱之新用途为低降屋内热度，本埠颇有代理，此类机件者其效用能减少空气温度，降落热度，深合公司办公室、住户、医院之盛暑需要，兹后采用成绩当堪注意。

马路电灯：此项设备保持照常，前此会研究现用灯罩之改良藉求节减保持费用，所得结果决采用本埠自制新式烧洋磁罩，因之灯光反射力得现增加同时并得免除油刷洗涤之烦琐，旧有之灯罩业已逐渐更换。

现有马路电灯设备列下：

50 烛光	40 盏	300 烛光	42 盏
100 烛光	438 盏	600 烛光	19 盏
200 烛光	228 盏		

查自有巷街电灯不在此例，迩来房产业主感觉灯亮设备光力充足堪增安全保障，故于灯亮增设利益已渐加注意。

陈列室：该室设立中街随时试验新发明，电气用具成效显然，本年经售电力暖炉等件计 1,314 件，比上年增加 3%，其担任修理之电气用具计 500 余件，该室有利电流用途无待赘述。

职员：本处开办十一载，于兹所有职员无不协力合作各尽职守，皆以减轻电费增高妥靠性暨效率为己任安德而君王相臣君与各职员之同心戮力深堪嘉许。

驻英锡拉君为本处工程顾问，凡属本处事务咸资赞助。

电务处工程师　伟廉士

水道处 1930 年报告

一、本处归工部局管理已八载，于兹所得技术暨经营方面成绩均甚良好，本年收入虽较预算稍逊，然收支两抵尚现盈余，衡以本处扩充设施改善业务致利息折旧显然增加，工资暨经营维持费比前高涨，而于用户水价未事添增，前述成绩洵足称意焉。查巴克司道机厂新置抽水机件业经位置竣事，自 11 月 22 日起，所有总输送水设备已按表开始运用，由电力抽水机吹动其水压较前增加 12.5 磅，现时持常水压计合每英方寸 50 磅，因之界内输水更现均匀，如遇火险需水无须临时增加水压。又巴克司道新凿自流井因开井工程司挖凿至低层深度忽遇困难，未能依照预定期限完成，现正审议嗣后工作如何进行。

本年推广界内新建房屋无多，故无新水管设置之必要，本年总水管仅在博目哩道设置一段计长 354 英尺。

新用户通接水表总计 34 处，比之昨年计减少 58 处，诚为历年未见之低数。

二、消防设备暨河坝进水机厂

该厂设备暨全部机件概经妥为保持，本年河沿未发生火患，无低压水量之需要，惟河水抽引机因准备滤水曾于 5 月、6 月与 10 月间开用若干时，以补自流井供给水量之不足。

三、抽水机厂

3 处机厂机件列次

压气机	9 架
主要抽水机	8 架
附属机件	5 架
总计	22 架

此外，巴克司道总抽水机之一另配有汽油马力机 1 座，以备万一电流停止应替换之需。

各厂机件概经保持最适当状况，终年运用未尝中辍或发生障碍，观察各机件运用成绩，平时按期之检验查修已著成效，因此，特别督练之机匠亦深得其用。查各新置机件之合拢位置需要精细技艺准确工作，而各匠工艺已克臻，此标率颇堪称许。

四、巴克司道机厂

查新凿自流井未克如期完成，故于5月、6月暨10月间仍须倚赖滤水池设备用补自流井给水之不足。

该机厂第2号井暨第3号井供给水量，连同过滤河水补充数量胪列于次：

	总水量（加伦）	过滤河水补充数量（加伦）
1月	13,147,000	无
2月	11,501,000	无
3月	13,063,000	无
4月	14,385,000	无
5月	18,372,000	1,165,500
6月	19,837,000	2,983,680
7月	16,500,000	186,480
8月	15,623,000	无
9月	15,269,000	无
10月	17,606,000	652,680
11月	14,084,000	无
12月	14,425,000	无
	183,812,000	4,988,340

五、巴克司道新机厂

（一）抽水机房：该机房保证时期计至12月业已届满，该房建筑并未发生不良状况，故包工人已准予解除担保责任，该机房所装摩丁Modine热气设备不惟于严冬散布暖汽效率显著，并于盛暑能利用总水管水量周流散热管内由电风扇吹之以降热度。查井水温度仅及华氏表60度下右，故其周流堪收热力此后仍归贮水池内。

（二）井管布置：在第2号与第3号井台上面建筑之产水池业已于本年春初竣工，水管位置业经重行规画[划]，俾所产水量得经过位于新抽水房内之滚水坝。

（三）机件：几经周折新抽水机件始得完成于制造厂所并邀本处工程顾问

之满意,其最末批配件业于10月运到,旋经合拢位置就绪开动试用,旧有汽机抽水设备业已停止运用。自11月22日起,所有抽水概由新机件按表汲引输水压力因利用直接抽引已增至每英方寸50磅稳定不变,惟此压力仅倚连合水管布置维持之不赖水塔相佐。为此,值班机匠须加督练以应必须按秩序平行支配机厂运用,为吸水变易不定之准备此项机件,依上述新状况开始运用,虽仅月余所得成绩效率均甚良好。

(四)自流井:此项新井之钻凿阻难殊多。查于1929年初钻之井口业已放弃,另凿之新井筒至该年底,其深度已达至530英尺,本年该井深度展至656英尺,惟包工人于此深度安放水笕时陡遇困难,致将8英寸径水笕失置,包工人现正研究如何安放6英寸水笕以完成此井筒。查困难主因似系在此低层深度沙性活动异常,其上下层且夹杂碎石致开凿井筒经此未能免除细沙之冲入,致井筒上下圆径不克保持一致。该井开凿工程计至年终已停滞,其应如何完成尚待审核。

(五)拆卸:依照原定扩充计画[划]第四号暨第五号滤水池业已于3月作废,池址填平以备安置水管通接第二号井与第三号井至新抽水机房,其旧有蒸汽抽水机锅炉机厂暨贮水塔拟于明春拆毁之。

六、达格拉道机厂

该厂于1930年无所改革,前建贮水池之3年保证期限计至本年11月业已届满,贮储水量泄尽后曾加考验,全池未发现裂纹沉渣或其他建筑不妥情况,其充分不透水程度如前,故中美建筑公司之担保责任已予解除。

该厂第4号暨第5号井产水量列下:

1月	11,409,200 加伦
2月	10,218,600 加伦
3月	11,338,900 加伦
4月	11,344,000 加伦
5月	11,768,900 加伦
6月	11,081,800 加伦
7月	11,628,500 加伦
8月	11,465,500 加伦
9月	11,134,200 加伦
10月	11,971,400 加伦

11月	11,117,700 加伦
12月	12,004,900 加伦
总水量	136,483,600 加伦

七、伦敦道机厂

该厂之泄水沟渠布置曾于年初更改，俾适用于靠邻已填地之新高度。该厂新置循环抽水机一架以备压气机降热之用，该厂第6号井产量列下：

1月	8,114,600 加伦
2月	7,342,100 加伦
3月	7,974,200 加伦
4月	7,769,800 加伦
5月	7,677,800 加伦
6月	7,251,800 加伦
7月	7,840,200 加伦
8月	7,842,400 加伦
9月	7,441,400 加伦
10月	3,511,000 加伦
11月	7,094,100 加伦
12月	8,165,700 加伦
总水量	88,025,100 加伦

八、自流井

平时水质化验证明井水品质持恒不变，除第六号井外，各井产量均稍现减少，其每星期产量测验业经实行三载。

每日平均数量列次：

井号	1928年	1929年	1930年
第2号	310,000 加伦	316,000 加伦	308,000 加伦
第3号	366,000 加伦	342,000 加伦	334,000 加伦
第4号	228,000 加伦	191,000 加伦	178,000 加伦
第5号	181,000 加伦	191,000 加伦	188,000 加伦
第6号	240,000 加伦	253,000 加伦	256,000 加伦

本年10月间因检验修理井油刷贮水池起见，机厂曾停止工作。嗣后伦敦道第6号井即发生阻碍涌出沙子多量，同时该井产水速率剧增，采用反吹法

或暂停抽汲概无稳定速率功效,唯缩短空气管低降丈尺,产水速率始稍见缓。上述不良状况似系下层地质产水沙系新发现孔道,致水压平线高升并增加产水速率,其救济办法在稳定水篦周围沙子,俾水不带沙子上升欲收,此效舍校准抽汲速率莫属,故用上述缩短空气管试验得之。

九、总水管暨水龙头

本年并无剧烈爆炸或破裂情事,其他接水龙头因水压增加至现渗漏,即经查出地点修理完好。

1930年添设之总水管连同历年设置之总水管丈尺列表于下:

年期	总水管尺数	地面水龙头	地下水龙头
1930年	354	2	0
1929年	3,790	12	1
1928年	7,327	12	3
1927年	8,589	7	6
1926年	17,237	16	22
1925年	13,439	15	12
1924年	16,108	30	0
1923年	7,640	11	1
8年总数	74,484	105	45

十、用户水管之通接

本年通接用户只34处,比上年减少58处,爰为工部局接管以来之最低数目,历年通接总水管用户计至1930年终列表于次,其业经废止截断者,不在此例。

年期	用户水管通接总数
1930年	1905
1929年	1882
1928年	1803
1927年	1579
1926年	1446
1925年	1130
1924年	1027
1923年	805

十一、每日水量需要

3处抽水机厂水量供给每日最多数量暨最少数量胪列于次：

月别	最高量（加伦）	最低量（加伦）
1月	1,112,700	953,500
2月	1,093,500	957,400
3月	1,106,100	1,000,800
4月	1,238,600	1,036,200
5月	1,384,300	1,034,600
6月	1,381,700	987,000
7月	1,316,500	1,041,200
8月	1,342,100	1,006,500
9月	1,184,500	1,056,000
10月	1,173,300	974,200
11月	1,205,800	980,100
12月	1,167,200	1,044,400

最高数量记载在5月24日计1,384,300加伦，比较1929年6月24日最高数量1,458,900加伦减少5.1%。查夏季水量需要之低落乃缘于市民暨军队每届暑天依例移居海滨。

十二、售出水量

每月售水量以加伦计列下：

	甲英租界用水 加伦	乙河坝用水 加伦	丙特别一区用水 加伦	丁总数量 加伦
1月	16,342,100	131,040	7,478,100	23,951,240
2月	15,258,800	211,904	6,928,500	22,399,204
3月	17,048,700	232,736	7,834,500	25,115,936
4月	18,570,900	306,208	8,750,900	27,628,008
5月	22,200,600	236,320	9,648,600	32,085,520
6月	23,523,200	217,952	10,407,100	34,148,252
7月	21,389,400	239,456	9,369,000	30,997,856
8月	21,135,400	182,112	8,448,700	29,766,212
9月	20,704,700	350,224	8,038,200	29,093,124

	甲	乙	丙	丁
10月	19,873,250	890,976	7,919,900	28,084,126
11月	18,746,950	224,896	7,407,000	26,378,846
12月	19,746,000	249,760	7,589,300	27,585,060
总数	234,540,000	2,873,584	99,819,800	337,233,384

与上年售量之比较列次

	甲	乙	丙	丁
1929	224,686,410	2,436,672	101,309,100	328,432,182
1930	234,540,000	2,873,584	99,819,800	337,233,384
差别	增 9,853,590	增 436,912	减 1,489,300	增 8,801,202
	增 4.4%	增 17.90%	减 1.47%	增 2.70%

各项售水量比较预定数目概形减少，于上半年各月尤形显著，待至下半年售量稍现增多，于最后3月趋势更佳，特别一区需水总量比较上年减缩。

十三、化验师报告

各井水质保持适合饮料标准，仍邀卫生医官之满意。查赖大夫担任本处化验已历八载，今春离津返法深感怅惘，其化验职务现由弥校大夫接任。

十四、职员

本处职员举止暨服务成绩均极良好，惟为力求撙节起见，厂处人员会稍事调动，裁汰副工程师黎雷君合同于5月期满辞职返国，所遗职务业由董君斡臣充任，勤奋从事深资赞助。

水道处工程师　克拉克

巡务处 1930 年管理部报告

本年携械抢案比之往年特形减少，洵为治安良好现象。查 1928 年抢案共计 37 起，1929 年 21 起，本年只 7 起，其失物计值共 5,192.4 元，赃物追回数计值 1,316 元，捕获抢犯人数计 14 名，概经解送中国官厅究办。本处干练巡士韩润斋因奋勇捕匪致受创殒命，深堪惋惜。查该员于河坝遇匪犯意拟逮捕归局，初不知其为匪也，不期盗匪出枪射击弹贯韩警腹部，该警虽伤仍与匪格斗，夺其枪械，匪不敌弃枪及自行车脱逃，该警遂携匪掷弃枪车回局报告辞毕晕倒，翌日于医院殒命，盗匪奔遁未远，已由应枪声之侦探追赶，卒被另一巡士捕获，旋即解送中国官厅置之法典。

本年界内命案共有 3 起，计凶杀案二，谋害未遂案一。关于辛博森君之在特一区寓所被人暗杀，本处接受英总领事通知，会事侦察并捕获涉及嫌疑之中国人数名，但于本案主犯仍不得要领，各该人犯遂即转送特一区公署审讯。本处侦察此案深荷法租界巡务主任飞勃少佐暨其侦探部人员之热诚相助。

本界内多数中国住户曾于年内接得匿名恐吓信件凡报告巡务处者，无不亟事根究。本处得法国工部局巡警之协助，捕获此类投送匿名信犯 1 名，该犯归案后即送交公安局办，旋闻审讯证实判以 5 年徒刑并罚款 1000 元。此类案情于下半年 6 个月已不仅见综核控告案件。本年失窃物品价值总计 41,951.17 元，比之上年已形减少。寻获物品价值总计 14,695.23 元。

本界昨年并无劳动工潮问题。

其他案犯暨违背章程案件总计概见减少，惟偷窃汽车零件小绺则见增多，各车主虽经迭次诚告依然停放车辆于僻静处所，每有过数小时者，倘车主能注意于适当防范，则此类案犯固不难消弭。若端赖巡务人员侦察缉捕殊不易奏效。盖每遇徘徊车旁行人巡士一加查问恒以司机相对，俟巡逻人员他离若辈，即施其惯伎窃取汽车时计或水箱汽盖等物，此类小绺多系司机失职车夫机匠无庸疑虑，故其冒认无人看管之汽车司机，诚难识别真伪。

附列犯案统计表，足证罪案暨违犯章程之减少。

本年意外遇险案情只 50 起，比之上年计减少 5/10，内有两案较重，其余概属普通性质。上述较重案情之一为一汽车与电水自行车之相撞,该电水自行车座后且载乘客1人,因撞车致受重伤。其二为一未领驾驶照人疏神丧失制止车辆能力,致碰伤行人1名甚重。依本界车辆交通状况论,各车驾驶人暨本处车辆指挥人员尚足称许。

上年年报所列荣兴汽车行长途汽车出险,致第110号巡士身伤殒命一案,业已结束该车行已将恤金交付死者寡妇。本年巡务处改革特多。

巡务总管张道宏君业于1月1日就职,巡务处处长郝满君因年老于2月间退职归国,郝君充任督察长计历27载,一旦去职本处,深感怅惘。

督察格林兰君于5月初藉长期例假之便,离津返英。

本年各国驻津军队军容举止概足称善无繁琐纪述,本处处理案件尚无涉及意国陆战队人员。

督察长　劳礼士

巡务处 1930 年行政部报告

本年巡务整顿首重培植全体巡士及下级官员之体力知识与操行,俾服务称职效率增高。为便利人员增进学识起见,本处设有认字班、初级英文班暨拳术技击运动各课用资提倡。此外,并教授军操及手枪射击演讲有关职务常识勉人员认识责任、爱护名誉并振作团体精神。一面改善待遇,用彰公道,举凡赏罚升黜无不依据功过与平允原则办理,除不称职者外,全体人员薪金概予进级,有关多数幸福增进各项率经兼筹并顾,例如往日巡士勤务不分冬夏彻夜值岗自晚 10.5 时至翌晨 6.5 时之惯例,已自 1 月 3 日起取消暨巡士宿舍特辟休息室,以利憩游乃其一端,同时对于全体人员服务效率与操守信实亦随之从严甄别统计,本年因旷职或舞弊撤革人员共 62 人,此数占全体 18%,内有巡长数人,其他较轻过失亦经随时照章处罚。

关于巡士值班服务勤惰,其管理督察已较前严紧暨活岗巡士之是否忠于职务,遵令梭巡统经设法缜密稽查,以杜息职。每值深宵高级官员概须轮流出巡,用察岗警勤惰。本处人员职务分配与联续负责规画[划]业已次第施行,每年冬季匪氛恒炽,本处为此组织巡逻队暨搜查队以资镇摄尚获效用。

本部额定巡士人数连同下级官员共计 354 人,此外有俄籍人员 9 人总分 3 组轮流值职。每次以 4 小时为限,每 12 小时定值班 4 小时,休息 8 小时。本租界固定岗位共 55 个,活岗巡逻地段分 44 段,值夜稍有变更。

本租界于马厂道毛林住宅拐角(旧有电话)外,现已添设直接巡务处电话机 6 处,地点列次:

平安电影院	福发道暨敦桥道交岔
巴克斯道暨盛茂道交岔	威灵顿道暨新加坡道交岔
宝士徒道桥端	益世滨道暨体伯瑞道交岔

迩来巡士纪律井然勤奋有加,其间溺职犯过者日见其少。本年运动大会本处巡士参加与他国警员比赛,所获成绩斐然可观,颇足表现奋勇精神。依据统计 1930 年界内犯案总数比之往年概见减少,此固不可视为事出偶然,盖同时其他区界犯案统计无类似之削减。查本年界内并未发现绑匪案情,只有携

械抢案7起,比较近2年每年抢案总数平均29起计减少75%,其他违法情事亦见减少,治安成绩若斯值岗巡士固不无微劳也。

巡务总管　张道宏

1930年失窃物品

控告案数	628
缉获人数	397
定罪人数	324
失窃物品价值	$41,931.17
寻获物品价值	$14,895.23

携械抢案

携械抢案数	5
未成立抢案数	—
绑票案	—
携械路劫案数	2
缉获人数	14
定罪人数	14
失盗物品价值	$5,192.40
寻获物品价值	$1,316.00

巡务督察长

1930年犯案总表

类别	1月	2月	3月	4月	5月	6月	7月	8月	9月	10月	11月	12月	总计
拐带		1	1	2	1		1	5	1		1	1	14
殴打	5	1	5	11	1	6	14	9	6	4	5	15	82
乞丐	31	13	14	11	14	18	10	11	17	31	20	36	226
违犯警章	183	122	262	285	189	213	334	317	354	298	357	540	3454
不违卫生规则	3	13	61	48	18	2	1		4	4	2	44	202
偷窃	1			1	1	1	4	3	5	1			17
骚扰公安	129	100	173	201	226	191	208	161	215	206	163	133	2106
残害牲畜					1	1	2	1		1	3	5	3	17
酗酒殴打			1		1	1	2	1	5		2			13
酩酊大醉	9		7	2		3	2	4	3	6	3	6	7	52
酗酒滋事	5	1	4	6	5	5	7	7	2	7	6	8	63
诈取			2			3	1		4	1			11
欺骗	4	4		5	20	2	5	1		17	13	4	75
任意疾驶	2					1		4	2				9
赌博	19	60	53	15	21	16	17	15	9	7	9	25	266
白昼偷窃			1			1							2
住宅小绺	17	7	9	10	17	9	10	12	13	8	13	9	134
河坝小绺	9	10	4	10	6	5	5	8	13	14	11	4	99
零星小绺	15	26	12	14	35	18	23	13	23	18	20	17	234
凶杀			1				6	2			5		14
非法敛取	15	10	16	35	30	32	40	26	25	13	32	17	291
杂项	35	16	33	56	41	29	37	31	41	52	45	25	441
抢犯	4		16	1					1		11	11	34
总数	486	385	674	714	630	557	730	636	742	689	724	889	7856

1930 卫生报告

本年界内中外市民健康状况尚堪称意。

普通病症：每届春初秋末普通气管病症、若气管郁热、声管发炎等症似甚流行，惟患肺膜炎者，比之上年较为减少。

咽喉腮腺炎：此症流行一如往年，多数患者系液线红肿。此外，尚有腮腺炎腐致病人温度增高，患处另生浮膜者。凡此病症须察验患处腐质经细菌考验，以办别是否白喉。

流行性感冒：本年春曾发现轻性流行感冒，待至 12 月间，该症重行发现，当时市民之被波及者甚众，且病症变化无常，有成严重性耳炎或鼻漏者，有变病后涕膜炎、咳血、黄疸症暨肺膜炎等症者。

肠热症：本界虽发现此症，然比较往年已显然削减，此乃施行预防注射与改善给水之成效。

虐疾：依就诊人统计患虐疾者，比较 1929 年稍见增多。惟此症不在必须报告之例，故无准确统计，但在津埠感受者，颇见增多。

小肠病症：此病发现恒在夏季，患者虽形减少，然仍为儿童普通病症。

传染病：本年春末及夏日腮腺炎与百日咳甚流行一时。

霍乱：无发现之报告。

瘟疫：无发现之报告。

脑膜炎：法租界发现 1 人。

巡务人员卫生概况：巡务处病院诊治人数共计 496 人，病症分气管郁热、流行性感冒、虐疾、肚泻、痢疾暨轻微损伤等症，凡须多日看护者，均送至马大夫医院。依全年统计论健康概况，尚堪称善。

1930 年本租界中国市民死亡数共计 293 人，据死亡病由报告气管肺病占多数，其强半系肺痨无疑。

运载病人汽车：该车几全颓废，不合现时需要，亟应购备运载病人新汽车 1 辆并装配救急器械以应需用。该旧车俟修整可专备载送传染病人。

塚[冢]园：埋葬广东道塚[冢]园灵柩计 4 具，埋葬马厂道塚[冢]园灵柩计33具,火葬炉共用14次。

运载病人汽车:本年该车出赁共计101次,其他因马路遇险或慈善出用者,未计次数。

牛乳房:本租界内无牛乳房之设立,惟有分销处之牛乳房津埠共计43处,登记售卖牛乳雇用派送人计101名,地址分列于次:

法租界	1
日租界	1
意租界	1
特别三区	4
天津市	36
总数	43

关于乳品质尚无责难情事

洗衣房:本租界有洗衣房11处,概经本处时加检查,违犯卫生规章者,尚不多见。其违犯人一经查实,均照章处罚。

1930年英租界中国人死亡统计

病由	男	女	病由	男	女	总数
坠胎		1	脑冲血	1		
胸痛气咽		1	心疾			
中风	2	2	心弱	3	3	
煤气薰毙	4	1	癫痫	1		
血毒	3	1	腰病	1		
气管郁热	22	11	疹子	2		
心脏毒瘤		1	大肠闭结	10	12	
产生		3	疯瘫	5		
肾炎症	1	1	破疮溃烂	1		
痨症	1		肺病	59	44	
惊风	6	5	肺痨		2	
肚泻	7	1	老迈衰弱	1		
臌症	5	4	腥红热	1	3	
触电	1		痢疾	2	2	
肚病		1	瘅疽	1		
中暑	2	2	女性病症		39	
肾病			小肚瘤		1	
呕血	3	2	溃疮	1	1	
百日咳变肺炎	1					
总数	60	36		90	170	293

1930年英租界外国人死亡统计

病由	男	女	总数
危急臌胀	1		
大脑血管破裂		1	
心内膜炎		1	
肠热症	1		
枪伤	1		
心弱	1	1	
黄疸病	1		
腰病	2		
肚病割治	1		
肺炎	2	1	
发育过早		1	
肝疮溃裂	1		
腥红热		1	
痨症	1		
总数	12	6	18

维多利亚医院每月住院人数表

月份 \ 病别	内科	外科	手术割治	总数
1月	7	7	3	17
2月	3	8		11
3月	8	3	3	14
4月	4	4	6	14
5月	8	4	9	21
6月	15	3	4	22
7月	8	4	3	15
8月	13	3	2	18
9月	9	4	2	15
10月	4	3	10	17
11月	4	2	5	11
12月	10	2	3	15
总数	93	47	50	190

死亡人数　　　　　　　　　　　　　　　　10
住院日数总计　　　　　　　　　　　　　1,812
按摩暨电气治疗　　　　　　　　　　　　71次
X光照　　　　　　　　　　　　　　　　134
门诊　　　　　　　　　　　　　　　　　16

产妇调养院住院人数

分娩	37
察验	1
产后	1
婴儿	1
割治	2
总数	42
住院日数总计	514
婴儿死亡	2

隔离病院住院人数

依国籍计	28
英	17
俄	7
中	3
希腊	1
依病别计	28
腥红热	11
白喉	7
肺痨	2
兽疗	1
肠热症	1
百日咳	1
瘅疽	1
疹子	4
守护小孩人	1
死亡	1

卫生医官　葛尔普　大夫

径启者，兹将天津公学 1930 年报告暨中学部新建校舍相片 1 份附陈左右即希，列入贵局年报。至纫公谊。

此致天津英国工部局局长

天津公学管理委员会秘书　严松章

1931 年 1 月 6 日

天津公学 1930 年报告

1930 年 6 月本校学年考试及格发给毕业证书，学生高级班计男生 22 人，女生 9 人，共 31 人。初级班男生 33 人，女生 26 人，共 59 人。

本年考试及格成绩优良，得有奖励证书学生高级班计男生 5 人，女生 9 人，共 14 人。初级班计男生 9 人，女生 5 人，共 14 人。各生姓名列下：

何鼎基　何友恂　孔令义　张联第　何俊英　钟淑贤　何世英
吴湘灵　何联基　陈晶然　田钟文　冯式贤　林　崶　方景昭
张家勤　胡宗海　郭子京　柳庆宜　陈文汉　王世文　王静贞
聂眉初　王金寿　蒋正杰　郑镜彤　朴钦诚　王　俊　边嘉蕙

各班名列第一第二之学生均予以奖品，用示鼓励名单列下：

　　　　高级班第二年　　　　　　　　第一年
　男生　何鼎基　何友恂　　　　陈晶然　李士钰
　女生　何俊英　钟淑贤　　　　田钟文　冯式贤

　　　　初级班第四年
　男生　陈文绮　宁培滋
　女生　张美和　程　吾

　　　　初级班第三年甲　　　　　　　第三年乙
　男生　容鼎昌　林谷荪　　　　张家勤　毛学渊
　女生　柳庆宜　王掌珍

　　　　初级班第二年　　　　　　　　第一年
　男生　陈文汉　钱明年　　　　王金寿　蒋正杰
　女生　王世文　王静贞　　　　边嘉蕙　程树蕙

本校于 9 月 28 日在天津英文学堂礼堂举行恳亲会并颁发证书、奖品，学生毕业证书由本校管理委员会委员长庄乐峰先生发给，各奖品则由天津英租界中国纳税人公会会长吴景濂先生发给，是日各生家族亲朋会集一堂，诸生精神焕发颇资奋勉，恳亲会得收美满结果端赖本校各教职员之赞襄暨天津英文学堂叶校长之热诚相助。

现时肄业本校学生总数共 508 人，比较上年计增 50.7%，共分 17 班计小学部男生 8 班，女生 6 班，中学部男生 2 班，女生 1 班。

近四年学生总数列下：

年期	男生	女生	总数
1927	29	17	46
1928	148	71	219
1929	211	126	337
1930	328	180	508

退学：年内学生因疾病或家族迁移离津而退学者，计有男生 20 人，女生 12 人。

健康：本年全校健康状况良好，虽间有身体违和偶尔缺课者，然并无迟久病假学生。唯于 4 月间曾发现患腮腺热之学生数人一经查觉，本校即通知该生家长在家诊治，非至病症完全消除后，勿令该生到校，故其余同学得免该症之传染。

讲堂：本年学生陡增，超过预定学额。致须占用小学部不甚周备之讲堂借以充量容纳新生，以免向隅。

课本：迩来国学文体课本如经学课本等多已停版每，各书坊缺乏存本，本校向各地商务印书馆购办，颇感困难，且恐来年更不易购，倘本校仍采用此类课本恐须自营印刷。

前为给予学生便利采取形式一致起见，本校所用课本暨文具纸张一概由校购备原价出售，因此不惟手续繁增，其于本校支出影响亦现增加。

仪器标本：关于自然生理暨卫生各科本校均置备仪器标本力求无缺，凡国内不克购办者，皆设法由外洋订购。

建筑：本校中学部第一校舍业于 8 月中旬落成，家具暨其他设备布置完妥，部分有讲堂 3 间试验室 1 间办公室 2 间暨教员室 1 间，该新校舍并设有男生、女生分用衣帽寄存室及便所等处。此外，尚建有侍役下房 4 间一并装设电灯暨卫生便所等。

中学部与小学部同日开学，业于 1930 年 9 月 1 日举行参加开学典礼者，计有英国工部局董事长杨嘉立君、本校管理委员英国工部局工程师及其他要人来宾，开学礼节完竣后，并于新校舍前留影以志纪念。

体育：小学部体育场两处业经修整改善并设有练习篮球标柱，男女学生参加者颇感兴趣。中学部体育场设有正式足球场一处,若比赛球门暨篮球标柱概经布置齐备。其他游嬉品之建设应俟空场布置就绪,即当备置。

教职员:本年教职员服务颇能称职,间有因病或不得已事故偶尔请假者,无庸记述,现时男教员计有郑炳勋、庞文源、李鹤鸣、张家梗、赵苐、于兰圃、卓炜、赵象文、梁蔚彬、王文光、郭文林、冯嗣贤、孙毓泽、樊樊圃、黄文明、张家顺、胡九皋等17人,女教员计有张冰、仓傅宪、步毓芝、穆玛丽、胡巽修、华则、李淑媛、吴佩旒、孙家瑛等9人暨书记徐孝骞1员。

本年校务进行如恒,全年成绩如上所述余无足录。

校长 严松章

截至1930年12月31日止之收支统计

收入	两	支出	两
英工部局协款	53,109.00	教职员薪金	25,644.68
学费	10,657.97	夫役工资	1,442.32
校地租金	1,550.00	医药费	170.00
		保险	191.82
		暖气	1,330.64
		电灯暨电马力	365.66
		用水	241.71
		修理暨保持费	468.94
		纸张暨印刷	1,231.91
		电话	128.26
		杂项	617.07
		准备款额	836.48
		利息	18.49
		结余列入建设项下	32,628.99
	65,316.97		65,316.97

截至1930年12月31日之结算单

债务	两	资产	两
零星债务	4,652.49	地亩第三十一段第二四三号计	211,780.00
存款	1,876.00	五二、九四五每亩值4000两	

准备款额	854.97	新校址房屋	88,268.75
学校暨医院公众捐	15,058.85	家具	6,491.68
建设项下	34,297.11	零星欠户	1,331.81
总结余	306,540.43	预备售与学生之书籍文具	148.64
		英国工部局流水账	55,258.97
	363,279.85		363,279.85

1930年12月31日

敝公司已将上列截至1930年12月31日之结算单审核并得有一切材料暨解释。据敝公司所知并参照供给之说明暨簿册所列注解该结算单之开列，用以表示天津公学之正确，财政状况是系正当。

汤生公司

查账稽核员

天津　1931年3月31日

1931年预算

收入	两	支出	小学部	中学部	两
英工部局协款	54,270.00	教职员薪金年积金暨年终奖金	22,032.00	9,478.00	31,510.00
小学部学费	10,435.00	夫役工资暨年终奖金	1,348.00	956.00	2,304.00
中学部学费	4,435.00	修理暨保持费	600.00	400.00	1,000.00
	14,870.00	医药费	170.00	—	170.00
校地租金	1,095.00	煤火灯水	1,700.00	1,600.00	3,300.00
		纸张暨印刷	850.00	600.00	1,450.00
		保险	156.00	125.00	281.00
		电话	84.00	84.00	168.00
		课本	100.00	100.00	200.00
		杂项	900.00	800.00	1,700.00
		体育用具	—	300.00	300.00
		临时用途	500.00	500.00	1,000.00
		预计收入超过支出之数			26,852.00
	70,235.00				70,235.00

购置支出

暖气设备	1,250.00
课本——参考书籍等	1,300.00
家具	500.00
科学仪器	200.00
	3,250.00

空地保管员[团]报告

径启者，上月 24 日具函代保管员请求将 1931 年协款计体育场项下 3,500 两，民园项下 1,750 两列入预算谅邀鉴察。兹将各详单一并附陈于次：

一、体育场 1930 收支统计单 1 纸

二、民园 1930 年收支统计单 1 纸

三、体育场 1931 年收支预算单 1 纸

四、民园 1931 年收支预算单 1 纸

保管团本年最要之支出为修葺安德生凉亭费用，查该亭顶盖久历侵蚀不堪再事修补，现为保存该亭顶架天花板暨全亭建筑起见，保管团认为在本年两季前，该亭应换以瓦隆铁新顶盖藉资保持即希查照。

此致英工部局秘书长

空地保管团名誉
秘书兼会计　柏赉育

体育场 1930 年收支统计

收入	银元
英工部局协款 700 两	1,026.62
租金	1,844.00
1929 年零星债款未支付之数重行列入	2.00
利息	5.36
	2,877.98

支出	银元
地捐	44.27
保险	73.78
电灯	109.60
暖汽	183.75

给水	94.14
安德生凉亭修理暨保持费	28.04
木质座位拆移费	35.00
花木暨场地保持费	139.80
凉亭员役工资	306.00
司事工资	183.00
体育场司事年积金项下	57.75
普通费用	140.42
收支两抵结余	1,482.43
	2,877.98

截至1930年12月31日止结算单

债务

	银元
零星债务	140.08
司事年积金存储	490.43
木质座位存款	420.00
收支两抵盈余数　1929年移存	433.11
1930年收支两抵盈余数	1,482.43
	1,915.54
	2,966.05

资产

1930年12月31日流水账存款	423.30
1930年12月31日司事年积金项下定期存款	432.68
零星债户：民园	1,485.07
其他	625.00
	2,110.07
	2,966.05

稽核无误　　　　　　　　　　　　　　　　拍[柏]赍育

阿伦

空地保管团名誉秘书兼会计
1931年2月27日
1931年2月26日

民园
1930年收支统计

收入	银元
英工部局协款1200两	1,762.11
租金	1,457.21
零星债务1929年预算多列之数现重行列入	6.00
利息	5.34
支出超过收入结余	382.52
	3,613.18

支出	
地捐	29.70
保险	7.00
暖汽	52.00
给水	244.13
混凝土座位、修理暨保持费	189.50
木质座位油刷暨拆移	155.20
花木暨园地建设	322.00
花木暨园地保持费	112.14
园地特别保持暨足球设备	29.70
扁棒球设备	231.42
运动设备	765.77
员役工资	1,360.00
普通费用	114.62
	3,613.18

截至1930年12月31日止结算单
债务

		银元
零星债户·体育场		1,485.07
其他	209.90	
		1,694.97
木质座位存款		50.00
		1,744.97

资产

		银元
1930年12月31日流水账存款		—
零星欠户		700.00
支出超过收入1929年移存	662.45	
1930年支出超过收入	382.52	
		1,044.97
		1,744.97

稽核无误

　　　　　　　　　　　　　　　阿伦　　　　　拍[柏]赍育
　　　　　　　　　　　　　　　　　　　空地保管团秘书兼会计
　　　　　　　　　　　　　　　　　　　　　1931年2月27日
　　　　　　　　　　　　　　　　　　　　　1931年2月26日

预算
1931年收支统计
体育场

收入	银元
1930年移存收支两抵盈余数	1,915.54
租金	1,850.00
结余	5,294.46

	9,060.00
支出	银元
地捐	45.00
保险	75.00
灯暖气用水	450.00
花木暨场地保持费	140.00
员役工资暨年积金	500.00
安德生凉亭屋顶更换与修理	7,500.00
普通费用暨临时支出	350.00
	9,060.00

拍[柏]赉育

空地保管团名誉秘书兼会计

1931年2月26日

民园

收入	银元
租金	1,700.00
结余	2,544.97
	4,244.97
支出	银元
1930年收支两抵不敷数	1,044.97
地捐	30.00
保险	10.00
给水暖气	310.00
混凝土座位修理暨保持费	100.00
花木暨园地保持费	120.00
园地特别保持暨设备	

足球 100.00
扁棒球 250.00
运动 600.00
员役工资 1,360.00
普通暨临时费用 320.00
───────
4,244.97
拍[柏]赍育
空地保管团名誉秘书兼会计
1930年2月26日

财政报告

兹为汇报 1930 年截至 12 月 31 日止之财政统计暨 1931 年截至 12 月 31 日止之预算，谨将下列报告附陈察[查]核。本处所记账目簿册业经英国查账公会汤生公司审核，该公司证明书已附列统计结算单内。

1929 年报告（所列各分处来往利息不计）经常收入预算总数为 824,600 两，惟收入实数为 792,367 两，实收不敷预算计 32,233 两，其类别据列于次：

捐类	减收数	增收数	不敷
地亩捐	1,761		
房产捐		140	
河坝收入	4,320		
执照捐	11,289		
菜市	15		
戈登堂	330		
杂项收入(包括流水账利息)	3,192		
码头捐	11,496		
总计	32,373	140	32,233 两

查执照捐项下减收 11,000 两，余乃因装货排子车大车之减少，此数连同河坝码头捐之歉收数合计达 27,100 两。凡此概为本年市面萧条商务不振之影响。

总务经常支出：

总务管理：

预算所列总务管理费用为 529,610 两，本年实支之数为 563,914 两，比较预算增支 34,304 两。

本年银价汇兑低落，而管理费用有须用金偿付者连同养老金暨医院支出为增支 24,000 两，这要因天津英文学堂项下增支 16,196 两，其他用项有稍见增减者无庸特予注释。

巡务处：

该处实支数目比较预算计减少 15,500 两，住户门岗项下收入计增多 4,400 两，薪俸项下因预定缺额尚未完全补实减支 7,200 两，服装费减支 4,800 两。查杂费、柴、火灯、水各项计增支 2,500 两，其余概为轻微之增减。

消防队：

其剔旧置新项下计减支 1,910 两，薪俸项下计减支 200 两，服装暨经常费计减支 800 两，共计减支 3,100 两。

消防设备：

计减支 920 两无庸赘注

工程处

工程师费用因有须额定用金支付计增加 14,010 两，其余支出计减少 5,100 两，合计实增 8,900 两。马路、便道等项计增支 2,200 两，清道项下计减支 7,700 两，公园保持计减支 400 两，连同其余增减出入本年增支净数为 2,600 两。

机件工具剔旧置新：

此项实支之数为 8,360 两，比较预算所列 8,100 两计增支 260 两。维多利亚医院暨产妇调养院计增支 1,580 两，其他处所计减支 1,320 两。

总务特别支出：

桥梁、马路、便道等：

预算所列总数为 57,200 两，本年实支出之数为 39,740 两，其工程如何支配参阅工程师报告。

房屋、新工程建筑暨添盖项下：

巡务处新宿舍与火会所项下须偿付之数为 45,000 两零星支出计 1,824 两共计 46,824 两，比之预算所列 52,500 两尚削减

电务处

收入项下：

用户售电收入计减少 55,950 两，其他各项收入计增多 17,560 两，本年收入比较预算实减少 38,390 两。

支出项下：

支出实数超过预算计 1,055 两，其详数列下：

	增	减
发电费用	1,941 两	

机件修理暨保持	517	
经理暨管理项下	6,807	
利息		6,820 两
折旧	2,045	
零星购置		2,877
陈列室		558
总数	11,310	10,255

实增 1,055 两

经理暨管理费之增支乃因本年银价低落而额定支出有须用金偿付者，其他增减不另注释。

购置支出：

此项支出因须付金致超过预算计增 2,900 两。

水道处

收入项下：

因各种收入均见低落水道处收入实数比较预算所列计减少 2,537 两，杂项收入计增多 3,520 两，此系售卖旧存材料得价超过册列价值。

支出项下：

实支比较预算计减少 2,685 两，除工程师费用因金价关系增支 3,700 两外，其余与预算无所出入。

购置支出

查预算所列此项支出为 20,520 两，本年实支之数为 12,230 两，巴克司道甲号机厂机件因须用金偿付致超过预算 4,500 两，加以迁移丙号机厂机件至甲号机厂所费 3,500 两为该厂费用超过预算之主因，其他支出均现削减，故购置项下总结比较预算计减少 8,290 两。

购置存储：

1930 年消防设备费用计 2,331.21 两即由此项下开支。

局有地租找价暨售卖局有地价：

1930 年由此项下收入计 45,209.62 两，此数之 30,000 两拨归天津公学，其余数列为巡务处新宿舍之建筑费详统计细单。

财政统计总结：

查 1930 年 4 月 16 日选举人通过之预算计列：

经常支出预算数	1,551,152 两
本年经常支出实数	1,567,242 两
支出实数比较预算计增加	16,050 两
收入预算数	1,712,466 两
收入实数	1,629,621 两
收入实数比较预算计减少	82,845 两
特别支出预算数	174,830 两
支出实数计	140,497 两
此项支出实数比较预算计减少	34,333 两
上列两项预算支出总数超过预算收入总数计	13,556 两
支出实数超过收入实数计	78,118 两
比较预算所列收支两抵不敷之数实增	64,562 两

1931年预算

1931年预算业经各委员会预先详加审查并经董事会核准。

会计处长　韩联书

1930 年财政统计
暨 1931 年预算

1930 年经常收支预决算比较

截至 12 月 31 日止

1930 年收入预算			收 入	1930 年收入决算截至 12 月 31 日止	
两			地亩捐:		两
	195,14.00		已填地	193,186.21	
	5,289.00		未填地	5,585.54	
200,503.00					198,771.75
			房产捐:		
	302,000.00		依据估定房产全年租值	307,115.36	
	7,000.00		减去:退还之数	11,974.88	
295,000.00					295,140.48
			河坝收入:		
			系船费		
		43,330.00	租定船位	43,330.00	
		20,400.00	备租船位	15,587.30	
		2,100.00	驳船	1,957.20	
		203.00	民船	805.97	
	66,033.00			61,680.47	
	1,033.00		减去:费用	1,000.92	
65,000.00					60,679.55
4,000.00			转头船位租金		4,000.00
			辅捐收入:		
			执照捐		
		58,100.00	人力车	57,067.50	
		31,600.00	排子车	24,471.55	
		17,750.00	大车	15,877.54	
		350.00	杂项	67.41	
		1,600.00	马车	1,464.40	
		1,220.00	旅馆	1,484.00	
		1,440.00	犬	1,606.50	
		140.00	押当铺	122.50	
		1,300.00	自行车	1,583.40	

（续表）

		19,000.00		汽车		18,775.51	
		10,200.00		小本营生		9,512.98	
		142,700.00				132,033.29	
			5,000.00	减去：费用		5,622.21	
	137,700.00					126,411.08	
				菜市：			
			6,100.00	铺面	6,092.07		
			1,200.00	摊子	1,191.79		
			7,300.00			7,283.86	
		388.00		减去：费用		386.38	
	6,912.00					6,897.48	
				戈登堂			
		2,500.00		赁用费		2,466.10	
		2,100.00		减去：费用		2,396.16	
	400.00					69.94	
				零星收入			
		14,924.00		杂项		12,346.19	
		12,576.00		租金		12,040.08	
	27,500.00					24,386.27	
				码头捐			
		90,515.00		收入		79,671.93	
		5,515.00		减去：费用		6,167.55	
	80,000.00					73,504.38	
257,512.00						231,269.15	
2,585.00				流水账利息		2,506.32	
824,6000.00						792,367.25	
				各分处来往利息：			
	52,800.00			可由电务处归还之数		45,980.09	
	57,600.00			可由水道处归还之数		54,735.28	
110,400.00						110,715.35	
935,000.00						893,082.60	

1930年支出预算			支出	1930年支出决算截至12月31日止	
两					两
	170,070.00		管理人员俸给暨工资	125,930.96	
	28,300.00		总务公费	28,205.31	
	135,370.00			154,136.27	
			减去:可由电务处暨水道处归还之数		
		18,000.00	电务处	18,000.00	
		12,600.00	水道处	12,600.00	
	30,600.00			30,600.00	
104,770.00					123,536.27
			工部局办公处费用:		
	5,850.00		杂项	6,458.46	
	750.00		减去:可由戈登堂租赁费归还之数	1,060.50	
5,100.00					5,397.96
			捐助项下:		
	1,200.00		民园	1,200.00	
	100.00		俄国医院	100.00	
	100.00		北洋医院	150.00	
	700.00		体育场保管团	700.00	
	500.00		妇女慈善会	500.00	
2,600.00					2,650.00
6,300.00			养老金		7,420.65
			驻津英工部局义勇队:		
4,000.00			杂项		1,153.77
			工部局藏书楼:		
	172.00		薪俸	190.40	
	408.00		杂费	382.81	
	670.00		协款	670.00	
1,250.00					1,243.21
			隔离医院:		
		7,664.00	薪俸	8,607.65	
		7,146.00	杂费	6,681.30	
		1,500.00	减去:法工部局协款	1,500.00	
		3,310.00	病人住院费	1,663.74	
	4,810.00			3,163.74	
10,000.00					12,125.21
			维多利亚医院:		
		11,962.00	薪俸	14,746.95	
		13,358.00	杂费	16,147.59	

(续表)

	25,320.00					30,894.54
	11,820.00		减去:病人住院费			13,518.75
13,500.00						17,375.79
			产妇调养院:			
		4,705.00	薪俸	5,470.32		
		8,120.00	杂费	8,821.29		
	12,825.00					14,291.61
	5,325.00		减去:病人住院费			4,583.65
7,500.00						9,707.96
			卫生处:			
		1,000.00	卫生医官费	1,000.00		
		1,762.00	卫生处职员	1,593.56		
		1,598.00	杂费	951.91		
	4,360.00					3,3,545.47
	570.00		减去:入款			1,042.30
3,800.00						2,503.17
			塚[冢]园项下:			
			广东道			
		600.00	捐助妇女委员会	600.00		
		225.00	保持费	97.80		
		75.00	工资	75.60		
		900.00				773.40
			马场道			
		210.00	捐助妇女委员会	210.00		
		505.00	保持费	476.28		
		185.00	工资	184.80		
		900.00				871.08
	1,800.00					1,644.48
	1,300.00		减去:售卖墓穴暨火葬费			1,785.00
500.00						140.52
			天津英文学堂			
66,986.00			协款			83,181.62
			天津公学			
53,109.00			协款			53,109.00
5,375.00			临时项下			—
			债券保管项下:			
230,000.00			核定每年支付各借款本利之准备			230,000.00
400.00			墙子河维护费			243.56
14,360.00			偿还继续皇家租契用款			14,360.62
60.00			偿还英总领事馆所纳上项用款之数			45.59
529,610.00						563,913.86

巡务处					
1930年支出预算				1930年支出决算截至12月31日止	
两					两
	123,271.00		巡务员役暨办公室职员薪俸	116,055.85	
	36,419.00		普通杂费	32,569.84	
	159,690.00			148,625.69	
			减去：		
		23,100.00	住户雇佣门岗费用	29,443.97	
		19,410.00	杂费	21,346.47	
	3,690.00			8,097.36	
156,000.00					140,528.33
			消防队		
	5,697.00		华洋人员薪俸	5,499.08	
	6,903.00		普通杂费	4,028.55	
12,600.00					9,527.63
			消防设备		
	2,308.00		抽水费用	1,661.78	
	672.00		水箱 水箱房 输送水管	425.63	
			工程师费用项下：		
	203.00		杂费	186.20	
	72.00		保险费	57.60	
3,255.00					2,331.21

工程处				
1930年支出预算			1930年支出决算截至12月31日止	
两				两
		经常支出		
		桥梁：		
150.00		保持费		378.00
—		河坝暨码头：		
250.00		保持费		469.60
		土坝(预防水灾)：		
500.00		保持费		492.81
		工程师费用：		
	110,656.00	薪俸暨工资	121,136.77	
	18,950.00	杂费	17,368.36	
129,606.00	—		—	138,505.13
		便所暨秽水沟眼：		
3,400.00		保持费		3,666.11
		工部局房产：		
4,700.00		普通保持费		4,805.87
		机件暨工具项下：		
	5,750.00	保持费暨经常费	5,887.59	
	550.00	逐年修理	736.57	
	400.00	购新补旧	245.16	
6,700.00	—			6,869.32
		公共院所保持费：		
	850.00	隔离病院	645.99	
	2,300.00	维多利亚医院	2,106.78	
	1,500.00	菜市	658.75	
	100.00	妇女调养院	89.33	
4,750.00				3,500.85
		马路、便道、路边石暨阴沟项下：		
	18,500.00	老租界扩充界内马路普通修理费暨马路涂刷沥青费	20,315.83	
	6,500.00	推广租界马路水沟普通修理费暨马路涂刷沥青费	6,236.97	
25,000.00				26,552.80
		老租界扩充界便道项下：		
	500.00	老租界扩充界暨推广界暴雨水沟普通修理费	461.09	
	1,500.00	冲洗阴沟费	1,308.99	
	5,000.00	载重汽车用汽油、工资暨保持费	5,801.61	

（续表）

	2,000.00	英租界马路、便道、路边石暨阴沟保持费	2,293.47	
36,500.00	—			38,714.33
1,000.00		马路加宽		871.18
		路政项下：		
	21,800.00	路灯	22,981.59	
	13,000.00	清道冲洗马路暨水沟	10,189.53	
	22,350.00	收敛垃圾	21,675.10	
	3,000.00	扫除积雪	330.46	
	150.00	街名牌	160.57	
	10,670.00	沥水暨散砂	7,940.55	
70,970.00	—			63,277.80
20,000.00		公园暨花园		19,561.96
278,526.00				281,112.96

1930年支出预算			1930年支出决算 截至12月31日止	
		器械暨购新补旧		
两			两	
3,900.00		工程处	3,740.55	
1,500.00		维多利亚医院	2,766.92	
1,000.00		隔离病院	361.32	
1,500.00		秘书处暨会计处	977.36	
200.00		产妇调养院	512.25	
8,100.00			8,358.40	
		特别支出		
两				
		新建筑暨添盖房屋：		
	500.00	隔离病院	—	
	500.00	工部局办公室捐务股办公室修改	288.31	
	45,000.00	新巡务宿舍暨火会所	45,000.00	
	1,500.00	维多利亚医院	1,273.17	
	5,000.00	临时费用	262.15	
52,500.00			—	46,823.63
57,200.00		马路、阴沟、便道暨水沟	39,738.75	
109,700.00			86,562.38	

电务处 1931 年营业账目							
收入			支出				
收入预算		1930 年收入决算截至 12 月 31 日止	支出预算				1930 年支出决算截至 12 月 31 日止
两		两	两				两
392,000.00	售与用户电价	336,050.33	100,877.00			发电费用煤炭工资等	99,706.07
63,600.00	售与特别一区电价	65,942.80				发电机件：	
20,900.00	公共道路电灯	21,824.47	10,000.00			修理暨保持费	13,111.82
3,000.00	住户自有道路电灯	4,657.72				分输电机：	
8,990.00	售与英工部局办公处暨附属处所电价	9,842.44	10,000.00			修理暨保持费	10,368.09
80,000.00	售与用户马力电价	90,112.82				路灯机件：	
5,300.00	零星收入	6,968.60	3,000.00			修理暨保持费	1,914.05
						工具：	
			700.00			修理暨保持费	752.07
						租出机件：	
			2,000.00			修理暨保持费	3,194.59
						器具暨装配零件：	
			1,200.00			修理暨保持费	1,188.24
						经理费用：	
				42,484.00		薪俸暨工资	48,916.27
				13,075.00		杂费	13,416.85
			55,559.00		—		62,333.12
			18,000.00				18,000.00
						总务管理项下	
						会计处：	
				5,829.00		中国职员薪俸	5,830.23
				1,250.00		杂项	1,281.71
			7,079.00				7,111.94

（续表）

			52,800.00	66万两之8厘年息	45,980.09
			94,908.00	折旧	96,953.48
			3,500.00	零星购置	623.01
			3,943.00	陈列室费用	3,385.07
			363,566.00		364,621.64
			52,556.00	资产存储	42,694.38
			157,668.00	收入超过支出之数	128,083.16
573,790.00		535,399.18	573,790.00		535,399.18

购 置 支 出	
两			两
1,000.00	房产	725.84
22,710.00	发电机件	24,887.46
12,200.00	分输电机	10,152.72
1,00.00	路灯机件	614.99
500.00	工具	349.76
6,000.00	备租机件	4,782.81
500.00	仪器	174.62
700.00	家俱装件暨运费	14.70
44,610.00		41,702.90

电务处				
1930年结算单截至12月31日止				
债 务		资 产		
	两			两
零星债务	16,059.02	零星欠户		81,433.47
拔柏葛锅炉公司		材料存储		73,314.35
1929年运到机件缓付之款计开如下： 1.6.31 £1,254.19.10@1/6=$16,733.22 1.6.32 £1,186.14.10@1/6=$15,823.22		陈列室商品		5,783.14
	32,556.44			
用户押款	46,483.50	寄售商品（参照对页）		20,716.42
寄售商品（参照对页）	20,716.42	伦敦金镑账		1,522.88
折旧存储	472,976.58	购置项下：		
资产存储	197,304.56	地亩		9,720.00
英工部局流水账截至 1930年12月31日止	594,661.78	房产		136,007.60
		发电机件截至1930年12月31日止	696,252.27	
		拔柏葛锅炉公司运至机件价值付款缓期须列入1931年暨1932年预算债务项下之款额	32,556.44	
				728,808.71
		分输电机		267,713.05
		路灯机件		18,549.35
		备租机件		23,832.09
		电气仪器		3,454.24
		工具机件		3,278.58
		器具暨装配零件		6,624.42
	1,380,758.30			1,380,758.30

1930年12月31日

敝公司已将上列截至1930年12月31日止之结算单审核，并得有一切所需闻料暨解释。据敝公司考核所知并参照工部局供给之说明暨簿册所列注解，该结算单之开列用以表示工部局之实在正确，财政状况是系正当。

汤生公司

查账稽核员

天津　1931年2月21日

水道处1931年营业账目							
收入预算	收入	1930年收入决算截至12月31日止		支出预算	支出	1930年支出决算截至12月3日止	
两		两					两
142,583.00	售与用户水价	141,101.32			巴克斯道"甲"号机厂		
44,560.00	售与特别一区水价	41,505.05			抽水费用：		
4,225.00	售与轮船水价	3,591.98		22,220.00	经常费	19,450.32	
10,508.00	售与英工部局办公处暨附属处所水价	9,619.93		370.00	修理暨保持费	691.27	
1,800.00	巡务处租用房产收费暨杂项	5,320.81		22,590.00	—	—20,141.61	
					厂内水管暨节水门：		
				100.00	修理暨保持费	101.85	
					滤水池：		
				—	修理暨保持费	18.71	
					澄水池：		
					修理暨保持费	16.92	
					"甲"号机厂房：		
				1,305.00	修理暨保持费	1,468.73	
		23,995.00				—21,847.82	
					达格拉道"乙"号机厂		
					抽水费用：		
				16,770.00	经常费	16,402.31	
				250.00	修理暨保持费	235.97	
				17,020.00	—	—16,638.28	
					厂内水管暨节水门：		
				75.00	修理暨保持费	7.10	
					"乙"号机厂房：		
				415.00	修理暨保持费	331.37	

(续表)

			17,510.00			—	16,976.75
					伦敦道"丙"号机厂：		
					抽水费用：		
				11,035.00	经常费	10,588.93	
				200.00	修理暨保持费	313.96	
				11,235.00	—	10,902.89	
					厂内水管暨节水门		
				50.00	修理暨保持费	18.82	
					"丙"号机厂房		
				150.00	修理暨保持费	170.45	
			11,415.00		—	11,092.16	
					总水管龙头暨接水材料		
				5,700.00	修理暨保持费	4,888.69	
					机件暨工具		
				450.00	修理暨保持费	705.96	
				400.00	购新补旧	812.52	
			850.00		—	1,518.48	
					租用机件		
				1,400.00	修理暨保持费	1,059.85	
				712.00	公用暨河坝龙头售水价	613.31	
					工程师费用		
				35,799.00	华洋职员薪俸	39,409.04	
				8,990.00	杂项	9,029.79	
			44,789.00		—	48,439.19	
					管理项下：		
			12,600.00		总务	12,600.00	
					会计处：		
				3,950.00	中国职员薪俸	3,950.45	
				835.00	杂项	767.10	
			4,785.00		—	4,717.55	
					消防设备：		
				3,064.00	修理暨保持费	3,095.96	
				100.00	加添之零星机件		
			18,079.00		折旧项下	17,606.56	
			57,600.00		利息：$72万两之8厘年息	55,488.03	

（续表）

			199,535.00		196,848.39
			4,141.00	收支两抵盈余列入资产存储	4,290.70
			—		—
203,676.00		201,139.09	203,676.00		201,139.09

购置项下		
两		两
9,200.00	总水管暨龙头	1,102.47
1,800.00	接水材料	425.15
4,000.00	借出机件：水表	1,826.10
150.00	器具装配零件暨仪器	24.50

	自流井计画[划]项下		
4,400.00	巴克司道"甲"号机厂		12,050.05
500	达格拉道"乙"号机厂		10.66
470.00	伦敦道"内"号机厂	cr.	3,207.44
5,370.00			8,853.27
20,520.00			12,231.49

水道处
1930年结算单截至12月31日止

债务			资产	
		两		两
零星债务		21,914.86	零星欠户	24,881.65
用户押款		9,256.38	材料存储	54,168.03
折旧存储		67,045.33	购置项下：	
英工部局流水账结至1930年12月31日止		719,092.23	地亩	115,901.35
依据收支账目资产存储		4,290.70	房产	2,160.45
减去：消防队设备费用		2,331.21	机器	5,585.69
		1,959.49	家俱暨装配零件	3,242.35
			滤水池	5,918.77
			贮水塔暨澄水池	7,922.39
			沉渣池	4,848.37
			总水管暨龙头	237,876.30
			用户水表	42,919.51
			工具机件	8,261.67
			"甲"号自流井机厂	142,734.83

(续表)

			"乙"号自流井机厂	126,957.67
			"丙"号自流井机厂	35,889.26
				—
		819,268.29		819,268.29

1930年12月31日止

敝公司已将上列截至1930年12月31日之结算单审核并得有一切所需闻料暨解释。据敝公司考核所知并参照工部局供给之说明暨簿册所列注解,该结算之开列用以表示工部局之实在正确,财政状况是系正当。

汤生公司

查账(帐)稽核员

天津　1931年2月21日

1930年财政统计总结截至12月31日止				
	1930年4月16日选举人大会通过之预算		1930年收入支出决算	
	收入	支出	收入	支出
	两			两
普通项下:				
工部局总务账目	935,000.00	984,836.00	893,082.60	1,003,441.18
电务处	573,790.00	363,566.00	535,399.18	364.621.64
水道处	203,676.00	202,790.00	201,139.09	199,179.60
结余	—	161,274.00	—	62,378.45
	1,712,466.00	1,712,466.00	1,629,620.87	1,629,620.87
特别项下:				
上列结余	161,274.00	—	62,378.45	—
工部局总务账目:				
马路、阴沟、便道暨水沟	—	57,200.00	—	39,738.75
购置支出	—	52,500.00	—	46,823.63
电务处购置	—	44,610.00	—	41,702.90
水道处购置	—	20,520.00	—	12,231.49
结余	13,556.00	—	78,118.32	—
	174,830.00	174,830.00	140,496.77	140,496.77

1930年总结算单截至12月31日止					
债务		资产			
	两		亩数	两	
工部局借款：		地亩：			
"B"字借款	40,000.00	老租界地亩	15.790	236,850.00	
普通用途借款1919年(消防队)	12,000.00	扩充界地亩	109.395	438,442.35	
普通用途借款1920年(投资银行)	20,790.00	推广界地亩	141.343	458,896.700	
普通用途借款1920年(电气)	111,650.00	租界外地亩	404.646	208,258.22	
普通用途借款1921年(投资银行)	35,700.00			———	1,342,447.27
普通用途借款1921年	201,600.00	空地			
普通用途借款1922年	40,000.00	老租界维多利亚公园暨建筑物	18.500		
普通用途借款1923年	313,600.00	扩充界围墙道公园暨建筑物	6.195		
普通用途借款1923年(银元借款)	56,000.00	推广界民园	57.300		
普通用途借款1924年	402,500.00	推广界公园地亩	12.020		
普通用途借款1925年	550,000.00	本租界外			
普通用途借款1926年	415,000.00	塚[冢]园地址			
	———	2,198,840.00	广东道塚[冢]园：第九段第166号	11.281	
零星债务		195,433.52	马场道塚[冢]园：马场厂道路南	10.000	
保管款项：		马路地亩：			
印藉巡士储蓄银行	323.32	扩充界	274.656	1,373,280.00	
旅费	57,173.62	推广界			
皇家租契用存款	261,442.92	马场道	85.964	343,856.00	
年积金	178,433.74	其他马路	471.275	942,550.00	
中国巡士	3,050.03			———	2,659,686.00
	———	500,423.63	本租界内街道、路面、路基、阴沟、水沟暨便道现时核估价值：		1,212,205.07
保管团准备款项：未之用结余	14,804.05	本租界桥梁：			81,000.00
保管团填地账项下：未之用结余	2,976.32				
折合银两贴水	4892.78	房屋：			
天津公学流水账结余	55,258.97	老租界：			

(续表)

天津英文学堂流水账结余	5,547.96	秘书长住房	10,846.45	
总结余	5,020,058.31	戈登堂、巡务处、保险房暨火会所	126,909.61	
		河坝房屋	100.00	
		河坝公用便所	1,650.00	
		码头捐公事房	1,399.00	
		中国职员餐堂	1,021.20	
		扩充界:		
		球场道第二十四段第195号地校	15,114.79	
		职员住房	40,199.79	
		职员居所	59,029.09	
		职员居所汽车房	3,041.10	
		汽碾房	200.00	
		博罗斯道公用便所	650.00	
		体育场公用便所	1,261.00	
		菜市公用便所	1,550.00	
		推广界:		
		工程处新机料场	27,229.89	
		第九段第88号地巡务宿舍	90,287.00	
		义勇队司令部	6,515.08	
		租界外 马厂道南面:		
		马厂道火葬炉	738.50	
			———	387,742.50
		全年局有地租折合原值		16,766.19
		菜市:		
		铺面暨摊子		10,000.00
		隔离病院:		
		房屋围墙暨围篱(书面计值)	55,700.16	
		器具(书面计值)	4,793.00	
			———	60,493.16
		维多利亚医院:		
		房屋(书面计值)	36,070.52	
		器具(书面计值)	10,264.00	
		仪器(书面计值)	2,048.91	
		X光机件(书面计值)	1,341.82	
			———	49,725.25
		消防设备		16,908.01

（续表）

			戈登道、马厩暨材料场：		
			房屋（书面计值）		7,067.28
			动产：		
			册列价值		142,532.75
			材料项下（册列价值）：		
			总材料所	21,026.31	
			巡务处	4,680.65	
			文具材料	5,865.03	
				———	31,571.99
			零款现金		1,633.10
			零星欠户		156,195.25
			投资项下		384,570.21
			电务处		
			流水账结余		594,661.78
			水道处：		
			流水账结余		719,092.23
			银行流水账		123,937.50
		———			
		7,998,235.54			7,998,235.54

1930 年 12 月 31 日

敝公司已将上列截至 1930 年 12 月 31 日之结算单审核并得有一切闻料暨解释，其所列投资业经查核。据敝公司所知并参照工部局供给之说明暨簿册所载注解，该结算单之开列用以表示工部局之实在正确，财政状况是系正当。

汤生公司

查账稽核员

天津　1931 年 3 月 11 日

债券保管团账目					
驻津英国工部局市政借款债券保管团					
1930 年 12 月 31 日					
收　入			支　出		
	两				两
1929 年 12 月 31 日之结余	21,577.15		偿付海河工程局填地费用截至 1930 年 12 月 31 日止		43,100.00
填地余利截至 1930 年 12 月 31 日止	48,634.75		新开马路暨修理土坝截至 1930 年 12 月 31 日止		3,583.67

（续表）

按季结算结余所得利息截至1930年12月31日止	1,025.24	偿付1930年借款利息：	
1930年预算所列之数	230,000.00	1912年"B"字借款	2,475.00
		1919年消防设备	861.00
		1920年投资银行	1,536.15
		1920年电气	13,454.00
		1921年投资银行	2,623.95
		1921普通用途借款	14,112.00
		1922普通用途借款	2,800.00
		1923普通用途借款	18,816.00
		1923普通用途借款（银元借款）	4,410.00
		1924普通用途借款	28,175.00
		1925普通用途借款	38,500.00
		1926普通用途借款	29,050.00
		1930年中签之债券：	——— 156,813.10
		1930年中签之债券：	
		1912"B"字借款	2,500.00
		1919消防设备	600.00
		1920投资银行	2,310.00
		1920电气	57,050.00
		1921投资银行	3,500.00
		1923普通用途借款	14,000.00
			——— 79,960.00
		1930年12月31日结余	
		债券保管团填地帐债权 2,976.32	
		债券保管团准备帐债权 14,804.05	
		———	17,780.37
	———		———
	301,237.14		301,237.14

1931年预算总目			
收 入			
		两	两
地亩捐			
已填地		199,269.00	
未填地		4,636.00	
		———	203,905.00
房产捐:			
依据估定全年房产租值		312,000.00	
减去:退还之数		12,000.00	
		———	300,000.00
河坝收入			
租定船位租金	43,330.00		
备租船位租金	15,700.00		
驳船	1,400.00		
民船	700.00		
	———	61,130.00	
减去:费用		1,035.00	
		———	60,095.00
转头船位租金			4,000.00
辅捐收入			
执照捐:			
人力车	57,000.00		
排子车	24,500.00		
大车	15,900.00		
汽车	18,800.00		
马车	1,500.00		
旅馆	1,500.00		
犬	1,600.00		
押当铺	100.00		
自行车	1,600.00		
杂项	50.00		
小本营生	9,500.00		
	———	132,050.00	
减去:费用		8,550.00	
菜市:			
铺面	6,100.00		
摊子	1,190.00		
	———	7,290.00	

（续表）

减去：费用	190.00		
		7,100.00	
戈登堂：			
租赁费	2,500.00		
减去：用费	2,200.00		
		300.00	
零星收入			
杂项	11,864.00		
金租	12,136.00		
		24,000.00	
码头捐：			
收入	78,460.00		
减去：	8,360.00		
		70,100.00	
			225,000.00
流水账利息			795,000.00
各分处往来利息：			
44.1万两之8厘年息可由电务处归还之数		35,280.00	
69.15万两之8厘年息可由水道处归还之数		55,320.00	
			90,600.00
			885,600.00

出 支			
总 务			
两			
管理人员俸给暨工资		149,638.00	
总务公费		31,560.00	
		———	
		181,198.00	
减去:可由电务处归还之数	18,000.00		
可由水道处归还之数	12,600.00		
	———	30,600.00	
			150,598.00
工部局办公处:			
杂费		6,150.00	
减去:可归还之数		750.00	
		———	
			5,400.00
捐助项下:			
民园		1,750.00	
俄国医院		100.00	
北洋医院		150.00	
体育场保管团		3,500.00	
天津妇女慈善会		500.00	
		———	
			6,000.00
养老金			18,628.00
警备队:			
杂费			4,000.00
工部局藏书楼:			
薪俸		180.00	
杂项		400.00	
协款		670.00	
		———	
			1,250.00
隔离病院:			
薪俸		10,977.00	
杂费		6,101.00	
		———	
		17,078.00	
减去:法工部局协款	1,500.00		
病人住院费	2,000.00		
	———		
		3,500.00	
		———	
			13,578.00

（续表）

维多利亚医院：			
薪俸		18,827.00	
杂项		16,390.00	
		35,217.00	
减去:病人住院费		13,000.00	
			22,217.00
产妇调养院：			
薪俸		12,266.00	
杂费		9,845.00	
		22,111.00	
减去:病人住院费		4,500.00	
			17,611.00
卫生处：			
卫生医官费		1,000.00	
卫生处职员		1,665.00	
杂费		1,585.00	
		4,250.00	
减去:入款		860.00	
			3,390.00
冢园项下：			
广东道：			
捐助妇女委员会	600.00		
保持费	100.00		
工资	75.00		
		775.00	
马厂道：			
捐助妇女委员会	210.00		
保持费	480.00		
工资	185.00		
		875.00	
		1,650.00	
减去:售卖墓穴暨火葬费		1,550.00	
			100.00

（续表）

天津英文学堂：			
（须准予拨付之协款按纳捐外人登记管业之地亩暨房产估定产值，每1万两拨付18两计现时总计值合31,783,026两须拨付之数为57,209两，按2先令8便士汇兑，行市折合英金7,627镑18先6便士，再按1先令3便士行市核算，计折合银两122,047。）			122,047.00
	天津公学：		
（须准予拨付之协款按纳捐中国人登记管业之地亩暨房产估定产值，每1万两拨付18两，计现时总计值合30,149,420两，须拨付之数为54,270两。）			54,270.00
墙子河 维持费			300.00
偿还继续皇家租契用款按1918年估定地产价值2,873,124两之半厘计算			14,360.00
偿还英总领事馆为老租界第7号地所纳上项捐款数目			70.00
债券保管项下：			
核定每年偿付各借款本利之准备			230,000.00
临时用途			5,000.00
			668,819.00

巡务处

两

巡务处员役暨办公室职员薪俸	145,901.00
普通杂费	44,409.00
	190,310.00
减去：住户请派门岗巡士费用收入	27,625.00
支出	22,315.00
	5,310.00
	185,000.00

消防队

两

华洋职员薪俸	6,074.00
普通杂费	6,955.00
	13,029.00

工程处
经常支出

| | | 两 |

桥梁：
保持费　　　　　　　　　　　　　　　　　　　　　　　100.00
土坝（预防水灾）：
保持费　　　　　　　　　　　　　　　　　　　　　　　200.00
工程师费用：
薪俸暨工资　　　　　　　　　　　135,520.00
普通杂费　　　　　　　　　　　　 25,260.00
　　　　　　　　　　　　　　　　　　　　　　160,780.00
便所暨秽水沟眼：
保持费　　　　　　　　　　　　　　　　　　　　　 3,400.00
工部局房产：
普通保持费　　　　　　　　　　　　　　　　　　　 5,660.00
机件暨工具项下：
保持费暨经常费　　　　　　　　　　4,000.00
逐年修理　　　　　　　　　　　　　　600.00
购新补旧　　　　　　　　　　　　　　400.00
　　　　　　　　　　　　　　　　　　　　　　　5,000.00
公共院所保持费：
隔离病院　　　　　　　　　　　　　　800.00
产妇调养院　　　　　　　　　　　　　300.00
维多利亚医院　　　　　　　　　　　2,300.00
菜市　　　　　　　　　　　　　　　1,000.00
　　　　　　　　　　　　　　　　　　　　　　　4,400.00
马路、便道、路边石暨阴沟项下：
英租界内马路阴沟普通修理费暨保持费　　24,000.00
老租界、扩充界、推广界暴雨水沟普通修理费　1,000.00
冲洗阴沟费用　　　　　　　　　　　1,500.00
载重汽车用汽油、工资暨材料　　　　2,500.00

载重汽车保持费	2,500.00
英租界马路、便道、路边石暨阴沟保持费	4,000.00
	——— 35,500.00
马路加宽	1,000.00
路政项下：	
路灯	24,000.00
清道、冲洗马路暨水沟	12,000.00
收敛垃圾	22,350.00
扫除积雪	3,000.00
街名牌	200.00
沥水暨散砂	10,070.00
	——— 71,620.00
公园暨花园	20,000.00
	307,660.00

器械暨换新补旧

	两
工程处	4,065.00
维多利亚公园	3,180.00
秘书处暨会计处	1,000.00
隔离病院	500.00
产妇调养院	200.00
	8,945.00

特别支出

	两
新建暨添盖房产：	
新建巡务宿舍暨火会所	100,000.00
工部局办公处 更改捐务公事房	1,000.00
临时费用	5,000.00
	106,000.00

马路、阴沟、便道暨水沟			38,700.00
墙子河疏浚费			10,000.00

1931 年电务处预算			
收 入		支 出	
	两		两
售与用户电价	426,887.00	发电费暨煤炭工资等项	109,712.00
售与特别一区电价	72,744.00	发电机件:	
公用电灯电价	22,140.00	修理暨保持费	12,200.00
用户自有道路电灯电价	5,000.00	分输电机:	
售与英工部局办公处暨附属处所电价	9,830.00	修理暨保持费	11,250.00
电马力售价	81,760.00	路灯机件:	
零星收入	6,900.00	修理暨保持费	2,700.00
		工具:	
		修理暨保持费	770.00
		租出机件:	
		修理暨保持费	1,400.00
		家具暨装配零件:	
		修理暨保持费	1,100.00
		经理费项下:	
		薪俸暨工资	56,039.00
		杂项	14,561.00
			70,600.00
		总务管理项下:	18,000.00
		会计处:	
		中国职员薪俸	6,100.00
		零星费用	1,300.00
			7,400.00
		44.1 万两之 8 厘年息	35,280.00
		折旧	176,380.00
		零星购置	3,500.00
		陈列室费用	3,020.00
			453,312.00
		预计收入超过支出之数	171,949.00
	625,261.00		625,261.00

购置支出

	两
房产	1,200.00
发电机件	26,980.00
分输电机	12,300.00
路灯机件	500.00
备租机件	1,000.00
工具	500.00
仪器	500.00
家具装配零件暨运脚	100.00
	43,080.00

1931年水道处预算			
收　入		支　出	
	两		两
售与用户水价	150,079.00	巴克斯道机厂"甲"号：	
售与特别一区水价	41,845.00	抽水费用：	
售与各轮船水价	3,560.00	经常费用　19,549.00	
售与英工部局办公处附属处所水价	9,655.00	修理暨保持费　710.00	
巡务处租用房产租金暨零星收入	1,050.00		20,259.00
		厂内水管暨节水门：	
		修理暨保持费	100.00
		"甲"号机厂房屋：	
		修理暨保持费	1,490.00
			21,849.00
		达格拉道机厂"乙"号：	
		抽水费用：	
		经常费用　17,603.00	
		修理暨保持费　450.00	
			18,053.00
		厂内水管暨节水门：	
		修理暨保持费	50.00
		"乙"号机厂房屋：	
		修理暨保持费	365.00
			18,468.00
		伦敦道机厂"丙"号：	
		抽水费用：	
		经常费用　10,880.00	
		修理暨保持费　350.00	
			11,230.00
		厂内水管暨节水门：	
		修理暨保持费	30.00
		"丙"号机厂房屋：	
		修理暨保持费	170.00
			11,430.00
		总水管龙头暨接水材料：	
		修理暨保持费	6,010.00
		机件暨工具：	
		修理暨保持费	500.00
		购新补旧	200.00
			700.00
		租用机件：	
		修理暨保持费	1,518.00

（续表）

		由公用龙头暨码头龙头售出水价		737.00
		工程师费用：		
		华洋职员薪俸	35,962.00	
		零星费用	9,763.00	
			———	45,725.00
		管理项下：		
		总务		12,600.00
		会计处：		
		中国职员薪俸	4,077.00	
		零星费用	823.00	
			———	4,900.00
		消防设备：		
		修理暨保持费		3,064.00
		零星机件添置		100.00
		折旧		20,707.00
		69.15万两之8厘年息		55,320.00
				———
				203,128.00
		预算收入超过支出之数		3,061.00
				———
	206,189.00			206,189.00

购置支出

	两
总水管暨水龙头	8,44.00
接水材料	1,000.00
出租机件：水表	2,360.00
家俱零星配置暨仪器	250.00
自流井计画[划]项下：	
巴克斯道机厂"甲"号	1,500.00
达格拉道机厂"乙"号	500.00
	———
	2,000.00
巴克斯道机厂"甲"号储水池顶盖	10,000.00
	———
	24,050.00

1931年预算总结		
普通项下：	收入	支出
	两	两
工部局总账	885,600.00	1,183,453.00
电务处	625,261.00	453,312.00
水道处	206,189.00	203,128.00
结余之数	122,843.00	—
	1,839,893.00	1,839,893.00
支出：		
上列结余	—	122,843.00
马路、阴沟、便道、水沟	—	48,700.00
总务购置项下(巡务宿舍)	—	106,000.00
电务处：购置支出	—	43,080.00
水道处：购置支出	—	24,050.00
天津公学：特别建筑协款	—	65,000.00
结余之数	409.673.00	—
	409.673.00	409.673.00
现款状况		
截至1930年12月31日止现款状况	123,937.00	—
预算不敷数目如上	—	409,673.00
天津公学	—	49,356.00
债券保管团	—	14,000.00
应付借款	—	10,100.00
1930年零星欠户	29,656.00	—
1930年零星债务	—	35,654.00
1931年电务处折旧	176,380.00	—
1931年水道处折旧	20,707.00	—
1931年水道处现存材料	6,000.00	—
等候投资之保管款额	—	10,000.00
1930年决定用途可在1931年支付之数(零星合同)	—	16,053.00
1931年决定用途可在1932年支付之数(零星合同)	11,143.00	—
1931年预算在1932年应付之中国废历新年奖金	22,013.00	—
汇丰银行	250.000.00	
现款债额	245,000.00	
减去：手续费	5,000.00	
	634,836.00	634,836.00

1930年英国租界选举人常年大会记录

天津英国租界选举人1930年4月16日下午3:30
在戈登堂举行常年大会记录

是日,会议由英国总领事翟兰思君主席,董事会席次计有董事长杨嘉立君、董事卞白眉君、陈巨熙君、钟蕙生君、庄乐峰君、毕德斯君、裴恩德君、泰来君(秘书长)、赖乃士君(汉文秘书)陈道源君及会议秘书英国领事鄂克登君。

选举人出席者计有:

纳 施	狄根森	土 波	博 雷	华伯特	布瑞居
莫 尔	格利汉	马根基	爱弟根	体克上尉	爱文斯
潘纳尔	阮木金	纳 克	达维森	伍德海	费 礼
欧尼耳	齐 德	欧哈雷	戴月题	布赖克	马 森
百吉士	甘德林	森木司	利 起	吉栾姆	安迪生
寇 克	杨嘉礼	兰 荫	奥克司	奥格满	傅克士
郝威尔	礼特尔	罗列特	施泰明	甘博士	克礼士
伯 克	瑞 士	恩瑞特	郝威尔	布特拉	爱文斯
马 堪	海士兰	瑞德栾	安指南	荷 博	费确尔
陆 朴	赵君达	李厚基	荣光堂梁	致和堂王	务本堂林
庆羯堂许	九牧堂林	金城银行	世德堂	刘慈安堂	张良午
高泽生	杜克臣	胡珍府	李道绳	承启堂渠	万公雨
松寿堂张	鲁丰公司	六合堂记	三益堂公	敬业堂杨	四行准备库
张师黄	张嘏臣	张次迈	邝荣光	胡光澄	蕴义尚义
然记俊记	金邦正	梁孟亭	沈幼梅	禄 记	李宝时
福 记	严昌裕堂	隆聚公司	华茂公司	居安堂蒋	蒋士存
胡传德堂	陈秀峰	董幼臣	居易堂蔡	竹远堂范	宝善公司
新安公司	福庆堂唐	兴 记	泰岳堂张	积善堂马	裕修堂
梁慎德堂	刘仁轩	奉箴堂吴	积善堂穆	傅清记	兴隆公司

中国银行	中国交通两银行	明德堂	邓寿宝堂	李次武
吴南士	胡翰卿	王 君 (H.Y)	卫宾别墅	顾肃臣
巢裕源堂	巢九裕	余庆堂蔡	信记公司	永立公司	庆成公司
建业公司	存厚堂蔡	宏道堂	杨仲记	庐国璿	言敦源
寿 记	盐业银行	立志堂李	李 馨	赵志全	吴达记
绵暇堂	许品台	安愚堂勤记	仁义堂宫	宫本仁	宫本义
倪幼丹	刘筱航	张仲坪	张骥良诸君		

鄂克登君宣读召集会议通告即为开会仪式。

议事日程：第一项为证实 1929 年 4 月 17 日选举人常年大会记录，该记录业经付刊送阅，由费礼君动议，欧尼耳君附议，按照原记录通过别无异议。

董事长演说词（1929 报告）

1929 年董事会报告谅已邀诸君查阅，鄙人诵读之余觉察该巨册报告舍第一页外，其他实非董事会报告。查第一页为说明董事会组织各委员会以利市政事务之进行，并述及昨年大会所选董事有张公㧑君与体伯君准假，所遗职务幸得交行杨荫荪君暨怡和泰来君署理，其余部分除 1929 年账目及 1930 年预算外，则为工部局各分处处长之报告或担任义务工作人员之报告，担任义务诸君急公好义赞助各分处工作，纳税同人殊深感激。

综核各报告所列，吾人不得不抱歉声明者为 1929 年事实，关于市政工作既市政收入总数未见进展而反形退步也，此乃自 1918 年本租界统归董事会管理以来向所未见，致与时俱进之状况遂行中辍现象，既若此无特殊发展之事实可纪，爰属当然事理，董事会同人更许鄙人声明董事会之主要职务辄不光彩。但有时遇事尚须量为节制，吾人所处境况虽如上述，然昨年尚有紧要改革数端列举如下：

电务处副工程师欧克君业经辞职，王君相臣已接任发电机厂主要职务，并为电务工程师之干员，年间董事会给予王君特假予以游历英伦之利便，藉资考求发电厂经营暨机件制造之最新发明。今王君学识深造于其新任重要职务更堪胜任。此为董事会动议提高本局职员学识之一端。查电务处职员对于该处缺乏学识工员学业之增进，亦提倡不遗余力，殊堪欣慰不特此也。其他分处尚有学识较高人员担任义务教授赞助，增高普通局员学识，鄙人愿藉此机会代表董事会暨纳税同人致谢上述热心公益诸君。

水道处董君干丞试任期满，成绩优良，业已实任。该处副工程师董君学识宏富，胜任工程职务深堪告慰。缘该处副工程师黎雷君业已声请辞职，一俟合同期满，不再继续。

但巡务处之改革较堪注目。查上年大会鄙人于陈报1929年预算时会缕陈董事会所拟改组巡务处之大纲，并述及拟分巡务人员为两部，即巡务部与管理部，由总管理员统辖。俾两部所司得以通力合作，年间巡务部主任已聘任张道宏君担任。张君于本年1月1日就巡务总管之职，惜管理部主任人选未能如是顺利。查郝满君久历巡务，成绩斐然，同人以为郝君定能胜任管理部处长之职，故于去年春季邀之担任斯职并希长资，借重不期，郝君体气失调，深虑殒越，因之提出辞呈，董事会既无法挽留，只得允准遗缺，虽经董事会极力征选，迄尚未得相当人员补充。

为免除巡务处分外职务起见，所有颁发捐照暨收费与查察卫生事宜业已于年间改由工程处管理。该处工程师与职员司理此新职务与其他职务成绩非常优美，深堪嘉许。因环境变迁与凶案发生之可虑，巡务组织务臻完美藉增效率。故同人对于全体巡务人员之学识增高暨训练进步特予注意。迩来所得成绩已奔具规模，查1929年初全体巡务人员不识简易中国字者超过70%，目下不识之无人员已减至34%，并为提高应募人员资格起见，所定新额自不得不随之增加，因此，所增之费用收效良多，款非虚糜必能得纳税同人之赞许也。上述新额虽已增高，因挑选应募人员之体格与学识之标准，规定稍较严格，合格应募者殊不多觏同，时巡务官员之习用枪械已得有相当成绩。现时巡选人员及值岗巡士均执有枪械，所有巡逻与值岗巡士之布置亦已逐渐改善。兹后自当随时革新，以期遏止案犯，此为同人注意于巡务之梗概。盖防患于未然，比较绳法于事后固更属切要也。（今者本租界内各要点巡捕岗位已安有电话匣，希望各位勿视此项设备为装饰品也）。迩来界内异装印捕已不见，因董事会已于上年间将巡务处该部分人员全体裁撤，仅留一员以备讯问印人案件之需，所遗职务统由拣选中国巡士担任，概能应付裕如，此为董事会所深信者也。

关于账目要点：1929年本局经常收入总数计946,686两，比较预算实减收5,000余两，电务处暨水道处数目暂不计，及设非捐照项下之收入特然增多，则因收入锐减，不敷之数或超过1.1万两也。列入此总务账内，尚有由电处暨水道处项下可以归还之利息计101,471两，此数比较预算所列计减少7,000余两。查上年经常支出不计电务处暨水道处外为906,163两，此数超过预算所列约17,500余两。

天津英工部局1930年董事会报告暨1931年预算

电务处上年预算虽已缜密编造，然收入实数计522,882两，比之预算所列尚减少约7.5万两，该处普通支出计353,914两，比较预算计减支约1.9万两，依照常例减除资产存储后，该处之收入净数比较预算计减缩约4.2万两，水道处收入计190,754两，比较预算计短缩3.6万两，其支出实数为196,881两，比较预算所列计减支约1.7万两，总核收支两抵，不但预计之盈余未克实现，而反形亏盈短6,000两之谱。

总计各分处账目经常收入总数虽超过支出总数计307,836两，结余盈数比较预算所列计减缩124,449两。关于特别费用项下支出实数为518,607两，比较预算计减支约2.7万两，如此并非为对于预计之工程费有何结余，其实况系1929年债务之一部未经支付，而须移至本年清偿也。

合计经常支出暨特别支出上年费用超过收入计210,771两。查预算所列此不敷之数为77,694两，但此外尚有债券保管团债务项下上年已偿付之数计125,830两，故本局担负债务已减少此数。

本局收入缩减虽如上述，然截至上年底止银行透支之数仅18,370两，鄙人述此足以总结并补释所陈详细账目暨各分处精密报告，凡此均系各分处长之编造总管理员之指导所致。设非总管理员竭力襄赞，董事会所处地位即非不可能，恐亦倍增困难。该报告之编辑及时暨交付印刷概由怀富君担任。查怀君且记录董事会一切会议深堪称职，所有汉文翻译由陈君负责，对于译文之优劣鄙人不克遽下断语，惟据中国方面言论尚堪为良好成绩。

纳税人对于董事会本身工作洵缺乏消息，他埠且有提议报界应莅席董事会一切会议者，本租界向无此例，鄙人切望永远勿开此端。盖董事会一切会议皆宜严守秘密，惟鄙人可声述下列各节并非泄漏机要，现下董事会有中国董事5人，英国董事5人，若谓遇事意见概可一致，决非事实。关于多数问题之意见显然相左，爰事理所必然，有时间阂争辩致忘时刻董事之亹亹贡献意见致怒形于色者亦在所难免。故董事长所持态度有时深感困难也。惟鄙人觉察各董事咸为下列原理所激动，即其责任攸归在于表现本董事会虽如此组织，然能证明于实际堪收成效，因此，意见虽现分歧率能彼此容纳化除异见，鄙人以为凡此皆为纳税人增高利益起见，并邀得董事会全体同意者也。

设董事会会议付诸公开，则董事会之集议终当失其效用，谅诸君为纳捐人利益计，必愿各董事在会议席上能畅表意见，无所顾忌。盖于非公开会议所发表可收实效，并合理之意见。设发表于公开会议不免视为浅薄，倘董事之发表意见者期望翌晨全篇揭晓报章,则注意修饰词句以悦众听乃在所不免,如此或能博各界之赞誉。惟于敏捷处理市政事务鲜能奏效,诸君向日对于所举董事会信任甚坚许,其自由处理市政细目不予公开,鄙人深望诸君仍继续如此信任也。

依此惯例本界选举人得自由处理事务向无外界之干涉,虽本租界仍为英租界时期英国政府须保持于必要时得由英总领事行使干涉之权,然上年并未发生此种职权之行使。但迭经接受友好之建意,本埠特别市崔市长关于联防匪患曾表示善意,前英总领事杰尔逊君亦时有卓见相示,惜嗣后不克得其教益。杰总领事病中离埠,同人等未能正式欢送,殊深怅惘,近闻其体气已日转康健,不久谅当痊愈。倘杰总领事仍在天津,则对于鄙人声述英领事鄂克登君洞悉津埠市政事务必表同意。鄂君对于本租界任何公益暨善政问题不吝同情指导深资匡益,今者翟兰思总领事仍能得鄂君之助,殊堪欣慰。查翟君今日初次主持本界选举人会议,同人无任欢迎,翟君历任要职,声望素著,同人等深信。翟君对于本界两国合组之市政管理试验组织定能表示同情,并希望其能察及此种试办行政组织能奏功效,必须假以时日遇有时机且盼翟总领事能竭力赞助,不任其半途中辍也。

后此题外之词,鄙人现动议,请诸君接受上年年报所列账目并予以通过。

庄乐峰君附议:全体一致通过。

议事日程第三项系 1930 年预算。

董事长关于 1930 年预算演说词

董事会对于编制 1930 年之预算费时颇久,考虑亦深,诚以各种情形均极特殊。1929 年之收入较 1928 年者减少,故编制 1930 年之收入预算不得不加以慎重,此其一;晚近银价低落,各项进口货物价格按银两计,均行增加,英国职员之薪金亦因之而增,此其二。以工部局方面而论营业至属不佳,由其他方面而论,营业亦属衰落。当此之时,无论商行或个人凡经营商业者,皆不得不厉行减政主义。故纳税人方面对于工部局事业亦望其采取同样之政策。盖个人方面俭节而公家方面靡费,两者实属背道而驰断难并行也。进而论之,纳税人方面对于工部局之一切设施,则仍愿其保持前此本有之良好成绩,此又不待言者也。

今仅以停止建筑发展一事言之,吾人前此提议新工程之用费即可节省甚多。对于发电厂、水道处机厂之建筑固无须建议扩大之,然尚有前此订用材料吾人尚须接续付款。至于其他各部分之经常费决意力事撙节是以。对于英国职员之薪金不予增加，盖其薪水支付与用英镑为本位相似，以实际而论，因金价关系彼等尚因之而处于优越地位。对于华职员因其薪水向用银两支付，情形遂觉不同，不得不予以增加。至对于薪水较高之华职员只酌量增加之。此亦目前状况所迫，吾人遂不能予以优厚之增加也。凡未经证明为必需之新工程完全停办，至如马路、沟渠暨推展电流输水之敷设，以供新建房屋需用等工程，吾人则认为必要。盖各处地段事前未经发展，而地主缴付地捐之义务未尝后人，吾人对其新建房屋自不得不以电水之便利供给之，此一节吾人认为对于地主有应尽义务之必要也。关于设备新医院一处，吾人认为并非必要之举，维多利亚医院虽觉稍旧，未能广置最新之设备，然于应用上尚无间言，故设备最新医院一事必须从缓。

吾人深自庆幸者，即关于费用方面已大行减政，故捐税方面可望节减若干职是之，故吾人再三考虑如何减缩始合事理之平在。吾人之意有两种纳税人首先应得减付税捐之利益。

其一为缴纳地亩捐人诸君当时能忆及在1927年大会之前地亩价值会重行估计，然在估计完竣大会未开之时，地价忽形低落，当时各纳税人咸以为地亩所值之数实不及估价远甚，继因工部局方面须付款项为数甚多，对于收入一项碍难核减，遂将估价减去1/3，而地捐征率则增加0.5%，即由1%增至1.5%，照此办法估价则减至2/3，而地捐则增加1/2，工部局收入上遂不受任何影响。自此以后租界区内地价并未有若何之增加，而地捐则逐年均按1927估定价值2/3为征收标准，并保持1.5%为地亩捐率。1927年以前之捐率则为1%，由是观之。吾人首当恢复前此之1%捐率，如此办理。则1930年之收入项下计当减少银约9.1万两。

其二为缴纳建筑不足额地捐人工部局征收此捐之本意，系因当时买卖地亩多事投机。入居租界者日多，房屋有求过于供之势，而纳税人方面亦极愿见租界区域之发展筹资建屋者，有纷至沓来之盛。而现在则房屋增多供过于求，吾人处此情况之下推广马路等事亦非急急，盖为工部局计为纳税人计均非当务之急，因市面情形已属不同也。故欲得事理之平，首宜将此种建筑不足额之地捐取消，即便不永久取消，按照1930年预算拟将此项征收完全停止，如此办理则工部局之收入上计当减少银约2.5万两。

地捐减收暨建筑不足额地捐取消，如按所拟计划付诸实行，则工部局收入账总额预计约合银93.5万两,而其支出账上总额则为银98.4836万两,收支相抵,计不敷银约5万两,但电务处除去偿付利息与折旧之收支两抵,尚可有余款约合银21万两。水道处尚可稍有余款约合银1,000两,如此则经常费账上尚可净余银约16.1万两也。

1929年电务处及水道处两部分收入上之减少,其最大之原因实由于美海军之离津。自编制1930年预算后又有一事发生,即苏格兰军队之回国是也。然苏格兰军队对于电水两项之耗用极其节省,比之美军实属不同,故于其去也影响于吾人之收入上并不甚大。惟汇兑行市原照二先令二辨[便]士计算,今又低落,若长此不涨,支出上又须增加,然虽有此项重要雇主之去埠,由各分处收入观之。吾人对于预算之经常收入不至有所变迁,且汇兑率虽形低落,吾人对于支出项下必当严厉遵照预算而行也。在各部分特别支出项下所列总计约合银17.483万两。故虽将捐税减收,吾人希望将经常支出、特别支出两项开发完毕后,其不敷之额不超过银13,556两,谅诸君能忆及1929年吾人预算不敷之额数与该年实在不敷数目之比较,则可知吾人之如何搏节,始得有此成绩也。

以上各事述说既毕,对于学堂今暂不谈,因讨论教育各节恐需时较长,拟特殊案讨论。今鄙人对于此项提案敬请公决,惟此案之核准并不影响于此后诸君对于学堂之决议,附此声明。现在对于1930年之预算即请大会通过。

毕德斯君附议。

主席:诸君对于预算有何意见。

伍德海君:董事会编制预算业经杨嘉立君详予注述精密周备,同人等不胜钦佩,惟对于本租界医院建设未及将改换旧有陈腐医院建筑计划列入,以应现时需要,殊增遗憾。查老医院之不合时宜,亟应兴建较优医院以供需用,固关切要董事长且认新医院之建筑系应有之举,惟见诸事实只在时间迟早耳。此事业经董事会迭加考虑纳税人大会屡次讨论结果终归缓办。据董事会之见解总视其他工程比较,新医院建设尤为切要。故吾人应享有之最新医院建设遂付之缺,如该陈旧院屋仍继续存在,长此延缓,若一旦本租界管理有何变局,届时新医院建设计划实现之困难恐当倍增。于今日其时之当局或遵循,故辙仍视新医院之建设不若其他工程切要,致其建设永成梦想。夫本租界老医院地址湫隘仅设11床位,不敷外人需用,何能舒畅容纳华人。若贫困外人之入该院治疗者乃属罕见。然据本席所知,本租界俄人众多,超过英人总数,而患病俄人之惟一诊病所为一慈善病院,董事会且年助该慈善病院银百两也。华人患病多半赴另一慈善医院诊治,董事会年助此医院银2,000两。惟此款之未列入协款项下,殊费索解。

今者吾人对于外人子弟暨华人子弟教育供给费用甚巨,鄙人对此指出虽无异议,然认为身体之健康与心智之发育同其切要。本租界历任董事会之经营种种公用设施无不周详,例如幽雅之公园、壮丽之校舍、精备之巡务组织、干练之消防队伍与夫发电厂、水道处之规划莫不井然可观,比诸其他相类市政组织洵无逊色,倘或时机变迁,至须瓜代吾人可告无愧,其未能称美者,仅市立医院耳。

近数年财政拮涩日甚,新医院计划之未克实现,其咎不在董事会,吾人数年前尝期望本租界前此之发展能继续蒸蒸日上,不期今日情事迥异,凡百停滞四无进步之可言,且来日之进展或不能如前此之迅速。然鄙人于其将来仍不抱悲观,为此,窃拟提出计划,请诸君予以赞同,俾本租界新公共医院之建设得就此开始准备其要旨,虽为给予患病住户以适当之治疗处所,而医生并得就此施诊,贫困无力不能偿付规定院费病人以免送诸慈善医院也。在本年预算无款支配建筑新医院甚属了然董事会之不能赞同,因此而特发债券是亦合乎事理,鄙人所拟提出不致妨碍预算之办法,系按电流与给水之售价于必要时增加5%备作建筑新医院之用,依常理论于公用事业加赠辅捐不得认为善政,但此为中国及其他地方历经采用之办法。按现时售价计上述辅捐每年可得8.5万元,3年内集款即足以建设一最新式之医院。故鄙人提出下列方案:

指定新董事会规划图样,招标建设新公共医院,以应本租界全部需要,并为筹措所需款项起见,授予董事会权衡择期征收本局发电厂、水道处供给电流与水量之售价5%之辅税,尚备建立新医院之用。

齐德君附议。

主席:伍君动议现附讨论。

董事长:对此问题吾人应持镇静公道见解审议。其一切相关事实鄙人刻聆伍君提出议案,议论出诸不偏不倚不藉过甚之词,以博同情,殊深感激。缘张皇言词适足引起反感,故鄙人愿按正确事实冷静态度贡陈愚见,据鄙人所知关于医务之确切事实如下,工部局经营之病院设备计有3处统无切实名称。有名之为医院者,有名之为调养院者,其实3处概为调养院,付费入院病人皆得自雇医生诊治之利便,工部局仅收住院膳食费暨看护费而已。

恂如伍君所述马大夫医院为不缴院费病人之诊治处所,该院系英人之建设,今且亟筹经费力图充分设备,以完成其扩大计划。若吾人亦建筑大规模之公共医院,则不啻与马大夫医院竞争。本租界病人此节虽非要点,但吾人亦应注意及之伍君指质每年协助该院银 2,000 两何以未见列入协款项下,此乃因工部局指定该院为诊治中国局员之病院,故拨付之款不列为协款,而列入医药费项下也。本局经营上列调养院 3 处 1929 年之支出共计 34,402 两,凡住院病人概须付费,惟遇贫困病人董事会当权衡减费或免收院费,医生之莅院诊治此类贫苦病人亦停止收取诊金(本局卫生医官每如是办理)。

本埠租界之有类如规模宏大市立医院者,仅日租界一处,该院成立始自昨年。查本租界责言所集之病院为维多利亚皇后 60 年大庆纪念医院是也,其名称即志该院之年龄,其建筑乃成自 1897 年,逐年均有添造改良,设置工程以应病人需要。今日所见已非往昔旧有建筑之原状,其构造虽属坚实,然追溯建筑年月,其设备结构间有陈旧不称,自属不待声述,其内部布置之不尽合现时需要,尤为显著。该院地窖构造时患淤水浸入,虽经管理员竭力改善,迄未全著成效,本年或能竟此修葺工程。但关于他处病院或调养院之设备未见事事俱臻美备。鄙人尝有个人经验可述为以往 12 月间鄙人曾住老医院就诊,旋又于英国经医师之介绍而入调养院,于是觉察本埠老医院之设备舒适状况比英国调养院有过之而无不及。

鄙人之述此并非谓董事会对于现时之维多利亚病院状况认为满意,同人并认该院之重行改造亦所应当,惟不必定为现时必须进行之工程。此问题之解决自不得不依本局全部财政状况而定夺之,迩来收入锐减,银价日低,其涨落之极点常不克预测。此外,吾人对于教育支出尚有一种义不容辞之责任,是为吾人根本政策之正当步骤,鄙人徐当论及之,吾人业经以中国人在本租界所受之待遇莫不与外国人相等取信于主持公道者,即使本租界管理组织有何变迁,亦无足以增益之,鄙意以为吾人应诚意奉行此政策始终不懈,藉达采用此政策之目的,故吾人须履行。因此,政策所负之义务依管见所及履行此义务即为本局收入支配经营本租界必需费用后之第一担负,上述情形即为吾人所处之财政境况。

据伍君之动议吾人得藉电流给水辅税筹措款额,一若救灾辅捐按 5% 征收,依其计算每年可筹集 8.5 万元。鄙人刻按年报所载数目核计,对于伍君之计算不能表示同意。倘若售量不因辅税而减少,则增收可得之数为4.5万元。伍君计算或包括售与工部局所属处所之价额在内如此计算,则何异剜肉补疮无益,事实例如售与特别一区电水立有契约,并不得任意解除者也。

况以经验论增多售价销路必致减缩低落售价销路必定增加。查昨年账目所列发电厂尚虑电流需用负荷之不增,若一旦加价适足滋生反响,吾人之根本计划系使各界尽量利用发电厂供给,盖非此不足以获经营最优良之效率。其次伍君之声述系改造现有之调养院,尚且不敷应用,依照其提议须另建公共医院诚惬事理。惟公共医院之经营迥非与调养院相似,该医院须有医官主持,其主任或为本局卫生医官兼任诊治。本局局员之职唯此为调养院外医院事务自须额外支出,吾人预计此种调养院暨医院之建设费最小限度须25万两,此数恰与伍君所意想者相等。至于经常费用现时虽无详细预算,然预计当两倍于经营。现有3处调养院之支出亦未得目为过量,此为董事会按照上次年会宣言考虑所经之情形。俾其贡献意见有所对决,对此问题董事会已一致决定以现时拘定规划,新医院建筑认为不智。盖董事会期望收入日有起色,银价逐渐增高,并冀有其他意外之收入。除非上列希望各节得以实现,董事会决定视工部局之添加担负,无论其由本年预算支配或藉特别方法筹款概为出诸轻忽不慎。故此邀诸君赞助董事会否决伍君之动议也。兹伍君重计,鄙人核算数目,鄙人所述系4.5万元,并非4.5万两。

伍德海君:鄙人愿简略考量董事长声辩理由,其一为董事会之主要政策系给予中外市民一例平等待遇,但对于病院之设备利便,鄙人仍声述于实际无平等之可言。本租界内关于中国市民之疾病诊治利便除隔离病院或中国市民之有力赴维多利亚医院担负规定院费者外,实无病院利便之可言。

董事长:对于外国市民亦同此待遇。

伍德海君:中国市民之不能付此院费者,较为众多。再则对于病院经费之声述未免过事铺张。考据事实吾人所负教育支出每年竟达12万两,故鄙人仍主张保持健康与发育智能无所轩轾,对于疾病诊治应有正当设备。

总之,鄙人动议倘使得以成立,其影响于电码价格,仅自每一电码0.2元涨至0.21元,就此即堪影响其销路,鄙人未敢深信。查法租界暨特别一区电价系每一电码0.26元至0.28元,由此观之5%之辅捐即足减少电流用途之说,似不便毅然提出者也。

董事长:请问伍君对于鄙人之计算是否同意?

伍德海君：鄙人所计确为包括特别一区而言，惟对于公用电水则未列入，依此计算所得结数为6.5万元。

董事长：鄙人之核算可证明所取分析数目系属正确。

裴恩德君：关于此病院问题伍君于上年大会有所建议，因之鄙人于巴兰雷君曾于去夏详细视察各病院一周，此非为敷衍塞责之举，前次履勘各院共费4小时，对于建筑设备靡不详询周密，并勉励所言勿存顾忌，承各主管看护竭诚答复。考查结果感觉维多利亚医院之设备比较英国普通调养院并无逊色，嗣后老医院复经董事会英国委员会偕同伍君暨医师一员重加履勘，吾人但未接得任何具体之建议，故同人一致之意见遂发表于本局公报。兹伍君对于教育经费一层特予注意，讵知此系业经核定之支出，吾人现时之要务在量入为出。查财政状况拮据不得不厉行减政，确为董事会之决定方针。若款项有着改善病院设备乃为当然之举，董事会早经计及并于其设计规划院址选择暨建筑图样曾迭事讨论无庸讳饰者也。惟目下无款可措人所共知，故对此问题拘定予以具体考虑之提议是否合乎程序，鄙人不敢遽断。本席并未任病院委员之一，惟因上年曾加讨论旋为考求实况，以资表决起见，故有上述履勘之举也。

董事长：关于本问题鄙人与伍君见解不同之处似涉专家意见未识，卫廉士君对于5%之加价依电务处观察系有益，抑有损于电流销路。

伍德海君：如此则鄙人愿一聆听卫生医官对于病院状况之意见。

董事长：鄙人已一再正式声明建设新医院乃为董事会所切望，但不知据何理由纳税人不应听闻电务工程师之意见。

卫廉士君：因加价可得之收入增多，只属临时性质，缘加价恒有减少收入之趋势。

瑞德乐君：请问数年前之电码加价影响于收入如何？

齐德君：卫君即声述如上，鄙人动议电价应折半，依名学论收入当倍增。

董事长：用详数计算答复瑞君颇须时光，惟当年电费加价自0.18元增至0.20元，该年之电价收入曾现增多颇切事实，但据鄙人个人意见，此项增多非因加价而来，缘是年适值卜居本租界用户特然增多，若须根据案卷藉证加价之影响，似不可能按卫君所称是谓，倘一切情形具无变动，以长时期计加价未能显然增进收入也。

伍君之动议，付诸公决，多数表示不赞成，遂被否决。

预算案即付表决通过。

捐税议案

主席：会议日程之第四项系关于缴付1930年地亩捐暨房产租值捐动议如荷，赞成即请执行通过手续。

天津英租界选举人在本会议决定地亩捐应于4月缴纳，房产租捐值应于9月缴纳，并就此授予新董事会于4、9两月征收此项捐税之权。

董事长：鄙人提出此动议并请诸君注意业经公布之房产租值捐通告，关于未经全年占用之产业可以退还捐款之限制，比较旧有规定业已从宽制定。按照旧章须不占用7整月方许退捐10%，全年未占用者，可退捐75%。按照新规定未占用3整月者，可退捐5%、全年未占用者，可退捐80%。（鼓掌）

毕德斯君附议，一致通过。

估价委员

邓寿宝君提议，胡珍府君附议，推举赵君达君为估价委员。

齐德君提议，马森君附议，推举杨嘉礼君为估价委员，全体一致赞成。

推广界分区条例

董事长：董事会接得通知，据称新拟推广界分区条例草案内有数点，本租界重要纳捐人有认为不公允者，故现时暂不提出拟重加审核。

维多利亚花园

董事长：本董事会接得报告有地亩一段，其一部分为维多利亚花园之东部，其一部系戈登堂所占用，其余为中街马路占用。查此地段有人保管，向为空地，其保管人中本局可与接洽者，即为众望素孚足堪敬仰之斯德华君（James Stewart）、斯君年高有德，不久当庆九秩。斯君对于将此产业交付永久之保管团，即空地保管团执管认为正当并表示同意。吾人并拟同时勘定该地四至界线，俾实际将维多利亚花园所在地段包括在内，为此鄙人提议：

"天津英租界选举人在此会议允准董事会订立契约，将维多利亚花园交与空地保管团执管，该契约条文详年报第31至33页"

毕德斯君附议。

黑士旅长：声称关于园址指南针方向似宜校准，董事长认黑士旅长之评论事出有据，缘本埠习惯佥称中街方向系南北线，故其他方向恒依此为准，其实与磁针方向不符，自然设法改正。

议案一致通过。

董事长关于教育演说词

关于教育鄙人现拟提出下列议案：

教育为数问题之一，中英选举人皆与之有关，但其关系不同。参考英国暨他国立法史歧异之点有各趋极端之势，鄙人以为能使本界现有市政管理组织发生隔阂者，莫若吾人之被牵涉，因教育发生之严酷争论也。董事会业经竭诚防范于前，吾人亦应尽力杜绝于后，设吾人自许据已往优越待遇为辩护理由，则杜绝之困难益当倍增。

英国选举人或因感而声述，本租界之创设暨市政财产之大部分系英国资本与英人经营之结果，中国选举人或且就此反驳声，说已往十年中国纳税人担负市政费用，连同外国学校经费未后于人，而于中国教育未沾丝毫实惠，此类辩论洵于事无济。该困难问题之惟一解决在同人承认现有之公正谅解，嗣后彼此公允均平合作关于教育问题研究如何可以合理绅绎，此谅解意义而处理之。

鄙人于陈述1929年预算时曾声述董事会所拟处理该问题方略之梗概，旋荷诸君接受董事会提出预算是诸君该计划已表示赞同，董事会虽遵循原案大纲，然经缜密考量并因环境之变易，不得不修改其细目。

谅诸君必记忆原案本拟设立两保管团，一为中国保管团，一为英国保管团，分别保障中国暨英国教育利益，凡拨归教育用途产业皆交付各该保管团执管，惟经上年十二阅月中国希望之中央政府未臻稳固日见明了，设非隅望之目的得以实现，则负责之中国人担任保管他人产业永作指定用途恐其备极困难，同人深愿中国人担任此种保管职务于近年间得以实现，届时选举人邀债券保管团之同意，决定成立所提教育保管团当无疑义。

现下处理此困难之最适用办法似以现在实行职务之债券保管团代理教育保管团为是。对此办法，鄙人且可欣然报告该团已予同意。查保管团重要职务之一为委任中国学堂管理委员会1人暨外国学堂管理委员会委员1人，按照保管团契约规定保管团对于中国学堂应指派中国国民1人，对于外国学堂应指派英国人民1人。据鄙人所知保管团对于决定人选拟分别咨询中国方面有责任之意见暨外国方面有责任之意见，依此则各管理委员会之组织并不因所提保管团之变更而受何影响，中国学堂管理委员会应有中国委员4人，英国委员1人。外国学堂管理委员会应有英国委员4人，中国委员1人。

关系财政方面办法吾人亦拟稍有变动，谅诸君记忆原有计划所拟协款系以地亩估定价值暨房产估定价值万分之十七为标率。关于房产估定价值曾列入建筑不足额地亩捐之产值，今者吾人既已决定取消此项捐税。上列协款因之稍形减少，并查实需费用恐较比预计数目稍高。故此，提议协济中国教育之款额应依中国人管业之地亩估定价值暨中国人管业之房产估定价值之万分之十八为标率。协济外国教育款额则依外国人管业之地亩估定价值暨外国人管业之房产估定价值万分之十八为标率。

惟关于外国学堂发现更较重要之差额，吾人洞悉迩来银价之锐落，因此，按金镑本位付款之银两支出陡增。外国学堂之英国职员一如其他英国职员，其薪金与按金本位支付无甚差别。故银两折兑行市若不增涨至二先令八便士，则天津英文学堂经费当继有变异不定之增加。细察天津英文学堂所需经费若其逐年之协款仍依上述标率支给，而汇兑行市又比二先令八便士显有落差，则管理委员会诚有不能应付该校经费之虑。故董事会提议拨付外国教育保管团款额在银两折兑行市不满二先令八便士时，应增加之。俾拨付之款额折合金镑计值不因汇兑行市低落而受影响，惟天津英文学堂收费概按银两缴付，虽有上述通融待遇，因银价汇兑行市之低落影响所及，管理委员会于支配出入不免仍感困难。但无人深信若用得其当，虽遇银价低落，其所拨款额应足敷维持学堂并保持现有效率之用。

此为对于外国教育之特别通融待遇焉甚明，若吾人切实遵循公平宗旨，则对于中国教育保管团亦应给予相当通融待遇，以示平允。此通融待遇应取何种方式于理似已明显。查公学委员会前曾拟就建筑该校整个新校舍之计划，以容学生1,200人，其新校址即吾人拟移交至靠临宝士徒道地亩新建造之一部已近竣工，其建筑费预计需银9万两。此楼系备容纳中学男生，其建筑费偿付后，再加本年该校经费之支付暨现有公学经费之支付，中国保管团可有之余款仅数千元而已。但依照核定图样完成该新校舍全部建筑尚需银40万两。若靠每年规定拨付中国教育经费之结余以完成此建筑计划，深恐遥遥无期也，故可给予中国保管团最有效用之援助。为协济完成此新校舍之建筑费职是之，故吾人提议增入新章程一条规定，董事会有选举人之特别准许得协济完成依照核定图样之新校舍建筑费，此新校舍图样黏附保管团契约备案。依照此新章程纳税人能协助中国教育之款额除上列万分之十八标率外，已有规定限制。但按万分之十八拨付之款额现时虽不全数支出以充学校经常费，然逐年除去实支经费外，有何结余殊难测定。故对于完成新校舍全部建筑所需费用且不能要求纳税人协济定额之款项。

　　吾人之对于中国保管团应给予上述协济款项之理由已声述其一,此外尚有一理由可表同情于吾人者,请诸君注意之。查天津英文学堂之假定结算单暨天津公学之假定结算单所列,董事会移交天津英文学堂之产业价值超过移交天津公学之产业价值为数甚巨,其实在差额且超出该单所列数目,因对于天津英文学堂吾人所拟移交该校之游戏场地址坐落马场道南面,计地37亩尚未填列价值,而对于天津公学之结算单则列有该校现用之校舍房产价值,此项房产将来中国保管团仍须交还董事会者也。若吾人对于避免一切歧视之原理确有诚意遵行,则上述各节不但给予吾人充分理由。关于此事可提出章程修正,并于实施上可以宽大意义解释之。按鄙人个人意见准备完成天津公学校舍所需款项必须列为本局收入项下支配,绝对需要费用后之第一担负藉彰公道,并实行吾人根本政策达至适当程度也。对于该校校舍建筑程序之实行暨按拟就定案计划之完成,吾人应以不任其延迟为目的。兹为征求选举人允许董事会于1930年以允当合理宽大办法处理此事起见,鄙人得本会议主席之许可,对于所提主要议案若荷!诸君通过当提出另列附件。

　　若吾人对于上述协款决心给予同意,则鄙人深信诸君皆欲此事应以仁义态度出之不幸。关于此事所提之新增章程条文字句有视为厌恶者,即第三节乙"关于天津公学董事会(顾及工部局财政状况并经出席正式大会选举人之特别核准)云云"。

　　间有指出:凡支款之动议应按照工部局财政状况办理诚属正当,然仅关于本问题特予注意是欠公允,又关于其他支款并未采用特别核准字样。但按诸法理关于动支款项只出席大会选举人赋有核准之权。查协拨天津公学款额似不应按数学方式计算,故须规定董事会应征得所需之选举人核准。兹为铲除可滋误会原因起见,鄙人得董事会同人之赞许,提议将新增章程暨契约条文内"顾及工部局财政状况并经出席正式大会选举人之特别核准"等语删去,添入"列入预算或得出席大会选举人之核准云云"。

　　因此,第三节"乙"应修正如下:

　　"关于天津公学董事会应随时列入预算或得出席大会选举人之核准协济天津公学保管团依照1930年 月 日保管团契约第一条所列暨其所附图样之校舍建筑费。"

　　现鄙人动议下列议案,即请表决:

一、天津英租界选举人在此会议公决，呈请英国公使核准驻津英国工部局1918年章程第十一条第十节修正条文，此项修正条文详年报第20页（译文详第26页）。

二、天津英租界选举人在此会议公决，呈请英国公使核准驻津英国工部局1918年章程增入新条文"第十九条甲"，该新条文详年报第20、21页（译文详第25页），附入方才声述之修正。

三、天津英租界选举人在此会议允准董事会在上列英国工部局1918年章程修正条文暨增入新条文已核准后，订立教育保管团契约，该契约条文草案详年报第21至29页（译文详第28页）。但于契约未成立之前，为实行保管计其条文认为有何必要得更易之，惟不得抵触契约之原则。关于天津公学保管团契约第四节，附入方才声述之修正。

裴恩德君附议，全体一致通过。

关于协济天津公学新舍建筑费之附增议案

董事长：鄙人现请诸君对于1930年内协济天津公学新校舍建筑费给与新董事会处理之权。据鄙人所知如款项有着该校管理委员会于本年愿进行建筑校舍之一部分，以容纳中学女生。预计需款9万两，惟于本年内所需支出不能即达此全数，且其支用数目并当依何时筹得款项实行兴工为断。

查本局收入预算无款可以支配，惟因售卖局有之无用地亩或可得意外收入，吾人不欲签定指拨此种意外收入之全部或其一部分与中国教育保管团。但倘或此款有着为避免召集特别大会藉征纳税人同意给予董事会所需事权起见，鄙人提出下列附增议案：

天津英租界选举人在本会议允许新董事会得债券保管团之同意，于本年内由售卖局有地亩收入项下，协济天津公学依照核定图样继续建筑新校舍一部分之费用。

裴恩德君附议，即付表决通过。

管理委员会委员

主席：会议日程第九项为选定选举人代表充任下列两学校之管理委员会委员。

一、外国选举人举定英国人民3人充任天津英文学堂管理委员会委员。

二、中国选举人举定中国国民3人充任天津公学管理委员会委员。

伯克君动议，甘德林君附议，推举兰士君、裴恩德君、泰来君为天津英文学堂管理委员会委员。

胡珍府君动议，邓寿宝君附议，推举庄乐峰君、钟蕙生君、赵君达君为天津公学管理委员会委员。

全体一致通过。

修正章程议案

邓寿宝君：提议关于选举资格修正章程案。

查章程第六条载业主每年缴纳地亩捐房租捐足200两者，得选举权一权。又第七条载占用房产人每年租值600两者，得选举权一权，两相比较实觉太不公平。何以言之？一、选举权之取得以纳税为交换条件，且各国法律无论国家选举、地方选举又往往限于直接纳税人。而间接除外，即如英国在香港、在上海对于占用房产人征收其租值百分之十几亦此例也。今天津英租界之占用人对于工部局并未纳任何捐税（上年曾与当局面谈此事，据称占用之捐由业主加于房租内代为缴纳，业主不啻为间接之收税官等语。然于业主所缴之11%之房租捐内是否全部俱代占用人交纳，抑或其中有若干分为业主收房租之所得税苦无解答，即其说不能认为确当），则是业主以有代价取得选举权而占用人以无代价取得选举权，此不公平者一。二、按照第七条规定，假若业主仅有房产1所，每月取租50两，占用人即取得一选举权，而业主所交房产捐11%为数不过66两即加入。一所房值百抽一之地捐亦决不能足200两之数，因而遂无选举资格。则是占用人在英界无财产，而取得选举权，业主在英界有财产而无选举权，此不公平者二；三、占用人租值600两虽若数目较业主之200两为多，然工部局于此600两内所得不过66两，而业主之房捐200两则全部归于工部局。则是业主以200两取得一选举权占用人仅止以66两亦取得一选举权，此不公平者三。兹为维持公平起见，拟于英租界未照港沪办法令占用人直接纳税以前，应将该章程修正修正标准。若非将占用人租值加至1,900两得一选举权，即应将业主房捐减至60两即得一选举权。今世界潮流趋重普及选举不宜限制过严，拟请将第六条一、二两项内之200两字样修正为60两，非惟两方毫不偏倚，且使较小业主亦有选举资格，适合于一般公平普遍之原则，为此依据章程第五十三条二、三项提出修正案是否有当，伏候。

公决：曹觉民君、李直绳君赞成。

礼特尔君：邓君对于香港、上海现行办法言之甚详，不知能否就近由法租界暨特别一区等采取材料？

董事长:若邓君之议案得以成立,则影响所及,业主之权利比之现时当显增加。若占用房屋之选举权无所变动,则依此动议地亩业主之权数当增加3倍以上。按常理论增加业主权数不啻予吾人管理组织添增保障,自可立论,其如与英国政府所重视之民治原则不符何?故此业主权数之懋然增加,未必能邀英政府之同意。况邓君之租户选举权质辩理由与事实不尽相符乎?本租界若无租户居住,当无收入之可言。租户占用房屋直接付给房东租金,故本局得向业主征收房产租值捐。据管见所及,其与本问题原旨无所影响。租户对于本租界管理事宜有权顾问,一若业主之意见并为吾人所乐闻。鄙人曾考查现行章程之效力,按登记簿所列业主项下计有 2,147 权,租户项下计有 842 权,由是可见,产业权已具应有之势力。但此系细节,鄙人愿诸君注意之要点如下:现今工部局章程之施行仅 2 年,于兹当时各界对之极表热诚,一致同意认为吾人困难之最良解决张本,业经呈请英国政府邀其核准者也。现忽表示不满,岂非暴露矛盾于外乎?吾人曾请中国政府暨英国政府给予本界管理组织试办机会,用收成效。吾人对于选举人亦应有同样请求之权,不使吾人市政管理组织现时有何变动,以免他人藉口。为大众利害计,固无有胜于此者也。因之邓君动议虽能添增鄙人个人选举权数 3 倍,鄙人仍望诸君对此动议不予赞同。

邓君云:渠并未声称占用房屋人无担负,惟于其偿付业主之间接担负不甚了解。渠之要点系业主一权之代价,须缴纳捐额 200 两,而占用房屋人一权代价,仅担负 60 两而已,相形之下,业主担负未免过巨,并与英国之民治原则不尽相符。所云工部局章程当时修正颇费手续,施行才及 2 年,颇副事实,惟手续纷繁不应视为梗阻,需要修正之理由。今日已有修正章程议案之提出,故愿趁此机会提出动议,以便汇案陈请英国政府。

曹觉民君赞成邓君动议,声称该动议不影响占用人之选举权,其目的在使较小业主暨占用人之选举规定更得公平普及。因此,本租界多数住户暨较小业主得同享参与市政权利。

议案付诸表决,赞成暨否决人数参半,董事长要求改用投票法取决。

主席指定鄂克登君、怀富君与陈道源君为检票员,检票结果反对票数计 1,059 权,赞成票数计 252 权,邓君动议遂被否决。

新董事会

查被推为候选董事人数仅 10 人,计卞白眉、钟蕙生、庄乐峰、胡光澄、梁惠吾、裴恩德、毕德斯、泰来、体伯、杨嘉立诸君。

以上10人即被举为新董事会董事。

主席:现无其他事项讨论,即宣告闭会。

董事长动议总领事惠临主持议会,理宜表示谢忱,全体一致赞成。

天津英工部局1930年董事会报告暨1931年预算

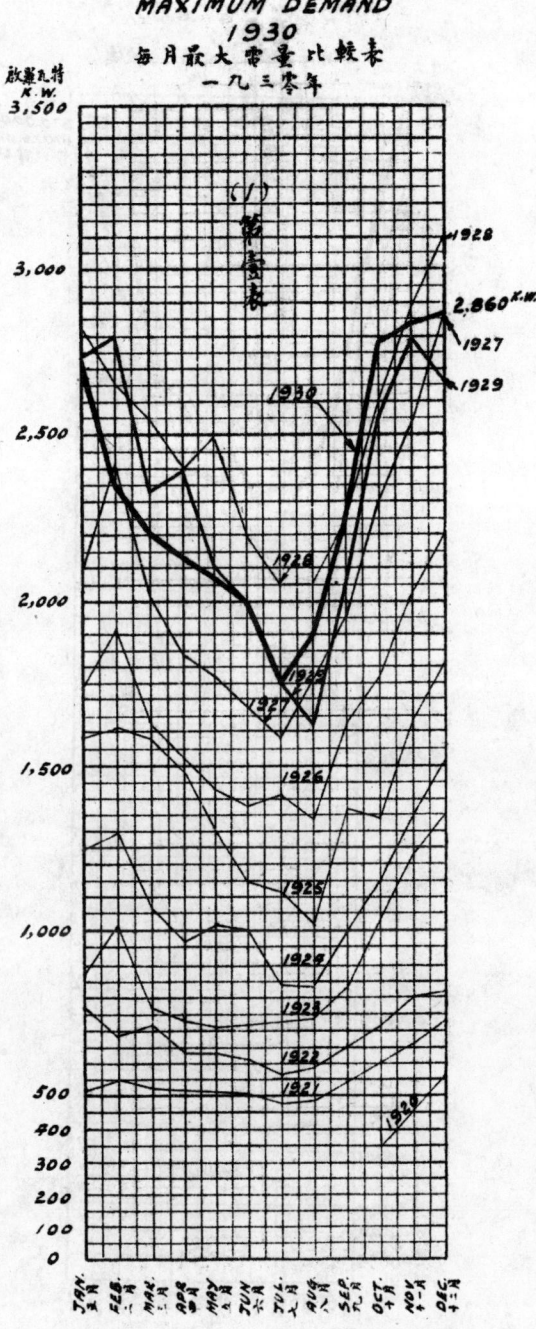

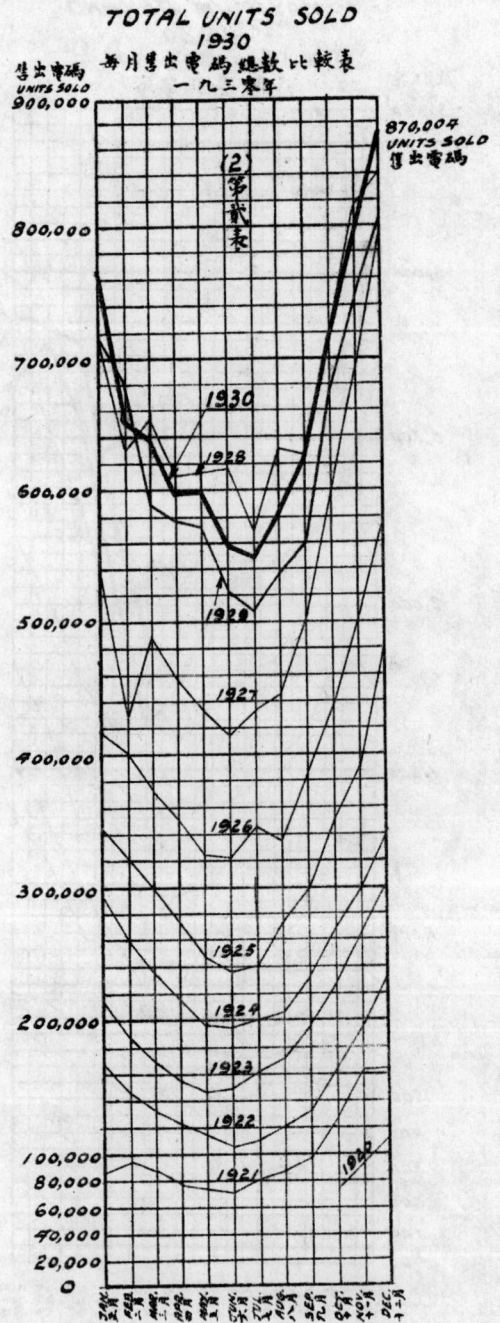

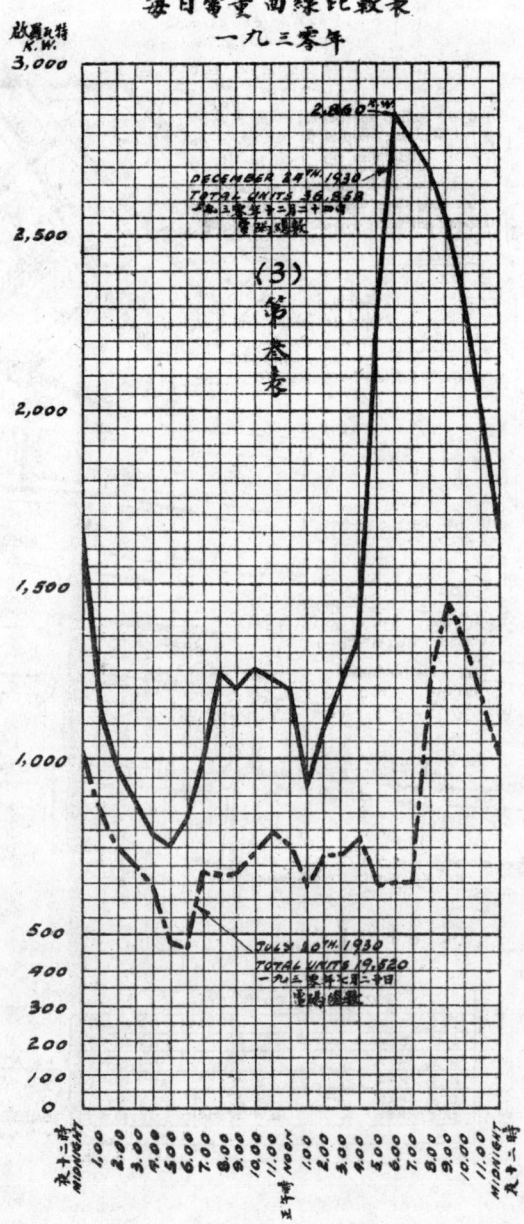

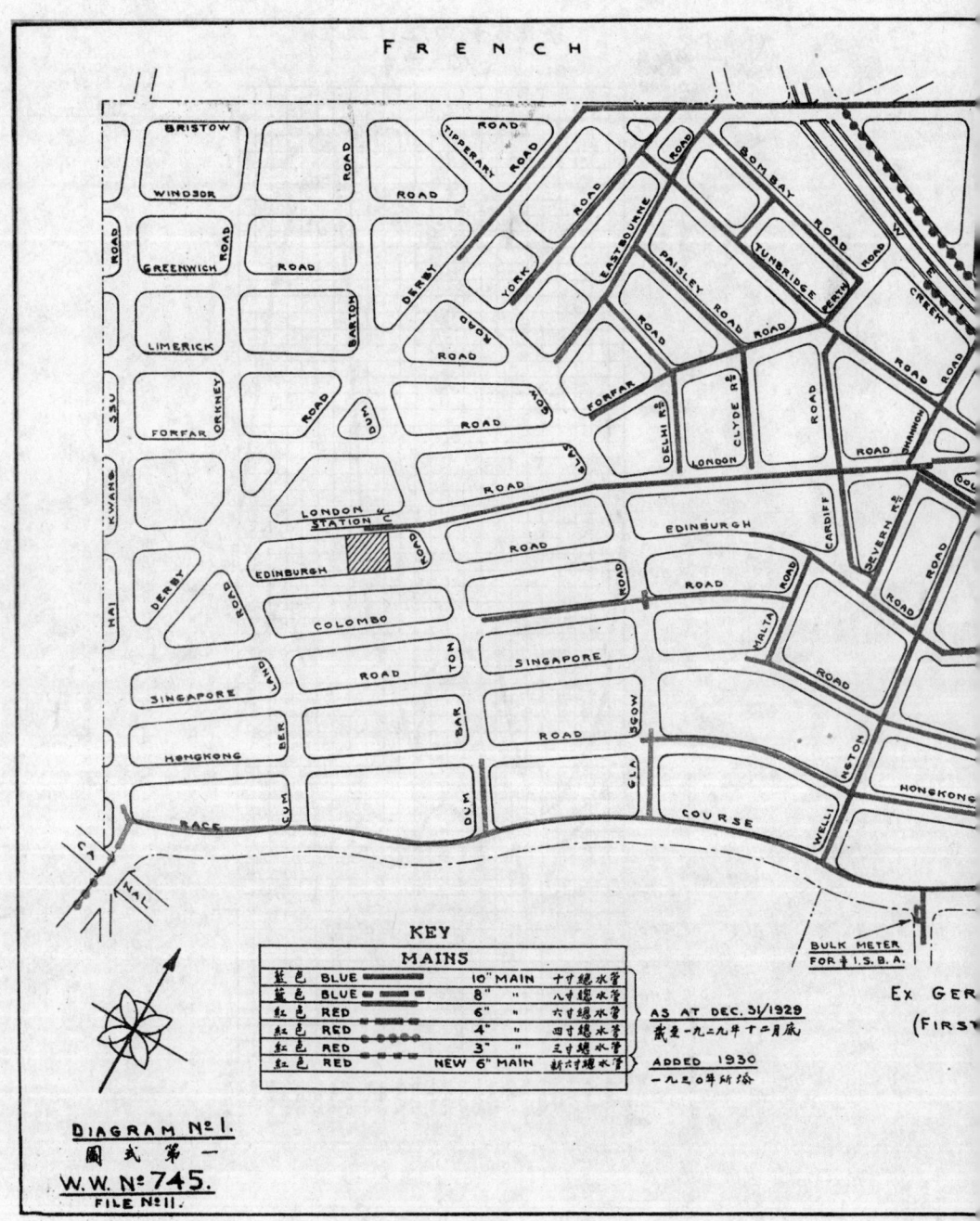

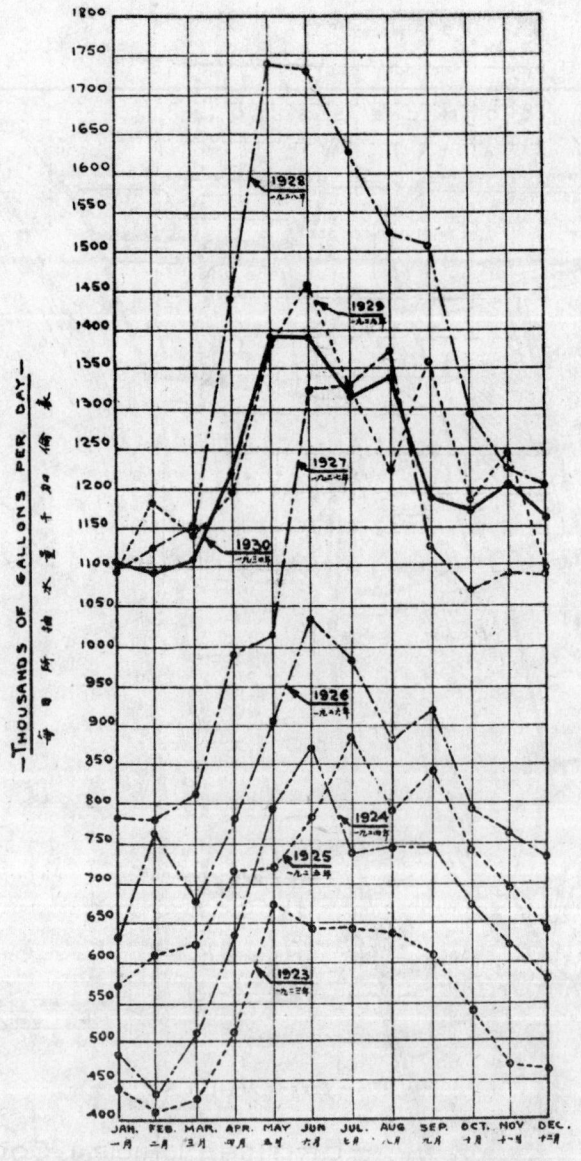

天津英工部局1930年董事会报告暨1931年预算

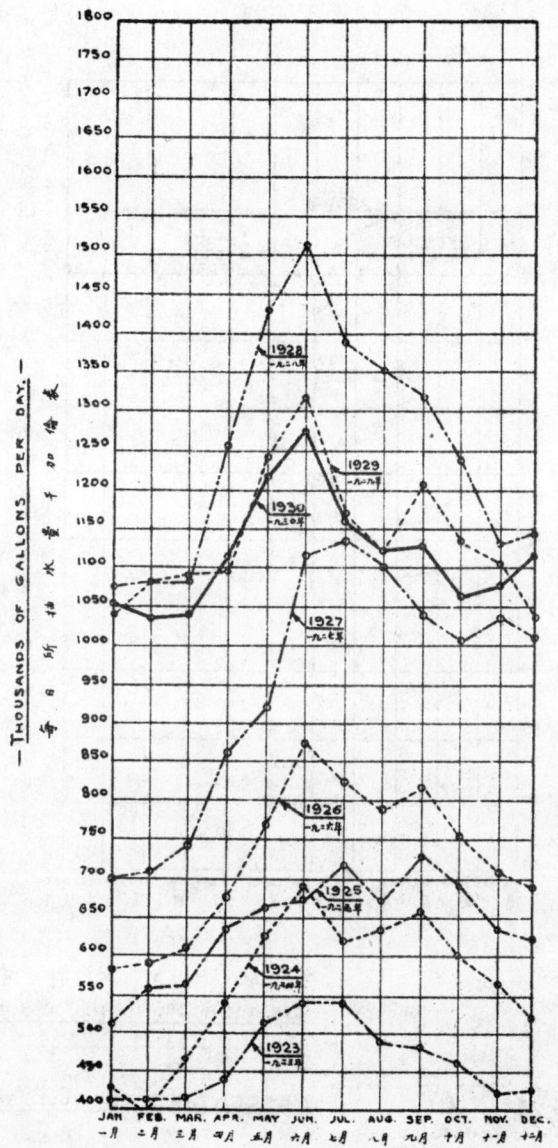

DIAGRAM № 3
圖式第三

BRITISH MUNICIPAL COUNCIL
WATER WORKS
水道處
AVERAGE DAILY PUMPING DUTIES
YEARS: 1923-24-25-26-27-28-29-30

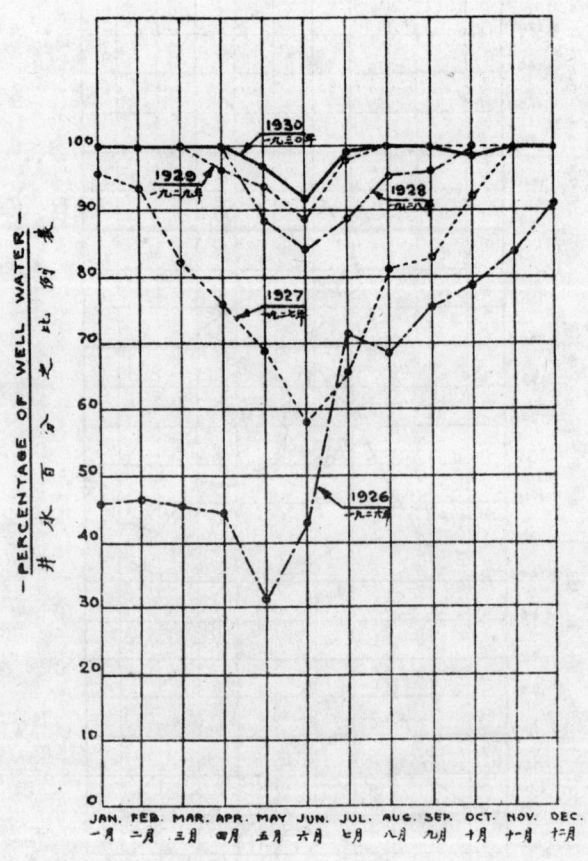

天津英工部局 1930 年董事会报告暨 1931 年预算

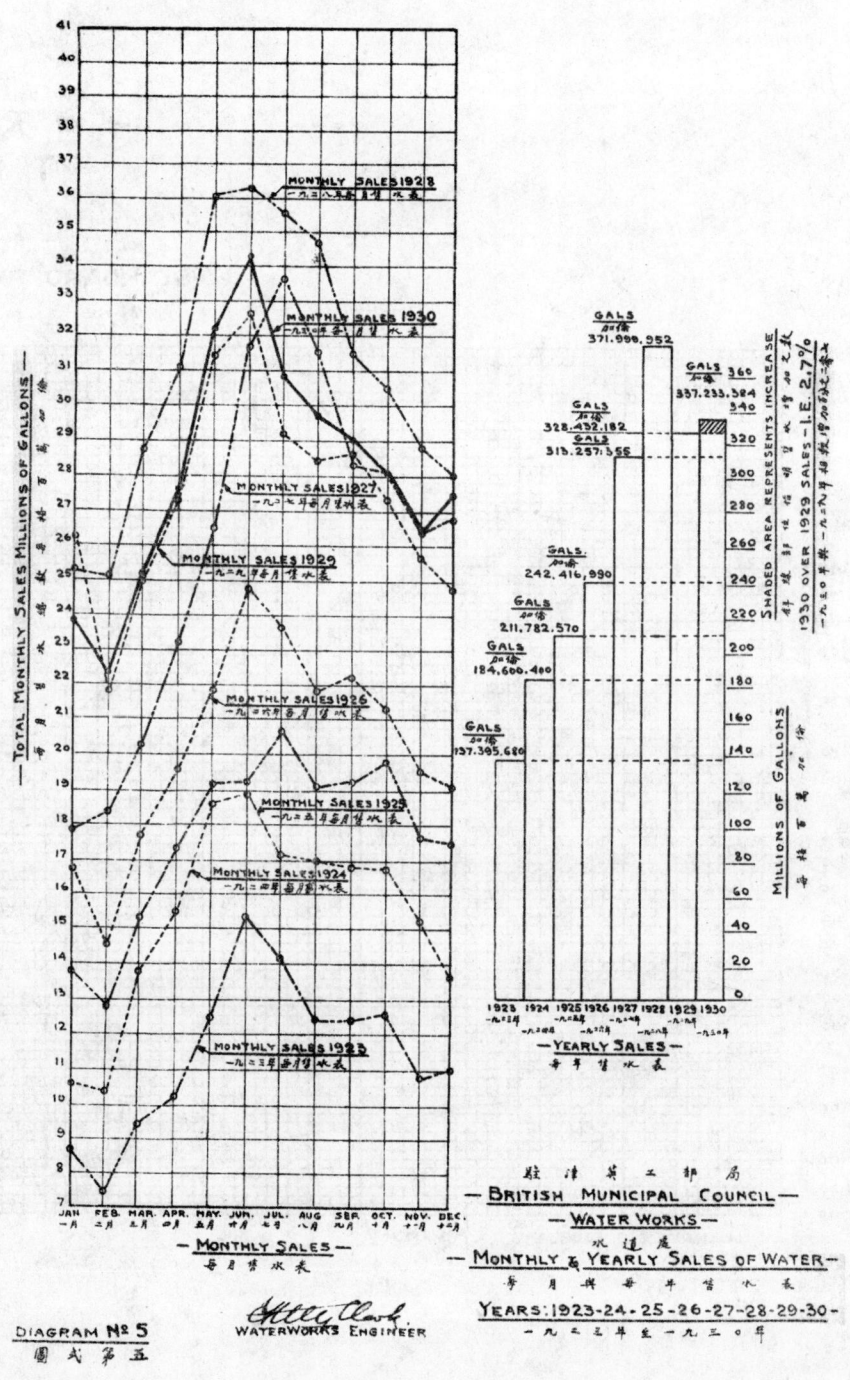

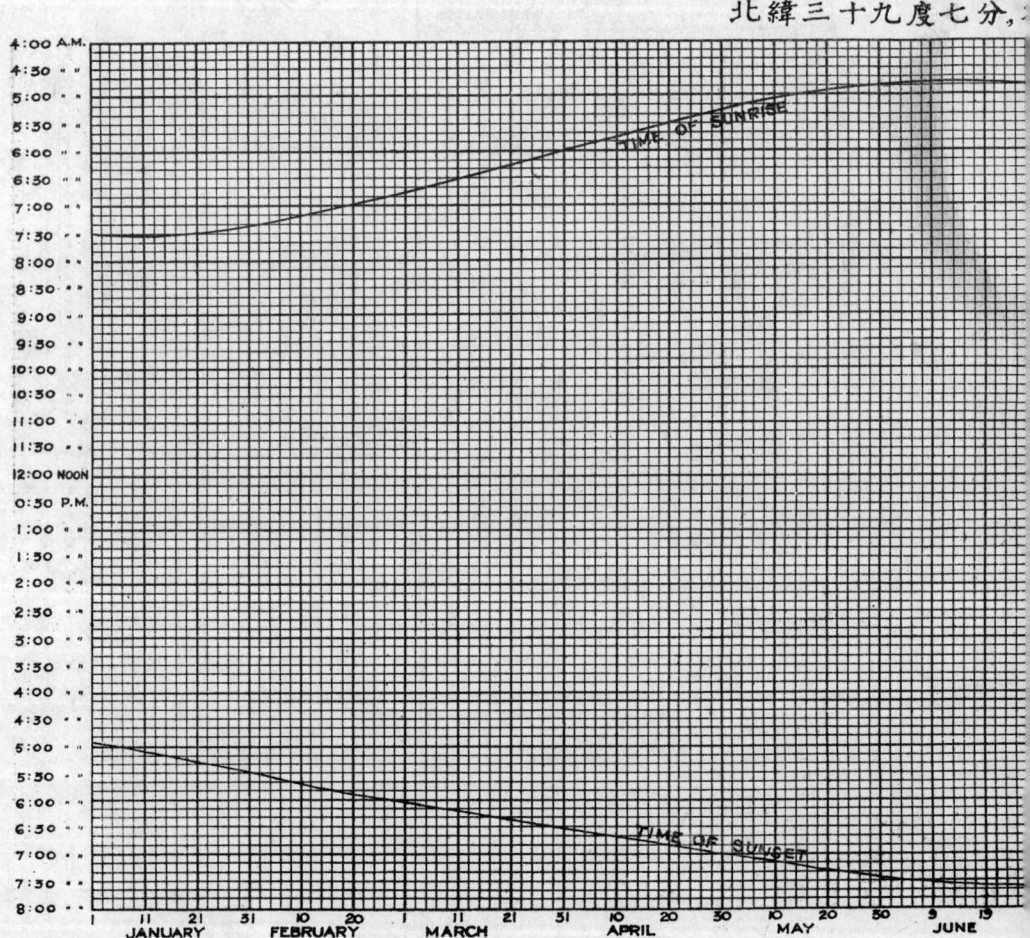

天津英工部局 1930 年董事会报告暨 1931 年预算

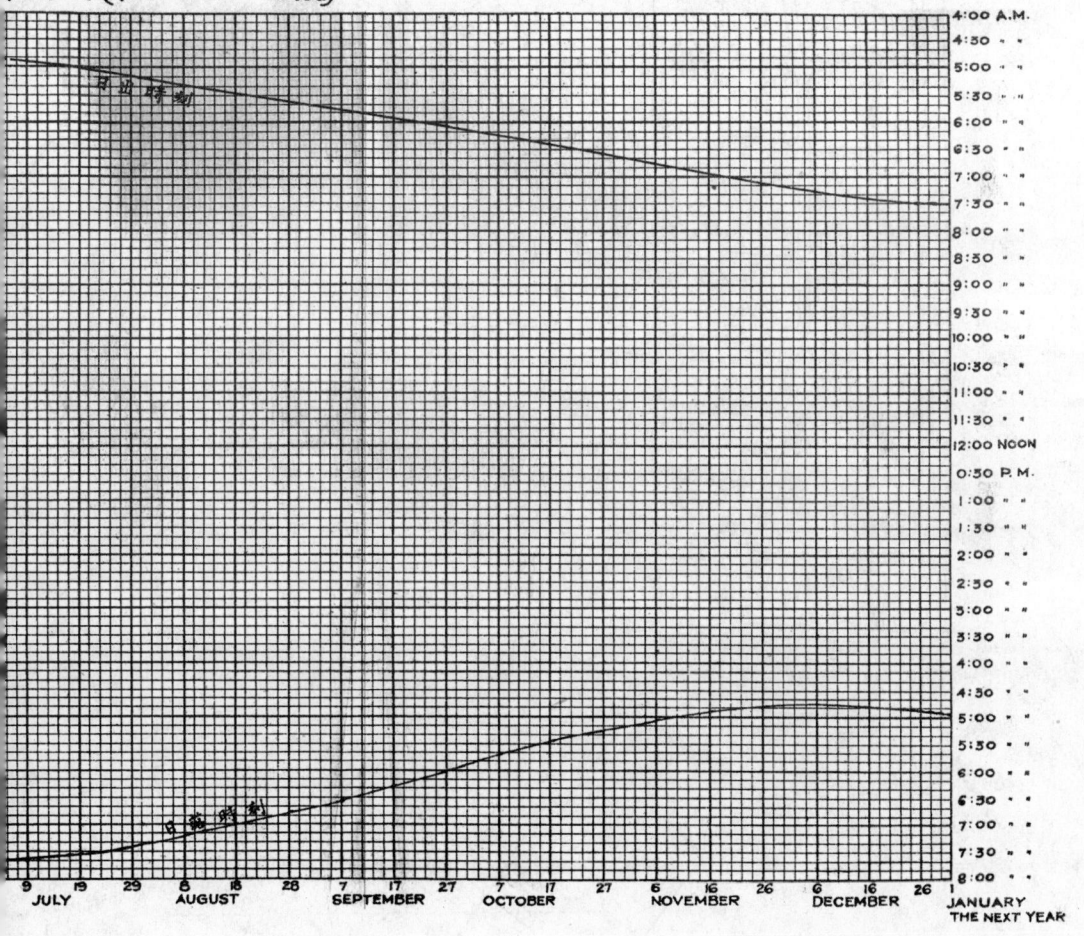

■ 天津英租界工部局史料选编

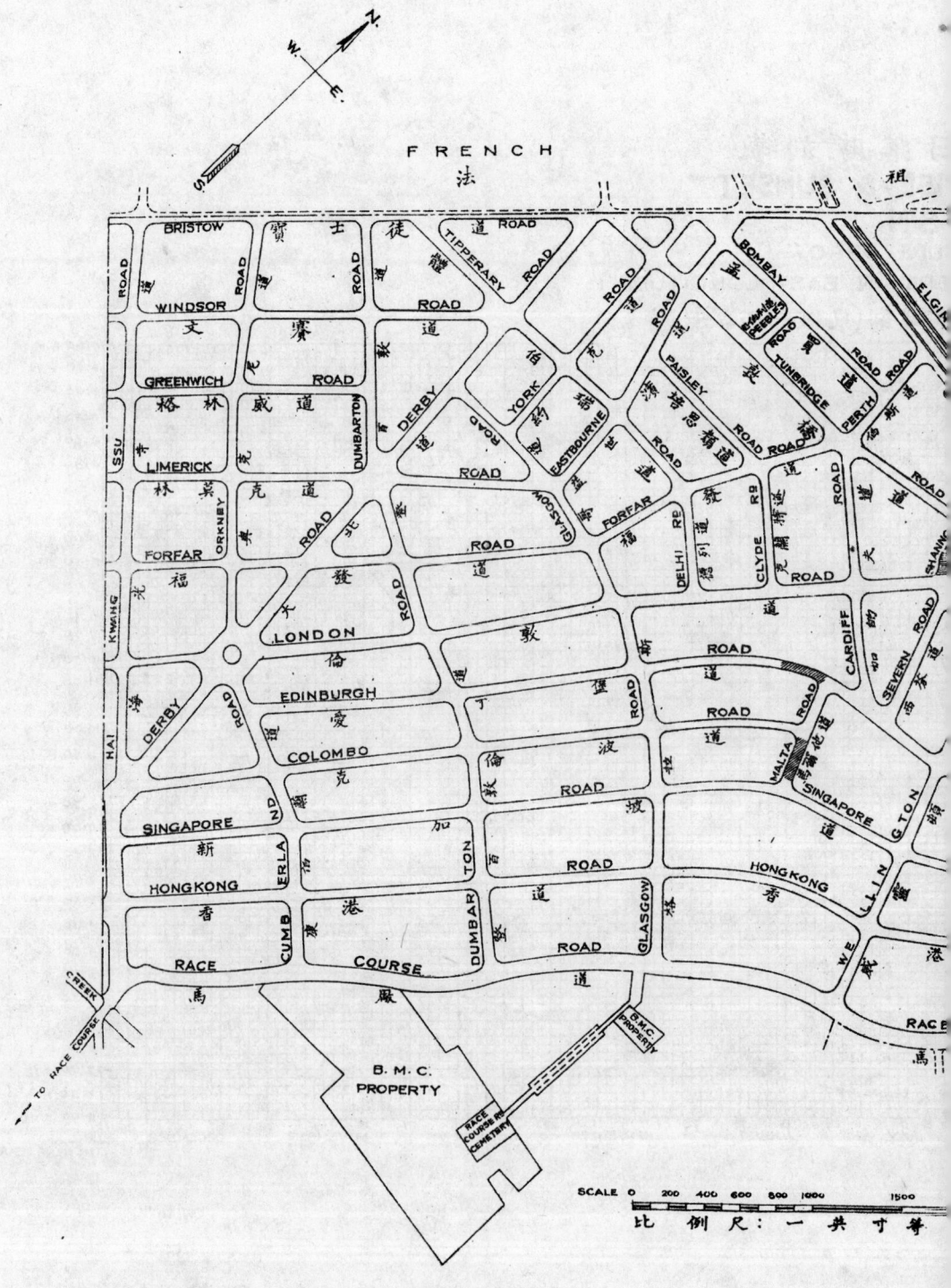

天津英工部局1930年董事会报告暨1931年预算

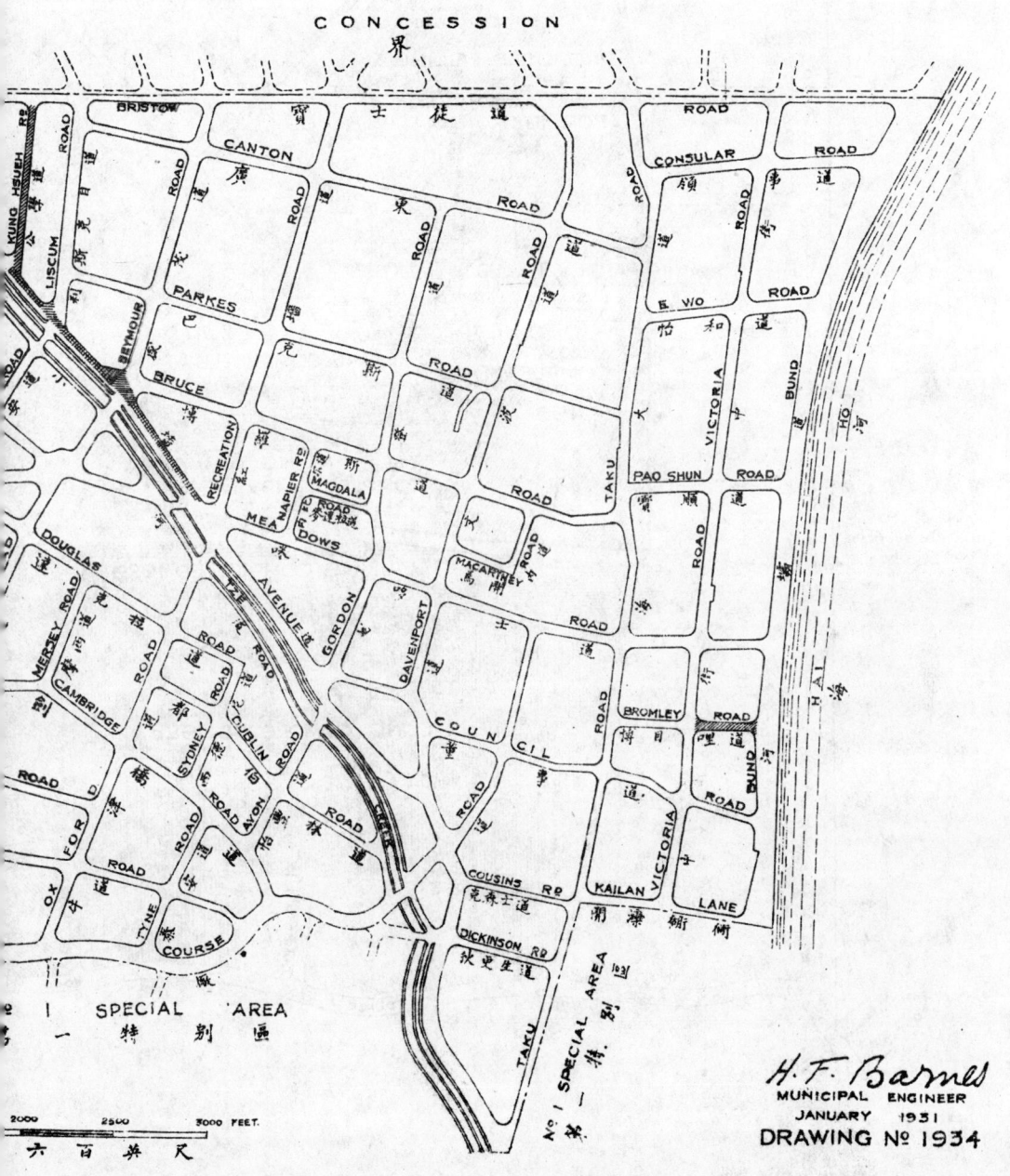

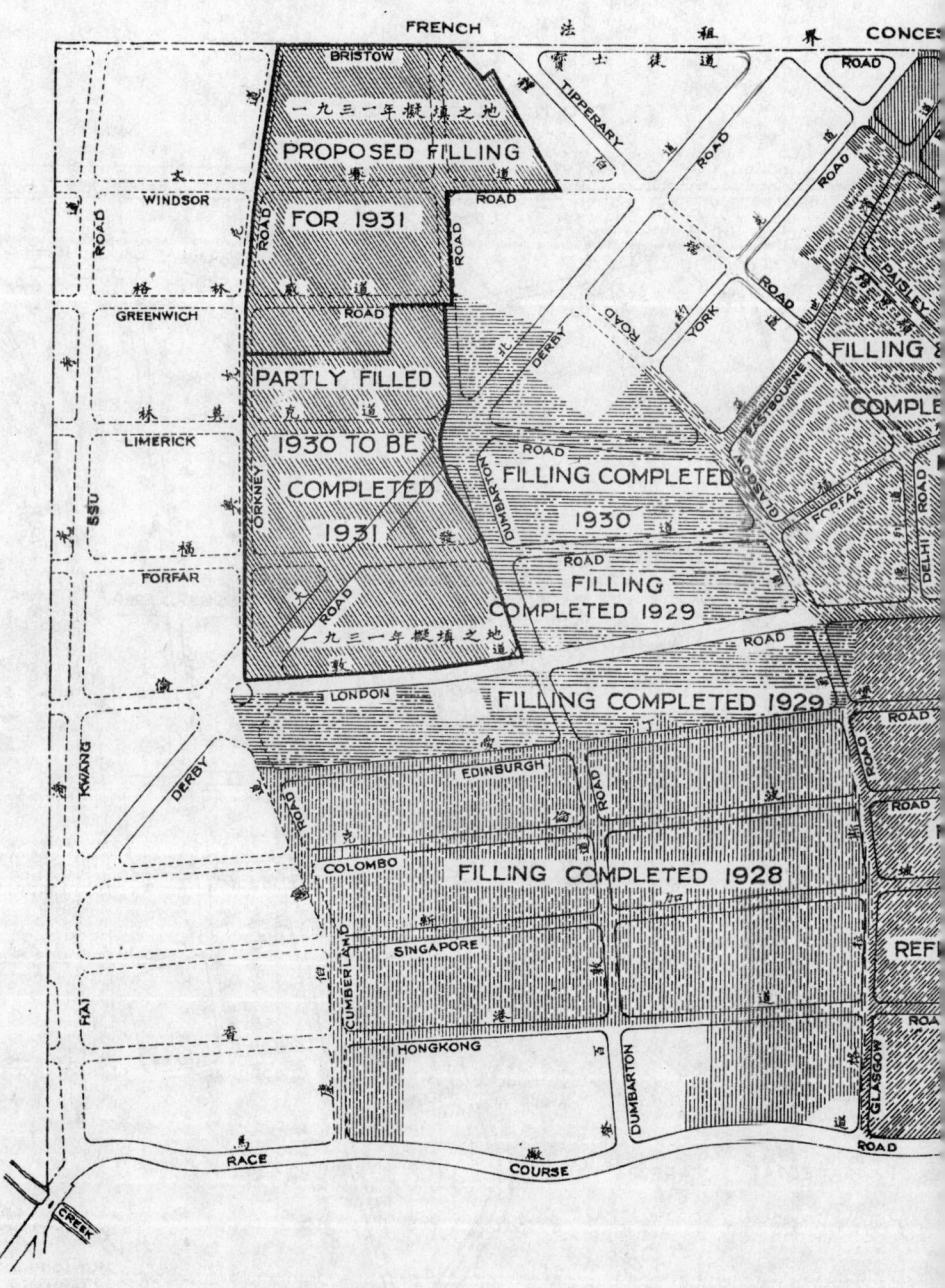

BRITISH MUNICIPAL COUNCIL
TIENTSIN
PUBLIC WORKS DEPARTMENT
雨雪量圖表
DIAGRAM OF RAIN- & SNOW FALL
DURING LAST 30 YEARS
最近三十年記載

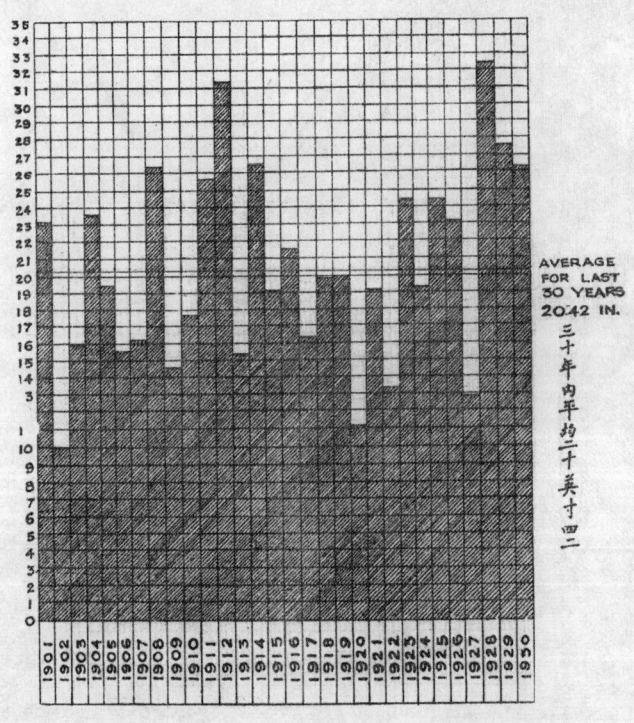

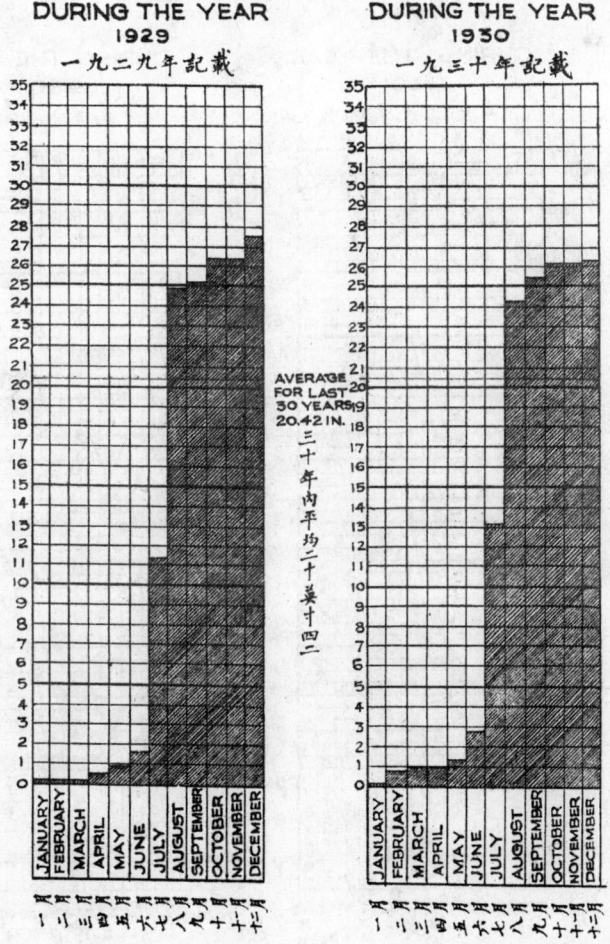

BRITISH MUNICIPAL COUNCIL
TIENTSIN
PUBLIC WORKS DEPARTMENT
最高與最低空氣濕度比較圖表
DIAGRAM OF MAXIMUM & MINIMUM RELATIVE HUMIDITY

DURING THE YEAR 1929
一九二九年記載

DURING THE YEAR 1930
一九三十年記載

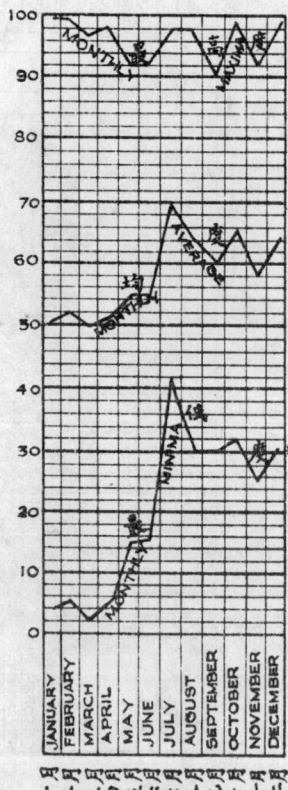
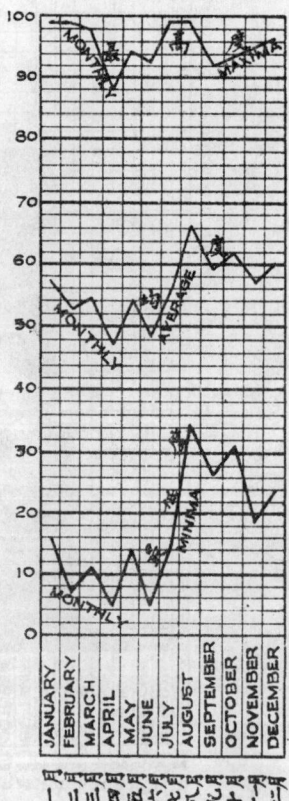

天津英工部局 1930 年董事会报告暨 1931 年预算

BRITISH MUNICIPAL COUNCIL
TIENTSIN
PUBLIC WORKS DEPARTMENT
最高與最低溫度圖表
DIAGRAM OF MAXIMUM & MINIMUM
TEMPERATURES
DURING LAST 30 YEARS
最近三十年記載

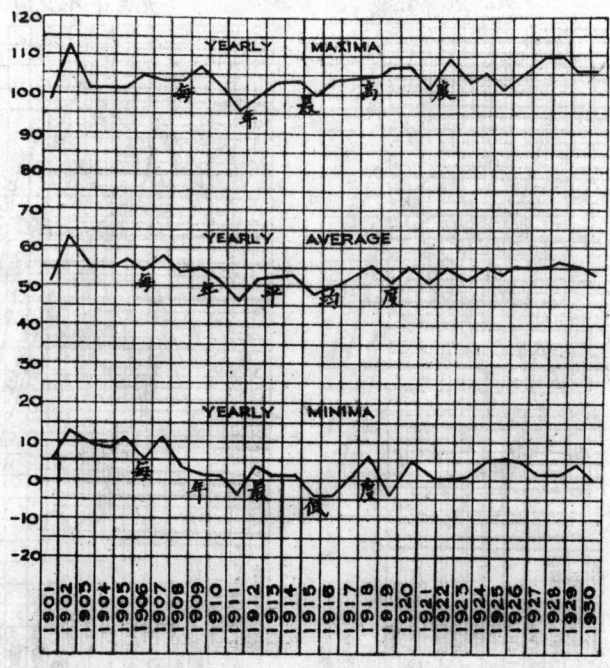

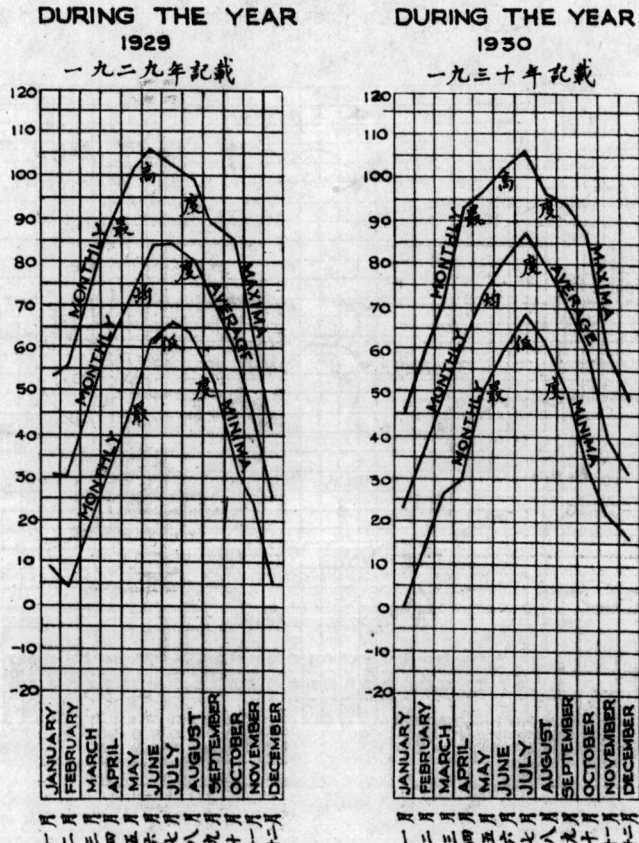

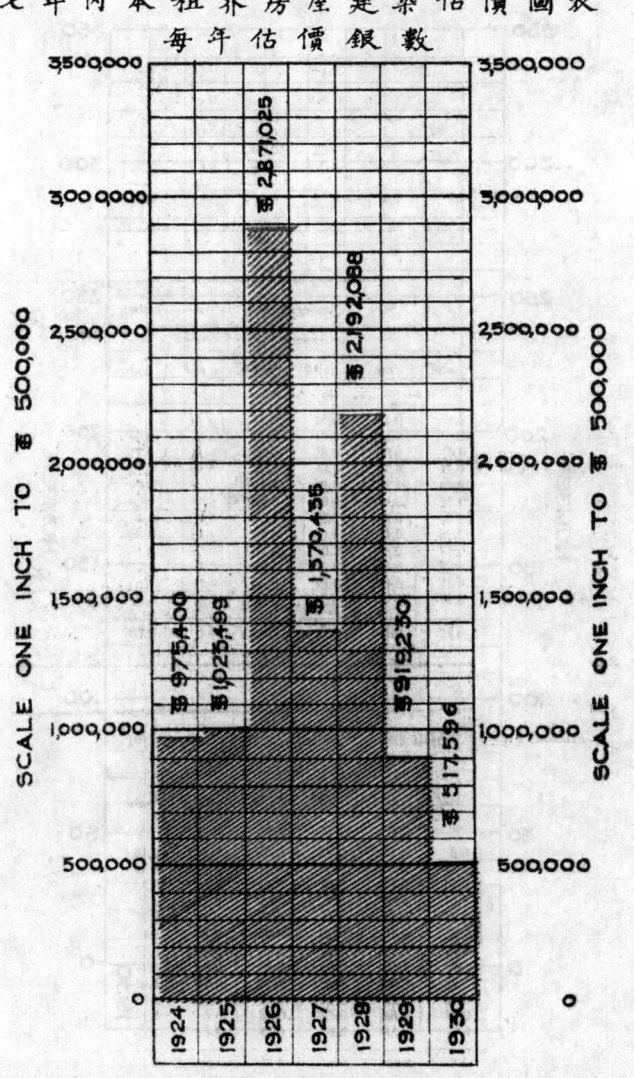

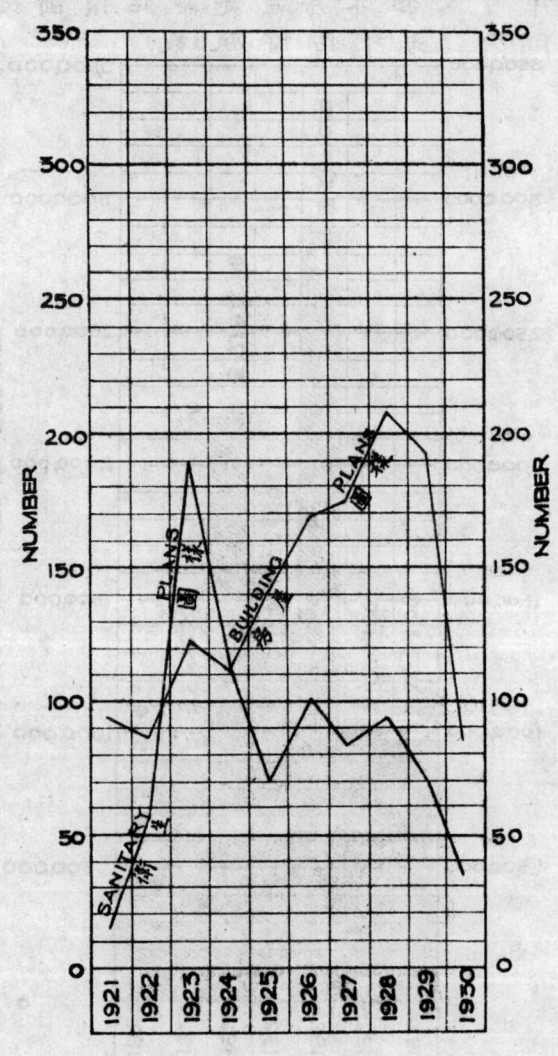

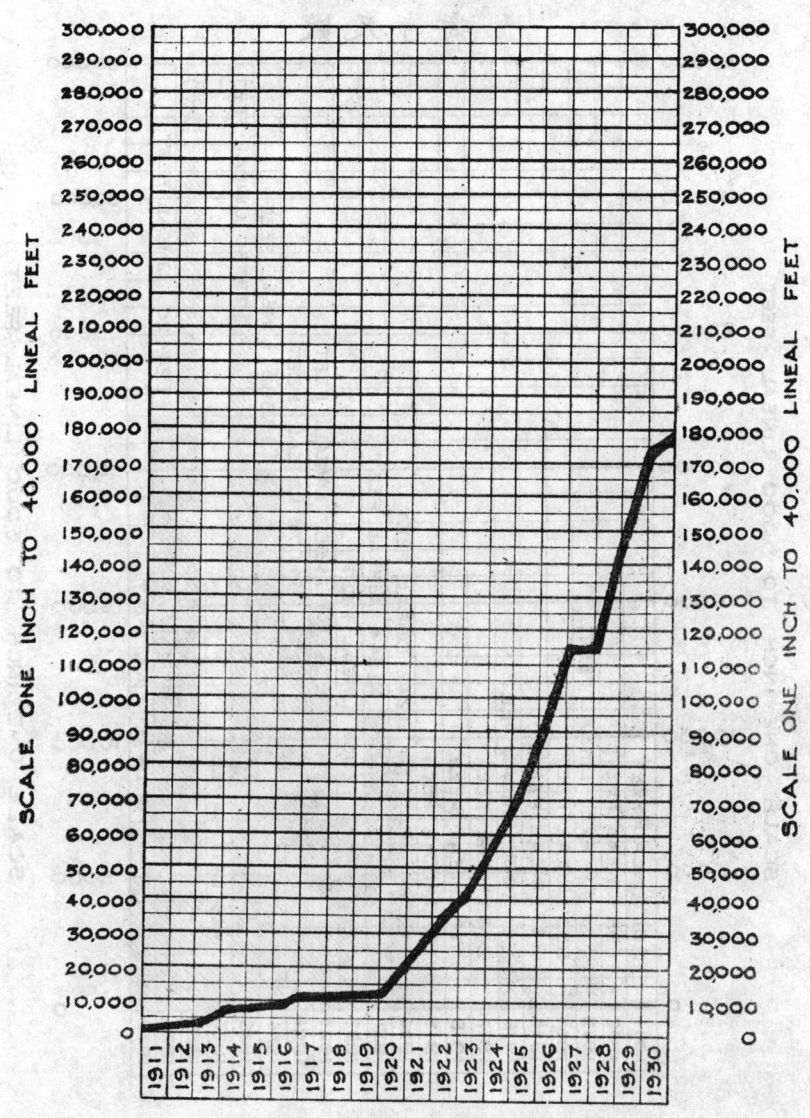

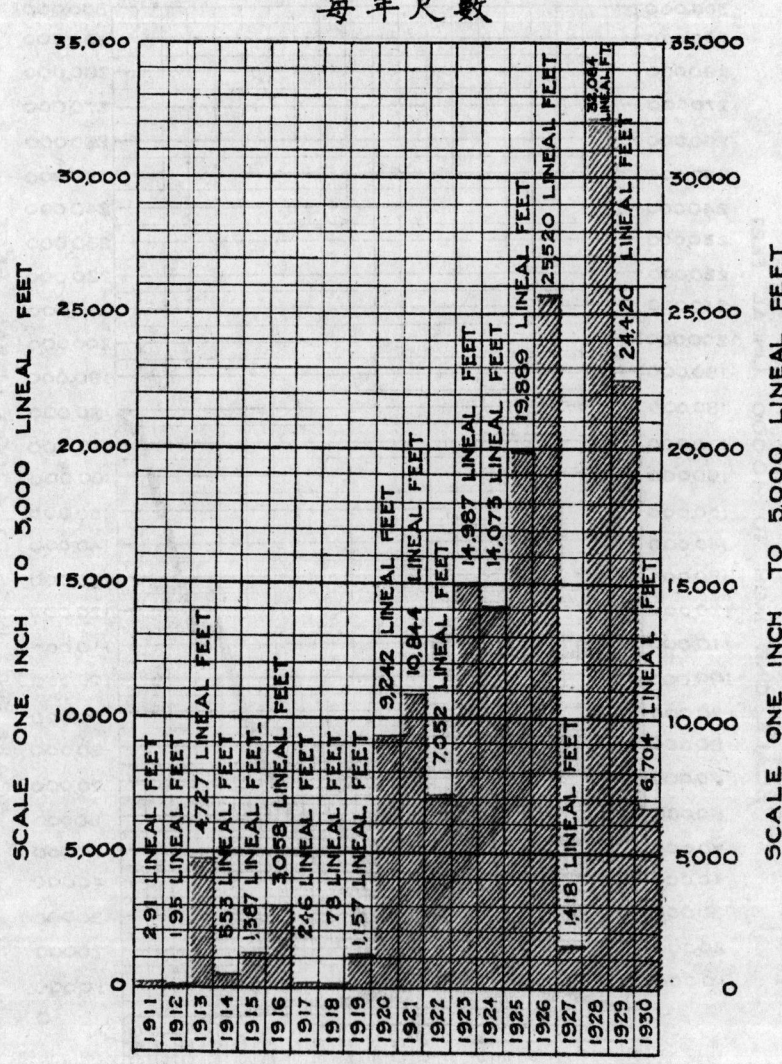

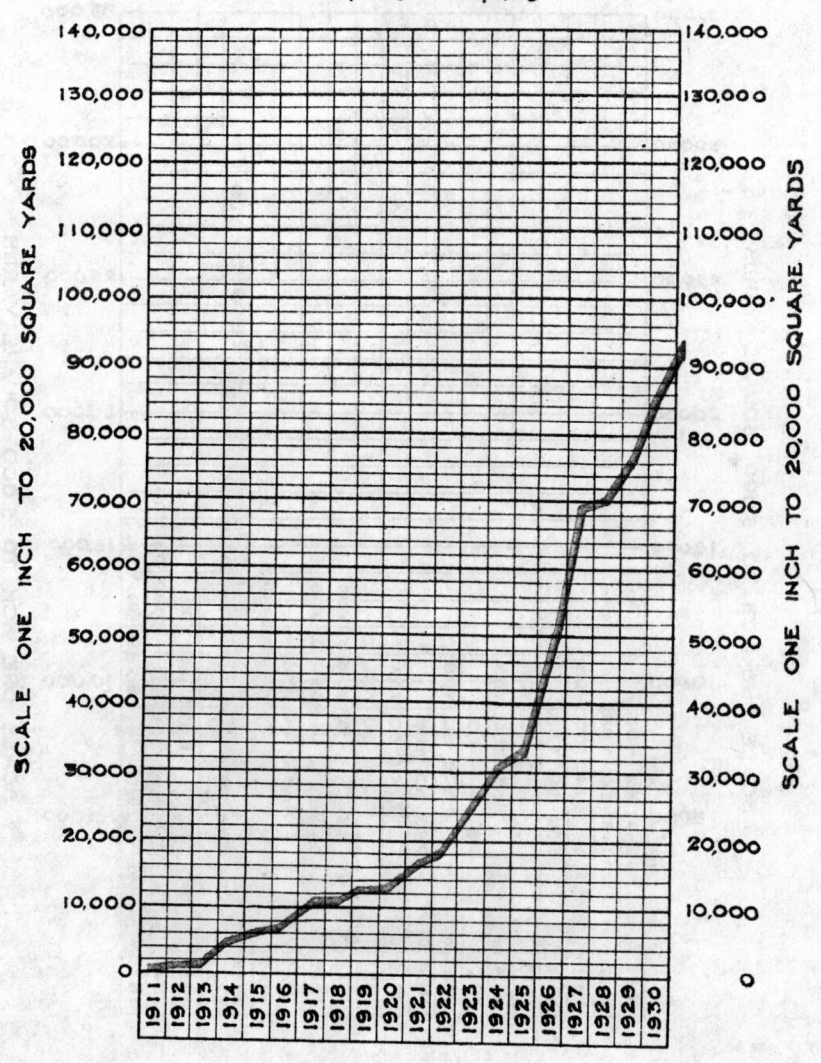

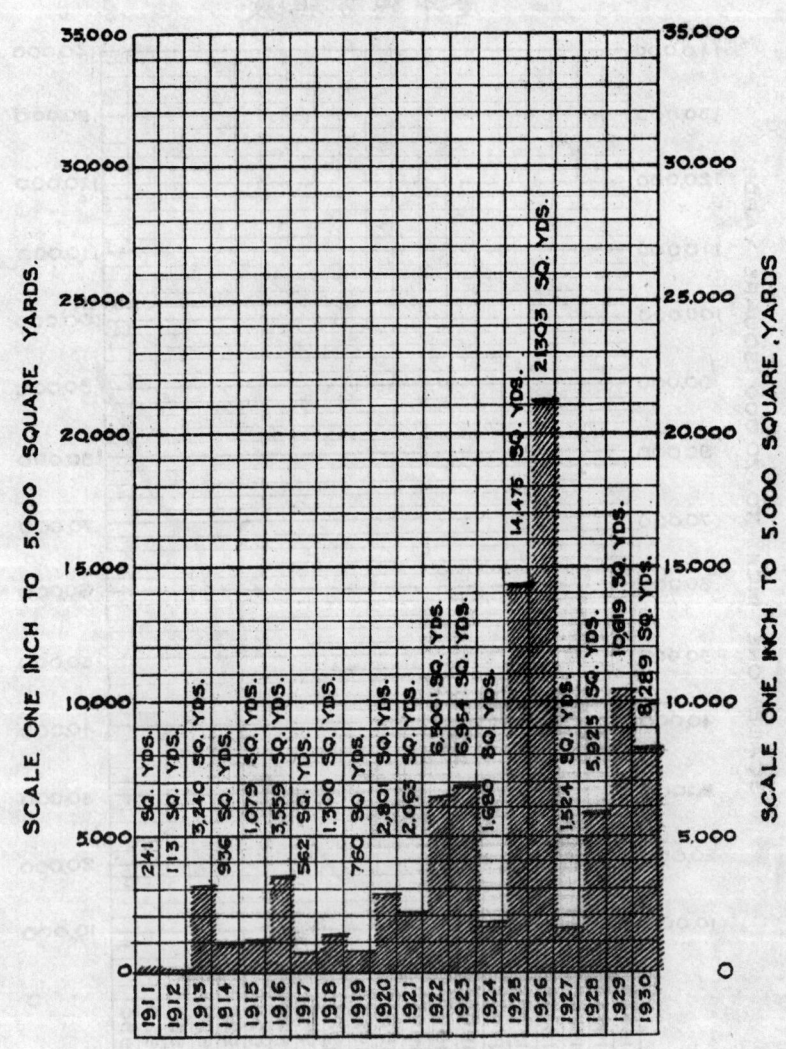

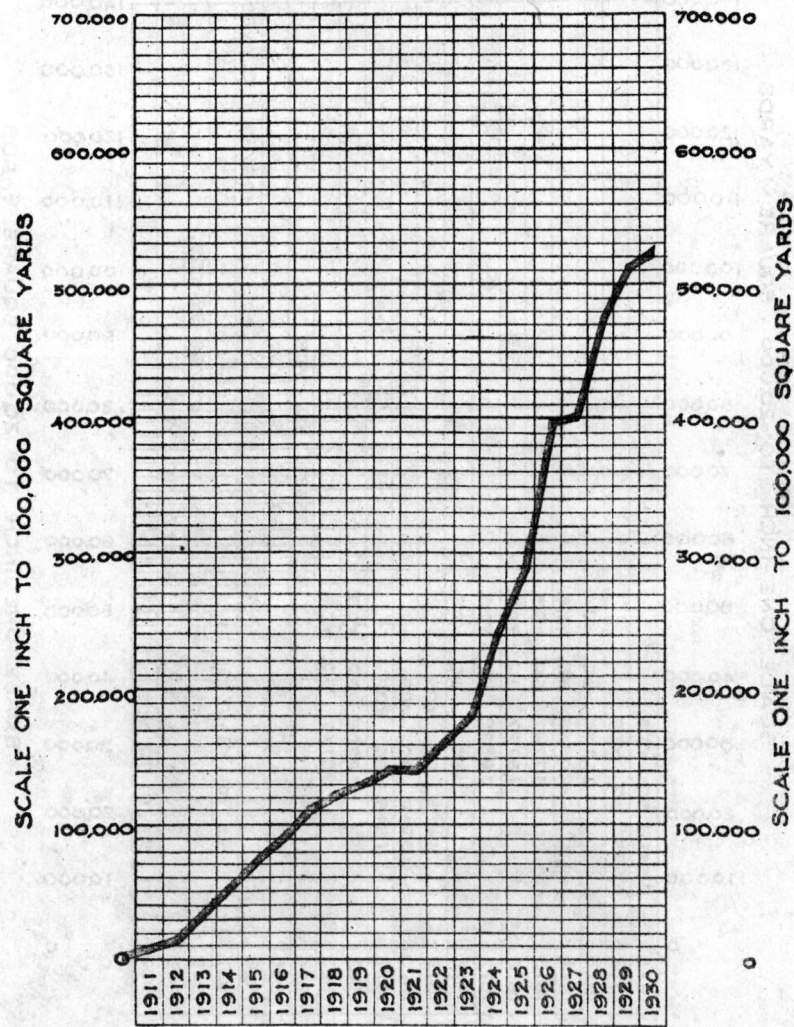

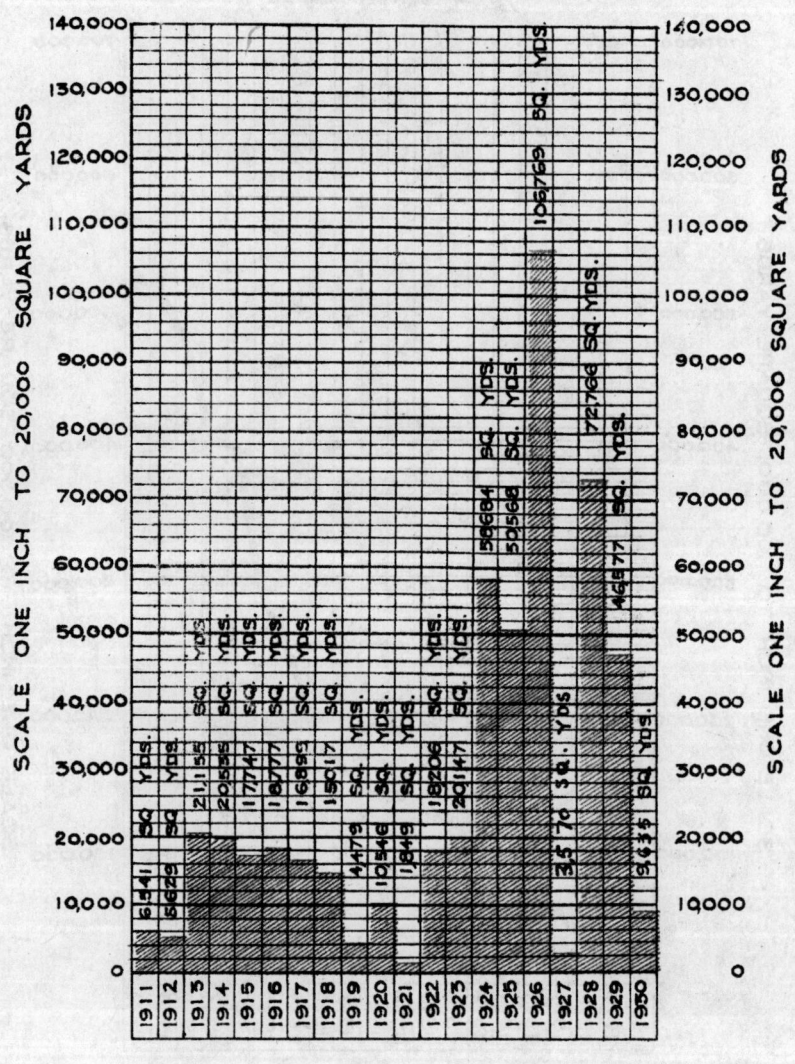

天津英工部局
1931年董事会报告
暨1932年预算

驻津英国工部局 1931 年报告

　　本董事会兹将常年市政报告连同 1931 年截至 12 月 31 日止之财政统计暨 1932 年之收支预算一并陈请选举人察[查]核。

　　1931 年 4 月 15 日英租界选举人第 13 次常年大会选出董事会，各董事如下：

　　巴兰雷君　赵君达君　郑慈荫君　陈聘丞君　庄乐峰君　裴恩德君
　　毕德斯君　孙子文君　戴　乐君　体　伯君

　　新董事会于 1931 年 4 月 22 日集议推举体伯君为董事长，庄乐峰君为副董事长并分组成立各委员会列次：

　　人员财政暨医院委员
　　巴兰雷君　陈聘丞君　庄乐峰君　毕德斯君　体　伯君

　　工程委员
　　赵君达君　庄乐峰君　裴恩德君　毕德斯君　孙子文君　邸克耳少校（由董事会公请加入）

　　公安委员
　　陈聘丞君　庄乐峰君　裴恩德君　孙子文君　体　伯君

　　电务委员
　　赵君达君　郑慈荫君　毕德斯君　戴　乐君

　　水道委员
　　巴兰雷君　赵君达君　郑慈荫君　戴　乐君

　　董事长因职务关系为各委员会之委员

　　9 月间孙子文君因须离埠，辞退董事会职务，遗缺由董事会邀请王荷舫君补充。

　　陈聘丞君于 10 月间因病辞职，遗缺由董事会邀请包培之君补充。

　　邸克耳少校于 11 月间回国辞去工程委员会委员，所遗职务董事会邀请麦克罗斯少校担任。

条例

1931年工部局公布之条例列次：

条例第四十四条　水井

无论何人在未曾请得工部局准照前，不得在英租界内开凿井眼或致使他人开井。

1931年8月1日起施行有效

条例第五条甲　公用敷设权

一、工部局如认为必要，得随时位置总水管、接水管，输送电流地线或沟管暨电话电报线缆纵横穿过任何马路，并于可能状况下极端限制损害私人产业。为完成此项工程设施起见，工部局得于必要时，将前列管子或沟管之位置展入或穿过已经圈围之地亩或其他私有产业，惟须在14日前给有书面通知，声明展入或穿过此项私人地亩之意旨，倘可接受申诉之地产估价委员认前列工程堪减损，此项私有地亩之价值者，则工部局不得自由进行任何敷设手续。

二、工部局得随时派遣负责工人进入此项私人产业执行前列管子、沟管或线缆需要之修理，更改扩展或其他改善工程手续。

1931年12月8日起施行有效

各种捐率暨租金照费等

地亩捐：

所有老租界、扩充界地亩及推广界之已垫高，经过一足年之地亩捐均按估定价值1%征收，推广租界内其他各地捐均按估定价值四百分之一征收。

估定房产租值捐：

所有坐落老租界、扩充界及推广界内已垫地段房屋估定租值捐，概按11%征收。

地亩转移暨抵登记费：

地亩转移在工部局登记者，均按照本局勘估价值四百分之一收费，以25两为收费最低数目，至百两为收费最高数目，概由新业主缴纳。

地亩抵押登记无论产业价值一概收费10两。

杂项收费

广告招贴及告白等：

本租界内建立广告暨招贴告白等须依照下列规定：

一、本界内公众观瞻处所未经本局警务处给与允准，不得任意张贴广告。

二、凡有备贴广告之招牌建立，须得有本局工程处之允准。

三、请求准许人于必要时，须将广告式样送呈警务处备阅。

四、凡有通告广告，务须经本局警务处盖章记号、加注日期然后张贴。

五、违犯以上规定者，得科以200元以下之罚金.。

六、本规定对于营业或工业厂所建立于该营业等所在地之广告招，不适用之，押款与收费由本局酌定。

现时收费定每方尺每年收费银5厘。

运载病人汽车租赁费

路程起点	路程终点	外国人跟车(元)	中国人跟车(元)
本租界内任何地点	本局所立医院之一	6	4
其他租界	同上	10	8
本租界任何地点	其他租界之任何地点	10	8

（续表）

其他租界	其他租界之某医院	12	10
本租界	天津城	15	12
天津城	本租界		

附注：特别一区、二区、三区暨佟家楼之费率与其他租界同。

四至石柱

混凝土带字石柱　　　　　　　　　　　　　　　　每柱 3 元
石柱安放于业主地亩工资在内　　　　　　　　　　每柱 3.5 元

建筑图样审查费

洋式建筑：

一、每所房屋建筑容积不超过 2 万立方尺　　　　　　6 元
二、增加容积每 5000 立方尺或不满 5000 立方尺　　1.5 元
三、已核准图样如有更改而于容积无所增减者　　　　1.5 元
四、房屋内部更改与现有墙壁无关者　　　　　　　　4.5 元
否则依照甲乙两项收费

五、设某图所载系多所同样房屋，则第一所房屋图样审查费应依上列费率计算之。其他各所仅收规定费率之半数，惟任何一种多所同样房屋图样审查费总数不得超过　　　　　　　　　　　　　　　　　　　　　75 元

附注：任何单所房图之审查费不得超过　　　　　　35 元

中国式建筑：

住房铺面或商行：

3 所或不满 3 所附带下房　　　　　　　　　　　　4 元
10 所或不满 10 所附带下房　　　　　　　　　　　7.5 元
每增加房间 1 间或房屋 1 所　　　　　　　　　　　0.5 元
他种房屋　　　　　　　　　　　　　　　　　　　15 元
每段房屋取费至多不得过　　　　　　　　　　　　75 元

附注：为便利计算上列费率起见，每一中国式房屋所占平地面积除院落不计外，以不超过 400 方尺为准。

卫生设备项下

核准图样费每一渗坑取费 1 元，至多以 20 元为限。

查验设备费第一次免费，第二次起每次每坑收费 5 元，至多以百元为限。

杂项

婚丧暨寿事牌楼	5元
牌楼如宽至25英尺横过马路者	50元
建筑材料堆积公共道路占地每方码每月应纳费	0.5元

河坝系船费

轮船类：

各式轮船凡系靠英租界河坝者，以注册净吨数计每1吨征收系船费银0.05元，所有纳费轮船得停靠河坝3日(即72小时由开到时起算)，如系靠时间须延长者，每增加24小时增加收费15两。

驳船类：

凡系靠英租界河坝驳船装载货物每百吨或不满百吨者，收系船费银5两，此项货物吨数以重量或容积计算，均按照轮船货单为凭。凡有驳船每系靠河坝一次增加收费银7两，倘系本局请求移动者，不在此例。

上列各费概由各该船公司或代理人缴付。

河坝租费

凡有装卸轮船或驳船货物堆积河坝者，每吨以重量或容积计征收河坝租费银0.05元，此费由接受占用船位准许单之商行缴付。

附注：装卸轮船货物凡缴此租费者，得积存河坝7日(海关假期除外)，凡有货物逾此限期仍未提取者，本局得代行收存，其一切危险暨费用概由货主担负。倘本局准许该项货物过上列期限仍堆积河坝者，则该项货物以包计或以担计，应征收按日计算之寄存费，此按日计算之寄存费率大概与津埠普通货栈按月计算栈费相等。

码头捐

凡有经过英租界河坝货物，均按各货物价值1‰征收码头捐。

坟墓费暨下葬费

火葬费普通瓮值在内	50元
墓圹暨洋灰顶盖及下葬费在内	50元
(牧师费另计)不在本租界居住并不纳本租界捐税之非英国人	75元

汽车费

汽车夫请求执照考验费	1元

捐照号码牌

人力车号码牌每个	2 元
载货车号码牌每个	0.5 元
狗牌	0.1 元
房屋消毒费	
每 1 房间	3 元

电流费率

划分用电制项下：

电灯用电：每度电码 0.25 元。

暖气用电：每度电码 0.06 元，另装表线。

烹饪用电：每度电码 0.04 元，另装表线。

暖气、烹饪须另装电表，每一电表每月电码收费最少数 1.25 元。

充量用电制项下：

用户采用此制期以一整年为至低限度，各用户按装 1 个电表即敷应用由墙塞即可通接暖气、烹饪、炉灶等项，此制收费计分二部。

一、额定月费：凡用户装设电灯满 1000 瓦特者(即每 1 小时用 1 电码)，每月须缴付额定月费洋 9 元。例如某户电灯设备，其各电灯泡同时燃点能耗用 300 瓦特者 (即每 1 小时耗用十分之三之电码)，每月须缴付额定月费洋 2.7 元，若其电灯设备各灯泡同时燃点能耗用 400 瓦特者(即每 1 小时耗用十分之四之电码)，每月须缴付额定月费洋 3.6 元。

每一用户最少之额定月费为 1.25 元。

二、电码收费：于上列额定月费外，再加收耗用电码费，按耗用电量度数计算，无论其为电灯、暖气、烹饪或任何用电，采用此制之用户不必另装暖气及烹饪等用电电表暨电线，业经说明。

(一)凡用户用电仅限于电灯者，每度电码取费 0.1 元。

(二)若用户用电包括电灯、暖气并其暖气暨(或)电冰箱等用具之耗用电量堪满 1000 瓦特或至少等于其电灯用电量四分之一者(依大者为准)，每度电码取费 0.06 元。

(三)若用户用电包括电灯、暖气并其烹饪专用电炉灶者，每度电码取费 0.04 元。

电马力:用电量在50启罗瓦特为最高限度者,每一电码0.06元。

用电量超过50启罗瓦特者,每一电码0.04元。

其他多量用电取费另行核议:

各用户不明了(充量用电制)应如何采用,本局电务工程师当予解释一切并对于该用户装设之电灯估计额定月费。

自有道路电灯:

本局依照下列价单可供给用户自有衖巷街道电灯所有灯泡电力修理维持暨总开关费用一并在内。

25烛光灯	每盏每年30元
50烛光灯	每盏每年40元
100烛光灯	每盏每年60元

电表押租费:

用户接电须按下列定价缴纳押租费。

5安丕	电表每个20元
10安丕	电表每个30元
20安丕	电表每个50元

医院项下

维多利亚医院　　　　住院费

	英租界住户或纳捐人	非本租界住户暨非纳捐人
特别病室　每日	7.5两	10两
普通病室　每日	6两	8两
外科手术室		
重要手术	20两	25两
次要手术	10两	15两

隔离病院住院费	英法租界住户暨(或)纳捐人	非英法租界住户暨(或)纳捐人
每日	3.5两	6.5两

产妇调养院住院费　　每日　　10两

注射药品非药方谱所列药材暨专利药品、食物、汽水及酒类概另收费。

X光照收费

类别＼收费	本局收费（元）	医生手续费（元）	总数（元）
牙齿1枚	2	10	12
牙齿2枚	3	13	16
牙齿3枚	4	16	20
牙齿4枚	5	19	24
牙齿5枚	6	22	28
牙齿6枚	7	25	32
牙齿7枚	8	28	36
牙齿8枚	9	31	40
牙齿9枚	10	34	44
牙齿10枚	11	37	48
大印片 10寸×12寸 12寸×14寸	10	15	25
小印片 8寸×10寸 6.5寸×8.5寸	5	15	20
幕影查考	5	15	20

电气治疗

电气治疗器(外症)由病院职员施诊	(每0.5小时)	5两
包括按摩费	(每0.5小时)	5两
包括按摩费	(每1小时)	10两
按摩电机用费	每次	1两
普通按摩费	每1次	5元
	2次	10元
	3次	15元
	3次以后每1次	3元

捐照费率列下

汽车、载重汽车暨拖车	每年	80元
	每季	21元
电水自行车连双坐或不连双坐	每年	40元
	每季	10.5元

此为英、法、意、日各租界通行捐,包括特别一、二、三区,天津城里城外不在此例。

长途汽车特别捐(每季加收 15 元)

公用汽车特别捐(每季加收 5 元)

马车	每年	18 元
	每月	2 元
人力车	每年	9 元
	每月	1 元
自行车(全天津)	每年	1 元
轻便排子车(小本营生)	每月	1 元
装货排子车及大车	每月	2.2 元
装货排子车(自有)	每月	1.5 两
手车	每月	0.3 元
犬	每年	5 元
小本营生	每月	1.25 元
民船	每日	0.5 元
	月捐	0.6 元或 1 元
净水车	每月	3 元
粪车	每月	20 元
旅馆		
一等	每月	15 元
二等	每月	10 元
三等	每月	5 元

图样

英租界蓝色影印全图	每张	5 元

公用营业汽车

下列公用汽车租赁费率业经英国工部局核准：

大汽车载客 5 人以上：

在 20 分钟以内最少租赁费	每次	1.5 元
首先 40 分钟		2.5 元
第 1 小时		4 元
每增加 20 分钟		1 元

小汽车只载客 5 人：

在 20 分钟以内最少租赁费	每次	1 元
首先 40 分钟		2 元
第 1 小时		3 元
每增加 0.5 小时		1 元

钟点计算由预定时起至乘客离车时止,再加该车开回车行需用时刻。

垃圾箱

工部局规定式样垃圾箱每只	2.5 元

人力车价

10 分钟或不满 10 分钟每次	0.1 元辅币
续雇时间每 10 分钟	0.1 元辅币
每 1 小时	0.5 元辅币
车夫 2 人推拉	加倍

以上车价仅于日间通用,如在夜晚或遇天时不晴应增加之。

起重机

每次起重至少收费	20 两
若以吨位计算每起 1 吨收费	2.5 两
重量最大限制 30 吨	

测量费

普通测量	每亩收费	5 元
设上建房屋位置须划定界线者	每亩收费	7 元

水价

依水表记载每千加伦收费	1 元

用户每月是否用水每一水表须纳费 1 元,设用户所装水表不止 1 个,则无论何表所用水量均得列入月账。

磅房收费

大车过磅每 1 吨或不满 1 吨	0.05 元大洋
每次过磅至少收费	0.2 元大洋

估定房产租值捐

查本租界纳捐人于上次常年大会所公举之估价委员,业将坐落界内各段房产本年全年租值估计完竣。

此项估定租值列有单表,凡愿参阅者,可于本年 5 月 31 日以后随时惠临本局。倘捐户对于该估价委员所估全年租值或有不满意处,应于本年 6 月 30 日或早日通知本局秘书长,俾所具质问理由得于颁发该捐账单日期以前受详细考核。凡有请求另行估计全年租值之请愿书,倘于本年 6 月 30 日以前未能递到者,概不受理。

每年 9 月为缴纳全年房产捐之期,倘至 9 月 30 日仍未缴纳者,按照本局条例第 39 条本局得征收额外附加捐,以欠缴捐数之 10%为标准。

如本年房产捐至迟到 9 月 30 日尚未将全数照缴者,则本局对于其请求核减房产捐事概不受理。

凡已缴纳之捐款本局得依照下列特别情形或准予退还,惟须详细声明者,此项捐款之应否退还,完全由本局权衡决定。

房产租值捐要求退还规定

一、凡房产于 1 年度中有未经占用时期,本局可酌核情形按照下列计算表,将已缴之捐款退还。

计开:

未占用 1 个月者退还　5%

未占用 2 个月者退还　10%

未占用 3 个月者退还　15%

未占用 4 个月者退还　20%

未占用 5 个月者退还　25%

未占用 6 个月者退还　30%

未占用 7 个月者退还　35%

未占用 8 个月者退还　40%

未占用 9 个月者退还　50%

未占用 10 个月者退还　60%

未占用 11 个月者退还 70%

未占用 12 个月者退还 80%

二、凡非出租之房产应作为有人占用。

三、若房屋内置有家俱或货物者,应作为有人占用。

四、凡房屋空闲满足 1 整月者,即自本月某日空闲至次月之同 1 日期得要求退捐,惟该房业主或经租人应即于房屋空出日报告工部局并每满届 1 个月继续报告 1 次,一俟租出应再于租出日立即报告之,倘不依此随时报告注明每段地空闲房屋住址,其退还房捐要求当即失效。

五、第 1 次报告房屋空闲须用特别格式,此种特别格式可向英工部局会计处索取,该格式内应列房屋号数,系业主用以志别其管业地段房屋定有不同额之租金者。

各段房产类别列次:

(一)多所成排房屋其租赁以一整所为单位者。

(二)某段地房产系铺面办公室住所或分租楼房暨货栈合成者,其出租以全部或一部分为单位者。

(三)货栈其出租以分截部分为单位者。

(四)菜市建有铺面住房摊子概可分租者。

(五)大所住房其出租以房间为单位者。

六、业主或经租人于要求退捐时,须采用"首次报告"格式并于该报告内详细分别说明每段房产之出租单位与租金之总收入暨各单位之按月租金数目。

七、此后业主或经租人再有退捐要求,仅须用信函援引首次报告,注明产业段数号数,工部局主管退捐要求人员当即于该房屋之首次报告照行注明。

八、倘每年地捐至 4 月 30 日房捐至 9 月 30 日尚未全数清缴者,其退捐要求本局概不受理。

九、凡有退捐要求应函交驻津英国工部局会计处长,并于封皮注明请求退捐字样。

十、工部局得随时派员查明请求书内所具各节,如查有具报不实或误报情事,其所具要求概作无效。

十一、证书格式须经业主或经租人签注如下:

"鄙人证明房产租值捐退还请求书内所具各节据鄙人所知信为,概系实情"。

工程处 1931 年报告

以自雇工替代包工制办理一切建筑暨保持工程,本年仍继续施行并扩展其范围。查本局新建房屋内暖气与卫生设备之安置间,亦有由本局自雇工办理者,其工作成绩与工资节约概堪称意。

伦敦道新建之警务处宿舍第一部分,其暖气暨卫生设备业已竣工,该房屋已于年初占用。其第二部分完成后亦已于年杪占用,其第三部分之工程已建筑至 2 层楼以上,惟因天时严寒工作只得暂缓进行。

1931 年界内业主建造房屋总计值 435,800 两,内有计值 136,700 两之建筑,其准单系于 1930 年具领而于本年竣工者,现时建造未完工之房产计至 1931 年底,共值银 216,400 两。

天津公学新校址之第二校舍系于秋初落成,靠临日、法租界之墙子河疏濬业已蒇事,经过本租界之一段亦已于年间开始疏濬。

1931 年铺筑之路线列下:

围墙道之半面	自公学道至宝士徒道
又	自咪哆士道至戈登道

路基系洋灰混凝土,路面系开滦缸砖。

巴克斯道	自达文波道至西摩道
格拉斯哥道	自约克道至伦敦道

路基系普通红砖,路面系沥青混凝土。

各路铺筑总面积计 11,684 方码,计长 0.93 英里。

1931 年建筑阴沟路线列次:

格拉斯哥道	自约克道至益世滨道
又	自福发道至伦敦道
新加波道	自登伯敦道至格拉斯哥道

沟管系椭形,高 1.6 英尺宽 1 英尺。

总长计 0.32 英里。

填土工作:

本年推广界填土总量计117,764方,所余未填洼地尚需土量约362,000方,其填土工程按现时进行,速率测计须3整年后始得蒇事。

辅捐收入:

本年辅捐收入成绩殊堪称意,收入总数共计银148,978.28两,比较上年计增7,216.79两。

各项工程细目胪列于次:

桥梁:佟家楼木桥暨列斯克目道木桥概经施以维持修理工程。

河坝:本年所修工程系属琐碎,查河坝全长内之118尺仍为木质建筑,其位置适处水道处进水管口,三数年内务须改建洋灰混凝土坝,藉与其他部分一致,盖此木质建筑之效用期限似已届满。

河坝之第七号、第八号堆货空地已于年间改铺碎石。

塚[冢]园:

塚[冢]园本年无甚重要修理工程。

火葬炉:

1931年共计用14次。

填地土坝:

包围第10、第11暨第12水坑一部之土坝系于年间建造,共用土量4,700方。

防水土坝:

于需要处概经施予修理藉资保持坚固。

填土:

推广界填土工作于3月19日开工至12月10日停止,在此时期内供给泥土总量计117,764方。其分配详数如下:

第8水坑包括推广界地

第46段、49段、51段、52段52甲假	计54,324方
第11水坑包括推广界地	
第48段、65段、66段	计40,672方
第12水坑包括推广界	
第67段、68段、69段、70段	计22,768方
总计	117,764方

第8水坑填土工程业已完竣。

第 11 水坑已填 48%。

第 12 水坑已填 19%。

公共厕所：

界内公共厕所概经修理并保持洁净卫生状况。

工部局房屋：

除前述之警务宿舍暨天津公学新校舍外，在伦敦道与大北道交岔口曾建造一暂用警务派出所，在新工程场建筑新马厩并在伦敦道建造圈狗所。

新工程场：

本年该场供给沥青混凝土搀合计 26,338 立方尺，路面沥青料计 7,097 立方尺。

辗轮榨碎石块共计 116,933 立方尺，榨成寸半石块计 39,726 立方尺，1 寸石块计 36,792 立方尺，6 分小石块计 54,133 立方尺，化验室查验沥青混凝土搀合暨沥青路面料等共计 168 次。

机厂暨工具：

各机件暨运输车辆概经本厂妥加修理。

马路、便道暨暴雨水沟项下：

本年修筑路线面积共计 11,684 方码计长 0.93 英里。

连同已往 7 年一并计算合 360,253 方码，总长计 20.36 英里。

铁筋混凝土路基上铺开滦缸砖路线：

围墙道（半面）	自咪哆士道至伦敦道	1,578 方码
围墙道（半面）	自宝士徒道至公学道	2,437 方码

红砖路基上铺沥青混凝土路线：

巴克斯道	自西摩道至球场道	5,660 方码
围墙道	公学道与宝士徒道交岔	724 方码
格拉斯哥道	自约克道至伦敦道	1,285 方码
总计面积		11,684 方码

阴沟项下：

本年修筑沟线

格拉斯哥道	自约克道至益世滨道	332 英尺
	沟管系椭形高 1.6 英尺宽 1 英尺	
格拉斯哥道	自福发道至伦敦道	345 英尺

	沟管系椭形高 1.6 英尺宽 1 英尺	
新加坡道	自登伯敦道至格拉斯哥道	1,021 英尺
	沟管系椭形高 1.6 英尺宽 1 英尺	
总长		1,698 英尺

连同已往七年一并计算合总长 40,516 英尺或 7.67 英里。

路边水沟石：

本年建造之铁筋混凝土路边水沟石计长 8,578 英尺。

便道：

1931 年便道建筑共计 3,988 方码，其中 837 方码系用洋灰混凝土建造，其余 3,151 方码系用沥青路面料。

暴雨水沟：

本年暴雨水沟之建筑计长 3,580 英尺。

洒水：

本年洒路清道用水量共计 1,088,400 加伦。

清道工作：

1931 年收集处置之脏土量列次：

住户垃圾	13,774 方
街道脏土	1,721 方
泥　土	109 方
炉　灰	477 方
马　粪	190 方
沟　泥	227 方
总计	16,498 方

扫除积雪：

年内下雪共计 8 次扫除总量计	3,870 方

街道名牌：

本年添置街道名牌计 22 块。

本处厂地豢养牲口暨置用机件计至 1931 年 12 月 31 日止列册于次：

骡	53 匹
脏土车	29 辆
沟泥车	17 辆

载重机车(蒸汽2辆)	7辆
载重拖车	4辆
铁水车(马拉)	11辆
机力水车	1辆
脏水车	2辆
马帚	7架
驾马具	56副

牲口总数：

	1930年存数	1931年废除数	新购	现存
马	1匹	1	无	无
骡	49匹	无	4	53

辅捐收入：

1931年辅捐收入总计148,978.28两，此为历年所未有之优美成绩，比较1930年计增多7,216.79两，比1929年计增2,866.74两，比1928年计增23,467.70两。

其他工程项下：

通接阴沟之路边井子	114个
位置四至界石	109柱
卫生设备检验	35处
油刷白色交通指示线计长	17,974英尺
脏水井清理	737处

气候：

本报告附有已往30年即自1902年起至1931年终之气候测量记录表暨历年雨水及寒暑记载曲线图。

职员：

工程助理员乐富君于本年1月11日销假，视事工程员考特卫尔君因合同期满，业于本年底准予辞职。

工程师　巴恩士

电务处 1931 年报告

总论：自 1920 年 10 月开始供给电流，电务处成立迄今已十二载，于兹电流需要之日增月盛，灼然可考。查 1931 年 12 月之售电量总数比之 1920 年该月售电量数超出 10 倍以上，历年进步赓续无间，电流用度日益繁多，不仅发电与分输电流设备更臻完美，其余采用电流发明如电灯、电暖炉及电灶烹饪等亦复日见精备。因电流用度之普及，其妥靠性之紧要，爰更形显著，故本处职员对于保持供给电流之稳定妥靠无不竭力，特予注意。年间发电厂摩电并无瞬息之停歇，殊堪称意，惟厂外分输电流设备之妥靠，自不能期以极度之完备，本年夏间因暴雨而电流分输，致发生细微障碍。此外，尚无电流间断可言，此项极短之障碍，本处无时不设法使减少至最低限度。

本处厂内厂外机件年间概经详加整理，于必要处并剔换置新，虽数部分自安置迄今已经十二寒暑，然其全部状况犹似新置时也。旧有机件之大部分机力有限，已不适于现时应用，其仍予保存乃备意外急需耳。

售电：1931 年本处营业之特点为采行两种给电收费制，即划分用电制暨充量用电制是也。充量用电制系按各用户住房估计，其电灯之充量用电而规定其月费另按各该户电灯、电暖炉、电灶实用电码加收笼统之低廉码费，此新制之采用系数年之缜密审核而定，其施行之不易与夫，对于用户须给予明晰解释，固早已见及。惟才过一整年之试用成绩尚堪称意，需用长时间电流之住户、商行、俱乐部等均得藉以减少电码费用，其于采用各种电气用具不必另装线路获益尤多，同时不利于电厂之各用户，因此，新制其电费则较前稍高，但用户不明了新制利益者，仍居多数。查采用新制用户仅 970 户，其余 2900 户仍沿用划分用电制。

近今英国皇家委员所提倡之电费制，爰与本处施行之新制无甚差异，殊堪注意者也。

本年津埠商业萧条更甚，幸本界售电总量未形减缩，比之 1930 年售电总量仍增多 15%。查 1931 年售电总量为 9,170,661 电码，1930 年为 7,941,722 电码，1928 年为 8,023,000 电码。自施行充量用电制以来，各该用户用电无论其

为电灯、电暖炉或电灶暨通接一电表,各项用电类别自不易分析,本处经济状况截至 1931 年底止计开于次:

购置成本项下	1,213,276 两
折旧存储	644,848 两
购置存储	232,490 两
债款实数	425,429 两
售电收入	606,203 两
扣除折旧	178,093 两
之余利总数	177,065 两
成本利益	14.6%
债款利益	41.6%
盈余净数	140,740 两
扣除折旧	178,093 两
八厘年息	36,325 两

本年成本余利之比率堪称优越,所负债款均备有切实存储,本处经济善可称稳固。

本年营业净利(除去折旧暨八厘年息)为 140,740 两,诚不敷预算所列,其减缩原因乃系近今时局不靖,售予公司、商行等电量缩减所致。

历年营业净利详数胪列于次:

1920 年 10 月开办电流取自购买	8,004.00 两
1921 年购买总电流再分售用户	61,635.60 两
1922 年一部分电流本厂摩发　其余取自购买	57,535.69 两
1923 年电流完全由本厂摩发	41,564.37 两
1924 年电流完全由本厂摩发	85,648.98 两
1925 年电流完全由本厂摩发	93,084.88 两
1926 年电流完全由本厂摩发	89,817.09 两
1927 年电流完全由本厂摩发	147,196.03 两
1928 年电流完全由本厂摩发	209,459.59 两
1929 年电流完全由本厂摩发	171,967.99 两
1930 年电流完全由本厂摩发	170,777.54 两
1931 年电流完全由本厂摩发	140,740.34 两

总数 1,277,432.10 两

本处自 1920 年开办以来归还工部局总务款项合计 1,044,942 两,本厂成本为 1,213,276 两,历年积储之折旧暨准备款额现达 877,338 两。

本年购置之添增仅 15,288 两,1930 年之购置添增为 35,938 两。

本处现时设备存本总计 1,213,276 两,此数包括 7500 启罗瓦特发电机厂建设费,计值 875,440 两,合每一启罗瓦特占 116.7 两,依启罗瓦特为本位,此机厂建设费洵为蒸汽电机厂中之最低廉者也。

本处分输电流设备计值 282,727 两,其分输总电量达 10,610 启罗瓦特负荷,合每一启罗瓦特负荷占 26.6 两,较之其他分输制殊形低微。

发电机件:发电机厂之全部机件暨锅炉业经切实整理,其保持状况颇堪称美,处此灰尘弥漫区域,保持清洁本非易事,惟本处厂员时时以洁净为前提,用臻机件效率。

迩来,为通接用户电力时计便利起见,发电机旋转次数定以每分钟 3000 转为校对准率,所接电力时计藉此得获分秒不差,电机旋转速率之准确,每日并由无线电信自德国 Nauen 与马尼拉校对之电时计之准确,随时可由用户电线直接取准,本界用户似尚未充分周知也。

关于发电设备,本年发生困难事实者为墙子河,缘发电机凝水框需用之凉水乃取自该河,年来海河淤积致墙子河亦日形浅塞,发电机厂之废址所在地如不能得充分流通水量,其不利便处自无庸赘述。

本厂置有涡轮发电机 4 架,其旧有之 2 架每架发电量为 1,250 启罗瓦特,其较新之维格斯厂制造之两架每架发电量为 2,500 启罗瓦特,现时电流需要概由此 2 架摩发,其小者仅备不时紧急之需而已。维格斯厂所制之电机运用成绩优良,现今状况仍宛如新置。

厂内共计有拔柏葛锅炉 6 座,其蒸汽量之大小不同,小者每小时能发汽 1 万磅,其新置者每小时能发汽 5 万磅,各锅炉状况经随时认真保持仍无久置痕迹。

关于烟突烟尘为患,本处仍竭力注意,结果良好。盖厂房烟突实无烟尘可观,其锅炉烧煤均用技术方法续添,不若住户之炉灶燃烧各随仆役之便,此本埠强半烟尘患害之所自来而非发自电机厂房。倘电灶之采用得以普及暨住户暖汽之蒸发得以集中于一中央锅炉房,则无烟城市之实现为期当不在远。

煤炭消耗:全年发电消耗煤量总计为 16,499 公吨,发电总量为

11,030,580启罗瓦特小时,合每一电码耗煤 3.3 磅,上年之比率为每一电码耗煤 3.2 磅。际是时局不靖,交通恒现阻滞,煤炭供给之连续不断深堪顾虞,为此,近今厂房空地已预备添增存储煤量。

分输电流设备:本年厂外分输电流设备除新建二分处之置备变压器暨扩充旧有其他二分处以应添增负荷之需,此外无甚变易,终年电流分输除因暴雨偶现数秒钟之阻碍外,诚无间断可言,所有变压器自置用以来已逾十载,从未发生障碍,旧有变压器多数为 Johnson and Philips 制品,其品质制造之精良可见一斑。

电流损失:本厂电流因分输暨变压器之损失,计占发电厂发电总量之 8.9%,比之上年无甚差别,此损失比率虽不为高,然为减低此比率并增高用户电压起见,所有电线接头业经检验紧密连接,查近数月此项损失已减低至 6%。

电表:用户电表仍按时施行检验,虽各表时有过量之负荷,其平均准确之差率罕有高于 5‰者,全年校验之电表共 2510 个,所验差率之平均为 1‰。

查本处所用之电表为 Ferranti 与 Metropolitan-Vickers Co. 所制造,所得成效甚佳。

现时用户通接电表共计 5133 个,上年底之总数为 4880 个,计增 253 个,其大多数系最近 3 个月之增加。因邻区变乱丛生致迁入本租界之住户陡增,惜由此添增之收入不足以抵补市面萧条电流需要之减色耳。

凡采用充量电制之住户概已改装一个电表,藉收该制之利便,其电量消耗无论其为灯亮、电暖炉或烹饪,自无分表之必要。

发电厂最高负荷:1931 年本厂最高负荷系在本年 2 月 16 日适值旧历年节,其数量为 4,450 启罗瓦特,此数特现高锐,因本厂同时协济供给邻区机厂电流之不足。查该厂电机之一忽发生障碍,故也供给本租界最高负荷之实数为 3,110 启罗瓦特,此最高量数发现于 12 月 17 日,是日发电总量为 38,508 启罗瓦特小时,为历年未见之高数,比之上年计增 8.7%。历年发电厂最高负荷胪列于次:

年份	需电量最高数 (启罗瓦特)	增加	减少
1920 年	550		
1921 年	691	25%	
1922 年	840	22%	
1923 年	1350	61%	

（续表）

1924 年	1530	13%	
1925 年	1881	23%	
1926 年	2270	20.5%	
1927 年	2860	26.0%	
1928 年	3100	8.5%	
1929 年	2810		9.5%
1930 年	2860	1.7%	
1931 年	3110	8.7%	

负荷供求相应数：依据本厂供给厂外启罗瓦特最高量数暨售出电码比较，此数计合35.5%，比上年之34%显有进步，可证电流各项用途之扩展也。

售电总量：本年售出电码总量为9,171,166电码，比较上年售量7,941,722电码，计增15%，其1.5%系因供给邻厂临时急需之增加，本租界实在之添增为13.5%，际兹商业不景得获此增数尚堪称意。

历年售电总量：

年份	用户电灯、暖气、烹饪	电马力	公用电灯	特别一区	总量
1922	892,617	344,391	186,517	303,897	1,727,422
1923	1,072,337	509,841	208,629	526,396	2,317,203
1924	1,373,621	572,398	220,483	749,850	2,916,352
1925	1,777,974	7 85,541	230,084	959,100	3,752,699
1926	2,297,250	1,124,876	250,280	1,048,100	4,720,506
1927	2,876,031	1,612,424	302,767	1,376,090	6,167,312
1928	3,428,152	2,564,558	318,398	1,712,377	8,023,485
1929	3,195,299	2,318,488	315,727	1,660,331	7,489,845
1930	3,357,552	2,547,849	324,777	1,711,544	7,941,722
1931	3,913,214	3,018,175	339,639	1,900,138	9,171,166
近2年之比较增多	16.5%	18%	4.5%	11%	15%

本年首季营业似颇有进展之趋势，不幸商业不振与时局变乱多，故致电马力暨商行公司需用电锐减。

所有历年用电记载比较曲线均附列于后。

曲线第1号表示已往十一载发电厂每月最高负荷启罗瓦特量数，1931年曲线亦附此表。

曲线第2号表示历年每月售电量以启罗瓦特小时为本位，售电量比之1928年已见增，其因本埠时局影响之变化亦显然可见。

曲线第3号表示每日24小时内用电量之变化状况,最高负荷发现于12月17日系用实线表示,夏天之负荷系用虚线表示,此两曲线并彰然表示每日需用发电机全份机力之时甚简短,故本处竭力推广电流用途,如电马力电灶、烹饪暨电冰箱等藉增负荷平淡时间之电流需要。

曲线第4号表示发电厂历年最高负荷变化状况。

曲线第5号表示历年售电总量增加状况,近年市面萧条影响灼然,惟本年复显上趋之表现,对于将来自不无乐观希望。

用户接电:计至1931年底止用户接电总数共3,989户,比之上年之3,585户计增10%,通接负荷之总量为10,642启罗瓦特,比之年计增14%。

电灯、电暖炉、电灶、烹饪等:在采用充量用电制之前,各需用电量本可分析今者概由一电表计量,不再类别。

近数年电灯之新发明有太阳灯及氖气灯两种颇受到用户欢迎,氖气灯用于广告尤见盛行。

本年冬银价锐跌,致外来之电炉灶暨暖气炉等价格陡增,一时租赁电炉灶之主顾几至完全停止,惟本处为便利用主起见,已设计自造。查电炉灶之主要部分为发热分子,因外来电灶时有发热分子之损坏,本处历年曾力事研究用自制品替换之成效斐然,今自制之新电灶得有良好成绩端赖此也。现时用户采用此自制小号新灶者,超过百数,使用经年无修理之需要,足证此自制发热分子较胜于舶来品,计至1931年底止,用户租用电灶共计298个比之1930年计增16%。

同时受银价低落影响之物品尚有其他电气用具,如电水壶、电咖啡壶等,本处亦已自行仿制,此类自制用具颇受用户欢迎。

电气烹饪之日形普及,既如上述其试行怀疑期间似已过去,嗣后成效当日臻优美,其清洁便利固非旧式煤灶可比拟。

电冰箱之价格虽昂贵异常,然其用途则未见削减,将来更形发展当可预期。电冰箱之运用尚堪减低住房内暑气,此类新机件之效用有二,即减低室内空气湿度暨热度是也。沪滨采用此种电气减热机者已数见,兹后津埠医院、剧院及大公司等用之以祛溽暑期当非遥。

公用电灯:马路公用电灯概经整理,旧有已历十一寒暑之,灯罩均已换用本埠新式烧瓷制品,此项新罩无须重油,故其维持费用当较旧式灯罩减省。查现有路灯烛光射达力与12年前初置时无异,惟迩来车辆交通繁增,路灯烛光似应加多以利汽车行驶。

现有路灯设备项下：

50 烛光	31 盏	300 烛光	35 盏
100 烛光	465 盏	600 烛光	32 盏
200 烛光	223 盏		

年间自有巷弄通接之电灯时有添增,因此,灯光充足不惟便利行旅其于宵小偷窃兼收遏止之效。

陈列室：该室设立中街效用斐然,用户藉此得睹电气用具之日新月异。查年间售出电气用具共计 1,362 件,灯泡不计,并代用户修理电气用具计 636 件,比之上年均现增多。

职员：本处自成立迄今虽十二载,于兹从未有工潮情事发现,各级职员率多和衷共济勤于职守。本年 10 月间邻区忽遇变乱,本处人员有被阻而不克到局者,然一时避居本租界用户多数电表之亟须通接别无迟误,又电厂工员之得于厂房住宿殊收效用。倘无此便利,则当时本厂员司因变乱而被阻到厂或致影响发电也。

本处工人间有自电务处成立以来未歇工 1 日者,并有继续工作 8 年未耽误 1 小时者,其勤劳从事诚可嘉许,为奖励起见,本处筹有微薄奖金以酬每月勤务卓著人员。因之工员咸勤奋有加,各级员司亦无不同心戮力,尤以安德而君暨王相臣君之襄赞多著劳绩,10 月间职员有旬日不克到局者,本处事务得获自任之助理而照常执行,殊深感激。

驻英锡拉君为本处工程顾问,历年深荷赞助,藉此致谢。

电务处工程师　伟廉士

水道处 1931 年报告

一、本处一切工作进行顺序，年间别无阻滞间断情事，机件运用暨技术成绩概称优美，1931 年收入虽因本埠经济状况不振而不敷预算，然财政实况比之预期之结算较为充裕。查本处水量抽汲完全利用电力，系自本年始各分厂机件应付预定负荷颇著成效，关于工作经营如机厂运用之循序平行支配抽引机之应付用水数量突然增减，输水压力之稳定，裁制水量储备之充分维持，各项手续因各厂机匠训练有素随时加以督察，本处厂务经营得获经济效率。各输水管连同特别一区水管尽头因水压自 37.5 磅增加至 50 磅，其输水压力已收均匀之效，消防设备因之亦增效用，各水管水压均匀皆有水表证实。本年自 4 月 30 日起至 10 月 31 日止各自流井产水量不敷需要，致须仰给过滤河水藉资补充，惟河水品质不洁，故滤水池辄逾量使用，消毒氯养须显然增加，5 月间本处曾用传单通知用户对于食水务先沸煮以绝疫症危险，用户虽有不惯消毒氯养气味者，惟此项防范之本旨务须以安全为前提。迩来海河状况日转不良，本界需水幸不完全取给河水，开凿自流井之利益乃愈显著。查各自流井效用甚佳，自 1926 年正月迄今各井产水总量已达 21 亿加伦，本年推广界新布之水管计长 2,302 英尺以应马路、房屋建筑发展之需要，新置接水设备共 38 处，比之上年计增 4 处。

二、消防设备暨河坝进水机厂

该厂设备暨全部机件概经妥为保持，年间河坝区域未发生火患，惟河水抽引机为供给滤水池需要自 4 月 29 日起至 10 月 31 日止继续工作，并因海河淤沙加甚，进水管口于 7 月 13 日须加施冲激。淤沙初至时势甚猛烈，进水管口之河滩须经海河工程局挖浚水注冲激，并用该进水管口始得达河坝下 18 英尺深度。

三、抽水机厂

本年新置机件仅为巴克斯道机厂之 4 英寸华新顿星母森电力抽引机 1 架，专为滤水输送之用，机厂贮水池暨厂房均照例施行应有之整理，于必要处剔旧置新，各机件保持应有之效率。查电力推动机件设备比之旧有蒸汽机件较为洁净,其管理运用较为经济,需要机匠少而所获效率高。本年夏季负荷虽重,然各机件运用别无因故停止或发现障碍情事,足证电力推动机件用于给水设备似甚适宜。

四、巴克斯道机厂

自流井水量不敷需要,故自4月29日起至10月31日之间须用过滤河水补充第二号井暨第三号井,供给水量连同过滤河水补充数量胪列于次:

月份	总水量(加仑)	过滤河水补充量(加仑)
1月	13,240,000	无
2月	11,361,000	无
3月	14,054,000	无
4月	15,511,000	无
5月	18,606,000	2,204,460
6月	21,697,000	4,781,880
7月	20,926,000	3,696,300
8月	20,553,000	2,490,840
9月	214,584,000	3,496,500
10月	21,134,000	2,384,280
11月	17,336,000	无
12月	17,267,000	无
	213,233,000	19,054,260

(一)旧机厂

前置之蒸汽抽引锅炉暨贮水塔业于7月间开标售卖,该贮水塔已于11月间按合同拆卸,其工作进行未搭脚手架,依照定期安然竣工别无意外,所得售价比之册列价格尚有盈数。查该水塔为本租界古迹之一,由此失其存在矣。

(二)滤水设备

为增进第3滤水池过滤速度起见,该处特新设井口藉资调剂。

(三)抽水机件

6月间新置4英寸华新顿星母森抽引机1架为输送滤水池至贮水池之用。

(四)贮水池

该池永久顶盖业于6月初完成。查该顶系由本处自雇工建筑,虽属初次,然结果堪称圆满并收工料经济、建造良好之效。

(五)新凿自流井

开凿斯井之第一井眼在1929年8月开至308尺深度而放弃，其第二井眼之困难已于1930年报告叙及，此井眼之深度虽已钻凿至656尺，然终须放弃，所有已安置而不能取出之井筒管及导行管暨一切开凿所费工程咸属包工人之损失。查该井眼失败缘由似系于地底深度忽遇活沙，致井筒内不能避免活沙侵入位置，井筒管暨水蓖因之发生极度困难，当井筒管暨水蓖放落时突遇阻涩暨6英寸水蓖放落至538尺深度时，忽轧挤不动，是皆为包工人意外之不幸，待至本年2月11日乃不得不放弃此第二井眼，包工人开凿井眼迭遭失败，所负损失因属不赀。查照合用条款，开凿之井眼须经试验合用方能续付款额，因此包工人不得不停止进行。工部局旋与包工人之保证人交涉多时，始协定继续工程办法，工部局允予赞助支付每月所需费用。第三井眼之开凿始于本年11月3日动工，此次所用钻凿法与前稍异，名曰黏土开凿法，拟用此法开凿至四百五尺深度，藉抵免前次遭遇困难并利下层至700尺深度之钻凿，此新井之建设当在此深度。查新井眼所在地点虽距离放弃之二井口仅73尺暨185尺，然下层地质之组织与前二井筒之地层组织大有区别，计至12月底，新井深度已钻至260尺，其最后之11尺乃在坚结洋灰沙子中，前此已钻通之坚结洋灰沙子共计五层，各层厚度自1尺至29尺不等，钻通此种坚硬灰沙固属迟缓，然因各层之坚硬性无异天然良好，顶盖上述黏土钻凿法之进行，藉此得免井筒塌陷。包工人之钻凿工程师因病不克亲自督伤，现时钻凿工程仅由其代表及助理员监督在津所雇工人办理，所获成绩尚佳。

达格拉道机厂

该厂年间之更动只改筑流水沟渠而已，嗣后雨季被水之患可以免除，厂址树木草坡概经工部局花木管理员襄赞认真保持，院内景物赖此点缀颇堪悦目。

该厂第4号暨第5号井产水量列次：

1月	12,120,900 加伦
2月	10,902,400 加伦
3月	12,235,800 加伦
4月	11,788,300 加伦
5月	11,917,900 加伦
6月	11,451,900 加伦
7月	11,861,200 加伦

8月	11,578,800 加伦
9月	11,232,000 加伦
10月	11,939,000 加伦
11月	11,677,300 加伦
12月	12,602,700 加伦
	141,308,200 加伦

五、伦敦道机厂

查该厂地址旷野灰沙为患,较房屋稠密之处为甚,院内栽种花木不惟增加美观并祛尘土。

该厂第六号井产水量列次：

1月	7,830,000 加伦
2月	7,015,000 加伦
3月	7,913,000 加伦
4月	7,521,000 加伦
5月	7,728,000 加伦
6月	7,447,000 加伦
7月	7,602,000 加伦
8月	7,458,000 加伦
9月	7,237,000 加伦
10月	7,429,000 加伦
11月	7,346,000 加伦
12月	7,707,000 加伦
	90,233,000 加伦

六、自流井

依据抽引水平暨自然水平测验,考量各井产水地层压力未现显著变迁,惟依平时化验考证其盐质成分均有变化,比之往年稍增。关于各井产水品质除第三井之产水地层似有变化外,其化分比率无甚变异,按每星期测验记录第二号、第四号、第五号暨第六号井之产水量依然无所增减,惟第三号井产量于夏季时现减缩,待至冬季复趋上升。

井号	1928年（加伦）	1929年（加伦）	1930年（加伦）	1931年（加伦）
第2号	31,000	316,000	308,000	293,000
第3号	366,000	342,000	334,000	307,000
第4号	228,000	191,000	178,000	190,000
第5号	181,000	191,000	188,000	190,000
第6号	240,000	253,000	256,000	244,000

七、总水管暨水龙头

查前此安置之水管，因水压增加33%即增至每方寸50磅，致发现破裂者数处，以水管节头涨开占其多数，幸察觉及时旋即修复。

历年设置总水管暨1931年添置之丈尺列次：

年间	总水管尺数	地面水龙头	地下水龙头
1931	2,302	0	1
1930	354	2	0
1929	3,790	12	1
1928	7,327	12	3
1927	8,589	7	6
1926	17,237	16	22
1925	13,439	15	12
1924	16,108	30	0
1923	7,640	11	1
总数	76,786	105	46

1931年之布设详数	6寸水管（英尺）	地面水龙头	地下水龙头
约克道	77	0	0
格拉斯哥道	1,153	0	0
益司滨道	98	0	0
福发道	86	0	0
大北道	658	0	0
邓巴顿道	230	0	0
马厂道	0	0	1
总　计	2,302	0	1

马厂道南端怡和住宅对面于年间设置地下水龙头1个，为冲洗马路之用。

在宝士徒道与利斯克目道交岔口暨宝士徒道与达文波道交岔口，本处曾于3月间安置4英寸暨6英寸总水表各一，为法租界不时紧急需水之准备。

本年10月间循天津西商马会之请求，自马厂门至看台下近安设3寸水管一段，计长1,180英尺，其工料费用概由该会付给马会，房屋之水压因之得以稍增，此项设置将来或展至天津乡艺会会所。本界所有水龙头概经于10月、11月间重加油刷。

八、用户水管通接

本年冬季因用户之合力注意暨本处视察员之勤事检查，用户水表与接水无严重冻裂情事，每月抄水表检查通知附以用水增加说明，颇收减除诘质并获速修渗漏，减低水量损失之效，且于无形中利益用户也。年间通接用户给水计38处，比上年计增4处。历年通接总水管之用户计至1931年底列表于次，其业经废止截断者不在此例。

年期	通接水管用户
1923	805
1924	1,027
1925	1,130
1926	1,446
1927	1,579
1928	1,803
1929	1,882
1930	1,905
1931	1,943

九、每日水量需要

3处机厂每日抽引水量最多总量暨最少总最胪列于次：

月份	最高量（加伦）	最低量（加伦）
1月	1,137,800	986,500
2月	1,109,000	920,600
3月	1,184,300	1,005,700
4月	1,270,000	1,055,400
5月	1,484,000	1,063,000
6月	1,485,200	1,114,300
7月	1,570,800	1,076,800
8月	1,411,900	1,158,100

9月		1,414,300		1,210,000
10月		1,362,600		1,248,000
11月		1,281,300		1,132,000
12月		1,299,000		1,135,400

最高数量记载在7月29日,计1,570,800加伦,比较上年5月24日最高数量1,384,300加伦计增13.5%。

十、售出水量

	甲英租界用水 (加伦)	乙河坝用水 (加伦)	丙特一区用水 (加伦)	丁总数量 (加伦)
1月	18,244,500	213,024	7,839,200	26,296,724
2月	15,962,560	112,672	6,931,200	23,006,432
3月	18,607,090	273,280	7,898,300	26,778,670
4月	19,562,990	261,184	8,414,100	28,238,274
5月	21,637,430	318,752	9,554,100	31,510,282
6月	22,838,450	270,144	10,034,900	33,143,494
7月	24,811,900	120,736	9,844,400	34,777,036
8月	21,734,210	104,160	9,440,800	31,279,170
9月	21,778,360	77,056	9,279,900	31,135,316
10月	12,734,170	28,000	9,720,600	31,482,770
11月	19,882,900	43,456	8,575,000	28,501,356
12月	20,060,500	11,424	9,017,000	29,088,924
总数	246,855,060	1,833,888	106,549,500	355,238,448

与上年售量之比较列次:

1931年	246,855,060	1,833,888	106,549,500	355,238,448
1930年	234,540,000	2,873,584	99,819,800	337,233,384
差别	增 12,315,060	减 1,039,696	增 6,729,700	增 18,005,064
	增 5.25%	减 36.10%	增 6.74%	增 5.34%

各项售水量比之上年显有增加,惟河坝用水因海河淤塞,海轮减少人口之可能而现减缩。

十一、化验师报告

依照卫生医官需要之按期水质暨微菌化验,概由米大夫与勃大夫热心担任殊属可感,各井水质仍保持适合饮料标准,水量有时虽须仰给过滤河水补充,然其有害元素概经充分消除。

十二、职员

本处职员举止暨服务成绩仍极良好，除机匠缺额随时补充外，厂处人员别无迁动。9月间本处损失干练人员2名，其一为守厂人在职已21载，其二为充任保持机件机匠技艺绝佳，为现时不可多得之人才，该2员均因病出缺。

本处现存高级技术职员人数比之往年已减其半，原有外国职员3人现仅存1员。查本处现时设备计有抽水机厂4处，各种机件类别不一，输水管总计长22英里，通接水表总计约2000号，此主要公用设备时需准切迅速处理，本处技术人员管理处务监督一切工作应付临时困难责任在在非易。

1923年至1929年间之进展：

计至1932年5月本处归工部局管理已届10载，查此为第9期年报蒸气机已废弃不用，兹特汇编自1923年1月以来之进展略节藉资参考，所获成绩列次：

（一）本处办公室机厂暨公用服务组织概按一等市政需要与最新式水厂成例办理。

（二）用户接水分输设备消防布置等皆经改善划一。

（三）给水水源已从河水改用自流井。

（四）按照发展计画[划]之机厂规划设计暨详细节目具准备就绪，新机厂之建筑暨机件布设概已竣事。

本处发展概况列次：

财政项下：	1923年	1931年
（五）机厂成本	240,475两	752,579两
（六）收入	84,566两	205,992两

技术项下：

	1923年	1931年
（七）每日需水最高数量	673,000加伦	1,570,800加伦
（八）总水管	9.85英里	22.20英里
（九）用户接水	805	1943

（十）机厂机件

1923年机厂2处

河坝进水机厂

  蒸汽抽水机   1架

  锅炉   1座

巴克斯道输水机厂

 滤水机件

 蒸汽抽水机   3架

 锅炉   4座

 增压抽水机   1架

 1931年 机厂4处

河坝进水暨消防设备机厂

 油力机暨电动抽水机   3架

 电动抽水机   1架

巴克斯道甲号机厂

 自流井   2眼

 电动气压机   4架

 电动主抽水机   2架

 电动辅抽水机   2架

 油力机暨电动主抽水机   1架

 油力机暨电动辅气压机   1架

 贮水池   1

 滤水池   5

 沈殿池   3

 文脱立量水总表   1架

达格拉道乙号机厂

 自流井   2眼

 电动气压机   3架

 电动主抽水机   3架

 电动辅抽水机   2架

 贮水池   1

 文脱立量水总表   1架

伦敦道丙号机厂

 自流井   1眼

 电动气压机   2架

 电动主抽水机   2架

电动辅抽水机	1架
贮水池	1
涡轮式量水总表	1架

查 1923 年设备电流推动机仅 1 架，现有 26 架。

水道处工程师　克拉克

警务处 1931 年报告

一、查本租界警务处事务计至 1931 年 6 月 30 日止，系由工部局秘书长兼总管理员赖乃士君主管，自 7 月 1 日起鄙人始接任负责。

二、罪案：关于本处所接罪案报告并经处理之刑事件，历年向无详具统系之纪载，仅登记各类案犯逮捕人数而已。依此先例，除照编案犯总数表外，关于本年干犯法纪范围与历年之比较或关于本处审理各案结果签注考语，洵无从取，则今只依犯案之事实而分别其轻重并将违犯本局规章暨轻案罪犯汇立一表。本年此项逮捕人数比之上年计增 1,358 人，殊现增多。明年当于无碍治安下稍示宽大，以期被逮人数之削减。（参看一表）

三、兹将依据中华民国刑律规定，逮捕之案犯总数立表于次，惟此表不足以昭示实在状况。查年间本处所携械抢案报告计有 5 起因侦查无效，该表遂无记载，又窃案报告共有 40 起强半未登记录，本处现已编造案件统计，以代历来单记逮捕人数方式再副以有秩序之侦察，所得闻料如适采用，则于将来案件解决当收显著效用。（参看二表）

下列案情应特予注述：

绑票案

1931 年发生于本租界之绑票案计有 3 起。

一、怡和洋行华经理梁惠吾君之被绑发生于本年 3 月 5 日。查梁君是日下午乘自用人力车回广东道私寓，当 4:30 时左右已近其寓所，忽遇携械绑匪二人阻止前进，一匪并鸣枪示威，其余在汽车守候之绑匪即趁机架梁君上汽车以遁，梁君暨其人力车夫似未予抵抗，是时应枪声而奔至之值岗警士仅注意于躺卧马路上之人力车夫，而未及注意驶走之汽车，匪人遂得挟梁君驶过法界向南城角逃逸。嗣后虽闻匪党有 1 人来津，因与梁君家族接洽赎票而被公安局捕获，然关于梁君暨绑匪至今杳无音息。

二、本年 5 月 5 日有抢匪五六人内 3 人携械闯入马克特内道 39 号苏体仁君住宅，抢夺首饰数件并架走苏氏年仅 5 龄之孙儿 1 人。查该匪等乃由苏宅仆人某让入，该仆役似有同犯嫌疑，惟不能获得实据，推测此案内情似为苏氏与其族兄争执家产之余波,该被绑之儿童旋因缴付赎金而恢复自由。

三、本年9月6日本界仁记洋行李经理之侄李怀生君于午夜1:20回寓,突被携械绑匪2人于董事道聚福里口架走。查该匪始用汽车载李君驶过马厂道,然后徒步至八里台小村改乘守候之小舟驶往下游乡村,该村坐落津南约30里。关于此项绑匪行动,本局于翌日即9月7日得报,当即转知公安局,惜当时未荷迅行追缉,迨至徒事缉捕已感不及。

据闻该匪等雇汽车守候聚福里时,其形迹可疑已惹人注意,惜该里口司阍人未即通报本处,仅于事后申述无补事实,嗣后未获其他线索。虽道路传闻李君因其亲族与绑匪接洽妥恰而被释放,然此项报告未能证实。

四、本处侦察绑案稍获成效者,只有一起可述,时值7月本界某住户侄男在唐山乘人力车自其居所赴大学时,在途被十数匪人架走,事后匪党来津图向其亲戚勒索赎款,本处得报立事侦查,旋于法租界捕获匪党12人,于日租界捕获说票人某,并抄得手枪15枝,子弹若干。该票旋被其余伙匪6人挟往北平,此报告虽经转达中国当局,但以后结果如何未闻其详。

五、携械抢案:本年抢案仅有5起,比之1930年之7起,1929年之21起、1928年之37起见减,由此可证,迩来本界治安保障渐臻稳固,年间抢案财产损失总计2,474元,比较上年此项损失总数5,192.4元殊现缩减。

六、凶杀:案犯统计表凶杀项下列有2人系犯凶杀而被逮捕者,然年间本租界内并未发现凶杀案情,该被捕人之一系于1930年1月25日在津埠犯凶杀案而于本年3月在沪滨被捕,旋经转送审讯判实罪名;其二为一曾在法租界犯凶杀案而自首之俄人。

七、偷窃:本年失窃物品总值计52,123.5元,寻获物品总值计30,760.6元,比之上年颇现增长,缘本局规章关于押当铺、旧货暨小手饰店亟应严格限制。查各押当铺收受各种可疑偷窃物品,依据营业执照条款应即陈报,但本局对于违章当铺向无处罚规定,小偷及不良仆役因此有押当偷窃物品之便利,实为偷窃之媒介,本处现决严行处罚收受偷窃物品人,藉资遏止。

八、杂务:关于车辆行驶规则仍须严格督饬施行,年间汽车行驶遇险计有79起,比之上年计增29起强半,系任意疾驶暨漠视警士指挥所致,按现经修正之车辆交通规定,凡车辆行驶至岔道口转向须自左至右绕过值岗警士,故各车每至路口须减低速度并无与逆向行驶车辆相值之可能。惟漠视警士指挥者,仍屡见不鲜,务须从严处罚以儆效尤,汽车业主且有视同时行驶马路各种车辆汽车应有优先权者,每遇前行车辆趋避稍迟故意前碰执,此谬见之人虽居少数,然于已往六月中,此项报告之发现计有数起。

九、因撞车而致殒命者计有1起,有一7龄小孩某在行驶之汽车前奔越马路致被撞倒殒命,该案经英国领事审讯,同时有中国官厅派员参加审讯判明,该案驶车人不负扰事责任。

此外尚有2起,其一因不遵警士指挥致肇危险,该驶车人已处罚停止执照效用半年;其二为醉后驶车已处罚停止驾驶执照效用一年,其他4起除罚款外,并于驾驶执照签注案情。

内部行政

十、本处低级警员工资业于年间改订依循序升级为标准,各员应有之工资增加已获批准施行,现时人数与规定额数相埒,新警士补充别无困难,惟学识尚感落后耳。

全处人员举止良好,11月间邻区发生事变,本界为防卫起见,增添巡逻加设岗位,藉固守望,各员职务虽因之繁增,然无不欣然从事殊堪嘉许。

旧有罚款处分业已取消,另设奖金制用示激励,其效用如何须俟明年报告。

十一、本处全部之改组暨警务执行之整理业已进行,旧有职员因之稍有更动。查巡务总管张君道宏于本年8月1日辞职,本处另设较高之警务处副处长职缺以代之,该缺自11月1日起已聘李君汉元充任,李君历任津市公安局要职,于警务研究有素,与各局所主管人员交往有旧,其能裨益本处,胜任现职已著成绩。

年间有督察2人,副督察1人辞职,其遗缺已另委中国职员3人补充,其2人已于8月间派往上海公共租界工部局中国警官班实习,不久当返津,视事所得实习报告成绩颇优。关于警长警正升级规定,业经修正薪工标率从优厘定,现时制定缺额未全补实,拟俟明年选择得力警员升补用收激励之效。

十二、脱逃:年间本处监守所脱逃罪犯2名,该所防范欠妥之处业经改善,此外并有罪犯1名在所中突然自缢。查该犯系上海绑案之嫌疑犯留押所中等候移送归案,不期当看守人巡察其他监犯时潜行自尽,各该案经事后缜密审查,判明值班看守警士未误职责,不担任何处分。

十三、健康:1931年因病死亡警士只2人,全体健康状况堪称良好。

十四、建筑:伦敦道新警务宿舍先后落成部分已于4月间暨11月间分别占用，其余部分明年可望竣工，该处旧有宿舍现已完全腾出。

大北道派出所已经建设藉便巡逻海光寺区域。

凡雇主不备宿处之门岗警士现皆住戈登道警务处分所，惟该所房屋已呈险象不合卫生，诚不适于住宿之用。

十五、本处改组施行伊始，各级职员无不奋然襄赞，督饬处务管理赖以井然，鄙人藉此特表感忱。

警务处处长　爱斯孟格

（一表）

1931年逮捕违犯规章人数统计

类别	1月	2月	3月	4月	5月	6月	7月	8月	9月	10月	11月	12月	1931年总计	1930年总计
乞丐	18	24	54	47	30	29	22	11	20	13	6	3	277	226
违犯警章	455	391	889	578	716	637	449	277	226	202	104	122	5046	3454
违犯卫生规定	79	37	8	20	17	13	11	5	1	6	4	4	205	202
骚扰公安	198	237	175	150	188	178	178	102	167	127	115	110	1925	2106
残害牲畜	1	1	2			2	1			1	3		14	17
酗酒滋事	4	3	7	1	6	6	3	5	3	5	8	5	56	128
酩酊大醉	1	2	2		9	3	3	4	2	3	7	4	40	
杂项	21	36	31	45	51	27	39	53	18	27	13	8	369	441
总数	777	731	1168	841	1017	895	706	459	437	384	258	259	7932	6574

（二表）

依据中华民国刑律规定1931年逮捕案犯统计

类别	1月	2月	3月	4月	5月	6月	7月	8月	9月	10月	11月	12月	1931年总计	1930年总计
携械抢案													无	无
殴打（重伤）			2	1					1				4	
殴打（轻伤）	7	4	7	4	2	8	10	9	3	6	2	9	71	82
深夜偷窃					3	1				4			11	2

（续表）

非法侵入住宅	3	5	5	7	1	3	2	1	1	7	1	3	39	17
侵蚀款项	1	1	1		1		2		6	2	1		15	
杀人凶犯													无	无
诈取		3	4		1		1	2	2	2	2	2	19	11
欺骗	2	3		2	8	15	1	4	2	80	13	3	133	75
任意疾驶		3	1		1	1		8	1				15	9
赌博	7	25	24	19	13	14	8	10	1	11	9	3	149	266
白昼偷窃			3										3	无
绑架	2		1	1	13		24		1	7			53	无
凶杀			1			1							2	14
收受赃物	38	18	28	7	13	20	9	6	15	14	3	6	177	291
强抢				1	2	2			1	16			22	34
缩窃	27	31	19	27	24	17	23	28	25	23	12	26	282	368
河坝小缩	6	3	11	7	15	8	10	3	9	2	6	2	82	99
总计	93	96	107	76	102	90	93	71	68	178	49	54	1077	1268

1931年卫生报告

1931年界内市民健康状况堪依两期分述,春夏秋三季为第一期,冬季为第二期。第一期间之市民健康纪录甚佳,虽气管郁热暨声管发炎为冬春间普通病症。然市民之患肺膜炎者甚少,因预防注射之奏效,伤寒症仍显削减,流行性感冒虽发现,然病情皆属轻微,至疫症与霍乱竟未发现,肠热症与伏暑肚泻因暑热之不甚与蝇虫减少,故患者比之往年较少,干状微菌痢疾亦见减少,惟水虫痢疾之比例似现增多。查本租界西北区与南区之止水坑面积因填土计画[划]之进行已缩减,但疟疾仍现增加趋势。在第二期间猩红热与流行性感冒皆成为时令病症,患水痘者,亦现增多。关于猩红热之流行尚有二特点颇堪注述,即该热症之发现乃在邻区住户避乱群相迁入本界之前又患病者,外国籍市民占其多数,本年患流行性感冒人病后多数转患耳疾。

1931年本租界中国市民死亡数共计326人,按死亡病由报告病气管、肺热者占159人,此中多数系肺痨无疑,此外,因妇女病症死亡者占40人。

警务人员卫生概况:警务处病院住院人数共510人,比之上年增14人,经该院诊治人数共532人,计警士366人,门岗警士117人,职员11人,夫役2人,卫生处员6人,印、俄警员9人,消防队21人。全年病床占用日数总计1,752日,合每人每年平均占用3.29日。

给水:当给水总量完全取诸自流井时,水质成分殊佳无微菌之混浊,夏季水量不敷需要,须兼用过滤河水补充,其微菌浸入之可能,随时经缜密化验并用氯养消毒法解除之。

维多利亚医院:本年入院人数共计190人,此数适与上年相同,全年床位占用日数共1,922日,比1930年计增110日,X光照共142次,在1930年为134次。查该病院地势湫隘,设备简陋,以之应付本界中外纳税人需要殊欠周备。

隔离病院:1931年入院人数共计56人比之1930年计增一倍,尤以患猩红热暨白喉症者占多数,计患猩红热者33人,白喉症者11人。

产妇调养院:本年入院人数共55人,比之上年计增13人。

沟管：界内脏水井概经按时检查清除，各井效用如前。日、法租界内墙子河之疏浚业已竣工，本租界内该河之浚挖工程亦已开始特一区内之一段，津市工务局已允照样疏浚，倘嗣后该河水流能改为单流水道，则历来墙子河之为公益卫生障碍当可消除。

天然冰块：本租界内开凿冰块适当区域业已逐渐填平，故取冰准照迄今未予颁发，因此，特请各购用天然冰块用户务须查明冰块之来源，藉免食品因冰而致不洁。

运载病人汽车：该车年间出赁共计130次，其他因马路遇险或慈善驶用者，未计次数，但此病人汽车颓腐已甚，不值重修。新购之车辆至1932年2月间当可驶用，惟为利便运载传染病人，尚须另购一病人汽车也。

塚[冢]园：埋葬广东道塚[冢]园灵柩计1具，埋葬马厂道塚[冢]园灵柩计48具，火葬炉共用13次。

牛乳房：本租界内无牛乳房之设立，惟有分销处津埠牛乳房共计有47处，登记售卖牛乳雇用派送人计107名。地址分列于次：

法租界	1
日租界	1
意租界	1
特别三区	4
天津市	40
总计	47

关于牛乳品质尚无责难情事。

洗衣房：本租界有洗衣房11处，概经本处时加检查违犯卫生规章者，尚不多见，其违犯人一经查实，均照章处罚。

1931年英租界中国人死亡统计

病由	男	女	病由	男	女	病由	男	女
意外遇险	1		淹毙	1		肾病		1
中风	4	1	痢疾	2	3	大肠闭结	8	6
煤气薰毙	2		痢疾心病		1	疯瘫	5	3
腹膜炎	1	1	血毒	1	3	女性病症		40
肺膜炎腹膜痰	1		乳疮		1	呕血	2	
肺病	98	61	脑冲血	1		失血	2	

(续表)

猩红热	1		产生		8	心疾		1
老迈衰弱	6	2	败血症	1		肾炎症		1
痔疮泻血	1		肚病	2	5	惊风	15	1
癫痫	2		自尽	2	3	肚泻	6	8
疹子	1		脑系痨症	2		花流病	2	
臁症	3	2	疹子白喉	1				
总数	男 174			女 152			共 326	

1931年英租界外国人死亡统计

病由	男	女
盲肠炎	2	
膀胱痈毒	1	
大脑毒瘤		1
瘅疽		1
脊骨破裂	1	
胃焦痛	1	
心弱	6	4
产后黄病		1
流行性感冒	2	
胸膜炎	1	
腹膜炎		1
肺炎	2	
发育过早		4
肺疽	1	
老迈衰弱		1
猩红热	3	1
神经病		
痨病	1	2
肠热症	1	
怀思迷痾		1
总数	男 23	女 17	共 40

收殓中国尸首	19具
本年圈留后释放之犬数	70只
圈留后杀除之数	295只
总数	365只
类似疯犬	2只

维多利亚医院每月住院人数表

月份 \ 病别	内科	外科	手术割治	总数
1月	5	1	3	9
2月	8	2	4	14
3月	6	0	6	12
4月	14	2	7	23
5月	14	1	7	22
6月	18	0	5	23
7月	9	1	5	15
8月	10	1	5	16
9月	10	0	1	11
10月	8	3	5	16
11月	9	1	6	16
12月	9	0	4	13
总数	120	12	58	190

死亡人数　　　　　　　　　　　　　　　　　　　12

住院日数总计　　　　　　　　　　　　　　　　　1,922

按摩暨电气治疗　　　　　　　　　　　　　　　　23 次

X 光照　　　　　　　　　　　　　　　　　　　　142

门诊　　　　　　　　　　　　　　　　　　　　　16

产妇调养院住院人数

分娩　　　　　　　44　　　　　　　床位占用日数共 640 日

察验　　　　　　　3

产后　　　　　　　4

婴儿　　　　　　　1

小产　　　　　　　3

总数　　　　　　　共 55

婴儿死亡　　　　　4

隔离病院住院人数

依国籍计　　　　　共 56　　　　　床位占用日数共 1,207 日

英　15　　美　6　　澳　1　　印　2

俄　6　　法　3　　德　3　　比　1

| 中 | 11 | 义 | 1 | 荷 | 1 | 吕宋 | 1 |
| 希腊 | 4 | 瑞士 | 2 | | | | |

依病别计：

猩红热	33
白喉	11
肺痨	2
腮腺热	1
猩红热传染	1
尿道炎传染	1
瘅疽	1
疹子	2
天花	4
死亡	6

卫生医官　葛尔普　大夫

天津公学 1931 年报告

1931年6月本校学年考试及格发给毕业证书,学生高级班计男生24人,女生18人共42人,初级班男生46人,女生29人共75人。

本年考试及格成绩优良,得有奖励证书学生中学部计男生3人,女生4人,共7人,小学部高级班男生3人,女生2人,共5人,初级班男生7人,女生4人,共11人。

颁发证书奖品恳亲会本拟于10月间举行,旋因东北事变国难陡临而中止,所有证书、奖品即在本校礼堂颁发,当时参与典礼者仅管理委员庄乐峰先生、吴莲伯先生、郑慈荫先生,德牧师英文学堂管理委员长瑞德乐君暨本校教职员等,未邀请来宾。

本年肄业本校学生总数共624人,比较上年计增22.8%共分21班,计初级小学男生7班,女生4班,高级小学男生3班,女生2班,初级中学男生3班,女生2班。

1931年12月31日本校学生分级列下:

	男生	女生	总数
初中	83	40	123
高小	95	59	154
初小	215	132	347
总数	393	231	624

近5年学生总数表:

年期	男生	女生	总数
1927	29	17	46
1928	148	71	219
1929	211	126	337
1930	328	180	508
1931	393	231	624

退学:年内学生因转学或家族迁移离津退学者,计有男生39人,女生20

人。

健康:本年全校健康状况良好,虽间有身体违和偶尔缺课者,然无迟久病假学生,惟于4月间英租界一时有猩红热症流行现象,本校幸免传染。关于校中卫生业经严加注意,明年设备当更求完备。

讲堂:查球场道旧校舍地势狭隘,小学部高级班因之已于第一学期开始时迁入新校舍,惟初级各班现时仍用旧址。

列入二年级暨三年级班之男生人数于9月1日开学后始感过多,每班须分成二组,其添增分组之教授由另聘教员2人担任。

课本暨参考书籍:年来国学文体课本如经学书本均已停版,只得代以白话体课本。惟本校对于国学仍事提倡,故于规定课本外,加授国学课程。

关于普通参考书籍本校已备有中国百科全书24史暨其他科学、历史、地理等书本藉资查考。

仪器标本:物理试验室已置有需要仪器备现时应用,嗣后当相机随时增添,关于自然生理与卫生各科本校均置有精美模型暨标本。

校舍:新校址之第二校舍已于10月间大致完竣,其内部有讲堂13间,教员室2间,厕所2间,衣帽室2间,男校役室、女校役室各1间,所有本校小学初级各班拟于寒假期间即1932年2月间迁入此新校舍。

本校并拟于1932年下半年添招新班,届时新建校舍当完全为各班占用更无余地,以分配办公室、文具室、教员室、接待室暨礼堂等,因此,旧校址校舍仍须暂时留用,以俟其他校舍之落成。

院墙:新校址四周围墙业已于11月间完成,前后出入处配有铁门用阻游人阑入并壮观瞻。

体育:新校址设有网球场二个,排球场一处,连带设备除旧有之两对篮球标柱外,又添设新标柱一对专备女生练习之用。

本校学生体育运动比赛业于5月间在新体育场举行,参加运动、成绩优良之学生本校均给予奖章,此外,各班比赛总分之优良者,获得管理委员暨代理校长捐助之奖品深资鼓励。此为本校创设以来第一次比赛成绩尚称满意,男女各生均颇感激励兴趣,是日莅场参加人员合摄一影用志记念。

教职员:本年因加授党义并于暑假后添增班次,旧有教职员外,又添聘男教员4人、女教员1人,另雇书记1人管理中学部杂务。

现时男教员计有：

郑炳勋、庞文源、李鹤鸣、张家栋、于兰圃、王恩霖、卓炜、赵象文、梁蔚彬、王成西、赵开泰、骆公权、郭文林、孙毓泽、王文光、冯嗣贤、樊樊圃、黄文明、张家顺、步毓森、王恩华、胡九皋等22人。

女教员计有：

张冰、孙谭新铭、仓傅宪、穆玛丽、胡异修、华则、李淑媛、吴佩旎、孙家瑛、耿育淑、何学师等11人，书记徐孝骞、奚复新2人。

校长　严松章

天津公学建设项下

截至1931年12月31日止

预算		决算			
两		两			两
1,250	修理暖气设备（旧校舍）	1,080.20	1930年度结存余款		6,180.25
500	新置家具	1,738.84	1931年度收支相抵结存余款		29,282.45
200	科学仪器	1,052.16			
1,300	参考书籍等	31.78			
—	院墙	7,999.76			
	结余移后	23,559.96			
		————			————
		35,462.70			35,462.70
			结余接前		23,599.96

特别建筑费

		两			两
1930年支出第二校舍建筑费		1,883.14	1930年指拨特别建筑费		30,000.00
1931年支出第二校舍建筑费		62,735.25	1931年指拨特别建筑费		65,000.00
1931年支出暖气卫生暨电灯设备		21,291.87			
结余移后		9,089.74			
		————			————
		95,000.00			95,000.00
			结余接前		9,089.74

天津公学
截至1931年12月31日止收支统计

预算	支出	决算	预算	收入	决算
两		两	两		两
31,510	教职员薪金、年积金暨年终奖金	31,858.14	54,270	英工部局协款	54,270.00
2,304	校役工资及年终奖金	2,205.00	14,870	学费	15,135.97
1,000	修理暨保持费	941.81	1,095	校地租金	850.00
170	医药费	77.50			
3,300	煤炭、电灯暨自来水	2,078.13			
1,450	纸张暨印刷	984.36			
281	保险	237.15			
168	电话	168.00			
1,700	杂项	969.11			
1,000	临时用途	322.42			
200	课本	53.76			
300	体育用具	241.66			
—	准备金储存	836.48			
26,852	结余列入建设项下	29,282.45			
70,235		70,255.97	70,235		70,255.97

天津公学
截至1931年12月31日之结算单

债务		资产		
	两			两
零星债务	6,075.43	地亩：第一段第343号计52.945亩，每亩值4,000两		211,780.00
学生存款	2,552.20	校舍：		
准备金	1776.02	第一校舍	85,385.61	
学校暨医院公众捐款	15,058.85	第二校舍	85,910.26	
建设项下	23,559.96	校役室	1,000.00	
特别建筑费	9,089.74	院墙	7,999.76	
总结余	430,540.70			180,295.63
		家具		11,433.29
		参考书籍		31.78
		投资项下		2,000.00
		零星欠户		1,801.05
		预备售与学生之书籍文具		372.90

（续表）

			英工部局流水账	53,938.25
		461,652.90		461,652.90

敝公司已将上列截至1931年12月31日之结算单审核并得有一切闻料暨解释，其所列投资业经查核，据敝公司所知并参照供给之说明暨簿册所列注解，该结算单之开列用以表示天津公学之正确，财政状况是系正当。

汤生公司
查账稽核员
天津　1932年1月21日

1932年预算

收入		支出	
	两		两
学费	18,692.00	教职员薪金年积金暨年终奖金	40,508.26
结余	36,433.74	夫役工资暨年终奖金	2,932.00
		修理暨保持费	1,000.00
		医药暨卫生费	1,170.00
		煤火灯水	3,300.00
		纸张暨印刷	1,450.00
		保险	406.00
		电话	168.00
		杂项	1,700.00
		准备款项	1,496.48
		临时用途	1,000.00
	55,130.74		55,130.74
		购置支出	
			两
		家具暨添置	500.00
		课本	150.00
		科学仪器模型暨标本	2,500.00
		体育用具	1,000.00
		参考书籍图画等	800.00
		新校址：	
		第一校舍	1,900.00
		第二校舍	3,010.00
		校址填土暨挖掘费	2,800.00
			12,660.00

空地保管团报告

径启者，兹特具函代保管团请求贵局将 1932 年体育场协款 500 两暨民园协款 1500 两列入预算为荷。关于保管团 1931 年经营收支账目暨 1932 年预算统计单均陈于次，藉资考证。即希查照。

此致英工部局秘书长

空地保管团名誉秘书兼会计　柏赍育
1932 年 2 月 20 日

计开：

一、体育场 1932 年收支预算单 1 纸

二、民园 1932 年收支预算单 1 纸

三、体育场 1931 年收支统计单 1 纸

四、民园 1931 年收支统计单 1 纸

财政报告

兹为汇报 1931 年截至 12 月 31 日止之财政统计暨 1932 年截至 12 月 31 日止之预算,谨将下列报告附陈察核,本处记立账目簿册业经英国查账公会汤生公司审核,该公司证明书已附列统计结算单内。

1931 年报告(各分处来往利息不计)经常收入预算总数为 795,000 两,全年收入实数为 854,076 两,实收超过预算计 59,076 两,其类别胪列于次:

捐类	减收数(两)	增收数(两)
地亩捐	556	
房产捐		2,459
河坝收入		13,568
执照捐		9,656
菜市		42
戈登堂	30	
杂项收入(包括流水账利息)		383
码头捐		33,564
总计	596	59,672
实增		59,076

查房产租值因空房退还捐数之缩减而显增加,各项执照捐比之预算俱现增收,河坝收入因系靠驳船之增多而增收 5,000 两,备租船位租金之收入比之预算亦现增收 8,500 两,码头捐共增收 33,564 两,详码头捐征收员报告。

总务经常支出

总务管理:

预算所列总务管理费用为 668,819 两,本年实支之数为 631,891 两,比较预算计减支 36,928 两,其 14,550 两为管理费用,养老金及医院项下金镑用途,节减之数其 12,392 两为英文学堂金镑用途,节减之数缘预算所列金镑汇兑价为每 1 银两折合一先令三便士,嗣后银价渐升,故此项银两实支得以节减。除本界警备团费用增支 1,100 两外,其余各项均较预算所列减支。

警务处:

该处本年实支费用比较预算计减 20,460 两,其 5,800 两为额定金镑用途，因银价上升之节减其 10,700 两为普通警务人员薪工暨该处经常费之减支，其余 4,000 两为杂项费用减支与门岗警士佣用收入增加之结数。

消防队：

该队各项费用比较预算所列计减支 3,660 两。

工程处：

依预算所列工程处费用为 307,660 两，其本年实支之数为 279,810 两，计减支 27,850 两。查高级职员薪水额定用金支付减支之数占 10,100 两，马路项下减支占 9,900 两，花园项下减支占 2,750 两，连同其他杂项之减支 5,100 两凑成上述节减之数。

总务特别支出

桥梁马路便道等：

关于此项费用年间董事会核准追加预算 7,200 两，全年支出预算总数遂为 45,900 两，本年实支之数为 45,192 两，墙子河项下预算支出经费为 10,000 两，房产新建与加盖项下比较预算计减支 4,000 两，各项工程细目详工程师报告。

天津公学：

预算所列本年协济该校款额计 54,270 两，特别建筑费 65,000 两，共计 1931 年拨付 119,270 两。

局有地租找价暨局有地售价：

本年局地并无售卖交易，其地租找价收入计 2,840 两。

电务处

收入项下：

预算所列售电收入为 625,261 两，本年售电实收数为 606,203 两，比较预算计减少 19,000 两。查售予用户电码收入计减 22,800 两，他项收入则增加 3,800 两。

支出项下：

本年支出实数为 465,462 两，比较预算计增支 12,050 两，其详数列次：

	增（两）	减（两）
发电费用	13,800	
机件修理暨保持	1,416	
经理暨管理项下		4,372

（续表）

利息	1,045	
折旧	1,713	
零星购置		1,468
陈列室		84
总计	17,974	5,924
实增支出	12,050	

煤价增高为发电费用增多之要因，经理项下费用则因银价上升而现缩减。

购置支出：

本年实支之数比较预算计减支 5,700 两。

水道处

收入项下：

全年收入比较预算仅减少 197 两，无庸注述。

支出项下：

各项实支总计比预算计减 3,660 两。

购置支出：

实支之数比较预算计减支 5,900 两。

购置存储：

1931 年此项收支两抵结存数为 6,523.95 两，与上年底结存款额一并计算，实存 8,483.44 两。

财政统计总结

查 1931 年 4 月 15 日选举人通过之预算计列：

经常支出预算数	1,839,893 两
经常支出实数	1,756,640 两
实支比较预算计减	83,253 两
收入预算数	1,717,050 两
收入实数	1,758,278 两
实收比较预算计增	41,228 两
特别支出预算数	286,830 两
特别支出实数	277,686 两
实支比较预算计减	9,144 两

上列两项支出预算总计超过收入预算总计合 　　　　　409,673 两
支出实数超过收入实数计 　　　　　276,048 两
必较预算所列收支两抵不敷之数计减少 　　　　　133,625 两

1932年预算：

1932年预算业经各委员会先予详加审核并经董事会核准。

　　　　　　　　　　　　　　　　　　　　会计处长　韩联书

1931 年财政统计
暨 1932 年预算

1931年经常收支预决算比较

截至12月31日止

1931年收入预算				1931年收入决算截至12月31日止			
				收入			
两				地亩捐:			两
		199,269.00		已填地	198,568.86		
		4,636.00		未填地	4,769.97		
203,905.00							203,338.83
				房产捐:			
		312,000.00		依据估定房产全年租值	309,796.11		
		12,000.00		减去:退还之数	7,337.01		
300,000.00							302,459.10
				河坝收入:			
				系船费			
		43,330.00		租定船费	43,330.00		
		15,700.00		备租船位	24,381.91		
		1,400.00		驳船	6,382.60		
		700.00		民船	552.76		
	61,130.00					74,647.27	
	1,035.00			减去:费用		984.25	
60,095.00							73,663.02
4,000.00				转头船位租金			4,000.00
				辅捐收入:			
				执照捐			
		57,000.00		人力车	58,550.10		
		24,500.00		排子车	25,593.06		
		15,900.00		大车	18,104.38		
		18,800.00		汽车	20,711.02		
		1,500.00		马车	1,806.00		
		1,500.00		旅馆	1,694.00		
		1,600.00		犬	1,712.55		
		100.00		押当铺	157.50		

（续表）

		1,600.00	自行车	2,466.80	
		50.00	杂项	133.20	
		9,500.00	小本营生	8,988.89	
		132,050.00		139,917.50	
		8,550.00	减去：费用	6,761.40	
	123,500.00				133,156.10
			菜市：		
		6,100.00	铺面	6,144.56	
		1,190.00	摊子	1,186.54	
		7,290.00		7,331.10	
		190.00	减去：费用	188.83	
	7,100.00				7,142.27
			戈登堂		
		2,500.00	赁用费	2,506.70	
		2,200.00	减去：费用	2,237.27	
	300.00				269.43
			零星收入		
		11,864.00	杂项	11,552.47	
		12,136.00	租金	12,268.91	
	24,000.00				23,821.38
			码头捐		
		78,460.00	收入	110,708.92	
		8,360.00	减去：费用	7,045.36	
	70,100.00				103,663.56
225,000.00					268,052.74
2,000.00			流水账利息		2,561.99
795,000.00					854.075.68
			各分处来往利息：		
		35,280.00	可由电务处归还之数	36,324.68	
		55,320.00	可由水道处归还之数	55,682.60	
90,600.00					92,007.28
885,600.00					946,082.96

（续表）

1931年支出预算				支出	1931年支出决算截至12月31日止		
				总务管理			
两							两
	149,638.00			管理人员俸给暨工资	135,559.27		
	31,560.00			总务公费	31,575.18		
	181,198.00				167,134.45		
				减去：可由电务处暨水道处归还之数			
		18,000.00		电务处	18,000.00		
		12,600.00		水道处	12,600.00		
	30,600.00				30,600.00		
150,598.00							136,534.45
				工部局办公处费用：			
	6,150.00			零星费用	6,002.65		
	750.00			减去：可以归还之数	976.5		
5,400.00							5,026.15
				捐助项下：			
	1,750.00			民园	1,750.00		
	100.00			俄国医院	100.00		
	150.00			马大夫医院	100.00		
	3,500.00			体育场保管团	3,500.00		
	500.00			天津妇女慈善会	500.00		
6,000.00							5,950.00
18,628.00				养老金			17,159.70
				英工部局警备队：			
4,000.00				零星费用			5,093.30
				工部局藏书楼：			
	180.00			薪俸	194.60		
	400.00			零星费用	431.77		
	670.00			协款	670.00		
1,250.00							1,296.37
				隔离医院：			
	10,977.00			薪俸	10,604.91		
	6,101.00			零星费用	7,844.48		
		1,500.00		减去：法工部局协款	1,500.00		
		2,000.00		病人住院费	5,499.93		
	3,500.00				6,999.93		
13,578.00							11,449.46

(续表)

				维多利亚医院：			
		18,827.00		薪俸		19,466.70	
		16,399.00		零星费用		16,257.29	
	35,217.00					35,723.99	
	13,000.00			减去：病人住院费		14,306.20	
22,217.00							21,417.79
				产妇调养院：			
		12,266.00		薪俸		10,379.54	
		9,845.00		零星收入		9,565.97	
	22,111.00					19,945.51	
	4,500.00			减去：病人住院费		5,316.60	
17,611.00							14,628.91
				卫生处：			
		1,000.00		卫生医官费		1,000.00	
		1,665.00		卫生处职员		1,676.92	
		1,585.00		零星费用		1,007.06	
		4,250.00				3,683.98	
		860.00		减去：入款		1,020.60	
3,390.00							2,663.38
				塚[冢]园项下：			
				广东道			
			600.00	捐助妇女委员会	600.00		
			100.00	保持费	72.21		
			75.00	工资	75.00		
		775.00				747.21	
				马厂道			
			210.00	捐助妇女委员会	210.00		
			480.00	保持费	663.00		
			185.00	工资	185.00		
		875.00				1,058.09	
	1,650.00					1,805.30	
	1,550.00			减去：售卖墓穴暨火葬费		2,117.50	
100.00							cr. 312.20
				天津英文学堂			
122,047.00				协款			109,655.20
				天津公学			
54,270.00				协款			54,270.00

（续表）

300.00				墙子河维持费			340.88
14,360.00				偿还继续皇家租契用款			14,360.62
70.00				偿还英总领事所纳老租界第7号地用款数目			42.00
				债券保管项下：			
230,000.00				每年支付各借款本利之核定准备			230,000.00
5,000.00				临时项下			2,315.11
668,819.00							631,891.12

1931年支出预算						1931年支出决算截至12月31日止	
两							两
				警务处			
		145,901.00		警务员役暨办公室职员薪俸		129,367.07	
		44,409.00		普通杂费		41,029.20	
		190,310.00				170,396.27	
				减去：			
			27,625.00	住户雇佣门岗费用	31,774.65		
			22,315.00	支出之款	25,917.02		
		5,310.00				5,857.63	
185,000.00							164,538.64
				消防队			
		6,074.00		华洋人员薪俸		5,125.99	
		6,955.00		普通杂费		4,242.42	
13,029.00							9,368.41

1931年支出预算						1931年支出决算截至12月31日止	
				工程处			
两				经常支出			两
				桥梁：			
100.00				保持费			4.77
—				河坝暨码头			889.08
				土坝(预防水灾)：			
200.00				保持费			160.82
				工程师费用：			
		135,520.00		薪俸暨工资		127,916.53	
		25,260.00		普通杂费		20,270.49	
160,780.00							148,187.02

（续表）

		便所暨秽水沟眼：		
3,400.00		保持费		3,271.52
		工部局房产：		
5,660.00		普通保持费		5,056.85
		机件暨工资项下：		
	4,000.00	保持费暨经常费	3,715.53	
	600.00	逐年修理	76.49	
	400.00	购新补旧	727.40	
5,000.00				4,519.42
		公共院所保持费：		
	800.00	隔离病院	622.26	
	300.00	产妇调养院	509.99	
	2,300.00	维多利亚医院	1,425.51	
	1,000.00	菜市	949.46	
4,400.00				3,507.22
		马路、便道、路边石暨阴沟项下：		
	24,000.00	老租界内马路暨阴沟普通修理费暨保持费	23,398.93	
	1,000.00	老租界、扩充界暨推广界内之暴雨水沟普通修理费	1,297.94	
	1,500.00	冲洗阴沟费	696.38	
	2,500.00	载重汽车用汽油、工资暨材料	2,452.23	
	2,500.00	载重汽车保持费	2,674.38	
	4,000.00	英租界马路、便道、路边石暨阴沟保持费	3,720.69	
35,500.00				34,240.55
1,000.00		马路加宽		1,000.00
		路政项下：		
	24,000.00	路灯	23,404.85	
	12,000.00	清道冲洗马路暨水沟	10,428.33	
	22,350.00	收敛垃圾	17,719.15	
	3,000.00	扫除积雪	3,197.74	
	200.00	街名牌	186.69	
	10,070.00	洒水暨散砂	6,789.03	
71,620.00				61,725.79
20,000.00		公园暨花园		17,246.89
307,660.00				279,809.93

(续表)

1931年支出预算			1931年支出决算截至12月31日止
	器械暨购新补旧		
两			两
4,065.00	工程处		2,849.84
3,180.00	维多利亚医院		2,078.90
1,000.00	秘书处暨会计处		1,135.33
500.00	隔离病院		31.50
200.00	产妇调养院		5.85
8,945.00			6,101.42
	特别支出		
	新建筑暨添盖房屋:		
			两
100,000.00	新警务宿舍暨火会所		100,000.00
1,000.00	工部局办公室捐务股办公室修改		598.67
5,000.00	临时用途		1,444.58
106,000.00			102,043.25
387,000.00	马路、阴沟、便道暨水沟		45,192.15
10,000.00	墙子河疏浚		10,000.00

电务处1931年营业账目					
收入			支出		
收入预算		1931年收入决算截至12月31日止	支出预算		1931年支出决算截至12月31日止
两					两
508,647.00	售与用户电价	485,841.56	109,712.00	发电费用煤炭、工资等	123,513.48
72,744.00	售与特别一区电价	74,560.07		发电机件:	
22,140.00	公共道路电灯	22,469.70	12,200.00	修理暨保持费	11,457.27
5,000.00	住户自有道路电灯	5,980.20		分输电机:	
9,830.00	售与英工部局办公处暨附属处所电价	10,858.20	11,250.00	修理暨保持费	11,689.97

420

（续表）

6,900.00	零星收入	6,493.19		路灯机件：		
			2,700.00	修理暨保持费		4,974.74
				工具暨仪器：		
			770.00	修理暨保持费		681.57
				出租机件：		
			1,400.00	修理暨保持费		1,065.16
				器具暨装配零件：		
			1,100.00	修理暨保持费		1,066.83
				经理费用：		
			56,039.00	薪俸暨工资	51,815.23	
			14,561.00	杂项	14,485.63	
			70,600.00			66,300.86
			18,000.00			18,000.00
				总务管理项下		
				会计处：		
			6,100.00	中国职员薪俸	6,020.85	
			1,300.00	杂项	1,306.78	
			7,400.00			7,327.63
			35,280.00	44.1万两之8厘年息		36,324.68
			176,380.00	折旧		178,092.61
			3,500.00	零星购置		2,031.95
			3,020.00	陈列室费用		2,936.06
			453,312.00			465,462.81
			42,987.25	资产存储		35,185.08
			128,961.75	收入超过支出之数		105,555.26
625,261.00		606,203.15	625,261.00			606,203.15

购置支出		
两		两
1,200.00	房产	1,398.32
26,980.00	发电机件	16,239.80
12,300.00	分输电机	15,013.74
500.00	路灯机件	798.55
1,000.00	备租机件	3,175.83
500.00	工具	702,51
500.00	仪器	10.88

(续表)

	100.00	家俱装件暨运载		16.45
	43,080.00			37,347.08

电务处			
1931 年结算单截至 12 月 31 日止			
债 务		资 产	
	两		两
零星债务	18,659.79	零星欠户	82,179.84
拔柏葛锅炉公司		材料存储	81,963.33
1929 年运到机件：缓付之款计开如下：	15,823.22	陈列室商品	5,770.10
用户押款	52,328.50	寄售商品（参照对页）	17,169.61
寄售商品（参照对页）	17,169.61	伦敦金镑账	6,389.31
折旧存储	644,848.42	购置项下：	
资产存储	232,489.64	地亩	9,720.00
英工部局流水账截至 1931 年 12 月 31 日止	425,428.57	房产	137,405.92
		发电机件截至 1931 年 12 月 31 日止	712,492.07
		拔柏葛锅炉公司运至机件价值付款缓期须列入 1932 年预算债务项下之款额	15,823.22
			728,315.29
		分输电机	282,726.79
		路灯机件	19,338.90
		备租机件	23,931.59
		电气仪器	3,063.51
		工具机件	3,663.18
		器具暨装配零件	5,110.38
	1,406,747.75		1,406,747.75

1931 年 12 月 31 日止

敝公司已将上列截至 1931 年 12 月 31 日止之结算单审核，并得有一切所需闻料暨解释。据敝公司考核所知并参照工部局供给之说明暨簿册所列注解，该结算单之开列用以表示工部局之实在正确，财政状况是系正当。

汤生公司
查账稽核员
天津　1932 年 2 月 9 日

水道处 1931 年营业账目						
收入预算	收入	1931年收入决算截至12月31日止	支出预算	支出		1931年支出决算截至12月3日止
两						两
150,079.00	售与用户水价	146,541.79		巴克斯道"甲"号机厂		
41,845.00	售与特别一区水价	44,303.27		抽水费用：		
3,560.00	售与轮船水价	2,304.12	19,549.00	经常费	18,383.16	
9,655.00	售与英工部局办公处暨附属处所水价	8,927.97	710.00	修理暨保持费	861.78	
1,050.00	警务处租用房产收费暨杂项	3,915.21	20,259.00			19,244.94
				厂内水管暨节水门：		
			100.00	修理暨保持费	193.54	
				滤水池：		
			—	修理暨保持费	719.49	
				澄水池：		
			—	修理暨保持费	979.51	
				"甲"号机厂房：		
			1,490.00	修理暨保持费	1,096.52	
		21,849.00		—		22,234.00
				达格拉道"乙"号机厂		
				抽水费用：		
			17,603.00	经常费	17,418.33	
			450.00	修理暨保持费	641.08	
			18,053.00			18,059.41
				厂内水管暨节水门：		
			50.00	修理暨保持费	13.67	
				"乙"号机厂房：		
			365.00	修理暨保持费	195.33	
			18,468.00			18,268.41
				伦敦道"丙"号机厂：		
				抽水费用：		
			10,880.00	经常费	9,982.41	

（续表）

						修理暨保持费	463.08	
					350			
				11,230.00				10,445.49
						厂内水管暨节水门：		
					30.00	修理暨保持费	22.88	
						"丙"号机厂房：		
					170.00	修理暨保持费	119.97	
				11,430.00				10,588.34
						总水管龙头暨接水材料：		
					6,010.00	修理暨保持费	6,175.46	
						机件暨工具		
					500.00	修理暨保持费	432.54	
					200.00	购新补旧	779.18	
				700.00				1,211.72
						租用机件：		
					1,518.00	修理暨保持费	1,182.41	
					737.00	公用暨河坝龙头售水价	603.04	
						工程师费用：		
				35,962.00		华洋职员薪俸	33,781.32	
				9,763.00		杂项	9,294.79	
				45,725.00				43,076.11
						管理项下：		
				12,600.00		总务		12,600.00
						会计处：		
				4,077.00		中国职员薪俸	4,076.67	
				823.00		杂项	706.53	
				4,900.00				4,783.20
						消防设备：		
				3,064.00		修理暨保持费		3,095.96
				100.00		加添之零星机件		59.15
				20,707.00		折旧项下		19,900.01
				55,320.00		利息：69万1千500两之8厘年息		55,682.60
				203,128.00				199,468.41
				3,061.00		收入超过支出之数		6,523.95
206,189.00		205,992.36		206,189.00				205,992.36

购置项下			
两			两
8,440.00	总水管暨龙头		5,849.81
1,000.00	接水材料		557.59
2,360.00	借出机件：水表		2,156.15
250.00	器具装配零件暨仪器		158.02
	自流井计画[划]项下：		
	1,500.00	巴克斯道"甲"号机厂	207.18
	500.00	达格拉道"乙"号机厂	74.42
2,000.00	——	——	281.60
10,000.00	巴克斯道"甲"号机厂贮水池顶		9,100.55
24,050.00			18,103.72

水道处			
1391[1931]年结算单截至12月31日止			
债务		资产	
	两		两
零星债务	19,856.70	零星欠户	25,848.02
用户押款	9,935.38	材料存储	54,093.92
折旧存储	86,267.56	购置项下：	
英工部局流水账结至1931年12月31日止	707,978.68	地亩	115,901.35
截至1930年12月31日止之购置存储	1,959.49	房产	2,160.45
加计1931年12月31日止收支账单所列数目	6,523.95	机器	2,880.14
	8,483.44	家俱暨装配零件	3,028.58
		滤水池	5,918.77
		贮水塔暨澄水池	6,095.95
		沉渣池	4,848.37
		总水管暨龙头	244,283.70
		用户水表	45,075.66
		工具机件	7,422.94
		"甲"号自流井机厂	152,042.56
		"乙"号自流井机厂	127,032.09
		"丙"号自流井机厂	35,889.26
	832,521.76		832,521.76

1931年12月31日止

敝公司已将上列截至1931年12月31日之结算单审核并得有一切所需闻料暨解释。据敝公司考核所知并参照工部局供给之说明暨簿册所列注解,该结单算之开列用以表示工部局之实在正确,财政状况是系正当。

汤生公司

查账稽核员

天津　1932年2月9日

1931年财政统计总结
截至12月31日止

	1931年4月15日选举人大会通过之预算		1931年收入支出决算	
	收入	支出	收入	支出
	两	两	两	两
普通项下:				
工部局总务账目	885,600.00	1,183,453.00	946,082.96	1,091,709.52
电务处	625,261.00	453,312.00	606,203.15	465,462.81
水道处	206,189.00	203,128.00	205,992.36	199,468.41
结余	122,843.00			1,637.73
	1,839,893.00	1,839,893.00	1,758,278.47	1,758,278.47
特别项下:				
上列结余	—	122,843.00	1,637.73	—
工部局总务账目:				
马路、阴沟、便道暨水沟	—	48,700.00	—	55,192.15
购置支出	—	106,000.00	—	102,043.25
电务处购置	—	43,080.00	—	37,347.08
水道处购置	—	24,050.00	—	18,103.72
天津公学特别建筑协款	—	65,000.00	—	65,000.00
结余	409,673.00	—	276,048.47	—
	409,673.00	409,673.00	277,686.20	277,686.20

天津英工部局1931年董事会报告暨1932年预算

1931年总结算单截至12月31日止					
债务			资产		
	两				两
工部局借款：			地亩：		
"B"字借款	37,500.00		老租界地亩	亩数 15.790	165,550.00
普通用途借款1919年（消防队）	8,000.00		扩充界地亩	亩数 55.129	279,352.80
普通用途借款1920年（投资银行）	18,480.00		推广界地亩	亩数 141.343	586,484.00
普通用途借款1920年（电气）	68,250.00		租界外地亩	亩数 404.646	286,289.30
普通用途借款1921年（投资银行）	32,200.00				1,319,676.10
普通用途借款1921年	181,500.00		空地		
普通用途借款1922年	40,000.00		老租界维多利亚公园暨建筑物	亩数 18.500	
普通用途借款1923年	313,600.00		扩充界围墙道公园暨建筑物	亩数 6.195	
普通用途借款1923年（银元借款）	38,500.00		推广界民园	亩数 57.300	
普通用途借款1924年	402,500.00		推广界公园地亩	亩数 12.020	
普通用途借款1925年	550,000.00		本租界外		
普通用途借款1926年	415,000.00		塚[冢]园 地址		
		2,105,530.00	广东道塚[冢]园第9段第166号	亩数 11.281	
零星债务		214,256.16	马厂道塚[冢]园马厂道路南	亩数 10.000	
保管款项：			马路地亩：		
印藉警士储蓄银行	342.72		扩充界	亩数 275.977	1,379,885.00
旅费	62,462.50		推广界		
皇家租契用存款	294,341.39		马厂道塚[冢]园	亩数 85.964	343,856.00
年积金	163,775.76		其他马路	亩数 471.793	943,586.00
中国警士	3,050.03				2,667,327.00
		523,972.40	本租界内街道、路基、阴沟、水沟暨便道，现时核估价值：		1,183,092.95
保管团准备款项：未支用结余		134.75	本租界桥梁：		79,200.00
折合银两贴水		689.62	房屋：		
天津公学流水账结余		53,938.89	老租界：		
天津英文学堂流水账结余		25,633.89	秘书长住房		10,846.45
银行流水账		1,822.32	戈登堂、警务处、保险房暨火会所		127,508.28

（续表）

总结余		4,891,965.63	河坝房屋		100.00
			河坝公用便所		1,650.00
			码头公事房		1,399.00
			中国职员餐堂		1,021.20
			扩充界：		
			球场道第24段第195号地校舍		15,114.79
			职员住房		40,199.79
			职员居所		59,029.09
			职员居所汽车房		3,041.10
			汽碾房		200.00
			博罗斯道公用便所		650.00
			体育场公用便所		1,261.00
			菜市公用便所		1,550.00
			推广界：		
			工程处新机料场		27,229.89
			第9段第88号地警务宿舍		190,287.00
			警备队司令部		6,515.08
			租界外:马厂道南:		
			马厂道火葬炉		738.50
					488,341.17
			全年局有地租折合原值		14,387.14
			菜市：		
			铺面暨摊子		10,000.00
			隔离病院：		
			房屋院墙暨围篱（书面计值）	55,700.16	
			器具（书面计值）	4,321.00	
					60,021.16
			维多利亚医院：		
			房屋（书面计值）	36,070.52	
			器具（书面计值）	9,376.00	
			仪器（书面计值）	3,615.33	
			X光机件（书面计值）	1,207.64	
					50,269.49
			消防设备		16,908.01
			戈登道马厩暨材料场：		
			房屋（书面计值）		7,067.28
			动产：		

(续表)

				册列价值			131,411.84
				材料项下（册列价值）：			
				总材料所		13,652.65	
				警务处		3,577.79	
				文具材料		4,090.80	
							21,321.24
				零款现金			1,773.10
				零星欠户			199,309.29
				投资项下			432,319.16
				电务处：			
				流水账结余			425,428.57
				水道处：			
				流水账结余			707,978.68
				债券保管团填地账：透支之数			2,110.84
			7,817,943.02				7,817,943.02

天津 1931 年 12 月 31 日

敝公司已将上列截至 1931 年 12 月 31 日之结算单审核并得有一切闻料暨解释，其所列投资业经查核。据敝公司所知并参照工部局供给之说明暨簿册所载注解，该结算单之开列用以表示工部局之实在正确，财政状况是系正当。

汤生公司

查账稽核员

天津　1932 年 2 月 12 日

债券保管团账目			
驻津英国工部局市政借款债券保管团			
1931年12月31日			
收 入		支 出	
	两		两
1930年12月31日之结余	17,780.37	偿付海河工程局填地费用截至1931年12月31日止	53,986.80
债券保管团准备账债权	2,976.32	新开马路暨修理土坝截至1931年12月31日止	4,052.12
债券保管团填地账债权	14,804.05	偿付1931年借款利息:	
		1912年"B"字借款	2,400.00
填地余利截至1931年12月31日止	52,085.05	1919年消防设备	700.00
按季结算结余所得利息截至1931年12月31日止	866.71	1920年投资银行	1,455.30
1931年预算所列之数	230,000.00	1920年电气	8,932.00
1931年12月31日结余	2,110.84	1921年投资银行	2,499.00
收入债券保管团填地账		1921年普通用途借款	14,112.00
		1922普通用途借款	2,800.00
		1923普通用途借款	18,816.00
		1923普通用途借款(银元借款)	3,920.00
		1924普通用途借款	28,175.00
		1925普通用途借款	38,500.00
		1926普通用途借款	29,050.00
			151,359.30
		1931年中签之债券:	
		1912"B"字借款	2,500.00
		1919消防设备	4,000.00
		1920投资银行	2,310.00
		1920电气	43,400.00
		1921投资银行	3,500.00
		1921普通用途借款	20,100.00
		1923普通用途借款	17,500.00
			93,310.00
		1931年12月31日结余债券保管团准备账债权	134.75
	302,842.97		302,842.97

1932 年预算总目			
收　入			
		两	两
地亩捐：			
已填地		161,728.00	
未填地		1,772.00	
		———	163,500.00
房产捐：			
依据估定全年房产租值		311,000.00	
减去:退还之数		4,000.00	
		———	307,000.00
河坝收入：			
租定船位租金	43,330.00		
备租船位租金	20,000.00		
驳船	4,270.00		
民船	500.00		
	———	68,100.00	
减去:费用		1,100.00	
			67,000.00
转头船位租金			4,000.00
辅捐收入			
执照捐：			
人力车	58,500.00		
排子车	25,500.00		
大车	18,000.00		
汽车	20,500.00		
马车	1,800.00		
旅馆	1,600.00		
犬	1,600.00		
押当铺	150.00		
自行车	2,400.00		
杂项	50.00		
小本营生	8,900.00		
	———	139,000.00	
减去:费用		7,000.00	
菜市：			
铺面	6,100.00		
摊子	1,190.00		
	———		
	7,290.00		

(续表)

减去:费用	190.00		
		7,100.00	
戈登堂:			
租赁费	2,500.00		
减去:费用	2,200.00		
		300.00	
零星收入:			
杂项	11,322.00		
租金	12,078.00		
		23,400.00	
码头捐:			
收入	95,190.00		
减去:	6,540.00		
		88,650.00	
			251,450.00
各分处往来利息:			
32.5万两之8厘年息可由电务处归还之数		26,000.00	
70万两之8厘年息可由水道处归还之数		56,000	
			82,000.00
			874,950.00
出 支			
总 务			
			两
管理人员俸给暨工资		99,042.00	
总务公费		32,300.00	
		131,342.00	
减去:可由电务处归还之数	18,000.00		
可由水道处归还之数	12,600.00		
		30,600.00	
			100,742.00
工部局办公处:			
杂费		6,000.00	
减去:可归还之数		600.00	
			5,400.00
捐助项下:			
民园		1,500.00	

(续表)

俄国医院		100.00	
马大夫医院		100.00	
体育场保管团		500.00	
天津妇女慈善会		500.00	
		————	2,700.00
养老金			19,556.00
工部局警备队:			
杂费			3,440.00
工部局藏书楼:			
薪俸		207.00	
杂费		423.00	
协款		670.00	
		————	1,300.00
隔离病院:			
薪俸		6,809.00	
杂项		6,391.00	
		————	
		13,200.00	
减去:法工部局协款	1,500.00		
病人住院费	3,500.00		
	————	5,000.00	
		————	8,200.00
维多利亚医院:			
薪俸		23,951.00	
杂项		15,249.00	
		————	
		39,200.00	
减去:病人住院费		13,000.00	
		————	26,200.00
产妇调养院:			
薪俸		5,877.00	
杂项		10,223.00	
		————	
		16,100.00	
减去:病人住院费		4,500.00	
		————	11,600.00
卫生处:			
卫生医官费		1,000.00	

（续表）

	卫生处职员	2,098.00	
	杂费	5,071.00	
		8,169.00	
	减去:入款	869.00	
			7,300.00
塚[冢]园项下:			
广东道:			
	捐助妇女委员会	600.00	
	保持费	100.00	
	工资	75.00	
		775.00	
马厂道:			
	捐助妇女委员会	210.00	
	保持费	705.00	
	工资	185.00	
	购置地亩	1,400.00	
		2,500.00	
		3,275.00	
	减去:售卖墓穴暨火葬费	2,075.00	
			1,200.00
天津英文学堂:			
须准予拨付之协款,按纳捐外人登记管业之地亩暨房产估定产值,现时总计值合29,773,267.80两,依每1万两拨付18两计,须拨付之数合53,591.88两,按2先令8便士汇兑行市折合英金7,114镑11先令8便士,再按1先令8便士行市核算,计折合银85,747两。			85,747.00
天津公学:			
须准予拨付之款项按纳捐中国人登记管业之地亩暨房产估定产值,现时总计值合26,669,328.70两,按每万两拨付18两计,须拨付之数合48,004.79两。			48,005.00
墙子河:维持费			350.00
偿还继续皇家租契用款按1918年估定地产价值2,873,124两之半厘计算			14,360.00
偿还英领事所纳老租界地7号地用款数目			60.00
债券保管项下:			
核定每年偿付各借款本利之准备			230,000.00
	临时用途		13,000.00
			579,160.00

警务处

		两
警务处员役暨办公室职员薪俸	130,578.00	
普通杂费	49,130.00	
		179,708.00
减去：住户雇佣门岗警士缴纳费用	28,000.00	
支出	23,947.00	
		4,053.00
		175,655.00

消防队

	两
华洋职员薪俸	6,511.00
普通杂费	7,636.00
	14,147.00

工程处

经常支出　　　　　　　　　两

桥梁：
保持费　　　　　　　　　　200.00

河坝暨码头：
保持费　　　　　　　　　　500.00

土坝（预防水灾）：
保持费　　　　　　　　　　200.00

工程师费用：
薪俸暨工资　　　93,223.00
普通杂费　　　　15,419.00
　　　　　　　　　　　108,642.00

便所暨秽水沟眼：
保持费　　　　　　　　　3,400.00

部局房产：

普通保持费		4,100.00
机件暨工具项下：		
保持费暨经常费	3,800.00	
逐年修理	650.00	
购新补旧	400.00	
		4,850.00
公共院所保持费：		
隔离病院	900.00	
产妇调养院	500.00	
维多利亚医院	2,300.00	
菜市	1,000.00	
		4,700.00
马路、便道、路边石暨阴沟项下：		
英租界内马路、阴沟、普通修理费暨保持费	24,000.00	
老租界、扩充界、推广界、暴雨水沟普通修理费	1,500.00	
冲洗阴沟费用	1,500.00	
载重汽车用汽油、工资暨材料	2,500.00	
载重汽车保持费	2,500.00	
英租界马路、便道、路边石暨阴沟保持费	4,000.00	
		36,000.00
路政项下：		
路灯	24,500.00	
清道、冲洗马路暨水沟	11,700.00	
收敛垃圾	20,400.00	
扫除积雪	3,000.00	
街名牌	350.00	
洒水暨散砂	8,570.00	
		68,520.00
公园暨花园		20,000.00
		251,112.00

器械暨换新补旧

	两
工程处	5,150.00
维多利亚医院	3,000.00
秘书处暨会计处	1,000.00
隔离病院	500.00
产妇调养院	200.00
	9,850.00

特别支出

	两
新建暨添盖房产：	
新建警务宿舍暨火会所	55,000.00
新建便所四处	14,000.00
临时费用	5,000.00
地亩：	
海河工程局填地费	3,850.00
	77,850.00
马路、阴沟、便道、水沟暨桥梁	104,100.00

1932年电务处预算				
收入		支出	
	两		两
售与用户电价	397,229.00	发电费暨煤炭工资等项	150,178.00
售与特别一区电价	78,550.00	发电机件：	
公用电灯电价	21,830.00	修理暨保持费	10,700.00
用户自有道路电灯电价	5,000.00	分输电机：	
售与英工部局办公处暨附属处所电价	10,860.00	修理暨保持费	11,250.00
电马力售价	115,573.00	路灯机件：	
零星收入	8,000.00	修理暨保持费	3,000.00
		工具：	
		修理暨保持费	650.00
		租出机件：	

(续表)

		修理暨保持费	800.00
		家具暨装配零件：	
		修理暨保持费	1,500.00
		经理费项下：	
		薪俸暨工资	47,191.00
		杂项	16,258.00
			63,449.00
		总务管理项下：	18,000.00
		会计处：	
		中国职员薪俸	6,536.00
		零星费用	1,625.00
			8,161.00
		32.5万两之8厘年息	26,000.00
		折旧	178,100.00
		零星购置	5,300.00
		陈列室费用	3,149.00
			480,237.00
		预计收入超过支出之数	156,805.00
	637,042.00		637,042.00

购置支出

	两
房产	2,700.00
发电机件	35,281.00
分输电机	18,700.00
路灯机件	800.00
备租机件	6,000.00
工具	750.00
仪器	300.00
家具装配零件暨运脚	1,100.00
材料项下：	
煤炭存储	23,520.00
	89,151.00

1932年水道处预算			
收 入		支 出	
	两		两
售与用户水价	153,339.00	巴克斯道机厂"甲"号：	
售与特别一区水价	44,088.00	抽水费用：	
售与各轮船水价	2,320.00	经常费用	22,072.00
售与英工部局办公处附属处所水价	8,952.00	修理暨保持费	675.00
警务处租用房产租金暨零星收入	2,100.00		22,747.00
		滤水池：	
		经常费用	370.00
		修理暨保持费	100.00
			471.00
		澄水池：	
		经常费用	1,370.00
		修理暨保持费	100.00
			1,470.00
		厂内水管暨节水门：	
		修理暨保持费	100.00
		"甲"号机厂房屋：	
		修理暨保持费	1,165.00
			25,952.00
		达克拉道机厂"乙"号：	
		抽水费用：	
		经常费用	17,693.00
		修理暨保持费	350.00
			18,043.00
		厂内水管暨节水门：	
		修理暨保持费	50.00
		"乙"号机厂房屋：	
		修理暨保持费	405.00
			18,498.00
		伦敦道机厂"丙"号：	
		抽水费用：	
		经常费用	10,335.00
		修理暨保持费	350.00
			10,685.00
		厂内水管暨节水门：	
		修理暨保持费	30.00
		"丙"号机厂房屋：	

（续表）

		修理暨保持费	180.00	
				10,895.00
		总水管龙头暨接水材料：		
		修理暨保持费		6,340.00
		机件暨工具：		
		修理暨保持费	500.00	
		剔旧置新	200.00	
				700.00
		租用机件：		
		修理暨保持费		1,355.00
		由公用龙头暨码头龙头售出水价		762.00
		工程师费用：		
		华洋职员薪俸	29,531.00	
		零星费用	9,289.00	
				38,820.00
		管理项下：		
		总务		12,600.00
		会计处：		
		中国职员薪俸	4,285.00	
		零星费用	825.00	
				5,110.00
		消防设备：		
		修理暨保持费		3,104.00
		零星机件添置		100.00
		折旧		26,888.00
		70万两之8厘年息		56,000.00
				207,124.00
		预算收入超过支出之数		3,675.00
	210,799.00			210,799.00

购置支出

两

总水总水管暨水龙头	16,000.00
接水材料	1,000.00
出租机件：水表	2,500.00

家具零星配置暨仪器　　　　　　　　　　　　　　　100.00

自流自流井计画[划]项下：

巴克斯道机厂"甲"号　　　　　　　　　　　　　15,460.00

伦敦道机厂"丙"号　　　　　　　　　　　　　　32,700.00

　　　　　　　　　　　　　　　　　　　　　　——— 48,160.00

　　　　　　　　　　　　　　　　　　　　　　　　 67,760.00

1932年预算总计		
经常项下：	收入	支出
	两	两
工部局总务账目	874,950.00	1,029,924.00
电务处	637,042.00	480,237.00
水道处	210,799.00	207,124.00
结余	—	5,506.00
	1,722,791.00	1,722,791.00
特别支出		
	两	两
上列结余	5,426.00	—
马路、阴沟、便道、水沟		104,100.00
总务购置支出	—	77,850.00
电务处：购置支出	—	89,151.00
水道处：购置支出	—	67,760.00
天津公学：特别建筑协款	—	100,000.00
结余	433,435.00	
	438,861.00	438,861.00
现款状况		
	两	两
截至1931年12月31日止之现款状况	4,567.00	—
上列预算结余	—	433,435.00
天津公学	—	53,928.00
天津英文学堂	—	25,634.00
债券保管团	2,111.00	135.00

（续表）

1931年零星欠户	16,417.00	—
1931年零星债务	—	22,659.00
1931年电务处折旧	178,100.00	—
1931年水道处折旧	26,888.00	—
现有材料存储	21,260.00	—
等候投资之保管款项	—	91,653.00
1931年决定用途可在1932年支付之数(零星合同)	—	28,124.00
1932年决定用途可在1933年支付之数(零星合同)	24,500.00	—
1932年预算在1933年应付之中国废历新年奖金	22,566.00	—
杂项收入	9,159.00	—
不敷之数：支出超过收入	350,000.00	—
	655,568.00	655,568.00

天津英租界工部局史料选编

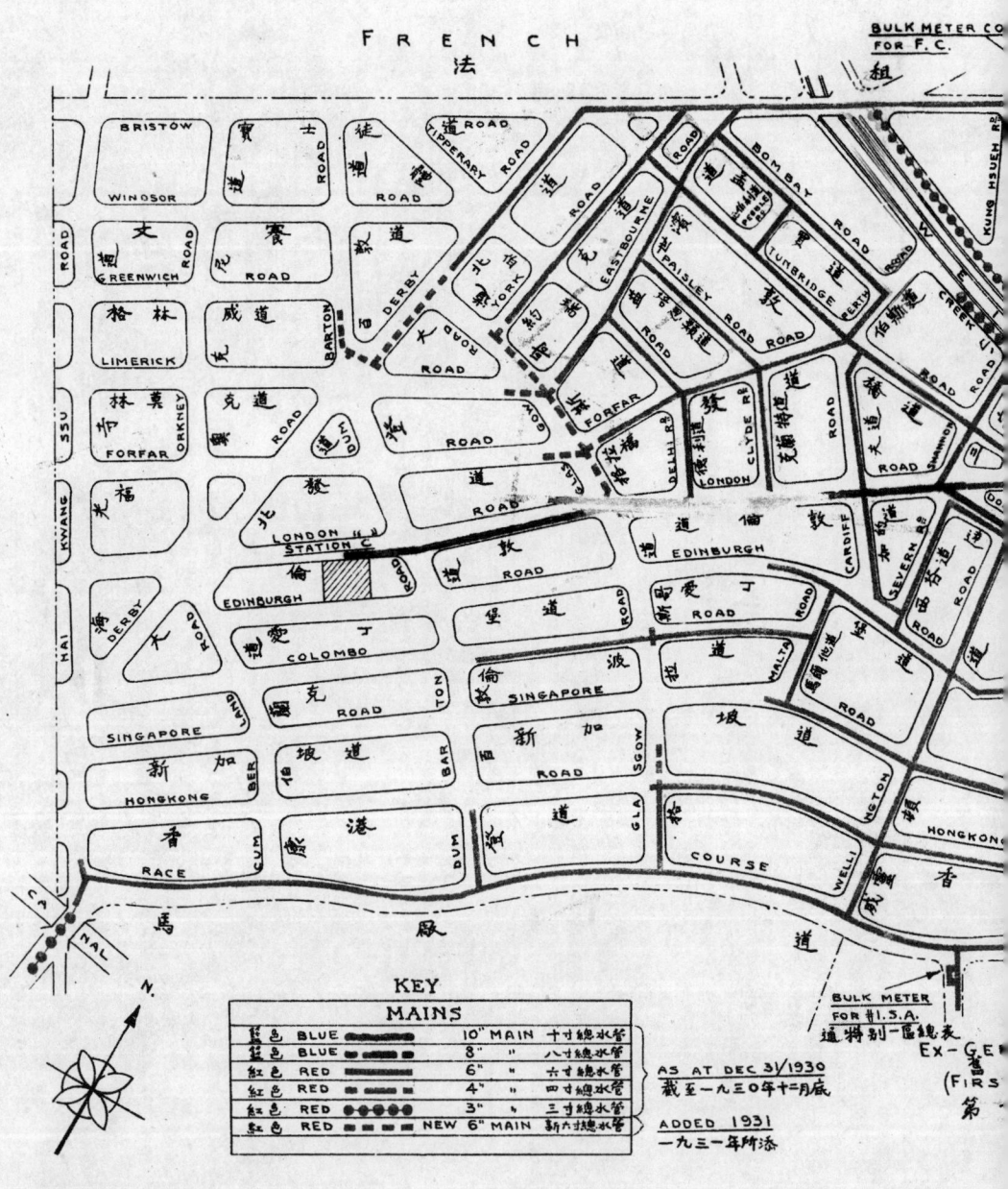

天津英工部局1931年董事会报告暨1932年预算

天津英租界工部局史料选编

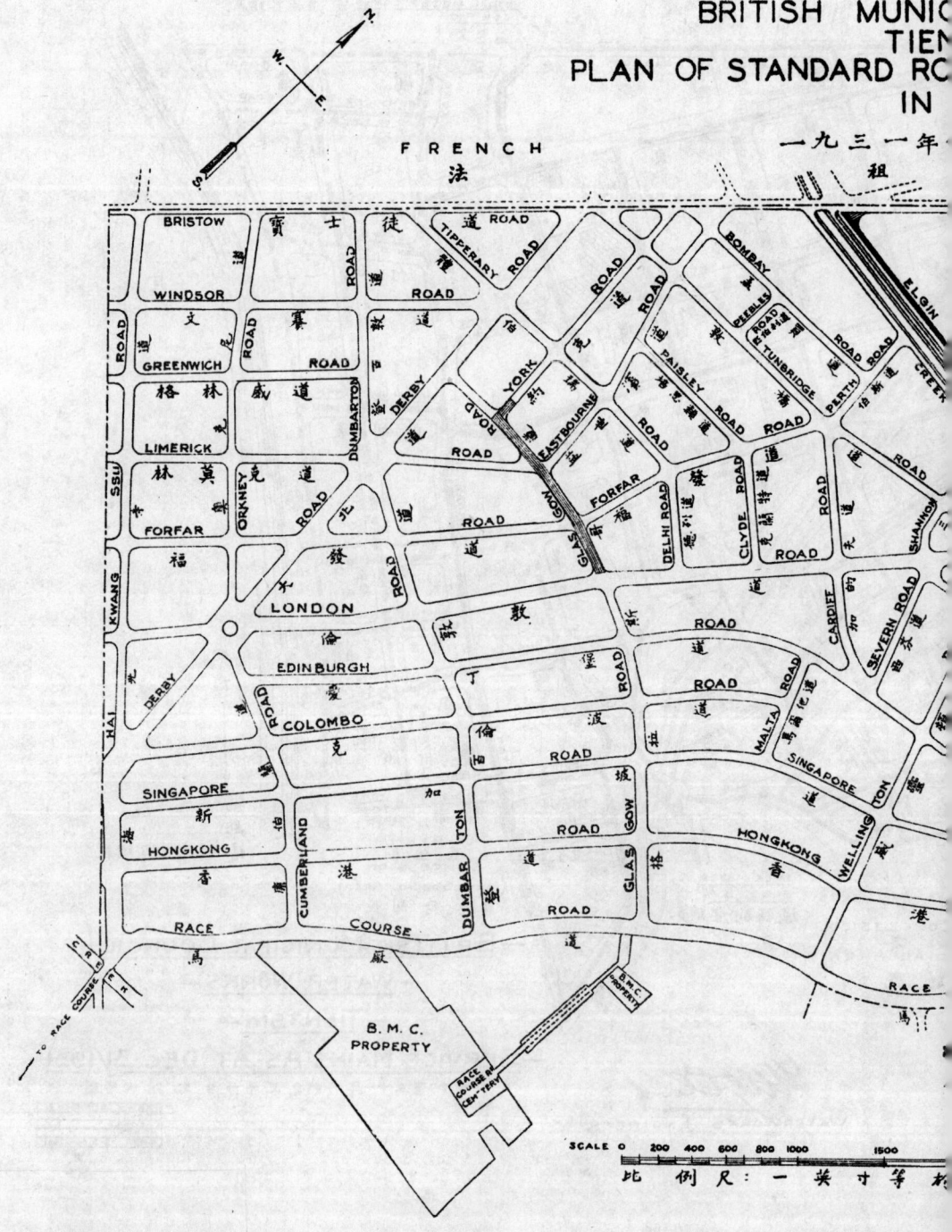

447

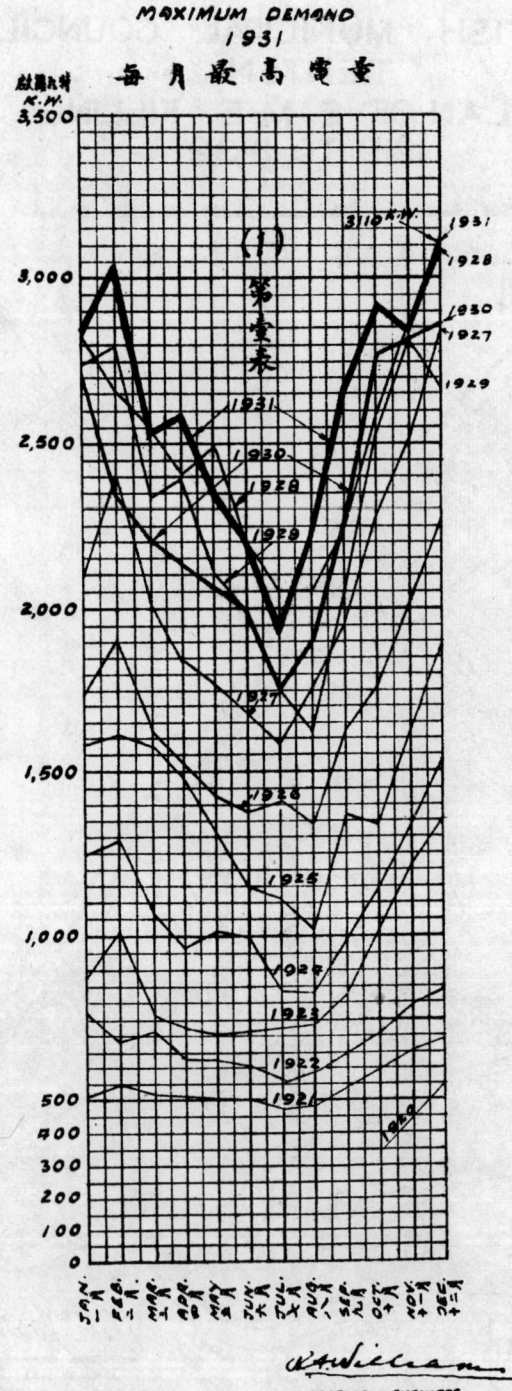

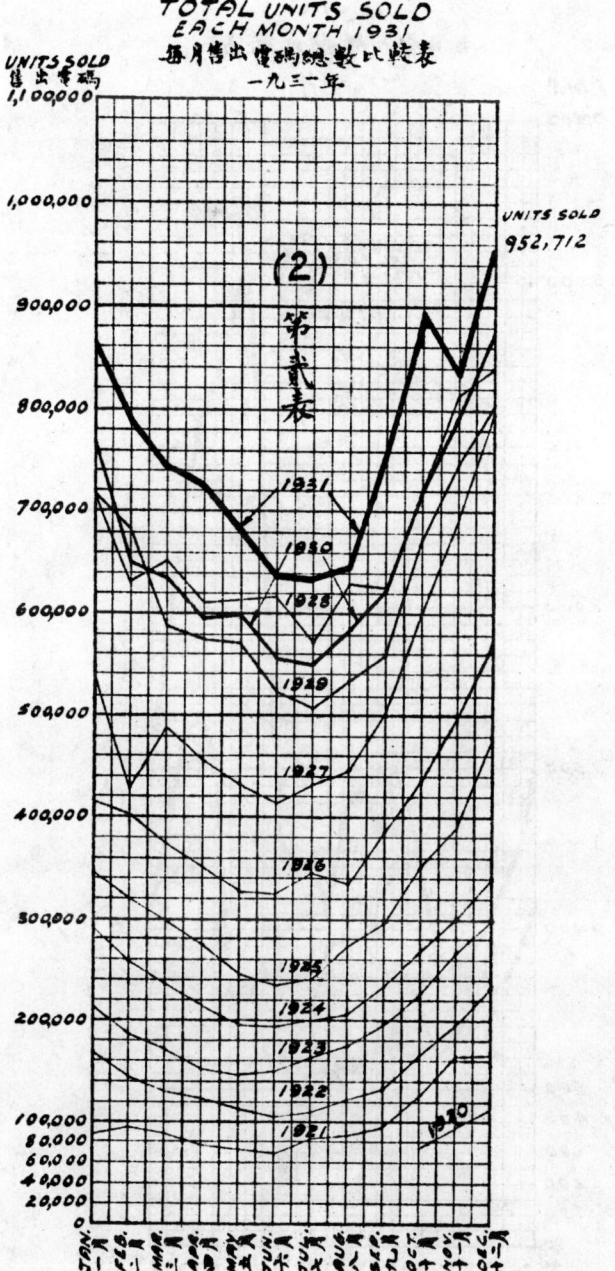

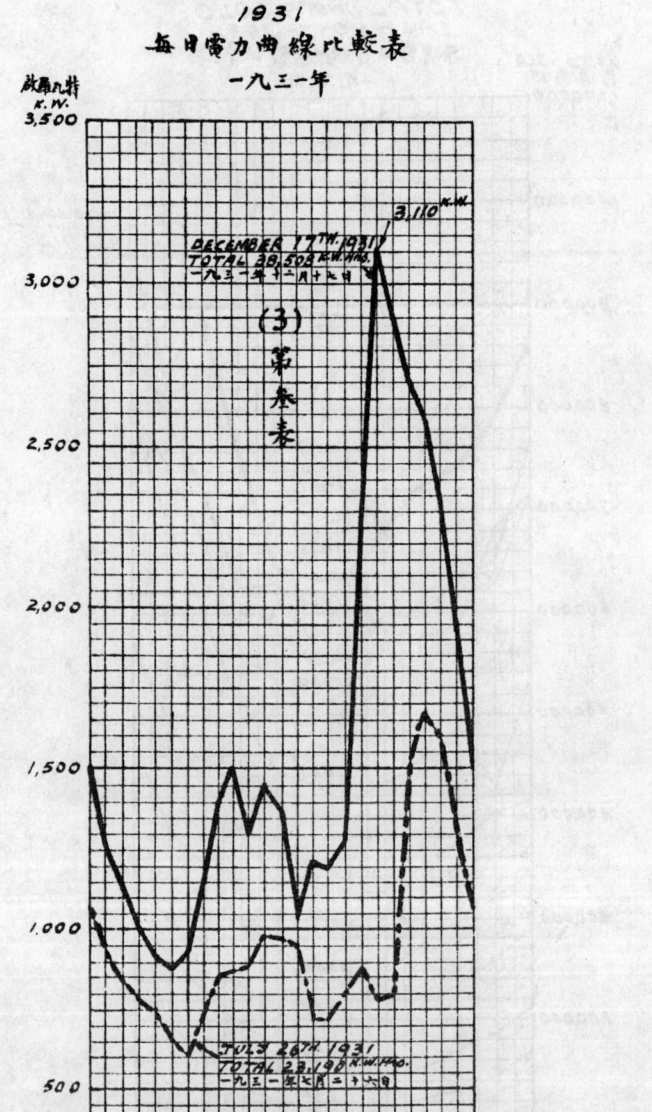

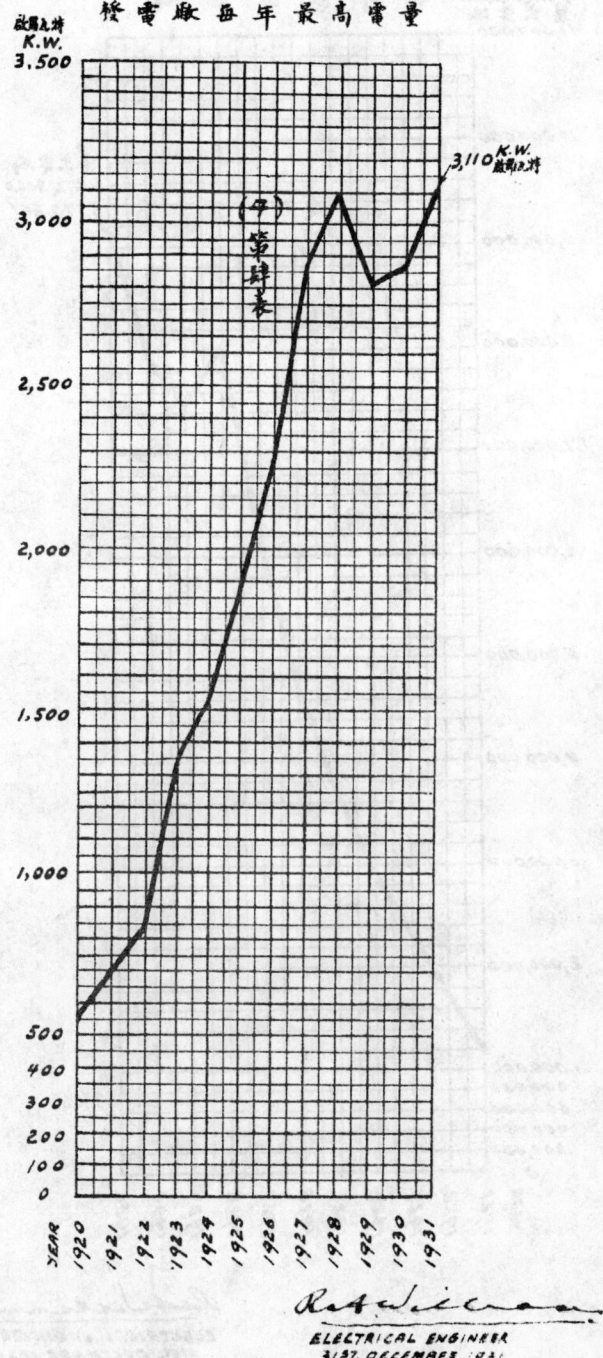

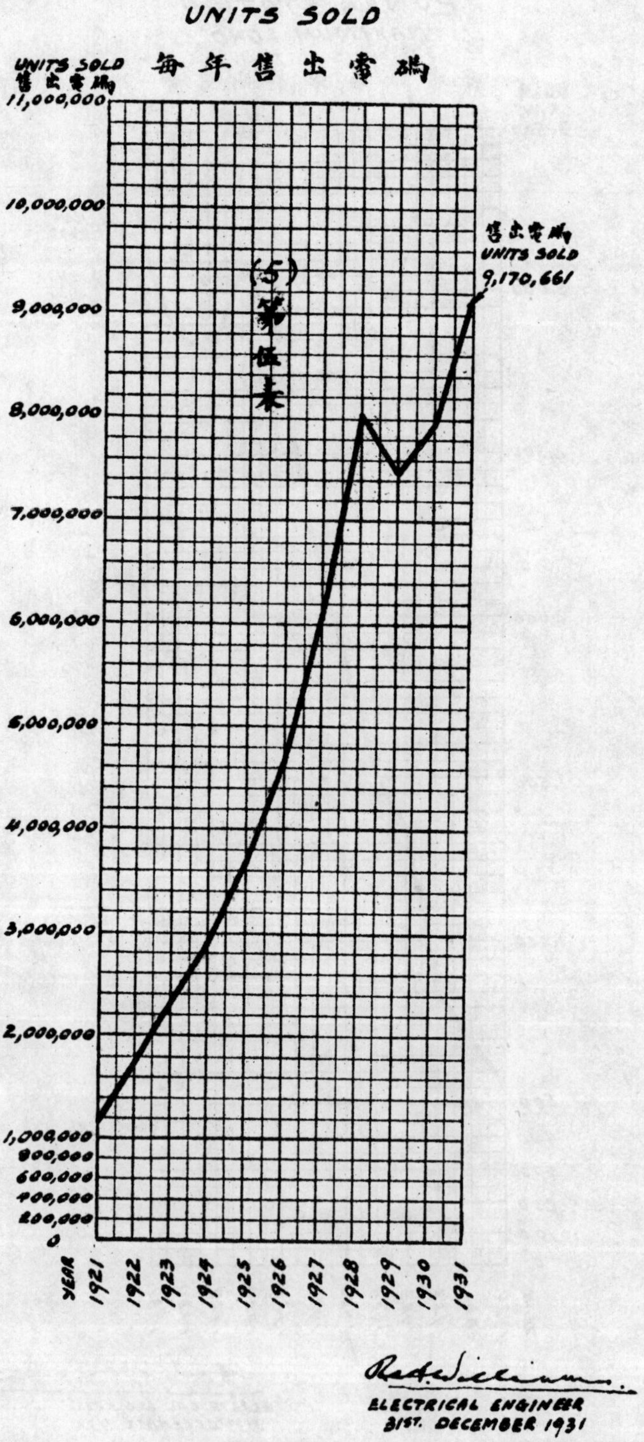

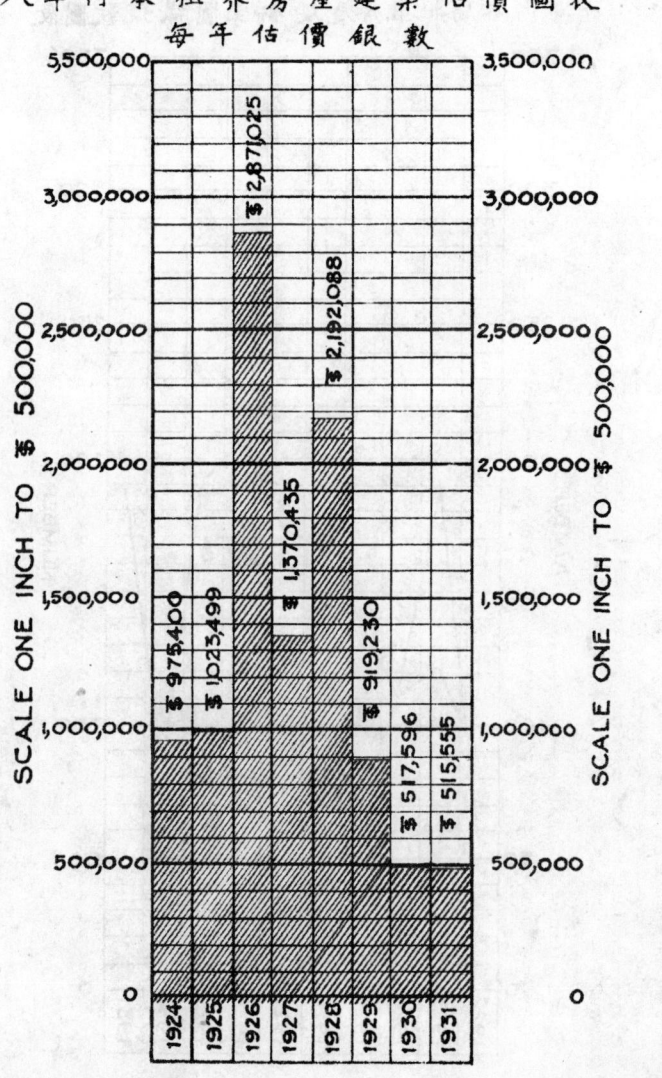

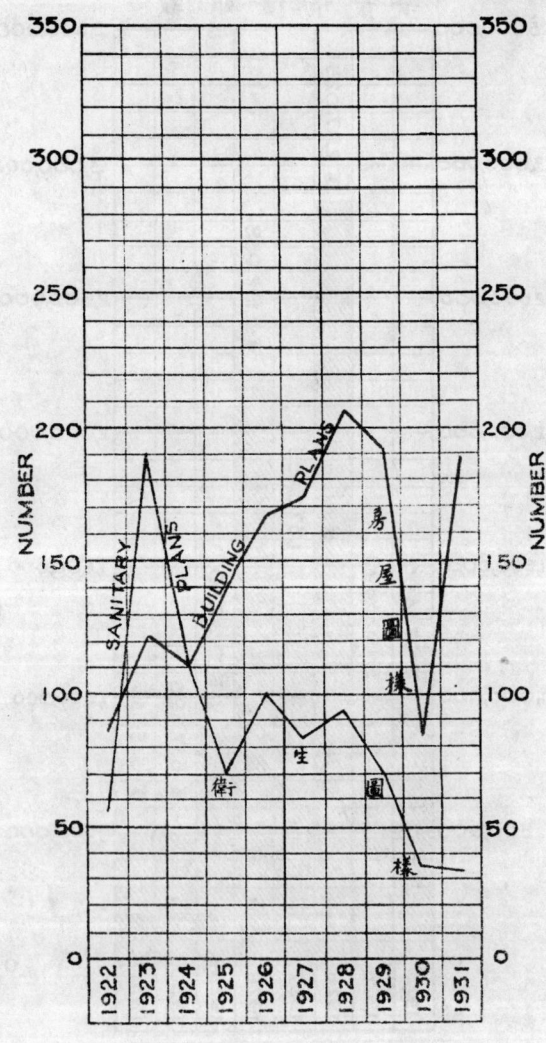

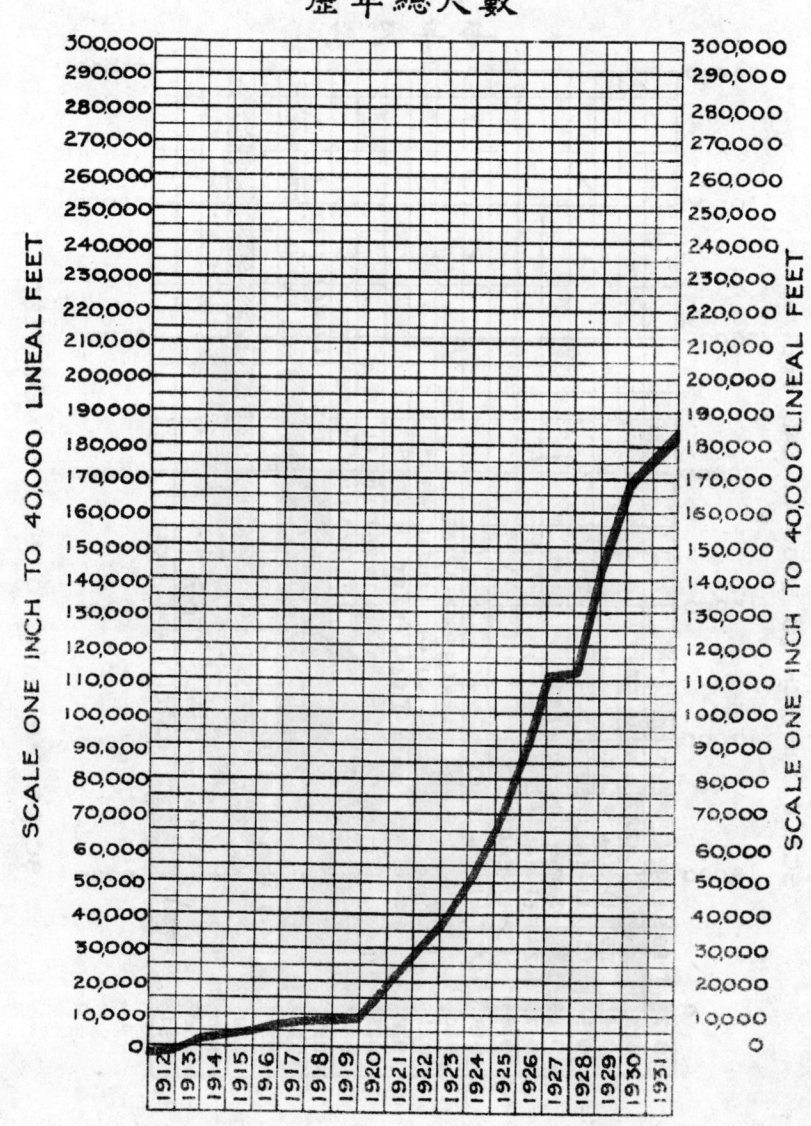

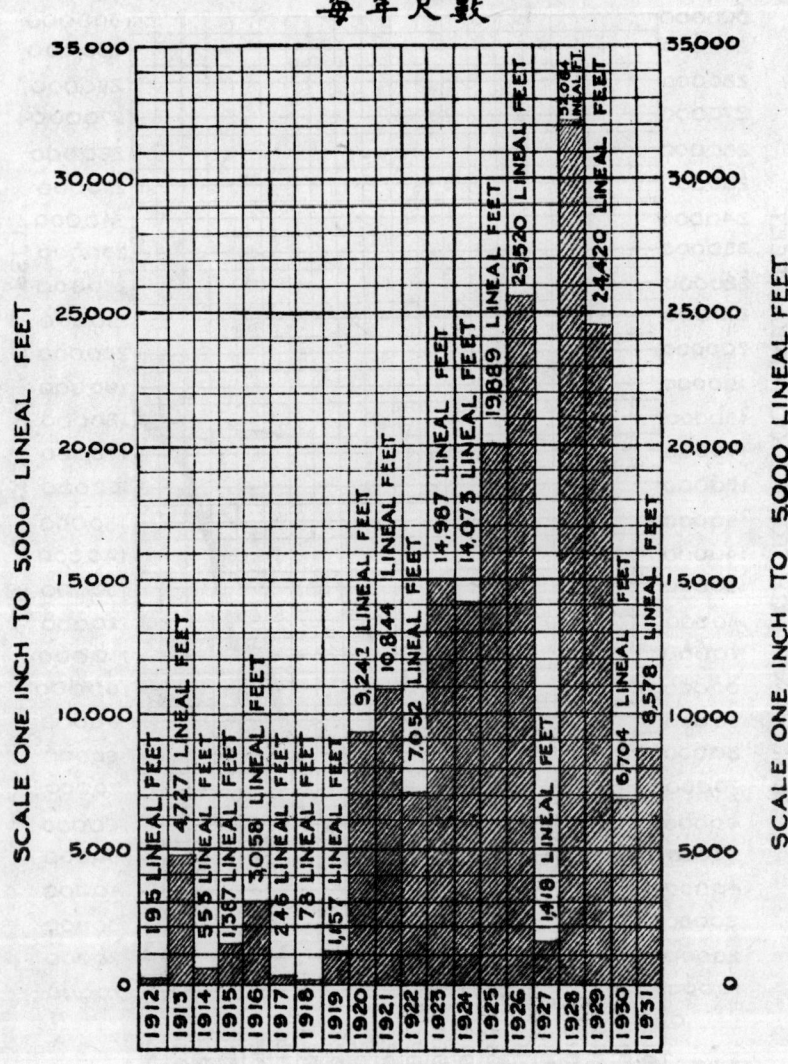

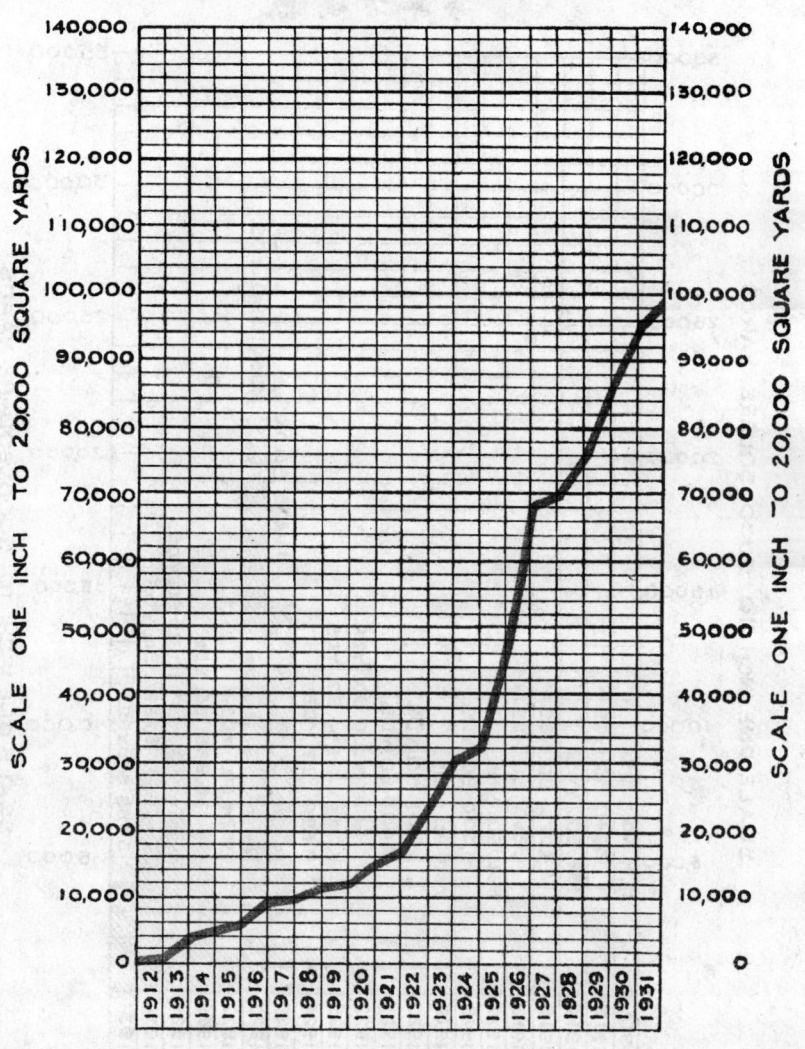

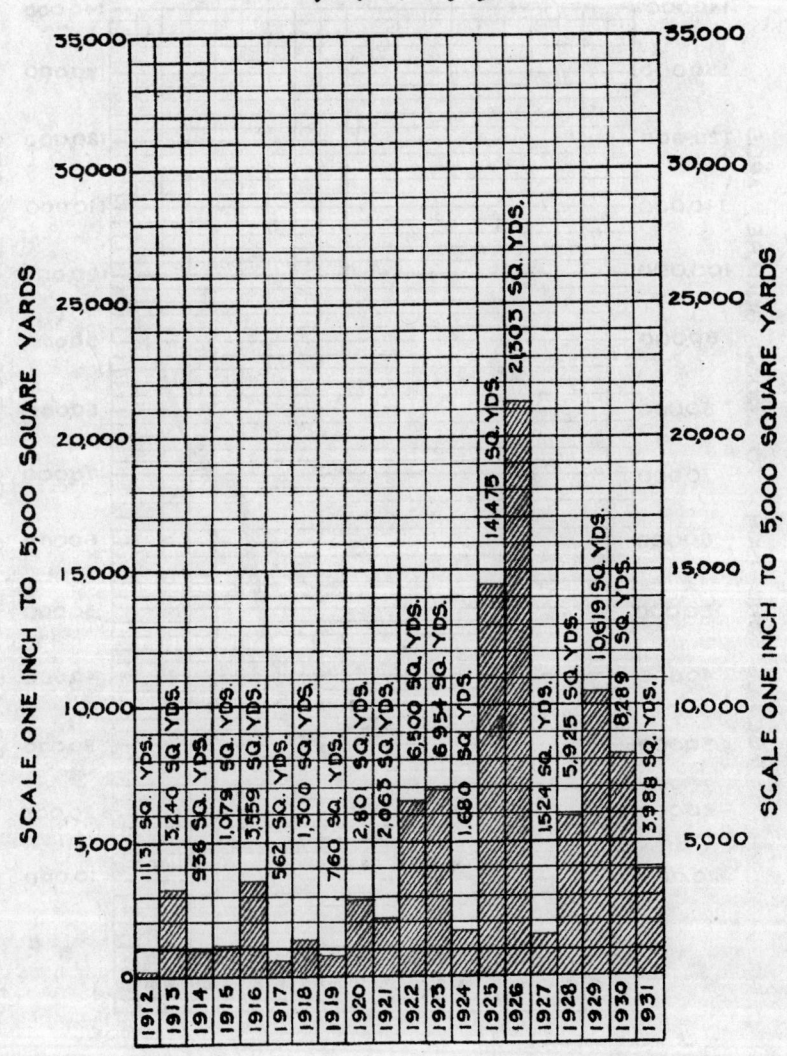

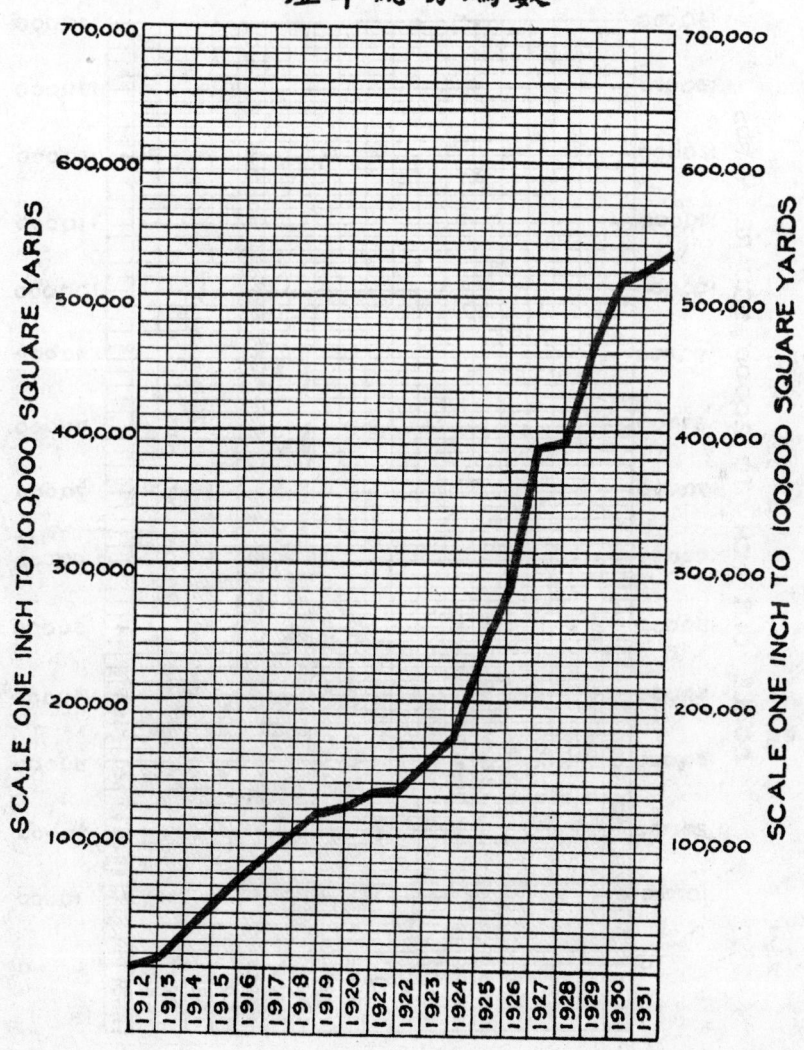

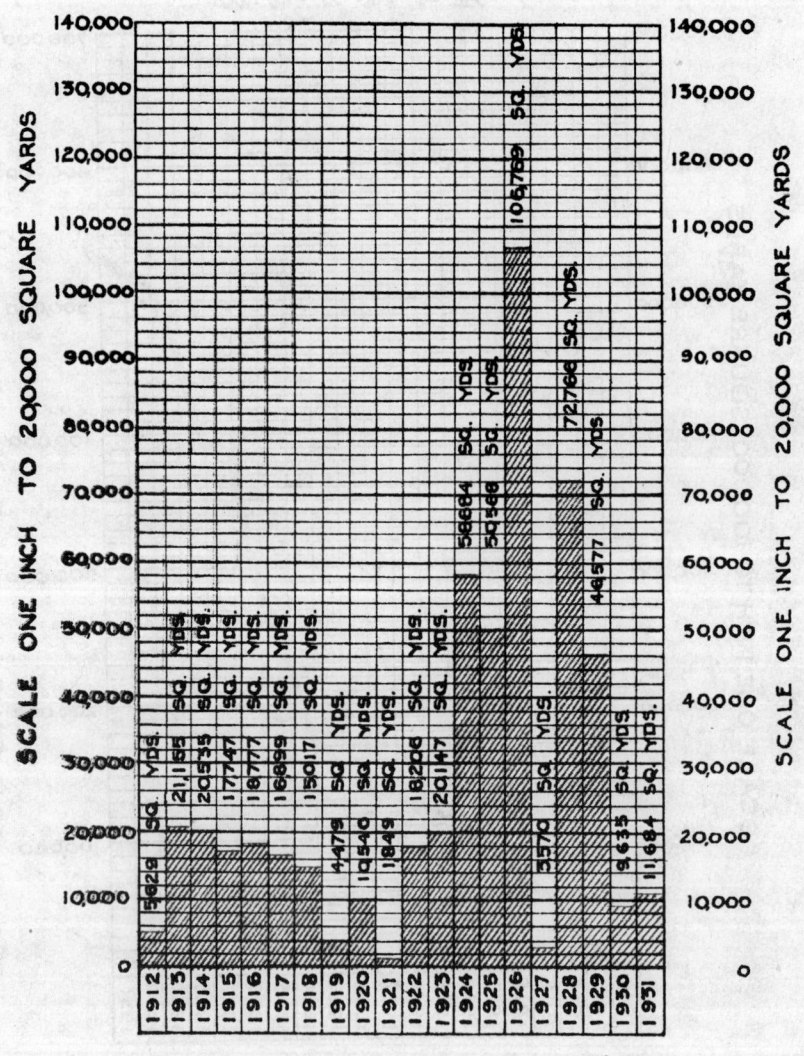

天津英工部局
1932年董事会报告
暨1933年预算

在戈登堂举行常年大会记录

天津英国租界选举人 1932 年 4 月 20 日下午 3:30

是日，会议由英国总领事翟兰士君主席，董事会席次计有董事长体伯君，副董事长庄乐峰君，董事巴兰雷君、赵君达君、郑慈荫君、裴恩德君、包培之君、毕德斯君、戴乐君、王荷舫君，秘书长（怀富君）、秘书（陈道源君）暨会议秘书（代理领事）何博德少校。

选举人出席者计有：

翟兰士	潘纳尔	裴恩德	马根基	葛林兰	安得生
戴乐	寇客	福克纳	仪品公司	麦加利银行	巴兰雷
齐德	兰荫	傅克司	瑞德	殴哈雷	杨嘉礼
钱立士	毕德斯	体伯	费礼	费确尔	师考德
鲍亭杰	卫君	甘博士	仁得	戴悌	欧尼耳
瑞得乐	斯奥	布瑞居	戴安	彭考斯	安南德
斯考夫	白梯乐	瑞以得	莫尔	马罗斯	纳森
恩瑞特	森木士	开斯梯克	克罗斯卧	墨瑞	白杰斯
翁笏斋	翁克斋	叶璧侯	承启堂渠	兴隆公司	董右岑
锡善堂	隆兴公司	陈秀峰	中国邮政局	蕴德堂郑	李洛之
宁彩轩	润善堂王	周实之	王汉臣	树德堂孟	修业堂胡
静安堂	凤叶堂张	张圣述	余庆堂蔡	杨锡仁	存厚堂蔡
福庆堂唐	齐协民	蔡述谈	世德堂	张师黄	交通银行
三槐堂乾记	忠义堂王	庄乐峰	居易堂蔡	孙仲山	包培之
忠兴堂句	靳荐青	周立之	钟惠生	倪幼丹	倪幼圃
卢国璇	陈仲文	盐业银行	吴达记	王家瑞	吴保善堂
竞业堂庆记	奉箴堂吴	陈茛仁	积善堂穆	宏道堂	赵君达
金城银行	梁孟亭	李又尘	振业堂	杜克臣	中国银行

中交两银行	卞白眉	巢九余	李直绳	忠恕堂吴	杨介执
吴聿修	李次武	傅德堂胡	六合堂记	郑慈荫	王仪范堂
兰荫堂张	张煦臣	王荷舫	周叔弢	信记公司	永立公司
焦子清	大昌和	华利公司	安愚堂勤记	黄颂颀	张祥斋
绵煦堂陶	邝荣光	绿 记	世德堂王	浦廉方	娄翔青
建业公司诸君

宣读召集会议通告为开会仪式

会议日程第一项：为证实1931年4月15日选举人常年大会纪录，业经付刊分送，兹卫君动议，卞白眉君附议，按照原纪录通过，别无异议。

会议日程第二项：董事会报告

董事长演说词（报告）

鄙人承乏代表董事会发言，今得于诸君前披陈报告暨昨年账目，殊感荣幸，惟事属初次绠短汲深陨越堪虞，为此，恳祈诸君鉴谅。兹为利便会议进行，计已将演说词稿，先行移译汉文分陈中国纳税诸君，对于本日会议各项自可灼然明瞭。今须声明者，即关于各议题如有质问评论，尚须依次翻译，故所提质问意见以属于切要积极者为宜，俾本会议之进行不无端稽延。

年报暨账目业经送呈多日，谅已邀关心市政诸君之披阅。鄙人当按报告所列各节，附以简略之注释。

昨年诸君选举之董事会各董事，台篆备载报告第一页，鄙人忝列董事长，庄君乐峰被推为副董事长，年间孙君子文、陈君聘丞因业务关系恳辞董事会职务，遗缺由敝会邀请王君荷舫、包君培之担任，邸克耳少校本充任工程委员会委员，因回国辞职，敝会遂邀请马罗斯少校接替，赖乃士君任职工部局秘书长多年，业于6月间退职，所遗职务由怀富君代理，自12月1日起，怀君真除秘书长现职。

工程处：历年财政困难，工程处预算屡感不克充裕，编立其昨年规定之工程，咸已如期竣工，效率一如往年。查河坝堆货地位暨盛茂，道巴克斯道间之一段马路年间因事实需要，不得不事修筑，敝董事会因之核准追加支出，计7,200两。本年对于路政暨公用建设拟从宽准备，藉应需要。

墙子河：该河之不幸状况已为各界责难之的良有以也，敝董事会终年设法改善，备极困难。查昨年规划疏浚，颇费踌躇，各关系区界主管机关如中、日、法暨本届迭经商榷，始获分段浚挖之，定义自西端日租界一段始，而法而英依次进行,至特别一区为全河疏浚最后之一段,惟工程次序甫定,乡间农民即群起阻挠,此为困难之一。嗣日,租界开工未久而事变陡生,致须中辍,此为困难之二。迨法租界疏挖完竣,本届依次动工,期于可能状况下迅求蒇事,惟此辗转耽搁稽延甚久,日租界旋又继续其未竟工程,并于法日交界处筑堤,河流被阻不通,河水因之浊气充斥。今兹日租界已疏挖竣事并将泥坝开放,故该河流状况立即改善,不但此也,本局工程处且利用马厂道西端填地水坑泄水,以助其流此清水,乃由马厂道地下水管输至平安戏院,邻近灌入墙子河。不惟该河因之增加水流冲洗效用并藉以供给发电厂凝气所需冷水也,谅诸君明瞭此系临时救济办法。惟因填地工程应于年底完竣,吾人假此短促期间可筹备一劳永逸规划也。

吾人感觉,墙子河不良状况随时有发现之可能,因之已商请英总领事代行征求中、法、日各区界主管机关同意组设一联合委员会,管理墙子河之全部。今工程师及专家拟具铲除此妨害公益之有效方略,业已呈送英总领事,倘此计划得荷采用,则本界发电厂须另设用水供给准备,其需费深恐不赀,吾人现正等候总领事磋商之效果。

花园暨公园:各花园暨公用空地均花卉争荣,点缀悦目。凡此皆花木管理员郎蔼氏之成绩,谅为诸君所谂知。

电务处:查昨年为充量用电收费制试行之第一年,全年该处收入比较预算计减 1.9 万两。敝董事会以为由是以断充量用电收费制之实效未免过早。本局多量电流用户因采用此制颇获利益,固无疑义。倘此利益广播周知,则普通用户概乐于电灯外添加用电量,变为多量用户日间电量需要因之增高,诚为同人所期望。

电务处工程师伟廉士君现在假应于 8 月间返津,不期伟廉士君离埠才 1 月,发电厂第三号涡轮式发电机于本年 4 月 12 日晚发现严重损坏,殊深惋惜,因此,其旋转部分暨其他零件须重新购自英国,幸经第三者公正专门人员之立予检察签具意见,证明此意外遭遇,乃非发电厂职员疏忽所致,差[甚]堪告慰。反之,倘非值班厂员之当机敏捷应付,恐其损坏范围不止此也。关于此事,开滦矿务局允许,才自英国抵津之维格斯机厂技师迟延其前赴唐山矿区日期,敝局得以就近利其教益,甚为可感,特此志谢。

水道处:本局开凿之第八号自流井,迄未成功,故水量供给总量仍须仰给河水用补不足,现时开凿该井之第三井眼已钻凿至 390 英尺深度,不久或得完成之希望，假使此希望能成事实，此外仍须加凿井眼，以应日渐增加之需要并免本界水量再仰给过滤河水。

至此，鄙人须声明董事会对于公用建设所抱方针，以应付本租界充分发展之需要为限，不事铺张，为此，本局已通知天津市政府现时特别一区水量由本局水道处供给，至1933年12月31日势须停止。

警务处：谅诸君尚记忆昨年大会董事长曾述及爱斯蒙格君之考察警务处事宜，敝董事会审查爱君所具报告，佥认侦查症结者，为实行整顿规划之最适当人员，因此聘任爱斯蒙格君充警务处处长，其新猷已见成效，即各级人员薪工标率，概依服务久，暂与勤劳成绩为准则，全体警员因之更为满意。

巡务总管张君道宏于上年7月31日脱离工部局任务，敝董事会于10月间聘请李君汉元试充警务处副处长，李君业于本年4月实任该职。

本局为遏制携械抢案暨绑匪起见，决在本租界主要出入路口建立栅栏并装设电信警钟，随时自各固定岗位可以按铃通接，有此设备任何意外案情之发生，即可立时通达各警务处，不限于本租界也，此项规划虽不能完全肃清绑匪暨携械抢案，其能收遏制之效当无疑义。

伦敦道建筑之新警务宿舍工程处，现正加工赶造其第三宿舍，应于本年底竣工，届时，本界警务人员当无住宿设备缺乏之感，一俟新宿舍工程完竣，毗连戈登堂之警务处房屋，即可从事早应兴修之更改工程。

总务：敝董事会其余工作暨各分处账目已详列年报，成绩尚堪称意。

本界市民热心公共事业，多数毅然担任义务勤劳备至，尤以管理天津公学、天津英文学堂空地各体育场暨冢园及担任消防义务为显著，鄙人愿藉此代表董事会聊申谢忱，本局全体中外职员年间服务成绩粲然，殊堪嘉许。

昨年，敝董事会工作之最可告慰者，莫若全年账目结算之圆满。查上年大会董事长提出1931年预算时，不得不申述该预算为历年来最欠满意者，该预算所列收支不敷之数，预计当达银122,843两，此不平预算，在提出之先虽经董事会迭次缜密审核，苦无改善希望。今者上述122,843两不敷之数因下列缘由，计至年终竟易成1,637两之盈数，成绩若斯颇堪称意，其主要缘由为年间预算决定后，银价汇兑行市之增益及码头捐之增收计3.3万两，河坝收入之增多计13,568两，各项辅捐之增收计9,656两，管理项下核定金镑支出之节余计14,550两，天津英文学堂支出之节余计12,392两，警务处支出之节减计20,460两，工程处支出之节减计27,850两，暨敝董事会依照上年大会议决,厉行经济政策之结果。当此,鄙人愿声明敝董事会力事撙节已至其极,但施行经济政策若操之过甚,转致靡费据,敝董事会见解所及,现时处境已达撙节极点,鄙人现动议,请诸君接受 1931 年报告,暨年报所列该年账目并予以通过。

庄副董事长附议。

戴悌君:查鄙人于上年大会发表赘词主张撙节,故对于昨年账目感觉责无旁贷,应略纾愚见。

查 1931 年预算经常项下不敷之数预料当达 122,843 两,按之上年报告,该不敷数目竟变为盈余 1,637 两,总计表面节减之数达 124,480 两,其中 41,228 两,系比较预算之增收,故实支之节减只 83,252 两,各分处薪工之节减占 44621 两,同时天津英文学堂协款计减支 12,393 两,此两项共计节减 57,013 两,系完全出于汇兑行市之利益,似无错误。惟其如此,则经常项下之实在节减仅 26,239 两而已,特别支出项下计减支 9,144 两,故经常特别两项合计之节减达 35,383 两,按全年支出 200 余万两计算,其因昨年大会决议所获直接减省,仅得此数,未免令人失望,但即时核实削减经常支出,固有显然之困难,况董事会对于所列特别支出,业经订定,所以昨年大会通过指令撙节意旨,亦可谓已完全实行,惟鄙人如此声说,须附以注释,即本年编造预算时前述撙节政策应予贯彻也。

关于此节俟讨论议题第三项时鄙人当再声述。

董事长:鄙人因戴君先将意见抄示,故得预拟答词至为可感,但于诵读之前,鄙人愿申述,因此,评论所得感想即戴君对于董事会昨年未遵照结算单而竟获盈余,似反感不快。查上年诚有意外情形,如银两汇兑行市之增益,缴纳码头捐商人之踊跃输将,凡此皆非董事会擘划所致,俱属事实,谅诸君必不愿同人不因而利用之也。处是境遇,纳税人固可相庆,惟敝董事会不欲藉是称功。

戴君指昨年经常项下之节减归为汇兑行市之利益,诚属正确,惟请求撙节,纳税诸君必不可忽视,董事会有必须履行固定支出之事,实此项支出毫无削减之可能,例如每年须:

归还债券本利准备用款	23 万两
偿还继续皇家租契用款	14,360 两
教育协款(天津英文学堂应得汇兑行市贴补不计在内)	10.8 万两
捐助项下(藏书楼、塚[冢]园等)	约 7,000 两

养老金约	1.7 万两
警备队（上海最近时变可证此项准备之需要）	5,000 两
医院暨卫生处上年实支	50,159 两
总数	431,519 两

上列固定支出当占戴君所提出 200 万两之一大部分。

警务处之支出似见浩大，若诸君同时参看警务处长报告，即可洞悉该处职务之繁重，其经费当随本界繁荣进展而占市政支出之一部。

本界消防队效率显著，设备完整，随时可应火警之急，足证其支出之正当，有此设备，纳税人并得有低廉之保险费率也。倘董事会对此二项支出施行核减，恐不免招严厉责难。

关于工程处预算，倘诸君参观总结算单而分析其款目，则诸君必能同意该处支出并非过多。查该结算单所列工部局马路、阴沟、水沟、便道总值计合 1,183,092.95 两，而昨年之保持费只 34,240.55 两，不及产值 3%，迩来并迭次研求筑造一新路面，用以限制装货大车损坏，马路若制定规则取缔此项车辆固为治标办法，惟工部局总迟疑未决，行者因恐影响货物运费之增加，致货价亦随之增高耳。该单所列工部局房屋产值共计 60 万两，菜市、隔离病院、老医院一并在内，虽老医院暨戈登堂之建筑显属陈旧，然每年局有房产之保持费只 11,835 两，约合产值 2%，诚不得视为糜[靡]费。

又查本届马路共长 20.2 英里，年间路灯、清道、洒水、铺沙等支出共计 43,818 两，本界每年收敛垃圾共 160 万立方尺，用费 17,719 两，概为必要之市政支出。再者本界现共有商行、栈道、工厂等 800 家，住房 3,500 所，容纳市民约 6 万，在此情况之下可以知悉外，此无甚减政之可能。

工程处除上列明显之职务外，尚担任征收各项辅捐，本年预计收入总数约 13.9 万两，并审查一切建筑图样，监督本租界内一切建筑，暨本局自备工程新建警务宿舍等。

警务处、工程处事物已如上述，此外尚有会计处之任务，其申述可助诸君明瞭[了]，敝局事物繁琐之一斑，会计处每年发出账单列数如次：

地亩捐	885 份
房产租值捐	600 份
天津英文学堂	1,800 份
天津公学	1,000 份

电务处 7万份

水道处 3万份

杂项 6,000份

此项账单须一一开列,覆核编号登记,每一账单并附以收据。此外,尚有入学证4,000份须分别开列。

兹请诸君许鄙人申述,敝董事等同属经商,对于减政施行撙节关切,不后于人,业已竭力实行用副纳税人之减政意旨,今请诸君注意者,即减政有其限度外,此即无再减之可能,除非不愿市政工事效率之减色任招物议耳。

动议付之表决,全体通过。

董事长预算案演说词

敝董事会提出1932年预算可以欣然报告,纳税诸君者,即经常项下未增加任何捐税而得以编立收支相抵,年报所列各分处预算,定已邀诸君披览其详细节目必当洞悉。

总务账目应特予注释之节目,只捐税一项谅诸君尚记忆,昨年大会董事长曾声述董事会认本界地亩,暨房产租值应重予估计,其决议业已实行,因估价委员之重行估计地亩之产值,已核减甚多,地捐收入亦随之减少。盖地捐乃按现行税率1%征收也,该委员对于核算房产租值捐之产值则决定不事更动。

际兹商业萧条,敝董事会不愿增高地亩捐率,加重纳捐人之担负,以维持昨年收入之约数,职是之,故此项收入计减少4万两。惟此短绌因改订未加入养老金优待之,各洋员合同所得节余抵补不在少数,缘各该职员嗣后薪金汇兑行市贴补,只依其薪额之半数计算也。然为公允计,兹并声明敝董事会为保障诸君利益起见,对于中外高级职员薪金之任何增加,一概不得不勉强再予否决,其余各项一如往年,计本租界发展户口增添,暨维持应有效率增加之工事所需增支照例列入。

查工程处特别支出项下列有完成警务宿舍暨火会所建筑费用计5,000两,建筑新公用厕所4处计14,000两,皆属必须之支出,马路、阴沟、便道、水沟、桥梁之预计支出为10.4万两,系应付市政需要之建设。迩来新房屋建筑颇呈活跃气象,所发建筑准照之产值已超过1931年同时期之记载,故修筑马路、阴沟等等为必须进行之工程,概为新房产之公用利便,此项房地捐税,因之当获增益也。

电务处预算无须特予注释,惟该处购置支出列有煤炭存储一项或已邀诸君之注意,计此煤量足供3整月之需要。查近年交通运输每有阻滞困难,敝董事会因此决定存储此煤量藉备万一,其储存手续系按随用随储一定程序保持准备数量。发电机件项下列有1929年购置拔柏葛锅炉分期付价最后之一期,其余数目连同分输机件各节为应付电流需要增加之必要支出。

同此理由,水道处务须支付开凿自流井费用,谅诸君尚记忆当年规划给水设备,曾计及本租界水源独立不仰给于海河,惟现时水量需要逐渐增加,该处现有自流井产量,仍须仰给河水藉补不足,吾人如贯彻原有规划则增开井眼洵为必要之准备。

特别支出项下本局各分处外,列有天津公学特别建筑协款一项,计10万两,敝董事会对于该校舍之添增曾付缜密审查,认为必要并系正当之支出,谅诸君必念知。天津公学原定规划设计容纳学生1,200人,照此绘就之校舍图样,粘附保管契约,该校舍4所工部局已准备其二,每所可容学生300人,咸已充量占用且为容纳现时肄业该校学生658人,计其原建之校役室乃不得不改为教员预备室。

该校课程之规定系与其他中国学校相同,须准备各班逐年次递升级,故至1932年9月该校需要增加可容纳学生90人之讲堂,其暂时设备须在英文学堂旧址无疑,惟因之分处管理暨教职员之添增事属不经济并欠妥善耳。诸君如因敝董事会希望而核准此项支出,该校舍可于年内落成,深恐未必能以实现,故甚属望其工程迅速兴办也。

预算所列核定金镑支出乃按一先令八便士折合银一两,编造自本年起之汇兑行市适合,暨近3个月用金行市之先期结算已稍获经济效果。

查现款状况合计购置支出暨积储之保管款额尚短绌35万两,兹为抵补不敷,计敝董事会征求诸君授予商榷借款之权利,该借款应成立为本局财产及收入之"第三"担负。同人以为仅据本年需要数目为借款限度,则其政策未免狭隘并束缚将来董事会之政略,盖嗣后董事会可用以商榷借款之担保者,乃递为"第四"担负,职之,故同人建议诸君准予募集借款100万两,以"第三"担负为担保,此借款当依照纳税人核准之预算需要发行之。

现拟发行之额数35万两,内有171,500两系指定为董事会业经支配之用途,即历年账目移后之保管款额、年积金等,故本年所需之现款只178,500两而以。

鄙人并愿在此申叙自1926年以来计六载,于兹工部局未募集任何借款,所有赖以发展维持本界之经常、特别暨购置支出莫不取自经常收入。此外，并支付市政债券本息用款计每年 23 万两。

鄙人现提出上列预算，请付表决通过。

庄乐峰君附议。

戴悌君：鄙人殊感踟躇，对于今日所提预算之巨额支出又起立表示不赞同。查现时征求核准之特别支出，计达 438,861 两，比较上年超过 152,031 两，鄙人如守缄默，则与上年所发表之意见，暨大会通过之决议显不一致。昨年，鄙人因未将拟发表之意见先行通知，颇受董事长之责难，此次已遵章办理。

关于上年之节减，鄙人业已指明可以归为大会决议之直接俭省，只 35,383 两，年间所获收入之增加，暨汇兑行市之利益可谓幸遇。今年收入恐未必能如是乐观，至于现时汇兑行市之适合，似已充分列入预算。

乍看经常支出，比较上年似已削减 39,354 两，尚堪称意，如加细察各分处预算所列其薪工一项，连同两校协议，合计之节减达 109,046 两，大概此节减之全数系汇兑行市利益暨改定外国职员薪金支付之效果，并非因何新议经济规划之成效。故经常支出如依上年施政标准，本年预算应再核减 7 万两，其未能如此编造者，谅因预算内须列入临时用途一项。查本年警务处之支出计增 1.1 万两，电务处虽有利息之减支计 10,324 两，其支出仍须增 14,773 两，此为发电费用暨煤炭需要之增加，其实数达 26,665 两，谅董事长对此可予解说也。

鄙人不愿批评经常支出，虽有前述 10.9 万两之节减数目，然其支出仍达巨额，不得不表示失望。

关于特别支出，鄙人曾声述上年指令之撙节意旨业已实行，但此说须附以注释，即当时之节俭主张对于本年预算亦应适用也。查上年指令之实效只减省 3.5 万两（不及实支总数 2%），此节约之数既如此低微，本年编造特别支出预算时，即应予以注意，况此项支出比较上年竟超过 152,031 两乎！倘今日所提特别支出预算付之实行，则纳捐人即将签订之增支借款利息总数，不过年余即足以抵销昨年减政之节数。丁是商业每况愈下，如同人佥认昨年应施行减政，则今年更应严厉撙节。现时各国无不竭求收支相抵之预算，各处商行为不景象市面所迫，无不力事裁减支出。查预算所列各工事之紧要，固无疑义，惟其急切程度是否比较昨年决议所须之减政更属重要，而并置本埠商业萧条状况于不计。

据鄙见所及,吾人对于此事应予缜密审核,须得有充分辩论理由,方足证明此巨额之支出系属正当。关于因此所举借款,其利息支付不久即足抵销昨年所获经费节减之数,鄙人业经叙及,今兹不愿提出任何议案且视评论预算为无甚意味。惟本之己见,实觉预算所列特别支出额数过巨,不得不一声述耳! 虽纳税诸君对之或不表示赞同,然鄙人甚希望董事会认鄙见为正直持平之言论,藉此机缘,鄙人对于董事会各董事昨年工作愿表示敬仰,各董事责任繁重,市民往往不与以应有之真切认识,诸董事为本市公益勤劳备至,鄙人愿申谢忱并深信纳税同人必同此感想也。

董事长:戴君将评论意见先行抄示,鄙人愿再致谢。尤以戴君最后对于敝董事会工作备加奖饰,为可感惜戴君之评论,不仅限于此节,否则鄙人裁答当感简易也。查戴君评论预算所叙关于薪金节减一节,鄙人愿声明,依照改订合同未加入养老金,外国职员应得汇兑行市贴补只按其薪额之半数核算,由本年1月1日起方始实行。按预算所列汇兑行市标准每一先令八便士折合银一两,核计此项市政经费之支出可节减22.5%,倘再征求各该员接受薪金核减,似乎不甚近情。又本局职员已裁减至最低限度。

关于电务处预计之发电费用增加其1.9万两,系煤炭数量增添之价额,用以应付磨发增加电量之需要,其5,000两系支付海河工程局于挖掘墙子河时抽送发电厂需用冷水之工费,其余数系机器油等价值增高之费用。

警务处预算之增加,乃系改正中国警员薪工等级暨制服设备之费用。

鄙人报告预算时,对于特别支出各主要节目已予解释,兹特指出专候诸君核准之各项支出必要,请诸君参考年报所列电务处工程师暨水道处工程师之报告。昨年电务处售电量,计增15%,水道处售水量计增1,800万加仑,合5.33%.因上年10月至11月间,本埠事变影响,本界户口约增2万,故预卜本年仍当继续如昨年增加之水电用电,乃合事理,惟为应付此项需要,各该厂之布置稍事扩充,诚属不可延缓之要图。

最后,鄙人愿声明各分处之预算节目无不逐一经各分委员会之缜密考核,复经财政委员会汇案审查,证实各项支出依照市政需要已减至最低限度,然后送呈董事会再行详核。故此,鄙人以为诸君对于所提依照本年需要规划编造迭经缜密审核之,预算必能同意者也。

动议付之表决,全体通过。

发行债券

董事长：查预算所列现款状况，其收支不敷之数计35万两，补此不足须募集借款，鄙人业已叙及敝董事会以为仅发行上列款额债券，而支配局产第三担负之全部，甚不相宜，不若决定债额为100万两。但本年只发行35万两，以应现时需要，此35万两之171,500两系归为业经签订之用途，即保管款项暨养老金，故此数只须过账而已。本年所需现款仅178,500两，汇丰银行已允履行前经成立之办法随时支付。敝局所需款额用债券抵换，按6.5厘起息，其回扣按2%计算。兹为制定手续起见，须通过下列议案。

议案一：

（一）天津英租界选举人于本会议决定授予董事会发行债券权，计天津行平化宝银100万两，其发行条款由董事会审定，惟须包括下列各项：

1. 该债券之随时发行额数，应按正式召集选举人大会核准之额数办理。

2. 该债券利息不得超过常年6.5厘之利率，每年分两次支付，即正月1日暨7月1日。

3. 该债券之清偿须在1932年6月30日后之10年外25年内，惟工部局得保留任何替换权利。

4. 该债券概按票面计值与发行日期迟早无涉。

（二）该100万两债券其已发行或未发行之额数概应成立，为工部局财产之第三担负，并享受工部局与John Mogford Dickinson, Hugh Felton Dyott Percy Horace Braund Kent 行将订立之契约利益。同时规定因1927年9月9日契约所列市政借款未清还部分之债券保管团对于工部局财产之第一担负，暨因1929年9月16日工部局职员养老金契约所列保管团对于工部局财产之第二担负，依照各该契约条款有优先权利。

庄乐峰君附议。

戴悌君：昨年大会，鄙人因未先将意见抄送，颇受指责。关于此提案，纳税人似应得预先通知。

董事长：预算显然列有不敷款额计35万两，且上年大会提议筹划借款25万两，业经通过。今兹所提者，只扩充该决议之额数耳。当时敝董事会认该借款为需要，惟嗣后事实适得其反并觉察以所有局产第三担负为抵押，仅募集此小额数之借款为非计。

戴悌君：鄙人深知此原委，但对于纳税人未得预先通知理由，仍未蒙答覆。

董事长:预先通告吾人,拟募集此借款似于手续或较为相符,惟预算即彰然列有不敷数目,则此借款乃必须举行者也,况上年大会已经通过此项决议乎。

议案遂付之表决全体通过。

董事长提出下列议案:

议案二:

遵照选举人于本日即1932年4月20日之决议,按所列条款随时发行债券,计天津行平化宝银100万两,就此授予董事会权能于本年7月1日发行该项债券之第一批,计天津行平化宝银35万两正。

此为履行债券条款手续,依照其规定,非得纳税人之允准,任何人不能筹举借款。

庄乐峰君附议,全体通过。

捐税缴付

董事长提出下列议案:

天津英租界选举人在本会议决定地亩捐应于4月缴纳。房产租值捐应于9月缴纳,并就此授予新董事会于4月、9月征收此项捐税权。

庄乐峰君附议,一致通过。

估价委员

纳森君提议,兰荫君附议,推举杨嘉礼君为估价委员。

李直绳君提议,巢九余君附议,推举关颂声君为估价委员。

董事会方面体伯君提议,庄乐峰君附议,推举安得生君为代表董事会之估价委员,全体一致赞成。

赞颂董事会暨职员

主席:诸君有无提案。

纳森君:当戴君评论预算终结时,曾称扬董事会昨年工作劳绩,鄙人同情于戴君意见,且感觉对于工部局常务职员工作应代表诸君并致赞词。

查昨年董事长与秘书长皆属新任,惟其职务重要,忽事更替,职员所担局务责任必因之加重,诸君并已聆悉。因昨年经济困难,高级职员薪金均未能允予增加,职是之,故吾人对于若辈工作应表示感忱。本界治理成绩粲然,无待赘述。往年经营之高尚效率,昨年咸充分保持且现进步也,故鄙人愿代表诸君对于职员勤劳略致赞颂,聊以等补薪金不克增加之缺。

董事长:敝董事会同人备承奖饰,益增愧怀。敝局职员复荷赞许,鄙人愿代表致谢。查昨年职员服务工作成绩恰如所述,鄙人与董事会同人无不同此见解,各职员皆忠实从事,竭其所长,为本市及纳税诸君服务,鄙人深望此优美成绩之连绵继续也。

新董事会

主席:其次会议日程节目为选举本年董事会。查本年被推为候选董事人数仅有10人,计巴兰雷君、赵君达君、郑慈荫君、庄乐峰君、包培之君、裴恩德君、毕德斯君、戴乐君、体伯君、王荷舫君,故鄙人宣布以上10人即当选为新董事会董事。

狄更生君缺席

主席:鄙人今日未见狄更生君莅会,殊深怅惘,恐此为常年大会之第一次狄君未克出席。查狄君住津多年素孚众望,每逢大会不吝评论,该博中肯当仁不让,同人获益良多。今兹狄君为病所阻更感怅惜,鄙人深望狄君早日恢复健康,并能出席下届年会也,谅诸君必同此感想。

董事长:动议今日承总领事贲临主持会议,理应表示谢忱,全体一致赞成,遂宣告闭会。

天津英租界常年选举人大会定于本年 4 月 12 日星期三下午 3:30 在戈登堂举行

会议日程：

一、证实 1932 年 4 月 20 日常年选举人大会议录。

二、接受 1932 年董事会报告暨通过该年截至 12 月 31 日止之全年账目。

附注：选举人对于该账目如有质问，务请至迟于大会期 3 日前函知工部局秘书长，俾免临时答复有何遗漏或欠周详之处。

三、审查董事会提出本年（1933 年）预算如荷？表示同意，即请执行通过手续。

四、提出关于缴付本年地亩捐暨房产租值捐动议如荷？赞成即请执行通过手续。

天津英租界选举人在本会议决定地亩捐应于 4 月缴纳，房产租值捐应于 9 月缴纳，并就此授予新董事会以征收上列 4 月、9 月各捐之权。

五、选举本年估价委员 2 人。

六、考量其他事件。

七、选举本年新董事会董事。

附注：为便利会议进行起见，选举人对于上列议题或其他市政事件如有质问意见，务请至迟于大会期 3 日前通知秘书长，免临时答复疏略。

驻津英国工部局1932年报告

本董事会兹将常年市政报告连同1932年截至12月31日止之财政统计暨1933年之收支预算，一并陈请选举人查核。

1932年4月20日英租界选举人第十四次常年大会选出董事会各董事如下：

巴兰雷君、赵君达君、郑慈荫君、庄乐峰君、包培之君、裴恩德君、毕德斯君、戴乐君、体伯君、王荷舫君。

新董事会于1932年4月27日集议推举体伯君为董事长，庄乐峰君为副董事长，并分组成立各委员会列次：

人员财政暨医院委员：

巴兰雷君、庄乐峰君、包培之君、毕德斯君、体伯君。

工程委员：

赵君达君、庄乐峰君、裴恩德君、毕德斯君、麦克罗斯少校(由董事会公请加入)。

公安委员：

庄乐峰君、包培之君、裴恩德君、戴乐君、体伯君、王荷舫君。

电务委员：

赵君达君、郑慈荫君、毕德斯君、戴乐君。

水道委员：

巴兰雷君、赵君达君、郑慈荫君、戴乐君。

董事长因职务关系为各委员会之委员。

9月间裴恩德君辞退董事会职务，遗缺由董事会邀请瑞士君补充。

巴兰雷君11月间辞职，遗缺由董事会邀请披厘君补充。

包培之君于12月间辞退董事会职务，遗缺由董事会邀请李达君补充。

条 例

1932年工部局公布之条例列次

工部局1925年营造条例及卫生附则增加条文

第2条甲 未邀准许之建筑物

任何人氏在未先取得工部局建筑准单前,如有擅行动工建筑新房或加盖及改造旧屋情事,应处以不逾洋300元之罚金,工部局并得要求违章人用押款或由其个人或第三者出予具结担保,此后停筑该项未邀准许之工程,此项具结或担保之数目,以不逾洋500元为限,担保期间以不逾3年为度,下列之第34条第5节条文与本条有关,须加注意。

"工部局因拆移任何不符条例之建筑所负费用,得酌向经理建筑人或工程主动人追偿之"

1932年9月1日施行有效

工部局1919年条例修正暨增加条文
修正条文

第二十二条 传染病症

遇有发现霍乱、白喉、麻疹、猩红热、天花、斑疹伤寒、腺鼠疫及肺鼠疫、瘴疽、脑膜炎、昏睡性脑炎、百日咳、腮腺热(痄腮)等各种传染病症以及其他工部局业经引用本条例为传染病者发生,该传染病房屋之占用人或租赁人,必须于病症判明之12小时内通知工部局秘书长,如已延请医生诊治,则该医生必须另送通知予工部局,如病症结束发生,该传染病房屋之占用人或租赁人,必须于12小时内重行通知工部局秘书长,如已延请医生,则医生应另送通知。工部局接得报告,即有权于适当时间内,迅速为该房屋施行一切,认为需要之消毒手续所需费用,概由工部局自按章征收之税捐项下提用,倘就诊医生或寓主不遵章具报,则所有在该宅内施行消毒之一切经费,应由该住户缴纳,工部局并得按损失追偿之。

任何人氏如有违犯本条例规定者,应处以不逾洋 300 元之罚金。

1932 年 9 月 1 日施行有效

第三十六条　马路交通

天津英租界马路上之交通利便管辖指挥,概依下列修正规定行之。

一、本规定通用各名词按下列释义为准:

交通:系指官道上来往车辆暨行人而言。

官道:系任何地段用以通行车辆或徒步行人者。

同义名词:马路、街道、通衢。

马路:官道之一部预备车辆行驶者。

便道:官道之一部备行人徒步者。

路边石:系固定之马路边线或为公众所知晓之路边线。

保险地段:系指任何马路之一段禁止车辆通行者。

路线岛形:系指马路之凸起部分划为保险地段者。

车辆:系任何运输便利(马匹不在此例),若手推小儿车、著滑车鞋人暨病人椅,在占用马路时,即视同车辆;在占用便道时,则视同行人。

马匹:系指用以拖曳驾车或运输之任何牲口。

驾驶人:任何人氏当时在官道管理车辆者。

行人:系指官道上徒步行人,惟小儿车、著滑车鞋人暨病人椅在便道上当视同行人,若在马路上当视同车辆。

乘客:系指占用车辆人而言,其驾驶人或执行职务之车役不在此例。

汽车:系指任何用油机蒸汽或电机推动之车辆。

并行停放:系指车辆与路边石并行之停放。

横角停放:系指车辆停放位置与路边石横成一角。

二、凡使用官道人氏,无论其为驾驶人、乘客或徒步行人,概应负利便交通暨增进公众安全之义务。

三、无论何人在官道上步行,不准有放纵、不顾利害危险或其他不正当行为。

四、任何人氏在官道上徒步,不准有妨碍交通行为。

五、无论何人在官道驾驶车辆,不准任意骤驶、疏慢无忌或有其他危险不正当状态。

六、无论何人在官道驾驶车辆,或其车辆占用官道时,不准无故妨碍交通。

七、无论何人上下车辆,须先候该车紧靠路边停住,不准在该车行驶时上下进出并不应上下时,无故妨碍交通。

八、无论何人在官道由车辆装卸货物,应防止无故阻碍交通。

九、无论何人在官道搬运或位置货物,不得无故妨碍交通。

十、驾驶人或行人在官道对于值岗警捕之指挥号令,应随时迅行遵从。

十一、为尊重公众交通利益起见,驾驶人在官道应察看当时交通状况、路面情形有无已标志或未标志危险地点,并限制其车辆速度不超过安全谨慎合理范围。

十二、驾驶人应靠近马路之左边驶车,速度愈低者,愈应靠近。

十三、驾驶人向下首拐弯者,应紧靠左方之路边石。

十四、驾驶人向右首拐弯者,须拐大弯并于可能地点绕过固定岗位,不在警捕面前超越。

十五、驾驶人驶经官道中心岛形时,须在其左方行驶。

十六、驾驶人驶过逆向前来车辆时,应向左方前驶。

十七、驾驶人驶过顺向前行之车辆时,应出该车之右方。

十八、倘前望不能察看清楚时,驾驶人不得赶过顺向前行之车辆。

任何汽车或电水自行车,不准在中街赶过顺向前行之汽车或电水自行车,鱼贯紧接行驶之汽车,应跟随前车徐进。

十九、驾驶人在经过桥梁、马路交岔口拐弯或经弯曲道路前望不能察看清楚时,应减低速度。

二十、汽车驾驶人在官道驶进马匹时,应减低速度并遇必要或经人要求时,停止前进。

二十一、任何车辆如在官道上肇事,其驾驶人应立即停止前进,勘查所致损坏伤害程度并给予援救。在警捕未告知毋须在场前,驾驶人不准离开惹事地点,倘该处邻近适无警捕者,驾驶人应勿延缓,到中街警务处报告肇事经过。

二十二、驾驶人在官道不准任其车辆继续赶驶或占其他车辆并驾齐驱,致妨碍交通。

二十三、任何车辆因上下乘客或装卸货物在商行、住宅门口停留时,驾驶人不得无故迟延致碍该门口之出入便利。

二十四、驾驶人不准因倒退车辆或转向而妨碍或危及马路交通,各车在中街转向调头须驶至岔道口。

二十五、任何车辆因上下乘客或其他缘由在马路停驶时(遵从警捕指挥命令者,不在此例),其驾驶人应极力紧靠路边石,各车在任何马路因故停驶,概须按规定交通方向靠路边而停,切勿逆向停放。若自左向右横过马路暨不顺交通方向迎对车辆行驶之并行停放,皆在禁止之例。

二十六、(除非遵从警捕指挥)驾驶人经过路中岛形及其靠邻较近之路边石间时,或经过位置马路中心之岛形与任何一边之路边石间时,不得上下乘客或因其他缘由停留车辆。

二十七、驾驶人不准无故任意使号筒发声或用其他警号致妨害公安,当车辆停立官道时,任何人不准使该车警号发声,其因安全关系认为必须者,不再此例。

二十八、驾驶人为通报其他车辆暨值岗警捕准许采用下列信号:

(一)拟停车:右臂高举向上或向右平伸展开,同时手向上下摇动。

(二)向右拐:右臂向右平伸展开。

(三)向左拐:右臂向右平伸展开而手向左指。

(四)向前驶:右臂向前平伸

(五)告他车向前或赶驶前行:平展右臂同时手向前摇动(倘汽车驾驶轮位置左边者,此信号应用左手表示)

二十九、凡在官道行驶之汽车,无论何人不准在其踏板上站立、乘坐或容留。

三十、汽车行驶官道时,无论何人不准抓握该车任何部分,惟其乘客及驾驶人不在此例。

三十一、无论何人未得工部局颁发之驾驶执照,不准在官道驾驶汽车,此项驾驶执照须经本局警务处考试合格,然后发给并须随时携带备警捕查看。

电水自行车驾驶人之最低年龄须满17岁,汽车驾驶人之最低年龄须满18岁。

载重汽车驾驶人之最低年龄须满21岁。

三十二、任何汽车驾驶人如有或被检举违犯交通规章或有其他违章情事,该车之捐照请领人倘经要求,应立即供给堪以指出该驾驶人之一切闻料。

三十三、凡因纵酒、酗醉或体格不称或其他缘由不应驾驶车辆者,不准在官道驾驶车辆。

三十四、双轮电水自行车载座连同驾驶人计算至多准许 2 人,乘客并须跨腿按驾驶人身后位置坐定。

三十五、凡车辆之构造设备,装载状况,围盖情形,堪视为危险有碍交通,或其载包有松散坠地,或其行动有过于损坏马路发出异声,或驾驶人前望被阻有碍安全,或塞带塞力不敷或其他机件损坏致驾驶失其灵便情事者,该车不准在官道行驶。

三十六、凡车辆之装载其总长度超过车身长度在 2 尺以外者,该车辆经弯曲路线拐弯过街,或调头时之速度总以不出危险,不妨碍其他交通利便为准。如此装载之车辆,在日出后日落前,于其载物之后端须树立红色旗帜一方,至小须一尺见方,在日落后日出前代以光亮红灯,以便距离该车身后或两旁不甚远之车辆行人易于注意。

三十七、公共汽车搭客最多之人数或分间可容人数,应由警务处长决定,并用英汉文油刷于此项车辆之明显处,无论何时搭客总数不得超过此核定数目,倘有违犯本规定情事,其车主及管理人应受法律裁处。

三十八、任何车辆如不依捐照规则,不将本局核准之号码牌或识别捐照安置车上者,不准在官道行驶。

三十九、在日落半小时后至日出前半小时之间,汽车在公用道路应备灯亮列次。

(一)车前白光灯 2 盏,其光力及距离地面高度须相等,二灯间之横距须指示车身宽度。

(二)车后红光灯 1 盏,位置居中或一旁,同时车后号码牌须有亮灯照明。

电水自行车带双座者,须依本规定备装灯亮,其光力暨位置高度不受前列限制。

不带双座之电水自行车车前须备装一白光灯,车后备装一红光灯,其号码牌并须有灯亮照明。

各车前切勿装红光灯,但车后只许装红光灯,其内部或信号灯亮及自号码牌反面透光之灯亮不在此例。

灯光下射之车头灯准许装用。

各车在必须装备之灯亮外,可添置驾驶灯两盏,其灯光移转角度须不超过前车轮之旋转角度,此种灯亮距离地面高度不须超过 3.3 尺。

车行时其他灯亮之活动如旋转斜射等,概不准许。

四十、除小儿车、病人椅暨著滑车鞋人外,任何车辆不准在便道上行驶或驶入或横过保险地段。

四十一、任何四轮汽车须备装一反光镜(但带拖车之汽车,倘拖车上人可以后望无阻,随时通知驾驶人者,不在此例)

四十二、汽车应备装一发声器藉便发出充分声响警报车将驶近,此项发声器应得工部局核准,其他响器如金锣、汽笛、哨子或响铃等概不准用,惟属于消防队车辆者,不在此例。

四十三、消防队车辆驶往或来自失火地点者(即其响铃发声接连不断时),随时应有前驶之优先权,任何车辆见救火车驶进时,应立即离开马路交岔口暨路中岛形,并紧靠马路左边停留等候救火车辆驶过。

四十四、除遵照第四十三款外,载送病人救护车于救急时,应较其他车辆有前驶之优先权。

四十五、除有特别捐照之车辆不计外,任何车辆曳带拖车不得多过 1 辆,其拖带绳索净长度不得超过 16 英尺。

四十六、除规定停车处外,官道上车辆之并行停放或横角停放只在相当范围暨合理时间者,照例可以准许,倘在窄狭马路只准一边停放车辆,其一段已经有车停放,则面此之对过不应再停放车辆,无论如何车辆停立官道不准通宵无人看管。

四十七、在官道上并行停放或横角停放之车辆,不准从事洗涤。

四十八、任何官道之全部或其一段业经警务处长饬令取缔或禁止行人、车辆通过者,无论何人不准在该路或其一段上行走驶车或停放车辆。

警务处长为便利交通管辖起见,得权宜情形取缔或禁止行人或车辆通过,指定官道之全部或其一段,或只准依规定方向,或指定钟点内通行,该路此项取缔或禁止通告应与工部局制定之交通条例同其效力。

四十九、无论何人接得警务官员禁止停放车辆通告,即不准在所指官道之任何部分并行或横角停放车辆。

五十、在路边并行停放之车辆,其裹怀车轮与路边石之距离不得多过 4 英寸。

五十一、汽车行驶官道时,其乏气筒不准放泄过量烟气。

五十二、汽车行驶官道,不准装用敞口乏汽或"截堵乏气筒"。

五十三、马匹拖拉货车或其他笨重车辆行驶官道之速率不得快过寻常步行。

五十四、无论马匹是否有车架套,不应弃置官道或放任不管致不克立时控制。

五十五、在官道牵拉马匹,应牵其左缰靠马路之右边,迎对交通方向而行。

五十六、日落后日出前在官道牵拉马匹人应携带灯亮。

五十七、在官道乘骑马匹或扛肩货物人,概应遵守适用于车辆暨驾驶人之交通规定。

五十八、在官道给任何马匹上卸缰套,不应无故妨碍交通。

五十九、未请得警务处准照前,无论何人不得在官道组织领导或参加婚丧喜庆或其他游行集合。

六十、左列特别规定于马场道暨20座房(Victoria Terrace)适用之。

(一)马厂(场)道

1. 自围墙道桥西至佟家楼拐角间之马路中心植有树木,其两旁车辆行驶皆依此树植为左上右下之中线。本条对于无人驾御之马匹不适用之。

2. 凡人力车暨慢行车辆须紧靠马路左边行驶。

3. 车辆行驶速度及赶过前行车辆之可能,须察看交通状况为断,凡属危险及任意骤驶当受严重处罚,若地势许可无碍安全而驶车人有意阻碍后来汽车之前进者,如此行为定当认为违章,依例究办。无论如何车辆行驶于有规定行车方向马路之半边者,不得驶入逆向之半边,藉便赶过前行车辆,凡拟赶过前行车辆之汽车须预鸣警号。

4. 行驶于有规定行车方向马路半边之车辆,倘须驶至逆向之其他半边停放者,不得迎对行车方向而驶,须至马路中心植树间断处调头顺随行车定向而停放。凡自岔道驶入马厂道之车辆,须依规定行车方向而入,如应调头必须驶至树植间断处,再行转向。

5. 吾人驾驭之马匹,须鱼贯牵领紧靠马路右边迎对行车方向而前进,马夫须在马匹之左边行走。

(二)20座房(Victoria Terrace)

该巷地势窄狭车辆行驶只准顺一向而行,所有进巷车辆须自宝顺道驶入暨出巷车辆须由海大道巷口驶出。

六十一、如有违犯或不遵守本条例规定情事,违章人每次应处以不逾500元之罚金。

1933年2月14日施行有效

第三十七条　倾倒垃圾

一、所有公私道路巷弄或旷地所在,一概不准倾倒脏土、灰屑、垃圾。

二、本租界住户业主必须各自备置一工部局可以核准之带盖脏土箱,用以储放脏土、灰屑、垃圾,各住户并须将此项脏土箱按随时通知之钟点移置户外,备工部局清道夫收集。

三、如有拒绝或阻碍工部局雇佣之清道夫执行此项脏土垃圾清理职务者,当以违章论。

四、无论何人如有违犯或不遵守本条例规定情事,每次应科以不逾25元之罚金。

1933年2月23日施行有效

第三十八条　追偿罚款办法

按本条例所制定之各项罚金或没收等项,凡未经另行规定追缴办法者,其追偿手续有二:一、任违犯条例人缴纳罚金了案;二、由工部局向违犯条例人主管法庭起诉,一俟判决违章属实,违章人除追付已负之罚金或没收物外,并须照缴法庭认为适当之庭费。

1932年9月1日起施行有效

增加条文

第一条　围篱过电

一、任何人氏不准将任何围篱通接电流或装置此项过电之设备。

二、凡用金属丝线或胀孔钢网板或其他材料造成之围篱,可随时过电足以危害接触人者,须妥切安设单数或多数地线直达地面土质,凡隔电等物一概不准用以筑于任何围篱之上。

三、任何人氏如有违犯或不克遵行本条例规定者,应处以不逾洋300元之罚金,工部局并得要求违章人用押款或由其个人或第三者出予具结担保此后遵守本条例规定,此项具结或担保押款之数目以不逾洋500元为限,工部局且有饬令拆移违犯本条例规定之任何围篱之权限。

1932年9月1日起施行有效

第四十五条 公共娱乐场所戏院电影院等

一、任何戏院、房屋或其他处所用作公众剧场、电影院、跳舞厅、音乐会所或其他性质相类之公共娱乐场所者，其业主须向工部局请领执照，照费多寡由工部局酌核规定。

二、此项执照不准转移他人并须随时备警务处检查。

三、列作上述用途之房屋，其建筑须与工部局1925年营造条例及卫生附则内所规定之公共娱乐场所建筑特殊条例相符。

四、凡属淫邪、狎亵或激惹忿怒之剧片或工部局认为有碍公安之任何剧片，一概不准演映，工部局并有禁止此类剧片演映之权衡，对于院主或其他利益相关人不负赔偿之责，惟院主或其他利益相关人不以工部局此项禁令为然者，得向英国总领事申诉其裁决即为最后之判断。

五、在未得工部局特别准许前，不得公演斗拳、赌彩、比武或角力争赛。

六、院址所在不准有酗酒、骚扰、放恣或赌博情事。

七、日落后营业未停止时间内，所有娱乐场所临街门口应设备完善灯亮，凡供观众应用之门廊、穿堂楼梯及出入路口，于开演时间内应一律备点灯亮并邀工部局之满意，不论其为暂时或永久性质之坐椅或其他障碍物，该处一概不准排列并不许有人站立。

八、所有太平门及其他供观众用以退出之门口，均应装备本局核准之固定灯光映照之透明玻璃，上标每字6英寸大之"太平门"3字，此项门户应于将演毕前立即开放所有太平门及地板上灯亮，在观众到场时间内均应继续燃点。

九、凡在场观众视线所及并非通达出路之门口，均应装备本局核准之固定灯光映照之透明玻璃，上标每字6英寸大之"非太平门"4字。

十、所有太平门及非太平门上灯亮，应另设辅线以备万一电流发生障碍时，此项灯亮得以继续不灭。

十一、如系必要应装设独立灯线双道并须邀工部局之满意。

十二、警务人员及消防队在戏院开演时间内为执行职务起见，有随时入院之便利，工部局认为必要时，并得派消防队一人或数人在院供职，所需费用由领照人照付之。

十三、院址应有适当卫生设备。

十四、院址应保持适当卫生状况,业务应照公众卫生需要执行,并邀工部局卫生警官之满意。

十五、未向工部局另行请领售酒执照之娱乐场所,不准售卖或供给酒品。

十六、公共娱乐场所业主或雇员不准对工部局任何职员有任何酬谢情事。

十七、任何人氏如有违犯或不克遵行本条例规定者,应处以不逾洋500元之罚金并撤回其执照,工部局在重发或更换执照前,得要求违背条例之公共娱乐场所业主缴付现款或用其个人或第三者出予具结担保,此后切实遵行本条例规定,此项具结担保押款之数目以不超过洋1000元为限。

1932年9月1日起施行有效

第四十六条 押当铺规定

一、押当铺业主未经工部局准许暨未预先取得捐照者,不准在本租界内开设营业。

此项捐照不准转移他人并须缴付常年照费及现款押金后,方可颁发常年照费,数目及各押当应缴押金多寡均由工部局核定。

二、所有质押购买或收受之物品均须详列,应行保存之登记簿内附注交易日期、借款数目、利率多寡或物品购价等项。

三、该登记簿应随时备警捕查考,关于认为来路不明之任何物品,应详细报告警捕并于必要时将该项物品存放警务处长处。

四、每一物品押入应给质押人收据一纸,注明日期、押铺字号、押品说明、押款数目、所收利率及抵押期限。

五、押款利息不得超过本局随时核准之定率。

六、押款在当物满期前任何时间将应纳利息费用照付者,其期限得展续之。

七、凡物主交付任何人等以备洗涤、修改、缝制之布料衣服及未完工物品材料等件,当铺概不准收受。

八、不准收押或买卖任何军械。

九、遇有售卖或质押物品人等,如当铺业主或收受物品之伙友疑该物系盗窃赃物,应将物品及质押售卖人钧予扣留,一面立即报告警捕将人犯赃证一并交与之。

十、任何质押物品如查明确系盗窃赃物或须提送法庭以备查勘者,押当铺一见警务处长签就提单应即交与警捕。

十一、押当铺如被查出有用欺诈手假收受盗窃赃物,或当铺业主或其伙友有与窃犯串通收受,或帮助处理赃物之嫌疑,或遇物品来路不明疏忽查明原主者,警务处长有权将该项物品充公提归原主,并无须照付押款。

十二、各押当铺应于晚10时关门,至翌晨7时开门。

十三、对于本局任何职员不准有任何酬谢情事。

十四、任何人氏如有违犯本条例规定者,每次应处以不逾洋300元之罚金,并将有关案情物品充公,本局并得收回捐照或停止其效力。

十五、营业捐照连同本条例英汉对照译文1份,应装配镜框悬于当铺内明显处所。

1932年9月1日起施行有效

第四十七条 经售洋酒商人

一、凡经营批发或零售外洋进口之洋酒、啤酒、酒精及含有酒质饮料,或在中国制成之同类酒品,但不在铺面以之供给饮客之铺主,暨经营酿制上述酒品之商人须先向工部局请领捐照。

二、每年应纳照费多寡由工部局酌定。

三、本捐照不准转移他人并应随时悬于柜内明显处所。

四、铺面所在不准开瓶零售酒品以供当场饮客,每次售量至少须以一整瓶为限。

五、不准存留或出售品质低劣,成分不净有碍卫生掺杂劣质或不宜供饮之酒品。

六、凡与瓶上所粘招牌纸条封口、锡皮装瓶箱匣或包瓶纸张说明及其他存酒瓶缶上所注牌号品质名实不符之酒品,领照人一概不准明知故售。

七、关于制就或存留备售之酒品,如遇警务处索取样品化验时,应即供给之。

八、此项酒品经化验后,如查系品劣不洁有碍卫生或卫生医官认为不适为饮料者,工部局得将其全部充公销毁不负赔偿。

九、领照人应备登记簿详细载明购进或存留备售酒品之出品国名,其发售之行家或代理处如系本地制成或出产之酒品,其出品人及经售人之姓名、住址概应注明,此项酒品于出售前应有纸条标明制造厂名及出品地址,粘贴瓶上以资识别。

十、本局警务卫生人员得随时出入酒柜执行检查捐照店址及存储酒品，警务官员并得检查上述之登记簿。

十一、对于本局任何人员不准有任何酬谢情事。

十二、如有不遵守或违犯本条款规定者，每次应科以不逾洋100元之罚金，其捐照应即撤销或停止效用，在颁发或重发捐照前，工部局得要求铺主缴付现款押金，其数目由局酌定。

1932年3月16日施行有效

第四十八条　死亡通知

一、本租界任何房产内遇有死亡情事，其铺主居住人经理或死亡者之代表，应于12小时内报告工部局警务处再行成殓。

二、如经要求应即呈送医生证书或其他工部局可以接受之凭证，载明死亡缘由。

三、任何人氏如不遵守本条例规定，每次应科以不逾50元之罚金。

1933年2月23日施行有效

第四十九条　屠兽场

一、未先领得工部局捐照者，不准在本租界内设立屠兽场。

二、捐照收费由工部局权衡决定，工部局并得要求付现押款暨核定其数目。

三、屠兽场所建筑应遵照工部局工程师及卫生医官之意旨，随时保持清洁卫生状况，屠兽场址无论如何不准建立蓆棚。

四、屠兽场业主应聘任经工部局核准之合格兽医担任检验备宰牲畜。

五、有病牲畜不准屠宰。

六、工部局卫生处或兽医股人员得随时进入屠兽场查验所址，察看储存肉品暨候宰牲畜。

七、屠宰猪豚应另设宰猪室，猪肉储存并应另筑一室。

八、场址应装用水设备，所需水量应由工部局供给。

九、已宰牲口之骸壳暨其五脏概应受兽医之检验，关于离场前之肉质证明加戳，该兽医对工部局须负责。

十、屠兽场业主对于由场址运送肉品车辆之下列各点应负责注意。

（一）车辆内部盖罩暨置放肉品器具连同钩索装卸器件，盖护材料概行保持清洁。

（二）倘车辆系非闷车式样或同时并运送其他物品者,则肉品应用清洁布块完全包裹藉保洁净。

十一、装卸肉品人或运送人概须注意不任肉品著地并须执行必要适当防范,以免肉品玷污。

十二、屠兽场人员搬运肉品时,应著一清洁堪以洗涤尺寸式样合宜衣衫藉阻肉品与该员普通衣服接触。

十三、屠兽场业主不应准许狗犬入所或在场址养狗。

十四、备宰牲口应受兽医检验,屠宰后之肉品亦应受兽医检验,其钟点随时由工部局指定,倘兽医或卫生医官认须重加检验或因其他缘由认察看时间须延长者,该牲口应即按必须延长时间留场备验。

十五、为公众卫生或免除牲口因受伤所生痛苦起见,或因其他适当缘由,兽医或卫生医官认任何牲口应立即屠宰者,该牲口应即牵出宰杀之。

十六、倘任何牲口其情况不适宰割以充食品者,应由兽厩内移出,由负责人监督,用适当方法处置之,或留存兽厩俟其不合屠宰情况消除。

十七、凡驱至屠兽场之牲口应受仁意待遇,免除牲口痛苦为要。

十八、倘兽厩发现牲畜传染病者,屠兽场业主应即施行工部局卫生医官或工部局认可之兽医饬令执行之特别手续,用保公众健康,无论该手续是否包括迁移、圈留、隔离、屠宰任何牲畜或其他处理,应即施行之,藉以防止传染病症之蔓延。

十九、驱至屠兽场之牲畜不应经本租界要道,概须绕道而行。

二十、屠兽场业主或其雇佣人员对于工部局职员不准有任何酬谢情事。

二十一、如有违犯或不遵本条例规定情事,违章人每次应处以不逾300元之罚金。

1933年2月23日施行有效

各种捐率暨租金照费等

地亩捐：

所有老租界、扩充界地亩及推广界之已垫高经过一足年之地亩捐，均按估定价值1%征收，推广界内其他各地捐均按估定价值四百分之一征收。

估定房产租值捐：

所有坐落老租界、扩充界及推广界内已垫地段房屋估定租值捐，概按11%征收。

地亩转移暨抵押登记费：

地亩转移在工部局登记者，均按照本局堪估价值四百分之一收费，以25两为收费最低数目，至百两为收费最高数目，概由新业主缴纳。

地亩抵押登记无论产业价值，一概收费10两。

杂项收费

广告招贴及告白等：

本租界内建立广告暨招贴告白等，须依照下列规定：

一、本界内公众观瞻处所未经本局警务处给与允准，不得任意张贴广告。

二、凡有备贴广告之招牌建立，须得有本局工程处之允准。

三、请求准许人于必要时，须将广告式样送呈警务处备阅。

四、凡有通告、广告务须经本局警务处盖章、记号、加注日期，然后张贴。

五、违犯以上规定者，得科以200元以下之罚金。

六、本规定对于营业或工业厂所建立于该营业等所在地之广告、招贴不适用之。

押款与收费由本局酌定。

现时收费定每方尺每年收费银5厘。

运载病人汽车租赁费

路程起点	路程终点	外国人跟车(元)	中国人跟车(元)
本租界内任何地点	本局所立医院之一	6	4
其他租界	同上	10	8

(续表)

本租界任何地点	其他租界之任何地点	10	8
其他租界	其他租界之某医院	12	10
本租界	天津城	15	12
天津城	本租界		

附注：特别一区、二区、三区暨佟家楼之费率与其他租界同

四至石柱

混凝土带字石柱	每柱	3元
石柱安放于业主地亩工资在内	每柱	3.5元

建筑图样审查费

洋式建筑：

一、每所房屋建筑容积不超过2万立方尺	6元
二、增加容积每5千立方尺或不满5千立方尺	1.5元
三、已核准图样如有更改而于容积无所增减者	1.5元
四、房屋内部更改与现有墙壁无关者	4.5元

否则依照甲乙两项收费。

五、设某图所载系多所同样房屋，则第一所房屋图样审查费应依上列费率计算之，其他各所仅收规定费率之半数，惟任何一种多所同样房屋图样审查费总数不得超过　　　　　　　　　　　　　　　　　　　　75元

附注：任何单所房图之审查费不得超过　　　　　　　　　35元

中国式建筑

住房铺面或商行

3所或不满3所附带下房	4元
10所或不满10所附带下房	7.5元
每增加房间1间或房屋1所	0.5元
他种房屋	15元
每段房屋取费至多不得过	75元

附注：为便利计算上列费率起见，每一中国式房屋所占平地面积，除院落不计外，以不超过400方尺为准。

卫生设备项下

核准图样费每一装具取费1元，至多以20元为限。

查验设备费第一次免费，第二次起每次每一装具收费5元，至多以百元

为限。

杂项

婚丧暨寿事牌楼	5元
牌楼如宽至 25 英尺横过马路者	50元
建筑材料堆积公共道路占地每方码每月应纳费	0.5元

河坝系船费

轮船类：

各式轮船凡系靠英租界河坝者，以注册净吨数计每 1 吨征收系船费银 5 分，所有纳费轮船得停靠河坝 3 日（即 72 小时由开到时起算），如系靠时间须延长者，每增加 24 小时增加收费 15 两。

驳船类：

凡系靠英租界河坝驳船装载货物，每百吨或不满百吨者，收系船费银 5 两，此项货物吨数以重量或容积计算，均按照轮船货单为凭。

凡有驳船每系靠河坝 1 次增加收费银 7 两，倘系本局请求移动者，不在此例。

上列各费概由各该船公司或代理人缴付。

河坝租费

凡有装卸轮船或驳船货物堆积河坝者，每吨以重量或容积计征收河坝租费银 5 分，此费由接受占用船位准许单之商行缴付。

附注：装卸轮船货物凡缴此租费者，得积存河坝 7 日（海关假期除外），凡有货物逾此限期仍未提取者，本局得代行收存，其一切危险暨费用概由货主担负。倘本局准许该项货物过上列期限仍堆积河坝者，则该项货物以包计或以担计应征收按日计算之寄存费，此按日计算之寄存费率大概与津埠普通货栈按月计算栈费相等。

码头捐

凡经过英租界河坝货物均按各货物价值‰征收码头捐。

电警响号

住户如愿安装通接电警响号之开关机者，本局可代为安设，惟该住户须预付此项安设费本暨第一年期费用，合计洋 100 元。嗣后如留用开关机者，每年并须缴付常年费用洋 50 元。

坟墓费暨下葬费

火葬费普通瓮值在内	50元
墓圹暨洋灰顶盖及下葬费在内（牧师费另计）	50元
不在本租界居住并不纳本租界捐税之非英国人（牧师费另计）	75元

除在马厂（场）道塚[冢]园已修家族坟墓，或在1933年1月1日前已经购定墓穴者外，兹后该塚[冢]园只备安葬英国人民之灵柩或本租界住户纳税人或纳税人家族之灵柩。

汽车费

汽车夫请求执照考验费	1元
驾驶执照费每张	3元

捐照号码牌

人力车号码牌每个	2元
载货车号码牌每个	0.5元
狗牌	0.1元

房屋消毒费

每一房间	3元

电流费率

充量用电制：

此制收费计分二部：

一、额定月费：凡用户装设电灯满1千瓦特者（即每1小时用1电码），每月须缴付额定月费洋9元。例如：某户电灯设备，其各电灯泡同时燃点能耗用300瓦特者（即每1小时耗用十分之三之电码），每月须缴付额定月费洋2.7元，若其电灯设备各灯泡同时燃点，能耗用400瓦特者（即每1小时耗用十分之四之电码），每月须缴付额定月费洋3.6元。

每一用户最少之额定月费为1.25元。

二、电码收费：于上列额定月费外，再加收耗用电码费，按耗用电量度数计算，无论其为电灯、暖气、烹饪或任何用电。

（一）凡用户用电仅限于电灯者，每度电码取费0.1元。

（二）若用户用电包括电灯、暖气并其暖气暨（或）电冰箱等用具之耗用电量堪满1千瓦特或至少等于其电灯用电量四分之一者（依大者为准），每度电码取费 0.06 元。

（三）若用户用电包括电灯、暖气并其烹饪专用电炉灶者,每度电码取费 0.04 分。

附注:所有新用户暨现存划分用电制项下用户,如迁移住址概须接受充量用电制。

电马力:用电量在 50 启罗瓦特为最高限度者　　　每一电码 0.06 元

用电量超过 50 启罗瓦特者　　　每一电码 0.04 元

其他多量用电取费另行核议

医院项下

维多利亚医院　　　住院费

		英租界住户 或纳捐人(两)	非本租界住户 暨非纳捐人(两)
特别病室	每日	7.5	10
普通病室	每日	6	8
外科手术室			
重要手术		20	25
次要手术		10	15

隔离病院住院费　英法租界住户(或纳捐人)　非英法租界住户(或)纳税人

每日	3.5 两	6.5 两

产妇调养院住院费

每日	10 两

注射药品非药方谱所列药材暨专利药品、食物、汽水及酒类概另收费。

X 光照收费

类别 \ 收费	本局收费 (元)	医生手续费 (元)	总数 (元)
牙齿 1 枚	2	10	12
牙齿 2 枚	3	13	16
牙齿 3 枚	4	16	20
牙齿 4 枚	5	19	24
牙齿 5 枚	6	22	28
牙齿 6 枚	7	25	32
牙齿 7 枚	8	28	36

（续表）

牙齿 8 枚	9	31	40
牙齿 9 枚	10	34	44
牙齿 10 枚	11	37	48
大印片 10 寸×12 寸 12 寸×14 寸	10	15	25
小印片 8 寸×10 寸 6.5 寸×8.5 寸	5	15	20
幕影查考	5	15	20

电气治疗

用电气治疗器（院外诊治）由病院职员施诊	（每 0.5 小时）	5 两
包括按摩费	（每 0.5 小时）	5 两
包括按摩费	（每 1 小时）	10 两
按摩电机用费	每次	1 两
普通按摩费	每 1 次	5 元
	2 次	10 元
	3 次	15 元
	3 次以后每 1 次	3 元

捐照费率列下

汽车、载重汽车暨拖车：每年 80 元，若在 1 月以后具领，每月按 7 元收费，核算至年终止。

电水自行车连双坐或不连双坐：每年 40 元，若在 1 月以后具领，每月按 3.5 元收费，核算至年终止。

附注：

一、在 1 月以后上捐之捐费概按上捐月份 1 日起计算。

二、汽车、载重汽车暨拖车，如停驶不用或运至他埠，其捐照未满期部分之已缴捐费，得按每月 6 元退捐，电水自行车按每月 3 元退捐，惟捐照暨号码牌在退捐时，须缴回捐务处再捐费退回，数目须按请求退捐月份之下月 1 日起计算。

三、此为英、法、意、日各租界暨特别一、二、三区之通行捐天津城里城外不在此例。

长途汽车特别捐（每季加收特捐 15 元）

公用汽车特别捐（每季加收特捐 5 元）

马车	每年 18 元	每月 2 元

人力车	每年 9 元	每月 1 元
自行车（全天津）		每年 1 元
轻便排子车（小本营生）		每月 1 元
装货排子车或大车		每月 2.2 元
装货排子车（自有）		每月 1.5 两
手车		每月 0.3 元
犬		每年 5 元
小本营生		每月 1.25 元
电影院		每月 15 元
牛乳房送货人		每年 0.3 元

旅馆

一等	每月 25 元
二等	每月 20 元
三等	每月 15 元
蒸制酒品捐照	每年 250 元

酒柜捐

一等捐	每月 25 元
二等捐	每月 20 元
三等捐	每月 15 元

经售洋酒捐照

一等	每年 25 元
二等	每年 20 元
三等	每年 15 元

押当铺捐照

一等	每年 100 元
二等	每年 50 元
手枪执照签发费	每支 5 元
换照费	每年 1 元

食堂餐馆捐照

一等	每月 25 元

二等	每月 20 元
三等	每月 15 元
屠兽场	每年 50 两

图样

| 英租界蓝色影印全图 | 每张 5 元 |

公用营业汽车

下列公用汽车租赁费率业经英国工部局核准：

大汽车载客 5 人以上：

在 20 分钟以内最少租赁费	每次	1.5 元
首先 40 分钟		2.5 元
第 1 小时		4 元
每增加 20 分钟		1 元

小汽车只载客 5 人：

在 20 分钟以内最少租赁费	每次	1 元
首先 40 分钟		2 元
第 1 小时		3 元
每增加 0.5 小时		1 元

钟点计算由预定时起，至乘客离车时止，再加该车开回车行需要时刻。

垃圾箱

| 工部局规定式样垃圾箱每只 | 2.5 元 |

人力车价

10 分钟或不满 10 分钟每次	0.1 元辅币
续雇时间每 10 分钟	0.1 元辅币
每 1 小时	0.5 角辅币
车夫 2 人推拉	加倍

以上车价仅于日间通用，如在夜晚或遇天时不晴应增加之。

起重机

| 每次起重至少收费 | 20 两 |
| 若以吨位计算每起 1 吨收费 | 2.5 两 |

重量最大限制 30 吨

测量费

普通测量	每亩收费	5元
倘上建房屋位置须划定界线者	每亩收费	7元

水价

依水表记载每千加仑收费1元。

用户每月是否用水，每一水表须纳费1元，倘用户所装水表不止一个，则无论何表所用水量均得列入月账。

磅房收费

大车过磅每1吨或不满1吨	0.05元大洋
每次过磅至少收费	0.2元大洋

估定房产租值捐

查本租界纳捐人于上次常年大会所公举之估价委员,业将坐落界内各段房产本年全年租值估计完竣。

此项估定租值列有单表,凡愿参阅者,可于本年5月31日以后随时惠临本局。倘捐户对于该估价委员所估全年租值或有不满意处,应于本年6月30日或早日通知本局秘书长,俾所具质问理由得于颁发该捐账单日期以前受详细考核,凡有请求另行估计全年租值之申请书,倘于本年6月30日以前未能递到者,概不受理。

每年9月为缴纳全年房产捐之期,倘至9月30日仍未缴纳者,按照本局条例第39条,本局得征收额外附加捐,以欠缴捐数之10%为标准。

如本年房产租值捐至迟到9月30日尚未将全数照缴者,则本局对于其请求核减房产捐事概不受理。

凡已缴纳之捐款,本局得依照下列特别情形或准予退还,惟须详细声明者,此项捐款之应否退还完全由本局权衡决定。

房产租值捐要求退还规定:

一、凡房产于一年度中有未经占用时期,本局可酌核情形按照下列计算表将已缴之捐款退还。

计开:

未占用1个月者,退还5%;

未占用2个月者,退还10%;

未占用3个月者,退还15%;

未占用4个月者,退还20%;

未占用5个月者,退还25%;

未占用6个月者,退还30%;

未占用7个月者,退还35%;

未占用8个月者,退还40%;

未占用9个月者,退还50%;

未占用10个月者,退还60%;

未占用 11 个月者,退还 70%;

未占用 12 个月者,退还 80%。

二、凡非出租之房产应作为有人占用。

三、若房屋内置有家具或货物者,应作为有人占用。

四、凡房屋空闲满足 1 整月者,即自本月某日空闲至次月之同一日期得要求退捐。惟该房业主或经租人应即于房屋空出日报告工部局,并每满届 1 个月继续报告 1 次,一俟租出应再于租出日立即报告之,倘不依此随时报告注明每段地空闲房屋住址,其退还房捐要求当即失效。

五、第一次报告房屋空闲须用特别格式,此种特别格式可向英工部局会计处索取,该格式内应列房屋号数,系业主用以志别其管业地段房屋定有不同额之租金者。

各段房产类别列次:

(一)多所成排房屋其租赁以一整所为单位者;

(二)某段地房产系铺面办公室住所或分租楼房暨货栈合成者,其出租以全部或一部分为单位者;

(三)货栈其出租以分截部分为单位者;

(四)菜市建有铺面住房摊子概可分租者;

(五)大所住房其出租以房间为单位者。

六、业主或经租人于要求退捐时,须采用"首次报告"格式并于该报告内分别详细说明每段房产之出租单位与租金之总收入,暨各单位之按月租金数目。

七、此后业主或经租人再有退捐要求,只须用信函援引首次报告,注明产业段数号数,工部局主管退捐要求人员当即于该房屋之首次报告照行注明。

八、倘每年地捐至 4 月 30 日,房产租值捐至 9 月 30 日,倘未全数清缴者,其退捐要求本局概不受理。

九、凡有退捐要求,应函交驻津英国工部局会计处长,并于封皮注明请求退捐字样。

十、工部局得随时派员查明请求书内所具各节,如查有具报不实或误报情事,其所具要求概作无效。

十一、证书格式须经业主或经租人签注如下:

"鄙人证明房产租值捐退还,请求书内所具各节据鄙人所知所信概系实情。"

工程处 1932 年报告

本年工程建设如钢筋混凝土桥梁 1 座，新房屋连同暖气及卫生设备，路基路面之铺筑，水沟、阴沟暨便道之敷设等工事设计图样，概由本处规画[划]自绘。其筑造敷设系本处自雇工办理，依据经验所获成绩比之包工不惟较为经济，一切工作材料且俱见优美。

伦敦道新建之警务处宿舍第三部分计至昨年底仅筑至第二层楼，业于1932 年竣工，其第四部分连同新火会所工程亦已于年间蒇事，此新建筑之各部现已完全工竣。

经本租界及特别一区之墙子河河身业于年间浚挖，故自海河至日本兵营水闸间之该河全部疏浚，现已完工。

推广界洼水坑溢出水量仍使之流入马厂（场）道阴沟至平安电影院桥边灌入墙子河并无工程费用，此项水量在夏季每日超过 1200 万加仑，继续灌注，迨至 12 月间填土工程终止始停留。该河凭藉此巨量海河净水之灌注，其平时充斥之秽气得于二、三日内即完全飒然消失，除非填土工程中辍，此触鼻浊气谅不致再现，于此流灌注期间依今兹情状推测，于 1933 年暨 1934 年内，倘填土工作继续进行，墙子河仍能获得此净水之灌注利益，嗣后若无意外，填土工程于 1934 年内应告完成，过是以后此水源当不能再予利用职是之，故为保持墙子河良好状况并为供给发电厂凝水柜水量需要，届时应有大规模工程筹建之必要。

1932 年界内业主建造房屋总计值银 870,656 两，内有计值银 216,400 两之建筑，其准单系在 1931 年颁发而于本年竣工者，现时建造未完工之房产计至 1932 年底共值银 314,140 两。

1932 年 1 月至 12 月
颁发建筑准单计值（估计）   968,831 两

1932 年 1 月至 12 月
建筑完成房屋计值（估计）   654,256 两

1932 年 12 月

建筑尚未完成房屋计值　　　　　　　　　　　　　　314,140 两
1932 年 12 月
建筑准单已颁发而尚未动工之房屋计值　　　　　　　　　435 两
　　　　　　　　　　　　　　　总计银　968,831 两

　　查 1931 年底天津城暨日租界间毗连处发生事变,故避入本租界之居民乃陡增,此或为推广界新建房屋于年间特形增多之主因,在事变之最初数星期内,迁入本租界之居民总数最低约计有 2.5 万,嗣后继有迁入者。本年居住本租界市民因之几增十分之五,本处工作如收集垃圾、清除道路及卫生等项亦随之而添增。

　　本年新建公共厕所共 4 处,计靠近河坝起重机 1 处,沿墙子河东岸 2 处(一近狄更生道桥,一近立[利]斯克目道桥)暨伯斯道新工程场址 1 处,依据核实统计,此项公共利便洵为当今要需,盖于落成后每日利用河坝厕所人数竟超过 1200 名,使用狄更生道桥厕所人数在 1000 以上,现时界内公共厕所共计有 14 处,敷设卫生装具 89 个,其 13 处位置于墙子河裹地段,藉应此区需要,惟墙子河外推广界仅有 1 处,嗣后依户口之增加自当随时添设。

　　夏季 7 月间,霍乱疫症流行,一时本界人烟稠密地段如里巷式房屋所在,亟需施行消毒清除手续,为此本处职员增加工作者多日,并为卫生医官筹备临时医院在盛茂道大楼一所内布置一切。

　　1932 年铺筑之路线列左:

中街	自宝士徒道至金城银行
	自开滦胡同至董事道
	各段路面重铺沥青混凝土
围墙道之半面	自达文波道至戈登道
	路基系钢筋混凝土　路面系沥青混凝土
内比尔道	自咪哆士道至博罗斯道
格拉斯哥道	自香港道至伦敦道
	路基系普通红砖路面系沥青混凝土
伦敦道	自格拉斯哥道至德列道
	路基系钢筋混凝土　路面系沥青混凝土
香港道	自 189 号地至格拉斯哥道
三安道	自敦桥道至小河道

利斯克目道桥两端　　　　路基系普通红砖　路面系沥青混凝土

狄更生道　　　　　　　　自海大道至围墙道

　　　　　　　　　　　　路基系旧有碎石道　路面系沥青混凝土

各路铺筑总面积计 25,780 方码　计长 1.57 英里

1932 年建筑阴沟路线列次：

爱丁堡道　　　　　　　　自登伯敦道至格拉斯哥道

格拉斯哥道　　　　　　　自香港道至伦敦道

香港道　　　　　　　　　自登伯敦道至格拉斯哥道

伦敦道　　　　　　　　　自格拉斯哥道至德列道

体伯瑞道　　　　　　　　自宝士徒道至大北道

总长计 0.91 英里

填土工作：本年推广界填土量总计 140,800 方，剩余未填洼地尚需土量约 221,200 方始克填竣。

辅捐收入：本年辅捐收入数总计 159,500.09 两，比 1931 年计增收 10,521.81 两，比 1930 年计增 17,738.60 两，比 1929 年计增 13,388.55 两，比 1928 年计增 23,989.51 两。故本年之增多洵为历年所未见，殊堪称意。其最显著之增加系属大车捐照收入，查 1932 年此项收入共计 48,297.89 两，比 1931 年之 43,710.04 两，计增 4,587.85 两。

本处职员对于货车装载过重，迭经严加取缔颇著成效，不惟路面损害减轻，运货车辆总数因之且增多。

自 1929 年起工程处兼管征收辅捐以来，所收总数共计 596,706.14 两。

桥梁：立[利]斯克目道桥业已于年间用钢筋混凝土筑造，马场道、佟家楼桥梁为本界仅剩之木桥，仍施以普通修葺用保现状。

河坝：本年河坝修理工程仅限于现有水道处进水管口暨第 1 号船位之两段木质部分。

塚[冢]园：年间园内建筑无特殊修理，自 1933 年 1 月起，广东道暨马场道塚[冢]园概归工程处管理。查各该塚[冢]园历年由天津妇女会指定委员担任管理，该会各员热诚公益殊深钦感。

火葬炉：1932 年共计用 9 次。查该炉年久失修，拟于来年重行筑造。

填地土坝：年间无新筑土坝之必要，碎修工事只限于旧堤而已。

防水土坝：伏雨时曾加勘验施以需要修理。

填土：推广界填土工作于2月19日开工至12月12日因天时严寒而停止，在此时期供给泥土量总计140,800方，其分配详述如下：

第11水坑包括推广界地

第48段、65段、66段计填土 44,408方

第12水坑包括推广界地

第67段、68段、69段、70段计填土 96,392方

总计 140,800方

以上两水坑填土工程业已完竣，第9水坑亦已于年间准备开始填实。

公共厕所：前已述及本年共建新厕所4处，此外中街戈登堂下（男）厕所、戈登道工程场厕所、球场道体育场暨河坝怡和道口之两厕所概经广事修葺。

工部局房屋：除伦敦道新警务宿舍暨火会所外，本年并在马场道冢园邻近新建花房1所，在伦敦道为警务处新建小马棚1所，用备圈留失迷牲畜并沿宝士徒道西端，暨本界西边界线上建立坚实铁蒺藜围篱。

新工程场：本年该场供给沥青混凝土搀合共计62,316立方尺，路面沥青料计18,020立方尺，比较上年各增多两倍半。

辗轮榨碎石块共计149,095立方尺，榨成寸半石块计60,873立方尺，一寸石块计57,820立方尺，六分小石块计46,257立方尺，化验室查验沥青混凝土搀合共计202次。

花园及空地：开辟推广界52段甲为公园，业已着手进行利用筑路余土培成假山，藉资点缀。

机厂暨工具：各机件暨运输车辆概经本厂妥加修理。

马路便道暨暴雨水沟项下：本年修筑路线面积共计25,780方码，计长1.57英里，详述列次：

旧碎石路基上铺沥青混凝土路线：

中街（自董事道至开滦胡同） 1,899方码

中街（自宝士徒道至金城银行） 5,818方码

狄更生道（自海大道至围墙道） 1,745方码

红砖路基上铺沥青混凝土路线：

内比尔道（自咪哆士道至博罗士道） 1,883方码

格拉斯哥道（自香港道至伦敦道） 4,991方码

香港道（自189号地至格拉斯哥道） 1,709方码

三安道（自敦桥道至小河道） 1,318 方码

立［利］斯克目道桥端 1,194 方码

新加坡道（自威灵顿道至马尔他道） 2,278 方码

钢筋混凝土路基上铺沥青混凝土路线：

围墙道（半面）自达文波道至戈登道 1,675 方码

伦敦道（半面）自格拉斯哥道至德列道 1,270 方码

总计 25,780 方码

连同已往 8 年一并计算，修筑路线总面积合计 386,033 方码，总长计 21.93 英里。

阴沟项下：1932 年修筑沟线

爱丁堡道：自登伯敦道至格拉斯哥道 1,063 英尺，沟管系椭形，高 1.6 英尺，宽 1 英尺。

格拉斯哥道：自香港道至伦敦道 1,578 英尺，沟管系椭形，高 1.6 英尺，宽 1 英尺。

香港道：自登伯敦道至格拉斯哥道 1,067 英尺，沟管系椭形，高 1.6 英尺，宽 1 英尺。

伦敦道：自格拉斯哥道至德列道 433 英尺，沟管系椭形，高 4.6 英尺，宽 3 英尺。

体伯瑞道：宝士徒道与大北道间 33 英尺，沟管系椭形，高 3 英尺，宽 2 英尺。

体伯瑞道：宝士徒道与大北道间 602 英尺，沟管系椭形，高 1.6 英尺，宽 1 英尺。

总长 4,776 英尺

连同已往 8 年修筑沟线一并计算，合总长 45,292 英尺或 8.58 英里。

路边水沟石：本年建造之洋灰混凝土路边水沟石共计长 12,298 英尺。

便道：本年铺筑便道总面积计 5,872 方码，其中 49 方码系用洋灰混凝土建造，其余 5,823 方码系用沥青路面料建造。

暴雨水沟：本年建筑暴雨水沟计长 1,222 英尺。

洒水：本年洒路清道用水量共计 1,084,300 加仑。

清道工作：1932 年收集处置之脏土量列次：

住户垃圾 14,348 方

街道脏土	1,698 方
泥土	197 方
炉灰	198 方
马粪	197 方
沟泥	290 方
总计	16,928 方

大部分马粪充本局花园及种树场肥料之用,所有其余脏土系用以填高马场道塚[冢]园附近之局有低洼地亩。

扫除积雪:年内只下雪一次数量极微,扫除总量只100方。

马号:本局马号内豢养之牲口暨置用机件截至1932年12月31日止列册于次:

骡	51 匹
脏土车	53 辆
载重机车(内有蒸汽机车2辆)	7 辆
载重拖车	4 辆
马拉水车	11 辆
汽力水车	1 辆
马帚	7 架
架马具	58 副

本年牲口变动数目列表于次:

	1931年存数	1932年废除数	新购	现存
骡	53匹	8	6	51

其他工程项下:

通接阴沟之路边井子	279 个
位置四至界石	1200 柱
卫生设备检验	214 处
油刷白色交通指示线	56,109 英尺
脏水井清理	746 处

气候:本报告附有已往30年即自1903年起,至1932年止之气象测量记录表暨历年雨水及寒暑记载曲线图。

职员:本处职员年内并无更动,各员均尽心服务忠于职守,深堪嘉许。

工程师 巴恩士

电务处 1932 年报告

总论：自 1920 年 10 月开始供给电流起，电务处成立迄今已十有三载，本年经营成绩尚堪称意。

售电：1932 年本处售电总量为 10,701,404 电码，比之 1931 年之售电总量 9,171,166 电码计增 16.7%。

煤炭消耗：全年发电消耗煤量总计 16,083 公吨，发电总量为 12,908,670 电码（启罗瓦特小时），合每一电码耗煤 2.745 磅，若依售电总量为比较，则每一电码耗用煤 3.31 磅。

本处现时全部设备总计成本包括 7500 启罗瓦特发电机（无间断发电率），合银 1,239,978 两，故每一启罗瓦特比率计占 165 两。

本年最高电量需要为 3,420 启罗瓦特。

历年发电厂最高负荷胪列于次：

年份	需电最高量数（启罗瓦特）	增加	减少
1920 年	550		
1921 年	691	25%	
1922 年	840	22%	
1923 年	1350	61%	
1924 年	1530	13%	
1925 年	1881	23%	
1926 年	2270	20.5%	
1927 年	2860	26.0%	
1928 年	3100	8.5%	
1929 年	2810		9.5%
1930 年	2860	1.7%	
1931 年	3110	8.7%	
1932 年	3420	10.0%	

本处经济状况截至 1932 年底止计开于次：

购置成本项下   1,239,978 两

折旧存储   813,762 两

购置存储	273,180 两
债款实数	264,153 两
售电收入（1932年）	659,597 两
扣除折旧	182,129 两
之余利总数	187,223 两
成本余利	15.1%
扣除折旧	182,129 两
暨8厘年息	24,463 两
之盈余净数	162,760 两

历年营业净利详述胪列于次：

1920年10月开办电流取自购买	8,004.00 两
1921年购买总电流再分售用户	61,635.60 两
1922年分一部电流本厂摩发其余取自购买	57,535.69 两
1923年电流完全由本厂摩发	41,564.37 两
1924年电流完全由本厂摩发	85,648.98 两
1925年电流完全由本厂摩发	93,084.88 两
1926年电流完全由本厂摩发	89,817.09 两
1927年电流完全由本厂摩发	147,196.03 两
1928年电流完全由本厂摩发	209,459.59 两
1929年电流完全由本厂摩发	171,967.99 两
1930年电流完全由本厂摩发	170,777.54 两
1931年电流完全由本厂摩发	140,740.34 两
1932年电流完全由本厂摩发	162,760.12 两
总数	1,440,192.22 两

电流供给稳定可靠为本处经营之目的，年间分输电流设备应付裕如，别无障碍。致电流间断，惟发电厂内通接变压器之高压保险之一组忽然发生碎裂，电流供给因之一时中辍，此为多年所未见之意外。

发电厂发电总量为7,500启罗瓦特，其发电机件概系交流涡轮式，内两架系奇异霍和敦厂制造，每架发电量为1,250启罗瓦特，其他两架系维格斯厂制造，每架发电量为2,500启罗瓦特，各机概经缜密保持优良状况，惟维格斯牌电机之一架于年间忽发生障碍，设非值班职员应付敏捷处理得宜，恐其损坏程度不仅止乎此唯,此意外缘何发生,以发现性质之复杂,实难剖别其真切原因,经迭次勘验,厥非因机件制造有何缺点而发生,此障碍业已证明其已受损害部分均有保险款额可以抵偿。

锅炉房共有锅炉 6 座,每小时发气量合 13 万磅,另有多级锅炉进水泵 5 架,每小时能进水 16 万磅。

| 4 架 | 每分钟进水量 | 183.3 加仑 |
| 1 架 | 每分钟进水量 | 83.3 加仑 |

此 1 架巨量水泵系最近新设置者,用增锅炉房通常效率,倘遇障碍,其他 4 架进水量较小水泵仍得并行通接连用。

电流分输设备:本年间运用成绩暨保持状况匀称美满,本界偏僻处旧有木杆俱已改用混凝土造杆,全部设备并经扩充藉增分输效率,其布设系属互相连接式,不惟保持电压之无变并减少电流因分输之损失至最低限度。

电流损失:本年电流因分输暨变压器之损失,平均占总电量 8.02%,此比率数之低小较之其他类似之发电厂堪称优越。

负荷供求相应数:依据本厂供给电量最高数量 3,420 启罗瓦特,与售出电码比较,此数计合 35.6%。

本年售电总量详数罗列于后,惟自施行充量用电制以来,所有电灯、烹饪、暖气需电既以一表或数表计量,各项电码自难再行分析。

历年售电总量

年 份	用户电灯暖气烹饪	电 马 力	公用电灯	特别一区	总　　量
1923	1,072,337	509,841	208,629	526,396	2,317,203
1924	1,373,621	572,398	220,483	749,850	2,916,352
1925	1,777,974	785,541	230,084	959,100	3,752,699
1926	2,297,250	1,124,876	250,280	1,048,100	4,720,506
1927	2,876,031	1,612,424	302,767	1,376,090	6,167,312
1928	3,428,152	2,564,558	318,398	1,712,377	8,023,485
1929	3,195,299	2,318,488	315,727	1,660,331	7,489,845
1930	3,357,552	2,547,849	324,777	1,711,544	7,941,722
1931	3,913,214	3,018,175	339,639	1,900,138	9,171,166
1932	5,242,678	3,045,255	341,640	2,072,131	10,701,404
近 2 年之比较增多	33.9%	0.8%	0.5%	9%	16.7%

用户接电:计至 1932 年底止通电用户总数共 4,240 户,比较上年之

3,989 户计增 6.3%.

年间邻区发电机发生障碍,本处曾予以电流接济。

电炉灶:电炉灶及其他家常需电用途日见扩展。查电灶烹饪不惟经济清洁并免除普通炉灶热气充斥厨下之弊,用户对之已渐明瞭[了]。

公用路灯:除增加设备外,尚有数处路灯已于 1932 年下半年施行改善,现有路灯设备如下:

50 烛光	28 盏
100 烛光	463 盏
200 烛光	246 盏
300 烛光	39 盏
600 烛光	32 盏

电表:计至本年底止通接电表总数共 5,328 个,年间查验校准之电表共计 2,125 个,校对手续恒就用户装表地点执行,其校后准率概皆不差毫厘。

陈列室:该室仍为本处业务效用优良之特色。查年间售出电气用具共计 1,185 件,代用户修理电气用具计 694 件。

职员:本处各级职员均能勤奋奉公,成绩斐然,良堪感慰。年间工程师伟廉士君因病出缺,洵为最堪痛惜者。查伟君处事首重信任,同人备受鼓励,无不翕然尽职,处员甘苦守分安素,尤为伟君所特予注意,伟君平生事业收获如此。鄙人承乏报告,深盼其多年经营功绩,所获效率能以继续保持焉。

安德而　代具

水道处 1932 年报告

水道处归工部局经营管业,现已届满十载,所有工作进行均称顺,适年间水量供给别无间断阻滞情事,机件运用暨技术成绩俱称满意,营业实收比较预算显有起色,际是百业萧涩(瑟),获此进展,良堪欣慰。查本处收入之 36% 须拨付成本利息及折旧两项之额定用途,此外得现盈余,本处经营堪认为生利事业。回顾已往 10 年,本处发展改善所费成本计达 67 万两,惟用户水价从未因之增加,本处于最近 3 年间开凿自流井新井眼,迭遇困难,迨至本年春始获幸免。查巴克斯道前经放弃之第一井眼已恢复效用,成立为第 8 号井,继续开凿之第 3 井眼得获圆满竣工成立,为第 9 号井暨伦敦道机厂,前经放弃之第 7 号井眼亦获恢复效用。因此,每日产水量比之原有各井产量得获 80 万加仑之增益,现有产水总量每日已克臻 200 万加仑。凡此俱系凿井工程包工人遵从本处工程师技术指导,勤勉从事之成效。

查 1932 年为本处抽引水量完全运用电力之第二年期,成绩斐然一若上年,其较前增高之每方寸 50 磅,水压已得均匀保持,分输布设之全部。

年间自 3 月 10 日起水量供给须仰给过滤河水补充,但自第 8 号井由 5 月开始产水以后,仰给河水之时仅属偶尔,自 8 月 1 日始,水量供给乃系完全井水。

本年推广界布设之总水管共计长 3,115 英尺,以应马路、房屋建筑发展之需要,旧有通接低压之水龙头 2 座,业已改换高压水龙头,商业区内共添置路面水龙头 12 座,本年用户通接用水设备共计 133 处,查上年新接用户只 38 处。

一、消防设备暨河坝进水机厂

该厂设备暨全部机件概经妥为保持,查 7 月间隆茂货栈发生火患,该处消防设备曾施救护,其河水抽引机自 3 月 10 日起至 7 月 9 日止,为供给滤水池需要曾恢复工作并因海河淤积不减,故进水管口之冲激注射水管延至 11 月 24 日始拆卸。

二、抽水机厂

巴克斯道机厂新置机件：

9"×9"英格苏瑞恩特气压机 1 架，连同阑克夏厂制 45 匹马力电动机 1 架。

伦敦道机厂新置机件

6"×5"英格苏瑞恩特气压机 1 架，连同 25 匹马力电动机 1 架

三、机厂设置机件现时统计

气压机	11 架
主抽水机	8 架
辅抽水机	7 架

各井筒机件贮水池暨厂房概经照例施行应有之整理，于必要处剔旧置新保持各机件应有之效率。年间并无因机件构造有何缺点而发生障碍停滞情事，仅于 11 月 14 日因电流间断乃不得不临时开用巴克斯道置备急需之机器计历 1 小时，当时总水管水压未现减低，运用成绩堪称圆满。

四、巴克斯道机厂

自 3 月 10 日起至 7 月 9 日止，自流井水量之不敷，仍藉过滤河水补充，第 2 号井暨第 3 号井自 3 月 10 日起，第 8 号井自 5 月 11 日起暨第 9 号井自 6 月 24 日起，皆有过滤河水补充，其总数量列次：

月份	总水量（加仑）	过滤河水补充量（加仑）
1 月	16,321,000	无
2 月	15,764,000	无
3 月	20,011,000	1,338,000
4 月	20,593,000	2,711,000
5 月	21,828,000	594,000
6 月	22,660,000	62,000
7 月	24,142,000	509,000
8 月	24,137,000	无
9 月	23,433,000	无
10 月	22,889,000	无
11 月	20,728,000	无
12 月	19,444,000	无
共 计	251,950,000	5,214,000

（一）旧机厂

旧有锅炉房业于 8 月间拆毁，腾出地位备第 9 号井建筑产水池。

(二)新抽水机件

新抽水机房内现已安置 9"×9" 英格苏瑞恩特气压机一架,其原有之第 4 号 9"×8" 气压机业已搬移至旧抽水机房之过滤河水汲引机旁列为"工厂机件"。兹并购定 $12" \times 7\frac{1}{2} \times 8"$ 英格苏瑞恩特双级气压机 1 架,预备充量抽引第 9 号井之需用,该气压机期于 1933 年初运到。查该厂出品机件运用之妥靠,经济迭经证实,故决议再增购 1 架。

(三)新凿自流井

原拟定为第 8 号井之第 1 井眼,于 1929 年 8 月业已开凿至 308 尺深度而须放弃,此经过前已叙及,其第 2 井眼之开凿于 1931 年 2 月已钻至 656 尺深度,仍须放弃,其第 3 井眼之开凿始于 1931 年 11 月至是年底,所凿深度已达 260 尺,同时并安置 12 英寸井筒管至该深度,倘地层无阻难者,斯井应于 1932 年 3 月底完工准备抽水试验,惟加深之开凿又复发现坚硬灰结细沙与其他钻凿困难,故至 3 月底 12 英寸井筒管所达深度仅 322 尺。查本界用水需要既增多,迨至 3 月 10 日乃不得不藉过滤河水补充,依据当时开凿进行状况,此新井之成立势非再经二、三阅月恐无竣工希望,但夏季需水最高量数有于 5 月间,即发现者职是之,故必须另筹应付办法。

第 8 号井(第 1 井眼):为减少各井产水有牵涉之弊,故在同一地点开凿之井眼深度恒取"阶级"式。查本处向未从事试验抽引深度相仿暨位置相近之井眼,鄙人观察已放弃第 8 号井之第 1 井眼深度有位置水笕于深度与第 3 号井相同之可能,遂即进行工事,于 3 月 31 日雇佣小工建立土式竹架,开挖至 338 尺深度并放下 6 英寸径导引管,其下端 62 尺为水笕,此导引管暨水笕外概用石子填实。上述工程于 5 月 3 日蒇事,遂即从事试验,每日产水量计达 30 万加仑,嗣后稍现增加,每日最多产水量计达 33 万加仑,同时第 3 号井发现轻微牵涉,若与第 8 号井并行抽汲,其产水量计减 3 万加仑,约原产量十分之一。查该 2 井口地面距离只 230 尺,发现此牵涉程度尚不为严重,故此工事探测甚值一试焉。迄今该井产水并无障碍现象,数量稳定品质良好,自 5 月 11 日起即输入总水管。

第 9 号井(第 3 井眼):查该井筒内之 12 英寸井筒管于 4 月 1 日已安置至 336 尺深度而停止,其钻凿工事则仍用黏土开凿法进行,卒达 690 英尺深度。自 5 月 9 日起本处接管该井工程,如定购筹备导引管暨水笕等项,俾包工技师得专心研究钻凿问题，其导引管之下放始自6月1日及至6月4日即位置就绪，导引管暨水笕俱系8英寸径螺丝口衔接每一接口并加烧焊，所置水笕共计3节，8.4尺一节，51尺一节暨51.2尺一节，导引管暨水笕之周围全部有石子填实，计用石子450立方尺，该井抽水试验始自6月9日，产水顺适，不久即无钻凿剩泥发现，72小时之初次正式试验，乃于7月21日完成，其每日最低产水量为477,500加仑，最后正式试验完成于8月3日，每日最低产水量为60万加仑，此数量比之包工人之协定量数计增十分之五，其水质化验盐性成分暨硬度皆甚低微，据化验师云："此井水质之优良为各井冠"。自6月24日起，所产水量即输入总水管。

查该井水笕计有3节，位置深度不一，各产水层之水压力于某种抽水状况下似难相等尚须调剂，其空气管之位置虽经屡次变更，然产水量之稳定仍遇困难，有时产水发生震颤致喷沙泥，为此，所产水量之大部须归耗费无用。查此井筒具有特点即水笕总长度超过百尺，其效用自不能于短时间内即臻美满，惟自12月初，起用117立方尺气压机2架并行开动担负抽引以来，该井之产水量已现稳定且无泥沙发现，每日产量可达50万加仑，于此抽引情况下，井筒内静水平高度之变更只60英尺，如用新气压机，其产水量当可增至60万加仑，按之原定预算，系用银22,400两，开凿一每日能产40万加仑之井眼，今因第8号井之成立暨第9号井之工事完成，计增加直接费用11,000两，惟此二井之总产量每日可达80万或90万加仑职是之。故总计用费虽增加十分之五，结果产水量则倍之成绩如斯，尚堪称意。

（四）井眼通接

6月间第8号井口即建筑井台暨产水池，又于10月间第9号井口建筑同样井台与产水池暨布设水管通接至滚水坝箱，并于抽水机房内增添滚水坝箱2个，连旧有共计5个，如此每井各有一滚水坝箱。此外，并筑"辑录"池1座配装滚水坝纪载器械暨特别管线，俾任何井眼得以通接输水池内藉备测验，该池并备装水管得以通接过滤河水之抽引机。

五、达格拉道机厂

该厂机件年内并无更动，其第4号井暨第5号井产水量列次：

1月	12,466,300加仑
2月	11,456,200加仑
3月	12,288,700加仑
4月	11,733,400加仑

(续表)

月份	产水量
5月	11,940,000 加仑
6月	11,203,000 加仑
7月	11,416,000 加仑
8月	11,264,000 加仑
9月	10,719,000 加仑
10月	10,456,000 加仑
11月	9,963,000 加仑
12月	11,024,000 加仑
总计	135,929,700 加仑

六、伦敦道机厂

该厂第6号井产量自5月11日起由第7号井补充,其产水量列次:

月份	产水量
1月	7,738,000 加仑
2月	7,340,000 加仑
3月	7,461,000 加仑
4月	7,611,000 加仑
5月	8,537,000 加仑
6月	8,809,000 加仑
7月	8,905,000 加仑
8月	8,858,000 加仑
9月	7,121,000 加仑
10月	8,055,000 加仑
11月	8,008,000 加仑
12月	8,322,000 加仑
总计	96,765,000 加仑

(一)抽水机件

4月间设置6"×5"英格苏瑞恩特气压机1架,备抽引第7号井之需要。

(二)第7号井

此井因于1928年4月淤塞而放弃,列为包工人之损失,今年春决定重复开挖安置导引管于井筒管内,根究勘测其产水数量。本处于4月1日用旋转起重架,徒手开挖法钻至518尺深度,遂用3英寸径导引管,1英寸径气管开始抽引,所产水量自5月11日起即输入总水管,该机厂之产水量遂获5万加仑之增加。

七、自流井

旧有井眼自第二号至第六号之产水量一如往常并无障碍发生,近5年每日平均产量列次：

井号	1928年	1929年	1930年	1931年	1932年
第2号	310,000加仑	316,000加仑	308,000加仑	293,000加仑	271,000加仑
第3号	366,000加仑	342,000加仑	334,000加仑	307,000加仑	294,000加仑
第4号	228,000加仑	191,000加仑	178,000加仑	190,000加仑	194,000加仑
第5号	181,000加仑	191,000加仑	188,000加仑	190,000加仑	199,000加仑
第6号	240,000加仑	253,000加仑	256,000加仑	244,000加仑	230,000加仑
第7号	1932年5月11日开用				56,000加仑
第8号	1932年5月3日开用				330,000加仑
第9号	1932年6月9日开用				500,000加仑

自1928年至1931年所列量数，系各该年之平均，1932年之量数系取自年底之测验，藉以观察第7、8、9号井产水之影响。查第2号、第3号井产水量因受第8、9号新井之牵涉而低降，第6号井产水之减少则因第7号井之牵涉旧井静水线亦颇有影响，缘地层之组织凸曲卷折类似扁豆形，其产水各层似有贯通汇集之处，各井深度虽如"阶级"不等，其有牵连或其他状况自属意料中事。

查各井水质化验成分似依季令之不同而发现变化，然品质良好仍适合为无上饮料。

井眼总数既加增2个，所有记载均已照添，附此报告，计有图表第6号暨开凿第2号至第9号井钻挖图说各井水质化验表暨总水管（即各井水混合）水质化验表。

八、总水管暨水龙头

分输水压既增加，有时仍发现水管渗漏，惟严重之破裂仅发现1处，在30年前布设之博罗斯道10英寸水管内，其破裂系铸造时之原有残缺，经翻沙匠加以熔烧补实者。

历年设置总水管暨1932年添置之丈尺列次：

年间	总水管尺数	地面水龙头	地下水龙头
1932	3,720	16	0
1931	2,302	0	1
1930	354	2	0
1929	3,790	12	1
1928	7,327	12	3
1927	8,589	7	6

(续表)

1926	17,237	16	22
1925	13,439	15	12
1924	16,108	30	0
1923	7,640	11	1
总数	80,506	121	46

1932年之布设详数	6英寸水管(英尺)	地面水龙头
格拉斯哥道	1,478	0
爱丁堡道	591	1
新加坡道	678	1
伯斯道	294	1
香港道	74	0
内比尔道	605	1
中街	无	4
怡和道	无	1
宝顺道	无	1
咪哆士道	无	1
达文波道	无	2
博罗斯道	无	3
总计	3,720	16

上列中街及在商业区内之其他马路设置之地面水龙头，系换置高压水龙头规画[划]之一部。

九、用户水管通接

年间住户通接用水共计133处，查上年通接之数仅38处。

历年用户通接水管增加梗概列次：

年间	通接水管用户
1923	805
1924	1,027
1925	1,130
1926	1,446
1927	1,579
1928	1,803
1929	1,882
1930	1,905
1931	1,943
1932	2,076

十、每日水量需要

3处机厂每日抽引水量最多总量暨最少总量胪列于次：

月份	最高量(加仑)	最低量(加仑)
1月	1,213,900	1,127,100
2月	1,264,000	1,022,000
3月	1,371,000	1,206,000
4月	1,436,000	1,212,000
5月	1,520,000	1,196,000
6月	1,618,000	1,286,000
7月	1,761,000	1,300,000
8月	1,528,000	1,284,000
9月	1,466,000	1,249,000
10月	1,414,000	1,223,000
11月	1,372,000	1,235,000
12月	1,305,000	1,186,000

本年最高数量记载在7月8日计1,761,000加仑，比之1931年7月29日之最高记载1,570,800加仑计增190,200加仑（12.1%）。

十一、售出水量

	一、英租界用水(加仑)	二、河坝用水(加仑)	三、特一区用水(加仑)	四、总数量(加仑)
1月	19,731,700	11,200	8,901,900	28,644,800
2月	17,973,100	9,632	8,277,600	26,260,332
3月	19,958,830	60,928	9,364,800	29,384,558
4月	21,552,800	48,384	10,334,500	31,935,684
5月	23,135,700	33,376	11,185,000	34,354,076
6月	24,127,050	85,120	10,571,000	34,783,170
7月	25,412,700	100,128	10,159,300	35,672,128
8月	24,838,200	63,840	10,281,000	35,183,040
9月	23,856,100	34,720	10,161,200	34,052,020
10月	23,712,300	113,344	10,333,600	34,159,244
11月	21,322,200	145,376	9,328,500	30,796,076
12月	21,005,300	244,384	9,694,400	30,944,084
总计	266,625,980	950,432	118,592,800	386,169,212

与上年售量之比较列次：

	一	二	三	四
1932年	266,625,980	950,432	118,592,800	386,169,212
1931年	246,855,060	1,833,888	106,549,500	355,238,448
差别	增 19,770,920 增 8.01%	减 883,456 减 48.17%	增 12,043,300 增 11.32%	增 30,930,764 增 8.70%

各项售水量比之上年俱有增加，惟轮船用水因海河淤塞而现缩减。

十二、职员

本处职员举止暨服务成绩仍极良好，年间除工匠稍有更动外，职员分配仍如往年，旧厂员计有3人因病出缺，殊堪惋惜。

本处于4月间聘任黄玉成君为工程助理员，6阅月试任时期届满，成绩优良，业已聘定为水道处职员。

水道处工程师　克拉克

1932年水道处报告附件

米大夫之各井水质化验报告：

水样取自（水质化验按每100万分计）	第2号井	第3号井	第4号井	第5号井	第6号井	第7号井	第8号井	第9号井	总水管混合给水
盐性阿母尼亚	0.06	0.08	0.08	0.06	0.06	0.06	0.8	0.09	0.06
蛋白质阿母尼亚	0.15	0.18	0.18	0.19	0.10	0.04	0.04	0.06	0.10
亚硝酸盐	无	无	无	无	无	无	无	无	无
强硝酸盐	些少	极微	极微	些少	极微	极微	极微	极微	极微
游动绿气	无	无	无	无	无	无	无	无	无
钠氯盐	21.15	274.95	345.15	245.70	219.37	222.30	409.50	125.78	251.55
炭酸气（已消融）	些少	些少	些少	些少	些少	些少	些少	些少	些少
养气（已消融）	3.50	4.50	3.50	4.00	3.75	3.00	3.50	3.50	3.65
需要养气（一）酸质化	0.35	0.40	0.35	0.40	0.20	0.30	0.70	0.50	0.45
需要养气（二）碱质化	0.30	0.35	0.30	0.30	0.20	0.25	0.60	0.40	0.40
蒸发余滓摄氏表100度	698.00	832.00	912.00	796.00	675.00	736.00	204.00	656.00	853.00
燃烧余滓红热	630.00	789.00	858.00	746.00	640.00	687.00	230.00	62.00	801.00
硬度按10万分计									
总硬度	26.50	34.00	34.00	28.00	16.50	22.00	44.00	17.00	29.00
固定硬度	13.00	15.00	20.00	16.00	2.00	16.00	18.00	8.50	15.00

警务处 1932 年报告

一、兹谨将天津英国租界 1932 年警务治理报告叙列于次，备陈察[查]核。

二、罪案：年间通报本处并经侦察之案件总数暨侦察之结果概已附列（一表），按所接报告共计 606 件，其中 583 件查系实情，其案犯须检送法庭处理者，计有 235 起。依照习惯法庭处理此案件如何判决向不附知本处，因之该表所列统计不全，无法载明判罪人数以示警务工作成绩。

查犯案逮捕项下所列释放人数系业经侦察查明，证据不足无须究办或经讯问证明确与案情无关者，虽统计表所列尚欠完备，然所获成绩尚堪称许。依鄙人观察所及，现行侦察手续暨检送法庭案件之准备俱感有进步，尤以遏止罪案之收效较为显著。盖此为警务人员之最要职责。

三、统计（二表）所列系违犯警章逮捕或被传之人数无须检送法庭者，故皆由本处从简发落。往年警捕之对于违章嫌疑市民动辄逮捕，致被捕人数徒增，鄙人业已于上年报告叙及之。查警捕对于人力车夫、骑自行车人暨其他贫困市民动加干涉，其于遵守警章及道路管辖效率无补，事实徒滋反应而已，缘警捕往往藉扭送琐屑过犯而擅离岗位，本年此类逮捕人数锐减，乃系上述熟筹政策施行之结果。本界道路管辖效率因此变更有何增进抑减色，似依观察本界治安概况而判别之比之谨以逮捕人数为衡较为有据。

四、绑架：年间无勒赎绑案发现，殊堪称慰。本界为防范此类罪犯并增加匪类之困难起见，业于本界各出口冲要地点安设栅栏，装置电警响号，一经发生，各该栅栏即可关闭。本处警捕并加缜密训练，俾得应付意外，然谨此不足以保本界住户此后永免绑匪之侵犯，如遇感受此类罪案威胁情事，各界务须协力供给闻料，将界内形迹可疑人氏随时通知警捕，尤以案情发生一经觉察，立即给予报告为要。

（一表）所列绑案 2 起系属掳劫或掳带居户妻室与小孩 1 名。

五、携械抢案：迩来华北时局不靖，致津市成为四乡退伍兵士及无业游民之渊薮，年间抢案之陡增强半似种因于此本租界虽厉行驱逐败类，勿令入境然未能遏止，携械匪人由其他区界窜入本界从事抢劫，此类积匪往往因电警响号发动辄感迟延或通知警捕每滋耽误，遂得从容畅穿事主居室翻箱倒箧饱载脱逃。查事主之畏惧匪人其怯懦之甚恒有出乎常理者，例如最近邻区发现抢案一起，其抢匪甫经入门，该屋幼童竟具有胆识，自匪入之门逃出报告岗警，抢匪见事机已泄警捕将至，遂未及行抢，即匆匆远扬。

1933年1月间，本界发现抢案1起，旋经侦查抢犯系人力车夫，当时所执器械只一破锈不堪使用之手枪。故须各界僇力协助俾警捕应付此类案情得获相当成效。

六、凶杀：1932年1月7日发现凶杀案1起系属仇杀，查该住户常雇护卫数人忽因伙食账目而生嫌隙致动杀机，事后查得该住户护卫所持枪械概无执照且无人督察，该仆人等时执手枪实为滋生凶杀之由。

七、偷盗：按本租界地势辽阔在在有宵小尝试偷盗伎俩便利，本年偷盗案件尚不为多，缘本界住户汽车房所装搭钮锁头类多简陋，住房门窗扃鐍恒极草率，本埠盛行之镶配玻璃木门，尤易于销声破碎，由此探手移动插销拨开锁扃潜入行窃，本地窃贼洞晓此径，故常携纸张浆糊用以黏贴拟碎玻璃，此种窃贼惯伎可证住户添加极少费用即能增进其住房保障。

八、绺窃：此为本界最盛行之罪恶，盖无论何物如无人看守保持鲜有不被绺窃者，尤以自行车之失窃为习见。查年间报失之自行车共81辆，计值3218元，强半系放置马路而被窃，旋经侦察，查获之车辆仅值673元。

1932年1月间停放海大道工部局藏书楼附近汽车1辆并无司机看管，遂致被窃，该车迄今查无下落。

年间所接汽车零件被窃报告共38起，被窃物品计值710元，多系水箱盖车毡暨其他零星小件，本处迭经侦察，曾缉获偷窃汽车水箱盖绺贼一群，多系失教幼童与壮年积窃为伙。

九、防范办法：查逮捕偷盗未遂暨绺窃未遂及闲行游荡意在作奸犯法之人数，可以表示警捕防范罪犯所获成效之梗概。例如某日清晨4时，值岗警捕于孟买道见1人力车夫拉一空车，另有1人跟随车至某里口即停放，其跟随人则徘徊左右，警捕方行近车夫拟加盘诘，该跟车人即藉咳声暗报，车夫遂即起立以图脱逃，惟2人皆被逮捕带至警务处，旋查得车箱内藏有电棒灯、刀凿，概属绺贼行窃器械。此外，尚有盗贼预约人力车偕行，藉便运载赃物并利脱逃者。

本年统计表所列失窃物品总值显有增加，乃因该数包括监守自盗一案之损失。查该案发现于年间 9 月，某行会计员司保管该行存放二银行之存折，旋取得该行经理图章，于是随意签盖取款支票恣意挥霍，历时 8 阅月始被察觉，其私行签取之款额竟达 5.9 万元，事后警捕获得下落者只 8000 元，暨该会计员购赠其女友之饰物数件耳。

十、扰事暨违犯交通规章：1932 年汽车肇事暨违犯交通规章报告列次：

汽车肇事	共 77 起
归警务处科罚或停止捐照效用	18 起
停止捐照效用	6 起
签注捐照	无
违犯交通规章项下：	
犯规报告	705 起
归警务处科罚或停止捐照效用	81 起
停止捐照效用	3 起
签注捐照	9 起

肇事案件之一系因驾驶人酗酒驶车撞死中国人 1 名，起诉后业经本埠法庭判决。

十一、监犯脱逃：本年 1 月间捕获偷窃自行车犯 1 名收押中街警务处监守所，该犯伺值班警捕因事暂离时间，挤开该所门口下边铁条而脱逃，实系积犯。该值班警捕旋经审问不担处分，该狱室于出事后业已修理坚实。

十二、杂项：于已往数年间，在本界藉蒸制劣质酒品冒牌充售以图鱼利者，颇见发展，旋于上年证实此类酒品确与卫生有害，经本处查办者，计有 3 起。缘各该酿酒事业之开设并未邀得工部局允准，其抄出酒品经卫生医官证明确系不洁者，遂即充公销毁。兹已制定规章，举凡经售酒品铺面或酿制酒品事业，须请领捐照并缴付年捐藉资，取缔惟此项事业利息丰厚向在本界经营斯业者，现已迁至取缔松懈之其他区界。

关于手枪及盒子枪须领取执照规章业经修正，嗣后每年须缴照费归警务处征收。

十三、内部行政：本年警捕人数已照足额补充遴选候补警捕尚无困难，本处修正之警捕薪工等级颇足汲引较有学识人员，故全处警捕学识程度已较前增高，年间撤革、退职、病老、死亡人数胪列于次：

	撤革	退职	病老	死亡
警捕（中国）	19	5	1	4
警捕（俄籍）	1	无	无	无
门岗警捕	27（1名因过被革）（余系雇主减少被裁）			
消防队	无	无	1	1

上列数目与往年统计之比较颇堪注意，近5年之警员消耗胪列于次（门岗警捕不计）。

年 期	撤 革	退 职	病 老	死 亡
1927	67	33	1	3
1928	59	25	2	4
1929	48	17	1	3
1930	56	45	0	1
1931	28	12	1	3

自服务规定改善以来，退职人数显有削减，颇足表示本处全体人员安心服务观念已较前增进，撤革人数之减少可证全体纪律举步之进步。

年间派送上海学习人员计有洋警员2人，各住沪3个月，中国警员2人，各住沪9个月，业于7月完成学习课程，上海警务处所给报告成绩甚佳，自返津以来，各该员服务深资得力。

前行勤惰罚款规定业经取消，自明定奖金用酬得力人员以来，所获结果极佳，服务效率显有增进，本年颁发警捕零星奖金共计439元。

全体人员健康操行成绩良好。

俄籍警员薪工等级亦经修正，期于1933年1月1日施行有效。

十四、建筑：伦敦道新警务宿舍火会所暨分处办公室落成后，业已占用。该分处掌管事务以墙子河外本界区域为限，举凡发生于该区域之案件侦察暨警务职务，概归该分处人员负责办理，中街警务处执掌范围以本界墙子河裹至海河为界。

本处侦探部仍驻中街总处办公，上述分处设立及职务划分当于1933年1月1日起施行有效，其于全处效率应获进展。历来门岗警捕寄宿处所建筑陈腐，业经勘验认为不适居住，务须早日腾出另觅相当处所是为亟待解决之事。

查本界房租较高，洵非警捕财力所能及警捕家室因之概卜居中国地段，警捕值班4小时后恒离处回家习以为常，致一遇迫急时机辄有不克立时召集困难，今者警捕于值班前须驻扎宿舍4小时用收统率之效，依照现行定章警捕请假只准 8 小时职是之。故于本租界内为警捕家室寻觅居所颇有研求之价值，倘公家能为有家室警捕筹设居所，则全体安心服务观念更当见增。

十五、本处各项事务得以井然进行，端赖各级职员翕然襄赞，尤以副处长李君汉元协力统率中国警捕臂助之处为多。鄙人愿藉此表示感忱，侦探部工作暨案件之侦查概由苏考罗克夫君负责，成绩良好。

年间办理案犯，本处迭荷上海、北平、哈尔滨警务当局暨辽宁大连之日警署协助本埠各区界警务主管遇事合作尤增。睦谊劳力士君之卫生股报告暨格林斯雷君之消防队报告另附于后。

警务处长　艾斯孟格

（一表）

1932年界内报告案犯统计

罪案类别	案件			案犯			物品	
	报告件数	受理件数	检送法庭	逮捕人数	检送法庭	释放人数	失窃数目	缉获数目
绺窃	405	394	147	217	167	49	$32,215.30元	$9,586.70元
谋窃未遂	28	25	24	30	25	5		
偷盗	50	50	11	14	14		20,792.45	8,595.48
谋盗未遂	14	14	3	4	4			
白昼偷盗	5	5	1	3	1	2	696.00	90.00
携械抢案	16	16	1	1	1		6,379.15	41.00
强抢	1	1					240.40	
绑架	2	2	1	3	2	1		
凶杀	1	1	1	1	1			
谋杀未遂	1	1						
收受赃物	10	7	9	11	9	2		
杀人凶犯	2	2	2	2	2			
撞骗	19	19	4	12	7	5	3,004.70	2,204.50
侵蚀款项	12	10	4	10	7	3	1,730.75	267.80
诈取暨诈取未遂	4	3	3	10	9	1		
殴打	13	11	10	15	12	3		

（续表）

监守自盗	5	5	1	2	1	1	61,430.75	8,658.00
非法侵入住宅	3	3	2	10	2	8		
毁坏产业	1	1	1	1		1		
私造钞票	1	1	1	3	3			
有伤风化	2	2	1	2	1	1		
私设烟灯	1	1	1	3	1	2		
制造麻醉品	1	1	1	10	5	5		
闲游意图作奸	9	8	6	9	6	3		
1932年总计	606	583	235	373	281	91	$126,489.50元	$29,443.48元
1931年总计	581	581	——	505	385	120	$51,753.20元	$28,000.60元

（二表）
处理违犯本界规章人数统计

案件	人数		
1932年报告案件总数	逮捕或被传到案	警戒后释放	取保释放或另行发落
1720	2798	494	2304
1931年报告案件总数	5960		

1932年卫生报告

本年界内市民健康状况因时令病盛行迭现变化,自1月至3月期间水痘流行一时,自4月至6月期间疹子复又盛行,惟病情概非严重,洎至6月四乡霍乱警报频传,俟至7月天津市立传染病院竟现拥挤,人满之患。邻区界普通病院虽无隔离病室之设,然不得不施诊,初患霍乱病人诊后给以药品回家治疗,因此病人居处遂为霍乱蔓延之媒介,际此情势,本界即施行左(下)列防范手续。

一、按本局警务暨卫生人员之原有组织,凡因执行职务关系与传染病人有接触之可能者,概予注射霍乱预防针。

二、界内公用厕所暨水沟概行清除消毒并制定保持极端清洁适合卫生办法。

三、所有里巷中国伙居住房之卫生设备概行检查,凡感欠缺者,俱令增设。

四、界内严行禁止零售切开瓜果、冰觉凌等,刨冰及牌号不正汽水一并不准售卖

五、禁止水车售卖河水。

六、于中外报章颁发通告,俾各界知晓防范手续,倘遇病症发现应如何阻止蔓延。

七、划分本界隔离病院之一部准备收容类似霍乱病人,对于其他传染病症,该病院其余部分当时只限收容英法两界住户,藉敷此项划分准备。

本界既有上列预防暨自流井水源之清洁可靠,颇足保持疫症之一时不致蔓延,惟处理偶尔发现于贫困中国户口稠密地段之病人或道途临时暴病行人,仍为急[亟]待解决问题,尤以觉得迅速诊治、便利与防止病症滋蔓为最要。查隔离病院既限于地势狭隘职员简单,随时可有拥塞之虞,故决另筹霍乱救急医院一处,当时于19号路觅得相当房屋,地位宽敞可布置50个病人床位,随时尚有增添扩充可能。该院于7月5日布置就绪,但因本界各病院既无看护可拨用,其职员分配乃备[倍]感困难,幸得欧尼耳大夫担任该院主任,王

大夫担任院医，史璜女士任看护，另有中国临时男看护 2 人，女看护 2 人相佐，工作遂得进行。此外并雇佣夫役 2 人，司门 1 人，洋厨役 1 人，中国厨役 1 人。开诊后收纳病人共 21 名（男 16 女 5），其中 10 名（男 8 女 2）经微菌检验，确系东方霍乱，内有 3 人竟不获救活，其一病状垂危进院 15 分钟即毙命；其二于入院后第 5 日因尿毒入血而亡；其三为有孕之妇女，于入院后第 4 日因心弱身死。入院病人之微菌检验概由巴斯德菌学试验室免费担任，病人排泄物俱经缜密察验非经 3 次证明病菌绝迹不得出院。该院职员于 7 月 7 日即开始给予各界预防霍乱注射，规定每人注射收费洋 1 元，迨至 7 月 21 日注射药水已得充分接济，遂通知本界中国住户概得免费注射，惟乐于注射者不甚踊跃，计到院缴费注射者共 577 人，免费注射者只 70 人。查每人注射本应两次，但缴费注射者有 104 人暨免费注射者有 40 人未受第二次注射，幸每一注射倘其药量比之指定量数加倍，别无危险，故一次逾量注射即可获相当保障，该院自 8 月 23 日起即停止收容初患病人，其最后住院病人计于 8 月 29 日出院，自开院至结束时止，各职员无不勤奋从事，暨巴斯德菌学试验室尽力赞助检验，殊深钦感。

维多利亚医院看护女士计有 2 人发现患霍乱症象，皆属不救。查第一患者抱病 10 日，始带霍乱病象，其排泄物虽经检验并无除水霍乱细菌，终因心弱身死。该院其余职员即严予检查各人排泄物均予细菌检验，内有 1 人查系东方霍乱细菌传播者，故各员概予以胆汁注射。因此，药效力最为神速，于施行第二次检验时，复发现其他 2 人已被传染。查第二患者发现于施行注射后之第 3 日病势险恶，竟致不治，该细菌传播人暨被传染 2 人幸诊治及时，未变成严重东方霍乱。由此可证，遐迩驰闻之胆汁注射药力所在颇形神效，其第二患者未获救治或因传染已久，故救治较迟且叮咛病者用口进此胆汁药水是否已经遵行，亦无法证实。

自 1 月至 9 月间猩红热症时现时弭，迨至 10 月、11 月、12 月势甚猖獗，关于此症预防针注射迭获显著功效，凡与病者接触人如有预防针注射，可获二星期至三星期之保障。

传染病症之统计参看附表。

维多利亚医院：住院人数已有医院主任填列，惟该院建筑设备俱感陈旧，不敷本界中外纳税人之需要。年间看护女士有 2 人因病出缺，诚属惨遇。查希尔女士为各界所稔知，系该院得力人员，孟女士才远渡重洋来自英国，学识经验具有深造,陡遇不测殊堪悯惜,吾人对于二女士家族闻此噩耗咸表示极度哀悼。

隔离病院:住院人数已由医院主任填列。左(下)开建筑为该院业经建议拟添盖之房屋。

一、察[查]验病室同时可作为严重肺痨天然疗养室。

二、集中厨房藉增各病室之便利。

三、临时看护住宿处以备时疫流行时之需要。

四、院物存储室及消毒室等。

五、加盖走廊接连该院重要部分。

警务处病室住宿人数共计329人,每人平均住病室日数为2.36日。

沟渠:1932年下半年墙子河状况因疏挖浚事暨每日得推广界填地溢流1200万加伦清水之灌注颇适卫生。

据闻1933年尚可有此巨大水量供给,嗣后如何补救业已从事规画[划]。

给水:本界水质仍清洁,适合饮食,产量充裕,来年可望无须藉过滤河水补充不足。

屠兽场:本界已有私人设立屠兽场一处,备宰之各种牲畜及运送菜市售卖之肉品,概有合格兽医检验。

菜市:现有菜市地址业经工部局购买,敷有正当设备之新式菜市已着手规画[划],一旦落成,其于本界卫生保障当增益甚多。

卫生医官 葛欧 大夫

维多利亚医院住院人数

内科	106
外科	28
手术割治	63
总数	197
死亡人数	14
住院日数总计	1725日
院外诊治按摩暨电气治疗	8次
X光照	105次
院外诊治人数	21

产妇调养院住院人数

分娩	39
察验	1
小产	3
子宫病	1
总数	44
床位占用日数	548 日
只夜晚住院人	8 夜

隔离病院住院人数

依国籍计	102 人	依病别计	102 人
英	55	猩红热	75
美	7	淋症	1
俄	20	肺痨	1
中	9	天花	5
爱斯秃尼	1	水痘	2
波澜	1	疹子	5
犹太	3	霍乱传染	2
义	1	霍乱	2
瑞士	2	脑膜炎	1
挪威	1	白喉	6
亚弥尼	1	腮腺炎	1
印	1	瘴疽	1
床位占用日数共 2525 日			
死亡	7 人		

1932 年英租界中国人死亡统计

	男	女		男	女
腹部鼓症	1	1	神经错乱	0	1
贫血	0	1	小肠闭塞	0	1
中风	10	7	肺炎	0	1
煤气熏毙	2	0	疹子	0	1
气管郁喘	4	7	烈性脑炎	1	0
盲肠炎	0	1	凶杀	1	1
乳痈	0	1	肾炎	1	1
气管郁热	18	7	大肠闭结	12	16
血毒	3	4	风瘫	1	3

霍乱	1	2	腹膜炎	2	0
脑膜炎	1	0	胫膜炎	1	0
难产	0	12	肺病	100	65
惊风	10	1	猩红热	0	1
肚泻	2	4	老迈衰弱	0	1
白喉	0	1	天花	2	0
痢疾	10	4	肚病	8	5
血管疆塞	0	1	吞咽自尽	0	1
腰腺炎	1	0	骨脊痨	1	0
外痔	1	0	溃疮	0	1
妇女病症	0	53	膈症	1	0
呕血	1	0	痰厥	3	6
痰厥肚泻	1	0	鼓症	1	0
总数	201	211	共计		412人

1932年英租界外国人死亡统计

病别	女	男	病别	女	男
烈性肠胃发炎	1	0	声管炎	1	0
胸痛气咽	0	1	吗啡毒	1	0
中风	1	0	卵腺瘤	1	0
气管炎	0	1	胸部被割	1	0
滕理细胞发炎	0	1	心膜炎	0	1
肚中痈疽	1	0	腹膜炎	1	0
心脏肾脏病	0	1	肺炎	0	2
脑冲血	1	0	肺痨	1	0
霍乱	1	0	猩红热	2	2
肠胃寒热	1	0	败血症	0	1
肠炎	0	1	尿毒入血	1	0
脑壳破裂	0	1	病因不明(据云系烟毒)	0	1
痰厥	0	1			
总数	女 15		男 15		共计30人

吾人收敛中国尸首　　　　　　　　　　　　　　　　　　　6具

本年圈留后释放之犬数　　　　　　　　　　　　　　　　56只

圈留后杀除之数　　　　　　　　　　　　　　　　　　　355只

总数　　　　　　　　　　　　　　　　　　　　　　　　411只

类似疯狗　　　　　　　　　　　　　　　　　　　　　　5只

运载病人汽车：该车年间收费出赁共计133次,其他因马路遇险或慈善驶用共计15次。

塚[冢]园：埋葬广东道塚[冢]园灵柩计3具，埋葬马场道塚[冢]园灵柩计55具。

火葬炉共用9次。

牛乳房：本租界内无牛乳房之设立，只有分销处3供给本界住户之，牛乳房依据登记统计共37处，雇用[佣]分送人87名。各牛乳房设立地点计：

| 法租界 | 3 | 日租界 | 1 | 特别一区 | 1 |
| 特别三区 | 3 | 天津市 | 29 | | |

关于牛乳品质尚无责难情事。

洗衣房：本界有洗衣房13所，概经本处时加检查无违犯规章报告。

警务处卫生股

天津公学 1932 年报告

立案：溯自年初本校即从事呈报国府教部立案,惟因本校组织非尽与部章相符,故须与河北省教育厅主管人员往返磋商,次第变更组织用遵定章,旋经教育厅允予转呈教部核夺。本校最近呈请立案公文业于 11 月间送呈教育厅,谅不久当获答复。

组织：按肄业本校学生人数甚众,国府教部复有明定规章,故管理委员会决定遵部章自第二学期起,施行教职员改组列次：

樊樊圃君	中学部教务主任
王少伯君	中学部训育主任
孙芳仲君	小学部教务主任
王夏辅君	小学部训育主任

学生成绩　　本年 6 月学年大考毕业学生人数列次

年级	男生	女生	总数
高小	27	25	52
初小	54	27	81

成绩优良得有奖励证书学生计

年级	男生	女生	总数
中学	11	10	21
高小	2	2	4
初小	4	3	7

所有毕业文凭暨奖励证书及奖品业于本年 10 月 10 日在旧校址礼堂,由管理委员会颁发,唯因国事多难,故礼节简单免除旧例,参与典礼者本校教职员而已。本年肄业本校学生总数共 735 人,比较上年计增 17.8%,共分 23 班,计初级小学男生 6 班,女生 4 班,高级小学男生 4 班,女生 2 班,初级中学男生 4 班,女生 3 班。

1932 年 12 月 31 日本校学生分级列下：

年级	男生	女生	总数
初中	123	83	206
高小	123	66	189
初小	203	137	340
总计	449	286	735

近6年学生总数表：

年期	男生	女生	总数
1927	29	17	46
1928	148	71	219
1929	211	126	337
1930	328	180	508
1931	393	231	624
1932	449	286	735

退学：年间学生因转学或家属迁移离津致须退学者，计有男生37人，女生7人，间有数人系因身体虚弱而未能上学者。

健康：本年全校健康状况极佳，虽间有身体违和偶尔缺课者，然无迟久病假学生。猩红热症年间流星一时，本校学生除一二人有被传染之说外，幸未波及殊堪告慰。健康得有如此成绩，强半系学生家长对于校规表示同情，竭诚协助所致。查本校定章学生遇有疾病或有沾染传染病症之可能者，非有医生正式证书保证健康，概不准擅行回校。

参考书籍：查现时校址并无余屋堪做藏书楼之用，故所需书籍、杂志、图表等项未予充分购置。惟教员需用各种参考书本已颇齐备。

仪器用具：物理化学试验室应用仪器依课程之进展，业于年间随时增购。关于自然、生理、卫生各科已备置精细模型、标本暨骨骼等。兹并决定购置大宗理化仪器化学用品、模型标本等项，用备明年高中之需。

本校第二新校舍内各讲堂均装备玻璃黑板，此为近年学校之最新设备，其美观适用无与比拟，此项玻璃黑板系耀华玻璃公司出品，经德牧司之介绍而赠送本校者，同人愿藉此表示谢忱。

校舍：新校舍第一第二两所概已充量占用，初小现时尚有2班占用球场道旧校舍授课。查新校舍第三所尚在建筑中，大概1933年1月间可以竣工，其内部共分2层，计有普通讲堂8间，理化讲堂1间，演讲室1间，物理化学试验室各1间,仪器储存室2间,戥权室1间,预备室1间,教员室2间,教务室1间,衣帽室2间,盥手室2间,底层地窖内分为游戏室1大间,音乐教授室1间,练习室1间,手工室1间,存储室3间,锅炉房1间,煤炭室1间暨校役室1间,上述支配爰备中学女生之用。

沿新校舍第二所后面之围墙一带,已筑有自行车棚架1座,地势宽敞,可容放自行车约60辆。

校址:本校校址之一部业已用墙子河淤泥填高,需价每方洋1元,填土工程由工部局工程师巴恩司督理,惟地势低洼,面积广阔,全部填平尚需工料甚巨,此项工程或能于来年竣事。

体育:查高小及中学男女生对于篮球、足球、网球均极感兴趣,年间曾与程度相若之学校举行篮球比赛数次,下学期并拟添授中国拳术用壮学生体格。

教职员:本年下半学年中学部学生增添2班,因此添聘男教员2人,女教员1人,现时男教员计有:郑炳勋、庞文源、李鹤鸣、张家栋、于兰圃、王恩霖、卓炜、赵象文、梁蔚彬、王成西、赵开泰、骆公权、郭文林、孙毓泽、王文光、冯嗣贤、樊樊圃、黄文明、张家顺、步毓森、王恩华、沈天明、胡九皋、吴子光等24人,女教员计有孙谭新铭、张冰、仓傅宪、穆玛丽、胡巽修、华则、李淑媛、吴佩旋、孙家瑛、耿育淑、邓义箴、何学师等12人暨书记陈善书、奚复新、徐孝骞、张梦松等4人。

校长 严松章

1932年财政统计
暨1933年预算

财政报告

兹为汇报 1932 年截至 12 月 31 日止之财政统计，谨将下列报告附陈察[查]核：

本处记载账目簿册业经英国查账公会汤生公司审核，该公司证明书已赴列统计结算单内。

总务经常收入：

此项收入比之预算所列总计增收 45,000 两，查房产租值捐计增收 6,000 两，河坝收入计增收 6,000 两，辅捐项下计增收 9,000 两，码头捐计增收 24,000 两，年间房产租值捐收入之增益，系因落成新屋之增多暨出赁空房退捐实数比较预算之减缩，河坝收入增加之大部分乃出自驳船项下。

总务经常支出：

总务管理实支必较预算计增 3,400 两，总务管理薪金项下计增支 3,600 两，乃因会计处长韩联书君之例假薪金支付未经列入预算总务管理费用，因法律手续费之增加 3,000 两暨债券保管团费用之增加 3,000 两。故此较比预算计增支 6,300 两。

养老金项下因汇兑行市合宜计减支 2,000 两，医院项下因银价之坚挺暨住院费收入之增多，故比之预算计减支 3,300 两。

天津英文学堂协款实支总数因银价关系比之预算计减支 8,000 两，临时用途项下计减支 5,700 两，但与此相抵者有因霍乱流行敷设临时救济医院暨防疫费用，共计支出 11,400 两。

警务处：该处全年开支未达预算所列，共计减支 5,600 两。惟年间有未经列入预算之支出，即各马路安设铁栅栏暨电警响号计支出 7,000 两。

工程处：该处经常支出计节减 1,000 两，又因镑价合宜，薪水项下计减支 4,000 两，马路项下计减支 5,500 两。但关于局有房屋机件工具暨马路保持各项费用，则稍有增加。

总务特别支出：

桥梁、马路、便道等：年间核准之追加预算虽达 30,700 两，然实支之数比之预算原额仅超过 5,700 两。

房屋项下：新警务宿舍建筑费实支之数比较预算计增 7,000 两。

电务处：

售电收入：该处协济电车公司电流未能依照协定条款继续供给，但本年售电收入比之预算计增收 22,500 两，其经常支出比之预算计增支 16,600 两，此数包括损坏发电机之新鳃叶旋轮购价，除去保险公司赔款后之剩数计银 6,000 两。

工程师费用项下因金镑汇兑行市平疲，略有节减，但银元折合银两以 7 钱为比率，亏折甚巨，盖实在洋厘与此比率相差殊甚。故上列盈亏两抵，尚有不敷也。

购置项下：各款节目俱现节减，总核实支之数比较预算计减支 41,000 两。

水道处：

售水收入：全年售水收入除轮船用水外，概现增加，该处收入总数比之预算计增 14,700 两。

经常支出：全年支出比之预算增多 7,700 两，因银元折合银两贴水计占 4,700 两，其余为水量供给增加之费用。

购置项下：计节减 9,000 两。

统计总结：

综核各项收支比之预算所列共计节减 100,267 两，其中 28,000 两系金镑汇价实支之节减。查预算所列金镑折合银两乃按一先令八便士计算，此外尚有预算未经计及之收入，即填地余利计银 34,417 两，连同天津公学暨水道处之核定用款未全支付状况，为本年终存储银行现款充裕之要因。

1933 年预算：

1933 年预算业经各委员会先予详加审核并经董事会核准。

会计处长　莫尔德

罚款收支
1932 年总计

	银元
1932 年 1 月 1 日结余储存	$ 1,138.64
罚款收入	$ 3,068.56

利息	$ 9.43
预备警务处杂项用款计银400两	$ 591.28
	银元
	$ 4,807.91
捐助项下	$ 1,200.00
人力车夫茶水捐助	$ 1,380.35
拘押人犯膳费	$ 257.05
运动比赛捐款	$ 220.40
杂项	$ 1,642.96
结余	$ 107.15
	$ 4,807.91

天津英工部局1932年董事会报告暨1933年预算

1931年与1932年各月码头捐收入比较表

英租界河坝

月份	进口 1931年 海关银两	进口 1932年 海关银两	进口 1932年减 海关银两	进口 1932年增 海关银两	出口 1931年 海关银两	出口 1932年 海关银两	出口 1932年减 海关银两	出口 1932年增 海关银两	进口出口总数 1931年 海关银两	进口出口总数 1932年 海关银两	1932年 减 海关银两	1932年 增 海关银两	1932年总数 海关银两
1月	3,317.94	4,054.30	—	736.36	2,406.58	3,371.43	—	964.85	5,724.52	7,425.73	—	1,701	
2月	4,350.75	3,164.54	1,186.21	—	2,167.24	3,466.35	—	1,299.11	6,517.99	6,630.89	—	112.90	
3月	5,617.11	8,847.24	—	3,230.13	2,777.91	4,150.41	—	1,372.50	8,395.02	12,997.65	—	4,602.63	
第一季	13,285.80	16,066.08	1,186.21	3,966.49	7,351.73	10,988.19	—	3,636.46	20,637.53	27,054.27	—	6,416.74	
4月	6,097.52	9,929.09	—	3,831.57	3,312.69	6,179.79	—	2,867.10	9,410.21	16,108.88	—	6,698.67	
5月	6,673.01	7,748.48	—	1,075.47	3,796.27	3,614.18	182.09	—	10,469.28	11,362.66	—	893.38	
6月	5,296.34	6,242.25	—	945.91	3,535.64	3,684.79	—	149.15	8,831.98	9,927.04	—	1,095.06	
第二季	18,066.87	23,919.82	—	5,852.95	10,644.60	13,478.76	182.09	3,016.25	28,711.47	37,398.58	—	8,687.11	
上半年	31,352.67	39,985.90	1,186.21	9,819.44	17,996.33	24,466.95	182.09	6,652.71	49,349.00	64,452.85	—	15,103.85	
7月	6,655.30	5,639.70	1,015.60	—	3,411.04	2,218.79	1,192.25	—	10,066.34	7,858.49	2,207.85	—	—
8月	5,674.40	6,599.77	—	925.37	2,628.51	2,529.44	99.07	—	8,302.91	9,129.21	—	826.30	
9月	5,890.79	4,755.26	1,135.53	—	2,904.33	2,464.58	439.75	—	8,795.12	7,219.84	1,575.28	—	—
第三季	18,220.49	16,994.73	2,151.13	925.37	8,943.88	7,212.81	1,731.07	—	27,164.37	24,207.54	3,783.13	826.30	
9个月总计	49,573.16	56,980.63	3,337.34	10,744.81	26,940.21	31,679.76	1,913.16	6,652.71	76,513.37	88,660.39	3,783.13	15,930.15	
10月	6,805.95	4,965.47	1,840.48	—	3,773.18	2,861.86	911.32	—	10,579.13	7,827.33	2,751.80	—	—
11月	5,495.12	6,004.43	—	509.31	2,786.51	3,770.77	—	984.26	8,281.63	9,775.20	—	1,493.57	
12月	7,226.15	4,461.58	2,764.57	—	3,952.44	4,534.60	—	582.16	11,178.59	8,996.18	2,182.41	—	—
第四季	19,527.22	15,431.48	4,605.05	509.31	10,512.13	11,167.23	911.32	1,566.42	30,039.35	26,598.71	4,934.21	1,493.57	
全年总计	69,100.38	72,412.11	7,942.39	11,254.12	37,452.34	42,846.99	2,824.48	8,219.13	106,552.72	115,259.10	8,717.34	17,423.72	
									净增海关银两总数				8,706.38

1933年1月8日　　　　　码头捐主任　　刘锡三

541

天津公学

截至1932年12月31日止之收支统计

支出			收入	
预算		决算	预算	决算
两		两	两	两
40,508.26	教职员薪金年积金暨年终奖金	39,596.86	48,005.00 英工部局协款	48,004.79
2,932.00	校役工资暨年终奖金	2,690.51	18,692.00 学费	19,469.87
1,000.00	修理暨保持费	398.01	— 校地租金	90.00
1,170.00	医药费暨卫生费	127.44	— 利息	30.98
3,300.00	煤炭电灯暨自来水	2,372.53		
1,450.00	纸张暨印刷	1,465.94		
406.00	保险	402.35		
168.00	电话	168.00		
1,700.00	杂项	658.98		
1,496.48	准备金存储	1,496.48		
1,000.00	临时费用	311.50		
150.00	课本	39.90		
1,000.00	体育用具	172.40		
10,416.26	结余列入建设项下	17,694.74		
66,697.00		67,595.64	66,697.00	67,595.64

天津公学

截至1932年12月31日止之结算单

债务		资产	
两			两
零星债务	4,109.49	地亩:第一段第343号计52,945亩,	211,780.00
学生存款	3,530.80	每亩值4000两。	
准备金	3,436.13	校舍:	

学校暨医院公众捐款	15,058.85	第一校舍	87,124.43	
建设项下	36,270.29	第二校舍	87,053.50	
特别建筑费	41,353.28	第三校舍	63,897.50	
各项合同	23,495.96	校役室	1,000.00	
第三校舍建筑暨内部设备		院墙	8,954.94	
核定费用未清部分				248,030.37
总结余	474,710.08	未清付之建筑费用（参照对页）		23,495.96
		家具		14,637.17
		参考书籍		262.54
		投资项下（实价）		3,315.50
		零星欠户		3,186.03
		预备售与学生之书籍文具		505.41
		英工部局流水账		96,751.90
	601,964.88			601,964.88

敝公司已将上列截至 1932 年 12 月 31 日之结算单审核并得有一切闻料暨解释，其所列投资业经查核。据敝公司所知并参照供给之说明暨簿册所列注解，该结算单之开列用以表示天津公学之正确，财政状况是系正当。

汤生公司

查账稽核员

天津　1933 年 1 月 19 日

天津公学

截至 1932 年 12 月 31 日止之建设项下

预算		决算		
两		两		两
2,800.00	校址院地填土	1,551.49	1931 年度结存余款	23,559.96
500.00	家具暨添加设置	141.05	1932 年度收支相抵结存余款	17,694.74
2,500.00	科学仪器模型暨样品	2,105.93		
800.00	参考书籍地图等	230.76		

一	院墙	955.18	
结余移至 1933 年账下		36,270.29	
		41,254.70	41,254.70
	1932 年 12 月 31 日结余接前		36,270.29

截至 1932 年 12 月 31 日止之特别建筑费

预算		决算	
两		两	两
1,900.00	1932 年支出第一校舍建筑费	1,738.82	
	1931 年度结存余款		9,089.74
3,010.00	1932 年支出第二校舍建筑费	2,100.14	
	1932 年指拨特别建筑费		100,000.00
—	1932 年支出第三校舍建筑费	50,549.41	
—	1932 年支出第三校舍暖气卫生暨电灯设备	13,348.09	
	结余移至 1933 年账下	41,353.28	
109,089.74		109,089.74	
	1932 年 12 月 31 日结余接前		41,353.28

天津公学

1933 年预算

收入		支出	
	两		两
学费	23,754.50	薪金年积金暨年终奖金：	
结余	40,334.99	教职员	47,533.96
		校役暨守门人	3,285.80
		修理暨保持费	1,000.00
		医药暨卫生费	1,000.00
		煤炭电灯暨用水	3,800.00
		纸张暨印刷	1,850.00
		保险费	547.25

电话费	168.00
杂费	1,700.00
准备金	2,204.48
临时用途	1,000.00
	64,089.49

合计：64,089.49

购置支出

	两
家具暨添置	500.00
课本	100.00
科学仪器等	41,105.58
体育用品	1,000.00
参考书籍图书等	800.00
填土暨挖掘费	1,248.51
	44,754.09

空地保管团

秘书长：

天津英国工部局董事会：

天津 1933 年 3 月 2 日

先生：

1933 年 2 月 23 日去函暨附 1933 年预算用以申请增加财政协款体育场 500 两及民园 2,500 两。现递上 1932 年体育场暨民园分列收支统计暨结算单。

空地保管团名誉秘书兼会计　哪斯　致上

体育场 1932 年收支统计

收入	银元	支出	银元
工部局协款	737.46	地捐	44.57
地租金	1,055.00	保险费	76.87
看台租金	300.00	电灯暖气暨用水	414.40
利息	33.09	凉亭员役工资	286.00
		场地司事工资暨服装费	278.30
		司事年积金	63.95
		普通用费	120.31
		移归木质看台存款	500.00
		收支盈余	341.15
	2,125.55		2,125.55

民园

收入	银元	支出	银元
工部局协款	2,212.39	地捐	29.90

地租金	1,210.00	保险费	7.00
利息	10.72	电灯、暖气、用水	337.16
收支不敷	669.11	混凝土质看台修理保持费	556.85
		花木暨园地保持费	257.13
		花木暨园地建设费	631.86
		员役工资	1,440.00
		特项园地保持费	
		足球	26.60
		扁棒球	134.85
		运动	578.75
		普通用费	102.12
	4,102.22		4,102.22

截至1932年12月31日止结算单

体育场

债务		资产	
	银元		银元
零星债务	65.00	流水账存款	542.46
截至1931年12月31日止员司年积金	550.15	零星欠户	541.63
		定期存款	900.00
1932年增加数	63.95	放给民园项下	183.27
	614.10		
木质看台存款截至1931年	591.90		
1932年增加数	500.00		
	1,091.90		
1931年收支两抵盈余	55.21		
1932年收支两抵盈余	341.15		
	2,167.36		2,167.36

民园

债务	银元	资产	银元
零星债务	385.00	零星欠户	250.00
看台存款项下	50.00	1932年收支不敷	669.11
由体育场项下借支	183.27	减去1931年收支两抵盈余	300.84
			368.27
	618.27		618.27

已经稽核　　　　　　　　　　　　　　　哪斯

阿伦　　　　　　　　　　　　　　名誉秘书兼会计

　　　　　　　　　　　　　　　　1933年2月28日

空地保管团1933年预算
体育场

收入	银元	支出	银元
1932年结余	341.00	地捐暨保险费	120.00
地租金	1,050.00	电灯暖气暨用水	420.00
看台租金	300.00	员役工资	300.00
协款（500两）	740.00	场地司事（服装在内）	290.00
		年积金	70.00
		看台存款	500.00
		凉亭修理暨保持费	200.00
		场地保持费	100.00
		水表护盖	100.00
		普通费用暨临时支出	300.00
		结余	31.00
	2,431.00		2,431.00

民园

收入		支出	
	银元		银元
地租金	1,200.00	地捐暨保险费	40.00
协款(2500两)	3,675.00	暖气电灯及用水	350.00
		混凝土看台修理暨保持费	100.00
		花木暨园地保持费	150.00
		园地改善费	735.00
		员役工资	1,440.00
		特项保持费:	
		足球	50.00
		扁棒球	250.00
		运动	450.00
		普通费用暨临时支出	350.00
		木质看台存款	500.00
		1932年不敷之数	370.00
		结余	90.00
	4,875.00		4,875.00

哪斯
空地保管团名誉秘书兼会计

1932年经常收支预决算比较截至12月31日止

1932年收入预算		1932年收入决算截至12月31日止	
		收入	
两			两
		地亩捐:	
	161,728.00	已填地	161,665.47
	1,772.00	未填地	1,771.67
163,500.00			163,437.14
		房产捐:	
311,000.00		依据估定房产全年租值	314,502.26

4,000.00	减去:退还之数	1,245.92	
307,000.00			313,256.34

河坝收入:

系船费

43,330.00	租定船位	43,330.00
20,000.00	备租船位	22,594.10
4,270.00	驳船	7,578.40
500.00	民船	914.61
68,100.00		74,417.11
1,100.00	减去:费用	1,098.75
67,000.00		73,318.36
4,000.00	转头船位租金	4,000.00

辅捐收入:

执照捐:

58,500.00	人力车	58,627.10
25,500.00	排子车	26,342.25
18,000.00	大车	21,933.38
—	本地蒸制酒品捐	1,523.90
50.00	杂项	596.76
1,800.00	马车	1,996.40
1,600.00	旅馆	2,751.00
1,600.00	犬	1,687.35
150.00	押当铺	735.00
2,400.00	自行车	2,559.90
20,500.00	汽车	21,483.89
8,900.00	小本营生	9,443.85
139,000.00		149,680.78
7,000.00	减去:费用	8,977.80
132,000.00		140,702.98

菜市:

天津英工部局1932年董事会报告暨1933年预算

6,100.00	铺面	6,218.05
1,190.00	摊子	1,186.55
7,290.00		7,404.60
190.00	减去：费用	188.83
7,100.00		7,215.77
	戈登堂	
2,500.00	赁用费	1,727.74
2,200.00	减去：费用	2,673.44
300.00		945.70
	零星收入	
11,322.00	杂项	14,508.52
12,078.00	租金	12,205.03
23,400.00		26,713.55
	码头捐	
95,190.00	收入	119,482.00
6,540.00	减去：费用	6,759.55
88,650.00		112,722.45
251,450.00		286,409.05
—	流水账利息减去	84.50
792,950.00		840,336.39
	利息:	
	归还数目	
26,000.00	电务处	24,462.66
56,000.00	水道处	55,362.08
82,000.00		79,824.74
874,950.00		920,161.13
1932年支出预算	1932年支出决算截至12月31日止	
	支出	
两		两

99,042.00	管理人员俸给暨工资	102,602.69
32,300.00	总务公费	38,625.26
131,342.00		141,227.95

减去：可由电务处暨水道处归还之数

18,000.00	电务处	18,000.00
12,600.00	水道处	12,600.00
30,600.00		30,600.00
100,742.00		110,627.95

工部局办公处费用

6,000.00	杂项	6,476.22
600.00	减去：可由戈登堂归还之数	567.00
5,400.00		5,909.22

捐助项下：

1,500.00	民园	1,500.00
100.00	俄国医院	100.00
100.00	马大夫医院	200.00
500.00	体育场保管团	500.00
500.00	妇女慈善会	500.00
2,700.00		2,800.00
19,556.00	养老金	17,681.98

天津英租界警备队

3,440.00	杂项	5,444.61

工部局藏书楼：

207.00	薪俸	206.50
423.00	零星费用	410.74
670.00	协款	670.00
1,300.00		1,287.24

隔离医院

6,809.00	薪俸	8,509.92
6,391.00	零星费用	9,949.39

13,200.00			18,459.31
	1,500.00	减去:法工部局协款	1,500.00
	3,500.00	病人住院费	8,965.00
5,000.00			10,465.00
8,200.00			7,994.31

维多利亚医院:

	23,951.00	薪俸	20,797.73
	15,249.00	零星费用	16,112.92
39,200.00			36,910.65
	13,000.00	减去:病人住院费	13,103.41
26,200.00			23,807.24

产妇调养院:

	5,877.00	薪俸	5,538.16
	10,223.00	零星费用	10,626.74
16,100.00			16,164.90
	4,500.00	减去:病人住院费	5,200.25
11,600.00			10,964.65

卫生处:

	1,000.00	卫生医官费	1,000.00
	2,098.00	卫生处职员	1,758.43
	5,071.00	零星费用	5,010.31
8,169.00			7,769.24
	869.00	减去:入款	1,282.08
7,300.00			6,487.16

塚[冢]园项下:

广东道

	600.00	捐助妇女委员会	585.35
	100.00	保持费	71.95
	75.00	工资	99.40
775.00			756.70

马厂道

210.00	捐助妇女委员会	120.22
705.00	保持费	682.30
185.00	工资	308.70
1,400.00	购置土地	1,400.00
2,500.00		2,511.22
3,275.00		3,267.92
2,075.00	减去:售卖墓穴暨火葬费	2,908.50
1,200.00		359.42

天津英文学堂

85,747.00	（须准予拨付之协款按纳捐外人登记管业之地亩暨房产估定产值,现时总计值合 29,773,267.80 两,依每 1 万两拨付 18 两,计须拨付之数合 53,591.88 两按二先令八便士汇兑行市,折合英金 7,114 磅十一先令八便士再按一先令八便士行市核算,计折合银 85,747 两。）	77,681.19

天津公学

48,005.00	（须准予拨付之协款按纳捐中国人登记管业之地亩暨房产估定产值,现时总计值合 26,669,328.70 两,按每万两拨付 18 两计,须拨付之数合 48,004.79 两）	48,004.79
13,000.00	临时项下	7,329.63

债券保管项下：

230,000.00	每年支付各借款本利之核定准备	230,000.00
350.00	墙子河维持费	425.25
14,360.00	债还继续皇家租契用款	14,360.62
60.00	债还英总领事	38.97
—	救急防疫医院暨预防霍乱用款	11,368.10
579,160.00		582,572.36

警务处

1932 年预算　　　　　　　　　　1932 年支出决算截至 12 月 31 日

130,578.00		警务处员役暨办公室职员薪俸	122,881.76
49,130.00		普通杂费	53,455.40
179,708.00			176,337.16
		减去：	
	28,000.00	住户雇佣门岗费用	31,554.71
	23,947.00	杂项费用	26,282.09
4,053.00			5,272.62
175,655.00			171,064.54
		消防队	
6,511.00		华洋人员薪俸	5,163.13
7,636.00		普通杂费	6,961.03
14,147.00			12,124.16

工程处

经常支出

1932年支出预算		1932年支出决算截至12月31日止	
两		桥梁：	两
200.00		保持费	61.44
		河坝暨码头	
500.00		保持费	108.92
		土坝（预防水灾）：	
200.00		保持费	487.49
		工程师费用：	
	93,223.00	薪俸暨工资	89,579.46
	15,419.00	杂费	15,466.07
108,642.00			105,045.53
		便所暨秽水沟眼：	
3,400.00		保持费	4,309.48
		工部局房产：	
4,100.00		普通保持费	7,281.22
		机件暨工具项下：	

3,800.00	保持费暨经常费	4,343.73
650.00	逐年修理	381.44
400.00	购新补旧	793.10
4,850.00		5,518.27

公共院所

900.00	隔离病院	1,535.74
2,300.00	维多利亚医院	2,252.59
1,000.00	菜市	547.48
500.00	产妇调养院	392.72
4,700.00		4,728.53

马路、便道、路边石暨阴沟项下：

24,000.00	老租界内马路暨阴沟普通修理费暨保持费	25,955.36
1,500.00	暴雨水沟普通修理费	1,573.43
1,500.00	冲洗阴沟费	536.06
5,000.00	载重汽车汽油、工资、材料暨保持费	5,224.37
4,000.00	英租界马路便道、路边石暨阴沟保持费	3,550.08
36,000.00		36,839.30
—	马路加宽	1,503.82

路政项下

24,500.00	路灯	25,434.12
11,700.00	清道冲洗马路暨水沟	10,368.77
20,400.00	收敛垃圾	18,231.30
3,000.00	扫除积雪	1,205.83
350.00	街名牌	217.22
8,570.00	沥水暨散沙	7,572.59
68,520.00		63,029.88
20,000.00	公园暨花园	21,283.26
251,112.00		250,197.14

1932 年支出预算　　　　　　　　　　1932 年支出决算截至 12 月 31 日

两		两
	器械暨购新补旧：	
5,150.00	工程处	3,813.41
3,000.00	维多利亚医院	2,964.57
500.00	隔离病院	397.28
1,000.00	秘书处暨会计处	280.28
200.00	产妇调养院	16.51
9,850.00		7,472.05

两	特别支出	两
	新建筑暨添盖房屋：	
55,000.00	新警务宿舍暨火会所	62,001.53
14,000.00	新厕所4处	14,180.10
5,000.00	临时用途	6,350.62
	地亩：	
3,850.00	海河工程局填高英租界地亩费	3,362.30
77,850.00		85,894.55
104,100.00	马路、阴沟、便道、水沟暨桥梁	109,835.25

	电务处					
		1932年营业账目				
		支出			收入	
支出预算		1932年支出决算截至12月31日		收入预算		1932年收入决算截至12月31日
两			两	两		两
150,178.00	发电费用煤炭工资等		150,745.35	397,229.00	售与用户电价	428,528.07
	发电机件：			78,550.00	售与特别一区电价	82,390.67
10,700.00	修理暨保持费		18,277.32	21,830.00	公共道路电灯	22,976.78
	分输机件：			5,000.00	住户自有道路电灯	6,101.02
11,250.00	修理暨保持费		11,537.34	10,860.00	售与英工部局办公处暨附属处所电价	11,286.66
	路灯机件：			115,573.00	电马力	100,321.74
3,000.00	修理暨保持费		3,433.98	8,000.00	零星收入	7,992.56

(续表)

		工具：							
650.00		修理暨保持费	461.29						
		出租机件：							
800.00		修理暨保持费	1,037.66						
		器具暨装配零件：							
1,500.00		修理暨保持费	1,421.15						
		经理费用：							
	47,191.00	薪俸暨工资	45,047.81						
	16,258.00	杂项	13,720.51						
63,449.00	—		58,768.32						
18,000.00		总务管理项下	18,000.00						
		会计处：							
	6,536.00	中国职员薪俸	6,479.38						
	1,625.00	杂项	2,389.20						
8,161.00	—		8,868.58						
26,000.00		32.5万两之8厘年息	24,462.66						
178,100.00		折旧	182,129.13						
5,300.00		零星购置	4,510.08						
		银元折合银两贴水	10,087.88						
3,149.00		陈列室费用	3,096.64						
480,237.00			496,837.38						
39,201.25		资产存储	40,690.03						
117,603.75		收入超过支出之数	122,070.09						
637,042.00			659,597.50	637,042.00					659,597.50

		购置支出							
	两								两
2,700.00		房产							1,667.96
35,281.00		发电机件							19,144.80
18,700.00		分输机件							15,093.39
800.00		路灯机件							490.13
750.00		工具							41.80
6,000.00		备租机件							4,182.89
300.00		仪器							122.99
1,100.00		家具装件暨运费							798.84
23,520.00		材料存储（存煤）							6,844.42
		—							—
89,151.00									48,387.22

电务处					
1932年结算单截至12月31日					
	债务	两	资产		两
零星债务		23,944.57	零星欠户		80,106.40
用户押款		56,344.40	材料存储		79,096.12
寄售商品(参照对页)		15,258.24	陈列室商品		7,782.64
折旧存储		813,762.07	寄售商品(参照对页)		15,258.24
资产存储		273,179.67	伦敦金磅账		24,420.46
英工部局流水账		264,152.93	购置项下：		
			地亩		9,720.00
			房产		139,073.88
			发电机件		731,636.87
			分输机件		297,820.18
			路灯机件		19,829.03
			备租机件		29,533.58
			电气仪器		3,186.50
			工具机件		3,268.76
			器具暨装配零件		5,909.22
		1,446,641.88			1,446,641.88

1932年12月31日止

敝公司已将上列截至1932年12月31日止之结算单审核并得有一切所需闻料暨解释,据敝公司考核所知并参照工部局供给之说明暨簿册所列注解,该结算单之开列用以表示工部局之实在正确,财政状况是系正当。

汤生公司

查账稽核员

1933年2月17日

水道处
1932年营业账目

支出预算 两	支出	1932年支出决算截至12月31日止		收入预算 两	收入	1932年收入决算截至12月31日止 两
	巴克斯道"甲"号机厂：					
	抽水费用：			153,339.00	售与用户水价	161,578.40
22,072.00	经常费	23,637.95		44,088.00	售与特别一区水价	49,310.86
675.00	修理暨保持费	1,441.20	25,079.15	2,320.00	售与轮船水价	1,200.22
22,747.00	厂内水管暨节水门：			8,952.00	售与英工部局办公处暨附属处所水价	9,962.87
100.00	修理暨保持费	43.19		2,100.00	警务处出租暨杂项收费	3,439.96
	滤水池：					
370.00	经常费	29.44				
100.00	修理暨保持费	16.75	46.19			
470.00	澄水池：					
1,370.00	经常费	884.37				
100.00	修理暨保持费	66.08	950.45			
1,47.000	"甲"号机厂房：					
1,165.00	修理暨保持费	1,442.90	27,561.88			
25,952.00						

（续表）

达格拉道"乙"号机厂：				18,498.00
抽水费用：				
经常费	17,689.10		17,693.00	
修理暨保持费	892.37		350.00	
	—	18,581.47	—	18,043.00
厂内水管暨节水门：				
修理暨保持费		19.11		50.00
"乙"号机厂厂房：				
修理暨保持费		492.83		405.00
		—		—
		19,093.41		18,498.00
伦敦道"丙"号机厂：				10,895.00
抽水费用：				
经常费	11,768.12		10,335.00	
修理暨保持费	833.53		350.00	
	—	12,601.65	—	10,685.00
厂内水管暨节水门：				
修理暨保持费		27.80		30.00
"丙"号机厂厂房：				
修理暨保持费		279.61		180.00
		—		—
		12,909.06		10,895.00
总水管,龙头暨接水材料：				6,340.00
修理暨保持费		738.23		500.00
机件暨工具：				
购新补旧		738.74		200.00
		5,220.80		

(续表)

700.00	租用机件:	—	1,476.97		
1,355.00	修理暨保持费		1,228.30		
762.00	公用暨河项龙头自售水价		701.95		
	工程师费用:				
	华洋职员薪俸	29,323.45			
29,531.00					
9,289.00	杂项	10,628.12			
38,820.00			39,951.57		
	管理项下:				
12,600.00	总务		12,600.00		
	会计处:				
4,285.00	中国职员薪俸	4,202.24			
825.00	杂项	1,141.85			
5,110.00			5,344.09		
	消防设备:				
3,104.00	修理暨保持费		3,164.53		
100.00	加添之零星机件		85.82		
26,888.00	折旧项下		26,107.06		
—	银元折合银两贴水		4,664.23		
	利息:				
56,000.00	70万两之八厘年息		55,362.08		
207,124.00	利息		215,471.75	210,799.00	
3,675.00	收入超过支出之数转入购置存储		10,020.56		
210,799.00			225,492.31		225,492.31

购置支出

两		两
16,000.00	总水管暨水龙头	13,269.88
1,000.00	接水材料	1,918.94
2,500.00	借出机件：水表	3,788.90
100.00	家具装配零件暨仪器	68.97
	自流井计划[画]项下：	
15,460.00	巴克斯道"甲"号机厂	37,196.44
32,700.00	伦敦道"丙"号机厂	2,239.59
48,160.00		39,436.03
67,760.00		58,482.72

水道处

1932年结算单截至12月31日止

债务	两	资产	两
零星债务	14,147.64	零星欠户	23,694.52
零星合同	13,400.00	材料存储	52,384.53
用户押款	10,747.38	购置项下：	
折旧存储	111,741.75	地亩	118,603.35
英工部局流水账	720,491.78	房产	2,160.45
购置存储	18,504.00	机器	2,830.14
		家具暨装配零件	2,747.27
		滤水池	5,918.77
		澄水池	6,095.95
		沉渣池	4,848.37
		总水管暨水龙头	259,472.52
		用户水表	48,864.55
		工具机件	6,952.18
		"甲"号自流井机厂	175,839.00
		"甲"号自流井机厂悬账机件(参照对页)	13,400.00
		"乙"号自流井机厂	127,082.09
		"丙"号自流井机厂	38,128.85
	889,032.55		889,032.55

1932年12月31日止

　　敝公司已将上列截至1932年12月31日止之结算单审核并得有一切所需阐料暨解释，据敝公司考核所知并参照工部局供给之说明暨簿册所列注解，该结算单之开列用以表示工部局之实在正确，财政状况是系正当。

汤生公司
查账稽核员
1933年2月17日

1932年财政统计总结截至12月31日止

	1932年4月20日 选举人大会通过之预算		1932年 收入支出决算	
	收入	支出	收入	支出
	两	两	两	两
经常项下：				
工部局总务账目	874,950.00	1,029,924.00	920,161.13	1,023,430.25
电务处	637,042.00	480,237.00	659,597.50	496,837.38
水道处	210,799.00	207,124.00	225,492.31	215,471.75
结余	–	5,506.00	–	69,511.56
	1,722,791.00	1,722,791.00	1,805,250.94	1,805,250.94
特别项下：				
上列结余	5,506.00	–	69,511.56	–
马路、阴沟、便道暨水沟	–	104,100.00	–	109,835.25
总务购置支出	–	77,850.00	–	85,894.55
电务处购置支出	–	89,151.00	–	48,387.23
水道处购置支出	–	67,760.00	–	58,482.72
天津公学特别建筑协款	–	100,000.00	–	100,000.00
结算	433,355.00	–	333,088.18	–
	438,861.00	438,861.00	402,599.74	402,599.74

天津英工部局1932年董事会报告暨1933年预算

1932年总结算单截至12月31日止

债务		两	资产	亩数	两	
工部局借款：			地亩：			
"B"字借款1912年	35,000.00		老租界地亩	15.790	165,550.00	
普通用途借款1919年(消防队)	4,000.00		扩充界地亩	55.129	279,352.80	
普通用途借款1920年(投资银行)	16,170.00		推广界地亩	141.343	591,846.30	
普通用途借款1920年(电气)	32,550.00		租界外地亩	404.646	286,289.30	
普通用途借款1921年(投资银行)	28,700.00				——	1,323,038.40
普通用途借款1921年	161,300.00		空地：			
普通用途借款1922年	40,000.00		老租界维多利亚花园暨建筑物	18.500		
普通用途借款1923年	313,600.00		扩充界围墙道公园暨建筑物	6.195		
普通用途借款1923年(银元借款)	21,000.00		推广界民园	57.300		
普通用途借款1924年	402,500.00		推广界公园地亩	12.020		
普通用途借款1925年	550,000.00		塜[冢]园地址：			
普通用途借款1926年	415,000.00		广东道塜[冢]园第9段第166号	11.281		
普通用途借款1932年	350,000.00		马厂道塜[冢]园：马厂道路南	12.561		
	——	2,369,820.00	马路地亩：			
零星借款		254,005.37	扩界充	275.977	1,379,885.00	
保管款项：			推广界			
印籍警捕储蓄银行	363,28		马厂道	85.964	343,856.00	
旅费	63,684.00		其他马路	471.793	943,586.00	
皇家租契用存款	327,277.28			——		2,667,327.00
年积金	203,911.38		本租界街道、路基、阴沟、水沟暨便道现时核估价值：			1,196,346.84
中国警捕	3,050.03		本租界桥梁			92,603.09
	——	598,285.97	房屋：			
保管团准备款额：未支用结余	6.15		老租界：			
保管团填地账：未支用结余	32,081.19		维多利亚公园内住房		10,846.45	

(续表)

折合银两贴水	9,713.44	戈登堂、警务处、保险房暨火会所	128,201.17
天津公学流水账结余	96,751.90	河坝房屋	100.00
天津英文学堂流水账结余	33,829.43	公用便所	21,194.80
总结余	4,818,276.27	码头捐公事房	1,399.00
		中国职员餐堂	1,021.20
		扩充界：	
		球场道第24段第195号地校舍	15,114.79
		职员住房	40,199.79
		职员居所	59,029.09
		职员居所汽车房	3,041.10
		汽辗房	200.00
		推广界：	
		工程处新机料场	27,229.89
		警务宿舍	241,022.36
		警备队司令部	6,515.08
		租界外马场道南：	
		马厂道火葬炉	738.50
			555,853.22
		全年局有地租折合原值	14,387.14
		菜市：	
		铺面暨摊子	10,000.00
		隔离病院：	
		房屋院墙围篱（书面计值）	55,700.16
		器具（书面计值）	3,922.00
			59,622.16
		维多利亚医院：	
		房屋（书面计值）	36,070.52
		器具（书面计值）	10,383.00
		仪器（书面计值）	3,253.80
	8,212,769.72	X光机件（书面计值）	1,086.88
			50,794.20
		消防设备	16,908.01
		戈登道马厩暨材料场：	
		房屋（书面计值）	7,067.28

(续表)

	动产：		
	册列价值		151,030.24
	材料项下（册列价值）：		
	总材料所	23,640.33	
	警务处	5,595.30	
	文具材料	3,431.03	
			32,666.66
	零星现金		1,808.10
	零星欠户		215,726.67
	悬账未决之地亩：		
	关于债券保管团账目	6,517.13	
	关于工部局账目	922.87	
			7,440.00
	投资项下		600,577.02
	电务处：		
	流水账结余		264,152.93
	水道处：		
	流水账结余		720,491.78
	银行流水账		224,928.98
			8,212,769.72

1932年12月31日

敝公司已将上列截至1932年12月31日止之结算单审核并得有一切闻料暨解释，其所列投资业经查核。据敝公司所知并参照工部局供给之说明暨簿册所载注解，该结算单之开列用以表示工部局之实在正确，财政状况是系正当。

汤生公司
查账稽核员
1933年2月17日

债券保管团账目

驻津英国工部局市政借款债券保管团
1932年12月31日

支出		两	收入	两
1931年12月31日之结余				
债券保管团填地账未清项下	2,110.84			
偿付海河工程局填地费用截至1932年12月31日止	60,922.00		1931年12月31日之结余	
新辟马路暨修理土坝截至1932年12月31日止	3,662.87		债券保管团准备账债权	134.75
偿付借款1932年利息：			填地余利截至1932年12月31日止	97,164.80
1912年"B"字借款	2,250.00		按季结算结余所得利息截至1932年12月31日止	1,612.10
1919年 消防设备	420.00		1932年预算所列之数	230,000.00
1920年 投资银行	1,293.60			
1920年 电气	5,460.00			
1921年 投资银行	2,254.00			
1921年普通用途借款	12,705.00			
1922年普通用途借款	2,800.00			
1923年普通用途借款	18,816.00			
1923年普通用途借款（银元借款）	2,695.00			
1924年普通用途借款	28,175.00			
1925年普通用途借款	38,500.00			
1926年普通用途借款	29,050.00			
		144,418.60		
1932年中签之债券：				
1912年"B"字借款	2,500.00			
1919 消防设备	4,000.00			
1920 投资银行	2,310.00			
1920 电气	35,700.00			
1921 投资银行	3,500.00			
1921 普通用途借款	20,200.00			
1923 普通用途借款 银元借款	17,500.00			
		85,710.00		
1932年12月31日结余		32,087.34		
债券保管团填地账债权	32,081.19			
债券保管团准备账债权	6.15			
		328,911.65		328,911.65

1933 年预算总目

收入		两	两
地亩捐:			
已填地		164,089.00	
未填地		1,396.00	
房产捐:			165,485.00
依据估定全年租值		322,000.00	
减去:退还之款		3,000.00	
			319,000.00
河坝收入:			
租定船位租金	43,330.00		
备租船位租金	20,000.00		
驳船	6,000.00		
码头存货过期租金	340.00		
		69,670.00	
减去:费用		1,170.00	
			68,500.00
转头船位租金			4,000.00
辅捐收入:			
执照捐:			
人力车	59,000.00		
排子车	26,000.00		
大车	22,000.00		
汽车	21,500.00		
马车	2,000.00		
旅馆	2,700.00		
犬	1,600.00		
押当铺	700.00		
自行车	2,500.00		
杂项	500.00		
本地蒸制酒品捐	1,000.00		

■ 天津英租界工部局史料选编

小本营生	9,500.00		
	—— 149,000.00		
减去:费用	10,000.00		
	—— 139,000.00		

菜市:
铺面	6,210.00	
摊位	1,700.00	
	—— 7,910.00	
减去:费用	210.00	
	—— 7,700.00	

塚[冢]园项下:
售卖墓穴暨火葬费	2,000.00	
减去:费用	1,700.00	
	—— 300.00	

零星收入:
杂项	11,929.00	
租金	12,271.00	
	—— 24,200.00	

码头捐:
收入	9,000.00	
减去:费用	6,430.00	
	—— 83,570.00	
		—— 254,770.00
流水账利息		2,000.00
		813,755.00

各分处往来利息:
162,500两之8厘年息可由电务处归还之数	13,000.00
725,000两之8厘年息可由水道处归还之数	58,000.00
	—— 71,000.00
	—— 884,755.00

支出
总务

	两	两
管理人员俸给暨工资		92,544.00
总务公费		33,600.00
		——— 126,144.00
减去:可由电务处归还之数	18,000.00	
可由"水道处"归还之数	12,600.00	
	——— 30,600.00	
		——— 95,544.00

工部局办公处:
零星费用		6,600.00
减去: 可归还之数		600.00
		——— 6,000.00

捐助项下:
体育场保管团	500.00
民园保管团	2,500.00
俄国医院	150.00
俄国侨民组织	100.00
马大夫医院	250.00
安立甘教堂	300.00
合众会堂	300.00
天津妇女慈善会	500.00
	——— 4,600.00
养老金	21,422.00

工部局警备队:
杂项	7,000.00

工部局藏书楼:
薪俸	217.00
零星费用	413.00
协款	670.00

| | | 1,300.00 |

隔离病院:
薪俸		8,373.00
零星费用		9,127.00
		17,500.00
减去:法工部局协款	1,500.00	
病人住院费	5,000.00	
		6,500.00
		11,000.00

维多利亚医院:
薪俸		14,788.00
零星费用		16,312.00
		31,100.00
减去: 病人住院费		13,100.00
		18,000.00

产妇调养院:
薪俸		6,369.00
零星费用		10,331.00
		16,700.00
减去: 病人住院费		4,700.00
		12,000.00

卫生处:
卫生医官费		1,000.00
卫生处职员		1,815.00
零星费用		1,730.00
		4,545.00
减去: 入款		945.00

		3,600.00
戈登堂：		
杂项	2,400.00	
减去：租赁费	2,000.00	
		400.00

天津英文学堂：
(须准予拨付之协款，按纳捐外人登记管业之地亩暨房产估定产值，现时总计值合 30,455,920 两，依每 1 万两拨付 18 两计，须拨付之数合 54,820.66 两，按二先令八便士汇兑行市，折合英金 7,309 磅，八先令五便士再按一先令八便士行市核算，计折合银 87,713.05 两。)　　　　　　　　　　87,713.00

天津公学：
(须准予拨付之协款：按纳捐中国人登记管业之地亩暨房产估定产值，现时总计值合 27,336,966 两，按每 1 万两拨付 18 两计，须拨付之数合 49,206.54 两。)　　　　　　　　　　　　　　49,207.00

墙子河维持费	350.00
偿还继续皇家租契用款按 1918 年估定地产价值 2,873,124 两之半厘计算	14,361.00
债还英总领事所纳老租界第 7 号地用款数目	50.00
债券保管项下：	
核定每年偿付各借款本利之准备	252,750.00
临时用途	5,000.00
	590,297.00

特别支出

天津公学		
建筑协款	1933 年所需之数	132,000.00

警务处

　　　　　　　　　　　　　　　　　　　　　　　　　　两

| 警务处员役暨办公室职员薪俸 | 139,488.00 |
| 普通杂费 | 50,831.00 |

		190,319.00
减去:住户雇佣门岗警捕缴纳费用	27,000.00	
支出	23,101.00	
		3,899.00
		186,420.00

消防队

	两
华洋职员薪俸	6,338.00
普通杂费	8,177.00
	14,515.00

工程处

		两
经常支出		
桥梁：		
保持费		100.00
河坝暨码头：		
保持费		200.00
土坝(预防水灾)：		
保持费		200.00
工程师费用：		
薪俸暨工资	98,900.00	
普通杂费	13,600.00	
		112,500.00
便所暨秽水沟眼：		
保持费		5,000.00
工部局房产：		
普通保持费		4,800.00
机件暨工具项下：		
保持费暨经常费	5,100.00	
逐年整理	800.00	

购新补旧	600.00	
		——— 6,500.00

公共院所保持费：

隔离病院	900.00	
产妇调养院	500.00	
维多利亚医院	2,300.00	
菜市	700.00	
		——— 4,400.00

马路、便道、路边石暨阴沟项下：

英租界内马路、阴沟、普通修理费暨保持费	24,000.00	
老租界、扩充界、推广界暴雨水沟普通修理费	2,000.00	
冲洗阴沟费用	1,000.00	
载重汽车用汽油、工资暨材料	2,500.00	
载重汽车保持费	2,500.00	
英租界马路、便道、路边石暨阴沟保持费	5,000.00	
		——— 37,000.00

路政项下：

路灯	28,000.00	
清道、冲洗马路暨水沟	11,700.00	
收敛垃圾	20,450.00	
扫除积雪	3,000.00	
街名牌	1,500.00	
沥水暨散沙	8,520.00	
		——— 73,170.00
公园暨花园	20,000.00	
		263,870.00

器械暨换新补救

	两
工程处	13,850.00
维多利亚医院	800.00

秘书处暨会计处	800.00
隔离病院	400.00
产妇调养院	150.00
	16,000.00

特项支出

两

新建暨添盖房屋：

新菜市(第三计画[划]196,500两)1933年所需之数	75,000.00
隔离病院	23,000.00
伦敦道警务宿舍	1,900.00
推广界内新建便所2处	8,000.00
新建医院　(字面数目)	100.00
敦桥道工料场添盖马厩	1,500.00
马厂道塚[冢]园休息室、停灵室、门房	750.00
马厂道塚[冢]园重建火葬炉	1,500.00
马厂道塚[冢]园扩充地段围墙	2,000.00
临时费用	5,000.00
	118,750.00
马场道塚[冢]园扩充地段填土费	1,500.00
维多利亚花园海大道门口新建铁门	650.00
阴沟	49,658.00
锅形沟眼	3,000.00
暴雨水沟	2,500.00
马路暨桥梁	144,400.00
便道	5,000.00
重修河坝	20,400.00
添设路线岛形	1,000.00
	346,858.00

1933 年电务处预算

支出			收入	
	两			两
发电费暨煤炭工资等项	137,211.00		售与用户电价	442,070.00
发电机件：			售与特别一区电价	88,690.00
修理暨保持费	24,896.00		公用电灯电价	23,674.00
			用户自有道路电灯电价	6,000.00
			售与英工部办公处暨附属处所电价	11,286.00
分输电机：			电马力售价	85,053.00
修理暨保持费	12,050.00		零星收入	8,500.00
路灯机件：				
修理暨保持费	4,000.00			
工具：				
修理暨保持费	650.00			
租出机件：				
修理暨保持费	1,000.00			
家具暨装配零件：				
修理暨保持费	1,500.00			
经理费项下：				
薪俸暨工资	39,814.00			
杂项	31,135.00			
	70,949.00			
总务管理项下	18,000.00			
会计处：				
中国职员薪俸	7,140.00			665,273.00
零星费用	2,000.00			
	9,140.00			
162,500 两之 8 厘年息	13,000.00			
折旧	104,955.00			
零星购置	4,000.00			
银元折合银两贴水	9,500.00			
陈列室费用	3,413.00			
	414,264.00			
购置存储	62,752.00			
预计收入超过支出之数	188,257.00			
	665,273.00			

购置支出

	两
房产	2,500.00
发电机件	23,340.00
分输机件	28,260.00
路灯机件	4,500.00
备用机件	4,000.00
工具	2,500.00
仪器	1,000.00
家具装配零件暨运脚	4,940.00
	71,040.00

1933年水道处预算

支出			收入	
巴克斯道机厂"甲"号：		两		两
抽水费用：			售与用户水价	165,466.00
经常费用	25,993.00		售与特别一区水价	51,473.00
修理暨保持费	925.00		售与各轮船水价	1,073.00
		26,918.00	售与英工部局办公处暨附属处所水价	9,754.00
滤水池：			警务处租用房产租金暨零星收入	3,360.00
修理暨保持费	100.00			
澄水池：				
修理暨保持费	50.00			
厂内水管暨节水门：				
修理暨保持费	100.00			
"甲"号机厂房屋：				
修理暨保持费	1,220.00			
		28,388.00		
达克拉道机厂"乙"号：				
抽水费用：				
经常费用	18,841.00			
修理暨保持费	400.00			
		19,241.00		
厂内水管暨节水门：				
修理暨保持费	50.00			

(续表)

"乙"号机厂房屋：			
修理暨保持费	400.00		
		19,691.00	
伦敦道机厂"丙"号：			
抽水费用：			
经常费用	12,631.00		
修理暨保持费	400.00		
		13,031.00	
厂内水管暨节水门：			
修理暨保持费	30.00		
"丙"号机厂房屋			
修理暨保持费	200.00		
		13,261.00	
总水管龙头暨接水材料：			
修理暨保持费		6,290.00	
机件暨工具：			
修理暨保持费	500.00		
剔旧置新	1,100.00		
		1,600.00	
租用机件：			
修理暨保持费		1,412.00	
由公用龙头暨码头龙头售出水价		754.00	
工程师费用：			
华洋职员薪俸	35,043.00		
零星费用	7,121.00		
		42,164.00	231,126.00
管理项下：			
总务		12,600.00	
会计处：			
中国职员薪俸	4,136.00		
零星费用	900.00		
		5,036.00	
消防设备：			
经常费用	2,485.00		
修理暨保持费	945.00		
		3,430.00	
零星机件添置		100.00	

(续表)

银元折合银两贴水		4,500.00	
折旧		29,138.00	
725,000 两之 8 厘年息		58,000.00	
		226,364.00	
预算收入超过支出之数移入购置存储		4,762.00	
		231,126.00	

购置支出

	两
总水管暨水龙头	34,560.00
接水材料	1,800.00
出租机件：水表	4,000.00
家具零星配置暨仪器	550.00

自流井计画[划]项下：

巴克斯道机厂"甲"号	6,060.00	
达克拉道机厂"乙"号	2,500.00	
		8,560.00
		49,470.00

1933 年预算总计

经常项下

	收入 两	支出 两
工部局总务账目	884,755.00	1,071,102.00
电务处	665,273.00	477,016.00
水道处	231,126.00	226,364.00
水道处：盈利列入购置存储	–	4,762.00
结余	–	1,910.00
	1,781,154.00	1,781,154.00

特别项下

上列结余	1,910.00	–
马路、阴沟、便道、水沟等	–	228,108.00
总务购置支出	–	118,750.00
电务处:设购置支出	–	71,040.00
水道处:购置支出	–	49,470.00
天津公学:特别建筑协款	–	132,000.00
结余	597,458.00	
	599,368.00	599,368.00

现款状况

截至1932年12月31日止之现款状况	249,349.00	–
上列预算不敷之数	–	597,458.00
天津公学1932年决定用途可在1933年支付之数	–	24,744.00
天津公学:未支付之购置项下款额	–	34,633.00
菜市旧址:买绝管业产权	–	28,000.00
电务处折旧暨购置存储	167,707.00	–
水道处折旧暨购置存储	33,900.00	–
1932年决定用途可在1933年支付之数(水道处合同)	–	14,800.00
净结现款不敷之数	248,679.00	–
	699,635.00	699,635.00

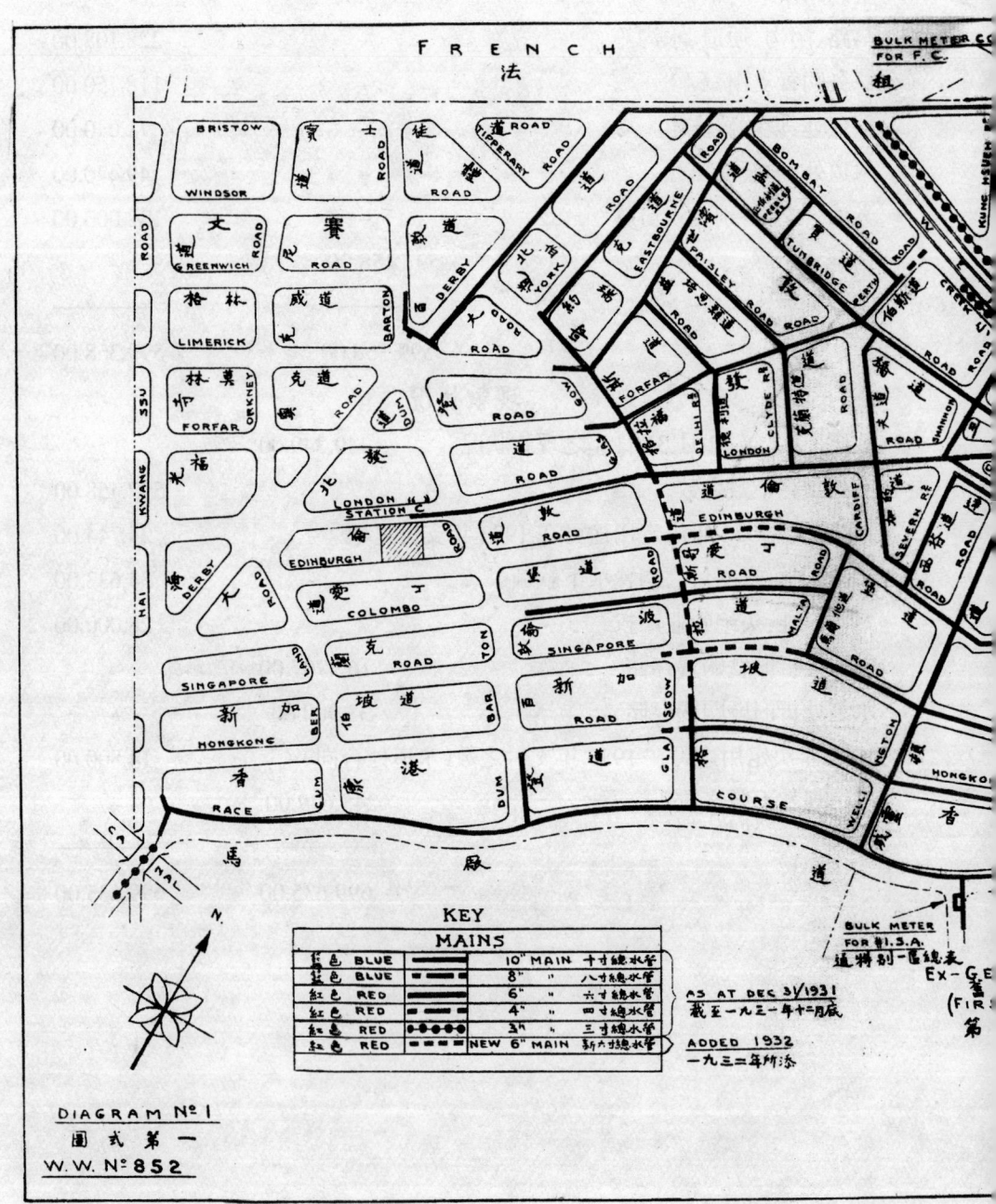

天津英工部局 1932 年董事会报告暨 1933 年预算

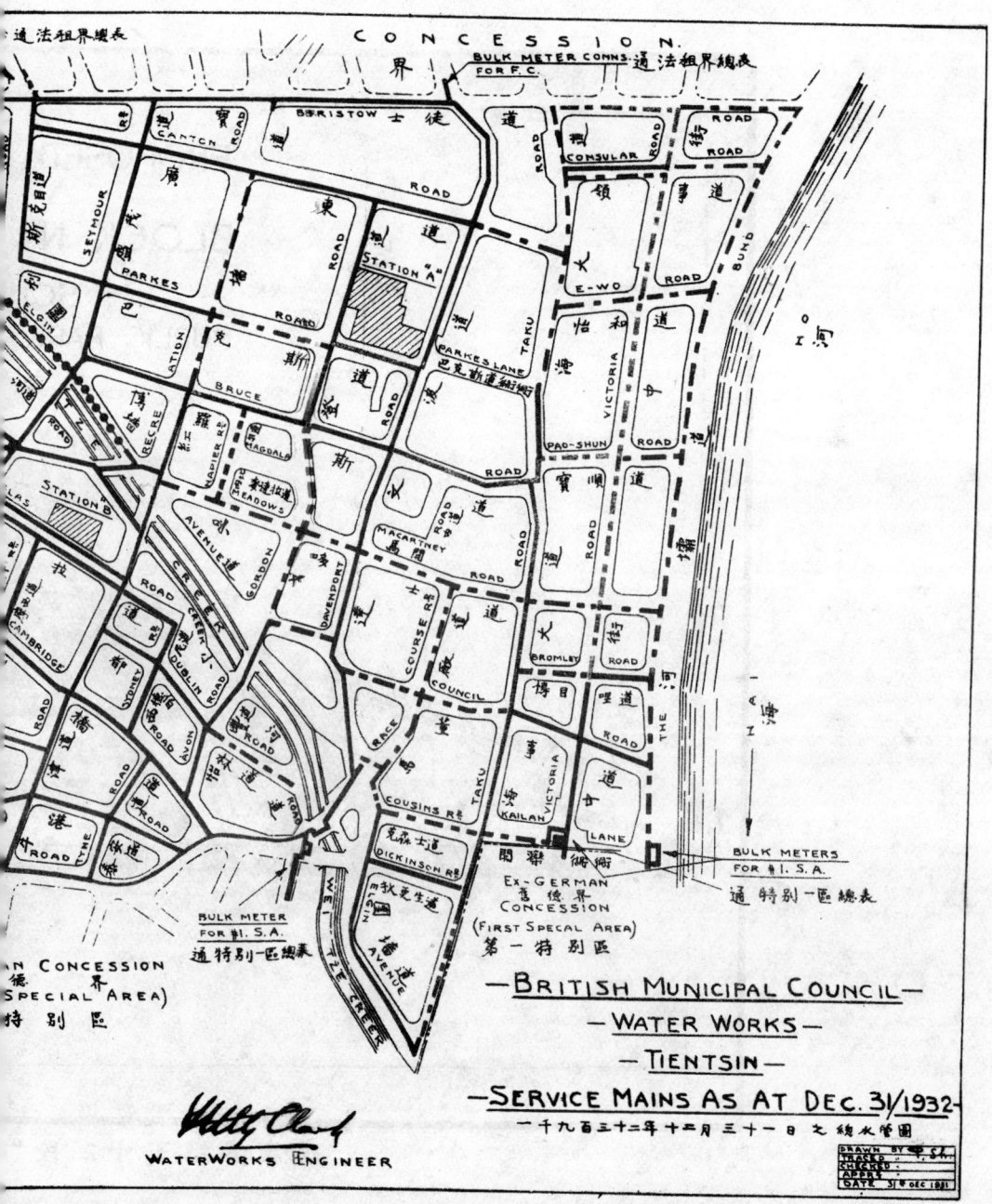

583

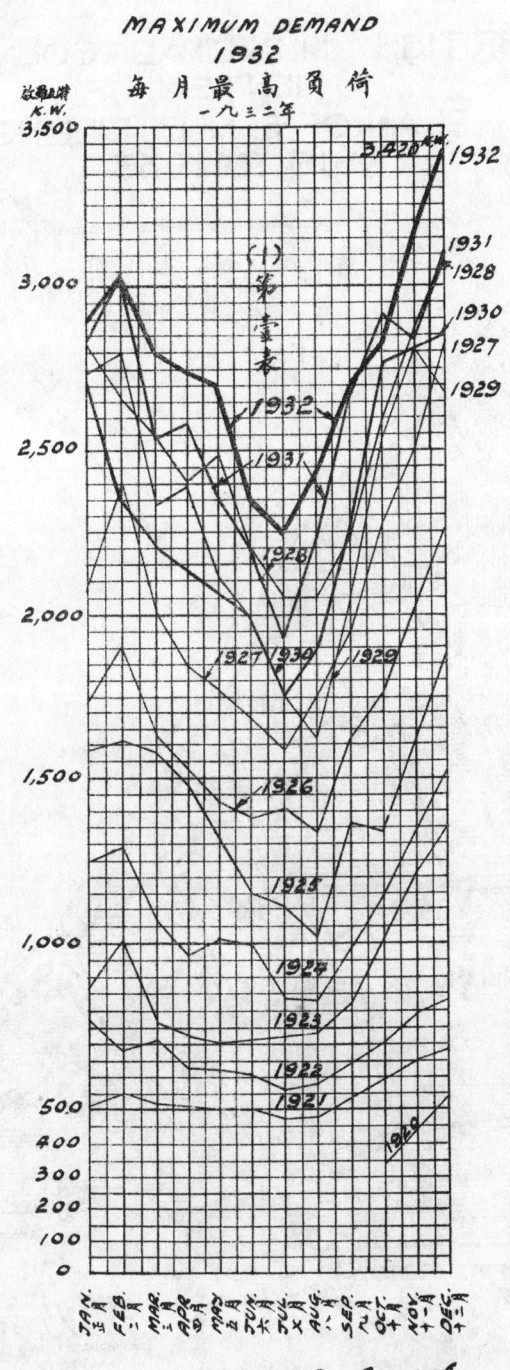

天津英工部局1932年董事会报告暨1933年预算

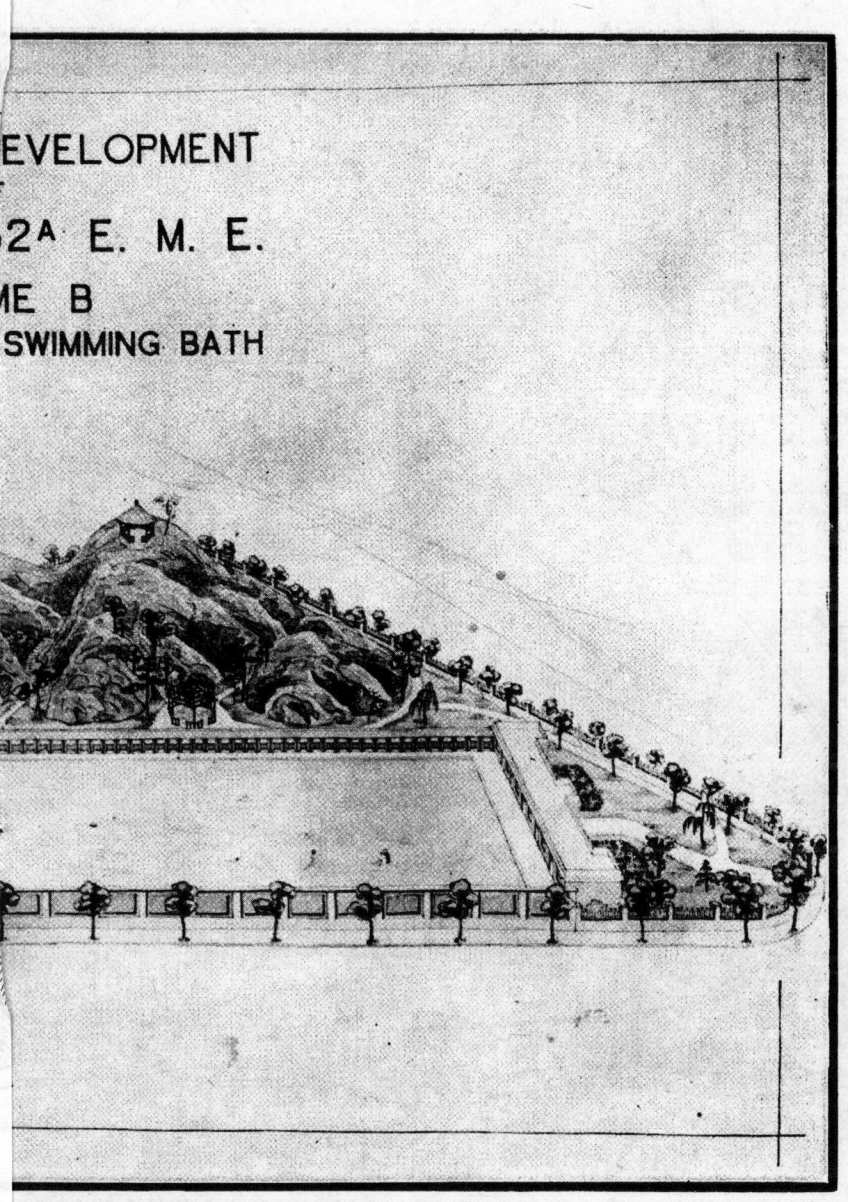

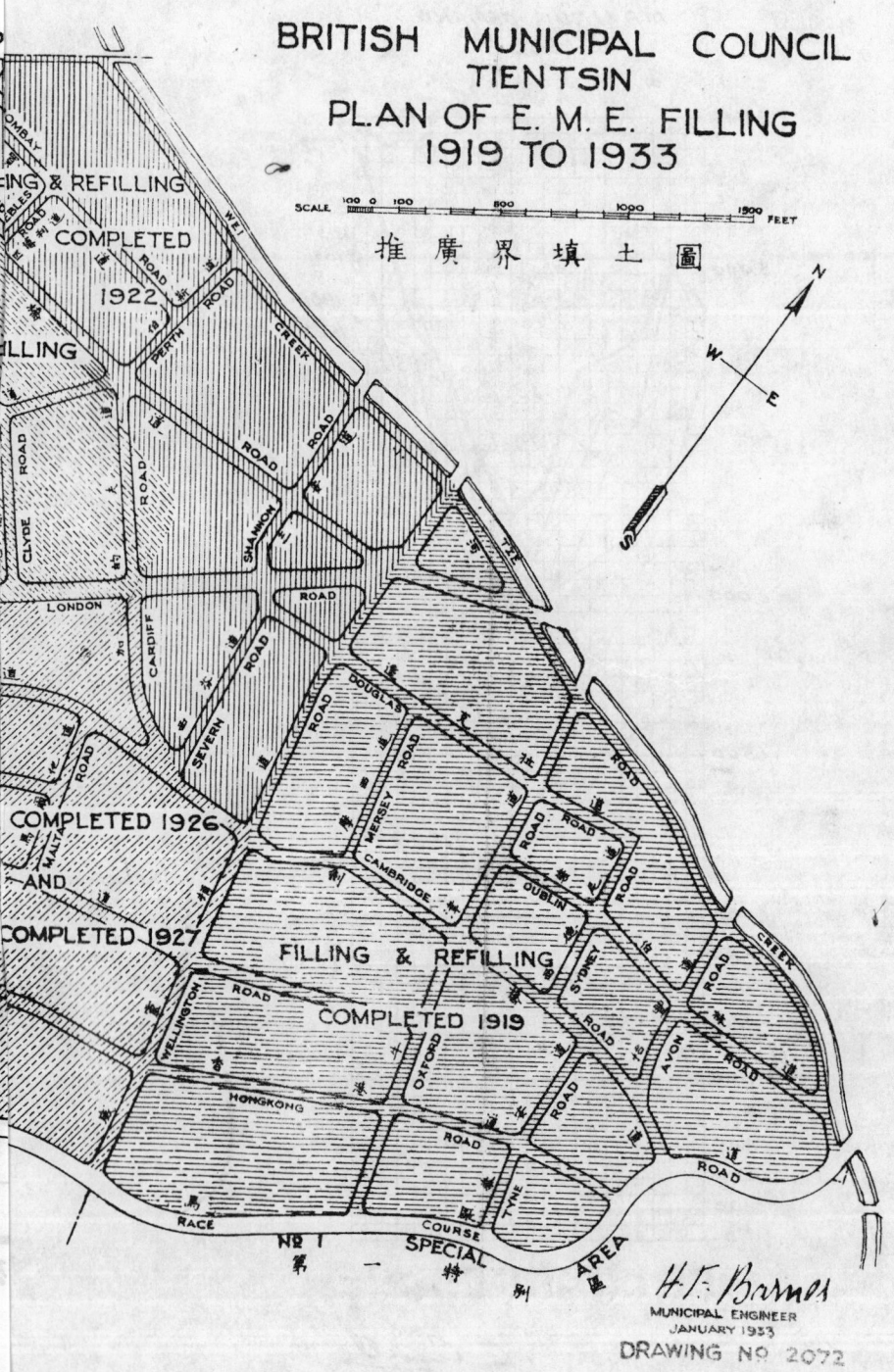

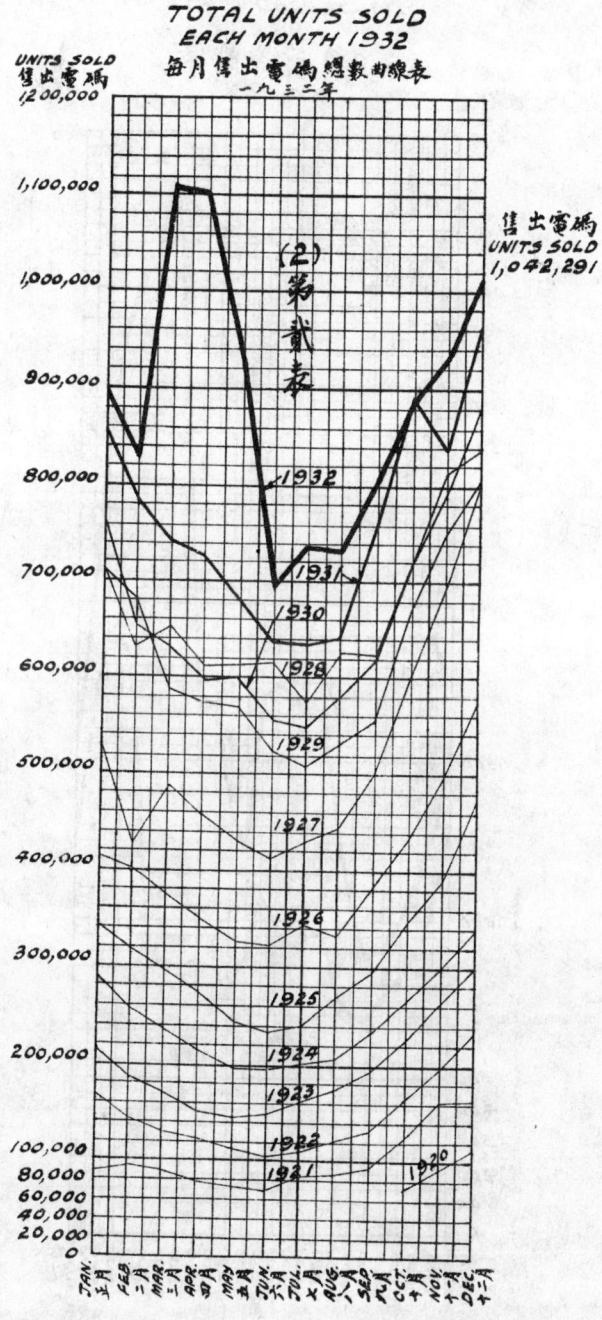

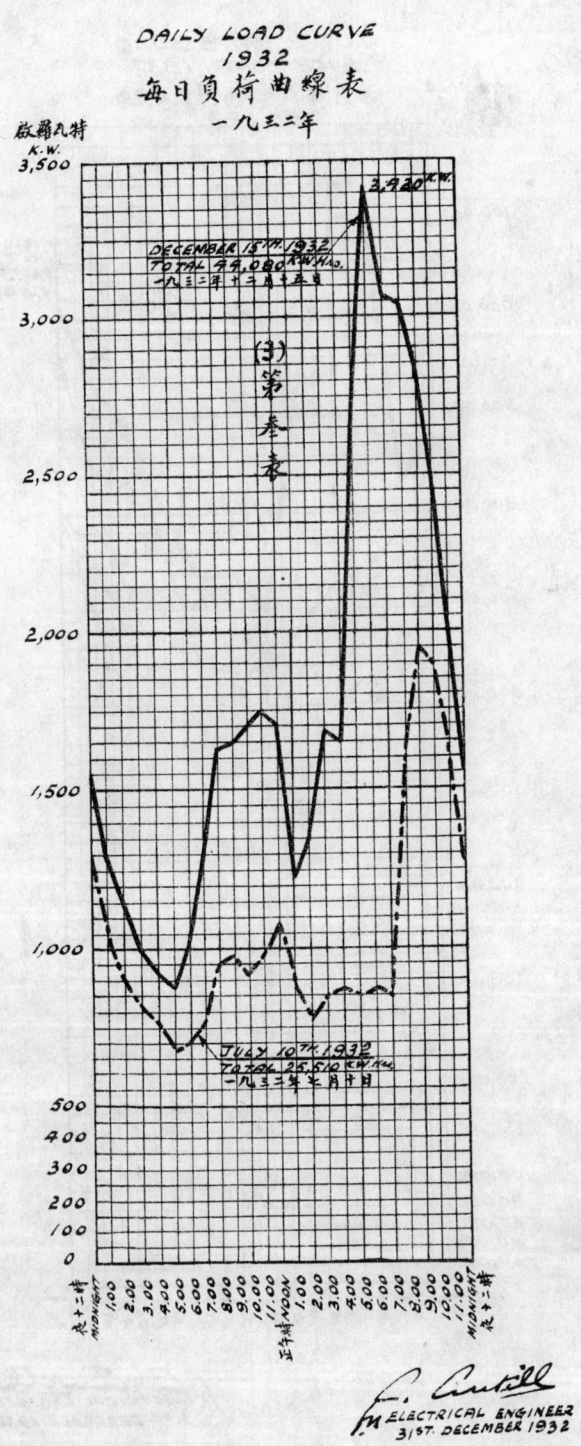

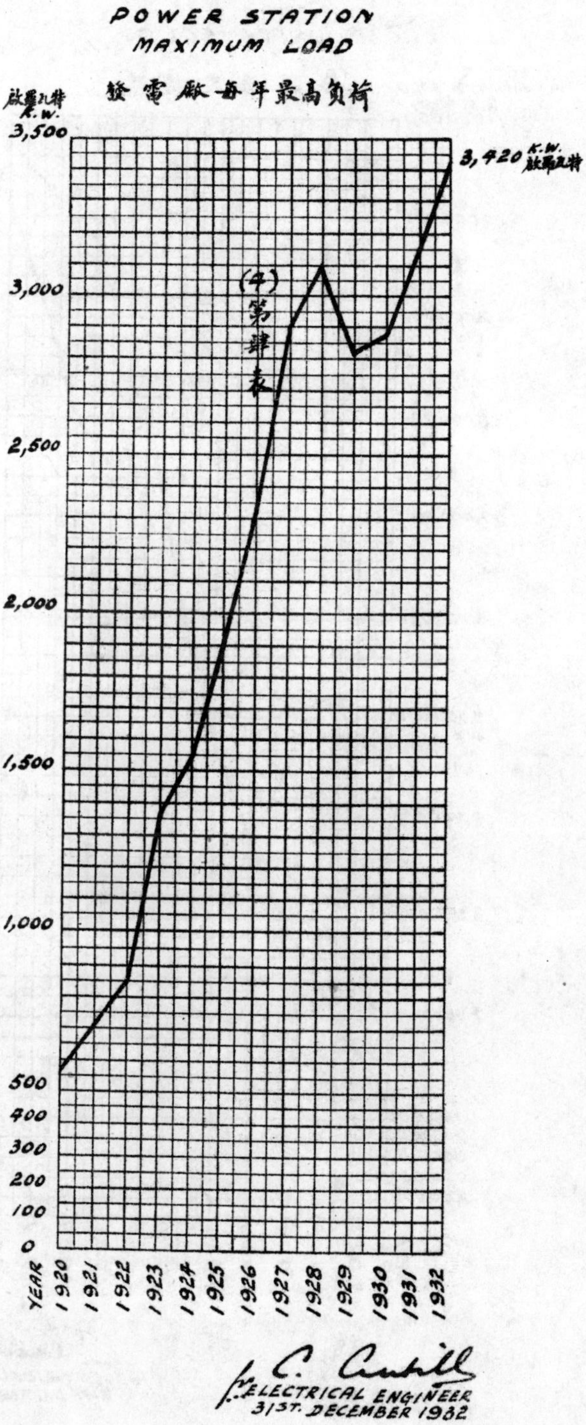

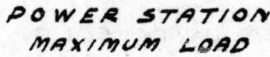

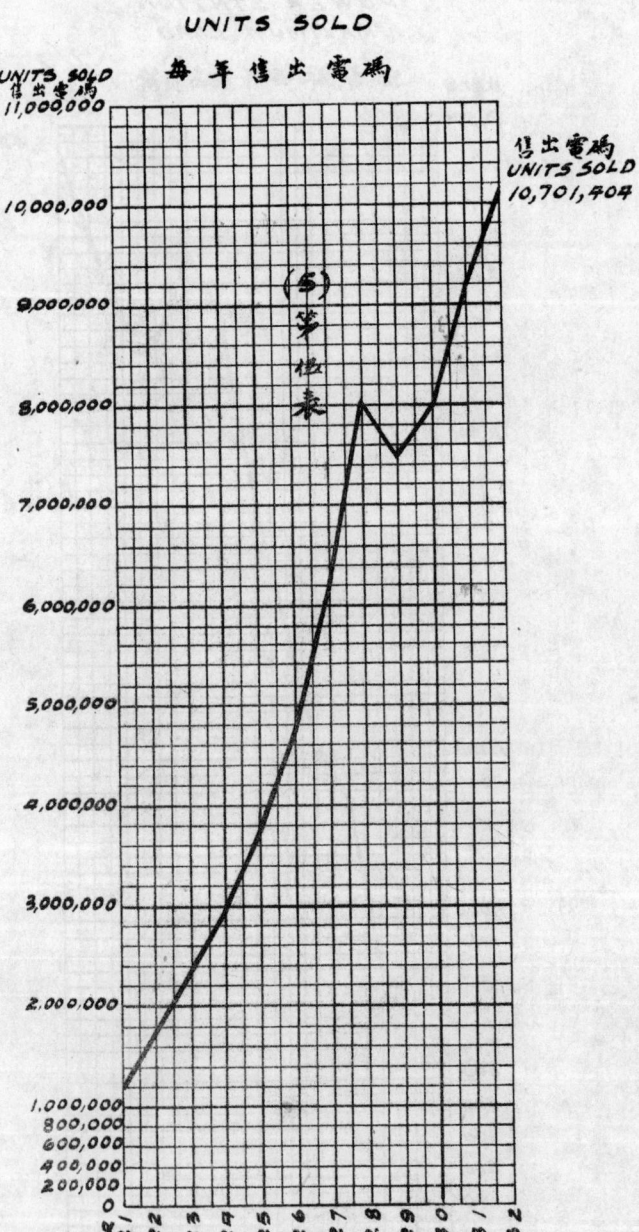

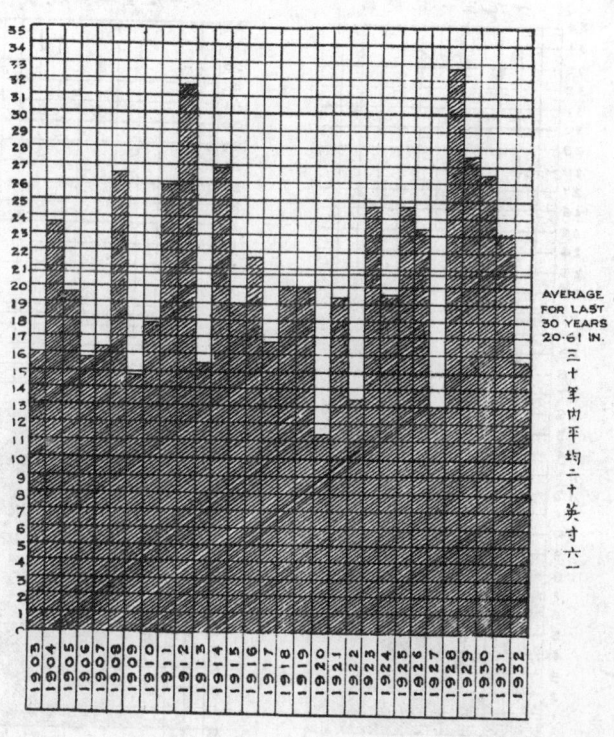

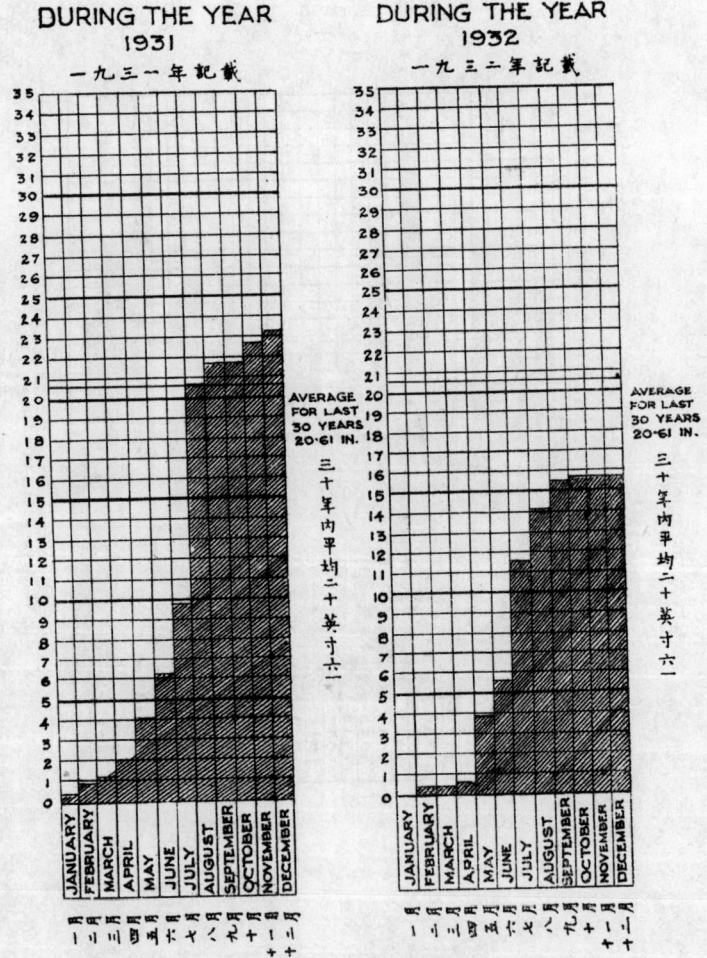

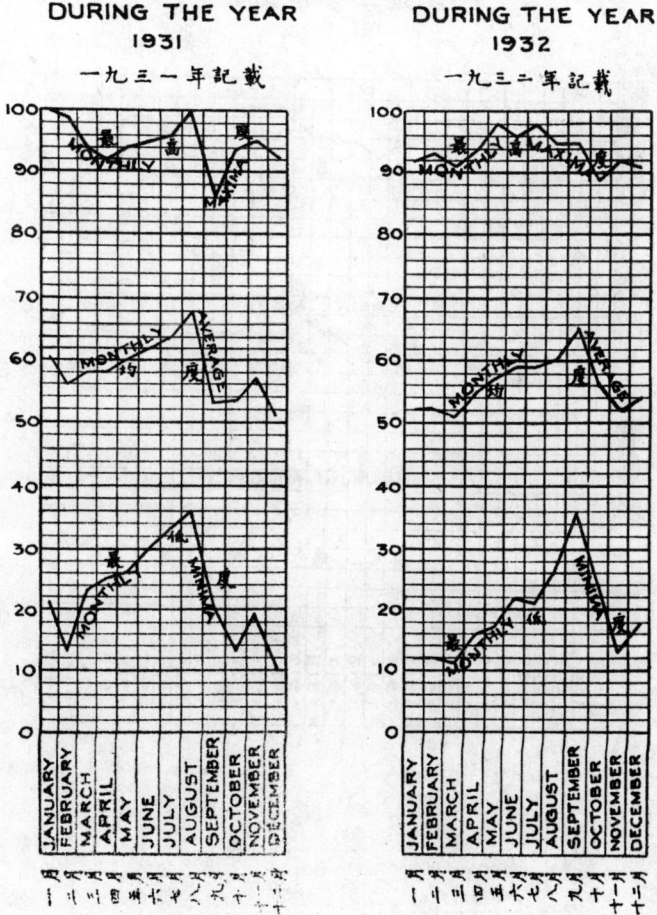

BRITISH MUNICIPAL COUNCIL
TIENTSIN
PUBLIC WORKS DEPARTMENT
最高與最低溫度圖表
DIAGRAM OF MAXIMUM & MINIMUM TEMPERATURES
DURING LAST 30 YEARS
最近三十年記載

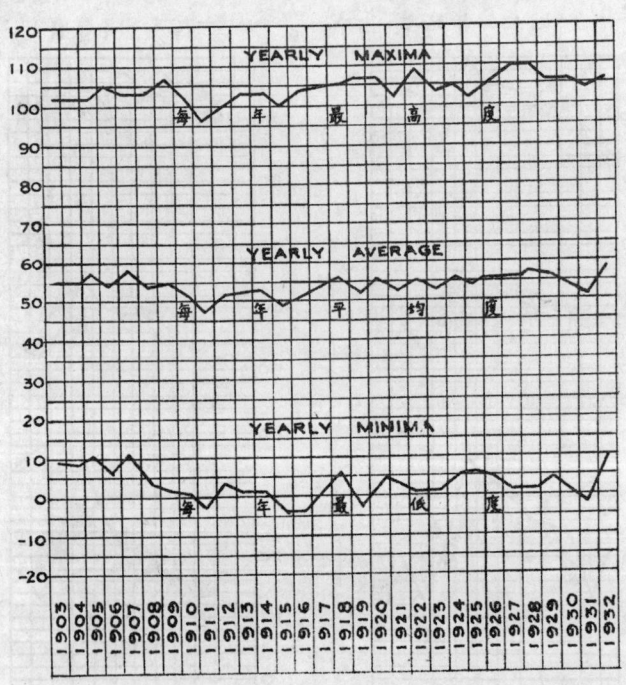

BRITISH MUNICIPAL COUNCIL
TIENTSIN
PUBLIC WORKS DEPARTMENT
最高與最低溫度圖表
DIAGRAM OF MAXIMUM & MINIMUM
TEMPERATURES

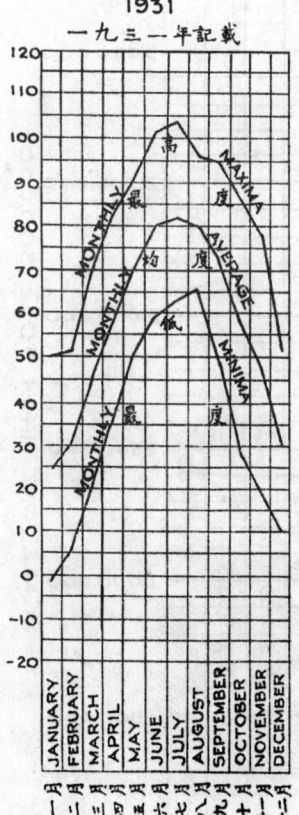

DURING THE YEAR 1931
一九三一年記載

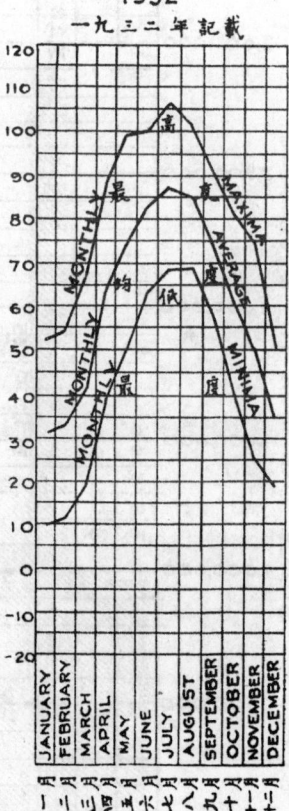

DURING THE YEAR 1932
一九三二年記載

BRITISH MUNICIPAL COUNCIL TIENTSIN
PUBLIC WORKS DEPARTMENT
DIAGRAM SHOWING ESTIMATED COST OF PRIVATE BUILDINGS BUILT DURING LAST 9 YEARS
(COST IN TAELS)

九年内本租界房屋建築估價圖表

每年估價銀數

年份	估價 (Taels)
1924	$975,410
1925	$1,023,499
1926	$2,871,025
1927	$1,370,435
1928	$2,192,088
1929	$919,230
1930	$517,596
1931	$515,555
1932	$968,831

SCALE ONE INCH TO $500,000

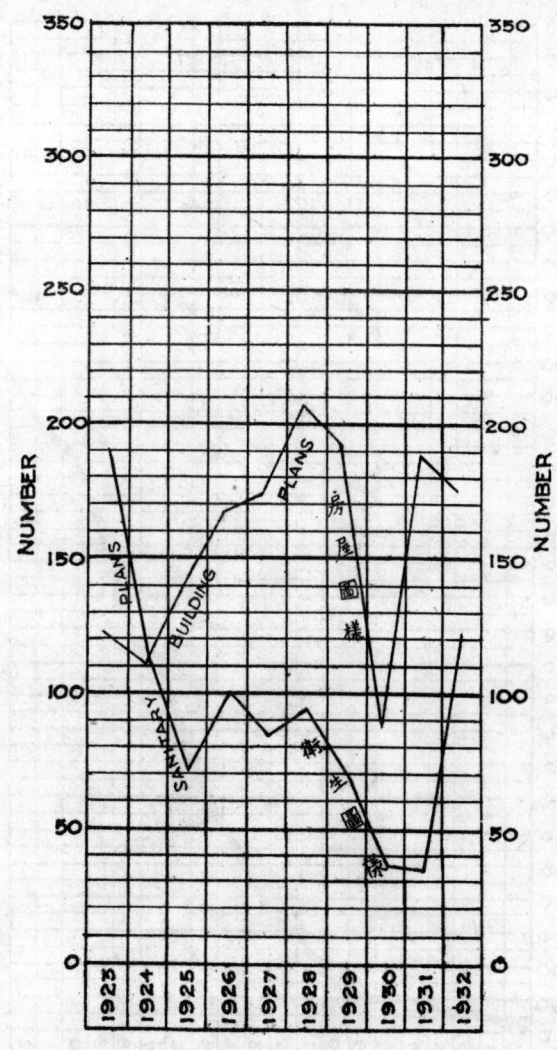

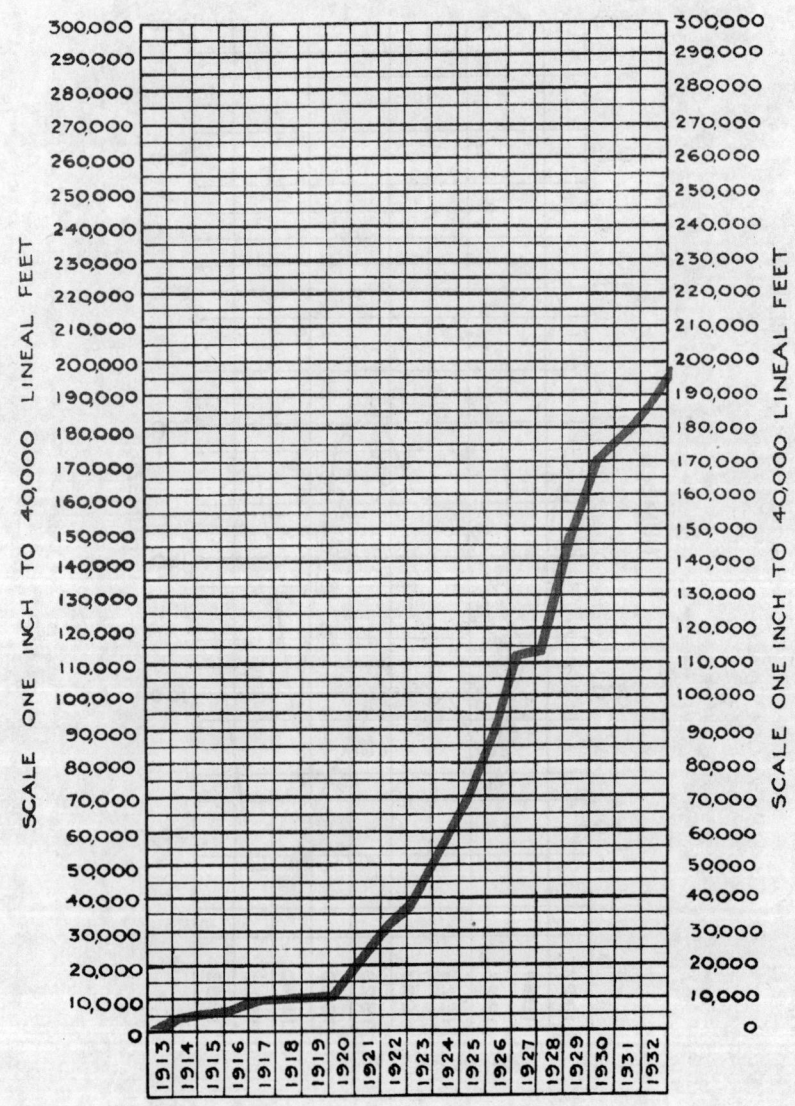

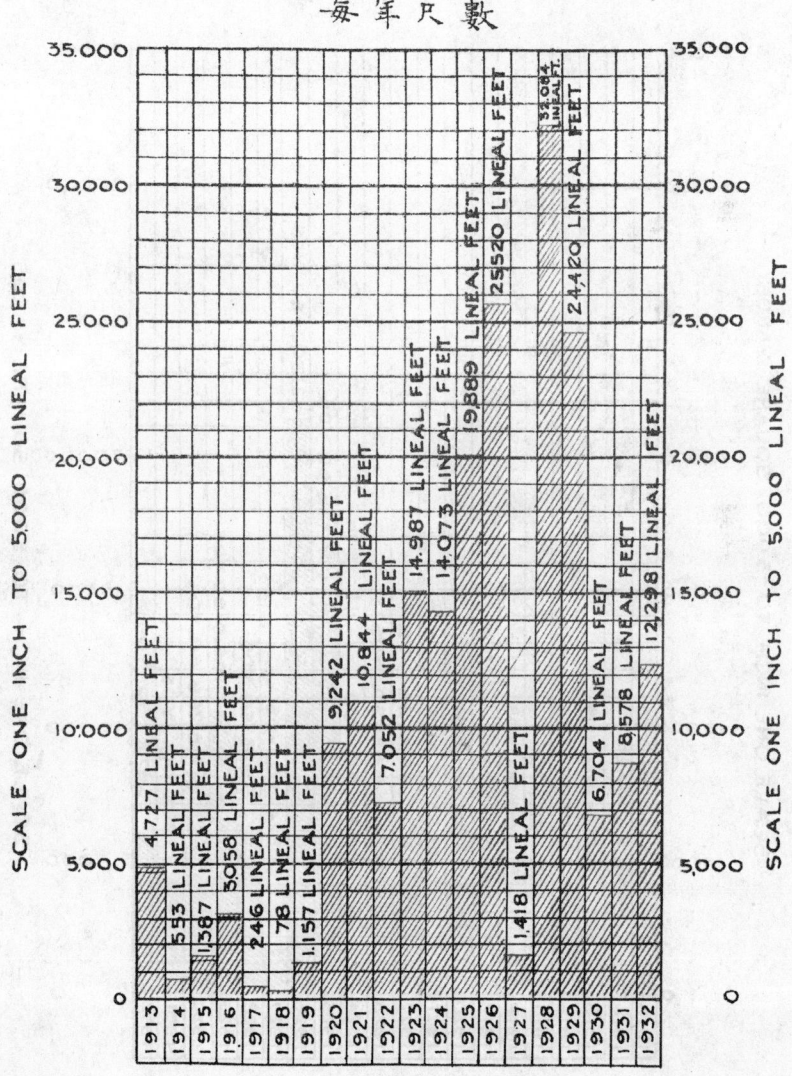

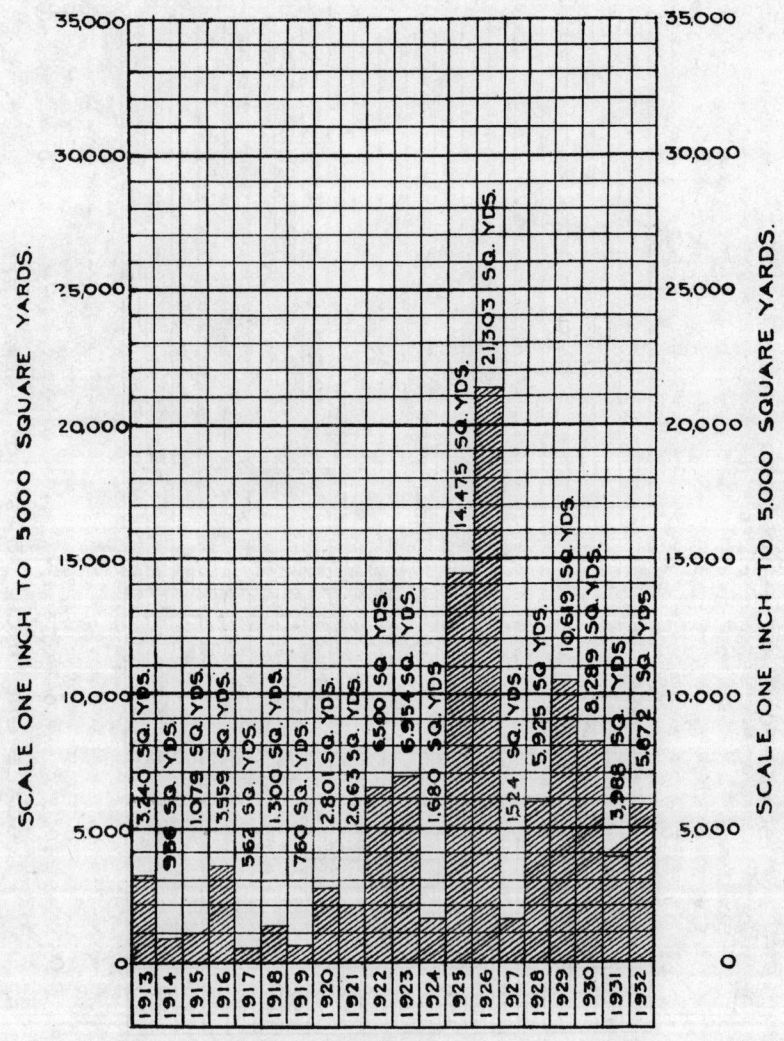

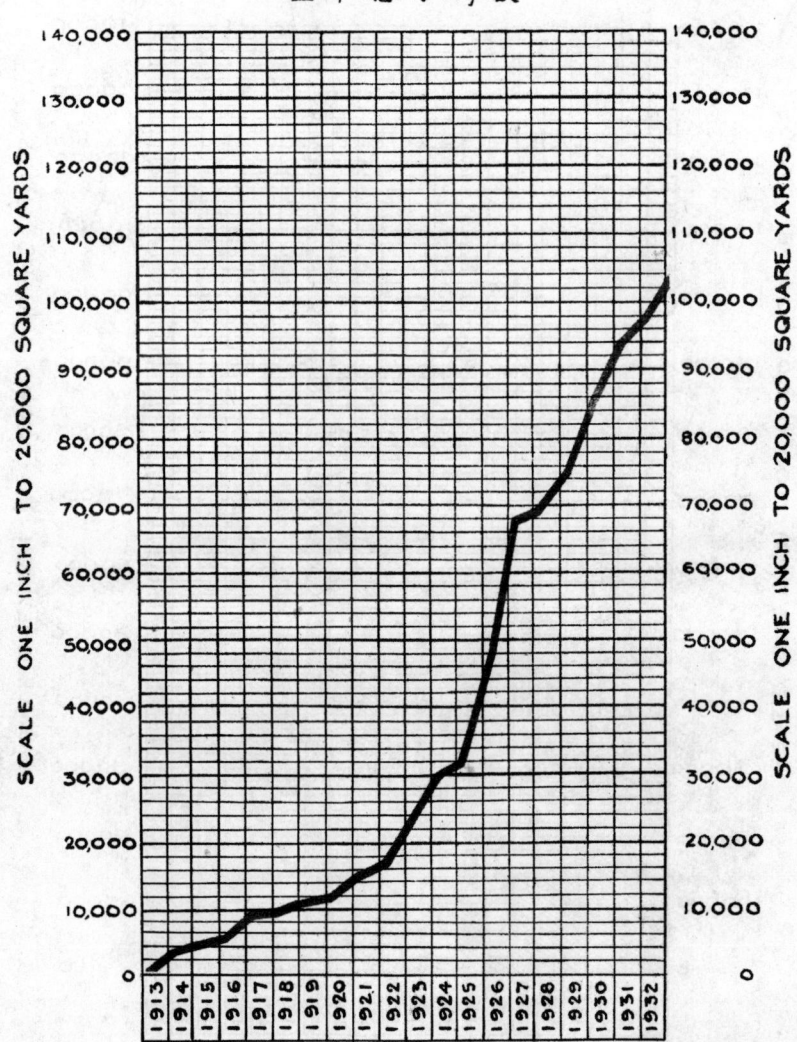

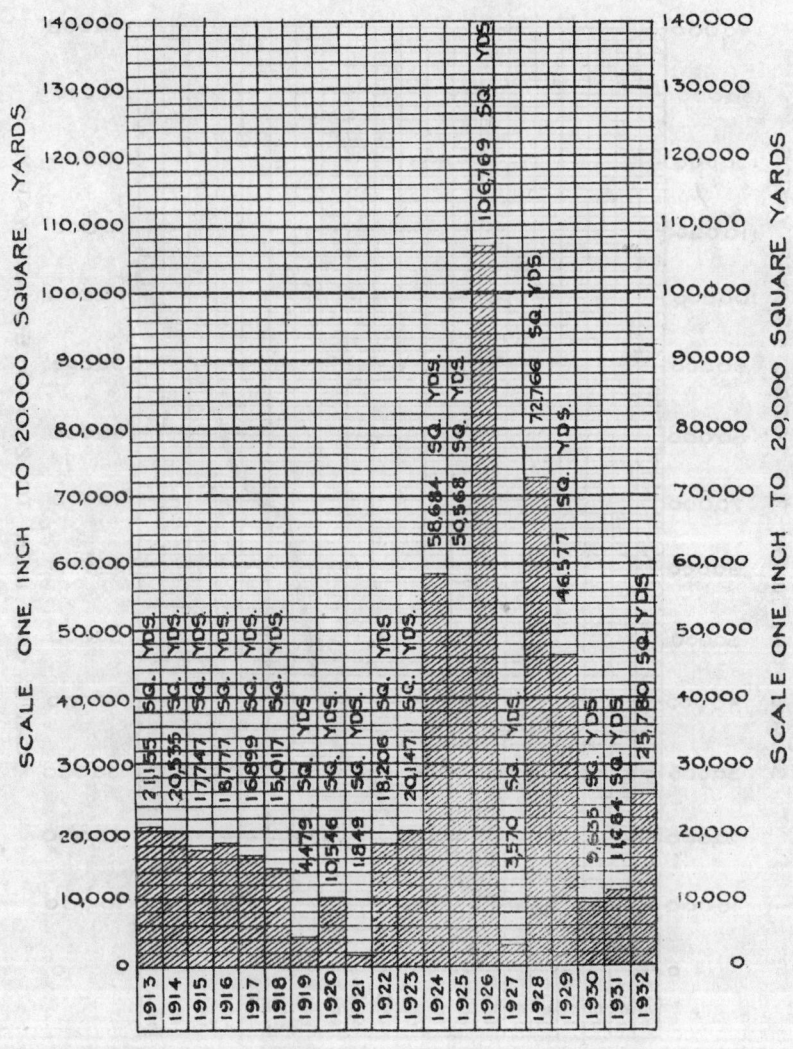

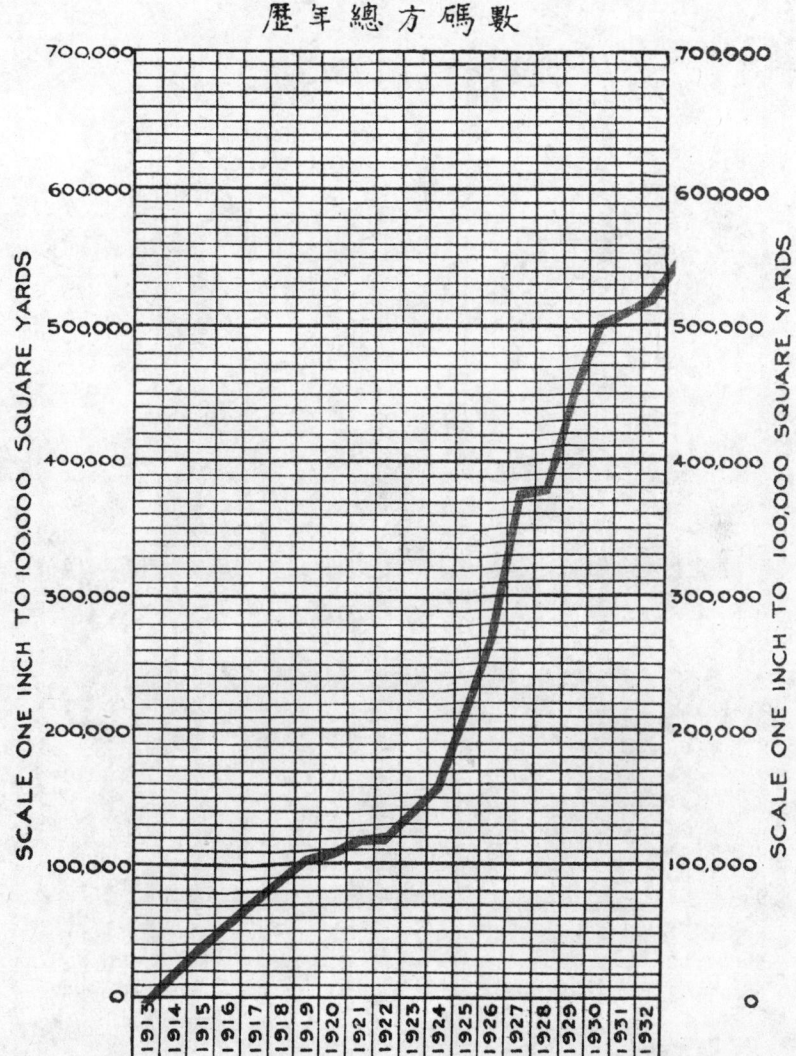

天津通史资料丛书
万新平总主编

天津市档案馆编

天津英租界工部局
史料选编 中

天津古籍出版社
天津出版传媒集团

天津英工部局
1933 年董事会报告
暨 1934 年预算

在戈登堂举行第 15 次常年大会议录

天津英租界选举人 1933 年 4 月 12 日下午 3:30

是日，会议由英国总领事翟兰士君主席，董事会席次计有董事长体伯君，副董事长庄乐峰君，董事赵君达君、郑慈荫君、李宏章君、披厘君、毕德斯君、瑞士君、戴乐君、王荷舫君，秘书长（怀富君）、秘书（陈贯一君）暨会议秘书（代理领事）白尔君。选举人出席者计有：

白　尔	安得生	杨嘉礼	斯　奥	史密斯	瑞　士
罗谋建	体　伯	师考德	蓝　葛	寇　客	戴　悌
毕德斯	爱德根	华泰来特	周英士	欧哈雷	费确尔
甘德林	白杰斯	彭考斯	麦克林	潘纳尔	披　厘
裴恩上尉	翟兰氏	德纳牧师	戴　乐	牛别金	纳　森
樊伯特	甘博士	欧尼耳	嘉牧师	莫　尔	邓尼雷
裴恩奕	奥高门	罗思木森	刘仁轩	刘慈安堂	世德堂
交通银行	恳业银行	宁彩轩	刘聘卿	中国银行	卞白眉
华茂公司	隆聚公司	卢国浚	郑　炽	北宁铁路	鲍庭九
齐协民	积善堂穆	招商局	兴隆公司	泰岳堂张	鲁穆（艹庭）
万国体育赛马会		景山堂刘	鸿升堂等	绿野堂	孟静宇
张海亭	吉庆堂	卫宾别墅	庄乐峰	巢九余	倪幼丹
李又尘	余庆堂蔡	庆成公司	建业公司	信记公司	永立公司
焦子清	杨千顷	吴莲伯	赵君达	李宏章	林凤苞
王馨逸	吴聿修	忠恕堂英	陈协忠	董幼岑	梁孟亭
天津打包公司		浙江兴业银行		荣光堂梁	张承志
王家瑞	王荷舫	金城银行	崇德堂沈	义庆堂杜	许品台
李直绳	陈晋卿	六合堂	邓豁然	李次武	张厚记堂
忠兴堂句	张祥斋诸君				

宣读召集会议通告为开会仪式。

会议日程第一项为证实1932年4月20日选举人常年大会纪录，业经付刊分送，经史密斯君动议，林凤苞君附议，按照原纪录通过，别无异议。

会议日程第二项董事会报告。

董事长报告演说词

鄙人首须声叙工部局昨年因职员凄然身故，损失綦重，曷胜惋惜。查电务处长伟廉士君自1920年创办时始负责经营电务处，全处业务鞠躬尽瘁，成绩斐然。年间例假届满，才自英伦返津，适值本埠猩红热症流行，竟致一病不起。伟君不惟为电务处精明干练之主任，其于社会服务更复当仁不让，功绩斑斑，尤以赞助驻津军队工作为显著，其事迹当于本市永垂纪念焉。此外，尚有消防队义务队员米勒君于年间身故，米君虽非工部局聘任职员，而其毅然担任消防队义务责任，历有年数，竭力襄赞。本界消防队得臻今日有效率之组织，其功甚伟也。津市年间霍乱盛行，本界医院因而损失看护希尔女士及孟女士2人。查孟女士方自英国抵津，初次就工部局职务者也，谅诸君必记忆。最近警捕高廷玺，因奋勇尽职，截捕携械逃匪而被枪杀。同人对于以上各员之家族亲戚极表沉痛之惋惜。

昨年董事会报告已送陈多日，谅邀诸君披阅。鉴及年间工作成绩，敝董事会因裴恩德君、巴兰雷君及包培之君之辞去职务，旋即邀请瑞士君、披厘君暨李宏章君补充之。

韩联书君自1917年起充任工部局会计处长，因届满工部局职员服务规定年龄限制，遂于昨年11月30日退职，现正享受其历年劳绩所获之养老金优待，其遗缺已由莫尔德君升任。

条例：上年公布修正暨增加条例条文甚多，已详年报第2页。查本市情况与前不同，兹为应付此变迁并巩固工部局权限，藉增本界治安效率起见，故有施行上述变更之必要。

工程处：1932年预算所列工程，若马路、便道之修筑，阴沟、新路等布设，概经依次完成。工事虽繁，成绩依然可观，新建之警务宿舍暨火会所均已落成，占用年间并新修立斯克目道桥梁。工程处工事建设全年特别支出共计19万两余。

墙子河：关于该河流之改善节制，由有关系各区界之代表团体担任管理。因中国当局之坚决反对外人参与，敝局之商榷总归无效，诚属憾事。迨至夏季，幸得工程处通接推广界填地水坑溢流，经马厂[场]道沟管灌入墙子河内，其触鼻浊气藉此灌注得以消除,不特此也。因此净水之灌注,发电厂凝水柜进水之温度且获减低。本年虽能继续利用此填地水坑溢流,惟至1934年则须另筹办法。敝董事会当审核供给发电厂凉水规划,包括自海河直达发电厂之水管布设,并在河坝装备抽引机器,俾此水量供给得以久持。

公园花园:本界公园花园暨空地概经花木管理员认真保持美观。

电务处:该处工程师身故,前已叙及,其遗缺已聘密勒君接充。查密君本系英国维格斯电机制造厂之久任职员,敝局新置之发电机两架即属该厂出品。密君适因维格斯厂公务而来华北,因见敝局通告而投函应聘者也。同人以为,密君之应聘必能称职。本界电务处事务自伟廉士君假期起洎至密君接事止,在此期间概由王相臣君暨安德尔君担任,并因发电机之1架于此期间发生意外而备经困难,然处务仍得顺序进行,殊堪称慰。关于此意外鄙人业于昨年大会叙及,其因此须自英伦订购之机件剔换部分业已抵津,该第3号电机自上年10月起已恢复运用,藉应冬季电量需要。昨年电务处收入虽供给电车公司电流预期中辍,然比之预算尚超过22,500两。敝董事会对于近2年试行之充量用电制备机关切,依津市状况论此制显不适用,其不合实行之因素甚多,且于普通纳税人利益无补,同人推测不久须恢复划分用电制。关于此节,电务处长与电务委员会现正从事研究,不难早日获一决议也。

水道处:该处年间工作顺序进行,工程师克拉克君督理开凿,迭遇困难之第8号井暨第9号井竟获成功。因此,二井之产量本界各井产水总量每日获得80万加仑之增加。查水道处报告所列,依据第8号井之原定预算系用银22,400两,开凿一每日能产40万加仑之井眼。今因重钻,其第1井眼暨其第3井眼(现列为第9号井)之落成增加费用1.1万两,所获产水量乃增加1倍。因此,本界各井产水总量每日可达200万加仑。

供给特别一区水量:谅诸君尚记忆供给该区用水昨年已声明拟于1933年12月31日停止,旋因某种协议尚未就绪,经特别一区主管之要求,此限期已展至1934年6月30日。敝局有鉴于自流井产量之添增,遂允许此项请求,惟仍须以本租界之需要为先决,业经详予声明。

警务处:本界设置栅栏暨电警响号工事已于年间葳事,开始应用。携械抢案虽未绝迹,然是否因此项栅栏之效用,年间固未发生利用汽车绑架案件。兹为扩展此项警号用途,住户或商行并得装设通接电警响号之开关机,其装置费需洋50元暨每年经常费洋50元,倘装户增多,则此经常费尚可削减。1932

年虽无绑架案件,然于1933年1月间本界发生小孩1名被掳失踪,经警务处严密侦察,邻区界暨津市中国警察之协力合作而破此案,不惟被绑小孩得获安然归家。该案全数匪犯且统被缉获,该匪犯等现正拘押津市监狱听候审。

消防队:附于伦敦道新警察宿舍之火会所落成后,中街旧有之消防设备暨消防队员即于12月间全部迁入该所。新建筑设备较周地址适中,交通便利,该队出发当收敏捷之效。

卫生处暨医院:年间时疫流行,致市民感受不安,诚属憾事。6月间霍乱蔓延益烈,敝局亟施缜密防范,采纳卫生医官建议设立霍乱救急医院,并施行预防霍乱注射,惟使贫困市民利用此项保障。吾人所历困难,颇堪注意,盖凡事不取代价恒足以贬其真值,当每一注射规定收费1元时,本界市民到院注射者计有577人,迨因救济贫困施予免费注射时,到院注射者只70人而已,可不憾然。该院设立并施行注射连同施行公用沟眼暨里巷产业之按时消毒所致费用颇巨,其总数计达11,400两。

码头捐征收所:本局旧有职员体德孟君因届满职员服务规定年龄限制而告退,其遗缺已聘刘锡三君充任。昨年码头捐收入比之1931年计增收8,700两。

塚[冢]园:本界塚[冢]园坟墓向由天津妇女委员会Mrs.E.K.Lowry(劳瑞夫人)Mrs.J.A.Enright(恩瑞德夫人)热心担任管理,赞助公益,同仁殊深钦感。迩来本界户口日增,惟塚[冢]园地势有限,不得继续扩展,致成市民之累,职是之。故敝董事会认马厂[场]道塚[冢]园安葬灵柩,自1933年起,宜以英国人民暨本租界住户为限。

业务工作人员空地学校:本界民园体育场管理人员、消防队义务队员暨其他担任义务工作人员皆热心市民公益,敝董事会愿藉此表示谢忱,年间本局员司工作成绩良好,并此志述。

账目:截至1932年底止,敝局流水账因各分处收入超出预算暨因1932年之工事移入本年之留存,尚结存现款249,349两,堪称美满,鄙人兹动议请诸君通过昨年账目。

庄副董事长附议,全体一致通过。

1933年预算

本年经常收支预算之编造不因增加捐税或特殊减政之节流而获出入相抵,深堪欣慰,鄙人忝负陈述之责,尤感愉快。揆之世界大势,中国近况,本局财政得克臻此,不可不认为圆满。年报详列预算收支各节目,谅已邀诸君披览,无庸赘述,鄙人谨当撮其大概略为注释。

码头捐:此项收入本年预算比之上年计减少 3 万两。迩来海河状况见佳,而码头收入反形缩减,似为奇特,只因此河道改善之故,大多数船舶遂能驶至上游,归其他区界管辖之河坝装卸货物矣。故敝董事会以为此项收入之预算准此编立较为适当。

经常支出:经常支出项下总务管理费用本年预算计减缩 1.5 万两。

警务处:该处支出因中国警捕薪工实行增高,故本年预算比较上年计增加 1.5,万两。迩来投报应募警捕之较有学识,即为此薪工改善之效果。

特别支出:本年此项支出列有新菜市建筑费用计银 7.5 万两,备该建筑得于年内兴工。查现有菜市地址,其原立契约内载明只许建筑平房,嗣经与原业主迭次往返磋商,始达成议。今本局偿付该业主银 3 万两,已获得该产管业权,不附任何限制。同人拟于该处进行规划建筑一新式菜市,并期于年内开工,此新菜市大概占用原地址之一部,即敷应用。

昨年猩红热、霍乱盛行,本界隔离病院地势狭隘,颇感不敷应用之困难。职是之,故敝董事会建议该院病室稍事扩展,故预算列入银 2.3 万两之建筑费。

昨年马路、阴沟、便道、水沟及桥梁项下仅列 11 万两,本年预算所列之数则为 20 万两。查新路建筑等恒以应付新建房屋之需要为旨。1931 年本局颁发建筑准单之估计产值合银 50 万两余。1932 年颁发建筑准单之估计产值约合银 100 万两。故昨年马路等建设费之增加颇属允当,敝董事会拟庚续此发展政策,于本年已往三阅月颁发新屋建筑准单之估计产值已达 70 万两。可证本界迩来发展甚速,并富有继续迈进之现象。

电务处:本界发展既如上述,电务处收入预算之编立仍依据昨年之标准,可称极其持重,其购置项下并列有定购第 4 号电机备用鳃叶轮饼之费用。盖鉴于昨年第 3 号电机之经过,此准备乃为及时之需要。

水道处:该处账目并未列入巨数之盈余,其收支两抵盈数只 4,672 两,惟此不足以表示该处实在状况,兹特释明,以昭公允。缘其支出项下列有成本 72.5 万两之 8 厘年息,计银 5.8 万两,已由上述盈余先行扣除,此数每年由水道处提出而归入本界市政总账者也。

水道处购置项下主要节目为总水管暨水龙头合计银 34,500 两, 此为本界发展依序进行不可少之支出。

天津公学:按照完成天津公学校舍政策,该校建筑礼堂本年所需费用计银13.2万两,已列入本年特别支出项下。查原定规划之校舍为4所,现已落成其三,此礼堂为该校现时所亟需,此后尚须筑造校舍1所,用以完成其全部建筑。本局支付该校之建筑费用即止于此,嗣后每年只须拨付规定款额耳。

关于本界将来建设规划,同人深信推广界填土工程应于1934年底竣工,所有水管、阴沟及马路之布设一俟泥土定实,即可依次进行。嗣后公共建设,吾人应提议建筑一公共医院,以代现有之维多利亚医院,敝董事会对此已于推广界内指定局有地亩一段,用备此需,待其落成后,再建议筑造新市政办公处,因现用房屋不惟陈旧并不敷分配焉。上述之规划如获实行,则本租界可成为一完整自立之新式市政区域,除维持市政公用设备暨公用事业费用外,不再需要特别建筑款额。

预算总计:综核各项收支,敝董事会预计1933年现款状况不敷之数当达248,679两,如何弥补此项预计之不敷?用银行透支或发行债券,总以最适当者为宜。同人揣测,届时或无须此数之全额,故征求诸君以决择此事,权衡授予下任之董事会。盖预算所用金镑折合银两比率系以一先令八便士为标准,因而本年之首先5月已显有节余,又经常收入暨码头捐颇有增收之可能,故如此办理较为相宜。今鄙人动议请诸君通过此预算,并依照1932年4月20日选举人常年大会决定,董事会得随时发行债券计天津行平化宝银100万两之议案。天津英租界选举人在本会议授予董事会权,能在1933年12月31日或以前如认为必要时,得发行该项债券之第二批,以不逾天津行平化宝银25万两为度。

庄乐峰君附议,全体一致表决通过。

捐税缴付

董事长提出下列议案:

天津英租界选举人在本年会议决定地亩捐应于4月缴纳,房产租值捐应于9月缴纳,并就此授予新董事会于4月、9月征收此项捐税权。

庄乐峰君附议,一致通过。

估价委员

纳森君提议,兰荫君附议,推举杨嘉礼君为本年估价委员。

李道绳君提议,陈晋卿君附议,推举关颂声君为本年估价委员。

全体一致赞成。

废两改元问题

董事长:在考量其他事件之先,鄙人认关于迩来令人烦恼纷纭之废两改元问题,所得消息宜略予陈述。查本局颁发之债券暨账目捐税俱按银两为本位,故已与本埠主要银行讨论,倘废两改元一旦实行,影响本局实非浅鲜,年内或须有召集选举人特别大会之必要,以便从事修正章程。据消息所传,南京政府最近决定废两改元,本拟以4个月之时光为变更清理原有银两账目暨契约之时期,但突于4月6日公布命令实行废两改元,嗣后之银两契约概作无效。因之各银行积储之银锭除送交造币厂鼓铸银元外,即无用途,但故铸所需银元必须若干时日,故各外国银行最初有不赞同此变更之议。在上海似已商有办法,因沪埠银行于4月6日电告停止上海银两汇兑,并于4月10日起,用银元为外汇之本位,惟迄今尚无实行结束原有银两账目之消息。

中国政府曾声明只上海造币厂得鼓铸新式通用银元,津埠既无此种造币厂之设,其立场是与上海不同。故本埠银锭持有人须将银锭运送上海更易银元,不惟运费不赀,且需迟久期待银元方得运津,斯为今晨之情况。兹后据上海可靠消息称,本埠中央银行已允照适当汇率即与上海规定银厘相等之汇率收受其他津行之银两,李宏章君并告鄙人,中交两行亦执行代理银两兑换,所有费用由中国政府担负。

关于本局之来往货币是应施行相当调剂,如收回已发债券或定一折合标准以俟到期还本。在上海情况未明定前,请诸君容许审议时间,同仁是当决定办法,以解本局困难。现时接得本局账单之住户,多数用银两支票缴付,此种支票已无法兑现,惟住户可按规定比率每一银元合银六钱七四五二八三交付。俾本局账目与银行一致,盖本月为收捐月份,关系綦重,故附此解释。

陈晋卿君:陈君声称曾与4月递送工部局三函,其一关于新工程场烟尘弥漫暨榨石机震声充耳,有碍邻近住户安逸;其二关于伯斯道过墙子河处建设桥梁;其三关于提议增加本界警捕人数,用备界内治安万一之需,请董事会赐予答复。

董事长:陈君所指榨石机震动声音自不能增人愉快,但该工程场设立在前,邻近周围住房多系后建者。至该工程场之将来总须向僻远处迁移,本局固已见及。现在场址与沿格拉斯哥道马路建筑施行工程地段靠近,尚称适中合用。关于来日迁移希望陈君稍加忍耐。

关于佰斯道口建设桥梁1座，该处墙子河之对岸并无大道通接，其徒步驾车或乘自行车人如绕道至立斯克目道桥相差仅200码左右。依陈君所提，该处架设桥梁，其建筑费当在1.5万至1.7万两之间，隔岸既无通衢相接，其可节省之路程复如上述。本局认因此动支如斯巨款，似不甚允当。

关于增加警捕人数，敝董事会本拟于最近期内研究进行。查本年预算已增加1.5万两，用备增高警捕程度，如警捕人数添增，其经费当随之增加，此事容与警务处长磋商办理。

陈晋卿君：鄙人所提之桥梁乃非巨大之建筑，以能通过行人暨人力车者当即敷用，其于附近之徒步行人可增极大便利，至于乘汽车者多绕200码远近，固无甚妨碍。

董事长：据陈君解释一轻便桥梁应即敷用，殊堪欣慰。当时同人以为所需要者系一坚重之桥梁，现既说明，敝局是当予以审议。

宁彩轩君：宁君声称渠现移居广东道184号利济公司旧址，并承接该屋原有电灯设备，旋经电务处勘估，其每月耗用电量数为3,800瓦特。惟该屋既非完全占用，估定量数殊感太多，故赴局请求核减旋荷减至930瓦特。隔数日有电务处稽查1员突然来舍闯入儿妇产房，该员举止似有孟浪之嫌。越日得悉估定耗电量又复增至3,800瓦特，嗣后邀得电务处负责人员重加考查，其耗电量乃减至2,300瓦特，该稽查行为不无逾越范围，故此陈诉。宁君并询问所估耗电量既差别远殊，究应以何数为准确。

董事长：答称本局职员举止如有冒昧，殊深抱歉。关于估计耗用电量已于所陈报告内叙及，亟宜恢复划分用电制，因在津埠充量用电制施行迭遇困难，似不适用，一俟公允费率决定，当即恢复划分用电制也。

宁彩轩君：现时施行电码收费制，不惟于用户暨工部局职员俱感困难，且易滋流弊，故请即施变更。

董事长：鄙人忻闻宁君所见乃与敝董事会意思相同，兹再声明。一俟公允费率决定，本局即当恢复旧制。

选举董事

主席：本界候选董事只10人，计卜白眉君、赵君达君、庄乐峰君、蓝葛君、李宏章君、莫瑞君、毕德斯君、瑞士君、体伯君、王荷舫君。

兹宣布此10人即当选为本年新董事会董事。

致谢董事会

施泰明君：在散会前，鄙人提议对于卸任董事会表示谢忱，余申此议特感愉快。因回溯30载以来，目睹本会议已由一家庭式之会集而为主要市民之会议，同人莅会即为对董事会尽职社会之敬仰表示。30年前市政事务虽不若今日繁重，然每届董事会逐年嬗替，各有建树，可赠以赞颂。英国名建筑家之陈语曰："考其成绩，察尔左右"，本租界之发展即为董事会认劳认怨之收获。近自欧战以还钱财充裕，捐税虽稍有增减，似无关紧要，但鄙人尚记忆20年前纳税人某因其产值估计见增，忿然莅会，固执提出质问，董事会"视其为牲牢，抑为俎上肉"（哗笑）。自管理方面观之，本界收入固逐渐增加，鄙人可向诸君声明，董事会随时严密监守检查，惟恐不周。故此，对于卸任董事会同人应表示谢忱。（鼓掌）

董事长：鄙人兹郑重声明，施君藻词奖饰昨年董事会工作显然为敝董事会所未料及而乐于听闻者，因同人鉴于本埠某大公司月前常年大会议场之经过，今日到会俱深怀恐惧畏怯，故鄙人代表各董事对于施君奖饰美言暨选举人之全体赞同表示诚恳之感激。（鼓掌）

卸任之董事

董事长：戴乐君参与董事会多年，披厘君系新近加入董事会者，俱将离津归国，郑慈荫君担任董事职务多年，兹因业务关系不复参加，虽戴君仍将来华，然本会议为三君末次莅席，故鄙人提议对于三君为市民尽职成绩斐然表示感谢，董事会同人翕然共事多年，谊属同舟，尤深激动情感。（鼓掌）

董事长：动议今日承总领事贲临主持会议理应表示谢忱。全体一致赞成，遂宣告闭会。

驻津英国工部局1933年报告

本董事会兹将常年市政报告连同1933年截至12月31日止之财政统计暨1934年之收支预算一并陈请选举人察[查]核。

1933年4月12日英租界选举人第十五次常年大会选出董事会各董事如下：

卞白眉君、赵君达君、庄乐峰君、蓝葛君、李宏章君、莫瑞君、毕德斯君、瑞士君、体伯君、王荷舫君。

新董事会于1933年4月19日集议，推举体伯君为董事长，庄乐峰君为副董事长，并分组成立各委员会列次：

人员财政暨医院委员：卞白眉君、庄乐峰君、李宏章君、莫瑞君、毕德斯君、体伯君。

工程委员：庄乐峰君、蓝葛君、李宏章君、瑞士君、雷塞姆少校(由董事会公请加入)。

公安委员：赵君达君、庄乐峰君、瑞士君、体伯君、王荷舫君。

电务委员：赵君达君、莫瑞君、毕德斯君。

水道委员：卞白眉君、蓝葛君、王荷舫君。

董事长因职务关系为各委员会之委员。

1934年2月体伯君因健康关系暨公司业务繁剧辞职，董事会遂推举毕德斯君为董事长，体伯君董事遗缺由董事会公请裴恩德君补充。

条　例

1933年工部局公布之条例列次：

修正条文

条例第二十九条

妓馆

一、无论何人，不准在英租界内开设妓馆、娼寮、有伤风化处所，或其他妨害治安场所。倘有违犯本条例者，应科以不逾500元之罚金。

1934年1月18日施行有效

增加条文

条例第二十九条甲

赌局

一、无论何人，不准在英租界内开设赌局。凡意图营利而供给赌博局所或聚众赌博者，应科以不逾3,000元之罚金。

二、凡在聚赌局中抓获之赌博器具钱财，暨博头所有或其赌博台上之财物，无论是否属于犯赌人，概应充公。

三、无论何人，凡在聚赌局中任事者，应科以不逾1,000元之罚金。

1934年1月18日施行有效

条例第四十七条甲

经售中国酒品商人

一、无论何人，未具领捐照者，不得开设店铺或其他营业经售中国酒品。

二、此项捐照应每年具领一次，惟工部局得随时撤回之，不负任何赔偿，其捐照收费数目由局酌定。

三、本捐照不准转移于他人，并须随时悬挂柜内明显地点。

四、铺面所在，不准零售酒品供给顾客沽饮。

五、品质低劣、成分不洁或不宜供饮之酒品，概不准存留或出售。

六、倘警务处索取样品，应即将存留备售之酒品供给之。

七、此项酒品经化验后，如查系品质不洁，卫生医官认为不适为饮料者，工部局得将其总数量充公销毁,并不负任何赔偿。

八、下午10时后至上午8时前不准售卖酒品。

九、工部局警捕得随时进入铺面执行检查。

十、如有不遵守或违犯本条例规定者,每次应科以不逾25元之罚金,并撤销捐照或停止捐照效用。

1933年12月23日施行有效

条例第五十条

彩票取缔

一、凡未先具领工部局捐照,无论何人,不准售卖或设店发售零整彩票。此项捐照费由工部局酌定。本条例所指之彩票,应包括各种香宾票、摇彩奖券或工部局认为类似之其他含有赌博性之票券。

二、除征收捐照费外,工部局如认为必要,得要求交付押款,其数目由局酌定。

三、本捐照不准转移于他人。

四、发行彩票人须用书面或于必要时亲自向英工部局警务处长请领捐照,其声请书必须载明彩票名称、发行之目的、开彩地点、票价收入之预定支配,暨稽核彩票账目稽核员之姓名。此项声请书应由请求人指定之稽核员负责担保,请求人信用之英租界纳税人2人连带签名盖章。

五、工部局不允颁发捐照时,无须声明理由。

六、彩票之额数暨发行时期由工部局审核决定。

七、工部局有权饬令具领捐照人将已经合格之会计师稽核之彩票账目呈核,该账目必须详列彩票或奖券发行及售出之总数、已收票价暨其支配之情形。

八、彩票发售只准在领照人办公处或工部局核准之代理处行之。

九、除领照人办公处或其已领捐照之代理处外,本租界内无论何处,不准零整出售彩票。

十、登载彩票广告只准依照工部局核定格式办理,详列彩票名称并承办人姓名及开彩地点。

十一、工部局得随时不附任何理由撤回捐照,并不负一切赔偿责任。

十二、无论何人,有不遵守或违犯本条例规定情事,每次应科以不逾100元之罚金。

1933年7月10日施行有效

条例第五十一条(修正条文)

公寓规定

一、本条例所指"公寓"应依下列释定意义为准："其寓所租住顾客以一昼夜或不超过3整月为租期者"。

本条例对于准许之旅馆暨本局认为系招待给费宾客之私人住宅，不适用之。

二、无论何人，在英租界开设公寓，须向工部局请领捐照，其收费由工部局酌定。

三、工部局不允准颁发捐照时，无须声明理由。

四、本捐照不准转移于他人。

五、公寓应备置登记簿，详列所有寓客暨来往顾客之年龄、职业、其移入公寓前之住址暨迁出之住址，该登记簿须随时备警捕查看。

六、如寓客有携带枪械或其他危险凶器情事，应立即报告警捕。

七、公寓内绝对不准有堪以构成扰乱公安之酗酒、喧哗、骚扰、有伤风化或赌博情事。

八、寓所不准故意容留窃盗，或允许匪类住宿，或访问会聚，或存放物品。

九、寓所须保持应有卫生状况，其业务经营须遵照公共卫生条款邀卫生医官之满意，并须有正当卫生设备。

十、公寓应给予值班警捕、卫生处职员随时查察之便利，其捐照亦须时备检查。

十一、对于本局职员不准有任何酬谢情事。

十二、工部局应有不附任何理由随时撤回捐照之权衡，并不负赔偿任何损失。

十三、无论何人，如有违犯或不遵本条例任何规定情事，每次应处以不逾100元之罚金。

1933年12月23日施行有效

各种捐率暨租金照费等

地亩捐：

所有老租界扩充界地亩及推广界之已垫高经过一足年之地亩捐均按估定价值 1% 征收，推广界内其他各地捐均按估定价值四百分之一征收。

估定房产租值捐

所有坐落老租界扩充界及推广界内已垫地段房屋估定租值捐概按 11% 征收。

地亩转移暨抵押登记费

地亩转移在工部局登记者，均按照本局勘估价值四百分之一收费，以 40 元为收费最低数目，至 150 元为收费最高数目，概由新业主缴纳。

地亩抵押登记无论产业价值一概收费 15 元。

杂项收费

广告招贴及告白等

本租界内建立广告暨招贴告白等须依照下列规定：

一、本界内公众观瞻处所未经本局警务处给予允准，不得任意张贴广告。

二、凡有备贴广告之招牌建立须得有本局工程处之允准。

三、请求准许人于必要时须将广告式样送呈警务处备阅。

四、凡有通告、广告务须经本局警务处盖章记号，加注日期，然后张贴。

五、违犯以上规定者，得科以 200 元以下之罚金。

六、本规定对于营业或工业厂所建立于该营业等所在地之广告招贴不适用之。

押款与收费由本局酌定。

现时收费定每方尺每年收费洋 0.075 元。

运载病人汽车租赁费

路程起点	路程终点	外国人跟车(元)	中国人跟车(元)
本租界内任何地点	本局所立医院之一	6	4
其他租界	同上	10	8

（续表）

本租界任何地点	其他租界之任何地点	10	8
其他租界	其他租界之某医院	12	10
本租界	天津城	15	12
天津城	本租界		

附注：特别一区、二区、三区暨佟家楼之费率与其他租界同。

四至石柱

混凝土带字石柱每柱 3 元。

石柱安放于业主地亩工资在内每柱 3.5 元。

建筑图样审查费

洋式建筑

一、每所房屋建筑容积不超过 20,000 立方尺：6 元。

二、增加容积每 5 千立方尺或不满 5 千立方尺：1.5 元。

三、已核准图样如有更改而于容积无所增减者：1.5 元。

四、房屋内部更改与现有墙壁无关者：4.5 元。否则依照甲乙两项收费。

五、设某图所载系多所同样房屋，则第一所房屋图样审查费应依上列费率计算之，其他各所仅收规定费率之半数，惟任何一种多所同样房屋图样审查费总数不得超过 75 元。

附注：任何单所房图之审查费不得超过 35 元。

中国式建筑

住房铺面或商行：

3 所或不满 3 所附带下房：4 元。

10 所或不满 10 所附带下房：7.5 元。

每增加房间一间或房屋一所：0.5 元。

他种房屋：15 元。

每段房屋取费至多不得过：75 元。

附注：为便利计算上列费率起见，每一中国式房屋所占平地面积除院落不计外，以不超过 400 方尺为准。

卫生设备项下

核准图样费每一装具取费 1 元，至多以 20 元为限。

查验设备费第一次免费，第二次起每次每一装具收费 5 元，至多以百元为限。

杂项

婚丧暨寿事牌楼:5元。

牌楼如宽至25英尺横过马路者:50元。

建筑材料堆积公共道路占地每方码每月应纳费:0.5元。

河坝系船费

轮船类

各式轮船凡系靠英租界河坝者,以注册净吨数计,每1吨征收系船费银洋0.075元,所有纳费轮船得停靠河坝3日(即72小时由开到时起算)。如系靠时间须延长者,每增加24小时增加收费22元。

驳船类

凡系靠英租界河坝驳船装载货物每百吨或不满百吨者,收系船费银洋7.5元,此项货物吨数以重量或容积计算,均按照轮船货单为凭。

凡有驳船每系靠河坝一次,增加收费银洋10元,倘系本局请求移动者不在此例。

上列各费概由各该船公司或代理人缴付。

河坝租费

凡有装卸轮船或驳船货物堆积河坝者,每吨以重量或容积计征收河坝租费银洋0.075元,此费由接受占用船位准许单之商行缴付。

附注:装卸轮船货物凡缴此租费者,得积存河坝7日(海关假期除外),凡有货物逾此限期仍未提取者,本局得代行收存,其一切危险暨费用概由货主担负。倘本局准许该项货物过上列期限仍堆积河坝者,则该项货物以包计或以担计,应征收按日计算之寄存费。此按日计算之寄存费率大概与津埠普通货栈按月计算栈费相等。

码头捐

凡经过英租界河坝货物均按各货物价值1‰征收码头捐。

电警响号

住户如愿安装通接电警响号之开关机者,本局可代为安设,惟该住户须预付此项安设费本暨第一年期费用合计洋100元。嗣后如留用开关机者,每年并须缴付常年费用洋50元。

坟墓费暨下葬费

火葬费普通瓮值在内:50元。

墓圹暨洋灰顶盖及下葬费在内(牧师费另计):50元。

除在马厂道塜[冢]园已修家族坟墓或在1933年1月1日前已经购定墓穴者外,嗣后该塜[冢]园只备安葬英国人民之灵柩或本租界住户纳税人或纳税人家族之灵柩。

不在本租界居住并不纳本租界捐税之非英国人,墓圹暨洋灰顶盖及下葬费在内(牧师费另计):75元。

汽车夫执照费

汽车夫请求执照考验费:1元。

驾驶执照费每张:3元。

捐照号码牌

载货车号码牌每个:0.5元。

狗牌:0.1元。

房屋消毒费

每一房间:3元。

电流费率

电灯:每一电码0.2元。

暖气:每一电码0.05元。

烹饪:每一电码0.035元。

电马力:用电量在50启罗瓦特为最高限度者每一电码0.06元;用电量超过50启罗瓦特者每一电码0.04元。

其他多量用电取费另行核议。

医院项下

维多利亚医院	住院费	
	英租界住户或纳捐人(元)	非本租界住户暨非纳捐人(元)
特别病室	每日11	15
普通病室	每日9	12
外科手术室		
重要手术	30	40
次要手术	15	20

隔离病院住院费

	英法租界住户(或)纳捐人(元)	非英法租界住户(或)纳捐人(元)
每日	5.5	10元

产妇调养院住院费：每日 15 元。

注射药品非药方谱所列药材暨专利药品、食物、汽水及酒类概另收费。

X 光照收费

收费 类别	本局收费 (元)	医生手续费 (元)	总数 (元)
牙齿 1 枚	2	10	12
牙齿 2 枚	3	13	16
牙齿 3 枚	4	16	20
牙齿 4 枚	5	19	24
牙齿 5 枚	6	22	28
牙齿 6 枚	7	25	32
牙齿 7 枚	8	28	36
牙齿 8 枚	9	31	40
牙齿 9 枚	10	34	44
牙齿 10 枚	11	37	48
大印片　10 寸×12 寸 　　　　12 寸×14 寸	10	15	25
小印片　8 寸×10 寸 　　　　6.5 寸×8.5 寸	5	15	20
幕影查考	5	15	20

电气治疗

用电气治疗器(院外诊治)由病院职员施诊	(每半小时)7.5 元
包括按摩费	(每半小时)7.5 元
包括按摩费	(每 1 小时)15 元
按摩电机用费	每次 1.5 元
普通按摩费	每 1 次 5 元
	2 次 10 元
	3 次 15 元
	3 次以上之每 1 次 3 元

捐照费率列下

汽车、载重汽车暨拖车：每年 80 元。若在一月以后具领，每月按 7 元收费核算至年终止。

电水自行车连双坐或不连双坐：每年 40 元。若在一月以后具领，每月按

3.5元收费核算至年终止。

附注：

一、在一月以后上捐之捐费概按上捐月份一日起计算。

二、汽车、载重汽车暨拖车如停驶不用或运至他埠,其捐照未满期部分之已缴捐费得按每月6元退捐,电水自行车按每月3元退捐,惟捐照暨号码牌在退捐时须缴回,捐务处再捐费退回数目须按请求退捐月份之下月一日起计算。

三、此为英、法、意、日各租界暨特别一、二、三区之通行捐,天津城里城外不在此例。

签发汽车驾驶执照	每张3元
长途汽车特别捐	每季加收特捐15元
公用汽车特别捐	每季加收特捐3元
马车	每年18元　每月2元
人力车	每年9元,每月1元
自行车(全天津)	每年1元
装货排子车或大车	每月2.2元
小本营生小车	每月1元
手车	每月0.3元
犬	每年5元
小本营生	每月1.25元
电影院	每月15元
牛乳房送货人	每年0.3元

旅　馆

一等	每月25元
二等	每月20元
三等	每月15元
蒸制酒品捐照	每年250元

酒柜捐

一等捐	每月25元
二等捐	每月20元
三等捐	每月15元

经售洋酒捐照

一等	每年 25 元
二等	每年 20 元
三等	每年 15 元
经售中国酒捐照	每年 5 元

押当铺捐照

一等	每年 100 元
二等	每年 50 元
手枪执照签发费	每支 5 元
换照费	每年 1 元

食堂餐馆捐照

一等	每月 25 元
二等	每月 20 元
三等	每月 15 元
屠兽场	每年 75 元

图样

英租界蓝色影印全图： 每张 5 元。

公用营业汽车

下列公用汽车租赁费率业经英国工部局核准。

大汽车载客 5 人以上：在 20 分钟以内最少租赁费每次 1.5 元；首先 40 分钟每次 2.5 元；第一小时每次 4 元；每增加 20 分钟每次 1 元。

小汽车只载客 5 人：在 20 分钟以内最少租赁费每次 1 元；首先 40 分钟每次 2 元；第一小时每次 3 元；每增加半小时每次 1 元。

钟点计算由预定时起至乘客离车时止，再加该车开回车行需用时刻。

垃圾箱

工部局规定式样垃圾箱每只：2.5 元。

人力车价

10 分钟或不满 10 分钟每次：1 角辅币。

续雇时间每 10 分钟：1 角辅币。

每 1 小时：5 角辅币。

车夫 2 人推拉:加倍。

以上车价仅于日间通用,如在夜晚或遇天时不晴应增加之。

起重机

每次起重至少收费:30 元。

若以吨位计算,每起一吨收费:3.75 元。

最大重量限制 30 吨。

测量费

普通测量未兴建筑地亩:每亩收费 5 元。

已有建筑地亩无论上建房屋是否须位置图样上:每亩收费 7 元。

水价

依水表记载,每千加伦收费 1 元。

用户每月是否用水,每一水表须纳费 1 元,倘用户所装水表不止一个,则无论何表,所用水量均得列入月账。

磅房收费

大车过磅每一吨或不满 1 吨:0.05 元大洋。

每次过磅至少收费:0.2 元大洋。

估定房产租值捐

查本租界选举人于上次常年大会所公举之估价委员业将坐落界内各段房产本年全年租值估计完竣。

此项估定租值列有单表,凡愿参阅者可于本年5月31日以后随时惠临本局。倘捐户对于该估价委员所估全年租值或有不满意处,应于本年6月30日或早日通知本局秘书长,俾所具质问理由得于颁发该捐账单日期以前受详细考核,凡有请求另行估计全年租值之申请书,倘于本年6月30日以前未能递到者,概不受理。

每年9月为缴纳全年房产捐之期,倘至9月30日仍未缴纳者,按照本局条例第39条,本局得征收额外附加捐以欠缴捐数之10%为标准。

如本年房产租值捐至迟到9月30日尚未将全数照缴者,则本局对于其请求核减房产租值捐事概不受理。

凡已缴纳之捐款,本局得依照下列特别情形或准予退还,惟须详细声明者,此项捐款之应否退还完全由本局权衡决定。

房产租值捐要求退还规定

一、凡房产于一年度中有未经占用时期,本局可酌核情形按照下列计算表将已缴之捐款退还。

计开:

未占用一个月者退还5%;

未占用二个月者退还10%;

未占用三个月者退还15%;

未占用四个月者退还20%;

未占用五个月者退还25%;

未占用六个月者退还30%;

未占用七个月者退还35%;

未占用八个月者退还40%;

未占用九个月者退还50%;

未占用十个月者退还60%;

未占用十一个月者退还 70%；

未占用十二个月者退还 80%；

二、凡非出租之房产应作为有人占用。

三、若房屋内置有家具或货物者,应作为有人占用。

四、凡房屋空闲满足一整月者,即自本月某日空闲至次月之同一日期得要求退捐。惟该房业主或经租人应即于房屋空出日报告,工部局并每满届一个月继续报告一次,一俟租出,应再于租出日立即报告之,倘不依此随时报告注明,每段地空闲房屋住址其退还房捐要求当即失效。

五、第一次报告房屋空闲须用特别格式,此种特别格式可向英工部局会计处索取,该格式内应列房屋号数,系业主用以志别其管业地段房屋定有不同额之租金者。

各段房产类别列次：

(一)多所成排房屋其租赁以一整所为单位者；

(二)某段地房产系铺面办公室住所或分租楼房暨货栈合成者,其出租以全部或一部分为单位者；

(三)货栈其出租以分截部分为单位者；

(四)菜市建有铺面住房摊子概可分租者；

(五)大所住房其出租以房间为单位者。

六、业主或经租人于要求退捐时须采用"首次报告"格式,并于该报告内分别详细说明每段房产之出租单位与租金之总收入暨各单位之按月租金数目。

七、此后业主或经租人再有退捐要求,只须用信函援引首次报告注明产业段数、号数,工部局主管退捐要求人员当即于该房屋之首次报告照行注明。

八、倘每年地捐至 4 月 30 日,房产租值捐至 9 月 30 日尚未全数清缴者,其退捐要求本局概不受理。

九、凡有退捐要求应函交驻津英国工部局会计处长,并于封皮注明"请求退捐"字样。

十、工部局得随时派员查明请求书内所具各节,如查有具报不实或误报情事,其所具要求概作无效。

十一、证书格式须经业主或经租人签注如下：

"鄙人证明房产租值捐退还请求书内所具各节,据鄙人所知所信概系实情。"

工程处 1933 年报告

本年工程建设繁增,计新筑路面 43,762 方码(长 3.11 英里),布设阴沟 2.27 英里,新筑便道 33,316 方码,钢筋混凝土河坝 455 英尺,钢筋混凝土桥梁 1 座,隔离病院添造病房一排,又新建公用厕所 3 处,局有房屋尚有其他添盖工程。

本年新修便道面积比之 1926 年计增 50%,几概用沥青路面料铺筑(用沥青路面料铺筑之面积合 33,096 方码,用洋灰混凝土铺筑之面积仅 220 方码)。查用沥青路面料以代洋灰混凝土铺筑新便道,业已施行数年,此项便道不惟路面光润,步履之感觉舒适,且不易破裂,其铺筑价值比之洋灰混凝土便道较低,同时并能利用辗轮榨碎石块所剩"细石粉",盖历年榨碎石块积存"细石粉"甚多,有用途,今得用以铺筑便道,殊称便利。

1933 年界内业主建造房屋之总值增加,为 1926 年及 1928 年以来所仅见,年间所颁建筑准单依估计产值核算,共合洋 3,178,291 元。

本年辅捐收入亦为近年最高之总数,共计洋 236,896.07 元,比之 1932 年计增收洋 9,606.04 元。虽年间菜市一部分因拆修翻盖致收入减少(2,678 元),然辅捐总数依然显有上述增加。

1933 年建筑工程列次:

桥梁:马厂道佟家楼旧有之二木桥业已拆除,于其原址新建钢筋混凝土桥梁一座,形式美观,并于交通便利安全俱有增益。

河坝:下列旧有木质部分业已用钢筋混凝土改造。

第一船位河坝:337 英尺。

第四船位河坝:118 英尺。

(现有水道处进水管口所在)

共长 455 英尺。

此为河坝全部用钢筋混凝土改筑工程之最后一段。

塚[冢]园:马厂道塚[冢]园除园役室有加盖工程外,并添盖休息室一间,现有塚[冢]园东部洼地已填高,因此园地面积约增加 12 亩,比之旧有地势计增一倍余。

火葬炉：本年共计用8次。

填地土坝：年间因填高第9水坑第375号甲洼地，新筑小土坝一段，计用土约790方。

防水土坝：年间谨施以需要修理暨保持工程。

填土：推广界填土工作于3月10日开工，惟因河水高涨，乃于6月24日停止，旋于10月25日重行吹填，嗣至12月13日因天气严寒复行停工，年间供给泥土总量共计101,458方，其分配详数如下：

第9水坑包括推广界地第41段、42段、45段、46段计填土48,875方。

第10水坑包括推广界地第43段、44段、47段计填土52,583方。

总计101,458方。

第9水坑除一部分(第46段第375号甲地)业经完全填高外，余地填实成分为45%，第10水坑填实成分为53%。

完成推广界填土工作尚需泥土总量约计：119,740方。

公共厕所：年间新建公共厕所3处，位置列次：

河坝怡和道口(仍用旧厕所地址)1处；

孟买道益斯滨道暨宝士徒道交岔口1处；

伦敦道威灵顿道暨敦桥道交岔口1处。

菜市旧有厕所业已拆除，现在原地暂盖临时厕所1处。

工部局房屋：隔离病院添盖病房1排暨院役室1间；

敦桥道新机料场加盖马棚1所；

马厂道花房添盖养花室2间；

戈登堂后新建捐务公事房1所；

中街警务处添盖监守所；

立斯克目道口警备队司令部房屋年间有添造修改工程。

新机料场：年间敦桥道新机料场供给沥青混凝土掺合计64,840立方尺，路面沥青料计45,203立方尺。

辗轮榨碎石块共计130,136立方尺，其榨成石块直径自1.5寸至6分不等，化验室查验沥青混凝土掺合、沥青洋灰暨沙子共计209次。

自建房屋：1933年界内业主建造房屋总计值洋2,430,765元，内有计值洋451,607元之建筑，其准单系在1932年颁发而在本年竣工者。此外尚有现时建造未完工之房产，计至1933年底共值洋1,119,361元。

1933年1月至12月颁发建筑准单计值(估计):3,178,291元。

1933年1月至12月建筑完成房屋计值(估计):1,979,158元。

1933年1月至12月建筑尚未完成房屋计值(估计):1,119,361元。

1933年1月至12月建筑准单已颁发而尚未动工之房屋计值（估计）:79,772元。

总计洋3,178,291元。

马路便道暨暴雨水沟项下：本年修筑路线面积共计43,762方码，计长3.11英里,详数列次：

红砖路基上铺沥青混凝土路线：

伦敦道(自咪哆士道至围墙道):2,234方码；

戈登道(桥口):508方码；

盛茂道(桥口):836方码；

小河道(自马厂[场]道至都伯林道):543方码；

小河道(自威灵顿道至宝士徒道):3,193方码；

伯斯道(自孟买道至小河道):704方码；

实士徒道(自大北道至体伯瑞道):3,270方码；

约克道(自格拉斯哥道至宝士徒道):3,547方码；

爱丁堡道(自格拉斯哥道至马尔他道):2,324方码；

新加坡道(自格拉斯哥道至马尔他道):1,886方码；

马厂道(佟家楼桥口):1,433方码。

钢筋混凝土路基上铺沥青混凝土路线：

河坝道(开滦胡同角):78方码；

围墙道(半面)自达文波道至伦敦道:830方码；

围墙道(半面)自戈登道至红墙道:2,718方码；

围墙道(半面)自红墙道至盛茂道:1,549方码；

围墙道(半面)自盛茂道至公学道:1,524方码；

伦敦道(半面)自格拉斯哥道至威灵顿道:5,520方码；

马路加宽(怡和道第13号地暨克森士道第29号地):149方码。

原有钢筋混凝土路基上铺生铁块路线：

河坝道暨咪哆士道交岔口:87方码。

原有钢筋混凝土路基上铺木块路线：

河坝道(自董事道至咪哆士道):1,936方码;

河坝道(自咪哆士道至宝士徒道):7,470方码。

原有钢筋混凝土路基上铺开滦钢砖路线:

河坝道(自开滦胡同至董事道):1,423方码。

总计:43,762方码。

连同已往10年一并计算,修筑路线总面积合计:429,795方码,总长计25.04英里。

阴沟项下:1933年修筑沟线:

宝士徒道(自体伯瑞道至大北道):1,066英尺,沟管系椭形,高2英尺3寸,宽1英尺6寸;

克伦波道(自康伯兰道至登伯敦道):1,180英尺,沟管系椭形,高1英尺6寸,宽1英尺;

登伯敦道(自香港道至伦敦道):1,406英尺,沟管系椭形,高1英尺6寸,宽1英尺;

登伯敦道(自林莫克道至格林威道):433英尺,沟管系椭形,高1英尺6寸,宽1英尺;

爱丁堡道(自康伯兰道至登伯敦道):1,167英尺,沟管系椭形,高1英尺6寸,宽1英尺;

福发道(自登伯敦道至格拉斯哥道):1,040英尺,沟管系椭形,高1英尺6寸,宽1英尺;

格林威道(自奥克尼道至登伯敦道):298英尺,同上;

香港道(自康伯兰道至登伯敦道):1,053英尺,同上;

林莫克道(自登伯敦道至格拉斯哥道):1,002英尺,同上;

伦敦道(自康伯兰道至登伯敦道):1,169英尺,沟管系椭形,高2英尺3寸,宽1英尺6寸;

伦敦道(自登伯敦道至格拉斯哥道):1,103英尺,沟管系椭形,高3英尺,宽2英尺;

新加坡道(自康伯兰道至登伯敦道):1,090英尺,沟管系椭形,高1英尺6寸,宽1英尺;

总长:12,007英尺,合2.27英里。

连同已往10年界内修筑沟线一并计算,总长57,299英尺,合10.85英里。

路边水沟石:本年建造之洋灰混凝土路边水沟石共计长14,561英尺,合2.76英里。

便道:本年铺筑便道总面积计33,316方码,其中220方码系用洋灰混凝土铺筑,其余33,096方码系用沥青路面料铺筑。

暴雨水沟:本年建筑暴雨水沟共计长3,061英尺。

洒水:本年洒路清道用水量共计927,400加伦。

清道工作:本年收集处置之脏土量列次:

住户垃圾:16,100方;

街道脏土:1,812方;

泥土:186方;

炉灰(出自工厂):156方;

马粪:186方;

沟泥(出自水沟):390方;

总计:18,830方。

扫除积雪:年内下雪计12次,街头扫除积雪总量约5,000方。

马棚:本局马棚内豢养之牲口暨置用机件,截至1933年12月31日止,列册于次:

骡:51匹;

大车:59辆;

载重机车(内有蒸气机车2辆):7辆;

载重拖车:4辆;

汽力水车:1辆;

马拉水车:11辆;

马帚:7架;

驾马具:57副。

本年马棚内牲口变动数目列表于次:

	1931年存数	1932年废除数	新购	现存
骡	51匹	8匹	6匹	51匹

其他工程项下:

通接阴沟之路边井子:357个;

位置四至界石：171柱；

卫生设备检验：256处；

油刷白色交通指示线：75,763英尺；

脏水井清理：631处。

本年伦敦道、威灵顿道暨敦桥道交岔口建筑圆形花圃两块，又河坝码头起重机重建包工合同已经订定，现正兴工建筑。

气候：本报告附有已往30年，即自1904年起至1933年止之气象测量纪录表暨历年雨水及寒暑记载曲线图。

职员：本年5月中旬，鄙人例假离津回国，于12月6日销假视事，在鄙人假期间，工程师职务由乔谒纳君代行，成绩良好。助理工程员巴恩士君于本年9月1日例假回国。

花木管理员郎嘉德夫人于本年8月23日例假回国。

本处各级职员咸能忠于职守，勤奋奉公，良堪嘉慰，尤以乔谒纳君暨卢西园君之执行原有职责外之兼理其他处务为显著，鄙人愿藉此表示感忱。

工程师　巴恩士

电务处 1933 年报告

总论:年间电灯、电马力、暖气、烹饪各项用电俱现增加,不惟售电收入增益,而所有发电及分输电流机件于妥靠效用无损状况下获得节省费用,各机件经按时测验检查,其妥靠性、能量运用效率、现时实况暨发电机效用之年限,概得有价值之记载。电流分输布设因添用附带记载之电压表暨电力表,供给用户电压之正确得以保持,并节制电流损失,嗣后布设变压器合乎经济之规划,亦得有所恁藉。

本处经济状况截至 1933 年底止计开于次:

购置成本项下:1,895,616.00 元。

折旧存储:1,352,190.00 元。

购置存储:514,179.00 元。

债款实数:149,650.00 元。

售电收入(1933 年):1,021,097.00 元。

扣除折旧:154,048.00 元。

之余利总数:448,414.00 元。

合成本余利:23.65%。

扣除折旧:154,048.00 元。

暨八厘年息:11,672.00 元。

之盈余净数:436,742.00 元。

本处自 1920 年设立以来,归还工部局总账之款额计达 2,494,159 元,查成本款额为 1,895,616 元,业经历年拨付之折旧存储计达 1,866,369 元。

历年营业净利详数胪列于次:

1920 年 10 月开办电流取自购买:11,434 元。

1921 年购买总电流再分售用户:88,059 元。

1922 年一部分电流本厂摩发,其余取自购买:82,194 元。

1923 年电流完全由本厂摩发:59,377 元。

1924 年电流完全由本厂摩发:122,355 元。

1925年电流完全由本厂摩发:132,979元。

1926年电流完全由本厂摩发:128,310元。

1927年电流完全由本厂摩发:210,281元。

1928年电流完全由本厂摩发:299,228元。

1929年电流完全由本厂摩发:245,659元。

1930年电流完全由本厂摩发:243,968元。

1931年电流完全由本厂摩发:201,058元。

1932年电流完全由本厂摩发:232,514元。

1933年电流完全由本厂摩发:436,742元。

总数:2,494,159元。

售电:1933年售出电码共计11,650,889启罗瓦特小时,比之1932年售出之总量10,701,404启罗瓦特小时(电码)计增8.87%,惟1932年之总量内尚包括接济邻区因电机一部分发生障碍时所需电量796,124电码,故1933年本租界售电连同特别一区用电比之1932年实增约17.6%。

查本界建筑种类不一,其所需电灯光力因之各异,且耗电最多量时间变化无常,故对于住户、事务所、学院、菜市、旅馆、铺面、货栈等之用电估计定一标准。概能适用者实属难能,况用户对统量用电制之额定收费,已啧有烦言,溯自本年初,本处即详加察核,查该制施行殊欠划一,无补节约,反滋流弊,且用户暨电务处俱感困难,嗣经董事会缜密审核,决定取消,并自1933年6月1日起,恢复划分用电制,按原有下列费率收费:

电灯:每1电码0.2元;

暖气:0.05元;

烹饪:0.035元;

电马力:0.035元。

依据统计,本界电灯费率比之其他给电公司较为合宜,若以他埠论,则更形低廉,至暖气、电马力暨烹饪费率几为中国之最低收费。兹须为本界用户陈明者,统量用电制之取消,要非藉以增加售电收入,乃为节止公私糜费,为电务处财政经营立一正当标准,抛弃易于伸缩之复杂制度耳,因此改革,并本处之从事实际撙节,董事会对于电灯费率之低减,当能早日审议及之,至对于耗用巨量电马力之工业用户,给予按比例核算之电灯减费,业经董事会核准,自1933年8月1日起施行有效。

供给特一区电流合同，已重行签订，自 1933 年 11 月 1 日起继续 3 年。查本年售与特一区电流总计 2,191,965 电码，合本处售电总量 19%。

发电机件：年间发电厂只增置开关机 2 具，其一为高压油力开关机，配有四路选择开关附件。倘发电机忽然发生意外，本厂给电藉此即能换接辅发电机。倘或厂外输电发生严重障碍，该开关机即能使通接发电机之总开关脱开。其二为一低压之选择开关机，专为通接发电厂内辅类机件暨厂址周围输电之变压器之用，倘变压器之高压保险线突然烧断，或变压器发生其他障碍，有此低压开关，电流供给之联续无间，可免严重影响，因该开关机于数秒钟内即能变换通接也。

年间电流供给并无因厂内有何疏忽而发生间断情事。

厂内机件概经工程师暨发电厂总管率领各部分主管职员随时稽察，昼夜无间，其疏于职守或不按手续情事洵不多见。所有涡轮推动机、交流发电机及抽水机等，每年概经拆开二次，各机部分于拆开合拢前均详加检查。各锅炉内部每年至少察验二次，并用水泵试验压力。余如添煤机件、保险罨等，亦经按时察验，施行需要之修理校正。所有损坏、校正、修理、试验经过俱经列入专备之日记簿册，凡属机械、物理、电气或化学性之一切特殊现象因由，概得随时使之缓和或消灭之，该日记簿之效用已颇显著。

前已述及本处研求实际撙节，同时于发电机件效率或用户之便利俱无妨碍，其最要节目莫如煤炭消耗，故锅炉添煤夫役概经给予合法之训练，及炉膛作用之说明，用收煤炭完全燃烧之效。凝水柜并经逐日深夜清洗，如锅炉涡轮推动机，暨抽水机等之采用适当支配，俾于最经济状况下供应电量需要，并求烟筒暨凝水柜流水热力捐耗之一再削减。总核各项，1933 年获得煤炭撙节计洋 21,000 元，1932 年暨 1933 年之煤价差额并未计入此数。

1933 年共用开滦煤末 19,182 公吨，每磅约含热单位 10,500，每吨购价 8.42 元，发电总量计 14,104,479 电码（启罗瓦特小时），合每 1 电码耗煤 2.997 磅，此数包括蒸发锅炉进水用净水暨各厂造冰及制汽水用之净水 115,000 加伦。

查风向不顺、潮水浅涸，墙子河水量不充，凝水柜流水不敷应用，仍为一亟待解决之困难。所需抽水机件兹已购自英国，备装河坝汲引海河水量，经河坝海河工程局旧有水管，输入近发电厂之墙子河内，该机件之设置业经兴工。1934 年内并拟在发电厂前建筑水闸二道，以便潮水浅涸时截储水量，俾凝水柜需要凉水不致缺乏。本界及特一区内之墙子河藉此抽水机之设置,并得于24小时内冲洗全部,其不卫生之状况得以消灭,当为本界及特一区住户所欢迎。

发电厂之负荷:1933年最高负荷计3,590电码,发现于1月25日(旧历新年初一),是日发电总量计44,910电码,本年最低负荷发现于8月6日。

电流分输:各变压器概经依次搬入厂址,施行清洁检查,暨绝缘试验,器内油量概经过滤去湿,以便恢复其间接传电力,盖有细微湿气杂尘即代足以影响绝缘油量之间接传电力也。

旧有不适用之联合箱匣、分段开关机及绝缘物等,概经剔换,供以新式料件,故悬空之高压输电设备更臻妥靠,通接用户之低压分输设备亦均施行上述增进效用之改善,年间推广界增加分输设备,益斯滨道添设一变压机分处,马厂道暨敦桥道新机料厂之各变压器容量业经增加,藉便供给新建住宅暨邻区稻田所需电流,海大道平和洋行院内旧有之变压器分处,已迁入维多利亚花园内新址,供给特一区电流合同续订后,并代该区建立50K.V.A(50启罗伏次安卮)变压器分处于武昌路与威尔逊路之转角。

电流损失:本年电流因分输暨变压器之损失平均占8.46%,1932年之损失比率为8.02%,查年间添布电线增设变压器,用以校准电压,上列8.46%损失尚不为多。

负荷供求相应数:依据本厂供给最高电量与售出电码比较,此数计合37.05%,比之上年之35.6%显有增益,表示需电低落时间之电流用途已见增多。年间电流供给发生障碍甚少,大半系因暴雨、电线搭并或用户电马力机开动不当所致。查发电厂内开关机板有专员看守,倘若开关机因用户电气用具发生障碍,而有自动脱开情事,看守人即能将输电开关机重行合接,故电流供给之间断只数秒而已。

用户接电:计至1933年底止,通电用户总数共4,529户,比之1932年计增289户,合6.8%。

电表:计至本年底止,通接电表总数共5,944个,年间查验校准之电表共计3,622个,校对手续恒就用户装表地点执行,查差之平均不到0.4%。

公用路灯:除新筑马路增加设备外,年间路灯添增光力者计有数处,马厂道即其一焉。本界现有路灯配设如下:

50烛光:12盏

100 烛光：496 盏

200 烛光：268 盏

300 烛光：125 盏

600 烛光：32 盏

私有巷街电灯年间并有添增，盖灯光充足，不惟便利住户，并可防止宵小隐藏也。

陈列室：该室年间仍照常陈列暨出售各项家庭电气用具，如电炉、电咖啡壶、电水壶、电烙铁、电冰箱、电灶、食品暨鲜果电力分合器暨电烫发器等。

查年间售出电气用具除灯泡不计外，共计 1,102 件，修理各种电气用具共计 641 件。

本处并自行制造电灶暨电气用具多种。

职员：年间处务经营成绩斐然，端赖安得尔君、王相臣君暨邓寿椿君之襄赞，殊堪称慰。每当处务繁剧应付困难，率能措置裕如，凡此具系本处手创人已故伟廉士君历年指导有方之功绩，鄙人敬仰无已。

本处工员咸勤于职守，殊属可嘉。

海河工程局已允许本处将新抽水机件与该局填土水管通接，又津海关理船厅主任邸百克君亦允许本处靠河沿安置抽水机，鄙人愿藉此致谢。

锡拉君为本处驻英工程顾问，年间深荷赞助，至深感谢。

电务处工程师　米勒

水道处 1933 年报告

一、本年供给水量暨售水纪录为水道处归工部局经营管业十一载以来最有起色之一年。最高需水量计达 2,028,000 加仑，年间售水总量合计 450,042,138 加仑，查 1923 年之最高需水量计 673,000 加仑，售水总量仅 137,395,680 加仑，由此足证十年之间需水量已增加三倍。年间营业统计尚有增益，盖五六月间之时局不安暨本租界之发展概为需水增加之由，除九月间因充分储存用水计，有二日曾汲引河水 109,000 加仑外，本年用水直全由自流井供给之，按产量之得以应付裕如，颇获 1932 年本处所恢复之已废弃井眼第 8 号井暨新凿之第 9 号井之产水效用。全年机厂抽水工作效率灼然，别无停滞或发生障碍情事，全部机件用电推动之成绩愈臻优美。

年间布设扩充界、推广界之总水管计长 11,452 英尺，以供新筑马路暨房产发展之需要，用户接水设备共计 271 处，1932 年仅通接 133 处。

二、消防设备暨河坝进水机厂

该厂设备暨全部机件概经妥为保持，年间并无火患发生，故消防设备无任何救护工作。只因界内用水需要繁增，故其河水抽引机因准备供给滤水池，曾恢复短时期之工作，并因海河淤积，其进水管口之冲激注射水管于六月间须重行装置，该处旧有木质河坝业已用洋灰混凝土重修稳固。

三、抽水机厂

巴克斯道机厂新置机件

$12''\times 7\frac{1}{2}''\times 8''$ 英格苏瑞恩特双级气压机 1 架，兰克夏厂制 90 匹马力电动机 1 架，500 加仑华新顿辛博森离心式抽水机 1 架，连同兰克夏厂制 30 匹马力电动机 1 架。

三机厂机件总数列次：

气压机：12 架

主抽水机：9 架

辅抽水机：7 架

共 28 架

各井筒及机件、贮水池暨厂房概经照例施行应有之整理,于必要处剔旧置新,保持各机件应有之效率,年间并无因机件构造有何缺点而发生障碍工作停滞情事。

四、巴克斯道机厂

滤水池机件自 5 月至 9 月间概经准备随时应用,惟实际需用时期只 9 月间 2 日,汲引过滤河水补充水量计 109,000 加伦,厂内第 2 号井、第 3 号井、第 8 号井暨第 9 号井之产水总数量列次:

月份	产水量
1 月	20,869,000
2 月	18,835,000
3 月	20,542,000
4 月	23,107,000
5 月	32,109,000
6 月	32,507,000
7 月	34,513,000
8 月	32,187,000
9 月	31,297,000
10 月	32,075,000
11 月	28,628,000
12 月	28,584,000
	共计 335,253,000 加伦

新机件

本年 3 月间设置巨量双级气压机一架,用备抽汲井水,11 月间设置 500 加伦离心式抽水机一架,通接总输水管,查本厂各井产水总量已现增加,每日产水约达 1,400,000 加伦,故上列机件之添置系属必需。

五、达格拉道机厂

该厂第 4 号井暨第 5 号井产水量列次	
1 月	10,915,300
2 月	9,918,000
3 月	11,474,800
4 月	11,768,000
5 月	12,585,000
6 月	10,221,000
7 月	10,249,000
8 月	8,673,000

(续表)

9月	9,328,000
10月	7,365,000
11月	6,587,000
12月	7,120,000
	116,204,100 加伦

年间该厂未置新机件，仅职员住舍稍加扩充，以容电匠工头。

六、伦敦道机厂

该厂第6号井暨第7号井产水量列次	
1月	8,330,000
2月	7,123,000
3月	8,528,000
4月	8,120,000
5月	8,196,000
6月	7,781,000
7月	7,979,000
8月	8,020,000
9月	7,747,000
10月	6,710,000
11月	7,903,000
12月	7,732,000
	共计 94,169,000 加伦

七、自流井

各井产水具能按预定数量供给，颇堪称意。查新凿第9号井本年6月间始通接总输水管，其产水有时发现震颤含带沙泥状况，致其空气管之位置须加调剂，此为新井在水笕周围填实暨地底情况稳定以前之常态。

各井近6年每日平均产量列次：

井号	1928年	1929年	1930年	1931年	1932年	1933年
第2号	310,000 加伦	316,000 加伦	308,000 加伦	293,000 加伦	271,000 加伦	320,000 加伦
第3号	366,000 加伦	342,000 加伦	334,000 加伦	307,000 加伦	294,000 加伦	278,000 加伦
第4号	228,000 加伦	191,000 加伦	178,000 加伦	190,000 加伦	194,000 加伦	219,000 加伦
第5号	181,000 加伦	191,000 加伦	188,000 加伦	190,000 加伦	199,000 加伦	187,000 加伦
第6号	240,000 加伦	253,000 加伦	256,000 加伦	244,000 加伦	230,000 加伦	224,000 加伦
第7号	1932年5月11日开用				56,000 加伦	49,500 加伦
第8号	1932年5月3日开用				330,000 加伦	308,000 加伦
第9号	1932年6月9日开用				500,000 加伦	515,000 加伦

右(上)表系各井每年产水之平均数量,得自每星期之测验。

各井位置成组如下:

巴克斯道机厂井眼计有:第2号、第3号、第8号、第9号。

达格拉道机厂井眼计有:第4号、第5号。

伦敦道机厂井眼计有:第6号、第7号。

各井地底情况稍有变迁,静水线水平仍有低降之趋势,惟此种现象似与产水总量无若何显著之影响,各井水质经按时化验,其中虽有微现变化者,然品质依然良好,仍适合为无上饮料。

查第8号暨第9号井产水自1932年完成以来,输入总水管之数量计超过300兆加伦。

溯自自流井规划施行迄今,各井于已往7年间共产水3,000余兆加伦,假定有等于本租界总面积之贮水池,则上述水量当可灌贮至12英尺之深度。

八、总水管暨水龙头

年间水管并无严重渗漏破裂情事。

历年布设总水管暨1933年添设之尺数列次:

年间	总水管尺数	地面水龙头	地下水龙头
1933	11,452	14	5
1932	3,720	16	0
1931	2,302	0	1
1930	354	2	0
1929	3,790	12	1
1928	7,327	12	3
1927	8,589	7	6
1926	17,237	16	22
1925	13,439	15	12
1924	16,108	30	0
1923	7,640	11	1
总数	91,958	135	51

1933年布设之详数	3英寸水管尺数	6英寸水管尺数	地面水龙头	地下水龙头
小河道	1,946	0	0	4
博士徒道		1,008	2	0
香港道		1,037	2	0
新加坡道		1,041	2	0
克伦布道		92	0	0

(续表)

爱丁堡道		1,090	1	0
福发道		957	1	0
百斯道		36	0	0
林莫克道		953	1	0
登伯敦道		1,512	2	0
围墙道		1,780	3	1
总数	1,946 英尺	9,506 英尺	14 个	5 个

九、用户水管通接

年间用户需水通接共计 271 处，1932 年通接之数计有 133 处。

除废除或截断者不计外，历年用户通接水管增加概况列次：

年期	通接水管之用户
1923	805
1924	1,027
1925	1,130
1926	1,446
1927	1,579
1928	1,803
1929	1,882
1930	1,905
1931	1,943
1932	2,076
1933	2,276

十、每日水量需要

三处机厂每日抽水最多总量暨最少总量胪列于次：

月份	最高量	最低量
1月	1,392,000	1,172,000
2月	1,330,000	1,220,000
3月	1,464,000	1,222,000
4月	1,586,000	1,285,000
5月	1,990,000	1,494,000
6月	1,838,000	1,494,000
7月	2,028,000	1,501,000
8月	1,711,000	1,413,000
9月	1,775,000	1,481,000
10月	1,602,000	1,428,000
11月	1,507,000	1,344,000
12月	1,437,000	1,354,000

本年最高数量纪载发现在 7 月 14 日，计 2,028,000 加伦，比之 1932 年之 7 月 8 日最高纪载 1,761,000 加伦计增 267,000 加伦(合 15.20%)。

十一、每月售水总量

	英租界	河坝用水	特一区用水	总数量
1月	21,283,800	180,544	10,203,800	31,668,144
2月	19,375,900	258,048	9,052,000	28,685,948
3月	22,134,000	292,544	10,028,200	32,454,744
4月	24,494,100	413,728	10,789,900	35,706,728
5月	31,738,800	250,208	12,858,900	44,847,908
6月	30,532,630	266,784	11,582,600	42,382,014
7月	31,503,000	80,416	12,447,200	44,030,616
8月	29,580,200	38,528	11,552,600	41,171,328
9月	29,089,800	47,936	11,685,300	40,823,036
10月	26,873,800	80,864	11,181,000	38,135,664
11月	25,150,380	224,560	10,393,500	35,768,440
12月	23,625,000	275,968	10,466,600	34,367,568
总数	315,381,410 加伦	2,410,128 加伦	132,250,600 加伦	450,042,138 加伦

与上年售量之增加比较列次：

	英租界	河坝用水	特一区用水	总数量
1933 年	135,381,410	2,410,128	132,250,600	450,042,138
1932 年	266,625,980	950,432	118,592,800	386,169,212
增加	48,755,430	1,459,606	13,657,800	63,872,926
	18.30%	153.00%	11.50%	16.50%

十二、水质化验报告

本年施行之水质化验手续较为透澈，所得报告证明水质清洁暨适合为饮料之标准，并无变化，各井水质化验暨微菌查验系由天津化验室米大夫暨巴斯德菌学试验室喇哒斯德大夫承办，本处得此最有价值之赞助，殊深钦感。

十三、职员

年间鄙人例假返国数月，处务由副工程师董干臣君代理，一切俱得顺序进行，各职员咸奋然尽职，鄙人愿表谢忱。

Mrssrs. J. & A. Leslie & Reid 为本处驻英工程顾问，历年关于技术事务，诸荷襄赞，鄙人并此致谢。

水道处工程师　克拉克

警务处 1933 年报告

一、兹谨将天津英国租界 1933 年警务治理报告叙列于次，备陈察[查]核。

二、罪案：年间通报本处并经侦察之案件总数暨侦察之结果概已附列"一"，表按所接报告共计 640 件，其中 638 件查系实情。其案犯须检送地方法院处理者计有 336 起，据此则侦察有效移送法院之案件计占证实案情 52.6%，查 1932 年同此比率仅占 40.3%，故昨年所表现之侦察罪案成效堪称继续进步。

年间通报案件之总数虽稍现加增，然比之同时本租界之繁荣增进暨居户宅第建筑之发展，尚不足为虑。

三、统计"二"表所列，系违犯警章逮捕或被传之人数由本处从简发落者，其总数虽增高，然比之 1930 年及 1931 年之统计仍现削减，迩来工程处暨捐务股稽查较严，违犯警章人数因之稍行增加。

四、绑架：昨年 1 月底即旧历年前，曾发现绑案一起，8 月间发现绑架未遂一起，此两案俱在本租界墙子河外，伦敦道警务分处管辖地段。

查第一案绑匪志在绑架被害人之幼子，闯入住宅时在上灯后，趁该宅仆役出外购物大门未关之便，当时居住人俱在楼上，被众匪持枪威吓，迫至楼下一住室内，绑匪遂急遽由一床铺架走一年仅六岁之幼童，付之门外守候之人力车，并掠去计值约 300 元之财物，迨至辗转迟延，开动电警响号，警捕得报，绑匪已经远扬英租界以外矣。自该案发生后，赎票交涉虽已开始接洽，然被绑者之家族绝对遵守秘密，不予警务处可资侦察之消息，故全案侦察须另觅线索。旋于 3 月初在日租界捕得绑匪 1 名，因之其他绑匪陆续捕获，查在平捕获之匪首，据称系中国军队退伍之旅长，其潜往徐州府等候赎票之同谋绑匪 2 名，继亦被捕，该被绑之幼童经在英日两租界严密搜查，于 3 月 12 日晨始得下落。

本案绑匪共计 10 人，全数破获。其中证实票匪 7 名，判决死刑者计有 4 名。查本案侦察收效迅速，仰仗本埠公安局及日租界警务署暨北平徐州府警界赞助之处甚多。

上述绑架未遂一案发生于敦桥道，时在清晨四时半左右，匪等之得入肇事住宅，乃藉匪党一人预充该宅仆役为之内应，当时该宅主人在卧室，受匪执枪威吓被架，竭力挣扎，夺出庭中呼叫援救，霎时室内妇女闻警发喊，并有佣仆一人持手枪向空射放，迨岗警及巡逻警捕闻声赶至，匪等得门外守候汽车望风匪人之警告，已相偕逃逸。事后侦察，该匪等藏匿于日租界某宅，旋经本处邀请日警署究办，未获结果。

关于本租界 1929 年 10 月 31 日梁惠吾君之被绑，暨 1931 年 3 月 5 日陈祝龄君之被绑，各该案事实迟至本年始见败露。查本年 7 月间，沪法租界警务处所派探员得本埠警界之协助，在日租界内捕获曾在上海迭犯携械强抢、绑架、凶杀悍匪一伙共 12 名。该匪等在移解上海之先经本处审讯，证明其中 2 人系 1931 年 3 月因梁君绑案曾经被捕之嫌疑犯，本处遂将此事实连同陈梁二君被绑原委函知沪法租界警务当局，旋在上海审悉。该 12 犯为迭在上海、江北、安徽、山东各地作案著匪之尤，1931 年曾在上海法租界作撕票绑架 3 起，1932 年作绑架 1 起，1933 年作绑架 1 起，并在 1931 年间杀害同党 1 人，此外并与上海公共租界之绑案二起有关。

上述证明之二匪旋经鞠讯，供认绑架陈、梁二君不讳，并供出该案同党数人，其中 2 名尚收上海监狱，其第三人则证明业已身死。该 2 犯并供认梁君系撕票，陈君则于禁锢时身亡云云，谅陈君亦系被害身死无疑。据给予法工部局之报告，本处遂获得陈、梁二君被禁遇害地点，并于 8 月 24 日及 25 日搜获 2 人尸体，由不甚腐烂之服装暨其他证物确定系陈、梁二君之尸体。

在捕之该案 4 犯于上海审讯判决死刑 2 名。其他 2 犯还收监狱，执行 15 年之拘禁。此案尚有其他 5 犯逍遥法外，惟该犯等之相片指纹概有案可稽，若辈迟早终入法网，治以应得之罪，实为本处所祈望。

五、携械抢案：1932 年间发现之抢案共计 16 起，本年间抢案仅有 6 起，其财物损失总计洋 1,718 元。内有 2 起损失较重，每起抢匪所得约值六七百元，其余案件之损失则甚微。查各案事主之警报，无不越时甚久，匪人遂得从容远扬，其警报发动及时者仅一次而已。

六、凶杀：1933 年本界共发现凶杀案 4 起，2 月 22 日香港道 35 号有一中国妇女被枪杀，该宅主人名希克司者报告附近岗警，称系自杀，旋经侦察证明非系自杀，而为颇有形迹之凶杀。希氏遂被逮捕究办，后经判明系神智不清而犯凶杀。

2 月 24 日岗警高廷玺在董事道围墙道交点岗位，因截捕由特别一区奔入英界之被追抢匪,致被匪枪杀,该匪虽趁机逃逸,旋于秋季在中国地界被当地警察捕获,因中国官厅已得有本处报告也,嗣经本处讯问供认枪杀不讳,遂即解还公安局究办,故该犯捕获鞫讯,未计入表内。

4月21日河坝苦力张葫芦被同行一人用刀扎伤甚重,旋于一小时内在马大夫医院因伤身死,凶犯手执利刃二柄,顽强抗捕,同时复扎死帮助警捕之苦力一名,最后始就捕带至本处。

第四起凶杀发现于6月间,被害人系一年约十龄之幼女,其尸体被弃于明园西南之空地,为本局巡逻警捕所发觉,经检察官验明,被害者乃系因伤致死,其尸体尚有火烫疤痕,嗣后侦察证明该幼女乃居住英租界中国某富户侍女之一,其主人暨帮同弃尸之仆役一人,因警务处严加追究仓卒赴平。其妻妾似因与本案有关,故亦同时避匿。有云已赴东省者,惟赴平之主仆二人旋在北平被捕,后经审讯判罪。

七、偷盗:年间发现偷盗案件共计64起,偷盗未遂案件计有9起,比之1932之偷盗案50起暨偷盗未遂案14起稍现增多。查严重偷盗案件辄系不法俄人所为,本界俄籍住户颇众,本处少数俄籍警员(警官2人、警捕8人)分任警察职务,尚感不敷分布。

八、绺窃:年间所接失窃报告共411起,经侦察者计409起。查1932年失窃案件报告共计405起,经侦察者计394起。惟年间证实之窃案移送法庭处理者计占51.5%,比较1932年之同样比率37.3%显有进步。偷窃自行车仍为绺窃之有利事业,盖年间自行车之报失者计有75起,被窃总值计合洋2,609元,查获之车值仅洋555元。本年12月间某押当铺报告,发现一形迹可疑质押自行车人,盖斯人已质押自行车3辆,向未备价赎回,旋经侦察该质押车人虽系正当商人之子弟,乃迭犯窃案,在各租界曾偷窃自行车多辆,并供出偷窃技俩,因此破获之自行车计有10辆。

本年1月18日下午6时至8:30,马厂道发现一约值洋3,000元之汽车被窃,查该车无人看守,车门未锁,开车钥匙亦未取出,该车窃犯本系一失业之司机,嗣至4月间将车开回天津,以图改色变卖,盖阅时三月,料想窃案已无人注意,不幸当该车在某车行刷洗时竟被认出,警捕得报,遂将人赃捕获,移送究办,汽车发归失主。

年间共接汽车零件被窃报告28起,被窃物品计值洋460.1元。倘车主不任意停放无人看管之汽车于马路,而常置之汽车房,则此类之失窃自可减少。

昨年报告曾述及绺窃之普遍，无论何物，倘无人看管，鲜有不被绺窃者。最近有一案件可资借镜，查有轮船扛货苦力一名，由河坝行近中街，状态似形慌张，迨带至中街本处，由其裤内搜出鸽子36只，其5只已闷死，查该鸽系窃自舱面无人看守之鸽笼。

九、防范办法：本租界各段随时派有警捕巡逻，并在边界要冲执行搜查，藉防携械行人潜入，自本界博士徒道西端起，沿海光寺土坝建有铁蒺藜围篱，因此本界西部治安保障颇资收效，此外警捕对于界内户口及新迁住户均加注意，因是某屋于11月19日发现居住赋闲游民22人，若辈迁入本界似无正当理由，旋经查实，该屋系由曾经上海驱逐出境之著名扒手所租赁，其同伙二人并在本租界曾犯窃案。此项多数游民之麇集，显有非法作用，故即逮捕，送交地方法院究办。

十、指纹股之功用：2月间发生一窃案，堪以证明该股工作之效用。查该案积窃乃在中国地界被公安局捕获，经本局请求移送，以便检查该犯指纹。嗣经验明，该犯实为1月14晚开滦俱乐部所失留声机1架、唱片62枚暨皮大衣一件之窃犯。因之该留声机及唱片得由押当铺查获，遂将该犯移送究办。

中国法庭判罚之宽容，为警务处所遇困难之一种，盖中国刑律虽规定积犯应并合论罪，惟照例处罚者殊不多见。年间1月15日于半夜一时，本处警捕巡逻至威灵敦道，发觉一窃贼正欲偷入某屋，即经带至本处讯问，查该窃犯乃系1932年底移送究办，而于1933年1月11日所释放者也。

十一、汽车肇事并违犯交通规章：1933年汽车肇事暨违犯交通规章报告列次：

	1933年	1932年
汽车肇事	148起	77起
归警务处科罚或停止执照效用	41起	18起
停止执照效用	5起	6起
签注执照	6起	无
撤回执照	2起	无
违犯交通规章		
犯规报告	984起	705起
归警务处科罚或停止执照效用	469起	81起
停止执照效用	无	3起
签注执照	5起	9起
撤回执照	无	无

十二、以上1932年纪载之并列，用示本界公用道路意外肇事之见增，虽强半缘于疏忽，或行人及骑自行车人暨人力车夫不遵交通规定所致，然多数汽车用主暨司机之不谨慎从事，有时不听岗警指挥，忽视交通规定，并为添增肇事之由，诚属憾事。

本局对于违犯交通规定罚金最高数目，已自200元增至500元，然依鄙见所及，处理任意驾驶汽车人罚则，仍以停止执照效用或撤回驾驶执照，较之仅予罚款为有效。关于此节，某著名法官处理汽车驾驶人疏忽伤人生命所发表之判罪意见可资引证：

"现经证明，驾驶人显有不顾法律之威严，并漠视他人生命之安危者，处理此类不法汽车驾驶人，总以停止执照效用或撤回执照为最有效之办法，因罚款于多数驾驶人尚不足以儆戒，只撤销执照于防止汽车肇事最能收效。"

"查无论何人，在公用道路驾驶汽车，皆须领有公家颁发之执照，按照条款慎重使用，倘有违犯情事，是即持有执照人已破坏其个人方面承认之条款，因将其所持执照撤销，当无烦言。"

上列违犯交通规定案件包括因不仅车后灯亮业经诰戒之汽车。

十三、骑自行车暨人力车夫之违犯交通规章列次：

	第一季	第二季	第三季	第四季	总数
业经处办之违章自行车	27	59	161	94	341
业经处办之违章人力车	43	29	77	102	251

十四、本界时有以警捕重视汽车为言责难本处者，因警捕常让汽车先行，致重载大车货车须中途停驶，不惟拉车苦力及牲口感受痛苦，且属残忍。查本处迭经申令，重载大车行驶不便、动定艰难，其于马路行驶须给予优先权，但普通警捕狃于习尚，往往忽视此令，虽洞悉指挥交通职务，然于任令汽车先行总感便易，且汽车驾驶人驶近马路交岔，虽见大车常不减少汽车速度，让大车通过于前。此外尚有警捕之按章指挥，因让大车先行，竟有遭汽车驾驶人之责难与号码被录之事实。

十五、内部行政：本年警捕人数系按足额补充遴选体格强壮后补人员，尚无困难，迩来较有学识人员投效本处备充警捕者颇见增多，前拟增高全体警员学识，业已竭力实行。

年间撤革退职病老死亡警捕人数胪列于次：

	撤革	退职	病老	死亡
警捕(华籍)		26	6	3	2
警捕(俄籍)		2			
警捕(印籍)		1			
门岗警捕	3名因过被革、13名系雇主减少被裁	1	1	3

近4年之警捕损耗列次：

	撤革	退职	病老	死亡
1929	48	17	1	3
1930	56	45	无	1
1931	28	12	1	3
1932	20	2	1	4

本局已核准添招警捕15%，为后备补充人员，其10%业已于1933年照选，现有后备人员当敷意外暨训练给假补充之用。

全体警员健康举止均表现良好。

十六、**建筑**：伦敦道新建警员宿舍尚须扩充，藉便容纳添招之人员，并增加储存服装库房。中街总处房屋陈旧，须加修葺暨洗刷油漆，该处警捕宿舍如能仿照伦敦道新宿舍，改用叠架床位，于布置上当称便利，其旧有不合卫生之监守所，业已于年间改造加大，颇合实用。

1932年海光寺区域临时建造之派出所不适实用，应行重造。

查戈登道之门岗警捕宿舍迭经勘验，认为不适居住，亟须另觅相当房屋藉便迁移。

十七、本处各项事务得以井然进行，端赖各级职员翕然襄赞，尤以副处长李君汉元协助之处为多，鄙人愿藉此表示谢忱。

年间办理处务，深荷各区界警务人员暨公安局之赞助。

卫生股暨消防队报告另附于后。

警务处长　艾斯孟格

案犯类别表

（一表）
1933年界内报告案犯统计

罪案类别	案件			人数			财物	
	报告件数	受理件数	检送法庭	逮捕	检送法庭	释放	失窃数目	缉获数目
绺窃	411	409	211	270	231	39	$28,713.81	$6,949.20
谋窃未遂	23	23	18	25	20	5	—	—
偷盗	64	64	17	26	21	5	21,847.26	5,224.16
谋盗未遂	9	9	2	2	2	—	—	—
白昼偷窃	18	18	3	6	4	2	1,054.80	136.00
白昼谋窃未遂	1	1	1	1	1	—	—	—
携械抢案	6	6	1	4	4	—	1,718.00	90.00
携械抢案暨绑架	1	1	1	10	7	3	300.00	—
绑架未遂	1	1	1	3	3	—	—	—
凶杀	4	4	3	3	3	—	—	—
收受赃物	8	8	8	8	8	—	—	—
帮同出售赃物	1	1	1	1	1	—	—	—
撞骗	15	15	10	15	14	1	4,323.11	1,396.00
谋骗未遂	2	2	2	2	2	—	—	—
侵蚀款项	10	10	1	2	1	1	22,539.85	1,426.35
诈取暨诈取未遂	8	8	8	15	15	—	425.00	425.00
殴打	26	26	24	47	38	9		
监守自盗	3	3	1	1	1	—	1,700.00	
非法侵入住宅	8	8	6	6	5	1	—	—
拐带	2	2	2	5	5	—		
徘徊窥伺	9	9	5	12	8	4		
虐待暨使小孩为奴	4	4	2	7	4	3		
经售麻醉品	4	4	4	11	10	1		
使用伪钞	1	1	1	1	1	—		
加入匪党以图作案	1	1	1	22	22	—		
1933年统计	640	638	336	505	431	74	$82,621.83	$15,646.71
1932年统计	606	583	235	373	281	91	$126,489.50	$29,443.48

（二表）
处理违犯本界规章人数统计

案件	人数		
	逮捕或被传到案	警诫后释放	取保释放或另行发落
1933年报告案件总数 2,863	5,093	1,990	3,103
1932年报告案件总数 1,720	2,793	494	2,304

1933年卫生报告

上年末各月猩红热症流行一时，至本年(1933年)春季仍继续发现，此外年间别无其他流行病症，市民健康状态堪称异常良好，严重病症亦属仅见。

维多利亚医院：住院人数已由该院主任列表于后，关于新医院之建筑，工部局现正予以审议，查本租界亟须建立一新式暨设备较为周备之医院，早为各界所公认，如获实现，自当裨益市民。

隔离病院：本租界对于患肺痨或神经错乱病人向无相当病房，年间隔离病院增建病房一排，备此二种病人居住，并添设诊察室一间，凡未经断定症候之病人，可留此室诊察，所需院役服务设备亦经添置，其于全院管理之利便及效率当俱见增进。

警务处病室：全年住宿人数共计327人，死亡5人，其死因病者4人，因盗匪枪伤者1人。

菜市：新菜市建筑业已兴工，一切设备较为适当，一俟落成，其于公共卫生洵为切实保障。

给水：年间给水几完全取诸自流井，水质成分甚佳，准备过滤河水仅用109,000加伦。

沟管：界内脏水井概经按时检查清除，各井效用如前。

妨害公益之稽查已派有专员，本界卫生成绩因之当见进步。

墙子河：年间该河得海河工程局吹填推广界洼地溢流之灌溉，迟至10月始停辍，1934年吹土开工，仍得获此便利，嗣后则须另行设法。查现正审议之设计倘得实现，则本界内墙子河之全部得随时用海河水流冲洗之。

天然冰块：年间界内开凿冰块准照只发一张。

查人造冰之购用日见普及，实为胃病与小肠病症减少之由。本埠有时发现之小伤寒及肠热症，强半系不清洁之天然冰块所致，颇有可信之理由。

卫生医官　葛尔　大夫

卫生股报告

塚[冢]园：年间埋葬马厂道塚[冢]园之灵柩，计有28具，广东道塚[冢]

园则无添埋灵柩情事,火葬炉共用8次。

运载病人汽车:该车年间收费出赁,共计125次,其他因马路遇险或送病人至病院慈善驶用,未计次数。

牛乳房:本租界内无牛乳房之设立,只有分销处6,依据登记统计,供给本界住户之牛乳房共有24处,雇用分送人69名。

各牛乳房设立地点计有:法租界2、特三区3、特一区2、天津市17。

关于牛乳品质尚无责难情事。

洗衣房:本界有洗衣房14处,概经时加检查。

1933年英租界中国人死亡数

死亡因由	男	女	总数
贫血	1	0	1
煤气熏毙	2	0	2
中风	15	4	19
闷死	0	1	1
血毒	2	2	4
气管郁热	18	19	37
难产	0	15	15
惊风	1	0	1
面粉袋压毙	2	0	2
肚泻	0	3	3
羊痫风	1	0	1
瘅疽	0	1	1
癫痫	2	0	2
妇女病症	0	57	57
痰厥	7	7	14
汽车撞死	1	0	1
疹子	1	0	1
大肠闭结	8	10	18
风瘫	2	2	4
肺病	95	56	151
猩红热	1	2	3
败血症	0	1	1
肚病	2	7	9
尿急症	1	0	1
溃疡	1	1	2
膈症	0	1	1
总计	174	195	369

1933年英租界外国人死亡数

死亡因由	女	男	总数
急性大肠炎	0	1	1
肠痈	1	0	1
痢疾	0	1	1
腹膜炎盲肠破裂	0	1	1
痰厥	1	0	1
流行性感冒	0	2	2
脑系痨症	0	1	1
热病	0	1	1
心脏麻痹	0	3	3
肺炎	1	2	3
猩红热	0	1	1
服毒自尽	0	1	1
总计	3	14	17
无人收殓中国尸体			11 具
本年圈留后释放之犬数			34 只
圈留后杀除之数			338 只
总计			372 只
类似疯犬			3 只

医院主任报告

维多利亚医院住院人数

内科	97
外科	26
手术割治	37
总数	160
死亡人数	4
住院日数总计	1,761 日
院外诊治按摩暨电气治疗	
X光照	95 次
按摩	127 次
院外诊治人数	14

产妇调养院住院人数

分娩	49
产生死婴	1
总计	50
占用床位日数	667 日
只夜晚住院	13 夜

隔离病院住院人数

依国籍计		依病别计	
英	17	猩红热	33
美	7	白喉	4
法	3	腮腺热	1
俄	5	瘩疽	1
菲律宾	1	水痘	2
坎拿大	1	疹子	1
荷	1	天花	1
义	1		
中	6		
利苏尼亚	1		
总数	43		43
床位占用日数共			1,077 日
死亡			1 人

天津公学 1933 年报告

立案：本校初中部立案业经国府教部于本年 10 月间核准，高中部立案手续亦已继续进行，不久便邀批准，当无困难。

按教部定章，本校小学部应呈报天津市教育局立案，因此所需各项表册业于 12 月 13 日编竣呈送该局审核。

学生总数：本年 6 月学年大考毕业学生人数列次：

年级	男生	女生	总数
初中	48	21	69
高小	39	19	58
初小	54	27	81

成绩优良得有奖励证书学生人数计：

年级	男生	女生	总数
中学	25	16	41
高小	4	4	8
初小	13	10	23

所有初中毕业学生文凭经河北省教育厅正式核准用印后，业已于 12 月 9 日发还本校。

本年全校学生总数现已增至 802 人，共分 25 班，计高中男生 2 班，女生 1 班，初中男生 4 班，女生 3 班，高小男生 4 班，女生 2 班，初小男生 5 班，女生 4 班。

1933 年 12 月 31 日本校男女学生分级列下：

年级	男生	女生	总数
高中	46	19	65
初中	112	84	196
高小	137	72	209
初小	190	142	332
总计	485	317	802

近 7 年学生总数表

年期	男生	女生	总数
1927	29	17	46

（续表）

1928	148	71	219
1929	211	126	337
1930	328	180	508
1931	393	231	624
1932	449	286	735
1933	485	317	802

退学：年间学生自动退学者，计有男生73人，女生40人。

健康：本年全校健康状况良好，一切传染病症概经严行防范，在校学生得以幸免波及，殊堪告慰。本校现聘有男校医一人，担任诊治偶然病症，并于每学年始业时检验全校男生健康状况。又聘女校医一人，专任检验全校女生健康状况。

藏书楼：本校藏书楼暂设于第一校舍备用室，备有应用书柜桌椅。现藏书籍计有中国文学、经书及历史、地理、科学等书籍多种，学生用百科全书两部，各种字典、地图，各项西文书籍，此外并备有本市报章、杂志、期报、周刊、月刊多种，用增全校师生展阅兴趣。

课艺陈列：为鼓励学生起见，各校舍内均设有橱柜，用备随时陈列各班国文、英文、数学、图画、书法等课艺成绩。

仪器用具：本校历年已采办物理、化学、自然、生理卫生各科仪器用品多种。本年第二学期始业前，又增购大批科学仪器、化学用品、模型标本等项，前后所购仪器用品，颇足供中学测验工作之需，其换新补旧暨零星用品则仍须随时增添，藉资应用。

体育：自本年第二学期起，体育游戏场已增设单杠、平行杠、摇船、篮球、标柱暨滑梯等器械，中学男女生及高小学生皆视篮球、足球、网球为普通游戏，颇感兴趣。该生等球队比赛经张家顺君之指导，已现进步。本学年间，且时与程度相仿之学校举行比赛，若田径赛等项运动亦已次第习练，每逢春秋两季并举行运动比赛，以学生个人暨班次全体为比赛单位，凡参加之个人或团体，其成绩优良者，本校照例给予奖品以示鼓励。

军事训练：自本年第二学期起，中学高级学生课程增加军事训练一项，其教练由李君承禔担任，查李君系保定军官学校毕业生，人颇干练，军事训练规定时间虽短促，所获成绩颇堪称意。

校舍：新校舍第三所连同家具设备具已于8月间完竣，中学女生旋于9月1日迁入，其内部分物理、化学、自然科学试验室各一间暨演讲室一间。查各该试验室系备男女学生试验考证之用，布置适宜，空气光线流通充足，甚合实用。又该校舍地窨构造规划宽敞，故每值雨雪，学生即藉之充作临时会集暨游戏之用。

新礼堂现由永固工程师监工建筑，待至1934年10月间当可竣工。

校址：本校体育游戏场地势广阔，业已逐渐用墙子河淤泥暨挖掘新礼堂屋基之余土填高，其一部分暂由包工人用以堆集建筑材料，因此女生体育场之一切应有设备布置，未克在年内进行。

教职员：本校现时男教员计有：郑炳勋、李鹤鸣、张家栋、于兰圃、王恩霖、卓炜、王文芹、张礼宾、赵象文、刘秉喆、梁蔚彬、王成西、骆公权、郭文林、孙毓泽、王文光、樊樊圃、黄文明、李承禔、张家顺、步毓森、王恩华、沈天民、徐靖、李明辉、胡九皋、任兑、白泽培、章渭周等29人。女教员计有：孙谭新铭、张冰、仓传宪、穆玛丽、胡巽修、华则、李淑媛、吴佩旒、孙家瑛、耿育淑、邓义箴、何学师等12人暨书记陈善书、唐文源、奚复新、徐孝骞、张星海、张梦松等6人。

校长　严松章

天津公学
截至1933年12月31日止之收支统计

预算	支出	决算	预算	收入	决算
		银元			银元
70,469.93	教职员薪金年积金暨年终奖金	63,343.30	72,949.56	英工部局协款	72,949.56
4,871.25	校役工资暨年终奖金	4,300.78	35,216.46	学费	32,387.64
1,482.52	医药费暨卫生费	250.09	—	利息	13.99
811.31	保险	841.31			
5,633.56	煤炭电灯暨自来水	3,783.17			
1,482.52	修理暨保持费	988.49			
2,742.66	纸张暨印刷	2,770.14			
1,482.52	体育用具	736.25			
249.06	电话	240.00			
2,520.28	杂项	2,053.76			
148.25	课本	178.26			
1,482.52	临时费用	304.60			
3,268.16	准备金存储	3,268.18			
11,521.48	结余列入建设项下	22,292.86			
108,166.02		105,351.02	108,166.02		105,351.02

天津公学
截至 1933 年 12 月 31 日止之结算单

债务		资产		
	银元			银元
零星债务	5,817.82	地亩：		
学生存款	6,768.35	第一段第 343 号计 52.945 亩，亩值 5,930.07 元		313,967.56
准备金	8,780.41	校舍：		
建设项下	44,086.75	第一校舍	129,164.01	
特别建设费	135,741.24	第二校舍	129,058.34	
第三校舍暨礼堂建筑核定费用未清部分	124,306.71	第三校舍	128,675.66	
总结余	877,802.62	校役室	1,482.00	
		礼堂	78,035.21	
		院墙	13,275.86	
			——	479,691.08
		未清付之建筑费用（参照封页）		124,306.71
		家具		26,340.90
		科学仪器		56,997.89
		参考书籍		805.19
		投资项下（实价）		8,805.28
		零星欠户		4,595.12
		预备售与学生之书籍文具		2,355.51
		现款		50.00
		英工部局流水账		185,388.66
	1,203,303.90			1,203,303.90

敝公司已将上列截至 1933 年 12 月 31 日之结算单审核，并得有一切闻料暨解释，其所列投资业经查核。据敝公司所知并参照供给之说明暨簿册所列注解，该结算单之开列用以表示天津公学之正确财务状况是系正当。

汤生公司

特许查账稽核员

天津　1934 年 1 月 18 日

天津公学

截至1933年12月31日止之建设项下

	银元		银元
校址院地填土	1,087.26	1932年度结存余款	53,771.34
科学仪器	52,315.97	学校暨医院捐款转移	22,325.00
家具	483.25	1933年度收支相抵结存余款	22,292.86
参考书籍	415.97		
结余移至1934年账下	44,086.75		
	98,389.20		98,389.20

截至1933年12月31日止之特别建筑费

	银元		银元
1933年度支出：		1932年度结存余款	61,306.96
第三校舍建筑费	23,552.83	1933年指拨特别建筑费	195,692.31
第三校舍暖气卫生暨电灯设备	10,393.68		
礼堂	78,035.21		
	111,981.72		
第三校舍家具设备	9,276.31		
结余移至1934年账下	135,741.24		
	256,999.27		256,999.27

天津公学1934年预算

收入		经常支出	
	银元		银元
学费	36,388.00	薪水年积金及年终奖金：	
英工部局协款(约数)	67,917.06	教职员	75,755.80
		校役及门警	4,650.00
		修缮及维持费	1,000.00
		医药及卫生设备	1,500.00
		煤炭电灯及自来水	5,200.00

（续表）

	文具纸张及印刷品		2,950.00
	保险费		837.01
	电话费		396.00
	杂项		2,500.00
	准备款项		3,066.25
	临时用途		1,000.00
	试验室费用		1,000.00
	课本		200.00
	体育用品		1,200.00
			101,255.06
	购置支出		
	家具暨添置	800.00	
	科学仪器等	1,000.00	
	参考书籍图书等项	500.00	
	军事训练用品	750.00	
		——	3,050.00
			——
104,305.06			104,305.06

空地保管团

空地保管团 1933 年收入统计

体育场			
收入		支出	
	银元		银元
工部局协款	741.26	地捐	44.30
地租金	1,106.00	保险费	75.10
看台租金	150.00	暖汽	204.90
利息	44.65	电灯	101.50
收支不敷	320.79	用水	74.94
		凉亭修理保持费	230.93
		凉亭员役工资	286.00
		司事工资暨服装费	249.66
		司事年积金	68.52
		木质看台修理保持费	435.00
		普通用途	91.85
		看台存款项下	500.00
	2,362.70		2,362.70
民园			
收入		支出	
	银元		银元
工部局协款	3,706.29	地捐	29.72
地租金	1,337.00	保险费	7.00
利息	22.30	暖汽	127.20
		电灯	40.30
		用水	196.80
		看台修理保持费	204.10
		园地修理保持费	370.86
		员役工资	1,440.00
		园地保持费:足球	60.60
		园地保持费:扁棒球	459.65
		园地保持费:运动会	572.19
		普通用途	139.38
		看台存款	500.00
		收支盈余	917.79
	5,065.59		5,065.59

空地保管团
截至1933年12月31日止之结算单

体育场			
债务		资产	
	银元		银元
看台存款项下	1,591.90	流水账存款	1,025.69
司事年积金存款项下	682.62	定期存款	900.00
1932年收支两抵盈余	396.36	零星欠户暨债权项下	424.40
		1932年收支不敷	320.79
	2,670.88		2,670.88
民园			
债务		资产	
	银元		银元
看台存款项下	550.00	零星欠户暨债权项下	101.60
1933年收支两抵盈余	917.79	流水账存款	997.92
		1932年收支不敷	368.27
	1,467.79		1,467.79

哪斯已经稽核正确

空地保管团名誉秘书兼会计　葛来函

1934年2月20日

空地保管团

1934年预算

体育场			
收入		支出	
	银元		银元
英工部局协款	750.00	地捐	45.00
地租金	1,100.00	保险费	75.00
看台租金	150.00	暖气	200.00
利息	30.00	电灯	100.00
滑冰场亭子	20,000.00	用水	75.00
		凉亭修理暨保持费	400.00
		园地修理暨保持费	100.00
		园地建设费	100.00

（续表）

			木质看台修理保持费	100.00
			凉亭员役工资	290.00
			司事（工资暨服装费）	250.00
			司事年积金	70.00
			滑冰场亭子建筑费	18,000.00
			滑冰场电线暨装修	2,000.00
			普通用费	100.00
			看台存款账下	125.00
	22,030.00			22,030.00

民园

收入			支出	
	银元			银元
英工部局协款	3,000.00		地捐	30.00
园地租金	1,200.00		保险费	7.00
利息	10.00		暖气	120.00
			电灯	50.00
			用水	200.00
			看台修理保持费	300.00
			园地修理保持费	400.00
			员役工资	1,440.00
			园地保持费：	
			足球	60.00
			扁棒球	350.00
			运动	500.00
			园地建设费	300.00
			普通用户	300.00
			看台存款项下	153.00
	4,210.00			4,210.00

1932年与1933年各月码头捐收入比较表

英租界河坝

月份	进口 1932 天津通用银元	进口 1933 天津通用银元	进口 1933减 天津通用银元	进口 1933增 天津通用银元	出口 1932 天津通用银元	出口 1933 天津通用银元	出口 1933减 天津通用银元	出口 1933增 天津通用银元	进口出口总数 1932 天津通用银元	进口出口总数 1933 天津通用银元	1933年总数 减 天津通用银元	1933年总数 增 天津通用银元
1月	6,081.45	4,873.00	1,208.45	—	5,057.14	4,383.06	674.08	—	11,138.59	9,256.06	1,882.53	—
2月	4,746.81	6,851.89	—	2,105.08	5,199.52	3,705.00	1,494.52	—	9,946.33	10,556.89	—	610.56
3月	13,270.86	12,483.06	787.80	—	6,225.61	3,840.12	2,385.49	—	19,496.47	16,323.18	3,173.29	—
第一季	24,099.12	24,207.95	—	108.83	16,482.27	11,928.18	4,554.09	—	40,581.39	36,136.13	4,445.26	—
4月	14,893.64	10,244.09	4,649.55	—	9,269.68	2,837.05	6,432.63	—	24,163.32	13,081.14	11,082.18	—
5月	11,622.72	9,596.85	2,025.87	—	5,421.27	4,056.16	1,365.11	—	17,043.99	13,653.01	3,390.98	—
6月	9,363.38	6,988.14	2,375.24	—	5,527.18	3,057.21	2,469.97	—	14,890.56	10,045.35	4,845.21	—
第二季	35,879.74	26,829.08	9,050.66	—	20,218.13	9,950.42	10,267.71	—	56,097.87	36,779.50	19,318.37	—
上半年	59,978.86	51,037.03	8,941.83	—	36,700.40	21,878.60	14,821.80	—	96,679.26	72,915.63	23,763.63	—
7月	8,459.55	7,458.38	1,001.17	—	3,328.19	3,797.11	—	468.92	11,787.74	11,255.49	532.25	—
8月	9,899.65	8,296.57	1,603.08	—	3,794.16	3,245.95	548.21	—	13,693.81	11,542.52	2,151.29	—
9月	7,132.89	7,691.99	—	559.10	3,696.87	2,839.23	857.64	—	10,829.76	10,531.22	298.54	—
第三季	25,492.09	23,446.94	2,045.15	—	10,819.22	9,882.29	936.93	—	36,311.31	33,329.23	2,982.08	—
9个月总计	85,470.95	74,483.97	10,986.98	—	47,519.62	31,760.89	15,758.73	—	132,990.57	106,244.86	26,745.71	—
10月	7,448.20	8,923.67	—	1,475.47	4,292.79	4,191.65	101.14	—	11,740.99	13,115.32	—	1,374.33
11月	9,006.64	6,894.43	2,112.21	—	5,656.15	4,832.21	823.94	—	14,662.79	11,726.64	2,936.15	—
12月	6,692.37	6,339.56	352.81	—	6,801.90	4,056.89	2,745.01	—	13,494.27	10,396.45	3,097.82	—
第四季	23,147.21	22,157.66	989.55	—	16,750.84	13,080.75	3,670.09	—	39,898.05	35,238.41	4,659.64	—
全年总计	108,618.16	96,641.63	11,976.53	—	64,270.46	44,841.64	19,428.82	—	172,888.62	141,483.27	31,405.35	—

总数净减天津通用银元 31,405.35　　1934年1月5日

码头捐主任 刘锡三

1933年财政统计暨1934年预算

财政报告

兹为汇报1933年截至12月31日止之财政统计，谨将下列报告附陈察[查]核。

本局旧有银两账目已于本年6月底均折合银元数列入簿记，并为便利比较起见，所有1933年之预算银两节目，亦已按六七四五二八三规定比率折合通用银元，现有账目俱已按银元列册。

总务经常收入：

此项收入比之预算所列总数，计增收洋约11,000元。查辅捐项下，计增收洋6,000元。房产租值捐因年间新屋落成增多，计增收洋4,000元。码头捐计增收洋8,000元。惟菜市因拆除翻盖计减收洋4,000元。

总务经常支出：

总务管理项下：实支之数比较预算，计节减洋17,000元，其中19,500元之减支系因镑价汇兑行市比之预算所列较为合宜。6,000元系医院项下之减支，嗣因董事会核准民园四周建立围篱，支出增加，故节减总数得如上述。

警务处：全年实支比之预算，计节减洋12,000元，其中8,000元系因镑价汇兑行市合宜，9,000元系警捕薪额之节减，惟其他杂项稍有增加，故减支总数只洋12,000元。

消防队项下各支出俱现减少，总计减支洋6,000元余。

工程处：该处节减总数计洋1,400元，查年间马路加宽项下，计追加支出约洋13,000元，此数业已减除，否则节减之数更当显著，工程师费用项下之节减，系因镑价汇兑行市之合宜。

总务特别支出：

此项支出比之预算计减支洋107,000元，强半系因预定翻盖之菜市未能及时兴工。

电务处：

1933年售电收入总计比之预算所列计增收洋35,000元。

年间充量用电制取消，用户耗电重按划分用电制收费，因之电灯及电马力项下之收入实数，比较预算所列，不足表示实在状况，惟该两项收入之总计比之预算俱现增多。

经常支出：查机件保险费超出预算所列，约计洋 12,000 元。故发电费用支出特现增多，惟管理项下因汇兑行市合宜，利率低降，收入增加，支出减少，暨银元折合银两贴水之节省俱有节余，故经常支出总结比之预算仍减支洋 30,000 元。

购支项下：全年支出比之预算计节减洋 38,000 元。

水道处；

售水收入：全年售水各项收入俱现增多，比之预算计增收洋 29,000 元。

经常支出：全年节减之数计洋 3,000 元，查机件保险费实支之数超过预算所列，计洋 5,700 元，否则经常支出之节减当更形显著。

购置项下：计节减洋 5,000 元。

年间因用户增多，新水表之追加支出业经核准。

统计总结

综核各项经常收支两抵，比之预算所列盈余，共计增益洋 104,000 元，连同特别支出项下之节减，结存收支不敷之数，比之预算计节减洋 254,000 元。再加天津公学建筑未动支款额，本年终存储银行之现款计存洋 24,260 元。查预算所列本准备透支洋 368,671 元。所有账册业经特许查账稽核员汤生公司稽核，其稽核证书附列于总结算单。

1934 年预算

1934 年预算业经各委员会先予详加审核，并经董事会核准。

会计处长　莫尔德

1933 年经常收支预决算比较截至 12 月 31 日止

收入							
1933 年收入预算						1933 年收入决算截至 12 月 31 日止	
银元							银元
				地亩捐：			
	243,265.00			已填地		243,264.15	
	2,069.00			未填地		2,070.30	
245,334.00		—				—	245,334.45
				房产捐：			

（续表）

				依据估定房产全年租值			481,458.32	
		477,370.00						
		4,447.00		减去：退还之数			4,115.28	
472,923.00								477,343.04
				河坝收入：				
				系船费				
			64,237.00	租定船位	64,237.49			
			30,155.00	备租船位	31,305.58			
			8,895.00	驳船	6,914.12			
		103,287.00					102,457.19	
		1,734.00		减去：费用			1,734.36	
101,553.00								100,722.83
5,930.00				转头船位租金				5,930.07
				辅捐收入：				
				执照捐				
			87,469.00	人力车	83,417.00			
			38,545.00	排子车	38,279.04			
			32,615.00	大车	35,787.40			
			1,483.00	本地蒸制酒品捐	885.00			
			741.00	杂项	4,037.99			
			2,965.00	马车	2,896.00			
			4,003.00	旅馆	7,058.50			
			2,372.00	犬	2,895.50			
			1,038.00	押当铺	1,250.00			
			3,706.00	自行车	4,809.00			
			31,874.00	汽车	33,442.51			
			14,084.00	小本营生	12,978.75			
			220,895.00		227,736.69			
			14,825.00	减去：费用	15,092.95			
		206,070.00					212,643.74	
				菜市				
			9,206.00	铺面	6,153.47			
			2,520.00	摊子	1,650.03			
			11,726.00		7,803.50			
			311.00	减去：费用	200.33			

(续表)

	11,415.00	—		—	7,603.17	
			塚[冢]园项下			
		2,965.00	售卖墓穴暨火葬费	1,926.00		
		2,520.00	减去:费用	2,153.26		
	445.00	—		—	227.26Dr.	
			零星收入			
		18,192.00	杂项	18,938.29		
		17,685.00	租金	17,447.18		
	35,877.00	—		—	36,385.47	
			码头捐			
		133,427.00	收入	142,587.37		
		9,533.00	减去:费用	10,710.10		
	123,894.00	—		—	131,877.27	
377,701.00					388,282.39	
2,965.00			流水账利息		7,540.02	
1,206,406.00					1,225,152.80	
			利息:			
			归还数目			
		19,273.00	电务处	11,672.21		
		85,986.00	水道处	85,482.89		
	105,259.00	—		—	97,155.10	
1,311,665.00					1,322,307.90	

支出				
1933年支出预算			1933年支出决算截至12月31日止	
银元			银元	
	137,198.00	管理人员俸给暨工资	131,316.04	
	49,813.00	总务公费	48,487.19	
	—			
	187,011.00		179,803.23	
		减去:可由电务处水道处归还之数		
	26,686.00	电务处	26,685.33	
	18,680.00	水道处	18,679.71	

（续表）

		45,366.00				—		45,365.04	
141,645.00		—				—			134,438.19
				工部局办公处费用：					
		9,785.00		零星费用		9,406.81			
		890.00		减去：可由戈登堂归还之数		540.00			
8,895.00		—				—			8,866.81
				捐助项下：					
		741.00		体育场保管团		741.26			
		3,706.00		民园保管团		16,548.12			
		223.00		俄国医院		222.38			
		148.00		俄国侨民社		148.25			
		371.00		马大夫医院		370.63			
		445.00		安立甘教堂		444.75			
		445.00		耶稣教合众会堂		444.76			
		741.00		天津妇女慈善会		741.26			
6,820.00		—				—			19,661.41
31,758.00				养老金					29,245.58
				工部局警备队					
10,378.00				杂项					11,894.58
				工部局藏书楼					
		322.00		薪俸		310.70			
		612.00		零星费用		634.61			
		993.00		协款		993.29			
1,927.00		—				—			1,938.60
				隔离病院					
			12,413.00	薪俸	15,905.77				
			13,531.00	零星费用	12,732.08				
		25,944.00		—		—	28,637.85		
			2,224.00	减去：法工部局协款	2,220.00				
			7,412.00	病人住院费	7,309.68				
		9,636.00		—			9,529.68		
16,308.00		—					—		19,108.17
				维多利亚医院					
			21,924.00	薪俸	19,648.91				
			24,183.00	零星费用	21,595.30				
		46,107.00		—		41,244.21			

(续表)

	19,421.00		减去:病人住院费		19,747.75
26,686.00	—				21,496.46
			产妇调养院		
		9,442.00	薪俸	8,656.56	
		15,316.00	零星费用	15,943.43	
	24,758.00			24,599.99	
	6,968.00		减去:病人住院费	9,610.79	
17,790.00	—			—	14,989.20
			卫生处:		
		1,482.00	卫生医官费	1,482.52	
		2,691.00	卫生处职员	2,594.86	
		2,565.00	零星费用	1,679.23	
	6,738.00		—	5,756.61	
	1,400.00		减去:入款	1,419.00	
5,338.00	—				4,337.61
			戈登堂:		
		3,558.00	零星费用	2,127.90	
		2,965.00	减去:赁用费	1,451.25	
593.00	—			—	676.65
130,036.00			天津英文学堂(须准予拨付之协款按纳捐外人登记管业之地亩暨房产估定产值，现时总计值合30,455,920两，依每1万两拨付18两计须拨付之数合54,820.66两，按2先令8便士汇兑行市折合英金7,309磅8先令5便士,再按1先令8便士行市核算计折合87,713.05两，再按六七四五二八三行市核算折合洋72,949.5元)		119,569.65
72,950.00			天津公学(须准予拨付之协款按纳捐中国人登记管业之地亩暨房产估定产值，现时总计值合27,336,966两。每1万两拨付18两，计须拨付之数合49,206.54两，再按六七四五二八三行市核算，折合样72,949.56元)		72,949.56
			债券保管项下:		
374,706.00			核定每年偿付各借款本利之准备		374,706.80
519.00			墙子河维持费		553.26
21,290.00			偿还继续皇家租契用款		21,289.87

（续表）

74.00		偿还英总领事		42.23
7,413.00		临时项下		2,215.18
				──
875,126.00				857,979.31
		特别支出		
		天津公学		
195,692.00		建筑协款		195,692.81

警务处				
1933年支出预算			1933年支出决算截至12月31日止	
银元				银元
	206,793.00	警务处员役暨办公室职员薪俸	192,431.10	
	75,358.00	普通杂费	77,096.84	
	──		──	
	282,151.00		269,527.94	
		减去：		
	40,028.00	住户雇用门岗警捕缴纳费用	40,121.21	
	34,248.00	零星费用	35,384.48	
	5,780.00	──	4,736.73	
276,371.00	──		──	264,791.21
		消防队		
	9,396.00	华洋人员薪俸	7,251.39	
	12,123.00	普通杂费	7,831.99	
21,519.00	──		──	15,083.38

工程处

1933年支出预算			1933年支出决算截至12月31日止	
		经常支出		
银元				银元
		桥梁：		
148.00		保持费		──
		河坝暨码头：		
297.00		保持费		322.91
		土坝(预防水灾)：		
297.00		保持费		104.42
		工程师费用：		

（续表）

	146,621.00	薪俸暨工资	140,694.48	
	20,162.00	杂费	15,669.56	
166,783.00	——		——	156,364.04
		厕所暨秽水沟眼：		
7,412.00		保持费		8,915.20
		工部局房产：		
7,116.00		普通保持费		9,826.36
		机件暨工具项下：		
	7,562.00	保持费暨经常费	7,200.77	
	1,186.00	逐年修理	1,134.52	
	889.00	购新补旧	1,897.07	
9,637.00	——		——	10,232.36
		公共院所：		
	1,334.00	隔离病院	1,348.08	
	3,410.00	维多利亚医院	3,198.84	
	1,038.00	菜市	1,037.84	
	741.00	产妇调养院	373.22	
6,523.00	——		——	5,957.98
		马路、便道、路边石暨阴沟项下：		
	35,580.00	英租界内马路暨阴沟普通修理费暨保持费	30,322.41	
	2,965.00	暴雨水沟普通修理费	2,821.70	
	1,483.00	冲洗阴沟费	1,285.82	
	7,412.00	载重汽车汽油、工资、材料暨保持费	6,418.87	
	7,413.00	英租界马路、便道、路边石暨阴沟保持费	5,680.93	
54,853.00	——		——	46,529.73
——		马路加宽		12,910.32
		路政项下：		
	41,510.00	路灯	39,465.09	
	17,345.00	清道、冲洗马路暨水沟	21,089.05	
	30,318.00	收敛垃圾	28,535.84	
	4,448.00	扫除积雪	8,368.84	
	2,224.00	街名牌	1,793.45	
	12,631.00	洒水暨散沙	12,390.35	
108,476.00	——		——	111,642.62
29,650.00		公园暨花园		26,932.35
391,192.00				389,738.29

(续表)

1933年支出预算			1933年支出决算截至12月31日止
银元			银元
		器械暨购新补旧：	
20,533.00		工程处	12,228.79
1,186.00		维多利亚医院	700.83
593.00		隔离病院	289.20
1,186.00		秘书处暨会计处	922.54
222.00		产妇调养院	1,331.51
——			——
23,720.00			15,472.86

		特别支出	
银元			银元
		新建筑暨添盖房屋：	
	111,189.00	新菜市	4,646.49
	34,098.00	隔离病院	30,230.33
	2,817.00	伦敦道新警务宿舍	5,901.28
	11,860.00	新厕所	13,865.39
	148.00	新建医院（字面数目）	—
	2,224.00	敦桥道工料场添盖马棚	2,981.67
	1,112.00	马厂道塚[冢]园休息室、停灵室、门房	1,368.91
	2,224.00	马厂道塚[冢]园重建火葬炉	—
	2,965.00	马厂道塚[冢]园扩充地段围墙	—
	7,412.00	临时费用	3,177.80
176,049.00	——		——	62,171.87
—		马路加宽用地	6,341.46
2,224.00		马厂道塚[冢]园扩充地段填土费	1,626.08
964.00		维多利亚花园海大道门口新建铁门	757.77
73,619.00		阴沟	60,005.23
4,447.00		锅形沟眼	5,689.15
3,706.00		暴雨水沟	3,759.36
214,076.00		马路暨桥梁	224,282.51
7,413.00		便道	11,286.88
30,243.00		重修河坝	29,154.98
1,482.00		路线岛形	1,777.51
——			——
514,223.00			406,852.80

电务处 1933 年营业账目

支出				收入		
支出预算			1933 年支出决算截至 12 月 31 日止	收入预算		1933 年收入决算截至 12 月 31 日止
银元			银元	银元		银元
203,418.00		发电费用煤炭工资等	213,357.19	655,377.00	售与用户电价	617,497.53
		发电机件：		131,484.00	售与特别一区电价	129,084.55
36,909.00		修理暨保持费	33,617.41	35,097.00	公共道路电灯	36,767.17
		分输电机：		8,895.00	住户自有道路电灯	9,007.26
17,864.00		修理暨保持费	16,814.14	16,732.00	售与英工部局办公处暨附属处所电价	17,884.18
		路灯机件：		126,093.00	电马力	197,104.78
5,930.00		修理暨保持费	3,082.60	12,601.00	零星收入	13,752.23
		工具：				
964.00		修理暨保持费	912.38			
		出租机件：				
1,483.00		修理暨保持费	1,762.36			
		家具装件暨运输：				
2,224.00		修理暨保持费	1,590.31			
		经理费用：				
	59,025.00	薪俸暨工资	55,327.79			
	46,158.00	杂项	43,460.35			
105,183.00		—	98,788.14			
26,685.00		总务管理项下	26,685.34			
		会计处：				
	10,585.00	中国职员薪俸	9,980.17			
	2,965.00	杂项	2,647.00			
13,550.00		—	12,627.17			
19,273.00		162,500 两之八厘年息	11,672.21			

(续表)

155,597.00	折旧	154,048.07		
5,930.00	加添之零星机件	5,042.88		
14,084.00	银元折合银两贴水	—		
5,060.00	陈列室费用	4,354.02		
614,154.00		584,354.22		
93,031.00	资产存储	109,185.87		
279,094.00	收入超过支出之数	327,557.61		
986,279.00		1,021,097.70		1,021,097.70

电务处购置支出

	银元		银元
	3,706.00	房屋	791.86
	34,602.00	发电机件	4,964.57
	41,896.00	分输电机	43,998.36
	6,671.00	路灯机件	5,602.47
	3,706.00	工具	100.00
	5,930.00	备租机件	4,603.40
	1,483.00	仪器	546.96
	7,324.00	家具装配零件暨运脚	6,670.33
	105,318.00		67,277.95

电务处1933年结算单截至12月31日止

债务		资产	
	银元		银元
零星债务	26,833.14	零星欠户	121,385.58
用户押款	106,205.00	材料存储	109,988.68
寄售商品(参照对页)	18,989.40	陈列室商品	12,806.29
折旧存储	1,352,190.04	寄售商品(参照对页)	18,989.40
资产存储	514,179.51	伦敦金镑账	9,260.93
英工部局流水账	149,650.06	购置项下：	
		地亩	14,410.07
		房产	206,971.32
		发电机件	1,089,629.02

（续表）

		分输电机	485,521.98
		路灯机件	34,999.35
		备租机件	41,223.79
		电气仪器	4,238.52
		工具机件	3,733.36
		器具暨装配零件	14,888.86
	2,168,047.15	银元 2,168,047.15	

1933年12月31日止

　　敝公司已将上列截至1933年12月31日止之结算单审核，并得有一切所需闻料暨解释。据敝公司考核所知并参照工部局供给之说明暨簿册所列注解，该结算单之开列用以表示工部局之实在正确财政状况是系正常。

汤生公司
特许查账稽核员

天津　1934年2月6日

水道处1933年营业账目

支出	支出预算	1933年支出决算截至12月31日止	收入	预算收入	1933年收入决算截至12月31日止
	银元				银元
巴克斯道"甲"号机厂					
抽水费用：			售与用户水价	245,306.00	261,776.14
经常费	38,535.00	45,686.52	售与特别一区水价	76,310.00	78,556.89
修理暨保持费	1,372.00	1,541.01	售与轮船水价	1,591.00	4,303.80
	39,907.00	47,227.53	售与英工部局办公处暨附属处所水价	14,460.00	21,638.86
厂内水管节水门：			警务处出租用房产收费暨杂项	4,981.00	5,125.23
修理暨保持费	148.00	82.35			
滤水池：					
修理暨保持费	148.00	31.80			
溶水池：					
修理暨保持费	74.00	221.81			
"甲"号机厂房					
修理暨保持费	1,809.00	2,054.04			
	42,086.00	49,617.53			
达格拉道"乙"号机厂					
抽水费用：					
经常费	27,932.00	22,756.46			

(续表)

28,525.00	修理暨保持费	806.96	
		23,563.42	
	厂内水管节水门:		
74.00	修理暨保持费	9.68	
593.00	"乙"号机厂房		
	修理暨保持费	583.73	
29,192.00			24,156.83
	伦敦道"丙"号机厂		
	抽水费用:		
18,726.00	经常费	17,137.60	
592.00	修理暨保持费	568.54	
19,318.00		17,706.14	
	厂内水管节水门:		
45.00	修理暨保持费	5.82	
297.00	"丙"号机厂房		
	修理暨保持费	417.53	
19,660.00			18,129.49
	总水管水龙头暨接水材料		
9,325.00	修理暨保持费	8,852.25	
	机件暨工具:		
741.00	修理暨保持费	903.75	
1,631.00	购新补旧	989.26	
2,372.00			1,893.01
	租用机件:		

（续表）

项目			
修理暨保持费	2,093.00		2,138.45
公用暨河坝龙头售水价	1,118.00		1,070.16
工程师费用：			
华洋职员薪俸	51,952.00	51,056.30	
杂项	10,557.00	17,010.95	
管理项下：	—	—	68,067.25
总务	62,509.00		
会计处：			
中国职员薪俸	6,132.00	5,895.21	
杂项	1,334.00	1,393.56	
	18,680.00		18,679.72
消防设备：			
经常费	7,466.00	3,113.47	
修理暨保持费	—	942.34	
			7,288.77
加添之零星机件	5,085.00	4,055.81	
折旧	148.00	450.72	
银元折合银两贴水	43,198.00	42,260.35	
利息：			
725,000 之八厘年息	6,671.00	—	
	85,986.00	85,482.89	
	335,589.00	332,143.23	
收入超过支出之数转入购置项下	7,059.00	39,257.69	
	342,648.00	371,400.92	342,648.00	371,400.92

684

水道处购置支出

银元				银元
51,236.00		总水管暨水龙头		40,953.63
2,669.00		接水材料		4,366.52
5,930.00		借出机件:水表		12,417.18
815.00		家具装配零件暨仪器		800.37
		自流井计划项下：		
	8,984.00	巴克斯道"甲"号机厂	6,281.41	
	3,706.00	达格拉道"乙"号机厂	3,497.75	
12,690.00	——			9,779.16
				——
73,340.00				68,316.86

水道处1933年结算单截至12月31日止

债务		资产	
	银元		银元
零星债务	14,385.77	零星欠户	40,150.94
用户押款	16,643.40	材料存储	90,882.03
折旧存储	206,431.34	购置项下：	
购置存储	66,690.19	地亩	175,831.54
英工部局流水账	1,095,426.85	机器	4,269.86
		家具暨装配零件	3,600.27
		滤水池	8,774.68
		澄水池	7,482.51
		沉渣池	7,187.79
		总水管暨水龙头	429,992.70
		用户水表	82,223.69
		工具机件	9,240.53
		"甲"号自流井机厂	290,034.44
		"乙"号自流井机厂	191,825.04
		"丙"号自流井机厂	58,081.53
	——		——
	1,399,577.55		1,399,577.55

敝公司已将上列截至1933年12月31日止之结算单审核，并得有一切所需闻料暨解释。据敝公司考核所知并参照工部局供给之说明书暨簿册所列注解，该结算单之开列用以表示工部局之实在正确财政状况是系正常。

汤生公司
特许查账稽核员
1934年2月6日

1933年财政统计总结截至12月31日止

	1933年4月12日选举人大会通过之预算		1933年收入支出决算	
	收入	支出	收入	支出
	银元			银元
经常项下：				
工部局总务账目	1,311,665.00	1,587,928.00	1,322,307.90	1,543,065.05
电务处	986,279.00	707,185.00	1,021,097.70	693,540.09
水道处	342,648.00	335,589.00	371,400.92	332,143.23
水道处盈余转移购置存储	—	7,059.00	—	39,257.69
结余	—	2,831.00	—	106,800.46
	2,640,592.00	2,640,592.00	2,714,806.52	2,714,806.52
特别项下：				
上列结余	2,831.00	—	106,800.46	—
马路、阴沟、便道暨水沟	—	338,174.00	—	344,680.93
总务购置支出	—	176,049.00	—	62,171.87
电务处购置支出	—	105,318.00	—	67,277.95
水道处购置支出	—	73,340.00	—	68,316.86
天津公学特别建筑协款	—	195,692.00	—	195,692.31
结余	885,742.00	—	631,339.46	—
	888,573.00	888,573.00	738,139.92	738,139.92

1933年总结算单截至12月31日止

债务			资产		
		银元			银元
工部局借款：			地亩：	亩数	
"B"字借款	48,181.81		老租界地亩	15.790	245,167.00
普通用途借款1920（投资银行）	19,800.00		扩充界地亩	55.129	461,009.70
普通用途借款1921（投资银行）	36,000.00		推广界地亩	141.343	907,071.00
普通用途借款1921 TS141,200	209,331.47		租界外地亩	399.368	397,250.40

（续表）

普通用途借款 1922 TS40,000	59,300.70						2,010,498.10
普通用途借款 1923 TS307,700	456,170.64			空地			
普通用途借款 1924 TS402,500	596,713.29			老租界维多利亚花园暨建筑物	18.500		
普通用途借款 1925 TS550,000	815,384.62			扩充界围墙道公园暨建筑物	6.195		
普通用途借款 1926 TS415,000	615,244.75			推广界民园	57.300		
普通用途借款 1932 TS350,000	518,881.12			推广界花园地亩	12.020		
		——	3,375,008.40	塚[冢]园地址			
零星借款：				广东道塚[冢]园：第9段第166号	11.281		
总务	108,489.03			马厂道塚[冢]园：马厂道路南	12.561		
填地	321,139.45			马路地亩：			
		——	429,628.48	扩充界	275.977	2,042,229.80	
保管款项：				推广界			
印籍警捕储蓄银行	550.10			马厂道	86.321	509,293.90	
旅费	76,259.68			其他马路	473.295	1,419,879.00	
皇家租契用存款	540,311.01					——	3,971,402.70
年积金	359,724.56			本租界街道、路基、阴沟、水沟暨便道：			
中国警捕	4,521.73			现时核估价值			1,954,972.16
		——	981,367.08	桥梁：			
保管团准备款额未支用结余		3,679.24		现时核估价值			139,720.71
保管团填地账未支用结余		37,261.61		房屋：			
折合银两贴水		22,012.16		老租界：			
天津公学		185,388.66		维多利亚花园内住房		16,080.05	

(续表)

流水账结余		戈登堂警务处保险房暨老火会所	190,060.48	
天津英文学堂	28,545.71	捐务股公事房	1,008.27	
流水账结余		河坝房屋	148.25	
总结余	7,018,261.20	码头捐公事房	2,074.04	
		中国职员餐堂	1,513.95	
		扩充界:		
		球场道第24段第195号地校舍	22,407.94	
		职员住房	59,596.89	
		职员居所	87,511.66	
		职员居所汽车房	4,508.48	
		工程处机料厂(戈登道)	10,477.36	
		汽辗房	296.50	
		推广界:		
		工程处机料厂(敦桥道)	43,350.46	
		警务宿舍暨火会所	363,221.15	
		警备队司令部	9,658.72	
		本租界内公共厕所	45,287.05	
		租界外:马厂道南:		
		马厂道塚[冢]园火葬炉	1,094.84	
		马厂道冢园内休息室	1,368.91	
			——	859,665.00
		全年局有地租折合原值		21,329.19
		菜市:		
		新房屋		4,646.49
		隔离病院:		
		房屋院墙暨围篱	112,806.79	
		家具(书面计值)	4,543.92	
			——	117,350.71
		维多利亚医院:		
		房屋(书面计值)	53,475.18	
		家具(书面计值)	12,807.47	
		仪器(书面计值)	4,341.43	
		X光机件(书面计值)	1,450.21	

(续表)

				—	72,074.29
		消防设备			25,066.42
		动产：			
		册列价值			210,442.91
		材料项下 （册列价值）			
		总材料所		36,452.59	
		警务处		4,552.73	
		文具材料		3,696.46	
				—	44,701.78
		零款现金			1,820.00
		零星欠户：			
		总务项下		79,009.51	
		填地		335,871.46	
				—	414,880.97
		悬账未决之地亩：			
		关于债券 保管团账目		9,661.76	
		关于工部局账目		1,368.17	
				—	11,029.93
		投资项下（实价）			952,213.59
		电务处：			
		流水账结余			149,650.06
		水道处：			
		流水账结余			1,095,426.85
		银行流水账			24,260.68
	—				—
	12,081,152.54				12,081,152.54

敝公司已将上列截至1933年12月31日止之结算单审核，并得有一切闻料暨解释其所列投资业经查核。据敝公司所知并参照工部局供给之说明暨簿册所载注解，该结算单之开列用以表示工部局之实在正确财政状况是系正常。

汤生公司
特许查账稽核员
天津　1934年2月13日

债券保管团账目
驻津英国工部局市政借款债券保管团
1933年12月31日

支出		收入	
	银元		银元
偿付海河工程局填地费用截至1933年12月31日止	52,184.63	1932年12月31日之结余	47,570.05
新辟马路暨修理土坝截至1933年12月31日止	6,214.86	债券保管团填地账债权	47,560.93
律师公费	3,614.00	债券保管团准备账债权	9.12
偿付借款1933年利息：			
1912 "B"字借款	3,113.29	填地余利截至1933年12月31日止	50,977.60
1919 消防设备	207.55	按季结算结余所得利息截至1933年12月31日止	479.86
1920 投资银行	1,617.00	过期填地账之利息	256.71
1920 电气	3,720.00	1933年预算所列之数	374,706.30
1921 投资银行	2,870.00		
1921 普通用途借款	16,739.10		
1922 普通用途借款	4,151.06		
1923 普通用途借款	27,895.05		
1923 普通用途借款（银元借款）	2,100.00		
1924 普通用途借款	41,769.93		
1925 普通用途借款	57,076.94		
1926 普通用途借款	43,067.14		
1932 普通用途借款	33,727.28		
	238,054.34		
1933年中签之债券：			
1912 "B"字借款	3,706.30		
1919 消防设备	5,930.07		
1920 投资银行	3,300.00		
1920 电气	46,500.00		
1921 投资银行	5,000.00		
1921 普通用途借款	29,798.61		
1923 普通用途借款（银元借款）	30,000.00		
1923 普通用途借款	8,746.86		
	132,981.84		
1933年12月31日结余	40,940.85		

(续表)

债券保管团填地账债权	37,261.61				
债券保管团准备账债权	3,679.24				
		473,990.52			473,990.52

1934年预算总目

	收入			
			银元	银元
地亩捐:				
已填地			249,664.00	
未填地			1,366.00	
			—	251,030.00
房产捐:				
依据估定全年租值			512,000.00	
减去:退还之款			10,000.00	
			—	502,000.00
河坝收入:				
租定船位租金		64,200.00		
备租船位租金		31,000.00		
驳船		6,900.00		
		—	102,100.00	
减去:费用			1,800.00	
			—	100,300.00
转头船位租金				5,930.00
辅捐收入:				
执照捐:				
人力车	85,000.00			
大车、排子车	67,000.00			
汽车	33,000.00			
马车	2,700.00			
旅馆暨售酒执照捐	7,000.00			
犬	3,300.00			
押当铺	1,300.00			
自行车	4,000.00			
杂项	4,000.00			
本地蒸制酒品捐	750.00			
小本营生	11,000.00			
	—	219,050.00		
减去:费用		16,750.00		

（续表）

			202,300.00	
菜市：				
铺面	3,250.00			
摊子	1,500.00			
		4,750.00		
减去：费用		150.00		
			4,600.00	
零星收入：				
杂项	17,560.00			
租金	18,240.00			
			35,800.00	
码头捐：				
收入		135,000.00		
减去：费用		11,200.00		
			123,800.00	
				366,500.00
				1,225,760.00
各分处往来利息：				
12,500元之八厘年息可由电务处归还之数		1,000.00		
1,095,000之八厘年息可由水道处归还之数		87,600.00		
			88,600.00	
				1,314,360.00

	支出			
	总务			
			银元	银元
管理人员俸给暨工资			134,765.00	
总务公费			47,420.00	
			182,185.00	
减去：可由电务处归还之数		26,690.00		
可由"水道处"归还之数		18,680.00		
			45,370.00	
				136,815.00
工部局办公处：				
零星费用			9,500.00	

(续表)

减去:可归还之数		500.00	
		——	9,000.00
捐助项下:			
体育场保管团		20,750.00	
民园保管团		3,000.00	
俄国医院		225.00	
俄国侨民社		150.00	
马大夫医院		371.00	
安立甘教堂		445.00	
合众会堂		445.00	
女青年会		445.00	
天津妇女慈善会		741.00	
		——	26,572.00
养老金			31,200.00
工部局警备队:			
零星费用			15,000.00
工部局藏书楼:			
薪俸		310.00	
零星费用		597.00	
协款		993.00	
		——	1,900.00
隔离病院:			
薪俸		11,147.00	
零星费用		16,121.00	
		——	
		27,268.00	
减去:法工部局协款	2,220.00		
病人住院费	7,048.00		
		——	
		9,268.00	
			18,000.00
维多利亚医院:			
薪俸		22,789.00	
零星费用		22,197.00	
		——	
		44,986.00	
减去:病人住院费		19,486.00	
		——	25,500.00
产妇调养院:			
薪俸		9,133.00	

（续表）

零星费用	16,876.00	
	26,009.00	
减去：病人住院费	7,809.00	
	——	18,200.00
卫生处：		
卫生医官费	1,482.00	
卫生处职员	2,987.00	
零星费用	2,603.00	
	7,072.00	
减去：入款	1,372.00	
	——	5,700.00
戈登堂：		
零星费用	2,200.00	
减去：租赁费	1,200.00	
	——	1,000.00
天津英文学堂： （须准予拨付之协款，按纳捐外人登记管业之地亩暨房产估定产值，现时总计值合银元48,176,377。依每1万元拨付18元计须拨付之数合银元86,717.48。按六七四五二八三暨2先令8便士汇兑行市折合英金7,799镑2先令4便士。再按1先令3便士行市核算计折合银元124,786.00。）		124,786.00
天津公学： （须准予拨付之协款，按纳捐中国人登记管业之地亩暨房产估定产值，现时总计值合银元42,167,504。按每1万元拨付18元计须拨付之数合银元75,902.00。）		75,902.00
墙子河维持费		550.00
偿还继续皇家租契用款按1918年估定地产价值2,873,124两之半厘计算		21,290.00
偿还英总领事所纳老租界第7号地用款数目		50.00
债券保管项下：		
核定每年偿付各借款本利之准备		374,706.00
流水账或新借款之利息		12,000.00
临时用途		5,000.00
		——
		903,171.00
特别支出		
天津公学：		
建筑协款：完成礼堂用款		93,500.00

(续表)

警务处		
		银元
警务处员役暨办公室职员薪俸	233,218.00	
普通杂费	93,797.00	
	——	327,015.00
减去:住户雇用门岗警捕缴纳费用	40,015.00	
支出	35,900.00	
	——	4,115.00
		322,900.00

消防队		
		银元
华洋职员薪俸		9,082.00
普通杂费		7,618.00
		——
		16,700.00

工程处		
经常支出		
		银元
桥梁:		
保持费		50.00
河坝暨码头:		
保持费		300.00
土坝(预防水灾)		
保持费		300.00
工程师费用:		
薪俸暨工资	154,770.00	
普通杂费	18,410.00	
	——	173,180.00
厕所暨秽水沟眼:		
保持费		10,000.00
工部局房产:		
普通保持费		9,400.00
机件暨工具项下:		
保持费暨经常费	7,900.00	
逐年修理	1,300.00	

(续表)

购新补旧		1,200.00	
		—	10,400.00
公共院所保持费：			
隔离病院		1,300.00	
产妇调养院		500.00	
维多利亚医院		3,450.00	
菜市		500.00	
		—	5,750.00
马路、便道、路边石暨阴沟项下：			
英租界内马路、阴沟普通修理费暨保持费		35,000.00	
老租界、扩充界、推广界暴雨水沟普通修理费		3,000.00	
冲洗阴沟费用		1,500.00	
载重汽车用汽油、工资暨材料		4,000.00	
载重汽车保持费		4,000.00	
英租界马路、便道、路边石暨阴沟保持费		7,500.00	
		—	55,000.00
路政项下：			
路灯		43,000.00	
清道、冲洗马路暨水沟		21,600.00	
收敛垃圾		29,900.00	
扫除积雪		5,500.00	
街名牌		200.00	
洒水暨散沙		12,780.00	
		—	112,980.00
公园暨花园		30,000.00	
			—
			407,360.00

器械暨换新补旧			
			银元
工程处			20,550.00
维多利亚医院			2,500.00
秘书处暨会计处			2,000.00
隔离病院			3,000.00
产妇调养院			300.00
			—
			28,350.00

	特别支出		
			银元
新建筑暨添盖房屋：			
新菜市		260,000.00	
重建码头捐公事房		1,250.00	
重建起重机		6,500.00	
伦敦道警务宿舍：			
北面加高一层	25,000.00		
铺砌院地	2,000.00		
改善窗户、添置纱蔽、自动开门钮	3,550.00		
		30,550.00	
新建医院		10,000.00	
敦桥道机料厂添盖马棚		6,000.00	
马厂道塚[冢]园重建火葬炉		2,200.00	
马厂道塚[冢]园扩充地段围墙		3,000.00	
马厂道塚[冢]园扩充地段便道		2,000.00	
新公园建设（推广界第52段甲第394号地）		2,000.00	
墙子河沿围篱		2,600.00	
河坝堆货地（1、3、9号）围栏		9,600.00	
墙子河沿花园内电灯		1,000.00	
警备队司令部增建房屋		2,000.00	
			338,700.00
墙子河水管			27,000.00
阴沟			42,300.00
锅形沟眼			3,000.00
暴雨水沟			2,000.00
马路			211,600.00
便道			10,000.00
重修河坝			6,000.00
伯斯道新桥			22,500.00
添设路线岛形			1,500.00
临时用途			7,500.00
中街交通指挥灯			5,000.00
			677,100.00

1934年电务处预算

支出			收入	
		银元		银元
发电费暨煤炭工资等项	235,551.00		售与用户电价	594,844.00
发电机件：			售与特别一区电价	118,455.00
修理暨保持费	35,556.00		公用电灯电价	38,708.00
分输电机：			用户自有道路电灯电价	9,000.00
修理暨保持费	35,672.00		售与英工部局办公处暨附属处所电价	17,880.00
路灯机件：			电马力售价	232,340.00
修理暨保持费	1,200.00		零星收入	13,500.00
工具：				
修理暨保持费	500.00			
租出机件：				
修理暨保持费	1,500.00			
家具暨装配零件：				
修理暨保持费	1,350.00			
经理费项下：				
薪俸暨工资	58,775.00			
杂项	22,905.00			
	—— 81,680.00			
总务管理项下	26,690.00			
会计处：				
中国职员薪俸	11,000.00			
零星费用	3,000.00			
	—— 14,000.00			
利息	1,000.00			
折旧	165,616.00			
零星购置	5,600.00			
陈列室费用	4,750.00			
	610,665.00			
预计收入超过支出之数	414,062.00			
	1,024,727.00			1,024,727.00

购置支出

	银元
地亩	40,480.00
房产	29,620.00
发电机件	43,685.00
分输机件	40,650.00
路灯机件	5,480.00
备租机件	1,700.00
工具	8,050.00
家具装配零件暨运脚	9,400.00
	——
	179,065.00

1934年水道处预算

支出			收入	
		银元		银元
巴克斯道机厂"甲"号：			售与用户水价	277,014.00
抽水费用：			售与特别一区水价	39,862.00
经常费	40,264.00		售与各轮船水价	4,304.00
修理暨保持费	1,800.00		售与英工部局办公处暨附属处所水价	21,638.00
	——	42,064.00	警务处租用房产租金暨零星收入	4,000.00
滤水池：				
修理暨保持费	100.00			
澄水池：				
修理暨保持费	100.00			
厂内水管暨节水门：				
修理暨保持费	100.00			
"甲"号机厂房屋：				
修理暨保持费	1,910.00			
	——	44,274.00		
达克拉道机厂"乙"号：				
抽水费用：				
经常费	25,199.00			
修理暨保持费	1,400.00			
	——	26,599.00		
厂内水管暨节水门：				
修理暨保持费	50.00			

(续表)

"乙"号机厂房屋：				
修理暨保持费		680.00		
		——	27,329.00	
伦敦道机厂"丙"号：				
抽水费用：				
经常费	18,847.00			
修理暨保持费	550.00			
		——	19,397.00	
厂内水管暨节水门：				
修理暨保持费		50.00		
"丙"号机厂房屋：				
修理暨保持费		280.00		
		——	19,727.00	
总水管龙头暨接水材料：				
修理暨保持费			9,716.00	
机件暨工具：				
修理暨保持费		900.00		
剔旧置新		1,150.00		
		——	2,050.00	
租用机件：				
水表修理暨保持费			2,330.00	
由公用龙头售出水价			1,108.00	
工程师费用：				
华洋职员薪俸	50,525.00			
零星费用	18,930.00			
		——	69,455.00	
管理项下：				
总务			18,680.00	
会计处：				
中国职员薪俸		6,180.00		
零星费用		1,550.00		
		——	7,730.00	
消防设备：				
经常费		4,116.00		
修理暨保持费		1,110.00		
		——	5,226.00	
零星机件添置			150.00	
折旧			46,900.00	

(续表)

109,500之八厘年息		87,600.00		
		———		
		342,275.00		
预算收入超过支出之数		4,543.00		
		346,818.00		346,818.00

水道处购置支出

		银元
总水管暨水龙头		71,050.00
接水材料		3,000.00
出租机件：水表		8,000.00
家具零星配置暨仪器		220.00
载运机件：公事房汽车		4,500.00
自流井计划项下：		
巴克斯道机厂"甲"号	25,400.00	
达克拉道机厂"乙"号	5,500.00	
伦敦道机厂"丙"号	5,500.00	
	———	36,400.00
		123,170.00

1934年预算总计

	经常项下	
	收入	支出
		银元
工部局总务账目	1,314,360.00	1,678,481.00
电务处	1,024,727.00	610,665.00
水道处	346,818.00	342,275.00
结余	—	54,484.00
	———	———
	2,685,905.00	2,685,905.00

	特别项下	
		银元
上列结余	54,484.00	—
马路、阴沟、便道、水沟等	—	303,900.00

（续表）

总务购置支出	—	373,200.00
电务处：购置支出	—	179,065.00
水道处：购置支出	—	123,170.00
天津公学：建筑协款	—	93,500.00
结余	1,018,351.00	—
	1,072,835.00	1,072,835.00

现款状况		
		银元
截至1933年12月31日止之现款状况	33,522.00	—
上列预算不敷之数	—	1,018,351.00
天津公学1933年决定用途可在1934年支付之数	—	124,306.00
现存保管款额备1934年投资	—	12,668.00
电务处折旧存储	165,616.00	—
水道处折旧存储	46,900.00	—
净结现款不敷之数	909,287.00	—
	1,155,325.00	1,155,325.00

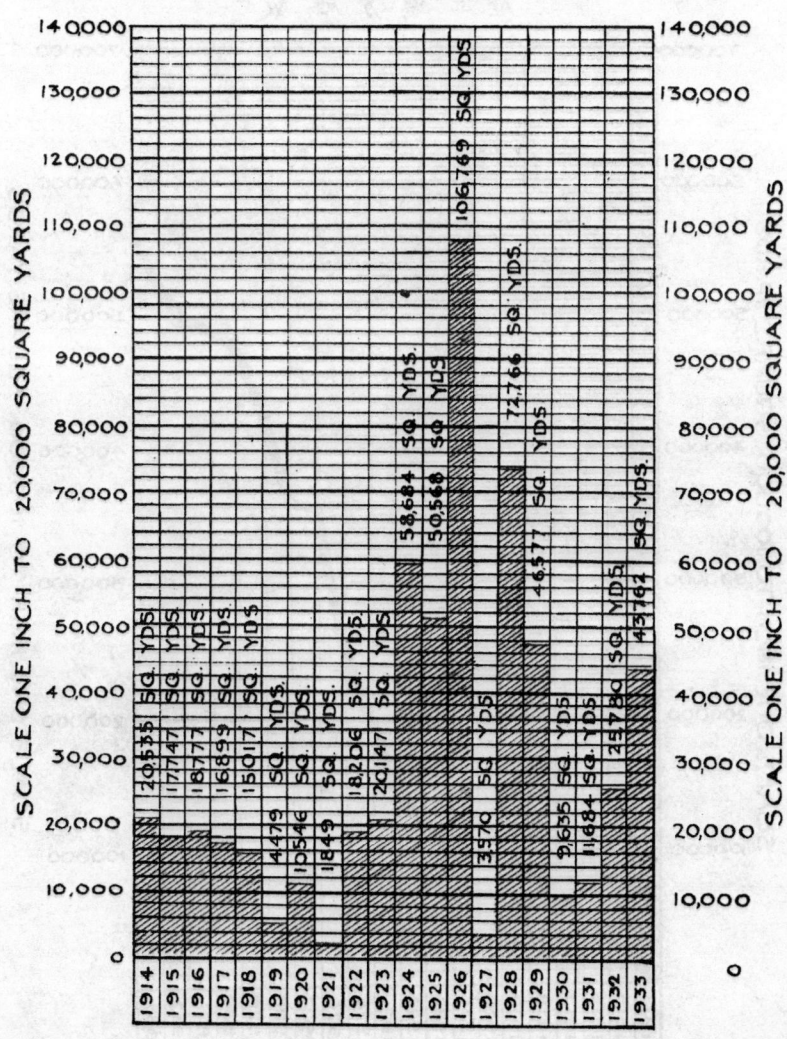

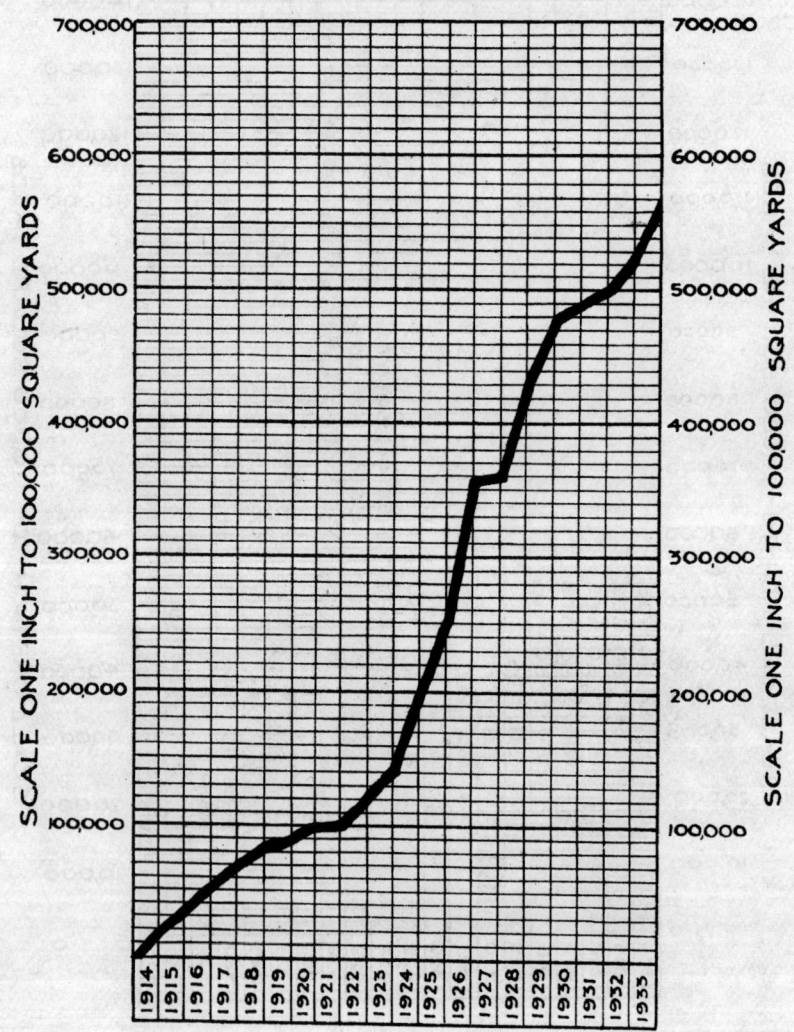

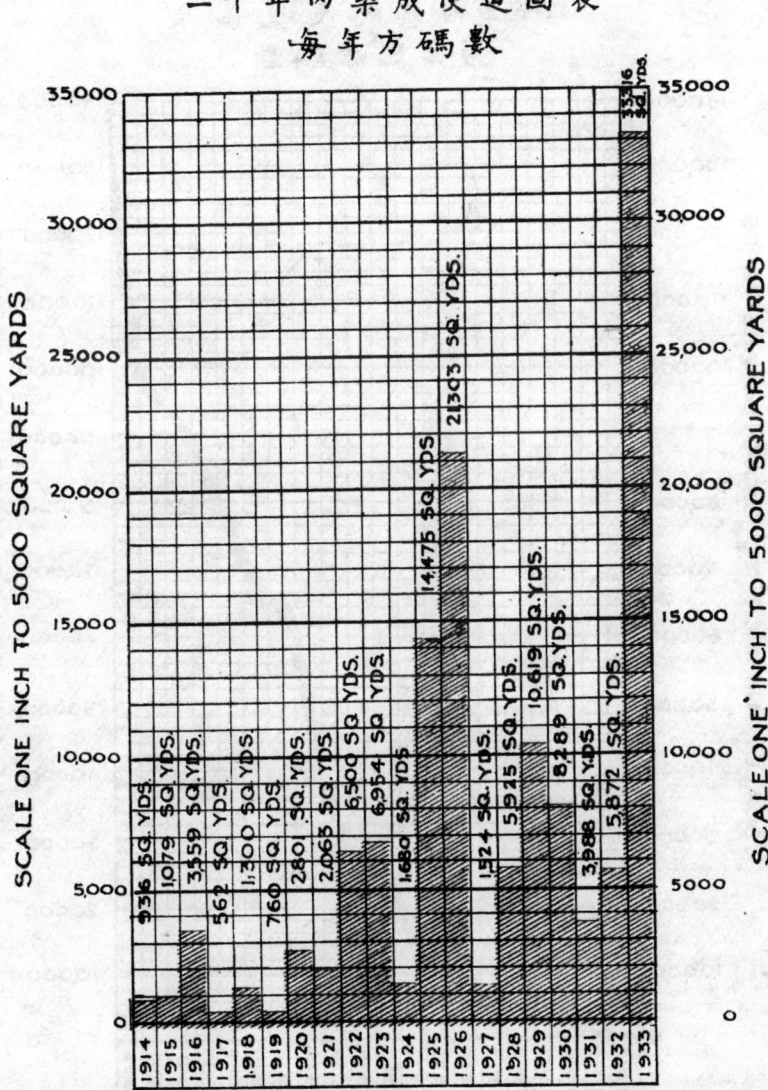

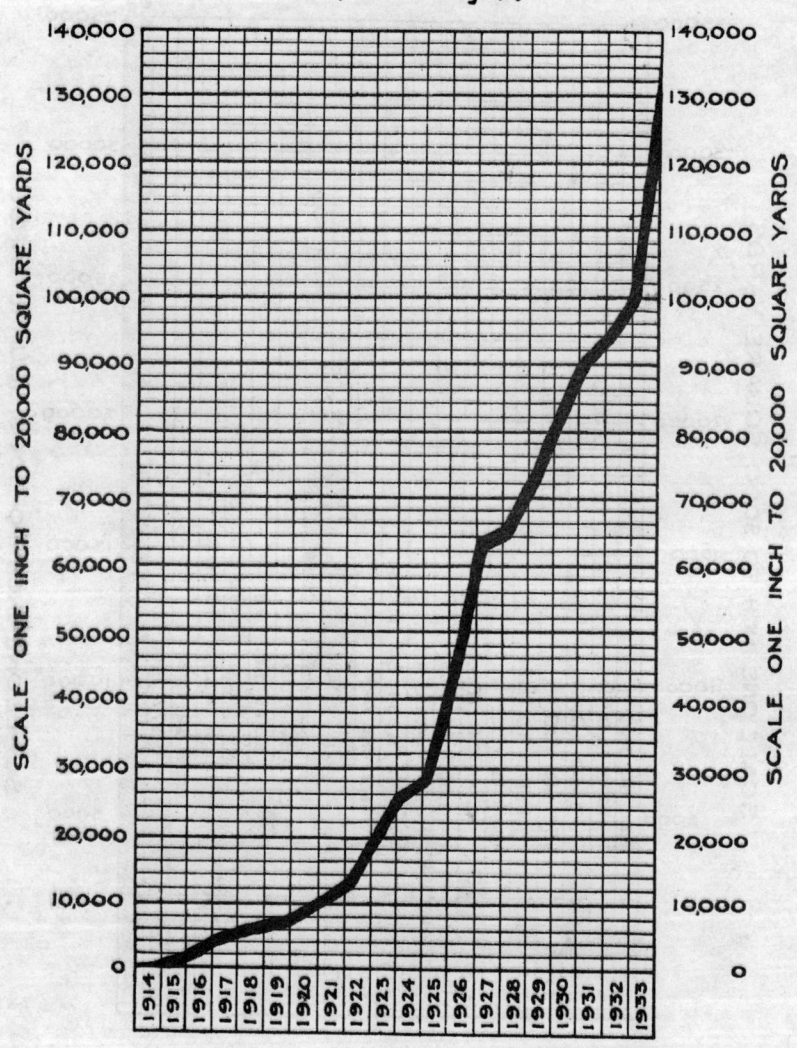

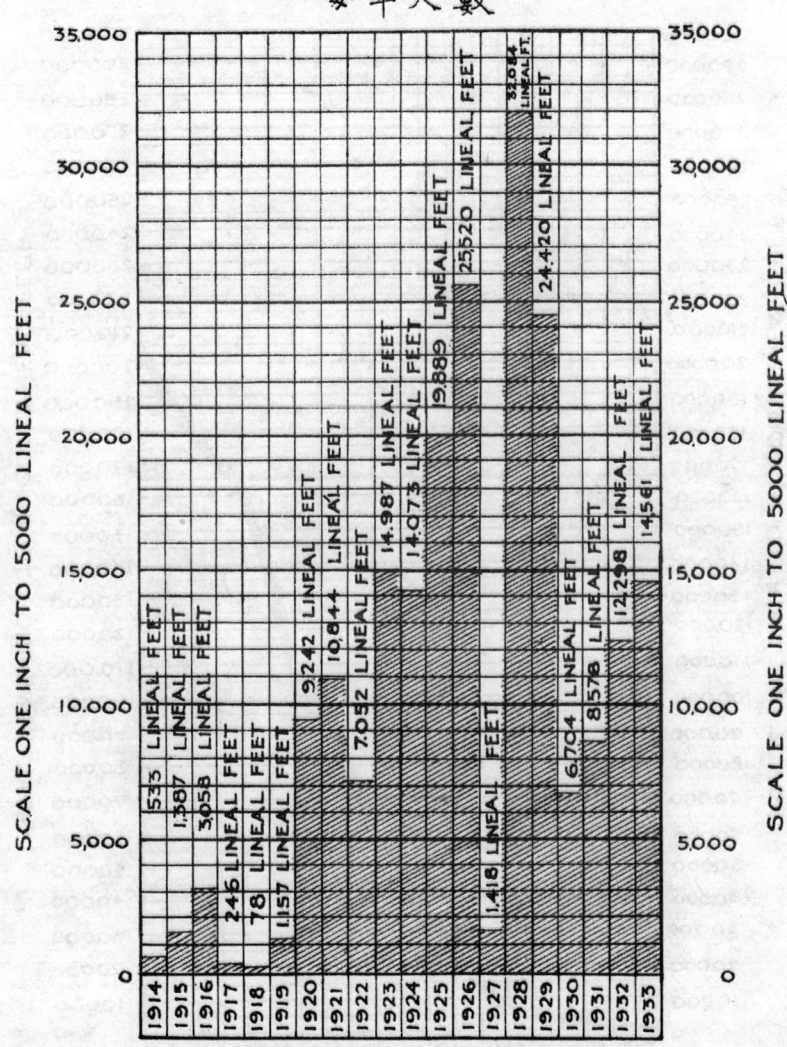

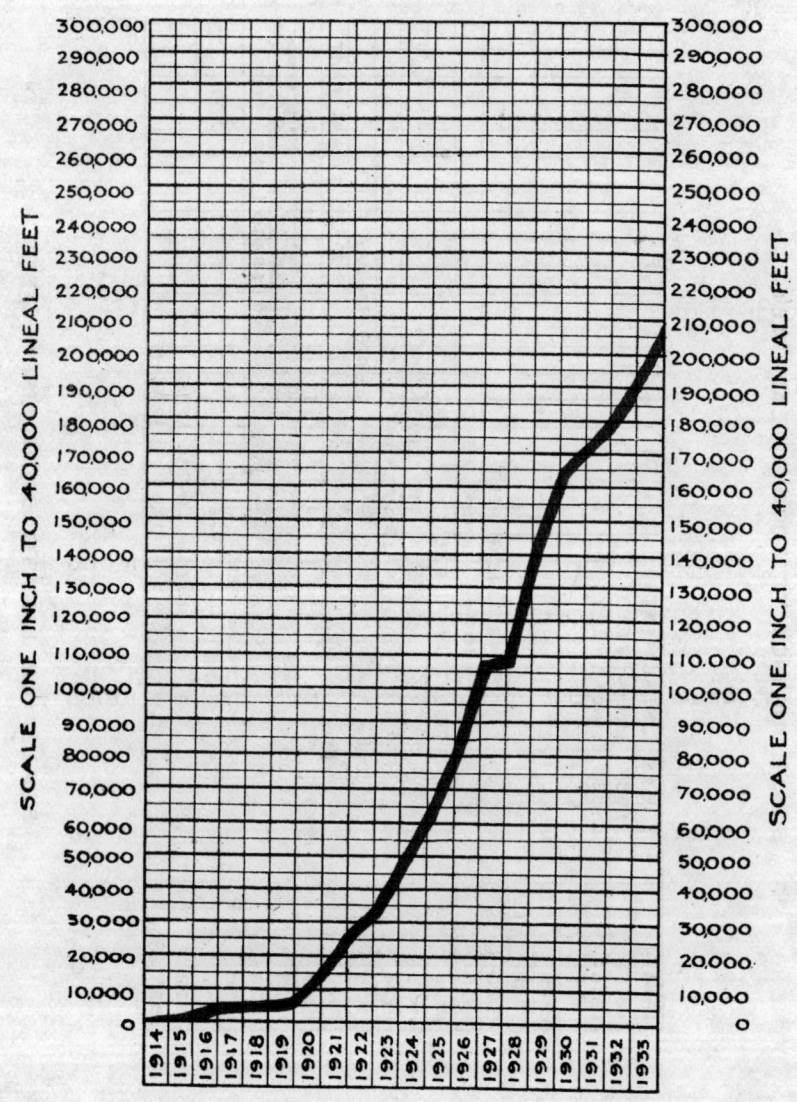

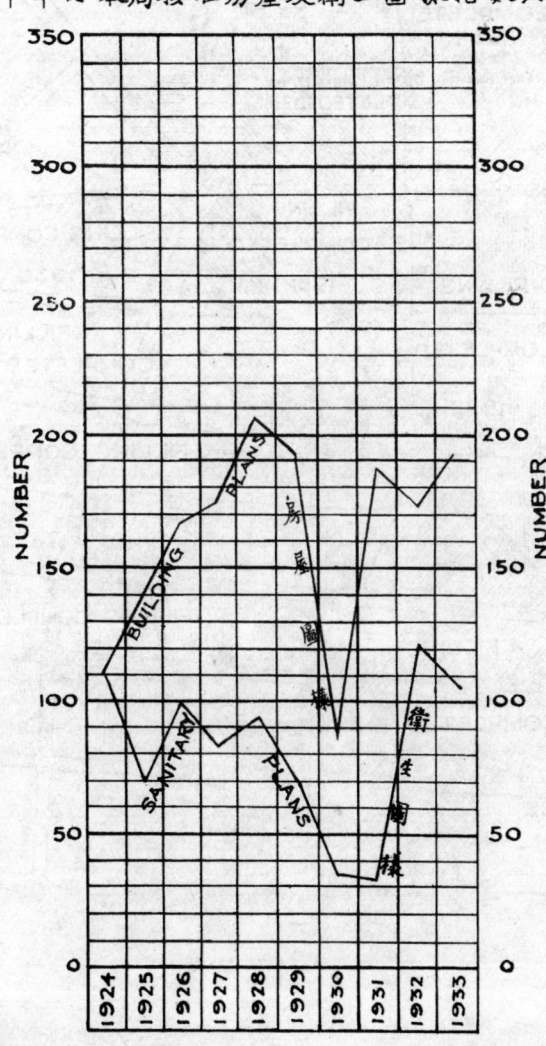

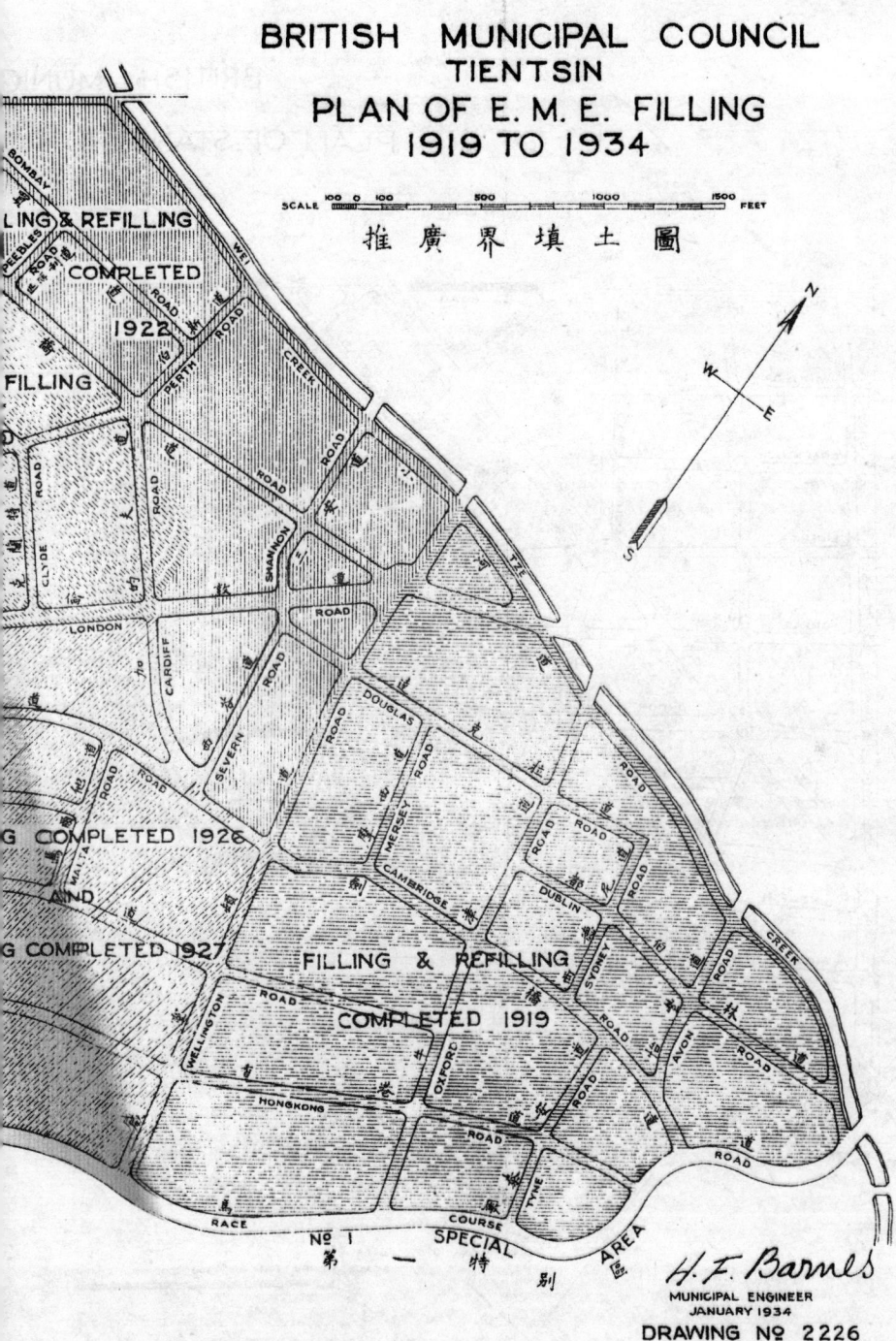

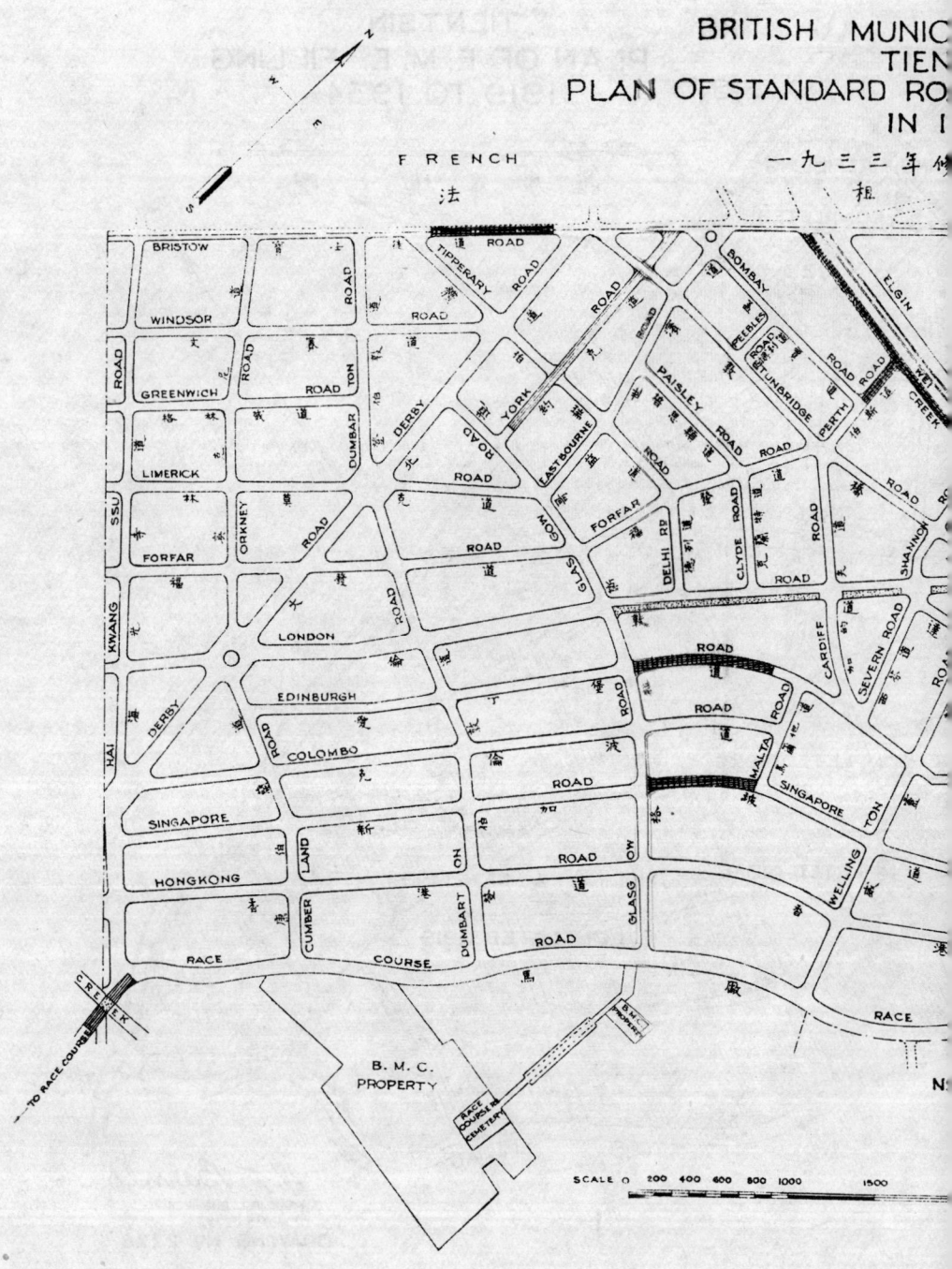

天津英工部局 1933 年董事会报告暨 1934 年预算

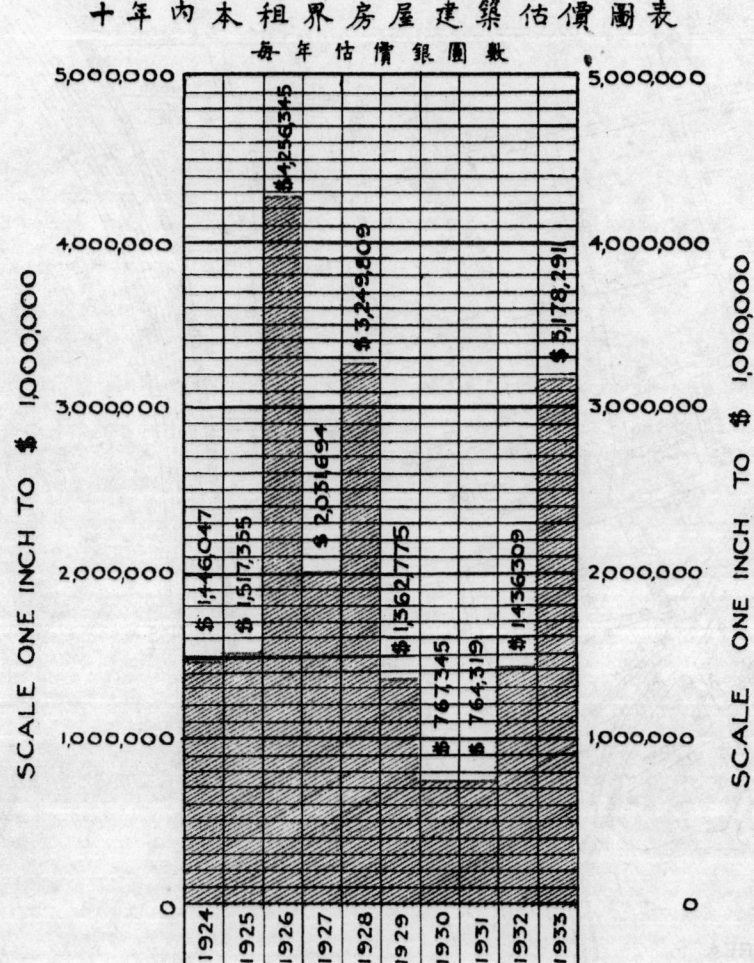

天津英工部局
1934 年董事会报告
暨 1935 年预算

驻津英国工部局 1934 年报告

本董事会兹将常年市政报告连同 1934 年截至 12 月 31 日止之财政统计暨 1935 年之收支预算一并陈请选举人察[查]核。

1934 年 4 月 11 日英租界选举人第 16 次常年大会选出董事会各董事如下：

卞白眉君、赵君达君、庄乐峰君、蓝葛君、李宏章君、毕德斯君、芮德君、瑞士君、端纳君、王荷舫君。

新董事会于 1934 年 4 月 18 日集议，推举毕德士君为董事长，庄乐峰君为副董事长，并分组成立各委员会列次：

人员财政暨医院委员：卞白眉君、庄乐峰君、李宏章君、毕德斯君、芮德君、瑞士君；

工程委员：庄乐峰君、李宏章君、瑞士君、端纳君、雷塞姆少校(由董事会公请加入)；

公安委员：赵君达君、庄乐峰君、毕德士君、瑞士君、王荷舫君；

电务委员：赵君达君、芮德君、端纳君；

水道委员：卞白眉君、蓝葛君、王荷舫君。

董事长因职务关系为各委员会之委员。

1934 年 6 月蓝葛君因例假离津辞职，董事遗缺由董事会公请瑞德乐君补。

条 例

年间5月4日公布条例第22条修正条文列次：

第二十二条 传染病症

一、遇有发现霍乱、白喉、麻疹、猩红热、天花、斑疹伤寒、腺鼠疫及肺鼠疫、瘅疽、脑膜炎、昏睡性脑炎、百日咳、腮腺热(痄腮)等各种传染病症，以及其他工部局业经引用本条列为传染病者，发生该传染病房屋之占用人或租赁人必须于病症判明之12小时内通知工部局秘书长；如已延请医生诊治，则该医生必须另送通知予工部局。如病症结束，发生该传染病房屋之占用人或租赁人，必须于12小时内重行通知工部局秘书长；如已延请医生，则医生应另送通知予工部局。

二、发生传染病房屋之占用人或租赁人，遵照工部局卫生医官之要求，应于适当时间内迅速办理该房屋消毒手续，并将消毒经过情形呈报工部局卫生股，其消毒费用由该房屋占用人偿付。

三、工部局对于发生传染病症之房屋，有随时查察之权。如遇有任何危险传染病症发生，得饬令施行特别消毒手续，并执行或饬令执行任何防范病症蔓延所必需之特别手续。凡因为公众卫生利益所必须施行之此项特别手续，其费用由局支付；抑由业主负担，应依审查该病症发生之原因为断。

四、无论何人，如有违犯本条例情事，应处以不逾洋300元之罚金。

自1934年5月20日起施行有效

各种捐率暨租金照费等

地亩捐：

所有老租界扩充界地亩及推广界之已垫高经过一足年之地亩捐均按估定价值1%征收，推广界内其他各地捐均按估定价值四百分之一征收。

估定房产租值捐：

所有坐落老租界扩充界及推广界内已垫地段估定房产租值捐概按11%征收。

地亩转移暨抵押登记费：

地亩转移在工部局登记者均按照本局勘估价值四百分之一收费，以40元为收费最低数目至150元为收费最高数目，概由新业主缴纳。

地亩抵押登记，无论产业价值一概收费15元。

杂项收费

广告招贴及告白等：

本租界内建立广告暨招贴告白等须依照下列规定：

一、本租界内公众观瞻处所未经本局警务处给与准许不得任意张贴广告；

二、凡备贴广告之招牌，其建立须得有本局工程处之准许；

三、请求准许人于必要时须将广告式样送呈警务处备阅；

四、凡有通告、广告，务须经本局警务处盖章记号、加注日期，然后张贴；

五、违犯以上规定者得科以200元以下之罚金；

六、本规定对于营业或工业厂所建立于该营业等所在地之广告招贴不适用之。

押款与收费由本局酌定。

现时收费规定每方尺每年收费洋0.075元。

运载病人汽车租赁费

路程起点	路程终点	外国人跟车(元)	中国人跟车(元)
本租界任何地点	本局所立医院之一	6	4
其他租界	同上	10	8

（续表）

本租界任何地点	其他租界之任何地点	10	8
其他租界	其他租界之某医院	12	10
本租界	天津城	15	12
天津城	本租界		

附注——特别一区、二区、三区暨佟家楼之费率与其他租界同。

四至石柱

混凝土带字石柱：每柱3元。

石柱位置于业主地亩（工资在内）：每柱3.5元。

建筑图样审查费

洋式建筑：

一、每所建筑其容积不超过20,000立方尺者：6元。

二、增加容积每5千立方尺或不满5千立方尺：1.5元。

三、已核准图样如有更改而于容积无所增减者：1.5元。

四、房屋内部更改与现有墙壁无关者：4.5元。

否则依照甲乙两项收费。

五、设某图所载系多所同样房屋，则第一所房屋图样审查费应依上列费率计算之，其他各所仅收规定费率之半数，惟任何一种多所同样房屋图样审查费总数不得超过75元。

附注：任何单所房图之审查费不得超过35元。

中国式建筑：

住房铺面或商行

3所或不满3所附带下房	4元
10所或不满10所附带下房	7.5元
每增加房间1间或房屋1所	0.5元
他种房屋	15元
每段房屋取费至多不得过	75元

附注：为便利计算上列费率起见，每一中国式房屋所占平地面积除院落不计外，以不超过400方尺为准。

卫生设备项下

核准图样费每一装具取费1元，至多以20元为限。

查验设备费第一次免费，第二次起每次每一装具收费5元，至多以百元为限。

杂项

婚丧暨寿事牌楼:5元。

牌楼如宽至25英尺横过马路者:50元。

建筑材料堆积公共道路占地每方码每月应纳费:0.5元。

河坝系船费

轮船类:

各式轮船凡系靠英租界河坝者,以注册净吨数计,每一吨征收系船费银洋0.075元,所有纳费轮船得停靠河坝3日(即72小时,由到时起算),如系靠时间须延长者,每增加24小时增加收费22元。

驳船类:

凡系靠英租界河坝驳船装载货物每百吨或不满百吨者,收系船费银洋7.5元,此项货物吨数以重量或容积计算,均按照轮船货单为凭。

凡有驳船每系靠河坝一次,增加收费银洋10元,倘系本局请求移动者不在此例。

上列各费概由各该船公司或代理人缴付。

河坝租费

凡有装卸轮船或驳船货物堆积河坝者,每吨以重量或容积计征收河坝租费银洋0.075元,此费由接受占用船位准许单之商行缴付。

附注:装卸轮船货物凡缴此租费者,得积存河坝7日(海关假期除外),凡有货物逾此限期仍未提取者,本局得代行收存,其一切危险暨费用概由货主担负。倘本局准许该项货物过上列期限仍堆积河坝者,则该项货物以包计或以担计,应征收按日计算之寄存费,此按日计算之寄存费率大概与津埠普通货栈按月计算栈费相等。

码头捐

凡经过英租界河坝货物均按各货物价值1‰征收码头捐。

电警响号

住户如愿安装通接电警响号之开关机者,本局可代为安设,惟该住户须预付此项安设费本暨第一年期费用合计洋100元,嗣后如留用开关机者,每年并须缴付常年费用洋50元。

坟墓费暨下葬费

火葬费普通瓮值在内:50元。

墓圹暨洋灰顶盖及下葬费在内(牧师费另计):50元。

除在马厂道塚[冢]园已修家族坟墓或在1933年1月1日前已经购定墓穴者外,嗣后该塚[冢]园只备安葬英国人民之灵柩或本租界住户纳税人或纳税人家族之灵柩。

不在本租界居住并不纳本租界捐税之非英国人墓圹暨洋灰顶盖及下葬费在内(牧师费另计):75元。

汽车夫执照费

汽车夫请求执照考验费:1元。

驾驶执照费每张:3元。

捐照号码牌

载货车号码牌每个:0.5元。

狗牌:0.1元。

房屋消毒费

每一房间:3元。

电流费率

电灯:每1电码0.18元(自1935年5月1日起实行)。

暖气:每1电码0.05元。

烹饪:每1电码0.035元。

电马力:用电量在50启罗瓦特为最高限度者,每一电码0.06元;用电量超过50启罗瓦特者,每一电码0.04元。

其他多量用电取费另行核议。

医院项下

维多利亚医院	住院费	
	英租界住户或纳捐人	非本租界住户暨非纳捐人
特别病室	每日11元	15元
普通病室	每日9元	12元
外科手术室		
重要手术	20元	30元
次要手术	10元	15元
隔离病院住院费	英法租界住户(或)纳捐人	非英法租界住户(或)纳捐人

(续表)

每日	5.5元	10元
产妇调养院住院费	每日15元	
注射药品非药方谱所列药材暨专利药品、食物、汽水及酒类概另收费。		

X光照收费

收费 类别	本局收费 (元)	医生手续费 (元)	总数 (元)
牙齿1枚	2	10	12
牙齿2枚	3	13	16
牙齿3枚	4	16	20
牙齿4枚	5	19	24
牙齿5枚	6	22	28
牙齿6枚	7	25	32
牙齿7枚	8	28	36
牙齿8枚	9	31	40
牙齿9枚	10	34	44
牙齿10枚	11	37	48
大印片 10寸×12寸 12寸×14寸	10	15	25
小印片 8寸×10寸 6.5寸×8.5寸	5	15	20
幕影查考	5	15	20

电气治疗

用电气治疗器(院外诊治)由病院职员施诊		
包括按摩费	(每半小时)	5元
包括按摩费	(每1小时)	10元
按摩电机用费	每次	1.5元
普通按摩费	每1次	5元
	2次	10元
	3次	15元
	3次以上之每1次	3元

捐照费率列车

汽车、载重汽车暨拖车	每年	80元	若在1月以后具领,每月按7元收费,核算至年终止
电水自行车 连双坐 或不连双坐	每年	40元	若在1月以后具领,每月按3.5元收费,核算至年终止

附注:一、在1月以后上捐之捐费概按上捐月份1日起计算。

二、汽车、载重汽车暨拖车如停驶不用或运送他埠,其捐照未满期部份之已缴捐费得按每月6元退捐,电水自行车按每月3元退捐,惟捐照暨号码牌在退捐时须缴回,捐务股再捐费退回数目须按请求退捐月份之下月1日起计算。

三、此为英、法、意、日各租界暨特别一、二、三之通行捐,天津城里城外不在此例。

	签发汽车驾驶执照	每张3元
	长途汽车特别捐	每季加收特捐15元
	公用汽车特别捐	每季加收特捐3元
	马车	每年18元
		每月2元
	人力车	自用每年12元
		公用每月1元
	自行车(全天津)	每年1元
	装货排子车或大车	每月2.2元
	小本营生小车	每月1元
	手车	每月0.3元
	犬	每年5元
	小本营生	每月1.25元
	电影院	每月15元
	牛乳房送货人	每年0.3元
旅馆		
	一等	每月25元
	二等	每月20元
	三等	每月15元
	蒸制酒品捐照	每年250元
酒柜捐		
	一等捐	每月25元
	二等捐	每月20元
	三等捐	每月15元
经售洋酒捐照		
	一等	每年25元
	二等	每年20元
	三等	每年15元
	经售中国酒捐照	每年5元
押当铺捐照		
	一等	每年100元
	二等	每年50元
	手枪执照签发费	每支5元
	换照费	每年1元
食堂餐馆捐照		
	一等	每月25元
	二等	每月20元
	三等	每月15元
	屠兽场	每年75元

图样

英租界蓝色影印全图 every张 5 元

公用营业汽车

下列公用汽车租赁费率业经英国工部局核准：

大汽车载客 5 人以上

在 20 分钟以内最少租赁费	每次 1.5 元
首先 40 分钟	2.5 元
第 1 小时	4 元
每增加 20 分钟	1 元
小汽车只载客 5 人在 20 分钟以内最少租赁费	每次 1 元
首先 40 分钟	2 元
第 1 小时	3 元
每增加半小时	1 元

钟点计算由预定时起至乘客离车时止，再加该车开回车行需用时刻。

垃圾箱

工部局规定式样垃圾箱每只：2.5 元

人力车价

10 分钟或不满 10 分钟每次：1 角辅币

续雇时间每 10 分钟：1 角辅币

每 1 小时：5 角辅币

车夫 2 人推拉：加倍

以上车价仅于日间通用，如在夜晚或遇天时不晴应增加之

起重机

每次起重至少收费：30 元

若以吨位计算每起 1 吨收费：3.75 元

最大重量限制 30 吨

测量费

普通测量未兴建筑地亩：每亩收费 5 元

已有建筑地亩无论上建房屋是否须位置图样上：每亩收费 7 元

水价

依水表记载每千加伦收费1元。

用户每月是否用水,每一水表须纳费1元。倘用户所装水表不止一个,则无论何表所用水量均得列入月账。

磅房收费

大车过磅每1吨或不满1吨:0.05元大洋。

每次过磅至少收费:0.2元大洋。

估定房产租值捐

查本租界纳捐人于上次常年大会所公举之估价委员业将坐落界内各段房产本年全年租值估计完竣。

此项估定租值列有单表，凡愿参阅者可于本年5月31日以后随时惠临本局。倘捐户对于该估价委员所估全年租值或有不满意处，应于本年6月30日或早日通知本局秘书长，俾所具质问理由得于颁发该捐账单日期以前受详细考核，凡有请求另行估计全年租值之请愿书，倘于本年6月30日以前未能递到者，概不受理。

每年9月为缴纳全年房产捐之期，倘至9月30日仍未缴纳者，按照本局条例第39条，本局得征收额外附加捐，以欠缴捐数之10%为标准。

如本年房产租值捐至迟到9月30日尚未将全数照缴者，则本局对于其请求核减房产租值捐事概不受理。

凡已缴纳之捐款，本局得依照下列特别情形或准许退还，惟须详予声明者，此项捐款之应否退还完全由本局权衡决定。

房产租值捐要求退还规定

一、凡房产于一年度中有未经占用时期，本局可酌核情形按照下列计算表将已缴之捐款退还。

计开：

未占用1个月者退还5%；

未占用2个月者退还10%；

未占用3个月者退还15%；

未占用4个月者退还20%；

未占用5个月者退还25%；

未占用6个月者退还30%；

未占用7个月者退还35%；

未占用8个月者退还40%；

未占用9个月者退还50%；

未占用10个月者退还60%；

未占用11个月者退还70%；

未占用12个月者退还80%。

二、凡非出租之房产应作为有人占用。

三、若房屋内置有家具或货物者应作为有人占用。

四、凡房屋空闲满足一整月者，即自本月某日空闲至次月之同一日期，得要求退捐。惟该房业主或经租人应即于房屋空出日报告工部局，并每满届一个月继续报告一次，一俟租出应再于租出日立即报告之，倘不依此随时报告注明每段地空闲房屋住址，其退还房捐要求当即失效。

五、第一次房屋空闲报告须用特别格式，此种特别格式可向英工部局会计处索取，该格式内应列房屋号数，即业主用以志别其管业地段房屋定有不同额之租金者。

各段房产类别列次：

（一）多所成排房屋其租赁以一整所为单位者；

（二）某段地房产系铺面、办公室、住所或分租楼房暨货栈合成者，其出租以全部或一部分为单位者；

（三）货栈其出租以分截部分为单位者；

（四）菜市建有铺面、住房、摊子概可分租者；

（五）大所住房其出租以房间为单位者。

六、业主或经租人于要求退捐时须采用"首次报告"格式，并于该报告内分别详细说明每段房产之出租单位与租金之总收入暨各单位之按月租金数目。

七、此后业主或经租人再有退捐要求，只须用信函援引首次报告注明产业、段数、号数，工部局主管退捐要求人员当即于该房屋之首次报告照行证明。

八、倘每年地捐至4月30日，房产租值捐至9月30日尚未全数清缴者，其退捐要求本局概不受理。

九、凡有退捐要求应函交驻津英国工部局会计处长，并于封皮注明请求退捐字样。

十、工部局得随时派员查明请求书内所具各节，如查有具报不实或误报情事，其所具要求概作无效。

十一、证书格式须经业主或经租人签注如下：

"鄙人证明房产租值捐退还请求书内所具各节，据鄙人所知所信概系实情。"

工程处 1934 年报告

本年工程建设如道路、阴沟、便道、房屋建筑等等布设广繁。新筑路面计 39,424 方码(2.13 英里)，阴沟布设计长 8,370 英尺(1.58 英里)，新筑便道计 11,025 方码，海大道暨博罗士道拐角原有陈旧早应拆毁之菜市，业已改造钢筋混凝土新式建筑，规模宏敞，市民食品遂得应有清洁合乎卫生之菜市。

1934 年颁发业主建筑准单，依估计产值核算，共合洋 2,116,424 元，查 1933 年之统计，合洋 3,178,291 元，继此仍有本年巨额之发展，殊堪称意。

年间辅捐收入增至历年未见之最高总数，计洋 245,915.71 元，比之 1933 年之总数洋 236,892.07 元，计增洋 9,023.64 元。

伦敦道业已铺筑至马厂道，该路之修筑不惟疏赛马期间马厂道之交通拥塞，并得成为本租界内适合美观之通衢孔道，推广界内靠临该要道地段，因之能实现合宜之建筑发展，是为本处所期望者也。自克伦波道至马厂道间之该道西半面铺筑，因技卫关系尚未完成，其筑造须缓至 1935 年春，一俟全路布设完整，灯亮齐备，其雅致宜人，当为本租界前所未有。

1934 年工程建设细目列次：

桥梁：年间伯斯道口墙子河新建钢筋混凝土桥梁 1 座。

河坝：1934 年河坝仅施以需要修理暨普通保持工程。

塚[冢]园：马厂道塚[冢]园扩充地段增筑围墙一道。

火葬炉：本年共计用火葬炉 10 次。

填地暨防水土坝：年间仅施以普通修理暨保持工程。

填土：推广界填土工作于 3 月 1 日开工，惟因河水高涨，乃于 7 月 18 日停止，旋于 10 月 3 日重行吹填，至 12 月 23 日因天气寒冷复行停工，年间供给泥土总量，共计 113,505 方，其分配详数如下：

第 9 水坑包括推广界地：

第四十一段、四十二段、四十五段计填土：66,661 方。

第 10 水坑包括推广界地：

第 43 段、44 段、47 段计填土：46,844 方。

总计:113,505方。

推广界填土工程,除海光寺道土坝外之地段外,余悉完成。

公共厕所:各厕所均保持适用。

工部局房屋:年间添盖暨修改房屋列次:

隔离病院添盖四周装置软垫室1间;

伦敦道警务宿舍添高楼房1层、自行车棚1间连设自行车架暨厨房修改添造工程;

立斯克目道警备队司令部房屋添造及修改工程;

马厂道花房添盖花房一间,并装配暖气设备;

博罗斯道、海大道拐角老菜市地址之一部,上建新菜市1所,旧有房屋拆毁,原址余地四周圈筑围墙;

河坝码头第9号堆货地添筑摆渡台阶1座,上有罩棚。

新机料场:年间敦桥道新机料场供给沥青混凝土掺和合计100,163立方尺,路面沥青料计29,429立方尺;

辗轮榨碎石块共计295,768立方尺,其榨成石块直径自1.5寸至碎末不等,化验室查验沥青混凝土搀合沥青洋灰暨沙子,共计273次。

自建房屋:1934年界内业主建造房屋,估计总值合洋2,116,424元,内有计值洋1,150,478元之建筑,其准单系在1933年颁发而在本年竣工者,尚有计至1934年底建造未完工之房产,共值洋1,165,780元。

1934年1月至12月颁发建筑准单计值(估计):2,156,826元。

1934年1月至12月建筑完成房屋计值(估计):965,946元。

1934年1月至12月建筑尚未完成房屋计值(估计):1,165,780元。

1934年1月至12月建筑准单已颁发而尚未动工之房屋计值(估计):25,100元。

总计洋2,156,826元。

马路便道暨暴雨水沟项下:本年修筑路线面积共计39,424方码,计长2.13英里,其详数列次:

红砖路基上铺沥青混凝土路线			
路线			方码
登伯敦道	自香港道	至伦敦道	5,067
爱丁堡道	登伯敦道	格拉斯哥道	3,025
香港道	登伯敦道	格拉斯哥道	2,870

（续表）

林莫克道	大北道	格拉斯哥道	2,776
伦敦道	康伯兰道交岔口		1,617
伦敦道	克伦波道交岔口		1,200
伦敦道	登伯敦道交岔口		890
伦敦道	格拉斯哥道交岔口		335
伦敦道	马厂道交岔口		508
马厂道毛林拐角			405
伯斯道桥口两端			822
新加坡道	自登伯敦道	至格拉斯哥道	2,919
			总计 22,434
钢筋混凝土路基上铺沥青混凝土路线			
围墙道(半面)	自宝士徒道	至公学道	2,668
伦敦道	克伦波道	格拉斯哥道	11,693
伦敦道(半面)	马厂道	克伦波道	2,629
			总计 39,424

连同以往11年一并计算，修筑路线总面积合计469,219方码，总长计27.17英里。

阴沟项下：1934年修筑沟管线列次：

沟管系椭形，高2.3英尺，宽1.6英尺			
路线			英尺
宝士徒道	自海光寺道	至体伯瑞道	1,487
沟管系椭形，高1.6英尺，宽1英尺			
大北道	伦敦道	林莫克道外津中里	2,108
登伯敦道	大北道	伦敦道	741
福发道	大北道	伦敦道	350
伦敦道	大北道	马厂道	1,814
马厂道	靠近伦敦道地点		82
		总长8,370英尺，合1.58英里	

连同以往11年界内修筑沟管线一并计算，总计长65,669英尺，合12.43英里。

路边水沟石：本年建造之洋灰混凝土路边水沟石，共计长19,322英尺，合3.66英里。

便道：本年铺筑便道总面积计11,025方码，其中394方码系用洋灰混凝土铺筑，其余10,631方码系用沥青路面料铺筑。

暴雨水沟：本年建筑暴雨水沟共计长2,549英尺。

洒水：本年洒路清道用水总量共计1,458,000加伦。

清道工作：本年收集处置之脏土量列次：

住户垃圾：18,430方；

街道脏土：1,867方；

泥土：146方；

炉灰：206方；

马粪：193方；

总计：20,842方。

扫除积雪：年内下雪7次，街头扫除积雪总量约3,000方。

马棚：本局马棚内豢养之牲口暨置用机件截至1934年12月31日止列册于次：

骡：54匹；

大车：60辆；

载重机车(内有蒸气机车2辆)：6辆；

载重拖车：4辆；

汽力水车：1辆；

马拉水车：11辆；

马帚：7架；

驾马具：57副。

本年马棚内牲口变动数目列表于次：

	1933年存数	1934年废除数	新购	现存
骡	51匹	3匹	6匹	54匹

其他工程项下：

通接阴沟之路边井子：339个；

位置四至界石：223柱；

卫生设备检验：157处；

油刷白色交通指示线：94,927英尺；

脏水井清理：850处；

伦敦道康伯兰道交岔口新建圆形花圃1块；

伦敦道警务分处院落铺砌工程；

维多利亚花园、围墙道花园内暨自格拉斯哥道至登伯敦道间之伦敦道一段树立混凝土制新式灯杆；

各马路建筑混凝土交通岛形8个；

马厂道围墙道交岔口新建交通指挥灯1架；

河坝码头起重机重建工程已告完成，绞盘房并经重建；

推广界第52段甲地新公园建筑混凝土底座暨铁质围栅；

自咪哆士道至宝士徒道桥止，沿防水土坝安设高2英尺、宽4英尺之椭圆形混凝土水管，计长2,615英尺，以备调剂墙子河水流之用。

职员：副工程师乔谒纳君于本年3月1日例假回国，9月30日销假视事。

助理工程员徐叔沛君于本年4月1日例假返籍，8月30日销假视事。

克乐君于本年2月1日就卫生视察员职务。

年间本处各级职员咸能和衷共济，勤奋从事，良堪嘉慰。

秘书长兼工程师　巴恩士

电务处 1934 年报告

溯自 1920 年本局电务处成立迄今，历年俱有进展。1934 年之经营成绩依然可观，其收支统计附列于后。全年收入比之 1933 年虽稍形减色，然支出项下节减之数颇巨，故收支两抵，尚现极堪称意之盈余，其数额为历年所未见，比之 1931 年之营业净利几增一倍。

年间发电厂布设一如上年，所有添置改善仅限于辅用机件。可予叙述者，为河坝设置立式水泵一架，用备发电厂凝汽柜输送凉水。该水泵正式开用在 4 月 23 日英国圣乔治节，适值驻华英国公使贾德干君莅津，故邀贾公使行开用仪式，当时摄影刊列报告。嗣后发电厂开放三星期，以便市民参观发电厂工作。当时维格斯厂制涡轮交流发电机一架，特予拆开，俾得表演一切机部内容，照片插列另页。

本处经济状况截至 1934 年底止计开于次：

购置成本项下：	1,987,672.00 元
折旧存储：	1,505,281.00 元
购置存储：	514,179.00 元
债款实数：	68,423.00 元
售电收入（1934 年）：	982,476.00 元
扣除折旧：	164,315.00 元
之余利总数：	445,125.00 元
合成本余利：	22.39%
扣除折旧：	164,315.00 元
暨八厘年息：	2,830.00 元
之盈余净数：	442,295.00 元

本处自 1920 年成立以来，归还工部局总账之款额，计达 2,936,453.00 元，查成本款额为 1,987,672 元，历年拨归折旧暨存储项下，计达 2,019,460.00 元。

历年营业净利详数胪列于次：

1920年10月开办电流取自购买：	11,434元
1921年购买总电流再分售用户：	88,059元
1922年一部分电流本厂摩发，其余取自购买：	82,194元
1923年电流完全由本厂摩发：	59,377元
1924年电流完全由本厂摩发：	122,355元
1925年电流完全由本厂摩发：	132,979元
1926年电流完全由本厂摩发：	128,310元
1927年电流完全由本厂摩发：	210,281元
1928年电流完全由本厂摩发：	299,228元
1929年电流完全由本厂摩发：	245,659元
1930年电流完全由本厂摩发：	243,968元
1931年电流完全由本厂摩发：	201,058元
1932年电流完全由本厂摩发：	232,514元
1933年电流完全由本厂摩发：	436,742元
1934年电流完全由本厂摩发：	442,295元
总数：	2,936,453元

收入暨支出：1934年收入总数为982,476元，比之1933年收入计减3.76%。查全年售出电量计11,397,490启罗瓦特小时，1933年计售出11,650,889启罗瓦特小时，二数相比计减2.25%。缘年间外籍居民率能赴海滨避暑，在1933年夏季，则因火车交通阻碍拟赴北戴河及山海关或他处避暑者多数未获成行，据此则售电总量尚堪称意。

1934年支出总数计540,180元，比之1933年计减44,174元，合7.56%。查此数尚包括机件发生意外保险储备金，其初次拨付款额计洋30,542元。本年折旧存储计洋164,315元，比之1933年，计增储洋10,257元，除折旧保险暨他项不归电务处直接支配之款额不计外，1934年之支出比之1933年约计减10%，比之1932年计减19.5%。因煤炭价廉之支出节减外，其因发电厂工作效率增高之节减计洋9,000元。

1934年售电费率列次：

电灯	每一电码(适用比率减费者减收)	0.2元
暖气		0.05元
烹饪		0.035元

工业用电码力   0.035 元

发电机件：读者有未见已往年报者，故特重叙发电厂机件梗概于次：

查发电机件计有霍和敦厂制涡输交流电机2架，每架发电量为1,250启罗瓦特，暨维格斯厂制涡输交流电机2架，每架发电量为2,500启罗瓦特。涡输推动机之截汽门汽压，计每方寸200磅，总温度达华氏表600度，交流电机辊轴系直联合式，旋转次数每分钟3,000，电流循环数每秒钟50，相数3，摩发电压计5,000伏次。各机效用灼然，状况极佳，年间电流需要几完全由维格斯厂制电机供给，毫无障碍困难，上述2架较小电机，其电量虽不敷日常需要，概经妥为保持，该机状况仍良好，每逢晚间电量需要极高时，并与大电机同时开用也。

锅炉房置有拔柏葛锅炉6座，发汽量自每小时10,000磅至45,000磅不等，各锅炉发汽总量计每小时125,000磅。锅炉注水用水泵，计有多级式泵水机5架，泵水总量计每小时160,000磅。因复式之总水管布设锅炉注水得由锅炉房之两个方向泵输，故一方面水管如有破裂障碍情事，锅炉工作仍得继续，不受影响。各锅炉效用颇堪称意，终年保持费用甚微。

发电厂主要开关机件，计有约翰生费立波厂制油浸高压开关19具，专备通接发电机暨输电之用；低压开关6具，以备通接厂内辅用机件暨发电厂邻近区域用电。

高压油浸开关1具，配有四路选择开关附件，倘遇一涡输交流电机发生意外，即能容厂内辅用机件需电迅速改换通接，再倘或厂外输电设备发生障碍，致使发电机与高压汇电条脱开时，并能经变压器直接通电至厂内辅用机件。其他选择开关1具，可以保障发电厂低压给电，不因变压器之高压保险线折断，或厂内变压器之其他障碍，而发生长时间之间断，日常电流供给率能于数秒钟内恢复之。

年间发电厂工作及保持成绩堪称美善，全年并无因发电厂有何疏忽，致电流供给有霎时之间断。

所有涡输推动机、交流发电机、锅炉、水泵等，概经于年间加以整理，检验状况俱现良好。所有锅炉每年至少举行内部察验及水压试验2次，由工程师监督执行。各工员由发电厂总管王相臣君指导，对于厂务职守俱能勤奋从事，效率显然，良堪嘉许。

查1934年初，工部局对于机件发生意外保险须备付巨额保费，但对于职员慎重敏捷保持机件妥靠状况颇有信任，故决定自立保险储备款额，首次拨付之数计洋 30,542 元。

　　本处机件暨一切布设概经妥为保持。查 1933 年处员人数虽稍有添增，然是年费用节减甚多，煤炭一项，因发电厂效率增高，计节减洋 21,000 元。1934 年煤炭项下，除煤价低廉不计外，节减之数比前又撙节洋 9,000 元。本年共用煤 18,416 公吨开滦煤末，每磅约含热单位计 10,500，每吨购价洋 7.92 元，全年共计摩发 13,796,097 启罗瓦特小时。

　　上述煤炭消耗总量包括蒸发锅炉注水用及供给本埠制水暨汽水厂所需蒸汽水，约 102,000 加伦，连此未计量之煤炭消耗在内，平均每一电码约需煤 2.945 磅。

　　1935 年当新置蒸发器装配汽量记录表暨水表，故每一电码耗煤净量得以详细核计，不再列入蒸制蒸汽水所耗用之煤量。

　　发电厂之负荷——最高负荷计 3,480 启罗瓦特，发现于 12 月 3 日，是日发电总量计 45,742 电码。

　　查废历年三十晚常为需电负荷最高之日，惟因特别一区某段分输发生障碍，故是日多量负荷未克实现，该处电流间断不归本处负责。

　　1934 年最低负荷发现于 7 月 22 日。

　　设置河坝之立式电动水泵为英国德来斯特厂所制，系半轴流式样，所配 70 匹马力电动机系米特罗维格斯厂制造。藉此水泵，发电厂得有充量给水，墙子河臭浊状况并得改善。其泵水量计每小时 360,000 加伦，故每日自海河输至沿发电厂墙子河之水量可超过 8,500,000 加伦。

　　为便利该水泵需要修理或校整时之升降及拆卸手续起见，水泵房装有螺钉数枚，一经取出，水泵房即能立时移动于架设之铁轨。马达及开关机件即由泵房装配活动墙板之方面露出，查刊列照片仅现马达与开关机件，因水泵尚掩没水平线下也。自河坝至沿发电厂墙子河对岸之输水管系 24 英寸径，计长 1,275 码。

　　贾公使开动此水泵后，即赴发电厂参观。厂内除准备之布设外，其维格斯厂制之涡输交流电机 1 架，并经敞开，藉便表演。该机涡轮上盖高揭，托于四柱，交流电机及轴承盖同时拆开，涡轮旋轴、固定鳃叶膈、电辊、轴承、平速机组暨其他主要部分俱皆呈露，以供参观。电机全部并用一马达旋转之，以便表演各部之工作，此项照片刊列另页。在此展览时期，加入参观者计有数百人，并有平津各校学生参观团数组。

　　电流分输：年间电流分输布设工程颇繁，围墙道花园内新建一变压器分处，计装米特罗维格斯厂制 200(K.V.A)启罗伏次安厄三相变压器 2 架，以备供给狄更生道区域需电。沿墙子河岸旧有之变压器分处业已拆卸，巴克斯道水道处变压器分处并经扩充添置约翰生费立波厂制 100(K.V.A)启罗伏次安厄单相变压器 3 架，盖预计该主要抽水机厂产水量将增多，故此为必须之扩展，并为保障抽水机给水不因一部分输电设备障碍而发生间断起见，厂内电流供给总线布设已改布重复线式。

广东道区域之架空及地下电线布设俱有添增，因特别一区需要之电线布设亦有添增也。

年间户外分输设备之添置计有低电压联合开关多具，以备于必要时并行通接一定地段之低电压分输总线，某段之变压器或高电压分输线如发生障碍，该同段之低电压分输总线藉此布设即可由他段之变压器供给电流，此项开关于拆移或更换变压器并称便利，用户需电间断因之可以减少。

格拉斯哥道及大北道邻近区域添布高电压、低电压总线数千码，年间并更换多数旧有木电杆，代以铁筋混凝土电杆，以垂永久。

1933 年施行之变压器依次拆移整理工作本年仍继续进行，年间经发电厂清洗检察试验之变压器为数颇多，又大部分高电压总线端联合匣及配件概经剔换，易以新式上好之舶来品，全部分输布设概经整理改善，故效用显著，更臻妥靠。

年间输电障碍殊属罕见，其因暴雨树枝垂落架空线或用户马达发生障碍及运用不当所致者间或有之。查全部布设虽加扩充，然保持费用则现削减，上述妥靠效率及经济成绩之一部固为采用优美材料之成效，然强半系电流分输总管安德尔君组织有方缜密从事之收获。查分输设备之改善修理工作恒进行于晨曦前，俾用户电流间断之不便减至最低限度，故工作者率须牺牲安息时间。

电流损失：本年电流因分输暨变压器之损失平均占 8.51%，1933 年之损失比率为 8.46%。查年间布设于居民稀少区域之分输线达数英里，并鉴及新建变压器暨全年供给总线之电码，与 1933 年相比计减 2.1%，则上列 8.51% 损失尚不为多。所有变压器俱每日接用 24 小时。

负荷供求相应数：依据发电厂供给最高电量与售出电码比较，此数计合 37.38%，1933 年之比率为 37.05%。查年间售出电码比之上年计减 2.25%，电量最高需要亦减 3.06%，故供求相应数之稍增并不表示电量需要有何实在增益。

用户接电：计至年底止，通接用户总数共 4,895 户，年间增加者计 366 户，比之上年计增 8%。

电表：年间通接之电表计增加 467 个，计至年底止通接电表总数共 6,411 个，多数系维格斯电厂暨费朗邸厂制造，品质极佳。本处查表员负责保持备极谨慎，故用户责问电表不准确者甚少，凡有询问莫不由查表员立事查验。年间校对暨查验之电表共计 3,382 个，多数校对手续恒就用户装表地点或在发电厂执行。各表差度之平均不及 0.75%，查新购电表本依 220 伏次电压校准，惟本界供给用户之电压合 225 伏次，是为上列电表准率差别之要因。

防匪电警响号：此项布设本属于警务处，惟其效率保持则由电务处负责。该布设原用普通铜线，业于年间易以绝缘线，计长 4 万码，以免旧时因意外截接发动响号之纷扰。

公用路灯：1934 年之改善，除新开马路建设电灯外，各十字路要冲之路灯光力率经增添，对于伦敦道所立附有美术化之灯亮，本处迭经测验，研求光力分播均匀，同时并得最高效率，试验结果决定在格拉斯哥道至登伯敦道间之伦敦道建立球形灯亮，此为工程处之规划，于 1935 年伦敦道之全部，即自威灵顿道至毛林拐角，俱当建立此球形灯亮。

本租界现有路灯配设如下：

50 烛光：12 盏。

100 烛光：536 盏。

200 烛光：277 盏。

300 烛光：120 盏。

600 烛光：41 盏。

陈列室：年间售出日常电气用具约计千件。查技术化之陈列暨利用报纸广告于推广电气用具销路颇著成效，本处售电因之同受利益。年间经陈列室修理之电气用具计 617 件。

职员：年间处务经营成绩斐然，端赖安德尔君、王相臣君暨郑寿椿君之襄赞，殊堪嘉慰，本处工员咸能勤于职守。

锡拉君为本处驻英工程顾问，关于购置仪器材料暨一切问题俱荷赞助。特此志谢

电务处工程师　米勒

水道处 1934 年报告

一、水道处归工部局经营管业已届 12 载,所得技术及财政收获比之往年俱现优良。全年营业统计颇有增益,查预算编列特别一区用水仅至 6 月,惟实在供给乃延展至 10 月方行截止,此展长限期为收入增益之主因。

年间最高需水量计达 2,008,800 加伦,售水总量合计 432,088,576 加伦,完全取诸自流井。

本处全部抽水机件工作效率灼然,年间并无停滞或障碍情事发生,各井产水成绩良好,产量颇敷应用。

年间布设扩充界暨推广界之总水管,计长 8,431 英尺。新用户接水设备共计 231 处,1933 年计通接 271 处。

二、消防设备暨河坝进水机厂

该厂设备暨全部机件概经妥为保持,年间新泰兴洋行发生火警 2 次,因是消防设备机厂致须工作。本年海河淤积颇显严重,故进水管口之冲激注射时须运用,河水抽引机自 5 月至 8 月间曾时常恢复工作,俾巴克斯道机厂储备滤水。

海大道旧有低压水管已由本处改换 8 英寸径总水管,并附设高压水龙头,因之旧有低压水龙头 8 个得以拆除,一俟怡和道、宝顺道及巴克斯道俱改布较大总水管暨各机厂水库容积扩充就绪,则现有之低压设备即可全部废除。

三、巴克斯道、达格拉道、伦敦道机厂

各该厂机件效用颇堪称意,年间并无机件损坏或工作停滞情事。当夏季暑热极盛之日给水需要时现剧烈变化,需水总量最多时,各机件皆须开足马力。工作虽如此繁重,然机件并未滋生障碍,足证此项电力机件设备之妥靠暨保持手续之得当也。因日常需水量之变化,主抽水机之负荷乃至不一定,其轻重变易因时而异,日间有时须多至 5 架抽水机同时并开,若在晚间则小量之抽水机 1 架辄敷应用。查间断之最高需水量多时可超过当日之每小时平均量二倍,倘遇火警报告,即须另开抽水机,用应消防救火机之需水,并保持总水管内通常水压计每英方寸 50 磅。

查 7 月间某日水量需要变化较为特殊,致须并开主抽水机 5 架,各机量列次:

	机量志别	抽水量
巴克斯道	每分钟 1 千加伦抽水机 1 架	每小时 6 万加伦
巴克斯道	每分钟 500 加伦抽水机 1 架	每小时 3 万加伦
达格拉道	每分钟 400 加伦抽水机 2 架	每小时 4.8 万加伦
伦敦道	每分钟 400 加伦抽水机 1 架	每小时 2.4 万加伦
	总计	每小时 16.2 万加伦

是日,需水量总计达 1,883,300 加伦,每小时平均合 78,5000 加伦,但为应付间断之需水量起见,时需开动之抽水机量倍必蓰于此,已如上述。职是之,故各机厂所需马力包括汲引各井需要,其详数列次:

巴克斯道	295 匹
达格拉道	116 匹
伦敦道	78 匹
总计	489 匹或 365 启罗瓦特

由此可知厂机马力必须之储备藉便应付不时需要。

年间 7 月 20 日及 10 月 27 日之新泰兴火警范围颇广,同时计有救火机 6 架,概由总水管水龙头给水,各厂机件应付裕如,当时给水及水龙头压力照常维持,并无困难,水库储水总量亦未受何影响,盖各机厂工作遇此警急情事,立有规定手续,故得应付无间。

依照定例,各主机及附属机件暨各自流井概经于年初施行整理,用备夏季繁重工作,所有水库、水池暨厂房俱经于秋季整理。此外各机件尚另施单独整理,系按各该机工作时间而定者,如额定钟点届满,即执行整理,藉保应有效率,并免繁重修缮剔换费用。为减低旋轮气压机因电力忽然停止滋生损坏危险起见,各该机之高压出气接头皆装配节格活罨,故所置电马达开动器俱属完全保险。所有开关扃联咸装配械式连锁,并为增储电马力暨便利变压器保持起见,电务处在本处巴克斯道机厂已添置与旧有者同样之变压器组一份。查各机厂所需电力系由发电厂专线直接输送,藉增机厂妥靠。

预计需水最高量有等于各井产水总量之可能,并因供给特一区需水期限延长,故自 5 月起准备过滤河水,计 400,000 加伦,陆续经滤水池积储,惟需水实量未达预计量数致需河水,故滤水设备工作于 8 月间即停止。

巴克斯道机厂新置华新顿辛博森输水机第 3 号，业于年初开始运用，效能甚佳，其能自动调节，于晚间工作尤形便利经济。上年所置之英格苏瑞恩特双级气压机，当盛夏暑蒸极甚时，因发冷筒积聚凝湿，致现障碍，旋经配装较大凝湿积集匣暨截逐器，此弱点业已纠正。除此纠正所需短时间之停滞外，其终年汲引第 9 号井效用堪称满意，每日抽输水量平均计 600,000 加伦。查压气机风力时发声震耳，故于巴克斯道机厂南面安装截声筒，藉资改善。

巴克斯道机厂装置之乏气风扇，若于夏季逆其风向并与堪以反用之 Modine 暖气设备同时运用，即可减低抽水机房热度，室内工作因此温度调节遂感舒适。

戈登道警务处旧有宿舍除本处一号机匠占用一部分外，余已拆毁，砖瓦木料售出，空址四周重筑围墙，其存在部分并经修缮合用，以待处员宿舍问题之解决。

年间自 4 月起，抽水房人员值班时间已改用三八制，值班人员对于持久工作效率显然，健康亦称良好。

为避免日后毁坏已筑路面起见，自伦敦道机厂至阴沟间已布设大径之通接管，以备将来水库需要，厂址并由工程处建筑工员用卫生厕所一处。

各机厂产水量列次：

(一)巴克斯道机厂(自流井二、三、八、九、八号甲)

月份	产水量(加伦)
1 月	28,711,000
2 月	24,571,000
3 月	27,760,000
4 月	29,067,000
5 月	33,693,000
6 月	33,913,000
7 月	35,844,000
8 月	32,107,000
9 月	30,891,000
10 月	23,745,000
11 月	19,466,000
12 月	19,531,000

共计 339,299,000

(二)达格拉道机厂(自流井四、五号)

月份	产水量(加仑)
1月	6,551,000
2月	5,655,000
3月	6,481,000
4月	7,292,000
5月	9,119,600
6月	10,174,100
7月	11,535,200
8月	10,475,900
9月	9,899,100
10月	7,702,200
11月	5,689,600
12月	6,161,700
共计	96,736,400

(三)伦敦道机厂(自流井六、七号)

月份	产水量(加仑)
1月	8,184,000
2月	7,444,000
3月	8,321,000
4月	8,155,000
5月	8,181,000
6月	7,907,000
7月	8,284,000
8月	8,460,000
9月	8,359,000
10月	5,877,000
11月	8,488,000
12月	8,356,000
共计	96,016,000

四、自流井

各井产水数量继续称意,并无困难情况。

各井近7年每日平均产量列次:

井号	1928年	1929年	1930年	1931年	1932年	1933年	1934年
第2号	310,000加伦	316,000加伦	308,000加伦	293,000加伦	271,000加伦	320,000加伦	296,000加伦
第3号	366,000加伦	342,000加伦	334,000加伦	307,000加伦	294,000加伦	278,000加伦	292,000加伦
第4号	228,000加伦	191,000加伦	178,000加伦	190,000加伦	194,000加伦	219,000加伦	236,000加伦
第5号	181,000加伦	191,000加伦	188,000加伦	190,000加伦	199,000加伦	187,000加伦	180,000加伦
第6号	240,000加伦	253,000加伦	256,000加伦	244,000加伦	230,000加伦	224,000加伦	212,000加伦
第7号					56,000加伦	49,500加伦	46,000加伦
第8号					330,000加伦	308,000加伦	292,000加伦
第9号					500,000加伦	515,000加伦	586,000加伦

上表系各井每年产水之平均数量,得自每星期之测验。

各井位置成组如下:

巴克斯道机厂井眼计有:第2号、第3号、第8号、第9号;

达格拉道机厂井眼计有:第4号、第5号;

伦敦道机厂井眼计有:第6号、第7号。

第2号、第3号井暨第8号井各井地底静水线水平仍有低降之趋势,或因第9号井汲引水量增加所致。查各井眼位置距离甚近,发现相当影响为事实所不可免。

年间第2号、第3号井、第4号井井底虽经戽汲清除,然于产水量未见增益,故此清除未施行于其他井眼。

巴克斯道机厂前经废弃之第1号及第8号甲井眼恢复效用计划,暨达格拉道、伦敦道机厂之深度井眼测验钻凿工程,均经列入预算。第八号甲井眼内存留之破碎井筒管虽经设法取出,重置新管抽引,但该井眼经抽引试验,每日产量最多只60,000加伦左右,且其井管水筅似因包工人于1931年开挖该井时地层塌陷致筅孔有堵塞现象,故此项工程不再进行。

第1号井眼位置距离第3号井眼只15英尺,如施行戽汲清除,势须将第3号井长期封闭,查各井产水量尚足应用户需要,故戽汲该井筒待至必要时再为进行。

深度井眼测验钻凿工作亦已决定延期施行。依照原定规划,本拟采用旧式竹架进行钻凿,惟查此项竹架开挖,如深度凿过五、六百尺即缺乏确能成功保证。旋经缜密研究,若以机力钻架开凿宽大测验井眼,然后就以完成产水进筒较为适宜。关于深挖井眼各问题,现由本处会同地质专家检讨,徐当拟具计划以备将来扩展时采用。

各井地层变迁情形仍复显然,井底深度测验表示各井静水线水平悉行低降,大概系因汲引深井水量日形增多之故,各井水经化验分析证明稍有变化,但品质依然良好,于适合饮料标准无何不良影响。

五、总水管水龙头暨用户水管通接

年间总水管并无严重破裂或损坏情事,所需修理均属轻微。所有地面水龙头暨地下水龙头孔盖均重行油刷,惟位置靠近路边,新刷油漆不免易遭风雨侵蚀,尘土污染,致失光辉,嗣后决每年油刷一次,藉保水龙头鲜明外观。查旧管公司遗留业经废弃之通接用户水管为数不少,其中有业已堵塞并有尚与总水管通连者,此项尚未截断之节头逐年发现,即行堵塞,但仍有剩留者,强半必已损蚀渗漏,故本处年间决定将此项通接用户陈旧水管全部截断,加以堵塞,共计26处,地下水管渗漏因此当获减低。为减少水量耗费起见,对于用户水表已执行精详检验,并拟列此为例行工作,俾水表得受应有之修理及检验。查住户水表于细流之水量渗漏感应迟钝,为水量耗费原因之一。本处已会同驻英工程顾问 Messrs. J. & A. Leslie & Reid 缜密研究,决定采用特与本埠需要适合之康德氏正量水表,藉收成效。

年间本处对于用户申请通接水表手续业已革新,故用户申请书投递暨本处承办接水同感敏捷。

(一)总水管暨水龙头

已往11年布设之输水设备暨1934年添设之总水管尺数、水龙头数目列次:

年期	总水管尺数	地面水龙头	地下水龙头
1934	8,431	23	1
1933	11,452	14	5
1932	3,720	16	0
1931	2,302	0	1
1930	354	2	0
1929	3,790	12	1
1928	7,327	12	3
1927	8,589	7	6
1926	7,237	16	22

（续表）

1925	13,439	15	12
1924	16,180	30	0
1923	7,640	11	1
总数	100,461	158个	52个

1934年布设之详数	六英寸水管尺数	八英寸水管尺数	十英寸水管尺数	地面水龙头	地下水龙头
河坝道		0	0	0	1
海大道		2,136	0	6	0
怡和道		0	0	1	0
达文波道		0	0	1	0
伦敦道	1,856	0	957	9	0
大北道	155	0	0	0	0
康伯兰道	586	0	0	1	0
香港道	1,124	0	0	2	0
登伯敦道	940	0	0	2	0
克伦波道	119	0	0	0	0
体伯瑞道	135	0	0	0	0
奥克尼道	70	0	0	0	0
新加坡道	50	0	0	0	0
海光寺道	206	0	0	0	0
福发道	97	0	0	1	0
总数	5,338英尺	2,136英尺	957英尺	23个	1个

　　海大道旧有4英寸径总水管连同洋灰混凝土制成之低压消防水管暨水龙头均已更易，代以8英寸径总水管2,136尺，暨地面水龙头6个。此项工程包括布设8英寸径水管、高压水龙头6个、分段节门8个、四路节门7个，重接暨迁移用户接水设备计32处，消防设备1处，施工期间给水除有三次在半夜暂截断外，平时需水供给并无间断。

　　推广界布设新水管工程系依照工程处马路布设规画[划]进行，此新布设水管连同本租界内大部分输水管，尚与未兴建筑之各地段毗连，此项数设所费甚巨，几无收入可言。查此巨额新水管布设乃以应付本界发展需要者，不免使读者有本处资产逾额之印象。

　　海大道新水管之布设无益收入，惟此新设施应增进用户便利，并增消防效率。

　　全部输水设备列次：
10英寸水管　　　　　　　　　　　　　　　　　　　　　　13,357英尺

8英寸水管	7,556英尺
6英寸水管	89,740英尺
4英寸水管	19,026英尺
3英寸水管	8,566英尺
总数	138,245英尺

分段节门：

10英寸	27个
8英寸	16个
6英寸	180个
4英寸	31个
3英寸	11个
总数	265个
地面水龙头	163个
地下水龙头	97个
轮船水龙头	7个
总数	267个

已往11年内共布设新总水管约计19英里，占现有输水设备72.5%，较之原有管线计增3倍左右。

(二)用户水管通接

年间用户需水通接共计231处，1933年通接之数计有271处。

除废弃或截断者不计外，历年用户通接水管数目列表于次：

年期	通接水管之用户
1923	805
1924	1,027
1925	1,130
1926	1,446
1927	1,579
1928	1,803
1929	1,882
1930	1,905
1931	1,943

1932	2,076
1933	2,276
1934	2,481

六、每日水量需要

三处机厂每日抽水最多总量暨最少总量胪列于次：

月份	最高量（加仑）	最低量（加仑）
1月	1,449,000	1,342,000
2月	1,448,000	1,176,000
3月	1,442,000	1,273,000
4月	1,616,000	1,337,000
5月	1,834,100	1,406,400
6月	1,962,200	1,523,600
7月	2,008,800	1,602,100
8月	1,783,600	1,534,400
9月	1,795,200	1,398,700
10月	1,384,800	1,120,900
11月	1,147,600	1,080,000
12月	1,164,700	1,047,900

本年最高数量记载发现在7月10日，计2,008,800加仑，比之1933年7月14日之最高记载2,028,000加仑，计减19,200加仑（合1%）。

七、每月售水总量

	英租界用水（加仑）	河坝用水（加仑）	特一区用水（加仑）	总数量（加仑）
1月	23,960,600	377,888	10,370,000	34,708,488
2月	21,920,000	286,720	8,768,300	30,975,020
3月	25,031,300	208,320	9,791,600	35,031,220
4月	26,121,200	425,376	10,444,500	36,991,076
5月	30,146,500	267,680	11,939,800	42,353,980
6月	30,603,000	339,136	12,495,100	43,437,236
7月	32,561,900	381,024	12,731,200	45,674,124
8月	30,489,700	133,504	11,639,900	42,263,104
9月	28,974,600	212,800	11,469,600	40,657,000
10月	28,152,800	195,552	540,800	28,889,152
11月	25,112,600	201,152		25,313,752
12月	25,575,800	218,624		25,794,424
总数	328,650,000	3,247,776	100,190,800	432,088,576

与上年售量之增减比较列次：

	英租界用水	河坝用水	特一区用水	总数量
1933年	315,381,410	2,410,128	132,250,600	450,042,138
1934年	328,650,000	3,247,776	100,190,800	432,088,576
增加	13,268,590加伦	837,648加伦		
	4.20%	34.80%		
减少			32,059,800加伦	17,953,562加伦
			24.00%	4.00%

八、水质化验报告

依照卫生医官核定之各井水质化验暨微菌检验仍由天津化验室米大夫暨巴斯德菌学试验院喇哒斯大夫承办，所得报告证明水质清洁暨适合为饮料之标准并无变化。洎至年杪，本租界井水发生含氟疑问，盖专家中有检讨食水品质者称：如含氟超过一种定量，足使儿童发育焦牙。因此施行之初步研究，迄今未获吻合结果。查水质含氟量数之测验为化学技术最精奥部分，所称"焦牙"系近今公众健康之新问题，自须从事澈[彻]底检讨，所需精密化验手续，已接洽就绪，应备化分药材及特殊仪器已向欧美订购。本处水样并已附送北平协和医院暨法京巴黎化验，本埠化验检讨工作仍委托米大夫暨华北化学试验室戴尔大夫办理。倘各方化验确实证明本界井水于儿童齿牙有害，则调剂设施，自不容延缓，一切规画[划]业经准备。

九、职员

年间处务顺序进行，效率显然，俱属各职员忠于职守之成绩，殊堪嘉慰。本处人员，除因值班钟点采用三八制添雇少数工员外，无其他更动。自4月至9月，副工程师董干臣君例假离津。

Messrs.J.& A.Leslie & Reid,Edinburgh,为本处驻英工程顾问，历年关于技术事务，诸荷襄赞，鄙人并此表示谢忱。

十、总论

综观本处12年来经营逐年进步无间，颇堪称意。查现时给水需要比之旧日数量计超过三倍，因之机厂之重建扩大，输水设备比前增至四倍。水质成本之适合饮料标准，历年给水之未有间断或困难情事发生，财政收获之继续良好，莫不井然就绪。盖本处机件备置暨扩展规画[划]俱依效率相称，水质净良妥靠供给为前提，机厂之布置系以其他著名给水建设为模范。

布设虽如上述，本处给水从未增价，而巨量用户暨工业用户反得特价之益也。查本处自流井供给市民食水在华北为先进,略遇困难为事实所不可免,渐经解除,所获成绩尚属可观。

水道处工程师 克拉克

警务处 1934 年报告

兹谨将天津英租界 1934 年警务治理报告叙列于次，备陈察核。

一、罪案：年间通报本处并经侦察之案件总数暨侦察之结果概已附列"一"表，查所接报告共计 699 件，其中 685 件察系真确，其经侦察收效，案犯检送法院处理者计 341 起。据此则侦查收效之案件计占证实案件总数 49.9%，比较上年之 52.6% 稍逊，但报告案件总数比之 1933 年计增加 60 起。

二、绑架：本租界内年间并无此可憎恶之罪案发现，良堪告慰。来年再施行周密防范，以期此种凶恶罪案永久根本消灭。

三、违犯警章：统计"二"表所列系违犯警章被逮或被传之人数由本处从简发落者，所列总数概现增高，比之昨年计增 294 起。

四、携械抢案：此类抢案年间只发现一起，其财物损失计洋 102.2 元，其抢犯因重行作案，旋在其他租界内被捕，查 1933 年计发现携械抢案 6 起，1932 年计发现 16 起。

五、凶杀：年间仅发现凶杀案一起，时在 4 月 26 日晚 10 时 40 分。本界福发道某中国住宅地窖内，发现厨夫名杜玉顺者一人暨女佣康万氏一人，被害身死，尸体各带刀伤多处，据医官证明尸体伤口为被害者致命之由。嗣经本处侦察探访，该案显系图财害命，凶犯共 4 人，闯入该屋意在劫夺厨夫钱财，其主谋即为该屋主解雇之人力车夫，该犯与其同伙一人，旋被本处捕获，解送中国法庭究办，其他 2 犯逃逸他处，迄今尚无下落。上述主谋罪犯经法院判决处以死刑，其同谋案犯一人处以徒刑，以彰法纪。

六、偷盗：年间发现偷盗案件共计 68 起，偷盗未遂案件共计 10 起，比之上年偷盗计增 4 起，偷盗未遂计增 1 起。

七、绺窃：1934 年所接失窃报告共 447 起，经侦察者计 438 起。查 1933 年失窃报告共 411 起，经侦察者计 409 起。本年证实之窃案移送法庭处理者计占 44.9%，比之 1933 年之同样比率 51.5% 稍差。由此可见绺窃之风盛行，故请各住户认真防范，以期此类罪犯之削减。

八、防范办法：本租界各段随时派有警捕巡逻，并在各要冲执行搜查，藉防携械潜入,关于各街道严加督察暨巡逻方法之革新,概经决定施行,夜间巡逻尤属注意。

九、汽车肇事暨违犯交通规章：1934年汽车肇事暨违犯交通规章报告列次：

	1934年	1933年
汽车肇事	161起	148起
经警务处科罚或停止执照效用	76起	41起
停止执照效用	10起	5起
签注执照	无	6起
撤回执照	3起	2起

十、违犯交通规章

	1934年	1933年
犯规报告	1,647起	984起
经警务处科罚或停止执照效用	210起	469起
停止执照效用	8起	无
签注执照	3起	5起
撤回执照	3起	无

查1932年汽车肇事计77起,1933年148起,1934年161起,据此可见汽车肇事案件逐年增加。

按违犯交通规章统计所载,1932年计705起,1933年984起,1934年1,647起,每年违章案数之增加尤形显著,观此不得不感觉多数汽车驾驶人之随意驰车,忽视维护市民安全之交通规章。查1934年违犯交通规章统计,几倍增1933年之记载,但经警务处科罚或停止执照效用者反不及1933年之半数,可见凡疏忽不顾交通规章之汽车驾驶人,示以宽大殊不足以收效,查最普通之违章为完全不遵值岗警捕之指挥,兹后概当从严处理,藉观成效。

十一、人力车夫暨骑自行车人之违犯交通规章人数列次：

	第一季	第二季	第三季	第四季	总数
已经处办之违章人力车夫	20	20	44	61	145
已经处办之违章骑自行车人	47	75	84	131	337

查1933年人力车夫之违章者计251人,1934年之总数较为低落;1933年之违章骑自行车人计341人,比之本年总数不相上下。

十二、重载车辆：本处迭经晓谕岗警,对于重载车辆,无论系苦力或牲口拖拉,概须给予马路行驶优先权,该令尚能切实遵行。

十三、处内行政:本年警捕人数随时补充足额,遴选体格强壮候补人员尚无困难,投效人员之大多数学识程度比之已往较为增进。

年间撤革、退职、病老、死亡警捕人数胪列于次:

1934年	撤革	退职	死亡	病老
警捕(中国)	26	11	1	4
警捕(俄籍)	1	无	无	无
警捕(印籍)	无	无	无	无
门岗警捕	3	2	1	1
总数	30	13	2	5

近4年之警捕损耗列次:

1930年	56	45	无	1
1931年	28	12	1	3
1932年	20	6	1	4
1933年	32	7	5	4

全体警员健康举止均表现良好。

本处职务进行深荷各区界警务人员暨公安局之协助。

综观各项统计,本局警务显然日臻繁剧,其规画[划]督饬自须更事缜密。本租界内汽车之任意疾驶暨含有危险性之驾驶概当竭力取缔,并严厉施行规定之速度限制,用期减少意外肇事。

卫生股暨消防队报告另附于后。

警务处长 谭礼士

(一表)

截至1934年12月31日止之英租界内报告案犯统计

罪案类别	案件			人数			财物	
	报告件数	受理件数	检送法庭	逮捕	检送法庭	释放	失窃数目	缉获款目
绺窃	447	438	197	277	211	66	$27,566.88	$9,010.00
谋窃未遂	9	8	5	12	8	4	—	—
偷盗	68	68	17	27	24	3	38,056.41	9,035.60
偷盗未遂	10	10	2	2	2	—	—	—
白昼偷盗	9	9	1	4	1	3	478.50	170.00
偷窃商店未遂	2	2	1	1	1	—	—	—
抢劫	6	6	1	1	1	—	199.50	—
收受脏[赃]物	7	7	5	9	7	2	63.50	83.50

(续表)

处理脏物	1	1	1	1	1	—	—	—
处理脏[赃]物未遂	1	1	—	1	—	1	—	—
欺骗	15	12	3	25	3	22	2,191.80	1,256.25
侵蚀款项	3	3	2	4	3	1	1,093.13	130.00
诈取暨诈取未遂	7	7	7	9	9	—	—	—
殴打	34	34	34	66	61	5	—	—
监守自盗	3	3	—	1	—	1	1,997.00	97.00
非法侵入住宅	13	13	10	11	10	1	—	—
徘徊窥伺	6	6	5	11	9	2	—	—
经售麻醉品	10	10	10	25	21	4	—	—
私设烟馆	4	4	4	14	10	4	—	—
使用伪钞	1	1	1	1	1	—	—	—
藏有私制伪钞铜版	1	1	—	1	—	1	—	—
聚谋不轨	2	2	—	11	11	—	—	—
指使预谋凶杀	1	1	1	1	1	—	—	—
恐吓施暴	1	1	1	1	1	—	—	—
赌博	1	1	1	11	3	8	—	—
开设赌局	16	16	14	80	41	39	—	—
侵犯个人自由	4	4	4	6	6	—	—	—
拐带	1	—	—	—	—	—	—	—
携械殴斗未遂	1	1	1	3	3	—	—	—
凶杀	1	1	1	2	2	—	—	—
凶杀未遂	1	1	1	1	1	—	—	—
强奸未遂	1	1	—	1	—	1	—	—
谋售女子为奴未遂	1	1	1	3	3	—	—	—
攫取妇女手囊	2	2	1	1	1	—	60	—
失手伤人身体	1	1	1	1	1	—	—	—
争斗	5	5	4	16	11	5	—	—
开设娼寮	1	1	1	5	3	2	—	—
顽恶扰乱	1	1	—	1	—	1	0.10	0.10
窃取商店货品	1	1	1	1	1	—	6.00	6.00
总数	699	685	341	648	472	176	$71,712.82	$19,768.45

（二表）

处理违犯本界规章人数统计

案件	人数		
	逮捕或被传到案	警诫后释放	取保释放或另行发落
1934年报告案件总数 3,157	5,350	2,134	3,216
1933年报告案件总数 2,863	5,093	1,990	3,103

统计数目见增比之上年计增加294起。

1934 年卫生报告

1934 年春季，本租界疹子流行一时，外籍住户传染此症遵章报局者计有 117 起，中国住户仅 2 起，幸病症来势平和，故无死亡记载。

洎至冬季，百日咳又甚流行，计至 12 月 31 日止，尚未间断。外籍住户病此而遵章报局者共有 24 起，中国住户则无报告者，据此差别殊属显然。除此二种流行病外，市民健康堪称良好。本年猩红热症报告之减少尤属显著。危险流行病之报告如下：猩红热症报告外籍住户计有 15 人，中国住户 2 人；白喉报告外籍住户计有 25 人，中国住户 3 人。凡此俱系经医家普通诊察之报告，倘按细菌察验诊断，则其总数当必大减，年间并无疫症及霍乱发现。

维多利亚医院、隔离病院暨产妇调养院：各院住院人数已由医院主任列表于后。

新建医院设计图样业已招请建筑家规画[划]，同人甚希望此需要之建设早日实现，隔离病院久需添设之诊察室暨烈性神经病室业已落成。

警务处病室：该室效用显然，全年住宿人数共计 256 人，被诊人数共计 463 人。

菜市：新菜市业经开幕，查该建筑内部构造宽敞，光线充足，清洁卫生，靡不周备，其于公众健康保持应著效能。当新菜市建筑尚未落成之际，本租界住户暨各司厨购买菜蔬势不得不与杂小店铺交易。惟此类店铺散漫杂处，其货物品质暨卫生清洁各项需要统制辄感困难，因此劝告各住户为健康计，所需日常食品应饬令购自新菜市，缘该菜市所售货品皆得相当察验，是否与定章相符，不难即时施行检查也。

沟渠：查海河工程局吹填洼地工作于年间 11 月底停止，嗣后水坑即无溢流，惟自海河通至发电厂对岸之水管业已展长至宝士徒道桥，如有必需即可由海河输水，用以冲洗本租界内之墙子河。

牛乳：本租界内并无牛乳房之设立，惟在界内分售之牛乳。本局随时不给通知向分送牛乳人抽取乳样，藉凭化验。凡经化验品质良好与规定成分相符之牛乳，其牛乳房名称俱即列单登报通告大众；凡不列名该单之牛乳房，即属其出品未能与化验标准相符者也,故对于住户购用牛乳请参看该名单,勿向未列名之牛乳房购买为要。

野狗:本租界每年圈留、杀除或另行处理无人豢养之犬数,已详列警务处卫生股报告。关于给予已上捐各犬免费预防疯病注射业经开始磋商,如获成议,再进行与其他区界磋商,藉收合作之效。倘合作一旦得以实现,则各区界居民同时可得一极大保障。

给水:1934年本租界给水系完全取诸自流井。各井水质成分俱属良好,但有一点,即同人于本年7月间发觉有6岁至8岁之儿童数人,其壮牙之瓷质现损坏状况,据诊察牙医云,此现象系食品营养缺乏钙素所致。惟查各该儿童之生长或居住所在地,其食水乃由英工部局自流井供者,又近年美国及意大利凡其地给水含氟成分在百万分之二或以上者,亦有此项败牙发现,此类含氟成分水量强半取自深凿之自流井。职是之,故本租界给水含氟与否宜加化验,比因化验所需药品暨仪器购置备极困难,致缜密化验一再稽延。最初由两不相关专家执行之化验,所得结果又复不同,其一证明含氟成分达百万分之4.25,其二证明无氟素成分。旋经上海工部局化验室重加化验,结果不惟证明本局水质含氟,并证实上述所含成分之比率也。现正由北平协和医院暨法京化验室再加化验,用观究竟。倘再证实本界水质含氟成分比率确于一部分市民健康有妨碍者,则无氟水量之供给自当立时筹备,以济需要。此项水量供给之设备就绪,为时当不在远。至本租界给水所关水源事项,水道处主管人员现正筹画[划]一切,惟下列各点似应注意者也:

一、倘日常供给饮料水质含氟达百万分之二或以上者,儿童自初生至6岁间饮之,恐于其壮牙发育有碍,致有俗称"焦牙"之象,此乃无法医治者。

二、在6岁以上之儿童暨成丁者饮之,于健康当无妨碍。

三、煎沸及杀菌反足以增加含氟成分。

四、最有效之蒸溜即完全制成蒸汽水,可以免除氟素。

五、添加净水使饮料含氟成分比率降至百万分之1.5,其损害因素即可消除。

卫生医官 葛尔 大夫

警务处卫生股报告

冢[冢]园：年间埋葬马厂道冢[冢]园之灵柩计36具，广东道冢[冢]园计1具，火葬炉共用10次。

运载病人汽车：该车年间收费出赁共计146次，其他因马路遇险或输送贫苦病人暨驶往火警地点未计次数。

1934年英租界外国人死亡统计

死亡因由	男	女	总数
气管郁塞	1	0	1
脑冲血	0	1	1
脑膜炎	1	0	1
糖尿症	1	0	1
失足淹溺	1	1	2
癫痫病	0	1	1
半瘫痪	1	0	1
枪伤头部	1	0	1
痔疮	1	0	1
痰厥	7	0	7
中暑	1	0	1
小肠闭塞	1	0	1
肺膜炎	1	1	2
疯瘫	1	0	1
腹膜炎	0	1	1
肺炎	1	0	1
服毒	1	0	1
肺病	2	1	3
心内膜炎	1	0	1
总数	23	6	29

1934年英租界中国人死亡统计

死亡因由	男	女	总数
中风	9	3	12
煤气熏毙	2	0	2
气管郁热	17	17	34

(续表)

疔疮	1	0	1
炭气毒	1	0	1
痈疮	1	0	1
脑膜炎	1	1	2
难产	0	16	16
惊风	0	1	1
产后气绝	0	1	1
鼓症	1	2	3
痢疾	5	6	11
羊痫风	1	1	2
妇女病	0	42	42
痰厥	2	9	11
疯狗毒	1	0	1
凶杀	1	1	2
肾病	2	0	2
大肠闭结	10	9	19
风瘫	3	0	3
腹膜炎	2	0	2
肺病	66	44	110
年老衰迈	1	1	2
肚病	6	5	11
自杀	0	3	3
溃疮	3	1	4
花柳病	1	0	1
总数	138	162	300
无人收殓中国尸体		18 具	
本年圈留后释放之犬数		35 只	
圈留后杀除之数		328 只	
总计		363 只	
类似疯犬		3 只	

医院主任报告
维多利亚医院住院人数

内科	108
外科	38
手术割治	52
总数	198
死亡人数	10

(续表)

住院日数总计	1,685 日
院外诊治按摩暨电气治疗	
X 光照	57 次
按摩	44 次
院外诊治人数	12

产妇调养院住院人数

分娩	38
小产	2
诊察	2
婴儿受诊	2
总计	44
产生死婴	1
死亡	1
占用床位日数	599 日

隔离病院住院人数

依国籍计		依病别计	
英	21	猩红热	17
美	8	牛马传染病	1
俄	4	白喉	5
中	5	疹子	7
义[意]	1	腮腺热	3
法	1	脑膜炎	3
印	1	天花	3
奥	1	百日咳	1
		疯狗毒	2
总计	42		42
占用床位日数共			831 日
死亡			10 人

耀华中学 1934 年报告

教职员：前任校长严松章君于 6 月底因病辞职，所遗校务自 7 月 1 日起由鄙人接任，年间增聘男教员 4 人，女教员 3 人，用应中学部新添二班暨数种课程改善之需要。

立案：本校高中立案业于 9 月间经教育部核准，所有各级立案手续遂告完竣，嗣后本校高中、初中暨高小、初小各级毕业生程度当与国立学校同年级者相等。

学生总数：本年 6 月学年大考毕业生人数列次：

年级	男生	女生	总数
初中	21	14	35
高小	45	26	71
初小	53	32	85

成绩优良得有奖励证书学生人数：

年级	男生	女生	总数
高中	6	3	9
初中	11	5	16
高小	4	4	8
初小	3	7	10

年间初中毕业生于 6 月下旬曾全数参加教部会考，其 35 人中完全及格者占 12 人，一门不及格者占 13 人，二门不及格者占 10 人，该生等证书暨初小高小毕业文凭，概经河北省教育厅及天津市教育局核准加盖印信。

本年全校学生总数共计 745 人，分 24 班，计高中男生 2 班，女生 2 班，初中男生 3 班，女生 3 班，高小男生 4 班，女生 2 班，初小男生 4 班，女生 4 班。查本年学生总数稍减，缘由颇多，本校为节减经费起见，将所有重复班次之一部分合并，空额因之减少，并为提高程度起见，本年 8 月间新生入学考验较为严格，故录取人数甚少，又本校向无宿舍设备，故高小毕业生其家长愿该生于中学年级住堂者，致须转学，良用怅惜。

管理委员会现已核定自下学期起,各班次学生额数略予扩充,俾肄业本校学生得以增加。惟此后数年内,当注重学业实质而不以人数为衡,虽程度提高不免一时减低学生总数,然将来必能汲[吸]引多数好学者也。

1934年12月31日本校男女生分级列下:

年级	男生	女生	总数
高中	57	26	83
初中	104	66	170
高小	121	70	191
初小	163	138	301
总数	445	300	745

近8年学生总数表

年期	男生	女生	总数
1927	29	17	46
1928	148	71	219
1929	211	126	337
1930	328	180	508
1931	393	231	624
1932	449	286	735
1933	485	317	802
1934	445	300	745

健康:本校全年健康状况良好,全校学生并于9月初经过医师检验,男生检验由医师梁宝忠执行,女生检验由女医师丁懋英及其助理员担任,所获结果颇堪称意。凡检验医师认为须予特别诊察之学生,本校并已通知该生家长或保护人。

藏书楼:本校藏书楼暨阅书室本暂设于第一校舍备用室,一俟礼堂落成,其最高层光线充足敞室两间当永久列为图书室,备置中西日报杂志暨中西参考书籍。年间重要之图书购置为商务印书馆出版之万有文库第二集。自下学期起,本校当有管理图书专员1人,专司本校图书室事务,该员系武昌文华大学图书科毕业生。

体育:体育运动现占本校生活之重要部分。自年间9月起,本校特聘体育教授,专任提倡学生运动兴趣,以期学生普及参加,对于体育训练皆感兴奋,男女生咸能获得身心健全发育。盖本校不仅以培养少数长于夺标之选手为重也,若田径、篮球及足球等项,男女生已各自分组,并加入本市各校体育联合会暨体育协进会,藉资鼓励团体工作暨尚武精神,斯为本校成立以来之创举。

查本校女生体育成绩较为显著，于篮球赛计获冠军二次，于田径赛获得第三锦标，并有女生一人获得新纪录四项。惟本校仍当注重运动员品德，每赛虽不能位列前茅，然不获胜利时仍须出之安祥坚忍不屈态度。

军训：本校从事纪律化军训，特备置学生用枪枝。依照国府命令，高中部第一年级女生皆习练军事看护，男女各生对上述训练颇感兴趣。

男生暨女生童子军：男女生童子军操练为本校初中规定课程，此课目教授虽仅四月，其于维持纪律培养品格已著成效。

校舍：本校礼堂已于11月间落成，惟家具装件配置尚需时日，故该堂实行使用须俟至明春。

球场道本校旧校舍已于8月间交还工部局，预期新校址第四校舍当于来年兴工。

校院业于暑假期内施工铺砌，此后可永免灰土为患，院之中心并备置喷水池一座，颇增校院美观。

校址：校址游戏场地势本甚广阔，业已逐渐用墙子河淤土填高，新足球场暨400公尺赛跑路线不久当可完成，游戏场周围承工部局工程师暨花木管理员之赞助，已植树40株，院墙周围并拟于明春栽植树木。

校旗、校徽、校箴：校旗式样经管理委员会规定，用红地中配蓝色盾形，就英文字母TKH组成，再用汉文校名环绕之，校徽规定用红蓝二色，本校校箴采用勤朴忠诚四字。

校长　赵天麟

耀华中学
截至 1934 年 12 月 31 日止之收支统计

预算	支出	决算	预算	收入	决算
银元		银元	银元		银元
75,755.80	教职员薪金年积金暨年终奖金	71,236.67	67,917.06	英工部局协款	75,901.51
4,650.00	校役工资年终奖金	4,460.80	36,388.00	学费	32,351.26
1,500.00	医药费暨卫生费	676.95	—	利息	19.17
837.01	保险	846.48			
5,200.00	煤炭电灯暨自来水	3,128.29			
1,000.00	修缮暨保持费	988.37			
2,950.00	纸张暨印刷	2,910.97			
1,200.00	体育用具	1,203.32			
396.00	电话	270.86			
2,500.00	杂项	2,062.01			
200.00	课本	192.91			
1,000.00	临时费用	668.89			
3,066.25	准备金存储	3,065.85			
1,000.00	试验室费用	1,005.77			
750.00	军训用具	742.80			
2,300.00	结余列入建设项下	14,811.00			
104,305.06		108,271.94	104,305.06		108,271.94

耀华中学
截至 1934 年 12 月 31 日止之结算单

债务		资产		
	银元			银元
零星债务	5,821.15	地亩：		
学生存款	7,070.72	第 31 段第 243 号计 52.945 亩，每亩值 5,930.07		313,967.56
准备金	12,438.57	校舍：		
例假费用	960.00	第一校舍		129,164.01
建设项下	49,196.66	第二校舍		129,058.34
特别建筑费	76,420.90	第三校舍		131,631.60
核定建筑费用未清部分	56,171.67	校役室		1,482.00
总结余	1,024,420.94	礼堂		217,563.61
		校舍里院铺砌		10,336.00
		院墙		13,275.86
			——	632,511.42
		未清付之建筑费用(参照封页)		56,171.67
		家具		26,382.28
		科学仪器		47,809.86

(续表)

		参考书籍	3,749.82
		投资项下（实价）	12,364.03
		零星欠户	4,814.73
		预备售与学生之书籍文具	1,731.55
		现款	100.00
		英工部局流水账	132,897.69
	1,232,500.61		1,232,500.61

敝公司已将上列截至1934年12月31日之结算单审核，并得有一切闻料暨解释其所列投资业经查核。据敝公司所知并参照供给之说明暨簿册所列注解，该结算单之开列用以表示耀华中学之正确财政状况是系正当。

汤生公司

特许查账稽核员

天津 1935年1月16日

耀华中学

截至1934年12月31日止之建设项下

	银元		银元
校址院地填土	994.30	1933年度结存余款	44,086.75
科学仪器	3,192.26	1934年度收支相抵结存余款	14,811.00
家具	709.90		
例假费用准备	960.00		
参考书籍	2,944.63		
零星修缮暨油刷	900.00		
结余移至1935年账下	49,196.66		
	58,897.75		58,897.75

截至1934年12月31日止之特别建筑费

		银元		银元
1934年度支出：			1933年度结存余款	135,741.24
礼堂建筑	106,159.00		1934年指拨特别建筑费	93,500.00
礼堂装修设备	33,369.40			
		139,528.40		
校舍里院铺砌暨喷水池		10,336.00		
第三校舍装修设备		2,955.94		
结余移至1935年账下		76,420.90		
		229,241.24		229,241.24

耀华中学
1935年预算

收入	银元	支出	银元
学费	35,091.00	教职员薪水年积金及年终奖金	78,926.00
英工部局协款(约数)	77,500.00	校役及门警工资及年终奖金	5,920.00
		修缮及维持费	2,500.00
		医药及卫生设备	1,200.00
		煤炭电灯及自来水	6,000.00
		文具纸张及印刷品	2,500.00
		保险费	1,014.00
		电话费	396.00
		杂项	2,500.00
		准备款项	4,351.00
		临时用途	1,500.00
		试验室费用	2,000.00
		课本	300.00
		体育用品	1,500.00
		例假准备金	240.00
		约计余款	1,744.00
			———
			112,591.00
		建设费支出	银元
	112,591.00	校址院地填土	800.00
		科学仪器等项	2,000.00
		参考书籍图画等项	1,200.00
			———
			4,000.00

天津公学

截至 1934 年 12 月 31 日止之收支统计

支出			收入		
预算		决算	预算		决算
银元		银元	银元		银元
75,755.80	教职员薪金年积金暨年终奖金	71,236.67	67,917.06	英工部局协款	75,901.51
4,650.00	校役工资年终奖金	4,460.80	36,388.00	学费	32,351.26
1,500.00	医药费暨卫生费	676.95	—	利息	19.17
837.01	保险	846.48			
5,200.00	煤炭电灯暨自来水	3,128.29			
1,000.00	修缮暨保持费	988.37			
2,950.00	纸张暨印刷	2,910.97			
1,200.00	体育用品	1,203.32			
396.00	电话	270.86			
2,500.00	杂项	2,062.01			
200.00	课本	192.91			
1,000.00	临时费用	668.89			
3,066.25	准备金存储	3,065.85			
1,000.00	试验室费用	1,005.77			
750.00	军训用具	742.80			
2,300.00	结余列入建设项下	14,811.00			
104,305.06		108,271.94	104,305.06		108,271.94

截至 1934 年 12 月 31 日止之结算单

债务		资产	
	银元		银元
零星债务	5,821.15	地亩：	
学生存款	7,070.72	第 31 段第 243 号计 52.945 亩，每亩值 5,930.07	313,967.56
准备金	12,438.57	校舍：	
例假费用	960.00	第一校舍	129,164.01
建设项下	49,196.66	第二校舍	129,058.34
特别建筑费	76,420.90	第三校舍	131,631.60
核定建筑费用未清部分	56,171.67	校役室	1,482.00
总结余	1,024,420.94	礼堂	217,563.61
		校舍里院铺砌	10,336.00
		院墙	13,275.86

（续表）

		—	632,511.42
		未清付之建筑费用（参照封页）	56,171.67
		家具	26,382.28
		科学仪器	47,809.86
		参考书籍	3,749.82
		投资项下（实价）	12,364.03
		零星欠户	4,814.73
		预备售与学生之书籍文具	1,731.55
		现款	100.00
		英工部局流水账	132,897.69
	1,232,500.61		1,232,500.61

敝公司已将上列截至1934年12月31日之结算单审核，并得有一切闻料暨解释其所列投资业经查核。据敝公司所知并参照供给之说明暨簿册所列注解，该结算单之开列用以表示天津公学之正确财政状况是系正当。

汤生公司

特许查账稽核员

天津　1935年1月16日

截至1934年12月31日止之建设项下

	银元		银元
校址院地填土	994.30	1933年度结存余款	44,086.75
科学仪器	3,192.26	1934年度收支相抵结存余款	14,811.00
家具	709.90		
例假费用准备	960.00		
参考书籍	2,944.63		
零星修缮暨油刷	900.00		
结余移至1935年账下	49,196.66		
	58,897.75		58,897.75

截至1934年12月31日止之特别建筑费

		银元		银元
1934年度支出：			1933年度结存余款	135,741.24
礼堂建筑	106,159.00		1934年指拨特别建筑费	93,500.00

礼堂装修设备	33,369.40			
		139,528.40		
校舍里院铺砌暨喷水池		10,336.00		
第三校舍装修设备		2,955.94		
结余移至1935年账下		76,420.90		
		229,241.24		229,241.24

天津公学1935年预算

收入		支出	
	银元		银元
学费	35,091.00	教职员薪水年积金及年终奖金	78,926.00
英工部局协款（约数）	77,500.00	校役及门警工资及年终奖金	5,920.00
		修缮及维持费	2,500.00
		医药及卫生设备	1,200.00
		煤炭电灯及自来水	6,000.00
		文具纸张及印刷品	2,500.00
		保险费	1,014.00
		电话费	396.00
		杂项	2,500.00
		准备款项	4,351.00
		临时用途	1,500.00
		试验室费用	2,000.00
		课本	300.00
		体育用品	1,500.00
		例假准备金	240.00
		约计余款	1,744.00
	112,591.00		112,591.00
		建设费支出	
			银元
		校址院地填土	800.00
		科学仪器等项	2,000.00
		参考书籍图画等项	1,200.00
			4,000.00

空地保管团

1934年收支统计

体育场

收入			支出	
	银元			银元
结余接前	75.57		新凉亭（建筑项下）	19,854.07
新凉亭（特别协款）	20,000.00		地捐	42.69
英工部局协款	750.00		保险费	75.10
地租金	1,375.00		电灯	75.40
利息	44.00		用水	102.40
			暖气	122.80
			工资	534.10
			园地暨花园保持费项下	240.60
			凉亭保持费项下	332.00
			普通用费	198.17
			司事年积金	73.42
			看台存款项下	350.00
			结余——建筑项下	145.93
			结余——收入项下	97.89
	22,244.57			22,244.57

民园

收入			支出	
	银元			银元
结余接前	549.52		地捐	28.65
英工部局协款	3,000.00		保险费	7.00
园地租金	1,417.00		电灯	53.20
利息	44.01		暖气	134.33
			用水	140.02
			看台保持费项下	95.40
			园地暨花园保持费项下	597.20
			园地建设费	537.70
			园地员役工资	1,466.40

（续表）

		足球	75.00
		扁棒球	317.85
		赛跑路线	327.20
		普通用费	99.50
		看台存款项下	500.00
		结余	631.08
	5,010.53		5,010.53

空地保管团

债务及资产统计
（不计地产及房产）
1934年12月31日

体育馆

债务	银元	资产	银元
看台存款项下	1,941.90	零星欠户	360.00
司事年积金	756.04	汇丰银行定期存款	2,000.00
零星债务	65.00	存银行现金	646.76
新凉亭建筑项下	145.93		
收入项下	97.89		
	3,006.76		3,006.76

民园

债务	银元	资产	银元
看台存款项下	1,050.00	零星欠户	802.00
零星债务	385.00	存银行现金	1,264.08
收入项下	631.08		
	2,066.08		2,066.08

拍[柏]贲育

已经稽核正确
名誉秘书兼会计　克拉克
1935年2月20日

空地保管团
1935年预算
体育场

收入		支出	
	银元		银元
英工部局协款	2,140.00	地捐	50.00
地租金	1,350.00	保险费	70.00
利息	10.00	电灯	80.00
		用水	110.00
		暖气	130.00
		职员工资	540.00
		园地暨花园保持费(修理暨油刷)	750.00
		凉亭保持费(油刷费500元)	850.00
		普通用费(管理员费用300元)	500.00
		司事年积金	70.00
		看台存款项下	350.00
	3,500.00		3,500.00

民园

收入		支出	
	银元		银元
英工部局协款	5,760.00	地捐	30.00
地租金	1,200.00	保险费	10.00
利息	10.00	电灯	60.00
		暖气	140.00
		用水	200.00
		看台修理暨保持费	300.00
		园地修理暨保持费(油刷费400元)	800.00
		园地员役工资	1,500.00
		园地建设费	2,000.00
		园地保持费：	
		足球	80.00
		扁棒球	350.00
		运动	500.00
		普通用费(管理员费用洋300元)	500.00
		看台存款项下	500.00
	6,970.00		6,970.00

拍[柏]赉育

名誉秘书兼会计

1933年与1934年各月码头捐收入比较表

英租界河坝

月份	进口 1933 天津通用银元	进口 1934 天津通用银元	1934减 天津通用银元	1934增 天津通用银元	出口 1933 天津通用银元	出口 1934 天津通用银元	1934减 天津通用银元	1934增 天津通用银元	进口出口总数 1933 天津通用银元	进口出口总数 1934 天津通用银元	1934年总数 减 天津通用银元	1934年总数 增 天津通用银元
1月	4,873.00	5,466.79	—	593.79	4,383.06	5,137.01	—	753.95	9,256.06	10,603.80	—	1,347.74
2月	6,851.89	4,616.95	2,234.94	—	3,705.00	3,917.32	—	212.32	10,556.89	8,534.27	2,022.62	—
3月	12,483.06	8,882.66	3,600.40	—	3,840.12	5,156.21	—	1,316.09	16,323.18	14,038.87	2,284.31	—
第一季	24,207.95	18,966.40	5,241.55	—	11,928.18	14,210.54	—	2,282.36	36,136.13	33,176.94	2,959.19	—
4月	10,244.09	9,683.72	560.37	—	2,837.05	4,150.86	—	1,313.81	13,081.14	13,834.58	—	753.44
5月	9,596.85	9,238.76	358.09	—	4,056.16	4,517.97	—	461.81	13,653.01	13,756.73	—	103.72
6月	6,988.14	7,314.59	—	326.45	3,057.21	3,670.97	—	613.76	10,045.35	10,985.56	—	940.21
第二季	26,829.08	26,237.07	592.01	—	9,950.42	12,339.80	—	2,389.38	36,779.50	38,576.87	—	1,797.37
上半年	51,037.03	45,203.47	5,833.56	—	21,878.60	26,550.34	—	4,671.74	72,915.63	71,753.81	1,161.82	—
7月	7,458.38	9,872.21	—	2,413.83	3,797.11	2,747.68	1,049.43	—	11,255.49	12,619.89	—	1,364.40
8月	8,296.57	9,783.96	—	1,487.39	3,245.95	9,969.21	—	6,723.26	11,542.52	19,753.17	—	8,210.65
9月	7,691.99	7,410.60	281.39	—	2,839.23	4,911.55	—	2,072.32	10,531.22	12,322.15	—	1,790.93
第三季	23,446.94	27,066.77	—	3,619.83	9,882.29	17,628.44	—	7,746.15	33,329.23	44,695.21	—	11,365.98
九个月总计	74,483.97	72,270.24	2,213.73	—	31,760.89	44,178.78	—	12,417.89	106,244.86	116,449.02	—	10,204.16
10月	8,923.67	8,373.62	550.05	—	4,191.65	8,208.50	—	4,016.85	13,115.32	16,582.12	—	3,466.80
11月	6,894.43	6,321.55	572.88	—	4,832.21	4,832.21	—	—	11,726.64	11,153.76	572.88	—
12月	6,339.56	7,141.30	—	801.74	4,056.89	4,002.15	54.74	—	10,396.45	11,143.45	—	747.00
第四季	22,157.66	21,836.47	321.19	—	13,080.75	17,042.86	—	3,962.11	35,238.41	38,879.33	—	3,640.92
全年总计	96,641.63	94,106.71	2,534.92	—	44,841.64	61,221.64	—	16,380.00	141,483.27	155,328.35	—	13,845.08

总数净增天津通用银元：13,845.08　　1935年1月8日　　码头捐主任刘锡三

财政报告

兹为汇报1934年截至12月31日止之财政统计,谨将下列报告附陈察[查]核。

总务经常收入

此项收入比之预算所列总数计增收洋37,000元,查辅捐项下计增收洋20,000元,码头捐项下因现银出口计增收洋17,000元。

总务经常支出

总务管理项下:实支之数比较预算计节减洋5,000元,查英文学堂项下因汇兑行市合宜,计减支洋7,000元,惟此数为警备队支出增加所抵销,其他各项比较预算俱稍削减。

警务处:全年实支之数比之预算计节减洋14,000元,查此项减支强半出自汇兑行市合宜暨警捕薪工之节减,惟其总数略为门岗警捕添赁宿舍之租金所抵销。

消防队:各项俱有节减,比之预算计减支洋4,000元强。

工程处:预算未经列入者计有展阔小河道工程费洋4,274元,暨公共厕所用水超出预算巨额费用,但街道项下计减支洋4,000元,暨汇兑行市项下亦有节减,因之总计减支实数达洋3,000元强。

总务特别支出

此项支出比之预算计减支洋83,000元,查预算所列建筑有数项年间未及进行,此外尚有实支减于预算者,若街道、阴沟等项节减之数计洋35,000元。

电务处

售电收入:1934年售电总收入比之预算在用户电灯及电马力项下计减收洋42,000元。

经常支出:因汇兑行市之减支洋6,000元,煤炭之减支洋21,600元,机件修理暨保持之减支洋30,000元,共计节减洋70,000元,故本年经营之实在节余比之预算所列计增益洋28,000元强。

购置项下：全年支出比之预算计节减洋 78,000 元,其中 29,000 元系因新购地段未兴建筑 30,000 元,系因拟设之墙子河水闸未进行筑造。

水道处

售水收入：全年各项售水收入计增加洋 15,000 元,查普通用户项下比之预算计减收洋 13,000 元,惟特别一区用水时期延长所增收入颇足相抵。

经常支出：各项比较预算虽稍有增减,其总数几与预算所列相等。

购置支出：预定规画[划]工程既未全部实行,故实支之数比之预算计节减洋 57,000 元。

统计总结

综核各项经常收支两抵比之预算所列盈余共计增益洋 112,000 元,连同特别支出项下之节减,结存收支不敷之数较比预算所列计节减洋 329,000 元。

年间发行之五厘半新债券计洋 960,000 元,查昨年预计藉此可节存洋 50,000 元。

兹由总结算单观之,银行结余存款计达洋 647,000 元,其 600,000 元增益之各节目列下：

上述预算总结之节减	洋 329,000 元
填土费收入列为保管团 1935 年偿还债券款额	120,500 元
耀华中学结存余款增益	72,000 元
材料减支	12,700 元
债务暨欠户相差款额	62,100 元
总计洋	596,300 元

所有账册业经特许查账稽核汤生公司查核,其稽核证书附列于总结算单。

会计处长　莫尔德

天津英工部局 1934 年董事会报告暨 1935 年预算

1934 年财政统计
暨 1935 年预算

1934年经常收支预决算比较截至12月31日止

收入

1934年收入预算			1934年收入决算截至12月31日止	
银元				银元
		地亩捐：		
	249,664.00	已填地	249,254.20	
	1,366.00	未填地	1,150.35	
251,030.00	——		——	250,404.55
		房产捐：		
	512,000.00	依据估定房产全年租值	521,014.38	
	10,000.00	减去：退还之数	17,705.96	
502,000.00	——		——	503,308.42
		河坝收入：		
		系船费		
	64,200.00	租定船位	64,237.50	
	31,000.00	备租船位	29,101.65	
	6,900.00	驳船	8,467.50	
	102,100.00	——	——	101,806.65
	1,800.00	减去：费用	1,660.83	
100,300.00	——		——	100,145.82
5,930.00		转头船位租金		5,930.07
		执照捐：		
	85,000.00	人力车	89,133.00	
	67,000.00	大车暨排子车	72,653.90	
	750.00	本地蒸制酒品捐	750.00	
	4,000.00	杂项	7,704.10	
	2,700.00	马车	2,688.00	
	7,000.00	旅馆暨售酒执照捐	6,705.00	
	3,300.00	犬	3,289.50	
	1,300.00	押当铺	1,250.00	
	4,000.00	自行车	5,221.00	
	33,000.00	汽车	34,256.51	
	11,000.00	小本营生	12,890.25	
	219,050.00		236,541.26	
	16,750.00	减去：费用	13,833.07	
202,300.00	——		——	222,708.19
		菜市收入：		

（续表）

		3,250.00	铺面	3,785.00		
		1,500.00	摊子	2,878.25		
	4,750.00				6,663.25	
	150.00		减去:费用		1,916.21	
4,600.00	—				—	4,747.04
			零星收入:			
	17,560.00		杂项		20,227.52	
	18,240.00		租金		15,876.26	
35,800.00	—				—	36,103.78
			码头捐:			
	135,000.00		收入		151,935.59	
	11,200.00		减去:费用		10,628.09	
123,800.00	—				—	141,307.50
1,225,760.00						1,264,655.37
			利息:			
			归还数目			
	1,000.00		电务处		1,430.29	
	87,600.00		水道处		85,329.45	
88,600.00						86,759.74
—						—
1,314,360.00						1,351,415.11

支出

1934年支出预算					1934年支出决算截至12月31日止	
银元						银元
	134,765.00		管理人员俸给暨工资		139,876.33	
	47,420.00		总务公费		43,245.44	
	182,185.00				183,121.77	
			减去:可由电务处 水道处归还之数			
		26,690.00	电务处	26,690.00		
		18,680.00	水道处	18,680.00		
	45,370.00				45,370.00	
136,815.00	—				—	137,751.77
			工部局办公处费用:			
	9,500.00		零星费用		8,693.27	
	500.00		减去:可由戈 登堂归还之数		450.00	

（续表）

9,000.00		—			—	8,243.27
			捐助项下：			
		20,750.00	体育场保管园		20,750.00	
		3,000.00	民园保管园		3,000.00	
		225.00	俄国医院		225.00	
		150.00	俄国侨民社		150.00	
		371.00	马大夫医院		370.60	
		445.00	安立甘教堂		445.00	
		445.00	耶稣教合众会堂		445.00	
		445.00	女青年会		445.00	
		741.00	天津妇女慈善会		741.00	
26,572.00		—			—	26,571.60
31,200.00			养老金			29,587.78
			工部局警备队：			
15,000.00			杂项			22,500.00
			工部局藏书楼：			
		310.00	薪俸		310.60	
		597.00	零星费用		550.53	
		993.00	协款		993.00	
1,900.00		—			—	1,854.13
			隔离病院：			
		11,147.00	薪俸	10,744.49		
		16,121.00	零星费用	14,304.97		
		27,268.00			25,049.46	
		2,220.00	减去：法工部局协款	2,220.00		
		7,048.00	病人住院费	5,404.71		
		9,268.00		—	7,624.71	
18,000.00		—			—	17,424.75
			维多利亚医院：			
		22,789.00	薪俸	25,567.61		
		22,197.00	零星费用	20,686.24		
		44,986.00			46,253.85	
		19,486.00	减去：病人住院费		20,642.02	
25,500.00		—			—	25,611.83
			产妇调养院：			
		9,133.00	薪俸	8,879.18		
		16,876.00	零星费用	16,530.48		
		26,009.00		—	25,409.66	

天津英工部局1934年董事会报告暨1935年预算

(续表)

	7,809.00		减去:病人住院费		8,360.36	
18,200.00	——					17,049.30
			卫生股:			
		1,482.00	卫生医官费	1,482.52		
		2,987.00	卫生股职员	2,645.05		
		2,603.00	零星费用	2,000.56		
	7,072.00	——			6,128.13	
	1,372.00		减去:入款	1,330.00		
5,700.00						4,798.13
			戈登堂:			
	2,200.00		零星费用		2,907.13	
	1,200.00		减去:赁用费		1,275.00	
1,000.00	——				——	1,632.13
124,786.00			天津英文学堂			117,873.94
			(须准予拨付之协款按纳捐外人登记管业之地亩暨房产估定产值现时总计值合48,176,377.00元,依每1万元拨付18元计须拨付之数合86,717.48元,按六七四二八三行市核成银两,再按2先令8便士汇兑行市折合英金7,799镑2先令4便士,再按1先令3便士行市核算折合洋117,873.94元)			
75,902.00			耀华中学			75,901.51
			(须准予拨付之协款按纳捐中国人登记管业之地亩暨房产估定产值现时总计值合42,167,503.00元,依每1万元拨付18元计须拨付之数合洋75,901.51元)			
			债券保管团项下:			
374,706.00			核定每年偿付各借款本利之准备			374,706.30
			利息:			
12,000.00			新借款暨流水账			11,232.71
550.00			墙子河维持费			479.91
21,290.00			偿还继续皇家租契用款			21,289.87
50.00			偿还英总领事			41.35
5,000.00			临时项下			3,855.28
——						——
903,171.00						898,405.56
			特别支出			
			耀华中学			
93,500.00			建筑协款			93,500.00

警务处

1934年支出预算			1934年支出决算截至12月31日止	
银元				银元
233,218.00		警务处员役暨办公室职员薪俸	217,085.70	
93,797.00		普通杂费		92,728.55
——				——
327,015.00				309,814.25
		减去:		
	40,015.00	住户雇用门岗警捕缴纳费用	39,160.00	
	35,900.00	零星费用	38,188.84	
4,115.00	——		——	971.16
				——
322,900.00				308,843.09
		消防队		
9,082.00		华洋人员薪俸		7,395.93
7,618.00		普通杂费		4,926.32
——				——
16,700.00				12,322.25

工程处

1934年支出预算			1934年支出决算截至12月31日止	
银元				银元
		经常支出		
		桥梁:		
50.00		保持费		11.30
		河坝暨码头:		
300.00		保持费		14.00
		土坝(预防水灾):		
300.00		保持费		309.42
		工程师费用:		
	154,770.00	薪俸暨工资	150,200.49	
	18,410.00	杂费	13,804.30	
173,180.00	——		——	164,004.79
		厕所暨秽水沟眼:		
10,000.00		保持费		13,720.66
		工部局房产:		

(续表)

9,400.00		普通保持费	12,798.84
		机件暨工具项下：	
	7,900.00	保持费暨经常费	6,806.33
	1,300.00	逐年修理	986.52
	1,200.00	购新补旧	554.74
10,400.00	—		8,347.59
		公共院所：	
	1,300.00	隔离病院	1,594.75
	3,450.00	维多利亚医院	2,760.08
	500.00	菜市	53.34
	500.00	产妇调养院	257.21
5,750.00	—		4,665.38
		马路、便道、路边石暨阴沟项下：	
	42,500.00	英租界内马路阴沟普通修理费暨保持费	41,817.84
	3,000.00	暴雨水沟普通修理费	4,262.22
	1,500.00	冲洗阴沟费	1,913.16
	8,000.00	载重汽车汽油、工资、材料暨保持费	6,205.41
55,000.00	—		54,198.63
		马路加宽	4,274.00
		路政项下：	
	43,000.00	路灯	42,871.17
	21,600.00	清道、冲洗马路暨水沟	20,257.94
	29,900.00	收敛垃圾	30,041.69
	5,500.00	扫除积雪	5,778.11
	200.00	街名牌	493.88
	12,780.00	洒水暨散沙	9,551.18
112,980.00	—		108,993.97
30,000.00		公园暨花园	32,652.52
407,360.00			403,991.10

1934年支出预算			1934年支出决算截至12月31日止
银元		器械暨购新补旧：	银元
20,550.00		工程处	17,320.59
2,500.00		维多利亚医院	1,584.03
3,000.00		隔离病院	2,502.20
2,000.00		秘书处暨会计处	1,510.32
300.00		产妇调养院	116.00
28,350.00			23,033.14

特别支出				
银元				银元
		新建筑暨添盖房屋：		
	260,000.00	新菜市	259,313.88	
	1,250.00	重建河坝堆货地租公事房	—	
	6,500.00	重建起重机	7,269.19	
	30,550.00	伦敦道警务宿舍	21,584.63	
	10,000.00	新建医院		
	6,000.00	敦桥道机科厂添盖马棚	—	
	2,200.00	马厂道塚[冢]园重建火葬炉	1,511.29	
	3,000.00	马厂道塚[冢]园扩充地段围墙	4,150.58	
	2,000.00	马厂道塚[冢]园扩充地段便道	280.27	
	2,000.00	新公园建设	5,535.79	
	2,600.00	墙子河沿围篱	1,320.07	
	9,600.00	河坝堆货地围栏	1,344.54	
	1,000.00	墙子河沿花园内电灯	876.39	
	2,000.00	警备队司令部增建房屋	1,995.90	
338,700.00		—	—	305,182.53
27,000.00		墙子河水管		12,207.19
42,300.00		阴沟		38,289.05
3,000.00		锅形沟眼		2,782.34
2,000.00		暴雨水沟		4,506.34
211,600.00		马路		179,131.22
10,000.00		便道		9,049.01
6,000.00		重修河坝		9,129.15
22,500.00		伯斯道新桥		24,133.81
1,500.00		添设路线岛形		676.99
7,500.00		临时用途		7,032.44
5,000.00		中街交通指挥灯		1,908.08
677,100.00				594,028.15

电务处 1934 年营业账目

支出预算				收入		
支出预算			1934 年支出决算截至 12 月 31 日止	收入预算		1934 年收入决算截至 12 月 31 日止
银元			银元	银元		银元
235,551.00		发电费用煤炭工资等	206,886.80	594,844.00	售与用户电价	567,795.22
		发电机件:		118,455.00	售与特别一区电价	121,716.14
35,556.00		修理暨保持费	13,703.75	38,708.00	公共道路电灯	41,014.06
		分输电机:		9,000.00	住户自有道路电灯	9,546.26
35,672.00		修理暨保持费	23,264.17	17,880.00	售与英工部局办公暨附属处所电价	19,073.40
		路灯机件:		232,340.00	电码力	209,183.15
1,200.00		修理暨保持费	4,653.38	13,500.00	零星收入	14,147.95
		工具:				
500.00		修理暨保持费	1,246.57			
		出租机件:				
1,500.00		修理暨保持费	2,295.65			
		家具装件暨运输:				
1,350.00		修理暨保持费	1,034.13			
		经理费用:				
	58,775.00	薪俸暨工资	57,760.80			
	22,905.00	杂项	16,639.34			
81,680.00	——		——	74,400.14		
26,690.00		总务管理项下		26,690.00		
		会计处:				
	11,000.00	中国职员薪俸	10,791.73			
	3,000.00	杂项	2,883.18			
14,000.00	——		——	13,674.91		
1,000.00		利息	2,830.29			
165,616.00		折旧	164,315.86			

5,600.00	加添之零星机件	59.16		
4,750.00	陈列室费用	5,126.10		
610,665.00		540,180.91		
414,062.00	收入超过支出之数	442,295.27		
1,024,727.00		982,476.18	1,024,727.00	982,476.18

电务处购置支出

	银元		银元
	40,480.00	地亩	40,480.00
	29,620.00	房屋	162.16
	43,685.00	发电机件	17,698.84
	40,650.00	分输电机	27,777.34
	5,480.00	路灯机件	2,895.95
	8,050.00	工具	3,241.47
	1,700.00	备租机件	632.51
	9,400.00	家具装配零件暨运输	8,425.00
	179,065.00		101,313.27

电务处1934年结算截至12月31日止

债务		资产	
	银元		银元
零星债务	27,582.07	零星欠户	117,461.06
用户押款	111,592.00	材料存储	102,526.12
寄售商品(参照封页)	18,431.37	陈列室商品	9,645.28
折旧存储	1,505,281.78	寄售商品(参照封页)	18,431.37
资产存储	514,179.51	伦敦金镑账	9,754.65
英工部局流水账	68,423.86	购置项下：	
		地亩	54,890.07
		房产	207,133.48
		发电机件	1,107,327.86
		分输电机	513,299.32
		路灯机件	37,895.30
		备租机件	35,224.12
		电气仪器	3,801.93
		工具机件	6,491.43

（续表）

		家具装配零件暨运输机器	21,608.60
	—		—
	2,245,490.59		2,245,490.59

1934 年 12 月 31 日止

敝公司已将上列截至 1934 年 12 月 31 日止之结算单审核，并得有一切所需闻料暨解释。据敝公司考核所知并参照工部局供给之说明暨簿册所列注解，该结算单之开列用以表示工部局之实在正确财政状况是系正当。

汤生公司

特许查账稽核员

天津　1935 年 2 月 12 日

水道处1934年营业账目

支出预算	支出	1934年支出决算截至12月31日止	收入预算	收入	1934年收入决算截至12月31日止
银元		银元	银元		银元
	巴克斯道"甲"号机厂：		277,014.00	售与用户水价	263,823.20
40,264.00	抽水费用	44,786.99	39,862.00	售与特别一区水价	59,513.32
1,800.00	经常费	1,447.21	4,304.00	售与轮船水价	5,799.60
	修理暨保持费		21,638.00	售与英工部局办公处暨附属处所水价	27,784.98
42,064.00		46,234.20	4,000.00	警务处租用房产收费暨杂项	4,525.72
	厂内水管暨节水门：				
100.00	修理暨保持费	223.96			
	滤水池：				
100.00	修理暨保持费	176.38			
	澄水池：				
100.00	修理暨保持费	233.62			
	"甲"号机厂房：				
1,910.00	修理暨保持费	2,156.32			
—		49,024.48			
	达格拉道"乙"号机厂：				
25,199.00	经常费	19,901.17			
44,274.00	押水费用	—			

(续表)

26,599.00	1,400.00	修理暨保持费	1,675.93	21,577.10
	50.00	厂内水管暨节水门：		
		修理暨保持费		50.45
	680.00	"乙"号机厂房：		
		修理暨保持费	1,293.15	
27,329.00				22,920.70
	18,847.00	伦敦道"丙"号机厂：		
		抽水费用：		
		经常费	17,615.27	
	550.00	修理暨保持费	813.87	18,429.14
19,397.00				
	50.00	厂内水管暨节水门：		4.50
	280.00	"丙"号机厂房：		
		修理暨保持费	520.29	
19,727.00				18,953.93
9,716.00		总水管水龙头暨接水材料：		
		修理暨保持费		10,643.60
	900.00	机件暨工具：		
		修理暨保持费	773.71	
	1,150.00	购新补旧	1,712.46	
2,050.00				2,486.17
		租用机件：		

787

（续表）

项目			
修理暨保持费	2,330.00		2,616.50
龙头售水费用	1,108.00		1,388.19
工程师费用：			
华洋职员薪俸	50,525.00	49,987.66	
杂项	18,930.00	22,359.03	72,346.69
管理项下：			
总务	69,455.00		
会计处：	18,680.00		18,680.00
中国职员薪俸	6,180.00	6,178.60	
杂项	1,550.00	1,485.75	7,664.35
消防设备：			
经常费	7,730.00	3,595.97	
修理暨保持费	4,116.00	794.11	4,390.08
零星机件添置	1,110.00		71.58
折旧	5,226.00		45,756.76
利息	150.00		85,329.45
	46,900.00		
	87,600.00		342,272.48
收入超过支出之数	342,275.00		19,174.34
	4,543.00		
	346,818.00		361,446.82
		346,818.00	361,446.82

水道处购置支出

银元		银元
71,050.00	总水管暨水龙头	44,798.20
3,000.00	接水材料	3,617.06
8,000.00	借出机件:水表	9,257.19
220.00	家具装配零件暨仪器	218.80
4,500.00	移动机件:办公用汽车	3,930.00
	自流井计划项下:	
25,400.00	巴克斯道"甲"号机厂 4,530.84	
5,500.00	达格拉道"乙"号机厂 117.98	
5,500.00	伦敦道"丙"号机厂 —	
36,400.00	——	4,648.82
123,170.00		66,470.07

水道处
1934年结算截至12月31日止

债务	银元	资产	银元
零星债务	18,776.29	零星欠户	29,732.95
用户押款	17,263.40	材料存储	97,909.14
折旧存储	251,581.88	购置项下:	
购置存储	66,690.19	地亩	175,831.54
英工部局流水账	1,108,160.87	机器	4,269.86
		家具暨装配零件	3,027.40
		移动机件	4,130.00
		滤水池	8,774.68
		澄水池	7,482.51
		沉渣池	7,187.79
		总水管暨水龙头	478,407.96
		用户水表	91,480.88
		工具机件	9,648.09
		"甲"号自流井机厂	294,565.28
		"乙"号自流井机厂	191,943.02
		"丙"号自流井机厂	58,081.53
	1,462,472.63		1,462,472.63

1934年12月31日止

敝公司已将上列截至1934年12月31日止之结算单审核,并得有一切所需闻料暨解释。据敝公司考核所知并参照工部局供给之说明书暨簿册,所列注解该结算单之开列用以表示工部局之实在正确财政状况是系正常。

汤生公司

特许查账稽核员

天津　1935年2月12日

1934年财政统计总结截至12月31日止

	1934年4月11日选举人大会通过之预算		1934年收入支出决算	
	收入	支出	收入	支出
	银元	银元	银元	银元
经常项下:				
工部局总务账目	1,314,360.00	1,678,481.00	1,351,415.11	1,646,595.14
电务处	1,024,727.00	610,665.00	982,476.18	540,180.91
水道处	346,818.00	342,275.00	361,446.82	342,272.48
结剩余款	—	54,484.00	—	166,289.58
	2,685,905.00	2,685,905.00	2,695,338.11	2,695,338.11
特别项下:				
上列结余	54,484.00	—	166,289.58	—
马路、阴沟、便道暨水沟	—	303,900.00	—	269,605.99
总务购置支出	—	373,200.00	—	324,422.16
电务处购置支出	—	179,065.00	—	101,313.27
水道处购置支出	—	123,170.00	—	66,470.07
耀华中学特别建筑协款	—	93,500.00	—	93,500.00
结算不敷之数	1,018,351.00	—	689,021.91	—
	1,072,835.00	1,072,835.00	855,311.49	855,311.49

1934年总结算单截至12月31日止

债务		银元	资产			银元
工部局借款：			地亩：			
"B"字借款 1912 30,000两	44,475.53		老租界地亩	亩数	15.790	245,167.00
普通用途借款投资银行 1920年（投资银行）	16,500.00		扩充界地亩	亩数	55.129	461,009.70
普通用途借款投资银行 1921年（投资银行）	31,000.00		推广界地亩	亩数	204.807	1,057,572.81
普通用途借款 1921年 121,000两	179,384.62		租界外地亩	亩数	400.368	399,250.40
普通用途借款 1922年 40,000两	59,300.70				——	2,162,999.91
普通用途借款 1923年 276,600两	410,064.34		空地			
普通用途借款 1924年 361,900两	536,523.08		老租界维多利亚花园暨建筑物	亩数	18.500	
普通用途借款 1925年 550,000两	815,384.62		扩充界围墙道公园暨建筑物	亩数	6.195	
普通用途借款 1926年 415,000两	615,244.75		推广界民园	亩数	57.300	
普通用途借款 1932年 350,000两	518,881.12		推广界花园地亩	亩数	12.020	
普通用途借款 1932年	960,000.00		塚[家]园地址			
	——	4,186,758.76	广东道塚[家]园第9段第166号地	亩数	11.281	
零星债务暨积欠：			马厂（场）道塚[家]园:马厂（场）道路南	亩数	12.561	
总务	149,341.83		马路地亩：			

（续表）

填地	49,031.26		扩充界	亩数	275.977	2,042,229.80	
	—	198,373.09	推广界				
警捕服装费		15,591.14	马厂(场)道	亩数	86.321	509,293.90	
保管款项：			其他马路	亩数	473.537	1,420,605.00	
旅费	61,450.63					—	3,972,128.70
皇家租契用存款	600,536.68		本租界街道、路基、阴沟、水沟暨便道等：				
年积金	424,825.41		现时核估价值				2,070,088.08
杂项	7,104.89		桥梁：				
	—	1,093,917.61	现时核估价值				160,624.12
保管团准备款额：未支用结余		3,629.82	房屋：				
保管团填地账：未支用结余		308,741.14	老租界：				
折合银两贴水		18,528.48	维多利亚花园内住房			16,080.05	
机件保险准备金		37,251.61	戈登堂、警务处、保险房暨老火会所			190,060.48	
耀华中学			捐务股公事房			1,008.27	
流水账结余		132,897.69	河坝房屋			148.25	
天津英文学堂			码头捐公事房			2,074.04	
流水账结余		27,127.43	中国职员餐堂			1,513.95	
总结余		7,089,149.23	扩充界：				
			球场道第24段第195号地房屋			22,407.94	
			职员住房			59,596.89	
			职员居所			87,511.66	
			职员居所汽车房			4,508.48	
			工程处机料厂(戈登道)			10,477.36	
			汽辗房			296.50	
			推广界：				
			工程处机料厂(敦桥道)			43,350.46	
			警务宿舍暨火会所			384,805.78	
			警备队司令部			11,654.62	
			新公园(围篱)			5,535.79	
			本租界内公共厕所			45,287.05	

(续表)

	租界外：马场道南			
	马厂(场)道塚[冢]园火葬炉,休息室暨围墙		6,614.33	
			——	892,931.90
	全年局有地租折合原值			21,329.19
	菜市：			
	房屋			263,960.37
	隔离病院：			
	房屋,院墙暨围篱(书面计值)		117,852.10	
	家具(书面计值)		6,779.30	
			——	124,631.40
	维多利亚医院：			
	房屋(书面计值)		53,475.18	
	家具(书面计值)		11,837.88	
	仪器(书面计值)		5,295.29	
	X光机件(书面计值)		1,305.19	
			——	71,913.54
	消防设备			25,066.42
	动产：			
	册列价值			215,673.79
	材料项下(册列价值)：			
	总材料所		27,645.52	
	警务处		4,965.75	
	文具材料		3,005.37	
			——	35,616.64
	零款现金			2,320.00
	零星欠户暨未清付账目：			
	总务项下		89,277.94	
	填地		62,115.85	
			——	151,393.79
	悬账未决之地亩：			
	关于债券保管团账目		9,661.76	
	关于工部局账目		1,368.17	

(续表)

				—	11,029.93
		投资项下 (实价)：			
		保管款项		1,069,418.66	
		机件保险 准备金		37,251.61	
				—	1,106,670.27
		电务处：			
		流水账结余			68,423.86
		水道处：			
		流水账结余			1,108,160.87
		银行账目：			
		定期存款		500,000.00	
		流水账		147,033.22	
				—	647,003.22
	13,111,966.00				13,111,966.00

1934 年 12 月 31 日

敝公司已将上列截至 1934 年 12 月 31 日止之结算单审核，并得有一切闻料暨解释其所列投资业经查核。据敝公司所知并参照工部局供给之说明暨簿册所载注解，该结算单之开列用以表示工部局之实在正确财政状况是系正当。

汤生公司

特许查账稽核员

天津　1935 年 2 月 12 日

债券保管团账目

驻津英国工部局市政借款债券保管团

1934 年 12 月 31 日

支出		收入	
	银元		银元
偿付海河工程局填地费用截至 1934 年 12 月 31 日止	63,460.06	1933 年 12 月 31 日之结余	
新辟马路暨修理土坝截至 1934 年 12 月 31 日止	1,266.98	债券保管团填地账债权	37,261.61
律师公费	14,551.22	债券保管团准备账债权	3,679.24
偿付借款 1934 年利息：			40,940.85
1912 年"B"字借款	2,890.91	填地收入截至 1934 年 12 月 31 日止	325,323.97

（续表）

1920年投资银行	1,386.00		过期填地账之利息	25,433.82
1921年投资银行	2,520.00		1934年预算所列之数	374,706.30
1921年普通用途借款	14,653.20			
1922年普通用途借款	4,151.06			
1923年普通用途借款	27,370.24			
1924年普通用途借款	39,663.28			
1925年普通用途借款	57,076.94			
1926年普通用途借款	43,067.14			
1932年普通用途借款	33,727.28			
	——	226,506.05		
1934年中签之债券：				
1912"B"字借款	3,706.30			
1920投资银行	3,300.00			
1921投资银行	5,000.00			
1921普通用途借款	29,946.86			
1923普通用途借款	46,106.30			
1924普通用途借款	60,190.21			
	——	148,249.67		
1934年12月31日结余	——	312,370.96		
债券保管团填地账债权	308,741.14			
债券保管团准备账债权	3,629.82			
		——		——
		766,404.94		766,404.94

1935年预算总目

收入			
		银元	
地亩捐：			
已填地		249,709.00	
未填地		1,076.00	
		——	250,785.00
房产捐：			
依据估定全年租值		541,000.00	
减去：退还之款		15,000.00	
		——	
		526,000.00	
减去：折扣		52,600.00	
		——	473,400.00

(续表)

河坝收入：			
租定船位租金	64,200.00		
备租船位租金	27,300.00		
驳船	7,300.00		
	—	98,800.00	
减去：费用		1,800.00	
		—	97,000.00
转头船位租金			5,930.00
执照捐：			
人力车	92,000.00		
马车	2,200.00		
大车排子车等	70,000.00		
河坝摊子	2,000.00		
小本营生	13,000.00		
汽车	34,000.00		
旅馆	5,000.00		
犬	3,300.00		
自行车	5,200.00		
汽车号牌、汽车夫暨牛奶房等	1,500.00		
押当铺	1,200.00		
铺面执照捐	2,200.00		
酒品暨蒸制捐照	3,800.00		
杂项	500.00		
	—	235,900.00	
减去：费用		15,040.00	
		—	220,860.00
菜市：			
铺面	8,100.00		
摊子	10,000.00		
	—	18,100.00	
减去：费用		8,100.00	
		—	10,000.00
零星收入：			
杂项		17,104.00	
租金		16,896.00	
		—	34,000.00
码头捐：			
收入		128,000.00	

（续表）

减去：费用		11,300.00	
		——	116,700.00
利息：			
各分处往来之数			
由水道处归还之数		75,500.00	
减去偿付电务处之数		1,200.00	
		——	
		74,300.00	
流水账暨保管款项		5,500.00	
			79,800.00
			——
			1,288,475.00

	支出		
	总务		
		银元	
管理人员俸给暨工资		118,370.00	
总务公费		47,000.00	
		——	
		165,370.00	
减去：可由电务处归还之数	26,700.00		
可由水道处归还之数	17,100.00		
	——	43,800.00	
		——	121,570.00
工部局办公处：			
零星费用		8,950.00	
减去：可归还之数		450.00	
			8,500.00
捐助项下：			
体育场保管团		5,760.00	
民园保管团		2,140.00	
俄国医院		225.00	
俄国侨民社		150.00	
马大夫医院		3,000.00	
安立甘教堂		445.00	
合众会堂		445.00	
女青年会		445.00	
天津妇女慈善会		741.00	

(续表)

		——	13,351.00
养老金			31,800.00
工部局警备队：			
零星费用			20,000.00
工部局藏书楼：			
薪俸		310.00	
零星费用		597.00	
协款		993.00	
		——	1,900.00
隔离病院：			
薪俸		14,370.00	
零星费用		12,050.00	
		——	
		26,420.00	
减去：法工部局协款	2,220.00		
病人住院费	6,000.00		
	——	8,220.00	
		——	18,200.00
维多利亚医院：			
薪俸		20,130.00	
零星费用		24,270.00	
		——	
		44,400.00	
减去：病人住院费		20,000.00	
		——	24,400.00
产妇调养院：			
薪俸		10,500.00	
零星费用		14,100.00	
		——	
		24,600.00	
减去：病人住院费		8,000.00	
		——	16,600.00
卫生股：			
卫生医官费		1,485.00	
卫生股职员		2,620.00	
零星费用		2,295.00	
		——	
		6,400.00	
减去：入款		1,300.00	

（续表）

			—	5,100.00
	戈登堂：			
	零星费用		2,500.00	
	减去:租赁费		1,200.00	
				1,300.00
	天津英文学堂：			
(须准予拨付之协款，按纳捐外人登记管业之地亩暨房产估定产值，现时总计值合银元 48,766,121，依每 1 万元拨付 18 元计，须拨付之数合银元 87,779.02。按六七四五二八三暨二先令八便士汇兑行市折合英金 7,894 镑 11 先令 10 便士。再按 1 先令 4 便士行市核算计折合银元 118,420.00)				118,420.00
	耀华中学：			
(须准予拨付之协款，按纳捐中国人登记管业之地亩暨房产估定产值现时总计值合银元 44,886,135，按每 1 万元拨付 18 元计须拨付之数合银元 80,795.00)				80,795.00
	墙子河维持费			550.00
偿还继续皇家租契用款按 1918 年估定地产价值 2,873,124 两之半厘计算				21,290.00
	债券用款			432,006.00
	临时用途			5,000.00
				920,782.00
		特别支出		
	耀华中学：			
	建筑协款			210,000.00

警务处

		银元	
警务处员役暨办公室职员薪金		235,677.00	
普通杂费		112,633.00	
		—	348,310.00
减去:住户雇用门岗警捕缴纳费用		39,160.00	
支出		35,390.00	
		—	3,770.00
			344,540.00

消防队

		银元
华洋职员薪俸		9,335.00
普通杂费		8,725.00
新救火机		20,000.00
		—
		38,060.00

工程处

经常支出		
桥梁：		银元
保持费		50.00
河坝暨码头：		
保持费		300.00
土坝(预防水灾)：		
保持费		300.00
工程师费用：		
薪俸暨工资	156,469.00	
普通杂费	22,175.00	
	——	178,644.00
厕所暨秽水沟眼：		
保持费		14,000.00
工部局房产：		
普通保持费		8,150.00
机械暨工具项下：		
保持费暨经常费	7,900.00	
逐年修理	1,300.00	
购新补旧	1,200.00	
	——	10,400.00
公共院所保持费：		
隔离病院	1,300.00	
产妇调养院	500.00	
维多利亚医院	1,950.00	
菜市	500.00	
	——	4,250.00
马路、便道、路边石暨阴沟项下：		
老租界、扩充界、推广界暴雨水沟普通修理费	3,000.00	
冲洗阴沟费用	1,500.00	
载重汽车用汽车、工资暨材料	4,000.00	
载重汽车保持费	3,500.00	
英租界马路、便道、路边石暨阴沟保持费	42,000.00	
	——	54,000.00
马路加宽		25,000.00
路政项下：		
补换新灯	3,000.00	
清道、冲洗马路暨水沟	21,600.00	
收敛垃圾	29,900.00	
扫除积雪	3,500.00	

(续表)

洒水暨散沙	11,080.00	
	——	69,080.00
公园暨花园		26,000.00
		390,174.00

器械暨换新补旧		
		银元
工程处		10,000.00
维多利亚医院		1,000.00
秘书处暨会计处		2,600.00
隔离病院		500.00
产妇调养院		300.00
		14,400.00

特别支出		
		银元
新建筑暨添盖房屋：		
新建医院(名下)	3,500.00	
中街警务处新建汽车房四间	1,800.00	
红墙道警务宿舍	11,000.00	
新公园建设(推广界第 52 段甲第 394 号地)	5,000.00	
新建电务处陈列室	3,700.00	
	——	25,000.00
地亩：		
推广界第 43 段第 399 号地	125,441.00	
推广界第 51 段第 377 号地	9,520.00	
推广界第 47 段第 373 号地	15,541.00	
加宽马路：		
推广界第 68 段第 364 号丙字地	300.00	
推广界第 9 段第 91 号、92 号、96 号暨 115 号等地	3,000.00	
老租界第 8 段第 14 号地	8,256.00	
	——	162,058.00
阴沟		43,000.00
锅形沟眼		3,000.00
暴雨水沟暨河坝便道		7,500.00
马路		119,150.00
便道		5,000.00
临时用途		5,000.00
		369,708.00

1935年电务处预算

支出		收入	
	银元		银元
发电费暨煤炭工资等项	202,065.00	售与用户电价	518,119.00
发电机件:		售与特别一区电价	149,460.00
修理暨保持费	24,600.00	用户自有道路电灯电价	11,559.00
分输电机:		售与英工部局办公处暨附属处所电价	22,200.00
修理暨保持费	28,000.00	电马力售价	197,496.00
路灯机件:		零星收入	14,000.00
修理暨保持费	5,750.00		
工具:			
修理暨保持费	1,920.00		
租出机件:			
修理暨保持费	3,400.00		
家具暨装配零件:			
修理暨保持费	1,110.00		
经理费项下:			
薪俸暨工资	69,840.00		
杂项	17,350.00		
	87,190.00		
总务管理项下	26,700.00		
会计处:			
中国职员薪俸	11,880.00		
零星费用	2,700.00		
	14,580.00		
利息	200.00		
折旧	90,500.00		
零星机件购置	1,000.00		
陈列室费用	4,100.00		
	491,115.00		
预计收入超过支出之数	421,719.00		
	912,834.00		912,834.00

购置支出

	银元
房产	142,440.00
发电机件	10,030.00

（续表）

分输机件	35,348.00
路灯机件	5,290.00
备租机件	220.00
工具	730.00
仪器	2,100.00
家具装配零件暨运脚	4,012.00
	——
	200,170.00

1935年水道处预算

支出			收入	
	银元			银元
巴克斯道机厂"甲"号：			售与用户水价	280,992.00
抽水费用：			售与各轮船水价	5,732.00
经常费	32,567.00		售与英工部局办公处暨附属处所水价	28,716.00
修理暨保持费	940.00		租金暨零星收入	3,000.00
	——	33,507.00		
滤水池：				
修理暨保持费		50.00		
澄水池：				
修理暨保持费		100.00		
厂内水管暨节水门：				
修理暨保持费		100.00		
"甲"号机厂房屋：				
修理暨保持费		1,570.00		
		—— 35,327.00		
达克拉道机厂"乙"号：				
抽水费用：				
经常费	19,232.00			
修理暨保持费	500.00			
	——	19,732.00		
厂内水管暨节水门：				
修理暨保持费		50.00		
"乙"号机厂房屋：				
修理暨保持费		560.00		
		—— 20,342.00		
伦敦道机厂"丙"号：				
抽水费用：				

（续表）

经常费	18,702.00			
修理暨保持费	500.00			
		19,202.00		
厂内水管暨节水门：				
修理暨保持费		50.00		
"丙"号机厂房屋：				
修理暨保持费		300.00		
		19,552.00		
总水管龙头暨接水材料：				
修理暨保持费		10,330.00		
机件暨工具：				
修理暨保持费	750.00			
剔旧置新	750.00			
		1,500.00		
租用机件：				
水表修理暨保持费		2,750.00		
由公用龙头售出水价		1,256.00		
工程师费用：				
华洋职员薪俸	53,747.00			
零星费用	12,782.00			
		66.529.00		
管理项下：				
总务		17,100.00		
会计处：				
中国职员薪俸	6,490.00			
零星费用	1,400.00			
		7,890.00		
消防费用：				
经常费	3,580.00			
修理暨保持费	1,030.00			
		4,610.00		
保险准备金		6,140.00		
折旧		47,914.00		
利息		75,600.00		
		316,840.00		
预算收入超过支出之数		1,600.00		
		318,440.00		318,440.00

水道处
购置支出

	银元
总水管暨水龙头	18,250.00
接水材料	3,000.00
出租机件:水表	7,500.00
家具零星配置暨仪器	200.00
	28,950.00

1935年预算总计

经常项下		
	银元	
	收入	支出
工部局总务账目	1,288,475.00	1,707,956.00
电务处	912,834.00	491,115.00
水道处	318,440.00	316,840.00
汇兑行市节减	13,000.00	—
结余:移归特别项下	—	16,838.00
	2,532,749.00	2,532,749.00

特别项下		
上列结余	16,838.00	—
总务特别支出	—	369,708.00
电务处:购置支出	—	200,170.00
水道处:购置支出	—	28,950.00
耀华中学:建筑协款	—	210,000.00
结余	791,990.00	—
	808,828.00	808,828.00

现款状况		
截至1934年12月31日止之现款状况	647,003.00	—
上列预算不敷之处	—	791,990.00
耀华中学1934年决定用途可在1935年支付之数	—	56,172.00
现存保管款额备1935年投资	—	5,707.00
1934年填地费列为1935年偿付债券之用	—	100,104.00
电务处折旧存储	90,500.00	—
水道处折旧存储	47,914.00	—
截至1935年12月31日止预算透支之数	168,556.00	—
	953,973.00	953,973.00

户口调查

1934年4月英租界户口调查表军队除外

国籍	1934			1929	1925	1913
	成人	小孩	总数	总数	总数	总数
美国	183	69	252	273	294	72
阿孟尼亚	1	2	3	15	—	—
奥国	6	4	10	7	—	5
比国	16	8	24	8	4	12
巴西	3	2	5	—	—	—
英国	1,108	344	1,452	755	682	388
印度	33	19	52	25	35	48
中国	30,424	12,340	42,764	36,029	33,172	15,946
捷克司	4	—	4	5	—	—
丹麦	7	3	10	4	11	4
荷兰国	3	2	5	—	—	—
埃沙尼亚	7	2	9	—	—	—
法国	39	16	55	30	22	15
乔治国	3	3	6	—	—	—
德国	73	12	85	90	25	141
希腊	10	4	14	11	—	21
匈牙利	2	1	3	—	—	—
义国	23	6	29	13	18	11
日本	59	30	89	160	107	84
犹太	232	91	323	24	—	—
高丽	1	—	1	—	3	3
拉特维亚	17	3	20	13	7	—
黎苏尼亚	12	4	16	4	—	—
瑙威	1	1	2	—	8	—
波斯	2	1	3	—	—	—
比鲁	—	—	—	1	—	—
波兰	34	14	48	75	21	—
葡萄牙	5	2	7	10	2	2
菲律滨	10	5	15	24	70	—
罗马尼亚	4	4	8	6	—	—
俄国	1,086	362	1,448	1,527	731	43
西班牙	2	2	4	—	4	—
瑞典	—	2	2	3	—	—
瑞士	10	—	10	14	—	8

(续表)

鞑靼	4	7	11	—	—	—
土耳其	10	3	13	20	—	—
乌克兰国	3	4	7	—	—	—
	—	—	—	—	—	—
总数	33,437	13,372	46,809	39,146	35,216	16,803

兹特通告所有英国工部局来往账目概用民国二十二年（即1933）3月8日中央政府所公布银本位铸造条例规定之中国银本位币支付核收。

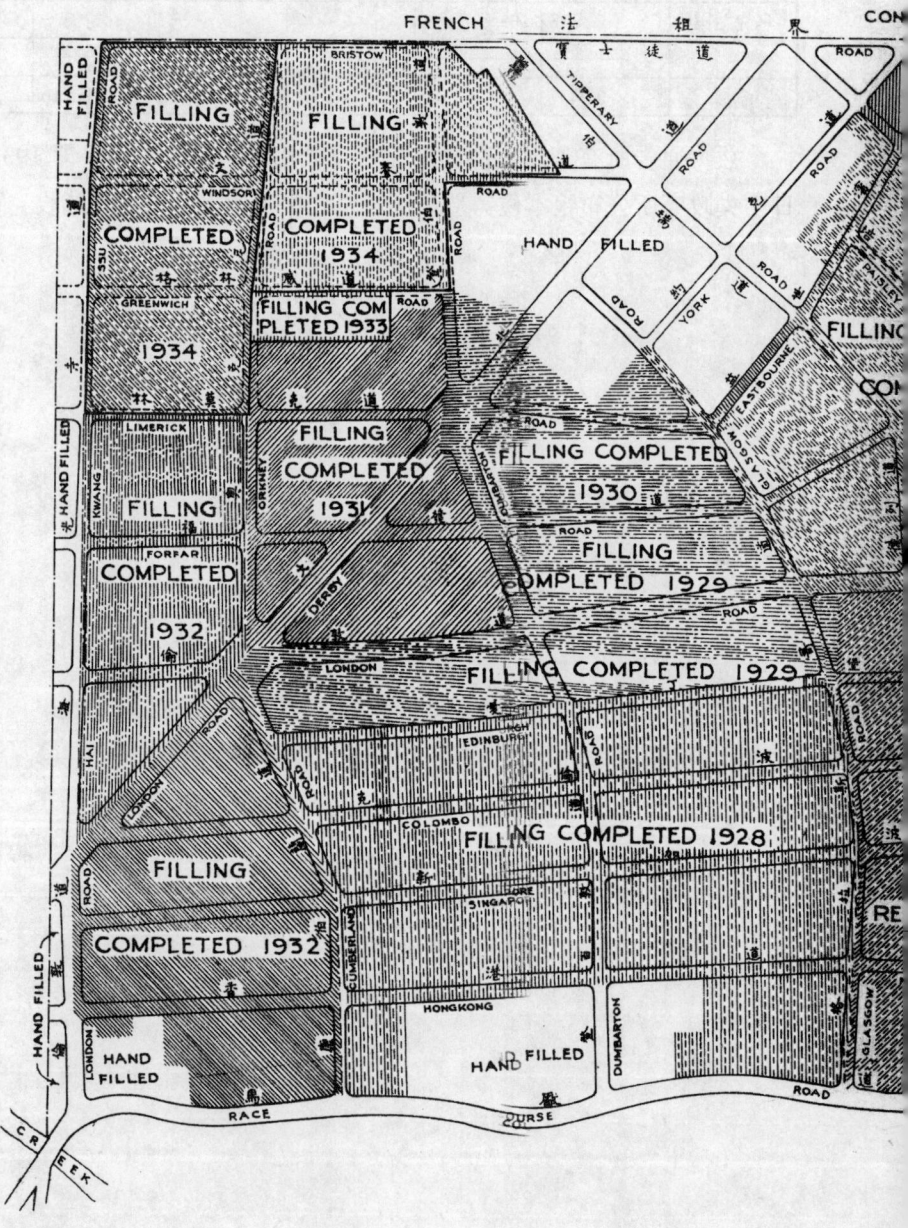

天津英工部局1934年董事会报告暨1935年预算

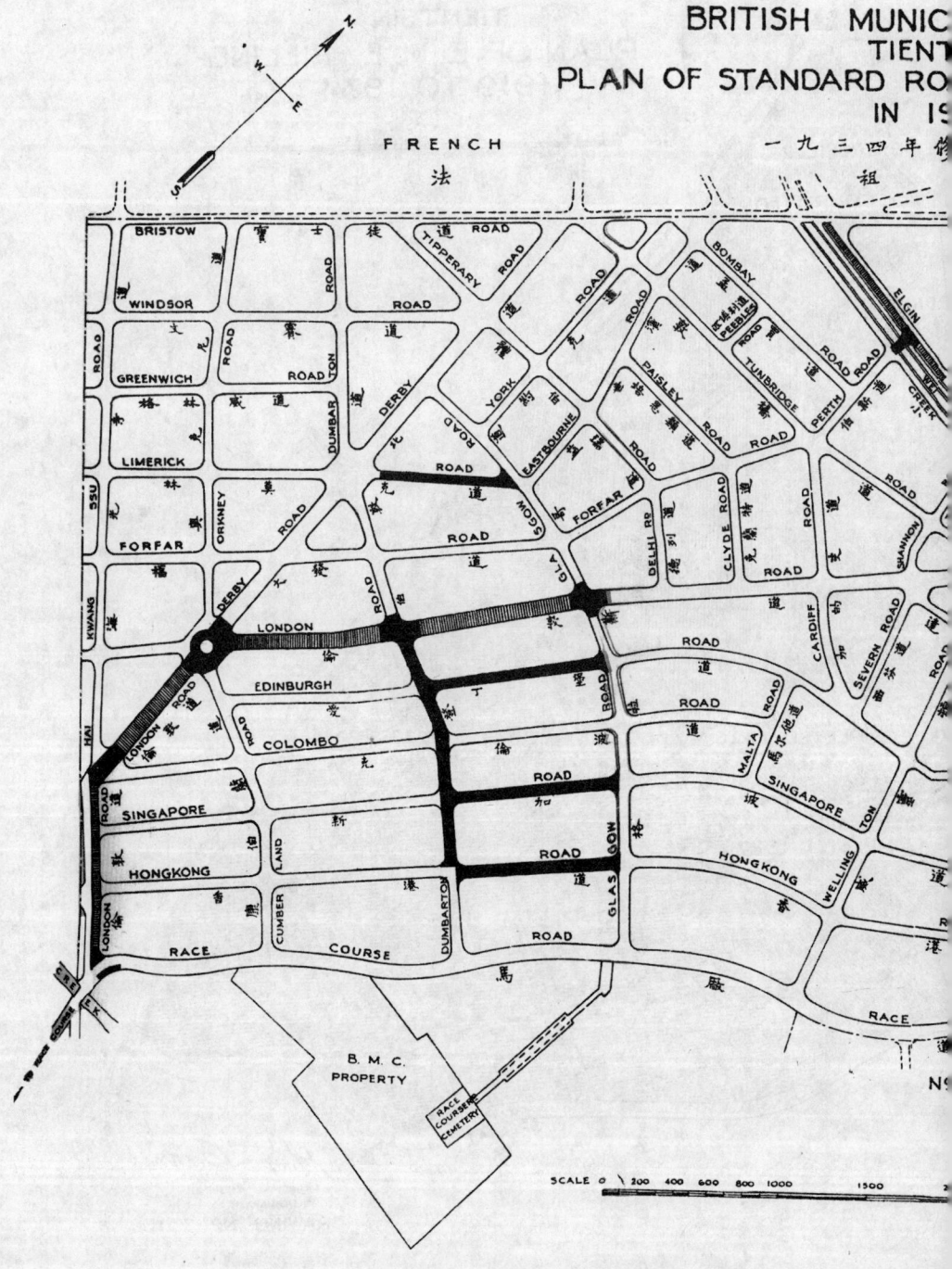

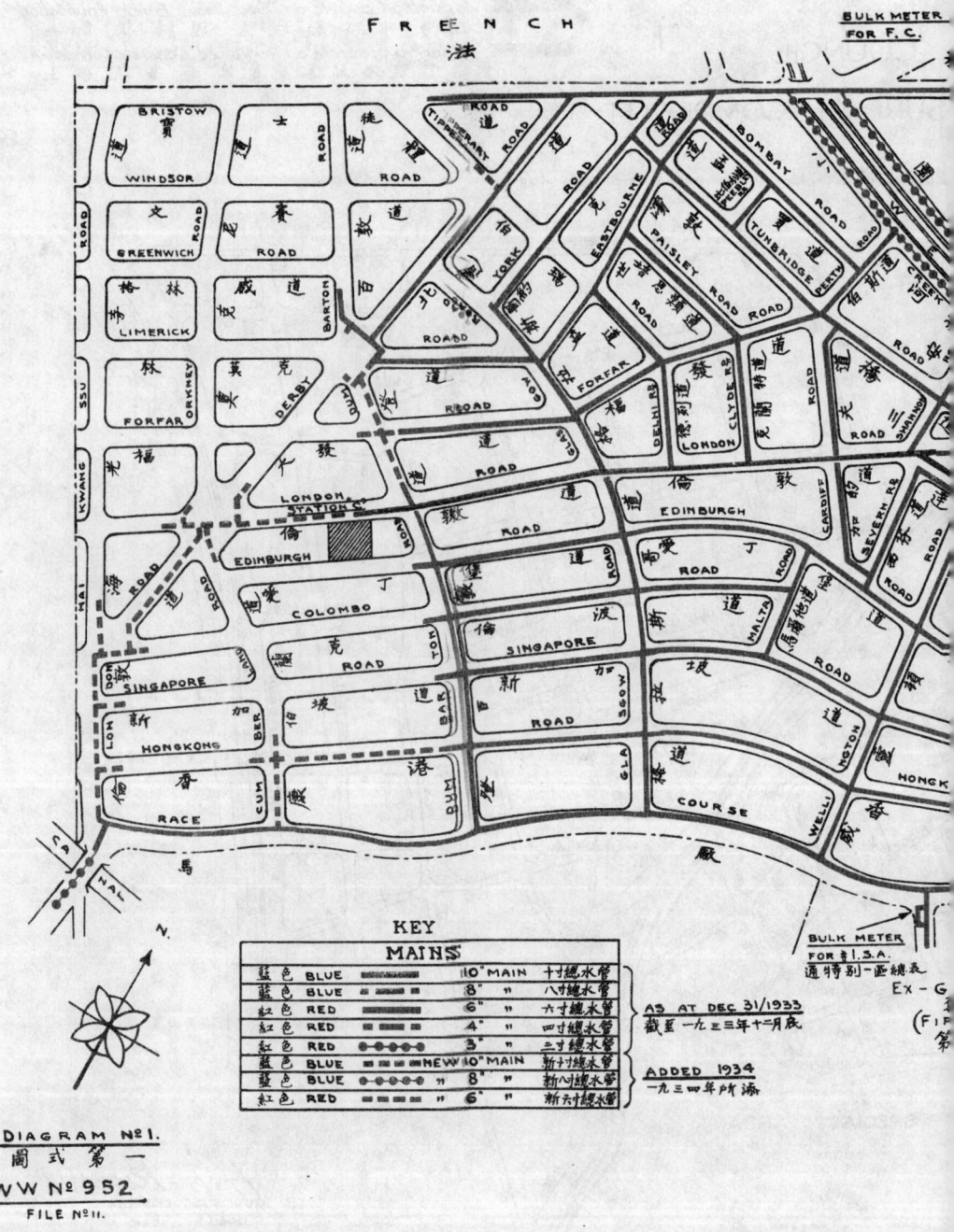

天津英工部局1934年董事会报告暨1935年预算

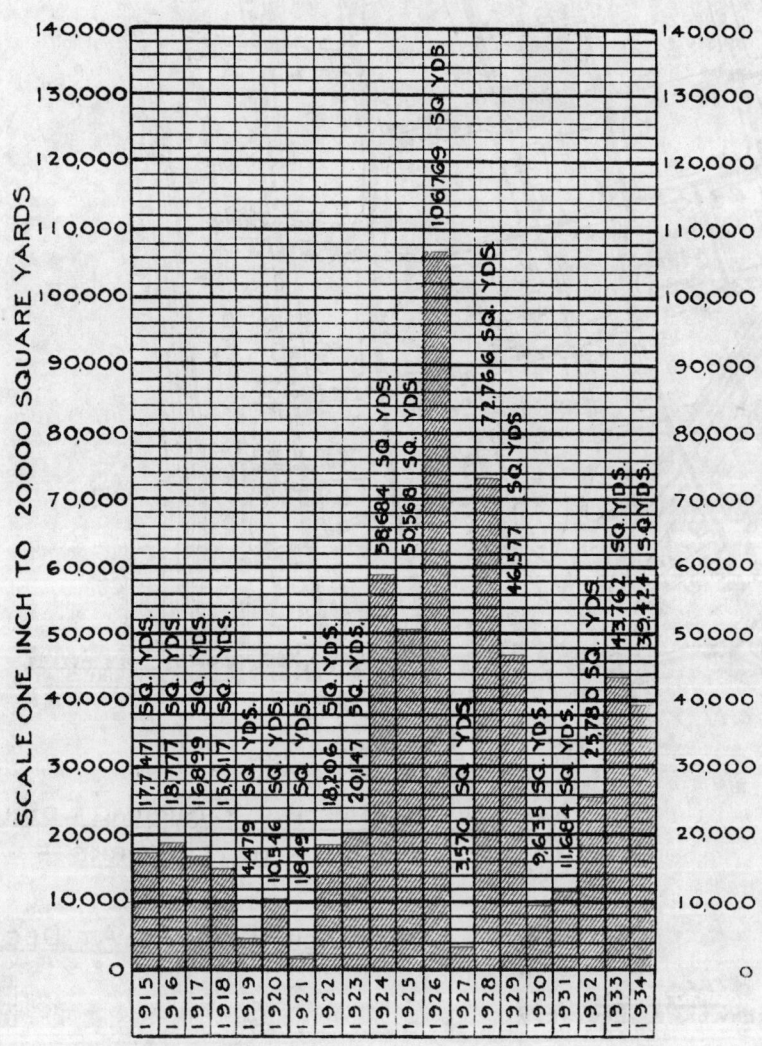

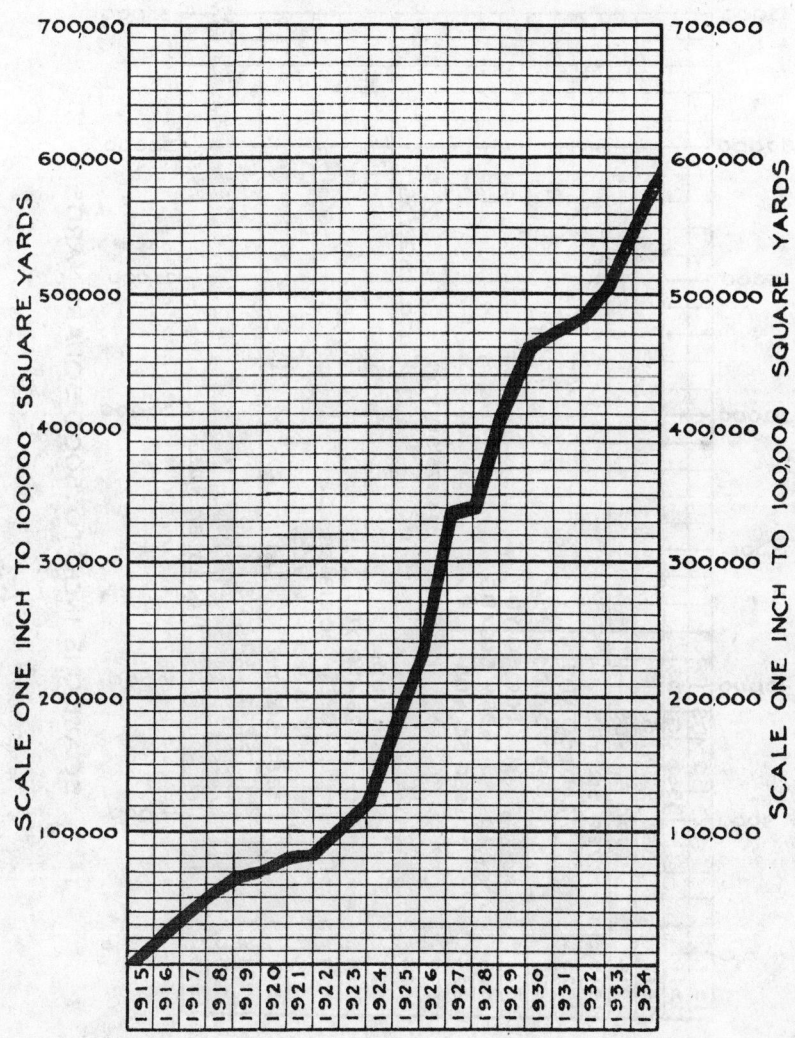

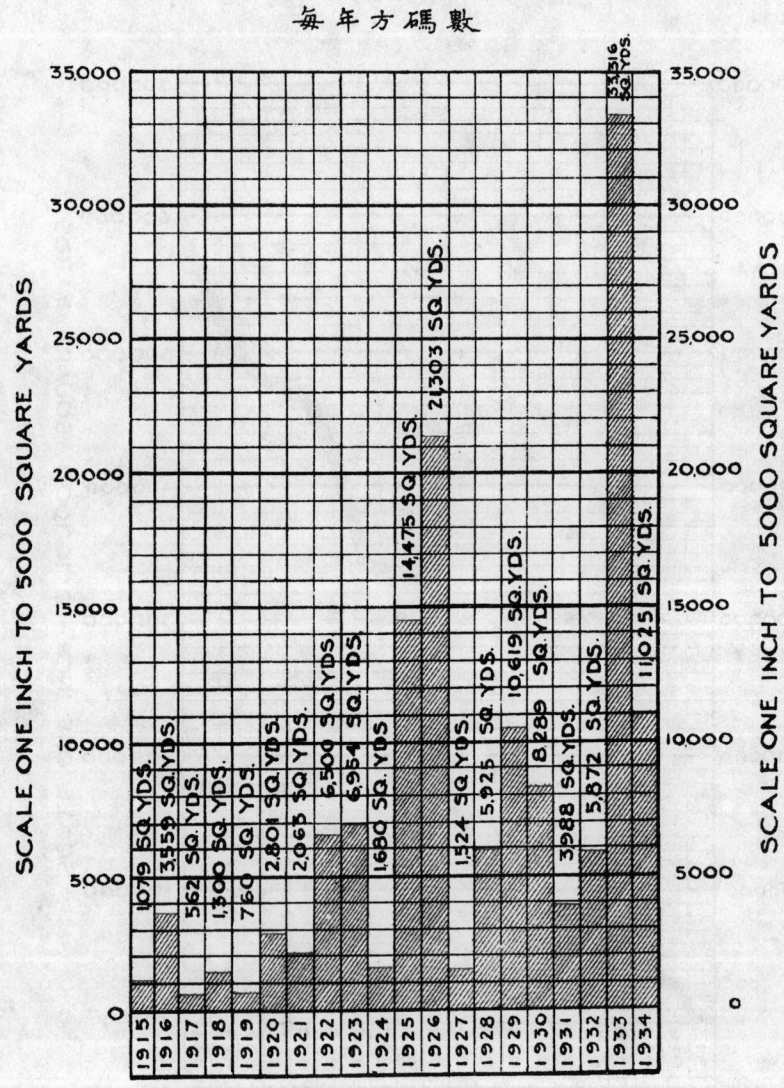

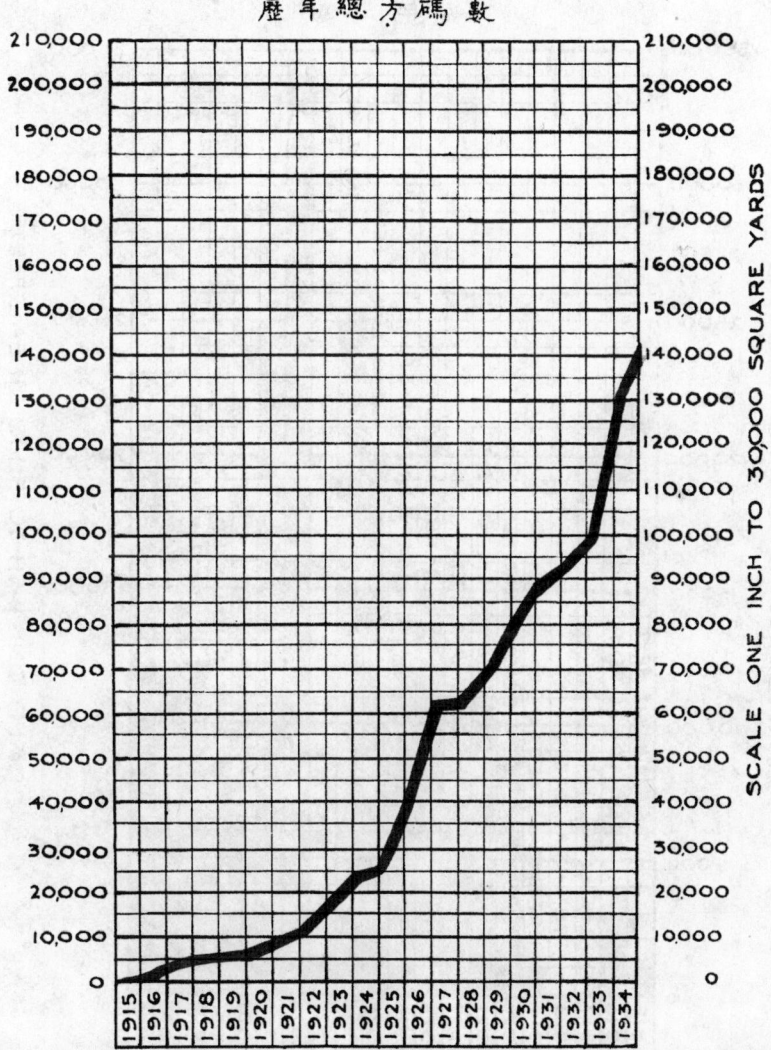

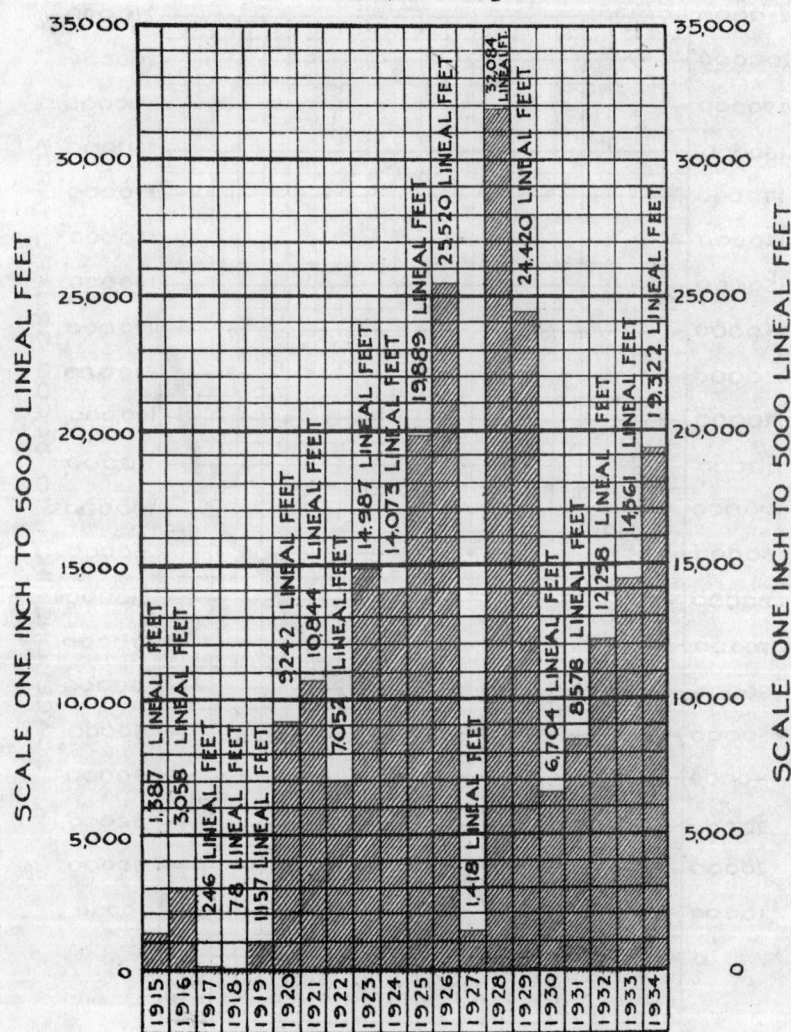

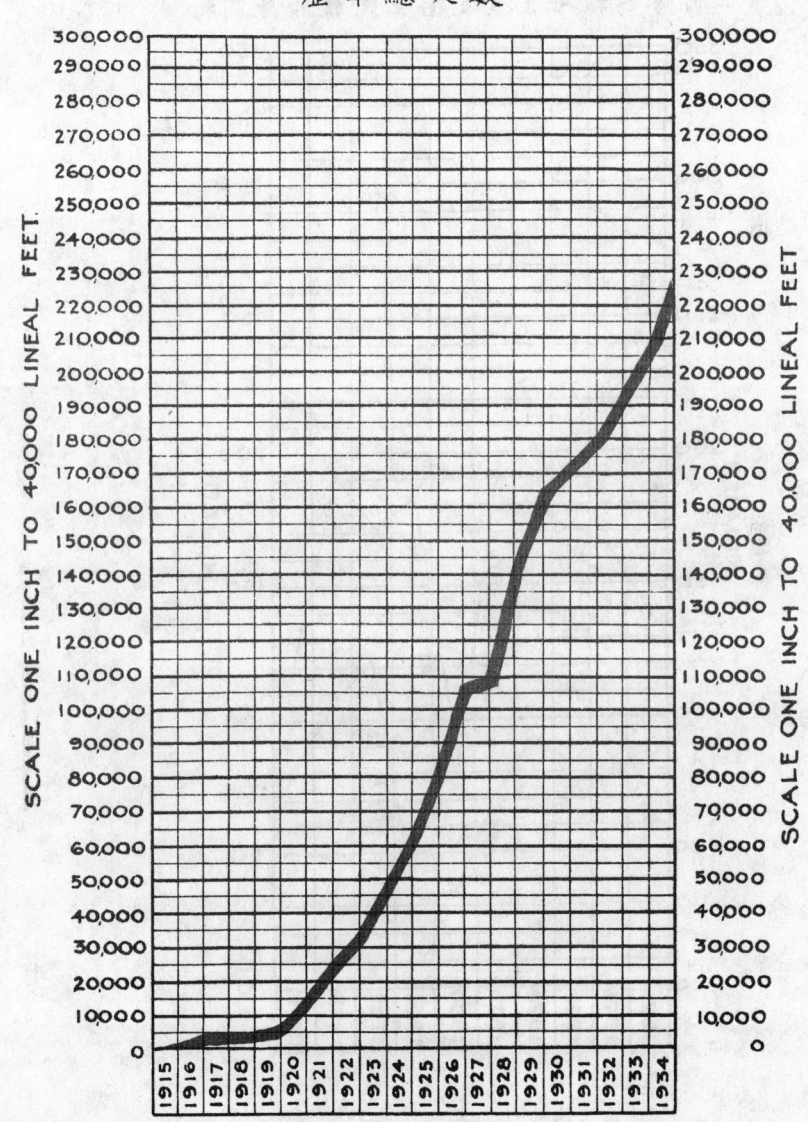

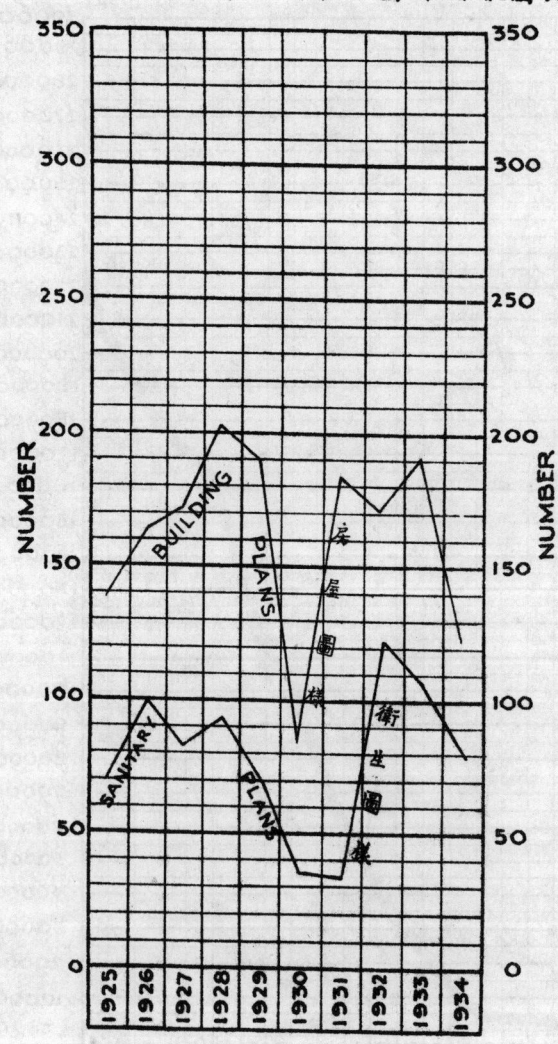

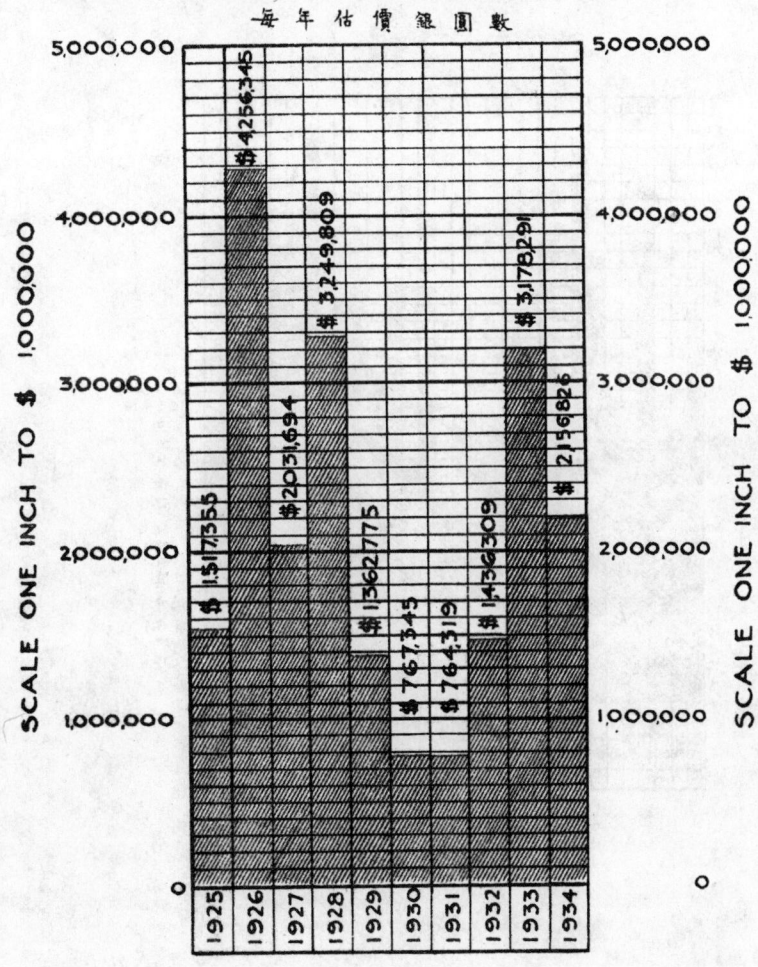

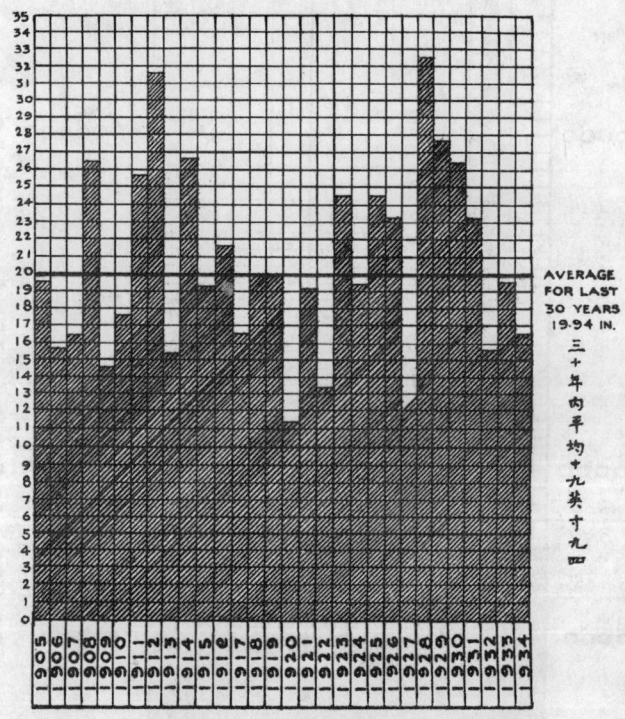

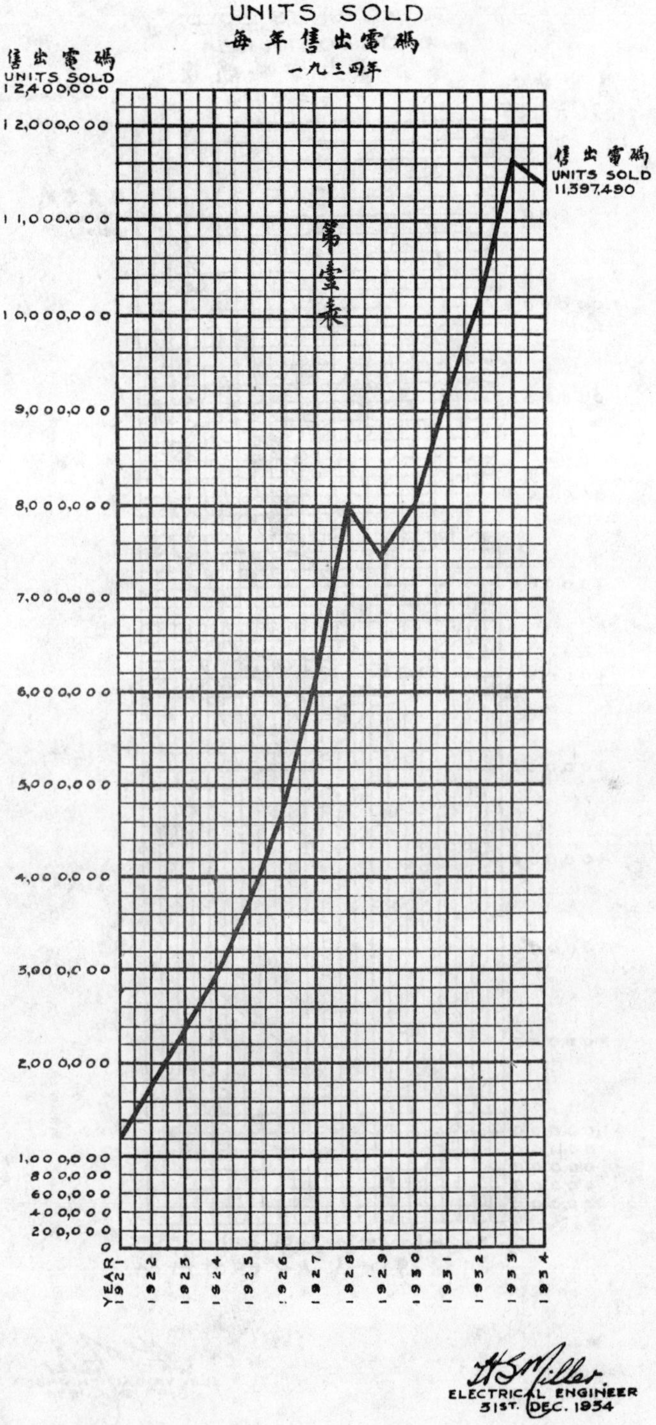
UNITS SOLD
每年售出電碼
一九三四年
售出電碼
UNITS SOLD
12,400,000
12,000,000
11,000,000
10,000,000
9,000,000
8,000,000
7,000,000
6,000,000
5,000,000
4,000,000
3,000,000
2,000,000
1,000,000
800,000
600,000
400,000
200,000
0
第壹表
售出電碼
UNITS SOLD
11,397,490
YEAR 1921
1922
1923
1924
1925
1926
1927
1928
1929
1930
1931
1932
1933
1934
H.S. Miller
ELECTRICAL ENGINEER
31ST. DEC. 1934

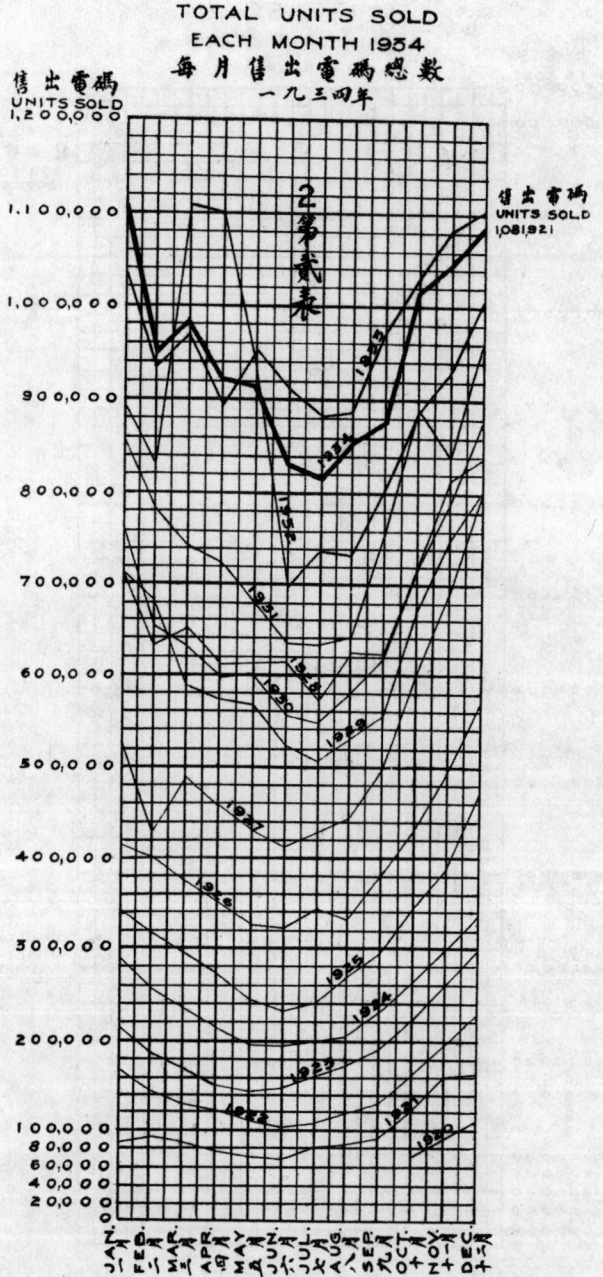

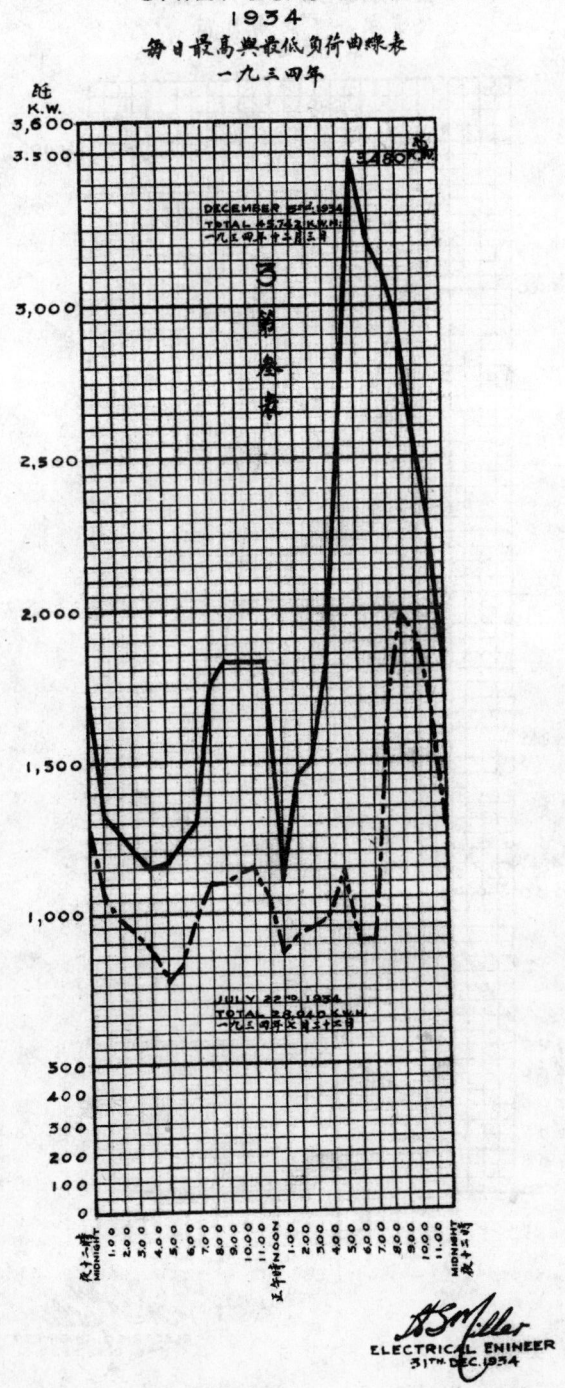

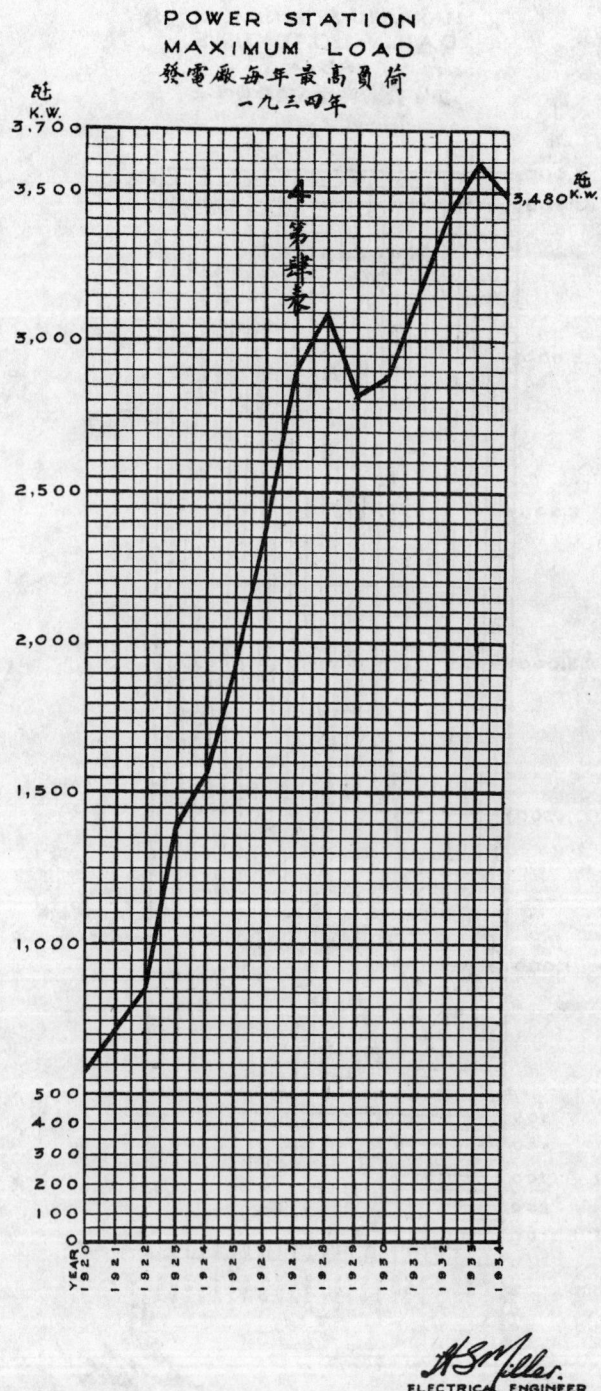

天津英工部局 1935 年董事会报告 暨 1936 年预算

驻津英国工部局 1935 年报告

本董事会兹将常年市政报告连同 1935 年截至 12 月 31 日止之财政统计暨 1936 年之收支预算一并陈请选举人察[查]核。

1935 年 4 月 10 日英租界选举人第 17 次常年大会选出董事会各董事如下：

卞白眉君、赵君达君、庄乐峰君、李宏章君、毕郭克君、毕德斯君、芮德君、罗杰君、端纳君、王荷舫君。

新董事会于 1935 年 4 月 15 日集议推举毕德士君为董事长，庄乐峰君为副董事长，并分组成立各委员会列次：

人员财政暨医院委员：

卞白眉君、庄乐峰君、李宏章君、毕德斯君、芮德君、端纳君。

工程委员：

庄乐峰君、李宏章君、毕郭克君、罗杰君、王荷舫君、端纳君、雷塞姆少校(由董事会公请加入)。

公安委员：

赵君达君、庄乐峰君、毕德士君、罗杰君、王荷舫君。

电务委员：

赵君达君、芮德君、端纳君。

水道委员：

卞白眉君、毕郭克君、王荷舫君。

董事长因职务关系为各委员会之委员。

1935 年 10 月毕郭克君因调往汉口离津辞职，董事遗缺由董事会公请罗素君补充。

各种捐率暨租金照费等

地亩捐：

所有老租界扩充界地亩及推广界之已垫高,经过一足年之地亩捐均按估定价值1%征收,推广界内其他各地捐均按估定价值四百分之一征收。

估定房产租值捐：

所有坐落老租界扩充界及推广界内已垫地段,估定房产租值捐概按11%征收。

地亩转移暨抵押登记费：

地亩转移在工部局登记者,均按照本局勘估价值四百分之一收费,以洋40元为收费最低数目,至洋150元为收费最高数目,概由新业主缴纳。

地亩抵押登记无论产业价值,一概收费洋15元。

杂项收费

广告招贴及告白等：

本租界内建立广告暨招贴告白等须依照下列规定：

一、本租界内公众观瞻处所未经本局警务处给与准许,不得任意张贴广告；

二、凡备贴广告之招牌,其建立须得有本局工程处之准许；

三、请求准许人于必要时须将广告式样送呈警务备阅；

四、凡有通告广告,务须经本局警务处盖章记号加注日期然后张贴；

五、违犯以上规定者,得科以200元以下之罚金；

六、本规定对于营业或工业厂所建立于该营业等所在地之广告招贴不适用之,押款与收费由本局酌定。

现时收费规定每方尺每年收费洋0.075元。

运载病人汽车租赁费

路程起点	路程终点	外国人跟车(元)	中国人跟车(元)
本租界任何地点	本局所立医院之一	6	4
其他租界	同上	10	8
本租界任何地点	其他租界之任何地点	10	8

（续表）

其他租界	其他租界之某医院	12	10
本租界	天津城	15	12
天津城	本租界		

附注：特别一区、二区、三区暨佟家楼之费率与其他租界同。

四至石柱

混凝土带字石柱　　　　　　　　　　　　　　　　　　每柱 3 元

石柱位置于业主地亩工资在内　　　　　　　　　　　　每柱 3.5 元

建筑图样审查费

洋式建筑：

一、每所建筑其容积不超过 2 万立方尺者　　　　　　　6 元

二、增加容积每 5 千立方尺或不满 5 千立方尺　　　　　1.5 元

三、已核准图样如有更改而于容积无所增减者　　　　　1.5 元

四、房屋内部更改与现有墙壁无关者　　　　　　　　　4.5 元

否则依照一、二两项收费。

五、设某图所载系多所同样房屋，则第一所房屋图样审查费应依上列费率计算之，其他各所仅收规定费率之半数，惟任何一种多所同样房屋图样审查费总数不得超过 75 元。

附注：任何单所房图之审查费不得超过　　　　　　　　35 元

中国式建筑：

住房铺面或商行：

3 所或不满 3 所附带下房　　　　　　　　　　　　　　4 元

10 所或不满 10 所附带下房　　　　　　　　　　　　　7.5 元

每增加房间 1 间或房屋 1 所　　　　　　　　　　　　　0.5 元

他种房屋　　　　　　　　　　　　　　　　　　　　　15 元

每段房屋取费至多不得过　　　　　　　　　　　　　　75 元

附注：为便利计算上列费率起见，每一中国式房屋所占平地面积除院落不计外，以不超过 400 方尺为准。

卫生设备项下

核准图样费每一装具取费 1 元，至多以 20 元为限。

查验设备费第一次免费，第二次起每次每一装具收费 5 元，至多以百元为限。

830

杂项

婚丧暨寿事牌楼	5元
牌楼如宽至25英尺横过马路者	50元
建筑材料堆积公共道路占地每方码每月应纳费	0.5元

河坝系船费

轮船类：

各式轮船凡系靠英租界河坝者，以注册净吨数计，每一吨征收系船费洋0.075元，所有纳费轮船得停靠河坝3日（即72小时由开到时起算），如系靠时间须延长者，每增加24小时增加收费洋22元。

驳船类：

凡系靠英租界河坝驳船装载货物，每百吨或不满百吨者，收系船费洋7.5元，此项货物吨数以重量或容积计算，均按照轮船货单为凭。

凡有驳船每系靠河坝一次，增收费洋10元，倘系本局请求移动者，不在此例。

上列各费概由各该船公司或代理人缴付。

河坝租费

凡有装卸轮船或驳船货物堆积河坝者，每吨以重量或容积计征收河坝租费洋0.075元，此费由接受占用船位准许单之商行缴付。

附注：装卸轮船货物凡缴此租费者，得积存河坝七日（海关假期除外），凡有货物逾此限期仍未提取者，本局得代行收存，其一切危险暨费用概由货主担负。倘本局准许该项货物过上列期限仍堆积河坝者，则该项货物以包计或以担计，应征收按日计算之寄存费。此按日计算之寄存费率大概与津埠普通货栈按月计算栈费相等。

码头捐

凡经过英租界河坝货物均按各货物价值1‰征收码头捐。

坟墓费暨下葬费

火葬费普通瓮值在内。

墓圹暨洋灰顶盖及下葬费在内（牧师费另计）。

除在马厂道塚[冢]园已修家族坟墓或在1933年1月1日前已经购定墓穴者外，嗣后该塚[冢]园只备安葬英国人民之灵柩或本租界住户纳税人或纳税人家族之灵柩。

不在本租界居住并不纳本租界捐税之非英国人墓圹暨洋灰顶盖及下葬费在内(牧师费另计)75元。

汽车夫执照费

汽车夫请求执照考验费:1元。

汽车夫驾驶执照费:每张3元。

长途汽车驾驶执照:每年10元。

捐照号码牌

载货车号码牌每个:0.5元。

狗牌:0.1元。

房屋消毒费

每一房间:3元。

电流费率

电灯:每一电码0.2元。

电灯用电费率核减表

用电量类别以电码计	每一电码收费(元)
251至500	0.195
501至750	0.19
751至1,000	0.185
1,001至1,250	0.18
1,251至1,500	0.175
1,501至1,750	0.17
1,751至2,000	0.165
2,001至2,250	0.16
2,251至2,500	0.155
2,501至2,750	0.15
2,751至3,000	0.145
3,001至3,250	0.14
3,251至3,500	0.135
3,501至3,750	0.13
3,751以上	0.125

暖气:每一电码0.05元。

烹饪:每一电码0.035元。

电马力

用电量在 50 启罗瓦特为最高限度者　　　每一电码 0.06 元

用电量超过 50 启罗瓦特者　　　　　　　每一电码 0.04 元

其他多量用电取费另行核议。

医院项下

维多利亚医院

	住院费		外科手术室		
	英租界住户或纳捐人	非本租界住户暨非纳捐人		英租界住户或纳捐人	非本租界住户暨非纳捐人
特别病室	每日 11 元	15 元	重要手术	20 元	30 元
普通病室	每日 9 元	12 元	次要手术	10 元	15 元

隔离病院住院费：英法租界住户(或)纳捐人每日 5.5 元；非英法租界住户(或)纳捐人 10 元。

产妇调养院住院费：每日 15 元。

注射药品非药方谱所列药材暨专利药品、食物、汽水及酒类概另收费。

X 光照收费

类别 \ 收费	本局收费（元）	医生手续费（元）	总数（元）
牙齿 1 枚	2	10	12
牙齿 2 枚	3	13	16
牙齿 3 枚	4	16	20
牙齿 4 枚	5	19	24
牙齿 5 枚	6	22	28
牙齿 6 枚	7	25	32
牙齿 7 枚	8	28	36
牙齿 8 枚	9	31	40
牙齿 9 枚	10	34	44
牙齿 10 枚	11	37	48
大印片 10 寸×12 寸 12 寸×14 寸	10	15	25
小印片 8 寸×10 寸 6.5 寸×8.5 寸	5	15	20
幕影查考	5	15	20

电气治疗

用电气治疗器(院外诊治)由病院职员施诊：

包括按摩费　　　　　　　　　　　　　　每 0.5 小时 5 元

包括按摩费	每1小时10元
按摩电机用费	每次1.5元
普通按摩费	每1次5元
	2次10元
	3次15元
	3次以上之每一次：3元

捐照费率列下

汽车 载重拖车：每年80元。若在1月以后具领每月按7元收费核计至年终止。

载重汽车：每年120元。若在二月内具领按115元核收，若在二月以后具领每月按11元核收计至年终止。

电水自行车（连双坐或不连双坐）：每年40元。若在一月以后具领每月按3.5元收费核计至年终止。

附注：

一、在1月以后上捐之捐费概按上捐月份1日起计算。

二、汽车 长途汽车暨载重拖车如停驶不用或运送他埠，其捐照未满期部份之已缴捐费得按每月6元退捐，载重汽车按每月10元退捐，电水自行车按每月3元退捐，惟捐照暨号码牌在退捐时须缴回捐务股，再捐费退回数目须按请求退捐月份之下月一日起计算。

三、此为英法意日各租界暨特别一、二、三区之通行捐，天津城里城外不在此例。

签发汽车驾驶执照	每张3元
长途汽车驾驶执照	每年10元
长途汽车特别捐	每季加收特捐20元
公用汽车特别捐	每季加收特捐3元
马车	每年18元 每月2元
人力车	自用每年12元 公用每月1元
自行车(全天津)	每年1元
装货排子车或大车	每月2.2元
小本营生小车	每月1元
手车	每月0.3元

犬捐	每年 5 元
小本营生	每月 1.25 元
电影院	每月 15 元
牛乳房送货人	每年 0.3 元

旅馆

一等	每月 25 元
二等	每月 20 元
三等	每月 15 元

蒸制酒品捐照

每年 250 元

酒柜捐

一等捐	每月 25 元
二等捐	每月 20 元
三等捐	每月 15 元

经售洋酒捐照

一等	每年 25 元
二等	每年 20 元
三等	每年 15 元

经售中国酒捐照

每年 5 元

押当铺捐照

一等	每年 100 元
二等	每年 50 元
手枪执照签发费	每支 5 元
换照费	每年 1 元

食堂餐馆捐照

一等	每月 25 元
二等	每月 20 元
三等	每月 15 元

屠兽场

每年 75 元。

铺捐 每年 2 元

图样

英租界蓝色影印全图 每张 5 元

公用营业汽车

下列公用汽车租赁费率业经英国工部局核准：

大汽车载客 5 人以上：在 20 分钟以内最少租赁费每次 1.5 元；首先 40 分钟 2.5 元；第一小时 4 元；每增加 20 分钟 1 元。

小汽车只载客 5 人：在 20 分点以内最少租赁费每次 1 元；首先 40 分钟 2 元；第一小时 3 元；每增加半小时 1 元。

钟点计算由预定时起至乘客离车时止再加该车开回车行需用时刻。

垃圾箱

工部局规定式样垃圾箱 每只 2.5 元

人力车价

10 分钟或不满 10 分钟	每次 0.1 元
续雇时间	每 10 分钟 0.1 元
	每 1 小时 0.5 元

车夫二人推拉加倍

以上车价仅于日间通用，如在夜晚或遇天时不晴应增加之。

起重机

每次起重至少收费	30 元
若以吨位计算每起一吨收费	3.75 元
最大重量限制	30 吨

测量费

普通测量未兴建筑地亩	每亩收费 5 元
已有建筑地亩无论上建房屋是否须位置图样上	每亩收费 7 元

水价

本租界给水按下列费率收费。

一、家常给水

住宅公事房暨其他普通用水 　　　　　　　　　每千加伦　洋 1 元

二、巨量给水

凡"里式"房产公事房暨住宅等之巨量用户，其需水量每月达 5 万加伦或过此数者，按下列费率核收。

用水量	每千加伦
5 万加伦或不满 5 万加伦	洋 1 元
5 万加伦以上至 10 万加伦	洋 0.95 元
10 万加伦以上至 20 万加伦	洋 0.9 元
20 万加伦以上至 30 万加伦	洋 0.85 元
30 万加伦以上数量	洋 0.6 元

三、工业给水：纯粹工业暨(或)制造用水

	每月用水量	每千加伦
第一	2.5 万加伦	洋 1 元
第二	2.5 万加伦	洋 0.9 元
其次	5 万加伦	洋 0.8 元
其次	10 万加伦 20 万加伦以上之数量	洋 0.7 元 洋 0.8 元

此项工业用水之费率现按七五折实收。

四、轮船暨驳船

凡系靠英租界河坝之轮船拖船及驳船由河坝水龙头取水，每一吨概按洋 0.4 元收费，此费包括水龙头夫役暨水管通接至轮船贮水舱等费用。

附注：前列家常巨量暨工业用水费率概按每处设备之水表任何一整月实在计量核收。

二、三两项特别费率只适用于英租界内之产业，如用户愿利用此项特别费率可向达文波道水道处工程师接洽一切。

磅房收费

大车过磅每 1 吨或不满 1 吨 　　　　　　　　　　　　洋 0.05 元

每次过磅至少收费 　　　　　　　　　　　　　　　　　洋 0.2 元

估定房产租值捐

查本租界纳捐人于上次常年大会所公举之估价委员业将坐落界内各段房产本年全年租值估计完竣。

此项估定租值列有单表，凡愿参阅者可于本年5月31日以后随时惠临本局。倘捐户对于该估价委员所估全年租值或有不满意处，应于本年6月30日或早日通知本局秘书长，俾所具质问理由得于颁发该捐账单日期以前受详细考核，凡要求另行估计全年租值之申请书，倘于本年6月30日以前未能递到者，概不受理。

每年9月为缴纳全年房产捐之期，倘至9月30日仍未缴纳者按照本局条例第39条，本局得征收额外附加捐，以欠缴捐数之10%为标准。

如本年房产租值捐至迟到9月30日尚未将全数照缴者，则本局对于其请求核减房产租值捐事概不受理。

凡已缴纳之捐款，本局得依照下列特别情形或准予退还。惟须详予声明者，此项捐款之应否退还完全由本局权衡决定。

房产租值捐要求退还规定

一、凡房产于一年度中有未经占用时期，本局可酌核情形按照下列计算表将已缴之捐款退还。

计开：

未占用1个月者退还5%；

未占用2个月者退还10%；

未占用3个月者退还15%；

未占用4个月者退还20%；

未占用5个月者退还25%；

未占用6个月者退还30%；

未占用7个月者退还35%；

未占用8个月者退还40%；

未占用9个月者退还50%；

未占用10个月者退还60%；

未占用 11 个月者退还 70%；

未占用 12 个月者退还 80%。

二、凡非出租之房产应作为有人占用。

三、若房屋内置有家具或货物者应作为有人占用。

四、凡房屋空闲满足一整月者，即自本月某日空闲至次月之同一日期得要求退捐，惟该房业主或经租人应即于房屋空出日报告工部局，并每逢满届一个月继续报告一次。一俟租出，应再于租出日立即报告之，倘不依此随时报告注明每段地空闲房屋住址，其退还房捐要求当即失效。

五、第一次房屋空闲报告须用特别格式，此种特别格式可向英国工部局会计处索取，该格式内应列房屋号数，即业主用以志别其管业地段房屋定有不同额之租金者。

各段房产类别列次：

(一)多所成排房屋其租赁以一整所为单位者；

(二)某段地房产系铺面办公室住所或分租楼房暨货栈合成者，其出租以全部或一部分为单位者；

(三)货栈其出租以分截部分为单位者；

(四)菜市建有铺面住房摊子概可分租者；

(五)大所住房其出租以房间为单位者。

六、业主或经租人于要求退捐时须采用"首次报告"格式，并于该报告内分别详细说明，每段房产之出租单位与租金之总收入暨各单位之按月租金数目。

七、此后业主或经租人再有退捐要求，只须用信函援引首次报告，注明产业、段数、号数，工部局主管退捐要求人员当即于该房屋之首次报告照行注明。

八、倘每年地捐至 4 月 30 日房产租值捐至 9 月 30 日尚未全数清缴者，其退捐要求本局概不受理。

九、凡有退捐要求，应函交驻津英国工部局会计处长，并于封皮注明请求退捐字样。

十、工部局得随时派员查明请求书内所具各节，如查有具报不实或误报情事，其所具要求概作无效。

十一、证书格式须经业主或经租人签注如下：

"鄙人证明房产租值捐退还请求书内所具各节据鄙人所知所信概系实情"。

工程处 1935 年报告

本年工程建设计有新筑路面 24,518 方码(1.45 英里),阴沟布设长 1.14 英里,新筑便道 4,300 方码暨路边水沟石与暴雨水沟等项,尤以重筑海大道下阴沟之全部暨新筑该路自狄更生道至宝士徒道间之路面工程为要。查其旧有阴沟系在 1921 年布设,因历年该地段之建筑颇有发展,若大规模之毛织业工厂,地毯工厂暨羊毛洗涤厂等之洗涤污水专赖该阴沟疏泄,但近年已感不敷应用,故决就其全部改布高 2 英尺 3 英寸、宽 1 英尺 6 英寸之椭形混凝土沟管,藉利疏泄。再者海大道原有路面系用沥青混凝土铺筑,惟该路车辆交通向称繁密,并因多数大车车轮概属铁皮,向无弓子之配设,恒满装重载栉比而驶朝以夕继,该处路面之易形坎坷,若有车辙者良有以也,因其积受压迫击触,往往无机缘恢复原状况,自(1934 年)河坝道施行车辆交通单向规定以来,行驶海大道之车辆更现繁增,其损害路面作用亦随之而加剧。职是之故,藉此时机重筑路面颇适时宜,再该路沥青混凝土路面刨起时,其原有钢筋混凝土路基仍好如前,并未有何损害状况(查此钢筋混凝土路基乃为该路建筑最耗费之部分),故铺筑新路面尚属简易,其新用材料因地段而异,计有沥青渗透之砖形木块暨沥青混凝土加铺 Surfastal 胀孔铁网,此项铺筑材料业经于河坝道试用五年,对于繁重交通状况获有良好成效。

依据本年界内业主建造房屋估计总值统计,本租界发达似未缓滞,近三年颁发建筑准单计值(估计)列次:

1933 年 3,178,291 元;

1934 年 2,116,424 元;

1935 年 2,193,494 元。

本年之辅捐收入总计洋 250,760.01 元,1934 年之总数计洋 245,915.71 元。

本租界内迩来对于公共健康施行之要图计有拆除未经核准之建筑多处,年间已经拆除者几以千计,其由业主筑造者只占一小部分,其多数系租赁人所建立用作住房。查此项建筑概欠缺阳光空气,缺乏泄水设备,地势窄小而居住人数又复拥挤,其不合卫生可见一斑。虽其筑造年期不一,然均无工部局建筑准照,显与本租界营造条例及卫生条例抵触不符,因此,不仅危害公共健康,且鉴于其建筑材料之多系木质,滋生火患危险之处尤堪注意。

此外关于改善卫生之新进展为检查牛奶房暨乳质(在本租界分售者)之化验与预防疯狗病毒之注射施行,凡在本租界分售之牛乳概经按时化验,年间并举行牛奶棚检查,凡乳质之经化验证明其品质优良者,咸准许在本租界继续分售,否则禁止售卖。倘此项禁售之不良乳质重经化验无改善之证明并不与规定品质清洁标准相符,则其分售取缔仍属有效。

凡领取捐照之狗概有免费注射预防疯狗毒针之优待,年间经注射之狗计609只,对此防范手续之进行,法国工部局秘书长 Lt.Colonel P. Blanchet 暨巴斯德菌学试验院罗德斯大夫皆不吝竭诚协作,应志感谢。

1935年工程建设细目列次:

桥梁:年间仅施例行之修缮。

火葬炉:本年共计用火葬炉13次。

推广界填土工作:查推广界第四十一段、四十二段、四十三段、四十四段、四十五段及四十七段已填泥土,业经定实,年间填土工作得以继续。

公共厕所:各厕所均保持清洁卫生状况。

工部局房屋:年间添盖暨修改房屋列次。

中街旧火会所改为电务处陈列室。

中街警务处添盖汽车房4间,红墙道警务分处添盖汽车房3间。

伦敦道公园建造厕所一间。

立斯克目道警备队司令部房屋有添造及修改工程。

新机料场:年间敦桥道新机料场供给沥青混凝土搅合计51,076立方尺,路面沥青料计19,635立方尺,辗轮榨碎石块共计116,000立方尺,其榨成石块直径"自1.5寸至碎末"不等。

自建房屋:1935年界内业主建造房屋估计总值合洋2,193,494元,内有计值洋1,067,780元之建筑,其准单系在1934年颁发而在本年竣工者。此外尚有计至1935年底建造未完工之房产共值洋884,150元。

1935年1月至12月颁发建筑准单计值(估计)1,911,864元。

1935年1月至12月建筑完成房屋计值(估计)1,125,714元。

1935年1月至12月建筑尚未完成房屋计值(估计)786,150元。

总计洋 1,911,864 元。

马路便道暨暴雨水沟项下：本年修筑路线面积共计 24,518 方码 (计长 1.45 英里)，其详数列次：

红砖路基上铺沥青混凝土路线：

伦敦道	克伦波道交岔口	1,527 方码。
伦敦道	马厂道交岔口	212。
海大道自围墙道至狄更生道		1,397。
海大道自狄更生道至克森士道		635。
中街自宝顺道至金城银行		3,442。

总计 7,213 方码。

钢筋混凝土路基上铺沥青混凝土路线：

伦敦道(半面)自马厂道至香港道　　1,109 方码。
伦敦道(半面)自香港道至新加坡道　　990。
伦敦道(半面)自新加坡道至克伦波道　　165。

总计 2,264 方码。

现有钢筋混凝土路基上铺沥青混凝土路线：

海大道　咪哆士道交岔口　　155 方码。

钢筋混凝土路基上铺木块路面：

海大道自克森士道至董事道　　2,267 方码。
海大道自董事道至咪哆士道　　1,775。
海大道自咪哆士道至博罗斯道　　2,078。
海大道自博罗斯道至宝顺道　　919。
海大道自宝顺道至隆茂胡同　　1,372。
海大道(一部分)自怡和道至广东道　　726。
海大道(一部分)自广东道至领事道　　111。
海大道自领事道至宝士徒道　　1,675。

总计 10,923 方码。

红砖路基上铺木块路面：

海大道自隆茂胡同至怡和道　　321 方码。

红砖路基上铺胀孔铁网路线：

海大道(一部分)自隆茂胡同至怡和道　　1,197 方码。

海大道(一部分)自怡和道至广东道　　750。

海大道(一部分)自广东道至领事道　　1,550。

中街宝顺道交岔口　　145。

总计 3,642 方码。

连同已往 12 年一并计算修路线总面积合计 493,737 方码,总计长 28.62 英里。

阴沟项下:1935 年修筑沟管线列次:

格林威道自登伯敦道至推广界第 369 号地 184 英尺。沟管系椭形高 1 英尺 6 英寸、宽 1 英尺。

海大道自围墙道至宝士徒道沟管系椭形高 2 英尺 3 英寸、宽 1 英尺 6 英寸。

总长 6,023 英尺,合 1.14 英里。

连同已往 12 年界内修筑沟管线一并计算总计长 71,692 英尺,合 13.57 英里。

路边水沟石:本年建造之洋灰混凝土路边水沟石共计长 3,444 英尺,合 0.65 英里。

便道:本年铺筑便道总面积计 4,300 方码,其中 98 方码系用洋灰混土铺筑,其余 4,202 方码系用沥青路面料铺筑。

暴雨水沟:本年建筑暴雨水沟共计长 2,193 英尺。

清道工作,本年收集处置之脏土量列次:

住户垃圾 14,894 方。

街道脏土 1,934 方。

泥土 182 方。

炉灰 301 方。

马粪 192 方。

总计 17,503 方。

扫除积雪:年内下雪二次,街头扫除积雪总量约 400 方。

马棚,本局马棚内豢养之牲口暨置用机件截至 1935 年 12 月 31 日止列册于次:

骡 58 匹。

大车 65 辆。

载重机车(内有蒸汽机车 2 辆)6 辆。

载重拖车 4 辆。

汽力水车 1 辆。

马拉水车 11 辆。

马帚 7 架。

驾马具 61 副。

本年马棚内牲口变动数目列表于次：

	1934 年存数	1935 年废除数	新购	现存
骡	54 匹	4 匹	8 匹	58 匹

洒水：本年洒路清道用水总量共计 1,678,000 加仑。

其他工程项下：

通接阴沟之路边井子 12 个。

位置四至界石 190 柱。

卫生设备检验 182 处。

油刷白色交通指示线 143,740 英尺。

脏水井清理 712 处。

伦敦道暨红墙道警务分处暨戈登道旧机料场院落铺砌工程。

局有房屋添造及修改工程：伦敦道围墙道警务处添置卫生设备装件、暖气设备暨冷热水管龙头。

菜市装设低压力暖气设备。

伦敦道自登伯敦道至马厂道间之一段树立混凝土制新式灯杆。

各马路建筑混凝土交通岛形五个。

保障卫生：

牛奶：本年化验牛奶样品共计 67 起，其中 46 起证明品质合格，又 21 起不符规定品质标准。

未经核准之建筑：此项建筑本年拆除之数共计 988 起，此外尚有施行整理俾与建筑条例适合而列为合法之建筑物计 379 起。

菜市即售卖食品商铺：菜市与售卖食品商铺概经按时执行检查。

下列有碍卫生各项概经检验执行纠正：

一、不合卫生之里巷房屋、澡堂、洗衣房暨公共厕所；二、发生臭味之水沟；三、烟尘弥漫；四、铺户占用便道；五、乌鸦；六、鼠只；七、野犬；八、未领捐照牛奶房之牛奶分售；九、出售不合卫生之食品。

职员：工程助理员乐富君于本年 3 月 5 日例假回国，10 月 9 日销假视事。

年间本处各级职员咸能翕然忠于职责，举止良好无过，深堪嘉慰。

秘书长兼工程师　巴恩士

电务处 1935 年报告

本处成立迄今已满届十有五载，1935 年经营成绩依然可观。上半年之售电收入虽因市面萧涩略形减削，然下半年之商业状况较佳，电流需要因之添增，比至年终收入总数竟臻行 918,050 元，比较预算所列计增 0.5%。

全年供给电流总量售与用户或不计价供给工部局各处所之电流比之 1934 年计增 1.86%。

本处经济状况截至 1935 年底止计开于次：

购置成本项下 2,162,095 元。

折旧存储 1,582,971 元。

购置存储 514,179 元。

债款实数 152,542 元。

售电收入(1935 年)918,050 元。

扣除折旧 92,421 元。

之余利总数 435,836 元。

合成本余利 20.11%。

扣除折旧 92,421 元。

暨债款利息 950 元。

之盈余净数 434,886 元。

本处自成立以来归还工部局总账之款额计达洋 3,371,339 元，历年拨归折旧暨存储项下计达洋 2,097,150 元。

历年营业净利详数胪列于次：

1920 年 10 月开办电流取自购买 11,434 元。

1921 年购买总电流再分售用户 88,059 元。

1922 年一部分电流本厂摩发，其余取自购买 82,194 元。

1923 年电流完全由本厂摩发 59,377 元。

1924 年电流完全由本厂摩发 122,355 元。

1925 年电流完全由本厂摩发 132,979 元。

1926 年电流完全由本厂摩发 128,310 元。

1927 年电流完全由本厂摩发 210,281 元。

1928 年电流完全由本厂摩发 299,228 元。

1929 年电流完全由本厂摩发 245,659 元。

1930 年电流完全由本厂摩发 243,968 元。

1931 年电流完全由本厂摩发 201,058 元。

1932 年电流完全由本厂摩发 232,514 元。

1933 年电流完全由本厂摩发 436,742 元。

1934 年电流完全由本厂摩发 442,295 元。

1935 年电流完全由本厂摩发 434,886 元。

总计 3,371,339 元。

附注：公共路灯用电概不计价。1935 年 5 月 1 日起用户电灯用电每一电码按 0.18 元核收。

查不计价供给公共路灯用电系自本年始，已往向无先例，再者自本年 5 月 1 日起，用户电灯用电复由 0.2 元核减至 0.18 元，职是之故 1935 年净利比较 1934 年仅减少洋 7,409 元，即合 1.675%，鉴于 1934 年之净利为 1920 年以来之最高盈余，则本年经营成绩颇堪称意矣。倘本处售电收费年内无上述之变更者，则本年收入总数应臻洋 1,000,623 元 (1934 年之总数计洋 982,476 元)，经营净利当达洋 517,459 元，依此计算之成本余利比率当为 23.93%，比之 1934 年之 22.39%较优。

经营支出：在本处效用暨妥靠性俱无妨碍状况下，年间曾力求撙节此项支出，全年共计洋 483,165 元，比之预算所列约计减 2%，此项支出包括拨付、折旧、存储，计洋 92,421 元，暨机件意外保险储备金之第二次拨付款额计洋 30,007 元。

购置支出：本年购置支出共计洋 186,415 元，此数之 160,000 元乃为建筑本处中国职员新宿舍暨新厂房、试验室、办公室及库房等之费用，此新建筑位置在伦敦道与发电厂隔街相对，其相片附列本报告。

发电厂机件：发电厂机件设备仍如 1934 年，其梗概列次：

查发电机件计有霍和敦厂制涡轮交流电机 2 架，每架发电量为 1,250 启罗瓦特暨维格斯厂制涡轮交流电机 2 架，每架发电量为 2,500 启罗瓦特。涡轮推动机之截汽门汽压计每方寸 200 磅，总温度达华氏表 600 度，交流电机辊轴系直联合式,旋转次数每分钟 3,000,电流循环数每秒钟 50 相数,三摩发电压计 5,000 伏次。

锅炉房置有拔柏葛锅炉 6 座,发汽量自每小时 10,000 磅至 45,000 磅不等,诸锅炉寻常发汽总量计每小时 125,000 磅,锅炉注水用水泵计有多级式泵水机 5 架,泵水总量计每小时 160,000 磅。因复式之总水管布设锅炉注水得由锅炉房之两个方向泵输,故一方面水管如有破裂障碍情事,锅炉工作仍得继续,不受影响。

发电厂主要开关机件计有约翰生费立波厂制油浸高压开关 19 具,专备通接发电机暨输电之用,又低压开关 6 具以备通接厂内辅用机件暨发电厂邻近区域用电。

高压油浸开关 1 具,配有四路选择开关附件,倘遇一涡轮交流电机发生意外,即能容厂内辅用机件需电迅速改换通接。再者,倘或厂外输电设备发生严重障碍致使发电机与高压汇电条脱开时,并能经变压器直接由发电机通电至厂内辅用机件。

年间给电负荷之强半系由维格斯厂制涡轮交流电机担负,较小之发电机仅在晚间需电量增高时开用数月。

厂内全部机件设备概经妥为保持尽善尽美,运用成效灼然。年间供给发电厂电流只有一次数分钟之间断,比因适值晨曦前,故用户鲜有因此而感不利便情事,此为近三年来唯一之间断,因交流电机一架之滑簧发生障害所致。

各涡轮推动机、交流发电机、锅炉等概经于年间分别施行至少二次之检验暨整理,鉴于本厂机件保险乃由本处自行担负,故关于发电厂安全较高标准之维护自更感兴奋。

摩发电量:全年共计摩发电量 14,236,783 启罗瓦特小时(或电码),比之 1934 年计增 3.92%,输入分输总线之电量计 12,746,891 电码。

1935 年售电费率列次:

	每一电码
电灯 1 月 1 日至 4 月 30 日	0.2 元
5 月 1 日至 12 月 31 日 适用减费比率者减收	0.18 元
小量电马力用具	0.06 元
暖气暨电冰箱	0.05 元
烹饪	0.03 元
烹饪连同暖气等	0.035 元
电马力	0.035 元

发电厂之负荷：最高负荷计 3,790 启罗瓦特，发现于 12 月 24 晚 6 时，是日发电总量计 52,260 启罗瓦特小时。

负荷供求相应数：依据发电厂供给输电总线最高电量与售出电码总量再加不计价供给电码总量之比较，此数约计合 35%，查 1934 年之比率为 37.38%。

煤炭销耗：1935 年共用河北井陉矿务局煤末计 18,447 公吨，每磅干煤平均含热单位计 12,685，此项销耗总量因蒸发锅炉注水所用汽量尚无分别之记录，故发电厂摩发电力每启罗瓦特小时究耗煤若干无从得确切之计算，惟包括蒸发锅炉注水及供给厂外需要蒸汽水计 122,000 加伦之煤炭销耗，平均量计每一电码需煤 2.856 磅。

据此之热单位总效率比之昨年稍低，因夏季凝汽柜进水之温度颇形见高，按 6 月至 9 月间 4 个月内之记录其每小时进水平均温度合华氏表 84 度，日中在荫下最高温度达华氏表 111 度，夜间最低温度达华氏表 78 度。

电流分输：年间高压电流分输布设工程仅于一二处从事剔换，易以较大之总线暨改善高压截电器及总线端联合匣等，本年新布之低压总线约计长 12,700，确原有之总线布设并改变数处，藉以均匀变压之负荷。

年间于宝士徒道暨大北道拐角之海京新厂址新添 150（K.V.A.）变压器分处 1 处，盛茂道达生制线厂旧有之 50（K.V.A.）变压器 3 架，业经易以三相 200（K.V.A.）变压器 1 架。本年并建立铁筋混土电杆 71 柱，用布架空电线所有分输设备概经妥为保持，全年电流分输除前述之一次外，别无因设备有何不妥而发生障碍情事。

电流损失：本年因分输暨变压器之电流损失平均占 8.87%，上年之损失比率为 8.51%，此比率之稍增或因年间布设低压总线于建筑初兴区域之故，所有变压器俱日夜通电。

用户接电：计至年底止，通接用户之总数共 5,309 户，年间增加者计 521 户，比之上年计增 8.6%，查 1934 年之增率为 8%。

电表：计至年底止通接之电表总数共计 6,870 个，年间增接之数合 459 个，本年校对暨查验之电表共 3,278 个，各表差率之平均约合 0.53%，此项校对手续恒就用户装表地点或在本处验表室执行。关于电表准确责问者甚鲜，查多数用户要求之电表检验证明系非属必要者。

公用路灯：年间新开马路仍继续建设路灯，此外并有更改之处，本年新立灯杆共 101 柱，多数在推广界内，计至年底止本租界路灯配设如下：

40 瓦特	12 盏
60 瓦特	554 盏
75 瓦特	234 盏
100 瓦特	284 盏
150 瓦特	122 盏
300 瓦特	42 盏

陈列室：年间售出日常电气用具共 747 具，计有电冰箱、咖啡壶、电水壶、电烙铁暨电烘面包器等，其多数系本处工厂自制者。

陈列室地址现已移至中街 168 号，该处系消防队救火机室改造者，不惟该新址用作陈列电气用具较为适宜，且因此迁移每年并节省旧有租赁费洋 3,600 元也。

职员：年间处务经营成绩斐然，自 7 月 1 日起董事会聘任孔赐安君试充本处副工程师，本年 4 月底安德尔君例假回国，旋于 12 月初销假视事，安君在假所遗职务爰由其他处员分担，尤以各工头勤奋司职，诚为可嘉。发电厂事务仍由王相臣君督理一切，本处新宿舍建筑倚畀郑寿椿君襄赞之处殊多。

英皇御极 25 周纪念：最近逝世之英皇乔治五世其御极 25 周纪念庆祝时，本处适司戈登堂装扎灯彩事宜，良用欣忭。查装配灯数共计 16,800 余盏，共用电线 27,000 余尺，戈登堂扎灯相片附列于后。

电费变更：迩来煤价每吨计增洋 1 元，并因金价汇兑行市之不定其他费用之增加乃无法避免，故董事会决定自 1936 年 1 月 1 日起恢复每 1 电码 0.2 元之电灯费率。

新定之电灯用电按电量核减费率表列次（自 1936 年 2 月起实行）：

电量类别（每类差别为 250 电码）	电码数	核减数（元）	每码电价（元）
1	自 0 至 250	无	0.2
2	自 251 至 500	0.005	0.195
3	自 501 至 750	0.01	0.19
4	自 751 至 1,000	0.015	0.185
5	自 1,001 至 1,250	0.02	0.18
6	自 1251 至 1,500	0.025	0.175
7	自 1,501 至 1,750	0.03	0.17
8	自 1,751 至 2,000	0.035	0.165

(续表)

9	自 2,001 至 2,250	0.04	0.16
10	自 2,251 至 2,500	0.045	0.155
11	自 2,501 至 2,750	0.05	0.15
12	自 2,751 至 3,000	0.055	0.145
13	自 3,001 至 3,250	0.06	0.14
14	自 3,251 至 3,500	0.065	0.135
15	自 3,501 至 3,750	0.07	0.13
16	自 3,751 以上	0.075	0.125

其他用电费率仍旧。

志谢：从事经济化之效率暨妥靠性增高要需新式仪器之选择，惟本处之不能与制造厂家接近，顿成困难问题，幸得本处驻英工程顾问 Mr.A.M.Sillar, M.I.C.E., M.I.E.E., M.I.MECH.E. 随时赞助，采择材料仪器，利便本处殊非浅鲜。

特此志谢

电务处工程师　米勒

水道处 1935 年报告

一、水道处归工部局经营已届 13 载,其给水区域只限于英租界则始自本年,盖供给特别一区之需水已自 1934 年 10 月 5 日起停止。因此售水总量之减缩,预算收入之编列当现削减。然全年营业统计比之预算所列盈余尚现增益,堪称满意。按本租界之发展,需水总量自应添增,本处历年之进展亦当依然继续。

年间最高需水量计达 1,538,300 加伦,售水总量合计 351,089,580 加伦,完全取诸自流井。1934 年之统计为 2,008,800 加伦暨 432,088,576 加伦。

全部抽水机厂机件应用称意,并无机件损坏或工作停滞情事,各井产水量亦无变易。

年间布设老租界扩充界暨推广界之新总水管计长 3,887 英尺,新用户接水设备共计 124 处,1934 年计通接 231 处。

依照 1928 年规划,因隆茂胡同及宝顺道新总水管布设之完成,原有之消防设备暨通接混凝土总水管之低压水龙头业于 10 月 24 日剔除不用。

关于机厂之妥靠给水之持久无间及总水管之扩展,1935 年 5 月 12 日京津泰晤士报所刊"30 年前"一段颇值转录:"何故英租界明日无水?因英国工部局与自来水公司将于扩充界连接一新总水管,在工作所需之 10 小时间用户当无水供给,但此为达文波位置水管之必要工程,故各用户须预储充量于水缸,不仅备日常需用,并须防范失火之需。在上述工程开始之先,总水管中之水量当由消防救火机暂司抽引云云。"

自 1922 年起本处归工部局管理以来给水从未间断,历年恒有新机件添置,分输设备项下添布总水管计长二十余英里,市街区内新筑马路下之旧水管概经换新,因分段节门之装置适当,上述工程之施行只须 1 小时或较短时间之停止给水于水管之一小段,其他地段之继续给水毫无间断情事。关于水中含氟,昨年报告业已叙及,其为公共卫生之新问题,已有从事研究以来所获经过可资佐证,至征求最高专家意见,各节详本报告水质化验项下。

二、消防设备暨河坝进水机厂

该厂设备暨全部机件概经妥为保持,年间"危险区"并未发生火患致须引用低压给水。自4月至6月间,河水抽引机因研究氟素需用滤水池,故有短时期之工作。其余总水管及水龙头依照撤换低压布设规划业于10月24日通接总分输管线,其消防设备机厂已剔除不用,旧有燃油机拟出售,旧厂房连同抽引机拟暂行保留,备辅设过滤河水之需。

三、巴克斯道、达克拉道、伦敦道机厂

各该厂机件效用称意一如已往,年间并无机件损坏或工作停滞情事,本年最高需水量比之1934年计减25%,故水量之储备颇形充裕,所有机件之工作状况概有精密之核校,并依照规定程序由指定厂员执行整理,按各该机件继续工作额定钟点总数施行。此外每逢春秋二季并举行一切机件、各井眼、水库及贮水池暨其他设备之总检查,其主要部分概施以周密之整理,机件损坏因之得以减至最低限度,繁重修缮费用藉以免除及应有之效率并得保持也。

年间未添置新机件。

各机厂院落概经工部局花木管理员整理,达克拉道、伦敦道机厂之白杨树因被虫蛀,已换植洋槐。达克拉道水库顶部并经重铺草皮。

各机厂产水量列次:

(一)巴克斯道机厂(自流井2、3、8、9号)

月份	产水量(加论)
1月	19,548,000
2月	17,012,000
3月	20,027,000
4月	22,498,000
5月	23,624,000
6月	24,297,000
7月	24,319,000
8月	23,404,000
9月	24,531,000
10月	23,029,000
11月	22,372,000
12月	21,563,000
共计	266,224,000

（二）达克拉道机厂(自流井 4、5 号)

月份	产水量(加论)
1 月	6,471,400
2 月	5,640,300
3 月	7,650,500
4 月	7,077,100
5 月	8,507,700
6 月	8,756,200
7 月	8,376,900
8 月	8,117,700
9 月	9,478,900
10 月	9,355,700
11 月	7,093,400
12 月	6,333,200
共计	92,859,000

（三）伦敦道机厂(自流井 6、7 号)

月份	产水量(加论)
1 月	7,560,000
2 月	6,934,000
3 月	7,003,000
4 月	7,587,000
5 月	8,514,000
6 月	8,002,000
7 月	7,330,000
8 月	7,581,000
9 月	4,696,000
10 月	5,384,000
11 月	4,445,000
12 月	6,160,000
共计	81,196,000

四、自流井

各井产水量继续保持已往产量。

各井近八年每日平均产量列次依加伦计：

井号	1928 年	1929 年	1930 年	1931 年	1932 年	1933 年	1934 年	1935 年
第 2 号	310,000	316,000	308,000	293,000	271,000	320,000	296,000	302,000
第 3 号	366,000	342,000	334,000	307,000	294,000	278,000	292,000	293,000
第 4 号	228,000	191,000	178,000	190,000	194,000	219,000	236,000	246,000

（续表）

第5号	181,000	191,000	188,000	190,000	199,000	187,000	180,000	181,000
第6号	240,000	253,000	256,000	244,000	230,000	224,000	212,000	204,000
第7号					56,000	49,500	46,000	53,500
第8号					330,000	308,000	292,000	293,000
第9号					500,000	515,000	586,000	567,000

上（右）表系各井每年产水之平均数量，得自每星期之测验。

各井之产水量每小时俱按滚水坝箱载有记录，每一星期并举行测验一次，故各井之效用咸有精密之核校。

各井地底情形之继续变迁昨年报告已叙及，其影响地底原有静水平及抽引水平暨有时且影响及于水质化合成分一若已往，惟此项变迁迥非显著，恒按年间季令而异，并与气候有关，测验所获殊不足以指为定例，查各井抽引咸藉空气顶升，故上下井中空气管线即可调剂水平变易之需要，并可维持该井产水量，此乃简单易行之事。再者，各井之抽引概按通常产量依定率从事，因各该井地底水源须经过极细之沙层，故其成效比之不按定率之抽引为优。

查各井每年至少施行整理一次，其空气管线均按时核校测取水平用观水篦暨井管内部之状况，最新第九号井眼自1932年开用以来，抽水从未间断，其每日平均产量用最大气压机抽引计达600,000加伦。昨年该井供给水量共计200兆加伦强，其他井眼产量如前产水地层，既属极细沙系，颇易发生障碍，而各井充量产水能持久无甚变异，其水篦未现重要阻碍及地层无塌陷情事，足征各该井效用之优美及保持之适当也。

自1927年起至本年止之八年间，自流井产水总量共计3,500兆加伦，其水质且清洁可口，微菌绝迹，适合公众卫生需要标准，勿须任何清洁处理即可供给应用，此项给水在远东固属罕见，在中国堪称无匹。

上年报告曾述及钻凿较深井眼之考量，本年10月间法国工部局已在老西开地段开凿一极深井眼用资探察，由钻凿专家暨地质学家职司其事。该井之钻凿系为试探较深地层能否得一泉涌水源，著者为与法工部局合作起见，已将所获经验暨本处凿井之档案贡献，藉资参考。故法工部局以特许鄙人保留该井开凿深度日记一份，并保管钻凿地质样品为答报，因此所获精密考察机缘自富有实用价值。该井之产水量及水质之辨别当极有意义，其影响于将来凿井规划当非浅鲜。因氟素问题之发现，该井之水质化验自有特予注意之必要也。

五、总水管水龙头暨用户水管通接

年间总水管并无严重破裂或损坏情事,所需修理俱属轻微,所有消防水龙头暨标记均已于秋季照例重行油刷。

旧有输水管因受泥土及渗水之锈蚀,有数段概经剔换,其锈蚀程度因地点不同而异,查位置输水管陈法仅事镀铅于水管外部。为保护凡有起线节头往往暴露不顾,近年本处规定此项接水装件之外部概须涂刷沥青液质,裹以麻布,再涂以热土沥青,所有接水节头因之当能持久无损。

关于锈蚀问题,下列某专家最近登载之意见似值转录:

"研究锈蚀问题者可以车载斗量,只解释铁锈一项之学说理论已可积案盈册,拟议治铁锈蚀之方不止数十例,如钢和金之含有铬、矽、镍、铜或钨及金质之包镀,或涂以陶质油漆或沥青,概经试用而获有相当成效者也。专家之研究虽如上述,但锈蚀之存在乃依然如故"。

当给水仰赖过滤河水时,其在冬季输入总水管之温度往往濒于冰结寒度,分输水管内因此恒易成冻,致节头受涨缩而裂,朔自改用自流井水以来,此项困难已不仅见盖,终年井水之温度常在华氏表60度左右,故此给水有冬暖夏凉之优点。

(一)1935年总水管暨水龙头之布设

	6英寸水管	8英寸水管	10英寸水管	地面水龙头
宝顺道	0	353	0	2
海大道	0	0	223	1
隆茂胡同	715	0	0	3
领事道	0	0	0	1
宝士徒道	260	0	0	0
林莫克道	506	0	0	2
文赛道	674	0	0	2
体伯瑞道	674	0	0	1
登伯敦道	482	0	0	1
总数	3,311	353	223	13

宝顺道、海大道及隆茂胡同之水管布设系更换低压消防设备规画之一部,推广界之水管布设系依照工程处筑路规画及建筑发展进行,此项新水管之布设比之住宅建筑发展较为占先,其成本之利息及折旧之补偿须俟之建筑繁兴与新用户之接水收入也。

最近13年布设之输水设备列次:

年期	总水管尺数	地面水龙头	地下水龙头
1935年	3,887	13	0
1934年	8,431	23	1
1933年	11,452	14	5
1932年	3,720	16	0
1931年	2,302	0	1
1930年	354	2	0
1929年	3,790	12	1
1928年	7,327	12	3
1927年	8,589	7	6
1926年	17,237	16	22
1925年	13,439	15	12
1924年	16,180	30	0
1923年	7,640	11	1
总数	104,348	171个	52个

全部输水设备列次：

10英寸水管13,357英尺。

8英寸水管7,909英尺。

6英寸水管93,051英尺。

4英寸水管18,686英尺。

3英寸水管8,566英尺。

总数141,569英尺。

分段节门：

10英寸28个。

8英寸17个。

6英寸186个。

4英寸30个。

3英寸11个。

总数272个。

地面水龙头176个。

地下水龙头95个。

轮船用水龙头7个。

总数278个。

界内所有消防水龙头俱已通接于总分输管系。

近13年内共布设新水管约长20英里,占现有分输设备74%,即比之13年前增加3倍。

(二)用户水管通接

年间用户需水通接共计124处,1934年共通接231处,惟本年之接水多数系单所住房,异于昨年之多数成排建筑。

除废弃或截断者不计外,历年用户通接水管数目列表于次:

年期	通接水管之用户
1923	805
1924	1,027
1925	1,130
1926	1,446
1927	1,579
1928	1,803
1929	1,882
1930	1,905
1931	1,943
1932	2,076
1933	2,276
1934	2,478
1935	2,586

六、每日水量需要

3处机厂每日抽水最多总量暨最少总量胪列于次:

月份	最高量	最低量
1月	1,123,300	1,045,700
2月	1,128,400	967,700
3月	1,211,000	1,007,700
4月	1,368,300	1,124,800
5月	1,520,300	1,108,900
6月	1,538,300	1,165,000
7月	1,535,000	1,096,400
8月	1,447,300	1,087,900
9月	1,466,400	1,084,800
10月	1,300,800	1,132,000
11月	1,220,600	1,034,800
12月	1,147,200	1,060,500

本年最高数量记载发现于 6 月 25 日，计 1,538,300 加伦，比之上年 7 月 10 日之 2,008,800 加伦，计减 470,500 加伦(合 23.4%)。

七、全年每月售水总量

	住户用水	里式产暨巨量用水	工业用水	英工部局处所用水	河坝轮船用水	特一区用水	总数量
1 月	14,044,500	5,723,700	2,399,800	3,488,500	127,232	无	25,783,732
2 月	12,492,000	4,744,400	2,301,500	2,397,800	165,088	无	22,100,788
3 月	13,677,000	5,788,600	3,097,900	2,953,100	354,368	无	25,870,968
4 月	15,243,200	6,212,600	3,484,500	3,464,200	188,608	无	28,593,108
5 月	17,266,200	7,413,700	3,294,200	4,571,900	304,416	无	32,850,416
6 月	16,872,100	7,586,700	3,759,100	4,147,900	271,712	无	32,637,512
7 月	16,700,700	8,109,300	4,819,100	3,748,700	329,728	无	33,707,528
8 月	15,704,300	8,707,200	3,656,900	3,577,300	465,472	无	32,111,172
9 月	15,810,740	7,727,500	3,579,000	3,802,600	360,416	无	31,280,256
10 月	15,498,300	7,096,200	4,151,100	3,529,300	527,296	无	30,802,196
11 月	14,061,700	6,835,600	4,413,800	2,578,200	412,608	无	28,301,708
12 月	13,827,000	6,452,400	3,692,700	2,819,600	258,496	无	27,050,196
总数	181,197,740	82,397,900	42,649,600	41,078,900	3,765,440	无	351,089,580

与上年售量之增减比较列次：

	一	二	三	四	五	六	七
1935 年	181,197,740	82,397,900	42,649,600	41,078,900	3,765,440	无	351,089,580
1934 年	165,826,700	75,507,400	41,007,600	46,308,300	3,247,776	100,190,800	432,088,576
增	15,371,040	6,890,500	1,642,000		517,664		
	9.27%	9.15%	4.02%		15.95%		
减				5,229,400		100,190,800	80,998,996
				11.3%		100%	18.7%

附图第 6 号表示近 13 年售水量之比较，供给特一区需水总量已于 1934 年 10 月停止，按该需水量约合总量 25%，职是之故，本年需水总量已形减缩，几等于 1931 年之数量。

八、化验家报告

照例之各井水质化验暨微菌检验仍由天津化验室米大夫暨法国工部局之巴斯德菌学试验院承办，水质清洁暨适合为饮料之良好标准保持一若已往。

(一)氟素

关于氟素考查之进行殊费周章，缘津埠有关系之各方面对于氟素问题诸象征及研究方法俱乏夙学经验,惟其为公共健康近今发现之问题,故检讨该问题之各种刊物暨参考材料之搜集撮要爰为必要之初步工作,惟此项刊物材料殊不多见,其试验室所需特种仪器暨化验药品且须购自欧美。查本处水样并经平津沪各化学家化验分析,故输送水样暨准备化验程序与需要参考材料之各项手续颇繁,所有报告概经汇编邮寄英伦及其他地点,藉资咨询征求意见,此项职务概须著者自理,因感"此问题之多方研究颇耗光阴",适与某考研究家之见解吻合也。

观察各项刊物证明欧陆及英国专家对此问题之贡献殊属寥寥,多数参考材料系美国人氏之著述,其研究工作在美固已有相当进展,然世界各处专任考验家对之尚无确切收获之研求,不但此也即对于水中极微量氟化物计量之确定迄今尚缺乏准确分析规定方法,据现有依液色计量之分析法所获结果往往差别不一,按美国公共卫生事务主任汤德雷狄恩博士 Dr.H.Trendley Dean 答复,此问题之询问曾表示下列意见:

来函叙及"现有分析方法所获结果差别太甚,似亟须先行制定一标准分析法,俾堪以容许之氟量得以确定一节"卓见甚是,盖关于斑牙焦瓷刊物固充满氟化物数量分析之报告,惟其答数俱因方法之不同而差异。

查堪以容许之氟量限度确定迄今尚无标准,各著作家指定之数目似恒依所用化验分析方法为断,绅绎可据之调查对于排除水中氟化物现时尚无适合实用之办法。

儿童"斑牙"之发育虽有指食水含氟化物为因者,然此非举世共认之见解,查著作家尚有认此种牙病爰缘于其他因素者,故此问题之解决似不在因任何给水含有极微量之氟化物即简易断为不合食用而已。

津地水样之分析研究工作乃由华北化学试验室戴尔大夫办理,北平协和医院暨上海工部局化验室并经执行化验,米大夫且携水样经西比利亚至巴黎市政化验所用备化验。本租界英文学堂并举行一部分学生之牙齿检验,由卫生医官主持其事。

所得象征显宜征求专家意见,中国既无此便利,遂经审慎决议将一切材料邮寄本处驻英工程顾问 Messrs. J. & A. Leslie & Reid, Edinburgh 转陈英国伦敦州立公共卫生试验所著名化验家 Drs. Beale & Suckling 皮尔暨苏格林大夫,因此二专家并为英国 Essex 爱塞克司州咨询化验顾问,查该州之马尔顿区域即为英国惟一传播有"斑牙"之地点也。

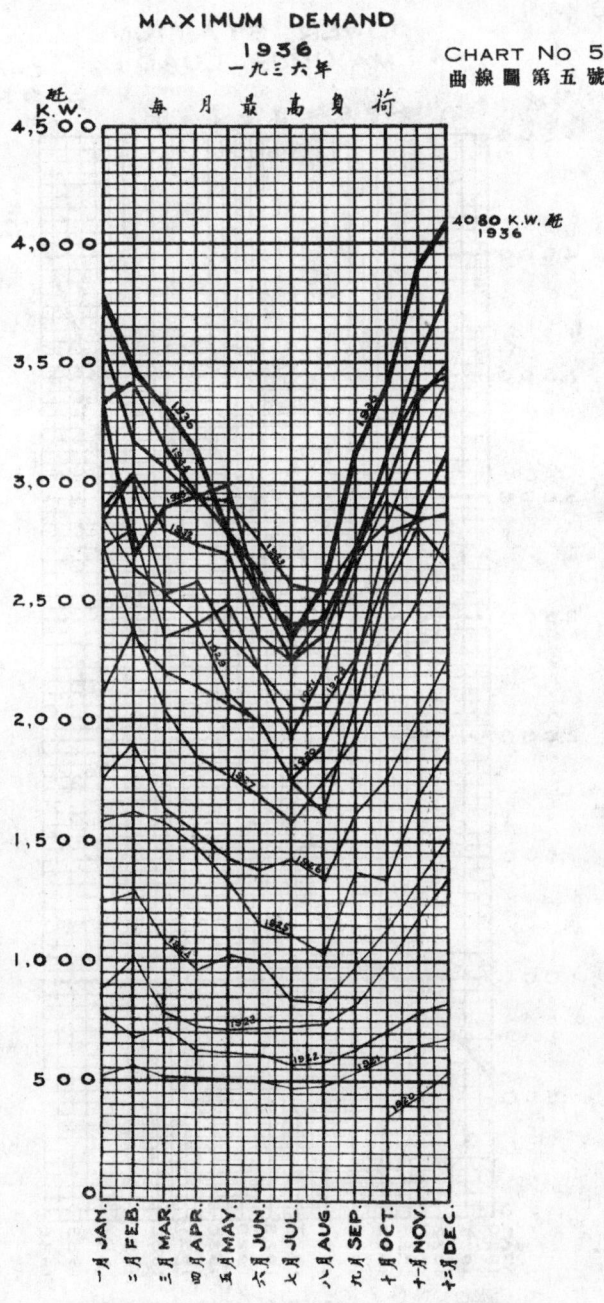

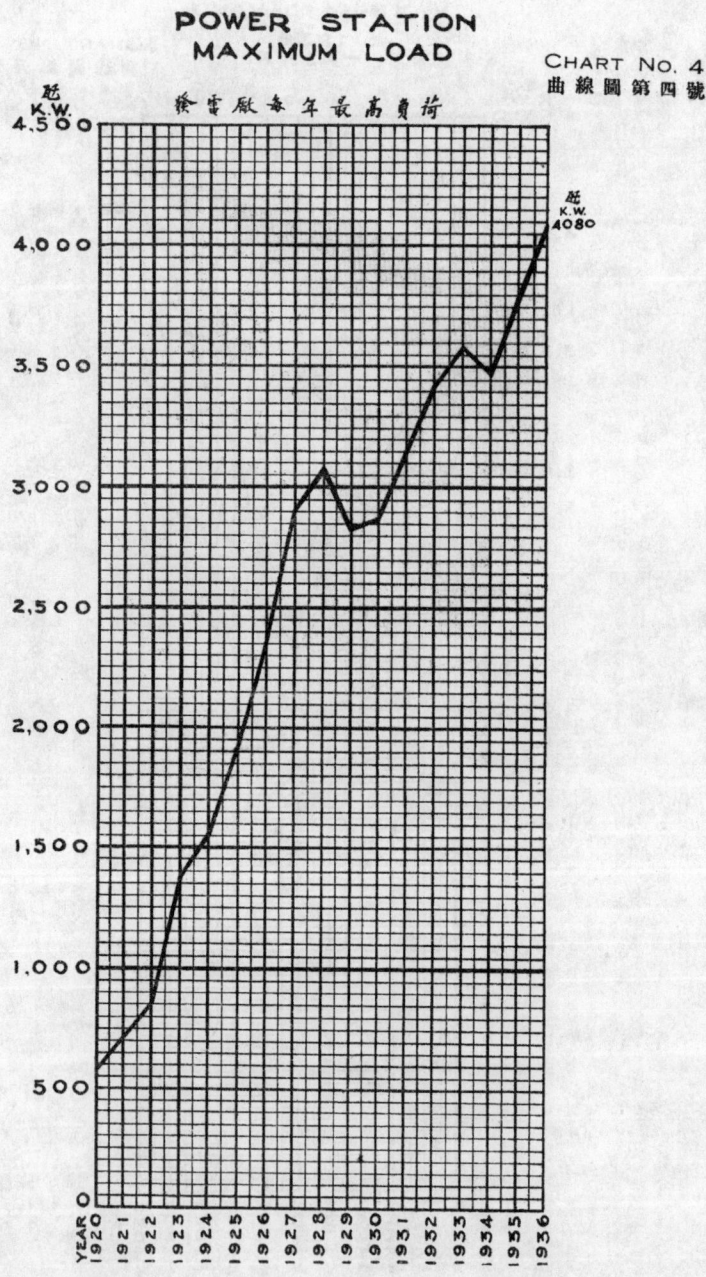

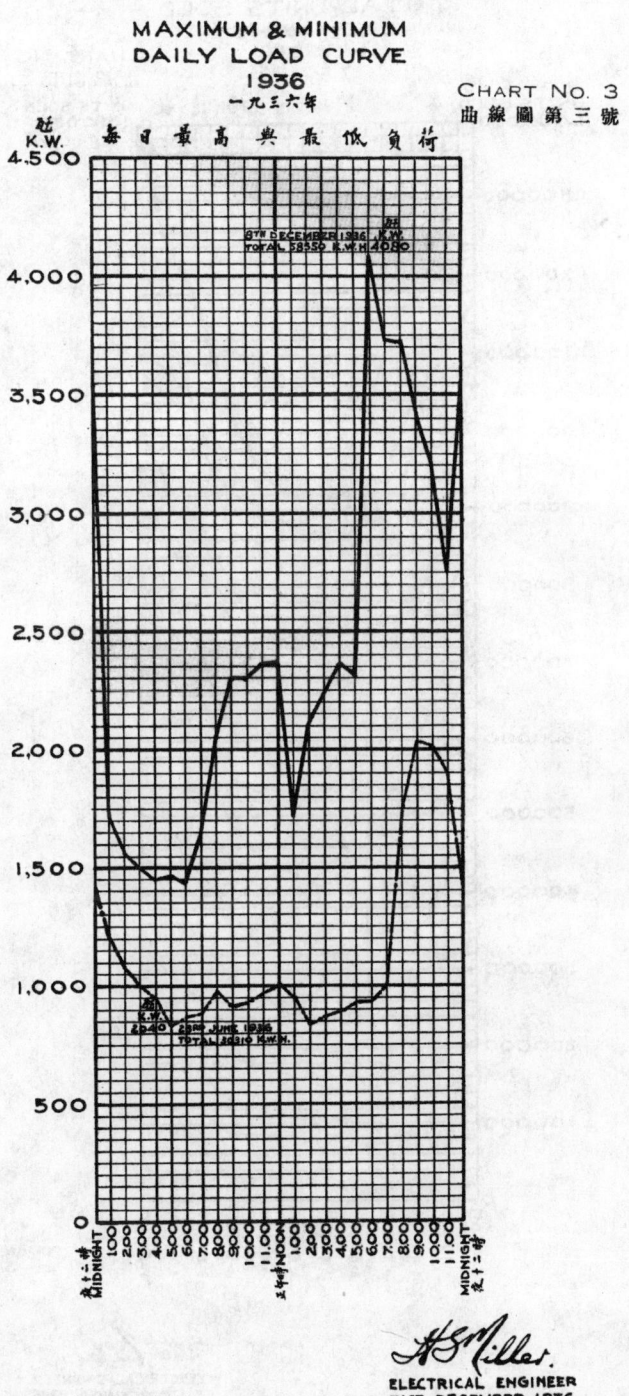

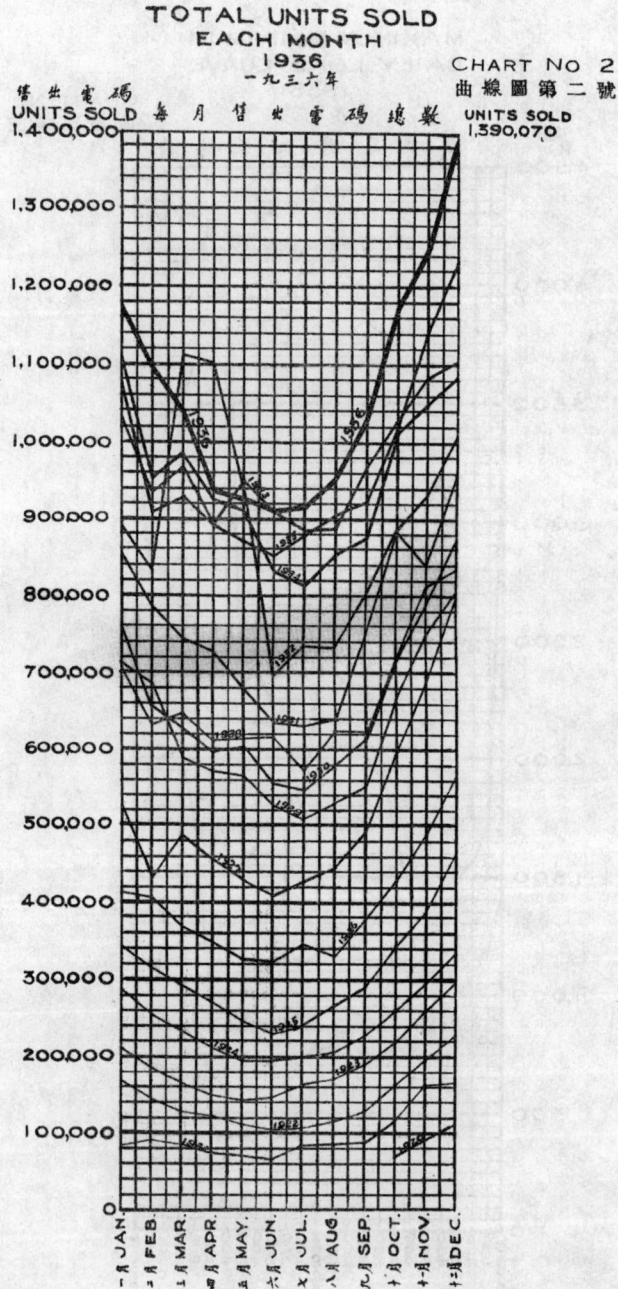

天津英工部局 1936 年董事会报告暨 1937 年预算

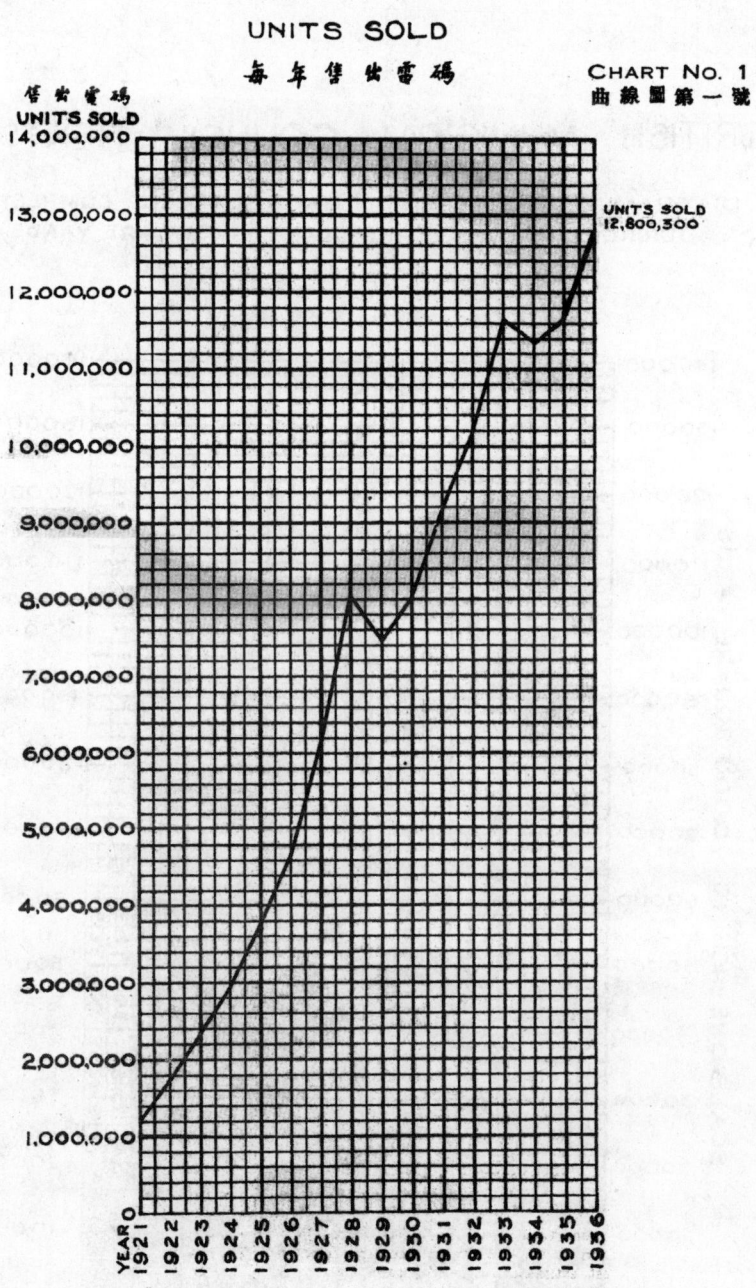

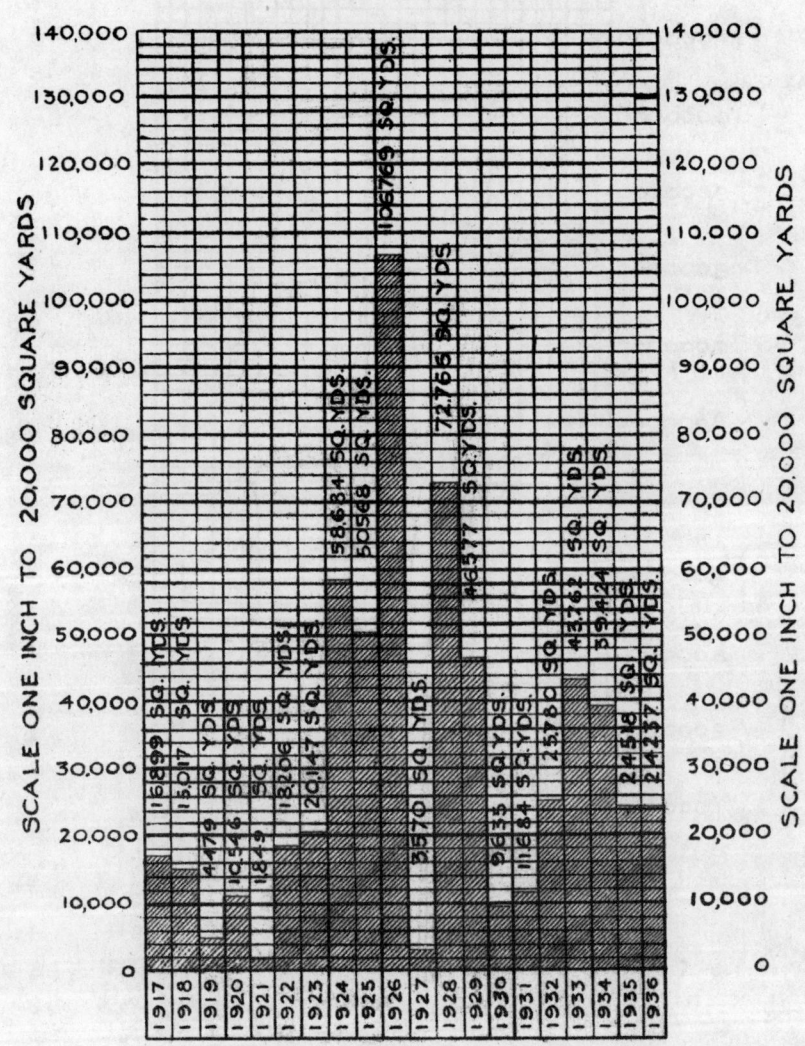

天津英工部局 1936 年董事会报告暨 1937 年预算

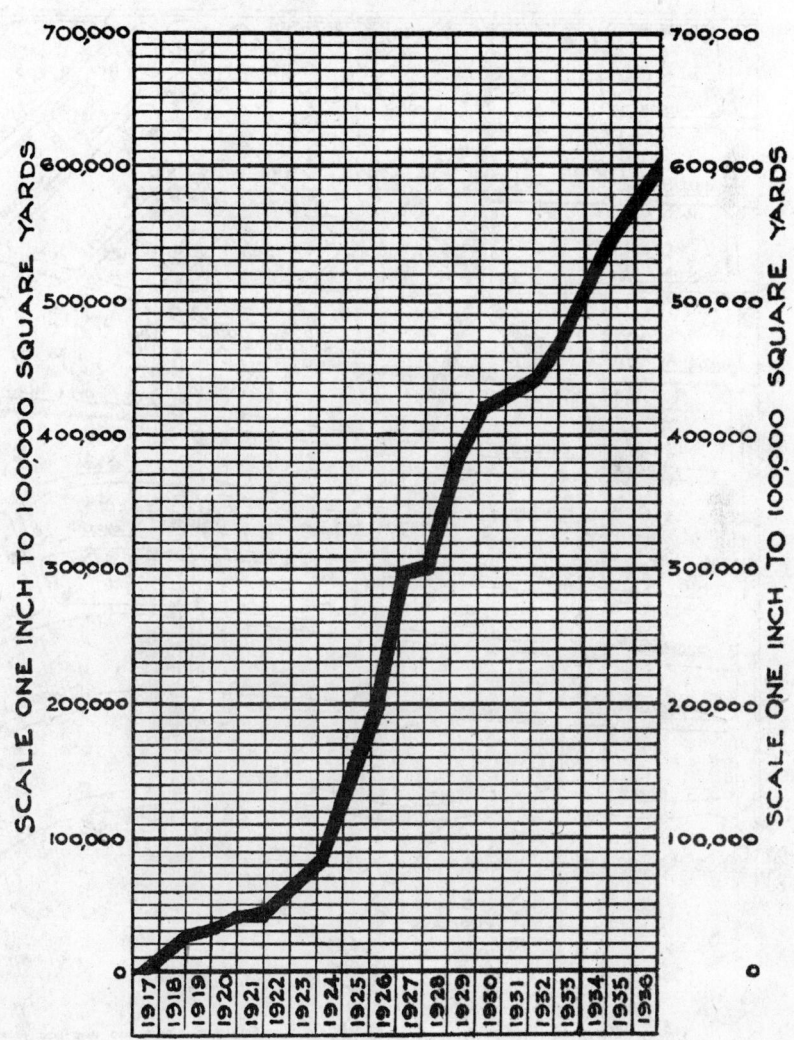

天津英租界工部局史料选编

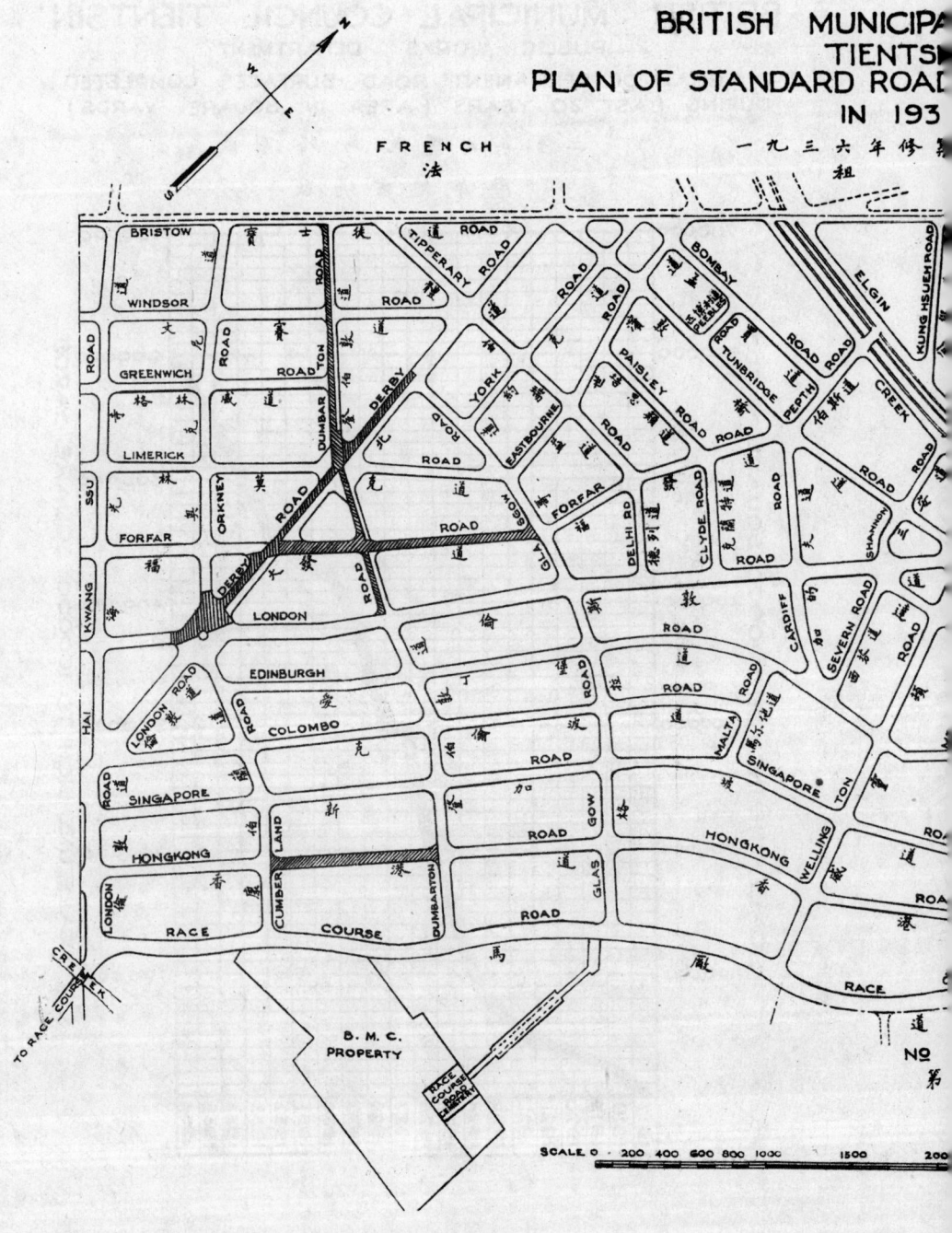

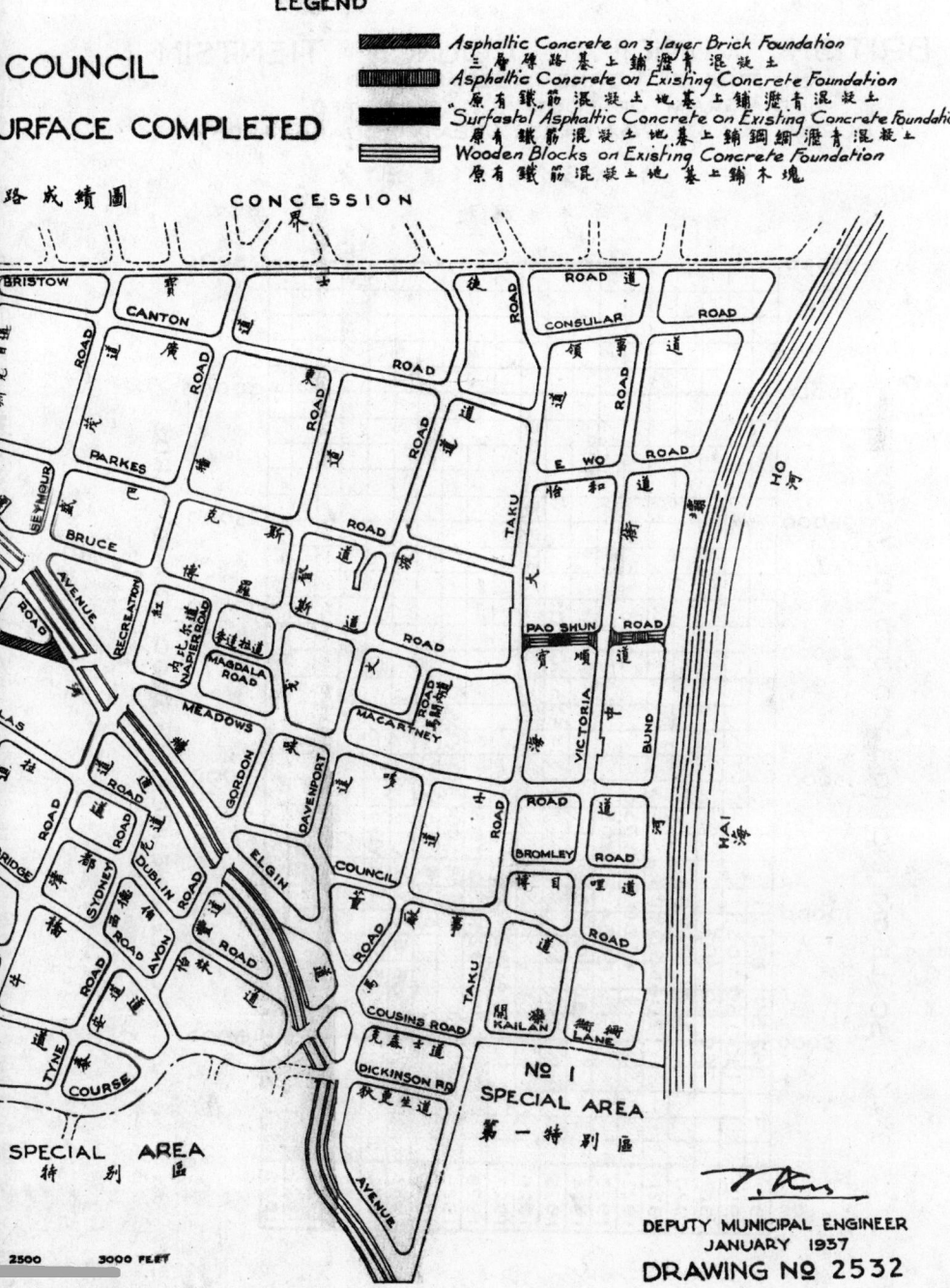

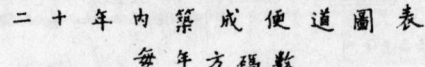

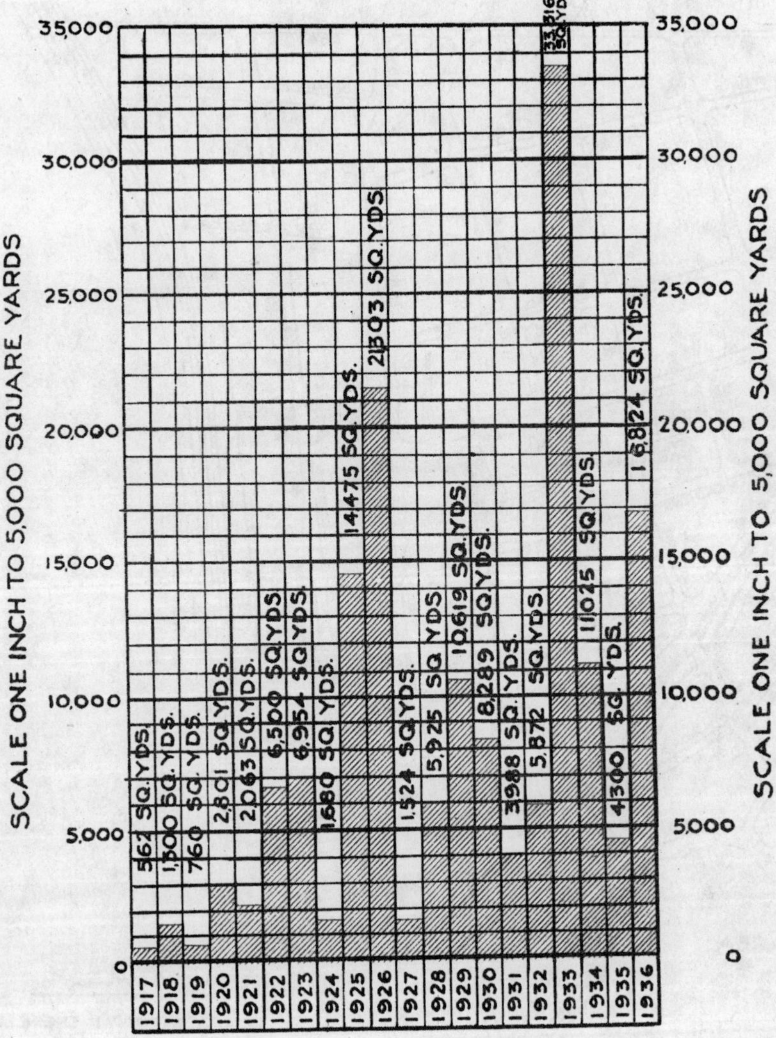

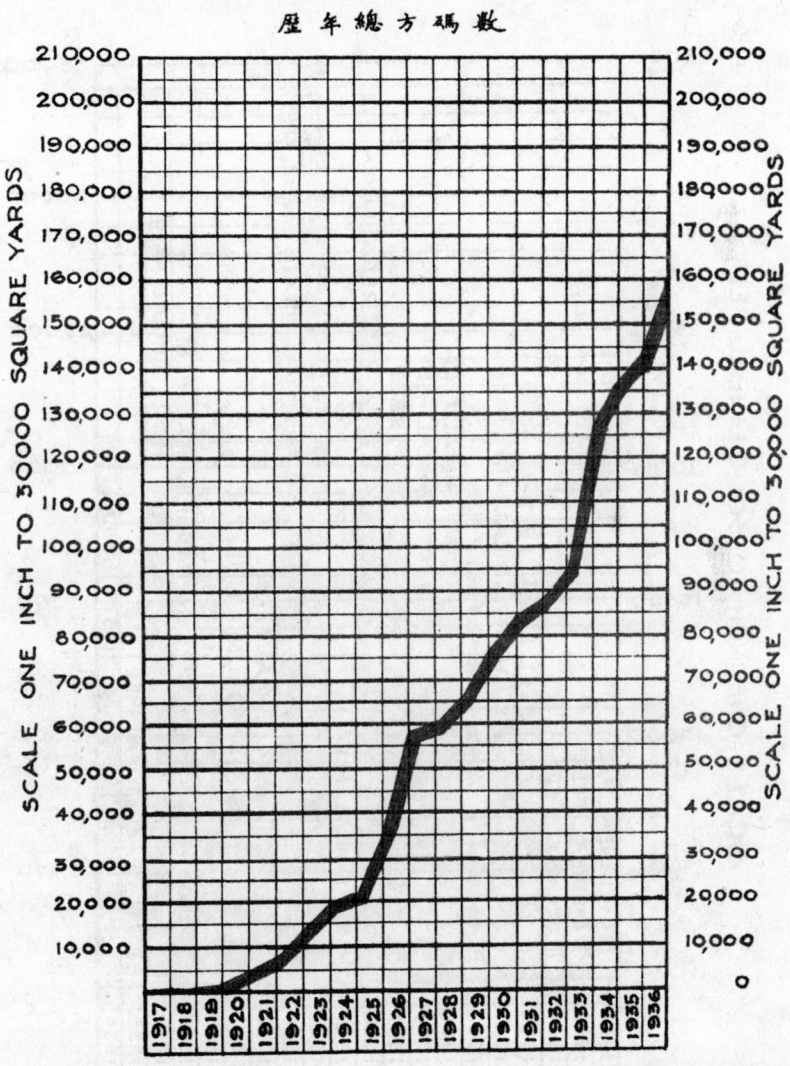

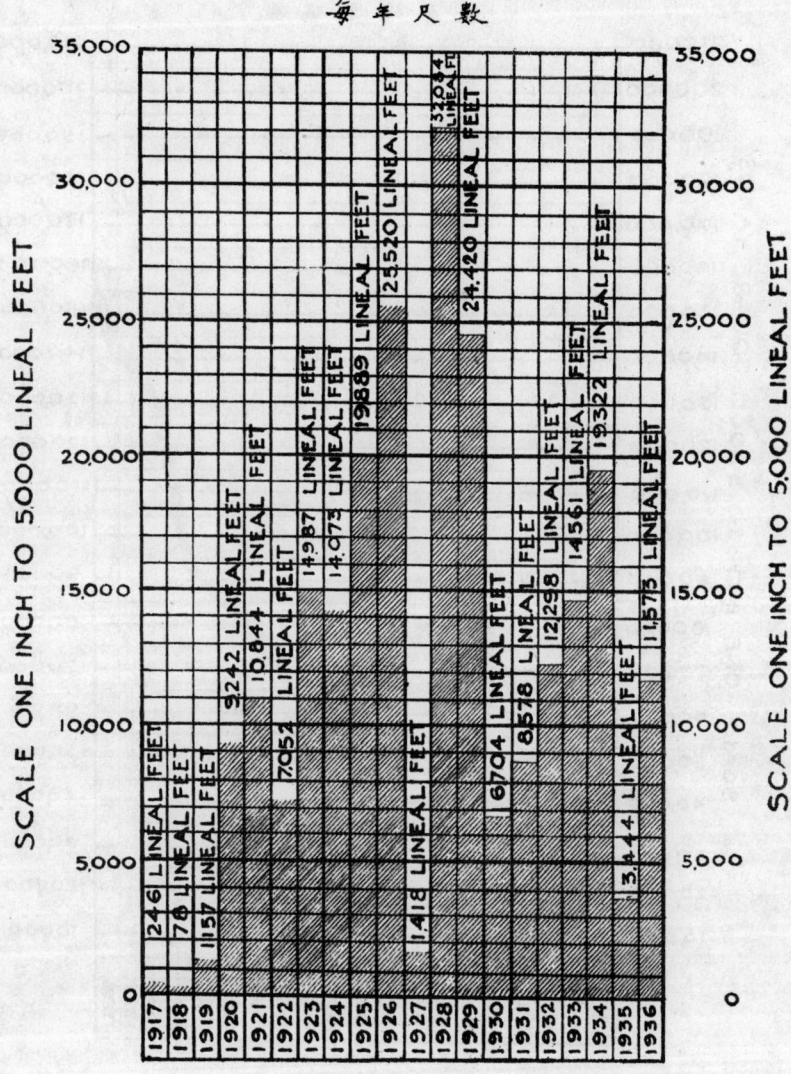

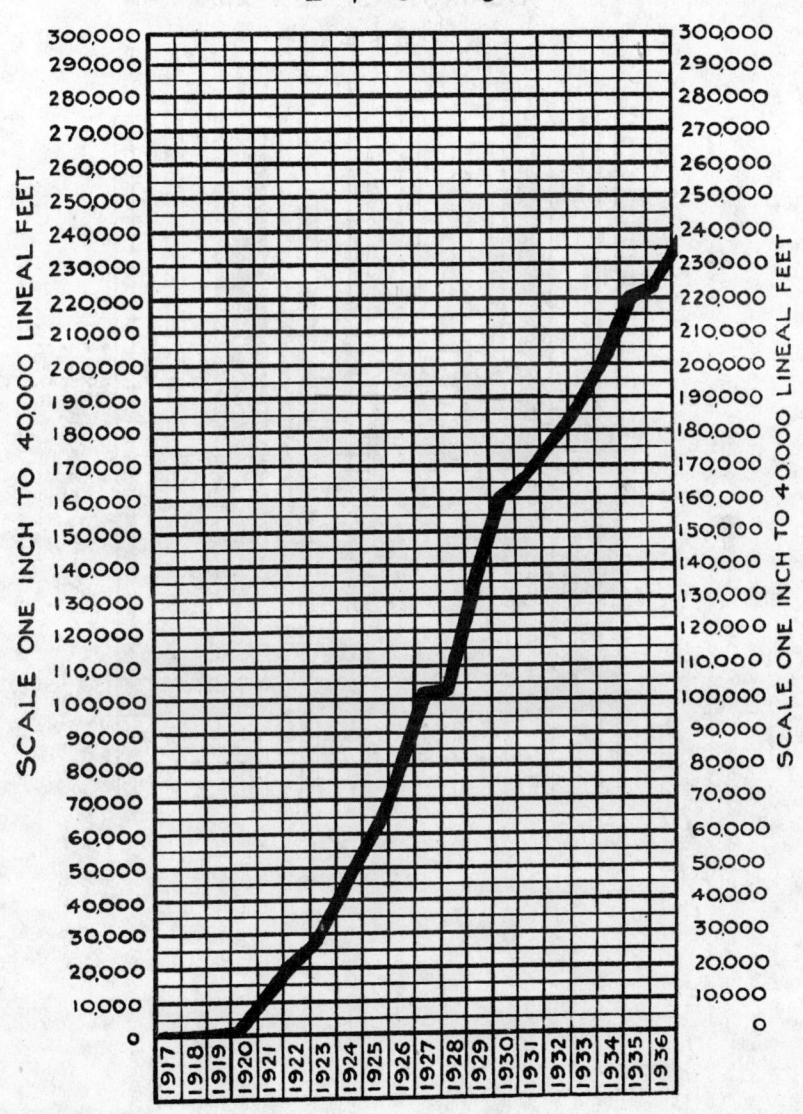

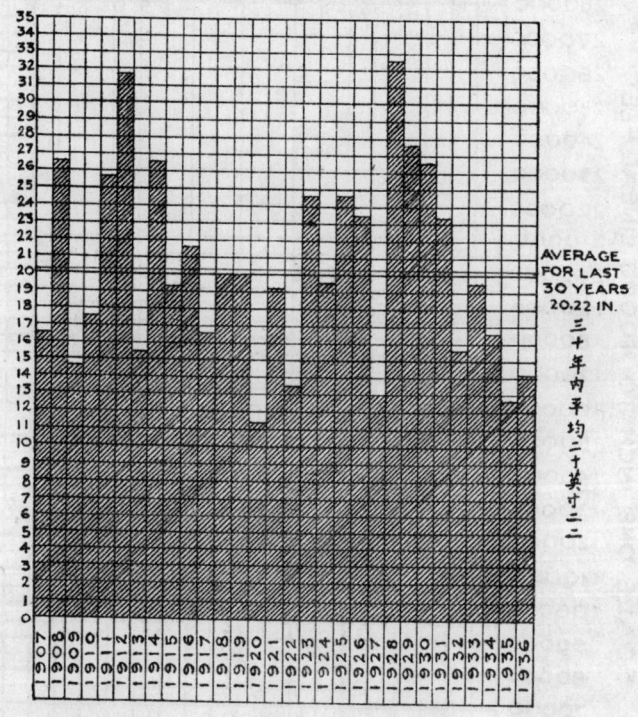

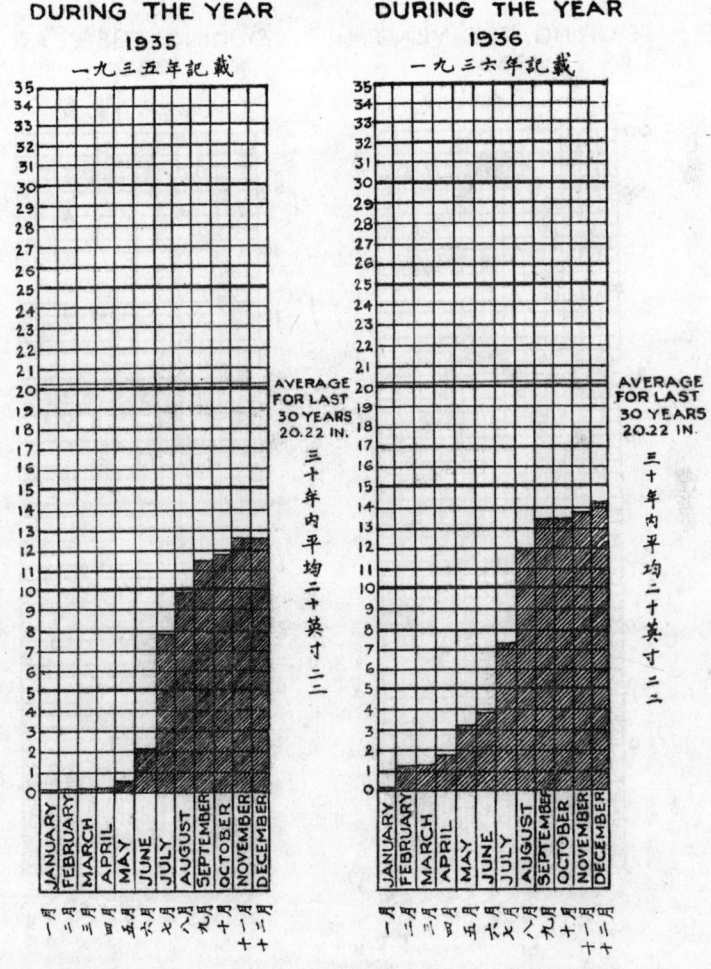

■ 天津英租界工部局史料选编

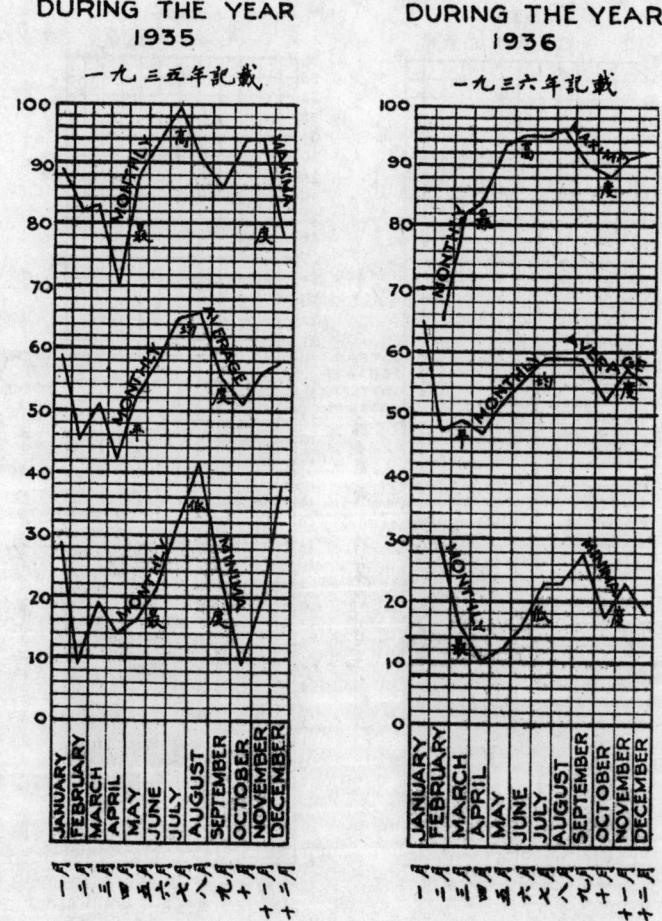

BRITISH MUNICIPAL COUNCIL
TIENTSIN
PUBLIC WORKS DEPARTMENT
最高與最低溫度圖表
DIAGRAM OF MAXIMUM & MINIMUM
TEMPERATURES
DURING LAST 30 YEARS
最近三十年記載

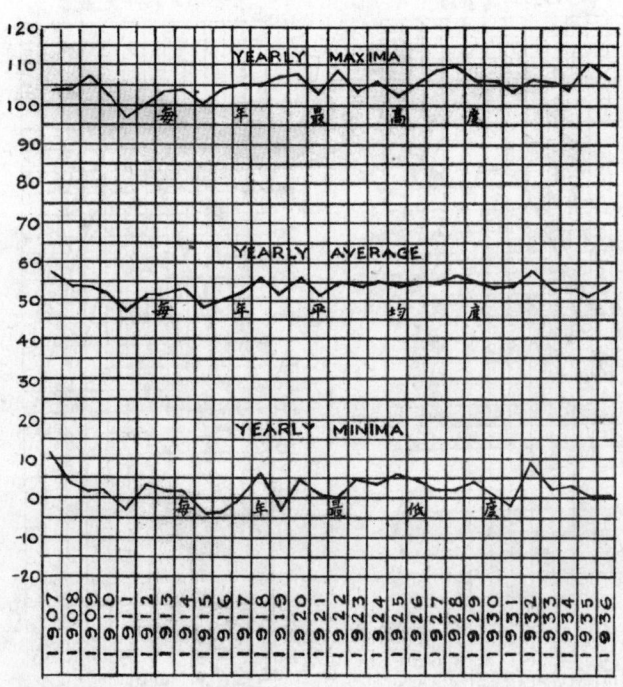

BRITISH MUNICIPAL COUNCIL
TIENTSIN
PUBLIC WORKS DEPARTMENT
最高與最低溫度圖表
DIAGRAM OF MAXIMUM & MINIMUM
TEMPERATURES

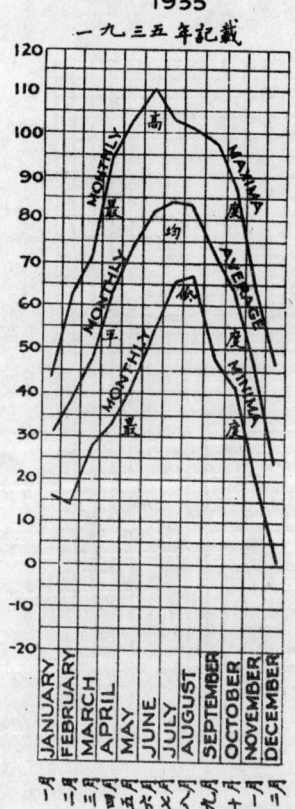

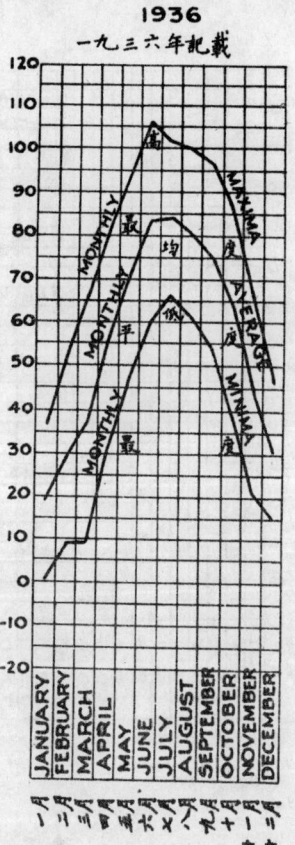

皮尔暨苏格林大夫之意见书已于1935年9月6日完成,附刊于本处报告后,按其结论表示氟化物与"斑牙"有相互关系,惟欲指为确定尚需繁剧之考研工作,查此项精密伟大之研究工作进行断非单独组织若市政机关者堪以肆应,须由中央有司主持其事。关于本租界自流井水质,皮尔暨苏格林大夫之意见书指称与伦敦州近郊之多数井眼相类,且证实其清洁适合为饮料之标准,比较旧有仰给河水之给水颇具优点。

嗣后本处驻英顾问复接皮尔暨苏格林大夫1935年11月13日函转录英国枢密院医药研究会牙科委员会关于食水氟化物问题之答复,该函撮要列次:

该委员会对于食水氟化物与斑牙之关系未能表示断然意见,盖彼所知除已有之刊物外,无其他学理之阐明,查此项刊物谅已在洞鉴中,兹承该委员会函嘱转达前情,特此奉闻云云。

据允孚众望之专家意见,其无确切表示,既如此足证此问题之决定似尚需要广议之研究也。

除皮尔暨苏格林大夫外,本处并已征求美、法考察家之意见,所接各该专家经验及参考材料增益本处汇集之闻料殊多。

虽对此疑难问题研求解决已竭尽所能,然年杪复接伦敦市区给水委员会水质检验委员长 Lt. Col. C. H. Harold 哈罗德少校1934年报告,据称关于增进公共健康之任何特殊疑难问题,该市区给水委员会可随时予以协助不吝指示意见,诚为再事咨询之良好机会,本处经董事会之核准,已将氟素档案及一切报告另缮一份邮寄与哈罗德少校邀请注意,并征求其专家意见,以利此问题之处理。

综核上述各节,氟素问题之严重业已充分顾及,对于征求专家意见及协助解决之处莫不竭力从事,查本租界必须维持一可靠持久之清洁给水极属切要,自流井产水颇符此需要,比因氟素问题发现其应缜密审核,无待赘注。故哈罗德少校之意见当极有意义,倘经证实现有给水应予改善者,则其建议当即付之实现,惟此事之进行应备极审慎,缘堪以充作辅用给水之设备只过滤河水而已,其化合成分亦含有氟素,在化验时其数量固较井水之氟素成分为低,然常因时令而异,故有时河水之氟素量或现增多也。

河水因其进水处之情况乃非给水之绝对完善水源,前已叙及,兹仅抄录皮尔暨苏格林大夫对于井水之意见,用备察核:

"采用此水源(井水)比之仰给于已经滤清之河水较为相宜,因河水混浊,虽经清洁手续仍潜伏疾病传染危险也。"

本处关于处理水质试验恒依哈罗德少校之意旨为南针:

"应以用尽方法求得最优美之结果为目的,而不以随便获得良好结果即为蒇事。"

下列各专家均襄赞本处此项工作者也:

Dr. M. Tarle, N. China Laboratory, Tientsin.

Dr. M. D. Michaud, Pasteur Laboratory, Tientsin.

Dr. H. Trendley Dean, U.S. Public Health Service.

Dr. A. M. Buswell, Chief, State Water Division, Illinois.

Mr. Abel. Wolman, Editor of Journal, Am. Water Works Association.

Dr. Hsien Wu, Peiping Union Medical College.

Dr. R. Schmutz, Municipal Laboratory of Paris.

Drs. Beale & Suckling, Counties Public Health Laboratories, London.

(二)水味(自流井)

上年纳税人常年大会对于给水味"咸"一节又复重提,自给水取诸自流井以来此问题前经提及,或因鉴于井水中氯化钠成分比之从前河水中所含成分较高之故,惟感此"咸"味者尤以煮沸井水沏用青茶时为甚,比经研究自流井水质之优良,业经皮尔暨苏格林大夫之意见书证实,且自流井水象光耀鲜明,其味可口,水质化验成分及各特点一如本埠其他深凿井眼,若随时凉饮之微类矿泉,但一经沸煮则此特象又颇显然,遂有称为"咸味"者,此象乃非水中氯化钠(食盐)成分所致,实缘于所含之重炭酸钠及硫酸钠成分,此项酸钠一经沸煮即生变化,其浓厚程度即增加,倘煮水器皿不将沉淀实质涤除尽净者,此项沉淀积集实质恒足发生上述沏茶水味不合之影响类。此之现象即用河水亦属可能,查上品青茶对于水质化合成分之感应备极娇嫩敏锐,故沏用好茶必需用蒸汽水也。

本处并经执行多次试验,尚未获得确切之结论,至排除或减少水中重炭酸化合物,其疑难一若氟素,现尚无适合商业实用之处理方法也。

本处深悉用户需要,适当给水用以沏茶,故对于此问题业已决定征求专家意见,盖皮尔暨苏格林大夫对于本租界给水已知之綦详,本处已将此问题提请研究,听候指示最后处理方法也。

设立辅用给水业经于研究氟素问题时审议及之,惟仰给河水之问题因此又复发现。查此氟素及水味问题既同在研究中,则对于氟素问题之确定或即包含解决水味办法也,无论如何给水既为公众要需,故认为相宜之处理决不当草率冒险从事,本处自当依据专家建议而进行一切也。

九、职员

兹鄙人可欣然志述者,即本处全体员工举止均极良好,各级人员咸能勤奋服务效能灼见,处务得以井然顺序发展,惟此是赖年间厂处人员并无迁动,除于1933年间曾行提升司事一名充任低级处员外,自1929年以来人员额数从未变更。

本处高级职员副工程师董干臣君、工程助理员黄玉成君及助理员陆襄宸君咸能忠于职守,翕然襄赞,殊深嘉慰。

本处历荷驻英工程顾问 Messrs. J. & A. Leslie & Reid 协助襄赞,特此志感。

十、总论

兹将本处自归工部局管理后之十三载统计节略附列于次,历年晋展可见一斑:

(一) 旧有机厂、地亩、总水管等于1922年底工部局接收时之产值计301,000元。

(二)1935年底本处之产值计1,363,744元。

(三)因施行自流井规划,旧有机厂于1929年只列书面计值,其因折旧及购置存储之款额计126,000元。

(四)现存旧有机厂、地亩(巴克斯道厂址计80,787元未减值)暨旧总水管之产值计171,578元。

现有新置之机厂、地亩、改良设备、总水管等总计值合1,192,166元。

其新总水管及接水等部分计占435,370元。

(五)旧有机厂每日产水总量计600,000加伦。

1922年于"产水"项下之投资计224,000元。

现有机厂每日产水总量计2,000,000加伦。

其现时投资之总数计720,422元。

观此则知本处现有最新式之机厂其产水总量计3.33倍于前,而其购置价值只合3.2倍于旧机厂之产值。

(六)1922年总水管项下投资计64,994元。

计合全厂资产21%。

1935年总水管项下投资计500,364元。

计占全处资产37%。

故现时分输设备之投资比之往时较多,其经常费用亦随之而增,且因其布设区域之一部分地段建筑尚未充分发展,故应有之收入尚需时日也。

1923年全年售水总量计137,395,680加伦。

收入计洋125,000元。

1935年售水总量计351,089,580加伦。

收入计洋319,634元。

(七)1923年至1935年本处经营收入概算数例次:

折旧373,977元。

利息851,641元。

盈余239,225元。

保险准备13,892元。

总计1,478,735元。

(八)1935年利息折旧暨保险准备项下编列规定款额计洋127,922元。

计占收入总数319,634元之40%。

(九)所有自1923年至1925年之收支盈余概经归入工部局总账。

自1926年起至1933年止之盈余改列本处购置存储,至1934年起又恢复以前之编列。

(十)在旧厂管理下,所有水表概归用户自备,朔自工部局管理以来,水表项下之购置费用计至1935年底止合洋98,711元。

(十一)1925年前水表皆收租金,嗣后概经停止此项收入,如继续征收当达16,000元。

(十二)旧厂管理时水表既归用户,故无因此之利息及折旧费用,查工部局管理以来,此项费用迭增计至1935年底止合洋12,800元。

综观上列统计,足证本处进展之审慎从事,附图第7号表示进展梗概。

此外尚有下列各点似应予以叙述者:

1. 自归工部局管理以来,水价从未增加,所有工业用水自1931年起且特予以25%之折扣,自1936年起此项折扣并适用于全年至里巷式及巨宅第之充量用水，自1932年起亦皆给予特别费率。

2. 对于用户自备之不经水表、消防水龙头暨救火喷水器之设置未征收特别费用，因救火所用水量概属免费。

3. 依照现时办法，凡业主之自行凿有井眼者，其通接工部局给水之两用或备用接水并不征收"随时给水"费用。

4. 自1930年以来，总水管之水压已自每方寸37.5磅增至50磅，故全界输水较为均匀，消防工事因之并感便利。

水道处工程师　克拉克

皮尔 苏格林 大夫意见书

给水，氟化物与斑牙

伦敦州立公共卫生试验所
1935 年 9 月 6 日

径启者，前奉本年 7 月 30 日惠函所附关于天津英国工部局给水文件及报告俱经详加考核，所获水中含氟与"斑牙"关系问题之见解罗列于次：

供给阅料之文件

一、水道处工程师陈送水道委员会长及董事长关于氟素报告(1935 年 5 月 13 日)水字第 4431 号。

二、水道处工程师关于氟素致秘书长之报告水字第 4388 号(1935 年 3 月 23 日)、4409 号(1935 年 4 月 18 日)、4447 号(1935 年 5 月 22 日)。

三、卫生医官关于斑牙致秘书长之报告：

一件：1935 年 4 月 29 日

一件：1935 年 5 月 3 日

一件：1935 年 5 月 9 日

一件：1935 年 5 月 13 日

一件：1935 年 6 月 28 日

四、戴尔大夫致水道处工程师研究氟素报告(1935 年 6 月 7 日)。

五、关于给水含氟化物与斑牙问题之各学说。

撮要档案附水道处工程师 1935 年 7 月 12 日函(第 299 号)连撮要附件。

六、水道处工程师致驻英工程顾问信函第 292 号(1935 年 6 月 7 日)。

七、又第 294 号(1935 年 6 月 14 日)。

八、又第 295 号(1935 年 6 月 14 日)。

九、又第 296 号(1935 年 6 月 14 日)。

十、又第 301 号(1935 年 8 月 14 日)。

以上各函附件不详列。

查此问题既系新奇，对之有确切认识及经验者在英国尚不多见。

天津英租界给水

据称在 1925 年前，英国工部局水道处水源系仰给海河，其进水管位置于天津城之下游，给水在分输之先系用沉淀过滤添加氯液为清洁手续，比因河水混浊日渐加甚，只用寻常清洁手续期求适合卫生可口之水量困难倍增，故此采用地底产水以代旧有水源。查开凿之深度自流进产水不惟充裕，其品质且较为优良，职是之故，旧有河水供给乃逐渐代以自流井产水，现有井眼共计 8 口，每日产水总量最高时达 2,000,000 加伦。

逐年井水供给数量之增进列次：

1926 年	自 33%至 93%
1927 年	自 58%至 100%
1928 年	自 85%至 100%
1929 年	自 89%至 100%
1930 年	自 94%至 100%
1931 年	自 87%至 100%
1932 年	自 93%至 100%
1933 年	自 98%至 100%
1934 年	完全井水

由此观之，随深井水源之开展，其供给之区域似已扩充，查每日水量平均需要在 1925 年为 580,000 加伦，至 1934 年已增至 1,233,000 加伦。再者，据称旧有河水澄清设备机件现已列为备用，其每日澄清总量仅 300,000 加伦而已，合现时每日需水总量 24%，即等于最高需水量 15%。

天津现有给水处

计有：

一、英国工部局水道处现经同人检讨者

二、济安自来水公司

前者设备如下：

（一）河水机厂暨位置天津城下游之进水管，其旧有澄清机件现尚存留备作不时之需，每日供给水量可达 300,000 加伦。

（二）自流井机厂

各井眼散布于三抽水机厂，并不集中，各井眼间颇有距离。

1. 巴克斯道机厂计有井眼第 2、3、8、9 号。

2. 达克拉道机厂计有井眼第 4、5 号。

3. 伦敦道机厂计有井眼第 6、7 号。

巴克斯道机厂之其他井眼(第 1 号暨第 8 号甲)因产水量低微未加抽用。

达克拉道及伦敦道厂址添凿井眼规划现尚在审议中，但地底水平迩来因汲引水量增加已显降落，故井水产量能否得获巨量之增多以敷将来给水总量需要似尚有问题。

英国工部局水道处供给之区域为英租界及特一区(该区自 1934 年 10 月起已由自立水厂给水)。

济安自来水公司供给之区域为天津城英租界外之其他租界暨特别二、三区，其水源在津城上游之白河，水量在分输前系用沉淀过滤氯液为清洁手续。

自流井水质

据卫生医官暨水道处工程师于报告之签注俱称：自流井水质之清洁及合乎卫生向无问题，且此水之清澈，有机品质暨细菌之清绝程度不需任何手续，按之戴尔大夫1935年6月7日化验报告第二页所载分析，签注该水之有机的清洁一节同人完全同意。

水质化验之证明列次：

一、水质微现碱性反应。

二、溶化之实质量虽高尚不过多。

三、所含钙及镁之化合物量甚微，故水性尚软。

四、溶化之实质大部分为钠盐，即重炭酸硫酸及氯化物。

其所含氯化物成分(食盐)尚不高，若按此项水源及其性质而论，诚可称为低微，以口尝之决不能觉察此极低之氯化物成分，但水之含有类此成分重炭酸钠及硫酸钠者，尝之往往感平淡"乏味"，或感有"碱性"，依据通例分析证明，由化验观点论之，此水系清洁并宜于卫生，若与同人所知晓之多数英国法国深凿井眼比较，其性质几完全相同，查此多数井眼列为公众给水已有年，其产水之清洁并宜乎卫生颇著盛誉。

英京伦敦及近郊区域藉此类深凿井眼以供日常需水者，可以数百计，所产水量之品质及化合成分皆颇相似，故同人叙述确定见解于次：

(一)依据现有学识，认此水源为清洁宜于卫生并适合为公众给水乃具有充分理由。

(二)采用此水源比之仰给于已经滤清之河水较为相宜，因河水混浊，虽经清洁手续仍潜伏疾病传染危险也。

此外尚有小节应予注意者，即此项含有碱性重炭酸钠性质之水，恒于软钢及铜质新水管暨装具发生侵袭作用。此现象于水质清洁固无影响，只于分输稍有关系。再锅炉之用此水者，常易发生水分与蒸汽混合上升作用，若系河水则无此类现象。

由此观之，暨察其盐性化合成分则深凿井水极如一种硬性水曾用沸石或盐基改易法使之恢复软度者。

供给河水之品质

按1935年6月7日戴尔大夫报告第3页所载分析,验明河水异于深凿井水之要点如下:

一、河水中溶化之实质量较少。

二、所含钙及镁之化合物较高(故现硬性)但不过多。

三、所含钠盐量之减少颇显然。

四、其有机品质逊于井水,虽化验考证未详,河水之水象必不如井水之清澈光耀色泽鲜明,其口味及微菌清洁亦不若井水之优良。

五、对于任何金属物并不发生过量侵袭作用。

两种水源之比较

兹先勿论关于氟化物各点,综核上述各项,同人以为用深凿井水为公众给水由卫生或疾病传染可能之立场而论,确较河水为优良。

对于两水之盐性化合成分于饮食及健康有何效用,同人认为无关紧要。

关于钙素即以河水论,其所含成分极微,比之人身每日需要更属毫末,故可勿置论,盖人身所需钙素其充分供给须由适当饮食之合理运化,如食多量之新鲜菜蔬及乳酪等物,凡此食物俱富于钙素及维他命者也,食水于此项要素之供给无显著作用。

同此理由,同人以为深凿井水所含较多成分之钠盐于食品及健康方面亦无关紧要。由此观之,此井水之适合为饮料不亚于藉河水供给之食水。

若云放弃深凿井水源之一部或其全部而代以藉河水为水源之给水,盖此为惟一之替代给水或另设处理水质机厂等办法,除非遇有向未发觉之严重妨碍殊欠允当。

在已往十二阅月间因侦查斑牙而特予施行之牙齿检验发现,此井水供给区域住户之儿童有患斑牙者,据称同此区域向未举行牙齿检查,各界对此症象亦从未有责难情事。

但因此观察及近阐学说所称,日常消纳极微量氟素堪生"斑牙",而施行之该深凿井水质化验已证明,该井水中含有氟素,故责难此水源者有之。

水中氟化物

夫氟化物之散布于岩石恒普遍,故水中发现极微量之氟素不足为奇,地面或地底水源有时因此发现含有氟化物须视其地之地层组织如何而定,颇洽事理。

　　普通理想咸认食水可含极微痕氟化物之影响,于滋养及健康发育必极微弱,似无须注意,故普通水质化验无列入氟化物察验者且对于化合成分不同之水源,其所含极微痕之氟化物察验及计量尚无妥靠标准方法,故关于普通给水之含氟化物成分或食物暨人体中之氟化物并无透澈可据之比数,职是之故,水中氟化物之计量暨日常由食物消纳之氟化物总量如何影响人体各节,吾人知之甚鲜,欲获精确结论必须经历长时期之研究。

　　查消纳较多量氟化物之为害固人所通晓,观于各国罐头食物禁用氟化物皆有条例即可明了。1931年邱基希尔在美国报告曾称凡斑牙流行之区域,其地给水恒含有氟化物。至于日常消纳极微量之氟素堪以为害一节,以前并无人知晓,虽罐头食品完全禁用氟素似显有预见之可能。

　　消纳氟素量虽极低微,然其为害影响固不能弃置勿顾,盖氟之为质不类钙,非人体之要素,乃属人身体系外之元素。再者,人身筋络对于体系外之质素感应较为敏锐,证据颇多,惟此感应恒因体格之不同而各异。若以给水论,例如铅质时有多数用户因其食水含铅成分达百万分之0.5以下而发现铅毒病象者,盖依常例论可以准许之含铅成分为百万分之0.1,又与铅质极类似之氟化物恒积现于人体之牙齿暨骨组中。

　　同人所著《水质与给水之考查》1931–1932年之著作,其1933年第四版第561页有下列之载述:

　　"邱基希尔于1931年发抒意见称述水中含氟化物与人体中牙齿及骨组之一种病态有牵连,但无互相关系之证明耳。"嗣后考查此问题者接踵而起,于各科学杂志对于斑牙与水中氟化物之关系一题发表论说者至少计有25篇,此外尚有其他参考引证。1931年以前限于区域之"斑牙"发现(历有年数者),其地给水虽曾被指为病由,然从未有正当之解释。

　　据化学专家所敌,氟为各原素中之最"难"分子,盖对于水中极微痕之氟素察验及计量尚无现成确切方法,已如上述,故接受新阐学说之大部分须备极审慎。

　　披阅已往三年间之刊物可撮要之结论仅下列各点:

　　一、全球多数地方之发现"斑牙"事极普通(已历有年代且无疑)。

　　二、在给水除外之一切生活相同之区域,其邻近地段儿童患斑牙之比较往往差别不一,恒依给水之性质而异,自0%至100%不等。

三、若其地给水氟化物之化验显有反证者,斑牙象征恒绝迹或罕见。

四、若其地给水氟化物化验证实含氟成分达百万分之一或以上者,斑牙象征恒颇显著。

五、水中氟化物量愈高,则患斑牙之比率亦现增高,且斑迹较烈。倘含氟成分超过百万分之十二者,乳牙亦有现斑象之可能。

六、若试验室之牲畜试饲以含有极微痕氟化物之食物即可产生斑牙。

七、凡无氟化物或含有极微痕氟化物给水之区域向无斑牙现象者,如易以含氟化物成分较高之给水斑牙象征即见流行,是为不期凑合之事实。

八、反之,倘含氟化物成分较高之给水区域易以含氟化物极低微之给水,斑牙象征即随之而减。

前列各点据同人所知,尚未闻有立说反证者。凡证实之"斑牙",其症象除氟化物为因外,尚无缘其他因素之考证,即氟化物之来源除给水外亦无其他考证。

此项汇集之考据足以完全证实水质含氟化物与"斑牙"确有互相关系,此见解同人以为应暂时接受,盖此问题之研究尚属初期,未臻最后阶段也。

再者,欲绝对证明水中氟化物为有害,同人以为须预行下列各节:

(一)须考求一比现有察验及计量水中氟化物陈法较为妥靠现成之手续。

(二)审定多种给水之氟化物成分。

(三)于各该给水区域施行牙齿检查。

(四)审定普通食品之氟化物成分。

(五)用试验方法证实动物身体消纳极微量氟化物之生理作用。

(六)关于斑牙发现隔除其他病由因素。

如此程序之组织及管理须由于中央机关而非任何给水处所能单独经营,自颇明显。据同人所知,中央机关尚未闻有何完整积极之规划。

但公家报告若(1)美国公共卫生报告(2)医药研究会(英国)特刊第191期第36页,对于水中氟化物已经发现考证,故此广义之考查工作进行谅不遥远,徐当获得可据之意见暨公式建议也,其研究工作在英国虽已进行,然尚在极初期阶段耳。

"斑牙"及其影响

"斑牙"为一种牙齿发育之病态,极易检验认识,据牙医甄别与其他牙齿病象不同。

发现此症象之经历在英国只 Malden, Essex 爱赛克司马尔顿区域，此项记载见(安司华斯著作)：

1928 年 2 月《皇家牙科医院杂志》。

1933 年《英国牙科杂志》第 55 期暨第 233 期。

1934 年 6 月《化验专刊》。

同人对于前指地段及其给水与"斑牙"问题之特殊情况颇详悉，其可注意之各点罗列于次：

一、其地给水系自 1862 年起应用至今。

二、1922 年至 1924 年间，Ainsworth (安司华斯) 曾检查马尔顿儿童之牙齿，当时发现"斑牙"象征。此检查工作乃为英国医药研究会(政府机关)所施行，并为初级公立学校儿童牙齿检查委员工作之一部分。

三、在 1928 年前，安司华斯之刊物对于马尔顿之"斑牙"并未有何记载。

四、医药研究会之正式报告关于安司华斯执行之牙齿检查未述及马尔顿或其他地段有"斑牙"发现 (医药研究会特刊第二期第 97 号《儿童牙病之状态》1935 年)。该报告第 23 页载述，爱塞克司及那福克 Essex & Norfolk 州立学校即马尔顿(Maldon)、塞埠(Thetford)、白立汉(Bridgham)等处儿童牙齿发现龋象(骨腐)者甚少。

此外尚有英国其他城市暨乡区学校计 31 所之儿童亦经列入该次牙齿检查，其检验结果参观附表第 8、9、14 及 17 号。马尔顿儿童之牙象详第 40 页第 8 表。

壮牙之显有龋象者

马尔顿 7.94% ± 0.52 除一名(7.3% ± 0.52)此为表上最低之纪录，综核各校按百分为本位之比率合 13.1% ± 0.14。

第 41 页第 9 表。

上牙床乳牙之龋象

马尔顿 12.93% ± 1.17 此为表上极度低显之纪录，综合各校按百分为本位之比率为 43.34% ± 0.42。

第 45 页第 14 表。

不健全或不充分发育象征

马尔顿 9.91% ± 2.01 综核各校按百分为本位之比率为 10.98 ± 0.48。

凡有不健全或不充分发育之象征概经列入。

第48页第17表。

齿根炎

马尔顿无病象者占60%。

综合各校按百分为本位之比率为60。

由此，安司华斯牙齿检查正式报告可以推知，关于普通牙病若龋象(骨腐)不健全或不充分发育暨齿根炎，马尔顿儿童检验成绩比之其他区域颇堪称善。

再者，"斑牙"于其他牙病无扶助性，由前列考证，似且显示相反之影响。

查公家报告既未载述马尔顿发现"斑牙"，而安司华斯又迟至1928年方公布其调查，所见象征(距调查期已阅六年)，故对"斑牙"之发现似未予若何注意。

五、马尔顿虽发现斑牙流行(患者几占儿童90%)，然其旧有给水现(1935年)仍应用。

查经过该地已设有一可以替代之总水管，此给水供给之地段无斑牙象征发现。

马尔顿虽斑牙流行，及其给水之含氟化物成分计达百万分之四至五，此计量已经同人证实。然马尔顿之司市政者及其卫生医官暨爱塞克司(Essex)州署及其卫生医官或卫生部对此俱未有何表示或建议。

查马尔顿为一财力不裕之区，若现有之给水设备一旦废除，因此损失当倍增困难。

六、久住马尔顿卫生医官之申叙如下：

(一) 马尔顿居民关于普通牙病之沾染暨生活健全发育比之其他类似区域并无逊色。

(二) 马尔顿居民对于牙瓷之发现褐色已习以为常，不甚注意，且并无公然要求改换给水情事。

(三) 该卫生医官承认水中含氟化物为发现斑牙因素之一，同时怀疑不常用牙刷亦为病因之一，且认家族遗传亦属可能。其本人之四儿虽长于斯，食于斯，饮此公众给水，然无斑牙现象。

马尔顿为英国惟一传播有此风土病象之区域，虽其他多数地段之水源及化验成分有与该处极相仿者，然此项水源之含氟化物成分不详。间有数处虽经同人化验，然其含氟化物之成分未有如马尔顿水之多者。

近年英国对于牙病之研究已颇有进展,但于官家报告论及"斑牙"之记载尚付缺如。其调查之要节仅限于龋象(骨腐),下列各报告为枢密院暨医药研究会公布,而由伦敦皇家文具处出版者。

特刊类

第 70 号《齿之构造与牙病之关系》1922 年

第 97 号《儿童牙病之象征》1925 年

第 140 号《饮食与齿之试验考察(第一部)》1929 年

第 153 号同上第二部 1930 年

第 159 号《饮食于儿童齿龋象(骨腐)之影响》1931 年

第 171 号《儿童面部之发育与牙部之特殊关系》1932 年

第 191 号《饮食与齿之试验考察(第三部)》1934 年

据前列考察之主要结论,牙齿之不健全暨病象其重要因素为饮食之极度缺乏调均及钙与维他命 D 量之不敷,若适当脂肪质、菜蔬及谷类食物得充分注意而调均,则齿之发育结构即获坚实,其旧有齿之病象得获截止。创此说者颇多考证。至对于给水除叙述软性水与硬性水区域之牙病无特殊不同异象外,并无其他签注(报告第 97 号第 24 页)。

报告第 191 号第 11 页有下列之载述:

考验历代多数人齿鲜有发育完整健全无病者,强半现有不健全情状。若齿面之不光滑、牙瓷之色泽不正或全副牙齿瓷面之细胞管端变色,此现象乃与试验室动物饲以缺乏维他命 D 食物所得之病象相类。

假定牙瓷变色包括"斑牙"则前节似指多数牙齿,具此现象仅轻重不等耳,其因素系食物缺乏维他命 D 所致,但斑牙问题未为上述考察所特予注意也甚明,即所叙注重维他命 D 之各点亦应审慎接受。

报告第 191 号第 36—37 页对于"斑牙"有所陈述,对此病象之与给水含氟化物有互相关系之考证已简略叙及,对于给水为致"斑牙"之因素引证并未加以批评或反证。

除此报告及依据他国考察之引证外,关于此问题之英国著作尚少,见其主要文字列次:

1.The Lancet (双刃)1931 年 5 月 2 日主笔论文"斑牙":

该文叙述美国苞雪脱(Bauxite) 城发现"斑牙"(美国公共卫生报告 1930 年 11 月 28 日 G. A. Kempf 与 F. S. Mckay)与给水之关系暨改易浅凿井及泉水代

以深凿井为给水后,儿童即有发现斑牙象征情事。

2.The Lancet1933 年 8 月 12 日论说

氟素与其作用

据 Dr. Flyd De Ed's 声称:如每日依 1 公斤之身重进食 0.1 或 0.15 克之氟素,其最轻作用堪以滋生一紧要久毒病象,即"斑牙"是也。

前述氟量之供给若食水含氟成分达百万分之二或以上者即有之。

3.The Lancet1934 年 7 月 7 日论说

氟素与"斑牙"

该文所指主要区域为爱塞克司、马尔顿,其结论并称其他深凿井水源之宜予氟化物化验也甚明。

4.皇家牙医院杂志 1928 年 2 月

英国牙科杂志 1933 年第 55 期

此项杂志包括安司华斯考察爱塞克司、马尔顿斑牙之记述。

5.化验专刊 1934 年 6 月

此刊载列伦敦国立物理试验所 Dr. Burr 所著水中氟化物暨化验专家会会员之检讨暨安司华斯之重论马尔顿之症象。

6.生物化学刊 1935 年第 29 期第 1 号

该刊载有《氟素暨常齿所含氟化物之计量》一论系伦敦大学生理科 Bowes 与 Murray 所著,作者称氟素非食品中之要素"及"食水中含氟量如超过百万分之二,现已认为"斑牙"征象之由揆之论文标题,此实为氟素作用之初次考察。

7.英国医学报 1934 年 1 月 13 日

《矿基之生命》J. M. Sheldon 医学博士著

该文有下列之载述:虽氟于生理方面是否重要尚属问题,其于病理方面有重要关系固无疑,尤以牙齿为甚,若鼠只饲以含氟素之食物,鼠齿即显现门牙之特长,其牙瓷且现不健全象征致如"斑牙"。

由此可见,此问题之多数意见系依据国外(大半为美国)之考察及刊物,盖在英国除马尔顿一隅外,殊少切确经历认识。

附此限制对于天津(英工部局)给水同人管见所及序列于次:

水中含氟化物之证明

该处深凿井水至少有 12 起曾经著名化验家四人分别化验,俱称所验水样含有氟化物,施行化验时所用察验及计量氟化物之方法不下五种。

察验所得氟量计自百万分之 1.98 至百万分之 4.67 不等。

故同人以各深凿井水含有氟化物之说必须接受之其平均含氟化物成分且超过百万分之 2。

按 Boer's 方法之测验,即英国所用化验马尔顿水质之方法,两地水中含氟之成分几相等。

天津(英工部局)给水百万分之 4.4,由戴尔大夫化验

马尔顿给水百万分之 4.5,伦敦国立物理化验处化验

据此考证及美国与其他地方所获经验之报告视之,则天津儿童之发现"斑牙"当在意中。

天津(英租界)发现斑牙之考证

一、检验儿童人数共 243,其中 46 人约 19% 显有斑牙象征,仅 2 人显有深度之斑象及齿色变异。倘给水确为发现斑牙之由,则按下列各点观之,该数似应低微若此因:

(一)深凿井水之使用系始自 1926 年。

(二)1934 年以前尚有河水参加。

(三)如水中含氟确达百万分之五,定有一部分儿童尚能抵抗此病象。

依据现有学识经验暨上列事实观之,同人以为"斑牙"之流行于天津(英租界)已经证实,并因最近施行牙齿检查,此症象已于初期以育认明。

假定嗣后给水完全用深凿井水并以马尔顿之经历为引证,则儿童之患"斑牙"者谅当逐渐增加或至 90%,惟斑象除少数人外当不剧烈。

二、显示检验之儿童(欧籍者)系属中上阶级,俱营养充裕,无软骨病等症象,故牙之不健全不得指以为由。

三、显示检验所得症象系因儿童之年龄及饮用该水时期之久暂而异。

四、乳牙显然无病象,盖水中含氟化物虽如报告,于乳牙固不应有何影响。

五、关于感受性敏锐之居民间在使用深凿井水前是否发现斑牙无所考证,关于毗连之仰给河水区域,其居民有无斑牙亦无考证,此种参考材料对于水源应否改易问题当为极有价值之考证(显示仰河水之给水其含氟成分不超过百万分之一)。

六、除给水之外无其他因素或特殊情形暨食品之供给,亦无缺乏钙及维

他命之证明。

故当此问题交予审核时,同人依据所附有关系之一切参考材料暨在英国惟一传播风土病之区域马尔顿斑牙现象之认识并详察各刊物之记载,所得见解列次:

(一)天津深凿井水含氟化物成分超过百万分之二或百万分之四。

(二)日常进食此水其供给区域之儿童牙齿即发生"焦瓷"现象,嗣后数年此现象当增加,故津地亦可列为有此风土病之区域。

(三)深井水虽非为"斑牙"象征之惟一缘由,其为主因固无疑,且任何水源堪以损害人体细胞组织者,不得称为"宜于卫生",故此水源由其他观点视之固属优良,然依公共给水需要论,此后不得认为完美,除非饮此水者具属壮年则又作别论,故是水之含氟化物诚为一严重之缺点。

(四)如欲防止其给水区域之儿童发生"斑牙",则其给水之含氟成分用同一方法化验比之该深凿井水须有较低于 1/4 之证明。此乃用 Boer's 方法测验证明,即原有含氟成分计百万分之四者,应减至百万分之一以下。依现有考据,若用 Sanchis, Fosters, Willard's 等方法测验所获结果颇相符合,若用 Fairchild's 方法测验所得结果则显较多二、三倍。据同人之经历言之,此项结果概不得称为满意,尚须研究一较优之方法也。

用 De Boer's 方法测验马尔顿井水,其含氟成分已证实约合百万分之四,其他未发现斑牙区域之给水亦经同人测验,证明其含氟成分系自绝无至百万分之一。

最相宜者莫若一完全反证之结果暨一合用之化验法,此虽近于理想或且为不可达到之目标,然设能发明则应获得所期之结果。

(五)同人以为天津之牙齿检查尚须扩大范围。因现有成绩尚不透澈,查可以完全证实或反证指摘深凿井水为不良之取材固颇现成,盖前已建议此项手续应包括济安自来水公司给水区域之儿童牙齿检查暨英租界中国儿童之牙齿检查,并考察该界居民之一部分在采用深凿井水前其壮牙之已现斑象者。

关于天津堪以发现"斑牙"之严重状况,同人以为应邀齿医专家之意见,揆诸上述马尔顿之经历,该地给水含氟化物成分几与天津英租界相同,此问题显未经官方认为严重急需切当处理。

查斑牙象征于患者不惟有害且有损外观自无可讳。故应于可能范围内采取一切预防手续,如何防范现时虽无办法,除非于另一适当给水可应用时将与该症象有关系之水源放弃，否则该问题之解决变为如何排除水中之氟化物，但适切实用之方法尚付缺如，同人虽迭次用凝淀分沉吸收各质及其他方法试验，然未获圆满成效，此项考查手续仍当继续进行，如获有益之发明当随时奉闻。据同人意见，此问题之私人考查已至相当阶段，继此之研究工作应由中央机关执行主持，并公布各项建议，藉利各给水处暨各界用户。故同人拟陈请工业理化研究院(国家机关其设立意旨与本所同)予以注意，有何发展徐当函达。

综观各节，同人对于天津英工部局水道处之不幸遭遇如此困难问题不能不表示同情，此种问题在深凿井眼规划之施行前固未能预知者也，水道处工程师竭力从事考求汇集各种参考材料，其热诚周密殊堪钦佩，此致。

Messrs. J. & A. Leslie & Reid（水道处驻英工程顾问）

皮尔、苏格林　具

伦敦州立卫生化验所皮尔暨苏格林大夫 1935 年 11 月 13 日致本处驻英工程顾问"Messrs. J. & A. Leslie & Reid"函：

"径启者，关于天津给水暨食水含有氟化物问题之意见，书前经陈述在案，兹查英国枢密院医药研究会之牙科委员会对此问题之意见当极有价值，敝所因之特驰函征求，迭经商催获得该会秘书答复如次：'该委员会对于食水氟化物与斑牙之关系未能表示断然意见，盖彼所知，除已有之刊物外，无其他学理之阐明，查此项刊物谅已在洞鉴中，兹承该委员会函嘱转达前情。特此奉闻云云。'苏格林(代皮尔暨苏格林大夫)具"。

警务处 1935 年报告

兹谨将天津英租界 1935 年警务治理报告叙列于次，备陈察[查]核：

一、罪案：年间通报，本处并经侦察之案件总数暨侦察之结果概已附列"甲（一）"表。查所接报告之案件共计 838 起，俱系实在。其案情之业经侦察收效者计 520 起，因此检送法院处理之案犯计 750 人。按此即侦察收效之案件计占实报案件总数 62.05%，比之上年比数 49.9% 成绩见优，依报告案件总数比较，1934 年计增 103 起，侦察工作之纷繁可见一斑。

二、绑架：本租界内年间并无此项罪案发现，殊堪告慰。但本处曾接得界内某住户报告走失人口，因而侦缉查得该人在法租界被绑，作案匪人并扣票勒赎，比因警捕策动绑匪遂即被捕，惟该失纵（踪）人不幸业已于被绑后即遇害，尸体后经起出，旋又发现被该匪党绑架遇害者之尸体 11 具，因此线索暨各方关系警察之协同侦缉前后共计捕获男性绑匪 14 名，女性绑匪 1 名，概经详加研讯解送官厅惩办，当经津沽保安司令部军法处严加审讯，依法定狱，此穷凶极恶之大批绑匪嗣后俱经正法。

三、违犯警章：违犯警章被逮或被传人数及由本处从简发落人数之统计详"乙（二）"表，1935 年违犯警章案件共计 7,069 起，比之上年之 3,157 起计增 3,912 起，因之内勤外勤工作添增特多，年间被逮或被讯人数共计 9,895 人，而 1934 年之统计仅 5,350 人。职是之故，就本处原有看守所用以拘留此人数剧增之案犯，地势陡形不敷，故来年预算已列入看守所扩充费用，藉资补救，以现有职员分担，因此繁增之内勤工作固感困难，尚不若办公处所之狭隘不敷应用尤形不便也。

四、携械抢案：1934 年此类抢案只有 1 起，本年间计有 4 起，其财物损失共计洋 1,827 元，各案警报俱甚延迟，故匪人皆得安然远逸，但有一案经警捕侦缉，竟获得匪犯 3 人，随即解送法庭惩办。

五、凶杀：年间计有凶杀案一起，在 7 月 4 日下午 8:40，推广界伦敦道花园西，距离海光寺铁蒺藜围约 40 码之空地段，发现年约 30 岁之女性尸体一具，显系刀伤身死。当即竭尽各种方法侦缉凶犯，卒获得一中国人查与此案有关,旋经解送法庭审讯。

六、偷盗:1935年发现偷盗案件共计33起,偷盗未遂案件共计12起,比之上年之偷盗案件68起及偷盗未遂案件10起显有减增。查所列之偷盗未遂案件12起,中之5起其偷盗匪犯具在作案时被巡逻警捕破获,此项案件之减少年间竟达50%,其成效不得不归之本租界警捕值职采取巡逻制之适当,盖昼夜24小时间,本租界各地段无不有警捕按班巡逻也。

七、绺窃:1935年接受并经侦察之失窃报告共538起,比之上年之失窃报告447起、经侦察之438起显有增加。本年证实之窃案移送法庭处理者计占54.65%,查1934年之比率为44.9%。

八、防范办法:本租界各段昼夜随时派有警捕巡逻,各要卫并有警捕执行搜查,用防携械潜入暨盗窃赃物之偷运,前已叙及。本租界全部布设派出所堪以迅速直与中街警务总处通讯业已就绪,如遇意外,尚祈各界勿事犹豫,可利用各派出所之电话也。

九、汽车肇事暨违犯交通规章

1935年汽车肇事暨驾驶人违犯交通规章报告列次:

	1935年	1934年
汽车肇事	143起	161起
经警务处科罚或停止执照效用	94起	76起
停止执照效用	2起	10起
签注执照	1起	无
撤回执照	无	3起
违犯交通规章		
违章报告	2,145起	1,647起
经警务处科罚或停止执照效用	1,039起	210起
停止执照效用	3起	8起
签注执照	无	3起
撤回执照	无	3起

十、查1933年汽车肇事共计148起,1934年161起,本年仅143起,显见交通安全略有起色,参观"三"表即可明了。年间车辆肇事类别计汽车与汽车30起,汽车与自行车39起,汽车与人力车43起,兹为减少自行车暨人力车之交通肇事缘因起见,本局已特规定:本界多数马路自行车暨人力车须靠两旁行驶。查车辆肇事143起,中之82起系缘于自行车及人力车有此新章施行,将来车辆肇事当见减少。

若以近3年之统计比较,违犯交通规章颇现增加,虽系汽车辆数增添所致,亦属警捕认真督察之成绩。

十一、人力车夫暨骑自行车人违犯交通规章人数列次:

	第一季	第二季	第三季	第四季	总数
经处办之违章人力车夫	46	186	205	255	692
经处办之违章骑自行车人	77	282	370	259	988

本年违章骑自行车人之总数比之1934年之统计337人几增3倍,违章人力车夫比之1934年之145人几增5倍,凡此纯属警捕勤奋将事,历行章则之收获。

十二、处内行政:本年警捕人数随时补充足额,被选之候补人员概以通晓,并能写汉文者为选择条件之一,遴选人员考试较前严格,附以身体检验。故所选之候补人员比之已往优越殊多,旧有练习课程业经根本改善,凡练习届满考试合格人员,其成绩咸极优美。

年间撤革、退职、病老、死亡警捕人数列表于次:

1935年	撤革	告退	死亡	病老	退职	总数
警捕(中国)	40	25	3	10	3	81
警捕(俄籍)	1					1
门岗警捕	8	3	2	1	3	17
总数	49	28	5	11	6	99

门岗警捕之进退恒依雇主之需要而定,并非因失职而革退。

近四年之警捕损耗列次:

	撤革	告退	死亡	病老	退职
1931年	28	12	1	3	无
1932年	20	6	1	4	无
1933年	32	7	5	4	无
1934年	30	13	2	5	无

全体警员健康举止均表现良好。

本处职务进行深荷各区界警务人员暨公安局之协助,上述绑架及凶杀案之破获成效尤属显著。

综观前述各节,鄙人上年曾叙及本局警务职司之日形繁剧,查罪案、汽车肇事、违犯交通规章及违犯警章等各项统计靡不具此事实。年间高级警员已添增,全处职务并经彻底整理,故对于外勤之督饬比之以往已臻周密,予以时日,其成效自当更形灼见,是为鄙人所期望者也。

卫生股暨消防队报告另附于后。

警务处长 谭礼士

(一表)

1935年界内案犯统计

罪案类别	案件			人数			财物	
	报告件数	受理件数	检送法庭	逮捕	检送法庭	释放	失窃数目	缉获数目
携械抢案	4	4	1	3	3	—	$1,827.00	—
拐带	3	3	3	9	7	2	—	—
殴打成伤	53	53	52	118	116	2	—	—
殴打伤人妨害自由并擅行搜查他人	1	1	1	1	1	—	—	—
偷盗未遂	12	12	5	6	6	—	—	—
行窃未遂	3	3	3	3	3	—	—	—
谋窃未遂	23	23	15	22	17	5	—	—
谋骗未遂	3	3	3	12	12	—	1,230.00	$1,230.00
谋杀未遂	1	1	1	1	1	—	—	—
拦劫未遂	1	1	—	—	—	—	—	—
无拘票擅行逮捕未遂	1	1	1	2	2	—	—	—
帮同出售赃物	2	2	2	2	2	—	—	—
合谋撞骗	1	1	1	3	3	—	—	—
偷盗	33	33	9	14	12	2	5,513.40	1,294.50
招致人为奴虐待成伤	1	1	—	—	—	—	—	—
偷入兵营酒肆	2	2	—	8	—	8	199.00	—
贩售毒品私设烟馆	24	24	24	96	59	37	—	—
监守自盗	2	2	2	3	3	—	6,270.70	—
诈取暨诈取未遂	8	8	6	18	12	6	—	—
私行吊打逼取口供	1	1	1	1	1	—	—	—
撞骗	10	10	8	16	12	4	8,521.65	6,840.50
斗殴成伤	1	1	1	1	1	—	—	—
赌博斗殴成伤	1	1	1	5	5	—	—	—
花会赌博	2	2	2	3	3	—	—	—
偷盗货栈	1	1	1	1	1	—	—	—
行劫	10	10	3	4	4	—	384.00	145.00
开设赌局诈人钱财	1	1	1	8	2	6	—	—
开设赌局	20	20	19	99	45	54	—	—
开设娼寮	4	4	4	22	17	5	—	—

(续表)

违法私藏枪械	1	1	—	1	1	—	—	—
徘徊窥伺形迹可疑	8	8	7	11	9	2	—	—
恶意诬陷	4	4	4	4	4	—	—	—
制造海洛因	1	1	1	10	10	—	—	—
侵蚀款项	21	21	10	12	12	—	62,021.96	23,217.50
凶杀	1	1	—	—	—	—	—	—
欺骗诈财	1	1	1	7	5	2	50,000.00	40,000.00
腥赌诈财	1	1	1	21	10	11	—	—
妨害公德	4	4	4	6	6	—	—	—
收受赃物	4	4	4	5	5	—	226.00	226.00
使用伪钞	1	1	1	1	1	—	—	—
强抢	1	1	1	4	4	—	150.20	10.20
出售假商标烟卷	1	1	1	2	2	—	—	—
非法搜查他人	1	1	1	2	2	—	—	—
贩卖女子	2	2	2	4	4	—	—	—
贩卖私盐	2	2	2	2	2	—	—	—
吸食鸦片及海洛因	3	3	2	4	3	1	—	—
绺窃	538	538	294	335	302	33	17,898.99	8,915.21
小绺	1	1	1	1	1	—	24.00	12.00
威吓殴打	2	2	2	2	2	—	—	—
非法侵入住宅	10	10	10	11	11	—	—	—
非法监禁及行奸	1	1	1	21	5	16	—	—
1935年总数	838	838	520	947	750	197	$154,266.90	$81,890.91
1934年总数	699	685	341	648	472	176	$71,712.82	$19,768.45

(二表)

处理违犯本界规章人数统计

案件	犯罪人数		
	逮捕或被传到案	警诫后释放	取保释放或另行发落
1935年报告案件总数 7,069	9,895	873	9,022
1934年报告案件总数 3,157	5,350	2,134	3,216

案件统计又现增高,比之1934年计增3912起。

(三表)

1935年车辆肇事统计

	1月	2月	3月	4月	5月	6月	7月	8月	9月	10月	11月	12月	总计
汽车同汽车	2	3	3	2	3	—	1	1	1	1	6	7	30
汽车同电水自行车	—	1	1	—	1	—	—	—	—	1	—	—	5

（续表）

汽车同蒸汽机车	—	—	—	—	—	—	—	1	—	—	—	1
汽车同载重拖车	2	1	2	2	2	—	—	—	2	1	5	—	17
汽车同自行车	3	4	5	5	2	3	4	6	1	4	2	—	39
汽车同人力车	4	5	5	2	4	2	4	3	1	2	5	6	43
电水自行车同人力车	2	3	—	—	—	—	—	—	—	—	—	—	5
电水自行车同自行车	—	—	—	—	1	—	—	—	1	—	—	1	3
每月总计	13	17	16	11	12	7	9	10	7	8	19	14	143

1935年卫生报告

本租界年间并未发生任何严重流行传染病症,疹子虽有发现,尤以春季为甚,然病性尚称和缓。本年所接传染病报告:患疹子者共计65起,外籍住户计占57起,中国住户8起;腮腺热外籍住户13起,中国住户1起;水痘外籍住户共12起;百日咳外籍住户共9起;猩红热共只5起,外籍住户计占4起,中国住户1起。全年传染病报告之统计详卫生股统计表关于少数外籍住户显有多数报告,而多数中国住户反少传染病之报告,此项差别必系疏于报告,而非因中国住户得免病症传染也。

全年死亡统计:中国住户计337人,男性162人,女性175人。内因气管病症暨肺痨死亡者计117人,女性生殖器病者30人,中风者23人,心脏病者23人,惊风者12人,痢疾者12人,外籍住户计28人,内因气管暨肺痨炎死亡者显占多数,共计5人。各项细数详卫生股报告。

维多利亚医院隔离病院暨产妇调养院:各院住院人数已由医院主任列表于后。年间维多利亚医院院务纷繁,主任暨各护士热诚看护,成绩斐然,同人愿籍此志感,倘来年新医院之建筑仍缓进行者,则数项重要之换新剔旧暨设备添置须付之实现也。

隔离病院:该院添设之特别精神病室业经开用,效率灼然,其附设之肺病察验室以备初患痨症施行隔离者,颇合实在需要。

产妇调养院:该院事物有时烦剧异常,其主任穆女士暨各护士咸能处理井然,似应特予志述。

警务处病室:该室效用依然显著,被诊人数共计726人,上年之统计为463人,依警员总数590人,计每人每年平均占用3.705日。

给水:本租界给水除氟素外,其品质优良暨微菌清绝一如已往。

水中氟素:对此问题,同人与水道处工程师竭力彻底考查,所获材料概经该工程师汇集编列,陈送英国给水最高机关藉征意见,旋接得审慎之表示,据称倘市民之童稚继续充量食用此水者,结果津地可列为有斑牙风土病之区域,且童稚之患斑牙者或增多至90%。董事会有鉴于此,故于预算已列入相当款额用以准备充量辅用给水，专为童稚居民饮食之需，盖童稚市民之需水应仰给于此特别给水（其含氟成分当低于百万分之1.5）或其他无氟素之给水。

查本租界给水壮年居户饮之固绝无任何不良影响。

沟渠：界内渗坑概经按时检查执行清除，效用一若已往。墙子河仍按时由特备抽水机汲引。海河水量经旧有吹填推广界水管用事冲洗，该旧水管不久当易以较大径口之混凝土新水管。

菜市：本租界新建菜市构造适合，阳光空气暨给水靡不备极清洁。各居户如能饬令仆役不顾临卫生状况较次之菜市而专向该新菜市购买食品，则裨益居户健康当非浅鲜，盖其他零售菜蔬食品之处价格或较低贱，故仆役为利益计自不重视菜市之卫生状况也。

预防疯狗病毒注射：领有捐照豢狗之免费注射施行以来，多数犬只业经注射防毒针，颇著效用。来年仍当与法国工部局暨微菌试验院继续合作，故市民防范疯狗病毒之保障更当见效。

未经核准之建筑：年间此项建筑拆除之数几以千计，多数乃为贫苦居民用作住所者，其不洁状况极碍卫生，因此拆除不惟公共健康多一保障，其于防范传染病症并增利便也。

卫生医官　葛尔　大夫

卫生股1935年报告

塚[冢]园：年间广东道塚[冢]园埋葬灵柩2具，马厂道塚[冢]园埋葬灵柩26具，火葬炉共用12次。

运载病人汽车：该车除因马路遇险或输送贫苦病人暨驶往火警地点未计次数外，年间收费出赁共计164次。

本年英租界中国人民死亡统计列表附次：

年间界内发现中国人尸体共计30具，均系病故。

本年圈留后释放之犬数84只，圈留后杀除之犬数650只，总计734只。疑似疯犬4只。

警务处长　谭礼士

1935年英租界外国人死亡统计

死亡因由	男	女
中风	1	1
盲肠炎	—	1
气管支肺炎	—	1
胃癌	1	—
慢性脓疮	—	1
惊风	—	1
肠室扶斯	—	1
脂肪变性心脏	—	1
胃肠炎	—	1
枪击（自杀）	1	—
心脏病	1	—
痰决	—	1
中暑	1	—
内痔	1	—
小产	—	1
年老	1	—
腹膜疡	1	—
肺炎	4	—
服毒	—	1
发育过早	1	—
麻醉后呼吸停止	—	1
死胎	—	1
扁桃腺腐败	—	1
神经错乱时自服安眠药毒	1	—
	14	14
总计		28

1935年英租界中国人死亡统计

死亡因由	男	女
腹部胀大	1	—
腹部浮肿	—	2
腹部发炎	2	—
腹部毒瘤	1	—
流产	—	5
急性膀胱炎及慢性肾盂炎	—	1
急性胃炎及心脏内膜炎	1	—
急性痰决	—	1

（续表）

急性肾脏炎	1	—
急性肿喉	—	1
中风	15	8
盲肠炎	—	1
血管组织硬化	1	—
煤气熏毙	3	—
喘性肺痨	1	—
气管郁热	13	13
慢性气管支炎	1	—
气管支肺炎	1	1
胃癌	1	—
颊口腐烂	—	1
心疾	—	2
心脏炎	—	1
难产	1	4
慢性痰决	—	1
慢性肾脏炎	—	1
便秘	1	—
惊风	6	6
痢疾	7	3
赤痢	7	6
消化不良	—	2
肠炎	—	1
弱症	1	—
妇女病症	—	30
胃溢血	1	—
胃疡	—	1
胃炎	—	1
慢性胃炎肠炎	—	1
慢性胃肠炎	—	1
自缢	1	—
痰决	10	13
半身不随（遂）	1	—
吸海洛因	2	—
妇女忧郁病	—	1
小儿营养不足	—	1
胆囊发炎	1	—
流行性感冒	—	1
疯癫	1	—

(续表)

内痔		—	1
虚脱		4	3
麻疹		—	2
小产		—	1
肾脏炎		—	1
大肠闭结		5	6
鸦片毒		—	1
疯瘫		1	—
肺痨		4	2
肋膜炎		2	1
肺炎		6	3
衰弱		1	—
肺病		42	24
肺部血充		—	1
老迈衰弱		3	7
天花		1	3
胃病		6	3
(原件不清)		—	1
(原件不清)		—	1
(原件不清)		1	
结核性腹膜炎		1	
肺结核		1	1
溃疡		1	1
尿毒症		1	—
子宫瘤		—	1
总计		162	175
			337

1935年英租界暨其他区界传染病症报告统计

	英租界		法租界		意租界		日租界		特一区		特二区		特三区		华界		总计
	外人	华人	外人	华人	外人	华人	外人	华人	外人	华人	外人	华人	外人	华人	外人	华人	
猩红热兼喉症	—	—	—	—	3	—	—	—	—	—	—	—	—	—	—	—	3
脑膜炎	—	1	—	—	—	2	—	—	—	—	—	—	—	—	—	10	13
水痘	12	—	—	—	—	1	—	—	—	1	—	—	—	—	—	25	14
白喉	9	1	—	—	—	—	—	1	—	1	—	—	—	—	—	—	37
肠窒扶斯	5	1	—	—	—	1	—	35	—	—	—	—	—	—	—	—	98
丹毒	3	1	—	—	—	—	—	—	—	1	—	—	—	—	—	56	5
红疹	4	—	1	—	—	—	—	—	—	—	—	—	—	—	—	—	5

(续表)

病名																	总计
小脓疱疹	—	—	—	—	—	—	1	—	—	—	—	—	—	—	—	—	6
疟疾	6	—	—	—	—	—	—	—	—	—	—	—	—	—	—	—	6
疹子	57	8	7	—	5	—	—	—	21	—	—	—	1	7	—	—	106
腮腺热	13	1	1	—	—	—	—	—	3	—	—	—	3	—	—	—	21
副伤寒症	—	—	1	—	1	—	—	—	1	—	—	—	—	1	9	—	13
猩红热	4	—	—	—	4	—	2	—	—	—	—	—	—	—	13	—	25
猩红热（疑似症）	1	—	—	—	—	—	—	—	—	—	—	—	—	—	—	—	1
天花	3	5	10	—	3	—	11	—	—	—	—	—	—	—	60	—	92
天花（疑似症）	1	—	—	—	—	—	—	—	—	—	—	—	—	—	—	—	1
瘟热症	—	2	7	1	—	—	1	—	—	—	—	—	—	—	7	—	18
百日咳	9	—	—	—	1	—	9	—	—	—	—	—	—	—	—	—	19
总计	127	21	28	1	15	—	54	—	40	—	—	—	4	7	1	180	478

医院主任报告

维多利亚医院住院人数

内科	130
外科	21
手术割治	54
总数	205
死亡人数	13
住院日数总计	1,776 日
院外诊治按摩暨电气治疗	
X光照	75 次
按摩	60 次
院外诊治人数	200

产妇调养院住院人数

分娩	45
诊察	9
总计	54
产生死婴	2
死亡	1
占用床位日数	647 日

隔离病院住院人数

依国籍计		依病别计	
英	16	猩红热	6
美	3	水痘	2

(续表)

俄	3	白喉	1
中	7	疹子	14
德	3	风疹	1
法	2	红疹	1
阿米尼亚	2	天花	5
瑞士	1	丹毒	4
		脊髓麻痹	1
		神经病	1
		肺痨	1
总计	37		37
占用床位日数共			638 日
死亡			1 人

耀华学校 1935 年报告

引言

今年为本校成立之第九年，全校中小学各学级均已完全按照原来计划各种建筑大致粗备，而礼堂落成后遂于 4 月 9 日举行开幕典礼，莅会参观者除多数为学生家长外，尚有官厅代表暨中外名流颇众，各级学生均有选手表演歌舞、话剧，各种游艺颇博观众赞美。第四校舍自 4 月 15 日开始建筑后，于 10 月 15 日工竣，随即布置就绪。至 12 月初将小学女生 6 班迁入，而第二校舍学生人数遂因以减少，不致如从前之拥挤矣。又新建校门两座，一在围墙道，一在公学道，壮丽堂皇，为全校建筑生色不少也。

运动场：

本校运动场面积宽阔，现将布置就绪，中间有足球场，周围有 400 公尺长圆跑道，其旁有 200 公尺直线跑道。此外尚有篮球场 9，排球场 2，网球场 2，并为小学儿童备有沙盘 2，浪木 2，转塔 2，滑梯 2，摇船 4，每种均有双份者，以便男女生分别游戏之用也。

毕业生：

本年 6 月毕业生人数			
年级	男生	女生	总数
初中	22	17	39
高小	50	26	76
初小	36	34	70
成绩优良得有褒奖证书学生人数			
年级	男生	女生	总数
高中	5	2	7
初中	2	1	3
高小	1	2	3
初小	2	3	5

此次得褒奖证书较往年为少者，因本年规定之标准较高，学生之学业、品行、体育三者非有兼全而极优之成绩不能得此证书，以其难能可贵也。

英皇御极 25 周纪念奖学金：

今年 5 月 6 日为英皇御极 25 周纪念，天津英租界董事会议决由天津英国工部局提拨国币 12,000 圆，折合本租界五厘半公债票，分赠天津英文学校及本校，计两校各得公债票约 6,000 圆以为奖学基金，今年本校学生应得奖学金者之名列次：

男生：陈文毅、陈宗绪

女生：沙逸仙、朱湘琴

学生人数：

本年年终在校肄业学生实有 983 人，而交纳学费者有 1,001 人，因有学生自开学即未到校者，亦有因事因病中途休学或退学者。

现有学生 25 班，计中学 12 班，小学 13 班，因小学高级二年男生计有 2 组，其余各年级均男女生各一班也。

中小学各部详细人数			
年级	男生	女生	总数
高中	95	57	152
初中	128	85	213
高小	116	81	197
初小	226	195	421
总共	565	418	983

历年学生人数			
年期	男生	女生	总数
1927	29	17	46
1928	148	71	219
1929	211	126	337
1930	328	180	508
1931	393	231	624
1932	449	286	735
1933	485	317	802
1934	445	300	745
1935	565	418	983

本校学生人数增加之速率实出乎希望及意料之外，按照本校原来计划及设备殊觉拥挤，然本校纯为英租界纳税人子弟而设，则本界纳税人子弟之踊跃来校肄业者既日多，如其程度相当自不宜加以拒绝，惟本租界住户多系流动而非固定者，故学生亦时有进退，则今后学生之多寡自当视华北时局而为转移可断言矣。

卫生：

本校对于卫生向极注意，今年全校健康状况经过良好，并无重大病症发生。9月初开学后，全校学生循例均经医生检查身体，男生由梁宝畅大夫检查，女生由丁懋英大夫检查，结果极佳。女生虽有少数患沙眼症者，已请防盲医院田大文院长诊治。

图书馆：

本校图书馆已于1月间聘有武昌文华大学图书馆专科龙永信先生为管理员，书目业经编竣，各种图书已分类存入礼堂楼上书库内，并自下学期起，中小学男女生四部均备有书报阅览室，订有日报及定期刊物多种，以供师生参考阅览之需。明春如订购及豫约各书陆续送到，则校中图书将及2万册矣，但以本校师生1,000余人之需要观之，仍觉不敷阅览，今后深冀热心人士踊跃捐助，无论何种图书，果属有裨学行，靡不欢迎。

体育：

本校自加入天津体育协进会及体育促进会主办之各种比赛后，篮球赛则女生两次荣膺冠军，男生一次获得亚军；田径赛则女生及男生童子组均获冠军。今年10月10日全国运动大会，本校有女生8人、男生1人当选代表河北省赴沪与赛，但有女生3人因家庭关系未得前往。就上述情形观之，本校女生体育成绩较优，惟是以本校中学男生与大学男生比赛，成绩当然不敌，而大学女生之体育成绩以视，本校之中学女生似有逊色矣。

本校小学部学生今年秋季在民园参加第五区体育观摩会，总分名列第三。

本校童子军于10月26日在民园参加万国童子军表演，比赛与赛者有英、法、美、中、日、俄等国童子军，而唯一之丝织锦标为本校夺得。中外参观人士及与赛者靡不同声称赞，今后仍当努力演习，以副各界期许之至意焉。

校长　赵天麟

耀华学校截至1935年12月31日止之收支统计

支出				收入			
预算			决算	预算			决算
			法币				法币
78,926.00	教职员薪金年积金暨年终奖金		75,176.10	77,500.00	英工部局协款		80,795.04
5,920.00	校役工资年终奖金		5,021.29	35,091.00	学费		40,418.95

(续表)

1,200.00	医药费暨卫生费	1,115.41	—	利息	265.66
1,014.00	保险	1,078.59			
6,000.00	煤炭电灯暨自来水	3,457.60			
2,500.00	修理暨保持费	2,512.35			
2,500.00	纸张暨印刷	2,196.35			
1,500.00	体育用具	1,466.34			
396.00	电话	318.50			
2,500.00	杂项	1,929.16			
300.00	课本	257.12			
1,500.00	临时费用	1,130.48			
4,351.00	准备金存储	4,350.85			
2,000.00	试验室费用	1,097.28			
240.00	例假费用准备金	240.00			
1,744.00	结余列入建设项下	20,132.23			
112,591.00		121,479.65	112,591.00		121,479.65

耀华学校截至1935年12月31日止之结算单

债务		资产	
	法币		法币
零星债务	27,455.83	地亩 第1段第343号计52,945亩，每亩值5,930.07元	313,967.56
学生存款	9,908.35	校舍	
准备金	16,619.36	第一校舍	129,400.86
例假费用	1,200.00	第二校舍	129,058.34
保管款项（奖学金）	6,000.00	第三校舍	132,281.85
奖学金（积存利息）	229.18	第四校舍	138,911.08
建设项下	65,897.64	校役室	1,482.00
特别建筑费	66,431.56	礼堂	249,316.50
临时债务（参照封页）核定建筑费用未清部分	23,918.36	校舍里院铺砌	14,342.00
		院墙暨学校正门	21,741.34
总结余	1,244,361.76	——	816,533.97
		未清付之建筑费用（参照封页）	23,918.36
		家具	59,296.58
		科学仪器	49,629.41
		参考书籍	4,934.24
		投资项下（实价）	20,092.89
		零星欠户	7,014.88

			（续表）
		预备售与学生之书籍文具	1,277.37
		定期存款	5,000.00
		现款	100.00
		英工部局流水账	160,256.78
	————		————
	1,462,022.04		1,462,022.04

敝公司已将上列截至 1935 年 12 月 31 日止之结算单审核，并得有一切闻料暨解释，其所列投资业经查核。据敝公司所知并参照供给之说明暨簿册所列注解，该结算单之开列用以表示耀华学校之正确财政状况是系正当。

汤生公司

特许查账稽核员

天津　1936 年 1 月 15 日

耀华学校截至 1935 年 12 月 31 日止之建设项下

	法币		法币
校址院地填土	844.24	1934 年度结存余款	49,196.66
科学仪器	1,819.55	家具暨科学仪器项下准备金之结余转移	961.46
家具	544.50	1935 年度收支相抵结存余款	20,132.23
参考书籍	1,184.42		
结余移至 1936 年账下	65,897.64		
	————		————
	70,209.35		70,290.35

截至 1935 年 12 月 31 日止之特别建筑费

1935 年度支出：			
	法币		法币
家具	32,369.80		
学校正门	8,465.48	1934 年结存余款	76,420.90
校舍里院铺砌	4,006.00		
		1935 年指拨特别建筑费	210,000.00
校舍项下：			
第一校舍:房屋	236.85		
第三校舍:房屋	311.05		
第三校舍:装修设备	339.20		
第四校舍:房屋	112,946.25		
第四校舍:装修设备	25,964.83		
礼堂:建筑	24,492.85		
礼堂:装修设备	7,260.04		
第一暨第三校舍:屋顶防止漏水	3,596.99		
	————		
	175,148.06		

(续表)

结余移至1936年账下	66,431.56		
	———		———
	286,420.90		286,420.90

耀华学校1936年预算

收入		支出	
	法币		法币
学费	35,100.00	教职员薪水年积金及年终奖金	79,343.00
英工部局协款(约数)	77,500.00	校役及门警工资及年终奖金	5,896.00
		修缮维持及添置设备费	2,500.00
		医药及卫生设备	1,000.00
		煤炭电灯及自来水	5,000.00
		文具纸张及印刷品	2,500.00
		保险费	1,142.00
		电话费	396.00
		杂项	3,000.00
		准备款项	5,273.00
		临时用途	1,000.00
		试验室及体育场费用	2,000.00
		课本	300.00
		体育费用	2,500.00
		例假费用准备	240.00
		约计余款	510.00
	———		———
	112,600.00		112,600.00
		建设费支出	法币
		体育场	1,500.00
		科学仪器等	1,500.00
		参考书籍图画等项	2,000.00
			———
			5,000.00

空地保管团
体育场
截至 1935 年 12 月 31 日止之收支统计

支出		收入	
	法币		法币
修理暨保持费：			
运动场	284.90	英工部局协款	2,140.00
凉亭	690.61		
看台	200.00		
	——1,175.51	地租	2,370.93
电灯暖气暨用水	269.42	利息	114.69
保险	75.10		
工资	554.60		
地捐	42.69		
普通费用	391.41		
司事年积金	78.64		
稽核账目费	25.00		
折旧：			
安德森凉亭	408.67		
卫生设备	81.46		
围墙等	73.08		
新凉亭	50.90		
设备暨装件	85.92		
	——700.03		
本年度收支相抵结存余款转入结算单内	1,313.22		
	4,625.62		4,625.62

截至 1935 年 12 月 31 日止之结算单

债务		资产	
	法币		法币
折旧项下：			
安德森凉亭	7,238.08	地亩	
设备	758.13	面积 85.384 亩，每亩价法币 6,000 元	512,304.00
围墙	956.27		
木质看台	954.00		
新凉亭	136.82		

（续表）

支出		收入	
		房屋	
		安德森凉亭	28,150.00
		围墙暨大门	11,362.69
	—10,043.30	新凉亭	19,854.00
		木质看台	1,004.00
司事年积金	834.68		—60,370.69
零星债务	515.00	折旧不敷项下	7,401.37
收入项下		汇丰银行	
上次账目结余	97.89	定期存款	2,060.00
增加:本年盈余之数	1,313.22	流水账	3,342.72
	—1,411.11		—5,402.72
总结余账目	572,674.69		
	—585,478.78		—585,478.78

敝公司已将上列结算单连同空地保管团之簿册暨账目审核,并得有一切所需闻料暨解释。据敝公司考核所知并参照保管团供给之说明书暨簿册所列注解,该结算单之开列用以表示保管团之实在正确财政状况是系正当。

汤生公司
特许查账稽核员

天津　1936年1月28日

空地保管团
民园
截至1935年12月31日止之收支统计

支出		收入	
	法币		法币
园产建设暨改良	1,818.70	英工部局协款	5,760.00
修理暨保持费:		运动场赛跑路线	
看台	265.80	用具租金	752.00
园地	618.04		
		利息	54.48
	—883.84		
运动费用:			
赛跑路线	197.10		
扁棒球	168.20		
足球	77.80		
	—443.10		
园地员役工资	1,440.00		
普通费用	338.45		
电灯暖气暨用水	422.70		

(续表)

地租	28.65		
保险	7.00		
稽核账目费	25.00		
折旧：			
"甲"号看台	200.90		
"乙"号看台	192.56		
围墙等	421.77		
	——— 815.23		
本年度收支相抵结存余款转入结算单	343.81		
	6,566.48		6,566.48

截至1935年12月31日止之结算单

债务		资产	
	法币		法币
折旧项下：		地亩：	
"甲"号看台	200.90	维多利亚花园	
"乙"号看台	192.56	面积18,238亩，每亩价法币	547,140.00
围墙暨栏杆	421.77	30,000元	
木质看台	504.51	民园	229,200.00
		面积57.3亩，每亩价法币	
		4,000元	
	——— 1,319.74		——— 776,340.00
		建筑项下：	
零星债务	475.00	"甲"号看台	7,161.29
		"乙"号看台	9,291.00
		围墙暨栏杆	15,028.23
		木质看台	554.51
收入项下：			
上次账目结余	631.08		
增加：本年盈余之数	343.81		
	——— 974.89		——— 32,035.03
总结余账目	818,699.26		
		设备增添改善：	
		运动场	3,721.68
		泄水布置	2,512.86
		赛跑路线	3,231.71
		电钟暨评判员看台	312.49
			——— 9,778.74
		汇丰银行	3,315.12
	821,468.89		821,468.89

敝公司已将上列结算单连同空地保管团之簿册暨账目审核，并得有一切所需闻料暨解释。据敝公司考核所知并参照保管团供给之说明书暨簿册所列注解，该结算单之开列用以表示保管团之实在正确财政状况是系正当。

汤生公司
特许查账稽核员
天津　1936年1月28日

空地保管团
1936年预算
体育场

收入		支出	
	法币		法币
英工部局协款	1,200.00	折旧	735.00
地租金：		地捐	45.00
网球	780.00	保险	80.00
足球	150.00	电灯	50.00
滑冰	200.00	用水	75.00
冰球	65.00	暖气	160.00
新凉亭	500.00	职员工资	300.00
鸡毛球	30.00	司事工资	275.00
	——1,725.00	司事年积金	85.00
		花园暨园地修理暨保持费	300.00
		凉亭修理暨保持费	100.00
		普通费用	400.00
		木质看台	50.00
		临时用途	270.00
	———		———
	2,925.00		2,925.00

民园

收入		支出	
	法币		法币
英工部局协款	3,000	地捐	30.00
地租金：		保险	10.00
英国兵营	450.00	电灯	60.00
美国兵营	200.00	暖气	100.00
新学书院	100.00	用水	300.00
天津运动会	100.00		
英文学堂	50.00	看台修理暨保持费	300.00
圣母会	25.00	园地修理暨保持费	600.00
德侨运动会	25.00	工资	1,450.00
犹太学堂	15.00	普通费用	350.00
开滦矿务局	50.00	足球	80.00
	——1,015.00	扁棒球	200.00
		运动	300.00
		折旧	125.00
		临时用途	110.00
	4,015.00		4,015.00

1934年与1935年各月码头捐收入比较表

英租界河坝

月份	进口 1934 通用国币	进口 1935 通用国币	1935减 通用国币	1935增 通用国币	出口 1934 通用国币	出口 1935 通用国币	1935减 通用国币	1935增 通用国币	进口出口总数 1934 通用国币	进口出口总数 1935 通用国币	1935年总数 减通用国币	1935年总数 增通用国币
1月	5,466.79	5,871.12	—	404.33	5,137.01	4,196.84	940.17	—	10,603.80	10,067.96	535.84	—
2月	4,616.95	5,135.24	—	518.29	3,917.32	2,098.29	1,819.03	—	8,534.27	7,233.53	1,300.74	—
3月	8,882.66	9,505.99	—	623.33	5,156.21	4,084.59	1,071.62	—	14,038.87	13,590.58	448.29	—
第一季	18,966.40	20,512.35	—	1,545.95	14,210.54	10,379.72	3,830.82	—	33,176.94	30,892.07	2,284.87	—
4月	9,683.72	9,194.11	489.61	—	4,150.86	3,659.60	491.26	—	13,834.58	12,853.71	980.87	—
5月	9,238.76	9,187.79	50.97	—	4,517.97	4,230.58	287.39	—	13,756.73	13,418.37	338.36	—
6月	7,314.59	5,823.85	1,490.74	—	3,670.97	2,846.79	824.18	—	10,985.56	8,670.64	2,314.92	—
第二季	26,237.07	24,205.75	2,031.32	—	12,339.80	10,736.97	1,602.83	—	38,576.87	34,942.72	3,634.15	—
上半年	45,203.47	44,718.10	485.37	—	26,550.34	21,116.69	5,433.65	—	71,753.81	65,834.79	5,919.02	—
7月	9,872.21	7,087.98	2,784.23	—	2,747.68	3,271.81	—	524.13	12,619.89	10,359.79	2,260.10	—
8月	9,783.96	6,509.09	3,274.87	—	9,969.21	2,889.19	7,080.02	—	19,753.17	9,398.28	10,354.89	—
9月	7,410.60	7,342.68	67.92	—	4,911.55	2,966.48	1,945.07	—	12,322.15	10,309.16	2,012.99	—
第三季	27,066.77	20,939.75	6,127.02	—	17,628.44	9,127.48	8,500.96	—	44,695.21	30,067.23	14,627.98	—
9个月总计	72,270.24	65,657.85	6,612.39	—	44,178.78	30,244.17	3,934.61	—	116,449.02	95,902.02	20,547.00	—
10月	8,373.62	9,834.22	—	1,460.60	8,208.50	3,952.72	4,255.78	—	16,582.12	13,786.94	2,795.18	—
11月	6,321.55	6,472.04	—	150.49	4,832.21	4,660.47	171.74	—	11,153.76	11,132.51	21.25	—
12月	7,141.30	5,733.76	1,407.54	—	4,002.15	4,700.25	—	698.10	11,143.45	10,434.01	709.44	—
第四季	21,836.47	22,040.02	—	203.55	17,042.86	13,313.44	3,729.42	—	38,879.33	35,353.46	3,525.87	—
全年总计	94,106.71	87,697.87	6,408.84	—	61,221.64	43,557.61	17,664.03	—	155,328.35	131,255.48	24,072.87	—

总数净减通用国币 24,072.87

1936年1月4日　　码头捐主任 刘锡三

财政报告

兹为汇报 1935 截至 12 月 31 日止之财政统计,谨将下列报告附陈察核:
总务经常收入
此项收入比之预算所列总数几无差异,其显有不同者只两项:一、菜市收入因铺房暨摊位之未能完全出赁及以后减租影响,故比之预算约计减收洋 7,000 元;二、利息项下因年间存放固定短期款额计增益洋 3,000 元。
总务经常支出
总务管理项下实支总数比较预算约计增支 7,400 元。
因及时预结金镑汇兑行市,节减之处颇多,计天津英文学堂协款项下即节减洋 10,000 元。
管理项下增支之全数系因核准秘书暨其眷属赴欧旅费。
卫生股支出之增加爰系审查氟素之费用计洋 5,100 元。
查临时费项下预算原列洋 5,000 元,实支之数计洋 21,500 元,强其节目列次:

昨年大会核准
英皇御极 25 周纪念奖学金　　　　　　　　　　　　　计洋 12,000 元
狄更生君奖学金:各界捐款只洋 910 元　　　　　　　　洋 5,090 元
庆祝 25 周纪念费用　　　　　　　　　　　　　　　　洋 3,344 元
警务处
业经核准之追加服装费计洋 3,500 元。
门岗警捕项下收入之减少,因中国警捕薪工支付计有撙节,故彼此相抵。
工程处
该处支出因中街加宽,征用新泰兴洋行地亩暨房产,补偿价额超越预算殊钜,故增支洋 3,000 元,否则该处实支总数比较预算应现撙节约计洋 11,000 元。
总务特别支出
马路加宽项下,警务宿舍暨菜市建筑项下,年间俱有核准之追加,故此项

支出比之预算计增支洋 16,000 元。

电务处

售电收入：售电收入比之预算计增收洋 5,200 元，普通用户电灯及电马力项下计有增收，惟因特一区用电之减少而相抵。

经常支出：此项支出计撙节洋 9,600 元，故实在盈余之数比之预算所列计增洋 14,800 元。

购置项下：新建筑费用比预算所列计增支洋 9,000 元，惟年间发电机件几无添置。分输机件项下之支出比之预算并颇现削减，故购置支出总数比较预算计减支洋 13,700 元。

水道处

售水收入：全年各项售水收入较比预算稍形增益。

经常支出：此项支出比之预算计减支洋 6,000 元。

全年经营结余比较预算所列计增洋 7,000 元。

统计总结

综核各项经常收支之实在结余比之预算所列计减洋 1,100 元，全年各项收支总结不敷实数，比较预算计增洋 4,000 元。

年间并未发行任何新债券，但清偿旧债券之款额计达洋 410,000 元。

计至年底止电务处新建筑暨耀华学校新校舍之最后一期付款未经支付，故银行透支之数比之预算所列计减支洋 60,000 元。

所有账册业经特许查账稽核员汤生公司查核，其稽核证书附列于总结算单。

会计处长　莫尔德

1935年财政统计
暨1936年预算

1935年经常收支预决算比较截至12月31日

收入					
1935年收入预算			1935年收入决算截至12月31日止		
法币					法币
			地亩捐：		
	249,709.00		已填地	249,715.76	
	1,076.00		未填地	1,076.23	
250,785.00					250,791.99
			房产捐：		
	541,000.00		依据估定房产全年租值	546,492.94	
	54,100.00		减去：减收之数	53,159.05	
	486,900.00			493,333.89	
	13,500.00		减去：退还之数	19,284.45	
473,400.00					474,049.44
			河坝收入：系船费		
		64,200.00	租定船位	64,237.50	
		27,300.00	备租船位	27,578.36	
		7,300.00	驳船	9,033.25	
	98,800.00			100,849.11	
	1,800.00		减去：费用	1,738.32	
97,000.00					99,110.79
5,930.00			转头船位租金		5,930.00
			执照捐：		
	92,000.00		人力车	95,495.00	
	70,000.00		大车暨排子车	62,428.10	
	2,200.00		商铺执照捐	2,412.00	
	500.00		杂项	1,425.00	
	2,200.00		马车	2,134.00	
	8,800.00		旅馆暨售酒执照捐	7,310.00	
	3,300.00		犬捐	5,304.50	
	1,200.00		押当铺	1,200.00	
	5,200.00		自行车	5,615.00	
	34,000.00		汽车	36,456.21	
	1,500.00		汽车捐牌司机暨牛奶房等	1,793.70	
	13,000.00		小本营生	12,000.00	
	2,000.00		河坝货摊	2,112.00	

（续表）

	235,900.00			235,685.51	
	15,040.00		减去:费用	16,036.05	
220,860.00					219,649.46
			菜市收入：		
		8,100.00	铺面	6,905.00	
		10,000.00	摊位	6,768.00	
	18,100.00			13,673.00	
	8,100.00		减去:费用	10,734.20	
10,000.00					2,938.80
			零星收入：		
	17,104.00		杂项	19,710.55	
	16,896.00		租金	15,745.10	
34,000.00					35,455.65
			码头捐：		
	128,000.00		收入	129,737.35	
	11,300.00		减去:费用	11,523.19	
116,700.00					118,214.16
			利息：		
			分处来往利息：		
	75,500.00		水道处拨付之数	74,828.68	
	1,200.00		减去付给电务处之数	449.66	
	74,300.00			74,379.02	
	5,500.00		流水账暨保管款项	8,322.81	
79,800.00					82,701.83
1,288,475.00					1,288,842.12

1935年支出预算			1935年支出决算截至12月31日止		
法币				法币	
			支出		
	118,370.00		管理人员俸给暨工资	116,554.72	
	47,000.00		总务公费	52,978.69	
	165,370.00			169,533.41	
			减去:可由电务处水道处归还之数		
		26,700.00	电务处	26,700.00	
		17,100.00	水务处	17,100.00	

（续表）

		43,800.00				43,800.00	
121,570.00							125,733.41
				工部局办公处费用：			
		8,950.00		零星费用		8,149.41	
		450.00		减去:可由戈登堂归还之数		690.00	
8,500.00							7,459.41
				捐助项下：			
		2,140.00		体育场保管团		2,140.00	
		5,760.00		民园保管团		5,760.00	
		225.00		俄国医院		1,425.00	
		150.00		俄国侨民社		150.00	
		3,000.00		马大夫医院		2,995.23	
		445.00		安立甘教堂		445.00	
		445.00		耶稣教合众会堂		445.00	
		445.00		女青年会		445.00	
		741.00		天津妇女慈善会		741.00	
13,351.00							14,546.23
31,800.00				养老金			29,455.02
				工部局警备队：			
20,000.00				杂项			20,000.00
				工部局藏书楼：			
		310.00		薪俸		310.60	
		597.00		零星费用		432.59	
		993.00		协款		993.00	
1,900.00							1,736.19
				隔离病院：			
			14,370.00	薪俸	14,052.27		
			12,050.00	零星费用	8,739.78		
		26,420.00				22,792.05	
			2,220.00	减去:法工部局协款	2,220.00		
			6,000.00	病人住院费	3,173.82		
		8,220.00				5,393.82	
18,200.00							17,398.23
				维多利亚医院：			
			20,130.00	薪俸	22,177.85		
			24,270.00	零星费用	21,707.27		
		44,400.00				43,885.12	
			20,000.00	减去:病人住院费	22,038.16		
24,400.00							21,846.96
				产妇调养院：			

（续表）

		10,500.00	薪俸	9,313.06		
		14,100.00	零星费用	14,053.18		
	24,600.00				23,366.24	
	8,000.00		减去:病人住院费		9,076.37	
16,600.00						14,289.87
			卫生股:			
		1,485.00	卫生医官费	1,482.52		
		2,620.00	卫生股职员	2,764.05		
		—	氟素研究	5,106.14		
		2,295.00	零星费用	2,002.83		
	6,400.00				11,355.54	
	1,300.00		减去:入款		1,716.00	
5,100.00						9,639.54
			戈登堂:			
		2,500.00	零星费用	2,818.99		
		1,200.00	减去:赁用费	1,715.00		
1,300.00						1,103.99
			天津英文学堂:			
118,420.00			（须准予拨付之协款按纳捐外人登记管业之地亩暨房产估定产值现时总计值合 48,766,121 元，依每 1 万元拨付 18 元计，须拨付之数合 87,779.02 元，按 67,45283 行市核成银两再按 2 先令 8 便士汇兑行市折合英金 7,894 镑 11 先令 10 便士，再按 1 先令 4 便士行市核算折合法币 108,684.61 元）			108,684.61
			耀华学校:			
80,795.00			（须准予拨付之协款按纳捐中国人登记管业之地亩暨房产估定产值现时总计值合 44,886,135 元，依每 1 万元拨付 18 元计，须拨付之数合法币 80,795.04 元）			80,795.04
			债券保管团项下:			
432,006.00			核定每年偿付各借款本利之准备			432,006.30
550.00			墙子河维持费			582.13
21,290.00			偿还继续皇家租契用款			21,336.40
5,000.00			临时项下			21,528.36
920,782.00						928,141.69

特别支出

法币

	耀华学校：建筑协款	
210,000.00		210,000.00

警务处

1935年支出预算		1935年支出决算截至12月31日止
法币		法币
259,177.00	警务处员役暨办公室职员薪俸	254,624.53
124,523.00	普通杂费	129,200.03
——		——
383,700.00		383,824.56
39,160.00	减去：住户雇用门岗警捕缴费	36,556.50
——		——
344,540.00		347,268.06

消防队

1935年支出预算法币		1935年支出决算截至12月31日止
9,335.00	华洋人员薪俸	6,979.70
8,725.00	普通杂费	8,213.75
20,000.00	新救火机	20,000.00
——		——
38,060.00		35,193.45

工程处
经常支出

1935年支出预算		1935年支出决算截至12月31日止
法币		法币
50.00	桥梁：保持费	—
300.00	河坝暨码头：保持费	237.15
300.00	土坝（预防水灾）：保持费	217.62
156,469.00	工程师费用：薪俸暨工资	154,728.11
22,175.00	杂费	20,232.62
178,644.00 ——		—— 174,960.73
14,000.00	厕所暨秽水沟眼：保持费	9,590.12
8,150.00	工部局房产：普通保持费	12,169.62

天津英工部局1935年董事会报告暨1936年预算

（续表）

	机件暨工具项下：	
7,900.00	保持费暨经常费	10,539.37
1,300.00	逐年修理	1,558.73
1,200.00	购新补旧	1,679.94
10,400.00		13,778.04
	公共院所：	
1,300.00	隔离病院	976.40
1,950.00	维多利亚医院	1,850.63
500.00	产妇调养院	495.70
500.00	菜市	492.94
4,250.00		3,815.67
	马路、便道、路边石暨阴沟项下：	
42,000.00	马路、便道、路边石暨阴沟保持费	37,019.90
3,000.00	暴雨水沟普通修理费	3,194.41
1,500.00	冲洗阴沟费	2,748.92
7,500.00	载重汽车、汽油、工资暨材料	7,500.00
54,000.00		50,463.23
25,000.00	马路加宽	39,268.39
	路政项下：	
3,000.00	更换路灯	1,236.79
21,600.00	清道、冲洗马路暨水沟	18,670.23
29,900.00	收敛垃圾	30,612.42
3,500.00	扫除积雪	102.59
11,080.00	洒水暨散沙	7,947.19
69,080.00		58,569.22
26,000.00	公园暨花园	30,057.69
390,174.00		393,127.48

1935年支出预算 法币		1935年支出决算截至12月31日 法币
	器械暨购新补旧：	
10,000.00	工程处	9,582.82
1,000.00	维多利亚医院	757.42
500.00	隔离病院	46.20
2,600.00	秘书处暨会计处	2,524.87
300.00	产妇调养院	110.80
14,400.00		13,022.11

特别支出

法币		法币
	新建筑暨添盖房屋：	
3,500.00	新建医院	3,026.50
1,800.00	中街警务处新建汽车房4间	1,679.87
11,000.00	红墙道警务宿舍	12,844.26
—	伦敦道警务宿舍	9,185.05
—	中街警务宿舍	414.11
5,000.00	伦敦道花园	6,744.00
—	菜市	2,755.79
3,700.00	新建电务处陈列室	3,794.36
25,000.00——		——40,443.94
	地亩：	
125,441.00	推广界第43段第399号地	125,441.14
9,520.00	第51段第377号地	9,519.23
15,541.00	第47段第373号地	15,541.44
	加宽马路：	
300.00	推广界第68段第364号丙字地	232.32
3,000.00	第9段第91号、92号、96号暨115号等地	—
—	第25段第287号地	435.41
—	扩充界第8段第178号地	3,880.03
—	老租界第8段第12号甲字地	4,258.98
8,256.00	第8段第14号地	8,256.84
162,058.00——		——167,565.39
43,000.00	阴沟	42,561.31
3,000.00	锅形沟眼	1,458.00
7,500.00	暴雨水沟暨河坝便道	4,218.14
119,150.00	马路	124,938.82
5,000.00	便道	3,757.61
5,000.00	临时用途	671.07
369,708.00		385,614.28

电务处
1935年营业账目

支出			收入		
支出预算	1935年支出决算截至12月31日止		收入预算	1935年收入决算截至12月31日止	
法币		法币	法币		法币
202,065.00	发电费用煤炭工资等	204,242.23	518,119.00	售与用户电价	524,786.45
	发电机件：		149,460.00	售与特别一区电价	142,185.20
24,600.00	修理暨保持费	21,665.66	11,559.00	用户自有路灯	12,459.40

(续表)

28,000.00		分输机件：修理暨保持费	21,586.87	22,200.00	售与英工部局办公处暨附属处所电价		21,046.20
				197,496.00	电马力		204,284.74
		路灯机件：		14,000.00	零星收入		13,288.74
5,750.00		修理暨保持费	5,487.57				
		工具：					
1,920.00		修理暨保持费	1,642.26				
		出租机件：					
3,400.00		修理暨保持费	2,943.58				
		家具装件暨运输：					
1,110.00		修理暨保持费	917.75				
		经理费用：					
	69,840.00	薪俸暨工资	67,935.29				
	17,350.00	杂项	17,410.09				
87,190.00	—		85,345.38				
26,700.00		总务管理项下	26,700.00				
		会计处：					
	11,880.00	中国职员薪俸	11,598.60				
	2,700.00	杂项	3,223.25				
14,580.00	—		14,821.85				
200.00		利息	950.34				
90,500.00		折旧	92,420.98				
1,000.00		加添之零星机件	953.10				
4,100.00		陈列室费用	3,487.19				
—							
491,115.00			483,164.76				
421,719.00		收入超过支出之数	434,885.97				
—			—	—			—
912,834.00			918,050.73	912,834.00			918,050.73

电务处
购置支出

法币		法币
142,440.00	房屋	151,460.40
10,030.00	发电机件	78.07
35,348.00	分输电机	26,968.85

（续表）

	5,290.00	路灯机件	4,742.17
	730.00	工具	470.30
	220.00	备租机件	40.60
	2,100.00	仪器	160.40
	4,012.00	家具装配零件暨运脚	2,494.80
	———		———
	200,170.00		186,415.59

电务处
1935年结算单截至12月31日止

债务		资产	
	法币		法币
零星债务暨积欠	52,556.82	零星欠户暨欠项结余	124,358.25
用户押款	117,166.00	材料存储	121,299.58
寄售商品（参照对页）	20,234.13	陈列室商品	6,673.04
折旧存储	1,582,971.51	寄售商品（参照对页）	20,234.13
资产存储	514,179.51	伦敦金镑账	4,990.04
英工部局流水账	152,542.10	购置项下：	
		地亩	54,890.07
		房产	358,367.23
		发电机件	1,107,405.93
		分输电机	540,268.17
		路灯机件	42,637.47
		备租机件	30,882.32
		电气仪器	3,575.89
		工具机件	6,182.12
		家具装配零件暨运脚	17,885.83
	2,439,650.07		2,439,650.07

1935年12月31日止

敝公司已将上列截至1935年12月31日止之结算单审核，并得有一切所需闻料暨解释。据敝公司考核所知并参照工部局供给之说明暨簿册所列注解，该结算单之开列用以表示工部局之实在正确财政状况是系正常。

汤生公司
特许查账稽核员
天津　1936年2月17日

水道处
1935年营业账目

支出预算	支出	1935年支出决算截至12月31日止	1935年支出决算截至12月31日止		收入	1935年收入决算截至12月31日止	收入预算截至12月31日止
法币		法币	法币			法币	法币
	巴克斯道"甲"号机厂：				售与用户水价	280,992.00	285,835.62
	抽水费用：				售与轮船水价	5,732.00	6,724.00
32,567.00	经常费	37,412.00			售与英工部局办公处暨附设处所水价	28,716.00	24,647.34
940.00	修理暨保持费	873.31			房租暨杂项	3,000.00	2,426.89
33,507.00		—	38,285.31				
	厂内水管暨节水门：						
100.00	修理暨保持费		85.11				
	滤水池：						
50.00	修理暨保持费		90.51				
	澄水池：						
100.00	修理暨保持费		79.01				
	"甲"号机厂厂房：						
1,570.00	修理暨保持费		1,941.08	40,481.02			
	达克拉道"乙"号机厂：						
	抽水费用：						
19,232.00	经常费	18,135.59					
500.00	修理暨保持费	626.10					
35,327.00							

（续表）

项目				
	19,732.00	—		
厂内水管节水门：				
修理暨保持费	50.00	18,761.69		
"乙"号机厂房：				
修理暨保持费	560.00	11.00		
		849.47		
伦敦道"丙"号机厂：				
抽水费用：	20,342.00	—		
经常费		15,774.62	19,622.16	
修理暨保持费	18,702.00	315.85		
	500.00			
厂内水管节水门：	19,202.00	16,090.47		
修理暨保持费	50.00	27.86		
"丙"号机厂房：				
修理暨保持费	300.00	249.59		
总水管、水龙头暨接水材料：	19,552.00	—	16,367.92	
修理暨保持费	10,330.00	1,028.45	10,347.85	
机件暨工具：				
修理暨保持费	750.00	83.27		
购新补旧	750.00			
	1,500.00	—	1,111.72	
租用机件：				
水表修理暨保持费	2,750.00	—	2,349.96	

（续表）

水龙头售水费		1,118.49		1,256.00
工程人员暨办公费用：				
华洋职员薪俸	52,759.44			53,747.00
杂项	9,871.05			12,782.00
		62,630.49		66,529.00
管理项下：				
总务		17,100.00		17,100.00
会计处：				
中国职员薪俸	6,490.00			6,490.00
杂项	1,449.31			1,400.00
		7,939.51		7,890.00
消防设备：				
经常费	2,953.04			3,580.00
修理暨保待费	681.55			1,030.00
		3,634.59		4,610.00
零星机件添置		214.00		
保险准备金		6,131.97		6,140.00
折旧		46,961.48		47,914.00
利息		74,828.68		75,600.00
		310,839.84		316,840.00
收入超过支出之数		8,794.01		1,600.00
		319,633.85	318,440.00	318,440.00
		319,633.85		

水道处
购置支出

法币		法币
18,250.00	总水管暨水龙头	19,203.47
3,000.00	接水材料	2,753.15
7,500.00	出租机件：水表	7,230.61
200.00	家具,装配零件暨仪器	450.11
————		————
28,950.00		29,637.34

水道处
1935年结算单截至12月31日止

债务	法币	资产	法币
零星债务暨积欠	11,378.65	零星欠户暨欠项结余	32,316.53
用户押款	18,908.40	材料存储	73,716.86
折旧存储	297,498.57	购置项下：	
购置存储	66,690.19	地亩	175,831.54
		机器	4,269.86
英工部局流水账	1,075,301.83	家具暨装配零件	3,140.03
		移动机件	3,717.00
		滤水池	8,774.68
		澄水池	7,482.51
		沉渣池	7,187.79
		总水管暨水龙头	500,364.58
		用户水表	98,711.49
		工具机件	9,674.94
		自流井计划项下自流井房屋机厂暨机器	
		"甲"号机厂	294,565.28
		"乙"号机厂	191,943.02
		"丙"号机厂	58,081.53
	————		————
	1,469,777.64		1,469,777.64

1935年12月31日止

敝公司已将上列截至1935年12月31日止之结算单审核,并得有一切所需闻料暨解释。据敝公司考核所知并参照工部局供给之说明暨簿册所列注解,该结算单之开列用以表示工部局之实在正确财政状况是系正当。

汤生公司

特许查账稽核员

天津　1936年2月17日

1935年财政统计总结截至12月31日止

	1935年4月10日选举人大会通过之预算		1935年收入支出决算	
	收入法币	支出法币	收入法币	支出法币
经常项下：				
工部局总务账目	1,288,475.00	1,707,956.00	1,288,842.12	1,716,752.79
电务处	912,834.00	491,115.00	918,050.73	483,164.76
水道处	318,440.00	316,840.00	319,633.85	310,839.84
汇兑行市节余	13,000.00	—	—	—
结剩余款	—	16,838.00	—	15,769.31
	2,532,749.00	2,532,749.00	2,526,526.70	2,526,526.70
特别项下：				
上列结余	16,838.00	—	15,769.31	—
总务特别支出	—	369,708.00	—	385,614.28
电务处:购置支出	—	200,170.00	—	186,415.59
水道处:购置支出	—	28,950.00	—	29,637.34
耀华学校:特别建筑协款	—	210,000.00	—	210,000.00
结算不敷之数	791,990.00	—	795,897.90	—
	808,828.00	808,828.00	811,667.21	811,667.21

1935年总结算单截至12月31日止

债务		法币	资产	亩数	法币
工部局借款					
"B"字借款	40,769.24				
普通用途借款 1920 投资银行	13,200.00				
普通用途借款 1921 投资银行	26,000.00				
普通用途借款 1921 T$100,800	149,437.77		地亩:		
普通用途借款 1922 T$40,000	59,300.70		老租界地亩	15.790	245,167.00
普通用途借款 1923 T$218,800	324,374.83		扩充界地亩	55.129	461,009.70
普通用途借款 1924 T$286,200	424,296.51		推广界地亩	204.807	1,057,572.81
普通用途借款 1925 T$434,900	644,746.85		租界外地亩	400.368	399,250.40
普通用途借款 1926 T$415,000	615,244.75				
普通用途借款 1932 T$350,000	518,881.12				——
普通用途借款 1932	960,000.00				2,162,999.91
	——	3,776,251.77			
零星债务暨积欠:			空地		
总务	137,395.59		老租界维多利亚花园暨建筑物	18.500	
填地	41,165.59		扩充界闱墙道公园暨建筑物	6.195	
			推广界民园	57.300	
			推广界花园地亩:第9段第166号地	12.020	
			塚[冢]园地址广东道塚[冢]园	11.281	
			马道塚[冢]园;马厂道路南	12.561	
			马路地亩:		
			扩充界	276.218	2,044,013.20
			马厂道	86.321	509,293.90
			其他马路	473.779	1,421,337.00
		178,561.18			——
					3,974,644.10

（续表）

项目	金额	小计	项目	金额	总计
警捕服装费		6,680.33			
保管款项：					
旅费	66,162.16				
皇家租契用存款	662,864.43				
年积金	474,695.57				
狄更生氏奖学金	6,000.00				
杂项	7,139.88	1,216,862.04			
					2,094,408.23
			本租界街道、路基、阴沟、水沟暨便道等现时核估价值		
			桥梁：		
			现时核估价值		156,911.05
			房屋：		
			老租界		
			维多利亚花园内住房	16,080.05	
			戈登堂、警务处、保险房暨电务处陈列室	192,269.92	
			捐务股公事房	1,008.27	
			河坝房屋	148.25	
			码头精公事房	2,074.04	
			中国职员餐堂	1,513.95	
			扩充界		
			球场道警务宿舍	26,689.36	
			职员住房	59,596.89	
			职员居所	87,511.66	
			职员居所汽车料厂（戈登道）	4,508.48	
			汽辗房	10,477.36	
			推广界	296.50	
机件保险准备金	73,851.92		工程处警务宿舍暨会所	43,350.46	
保管团准备款额　未支用结余	122.40		伦敦道警队司令部	387,867.46	
保管团填地账　未支用结余	65,685.30		警备队会所	11,654.62	
折合银两贴水	18,356.71		新公园（围篱）	12,279.79	
耀华学校　流水账结余	160,256.78		本租界内公共厕所	45,287.05	
天津英文学堂　水账结余	2,818.58		租界外[家]马厂道南	6,614.33	
银行透支账目	108,607.75		马厂道[家]园火葬炉休息室暨围墙		
总结余	7,119,156.97				

（续表）

全年局有地租折合原值		909,228.44
莱市：		
房屋	20,897.13	
	266,705.16	
隔离病院：		
房屋、院墙暨围篱（书面计值）	117,852.10	
家具（书面计值）	6,100.00	123,952.10
维多利亚医院		
房屋（书面计值）	53,475.18	
家具（书面计值）	10,890.89	
仪器（书面计值）	4,765.76	
X光机件（书面计值）	1,174.67	70,306.50
消防设备	15,370.76	
动产：册列价值	232,767.95	
材料项下（册列价值）：		
总材料所	37,497.17	
警务处	6,468.07	
文具材料	3,112.09	47,077.33
零款现金		2,620.00
零屋欠户暨未清付账目：		
总务项下	46,379.79	
填地	53,750.10	

(续表)

悬账未决之地亩：	—	100,129.89	
关于债券保管团账目	9,661.76		
关于工部局账目	1,368.17	11,029.93	
投资项下（实价）：			
保管款项	1,209,239.90		
机件保险准备金	73,851.92	1,283,091.82	
电务处：			
流水账结余	152,542.10		
水道处：			
流水账结余		1,075,301.83	
伦敦金镑账		27,227.50	
		12,727,211.73	12,727,211.73

1935年12月31日

敝公司已将上列截至1935年12月31日止之结算单审核,并得有一切闻料暨解释其所列投资业经查核。据敝公司所知并参照工部局供给之说明暨簿册所载注解,该结算单之开列用以表示工部局之实在正确财政状况是系正当。

汤生公司
特许查账稽核员
天津　1936年2月17日

债券保管团账目驻津英国工部局市政借款债券保管团
1935年12月31日

支出	法币	收入	法币
新展路线测量暨修理土坝计至1935年12月31日止	5,088.72	1934年12月31日之结余	312,370.96
偿付借款1935年利息			
1912 "B"字借款	2,668.54		
1920 投资银行	1,155.00		
1921 投资银行	2,170.00		
1921 普通用途借款	12,556.92	债券保管团填地账债权	308,741.14
1922 普通用途借款	4,151.06	债券保管团准备账债权	3,629.82
1923 普通用途借款	24,603.86		
1924 普通用途借款	33,628.69		
1925 普通用途借款	57,076.92		
1926 普通用途借款	43,067.14		
1932 普通用途借款	86,527.28		
	267,605.41	填地收入截至1935年12月31日止	8,046.09
		过期填地账之利息	1,085.47
		1935年预算所列之数	427,506.30
1935年中签之债券			
1912 "B"字借款	3,706.29		
1920 投资银行	3,300.00		
1921 投资银行	5,000.00		
1921 普通用途借款	29,946.85		
1923 普通用途借款	85,689.51		
1924 普通用途借款	112,226.57		
1925 普通用途借款	170,637.77		
	410,506.99		
1935年12月31日之结余	65,807.70		
债券保管团填地账债权	65,685.30		
债券保管团准备账债权	122.40		
	749,008.82		749,008.82

1936年预算总目
收入

			法币
地亩捐：			
已填地		255,725.00	
未填地		254.00	
			255,979.00
房产捐：			
依据估定全年租值	560,000.00		
减去:减收之数	56,000.00		
		504,000.00	
减去:退还之数		19,000.00	
			485,000.00
河坝收入：			
租定船位租金	64,200.00		
备租船位租金	26,800.00		
驳船	8,000.00		
		99,000.00	
减去:费用		1,800.00	
			97,200.00
转头船位租金			5,930.00
执照捐：			
人力车	96,000.00		
马车	2,000.00		
大车排子车等	65,000.00		
河坝摊位	2,000.00		
小本营生	12,500.00		
汽车	37,000.00		
旅馆暨售酒执照捐	8,000.00		
犬捐	5,500.00		
自行车	5,600.00		
汽车号牌、汽车夫暨牛奶房等	600.00		
押当铺	1,200.00		
铺面执照捐	2,600.00		
杂项	1,000.00		
		239,000.00	
减去:费用		15,000.00	
			224,000.00
菜市：			
铺面	5,160.00		
摊位	4,440.00		
		9,600.00	
减去:费用		9,200.00	
			400.00

（续表）

零星收入： 　　杂项 　　租金		17,600.00 16,400.00	34,000.00
码头捐： 　　收入 　　减去：费用		134,500.00 12,500.00	122,000.00
利息： 　各分处往来之数 　由水道处归还之数 　由电务处归还之数 减去：流水账暨保管款项	74,000.00 400.00	74,400.00 2,400.00	72,000.00
			1,296,509.00

支出
总务

	法币	法币	法币
管理人员俸给暨工资 　总务公费 减去：可由电务处归还之数 　　可由水道处归还之数	136,966.00 47,400.00 26,700.00 17,100.00	184,366.00 43,800.00	140,566.00
工部局办公处： 　零星费用 减去：可归还之数		9,100.00 600.00	8,500.00
捐助项下： 　体育场保管团 　民园保管团 　俄国医院 　俄国侨民社 　马大夫医院 　安立甘教堂 　耶稣教合众会堂 　女青年会 　天津妇女慈善会		1,200.00 3,000.00 1,425.00 150.00 1,549.00 445.00 445.00 445.00 741.00	9,400.00
养老金			37,640.00
工部局警备队： 　零星费用			15,000.00

(续表)

工部局藏书楼： 薪俸 零星费用 协款		310.00 497.00 993.00	1,800.00
隔离病院： 薪俸 零星费用 减去：法工部局协款 病人住院费	11,360.00 10,860.00 2,220.00 4,000.00	22,220.00 6,220.00	16,000.00
维多利亚医院： 薪俸 零星费用 减去：病人住院费	27,610.00 22,990.00	50,600.00 21,000.00	29,600.00
产妇调养院： 薪俸 零星费用 减去：病人住院费	12,880.00 12,920.00	25,800.00 8,500.00	17,300.00
卫生股： 卫生医官费 卫生股职员 零星费用 减去：入款	1,485.00 3,076.00 2,839.00	7,400.00 1,500.00	5,900.00
戈登堂： 零星费用 减去：租赁费		2,800.00 1,600.00	1,200.00
天津英文学堂： （须准予拨付之协款，按纳捐外人登记管业之地亩暨房产估定产值，现时总计值合法币 49,136,784 元，依每 1 万元拨付 18 元计，须拨付之数合法币 88,446.21 元，按 6,745,283 暨二先令八便士汇兑行市折合英金 7,954 镑 11 先令 11 便士，再按一先令二便士半行市核算计折合法币 131,662 元）			131,662.00
耀华学校： （须准予拨付之协款，按纳捐中国人登记管业之地亩暨房产估定产值，现时总计值合法币 47,284,980 元，按每 1 万元拨付 18 元计须拨付之数合法币 85,113 元）			85,113.00
	墙子河维持费		600.00
	偿还继续皇家租契用款		21,340.00
	债券用款		427,507.00
	临时用途		5,000.00
			954,128.00

BRITISH MUNICIPAL COUNCIL
TIENTSIN
PUBLIC WORKS DEPARTMENT
最高與最低空氣濕度比較圖表
DIAGRAM OF MAXIMUM & MINIMUM
RELATIVE HUMIDITY

DURING THE YEAR 1934　　DURING THE YEAR 1935

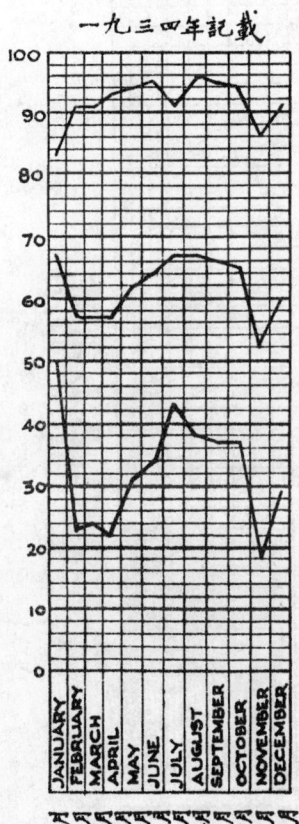
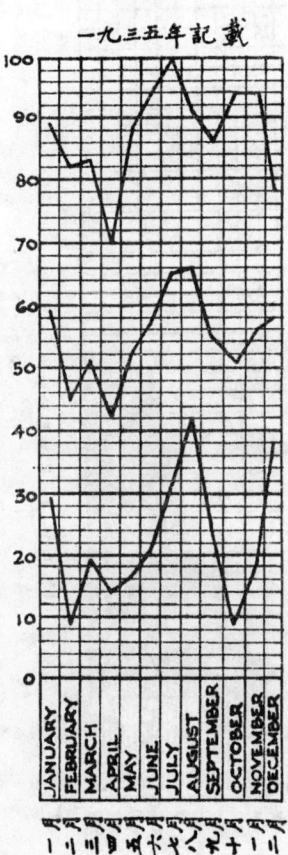

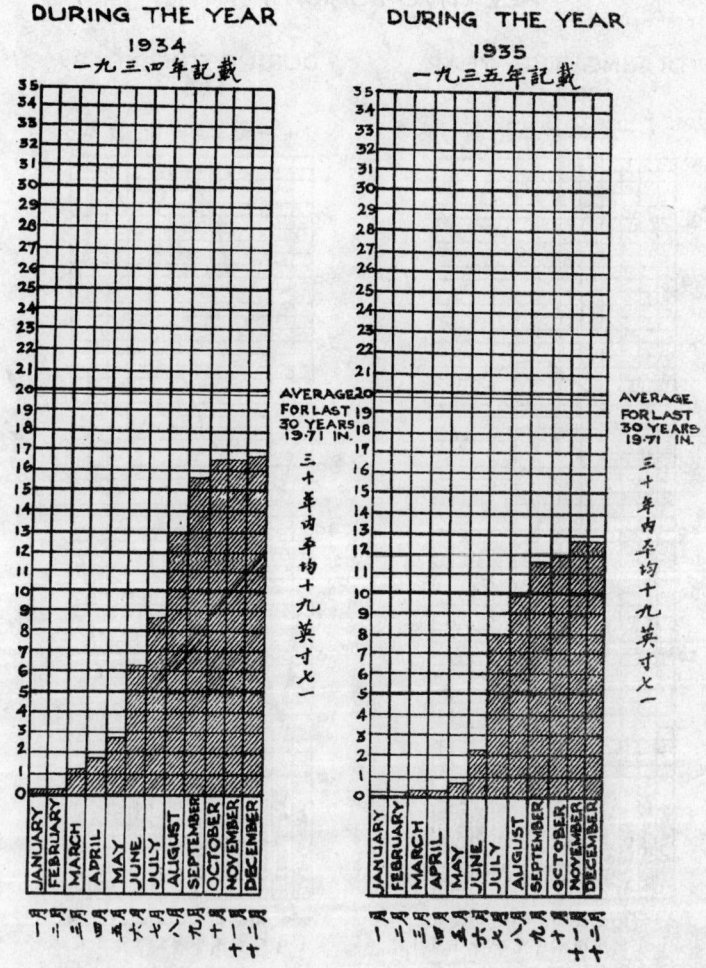

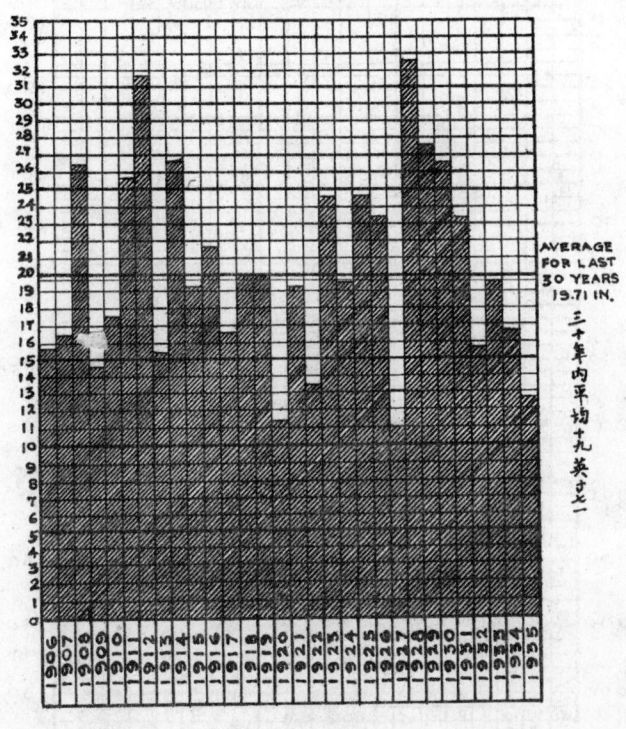

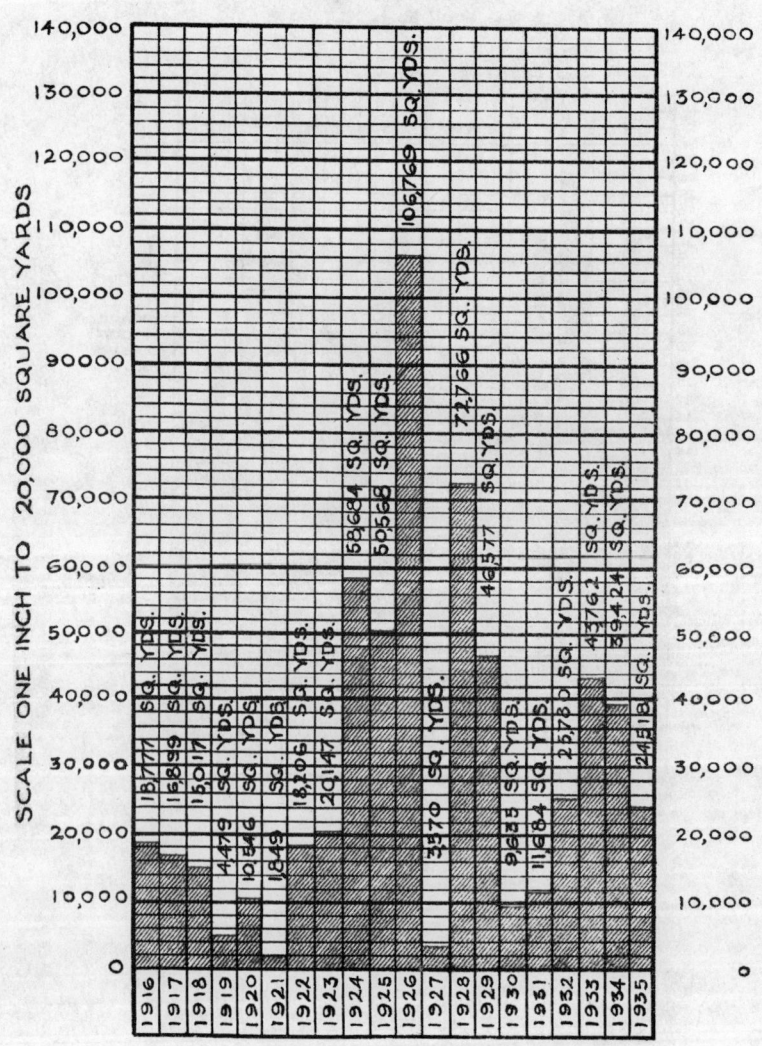

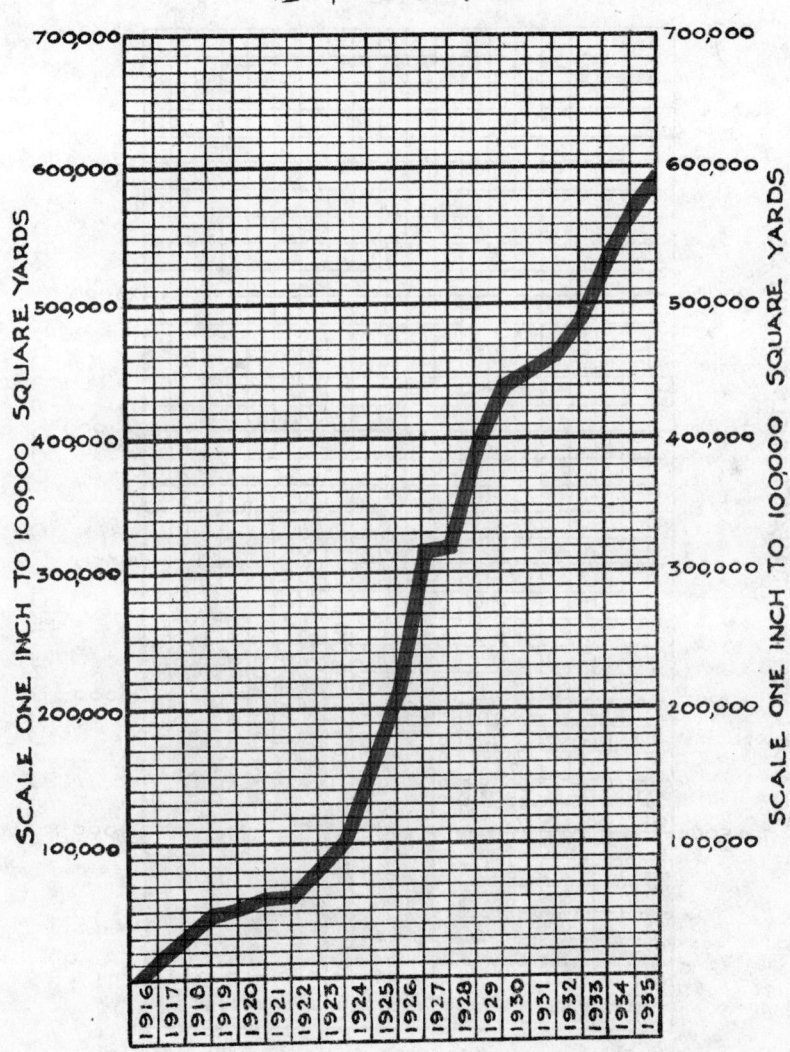

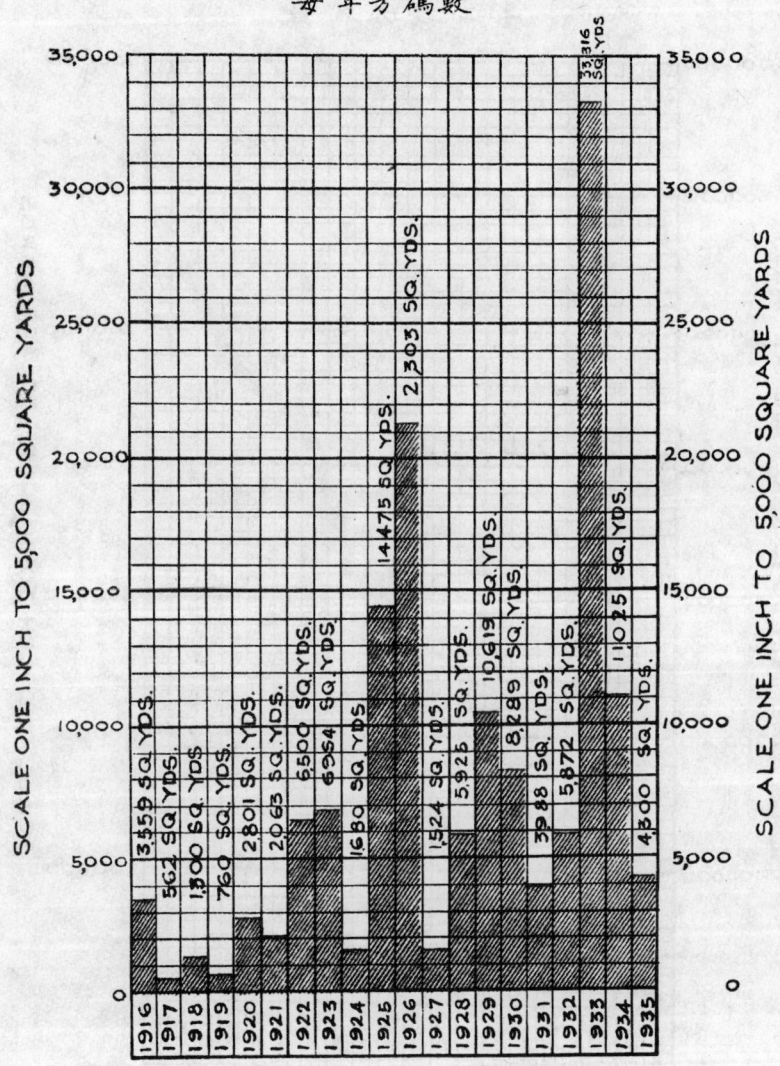

天津英工部局1935年董事会报告暨1936年预算

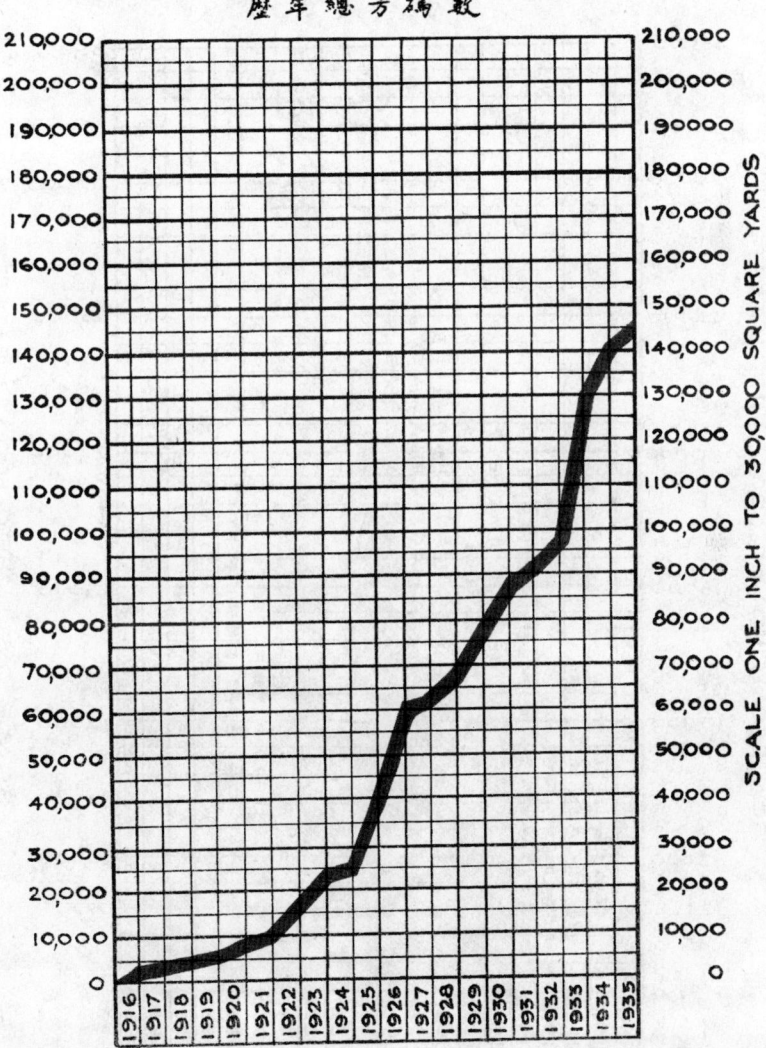

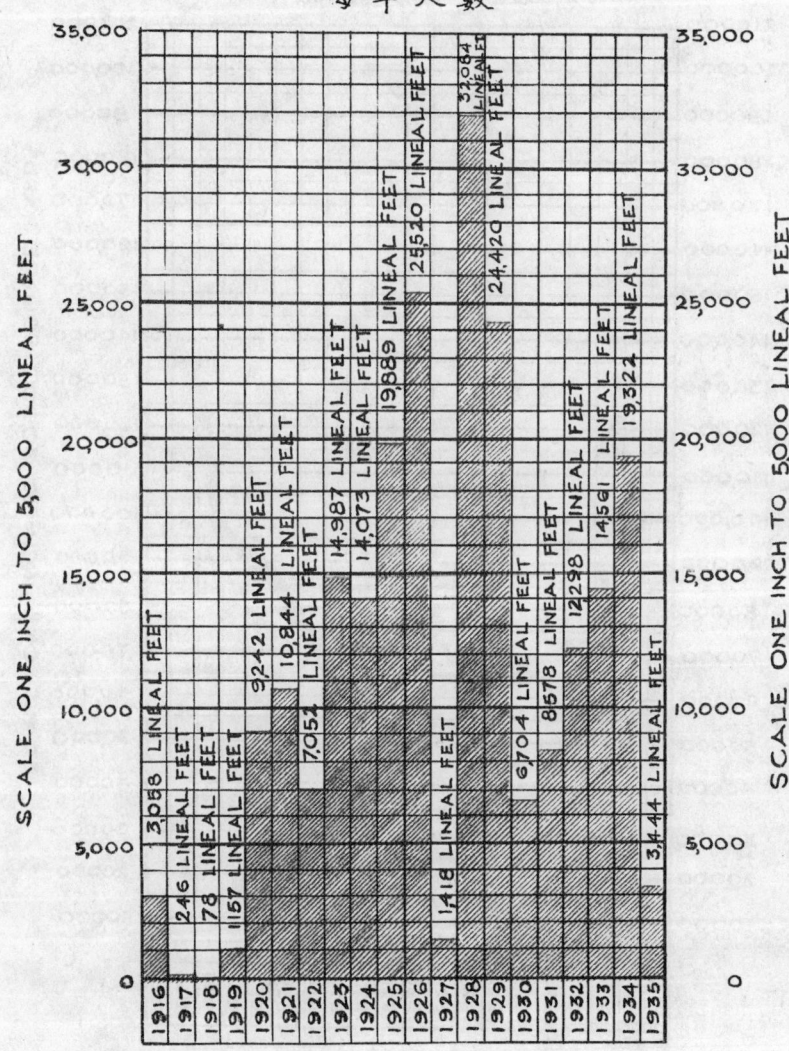

天津英工部局1935年董事会报告暨1936年预算

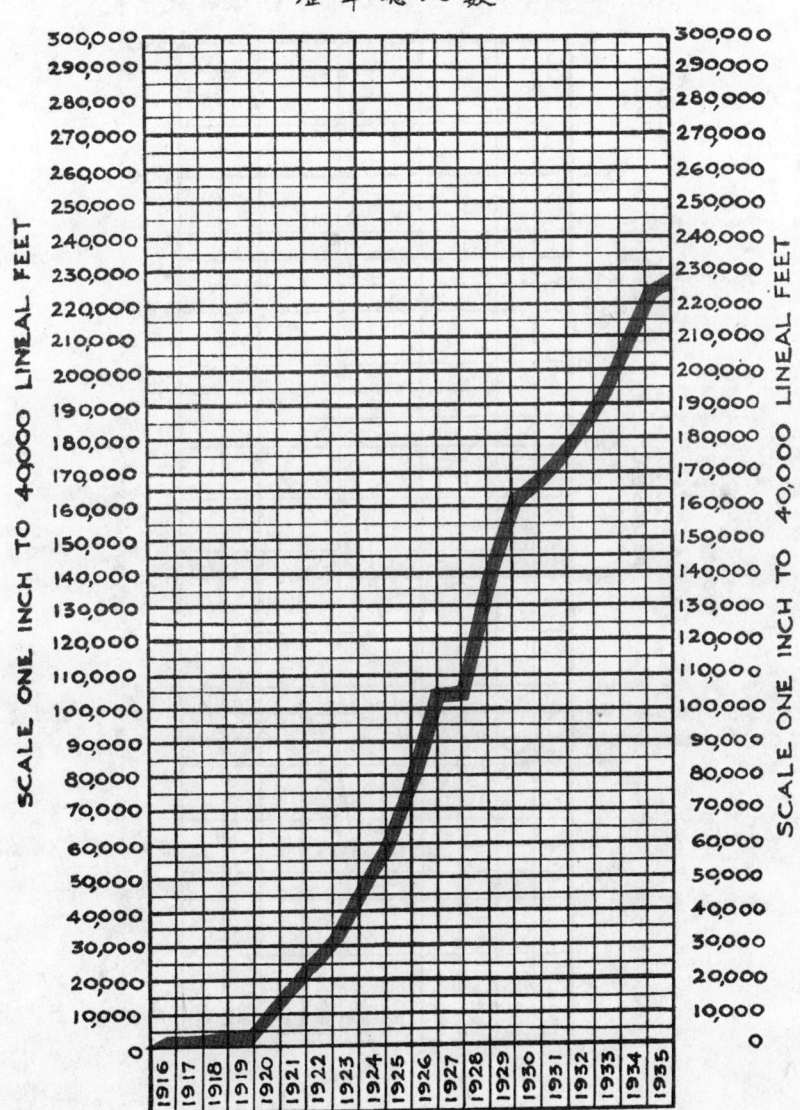

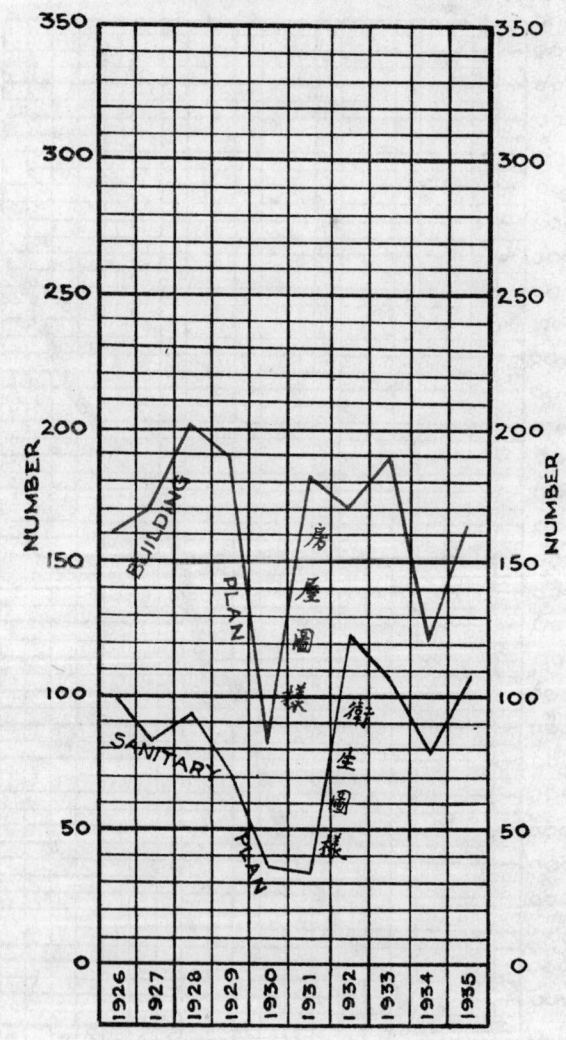

天津英工部局 1935 年董事会报告暨 1936 年预算

BRITISH MUNICIPAL COUNCIL TIENTSIN
PUBLIC WORKS DEPARTMENT
DIAGRAM SHOWING ESTIMATED COST OF PRIVATE BUILDINGS BUILT DURING LAST 10 YEARS
(COST IN DOLLARS)

十年内本租界房屋建築估價圖表
每年估價洋數

年份	估價 (Cost in Dollars)
1926	$4,256,345
1927	$2,203,634
1928	$3,248,809
1929	$1,367,775
1930	$767,345
1931	$764,319
1932	$1,456,309
1933	$3,178,291
1934	$2,156,826
1935	$1,911,854

SCALE ONE INCH TO $1,000,000

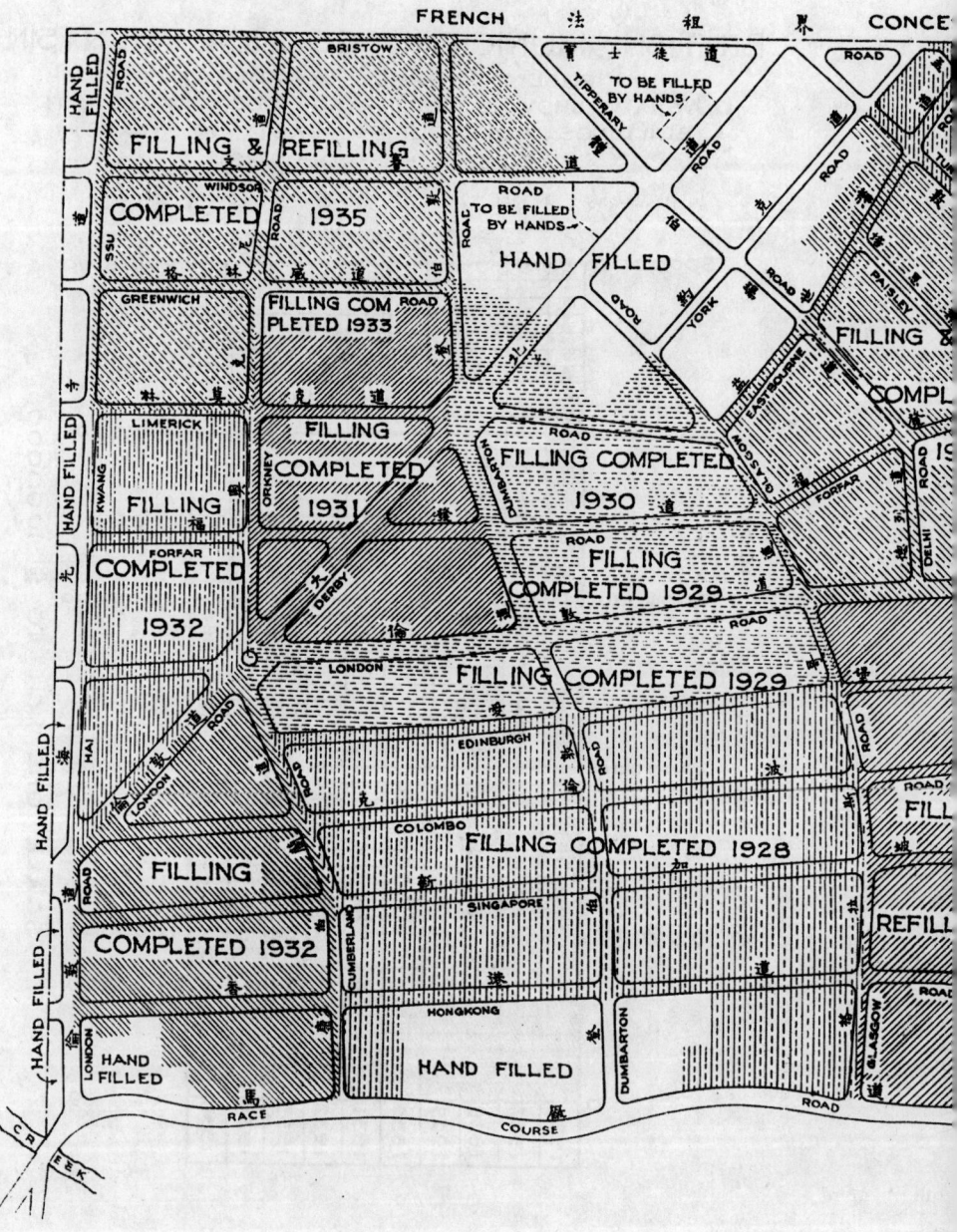

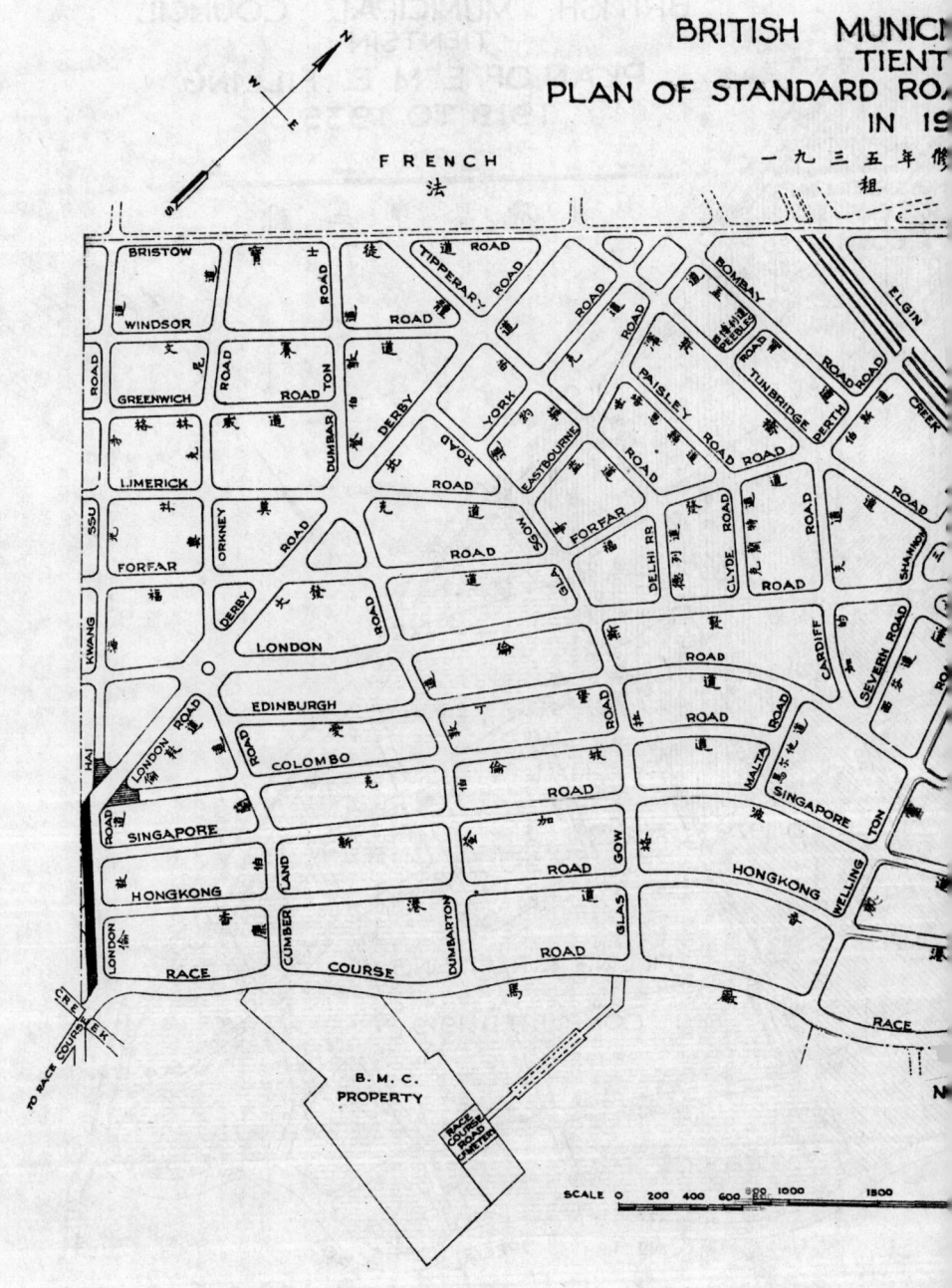

天津英工部局1935年董事会报告暨1936年预算

LEGEND

- Wooden Blocks on Existing Reinforced Concrete Foundation
  原有鐵筋混凝土路基上鋪木磚塊
- "Surfastal" Asphaltic Concrete on Existing Brick Foundation
  原有磚路基上鋪鋼網瀝青混凝土
- Asphaltic Concrete on Brick Foundation
  磚路基上鋪瀝青混凝土
- Asphaltic Concrete on Reinforced Concrete Foundation
  鐵筋混凝土路基上鋪瀝青混凝土

COUNCIL SURFACE COMPLETED
路成績圖 CONCESSION

DEPUTY MUNICIPAL ENGINEER
JANUARY 1936
DRAWING No 2407

天津英租界工部局史料选编

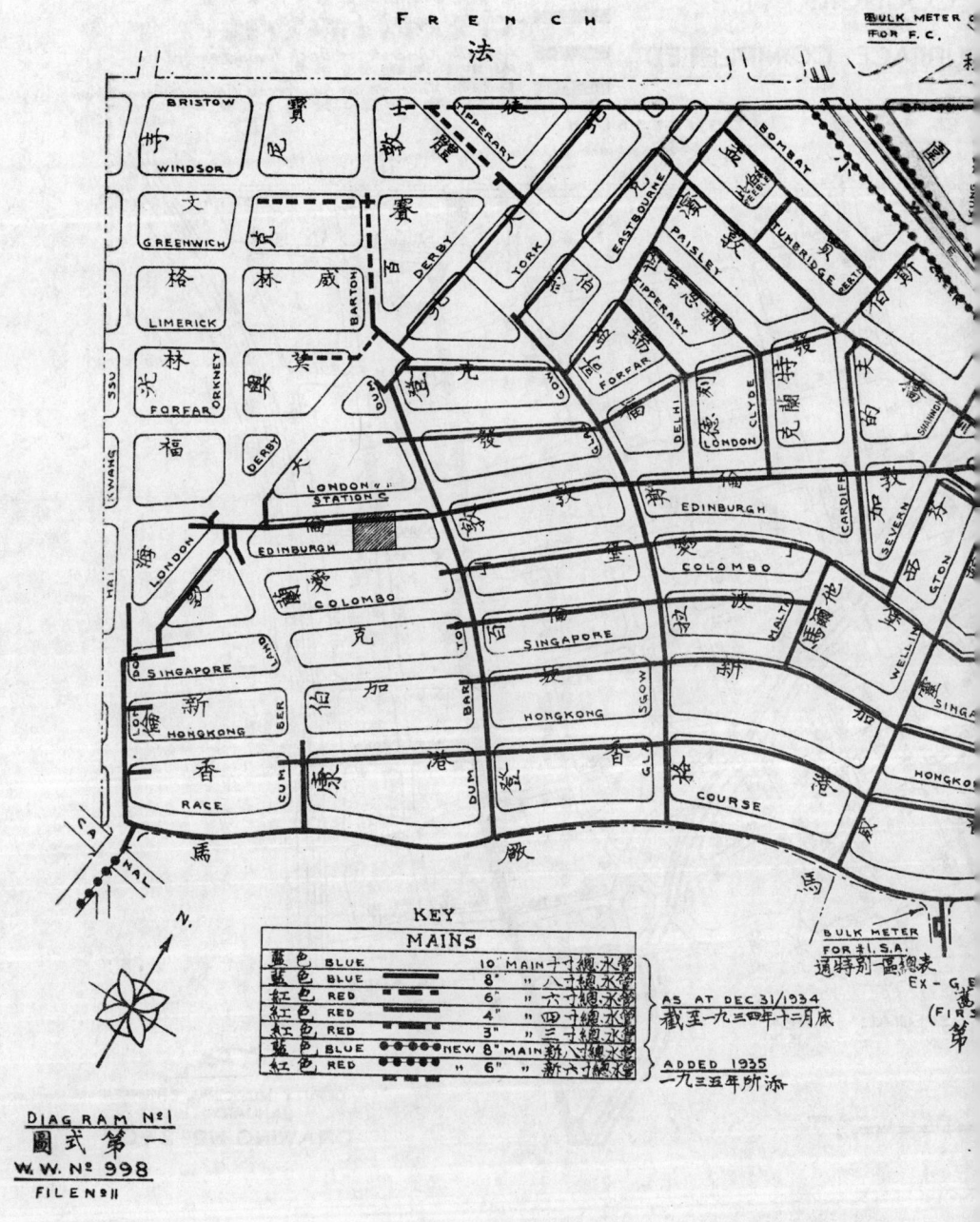

天津英工部局1935年董事会报告暨1936年预算

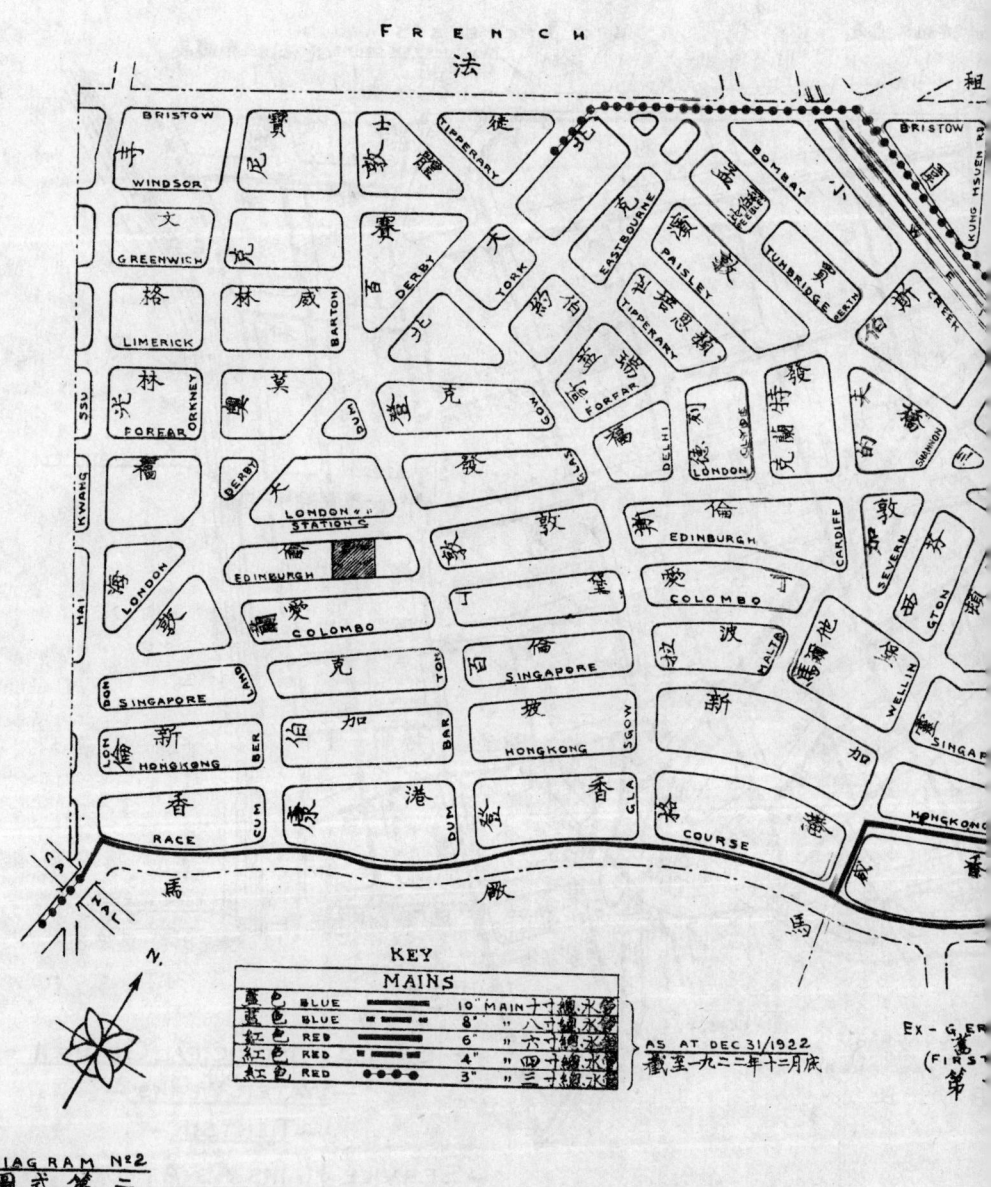

天津英工部局 1935 年董事会报告暨 1936 年预算

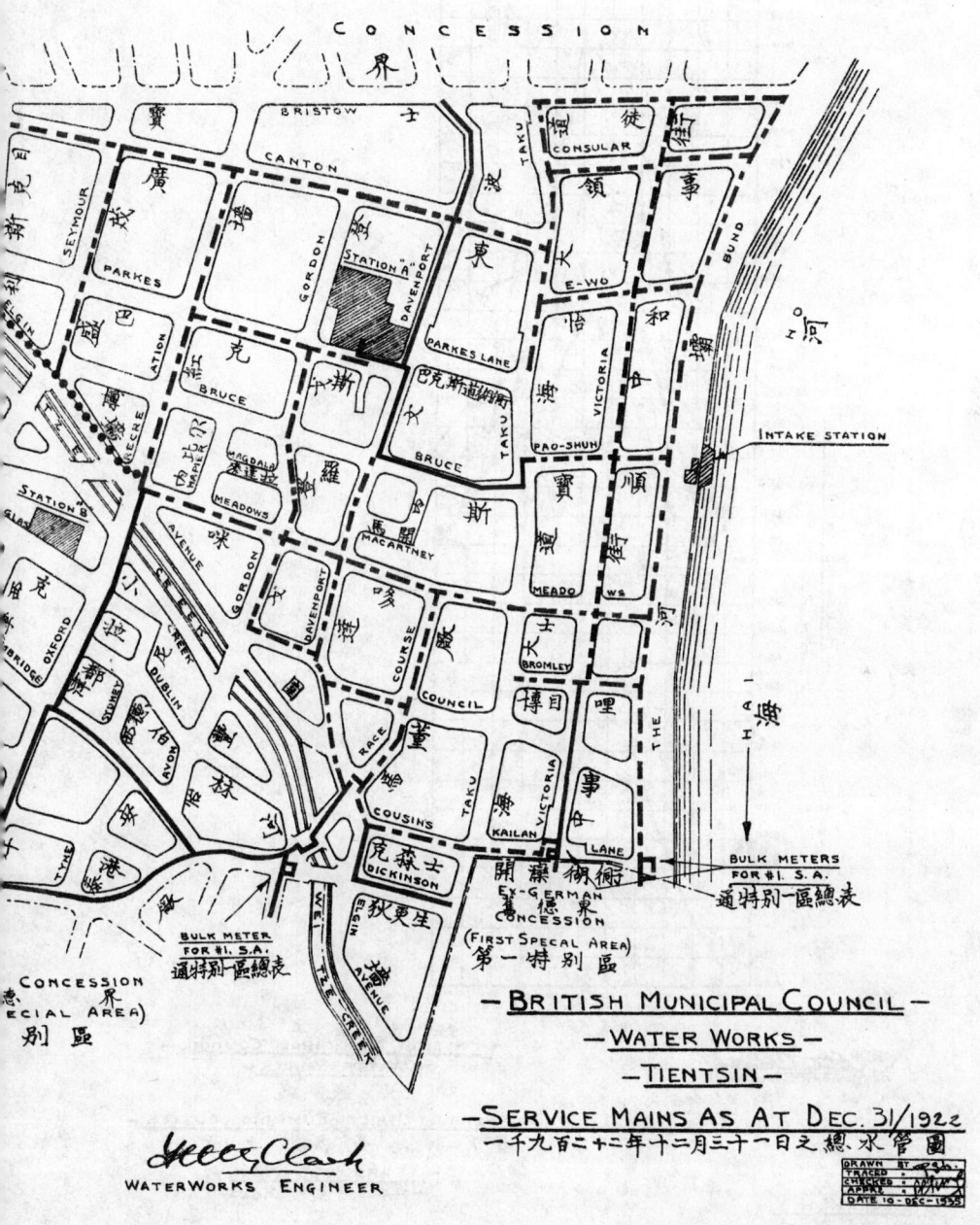

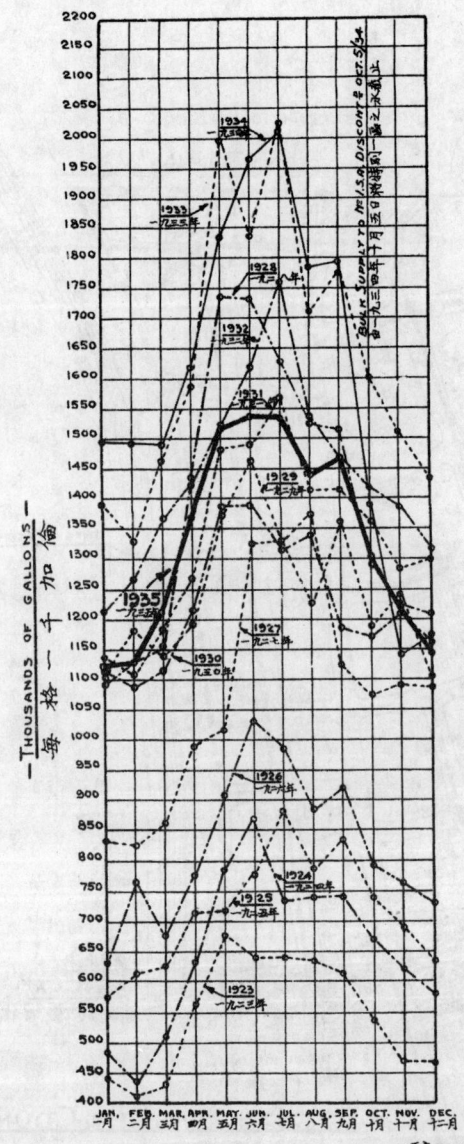

天津英工部局 1935 年董事会报告暨 1936 年预算

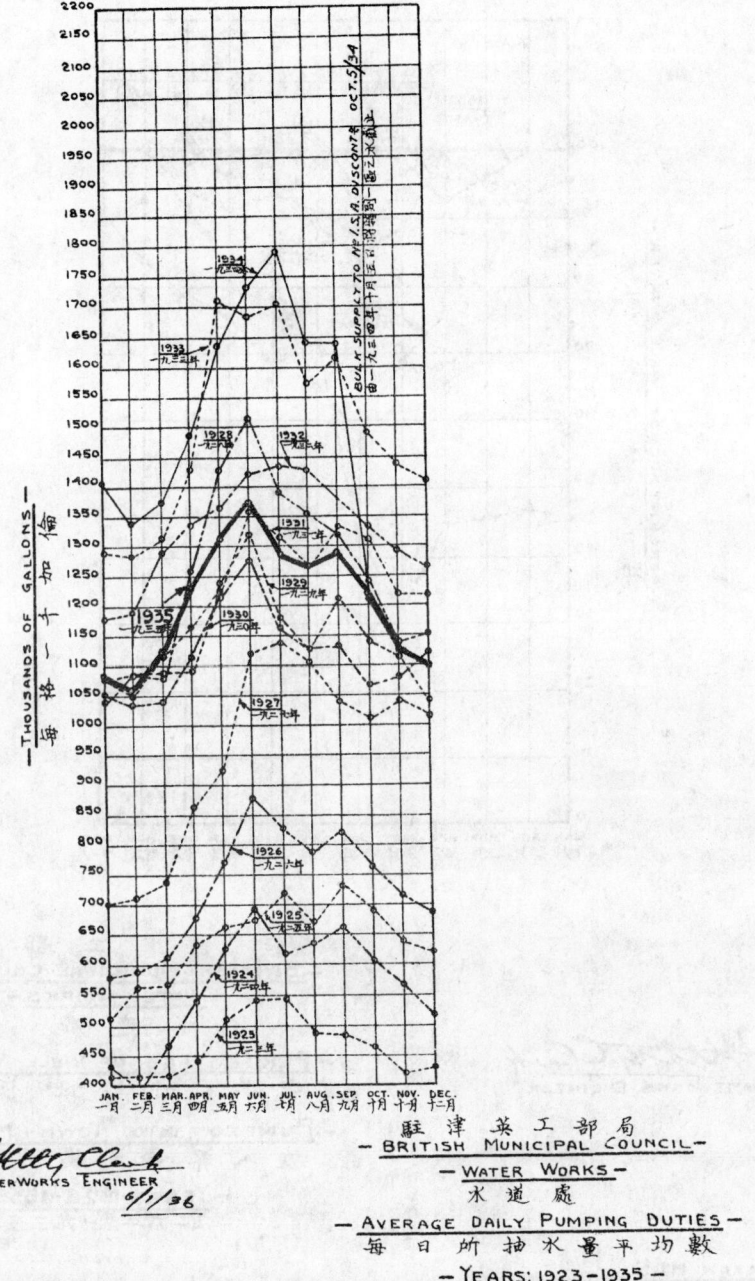

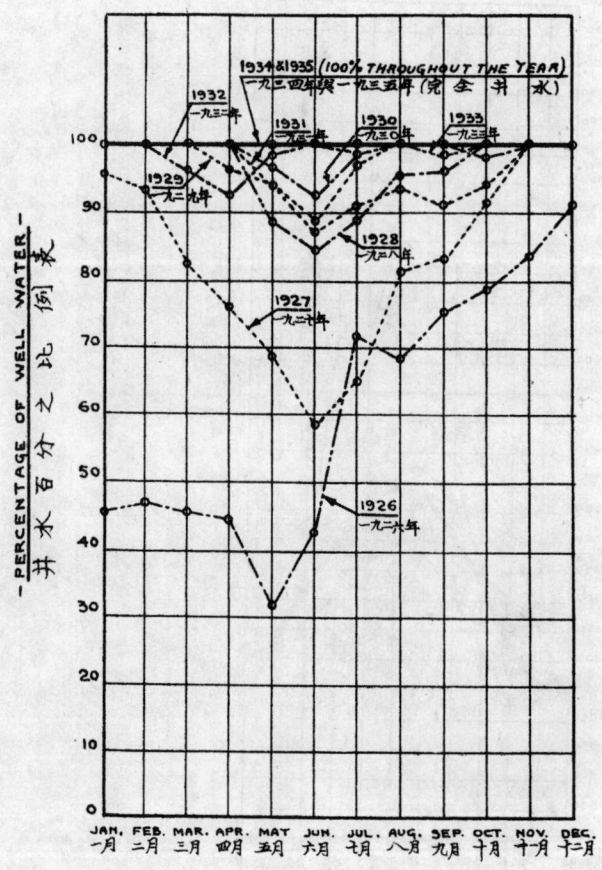

天津英工部局1935年董事会报告暨1936年预算

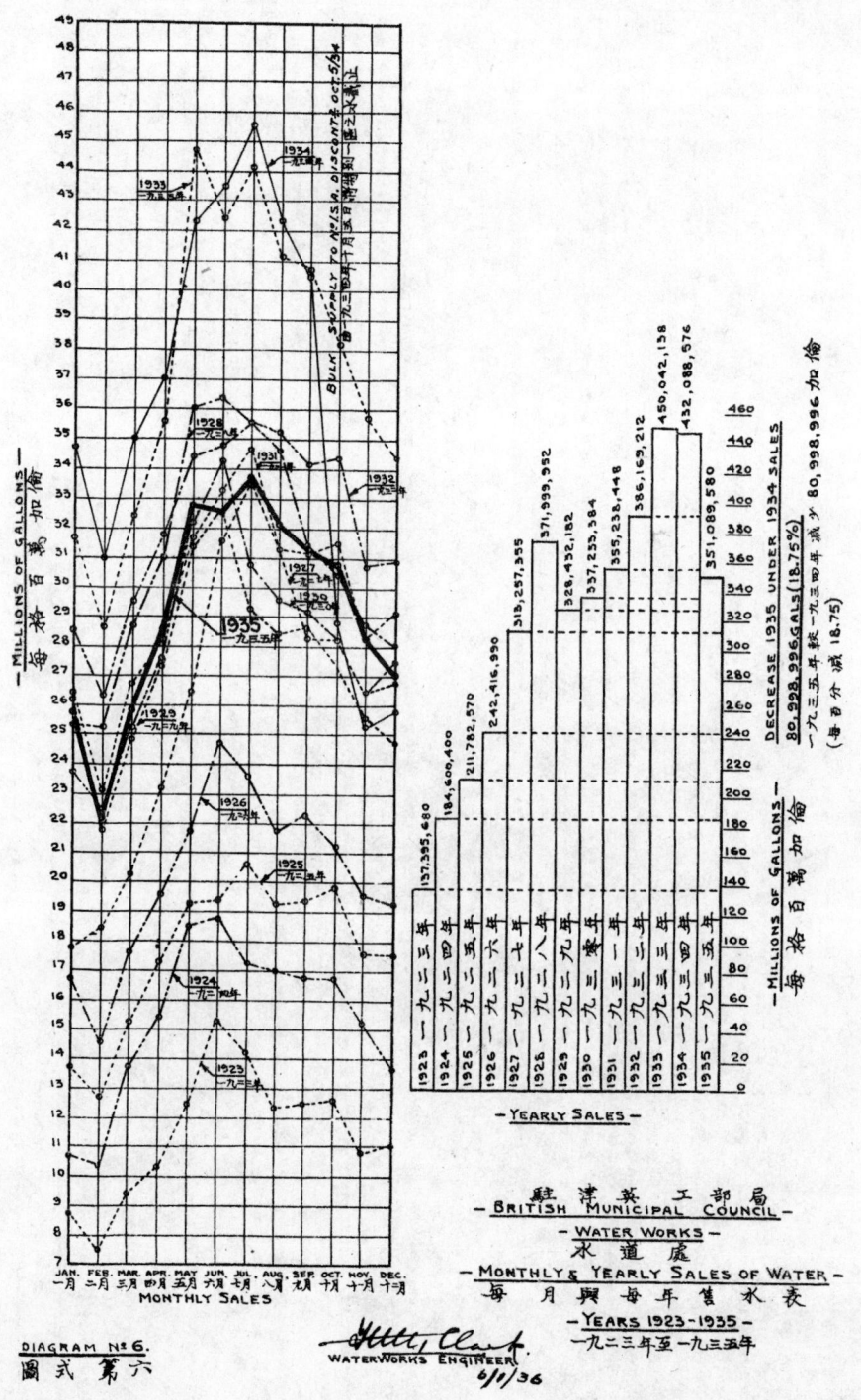

天津英工部局
1936年董事会报告
暨1937年预算

在戈登堂举行第18次常年大会记录

天津英国租界选举人 1936年4月15日下午 3:30

是日，大会系由英国总领事雅斐乐君主席，董事会席次计有董事长毕德斯君，副董事长庄乐峰君，董事卞白眉君、赵君达君、李宏章君、芮德君、罗杰君、罗素君、王荷舫君，秘书长兼工程师巴恩士君，秘书陈贯一君，议会秘书由英国领事赫博特君充任。

选举人出席者计有：

安得生	毕德维尔	伯瑞特	毕瑞吉	伯志斯	阚德麟
寇克	戴悌	佛根	富克斯	坤塞斯覃	古罗姆
盖苓	许礼雅	郝物德旅长	郝为乐	靳纳	少甘博士
吉都	莱得劳	启德	麦唐纳	麦堪泗	毛莱维夫
那森	欧哈雷	欧尼耳	巴金	裴恩德	毕郭克
潘纳禄	西门士	森木司	考斯维	施爵尔	泰莱悌
戴乐	汤麦斯	汤逊	体伯	华利司	伟克森
琼士	伊尔文	加特纳	约翰生	峰泽堂金	世德堂杜
荣光堂梁	祝涵甫	贻德堂卞	董浩雲	锡善堂卞	桐华堂于
李典臣	陆松年	何庆丰	蔡葵雨	蔡耀记	杨仲记
周叔弢	荣荫堂张	袁心武	袁云台	陈范有	余仲和
焦子清	泰和堂	齐抚万	穆叔愚	积善堂穆	杜乐园
张次迈	李蓬珂	李清和	陈心泉	沈云甫	协记
邓万全	包光镛	王依齐	关富权	梁孟亭	梁宝鉴
天恩堂周	宋文祥	郭子丰	贻厚堂刘	卢国璇	靳少卿
刘子兰	李直绳	王敷五	三槐堂乾记	忠义堂王	王雨生
瑞生堂王	周志辅	巢九余	禄记	李宝时	马少眉
明德堂李	郑泽孚	翁克斋	周实之	钟锐铨	载涛
王伯五	荣安堂张	韩泰祥	福厚堂王	四兴堂	骏有堂孙
王子长	积厚堂毕	倪幼丹	赵紫宸	李警予	李正卿

张峰琪	陶心由	赵秉恒	黄宗法	訾永和	润善堂
蔡述谈	唐毓均	卞伯巽	徐仙舫	杜袁毓奇	吴熙銮
蔡礼文	承启堂渠	毛翰臣	福佑堂王	邝体乾	吴忠恕堂
吴聿修	周立之	周志辅	李颂臣	居易堂蔡	延福堂靳
陈晋卿	陈礼	六合堂记	刘雪亚	常熟言宅	余庆堂蔡
庆德堂蔡	周叔敏	金伯平	鸿升堂孟	绿野堂孟	云庆堂许
朱简芳	詹怀德堂	范磊	曹星阁	辅仁堂曹	曹景亭
李伯西	王汉臣	张厚记堂	张雲波	张煆臣	陈秀峰
唐尧夫	张务滋	娄翔青	王新吾	刘弼周	萧宜君
张夷介	佟得宜	西中合堂	陶叔仁	王中复	李乐天
盖仲谋	玉德堂苏	荫余堂郭	李吉甫同	李志年	聚福堂李
宁彩轩	吴葆善堂	竞业堂庆记	王明德堂	屠培成	李立志堂
李馨	李华山	訾钰甫	义德堂訾	李伟湘	福荫堂蔡
卞燕侯	周景文	家彝堂单	路秀三		

议会秘书宣读召集会议通告为开会仪式。

前英皇乔治五世

董事长诵读1936年1月29日董事会议录下列撮要时，纳税人全体起立。

"鄙人现叙述英皇乔治五世驾崩，敬请诸君起立追忆。吾人庆祝皇帝、皇后御极25周纪念时才数月，尽人梦想不及，在1月20日竟闻驾崩之耗，其一代光荣政史遽尔告终，不惟英国顿失一英睿之君主，即举世文化之邦亦无不震悼失一良友。

在天津英国工部局历史上，英皇乔治五世时代系最足注意之一页，缘董事会组织之最慷慨宽大改革即于此时成立。故同仁上年设立奖学金2份，一与天津英文学堂，一与耀华学校永志纪念，殊属允当。"

鄙人现提出下列之决议：

"天津英国工部局董事会在例会集议时，谨向皇太后英皇爱德华八世暨皇族于丧礼期间特致唁慰。"

上述议案经董事会全体赞同，董事长并担任请求总领事转陈英皇。

议　　录

会议日程第一项为证实1935年4月10日选举人常年大会议录,业经付刊分送,经阚德麟君动议,巢九余君附议,按照原纪录通过,别无异议。

会议日程第二项,董事会报告。

1935年报告

董事长:本届年报已陈送多日,谅诸君披阅之余必已察及。关于本界市政工作之一切记载,其详细情况已分列各分处报告,兹谨当叙其梗概请诸君注意。

上次年会举定之董事会,除因毕郭克君于10月间离津,遗缺经董事会公推罗素君补充外,余无更动。查毕郭克君久驻汉口经验宏富,同仁倚畀获益之处良多,鄙人愿藉此致谢,毕君现已返津,鄙人深期再事借重也。查罗素君久历英国各属领,对于市政尤多经验,鄙人谬膺董事长之选同仁并推举庄乐峰君任副董事长。

雷塞姆少校系董事会公请担任工程委员者,任事已历三载,迭荷竭诚襄赞,殊深钦感。今已回国,同仁顿失臂助良用怅惜。

昨年大会鄙人曾叙述职员薪金委员会之组织,11月间同仁接得该委员会主席贝铎君之报告,所列各节备极周详,同仁特此致谢。担任该委员会工作之贝铎君、黄约三君、裴恩德君、罗伯资君、曾仰丰君及钟秉峰君。董事会现正缜密审核所接报告,不久当依此公布服务新规定也。

关于各分处之报告记载綦详,谅诸君不愿鄙人于年报之统计概数再事赘述。

本年工程处主要之建筑为海大道之路面重筑暨该路全线阴沟之改布较大口径沟管,因此鄙人有须请新董事会注意者,即墙子河"里各马路下之沟管或须全部改设较大之阴沟为不可避免之事,盖现时筑造及已在规划中之新式高度建筑,其设计颇类"摩天屋也。鄙人昨年所指本租界西北角空旷地段工厂发展之趋势已逐渐实现,该处现有大工厂3所正在建筑中,其他尚在规划中者颇多,此项发展增益本局收入当非浅显。

本租界卫生事宜之大部系归工程处主管,除清理街道、扫除垃圾、拆除不合卫生之建筑物外,该处且严格管理牛乳之分售及菜市铺面之清洁。对于卫生之新设施为给予家犬预防疯狗病毒之免费注射,故防范疯狗病毒之凶烈灾害乃多得一重保障,此新政施行之得获成效,端赖法国工部局秘书长 Lt.

Colonel P.Blanchet 暨菌学试验院罗大夫之竭诚合作。

查本局花木管理员逐年惨淡经营，俾此缺少园艺之区得增美观，所得成绩已颇显著。

伦敦道花园用以志前英皇乔治五世御极 25 周纪念者，颇为市民所欣赏，其于该地段之发展当增一吸引要素也。

本局警务之整理依然迈进，各段岗位改设巡逻活岗以来，车辆交通肇事暨轻微罪案之减少，沿路乞丐之仅有俱属显见。年间并破获大批绑匪计 15 名，查市民之被该匪绑架杀害者竟至 13 人之多，该案全数匪犯比经判罪正法，因此本局曾接多数居户来函表示感谢之意。

新自英国购置之 Leyland 厂造救火机业已运津，该机之效用于熄灭新式高楼火患当有价值。年间消防队工作得 A.H.Carter 与 W.A.G.Price 二君之义勇赞助，鄙人愿藉此致谢。

电务处经营已经电务处工程师详列报告，本年收入要以所获净利颇与预期之额数相符，谅为诸君所察及该处之新建厂房暨工员宿舍已经竣工，其建筑系取高尚格式，比之普通之简陋平房较优。同仁深期该宿舍能为本租界其他厂家改造工员住所之先导并视作模范，同仁且希望因此建筑该要冲来日得有较好之发展也。

年报插列该新建宿舍相片暨戈登堂为庆祝前英皇御极 25 周纪念，装扎灯彩摄影当时万盏灯火灿烂夺目，颇为各界所赞赏。

水道处工程师报告备极缜详，无须鄙人赘注。其因审查"氟素"暨"水味"除费用不计外，该工程师及该处职员所费极多时光与智虑可见一斑。查氟素与斑牙之关系据英美及欧陆最高专家对之尚未能给予负责之表示，惟最近法租界已开凿一极深度之泉涌自流井，本局工程师曾与法租界当轴合作参与其事，故同仁希望不仅"氟素"及"水味"之困难因之得以解决，即产水价格之减低并得有所借镜也。除此之外，关于"氟素"或"水味"之排除，现时尚未闻有何适合实用方法，鄙人深信新董事会对上述问题必予注意也。

诸君披阅卫生医官报告，谅已察及津埠时疫之绝迹。关于本界医院之管理，同仁已于年杪特组一委员会，俾便缜密审核各院经济状况暨效率，依照昨年提陈大会设计图样，规模宏大之医院建筑因限于经济，虽此时不克加以审议，然同仁以为改善各院现有状况乃事属必需，谅新董事会必能继续该医院委员会适才开始之工作也。

天津英文学堂暨耀华学校之报告已经分别经召集之常年例会审核。鄙人兹当对于财政报告略予注述：上年决算比较预算几无差异，故任何收支细目似无庸再予叙述。查会计处长特将核准秘书旅费，指出乃因董事会以为此款应由旅费准备项下支付之故。年间中街加宽补偿新泰兴洋行之产值系由公断决定，补偿之总额共计洋44,335元，昨年预算之数为2.5万元，此为中街最末次之加宽，同仁认为切要，故决予实行。再年间清偿旧有债券之总额，共计洋41万元，殊足注意，鄙人报告1936年预算时对此当再叙及。

附此注述鄙人现动议请诸君接受董事会1935年报告暨年报所列之账目。

庄乐峰君附议。

主席以动议付表决，全体通过。

吉都君：鄙人以为纳税人应有评论或提出疑问之机会，盖此为通常程序。

主席：未见有人起立，故鄙人以为无人愿意发言。

吉都君：阁下未给予充分时光。

伯志斯君：请问董事长因何需要资送陈秘书赴欧所费殊多。

董事长：陈君系工部局高级中国职员，因已往成绩等等，故有此特别待遇。当同仁审议核准时并规定不得援以为例，且往年董事会曾派送其他中国职员赴欧实习，现时警务处副处长李西林君即将抵英从事考察英国警政，此次陈君赴美而非赴英系经董事会核议视为特别情形者也。

伯志斯君：请董事长解释此项支出因何未列入上年预算。

董事长：同仁以为旅费准备项下已列此款。

那森君：董事长既云前曾派遣中国职员赴欧俾资实习，则陈君此次赴美是否系同此意旨，鄙人问此因是为英国工部局倘系考查市政则应以英国市政为正鹄。

董事长：鄙人已叙述陈君赴美非为考查仅属例假而已。

既无其他质问，账目报告已经通过，董事长遂提出会议日程第三项：1936年预算报告。

董事长预算报告

董事长：董事会编列本年预算时希冀于应有效率不妨碍状况下竭事撙节，俾昨年给予纳税人担负之减轻得以继续，此房产租值1/10之退捐虽得继续办理，然因煤价增高，电灯用电收费势须恢复旧有每一电码0.20元之费率,此于用户自属公允。本年经常收入预算统计比之上年计增洋 8,000 元。

查地捐房产租值捐暨码头捐项下增收之概数约 2 万元,但河坝租金捐照费、菜市暨利息项下之减收预计约合洋 1 万元,菜市收入之削减乃因摊位铺面租金减低以广招徕,同人深望纳税人能赞助,使所雇仆役利用此优越之公用建设也。

支出项下谅诸君已察及管理费用计增洋 1.5 万元,此乃因秘书长兼工程师一部分薪金之改列,盖工程处预算已减列此数,协款项下计减洋 5,000 元,但养老金则增加洋 8,000 元,医院项下不敷之数约计增添洋 9,000 元,但鄙人于报告昨年账目时已述及,特别委员会之组织对此问题已加审查,故增列之数或能减支也。

卫生股费用计减洋 4,000 元,昨年之增支统系审查氟素之费用。

天津英文学堂项下计增洋 2.3 万元,统因汇兑行市所致。

耀华学校项下因中国业主管业之产值增加,故计增洋 5,000 元。

债券需款项下列有 427,507 元之巨额。查自 1928 年起实行提前清付债券以来,连同 1936 年计算历年清偿之数共计洋 1,553,660 元,颇足注意,此项支出固为本局财政重大担负,如按照债券条款本年果可清偿旧有之高利债券,故同仁深望金融市面日趋活动,对于调换旧发市券巨额借款有筹措之可能并付审议也。债券利息因之得以减轻,债券清偿条款并得较为有利,所筹款额且敷本租界充分发展之需。

临时项下所列之数已自 2.1 万元减至 5,000 元,总计本年总务经常支出比较 1935 年计增洋 2.6 万元。

关于各项预算编制敝董事会如何审慎从事,鄙人当略加注述。查各分处之预算俱先经各该委员会详加审核,再经财政委员会调整复核,最后方陈董事会核议修正执行通过手续。

警务处组织虽已获得显著改善,然本年预算比较上年只增洋 8,000 元。消防队项下且减列洋 1.2 万元,缘昨年之费用包括新救火机之购价。

工程处经常支出预算计减列洋 3.9 万元,此项削减统因本年减少马路加宽费用。

特别支出项下仅有二项须特予注述者:(一)福发道新警务分处之建筑费计洋 2 万元。查该地段发展甚速,此建设殊属必要。(二)新路筑造费计洋 114,800 元。查本租界西区新筑房屋颇多,吾人应照例给予市政便利也。

电务处预计盈余约增加洋 3.2 万元,该处之盈余总数合计洋 466,995 元,成绩如此堪称美满。

该处购置支出计洋 69,460 元,若衡以进展革新需要此数似属适当。

水道处收入计增洋 1.3 万元,本年盈余之数为 10,566 元,比较昨年之 8,794 元稍强,此增益之数虽微,然本租界发展如迈进,则产水价值必获早日减低,盖此仅一需水问题而已。

该处折旧项下 46,961.48 元暨利息项下 74,828.68 元之巨额编列,即使现时总水管之布设获得充分应用仍须存在。查水管之布设须先房屋建筑发展洵属必不得已,诸君如披阅 36 页刊列地图显示,全区未布设水管地段仅一小部分而已,一旦布设齐全,逐年需水量有增无已,则产水费用之逐渐减低自可预期也。

查少数用户备有自凿井眼,惟与工部局水管尚装置备用通接龙头。同仁以为各该用户应分摊此项备用接水之存本费用,事属公允。职是之,故同仁决定,凡装置 1 寸径管备用接水者,每月应征收洋 6 元,3 寸径管备用接水者,每月征收洋 50 元,各户实用水量收费照章给予折扣。

察核预算总计经常项下列有盈余洋 72,145 元,特别支出项下列有 294,970 元,收支两抵计不敷洋 222,825 元。

现款状况本年初即有透支之数合洋 103,618 元,计至年底止透支之数当达洋 302,437 元,综观上述各节并按现时情势本局财政状况尚佳,故鄙人动议谨请诸君通过所陈本年预算。

庄乐峰君附议。

戴乐君:对于预计之 30 余万元透支未识董事会如何处理?是否发行新公债抑拟与银行特别接洽?

董事长:与银行接洽当无困难。

预算案遂付表决,全体赞成通过。

捐税缴付

董事长提出下列议案:

天津英租界选举人在本会议决定地亩捐应于 4 月缴纳,房产租值捐应于 9 月缴纳,并就此授予新董事会于 4 月、9 月征收此项捐税之权。

庄乐峰君附议,全体一致通过。

估价委员

郝为乐君提议，靳纳君附议，推举杨嘉礼君为本年估价委员。

陈晋卿君提议，焦子清君附议，推举阎子亨君为本年估价委员，全体一致赞成。

董事长声明安得生君为董事会委派之估价委员

给　水

关于给水问题巢九余君代表中国纳税人提出下列意见：

巢九余君：本租界中国纳税人公议佥以水道处1935年报告，认为水道工程师对于本界给水明知氟多、味咸而无一切实改进计划，竟静候专家研究发明不知须至何年何月方能有办法。对于经济原则及本公会纳税人用户等贡献之意见并未深切注意，殊为遗憾。凡新机产量与购价之比例恒较旧机合算甚多，今报告新机产量3.33倍，于前而购价3.20倍，于前相差尚不及5%，何能认为满意？又报告称1935年利息、折旧、保险准备金三项共占收入40%，计其各项开支反占57%有零，较之济安公司销水少4倍，而开支仅少1/10，至水表无租事甚细微不足道。若水好价廉即加表租用户亦所乐闻，水价嫌昂应减不应增，报告乃言未增价，岂尚以为未足耶？公营公用事业不顾及一般普通平民用户，惟于工业用水充量用水略予折扣，营业上未必能有何大效因，总不如其自己凿井之为合算也。以独占营业售价既昂且有工部局之种种援助乃纯益之微几等于无，上年盈余占收入尚不足3%，自1929年至今7年盈余累计尚不足9万元，扩充购置动须局中拨款若照普通售价每千加伦0.7元出售，则债息且不保。遑论折旧盈余且水咸不适于饮料、浇花、锅炉、沐浴之用，含氟多则人怀疑，惧宁用他水至水价太昂更与本界繁荣有碍。例如月用水1万加伦者已较华、法等界多费3元，再须购饮界外挑水每月又须多费三四元不啻，多费一倍矣。是以住户有因给水味咸，价昂不愿住本租界者，设非业主极力跌减房租，恐空房更要加多，何况少一住户局中便少一份房捐及水电收入，是以非从速积极改革不可，但工程师似无意为根本之改革。会众以专家意见固可考虑而给水缺点甚多，以及津市地土性质殊非远在国外之学者所尽明了，亦非纯凭学理所能代筹尽善者，且科学方法改良深井或水质非加资本即增费用，在工程师或不惜此而就纳税人立场则殊不愿冒险再试。闻日租界以廉价趸购济安自来水公司之水而零售之，颇为经济且无缺点，本租界何不仿照办理？则味咸、氟多立可排除而经济尤为合算。上年本界销水351兆加伦有零，各项开支

18.2万余元，若按日租界每千加伦0.4元趸进，只须14万元有零，相差4万余元，即使原有开支不能即时完全停止，则暂时仍必须支出者，其数当亦甚微。此外，水即不咸，原来用户当然不购界外之水，则本界销水必增盈余自亦加多，他界住户亦可望其迁来，房捐、水电收入俱可逐渐增加。如试办合宜并可将原有机器酌量变价，则成本减轻利息，折旧随之减少，获利更丰，给水售价便可逐渐减低，一举而数善兼备何乐而不为？至于水源不在本租界似无甚关系，因华界又法、意、日等租界及特别二三区均用济安之水多年，未闻有何缺水或味恶之不便，亦未闻因饮料关系发生何等传染病，若谓本租界现用井水可以生饮，此事所关甚细，熟饮又何妨乎？且界外饮生水者亦颇有其人，权衡轻重实利多而无甚不便，惟事关改革须有详细计划，坚强毅力。现有水道委员会仅有3人，人数过少且多新进恐难排除一切阻力，必须特设一改良给水委员会，除原有水道委员外，再邀熟悉津地情形之中外纳税人及有给水经验或研究者数人加入，使得共同研讨切实规划庶可望于短期内实行改善，深知贵会谋本租界之公益素具热心，上述建议谅荷采择施行。

董事长：此颇堪辩论之意见似非本会议所能处理，董事会对于水道工程师备极信任，谅诸君对于董事会亦富有信任，故鄙人建议此文件应交新董事会郑重核办，盖此类问题须董事会从容审慎核议者也。

毕郭克君：鄙人申述此提议颇与议事日程不合，该问题应在预算案通过之前提出。

董事长：鄙人以为不然，缘该案或与预算案毫无影响，乃系付与审查之事件。

娄翔青君：董事会系每年由纳税人选举实为纳税人之代表，故希望董事会注意中国纳税人之请求，对于该问题予以考量。查本界给水有宜整理改善之处且与卫生有关，若每年交付新董事会办理无补，事实况在大会提出已非一次，报告屡见，迄今尚无解决办法，故恳请本日议定一切实办法。

董事长：娄君云希望今日得一切实解决办法，鄙人不知如何可能？盖同人终年迭次集会以期求得适合实用，解决方法尚无结果也。

娄君承认于本会议求得具体解决办法为事实所不许，但愿稍有结果俾下届年会不再讨论此事，故希望董事会能见示一期限，在此限期内能有解决办法也。

戴悌君：鄙人不甚明了检讨之问题为何系费用耶？抑系水质耶？查此二者

俱无解决可能。

董事长:本局之困难乃在准备市区发展而先事布设,缘水管之设置往往在先藉资吸引房屋建筑发展,此为巨额费用之要因。关于其他氟素或水味之排除,现时尚无适用之方法,至向法租界购水同人夙有所闻,讵知此水 1/3 即属井水,其品质乃与本租界给水无异。据称日法租界用户对于济安自来水公司给水颇称满意,则该租界何以尚有凿井之举且使用井水也。查此类问题殊不能在本会议解决,必须由新董事会核议,如能早获解决方法当为同人所乐闻。

戴悌君:倘若实在无解决方法,不若简直说明之为愈,盖昨年大会亦已议及此问题。

董事长:鄙人以为此问题不久可得解决,因法工部局新凿井眼深度比之本租界井眼几增 3 倍且水味较佳,据现时所知其氟素成分亦较低,再者氟素是否滋生斑牙尚未切实证明,故解决办法或即在本局井眼加增深度。此外同仁尚可容纳中国纳税人意见,即于组织新水道委员会时可公请专家加入,本局公请皇家工程师军官担任委员本有先例,故无论国籍津埠如有具有学识智虑专家同仁当公请加入。

娄翔青君:鄙人再声明,盼望此问题之解决不应久事延搁。

主席:鄙人觉察一部分用户对于给水确感苦恼,此为必须处理之问题,如有解决办法应即求得之。故鄙人劝告新董事会对此要题应认真核办,缘此项苦恼存在已非一年,鄙人昨年初次莅席选举人大会尚记忆闻及给水议论,故深望下次常年大会不再讨论此问题也。(鼓掌)

娄翔青君:查敦桥道工程处材料厂初建时,其邻近地段尚属空旷,今则已成稠密繁盛之区,该处居户闻碎石机声固感烦扰,然比之煎煮沥青油味尚无触鼻气塞之弊。兹请问该厂有无搬移至空旷地段之可能?

董事长:新地址已早准备,现时未能迁移者祗因限于经费耳,一俟款项有着当即进行搬移。

毕郭克君:鄙人在到会前曾接卧病维多利亚医院之狄克森君函嘱,声叙本租界马路洒水殊感不敷一节,鄙人一星期前抵津,适值尘沙蔽空,此固非董事会之咎,若狄君之意见得荷采纳,当感愉快。

董事长:鄙人认此问题系交新董事会审核者,鄙意与狄克森君完全相同,但主管马路洒水人员不以为然,且视此项设施陈旧无济于事。

嘉奖职员

董事长:在闭会之先,关于工部局职员鄙人不应无所志述。年间各项工作因力求撙节,不得不历行紧缩,设非必要节目概未审议办理。职是之,故比之往常财政充裕时之宏大改善规划,率得付之考量,局员工作奋兴维持较为困难,兹鄙人声述全局职员咸忠于职守,为本界增进幸福殊感愉快。(鼓掌)

地亩问题

中国纳税人:声述关于地亩转移问题。

主席:刻所提议者似属地亩问题似不应在纳税人大会讨论,故鄙人奉劝关系人向秘书长接洽或诉之法庭。

赞颂退职董事

董事长:卞白眉君与端纳君因职务关系时须离津,致不克继任本年董事殊深怅感。查端纳君担任董事系自1924年至1927年,又自1933年迄今,并为创办耀华学校委员会之委员。卞白眉君加入董事会系自1928年至1930年,又自1933年迄今,其初次担任董事适值本局董事会新组织成立伊始,每逢会议立论肯要裨益局务良多,其于贡献中国见解尤感明达。本租界承卞、端二君担任市政义务多年,鄙人愿藉此致谢,不惟代表董事会并代诸君表示感忱。(鼓掌)

选举董事会

主席:本届候选董事只10人,计赵君达君、庄乐峰君、黄约三君、李宏章君、毕德斯君、芮德君、罗杰君、罗素君、体伯君、王荷舫君。

兹宣告此10人即当选为本年新董事会董事。

在闭会之前,鄙人以驻津英国总领事资格,对于董事长及各董事昨年工作表示感忱,谅莅会诸君多数必同此意见。鄙人并祝新董事会前程光荣,继续旧董事会之优美工作,对于总管理处及各分处如工程处、卫生股、警务处、电务处、水道处暨其他依照董事会意旨执行职务人员,鄙人咸愿致谢,谅诸君必洞悉市政职务之纷繁,同人对于所享受各项皆表欣感。至给水或不尽满人意,但鄙人已声述,希望此困难可于年内解除也。无论如何鄙人当竭诚劝告新董事会予以注意。(鼓掌)

董事长:适才备承总领事奖许及诸君之美意接受,鄙人愿代表各董事暨工部局主管人员表示感谢,同仁各尽所长乃属分所应为并恒得一种快慰,兹承称许所感愉快顿觉倍增。

在闭会之前,鄙人愿致谢雅总领事主持本会议,此为雅君第二次担任本会议主席,鄙人深望此后常得雅总领事主持本界纳税人会议。鄙人忝膺董事长以来,遇事无不备承赞助。关于市政事宜,总领事尤格外注意,有时彼此见解或不免微有出入,然总领署与工部局总获合作成效,若此堪称尽善尽美。故鄙人动议对于雅总领事特致谢忱。(鼓掌)

陈晋卿君:鄙人代表中国纳税人对于董事长及各董事暨总管理员工作表示感激,总领事每遇纳税人问题俱一视同仁尤深钦仰,特此动议致谢全体鼓掌。

主席:兹承中国纳税人称颂至深感激,诸君拨冗莅会至为可感。本日议事日程已告完毕,现无其他事件,故宣告闭会(下午5时)。

驻津英国工部局 1936 年报告

本董事会兹将常年市政报告连同 1936 年截至 12 月 31 日止之财政统计暨 1937 年之收支预算一并陈请选举人察核。

1936 年 4 月 15 日英租界选举人第 18 次常年大会选出董事会各董事如下：

赵君达君、庄乐峰君、黄约三君、李宏章君、毕德斯君、芮德君、罗杰君、罗素君、体伯君、王荷舫君。

新董事会于 1936 年 4 月 16 日集议，推举体伯君为董事长，庄乐峰君为副董事长，并分组成立各委员会列次：

人员暨财政委员：

庄乐峰君、李宏章君、毕德斯君、芮德君、体伯君

医院委员：

庄乐峰君、罗杰君、体伯君、王荷舫君

工程委员：

庄乐峰君、李宏章君、毕德斯君、罗杰君、罗素君、王荷舫君、贝克少校（由董事会公请加入）

公安委员：

赵君达君、庄乐峰君、罗杰君、体伯君、王荷舫君

电务委员：

赵君达君、毕德斯君、罗素君

水道委员：

赵君达君、黄约三君、芮德君、罗素君、李吟秋君（由董事会公请加入）

董事长因职务关系为各委员会之委员。

1936 年 10 月李宏章君因迁调汉口离津辞职，董事遗缺由董事会公请卞傲成君补充。

1937 年 3 月芮德君因例假归国在即，辞去董事职务，遗缺由董事会公请狄克森君充任。

工部局条例

一、清理马路便道

（一）英租界马路便道工部局应随时使之扫除洁净，各街道遇有积存灰土垃圾应随时使之收集运走。

（二）虽有前项规定，遇必要时工部局得要求各房地居户将其房地前后所临便道四周水沟、阴沟扫除洁净并将积集之雪堆、灰土、垃圾清除尽净。各居住人如有违犯不遵情事，每次应科以不逾洋5元之罚金，倘某屋之出赁系分间散租者，则其出赁人当视同居住人一例处罚。

二、倾倒垃圾

（一）所有公私道路巷弄或旷地所在一概不准倾倒脏土、灰屑、垃圾。

（二）本租界住户业主必须各自备置一工部局可以核准之带盖脏土箱，用以储放脏土、灰屑、垃圾，各住户并必须将此脏土箱按随时通知之钟点移至户外，备工部局清道夫收集。

（三）如有拒绝或阻碍工部局雇用之清道夫执行此项脏土垃圾清理职务者，当以违章论。

（四）无论何人如有违犯或不遵守本条例规定情事，每次应科以不逾洋25元之罚金。

三、积集废秽脏物

无论何人不准在其居住处所或占用地亩容留臭污废秽、积存止水、豢养猪牛或堆集其他脏物，倘接得工部局饬令清除搬移通知满届24小时后，仍容许该脏物之存留至48小时者，每次应科以不逾洋10元之罚金，其执行清除手续每迟延一日应加科以不逾洋2元之罚金。为消除公益妨害起见，工部局对于上列有害脏物得于合理时间进入任何房屋或地亩，执行一切认为需要之手续，其因此所致费用应由违章人或发现此项妨害公益脏物所在之房屋或地亩占用人偿付，倘无占用人，则应由该房屋或地亩之业主依照损失补偿之。

四、卫生设备暨脏水井

（一）所有卫生设备概应依照工部局营造条例及准许之设计规划通接至

局有阴沟。

(二)业主或房屋之占用人应负责按时使其房地之脏水井清除淘净,但如经申请工部局代行者,工部局可代为执行此项清淘手续,其费用由业主或占用人偿付。

(三)无论何人如有不遵或违犯本条例情事,倘接得工部局通知满届24小时后,该业主或房地占用人仍事玩忽者,每迟延一日应处以不逾洋10元之罚金,工部局职员及工匠并得进入该房地执行需要手续,因此所致费用应按损失向业主或该房地之占用人追偿。

五、预防传染病症

为预防或阻止传染病症之蔓延起见,凡房屋之状况有碍其居住人或邻居之健康者,工部局得饬令占用该房屋全部或一部之居住人在工部局指定时期内,依照指定程序将该房加刷白灰使之清洁,倘该住户或其业主(如该房无人占用者)有违抗不遵情事,每迟延一日应处以不逾洋10元之罚金,工部局并得将该房屋或其一部分加刷白灰及执行清除手续,因此所致费用得向该房主或其住户按损失规定追偿。

六、传染病症通知及施行消毒

(一)遇有发现霍乱、白喉、麻疹、猩红热、天花、斑疹、伤寒、腺鼠疫及肺鼠疫、瘭疽、脑膜炎、昏睡性脑炎、百日咳、腮腺热(痄腮)暨肠窒扶斯等各种传染病症,以及其他工部局业经引用本条例列为传染病者,发生该传染病房之占用人或租赁人必须于病症判明之12小时内通知工部局秘书长,如已延请医生诊治,则该医生必须另送通知予工部局。如病症结束,发生该传染病房屋之占用人或租赁人必须于12小时内重行通知工部局秘书长,如已延请医生,则医生应另送通知予工部局。

(二)发生传染病房屋之占用人或租赁人遵照工部局卫生医官之要求,应于适当时间内迅速办理,该房屋消毒手续并将消毒经过情形呈报工部局卫生股,其消毒费用由该房屋占用人偿付。

(三)工部局对于发生传染病症之房屋有随时查察之权,如遇有任何危险传染病症发生,得饬令施行特别消毒手续并执行或饬令执行任何防范病症蔓延所必需之特别手续,凡因为公众卫生利益所必须施行之此项特别手续,其费用由局支付抑由业主负担应依审查该病症发生之原因为断。

(四)无论何人如有违犯本条例情事应处以不逾洋300元之罚金。

七、牛乳奶油冰搅凌

（一）照章工部局得饬令其职员随时稽留在本租界内运送或分售牛乳奶油或冰搅凌人等，并将其所携牛乳奶油或冰搅凌陈送施以认为适当之化验。

（二）细菌清洁需要之标准列次：

1、沸煮或已杀菌之牛乳奶油暨冰搅凌，其显微镜检验每立方公分之有机体量不得超过 3 万，每十分之一之立方公分内不得有大肠杆菌发现。

2、甲等生牛乳及奶油之显微镜检验每立方公分之有机体量不得超过 20 万，每 1%之立方公分内不得有大肠杆菌发现。

3、乙等生牛乳及奶油之显微镜检验每立方公分之有机体量不得超过 100 万，每 1‰之立方公分内不得有大肠杆菌发现。

八、预防食品沾污

无论何种宰割之肉类、面包、牛奶、果品或其他食品如未用洁净之布块或纸张包裹，暨用以存储之提桶、瓶子、匣盒或篮框未用纸张盖护藉防止泥土、尘垢、脏污沾及食品者，不准在任何马路或来往街道运送（或露陈售卖）。

违犯本条例人应处以不逾洋 15 元之罚金，此项暴露之食品一并予以充公或免予充公。

无论何人在本租界内运送或分售牛乳，倘该乳质之水分查系超过十分之一之比例者，或运送分售牛乳奶油及冰搅凌显与本条例乙（2）项细菌清洁标准规定不符者，或查系品质不洁不适为食品者，应处以不逾洋百元之罚金，此项牛乳奶油或冰搅凌并须充公销毁。

九、预防火患

（一）为预防火患起见各房屋业主须将各烟筒每年至少清除一次，各居户并须按所用火炉、暖炉之需要随时施行清除。

（二）凡工厂货栈铺面或其他房屋倘堆积易燃物品，其占用人应依需要状况设法禁止吸烟或划用洋火或其他容易起火之有罩或无罩灯亮。

（三）无论何人如有不遵本条例规定或违抗业主及占用人因奉行本条例所布命令情事应处以不逾洋百元之罚金。

十、锅炉及机器之检验

（一）举凡工业或商业用之锅炉，其业主每年须将该锅炉经合格勘验工程师检验之证书呈缴工部局，证明该锅炉堪以安全蒸发证书内所列之最高工作气压。

(二)工部局得随时委派一勘验工程师检验此项锅炉及机器,倘该勘验工程师认此项锅炉及机器有碍安全或系危险,工部局应通知其业主,倘其业主姓名无从调查则通知此项锅炉或机器之管理人立即停止工作,以修理完整邀得工部局所派之勘验工程师之满意为期。

(三)无论何人如有违抗不遵上列条款或接得上述工部局通知不停止工作情事,一经定案应处以不逾洋500元之罚金。

十一、妓馆

无论何人不准在英租界内开设妓馆、娼寮有伤风化处所或其他妨害治安场所,倘有违犯本条例者,应科以不逾洋500元之罚金。

十二、赌局

(一)无论何人不准在英租界内开设赌局,凡意图营利而供给赌博局所或聚众赌博者,应科以不逾洋3000元之罚金。

(二)凡在聚赌局中抓获之赌博器具、钱财暨博头所有或其赌博台上之财物,无论是否属于犯赌人,概应充公。

(三)无论何人凡在聚赌局中任事者,应科以不逾洋1000元之罚金。

(四)无论何人如查有常在赌局玩耍或参预赌博情事,应科以不逾洋百元之罚金。

十三、游妓

(一)工部局管辖区域内之任何马路或任何公共地方所在,不准有妇女鬻技卖淫招摇之行为致扰害居民或有碍行旅。

(二)违犯本条例人每次应处以不逾洋50元之罚金。

十四、乞丐

在工部局所辖区域内各街道上不准有行乞求赈情事,违犯人应科以罚金或该管法庭判定之处罚。

十五、扰乱公安

(一)无论何人倘无故吵闹或肆意骚扰,或在行人来往要道或公共车辆内任意吐唾,或在街道及公共地方其行为堪称有扰乱公安意义者,每次应科以不逾洋50元之罚金。

(二)为适用本条例意旨起见,遇有任意使用放大声浪播意器,致骚扰邻居者应视为扰乱公安。

十六、逮捕人犯无须拘票

工部局职员或其职权代理人暨其邀请之协助人等,依法有权逮捕或扣留违犯此项条例之人氏,若该被捕人之住址姓名无从查悉时,则依据此项条例法权无须拘票得以便宜手续将该犯送交该管领事或其他合格之主管机关。

十七、死亡通知

(一)英租界内任何房产内遇有死亡情事,其铺主居住人经理或死亡者之代表应于12小时内报告工部局警务处再行成殓。

(二)如经要求应即呈送医生证书或其他工部局可以接受之凭证载明死亡缘由。

(三)任何人氏如不遵守本条例规定每次应科以不逾洋50元之罚金。

十八、公用敷设权

(一)工部局如认为必要得随时位置总水管、接水管输送电流地线或沟管暨电话、电报线缆纵横穿过任何马路并于可能状况下极端限制损害私人产业,其因完成此项工程设施起见,于必要时得将前列管子或沟管之位置展入或穿过已经圈围之地亩或其他私有产业,惟须在14日前给有书面通知,声明展入或穿过此项私人地亩之意旨,倘可接受申诉之地产估价委员认前列工程堪减损此项私有地亩之价值,则工部局不得自由进行任何敷设手续。

(二)工部局得随时派遣负责工人进入此项私人产业,执行前列管子、沟管或线缆需要之修理及更改、扩展或其他改善工程手续。

十九、残虐牲畜

(一)无论何人凡苛打、虐待、逾量载重、任意驱驶、过份骑驰、凌虐或鞭挞牲畜,或致使牧畜遭受此项凌虐暨于运载或位置运载重物时,使牲畜感受非常痛苦者,初犯者应处以不逾洋30元之罚金,每次再犯者应处以不逾洋百元之罚金。

(二)如查有虐待情事,工部局得将该牲畜交与合格人员管理或以极少痛苦之法将该牲畜杀除。

(三)举凡因执行本条例管理喂养、安置、治疗等所致之一切合理费用,均得令该牲畜之主人偿还。

二十、码头捐

所有进出口货物概应由装货人或装运商号缴纳码头捐,本条例所云(货物)系指各种货物商品或现金银货而言。凡在码头装卸或由码头经过者,须一

律缴纳码头捐。工部局为便宜征收该捐,计得有下列权限:

(一)令各轮船之经理或代理人,将其停泊在河坝、码头装运出口或进口货物之任何船只之该项进口或出口货物之舱口单及一切要紧单据,全份呈送工部局。

凡进口货舱口单须在该进口船到埠后24小时以内呈送工部局,凡出口货之舱口单,须在该船开出后至迟不得过24小时之内呈送工部局。

(二)令各轮船经理或代理人,凡自河坝码头装卸收发之货物务须候该货物之提单舱口单及装货单据等,曾经工部局盖有钤记证明,该货之码头捐业已付讫方可将该货物装船放行,否则不予装载或扣留不许提收。

(三)令各装货人或提货人将已纳海关税之总数或应报未缴关税之总数正当凭单呈送工部局以便查核,如有违犯本条例者,应处不逾洋500元之罚金。

二十一、欠付捐款应缴之利息

各选举人于每年会议时指定某某月份为应付地亩捐及房产租值捐等之月份,各该月份一经决定,工部局即得向捐户于指定月份内收捐。如各捐户不能在该指定月份内将该捐缴清,工部局得依法征收附加捐,按照未缴捐额10%计算,如逾缴付捐款期限30日以上仍不能将原欠捐款与所加收附捐缴清者,工部局得用假扣押或他种法律手续将该项欠款全数追缴,因执行此项手续所致费用应归该捐户偿付。

二十二、马路交通

天津英租界之马路交通利便管辖指挥概依下列修正规定行之。

(一)本规定通用各名词按下列释义为准:

交通:系指官道上来往车辆暨行人而言。

官道:系任何地段用以通行车辆或徒步行人者。

同义名词:马路街道通衢。

马路:官道之一部预备车辆行驶者。

便道:官道之一部备行人徒步者。

路边石:系固定之马路边线或为公众所知晓之路边线。

保险地段:系指任何马路之一段禁止车辆通行者。

路线岛形:系指马路之凸起部分划为保险地段者。

车辆:系任何运输便利(马匹不在此例)若手推小儿车、著滑车鞋人暨病人椅在占用马路时即视同车辆,在占用便道时则视同行人。

马匹:系指用以拖曳驾车或运输之任何牲口。

驾驶人:任何人氏当时在官道管理车辆者。

行人:系指官道上徒步行人惟小儿车、著滑车鞋人暨病人椅在便道上当视同行人,若在马路上当视同车辆。

乘客:系指占用车辆人而言,其驾驶人或执行职务之车役不在此例。

汽车:系指任何用油机蒸气机推动之车辆。

并行停放:系指车辆与路边石并行之停放。

横角停放:系指车辆停放位置与路边石横成一角。

(二)凡使用官道人氏,无论其为驾驶人乘客或徒步行人,概应负利便交通暨增进公众安全之义务。

(三)无论何人在官道上步行不准有放纵不顾利害危险或其他不正当行为。

(四)任何人氏在官道上徒步不准有妨碍交通行为。

(五)无论何人在官道驾驶车辆不准任意骤驶疏慢无忌或有其他危险不正当状态。

(六)任何车辆(著带轮滑车鞋人、手推小儿车暨病人椅不在此例)非经装配有力塞带不准在官道行驶,各汽车须装配运用自在并有力之塞带两组。

(七)来往要道不准牵溜练习任何马匹或其他牲畜。

(八)无论何人在官道驾驶车辆或其车辆占用官道时不准无故妨碍交通。

(九)无论何人上下车时须先候该车紧靠路边停住,不准在该车行驶时上下进出并不应上下时无故妨碍交通。

(十)无论何人在官道由车辆装卸货物应防止无故阻碍交通。

(十一)无论何人在官道搬运或位置货物不得无故妨碍交通。

(十二)驾驶人或行人在官道对于值岗警捕之指挥号令应随时迅速遵从。

(十三)为尊重公众交通利益起见,驾驶人在官道应察看当时交通状况、路面情形有无已标志或未标志危险地点并限制其车辆速度不超过安全谨慎合理范围。

(十四)驾驶人应靠近马路之左边驶车,速度逾低者逾应靠近。

(十五)驾驶人向左首拐弯者应紧靠左方之路边石。

(十六)驾驶人向右首拐弯者须拐大弯并于可能地点绕过固定岗位不在

警捕面前超越。

（十七）驾驶人驶经官道中心岛形时须在其左方行驶。

（十八）驾驶人驶过逆向前来车辆时应向左方前驶。

（十九）驾驶人驶过顺向前行之车辆时应出该车之右方。

（二十）倘前望不能察看清楚时，驾驶人不得赶过顺向前行之车辆。

任何汽车或电水自行车不准在中街赶过顺向前行之汽车或电水自行车，凡鱼贯紧接行驶之汽车应跟随前车徐进。

（二十一）驾驶人在经过桥梁马路交岔口拐弯或经弯曲道路前望不能察看清楚时应减低速度。

（二十二）汽车驾驶人在官道驶近马匹时应减低速度并遇必要或经人要求时停止前进。

（二十三）任何车辆如在官道上肇事，其驾驶人应立即停止前进，勘查所致损坏伤害程度并给予援救，在警捕未告知毋须在场前驾驶人不准离开惹事地点，倘该处邻近适无警捕者，驾驶人应勿延缓，到中街警务处（或伦敦道警务分处）报告肇事经过。

（二十四）驾驶人在官道不准任其车辆继续赶驶或与其他车辆并驶齐驱致妨碍交通。

（二十五）任何车辆因上下乘客或装卸货物在商行住宅门口停留时，驾驶人不得无故迟延致碍该门口之出入便利。

（二十六）驾驶人不准因倒退车辆或转向而妨碍或危及马路交通，各车在中街转向调头须驶至岔道口。

（二十七）任何车辆因上下乘客或其他缘由在马路停驶时（遵从警捕指挥命令者不在此例），其驾驶人应极力紧靠路边石。各车在任何马路因故停驶，概须按规定交通方向靠路边而停，切勿逆向停放。若自左向右横过马路暨不顺交通方向迎对车辆行驶之并行停放，皆在禁止之例。

（二十八）（除非遵从警捕指挥）驾驶人经过路中岛形及其靠邻较近之路边石间时或经过位置马路中心之岛形与任何一边之路边石间时不得上下乘客或因其他缘由停留车辆。

（二十九）驾驶人不准无故任意使号筒发声或用其他警号致妨害公安，当车辆停立官道时，任何人不准使该车响号发声。其因安全关系认为必要者不在此例。

(三十)驾驶人为通报其他车辆暨值岗警捕准许采用下列信号：

1、拟停车：右臂高举向上或向右平伸展开同时手向上下摇动。

2、向右拐：右臂向右平伸展开。

3、向左拐：右臂向右伸展开而手向左指。

4、向前驶：右臂向前平伸。

5、告他车向前或赶驶前行：平展右臂同时手向前摇动（倘汽车驾驶轮位置左边者此信号应用左手表示）。

(三十一) 凡在官道行驶之汽车无论何人不准在其踏板上站立乘坐或容留。

(三十二)汽车行驶官道时无论何人不准抓握该车任何部分，惟其乘客及驾驶人不在此例。

(三十三)无论何人未得工部局颁发之驾驶执照不准在官道驾驶汽车，此项驾驶执照须经本局警务处考试合格然后发给并须随时携带备警捕查看。

电水自行车驾驶人之最低年龄须满17岁，汽车驾驶人之最低年龄须满18岁。

载重汽车驾驶人之最低年龄须满21岁。

(三十四) 任何汽车驾驶人如有或被检举违犯交通规章或有其他违章情事，该车之捐照请领人倘经要求应立即供给，堪以指出该驾驶人之一切闻料。

(三十五)凡因纵酒酗醉或体格不称或其他缘由不应驾驶车辆者，不准在官道驾驶车辆。

(三十六)双轮电水自行车载座连同驾驶人计算至多准许二人，乘客并须跨腿按驾驶人身后位置坐定。

(三十七)凡车辆之构造设备装载状况围盖情形堪视为危险有碍交通，或其载包有松散坠地或其行动有过于损坏马路发出异声，或驾驶人前望被阻有碍安全，或塞带塞力不敷或其他机件损坏致驾驶失其灵便情事者，该车不准在官道行驶。

(三十八)凡车辆之装载其总长度超过车身长度在二尺以外者，该车辆经弯曲路线拐弯过街或调头时之速度总以不出危险不妨碍其他交通利便为准，如此装载之车辆在日出后日落前，于其载物之后端须树立红色旗帜一方，至小须一尺见方，在日落后日出前代以光亮红灯以便距离该车身后或两旁不甚远之车辆行人易于注意。

(三十九)公共汽车搭客最多之人数或分间可容人数应由警务处长决定,并用英汉文油刷于此项车辆之明显处,无论何时搭客总数不得超过此核定数目,倘有违犯本规定情事,其车主及管理人应受法律裁处。

(四十)任何车辆如不依捐照规则不将本局核准之号码牌或识别捐照安置车上者,不准在官道行驶。

(四十一)在日落半小时后至日出前半小时之间,汽车在公用道路应备灯亮列次:

1、车前白光灯2盏,其光力及距离地面高度须相等。

2、车后红光灯1盏,位置居中或一旁,同时车后号码牌须有亮灯照明。

电水自行车带双座者,须依本规定备装灯亮,其光力暨位置高度不受前列限制。

不带双座之电水自行车前须备装一白光灯,车后备装一红光灯,其号码牌并须有灯亮照明。

各车前切勿装红光灯,但车后只许装红光灯,其内部或信号灯亮及自号码牌反面透光之灯不在此例。

灯光下射之车头灯准许装用。

各车在必须装备之灯亮外可添置驾驶灯两盏,其灯光移转角度须不超过前车轮之旋转角度,此种灯亮距离地面高度不须超过3尺3寸。

车行时其他灯亮之活动如旋转斜射等概不准许。

(四十二)除小儿车、病人椅暨著滑车鞋人外,任何车辆不准在便道上行驶或驶入或横过保险地段。

(四十三)任何四轮汽车须备装一反光镜(但带拖车之汽车倘拖车上人可以后望无阻随时通知驾驶人者不在此例)。

(四十四)汽车应备装一发声器,藉便发出充分声响警报车将驶近,此项发声器应得工部局核准。其他响器如金锣、汽笛、哨子或响铃等概不准用,惟属于消防队车辆者不在此例。

(四十五)消防队车辆驶往或来自失火地点者(即其响铃发声接连不断时),随时应有前驶之优先权,任何车辆见救火车驶近时应立即离开马路交岔口暨路中岛形,紧靠马路下边停留等候救火车辆驶过。

(四十六)除遵照第四十五款外,载送病人救护车于救急时应较其他车辆有前驶之优先权。

(四十七）除有特别捐照之车辆不计外,任何车辆曳带拖车不得多过一辆,其拖带绳索净长度不得超过 16 英尺。

(四十八)除规定停车处外,官道上车辆之并行停放或横角停放只在相当范围暨合理时间者,照例可以准许,倘在窄狭马路只准一边停放车辆,其一段已经有车停放,则面此之对过不应再停放车辆。无论如何车辆停立官道不准通宵无人看管。

(四十九)在官道上并行停放或横角停放之车辆不准从事洗涤。

(五十)任何官道之全部或其一段,业经警务处长饬令取缔或禁止行人车辆通过者,无论何人不准在该路或其一段上行走、驶车或停放车辆。

警务处长为便利交通管辖起见,得权宜情形取缔或禁止行人或车辆通过指定官道之全部或其一段,或只准依规定方向或指定钟点内通行该路,此项取缔或禁止通告应与工部局制定之交通条例同其效力。

(五十一)无论何人接得警务官员禁止停放车辆通告,即不准在所指官道之任何部分并行或横角停放车辆。

(五十二）在路边并行停放之车辆其里怀车轮与路边石之距离不得多过 4 英寸。

(五十三)汽车行驶官道时其乏气筒不准放汇过量烟气。

(五十四)汽车行驶官道不准装用敞口乏气或"截堵乏气筒"。

(五十五）马匹拖拉货车或其他笨重车辆行驶官道之速率不得快过寻常步行。

(五十六)无论马匹是否有车驾套,不应弃置官道或放任不管,致不克立时控制。

(五十七）在官道牵拉马匹应牵其左缰, 靠马路之右边迎对交通方向而行。

(五十八)日落后日出前在官道牵拉马匹人应携带灯亮。

(五十九）在官道乘骑马匹或扛捐货物人概应遵守适用于车辆暨驾驶人之交通规定。

(六十)在官道给任何马匹上卸缰套不应无故妨碍交通。

(六十一）未请得警务处准照前无论何人不得在官道组织领导或参加婚丧喜庆或其他游行集会。

(六十二)下列特别规定于马厂道暨二十座房(Victoria Terrace)适用之。

1、马厂道

（1）自围墙道桥西至佟家楼拐角间之马路中心植有树木，其两旁车辆行驶皆依此树植为左上右下之中线，本条对于无人驾御之马匹不适用之。

（2）凡人力车及慢行车辆须紧靠马路左边行驶。

（3）车辆行驶速度及赶过前行车辆之可能须察看交通状况为断，凡属危险及任意骤驶当受严重处罚，若地势许可无碍安全而驶车人有意阻碍后来汽车之前进者，如此行为定当认为违章依例究办。无论如何车辆行驶于有规定行车方向马路之半边者，不得驶入逆向之半边，藉便赶过前行车辆，凡拟赶过前行车辆之汽车须预鸣警号。

（4）行驶于有规定行车方向马路半边之车辆，倘须驶至逆向之其他半边停放者，不得迎对行车方向而驶，须至马路中心植树间断处调头顺随行车定向而停放。凡自岔道驶入马厂道之车辆须依规定行车方向而入，如应调头必须驶至树植间断处再行转向。

（5）无人驾御之马匹须鱼贯牵领紧靠马路右边迎对行车方向而前进，马夫须在马匹之左边行走。

2、二十座房（Victoria Terrace）

该巷地势窄狭车辆行驶只准顺一向而行，所有进巷车辆须自宝顺道驶入暨出巷车辆须由海大道巷门驶出。

（六十三）如有违犯或不遵守本条例规定情事，违章人每次应处以不逾500元之罚金。

二十三、条例之公布

此项条例应付印颁布，工部局秘书长应免费分送向局索取之，各纳税人一册并将一份悬挂于工部局门前或易于观瞻之处。

二十四、条例并不阻碍普通法律之裁处

无论何人如其行为疏忽，依普通法律应断为妨害公安者，不得援用本条例所包涵各节曲予解释，认为合法而避免按照普通法律手续之裁处或免去其证实违章应得之处分。

二十五、追偿罚款办法

按本条例所制定之各项罚金或没收等项，凡未经另行规定追缴办法者，其追偿手续有二:(一)任违犯条例人缴纳罚金了案(二)由工部局向违犯条例人主管法庭起诉，一俟判决违章属实，违章人除追缴欠负之罚金或没收物外，并须照缴法庭认为适当之庭费。

二十六、医师、牙医、兽医登记

（一）具有下列资格人氏可向本局登记准许在英租界内开业。

凡执有欧美中日医科、牙科或兽医学校学位证书或其关系国主管登记机关承认之医师开业凭照，惟有领判权之外籍人氏并须邀得该管领事之核准，凡无领判权之外籍人氏暨中国医师须有中央政府卫生部之许可。

（二）任何人氏未按本条例照章登记而有先行开业情事，如接得工部局陈验登记证书通知后仍开业者，每开业一日应处以不逾洋 10 元之罚金，本局颁发登记执照概不收费。

二十七、爆竹烟火

（一）无论何人如未先领得工部局准照不得在任何街道码头或其他公共地方掷放爆竹烟火。

（二）倘工部局察核时机认为必要得随时禁止燃放爆竹烟火。

（三）燃放炸炮永干禁例。

（四）无论何人有违犯本条例规定情事，应处以不逾洋百元之罚金。

二十八、街头募捐

无论何人未先获得工部局之准许，概不准在街口募集捐款藉充善举或他种用途。

二十九、新闻纸暨定期刊物

（一）无论何人或团体在工部局所辖区域内未先取得工部局并经英总领事签署颁发之准照，不得随意印发报纸暨定期刊物，其报馆经理人报章暨定期刊物印刷人及当时发行人，均应遵例于每年一月到工部局请领执照并开具下列各节：

1.报章或定期刊物之名称。

2. 报章或定期刊物所有经理人及印刷人暨各人之职业营业地点与居住地址。

（二）凡违犯本条例人每次应科以不逾洋 500 元之罚金。

（三）工部局发给此项执照时得权宜征收此项执照费用。

三十、英租界入口处

（一）凡英租界以外或临英租界边界之业主或占用房产地亩人，非先在工部局领照，不得开筑任何出路导入英租界内。

（二）对于此项执照如为特殊情形所必需，工部局得制定条件暨收取押款并酌量另收相当费用。

三十一、广告暨招贴

（一）无论何人未先得工部局之准许不得在来往要道之任何树柱、电杆及各种木杆、墙垣、围篱或房屋上黏贴传单、布告或广告，工部局对此并得察核情形酌制规定征收费用。

（二）无论何人如有不遵或违犯本条例规定情事，每次应处以不逾洋10元之罚金。

三十二、开凿水井

（一）无论何人在未曾请得工部局准照前不得在英租界内开凿井眼或致使他人开井。

（二）无论何人如有违犯本条例情事应处以不逾洋500元之罚金。

三十三、私立学校医院疗养所等

（一）无论何人未经本局发给执照者不得在英租界内开设学校、医院、疗养所或其他类似之院所。

（二）任何人氏如有违犯本条例规定情事应处以不逾洋百元之罚金。

三十四、搬运脏物

（一）无论何人未领得工部局准照不得在英租界内任何道路搬运脏污物品。

（二）工部局察核请照性质得要求押款并征收相当费用。

三十五、彩票

工部局为禁止或管理英租界内彩票或摇彩奖券起见，得执行各项认为必要之手续，无论何人如不立即奉行工部局警员或其他职员所传达关于任何彩票或摇彩奖券之局令，则除受法律规定之处罚外，其票券广告及其他与票券有关用品应予充公，其每次违犯条例并须缴纳不逾洋百元之罚金。

三十六、公共娱乐场所戏院电影院等

（一）任何戏院房屋或其他处所用作公众剧场、电影院、跳舞厅、音乐会所或其他性质相类之公共娱乐场所者，其业主须向工部局请领执照，照费多寡由工部局酌核规定。

（二）此项执照不准许转移他人并须随时备警务处检查。

（三）列作上述用途之房屋，其建筑须与工部局营造条例及卫生附则内所规定之公共娱乐场所建筑特殊条例相符。

（四）凡属猥亵淫邪或惹忿怒之刺激剧片或工部局认为有碍公安之任何剧片，一概不准演映，工部局并有禁止此类剧片演映之权衡，对于院主或其他利益相关人不负赔偿之责。惟院主或其他利益相关人不以工部局此项禁令为然者，得向英国总领事申诉其裁决即为最后之判断。

（五）在未得工部局特别准许前不得公演斗拳赌彩比武或角力争赛。

（六）院址所在不准有酗酒骚扰放恣或赌博情事。

（七）日落后营业未停止时间内，所有娱乐场所临街门口应装设完善灯亮。凡供观众应用之门廊、穿堂、楼梯及出入路口，于开演时间内应一律备点灯亮并邀工部局之满意。不论其为暂时或永久性质之坐椅或其他障碍物，各该出入处一概不准排列并不许有人站立。

（八）所有太平门及其他供观众用以退出之门口，均应装备本局核准用固定灯光映照之透明玻璃上标每字 6 英寸大之"太平门"三字。此项门户应于将演毕前立即开放，所有太平门及地板上灯亮在观众到场时间内均应继续燃点。

（九）凡在场观众视线所及并非通达出路之门口，均应装备本局核准用固定灯光映照之透明玻璃上标每字 6 英寸大之"非太平门"四字。

（十）所有太平门及非太平门之灯亮应另设辅线，以备万一电流发生障碍时此项灯亮得以继续不灭。

（十一）如系必要应装设独立灯线双道并须邀工部局之满意。

（十二）警务人员及消防队在戏院开演时间内为执行职务起见有随时入院之便利，工部局认为必要时并得派消防队一人或数人在院供职，所需费用由领照人缴付之。

（十三）院址应有适当卫生设备。

（十四）院址应保持适当卫生状况，业务执行应照公众卫生需要并邀工部局卫生医官之满意。

（十五）未向工部局另行请领售酒执照之娱乐场所不准售卖或供给酒品。

（十六）公共娱乐场所业主或雇员不准对工部局任何职员有任何酬谢情事。

（十七）任何人氏如有违犯或不遵行本条例规定情事，应处以不逾洋 500 元之罚金并撤回其执照。工部局在重发或更换执照前，得要求违背条例之公共娱乐场所业主缴付现款,或用其个人或第三者出予具结担保此后切实遵行本条例规定,此项具结担保押款之数目以不超过洋1000元为限。

三十七、押当铺规定

(一)押当铺业主未经工部局准许暨未预先取得捐照者,不准在本租界内开设营业。

此项捐照不准转移他人并须预缴常年照费及现款押金后方可颁发,常年照费数目及各押当应缴押金多寡均由工部局核定。

(二)所有质押购买或收受之物品均须详列,应行保存之登记簿内附注交易日期、借款数目、利率多寡或物品购价等项。

(三)该登记簿应随时备警捕查考,关于认为来路不明之任何物品应详细报告警捕,并于必要时将该项物品存放警务处长处。

(四)每一物品押入应给质押人收据一纸注明日期、押铺字号、押品说明、押款数目、所收利率及抵押期限。

(五)押款利息不得超过工部局随时核准之定率。

(六)押款在当物满期前任何时间将应纳利息费用照付者,其期限得展续之。

(七)凡物主交付任何人等以备洗涤、修改、缝制之布料衣服及未完工物品材料等件,当铺概不准接受。

(八)不准收押或买卖任何军械。

(九)遇有售卖或质押物品人等,如当铺业主或收受物品之伙友疑该物系盗窃赃物,应将物品及质押售卖人均予扣留,一面立即报告警捕将人犯赃证一并交与之。

(十)任何质押物品如查明确系盗窃赃物或须提送法庭以备查究者,押当铺一见警务处长签就提单应即交与警捕。

(十一)押当铺如被查出有用欺诈手段收受盗窃赃物,或当铺业主或其伙友有与窃犯串通收受或帮助处理赃物之嫌疑,或遇物品来路不明疏忽查明原主者,警务处长有权将该项物品充公提归原主并无须照付押款。

(十二)各押当铺应于晚10时关门至翌晨7时开门。

(十三)对于工部局任何职员不准有任何酬谢情事。

(十四)任何人氏如有违犯本条例规定者,每次应处以不逾洋300元之罚金并将有关案情物品充公,工部局并得收回捐照或停止其效力。

（十五）营业捐照连同本条例英汉对照译文一份,应装配镜框悬于当铺内明显地点。

三十八、经售洋酒商人

（一）凡经营批发或零售外洋进口之洋酒、啤酒精及含有酒质饮料,或在中国制成之同类酒品但不在铺面以之供给饮客之铺主,暨经营酿制上述酒品之商人须先向工部局请领捐照。

（二）每年应纳照费多寡由工部局酌定。

（三）本捐照不准转移他人并应随时悬于柜内明显地点。

（四）铺面所在不准开瓶零售酒品以供当场饮客,每次售量至少须以一整瓶为限。

（五）不准存留或出售品质低劣、成分不净有碍卫生,搀杂劣质或不宜供饮之酒品。

（六）凡与瓶上所粘招牌纸条、封口锡皮、装瓶箱匣或包瓶纸张说明及其他存酒瓶缶上所注牌号品质名实不符之酒品,领照人一概不准明知故售。

（七）关于制就或存留备售之酒品,如遇警务处索取样品化验时应即供给之。

（八）此项酒品经化验后,如查系品劣不洁有碍卫生或卫生医官认为不适为饮料者,工部局得将其全部充公销毁不负赔偿。

（九）领照人应备登记簿详细载明购进或存留备售酒品之出品国名,其发售之行家或代理处如系本地制成或出产之酒品其出品人及经售人之姓名住址概应注明,此项酒品于出售前应有纸条标明制造厂名及出品地址粘贴瓶上以资识别。

（十）工部局警务卫生人员得随时出入酒柜执行检查捐照店址及存储酒品,警务官员并得检查上述之登记簿。

（十一）对于工部局任何人员不准有任何酬谢情事。

（十二）如有不遵守或违犯本条款规定者,每次应科以不逾洋百元之罚金,其捐照应即撤销或停止效用,在颁发或重发捐照前,工部局得要求铺主缴付现款押金,其数目由局酌定。

三十九、经售中国酒品商人

（一）无论何人未具领捐照者,不得开设店铺或其他营业经售中国酒品。

（二）此项捐照应每年具领一次,惟工部局得随时撤回之不负任何赔偿,其捐照收费数目由局酌定。

(三)本捐照不准转移于他人并须随时悬挂柜内明显地点。

(四)铺面所在不准零售酒品供给顾客沽饮。

(五)品质低劣成分不洁或不宜供饮之酒品概不准存留或出售。

(六)倘警务处索取样品应即将存留备售之酒品供给之。

(七)此项酒品经化验后如查系品质不洁卫生医官认为不适为饮料者,工部局得将其总数量充公销毁并不负任何赔偿。

(八)下午10时后至上午8时前不准售卖酒品。

(九)工部局警捕得随时进入铺面执行检查。

(十)如有不遵守或违犯本条例规定者,每次应科以不逾洋25元之罚金并撤销捐照或停止捐照效用。

四十、屠兽场

(一)未先领得工部局捐照者不准在英租界内设立屠兽场。

(二)捐照收费由工部局权衡决定,工部局并得要求付现押款暨核定其数目。

(三)屠兽场所建筑应遵照工部局工程师及卫生医官之意旨随时保持清洁卫生状况屠兽场址无论如何不准建立席棚。

(四)屠兽场业主应聘任经工部局核准之兽医担任检验备宰牲畜。

(五)有病牲畜不准屠宰。

(六)工部局卫生股或兽医股人员,得随时进入屠兽场查验所址察看储存肉品暨候宰牲畜。

(七)屠宰猪豚应另设宰猪室猪肉储存并应另筑一室。

(八)场址应装用水设备,所需水量应由工部局供给。

(九)已宰牲口之骸壳暨其五脏概应受兽医之检验,关于离场前之肉质证明加戳,该兽医对工部局须负责。

(十)屠兽场业主对于由场址运送肉品车辆之下列各点应负责注意:

1、车辆内部盖罩暨置放肉品器具连同钩索装卸器件盖护材料概行保持清洁。

2、倘车辆系非闷车式样同时并运送其他物品者,则肉品应用清洁布块完全包裹,藉保洁净。

(十一)装卸肉品人或运送人概须注意不任肉品著地,亟须执行必要适当防范,以免肉品沾污。

(十二)屠兽场人员搬运肉品时,应著一清洁堪以洗涤,尺寸式样适宜衣衫,藉阻肉品与该员普通衣服接触。

(十三)屠兽场业主不应准许犬只入所或在场址养狗。

(十四)备宰牲口应受兽医检验,屠宰后之肉品亦应受兽医检验,其钟点随时由工部局指定,倘兽医或卫生医官认须重加检验或因其他缘由认察看时间须延长者,该牲口应即按必须延长时间留场备验。

(十五)为公众卫生或免除牲口因受伤所生痛苦起见,或因其他适当缘由兽医或卫生医官认任何牲口应立即屠宰者,该牲口应即牵出宰杀之。

(十六)倘任何牲口其情况不适宰割以充食品者,应由兽厩内移出,由负责人监督用适当方法处置之,或存留兽厩俟其不合屠宰情况消除。

(十七)凡驱至屠兽场之牲口应受仁义待遇免除牲口痛苦为要。

(十八)倘兽厩发现牲畜传染病者,屠兽场业主应即施行工部局卫生医官或工部局认可之兽医饬令执行之特别手续用保公众健康。无论该手续是否包括迁移、圈留、隔离、屠宰任何牲畜或其他处理,应即施行之,藉以防止传染病症之蔓延。

(十九)驱至屠兽场之牲畜不应经英租界要道,概须绕道而行。

(二十)屠兽场业主或其雇用人员对于工部局职员不准有任何酬谢情事。

(二十一)如有违犯或不遵本条例规定情事,违章人每次应处以不逾洋300元之罚金。

四十一、公寓规定

(一)本条例所指"公寓"应依下列释定意义为准:

"其寓所租住顾客以一昼夜或不超过三整月为租期者"。

本条例对于准许之旅馆暨本局认为系招待给费宾客之私人住宅不适用之。

(二)无论何人在英租界开设公寓须向工部局请领捐照,其收费由工部局酌定。

(三)工部局不允准颁发捐照时无须声明理由。

(四)本捐照不准转移于他人。

(五)公寓应备置登记簿详列所有寓客暨来往顾客之年龄、职业,其移入公寓前之住址暨迁出之住址,该登记簿须随时备警捕查看。

（六）如寓客有携带枪械或其他危险凶器情事应立即报告警捕。

（七）公寓内绝对不准有堪以构成扰乱公安之酗酒、喧哗、骚扰、有伤风化或赌博情事。

（八）寓所不准故意容留窃盗或允许匪类住宿或访问、会聚或存放物品。

（九）寓所须保持应有卫生状况，其业务经营须遵照公共卫生条款，邀卫生医官之满意并须有正当卫生设备。

（十）公寓应给予值班警捕、卫生股职员随时查察之便利，其捐照亦须时备检查。

（十一）对于工部局职员不准有任何酬谢情事。

（十二）工部局应有不附任何理由随时撤回捐照之权衡并不负赔偿任何损失。

（十三）无论何人如有违犯或不遵本条例任何规定情事，每次应处以不逾洋百元之罚金。

各种捐率暨租金照费等

地亩捐：

所有老租界扩充界地亩及推广界之已垫高经过一足年之地亩捐，均按估定价值1%征收，推广界内其他各地捐均按估定价值1/400征收。

估定房产租值捐：

所有坐落老租界、扩充界及推广界内已垫地段估定房产租值捐概按11%征收。

地亩转移暨抵押登记费：

地亩转移在工部局登记者，均按照本局勘估价值1/400收费，以洋40元为收费最低数目至洋150元为收费最高数目，概由新业主缴纳。

地亩抵押登记无论产业价值一概收费洋15元。

杂项收费

广告招贴及告白等：

本租界内建立广告暨招贴告白等须依照下列规定：

一、本租界内公众观瞻处所未经本局警务处给予准许不得任意张贴广告。

二、凡备贴广告之招牌其建立须得有本局工程处之准许。

三、请求准许人于必要时须将广告式样送呈警务处备阅。

四、凡有通告广告务须经本局警务处盖章记号加注日期然后张贴。

五、违犯以上规定者得科以不逾洋200元之罚金。

六、本规定对于营业或工业厂所建立于该营业等所在地之广告招贴不适用之。

押款与收费由本局酌定。

现时收费规定每方尺每年收费洋0.075元。

运载病人汽车租赁费

路程起点	路程终点	外国人跟车(元)	中国人跟车(元)
本租界任何地点	本局所立医院	6	4
其他租界	同上	10	8

（续表）

本租界任何地点	其他租界之任何地点	10	8
其他租界	其他租界之某医院	12	10
本租界	天津城	15	12
天津城	本租界		

附注：特别一区、二区、三区暨佟家楼之费率与其他租界同。

四至石柱

混凝土带字石柱位置于业主地亩工资在内　　　　　　　　每柱3.5元

建筑图样审查费

洋式建筑：

一、每所建筑其容积不超过20,000立方尺者　　　　　　　　6元

二、增加容积每5千立方尺或不满5千立方尺　　　　　　　1.5元

三、已核准图样如有更改而于容积无所增减者　　　　　　1.5元

四、房屋内部更改与现有墙壁无关者　　　　　　　　　　4.5元

否则依照甲乙(一、二)两项收费。

五、设某图所载系多所同样房屋，则第一所房屋图样审查费应依上列费率计算之，其他各所仅收规定费率之半数，惟任何一种多所同样房屋图样审查费总数不得超过75元。

附注：任何单所房图之审查费不得超过35元。

中国式建筑：

住房铺面或商行：

3所或不满3所附带下房　　　　　　　　　　　　　　　　4元

10所或不满10所附带下房　　　　　　　　　　　　　　7.5元

每增加房间一间或房屋一所　　　　　　　　　　　　　0.5元

他种房屋　　　　　　　　　　　　　　　　　　　　　　15元

每段房屋取费至多不过　　　　　　　　　　　　　　　　75元

附注：为便利计算上列费率起见，每一中国式房屋所占平地面积除院落不计外，以不超过400方尺为准。

卫生设备项下

核准图样费每一装具取费1元至多以20元为限。

查验设备费第一次免费第二次起每次每一装具收费5元至多以百元为限。

杂项

婚丧暨寿事牌楼	5元
牌楼如宽至25英尺横过马路者	50元
建筑材料堆积公共道路占地每方码每月应纳费	0.5元

河坝系船费

轮船类：

各式轮船凡系靠英租界河坝者以注册净吨数计，每一吨征收系船费洋0.075元，所有纳费轮船得停靠河坝三日（即72小时由开到时起算），如系靠时间须延长者，每增加24小时增加收费洋22元。

驳船类：

凡系靠英租界河坝驳船装载货物，每百吨或不满百吨者收系船费洋7.5元，此项货物吨数以重量或容积计算，均按照轮船货单为凭。

凡有驳船每系靠河坝一次加收系船费洋10元，倘系本局请求移动者不在此例。

上列各费概由各该船公司或代理人缴付。

河坝租费

凡有装卸轮船或驳船货物堆积河坝者，每吨以重量或容积计征收河坝租费洋0.075元，此费由接受占用船位准许单之商行缴付。

附注：装卸轮船货物凡缴此租费者，得积存河坝7日（海关假期除外）。凡有货物逾此限期仍未提取者，本局得代行收存其一切危险暨费用概由货主担负，倘本局准许该项货物过上列期限仍堆积河坝者，则该项货物以包计或以担计，应征收按日计算之寄存费，此按日计算之寄存费率大概与津埠普通货栈按月计算栈费相等。

码头捐

凡经过英租界河坝货物均按各货物价值1‰征收码头捐。

坟墓费暨下葬费

火葬费普通瓮值在内	50元
墓圹暨洋灰顶盖及下葬费在内（牧师费另计）	50元

除在马厂道塚[冢]园已修家族坟墓或在1933年1月1日前已经购定墓穴者外，嗣后该塚[冢]园只备安葬英国人民之灵柩或本租界住户纳税人或纳税人家族之灵柩。

不在本租界居住并不纳本租界捐税之非英国人墓圹暨洋灰顶盖及下葬费在内（牧师费另计） 75元

汽车夫执照费

汽车夫请求执照考验费 1元
汽车夫驾驶执照费 每张3元
长途汽车驾驶执照 每年10元

捐照号码牌

载货车号码牌每个 0.5元
狗牌 0.1元

房屋消毒费

每一房间 3元

电流费率

电灯 每一电码 0.2元

电灯用电费率核减表

每一电码收费(元)	用电量类别以电码计
0.195	251 至 500
0.19	501 至 750
0.185	751 至 1000
0.18	1001 至 1250
0.175	1251 至 1500
0.17	1501 至 1750
0.165	1751 至 2000
0.16	2001 至 2250
0.155	2251 至 2500
0.15	2501 至 2750
0.145	2751 至 3000
0.14	3001 至 3250
0.135	3251 至 3500
0.13	3501 至 3750
0.125	3751 以上

暖气　　　　每1电码0.05元
烹饪　　　　每1电码0.035元
电马力：用电量在50启罗瓦特为最高限度者每1电码0.06元

用电量超过 50 启罗瓦特者　　每 1 电码 0.04 元
其他多量用电取费另行核议。

医院项下

英租界医院

		住院费		外科手术室		
		英租界住户或纳捐人	非本租界住户暨非纳税人		英租界住户或纳税人	非本租界住户暨非纳税人
特别病室	每日	11 元	15 元	重要手术	20 元	30 元
普通病室	每日	9 元	12 元	次要手术	10 元	15 元
产妇住院费	每日	15 元	15 元			

维多利亚(隔离)医院住院费

		英法租界住户(或)纳捐人	非英法租界住户(或)纳捐人
	每日	5.5 元	10 元

注射药品非药方谱所列药材暨专利药品、食物、汽水及酒类概另收费。

X 光照收费

类别＼收费	本局收费（元）	医生手续费（元）	总数（元）
牙齿 1 枚	2	10	12
牙齿 2 枚	3	13	16
牙齿 3 枚	4	16	20
牙齿 4 枚	5	19	24
牙齿 5 枚	6	22	28
牙齿 6 枚	7	25	32
牙齿 7 枚	8	28	36
牙齿 8 枚	9	31	40
牙齿 9 枚	10	34	44
牙齿 10 枚	11	37	48
大印片　10 寸×12 寸　12 寸×14 寸	10	15	25
小印片　8 寸×10 寸　6.5 寸×8.5 寸	5	15	20
幕影查考	5	15	20

电气治疗

用电气治疗器(院外诊治)由病院职员施诊。

包括按摩费(每 0.5 小时)　　　　　　　　　　　　　　5 元

	包括按摩费(每1小时)	10元
按摩电机用费	每次	1.5元
普通按摩费	每次	5元
	2次	10元
	3次	15元
	3次以上之每1次	3元

捐照费率列下

汽车、载重拖车：每年80元，若在一月以后具领，每月按7元收费，核计至年终止。

载重汽车：每年120元，若在二月内具领按150元核收，若在二月以后具领，每月按11元核收，计至年终止。

电水自行车连双坐或不连双坐：每年40元，若在一月以后具领，每月按3.5元收费，核计至年终止。

附注：

一、在1月以后上捐之捐费概按上捐月份1日起计算。

二、汽车、长途汽车暨载重拖车如停驶不用或运送他埠，其捐照未满期部分之已缴捐费得按每月6元退捐，载重汽车按每月10元退捐，电水自行车按每月3元退捐。惟捐照暨号码牌在退捐时，须缴回捐务股，再捐费退回，数目须按请求退捐月份之下月1日起计算。

三、此为英、法、意、日各租界暨特别一、二、三区之通行捐，天津城里城外不在此例。

签发汽车驾驶执照	每张3元
长途汽车驾驶执照	每年10元
长途汽车特别捐(每季加收特捐20元)	
公用汽车特别捐(每季加收特捐3元)	
马车	每年18元，每月2元
人力车	自用每年12元，公用每月1元
自行车(全天津)	每年1元
装货排子车或大车	每月2.2元
小本营生小车	每月1元
手车	每月0.3元

犬捐	每年 5 元
小本营生	每月 1.25 元
电影院	每月 15 元
牛乳房送货人	每年 0.3 元

旅馆

一等	每月 25 元
二等	每月 20 元
三等	每月 15 元
蒸制酒品捐照	每年 250 元

酒柜捐

一等捐	每月 25 元
二等捐	每月 20 元
三等捐	每月 15 元

经售洋酒捐照

一等	每年 25 元
二等	每年 20 元
三等	每年 15 元
经售中国酒捐照	每年 5 元

押当铺捐照

一等	每年 100 元
二等	每年 50 元
手枪执照签发费	每支 5 元
手枪执照换照费	每年 1 元

食堂餐馆捐照

一等	每月 25 元
二等	每月 20 元
三等	每月 15 元
屠兽场	每年 75 元
铺捐	每月 0.5 元

图样

英租界蓝色影印全图　　　　　　　　　　　　　　　　　　　每张 5 元

公用营业汽车

下列公用汽车租赁费率业经英国工部局核准。

大汽车载客五人以上

在 20 分钟以内最少租赁费	每次	1.5 元
首先 40 分钟		2.5 元
第 1 小时		4 元
每增加 20 分钟		1 元

小汽车只载客五人

在 20 分钟以内最少租赁费	每次	1 元
首先 40 分钟		2 元
第 1 小时		3 元
每增加 0.5 小时		1 元

钟点计算由预定时起至乘客离车时止再加该车开回车行需用时刻。

垃圾箱

工部局规定式样垃圾箱每支　　　　　　　　　　　　　　　　2.5 元

人力车价

10 分钟或不满 10 分钟每次	0.1 元
续雇时间每 10 分钟	0.1 元
每 1 小时	0.5 元
车夫 2 人推拉	加倍

以上车价仅于日间通用，如在夜晚或遇天时不晴应增加之。

起重机

每次起重至少收费	30 元
若以吨位计算每起 1 吨收费	3.75 元
最大重量限制 30 吨	

测量费

普通测量未兴建筑地亩每亩或不满 1 亩收费 5 元。

已有建筑地亩无论上建房屋是否须位置图样上，每亩或不满 1 亩收费 7 元。

水价

本租界给水按下列费率收费:

一、家常给水

住宅公事房暨其他普通用水　　每千加仑　　洋1元

二、巨量给水

凡"里式"房产公事房暨住宅等之巨量用户,其需水量每月达5万加仑或过此数者,按下列费率核收:

用水量	每千加仑
5万加仑或不满5万加仑	洋1元
5万加仑以上至10万加仑	洋0.95元
10万加仑以上至20万加仑	洋0.9元
20万加仑以上至30万加仑	洋0.85元
30万加仑以上数量	洋0.8元

三、工业给水——纯粹工业暨(或)制造用水

每月用水量	每千加仑
第一　25000加仑	洋1元
第二　25000加仑	洋0.9元
其次　5万加仑	洋0.8元
其次　10万加仑	洋0.7元
20万加仑以上之数量	洋0.6元

此项工业用水之费率现按七五折实收。

四、轮船暨驳船

凡系靠英租界河坝之轮船拖船及驳船由河坝水龙头取水,每一吨概按洋0.4元收费,此费包括水龙头夫役暨水管通接至轮船贮水舱等费用。

附注:前列家常巨量暨工业用水费率概按每处设备之水表任何一整月实在计量核收。

二、三两项特别费率只适用于英租界内之产业,如用户愿利用此项特别费率可向达文波道水道处工程师接洽一切。

磅房收费

大车过磅每1吨或不满1吨	洋0.05元
每次过磅至少收费	洋0.2元

估定房产租值捐

每年9月为缴纳全年房产租值捐之期，倘至9月30日仍未缴纳者，按照本局条例第21条，本局得征收额外附加捐，以欠缴捐数之10%为标准。

如本年房产租值捐至迟到9月30日尚未全数照缴者，则本局对于其请求核减房产租值捐事概不受理。

凡已缴纳之捐款，本局得依照下列特别情形或准予退还，惟须详予声明者，此项捐款之应否退还完全由本局权衡决定。

房产租值捐要求退还规定。

一、凡房产于一年度中有未经占用时期，本局可酌核情形按照下列计算表，将已缴之捐款退还。

计开：

未占用1个月者退还5%

未占用2个月者退还10%

未占用3个月者退还15%

未占用4个月者退还20%

未占用5个月者退还25%

未占用6个月者退还30%

未占用7个月者退还35%

未占用8个月者退还40%

未占用9个月者退还50%

未占用10个月者退还60%

未占用11个月者退还70%

未占用12个月者退还80%

二、凡非出租之房产应作为有人占用。

三、若房屋内置有家具或货物者应作为有人占用。

四、凡房屋空闲满足一整月者，即自本月某日空闲至次月之同一日期，得要求退捐，惟该房业主或经租人应即于房屋空出日报告工部局，并每逢满届

1个月继续报告一次。一俟租出应再于租出日立即报告之,倘不依此随时报告注明每段地空闲房屋住址,其退还房捐要求当即失效。

五、第一次房屋空闲报告须用特别格式,此种特别格式可向英国工部局会计处索取,该格式内应列房屋号数即业主用以志别其管业地段房屋定有不同额之租金者。

各段房产类别列次:

(一)多所成排房屋其租凭以一整所为单位者。

(二)某段地房产系铺面办公室住所或分租楼房暨货栈合成者,其出租以全部或一部分为单位者。

(三)货栈其出租以分截部分为单位者。

(四)菜市建有铺面住房摊子概可分租者。

(五)大所住房其出租以房间为单位者。

六、业主或经租人于要求退捐时,须采用"首次报告"格式并于该报告内分别详细说明每段房产之出租单位与租金之总收入暨各单位之按月租金数目。

七、此后业主或经租人再有退捐要求,只须用信函援引首次报告,注明产业段数号数,工部局主管退捐要求人员当即于该房屋之首次报告照行注明。

八、倘每年地捐至4月30日房产租值捐至9月30日尚未全数清缴者,其退捐要求本局概不受理。

九、凡有退捐要求应函交驻津英国工部局会计处长并于封皮注明请求退捐字样。

十、工部局得随时派员查明请求书内所具各节,如查有具报不实或误报情事,其所具要求概作无效。

十一、证书格式须经业主或经租人签注如下:

"鄙人证明房产租值捐退还请求书内所具各节据鄙人所知所信概系实情"。

工程处 1936 年报告

1936 年工程建设计有钢筋混凝土汲水管之布设，计长 3,300 英尺，管径计 2 英尺，位置于咪哆士道自海河起至墙子河之间专为供给发电厂凉水之用。查该管构造非属钢质而系钢筋混凝土，故节减经费颇多，按钢管价值计同一管径之钢筋混凝土管只需钢管价值十分之五。布设以来除一次节头渗漏（因天气变更缩小所致）发生困难外，全管效用颇堪称意。

河坝北头之转头船位业于 10 月间开工重筑，现已竣工，附近该处并建立系船柱一根。

年间马路展宽工程计有扩充界宝士徒道沿第 8 段第 180 号地，推广界伦敦道沿第 9 段第 91、92、96、暨 115 号地。

本租界业主建造房屋 1936 年之估计总值又臻高峰，按颁发建筑准单产值（估计）统计达洋 2,858,411 元。

前此颁布各项卫生保护规划概经于 1936 年积极施行，若不合卫生之建筑（包括拆除）暨牛奶房之检查及牛乳品质化验暨防范疯狗病毒免费注射等项。

此项预防疯狗病毒注射进行，迭荷法国工部局秘书长白郎贤中校暨巴斯德菌学试验院喇哒斯大夫竭诚赞助，应致谢忱。

1936 年辅捐收入总计合洋 242,896.54 元，上年之总数计合洋 250,762.01 元。

桥梁暨河坝：年间仅施以例行之修缮工作。

火葬炉：本年共计用火葬炉 16 次。

推广界填土工作：年间用脏土填实地段列次：

推广界第 43 段甲、第 399 号乙。

推广界第 44 段甲、第 371 号丙暨第 371 号丁。

推广界第 48 段甲、第 398 号甲。

推广界第 66 段甲、第 389 号甲。

公共厕所：各厕所均照常保持清洁，所有在伯斯道、公学道、机料场、戈登道、博罗斯道、博目哩道、怡和道、狄更生道、益世滨道暨伦敦道各公共厕所之小便间,概经用白瓷砖铺砌。

工部局房屋:年间添盖暨修改房屋列次:

一、福发道建造警务分所。

二、隔离病院房屋添造及修改工程。

三、中街盖造书店铺面。

四、捐务股添造带窗门走廊。

五、苗圃添盖花窖。

新机料场:年间敦桥道新机料场供给沥青混凝土搀合计77,585立方尺,路面沥青料计45,378立方尺,辗轮榨碎石块共计140,652立方尺,其榨成石块大小"自1寸半至碎末"不等。

业主自建房屋:1936年界内业主建造房屋之估计总值合洋1,870,351元,内有计值洋768,150元之建筑,其准单系在1935年颁发而在本年竣工者。此外尚有计至1936年底建造未完工之房产,共计值洋1,459,210元。

1936年1月至12月 颁发建筑准单计值(估计)	2,858,411元
1936年1月至12月 建筑完成之房屋计值(估计)	1,102,201元
1936年1月至12月 建筑尚未完成之房屋计值(估计)	1,401,210元
1936年1月至12月 已颁发建筑准单尚未兴工之房屋计值(估计)	355,000元
总计洋	2,858,411元

马路项下:本年修筑路线面积共计24,237方码(计长1.62英里)其细目列次:

红砖路基上铺沥青混凝土路线:

大北道(半面):自伦敦道至格拉斯哥道6,196方码。

登伯敦道(半面):伦敦道至宝士徒道5,045

福发道:大北道至格拉斯哥道5,325

香港道:康伯兰道至登伯敦道3,100

伦敦道:威灵敦道至小河道2,388

总计 22,054 方码

现有钢筋混凝土路基上铺沥青混凝土路线：

宝顺道（四段）：自海大道至河坝道 273 方码

现有钢筋混凝土路基上铺胀孔铁网沥青混凝土路线：

宝顺道（一段）：自海大道至中街 238 方码

现有钢筋混凝土路基上铺木块路面：

宝顺道（四段）：自海大道至河坝道 1,672 方码

总计 24,237 方码

连同已往 13 年一并计算修筑路线之总面积合计 517,974 方码，总计长 30.24 英里。

阴沟项下：1936 年修筑沟管线列次：

登伯敦道：自格林威道至宝士徒道 1,053 英尺

沟管系椭形高 1 英尺 6 英寸宽 1 英尺

福发道：自奥克尼道至大北道 470 英尺

沟管系椭形高 1 英尺 6 英寸宽 1 英尺

格林威道：自奥克尼道至推广界第 369 号地 334 英尺

沟管系椭形高 1 英尺 6 英寸宽 1 英尺

香港道：自伦敦道至康伯兰道 1,047 英尺

沟管系椭形高 1 英尺 6 英寸宽 1 英尺

林莫克道：自奥克尼道至大北道 850 英尺

沟管系椭形高 2 英尺 3 英寸宽 1 英寸 6 英寸

马开内道：自博罗斯道至达文波道 722 英尺

沟管系椭形高 1 英尺 6 英寸宽 1 英尺

体伯瑞道：自宝士徒道至推广界第 361 号地 221 英尺

沟管系椭形高 1 英尺 6 英寸宽 1 英尺

文赛道：自奥克尼道至体伯瑞道 1,493 英尺

沟管系椭形高 1 英尺 6 英寸宽 1 英尺

文赛道：自体伯瑞道至大北道 31 英尺

沟管系椭形高 3 英尺 9 英寸宽 2 英尺 6 英寸

总长 6,221 英尺合 1.18 英里

连同已往 13 年界内修筑沟管线一并计算，总计长 77,913 英尺合 14.75

英里。

路边水沟石：本年建造之洋灰混凝土路边水沟石共长 11,573 英尺合 2.19 英里。

便道：本年铺筑面盖沥青混凝土便道总面积计 16,824 方码。

暴雨水沟：本年建筑暴雨水沟共计长 304 英尺。

清道工作：本年收集处置之脏土量列次。

住户垃圾	17,193 方
街道脏土	1,905 方
泥土	405 方
炉灰	513 方
马粪	195 方
总计	20,211 方

扫除积雪：年内下雪 10 次街头扫除积雪总量约 2400 方。

马棚：本处马棚内豢养之牲口暨置用机件截至 1936 年 12 月 31 日止列册如次：

菜市暨售卖售品商铺：菜市与售卖食品商铺概经按时执行检查。

妨害公益各项：下列有碍公益各项概经检查并施纠正。

澡堂便所暨公共厕所之不合卫生状况

水沟发生臭味

烟尘弥漫

铺户占用便道

乌鸦

鼠只

野犬

职员：本处副工程师卢惺园君自 4 月 1 日起请长期例假 8 月 1 日销假视事。

年间本处职员皆翕然勤奋服务忠于职守，鄙人愿藉此致谢。

秘书长兼工程师　巴恩士

电务处 1936 年报告

绪言：1936 年本处经营成绩灿然可观，溯自 1935 年杪起，本埠工业颇现进展气象，至 1936 间更形显著，因此本处亦沾商业振兴之惠。缘年间售电比之上年计增 10.58%，查 1935 年比较 1934 年之售电增加尚不及 2% 也。际此较优市面，本处职员仍力事撙节按较低费率供给妥靠之电流，尤以工业用电马力为然，所获显著盈利详营业账目。

本处经济状况截至 1936 年底计开于次：

购置成本项下	2,231,640.00 元
折旧存储	1,634,524.00 元
购置存储	514,179.00 元
债款实数	164,905.00 元
机器保险准备	83,998.00 元
售电收入（1936 年）	1,011,012.00 元
扣除折旧	59,701.00 元
之余利总数	542,466.00 元
合成本余利	24.19%
扣除折旧	59,701.00 元
暨债款利息	2,519.00 元
之盈余净数	539,947.00 元

电务处自成立以来归还工部局总账之款额计达洋 3,911,286.00 元，历年拨归折旧暨存储项下计达洋 2,148,703.00 元。

历年营业净利详数胪列于次：

1920 年 10 月开办电流取自购买	11,434 元
1921 年购买总电流再分售用户	88,059 元
1922 年一部分电流本厂摩发其余取自购买	82,194 元
1923 年电流完全由本厂摩发	59,377 元
1924 年电流完全由本厂摩发	122,355 元

1925年电流完全由本厂摩发	132,979元
1926年电流完全由本厂摩发	128,310元
1927年电流完全由本厂摩发	210,281元
1928年电流完全由本厂摩发	299,228元
1929年电流完全由本厂摩发	245,659元
1930年电流完全由本厂摩发	243,968元
1931年电流完全由本厂摩发	201,058元
1932年电流完全由本厂摩发	232,514元
1933年电流完全由本厂摩发	436,742元
1934年电流完全由本厂摩发	442,295元
1935年电流完全由本厂摩发(一)	434,886元
1936年电流完全由本厂摩发(二)	539,947元

附注:公共路灯用电概不计价。

(一)用户电灯费率自该年5月1日起每一电码自0.2元改收0.18元。

(二)用户电灯费率自1936年1月1日起每一电码自0.18增至0.2元。

收入:1936年之收入共计洋1,011,012.00元,比较预算所列计增洋50,972.00元,其缘由可分列如下:工业发展计占洋30,000元;特一区用电约占洋12,000元;用户用电约占洋8,000元。此外不计价供给路灯用电计470,000启罗瓦特小时,倘此电量照例缴价,则1936年收入之增高当为历来所未见。查已往之最高统计为1933年计洋1,021,097.00元,其中洋45,150.00元系公用路灯电费。

经常支出:此项支出包括折旧计洋59,701.00元,利息洋2,519.00元暨机件保险准备第三次付款计洋20,399元,共计洋471,064元,比较预算所列计减洋22,000元。本处竭力防范工料之靡费,从未稍懈,所获成绩颇堪告慰。查已往二年处员工资虽大体添增,处员人数因供给电流地段扩展并有增加,然1936年之各项可以统制之费用(煤炭保险折旧暨工部局管理等项不在此例)比之1932年依然较低。

盈利:本年净利计洋539,947元询为历来之最高纪录,本处净利超过洋50万元数额亦为向所未见。查1935年净利果可达洋517,459元,设非该年路灯用电免费供给暨用户电灯用电自5月起按每1电码0.2元减为0.1元核收。

购置支出:年间此项支出共计洋80,077元,其主要节目为1935年预算所列新工厂材料存储等项下未清付之最后额数计洋 12,250 元。年间专为供给发电厂凉水之故自海河至厂址间布设混凝土输水管计洋 24,545 元,购置新变压器电表、电线及其他分输电机必需料件计洋 36,715 元。查此项新器械及料件自布设之日起即获收入,依房屋建筑发展趋势不久即可归还成本。

摩发电量:1936 年共摩发电量计 15,830,682 启罗瓦特小时（即电码）,比之 1935 年计增 11.195%,输入分输总线之电量计 14,184,819 启罗瓦特小时,其余电量消耗于发电厂内及本处工厂材料所、工员宿舍等处。

售出电量:年间售出电量共计 12,330,073 电码,比之上年计增 10.58%,其详数可概分如此:

	电码	费率按电码计(元)
用户电灯	2,969,931	0.2 元(附折扣)
工部局各处所用电	169,074	0.12
小电马力器械	561,960	0.06
售与特一区电量	2,894,663	0.053
暖气暨电冰箱	296,104	0.05
烹饪	880,741	0.035
烹饪连同暖气等	7,657	0.035
工业用电马力	4,549,943	0.035
此外尚有不计价供给路灯用电计 470,227 电码		

发电厂机件:依照随时整理预防滋生障碍原则,发电厂全年经营效率灼然,人事及物质方面咸无意外不幸情事发生。据称发电厂机件无异新置似不洽当,然于审慎有效督察之下确切保持应有之良好状况,担任其事者因以感觉安全供给,用户电流保证妥靠正确,发电厂仍继续为市政经营颇获盈利之事业诚堪称意,其主要机件如涡轮推动机、交流发电机、锅炉等概经按年整理,每年至少检验二次,其他如速率过高,负荷过多,机表保险罨暨其他类似之仪器皆经缜密考验核校。

查施行中国之电气机件意外肇事之保险费率颇高,故自 1933 年起工部局自立机件意外保险准备金以资替代,因此工部局获得负责经营发电厂人员认真保持电厂之保证。1936 年拨入此准备项下之数计洋 20,399 元,现该款总数已增至洋 83,998 元投资金镑债券。

兹备前未接得本处年报人披阅起见,谨将发电厂机件梗概叙述于次:

查发电机件有霍和敦厂制涡轮交流电机二架,每架发电量为 1 千启罗瓦特暨维格斯厂制涡轮交流电机二架,每架发电量为 2,500 启罗瓦特,涡轮推动机之截汽门汽压计每方寸200磅,总温度达华氏表600度。交流电机辊轴系直联合式,旋转次数每分钟3千电流,循环数每秒钟50相数,3摩发电压计5千伏次。

锅炉房置有拔柏葛锅炉6座,发汽量自每小时1万磅至45,000磅不等,诸锅炉寻常发汽总量计每小时125,000磅。锅炉注水用水泵计有多级式泵水机5架,泵水总量计每小时160,000磅,因复式之总水管布设锅炉注水得由锅炉房之两个方向泵输,故一方面水管如有破裂障碍情事,锅炉工作仍得继续不受影响。为处理锅炉需水用厂内并置有蒸发及排气器2座。

发电厂主要开关机件计有约翰生费立波厂制油浸高压开关19具,专备通接发电机暨输电之用,又低压开关6具,以备通接厂内辅用机件暨发电厂邻近区域用电。

高压油浸开关1具配有四路选择开关附件,倘遇一涡轮交流电机发生意外,即能容厂内辅用机件需电迅速改换通接,再者倘或厂外输电设备发生严重障碍致使发电机与高压汇电条脱开时,并能经变压器直接由发电机通电至厂内辅用机件。

发电厂之负荷:最高负荷计4,080启罗瓦特,发现于12月8日下午6时,是日发电总量计58,550启罗瓦特小时,最低负荷发现于6月23日,是日发电量计30,310启罗瓦特小时。

负荷供求相应数:依据发电厂输入总线最高电量与售出电码总量再加不计价供给电码总量之比较,所得比率约合34%。查1935年之比率为35%。

煤炭销耗:1936年共用河北井陉矿务局煤末计19,953公吨,每磅干煤平均含热单位计13,000,此项销耗总量因蒸发锅炉注水所用汽量尚无分别之记录,故发电厂摩发电力每启罗瓦特小时究耗煤若干无从得确切之计算。惟包括蒸发锅炉注水及供给厂外需要蒸汽水计110,000加仑之煤炭销耗平均量,计每1电码需煤2.773磅比之1935年之平均量稍见优。查墙子河水温度仍未见降低,惟此水既为凝水柜之水源,故本厂热单位总效率未能增高,按6月至9月间4整月之记录,其每小时进水平均温度达华氏表85.1度,最高达华氏表107度,倘无海河至墙子河之输水管随时调济,则凝水柜之进水温度恐更臻高峰。参观下表所列未能汲引河水至墙子河日期之记载,发电厂之困难可见一斑。

	进水最高温度	每小时平均温度
10月27日	119	96
11月8日	108	95
12月24日	116	101

是日最高空气温度达107度最低为81度。

电流分输：年间电流分输布设施工颇广，其主要工程计自发电厂经敦桥道至大北道之高压电流分输总线改用较大线径，以便供给东亚毛织工厂需要之电力，此项改布工程概于晨曦时进行，故于用户无丝毫之不便。宝士徒道添布高压及低压总线准备供给工业区电流，现时房屋建筑发展之区并经布设总线，年间布设架空线总长超过21,000码，新用户接电尚不在此例，自发电厂至供给特一区之架空总线间并布设地下总线一段。

1936年新建变压器分处共三处，计在东亚毛织工厂建立300启罗伏次安厄变压器一架，登伯敦道大陆油坊100启罗伏次安厄变压器一架暨董事道200启罗伏次安厄变压器一架，用以供应该区需电量之加增及改善电压调节仁立织毛厂变压分处并添立50启罗伏次安厄变压器一架。

年间马路边线有更正修筑工事，故钢筋凝混土电杆之必须移动者颇多，虽此项移动手续时感困难不无危险，然所有工作皆安然告竣无何意外，1936年新立混凝土电杆共88柱。

所有分输布设概经妥为保持，全年电流供给并无因分输布设有何不妥而发生障碍。查1936年初计有3日降雪颇多，然分输设备之全部未现有何弱点而致电流间断。年间特一区因暴雨致高压总线突然发火，损坏变压器一架，惟该分输设备不归本处管理，故不能负责。比经特一区之请托，该变压器仍由本处于艰难状况下调换，俾事修理该区电流遂得恢复，颇邀用户之感谢。

电流损失：本年因分输暨变压器之电流损失平均约占9.76%，查变压器通接之区域尚有住户稀少空旷地段颇为辽阔，故此损失比率尚不过多。

用户接电：计至年底止通接之用户总数共5,759户，年间增加者计450户，比之上年计增加8.48%。查1935年之增加比率为8.6%，总计通接之负荷共13,571启罗瓦特，年间计增979启罗瓦特约合7.78%，其详数列次：

用户电灯	5,547启罗瓦特
公用路灯	139
电马力	4,552

烹饪	2,270
暖气	1,063
总数	13,571

电表：计至年底止通接之电表总数共计 7,435 个，年间增接之数计 565 个，本年就用户装表地点校对暨查验之电表共 3,507 个，各表校对前之差率平均约合 0.45%，所用校对标准为英国标准旋转核校电表。

公用路灯：年间增设路灯电杆计 62 柱，强半系在推广界内，本租界路灯配设计至年底止，配设如下：

300 瓦特	42 盏
200	4
150	129
100	290
75	282
60	551
40	12

关于路灯布设虽广事试验，光线分布间有获得比前改善之处，然普遍光耀标准尚未能称完满。据管见所及路灯布设须适合需要洵不亚于马路之须认真保持，故希望于此后二年间改善路灯之规划，能邀董事会之核准。查本处对此已创制一新式定向反光罩用以剔换现有之路灯罩，由装此新罩并更改灯泡之位置，结果每二个路灯间之光耀可增加 46%，所需电流无须添增。查二柱灯杆间之光耀加增适为最需要之改善，因此工部局已决定在威灵顿道至毛林拐角间不再布设类似伦敦道之路灯。

新式阴极热气放光电灯本处已加研究，惟其进口价值颇高，现时决暂不采用。因电灯改良日新月异，嗣后价格有趋低廉之可能，且英租界现时市民不甚众多，一旦采用此项新式电灯，于市民担负未免过重。其他技术需要果无庸赘述，然鉴于本租界之经济及特殊状况，此新式阴极热气放光电灯及技术改善优点之利益尚未便过于重视。

陈列室：年间售出日常电气用具共计 879 件，修理电气用具计 544 件，计有电冰箱、电扇、烘面包器、电水壶暨其他日常用具，其多数系本处工厂自制者。

职员：年间本处经营成绩斐然，各职员咸奋然勤奋从事供应电流服务需要，无不克尽厥职谦恭接事，用户间有困难经本处设法协助时有信函道谢者，尤以前任董事某致函赞许本处职员应付急难不避艰险为可感。年间福发道发现行人触电一次，伤者经本处立时救护于未到医院前即恢复知觉，其意外经验结果只伤及皮肤无须住院。

本处经营获得优美成绩利赖安德尔君、王相臣君暨郑寿椿君襄赞之处殊多，因孔赐安君辞职，董事会聘任范济川君自12月16日起充任本处副工程师，希纶女士担任本处工程师办公处打字及佐理普通杂务。

年间本处购置设备迭荷驻英工程顾问Mr.A.M.Sillar, M.I.C.E., M.I.E.E., M.I.MECH.E., 锡拉君赞助指示，应予志谢。

电务处工程师　米勒

水道处 1936 年报告

一、绪言：最初给水机厂设立巴克斯道于36年前即开始供给公共用水，其机厂初定规划要在供给英法二租界用户数年后，输水渐展至德租界（即现时特一区）。该机厂本归天津自来水公司专利经营，自1922年5月始由英国工部局购买按公用事业经营，自1922年7月起因法租界接用济安公司给水，故停止供给该租界用水并于1934年10月因特一区自凿深井，故停止供给该区用水。

旧有机厂规划系由河坝进水管汲引河水过滤并设有澄水池、沈淀池暨自然迂缓过滤池、蒸汽抽水机等，董事会于1924年为准备英租界未来需水起见，缜密检讨水厂发展规划。审议各项列次：

（一）改善原有机厂由自然迂缓过滤改用机械化过滤。

（二）由济安自来水公司充量供给。

（三）由河水改用自流井给水。

（一）（二）两项未经置议而择定，（三）项此自流井规划大纲系于1925年进行，并于1926年初决定逐年徐进之布设，现有自流井给水即肇基于斯。1925年至1932年间共钻凿深井八眼供给公用水量，自1934年起英租界给水完全取诸自流井，总核已往十年间自地层下抽引输入总水管之水量共超过4500余兆加伦。

旧有滤水设备之一部现尚存在，列为意外需水之准备。

前述规划计在巴克斯道、达克拉道、伦敦道开凿深井并各设抽引井水机厂采用压气机件抽引井水输入水库，再用离心力抽水机分送各总输水管，输送速率按水量需要而定，此三机厂因分输布设而互相连接，各机厂之抽引速率概以维持通常水压50磅为准，各抽引机动力为电马达所需电力，取自工部局发电厂。

查巴克斯道自流井第2号系于1925年开凿，第3号系于1926年开凿，达克拉道之自流井（第4、5号）暨伦敦道之自流井（第6、7号）及各该抽水机厂皆于1927年布置完备应用。查原有发展规划预计于1928年展布至巴克斯道，除于1929年建筑机厂房1930年布设机件暨1932年开凿第八、九号井眼外，其他关于产水布设因期待地方情形之进展而中止。

各井每日产水总量计200万加伦，年间逢气候及时局合宜时，最高需水量颇近1,700,000加伦，1937年之最高需水量有达1,900,000加伦之可能，故为准备消防需水及其他意外需水起见，于夏季自须整理滤水设备俾应急需，惟仰给不洁水源过滤为辅用给水量之准备，思之良用悚然。

观此不惟切近之需水问题亟应予以注意并应计及将来需要也，故水道处进展规划必须充分预事策划。查来年最高之需水量几可达现有各井产水之总量，则不惟对于用户需水应有准备即消防需水及其他意外并须随时有充分之准备，其取决自不能延缓以俟水量需要臻至或超过各井现有产量时期，自亟须注意者也。将来给水需要应否添凿深井或采用其他水源为一应予缜密审核之问题。

水道处给水只供给英租界已届第二年期，揆诸各因素尤以资产利息及折旧计占收入之37%为要，所获成绩仍堪称意，虽售水量不足预算所列数量，然盈利尚属可观。

年间最高需水量计达1,692,200加伦，售水总量合计363,558,860加伦。查1935年之统计为1,538,300加伦暨351,089,580加伦。

全年给水概系井水全部，抽水机厂机件继续应用称意，效率灼然，地底水平虽间有低落现象，然产水总量仍维持原有效能。

年间新布设之总水管计长7,798英尺，新用户接水设备共计199处，1935年计通接124处。本年9,10月间咪哆士道因布设发电厂至河坝之凉水管掘凿工程范围颇广，本处趁机更换该处原有4英寸径总水管易以6英寸径水管用利给水分输及消防保护。查往年曾从事类此之改善建设，所致费用辄臻钜额而于收入则无所增益。

关于氟素暨水味问题咸经密切注意，不仅本处及津埠专家从事研究，海外专家并从事试验也，该二问题洵为水质分析之新发现，虽现有之处理方法概经考察试验，然尚无适合商业实用解决发明。嗣后为履行卫生医官之要求暨用户需要起见，恐总须审议更换水源或建立辅用给水设备，其详细注释见"氟素暨水味"项下。

二、消防设备暨河坝进水机厂

1935年报告已述及该消防设备机厂已于是年10月间剔除不用其机件，

业经保持用备辅设过滤河水之需。

三、巴克斯道、达克拉道、伦敦道机厂

各该机厂机件概经依效率标准暨运用需要状况保持效用,按照规定程序执行检查整理。年间最高水量需要比较上年计增十分之一,产水量应付尚称充裕。

本年 7 月 10 日为本处机件第一次发生意外。查是日达克拉道压气机一架经整理后正从事试验,当气柜之气压为核校保险罨起见涨至最高度时,柜盖忽然破裂,考查缘由该盖本有微伤,因保证对盖紧密其累钉扣之紧系似使该伤痕加甚,不幸工人一名略受外伤,好在数日后即痊愈。此外并无其他损害机厂工作暨给水依然继续未有间断情事。

各自流井之抽水机厂溯自下列布设就绪日期起抽引及输送水量运用迄今从未间断颇有记录之价值。

巴克斯道　　　　　　　　　　　　　　　　　　1930 年 11 月
达克拉道　　　　　　　　　　　　　　　　　　1927 年 10 月
伦敦道　　　　　　　　　　　　　　　　　　　1927 年 10 月
年间未置新机件

各机厂产水量列次：

(一) 巴克斯道机厂（自流井 2、3、8、9 号）

月份	产水量(加伦)
1 月	21,508,000
2 月	19,820,000
3 月	21,547,000
4 月	22,491,000
5 月	25,129,000
6 月	28,038,000
7 月	29,449,000
8 月	27,842,000
9 月	27,269,000
10 月	27,017,000
11 月	23,996,000
12 月	25,246,000
共计	299,352,000

2、达克拉道机厂（自流井4、5号）

月份	产水量（加伦）
1月	6,197,600
2月	6,090,000
3月	6,583,200
4月	7,347,700
5月	8,694,800
6月	8,242,600
7月	8,148,400
8月	7,820,300
9月	7,255,600
10月	6,754,300
11月	5,827,300
12月	6,440,300
共计	85,402,100

3、伦敦道机厂（自流井6、7号）

月份	产水量（加伦）
1月	6,378,000
2月	5,502,000
3月	6,230,000
4月	5,217,000
5月	5,088,000
6月	5,578,000
7月	5,828,000
8月	6,035,000
9月	6,225,000
10月	7,292,000
11月	7,246,000
12月	6,235,000
共计	72,854,000

各机厂院落之树木草圃概承花木管理员注意保持应志感谢，旧有未辟地段现均植以花草葡萄及菜蔬，所获成绩颇佳，尤以伦敦道机厂为可观。

四、自流井

各井产水量尚继续保持已往产量。

各井近九年每日平均产量列次依加伦计：

井号	1928年	1929年	1930年	1931年	1932年	1933年	1934年	1935年	1936年
第2号	310,000	316,000	308,000	293,000	271,000	320,000	296,000	302,000	290,000
第3号	366,000	342,000	334,000	307,000	294,000	278,000	292,000	293,000	276,000
第4号	228,000	191,000	178,000	190,000	194,000	219,000	236,000	246,000	245,000
第5号	181,000	191,000	188,000	190,000	199,000	187,000	180,000	181,000	169,000
第6号	240,000	253,000	256,000	244,000	230,000	224,000	212,000	204,000	191,000
第7号					56,000	49,500	46,000	53,500	55,000
第8号					330,000	308,000	292,000	293,000	274,000
第9号					500,000	515,000	586,000	567,000	570,000

上表系各井每年产水之平均数量得自每星期之测验。

各井产水量及水平下降指示1935年暨1936年春内地雨水欠缺之影响,虽年初产水比率与上年相若,然入夏以来各井之静水平间有低落,自8英尺至13英尺者,待至冬初水平状况又复见佳,来年是否得以继续无从预测。惟昨年报告已述及各井间显有一种相应变化自无疑义,尤以巴克斯道之状况颇堪注意。查第2、3、8、9号井眼皆设于该厂址,本处产水量之大部出自第9号井,惟因终年抽汲似有侵碍其他井眼趋势,倘其他井眼为增加产量展长抽引时期,则第9号井眼产量因自然之相互影响即略现降落,此外各井水质成分随时间有变化,为足引人注意之现象。虽各井水质定性分析几无变异,但其定量分析显有不同之变化,尤以第4、5、8井眼为显著。查各井之深度几类似,其显有变化之元素为盐性及炭酸盐成分,此种变化似可假定因地层下变动影响所致,离井远近无甚关系。

1935年报告曾叙及法工部局试凿深度井眼一口,最后钻深至2,830英尺,该井水笕系位置于深度2,340英尺至2,440英尺之间,产水出自天然泉涌,惟每日产量只有110,000加仑。

当时曾设想如该井水质绝无氟素成分并余均称意者,则本处拟添凿一同样或较深之井眼以期解决现有井水氟素及其他问题,但经缜密化验查明该井产水定质分析虽与本界井水类似,然氟素成分则比本处井水较高,故添凿同样深井之议遂作罢论。

五、总水管水龙头暨用户水管通接

因去冬气候严寒故分输水管之修理比之往常较多,强半破裂系缘泥土及水管因寒冷而移动致水管节头发现渗漏。查水管完全冻裂者只一处,因阴沟进入孔盖之挪动所致,其破裂状况并非严重,数小时后即修理葳事。

用户住房水管亦因同此缘由致须注意之处激增。查用户间有忽视保护水管接头劝告，致须负担水表冻裂修理费用。

1936年总水管暨水龙头之布设

	6英寸水管尺数	分段节水门	地面水龙头	轮船用水龙头
河坝	0	0	0	1
咪哆士道	3,094	8	7	0
奥克尼道	140	0	0	0
福发道	644	3	1	0
大北道	1,254	2	4	0
哥仑波道	180	0	0	0
宝士徒道	600	1	2	0
登伯敦道	611	1	1	0
文赛道	766	1	2	0
香港道	509	0	2	0
	7,798	16	19	1

咪哆士道之布设系更换自河坝至围墙道间之原有4英寸水管，河坝轮船水龙头之设置系为便利供给英国兵船需水。

推广界之水管皆按工程处筑路规划及建筑发展布设，年间添布之水管继续先于建筑发展，故希望此项接水收入能以补偿成本利息及折旧费用，势须俟之异日。

最近14年布设之输水设备列次：

年期	总水管尺数	地面水龙头	地下水龙头
1936	7,798	19	1
1935	3,887	13	0
1934	8,431	23	1
1933	11,452	14	5
1932	3,720	16	0
1931	2,302	0	1
1930	354	2	0
1929	3,790	12	1
1928	7,327	12	3
1927	8,589	7	6
1926	17,237	16	22
1925	13,439	15	12
1924	16,180	30	0
1923	7,640	11	1
总数	112,146	190个	53个

全部输水设备列次：

10英寸水管	13,357英尺
8英寸水管	7,909英尺
6英寸水管	100,849英尺
4英寸水管	15,586英尺
3英寸水管	8,566英尺
总数	146,267英尺

分段节门：

10英寸	28个
8英寸	17个
6英寸	202个
4英寸	25个
3英寸	11个
总数	283个
地面水龙头	195个
地下水龙头	90个
轮船用水龙头	8个
总数	293个

界内所有消防水龙头俱已通接于总分输管系。

近14年内共布设新水管计长21英里余，即比原有布设增加3倍。

六、用户水管通接

年间用户需水通接共计199处，1935年共通接124处，惟本年之接水半系推广界内单所住房，半系成排建筑。

除废弃或截断者不计外，历年用户通接水管数目列表于次：

年期	通接水管之用户
1923	805
1924	1,027
1925	1,130
1926	1,446
1927	1,579
1928	1,803
1929	1,882

		(续表)
1930		1,905
1931		1,943
1932		2,076
1933		2,276
1934		2,478
1935		2,586
1936		2,773

七、每日水量需要

三处机厂每日抽水最多总量暨最少总量胪列于次：

月份	最高量（加伦）	最低量（加伦）
1月	1,174,700	913,300
2月	1,156,800	1,006,600
3月	1,207,100	1,028,000
4月	1,263,600	1,084,300
5月	1,422,700	1,024,200
6月	1,692,200	1,165,500
7月	1,606,700	1,170,700
8月	1,484,200	1,232,100
9月	1,473,000	1,197,900
10月	1,393,400	1,266,100
11月	1,331,800	1,151,300
12月	1,283,500	1,124,200

1934年特一区给水停止之影响依然存在，本年最高数量记载发现于6月15日计1,692,200加伦，比之上年6月25日之1,538,300加伦计增153,900加伦（合10%），比较1934年2,008,800加伦尚短差316,600加伦。

八、全年每月售水总量

	（甲）住户用水	（乙）里式房产暨巨量用水	（丙）工业用水	（丁）英工部局处所用水	（戊）河坝轮船用水	（已）总数量
1月	13,539,00	6,293,900	3,478,000	2,823,400	218,176	26,353,176
2月	12,786,900	5,429,400	4,060,700	2,556,400	211,680	25,045,080
3月	12,817,200	5,895,600	4,077,200	2,906,000	245,504	25,941,504
4月	13,828,200	6,515,700	3,429,900	3,305,600	327,040	27,406,440
5月	14,917,400	8,214,500	2,925,700	4,252,300	446,432	30,756,332
6月	16,965,100	9,322,600	3,583,300	4,577,600	272,608	34,721,208
7月	16,588,200	9,497,800	4,095,100	4,315,500	376,096	34,872,696
8月	15,354,100	8,729,300	4,840,700	3,750,200	785,204	33,459,504

（续表）

9月	15,403,600	7,827,400	5,033,800	3,746,800	460,080	32,471,680
10月	16,173,600	8,482,200	5,239,800	3,642,100	403,648	33,941,348
11月	14,889,800	5,202,900	4,791,000	2,917,600	549,300	28,350,600
12月	14,518,400	6,384,100	6,104,400	2,838,600	393,792	30,239,292
总数	177,782,200	87,795,400	51,659,600	41,632,100	4,689,560	363,558,860

与上年售量之增减比较列次：

	甲	乙	丙	丁	戊	巳
1936年	177,782,200	87,795,400	51,659,600	41,632,100	4,689,560	363,558,860
1935年	181,197,740	82,397,900	42,649,600	41,078,900	3,765,440	351,089,580
增		5,397,500	9,010,000	553,200	924,120	12,469,280
		6.55%	21.12%	1.35%	24.54%	3.55%
减	3,415,540					
	1.88%					

各项售水除用户项下俱现增加，此一项售量之减缩谅因去冬气候严寒及夏季不甚炎热所致。

自1936年1月1日起工业用水之二成五折价已改为适用于全年。自4月1日起工业用水更得数水表合计之优待，即一工业用户厂房安装多数水表充工业制造用途者，其用水量得以合并计算而享较高之折扣。自7月1日起凡凿有自流井之用户，概须缴纳备用接水费依装置备用水管径比率核收。

关于河坝轮船用水龙头7月间英兵舰H.M.S.Falmouth"富尔莫斯"系靠河坝时期，因该舰进水管口被淤，舰中冷藏设备及用水致生困难，当即由本处设法一若通接用户住房需水将舰中水管布设与本处总水管通接，如此供给水量者计7日。再9月间该舰重泊河坝及11月间英兵舰H.M.S. Lowestoft"罗维斯脱夫"来埠皆经如此接水，将来停泊河坝兵舰多采用此办法颇有可能，盖如此接水比之自淤塞之进水管口汲收泥水弥漫舰中水管较为经济且免困难。

九、化验家报告

水质清洁暨适合为饮料之良好标准，年间曾依然保持各井水质之照例化验暨微菌检验仍由天津化验室米大夫暨法国工部局巴斯德菌学院喇哒斯大夫分别承办，襄赞殊多至深感谢。

十、水中氟素及水味（井水）

缘于情形之凑合此二种因素与井水之关系乃不期而联结，查氟素自干连公共卫生要需，而水味问题之发生则因有称井水不适合沏茶而起，此二者同为水质化验之新异问题,昨年报告已叙述如次。

"仰给河水之问题因此又复发现,查此氟素及水味问题暨同在研究中,则对于此一问题之确定或即包含解决余一问题之办法也,无论如何给水既为公共要需,故认为相宜之处理决不当草率冒险从事。"

某著者称氟素问题须多方及耗费光阴之研究,该见解适为已往二年津埠对此问题从事深究者之经验所及,此外再加水味改善问题,其困难遂激增。查自1934年8月起氟素问题引人注意以来,本处经办工事节略列次,其繁琐自可见一斑。

(一)汇陈技术报告共计30余件,水道委员会每次集会对此问题无不加以检讨。

(二)对于欧美专家及可咨询之主管处所交换函件及考据材料者计有10处,内有本处驻英工程顾问皮尔苏格林二大夫,伦敦市区给水委员会哈罗德中校,美国公共卫生部汤德雷狄恩博士暨其他公共给水专家。

(三)天津最初从事缜密研究者为华北化学试验室戴尔大夫,其次有法国工部局化验室米大夫,北平协和医院暨上海工部局化验室统经从事初步试验。鉴于昨年所用各种氟素分析方法结果之迥乎不同,故准备一公认主管处已应用之标准分析法为第一要务。旋承汤德雷狄恩博士之襄赞,获得考据材料为最近美国公共卫生社刊物"水质化验标准法"刊列之方法,用此方法分析氟素比之1935年循 de Boer(德葡阿)法所得之氟量较低,此为其他著者经验所证实。查上述标准分析法系昨年一切研究工作所采择应用者。

昨年报告曾叙及氟素问题已陈送伦敦市区给水委员会水质检验委员会长哈罗德中校,嗣接1936年3月18日覆函抄录于次:

"承示天津给水报告及档案二起,简明切确备极周详奉读之余不胜钦佩。皮尔大夫本系旧雨,鄙人已与之检讨渴思觅得适合实用材料录以,奉闻无奈,未能如愿以偿,良用歉仄。查伦敦用水颇有取自深井者,然此项水质成分显有差异,无一与尊处井水相类,虽检验氟素成分未见有多过百万分之0.3至百万分之1.2者,即此较高氟素成分水量,系一处搀合给水之极小部分。敝处在已往未接任何分析较高氟素成分水量之请求,据现时见闻所及,统认马尔顿区域之斑牙与水中含此原质有关。

对于用树脂排除氟素一节,鄙人曾与皮尔大夫暨 Mr. R. T. Pemberton of Permutit Ltd, Gunnesbury Lane, Chiswick, London 检讨及之,但此种处理法尚

在考查中，尚未经敝处审究，故未能有所建议。此种藉更换盐基之排除法系本处职员侯姆士君(Mr. Holmes)发明，该排除法固有其困难，因排除物之成分往往为十万分之微数也。前准来函并悉现正审议由其他地层取水，倘若新水查无氟素而非富于矿物性者，或当适合处理手续也。敝处对于伦敦市区给水虽重加多时考验，所获细微殊增歉怀，敬祈转达怅意为荷。"

关于水味，皮尔 苏格林大夫1936年1月24日所具报告附列于后。

本处已往力事推究期望解决上述困难之工作，概以下列三项为目标。

(一)仰给比现有井眼较深之井水。

(二)处理自流井产水。

(三)建立辅用给水设备。

1. 仰给较深井水

开凿较深井眼之动议乃因法工部局钻凿深井而起，查该井于年初完成水笕位置，深度在2,340英尺至2,440英尺之间，惟其泉涌产水量不见甚充，倘该井水质验无氟素暨其他各项俱属称意者，则本处预期在英租界开凿一深度相等或较深之井眼。该井产水旋经缜密化验，查含有氟素成分计百万分之2.6。

因意料分析化验所获结果应与昨年化验所得者相仿，并假定法租界深井水之氟素成分当比本界较浅，井水之氟素为低，故其次步骤为重行化验，英工部局井水藉资比较。此外尚有拟自法租界总水管取给辅用水量之说，因之该租界各段之水质并经汲取化验所得结果如次：

地点	氟素成分按百万分为比数本位
老西开法工部局深井	2.60
英工部局水管放水(数井搀合)	1.7
英工部局第9号井(深690英尺)	2.35
法工部局水管放水(米大夫化验室)	0.5
法工部局水管放水(老西开毗连英租界边界)	1.9

上述比数证明已往认深度井水含氟成分可以减低之说适得其反，故开凿深井之议由此中止，此项比数并证明英租界较浅井水含氟成分比之深井较少，嗣后设井规划或当依此而定夺。

2. 井水之处理

用化合品变化水中氟素成分暨改善沏茶水味，为广博研求及从事试验之要题。1935年曾以采用特种沸石置之与家常软水用相类之小压力滤水器内处理水质之议函陈咨询,专家旋承皮尔苏格林大夫与英京联合软水公司之商榷,该公司已邮送试验品三种。俾资试验,其二种为钙性处理用品,其第三种为特别品质,二样若用以处置水质结果所得可与蒸溜水相仿。查此方法须将给水通接一低压滤水器过滤二重物品,其一为上层较厚之沸石,其二为下层较薄之矽石。该滤器组织如次:

(1)钢质圆滤水筒内装钙性沸石第 1 号。

(2)钢质圆滤水筒内装钙性沸石第 2 号。

(3)铝制圆滤水筒二个,其一装特种沸石第 3 号,其二装特种沸石第 4 号滤器依次通接备有接头装具。

过滤 20 加伦后暨 100 加伦后所得之水样概经施以品质及分析化验,嗣经查明过滤第 2 号沸石之水量宜于沏茶,但此法于水管放水无甚改善可志,若用其他二法处理所获结果不甚佳。

业经缜密化分研究,所用水样不啻 12 种用沸石处理,概于氟素成分无所影响,即对于沏茶需要品质亦缺乏显著改善状况,职是之故断定已经试验之处理方法用之本处井水自属无效,故此规划试用其他方法处理并由美国定购。最近发明之化合物名"消氟物"该化合物系芝加哥国家铝酸盐公司制造,据在美国化学社演讲之斯华波氏(H. Gladys Swope)暨金泽斯(Kansas)省卫生部海斯氏(Robert H. Hess)称成效颇良好,用消氟物以减少水中氟化物比较已试之沸石为见效,至与沏茶所需品质有何影响须由实地试验审定,盖所求之两种成效自无直接关系,如希冀同时获得改善恐须副以钙性处理手续,一俟消氟物运到,上述各因素当受详细研究。

3. 更替辅用给水

倘 1.较深井眼给水暨 2.处理现有井水未能解决困难并须于短时期内应有办法,故对于自租界外水源输入水量之议已付审查。惟海河经过本界河坝之处既属污浊不洁,河坝进水自不可采用,1924 年之所以决定择用自流井规划亦即因此。嗣后首先注意之办法系由法租界总水管取用定量之给水,虽法租界给水之大部系济安公司之过滤河水,但每日于一定钟点,其水量系由法国发电厂汲引之井水补充。查该厂址距离英租界北边界仅数十码,依据该处抽引井水时之水样试验证明,该处水量系完全井水,其含氟成分比之本界井水较高,惟化合成分则无甚差别,此后并试验自老西开至河坝间各地点之水质,查明井水向东分输之范围远至达文波道。

由是观之,欲求完全过滤河水之接水地点须在达文波道暨河坝之间,但因水压降低关系,上述井水东输或有展至该水管全部之可能。职是之,故非取水量钟点限于该深井抽引停歇之时水中氟素成分较低之望尚欠保障。

规划一:在法租界总水管接管沿达文波道至巴克斯道机厂,并在该处建立贮水箱以便由该处用人工手车分送,一若用户现有自购界外水量办法。奈此规划自有障碍,其主要困难为取水须在一定钟点内及推水车人之不准定采用此项特别便利是也。倘一旦法租界井水产量扩充,则此接水当统归无效。

对于本租界内出售之外来水量业经测计所有水车统计每日消售水量约合 13,000 加仑, 共用水车 23 辆, 此项售水用户给价每千加仑有自 2.5 元至 12.5 元者, 显有重利。在也, 查此水售价本无定率即售水量本位亦无标准, 上述大多数水车似与界外之水铺有关, 依照第一规划, 由英租界分售, 自其他租界接来水量无论工部局定价多寡, 谅各水车仍必向其旧有给水处取水, 除非本界制定规章界内售水必须取自此特设之水站方可至划一用户, 所付水价亦属问题。查大众用户或有因特别便利而乐于缴付相当加费者, 但收费过多终必受责难, 倘合乎公众意志之步骤如果付之实行, 则同时并须施行保护手续。因水道处对于供给公用水量品质负有保障安全之责。职是之, 故遂有第二规划之议。

规划二:此乃由近日租界西边界之济安公司水塔取水用,本处载重汽车直接分送各用户,此规划自不受前述各项限制并可保证系完全过滤河水终且能免除人工水车抬高水价等弊,惟其主要障碍为行驶载重汽车之费用,盖水量如此分输之费用比之现时经水表分输至用户之费用当增加至 4.5 倍。

结论:前述研求用意端在获得一氟素成分较低暨品质适合沏茶之水量,倘假定给水宜按现有办法设立本租界内者,则合乎理想之解决办法当在处理井水之全部或其一部分,惟鉴于化学处理方法尚在最初试验时期,任何标准方法之制定尚须广博之研究工作也。

深井给水因含有氟素故不符卫生医官条件,并因其他缘由间有用户不乐用者,若规划所指藉载重汽车分输水量办法果可解决困难之一部,稍资救济究属一时治标,权宜之计非属妥靠或具有永久性质,其效用不能普及自不待左证,惟水道处之职责是在用分输水管布设输送所产水量至各用户。

工部局既设置可靠之水源暨有效率之机厂广布之分输便利,俾居户在宅内只须举手之劳旋动活塞即可得水,上述载重汽车或手车之分输无异恢复古法易滋流弊,尤以卫生一项为要因,公共给水之设不仅为供食用饮料并供给卫生所需水量也。查饮食烹饪需用水量比之沐浴冲洗清洁及其他家常洗涤所

1023

需水量较为轻微,况工部局布设阴沟至为完备欲收成效,居户自须常事冲洗,倘市民之一部觉察需水可以贱价零星购自载重汽车或手车者,则住房本有之水管节头有废止停用之,险致卫生装具转为祸患。

夫氟素及水味问题与本租界将来给水需要具有密切关系,按平时程序添凿加深井眼预算应于昨年准备,只因前述困难而令计划中止进行,著者并已于绪言中申述。鉴于需水量之日增,其供应当如何准备自亟须审慎注意,至将来给水之供应究应添凿自流井抑仰给其他水源并须缜密审核之。

1936年才过,即闻天津济安公司有于1937年规划,自日租界水塔布设总水管经日、法、英租界至特别一区之说,以便供给该区过滤河水用代现有井水并由该水管供给法租界用水。

际兹规划尚未确定时期审定应否利用该规划,藉便解决诸切要问题并对于本租界现时及将来需水之全部或一部分供应来源一并获得办法,似属合乎时宜者也。

志谢

上年研究工作迭荷下列各专家襄赞特此鸣谢并志感忱。

巴期德菌学试验院米大夫

美国公共卫生署汤德雷狄恩博士

伦敦州立公共卫生试验所皮尔、苏格林大夫

伦敦市区给水委员会哈罗德中校

伦敦联合软水物公司

其他对此问题表示热诚注意不吝供给本处考据材料诸著作家

年间本处驻英顾问(J. & A. Leslie & Reid)关于处务技术部分赞助殊多并此志谢。

十一 职员

考核全年工作本处职员咸各勤奋服务翕然忠于职守,鄙人再志贤劳并深欢慰。年间各级职员皆无更动。

高级职员:副工程师董干臣君、工程助理员黄玉成君及助理员陆襄宸君年间皆勤劳职守殊属可嘉,本年黄玉成君请长期例假,计自5月至9月。

查陆襄宸君本系旧给水公司职员,溯自1906年服务起就任现职,已届三十载从未间断,经验宏富忠实可靠,对于当地情形洞悉无遗,洵为任何企业之要才,于公用事业尤为适宜。

水道处工程师　克拉克

皮尔 苏格林大夫意见书

深井水味

伦敦州立公共卫生试验所

1936 年 1 月 24 日

天津给水

径启者，前奉1935年1月15日大札承示，天津最近来函所开关于给水各问题，敝所已遵台命将函开各节加以审核，所获意见签注于次：

所指函件

一、天津水道处工程师1935年12月18日第308号函。

二、1935年11月20日水道处工程师报告第4660号"自流井给水之氟素与水味"。

关于氟素各节敝所见解业于本月16日函详，兹仅当叙述深井水味问题暨用此水沏茶发生之非难。

据水道处工程师报告，敝所知悉有认水味带咸致用户责难水质不合沏茶尚属少数，并据称若辈系"考究品茶者"敝所审定上述不满意之表示非因水中含食盐（氯化物）成分过量而确系因其他钠化物如重炭酸钠暨硫酸钠之成分较高所致。查戴尔大夫化验报告（1935年6月7日报告）天津井水所含实质总量依各盐类别计其概数如下：

炭酸钙　十万分之3.10

炭酸镁　十万分之5.12

炭酸钠　十万分之34.55

硫酸钠　十万分之23.58

氯化钠　十万分之12.99

矽　　　十万分之1.47

其他　　十万分之2.49

实质总计十万分之83.30

前列氯化钠成分计十万分之12.99，按饮料论尚称低微，倘比较英国及其他多数公家给水则更现低微。

关于英国给水之类此水质敝所知之颇详，若暂置氟化物不论，据多年之使用，谂知此种硷性或重炭酸钠性之水质是颇合健康而适于食用者也。

查富于硬度之水量一经沸石或盐基调换法处理使增软度者，恒发现类似之特点,虽公家给水经过此项增软处理者,其钠盐浓度常现削减。

据同人经验所获凡此水质因含有重炭酸钠及硫酸钠,故使用人常感下列不满意处:

(一)水管及接头之锈蚀。

(二)锅炉易起水分与蒸汽混合上升暨苛性脆弱作用。

(三)尝之往往感平淡口味带咸或金属气味。

(四)沏茶色暗味苦或其他不合口味状况。

除水质锈蚀作用暨与高汽压锅炉之影响外,前列责难各点尚不普遍无关重要,普通用户尝此水味不久即习以为常且克服沏茶困难,最后因此水较"软"利于洗涤清除洗衣等,故多乐用之而不采择味美硬度较高之水。

除为防范锈蚀作用外,敝所从未见因其他缘由或非难而建立处理机厂用以排除给水所含钠盐,且津埠尚无锈蚀防范问题。虽在伦敦因银行旅馆分赁大楼多数给水系取自钻凿英京泥土较低之第三地层以下白垩之深井,故此项专设处理防范锈蚀作用机厂之建立殊属普通,缘此种井水多系硷性或钠性颇类天津深井产水,然同人从未记忆任何英国公家给水只因含有钠盐而施行处理手续,遇有此项井水,其锈蚀作用恒藉适当材料制造总水管输水管及接头等而免除之。

上述免除锈蚀作用处理系一种化学沈淀法,用以排除重炭酸钠者说明详后:

因沏茶之不满意处

沏茶若用硬水较比用软水茶味自更感佳美,但软水沏茶较为浓厚尤以含有重炭酸钠之软水为然,因茶叶之鞣质经硬水之钙质作用即固定,但经软水或硷性水则被提出。查天津给水之硬度约合十万分之 9.25(合英国度数 6.5 度),唯因水中含有重炭酸钠故一经沸煮即成沉淀,是其硬度完全系属暂时性质。职是之故,沸煮之水用以沏茶所得硬度乃等于零,再者,用水壶重行煮水至沸度辄使炭酸钠成分更化浓厚致水现显著硷性,用此水沏茶必多鞣质致味苦有碍考究品茶者所求之美味。

同人在英尝发现类此之非难倘用水沏茶时能注意下列条款则当获益:

一、煮水一至沸点应立即沏茶不宜久沸。

二、茶汁沏后应即倒出不可使水浸泡茶叶多时。

三、水经煮沸不应留置水壶中以待再沸,每次沏茶应煮新水用免硷质成分之增强。

现时用以排除水中重炭酸钠之方法

据水道处工程师第4660号报告戴尔大夫已用铝盐游动炭素及和以炭酸从事试验,天津水质依同人管见所及,此项处理一若其他改善水味方法如灌气加过锰酸钾或臭氯,未必能获成效,缘非难之,因系水中含有钠盐,故救济方法端在排除此种酸盐或使之化成其他化合物。观该报告,显有建议用沸石或更换盐基方法使天津水质增加软度以期改善水味并获排除氟素之可能者,但同人充分考证,藉沸石增加水之软度不能减低氟化物成分,因该方法仅系改换钙盐及美盐成为钠盐,于水味及沏茶适用程度不惟无改善可能且有损害。

英国对于含有重炭酸钠水量之锈蚀作用其防范处理手续列次:

水中搀加相当容量之沘石灰暨硫酸钙(石膏)充分调合,则水中本有之重炭酸盐即分析其重炭酸沉淀为□碳强矾,其钠碱则仍溶化水中为硫酸钠,此沉淀物即用沉滓法遂即经沙子过滤,故处理之水量所含重炭酸成分较少而硫酸钠成分较多,此外尚有不用硫酸钙而代以氯化钙者。关于重炭酸之减少作用结果无所变更,惟处理水量之氯化钠成分(非硫酸钠)则现增加。

上述用沉淀排除重炭酸方法需要化学搀合机件、巨量沉滓池及沙滤并须认真按时督察,管理所需成本及经常费殊巨。

倘天津水量用此方法结果对于沏茶因重炭酸钠之减少可稍获改善,但钠质并未排除仅化合为硫酸钠,故于水味之可口程度不惟无益且恐适得其反。

考查现时采用此之方法之巨量机厂证明于减少氟化物成分无效。

据天津水道处工程师之建议处理天津水质可列为三种:

一、各井产水完全处理之(每日200万加伦)

二、附设机厂以便每日处理1万或2万加伦(按8小时计)

三、依用户需要之小量处理

采用石灰石膏沉淀法以处理天津井水之全部或一部分,同人确认缺乏正当理由此法并且不合于处理用户之小量需水。

此外现时尚无证实适用方法。

关于二、项如参照水道处工程师1935年12月18日第308号函所称辅用给水规划似指河水而非深凿井水。

据同人见解若仅为水味及沏茶关系而施行辅用给水规划殊欠允当,倘事实可证河水之氟化物成分不超过百万分之一者,则辅用给水之建设即具充分理由。

至称食用河水者当无斑牙现象发生,如此见解似颇正当,缘其他区域民众用该河水者显无斑牙,象征水中氟化物成分既不超过百万分之一。患斑牙者(只市民之极少数)且可证明系赋有特别感应之数人。

故此假定工程及经济状况皆获称意则同人认专为从事处置氟化物问题起见,此辅用给水似可建设用为暂时调济办法。查该河水既无重炭酸钠同时并可用以供给不满现在井水之考究品茶者。

查该河水显有严重不洁危险之可能,故不宜于儿童饮用,除非先经有效之清洁杀菌手续,所拟处理方法灼然为沉淀凝结速度沙滤及氯化消毒,倘各项手续概经完全实施则所产水质堪称"安全",但含有不合之气味口味乃事所难免,倘有必要可用下列方法改善之。

(一)用游动炭质

最便利手续莫若在速度沙滤前搀加游动炭粉于已沉淀之水量。

(二)氯酸处理

据同人见解氯酸处理比氯化消毒较为可取之杀菌手续,其法只须在用氯之前加入铔量,因此不惟所需氯量可以减少其因氯发生之气味亦能稍为收敛。

铔之加入可用硫酸铔溶液或与新式搀氯机相类之自动气机。

应用之铔量数(淡轻三)须等于氯量三分之一或二分之一。

(三)臭氯

凡清明之井水可用臭氯充分杀菌,适用此法之机件,任何容积俱可购置下列各项为胜于氯化消毒之优点。

1.臭氯除杀菌外并增高水之有机清洁

2.增进水清明色泽

3.消除水之异味及气味

4.过量臭氯分散后不因之助长水味

比之氯化消毒其不良各点列次:

(1)以成本及经常费论较为昂贵。

(2)倘因分输致水质有意外些微不洁水中并无剩余,臭氯可以起消减作用。

关于臭氯机件,同人兹将商用说明节略附此,并只注意伦敦都市给水委员会查察水质,董事长第29次常年报告对此题目之评论。

依同人管见,此辅用给水之设立只可作为处理氟化物问题之暂时治标办法并应力求节俭,以期处理深井水质不久可有适合方法之实现。查现时解决氟化物问题之学识既不详尽,则此项辅用给水规划可表示主管给水者已竭尽其事。

可以替代之深井水处理方法

对于排除津地水中钠盐现在尚无证实适用方法前已叙及。

依理论或在试验室内水中钠盐可用下列方法排除之:

一、蒸溜、此法无须赘注

二、用沸石调换盐基

三、吸收法即用树脂或其他质料

鉴于水道处工程师之愿望,同人应建议对于津地可以从事研究之方法,故即就第二第三处理手续述其梗概于次:

沸石调换盐基

请查看增加水质软度说明书。

用沸石调换盐基以增加软度之硬水须经钠性沸石过滤,因之,钠即与水中之钙及镁(发生硬度之盐质)调换,故此水中添钠而沸石则得钙及镁,当沸石之增软力竭尽时,该钠性沸石已变为钙性沸石,但此调换作用可以藉钠盐溶液(即食盐)之化合作用再恢复成钠性沸石。按理论钙性沸石能排除水中钠盐,俟其作用力竭尽时可用氯化钙溶液浸润复变为钙性沸石,此化合作用系增软之反面即增加水之硬度。现时,同人对此反面化合之实用正事考查并无闻料可记,故提议津埠似可从事试验,所产井水即用家常小量盐基调换软水物以氯化钙而不用氯化钠处理之。

倘津水之重炭酸钠及硫酸钠皆改换为重炭酸钙及硫酸钙,则处理后之水量硬度必甚高,惟调换作用未必完全。

据同人所知,英京联合软水物公司(The United Water Softeners, Ltd., Permutit House, Gunnersbury Avenue, London, W.4.)特制钙性沸石专为排除水中钠质之用,敝所当购备此新出品试验之,同人并悉对于排除水中溶化物之各出品制造,迩来极有重要发展,徐当另述。

用树脂或其他质料吸收水中溶化物

一、树脂

最近伦敦戴亭敦化学研究试验院理科暨工业研究股(G. T. Morgan)毛根院长研究证明,天然水中之多数要素可用一适当化合树脂组成之滤水池过滤吸收之,此过滤处理系吸收作用而非现时已有用沸石为软水之交换作用。

据云氟化物亦可用此法排除之,虽尚在试验伊始不适实用需要,然将来之可能希望殊多,如何进展颇足注意。关于此项试验之惟一报告刊列 1935年1月11日化学工业社"化学及工业"杂志第 54 册第 2 期标题"化学树脂之吸收性"论文分二部,其第一部之著者为亚当士(B. A. Adams)暨候姆司(E. L. Holmes), 此刊物可向化学工业社订购定价为一先令九便士,社址如下 46, Finsbury Square, London, E.C.2.

二、其他材料

同人相信联合软水物公司现已制就出品,可以排除水中盐基或酸基之任何盐性化合物,如有需要用此制就出品过滤,富于矿质之水即可改为等于蒸溜净水。

查专为排除水中钠盐及矿质备充高压锅炉需水量之大规模机厂有行将建立之事。

虽关于此项发展尚无通告,据闻说明刊物已在准备中,一旦机厂建立,同人得便利参观业已预获允许。

据此新发明水中酸化物及氯化物俱有排除之可能,则氟化物之可以提出亦具相当理由,倘此希望得以实现,则具体处理天津水质即排除钠盐及氟化物之方法自可期待矣。虽所拟钠盐之排除似可实现,然关于氟素尚无可据,故对于天津给水有所建议尚非。其时无论如何在实行此项规划之先,关于钠盐暨氟素概须试验室之广博研究暨大规模机厂之缜密考察,同人深信极有价值之发明不久实现,当备加注意随时奉告。敝所已函请联合软水物公司供给新制沸石或其他制品藉资试验,所具效用前已叙及。

综核前述各节同人对于天津给水及处理方法拟具签注列次:

一、除将氟化问题保留外,同人以天津给水系清洁卫生适合公共给水需要,若仅为排除钠盐虽属有益,然无处理之必要。

二、以天津深井给水与邻区仰给之河水比较,则井水应认为病菌清绝或卫生清洁及软度比例较河水为优。查井水之硬度为十万分之 9~10,河水之硬度为十万分之 23~24,此井水用户对于肥皂其他清除用品及人工之经济节省为数颇巨。

其较优点超过其不合口味及沏茶弱点殊多。

三、对于井水之充量或特为家常饮料或沏茶所需小量之处理,现时概无适合实用经济有效满意之方法。

四、此项处理方法或于一年间可以实现,但无论如何设非其应用同时可以排除水中氟化物并极经济便利者,则不能视为允当。

五、倘当地情形需要暨事实有许可理由,则仰给过滤河水建立辅用给水应即进行之,惟须撙节从事盖要在氟化物问题研究再事考查之际,此项设施纯属临时办法。

同人以为其他责难无关紧要。

六、关于津埠地质及开凿深井所经产水地层之组织同人毫无所知,惟推想钻凿较深井眼,如能获得产水地层,其水质或与现有井眼不同含氟成分或较低,则上层产水似可封闭不用至开凿加深井眼,当地或有试探井口或开凿未用之井眼可资试验,谅此节早经审议及之。

依同人经验所及,爱赛克斯深凿井眼其沙系暨泥系产水所含之氟化物比之其下层白垩系产水所含之氟化物可以较多。此致阑士雷利德公司(水道处驻英工程顾问)

皮尔　苏格林　大夫(苏格林代签)

1936年1月24日

警务处 1936 年报告

兹谨将天津英租界 1936 年警务治理报告叙列于次备陈察核。

一、罪案：年间通报本处并经侦察之案件总数暨侦察之结果概已附列"一"表。查所接报告之案件共计 1,045 起，其案情俱系实在。业经侦察而收效者计 673 起，因此检送法院处理之案犯计有 910 名，按此，则侦察收效之案件计占实报案件总数 64.4%，昨年此项比数为 62.05%。查 1936 年报告之案件比较 1935 年(838 起)计增 207 起，年间侦察之实在案情并比 1935 年较多而侦察收效比数乃复见增，故此项侦察效率之提高更属显著，年间警务工作因案件之添加亦随之而增多。

二、绑架：1936 年一如上年，本租界内并无此项罪案发现深堪告慰，治安得获如此成效完全系因界内施行严密巡逻，按时稽查之收获。

三、违犯警章：违犯警章被逮或被传人数及由本处从简发落，人数之统计详"二"表。查 1936 年违犯警章案件共计 9,654 起比之上年之 7,069 起计增 2,585 起，因之，内勤外勤工作俱形忙碌。年间逮捕或传讯违章人数共计 14,440 人比较 1935 年之仅 9,895 人显然增多，此项案件由本处原有内勤人员处理，虽间感繁剧，惟成效依然可观。

四、携械抢案：年间本租界绝无此项案件发生，殊堪欣慰。查治安未克臻如此圆满者已有数年。

五、凶杀：1936 年本租界凶杀案计有 3 起，谋杀未遂案 1 起。第一案关系义庆里 26 号俄籍居户名 Floroff，查年间 4 月 9 日 12:15 左右发现该居户头部受重伤，其伤口为笨器所致，受伤人已晕迷不醒，延至当日下午 4:15 殒命，事后其妻被捕，责以杀人之罪，旋经中国法庭审理判处 15 年监禁。

第二案发现在年间 7 月 10 日上午 11 时，当小工因拆房翻盖挖掘广东道 162 号荫余里 12 号旧址下房地基之际，挖出男尸 1 具，其头颈项尚遗有绳索似因此致命者，旋经缜密侦缉查，悉死者名王景贵年 24 岁原籍河南自年间 7 月 3 日由日租界福聚里 7 号寓所失踪，其妻室日后闻悉系被绑架。与此案有关之中国案犯 3 名，后经本处缉获解送中国官厅并附以通缉逃往河南省伙犯

3名之请求。关于该案已捕罪犯之如何处理及在逃伙犯是否已被缉获,本处迄今未接中国官方任何消息。

第三案发现在1936年11月16日下午10:15分,其时,近伦敦道小公园值岗之警捕突闻海光寺道方向有呼号声数分钟,内大北道一警捕遥见3人由肇事处奔逃,该捕虽事力追,因先后关系总未赶及,惟在作案地点查出中国男尸1具,头部带伤颈项系有绳索臂腿俱被捆绑,当即传达警报。在此时间巡逻香港道之警长查见中国人1名,行色仓遑,形迹可疑,一经盘问,始见该人双手染有血渍。比时,该警长未知本界有罪案发生也,旋经带局究问审讯,该犯自称名田玉森并承认在海光寺道杀害王登山一名,事后并侦悉案情尚牵连被害人之妻室,此为案情要因,该案主犯1名及伙犯3名统经解送中国法庭处理。

谋杀未遂案一件发现于1936年初,查1月7日晨9时,有年高瑞士籍女士名Miss Jacquier在达文波道复昌里一号居户突受重伤数处。旋经侦察查悉有中国人一名假充被派修理火炉工匠趁机闯入屋内行凶,打伤女士头部即行逃逸并未窃取物品,如此卑鄙作案目的在偷窃自无疑义,幸被害人经长时期之医治终复健康,该案虽经本处竭力追究侦缉,迄今未能获得罪犯线索。

六、偷盗:1936年发现偷盗案件共计38起,偷盗未遂案件共计8起。查1935年之统计为33起及12起,虽上年由哈尔滨来津之俄籍匪犯人数颇多,然此项案件统计几与上年相等,未见激增。

七、绺窃:1936年接受并经侦察之失窃报告共计676起比之1935年之538起显有增加。年间移送法庭处理之证实窃案共计占57.84%,上年此项比数为54.65%。

八、防范办法:本租界各段昼夜随时均派有警捕巡逻,各要街并有警捕执行搜查,用防携械匪类潜入暨窃盗赃物之偷运。沿本租界边界现已分布派出所,随时可与中街警务总处立即通话,凡此派出所置有电话机预备警捕及市民之急需。

本处各项职务每日24小时无分昼夜概行严格督察,所有巡逻警捕随时受中外警官稽查。年间罪案防范之收效莫若破获俄籍伙匪多名并捕获著名匪首2人,连同贵重窃盗器械、偷开保险柜器具、氰炔截切钻及养气筒等要件。据报,该伙匪深有准备于银行暑假期内(8月1日至3日)潜入本租界某银行从事盗窃之嫌,查该匪首二名前均犯有旧案曾作携械行抢及凶杀等案。

九、指纹股:本处年间逮捕案犯中查出前曾作案者计有338人,所破窃案中计有六起皆由作案地点察验指纹而破案,各该案就捕案犯概系著名匪贼。

本处指纹档案年间因新案犯而添增指纹样计1,227份。

十、汽车肇事暨违犯交通规章

1936年汽车肇事暨驾驶人违犯交通规章统计列次:

	1936年	1935年	1934年
汽车肇事	104起	143起	161起
经警务处科罚或停止执照效用	64起	94起	76起
停止执照效用	0	2	10
签注执照	0	1	0
撤回执照	0	0	3
违犯交通规章			
违章报告	1931起	2145起	
经警务处科罚或停止执照效用	1193起	1039起	
停止执照效用	0	3	
签注执照	0	0	
撤回执照	0	0	

查本年汽车肇事统计比较上二年灼然削减,显见交通安全日有进步。参观"三"表即可明了年间车辆肇事类别,计汽车与汽车肇事19起,汽车与自行车32起,汽车与人力车20起。兹为减少自行车即人力车为交通肇事缘由起见,本局特规定多数马路之自行车暨人力车行驶须紧靠马路两旁,按统计观察此项规章颇著成效,查汽车与自行车及人力事肇事自施行新章以来其总数仅占本租界肇事统计之7.6%。

若以近二年统计比较虽汽车辆数添增甚多,然违犯交通规章反现减少。

十一、人力车夫暨骑自行车人违犯交通规章统计列次:

	第一季	第二季	第三季	第四季	总数
经处办之违章骑自行车人	1,167	1,340	686	359	3,552
经处办之违章人力车夫	469	417	326	155	1,367

本年骑自行车人之违章统计比之1935年(988人)几增4倍,若比之1934年(337人)几增10倍,人力车夫违章统计比之1935年(692人)几增2倍,若比之1934年(145人)几增10倍,凡此纯系警捕勤奋从事严行遏止人力车夫暨骑自行车人不守规章之结果,缘已往肇事率由章则未克厉行所致。因此新章年间汽车肇事亦行锐减,本年统计之减低并为近年所罕见,可资考证。

十二、处内行政：本处内勤、外勤事务虽比近二三年间倍增，然外勤值职警捕之总数比前计减少40余名，内勤人员并未事增添。

年间遴选补充警捕人数甚少，选补者概系通晓书写人员，资格颇高，因选择考试綦严，故录用人选比之已往较为优越。旧有之门岗警捕业于年间归并正式警队，现时之门岗值班咸由正式警捕轮流充值。因之，门岗雇主获得充分训练，警捕之服务所得警卫效率当然较胜于旧有门岗。不但此也，因上述合并改组服装等项俱获撙节，于警备万一时并得有训练之后备警员也。

年间撤革、退职、病老、死亡、警捕人数列表于次：

1936年	撤革	告退	死亡	病老	退职	总数
警捕（中国）	29	23	1	9	2	64
警捕（俄籍）	5（改组）	1	0	0	0	6
门岗警捕	1	4	1	23	2	31
总计	35	28	2	32	4	101

近4年之警捕损耗列次：

	撤革	告退	死亡	病老	退职	总数
1932	20	6	1	4	无	31
1933	32	7	5	4	无	48
1934	30	13	2	5	无	50
1935	49	28	5	11	6	99

全体警员健康举止均表现良好。

本处职务进行深荷各区界警务人员暨公安局之协助。

卫生股暨消防队报告另附于后。

警务处长　谭礼士

1936年英租界内犯罪案件统计

（一表）

1938年英租界内罪案统计

罪案类别	案件			人数			财务	
	报告件数	受理件数	检送法庭	逮捕	检送法庭	释放	失窃数目	缉获数目
谋窃未遂	27	27	23	26	24	2	—	—
图谋扒窃未遂	3	3	3	3	3	—	—	—
谋盗未遂	8	8	3	3	3	—	—	—
偷窃住宅未遂	2	2	2	2	2	—	—	—
谋窃货栈未遂	1	1	—	—	—	—	—	—

(续表)

谋骗未遂	3	3	3	3	3	—	—	—
凶杀未遂	1	1	—	—	—	—	—	—
谋摄妇女手囊未遂	3	3	3	3	3	—	—	—
谋骗货品未遂	1	1	1	1	1	—	—	—
行贿警捕未遂	1	1	1	2	2	—	—	—
谋发伪钞未遂	3	3	2	5	4	1	—	—
谋购伪钞未遂	1	1	1	1	1	—	—	—
帮同出售赃物	1	1	1	4	4	—	—	—
殴打成伤	46	46	45	92	87	5	—	—
聚谋行凶	1	1	1	5	3	2	—	—
放火	1	1	1	1	1	—	—	—
偷盗	38	38	7	9	9	—	8,613.60	3,365.00
摄取妇女手囊	9	9	5	5	5	—	580.00	67.00
失手重伤人身	1	1	—	1	—	1	—	—
伤害他人	2	2	2	2	2	—	—	—
贩卖军火暨收受赃物	1	1	—	3	—	3	—	—
贩卖粘贴伪商标货品	2	2	2	10	4	6	—	—
诈取暨诈取未遂	13	13	12	14	14	—	—	—
诬陷他人	1	1	1	1	1	—	—	—
伪造字据	2	2	2	2	2	—	—	—
伪造商标	2	2	2	5	5	—	—	—
结伙意图作案暨私藏偷窃保险柜器械	1	1	1	3	3	—	—	—
夜间偷窃车房	2	2	1	1	1	—	—	—
偷窃货栈	1	1	1	1	1	—	400.00	400.00
偷窃住宅	10	10	2	2	2	—	306.35	13.00
虐待幼女	2	2	2	2	2	—	—	—
侵犯个人自由	4	4	4	11	11	—	—	—
私设烟馆赌局	2	2	2	7	7	—	—	—
开设娼寮	3	3	3	9	8	1	—	—
开设鸦片烟暨海洛因馆	26	26	26	68	62	6	—	—
私设赌局	6	6	5	60	34	26	—	—
虐待暨使女子为奴	2	2	1	5	4	1	—	—
蓄婢虐待成伤	1	1	—	2	—	2	—	—
闲游意图作案	16	16	15	20	19	1	—	—
凶杀	3	3	3	20	15	5	—	—
侵蚀款项	15	15	8	19	16	3	16,696.58	14,171.24
骗取金钱	10	10	7	11	11	—	1,331.65	—

（续表）

假信用伪计图财	1	1	1	5	5	—	2,000.00	—
骗取货品	9	9	8	14	11	3	1,124.80	729.00
有伤风化	2	2	2	2	2	—	—	—
偷窃公事房	1	1	—	—	—	—	412.80	—
扒窃	15	15	8	9	9	—	263.50	5.75
私藏海洛因	2	2	2	2	2	—	—	—
私藏鸦片烟具	4	4	4	10	7	3	—	—
私匿赃物	10	10	10	14	13	1	2,189.00	2,189.00
合谋经营海洛因厂	1	1	1	1	1	—	—	—
蓄妇为娼	1	1	1	3	3	—	—	—
收受赃物	17	17	17	23	23	—	1.00	1.00
深夜偷窃商店	3	3	1	1	1	1	92.00	45.00
偷窃商店	1	1	—	—	—	—	—	—
贩售鸦片	6	6	6	14	14	—	—	—
吸食海洛因	3	3	3	3	3	—	—	—
鸡奸	1	1	1	1	1	—	—	—
缩窃	676	676	391	439	416	23	16,912.64	5,646.17
非法侵入住宅	12	12	12	12	12	—	—	—
运带鸦片	2	2	2	8	8	—	—	—
1936年统计	1,045	1,045	673	1,005	910	95	50,923.92	26,632.16
1935年统计	838	838	520	947	750	197	154,266.90	81,890.91

（二表）

处理违章人数统计

案件	人数		
	逮捕或被传到案	警戒后释放	取保释放或另行发落
1936年报告案件总数 *9,654	14,440	1,486	12,954
1935年报告案件总数 7,069	9,895	873	9,022

统计数目见增比之上年计增加2585起。

（三表）

1936年车辆肇事统计

	1月	2月	3月	4月	5月	6月	7月	8月	9月	10月	11月	12月	统计
汽车与汽车	2	2	3	1	2	2	—	3	1	3	—	—	19
汽车与电水自行车	—	—	—	—	—	—	—	1	—	—	1	—	2
汽车与水车	—	—	—	—	—	—	1	—	—	—	—	—	1
汽车与大车	1	1	—	—	—	—	—	—	—	—	—	1	3
汽车与排子车	1	—	—	—	1	—	—	—	—	—	1	1	4

（续表）

汽车与自行车	4	1	5	4	1	4	4	2	1	3	2	1	32
汽车与人力车	2	3	1	1	2	2	3	1	2	—	3	—	20
汽车人力车与排子车	—	—	—	—	1	—	—	—	—	—	—	—	1
汽车人力车与自行车	—	—	—	—	—	—	—	—	—	—	1	1
公共汽车与汽车	—	—	1	—	—	—	—	—	—	1	—	2
公共汽车与排子车	—	1	—	—	—	—	—	—	—	—	—	1
公共汽车与人力车	—	—	—	—	1	—	—	—	—	—	—	1
公共汽车与自行车	—	—	—	—	—	—	—	—	—	—	1	1
载重汽车与汽车	—	3	—	—	—	1	—	1	—	—	—	6
载重汽车与排子车	—	—	1	—	—	—	1	—	—	—	—	3
载重汽车与自行车	—	—	1	2	—	—	1	—	—	—	—	4
载重汽车与人力车	—	—	—	—	—	—	1	—	—	—	—	1
载重汽车、自行车与人力车	—	—	—	—	—	—	—	—	—	—	1	1
载重汽车、排子车与人力车	—	—	—	—	—	—	—	—	—	—	1	1
每月统计	10	11	9	10	9	10	7	10	6	6	8	8	104

1936年卫生报告

1936年英租界市民健康颇良好，年间除红疹外几无其他传染病症之流行发现。查红疹为应具报告病症中之最轻性者，故于公众健康无重大关系。所接此项红疹报告共计98起，外籍住户计占93起，中国住户5起。其他传染病症如伤寒及副伤寒症发现于邻区界者颇多，幸未流行至本租界，但至年杪最后2个月，市民之患流行性感冒者颇有其人，全年传染症症之统计详卫生股统计表。全年死亡统计中国住户计男性179人女性159人共计338人，其中因气管病症死亡者计91人，外籍住户计46人，细数详卫生股报告。

维多利亚医院：按本年统计该院住院暨动手术人数比之昨年稍增，该院各职员咸热诚尽责至深感谢。查医院主任顾德朋女士服务工部局已历十三载，负责主管各医院已历十载，各医院事务因性质不一而异，住院人暨医师亦因国籍区别而不同，各医院职员且时有更易，其职务之纷繁可见一斑。历年各医院处理井然，凡住院病人、医师及各职员佥称顾女士主管有方同声钦佩。今女士不久将去职离津，同人愿藉此称颂劳绩并志感忱。

本租界各医院于来年当完全改组，查舆论认维多利亚医院为陈旧不适合本租界需要者已有数年，再现有产妇调养院房屋本系租赁私人住宅，并无厨房及碗碟房之设备，故烹饪须藉业主厨房便利，但现时隔离病院原址有独立建筑3座，颇敷改设本租界医院之需，故董事会决定将此3座建筑改为普通医院及产妇调养院之用。另在租界边区分建隔离病院一所，并将前述普通医务及产妇调养，二部设于同一院址不惟撙节经费，于必要时产妇调养部并可利用医务部之X光镜暨其他设备也。

上述3座建筑咸系独立，其间距离皆超过三丈，互相通接之处为一带顶盖有窗户之走廊，其中座建筑当专备手术部之需，内设手术解剖所X光室，此二股房屋概系新近添筑者，所需新X光机械暨手术室设备已由外洋订购，俾资革新。查产妇调养部已建筑完竣，内设分娩室、洗儿室、育儿室等，该座建筑之内部已完全重修，所有墙壁地板等概经刷新处理重行装修，并经用蜻气消毒，其用作医务部房屋之重修工程当即开始一俟该院各部工程完竣，纳税人可庆有建设周备之医院,遇有需要尚可扩充者也。

隔离病院:年间住该院人数共计34人死亡2人,该院所设初期肺痨隔离室业经使用颇著成效。

产妇调养院:年间住院人数总计五52人,计分娩43人,产生死婴2人,诊察7人,死亡1人。

警务处病室:1936年前警务人员之病症咸由卫生医官担任诊治,惟自本年初为便利警务人员有病时选择中医或西医治法起见,董事会决定聘用中医一员。查该员仅明中国医理,嗣为便利计并另立病室,惟自此规划施行以来警捕因病请假人数按之统计颇现增多。查1935年之警捕人数平均计661人,病室就诊人数计726人,医药费计洋863.43元。1936年之警捕人数平均计618人,西医病室就诊人数计492人,中医病室就诊人数计932人共计1,424人,医药费计洋1,366.57元比之昨年计增洋503.14元,就诊人数计增698人。

1935年警捕住病室日数共计2,183日,1936年共计3,412日,比之昨年计增1,229日,然警捕总数实较1935年略减。又1935年每人年平均占用病室为3.7日,1936年之比较为5.8日。

给水:本租界给水除所含氟素外其品质优良暨微菌清绝一如已往。关于氟素排除现正从事研究希望获得适当解决方法,比之昨年今时较有把握似具理由。

沟渠:所有脏水井概经按照检查清除效用依然。

菜市:本租界菜市因建筑规划适合屋内光线,空气给水暨冰藏便利无不充分,设备全部保持应有清洁,居户如能饬令仆役不顾临街卫生状况较次及物价稍贱之菜市而利用此建设周备之菜市则裨益卫生当非浅鲜。

预防疯狗病毒注射(费用包括狗捐内):此项免费注射自施行以来多数家狗业经注射预防疯狗病毒针颇著成效。

卫生医官　葛尔　大夫

卫生股1936年报告

塚[冢]园:年间广东道塚[冢]园埋葬灵柩1具,马厂道塚[冢]园埋葬灵柩28具,火葬炉共用17次。

运载病人汽车:该车共用430次,其中收费出赁共计199次。

本年英租界中国人民死亡统计列表附次:

年间界内发现中国人尸体共计26具均系病故

天津英租界工部局史料选编

本年圈留后释放之犬数　　90 只

圈留后杀除之犬数　　562 只

总计　　　　　652 只

年间发见疯犬病两起疑似疯犬病两起

警务处长　谭礼士

1936 年英租界外国人死亡统计

病症	国籍									总数
	俄	英	高加索山民	鞑靼	德	波兰	高丽	美	印度	
肺结核	1	—	—	—	—	—	—	—	—	1
昏睡病	1	—	—	—	—	—	—	—	—	1
支气管喘息症	1	—	—	—	—	—	—	—	—	1
肺炎	—	1	—	—	1	—	—	—	—	2
脑壳破裂	—	1	—	—	—	—	—	—	—	1
肺管闭塞腹部动手术	—	1	—	—	—	—	—	—	—	1
中风	—	—	1	—	—	—	—	—	—	1
病因不详	—	1	—	—	—	—	—	—	—	1
营养不足发育过早	—	1	—	—	—	—	—	—	—	1
脑膜炎	—	1	—	—	—	—	—	—	—	1
大肠闭结	—	1	—	—	—	—	—	—	—	1
心脏麻痹	1	—	—	1	—	—	—	—	—	2
肾脏炎	1	1	—	—	—	—	—	—	—	2
伤寒病中痰决	—	1	—	—	—	—	—	—	—	1
痰决	1	2	—	—	—	—	—	—	—	3
服毒	—	—	—	—	1	—	—	—	—	1
死胎	—	1	—	—	—	—	—	—	—	1
胃疮	1	—	—	—	—	—	—	—	—	1
胃癌	—	—	—	—	—	1	—	—	—	1
心脏炎	1	1	—	—	—	—	—	—	—	2
脑系痨症	—	1	—	—	—	—	—	—	—	1
自杀(枪击头颅)	—	—	—	—	—	—	1	—	—	1
脑炎症	—	1	—	—	—	—	—	—	—	1
颈项裂伤出血	—	1	—	—	—	—	—	—	—	1
多年肾脏组内炎	—	1	—	—	—	—	—	—	—	1
见脓脑膜喉管炎	—	1	—	—	—	—	—	—	—	1
急性心脏炎	—	1	—	—	—	—	—	—	—	1
胸瘤	—	1	—	—	—	—	—	—	—	1
大肠穿破	1	—	—	—	—	—	—	—	—	1

（续表）

胃癌	1	—	—	—	—	—	—	—	—	—	1
肾脏炎	—	—	—	—	—	—	—	1	—	1
心脏性喘息症	1	—	—	—	—	—	—	—	—	—	1
心脏张大	—	1	—	—	—	—	—	—	—	—	1
或系中风或血结症	—	—	—	—	—	—	—	1	—	1
慢性肾脏炎	—	—	—	—	—	—	—	1	—	1
支气管肺炎	—	—	—	—	—	—	—	—	1	1
黄疸病	—	—	—	—	—	—	—	—	1	1
肺结核	—	1	—	—	—	—	—	—	—	—	1
脑充血	1	—	—	—	—	—	—	—	—	—	1
肺炎	—	—	—	—	—	—	—	1	—	1
总计	13	21	1	1	2	1	1	4	2	46

1936年英租界中国人死亡统计

死亡因由	男	女	总数
腹部脏胀	2	—	2
腹部发炎	—	1	1
急性赤痢	1	—	1
急性胃炎	—	1	1
急性普通结核症	—	1	1
急性肾脏炎	—	1	1
急性肺结核	1	—	1
贫血	1	1	2
中风	19	5	24
气喘	—	2	2
煤气薰毙	4	1	5
胸痛气咽	—	1	1
气管支炎	12	16	28
气管支肺炎痰决	—	1	1
焚毙	1	—	1
痫疽	1	—	1
心疾	1	1	2
心脏力不足	2	—	2
脑冲血	1	—	1
难产	—	3	3
慢生肾脏炎	—	1	1
瘀血症	—	1	1
惊风	7	6	13
肚泻	3	3	6

（续表）

产后身亡	—	1	1
浮肿	—	1	1
赤痢	6	8	14
消化不良	—	1	1
妇女症症	—	24	24
胃瘤	1	—	1
痰决	16	12	28
半身不遂	3	—	3
分娩后流血症	—	2	2
流血	1	—	1
吸海洛因	1	—	1
流行性感冒	—	1	1
虚脱	10	2	12
肾脏炎	2	—	2
大肠闭结	6	6	12
年老	1	—	1
疯瘫	2	—	2
腹膜炎	1	—	1
胸统膜炎	1	—	1
肺炎	1	3	4
肺病	48	32	80
肺结核	—	1	1
猩红热	1	—	1
老迈衰弱	6	10	16
脊髓痨虚脱症	1	—	1
死胎	1	—	1
胃病	5	4	9
白喉疑似症	1	—	1
喉结核	1	—	1
结核性腹膜炎	1	—	1
白喉中毒	1	—	1
结核症	1	2	3
肠结核	—	1	1
肺部结核	—	1	1
肺结核	1	—	1
腹膜炎结核	—	1	1
结核性肺膜炎暨心弱	1	—	1
溃疮	1	—	1
伤寒	1	—	1
总计	179	159	338

1936年英租界暨其他区界传染病症症报告统计

	英租界		法租界		意租界		日租界		特一区		特二区		特三区		华界		总计
	外人	华人	外人	华人	外人	华人	外人	华人	外人	华人	外人	华人	外人	华人	外人	华人	
流行性脑脊髓膜炎	1	—	6	—	—	—	—	—	—	—	—	—	—	—	—	1	8
水痘	13	—	6	—	—	—	—	—	5	—	—	—	—	—	—	—	24
霍乱	—	—	1	—	—	—	—	—	—	—	—	—	—	—	—	—	1
白喉	4	3	—	—	—	—	—	—	—	—	—	—	—	—	—	3	10
白喉(微菌察验证明)	—	1	—	—	—	—	—	—	—	—	—	—	—	—	—	—	1
白喉(疑似)	—	1	—	—	—	—	—	—	—	—	—	—	—	—	—	—	1
白喉(毒性)	—	1	—	—	—	—	—	—	—	—	—	—	—	—	—	—	1
肠窒扶斯	—	1	4	—	1	—	18	—	1	—	2	—	—	—	—	—	27
丹毒	—	1	—	—	—	—	—	—	—	—	—	—	—	—	—	—	1
红疹	93	5	2	—	2	—	—	—	14	—	—	—	3	—	—	—	119
疹子	16	2	10	—	—	—	—	—	—	—	—	—	—	—	—	—	28
腮腺热	4	2	—	—	—	—	—	—	—	—	—	—	—	—	—	—	6
类伤寒症(疑似)	—	—	—	—	—	1	—	—	—	—	—	—	—	—	—	3	4
类伤寒症	1	—	—	—	—	—	—	—	—	—	—	—	—	—	—	—	1
猩红热	4	13	7	—	3	—	4	—	1	—	—	—	—	—	—	—	32
天花	—	1	1	—	—	—	—	—	—	—	—	—	—	—	—	3	5
伤寒(疑似)	1	—	—	—	—	—	—	—	—	—	—	—	—	—	—	—	1
伤寒	—	—	2	—	—	—	—	—	—	—	—	—	—	—	—	—	2
班疹伤寒	1	—	4	—	—	—	3	—	—	—	—	—	—	—	—	3	11
腹部斑症	—	—	—	—	—	—	3	—	—	—	—	—	—	—	—	1	4
百日咳	7	2	—	—	1	—	—	—	—	—	—	—	—	—	—	—	10
总数	145	33	43	—	7	—	29	—	21	—	2	—	3	—	—	14	297

医院主任报告

维多利亚医院住院人数

内科　　　　　　　　　　　　　　　　　　121

外科　　　　　　　　　　　　　　　　　　27

手术割治　　　　　　　　　　　　　　　　69

总数　　　　　　　　　　　　　　　　　　217

死亡人数　　　　　　　　　　　　　　　　9

住院日数总计　　　　　　　　　　　　1,944日

院外诊治按摩暨电气治疗:

X光照	69次
按摩	145次
院外诊治人数	58
产妇调养院住院人数	
分娩	43
产生死婴	2
诊察	7
总计	52
死亡	1
占用状位日数	583日

隔离病院住院人数

依国籍计		依病别计	
英	9	猩红热	15
美	1	百日咳	1
俄	1	白喉	2
中	19	疹子	1
奥	1	红疹	7
挪威	1	瘟热病	2
利苏尼亚	1	瘅疸	1
瑞士	1	脊髓脑膜炎	1
		神经病	1
		肺痨	3

总计	34
占用休位日数共	759日
死亡	2人

耀华学校 1936 年报告

一年来之重要事项：

今年为本校成立之第 10 年，全校中小学各学级均已完全且为高中毕业之第一届。此次毕业生中有数人为在戈登路本校初成立时之初小学生，光阴荏苒而今忽已高中毕业且多已升入大学，是可庆已。

本校春间以高中 3 年学生毕业在迩且有欲升学北平者，即于 4 月 4 日起利用春假由校长及教职员数人领导中学男女生 60 余人赴北平参观各大学及名胜，并在平与各友校作篮球友谊赛且获胜利，既广见闻又裨身心。故学生均甚欢忭，而归校后尤为用功，诚于教育上有莫大之补助矣。

恳亲会于 6 月 27 日举行并表演各种游艺，莅会参观者为学生家长及中外名流约 1300 余人。

本校今年 6 月高中毕业参加本市高中会考之何鼎基名列第一，其何友恂、岳昌烈、孔令义等 3 名亦均列前 5 名。且此次高中毕业学生多数投考国内著名各大学而被取者有 75% 而强。

本校之学校记及礼堂落成记均于暑假其内镌石嵌诸礼堂墙壁以垂久远。

英国驻华大使许芝生先生于来华就职后曾于 9 月 29 日携其夫人由英租界军政长官及保管团诸君陪同来校参观，许大使以本校设备完善深加赞许。翌日放假半天以资纪念。

本校于暑假期内装设无线电播音机，并于各教室、办公室装设收音机，一以收听中央及各电台放送之重要节目，一以备校内如有紧急事项之临时报告。

校友会已于 11 月正式成立，除出校学生为会员外，并征求管理委员及教职员为名誉会员。

本年教职员已增加数人，连同兼任教员共有 60 人之多，以视本校成立之初学生不过 46 人，可见 10 年以来本校实有长足之进步，亦足觇本租界人口日增，学龄儿童之日众而本校教室有限未能尽量收容诚憾事也。

本年除学费不计外，英国工部局协款为 85,112.96 元，按全校 1,120 人计，每人平均约费 75.98 元。

南京中国童子军总会有全国童子军日行一善记录之比赛,本校初中一年男生童子军石乐年将日记寄京。7月间裁判结果揭晓后,全国各省市甲等者21人,而石乐年名列甲等第四并获有奖状奖品。

本校童子军自去年参加万国童子军比赛曾获得丝织之唯一锦标后,努力练习不稍间断。今年10月24日在民园又参加比赛,获得该锦标之永久保持权且由驻津英国司令莅场颁发,尤为荣幸。天津市市立美术馆于本年春季举办之第二届天津市中小学工艺展览会,本校小学部学生曾将出品参加陈列,经天津市社会局派员审查评定,认为出品精良,于3月20日发给奖状一纸。

全国儿童绘画展览会于本年6月在南京举行,本校小学部学生曾将作品送往陈列,嗣经该会评判委员会核定发给奖品,本校得奖者3人,计初小三年女生李美丽列入优等,得黄花岗壹册、渔光曲壹函、纪念章壹枚、颜料壹匣、铅笔一只;初小二年女生黄玲爱列入良等,得颜料壹匣;高小一年男生董克济列入良等,得颜料壹匣。

体育馆:

本校对于建筑上之计划均已完备,惟以学生日多,原有体育室不敷应用且风雨之时不能在室外运动,故又竭力筹划,以每年经费及建设项下撙节之款,建筑体育馆于第四校舍之后方馆内,计长110尺,宽70尺,高22尺,经始于本年5月24日工竣,于11月24日馆内设备均已布置就绪。历年计划至是均已实现,四周设有活动看台,可容1200余人,内有办公室一大间,储藏室一大间,男生更衣室一大间,盥室一间,女生更衣室一大间,盥室一间,并附有饭厅一大间,厨房一间,家俱室一间。内部设备以篮球场为主体,约长90尺,宽50尺,此外排、垒球各场均可使用。器械方面计有单、双环、大小木马、垫上运动、悬梯、吊绳等无一不备,除昼间使用外,晚间设有电灯,全部开足时为13,500烛。至12月5日举行落成典礼并表演,本校体育实施状况自高中三年至高小一年男女生均参加表演。莅会参观者有学生家长、中外名流及体育界人士约1,200余人,全场充溢愉快空气,而篮球表演时,校友教员均行参加,尤为欢腾热烈。

毕业生:

本年6月毕业生人数

年级	男生	女生	总数
高中	32	12	44

初中	29	12	41
高小	52	29	81
初小	49	44	93

成绩优良得有褒将证书学生：

本年6月成绩优良得有褒奖证书学生，高中男生2人、女生8人，初中男生3人、女生2人，高小男生2人、女生2人，初小男生3人、女生3人，共计25人。年级及姓名列下：

高中二年男生：金佩什　王肇翔

高中二年女生：余和地　赵智铃　方景昭

高中一年女生：朱湘琴　娄钟英　冯庆萱　周蕴彬　冯慰萱

初中三年女生：吴寿贞

初中二年男生：袁　复　陈文汉　钱亿年

初中一年女生：曾和琳

高小二年甲组男生：范果健

高小二年乙组男生：李炳光

高小二年女生：刘钟兰　刘同兰

初小四年男生：祖震华

初小三年男生：马祖彭

初小三年女生：金淑英

初小二年男生：李国光

初小二年女生：刘文琳

初小一年女生：莫英环

英皇御极25周纪念奖学金

今年6月，本校参加本市初中会考名列在前而继续在本校肄业，应得奖学金学生之姓名列下：

男生：　胡宗海　张家勤

女生：　呈寿贞　仝静澄

查学生胡宗海系参加本市初中会考榜列第三名者。

学生人数：

本年年终在校肄业学生实有1,115人，而交纳学费者有1,120名，以有学生因事因病或家庭迁移而中途休学或退学者。

现有学生 25 班计中学 13 班小学 12 班因中学初级一年男生分甲乙两组以便容纳校外投考本校之学生其余各年级均男女生各一班也

中小学各部详细人数：

年级	男生	女生	总数
高中	112	69	181
初中	174	115	289
高小	104	99	203
初小	230	212	442
总共	620	495	1115

历年学生人数：

年期	男生	女生	总数
1927	29	17	46
1928	148	71	219
1929	211	126	337
1930	328	180	508
1931	393	231	624
1932	449	286	735
1933	485	317	802
1934	445	300	745
1935	565	418	983
1936	620	495	1115

本校今年学生人数较上年增加 13% 而强实则报名投考者约 500 余人，录取者不过 200 余人。尤以本租界住户及纳税人子弟之投考小学而向隅者为多，诚以小学学生人数过于拥挤也。

卫生：

本校对于卫生向极注意，今年全校健康状况经过良好并无重大病症发生。9 月开学后，全体学生经体育课检查，身体如查明有疾病者，再由梁宝畅大夫详细检查分别治疗。

图书馆：

本校图书馆去年图书总数为 20,0420 册，今年增加 1,063 册，共有 21,483 册。兹以学生人数日多图书不敷阅览，爰有增购图书 5 年计划，拟自明年起，每年指定购置费 4000 元,俾重要图书陆续增加,以供师生之参考阅览。仍冀热心人士踊跃捐助,无论何种图书,果属有裨学行,靡不欢迎。

体育:

本校体育主旨在求普遍,故本校春季运动会于 4 月 25 日举行,分 13 组,学生参加比赛者有半数以上。本市体育联合会主办之秋季田径赛运动会于 11 月 7、8 两日在河北省体育场举行,本校高中体训学生及初中童子军均实习露营,童子军并在场服务。各界莅营参观者颇众,体育联合会奖给银镜一面、银盾一座。

10 月 10 日本校中学学生首次参加民园之万国运动会,高中二年男生黎大展 1500 米寒跑第二名,800 米赛跑第四名。高中一年男生关福纳跳高第一名,初中三年男生吴克勤障碍物竞走第二名,初中二年男生徐承汉障碍物竞走第三名。

校长　赵天麟

1936年财政报告

兹为汇报1936年截至12月31日止之财政统计，谨将下列报告附陈察核。

总务经常收入：

1936年此项收入比较预计之数约减收洋13,000元，其最显著者为大车、排子车等，捐照费收入之削减计减收洋7000元。年间码头捐之收入颇形不振，迟至冬季方略见起色，收入总数比之预算计不敷洋5,500元，流水账利息项下因透支款额超出预计额数，故付息比较预算计增多洋8,000元。

总务常中支出：

总务管理项下：

实支总数比较预算计减支洋5,000元，查3处医院费用比之预算计减洋10,000元，但其他项下包括警备队之追加费用洋3,200元在内之统计比较预算，则稍形添增。

总务公费项下之增支系因未料及之法律顾问费用暨添印年报开支。

警务处

因高级职员之升迁，计节减俸给洋15,000元，惟此数之大部为年间各要冲布设派出所及电话费计洋9,000元，所抵销其他各项支出尚稍有增支者，连同住户门岗警捕缴费之缩减洋3,000元一并核计，各项开支之总计与预计总数相比尚无甚差别。

工程处

该处支出计增洋21,300元，其要目系起出海河工程局输水管后之马路修理费，计洋10,000元，暨油刷车辆交通指示线计洋5,500元，概经董事会核准。

总务特别支出

年间为重修河坝北头转头船位工程，董事会核准追加支出计洋50,000元，并新订合同规定该船位租金自洋5,930元增至洋10,000元。

1936年阴沟布设费用并有追加核准。

福发道新警务分处建筑费比较预算所列额数计增加洋16,000元，对于年间马路重修规划，董事会有决定缓办者，计节减洋11,600元，职是之故，核准追加增支之余额。

1936年隔离病院添盖项下暨中街新铺面董事会并核准追加费用。

电务处

售电收入：售电收入比之预算计增收洋50,800元强半系电马力项下之增益。

经常支出：因高级职员之更动，折旧之削减暨其他各项之节减，该处此项支出总数比之预算减支洋22,000元。

综核收支两抵实在盈数比较预算计增益洋73,000元强。

建设购置支出项下：咪哆士道新输水管布设费比较预算计增洋6,000元，业经董事会核准。

分输机件：年间此项支出虽显增加，率系上年交回库房之变压器重行发出使用，故于现款实无支出。

水道处

售水收入：全年售水收入比之预算计减收洋4,600元，住户用水计减收洋15,000元，惟工业暨其他项下售水显有增加，故稍得抵补。

经常中支出：此项支出比较预算略有增减，其总数比预算计增支洋900元。

水味暨氟素研究项下计支洋1,310元，业经董事会核准。

建设购置支出：年间需要之总水管添布暨水表增置概经董事会核准。

统计总结：

综核各项经常收支实在结余比之预算计增洋41,600元，惟年间有各项必需之特别暨建设购置支出，故收支总结实数之不敷比较预算计增多洋83,800元，因之，银行透支总数比较预算同增此数。

1936年未发行任何债券，但清偿旧债款额计达洋234,732元。

年间，鄙人长期例假中处务由甘布尔君代行，井然有条，殊堪嘉慰。本年码头捐主任例假时，捐务事宜由本处职员徐月川君担任，颇称胜任。

会计处长　莫尔德

天津英文学堂

截至 1936 年 12 月 31 日止之收支统计

支出				收入			
预算			决算	预算			决算
英镑		英镑支出	法币	英镑		英镑	法币
2,889	外籍职员薪俸	2,891.13.5	48,159.00	7,894	工部局协款	7,947.1.5	132,444.68
289	外籍职员年积金	289.3.4	4,815.89	法币		法币	
773	外籍职员旅费	773.10.0	12,877.07	55,500.00	学费		59,619.39
553	外籍职员例假薪俸	553.5.0	9,210.37	—	利息		128.03
							59,747.42
4,504		4,507.11.9	75,062.33	55,500.00			
法币	法币支出	法币					
74,627.00	外籍职员薪俸及年积金	76,989.09					
3,220.00	中国员役工资	3,190.00					
2,700.00	医生费	2,523.37					
760.00	保险	760.08					
3,000.00	暖气	3,429.52					
2,000.00	电灯电马力	1,832.91					
400.00	给水	385.08					
3,000.00	修缮暨换新	3,031.88					
2,000.00	纸张印刷	1,995.41					
300.00	职员藏书室	293.43					
156.00	电话	161.00					
3,000.00	普通费用	2,970.53					
500.00	临时项下	207.70					
2,532.00	例假薪俸准备	1,319.42					
945.00	旅费	945.00					
3,325.00	准备金存储	3,322.49					
300.00	学校奖品费用	475.45					
300.00	运动比赛奖品费用	129.03					
1,500.00	体育场费用	1,500.00					
750.00	建设准备	750.00					
500.00	家具仪器	429.05					
			106,640.44				
105,815.00							
	收支结余列入建设项下		10,489.33				
			192,192.10				192,192.10

截至1936年12月31日止之结算单

债务			资产		
		法币			法币
保管款项(奖学金及奖品)		9,806.30	地亩：		
旅费准备		18,397.13	校址计15.587亩，每亩值洋7,264.34	113,229.20	
例假薪俸准备		23,813.36	体育场计36.682亩，每亩值洋2,520.28	92,448.90	
准备金存储：					205,678.10
上年结存	25,618.24		建筑：		
1936年准备	3,322.49		学校	352,166.71	
利息5厘	1,447.03		体育馆	6,700.00	
		30,387.76	体育场凉亭	9,806.00	
奖学金及奖品(积存利息)		280			368,672.71
存款(书籍押款)		5,971.90	设备		71,216.97
零星债务		5,291.05	家具		27,037.61
建设项下(参照规画)		19,261.84	试验室仪器		10,536.12
总结余		697,094.10	投资(计值)：		
			准备金存储	28,349.58	
			保管款项	9,806.29	
			建设费	14,777.63	
					52,933.50
			英镑账		36,211.55
			预备售与学生之书籍文具(册列价值)		23,903.54
			零星欠户		3,267.05
			现款		100.00
			工部局流水账		10,746.29
		810,303.44			810,303.44

　　敝公司已将上列截至1936年12月31日止之结算单审核并得有一切闻料暨解释，其所列投资业经查核，所存书籍、文具业经该校管理员估价。据敝公司所知并参照供给之说明暨簿册所列注解，该结算单之开列用以表示英文学堂之正确，财政状况是系正当。

汤生公司

特许查账稽核员

天津　1937年1月28日

截至1936年12月31日止之建设项下

	法币			法币
油刷	700		1935年结余	12,280.55
体育场建设	1,173.40		准备	750.00
修缮	499.22		建设款项投资利息	529.34
理科仪器	1,966.16		1936年收支结余盈数	10,489.33
杂项	448.6			
结余移后	19,261.84			
	————			————
	24,049.22			24,049.22

1937年预算

支出

	英镑		法币
职员薪俸	3,000.13.4	暨	66,240.00
职员年积金	300.1.4		6,125.00
职员旅费准备	640.5.0		855.00
职员例假薪俸准备	557.6.8		493.00
	————		
			73,713.00
	4,498.6.4	1/2—1/2	74,455.00
			————
			148,168.00
中国员役工资			3,220.00
医生费			2,450.00
保险			760.00
暖气			3,500.00
电灯电马力			2,000.00
给水			500.00
修缮暨换新			3,000.00
印刷及纸张			2,000.00
职员藏书室			300.00
电话			157.00
普通费用			3,000.00
临时项下			500.00
家具及科学仪器换新补旧			1,000.00
准备金存储			3,325.00
学校奖品			300.00

（续表）

运动奖品			300.00
体育场费用			1,500.00
庆祝英皇加冕—英金50镑			850.00
			176,830.00

	收入		
	工部局协款英金 7,382 镑折合法币		122,185.00
	学费		59,000.00

耀华学校
截至1936年12月31日止之收支统计

预算	支出	决算	预算	收入	决算
法币		法币	法币		法币
79,343.00	教职员薪金年积金暨年终奖金	77,774.62	77,500.00	英工部局协款	85,112.96
5,896.00	校役工资暨年终奖金	5,497.82	35,100.00	学费	48,087.80
1,000.00	医药费暨卫生设备	581.78	—	利息	627.21
1,142.00	保险	1,150.83	—	礼堂租赁费	600.00
5,000.00	煤炭电灯暨自来水	5,716.48			
2,500.00	修理暨保持费	1,680.48			
2,500.00	纸张暨印刷	2,443.02			
2,500.00	体育费用	2,449.80			
396.00	电话	388.00			
3,000.00	杂项	2,264.97			
300.00	课本	232.95			
1,000.00	临时费用	517.41			
5,273.00	准备金存储	5,272.25			
2,000.00	试验室暨室外实习费用	1,934.98			
240.00	例假费用准备	240.00			
510.00	结余列入建设项下	26,282.58			
112,600.00		134,427.97	112,600.00		134,427.97

耀华学校
截至 1936 年 12 月 31 日止之结算单

债务		资产	
	法币		法币
零星债务	8,282.84	地亩：	
学生存款	11,562.84	第一段第 343 号计 52.945 亩 每亩值 5,930.07 元	313,967.56
准备金	22,986.19	校舍：	
例假费用	1,440.00	第一校舍	129,400.86
保管款项（奖学金）	6,000.00	第二校舍	129,058.34
建设项下	56,880.71	第三校舍	132,281.85
奖学金（积存利息）	458.36	第四校舍	145,929.90
临时债务（参照对页）	5,546.01	体育馆	49,820.98
核定建筑费用未清部分		校役室	1,482.00
总结余	1,336,188.13	礼堂	254,226.71
		校舍里院铺砌	19,676.59
		院墙暨校门	26,191.74
			888,068.97
		未清付之建筑费用（参照对页）	5,546.01
		家具	77,705.77
		科学仪器	50,079.41
		参考书籍	6,366.42
		投资项下（实价）	29,114.40
		零星欠户	8,703.72
		预备售与学生之书籍文具	1,156.40
		定期存款	5,977.35
		现款	100.00
		英工部局流水账	62,558.73
	1,449,344.74		1,449,344.74

敝公司已将上列截至 1936 年 12 月 31 日止之结算单审核，并得有一切闻料暨解释，其所列投资业经查核，据敝公司所知并参照供给之说明暨簿册所列注解，该结算单之开列用以表示耀华学校之正确，财政状况是系正当。

汤生公司

特许查账稽核员

天津　1937 年 1 月 19 日

耀华学校
截至1936年12月31日止之建设账目

		法币		法币
科学仪器		450.00	1935年度结存余款	65,897.64
家具		21,617.83	1935年度特别建筑费结存余款转账	66,431.56
参考书籍		1,432.18	出售材料	1,254.40
修理油漆暨杂项		7,950.46	1936年度收支相抵结存余款	26,282.58
校门		3,650.40		
校舍里院铺砌		5,334.59		
院墙		800.00		
校舍建筑项下:				
体育馆:建筑费	43,193.86			
体育馆:装修设备	6,627.12			
第四校舍:房屋建筑	5,512.00			
第四校舍:装修设备	1,506.82			
礼堂:房屋建筑	3,514.50			
礼堂:装修设备	1,395.71			
		61,750.01		
结余移入1937年账		56,880.71		
		159,866.18		159,866.18

耀华学校
1937年预算

收入		支出	
	法币		法币
学费	44,000.00	教职员薪金年积金及年终奖金	80,535.00
英工部局协款(约数)	77,500.00	校役门警工资及年终奖金	6,254.00
		修缮维持及添置设备费	3,000.00
		医药及卫生设备	1,000.00
		煤炭电灯及自来水	6,000.00
		文具纸张及印刷品	3,500.00
		保险费	1,343.00
		电话费	396.00
		杂项	4,000.00
		准备款项	5,511.00
		临时用途	1,000.00
		试验室及室外实习费用	3,000.00

（续表）

			课本	300.00
			体育费用	3,000.00
			例假费用准备	240.00
			奖学金	1,000.00
			约计余款	1,421.00
		121,500.00		121,500.00
		建设费支出		
			参考书籍等项	4,000.00

空地保管团

体育场
截至 1936 年 12 月 31 日止之收支统计

支出			收入		
		法币			法币
修理暨保持费：			1935 年结存余款	97.89	
运动场	470.26		1936 年结存余款	1,313.22	
凉亭	38.66				1,411.11
围墙大门等	171.00		英工部局协款		1,200.00
		679.92	地租		2,387.50
电灯暖气暨用水		322.98	利息		366.79
保险		75.10			
地捐		42.69			
工资		537.50			
普通费用		551.09			
司事年积金		84.23			
稽核账目费		25.00			
佣金暨银行费用		19.53			
折旧项下：					
安德森凉亭房屋	429.10				
安德森凉亭装修设备	85.54				
新凉亭房屋	53.45				
新凉亭装修设备	90.22				
围墙大门等	76.73				
		735.04			
折旧不敷项下		2,292.32			
		5,365.40			5,365.40

截至 1936 年 12 月 31 日止之结算单

债务		法币	资产		法币
折旧项下：			地亩：		
安德森凉亭房屋	7,667.18		面积 85.384 亩每亩 4 法币 6 千元		512,304.00
装修设备	843.67		房屋：		
围墙暨大门	1,033.00		安德森凉亭	28,150.00	
木质看台	954.00		围墙暨大门	11,362.69	
新凉亭装修设备	176.14		新凉亭	19,854.00	
新凉亭房屋	104.35		木质看台	1,004.00	
		10,778.34			60,370.69
司事年积金		918.91	折旧不敷项下		5,109.05
零星债务		1,714.79	投资项下		8,044.16
总结余账目		572,674.69	积存利息		208.83
			电话保证金		50.00
		586,086.73			586,086.73

敝公司已将上列结算单连同空地保管团之簿册暨账目审核并得有一切所需闻料暨解释。据敝公司考核所知并参照保管团供给之说明书暨簿册所列注解，该结算单之开列用以表示保管团之实在正确，财政状况是系正当。

裴恩德　　汤生公司
名誉秘书兼会计　　特许查账稽核员
天津　1937 年 1 月 21 日

空地保管团

民园

截至 1936 年 12 月 31 日止之收支统计

支出		法币	收入		法币
修理暨保持费：			结余		974.89
"甲"号看台	169.00		英工部局协款		3,000.00
"乙"号看台	14.75		租金		1,519.50
围栏大门等	988.72		利息		95.31
		1,172.47			
运动费用：					
赛跑路线	204.50				

(续表)

扁棒球	528.79			
足球	75.60			
	——	808.89		
园地员役工资		1,534.10		
电灯暖气暨用水		397.12		
普通费用		323.25		
保险		7.00		
地租		28.65		
稽核账目费		25.00		
折旧项下：				
"甲"号看台	28.27			
"乙"号看台	33.28			
围栏大门等	59.34			
	——	120.89		
佣金		8.71		
结余转入总结余账目		1,163.62		
		——		
		5,589.70		5,589.70

截至1936年12月31日止之结算单

债务		法币	资产		法币
折旧项下：			地亩：		
"甲"号看台	229.17		维多利亚花园面积18.238亩每亩价法币30,000元	547,140	
"乙"号看台	225.84		民园面积57.3亩每亩价法币4,000元	229,200	
围墙暨围栏	481.11			——	776,340.00
木质看台	504.51		建筑项下：		
	——	1,440.63	"甲"号看台	7,161.29	
零星债务		25.00	"乙"号看台	9,291.00	
总结余账目	818,699.26		围墙暨围栏	15,028.23	
增加：收入结余账目	1,163.62		木质看台	554.51	
		819,862.88		——	32,035.03
			设备增添改善：		
			运动场	3,721.68	
			泄水布置	2,512.86	
			赛跑路线	3,231.71	

(续表)

			电钟等	312.49	
				——	9,778.74
			投资项下		1,001.29
			积存利息		27.5
			零星欠户		1,689.79
			汇丰银行		456.16
		——			——
		821,328.51			821,328.51

敝公司已将上列结算单连同空地保管团之簿册暨账目审核并得有一切所需闻料暨解释。据敝公司考核所知并参照保管团供给之说明书暨簿册所列注解，该结算单之开列用以表示保管团之实在正确，财政状况是系正当。

裴恩德　汤生公司
名誉秘书兼会计　特许查账稽查员
天津　1937 年 1 月 21 日

1936年财政报告
暨1937年预算

1936年经常收支预决算比较截至12月31日止

收入				
1936年收入预算			1936年收入决算截至12月31日止	
法币				法币
		地亩捐：		
	255,725.00	已填地	255,492.40	
	254.00	未填地	253.89	
255,979.00				255,746.29
		房产捐：		
	560,000.00	依据估定房产全年租值	562,940.57	
	56,000.00	减去：减收之数	54,835.45	
	504,000.00		508,105.12	
	19,000.00	减去：退还之数	20,442.79	
485,000.00				487,662.33
		河坝收入：	系船费	
	64,200.00	租定船位	64,237.50	
	26,800.00	备租船位	26,090.96	
	8,000.00	驳船	8,465.50	
	99,000.00		98,793.96	
	1,800.00	减去：费用	1,776.52	
97,200.00				97,017.44
5,930.00		转头船位租金		5,930.00
		执照捐：		
	96,000.00	人力车	95,119.00	
	65,000.00	大车暨排子车	56,002.30	
	2,600.00	商铺执照捐	2,724.00	
	1,000.00	杂项	1,425.00	
	2,000.00	马车	1,608.00	
	8,000.00	旅馆暨售酒执照捐	7,115.00	
	5,500.00	犬捐	5,468.00	
	1,200.00	押当铺	1,100.00	
	5,600.00	自行车	6,213.50	
	37,000.00	汽车	41,148.49	
	600.00	汽车捐牌司机暨牛奶房等	2,056.00	
	12,500.00	小本营生	10,737.50	
	2,000.00	河坝货摊	2,112.00	
	239,000.00		232,828.79	

（续表）

	15,000.00		减去：费用		15,670.25
224,000.00					217,158.54
			菜市收入：		
		5,160.00	铺面	5,080.00	
		4,440.00	摊位	4,521.00	
	9,600.00			9,601.00	
	9,200.00		减去：费用	8,456.65	
400.00					1,144.35
			零星收入：		
	17,600.00		杂项	22,831.93	
	16,400.00		租金	14,863.33	
34,000.00					37,695.26
			码头捐：		
	134,500.00		收入	128,979.39	
	12,500.00		减去：费用	12,457.04	
122,000.00					116,522.35
			利息：		
			分处来往利息：		
	74,000.00		水道处拨付之数	73,293.12	
	400.00		电务处拨付之数	1,119.77	
	74,400.00			74,412.89	
	2,400.00		减去：流水账暨保管款项	10,158.88	
72,000.00					64,254.01
1,296,509.00					1,283,130.57

1936 年支出预算			1936 年支出决算截至 12 月 31 日止		
法币					法币
			支出		
			总务管理		
	136,966.00		管理人员薪俸暨工资	136,876.36	
	47,400.00		总务公费	50,244.46	
	184,366.00			187,120.82	
			减去： 可由电务处暨水道处归还之数		
		26,700.00	电务处	26,700.00	

（续表）

			水务处	17,100.00	
	43,800.00				43,800.00
140,566.00					143,320.82
			工部局办公处费用：		
		9,100.00	零星费用	9,547.84	
		600.00	减去：可由戈登堂归还之数	600.00	
8,500.00					8,947.84
			协款项下：		
		1,200.00	体育场保管团	1,200.00	
		3,000.00	民园保管团	3,000.00	
		1,425.00	俄国医院	1,425.00	
		150.00	俄国侨民社	150.00	
		1,549.00	马大夫医院	1,176.75	
		445.00	安立甘教堂	445.00	
		445.00	耶稣教合众会堂	445.00	
		445.00	女青年会	445.00	
		—	英国国徽会	500.00	
		741.00	天津妇女慈善会	741.00	
9,400.00					9,527.75
37,640.00			养老金		37,580.93
			工部局警备队：		
15,000.00			杂项		18,200.17
			工部局藏书楼：		
		310.00	薪俸	310.60	
		497.00	零星费用	496.40	
		993.00	协款	993.00	
1,800.00					1,800.00
			隔离病院：		
		11,360.00	薪俸	11,414.20	
		10,860.00	零星费用	8,990.89	
	22,220.00				20,405.09
		2,220.00	减去：法工部局协款	2,220.00	
		4,000.00	病人住院费	4,013.00	
	6,220.00				6,233.00
16,000.00					14,172.09
			维多利亚医院：		
		27,610.00	薪俸	23,954.60	
		22,990.00	零星费用	19,273.00	

（续表）

	50,600.00				43,227.60	
	21,000.00		减去:病人住院费		21,452.37	
29,600.00						21,775.23
			卫生股:			
		1,485.00	卫生医官费	1,482.52		
		3,076.00	卫生股职员	2,616.35		
		2,839.00	零星费用	2,079.01		
	7,400.00				6,177.88	
	1,500.00		减去:收入		1,767.28	
5,900.00						4,410.60
			戈登堂:			
	2,800.00		零星费用		2,418.39	
	1,600.00		减去:赁费用		1,290.00	
1,200.00						1,128.39
			天津英文学堂:			
131,662.00			（须准予拨付之协款按纳捐外人登记管业之地亩暨房产估定产值现时总计值合49,136,784元，依每1万元拨付18元计，须拨付之数合88,446.21元，按67,45.283行市核成银两再按2先令8便士汇兑行市折合英金7,954镑11先令11便士再按1先令2便士半行市核算折合法币132,444.68元）			132,444.68
			耀华学校:			
85,113.00			（须准予拨付之协款按纳捐中国人登记管业之地亩暨房产估定产值现时总计值合47,2849.80元，依每1万元拨付18元计，须拨付之数合法币85,112.96元）			85,112.96
427,507.00			借款项下			427,506.30
600.00			墙子河维持费			503.75
21,340.00			偿还继续皇家租契用款			21,333.00
5,000.00			临时项下			4,835.50
954,128.00						949,354.57

1936年支出预算	警务处	1936年支出决算截至12月31日止
法币		法币
281,546.00	警务处员役暨办公室职员薪俸	266,412.43
110,341.00	普通杂费	122,857.64
——		——
391,887.00		389,270.07
36,000.00	减去：住户雇用门岗警捕缴费	33,071.14
——		——
355,887.00		356,198.93
	消防队	
11,435.00	华洋人员薪俸	7,838.98
12,387.00	普通杂费	14,254.53
——		——
23,822.00		22,093.51

1936年支出预算	工程处 1936年支出决算截至12月31日止		
法币			法币
	经常支出		
	桥梁：		
50.00	保持费		——
	河坝暨码头：		
300.00	保持费		264.62
	土坝(预防水灾)：		
300.00	保持费		——
	工程师费用：		
	144,113.00	薪俸暨工资	145,653.29
	23,625.00	杂项	22,305.27
167,738.00		——	167,958.56
	公共厕所：		
13,000.00	保持费		9,781.04
	工部局房产：		
6,900.00	普通保持费		11,948.96
	机件暨工具项下：		
	9,300.00	保持费暨经常费	8,452.73
	1,300.00	逐年整理	373.16
	1,200.00	购新补旧	1,334.85
11,800.00		——	10,160.74

（续表）

		公共院所：	
	1,300.00	隔离病院	1,116.90
	1,950.00	维多利亚医院	2,171.27
	500.00	产妇调养院	325.35
	250.00	菜市	449.69
4,000.00	——		4,063.21
		马路便道路边石暨阴沟项下：	
	38,000.00	马路便道路边石暨阴沟保持费	46,392.03
	3,000.00	暴雨水沟普通修理费	6,513.12
	1,500.00	冲洗阴沟费	1,658.88
	6,000.00	载重汽车汽油工资暨材料	3,456.83
48,500.00	——		58,020.86
4,000.00		马路加宽	7,767.40
		路政项下：	
	1,800.00	更换路灯	1,207.06
	21,600.00	清道冲洗马路暨水沟	18,788.96
	30,400.00	收敛垃圾	34,382.90
	——	车辆交通指示线	3,859.20
	3,500.00	扫除积雪	5,529.48
	10,880.00	洒水暨散沙	9,547.52
68,180.00	——		73,315.12
30,000.00		公园及花园	32,747.35
——			——
354,768.00			376,027.86

1936年支出预算		1936年支出决算截至12月31日止
法币		法币
	器械暨购新补旧：	
9,620.00	工程处	8,278.47
1,000.00	维多利亚医院	1,231.86
500.00	隔离病院	298.05
1,900.00	秘书处暨会计处	708.40
300.00	产妇调养院	6.10
——		——
13,320.00		10,522.88

特别支出				
法币	法币		法币	法币
		新建筑暨添盖房屋：		
	20,000.00	福发道新建警务分处	35,961.63	
	1,700.00	球场道警捕宿舍	1,180.00	
	900.00	伦敦道警捕宿舍	—	
	2,500.00	伦敦道花园	—	
	900.00	隔离病院防蝇纱篦	804.00	
	—	隔离病院改造及添盖	26,650.00	
	—	中街铺面	12,355.62	
26,000.00	—		—	76,951.25
8,560.00		马路加宽用地		8,110.12
17,000.00		阴沟		24,848.35
—		河坝工程		50,000.00
114,800.00		马路		102,244.15
14,500.00		便道		15,709.84
4,400.00		新购置器械		6,815.00
5,000.00		临时项下		5,120.93
190,260.00				289,799.64

电务处
1936 年营业账目

支出				收入			
支出预算		1936 年支出决算截至 12 月 31 日止		1936 年收入决算截至 12 月 31 日止		收入预算	
法币		法币			法币		法币
228,590.00	发电费用煤炭工资等	225,391.99		售与用户电价	571,521.93	售与用户电价	562,510.00
27,400.00	发电机件：修理暨保持费	23,309.79		售与特别一区电价	154,553.28		142,199.00
				住户自有路灯	11,096.96		11,031.00
24,300.00	分输电机：修理暨保持费	20,964.02		售与英工部局办公处暨附属处所电价	20,288.88		21,000.00
6,250.00	路灯机件：修理暨保持费	5,586.56		电马力	239,676.11		209,300.00
1,700.00	工具：修理暨保持费	1,238.25		零星收入	13,684.20		14,000.00
3,500.00	出租机件：修理暨保持费	2,732.00					
1,250.00	家具装件暨运输：修理暨保持费	943.97					
	经理费用：						
71,700.00	薪俸暨工资	67,278.73					
17,195.00	杂项	15,924.48					

(续表)

88,895.00	—	总务管理项下	83,203.21	
26,700.00			26,700.00	
		会计处：		
	11,928.95	中国职员薪俸		
11,960.00	3,384.50	杂项	15,313.45	
3,600.00				
15,560.00				
1,800.00		利息	2,519.77	
63,000.00		折旧	59,701.24	
1,000.00		零星机件添置	201.48	
3,100.00		陈列室费用	3,276.85	
—				
493,045.00			471,082.58	
466,995.00		收入超过支出之数	539,738.78	960,040.00
960,040.00			1,010,821.36	1,010,821.36

电务处
建设购置支出

法币		法币
11,020.00	房屋	12,966.16
18,500.00	发电机件	24,544.98
32,945.00	分输机件	36,715.43
5,295.00	路灯机件	4,124.77
200.00	工具	251.36
—	出租机件	887.66
1,500.00	家具装件暨运输	587.53
69,460.00		80,077.89

电务处
1936年结算单截至12月31日止

债务		资产	
	法币		法币
零星债务暨积存	49,959.11	零星欠户暨欠款结余	135,024.02
用户押款	123,975.00	材料存储	113,647.50
寄售商品(参照对页)	17,917.07	陈列室商品	5,637.02
折旧存储	1,634,524.38	寄售商品(参照对页)	17,917.07
资金存储	514,179.51	伦敦金镑账	1,594.44
英工部局流水账	164,905.42	建设购置项下：	
		地亩	52,458.07
		房屋	371,333.39
		发电机件	1,131,950.91
		分输机件	576,983.60
		路灯机件	46,762.24
		出租机件	28,359.35
		电气仪器	3,218.30
		工具机件	5,804.09
		家具装件暨运输	14,770.49
	2,505,460.49		2,505,460.49

敝公司已将上列截至1936年12月31日止之结算单审核并得有一切所需闻料暨解释。据敝公司考核所知并参照工部局供给之说明暨簿册所列注解，该结算单之开列用以表示工部局之实在正确，财政状况是系正当。

汤生公司
特许查账稽核员
天津　1937年2月23日

水道处1936年营业账目

支出预算	支出	1936年支出决算截至12月3日止	收入预算	收入	1936年收入决算截至12月31日止
法币		法币	法币		法币
	巴克斯道"甲"号机厂		297,569.00	1936年收入决算截至12月31日止 售与用户水价	292,042.84
	抽水费用:		6,566.00	售与轮船水价	7,559.74
36,138.00	经常费	41,736.06	25,309.00	售与英工部局办公处暨附属处所水价	24,979.26
950.00	修理暨保持费	843.80	3,000.00	房租暨杂项	3,291.03
37,088.00		42,579.86			
	厂内水管暨节水门:				
100.00	修理暨保持费	54.15			
	滤水池:				
100.00	修理暨保持费	12.68			
	澄水池:				
100.00	修理暨保持费	15.11			
	"甲"号机厂房:				
1,660.00	修理暨保持费	1,770.33			
		44,432.13			
	达克拉道"乙"号机厂				
39,048.00	抽水费用:				
18,517.00	经常费	17,338.77			
600.00	修理暨保持费	1,268.31			
19,117.00		18,607.08			

（续表）

厂内水管暨节水门：			
修理暨保持费	50.00	—	
"乙"号机厂房：			
修理暨保持费	730.00	1,054.32	
	19,897.00		19,661.40
伦敦道"丙"号机厂：			
抽水费用：			
经常费	18,918.00	15,106.22	
修理暨保持费	500.00	528.29	
	19,418.00	15,634.51	
厂内水管暨节水门：			
修理暨保持费	50.00	1.67	
"丙"号机厂房：			
修理暨保持费	350.00	347.48	
	19,818.00		15,983.66
总水管水龙头接水材料：			
修理暨保持费	11,830.00	923.97	
机件暨工具	750.00		
修理暨保持费	600.00	865.88	
购新补旧			10,911.03
出借机件：	1,350.00		1,789.85

（续表）

项目				
水表修理暨保持费	2,950.00		1,875.52	
水龙头售水费	1,256.00		1,222.66	
工程职员暨办公费用：				
华洋职员薪俸	55,110.00	55,151.98		
杂项	16,805.00	18,727.11	73,879.09	
	71,915.00			
管理项下：				
总务	17,100.00		17,100.00	
会计处：				
中国职员薪俸		6,466.20		
杂项		1,481.47	7,947.67	
	8,200.00			
消防设备	100.00		52.45	
水味暨氟素研究	—		1,310.17	
保险准备金	4,475.00		4,481.80	
折旧	49,739.00		48,819.29	
利息	74,200.00		73,293.12	
	321,878.00		322,759.84	
收入超过支出之数	10,566.00		5,113.03	
	332,444.00		327,872.87	
				327,872.87
			332,444.00	

水道处

	建设购置支出	
法币		法币
26,650.00	总水管暨水龙头	36,411.79
2,500.00	接水材料	4,170.65
6,000.00	出借机件：水表	9,814.17
100.00	家具装件暨仪器	120.70
35,250.00		50,517.31

水道处
1936年结算单截至12月31日止

债务		资产	
	法币		法币
零星债务暨积欠	10,025.89	零星欠户暨欠款结余	32,540.37
用户押款	19,408.40	材料存储	72,374.29
折旧存储	345,251.05	建设购置项下：	
购置存储	66,690.19	地亩	175,831.54
英工部局流水账	1,076,743.59	机器	4,269.86
		家具暨装件	2,830.50
		移动机件	3,345.30
		滤水池	8,774.68
		澄水池	7,482.51
		沉渣池	7,187.79
		总水管暨水龙头	540,947.02
		用户水表	108,525.66
		工具机件	9,419.77
		自流井规划下：自流井、房屋、机厂暨机器：	
		"甲"号机厂	294,565.28
		"乙"号机厂	191,943.02
		"丙"号机厂	58,081.53
	1,518,119.12		1,518,119.12

敝公司已将上列截至1936年12月31日止之结算单审核并得有一切所需闻料暨解释。据敝公司考核所知，并参照工部局供给之说明暨簿册所列注解，该结算单之开列用以表示工部局之实在正确，财政状况是系正当。

汤生公司

特许查账稽核员

天津　1937年2月23日

1936年财政统计总结截至12月31日止			
1936年4月15日选举人大会通过之预算		1936年收入暨支出决算	
收入	支出	收入	支出
法币	法币	法币	法币

	收入（法币）	支出（法币）	收入（法币）	支出（法币）
经常项下：				
工部局总务账目	1,296,509.00	1,701,925.00	1,283,130.57	1,714,197.75
电务处	960,040.00	493,045.00	1,010,821.36	471,082.58
水道处	332,444.00	321,878.00	327,872.87	322,759.84
结余:转入特别项下	—	72,145.00	—	113,784.63
	2,588,993.00	2,588,993.00	2,621,824.80	2,621,824.80
特别项下：				
上列结余	72,145.00	—	113,784.63	—
总务特别支出	—	190,260.00	—	289,799.64
电务处:建设购置支出	—	69,460.00	—	80,077.89
水道处:建设购置支出	—	35,250.00	—	50,517.31
结算不敷之数	222,825.00	—	306,610.21	—
	294,970.00	294,970.00	420,394.84	420,394.84

1936年总结算单截至12月31日止			
债务		资产	
	法币	亩数	法币
工部局借款：		地亩：	
1912年"B"字借款	37,062.95	老租界地亩	15.790	245,167.00
普通用途借款 1920 7% 投资银行	9,900.00	扩充界地亩	55.129	461,009.70
普通用途借款 1921 7% 投资银行	20,800.00	推广界地亩	204.807	1,057,572.81
普通用途借款 1921 7% TS80,600	119,490.92	租界外地亩	400.368	401,130.40
普通用途借款 1922 7% TS40,000	59,300.70		———	2,164,879.91
普通用途借款 1923 6% TS197,900	293.390.21	空地:		
普通用途借款 1924 7% TS258,800	383,675.53	老租界维多利亚花园暨建筑物	18.500	

(续表)

普通用途借款 1925 7% TS393,300	583,074.12		扩充界围墙道公园暨建筑物	6.195		
普通用途借款 1926 7% TS375,000	555,944.05		推广界民园	57.300		
普通用途借款 1932 $6\frac{1}{2}$% TS350,000	518,881.12		推广界花园地亩	12.020		
普通用途借款 1932 $5\frac{1}{2}$%	960,000.00		塚[冢]园地址:			
		3,541,519.60	广东道塚[冢]园第9段第166号	11.281		
零星债务暨积欠:			马厂道塚[冢]园:马厂道面南	12.561		
总务	143,785.85		马路地亩:			
填土	22,000.34		扩充界	276.478	2,045,937.20	
		165,786.19	推广界			
警捕服装费		9,151.58	马厂道	86.321	509,293.90	
保管款项			其他马路	474.836	1,424,508.00	
旅费	89,609.54					3,979,739.10
皇家租契用存款	728,662.84		本租界街道路基阴沟水沟暨便道等:			
年积金	534,075.60		现时核估价值			2,080,350.96
狄更生奖学金	6,000.00		桥梁:			
杂项	7,176.97		现时核估价值			153,197.98
		1,365,524.95	房屋:			
机件保险准备金		102,452.56	老租界:			
保管团款额准备:未支用结余		21.59	维多利亚花园内住房		16,080.05	
保管团填土费账:未支用结余		25,547.59	戈登堂警务处保险房暨电务处陈列室		192,269.92	
折合行市贴水		19,490.43	捐务股工事房		1,008.27	
耀华学校		62,558.73	河坝房屋		148.25	
流水账结余			码头捐工室房		2,074.04	
天津英文学堂		10,746.29	中国职员餐堂		1,513.95	
流水账结余			中街铺面		12,355.62	
银行透支账目		386,905.25	扩充界:			
总结余		7,264,438.16				

(续表)

				球场道警务宿舍		26,689.36	
				职员住房		59,596.89	
				职员居所		87,511.66	
				职员居所汽车房		4,508.48	
				工程处机料场（戈登道）		10,477.36	
				汽碾房		296.50	
				推广界：			
				工程处机料场（敦桥道）		43,350.46	
				伦敦道警务处宿舍暨火会所		387,867.46	
				福发道警务分处		35,961.63	
				警捕队司令部		11,654.62	
				新公园（围篱）		12,279.79	
				英租界内公共厕所		45,287.05	
				租界外：马厂道南			
				马厂道塚[冢]园火葬炉休息室暨围墙		6,614.33	
						———	957,545.69
				全年局有地租折合原值			20,897.13
				菜市：			
				房屋			266,705.16
				隔离病院：			
				房屋院墙暨围篱（书面计值）		144,502.10	
				家具（书面计值）		5,305.00	
						———	149,807.10
				维多利亚医院：			
				房屋（书面计值）		53,475.18	
				家具（书面计值）		10,141.80	
				仪器（书面计值）		4,568.22	
				X光机件（书面计值）		1,057.20	

(续表)

							—	69,242.40
				消防设备				15,370.76
				动产:				
				册列价值				259,451.17
				材料项下 (册列价值):				
				总材料所		51,435.54		
				警务处		6,766.72		
				文具材料		2,240.60		
						—		60,442.86
				零款现金				2,620.00
				零星欠户暨未 清付账目				
				总务项下		48,612.64		
				填地项下		12,338.57		
								60,951.21
				悬帐未结 之地亩:				
				关于债券 保管团账目		9,661.76		
				关于工部局 账目		1,368.17		
						—		11,029.93
				投资项下(实价):				
				保管款项		1,357,809.99		
				机件保险 准备金		102,452.56		
								1,460,262.55
				电务处: 流水账结余				164,905.42
				水道处: 流水账结余				1,076,743.59
			—					—
			12,954,142.92					12,954,142.92

敝公司已将上列截至1936年12月31日止之结算单审核并得有一切所需闻料暨解释。据敝公司所知并参照工部局供给之说明暨簿册所列注解,该结算单之开列用以表示工部局之实在正确,财政状况是系正当。

汤生公司
特许查账稽核员
天津　1937年2月23日

债券保管团账目
驻津英国工部局市政借款债券保管团
1936 年 12 月 31 日

支出		法币	收入		法币
新展路线测量暨修理土坝计至 1936 年 12 月 31 日止		2,898.35	1935 年 12 月 31 日之结余		65,807.70
			债券保管团填地账债权	65,685.30	
法律顾问费用		4,486.96	债券保管团准备账债权	122.40	
修筑土坝费用		22,746.27			
偿付借款 1936 年利息			填地费收入截至 1936 年 12 月 31 日止		38,388.99
1912 "B" 字借款	2,446.16		过期填地账之利息		1,000.00
1920 投资银行	924.00		1936 年预算所列之数		427,506.30
1921 投资银行	1,820.00				
1921 普通用途借款	10,460.64				
1922 普通用途借款	4,151.06				
1923 普通用途借款	19,462.48				
1924 普通用途借款	28,279.02				
1925 普通用途借款	45,132.28				
1926 普通用途借款	43,067.14				
1932 普通用途借款	86,527.28				
	————	242,270.06			
1936 年中签之债券					
1912 "B" 字借款	3,706.29				
1920 投资银行	3,300.00				
1921 投资银行	5,200.00				
1921 普通用途借款	29,946.85				
1923 普通用途借款	30,984.62				
1924 普通用途借款	40,620.98				
1925 普通用途借款	61,672.73				
1926 普通用途借款	59,300.70				
	————	234,732.17			
1936 年 12 月 31 日之结余		25,569.18			
债券保管团填地账债权	25,547.59				
债券保管团准备账债权	21.59				
	————	532,702.99			532,702.99

1937年预算总目

	收　入			
			法币	法币
	地亩捐：		255,721.00	
	已填地		79.00	255,800.00
	未填地			
	房产捐：			
	依据估定全年租值		491,300.00	
	减去:退还之数		18,300.00	
			———	473,000.00
	河坝收入：			
	租定船位租金	64,200.00		
	备租船位租金	21,800.00		
	驳船	7,500.00		
		———	93,500.00	
	减去:费用		1,800.00	
				91,700.00
	转头船位租金			10,000.00
	码头捐：			
	收入		120,000.00	
	减去:费用		11,500.00	
			———	108,500.00
	执照捐：			
	人力车	95,000.00		
	马车	1,400.00		
	大车排子车等	55,000.00		
	河坝摊位	2,000.00		
	小本营生	11,000.00		
	汽车	40,000.00		
	旅馆暨售酒执照捐	7,000.00		
	犬捐	5,500.00		
	自行车	6,000.00		
	汽车号码牌汽车夫牛奶房等	1,000.00		
	押当铺	1,100.00		
	铺面执照捐	7,000.00		
	杂项	1,000.00		
		———	233,000.00	
	减去:费用		16,050.00	
			———	216,950.00
	菜市：			

(续表)

铺面		5,000.00	
摊位		4,300.00	
		9,300.00	
减去:费用		8,880.00	
			420.00
零星收入:			
杂项		18,600.00	
租金		18,100.00	
			36,700.00
利息:			
各分处往来之数			
由水道处归还之数		74,000.00	
由电务处归还之数		1,100.00	
		75,100.00	
减去:流水账暨保管款项		14,100.00	
			61,000.00
			1,254,070.000
支 出			
总 务			
		法币	法币
管理人员薪俸暨工资		136,146.00	
总务公费		54,800.00	
		190,946.00	
减去:可由电务处归还之数	26,700.00		
可由水道处归还之数	17,100.00		
		43,800.00	
			147,146.00
工部局办公处:			
零星费用		9,100.00	
减去可归还之数		600.00	
			8,500.00
协款项下:			
体育场保管团		1,200.00	
民园保管团		3,000.00	
俄国医院		1,425.00	
俄国侨民社		150.00	

天津英工部局1936年董事会报告暨1937年预算

（续表）

马大夫医院		1,549.00	
安立甘教堂		445.00	
耶稣教合众会堂		445.00	
基督徒圣会所		170.00	
女青年会		445.00	
大不列颠国徽会		500.00	
天津妇女慈善会		741.00	
			10,070.00
养老金			37,400.00
工部局警备队：			
零星费用			18,550.00
工部局藏书楼：			
薪俸		310.00	
零星费用		497.00	
协款		993.00	
			1,800.00
隔离病院：			
薪俸		12,110.00	
零星费用		11,410.00	
		23,520.00	
减去：法工部局协款	2,220.00		
病人住院费	4,000.00		
		6,220.00	
			17,300.00
维多利亚医院：			
薪俸		25,073.00	
零星费用		22,927.00	
		48,000.00	
减去：病人住院费		21,000.00	
			27,000.00
产妇调养院：			
薪俸		10,010.00	
零星费用		9,490.00	
		19,500.00	
减去：病人住院费		8,500.00	
			11,000.00
卫生股：			

(续表)

卫生医官费		1,482.00	
卫生股职员		2,914.00	
零星费用		2,414.00	
		——	
		6,810.00	
减去：入款		1,510.00	
			5,300.00
戈登堂：			
零星费用		2,800.00	
减去：租赁费		1,400.00	
			1,400.00
天津英文学堂：			
须准予拨付之协款，按纳捐外人登记管业之地亩暨房产估定产值，现时总计值合法币 44,784,383 元，依每 1 万元拨付 18 元计，须拨付之数合法币 80,611.89 元，按 6745283 暨 2 先令 8 便士汇兑行市，折合英金 7,250 镑，再按 1 先令 2 便士半行市核算，计折合法币 120,000 元			120,000.00
耀华学校：			
须准予拨付之协款，按纳捐中国人登记管业之地亩暨房产估定产值，现时总计值合法币 43,875,000 元，按每 1 万元拨付 18 元计，须拨付之数合法币 78,000 元			78,000.00
墙子河维持费			600.00
庆祝英皇加冕			20,000.00
偿还继续皇家租赁用款			21,340.00
债券用款			267,103.00
临时用途			5,000.00
			——
			797,509.00

警务处			
		法币	法币
警务处员役暨办公室职员薪工		272,010.00	
普通杂费		113,990.00	
		——	
			386,000.00
减去：住户雇用门岗警捕缴费			32,000.00
			——
			354,000.00

消防队			
华洋职员薪俸			10,660.00
普通杂费			9,540.00
			——
			20,200.00

工程处			
经常支出			
		法币	法币
桥梁：			
保持费			50.00
河坝暨码头：			
保持费			150.00
土坝（预防水灾）：			
保持费			200.00
工程师费用：			
薪俸暨工资		146,547.00	
普通杂费		21,921.00	
		——	168,468.00
厕所暨秽水沟眼：			
保持费			12,000.00
工部局房产：			
普通保持费			9,350.00
机械暨工具项下：			
保持费暨经常费		9,400.00	
逐年整理		1,300.00	
购新补旧		1,200.00	
			11,900.00
公共院所保持费：			
隔离病院		1,300.00	
产妇调养院		—	
维多利亚医院		1,950.00	
菜市		450.00	
		——	3,700.00
马路、便道、路边石暨阴沟项下：			
暴雨水沟：普通修理费		3,000.00	
冲洗阴沟费用		2,500.00	
载重汽车用汽油工资暨材料		4,000.00	
载重汽车保持费		1,500.00	

(续表)

英租界马路、便道、路边石暨阴沟保持费		41,000.00	
			52,000.00
搬移机料场材料			1,500.00
路政项下：			
补换新灯		1,800.00	
清道,冲洗马路暨水沟		23,000.00	
收敛垃圾		36,100.00	
标志		500.00	
扫除积雪		3,500.00	
交通指示线		5,000.00	
洒水暨散沙		11,700.00	
			81,600.00
公园暨花园		30,000.00	
			370,918.00

器械暨换新补旧			
			法币
工程处			11,600.00
维多利亚医院			4,000.00
隔离病院			500.00
秘书处及会计处			2,000.00
			18,100.00

特项暨建设购置支出			
			法币
新建暨添盖房屋：			
隔离病院		37,000.00	
隔离病院护士宿舍		18,000.00	
福发道警务分处		30,000.00	
伦敦道警务分处		1,050.00	
工程处机料厂		49,700.00	
			135,750.00
阴沟			32,500.00
马路			90,300.00
便道			8,000.00
塚[冢]园小道			2,000.00
器械新购项下：			
警务处		4,000.00	

（续表）

消防队	60,000.00	
卫生股	12,000.00	
维多利亚医院	14,500.00	
工程处	5,900.00	
		96,400.00
临时用途		5,000.00
		369,950.00

1937年电务处预算			
支　出		收　入	
	法币		法币
发电费煤炭工资等项	295,390.00	售与用户电价	612,017.00
发电机件：		售与特别一区电价	156,365.00
修理暨保持费	25,250.00	用户自有道路电灯电费	11,030.00
职员宿舍：		售与英工部局办公处暨附属处所电价	21,180.00
修理暨保持与经常费	2,580.00	电马力售价	246,255.00
分输机件：		机件租费	10,500.00
修理暨保持费	24,150.00	零星收入	4,000.00
路灯机件：			
修理暨保持费	6,000.00		
工具：			
修理暨保持费	1,750.00		
租出机件：			
修理暨保持费	3,500.00		
家具暨装件：			
修理暨保持费	1,000.00		
经理费用项下：			
薪俸暨工资	72,424.00		
杂项	17,892.00		
	90,316.00		
总物管理项下	26,700.00		
会计处：			
中国职员薪俸	12,000.00		
零星费用	4,000.00		
	16,000.00		
利息	2,500.00		
折旧	50,000.00		

（续表）

零星机件添置	1,400.00		
陈列室费用	3,500.00		
	———		
	550,036.00		
预计收入超过支出之数	511,311.00		
	———		———
	1,061,347.00		1,061,347.00

电务处	
建设购置支出	
	法币
房产	3,350.00
发电机件	8,300.00
分输机件	42,490.00
路灯机件	10,725.00
出租机件	1,000.00
工具	425.00
仪器	1,275.00
家具装件暨运脚	11,550.00
	———
	79,175.00

1937年水道处预算				
支　出			收　入	
		法币		法币
巴克斯道机厂"甲"号：			售与用户水价	297,248.00
抽水费用：			售与轮船水价	8,391.00
经常费	39,738.00		售与英工部局办公处暨附属处所水价	25,016.00
修理暨保持费	950.00		备用接水收费（净数）	1,560.00
		40,688.00	载重汽车运送辅用给水收价	3,300.00
泸水池：				
修理暨保持费		100.00	房产租金暨零星收入	2,800.00
澄水池：				
修理暨保持费		100.00		
厂内水管暨节水门：				
修理暨保持费		100.00		
"甲"号机厂房屋：				
修理暨保持费		1,860.00		

(续表)

			42,848.00	
达克拉道机厂"乙"号：				
抽水费用：				
经常费	18,617.00			
修理暨保持费	700.00			
		19,317.00		
厂内水管暨节水门：				
修理暨保持费		50.00		
"乙"号机厂房屋：				
修理暨保持费		840.00		
			20,207.00	
伦敦道机厂"丙"号：				
抽水费用：				
经常费	16,018.00			
修理暨保持费	550.00			
		16,568.00		
厂内水管暨节水门：				
修理暨保持费		50.00		
"丙"号机厂房屋：				
修理暨保持费		450.00		
			17,068.00	
总水管水龙头暨接水料件：				
修理暨保持费			11,050.00	
机件暨工具：				
修理暨保持费		900.00		
剔旧置新		450.00		
			1,350.00	
借用机件：				
水表修理暨保持费			2,200.00	
公用水龙头售水费用			1,307.00	
工程人员暨办公处费用：				
华洋职员薪俸		55,263.00		
零星费用		16,795.00		
			72,058.00	
管理项下：				
总务			17,100.00	
会计处：				

(续表)

中国职员薪俸		6,500.00		
零星费用		1,775.00		
		8,275.00		
消防设备		105.00		
辅用给水经常费		7,672.00		
水味暨氟素研究费		1,000.00		
保险准备		7,455.00		
折旧		51,348.00		
利息		74,000.00		
		—		
		335,043.00		
预计收入超过支出之数		3,272.00		
		—		—
		338,315.00		338,315.00

水道处	
购置支出	
	法币
总水管暨水龙头	48,700.00
接水料件	4,000.00
借出机件:水表	10,000.00
辅用给水设备	10,800.00
家具装件暨仪器	200.00
	—
	73,700.00

1937 年预算总计		
经常项下		
	收入	支出
工部局总务账目	1,254.070.00	1,560.727.00
电务处	1,061,347.00	550,036.00
水道处	338,315.00	335,043.00
结余:盈数移入特别项下	—	207,926.00
	—	
	2,653,732.00	2,653,732.00
特别项下		
上列结余	207,926.00	—
总务特别支出	—	369,950.00

（续表）

电务处建设购置支出		79,175.00	
水道处建设购置支出		73,700.00	
结余	314,899.00	—	
		522,825.00	522,825.00
现况状况			
银行透支款额截至1936年12月31日止		—	386,905.00
上列预算不敷额数		—	314,899.00
1936年决定用途可在1937年支付之数			
总务项下	28,705.00		
耀华学校	5,546.00		
		—	34,251.00
可收取之填土费		10,220.00	—
电务处折旧存储		50,000.00	
水道处折旧存储		51,348.00	
新发债券	2,700.000.00		
减去：偿付旧债额数	2,062.638.00		
		637,362.00	
结余：截至1937年12月31日止预计之银行存款		—	12,875.00
		748,930.00	748,930.00

天津英工部局 1936 年董事会报告暨 1937 年预算

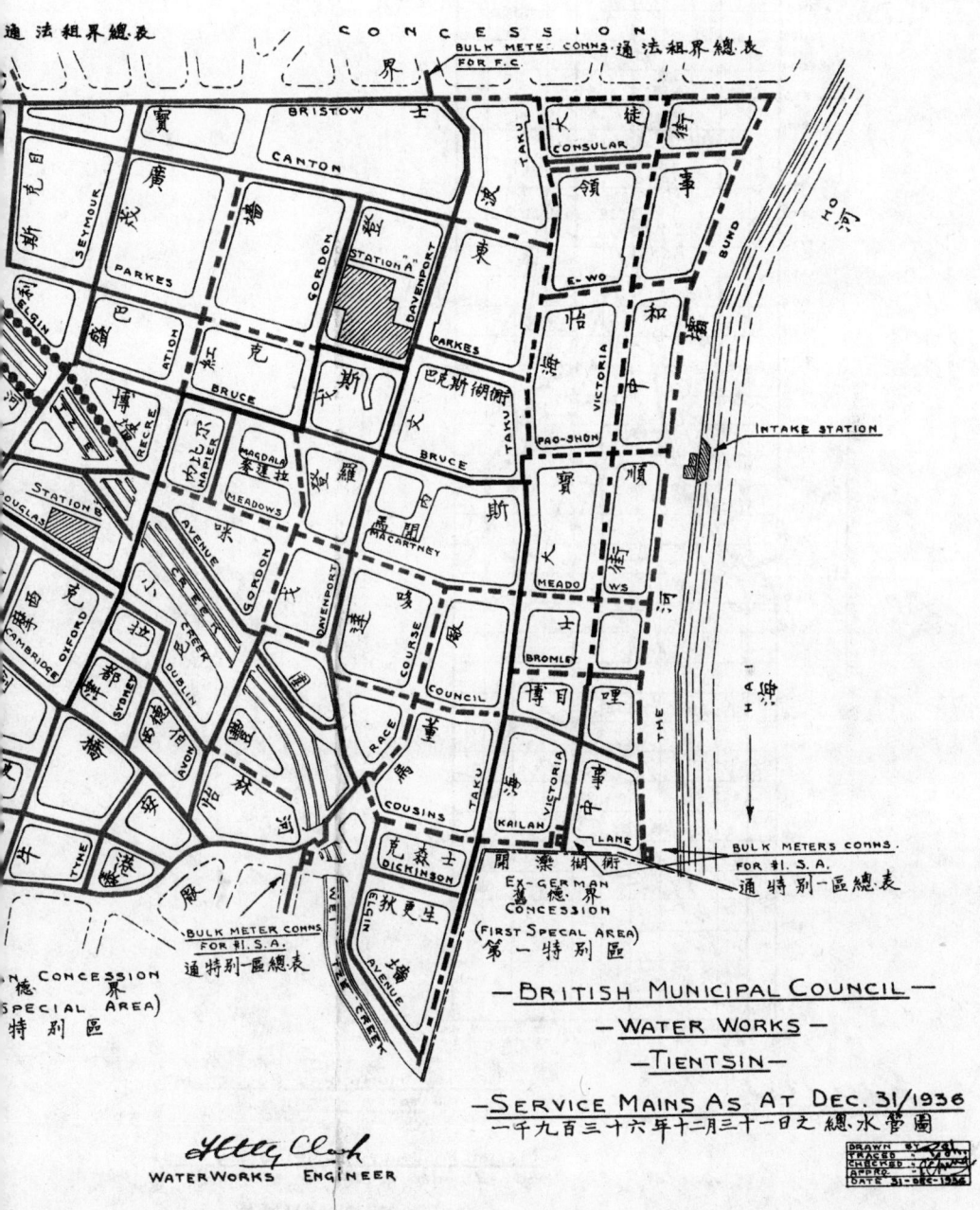

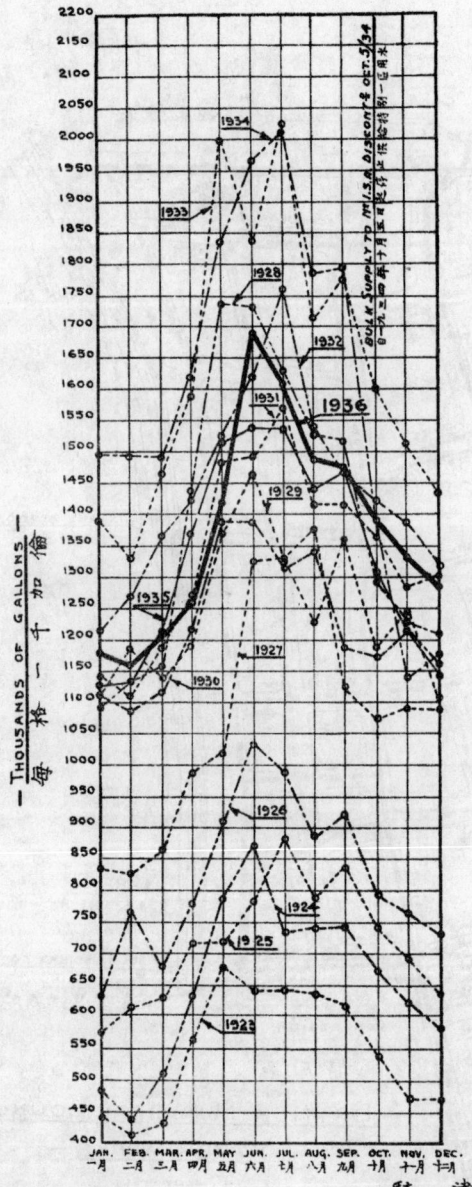

天津英工部局 1936 年董事会报告暨 1937 年预算

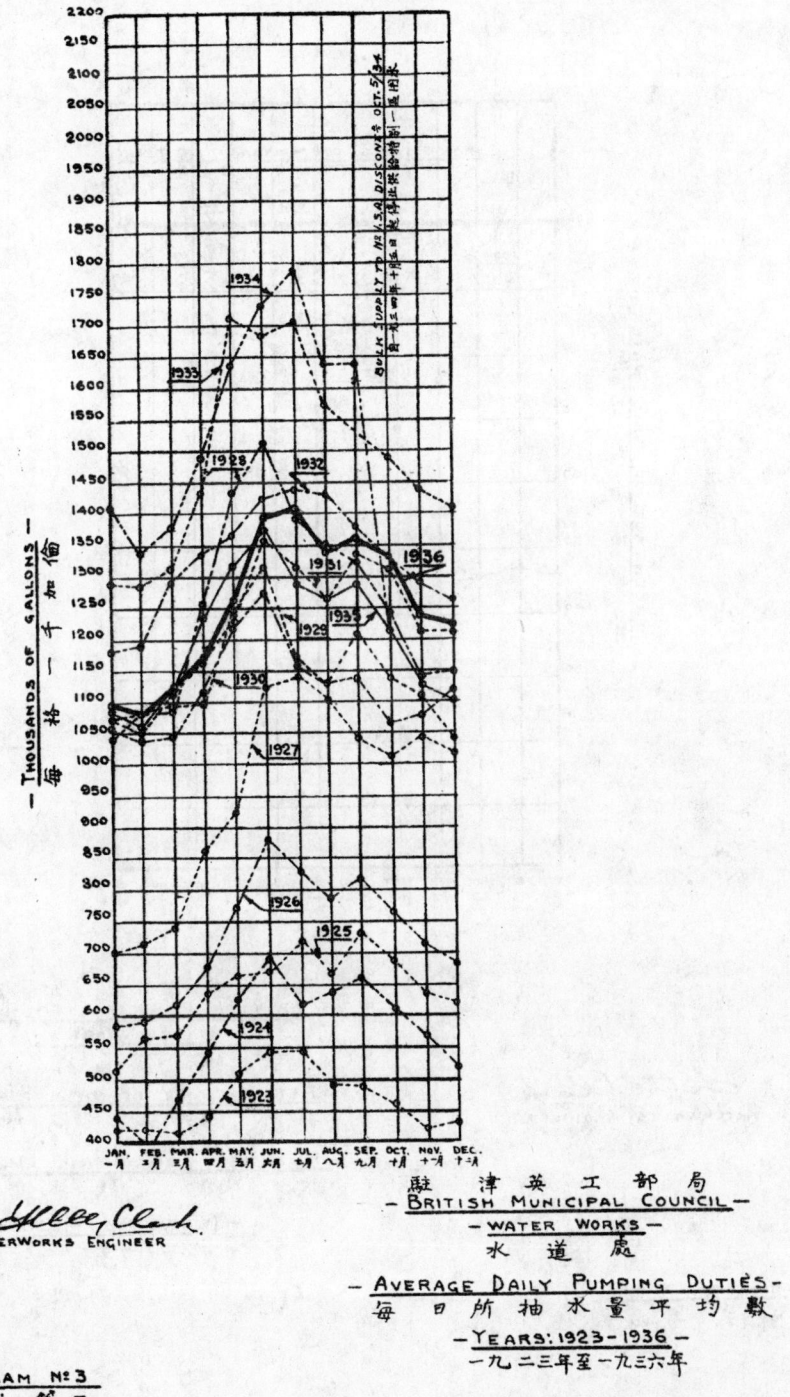

■ 天津英租界工部局史料选编

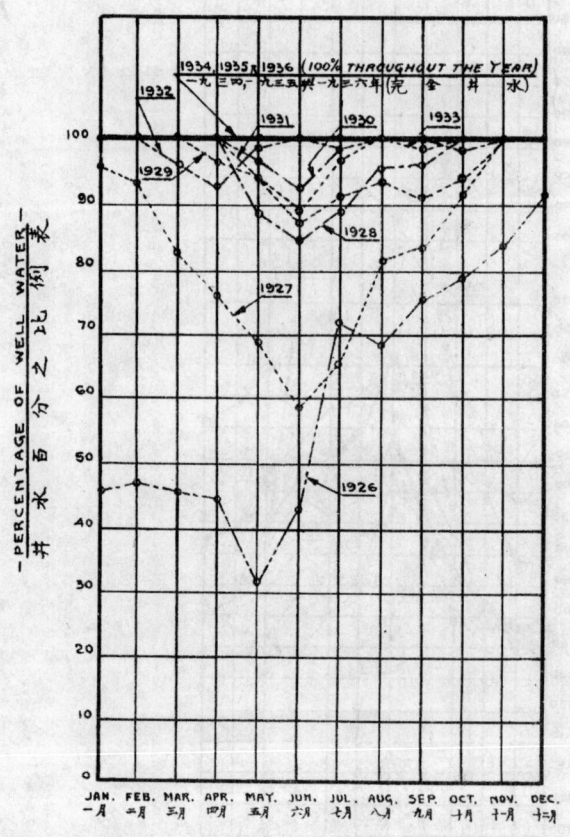

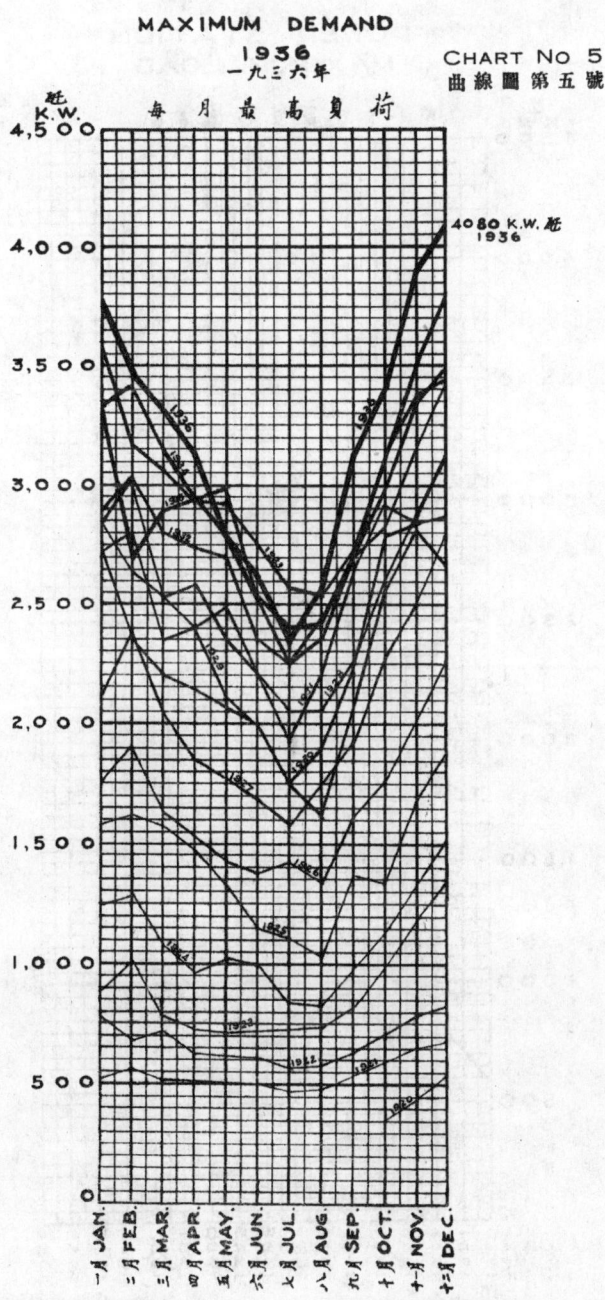

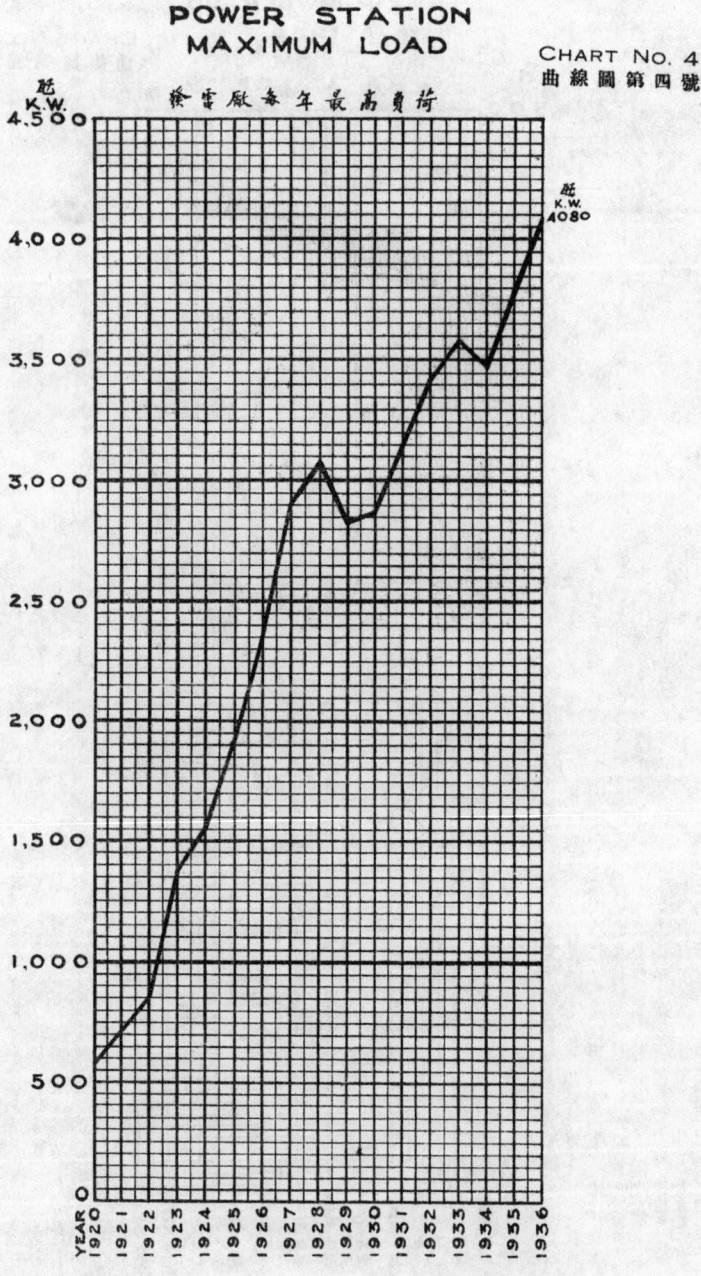

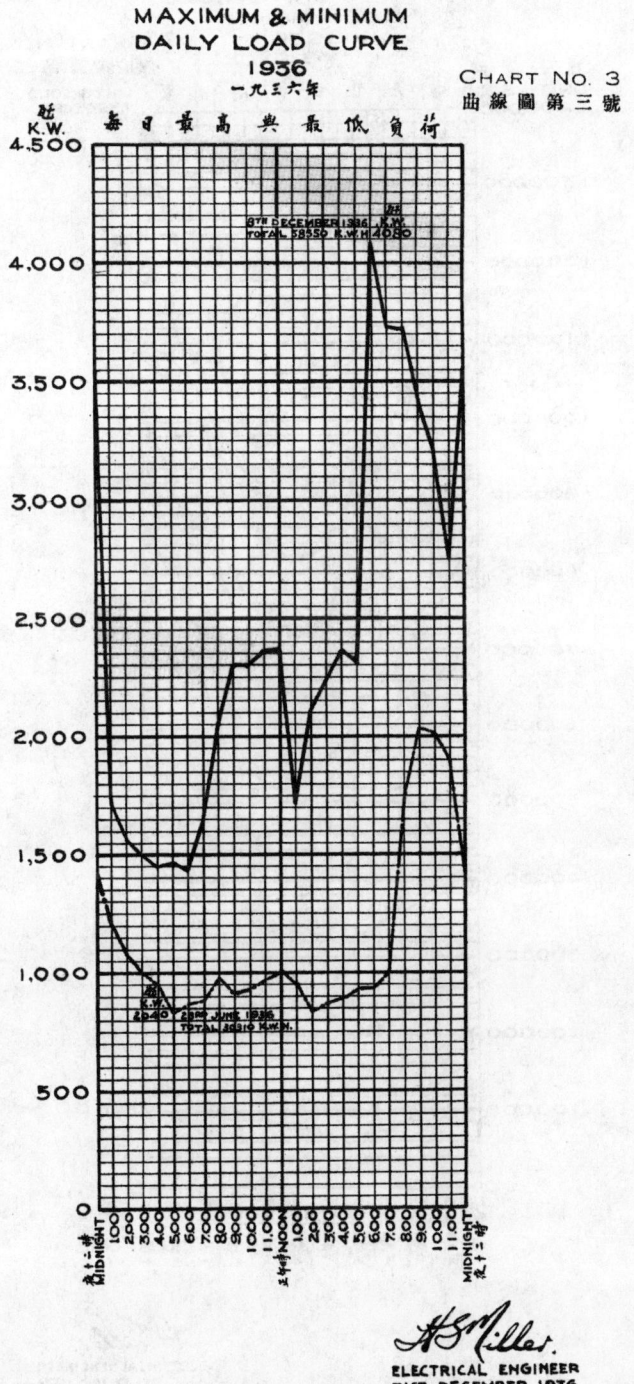

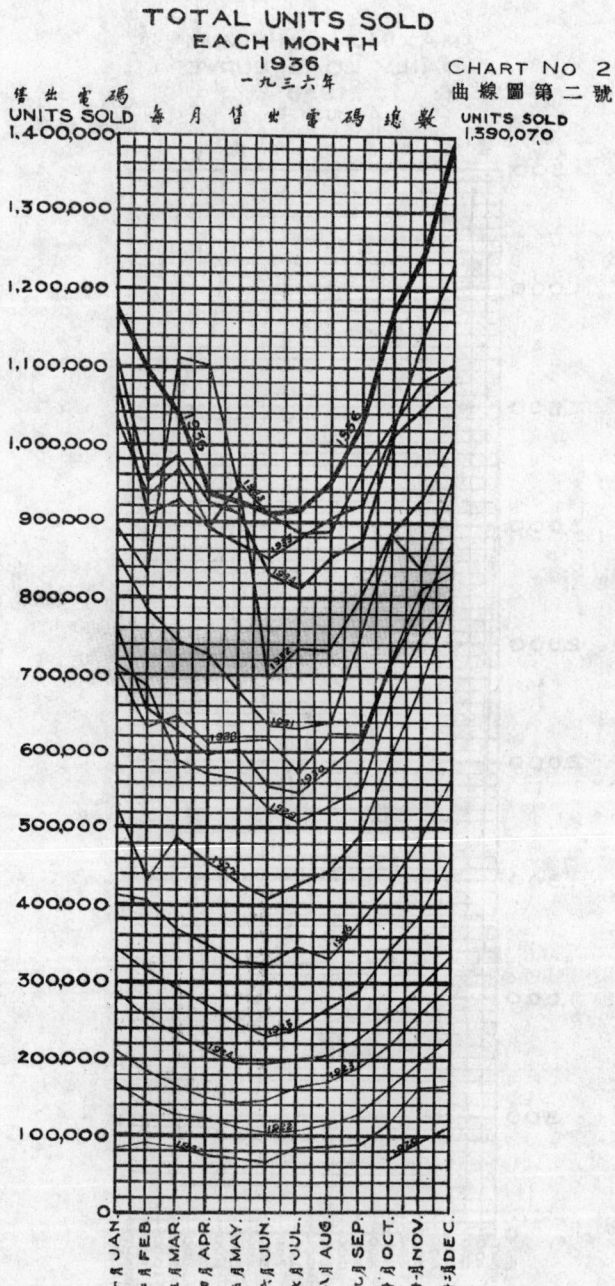

天津英工部局 1936 年董事会报告暨 1937 年预算

UNITS SOLD
每年售出電碼

CHART No. 1
曲線圖第一號

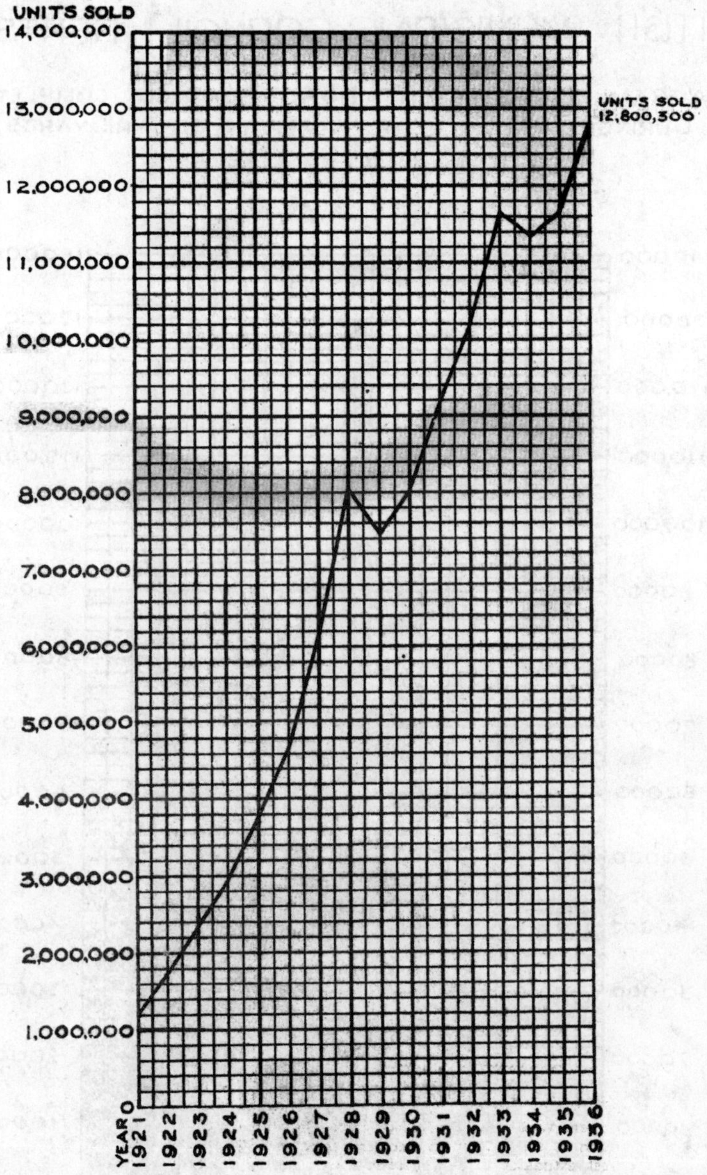

ELECTRICAL ENGINEER
31ST DECEMBER 1936

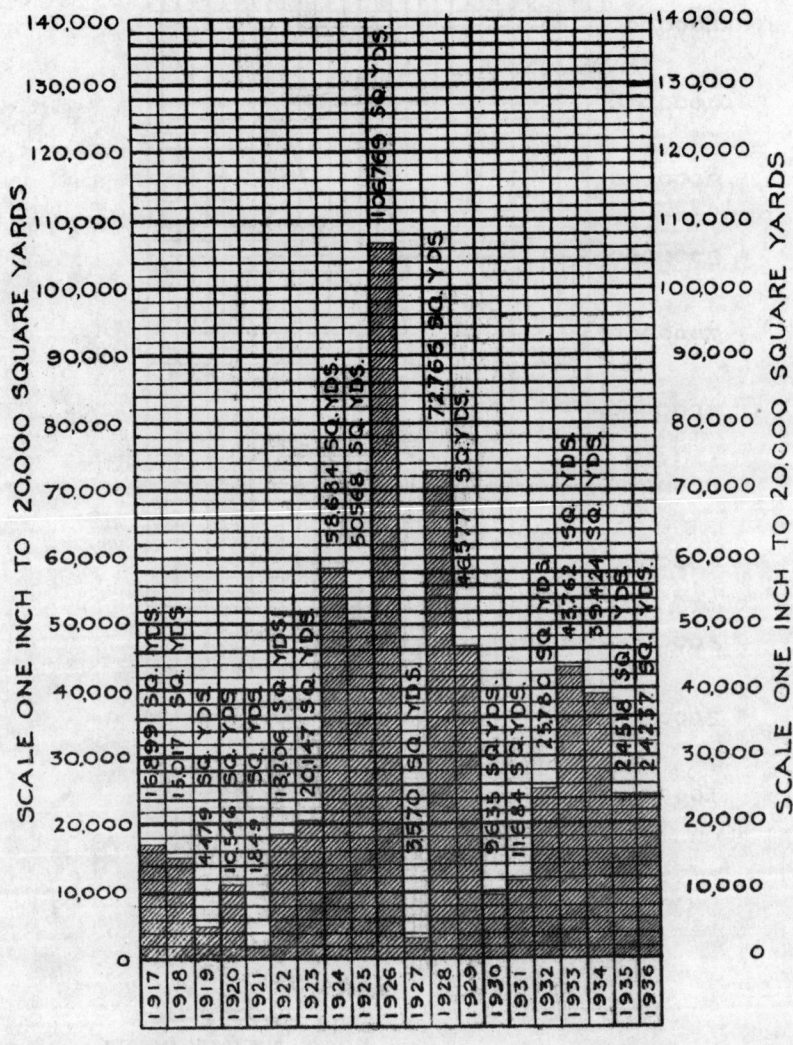

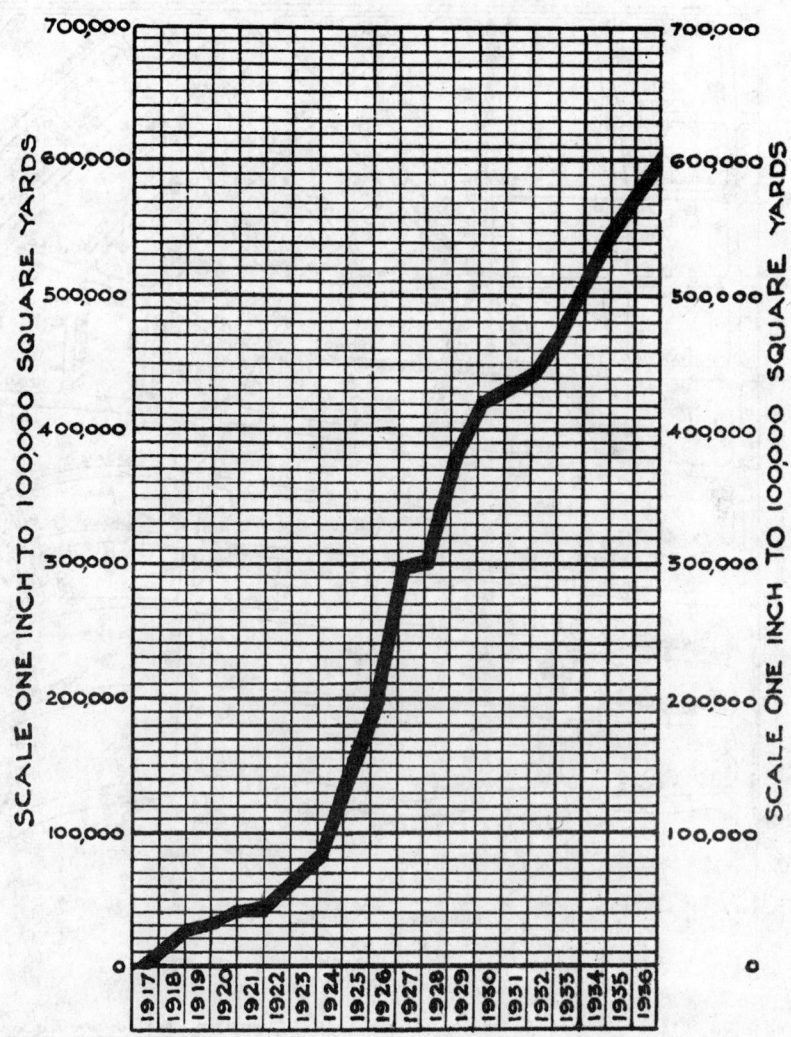

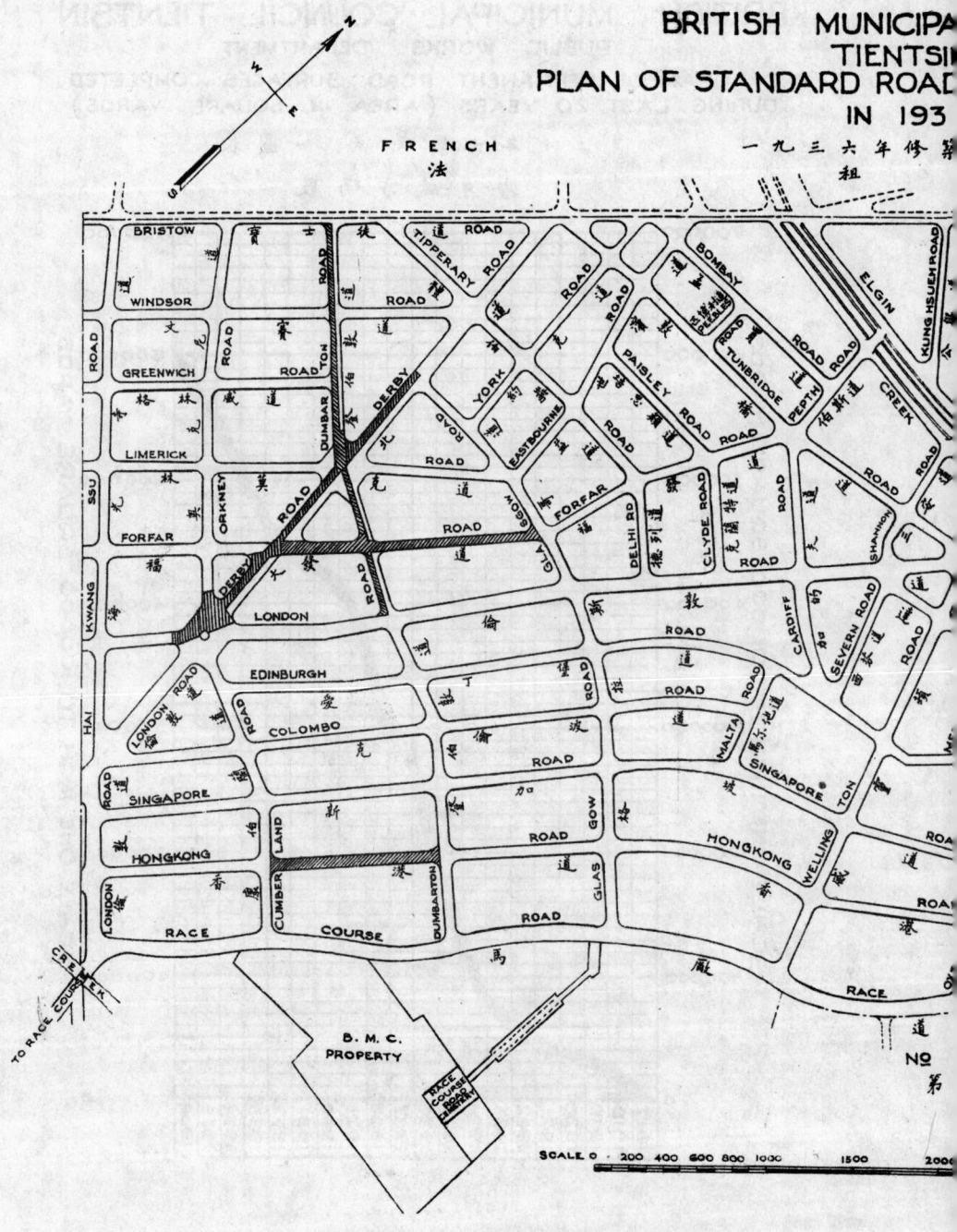

天津英工部局 1936 年董事会报告暨 1937 年预算

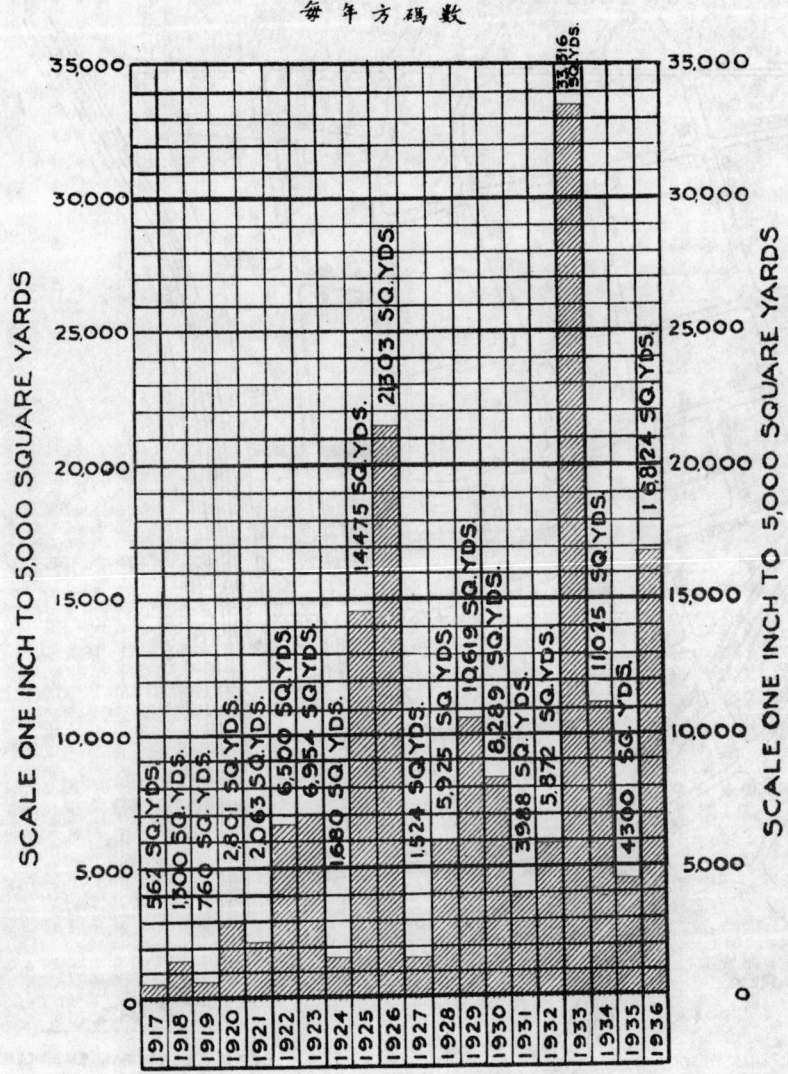

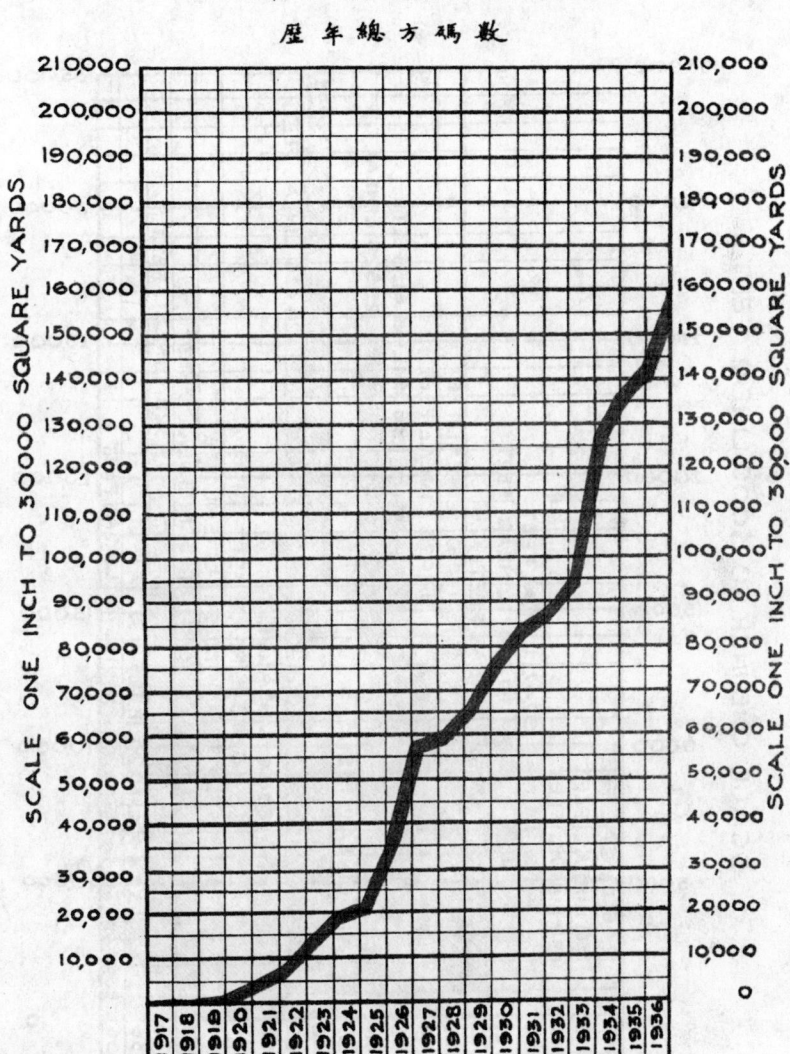

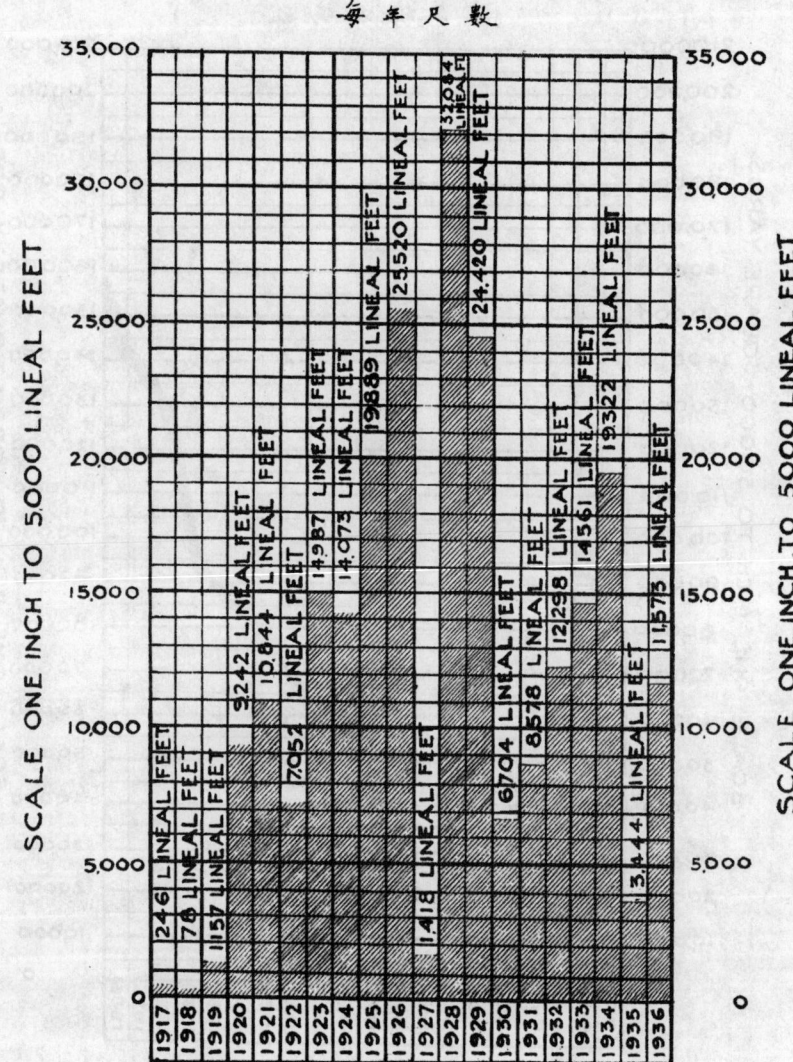

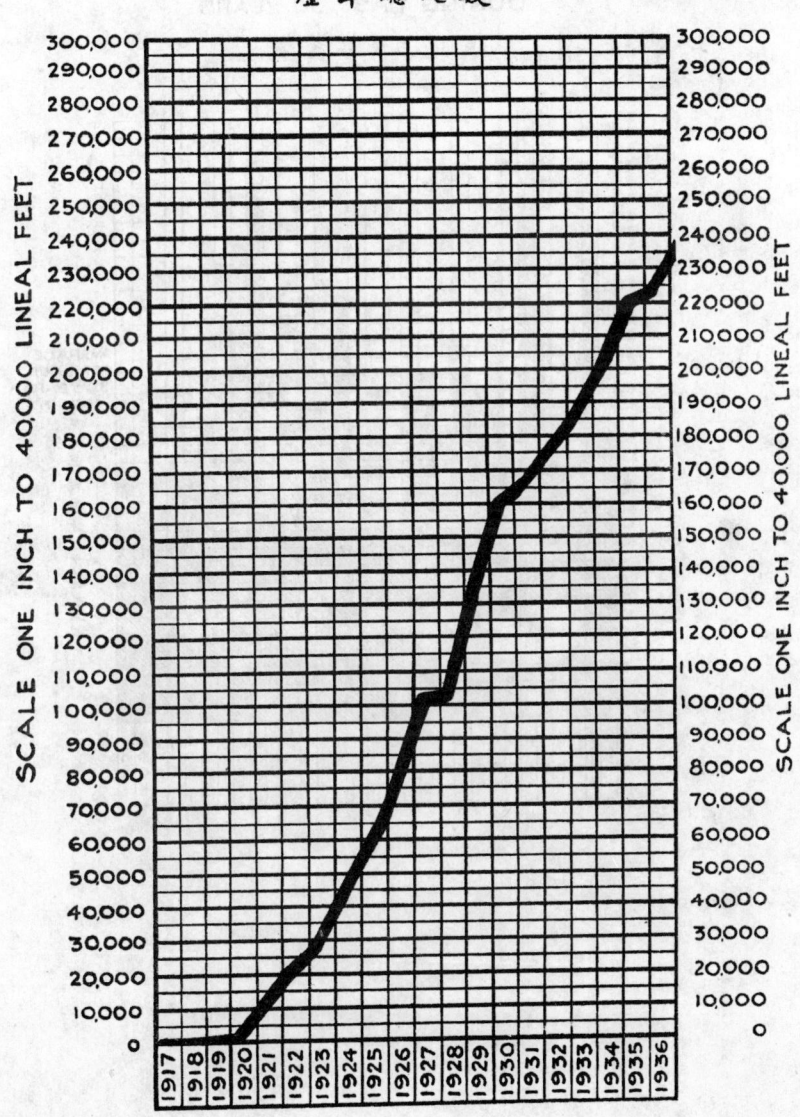

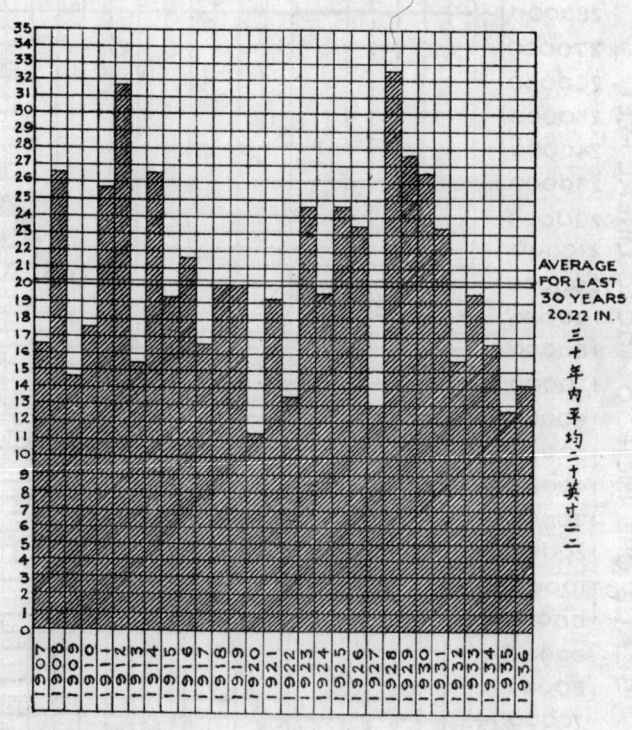

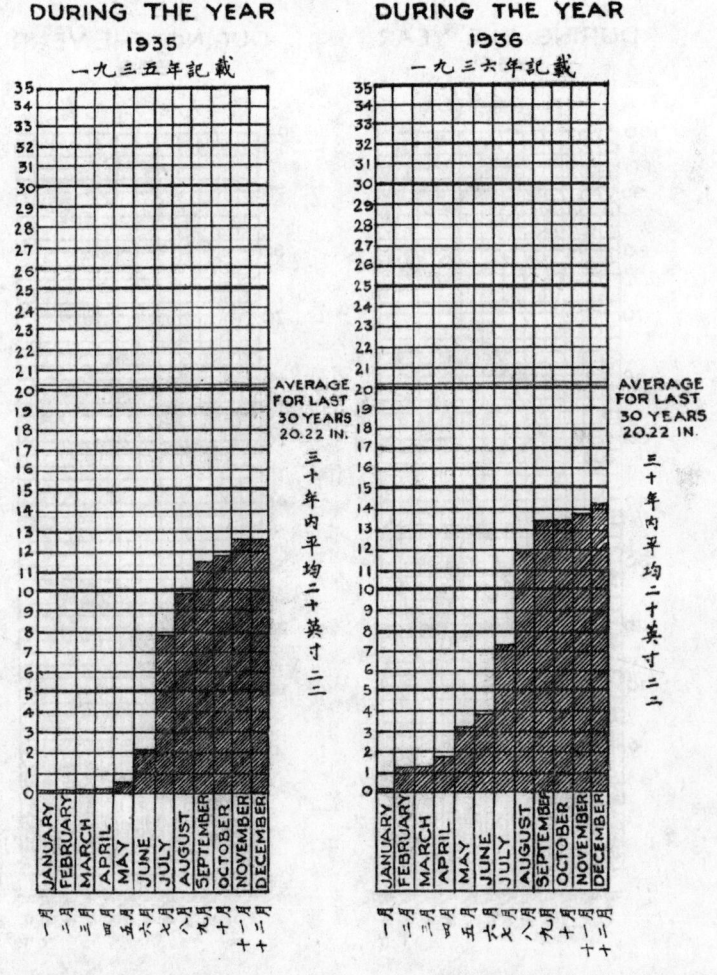

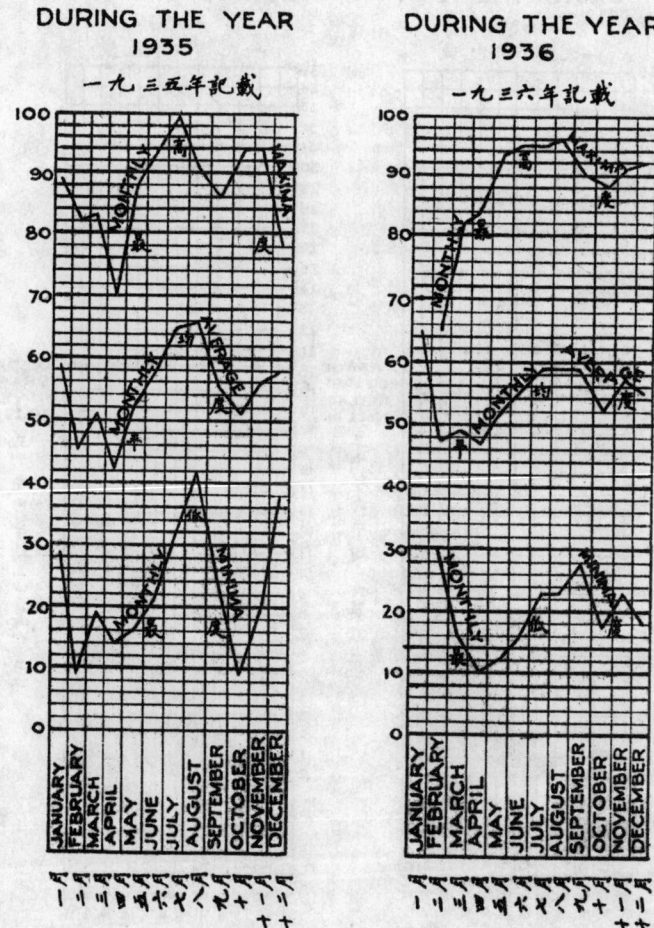

BRITISH MUNICIPAL COUNCIL
TIENTSIN
PUBLIC WORKS DEPARTMENT
最高與最低溫度圖表
DIAGRAM OF MAXIMUM & MINIMUM TEMPERATURES
DURING LAST 30 YEARS
最近三十年記載

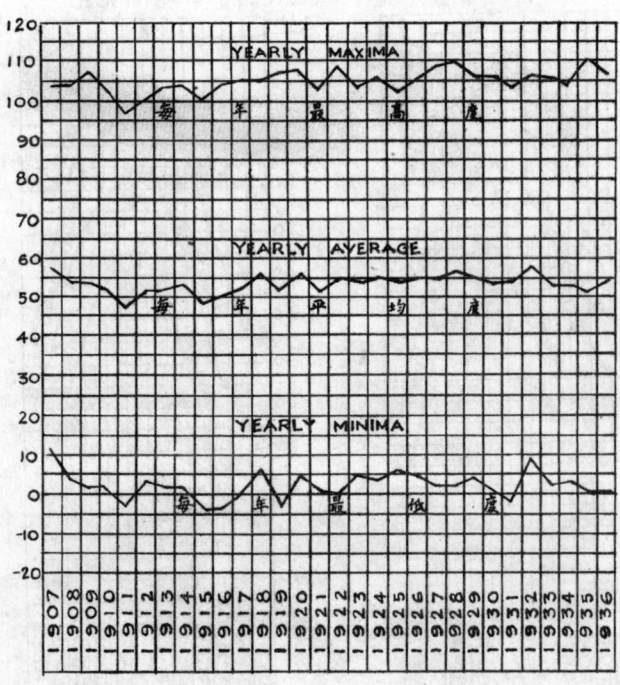

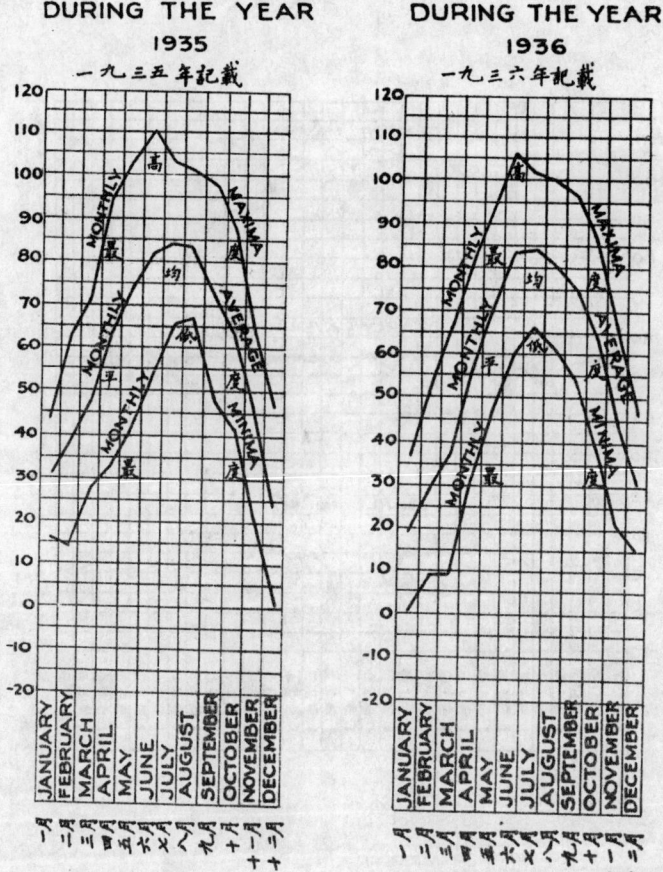

天津通史资料丛书
万新平总主编

天津市档案馆编

天津英租界工部局史料选编 下

天津出版传媒集团
天津古籍出版社

天津英工部局
1937年董事会报告
暨1938年预算

驻津英国工部局 1937 年报告

本董事会兹将常年市政报告连同 1937 年截至 12 月 31 日止之财政统计暨 1938 年之收支预算一并陈请选举人察[查]核。

1937 年 4 月 7 日英租界选举人第十九次常年大会选出董事会各董事如下:

柏志士君、赵君达君、庄乐峰君、狄克森君、徐柏园君、黄约三君、罗杰君、罗素君、体伯君、王荷舫君。

新董事会于 1937 年 4 月 9 日集议推举体伯君为董事长,庄乐峰君为副董事长,并分组成立各委员会列次:

人员暨财政委员:

柏志士君、庄乐峰君、狄克森君、徐柏园君、黄约三君、体伯君。

医院委员:

庄乐峰君、罗杰君、体伯君、王荷舫君。

工程委员:

柏志士君、庄乐峰君、罗杰君、罗素君、王荷舫君、贝克少校(由董事会公请加入)。

公安委员:

赵君达君、庄乐峰君、狄克森君、罗杰君、体伯君、王荷舫君。

电务委员:

柏志士君、赵君达君、徐柏园君、罗素君。

水道委员:

赵君达君、狄克森君、黄约三君、罗素君。

董事长因职务关系为各委员会之委员。

担保英租界市政借款债券持有人保管团契约

本契约成立于 1937 年 5 月 31 日。驻津英国工部局（此后称为工部局，在适用处应包括其承继人）为订约之一方，天津出庭律师 Percy Horace Braund Kent（甘博士）、津商 Hugh Felton Dyott（戴悌君）暨津商 Howard Payne（裴恩德君）（此后称为保管团，在适用处应包括其承继人）为其他一方，并为工部局 1932 年 6 月 10 日因担保偿还 1932 年普通用途借款与 Percy Horace Braund Kent（甘博士）、Hugh Felton Dyott（戴悌君）、John Mogford Dickinson（狄更生君）所订契约之增添部分。该契约细则详列于后并因：

一、按 1927 年 9 月 9 日订立契约，工部局以正式抵押手续，将工部局某项产业（其细目详契约）移交与上述之 P.H.B.Kent（甘博士）、H.F.Dyott（戴悌君）暨 J.M.Dickinson（狄更生君）（已故），此后称为原有保管团，成立为天津英国工部局资产之第一担负，用以担保 1926 年 12 月 31 日尚未清付之英工部局市政债券随时到期本利之偿付。

二、按 1929 年 3 月 19 日契约载明：工部局因担保汇丰银行某种垫款起见，与该银行订立契约，以正式抵押手续成立工部局资产之又一担负，移交汇丰银行。

三、汇丰银行此项垫款业由工部局偿还：因之上述抵押担负已由 1932 年 6 月 7 日契约注销。

四、按 1929 年 9 月 16 日契约，工部局为担保职员养老金支付起见，与原有保管团成立工部局资产之新担负，惟因上述缘由，此担负成立为工部局资产之第二担负。

五、遵照 1932 年天津英租界选举人 4 月 20 日大会之特别决议，工部局于 1932 年发行债券计银 100 万两（津平），称为 1932 年普通用途债款。

六、为保障偿还 1932 年普通用途债券起见，工部局于 1932 年 6 月 10 日与原有保管团订立契约，以正式抵押手续成立工部局资产之添加担负，惟因前述缘由，此项担负成立为工部局资产之第三担负。

七、因前述 J.M.Dickinson（狄更生君）于 1934 年 8 月 30 日去世，故 1927

年9月9日契约担保之英国工部局市政债券之登记持有人,于1934年12月19日在天津集会推举Howard Payne(裴恩德君)补充狄君遗缺。

八、天津英租界选举人于1936年12月9日大会通过决议,授予董事会筹措债款权限,用应随时需要。此债款总额以中国法币550万元为限。其第一批债券定于1937年7月1日发行,计中国法币100万元,第二批于1937年11月1日发行,计中国法币50万元,第三批于1938年1月1日发行,计中国法币120万元,其剩余额数依随时需要再为发行。

九、董事会据前述事权,准于1937年7月1日发行债券,其票面刊列第一单件所列条款,并名之为"1937年整理债款"。

本契约签证各款列次:

一、工部局与保管团签定:对于1937年550万元整理债款持有人所持之债券,如到期应予还本或清付者,决按票面分别十足偿付。期未到期或未清付之债券,工部局对该债券之持有人按年息6厘付息,每年1月1日暨7月1日分期支付,至偿还券本时止。并规定如次:

(一)1936年12月9日,选举人特予核准之270万元债券,其还本应自1947年起按第二单件办理。

(二)倘该借款债券继续发行,其每年应付之数当按1947年该借款未清付之总额数比率照加,俾债券还本至1961年,得以完全蒇事。

但本契约任何条款不得梗阻工部局于1961年前施行完全清付该债款之权衡。

二、为增强前述工部局应行偿付款额之担保,并使1937年整理债券持有人享受工部局与原有保管团于1932年6月10日所订契约之利益,虽对此利益1932年普通用途债券持有人享有优先权,工部局由此将天津英国工部局一切资产(详1927年9月9日契约所附清单第四节甲、乙项下暨其他清单)移交保管团。按照条款规定作为1937年整理债券持有人之利益,但前述1927年9月9日及1929年9月16日各契约所列担负连同1932年6月10日契约为担保,1932年普通用途债券持有人所成立之担负概成为先决条件。

三、除遵照前述各担负条款外,所有1932年6月10日保管契约规定之条款暨权利,或因该契约关系保留之条款权利,凡保管团认为适用者(包括1927年9月9日保管契约之适用各款,该契约附列第三清单)应认为本契约之一部,藉资担保偿付上述到期应付各款额,一若此项偿付系该保管契约担保义务之一部分。

为此，工部局与各保管团员于上述日期签署此契约为凭。

上述第一单件

一、本债券为英租界选举人于1936年12月9日决议，准许董事会随时发行债券中国法币550万元之一部。此债券之还本，工部局须按票面在1937年6月30日后10年外24年内执行之。

二、此债券与上述债款中国法币550万元之已发行未清还之一切债券或任何已发行债券之一部，概按条款规定，同其效用与发行日期迟早无涉。

三、本债款成立为天津英国工部局资产之担负，惟因1927年9月9日工部局与P.H.B.Kent(甘博士)、H.F.Dyott(戴悌君)、J.M.Dickinson(狄更生君)订立契约担保，1927年前工部局发行借款之债券持有人所成立天津英国工部局资产之第一担负，因1929年6月16日契约担保工部局享受养老金职员之养老金所成立之第二担负暨1932年6月10日契约担保英国工部局1932年发行普通用途借款之债券持有人所成立之第三担负，并依照1937年5月31日工部局与P.H.B.Kent(甘博士)、H.F.Dyott(戴悌君)、Howard Payne(裴恩德君)订立契约担保整理债券本利之偿付而成立英国工部局资产之第四担负，本批债券之持有人按照该契约条款规定得享受其利益，唯由此债款所筹款额首当用以偿还上述1927年9月9日保管团契约担保而尚未偿还之全数债券，此1927年9月9日担保之义务业经履行，则1937年5月31日之保管团契约当列为工部局资产之第三担负。

四、本债券如已届还本之期，无论是否持券取本，一概停止付息。

五、凡借款之一部，用上述债款任何时发行之债券还本者，此还本债券之号数当用抽签决定，其中签券号并在天津英租界出售之，中英文报章各一份通告之。

六、本债券本利之偿付需要债券息单，分别移送天津汇丰银行，以凭支付。

上述第二单件

年期	年终尚未清还之总数	还本额数	利息	担负总额
1947	2,571,500	128,500	162,000	290,500
1948	2,435,300	136,200	154,290	290,490
1949	2,290,900	144,400	146,118	290,518
1950	2,137,900	153,000	137,454	290,454

(续表)

1951	1,975,700	162,200	128,274	290,474
1952	1,803,800	171,900	118,542	290,442
1953	1,621,500	182,300	108,228	290,528
1954	1,428,300	193,200	97,290	290,490
1955	1,223,500	204,800	85,698	290,498
1956	1,006,400	217,100	73,410	290,510
1957	776,300	230,100	60,384	290,484
1958	532,400	243,900	46,578	290,478
1959	273,900	258,500	31,944	290,444
1960		273,900	16,434	290,334
		$2,700,000	$1,366,644	$4,066,644

上述第三单件

本契约成立于 1927 年 9 月 9 日，驻中华民国天津英国工部局（该局暨其承继人嗣后称为工部局）与天津出庭律师 Percy Horace Braund Kent（甘博士）、津商 Hugh Felton Dyott（戴悌君）及津商 John Mogford Dickinson（狄更生君）（各该员暨其承继人嗣后称为保管委员）为双方订立契约人。工部局因天津英国租界市政用途，曾发行债券计至 1926 年 12 月 31 日止，其未清付之额数共合银 2,571,040 两。查派充核议英国租界善后行政之中英委员会曾建议该借款债券持有人须有保管契约为保障其条款，依照该建议所附草案订立该草案，详后附清单。上述保管契约（嗣后称为拟定契约）规划自本年开始借款还本，并为实施此规划起见，工部局即须照样组织保管团，又为稳固市债信用暨债券行市起见，该保管团应即成立，现在总领事未克依上述建议就保管委员职务之先，工部局经驻津英国总领事之同意派 Percy Horace Braund Kent（甘博士）为保管委员，又依照拟定契约意向，在中国政府未派定代表之先，暂派 Hugh Felton Dyott（戴悌君）充任保管委员，暨派 John Mogford Dickinson（狄更生君）为债券持有人代表，前列各员业允充任保管委员，立此契约为凭，并声明后列各节。

一、依照本契约之规定，并按代表中国政府与英国总领事之保管委员暨中国政府派定保管委员缺席关系之变更，所有拟订契约各条款概应认为本契约之一部，俾按照前述限制使之完全实施有效。

二、工部局由此将拟定契约第四款（一）项暨第二号清单所列一、二、三各项局有地亩产业与建设事业，依工部局所具一切产业及利益移交保管委员，并按本契约第一款之限制为拟定契约保管团之合伙占用人暨保管人，惟须以拟定契约之第二十二款借款还本规定为先决条件，迨至拟订契约施行有效时，保管委员遵工部局之意旨应同意于此项移交（拟订契约），该保管团之让与以应需要。此项移交或须包括将抵押产业之地产管业权按拟订契约第五款规定交付英国总领事管业之各项手续。

三、为施行本契约意旨，并注释拟订契约第一款、第三款、第十一款暨第十八款丙项之意义参照后列各节。

（一）上列天津通用银 2,571,040 两为工部局计至 1926 年 12 月 31 日止所有银两暨银元借款之尚未清付总数，工部局往时之银元借款或现时之未清付借款部分概依照银 70 两折合洋 100 元为核算标准，详拟订契约第一清单。

天津通用银两系行平化宝银，重 557.6 厘净银.992 成。

（二）工部局与保管委员协定，借款债券本利应按票面偿付，其银两按上述天津通用银两支付，银元按天津通用银 68 两可购进百元之标率支付。无论如何，债券人收受银元数目不得比较债券条款规定应付之数减少。工部局并协定依照债券条款履行担保债券本利义务，惟按拟订契约第九款、第十款，以可用款额参照，第十二款规定施行之提前还本或按第十二款已节所列情形不照票面价额之收买，皆不在其例。

（三）拟订契约第十一款所载"应付海河工程局一切款额"应改为"所有到期应付或预计本年应付海河工程局暨嗣后每年应付款额至完全清收为止"。

（四）倘保管委员之一因辞职或迁居或充任工部局董事或其他缘由而退职，或因病出缺，工部局应另举新保管委员或其余保管委员，因情势需要得召集债券人会议推举新保管委员。

四、要求保管委员召集债券持有人会议之债券人数至少须持有当时未清付之债券 1/10，无须遵照拟订契约第二十一款规定持有债券 1/4 之限制。

五、工部局对于本契约制定抵押暨与拟订契约无关系之财产保留其抵押成立权，以便工部局得向银行商借总额不超过 15 万两之垫款。藉于 1927 年与 1928 年偿付在 1926 年订购之发电机件暨其他机器之购置支出，及 1927 年扩充水道处机厂之特别购置支出，除遵此临时通融保留外，所有拟订契约所列市政财产之第一担负不得有所损益。倘无保管委员之允准，工部局不得许可任何局有财产之其他处理。关于已抵押财产外之资产处理，保管委员应予同意者，须以其筹措款额用为促进借款还本，或为保管委员所核准，认为增加债券担保之特别购置支出为条件。

六、本契约或拟订契约任何部分,不得释为得以梗阻工部局用本契约所列担保品筹措借款,用以清理前列未清付之借款还本或债券整理,并同时筹款发展本租界市政建设,惟此项办法须经保管委员认为满意,对于债券持有人利益有充分保障。

七、倘拟订契约非依照本契约第一款规定并入本契约而施行有效,则上述 P.H.B.Kent(甘博士)、H.F.Dyott(戴悌君)应即停止其保管职务,又保管委员应同意于免除其本契约保管责任之任何需要契约文件,俾拟订契约得施行有效,惟须参照该契约第三、第四、第五、第六款所列条款办理。

本契约成立于上述年月日期。

由驻津英国工部局加用印铃。

Percy Horace Braund Kent(甘博士)

Hugh Felton Dyott(戴悌)签押为凭

John Mogford Dickinson(狄更生)

契约内清单

本契约成立于1927年 月 日,驻中华民国天津英国工部局(嗣后称为工部局)为第一方面,中国政府代表甲、乙、丙君为第二方面,英国总领事杰迩逊君与(中国政府委员)子君、(工部局派充在津或由人代理之英租界市政债券持有人代表)丑君(该员须待召集债券人会议证实之或另行推举)为第三方面订立契约人。查天津英国工部局因市政用途发行之债券,计至1926年12月31日止,其未清付之额数共合天津通用银 2,571,040 两,此项借款成立为上述英国工部局一切资产暨收入之第一负担。倘该英国工部局管理有新机关接替情事,前述借款应即施行归还。该借款债券持有人因允诺上列此项变更有权要求制定办法,确保债券行市与票面债额切近无差,并保持债券担保品状况邀债券持有人之满意。查工部局现有营业资产及其管业权如发电机厂、水道处机厂,暨一切分输设备附属机件与河坝码头及轮舶装卸货物设备,又关于英国租界推广界填地规划之机件设置,工部局曾负担购置支出,唯此项填地收费迄今未有用以偿付上列购置支出,其填地工程尚有应收款额计天津通用银36万两,兹为保持财政源流建树信用,藉利嗣后,英国租界市政用途筹措借款,并期贯彻上列各目的起见,工部局提议于不妨害前述英国工部局一切市政资产与收入之第一担负情况下,推定英国总领事中国政府代表暨该项借款债券持有人代表为保管团委员,即由上述杰迩逊君暨子君、丑君充任之,并将上列资产依照本契约条款规定,交付该保管委员。又查上述代表中国政府之甲、乙、丙君以成立将来接替英国租界工部局之市政管理机关制定义务为旨起见,对此已经承许。

兹立此契约为凭,并声明各节列后。

一、工部局:即驻津英国工部局,本契约之第一方面已用此称。

本租界:即天津英国租界,当日由工部局管辖者。

管理机关:即任何管理组织可以接替工部局管辖本租界者。

借款:即上列 2,571,040 天津通用银两,为工部局随时发行,及计至 1926 年 12 月 31 日止,尚未清付之借款总数详附第一清单。

债务:即上列借款现时未清付之债券。

债务持有人:即现时执有债券之各人氏。

保管委员:即上述之杰迩逊君、子君、丑君或其他现时担任保管任务之委员。

已抵押产业:为工部局依照本契约第四条款转移于保管委员之产业。

二、工部局由此承认负欠保管委员天津通用银 2,571,040 两,按照各该债券所载日期每半年支付利息,并按期分别还本及最后还本,详附清单第一号依照债券条款之偿还,债券持有人本利应按偿付工部局负欠保管委员债额办理。

三、工部局与保管委员协定,债券之利息支付与按债券票面之还本应照债券条款办理,惟因款额充裕而执行,按照本契约第十二款规定之提前还本或因本契约第十二款"己"项情形发生,须不按票面之价值之债券购进则不在此例。

四、(一)为工部局所具一切产业利益并代表保管团执管暨为奉行关于本契约所列已抵押产业声明各节起见,尤以遵照规定重行归还工部局或移交于本契约第二十二款所述之管理机关为特要,工部局得上列甲、乙、丙君之同意,由此将工部局所有一切地产暨经营事业,即普通称为英国工部局发电厂、英国工部局水道处机厂及英国工部局河坝码头之产业交付保管委员执管,其细目详附清单第二号甲节、乙节暨丙节。

(二)工部局得甲、乙、丙君之同意,承认债券持有人享有上述第一担负之权利,为此制定英国工部局其他市政资产及收入之第一担负,应划归保管委员列为清付借款本利之用。

五、工部局执行本契约条款应即将已抵押产业内工部局地产管业权交付驻津英国总领事或其继任人员,或其他当时驻津英国政府之代表替保管委员执管,藉以完成本契约第四款规划之转移手续,并促进第二十二款规定之实行,因此关于已抵押产业或其一部分之管业权承管须依照上述制定,由驻津英国总领事或其继任人完全接替。工部局应即签立完成执行一切拨让售卖转移契据登记及属于任务之需要手续。

六、(一)关于已抵押产业内电气暨给水事业,保管委员应断为业已由工部局给予此两种特许权权利,此项特许权之有效时期应与借款未清付时期同其久长。给予保管委员之专利应包括:本租界内一切发电、输电事业暨给水事业,工部局不得准许其他会社公司、商号或人氏经营,任何直接或间接与前列同一事业竞争之业务,若用户所需之电气零件及零星装具营业则不在此例。此项特许权应准许本租界内电流或给水之极度扩充,例如水管电杆之布设权暨工部局管辖之公用道路,与其他地段之一切工程设施连同因维护上列工程充分利益需要之挖掘工作,惟此项特许权非俟此担保实施执行时不得运用,如担保实行则为补助保管委员权利于能力起见,此项特许权应完全施行有效,并因本契约规定,已抵押产业或所列任何事业之变卖租让,或其经营之处理并得转移之。

(二)关于河坝与码头保管委员应断为已受有上列效用相同之特许权,并为码头河坝之保管人。

七、保管委员应执管已抵押产业,暨关于上列事业嗣后购置之产业担任保管之责,迄本契约所列保管委员之进占暨执行管业,须予实现与此项权力之运用,业经制定,保管委员允许工部局执管适用暨享受经营已抵押产业所列之各种市政事业及其经常业务,并收受其进款暨余利,但本契约任何条款并不准许或给与工部局权衡成立已抵押产业任何担负,比之债券较为优先或与债券相等之担负。

八、关于上列事业之规划或现时抵押产业,包括之任何部分之变卖、交换或出租,倘保管委员认为与债券持有人无所损害者,保管委员得随时因工部局之请求给予同意,惟由此项处理所得之现金,工部局应用之于偿付借款,但用以购置或整理任何产业如已列为或拟列为抵押产业之一部分者,保管委员得全权核准之。

九、工部局应每年准备天津通用银23万两为偿付借款之用,各借款还本每年支付日期及数目须依照本契约第十二款规定办理,此23万天津通用银两应为已抵押产业所获收入之第一担负,倘任何一年抵押产业所获收入有不敷准备,前列天津通用银23万两到期之需要时,工部局应由本租界普通收入款项内提拨补足之。

十、(一)为遵照本契约意旨起见,工部局得前述甲、乙、丙君之同意将英租界推广界填土工程之合同利益,与经营填土所收之款项尽数移交保管委员,其细目详第二清单"丁(四)"项,此种款额依照本契约第九款借款偿付规定,应列为每年准备天津通用银23万两定额之增添数额。

(二)工部局与保管委员协定执行一切需要手续用保,关于此项填土工程与海河工程局暨其他地主订立之合同概得履行。

十一、迨前第十款所列关于填土之工程费届期收款,工部局应另立账册将此项收入暨应付海河工程局之一切款额与所有围堤、布设、移挪水管及其他有关填土费之支出列入该账册,此外该项收款内不得再支其他费用,其结余应随时依照第十二款规定,用以清付借款并为会计利便,计每日应结算一次,工部局对于其结余,应给予与银行透支利率相等之息金。

十二、工部局按照本契约第九、第十暨十一款借款偿付规定,将可支款额依下列各节分配之:

(一)依照债券所列付息日期,照付各该借款未清部分之利息;

(二)除为措置本条丙(三)节所列三种短期借款还本,需要得权衡调剂其数目及抽签次数外,工部局应谨守下列各借款已开始之每年还本及应还数目之规定,至完全清付为止:

1912年"B字"借款 …………………………………… 2500两
1919年消防设备借款 ………………………………… 4000两
1920年市政投资银行借款(3400元) ……………… 2380两
1921年市政投资银行借款(5000元) ……………… 3500两

(三)工部局应按前节支配1927年暨1928年结余款额,用以归还短期借款债券之到期付款,即1920年电气借款、1921年普通用途借款暨1923年普通用途银元借款。盖债券持有人因答复通告有声明将所持债券兑换票本者,倘此项债券总数不足吸收准备款额时,保管委员得权衡支配剩余之款额,用以归还乙(二)节所列借款或建议于债券持有人归还1922年、1923年、1924

年、1925年暨1926年之普通用途借款，惟须注意于上列三种短期借款暨乙（二）节所列1919年消防设备借款之必须完全清付日期。

（四）工部局应于1929年提拨天津通用银元至少数4万元，按照条款归还1923年普通用途银元借款，并依照甲（一）节、乙（二）节规定进行丙节所列各项。

（五）依（一）节（二）节规定暨1923年普通用途银元借款，需要保管委员应于1930年将可支款额归还1920年电气借款，嗣后以此项需要暨按1920年短期电气借款及1921年普通用途借款还本之需要，与乙（二）节所列因借款延期偿付所需弥补之款额概为先决条件，此种款项应用以归还1920年电气借款及后续借款之到期偿付，依照条款按未清付部分分配之。

（六）倘工部局随时有不需之款额，若其数目不敷特行通告归还借款或无人前来声明愿接受债券付本者，工部局得用该款由公开市场购进债券或保留该款，按银行透支利率给予息金，惟对于上述短期借款还本时期之义务，工部局应充分注意之。

（七）特此声明本契约之任何条文不得释为可褫夺工部局因保障借款在规定期限内还本需要权衡之施行，若其施行，系出于诚意，工部局并不因保管委员或债券持有人之起诉要求而担负损失。

（八）债券之十足还本应用抽签法办理之，其注销手续应有保管委员之代表一人在场监视，倘上列一种借款之全数债券被一人执有者，则工部局可与该债券持有人磋商，同意免去抽签手续。

十三、工部局与保管委员协定在本契约有效时期，工部局始终执行下列各项：

（一）正当经营管理已抵押产业内所列各事业，聘雇所需专门人员并保持其现时所具营业要素维持其效率，用邀保管委员之满意，倘工部局认为随时有任何变更之必要，其施行必须得保管委员之书面许可，保管委员给予此项裁决应纯以债券持有人之利益为断。

（二）保持已抵押产业各事业现时施行各种费率，非有保管委员之书面许可不予变更。

（三）继续现时会计制度暨所有簿册，关于上列事业一切业务经过概须正确列入并一如往日保存，各该簿册及同类文件于工部局办公处用备，保管委员或其他人氏以书面预约于任何办公钟点得有参阅各该簿册之便利。

(四)给予上述保管委员或其他人氏所需关于该事业之一切闻料。

(五)若无保管委员预给书面许可,不得拆卸或迁移前列事业之一切房屋、建筑、码头之任何部分或机厂机件、装件、零件,或业经并入该事业之任何部分。但各该部分之拆卸、迁移,倘因颓废损坏须剔旧置新,在工部局认为应易以性质相同或物值相等为最低限度之更换,暨在必要时之一切机厂机件、工具、器械、用具及其他同类性质之物件更换,无论其为现用或备用或关于上述事业或其一部分颓废损坏所致之更换置新,概不在此例。

(六)保持已抵押产业一切建筑及机厂机件、装件、零件、工具、用具暨其他关于前列各事业一切应用物件之修理完整暨最美备之运用状况。

(七)倘保管委员工程司工程员或其他人氏,随时用书面约请入该事业厂所参观机厂机件、装件、零件、工具、用具暨其他关于各该事业应用物件情形者,应允许之。

(八)已抵押产业之应保险部分,概应保火险以免损失,并继续保险按照其充实设置之价值,为度其承保火险公司由保管委员指定所有保费暨其他关系保险之费用应按期支付,各保费收据(如有需要)应即递交保管委员,凡因上述保险所得之偿金应用以补偿该产业所遭损失,又对于该产业之修理完整保持最美备之运用,暨依照上述规定应付之保险或将保费收据递交各节。倘有爽约情事,保管委员得自动处理,其认为应修之部分暨付之保险或将上述产业或其一部分继续付之保险。工部局对于保管委员因上列各节所致之费用于送单索偿时,应全数归还之,或在未清付前按 7 厘年息,自支付日起列为抵押产业之最先担负,比债券较为优先。

十四、(一)关于办事手续,保管委员应自行规定,遇有意见不一致时应依多数取决之。

(二)关于会计、机械、法律问题,保管委员为履行职务起见,如认为必要,得自由咨询意见。倘因情势需要,保管委员认为须设立秘书处时,得依其他商埠相类情形下之成例设立。保管委员因上列情事或其他关于履行保管职务所致之费用,应由工部局偿付或在未清付前成立为抵押产业之最先担负,比之债券较为优先。

十五、由此成立之担保如遇有下列各节之一项,依照本契约意旨应即执行有效:

(一)工部局爽约,不按本契约偿付应还借款之本息。

(二)工部局产业之任何部分如受法庭判断或执行处分。

(三)工部局办理抵押或表示欲成立产业之任何担负或抵押,其性质或条款关于已抵押产业或工部局一切资产连同工部局收入,与本契约成立之担保相等或较为优先,或比本契约第四款所载之第一担负较为优先。

(四)工部局允予或表示允予任何会社、公司或人氏特许权利,或其他权利经营已抵押产业,所列之任何事业或直接或间接施行或核准任何规划,在保管委员认为足以损害本担保之价值者。

(五)工部局爽约不履行或不遵守本契约协定各节或规定之工部局义务。

十六、本契约成立之担保须执行时,其借款应立即按照各借款未清付之数目比例清付之,保管委员并有全权办理下列各项。

(一)占用已抵押产业或其一部分并继续经营,该事业之业务接收入款及支付一切欠款,暨进行不动产之需要修理,将已抵押产业之任何部分付之保险,暨剔旧置新一切动产施行维持暨经营该事业或其一部分之一切设施。一若本契约未尝执行为工部局本欲进行者,并用工部局或其他名义起诉追还关于该事业或其一部分之一切欠款,及给予其他索偿收据暨互让调解工部局之要求,或工部局之被人要求并为此项用途连同其经理或其他费用筹措款项不限定利率列为次于债券之担负。

(二)切实履行一切合同,追索、起诉或勒令各悬欠款额之偿付或关于推广界填土工程之款额偿付,暨依照本契约第十款移归保管委员之款额偿付。

(三)变卖、收集或将已抵押产业或其一部分易换现款暨全权将已抵押产业内之事业或其一部分当众拍卖或订立合同出售,一次收款或分期收款或记账收款,其余数列为产业之担负或以产业为担保,惟此项出卖权应包括出租权。

(四)为贯彻本契约任何意旨,保管委员得自由指派领受人、代理人或经理人成立或参与组织一公司或数公司、藉便经理购买、租赁或从保管委员方面取得已抵押产业或其一部分。

(五)一俟本条款施行有效,依本契约第六款所列,给予保管委员之特许权利应切实执行有效,并依照授予保管委员租卖及经理权限规定,此特许权限应断为附于各该事业并为各该事业之一部,其有效期限自保管委员占有之日起算,以30年为度,俾关于已抵押产业之上述处理得以实行有效。

(六)倘由此成立之担保须予实行,而保管委员不执行其赋有权利,则保管委员因未清付借款债券总数1/3之债券持有人集会,其出席人3/4之多数议决应进占已抵押产业或其一部分,并执行其认为保障债券持有人利益必须之手续。

(七)保管委员施行其权限时,其为出于自动或因债券持有人之请求,债券持有人在集会时应派定债券持有人或其代表至少3人或至多7人为保管委员之参议,惟无其他事权。

(八)召集债券持有人会议及开会程序暨制定只许债券持有人可有代表出席,条款详附第三清单。

(九)为贯彻本条款意旨及其目的起见,工部局由此派定保管委员为其法定代理人,畀以全权用工部局名义代表工部局执行可以办理已抵押产业之租卖或其他处理,俾臻完成或管理经营该产业一若其业主,并赋以替代全权。

但本条款之任何一项不得释为可以阻碍保管委员于执行上述纠正后接得相当担保或其他补偿办法,堪认为足以保障债券持有人利益,将已抵押产业或其一部分之占有权在实际可能状况下交还工部局。

十七、保管委员应保管因经营、租售或其他处理已抵押产业收进之款额,第一为履行保管职务关于上列经理、租售或其他处理所致之费用,包括保管委员酬劳金应始终由此支付或保留之。其次余款用以偿付债券持有人所持未清付之债额,按照其应偿数目分配与偿付各该债券之积欠息金,再将其余款交付工部局,并执行需要之处理,如关于保管委员因已抵押产业或其一部分之经理人、租赁人及其他关系所有之一切权利交付工部局。

十八、(一)关于上述保管委员,驻津英国总领事杰迩逊君业已由英国政府派定充任保管委员,并包括其在职本人或其继任人或其他当时在津英国政府之代表或署理人员于在职时,承继其保管职务不再经过指派手续,倘驻津英国总领事或其他代表随时因事离津,不得放弃其保管职务,其在假期中应由驻津英国领事、副领事或其他代理总领事署一切任务或代表驻津英国政府之人员代理保管委员。

(二)上述子君系中国政府推举者,丑君系工部局推举充任债券持有人之代表,以俟债券持有人另行选举,此项选举应于本契约执行之三整月内举行,由工部局召集之债券持有人会议办理,倘工部局放弃,则由保管委员召集之。

(三)倘子君或丑君因辞职、迁移、退职或其他缘由须退出,保管委员或因病出缺,其余保管委员应由正常官署转知中国政府或召集债券持有人会议以便另行推举,或推选新保管委员,在新保管委员未举定前,其余保管委员一人或数人应代理执行之,倘保管委员因故放弃执行此手续,则依照情形需要,中国政府或债券持有人得自动进行执行一切,其余保管委员一人或数人如接得由相当官署送来之中国照会或债券持有人集会之议决案抄件,经该议会主席及秘书签名者,则任何被推或被选举之保管委员应即断为业经推选举定补充上述遗缺。

十九、倘任何保管委员系银行家或系专门人才或商家,在其应受本契约规定之酬劳金外,对于其个人或其公司因执行保管职务所致一切专业费或其他业务费用并得照索偿付。

二十、工部局除偿付保管委员一切已支费用暨垫款外,随时可给予认为适当之酬劳金。

二十一、工部局或保管委员于认为适当时,可随时召集债券持有人会议,倘有未清付债券1/4之持有人给予书面要求开会,则保管委员即应召集之。

二十二、本契约所列应享受保管利益之全数债券一经清付暨保管委员因此项产业所致之费用业经偿付,保管委员按照本契约第十六条款规定之处理,应将脱离担负之抵押产业依照需要交还工部局或移交上述管理机关,或将抵押产业所负本担保解除之职是之故,保管委员对于此事件应即断为已销除其一切任务。

二十三、工部局由此与保管委员订定工部局决遵守履行本契约所列协定条款,又上述甲、乙、丙君会同代表中国政府签订遵守前列协定与条款,应为替代工部局之管理机关一经成立后之义务,并签定该管理机关必充分遵守履行本契约条款。

本契约成立于上述年月日期由
英国工部局钤印签定
甲、乙、丙君签押
杰迩逊君签押
子、丑君签押为凭

第一清单

英国工部局市政借款

借款	数额	利率每半年偿付1次	可以开始还本日期	必须还本日期	1927年偿还数额	截至1926年12月31日止尚未清还数额
1912年B字借款	银两 50,000	6%	1927年4月1日	1946年10月1日	银两 2,500	银两 50,000
1919年消防设备借款	40,000	7%	1924年1月1日	1933年1月1日	4,000	28,000
1920年工部局投资银行	($50,000) 约35,000	7%	1925年3月5日	1939年3月5日	($3,400) 约2,380	30,240
1920年电气事业借款	($360,000) 约252,000	8%	1930年3月1日	1939年3月1日	——	252,000
1921年工部局投资银行	($81,000) 约56,700	7%	1926年3月5日	1940年3月5日	($5,000) 约3,500	49,700
1921年普通用途借款	300,000	7%	1931年6月1日	1940年6月1日		300,000
1922年普通用途借款	40,000	7%	1933年6月30日	1960年6月30日	——	40,000
1923年普通用途借款	313,600	6%	1933年5月1日	1952年5月1日		313,600
1923年普通用途借款	($200,000) 约140,000	7%	1929年1月1日	1933年12月31日		140,000
1924年普通用途借款	402,500	7%	1934年1月1日	1953年1月1日		402,500
1925年普通用途借款	550,000	7%	1935年7月1日	1954年7月1日		550,000
1926年普通用途借款	415,000	7%	1936年7月1日	1956年6月30日		415,000

欠款总额 2,571,040

第二清单

一、工部局发电厂位置于威灵顿道、敦桥道拐角,计占地6亩4分8厘,其注册号数系推广界第9段第95号,确址详附图黄色地点,包括其上一切建筑、发电机件、分输机件、路灯设备、出租机件暨一切附属机件。

二、工部局水道处占地数段共计37亩3分9厘4毫,其注册号数系扩充界第10段第141号,推广界第9段第88号,推广界第64段第382号,确址详附图蓝色地点,包括其上一切机厂、水井、水塔、水池、抽水机件、输水设备暨一切附属机件。

三、工部局河坝暨码头计占地32亩2分2厘8毫,详附图水红色地点,包括河坝一切建筑物、起重机件暨一切附属设备。

四、工部局与推广界地主所订合同按照1926年12月31日工部局簿册所列详单填土约计116万方。

第三清单

一、关于债券因债券持有人会议或要求，或该会议之召集所用"债券持有人"或"持有人"名称，应认为包括债券持有人之代表赋有法权代理人之权限，担任经营任何债券持有人之在津事业或代理执行其所持债券之权利者。

二、工部局应在办公处准备债券持有人登记簿，以便债券持有人登记所执债额，其手续须持有人将债券陈阅，再登记姓名，注明债款类别及债券额数，倘债券因故不便交出之，理由工部局认为充分者，则陈阅手续可以免除而接受信用殷实银行出具之证书，声明此项请求登记债券现由该银行代其持有人执管，遇此情事时，工部局在执行登记之先得要求售出债券经纪人或其他关系人之证明。

三、为签署致保管团之任何要求或召集债券持有人会议之通告效用起见，所有债券持有人，其姓名于该要求或通告之日期已载列登记簿者，当认为登记簿所列债券之持有人无关此项登记日期，但充认债券持有人之任何人氏在任何债券持有人会议不得充为出席法定人数，除非该持有人已经登记或其已往登记证据业于集会日之前1日下午4时前之八日内办公钟点依照上述规定需要证明送工部局办公处复核。

四、倘会议应由工部局或保管团召集而不即召集，或因附入契约无召集债券持有人会议之规定，则此项会议之召集可由上述登记之债券持有人给予通告，惟所持债券额数至少须等于当时未清付债额之1/10。

五、任何债券持有人会议之召集通告，其公布日期须在议会期前之十二日至一整月之间，该通告应在议会期前连接公布十日，假期及星期日除外，登载通告之津埠中英文日报各一份，应由保管团核定。

六、任何债券持有人会议之主席应由出席该会议债券持有人推定，并须系债券持有人、工部局董事或保管委员之一出席之，债券持有人并须举定会议秘书一人，由工部局秘书长或保管团秘书(如有秘书)担任，否则由债券持有人中推举之。

七、任何债券持有人会议之进行应按照公共会议常例办理，所获决议应断为已经成立由议会主席及秘书签署，某议案证书业经该会议通过。

本契约由驻津英国工部局钤印签定

董事长　　　　　　　秘书长　　　　　签署

钤印证人

上述甲、乙、丙君　　　　签押

证人

杰迩逊君　　　　　　　署名用印

证人

上述子君　　　　　　　签押

证人

上述丑君　　　　　　　签押

证人

契约内清单终

本契约由驻津英国工部局钤印签定

代理董事长　　　　　毕德斯

代理秘书长　　　　　怀富

钤印证人

保管团签押人

Percy Horace Braund Kent(甘博士)

Hugh Felton Dyott,(戴悌)

John Mogford Dickinson.(狄更生)

签押证人 K.W.Mounsey.(孟堪师)天津律师

本契约由驻津英国工部局钤印

董事长　　　　　　　体伯

代理秘书长　　　　　陈道源　签署

证人　　　L.H.Kent(少甘博士)天津出庭律师

保管团签押人：

H.F.Dyott(戴悌)

P.H.B.Kent(甘博士)

Howard Payne(裴恩德)

证人：L.H.Kent(少甘博士)

工部局条例

年间公布增加条文,列次该条例自 1937 年 12 月 21 日起施行有效。

条例第 29 条甲　分送新闻印刷品等

倘工部局认任何报纸定期刊物缮写或印刷品等有碍公共利益,即有权禁止其分送出售,工部局采用任何处理无须声明理由。

各种捐率暨租金照费等

地亩捐：

所有老租界扩充界地亩及推广界之已垫高经过一足年之地亩捐，均按估定价值 1% 征收，推广界内其他各地捐均按估定价值 1/400 征收。

估定房产租值捐：

所有坐落老租界扩充界及推广界内已垫地假估定房产租值捐概按 11% 征收。

地亩转移暨抵押登记费：

地亩转移在工部局登记者均按照本局勘估价值四百分之一收费，以洋 40 元为收费最低数目，至洋 150 元为收费最高数目，概由新业主缴纳。

地亩抵押登记无论产业价值一概收费洋 15 元。

杂项收费

广告招贴及告白等

本租界内建立广告暨招贴告白等，须依照下列规定：

(一)本租界内公众观瞻处所，未经本局警务处给与准许，不得任意张贴广告。

(二)凡备贴广告之招牌，其建立须得有本局工程处之准许。

(三)请求准许人于必要时须将广告式样送呈警务处备阅。

(四)凡有通告广告务须经本局警务处盖章记号加注日期然后张贴。

(五)违犯以上规定者，得科以不逾洋 200 元之罚金。

(六)本规定对于营业或工业厂所建立于该营业等所在地之广告招贴不适用之。

押款与收费由本局酌定。

现时收费规定每方尺每年收费洋 0.075 元。

运载病人汽车租赁费

路程起点	路程终点	外国人跟车(元)	中国人跟车(元)
本租界任何地点	本局所立医院	6	4
其他租界	同上	10	8
本租界任何地点	其他租界之任何地点	10	8
其他租界	其他租界之某医院	12	10
本租界	天津城	15	12
天津城	本租界		

附注:特别一区、二区、三区暨佟家楼之费率与其他租界同。

四至石柱

混凝土带字石柱位置于业主地亩工资在内　　　　　　　　每柱 3.5 元

建筑图样审查费

洋式建筑:

一、每所建筑其容积不超过 20,000 立方尺者　　　　　　　　6 元

二、增加容积每 5,000 立方尺或不满 5,000 立方尺　　　　　1.5 元

三、已核准图样如有更改而于容积无所增减者　　　　　　　1.5 元

四、房屋内部更改与现有墙壁无关者　　　　　　　　　　　4.5 元

否则依照甲乙(一、二)两项收费

五、设某图所载系多所同样房屋,则第一所房屋图样审查费应依上列费率计算之,其他各所仅收规定费率之半数,惟任何一种多所同样房屋图样审查费总数不得超过　75 元

附注:任何单所房图之审查费不得超过　　　　　　　　　35 元

中国式建筑:

住房铺面或商行

3 所或不满 3 所附带下房　　　　　　　　　　　　　　　　4 元

10 所或不满 10 所附带下房　　　　　　　　　　　　　　7.5 元

每增加房间 1 间或房屋 1 所　　　　　　　　　　　　　　0.5 元

他种房屋　　　　　　　　　　　　　　　　　　　　　　15 元

每段房屋取费至多不得过　　　　　　　　　　　　　　　75 元

附注:为便利计算上列费率起见,每一中国式房屋所占平地面积除院落不计外,以不超过 400 方尺为准。

卫生设备项下

核准图样费每一装具费 1 元,至多以 20 元为限。

查验设备费第一次免费,第二次起每次每一装具收费 5 元,至多以百元为限。

杂项

婚丧暨寿事牌楼　　　　　　　　　　　　　　　　　　　　5 元

牌楼如宽至 25 英尺横过马路者　　　　　　　　　　　　　50 元

建筑材料堆积公共道路占地每方码每月应纳费 　　　　　　　　　　0.5元

河坝系船费

轮船类：

各式轮船凡系靠英租界河坝者,以注册净吨数计,每一顿征收系船费洋0.075元,所有纳费轮船得停靠河坝3日(即72小时由开到时起算),如系靠时间须延长者,每增加24小时增加收费洋22元。

驳船类：

凡系靠英租界河坝驳船装载货物,每百吨或不满百吨者,收系船费洋7.5元,此项货物吨数以重量或容积计算,均按照轮船货单为凭。

凡有驳船每系靠河坝一次,加收系船费洋10元,倘系本局请求移动者,不在此例。

上列各费概由各该船公司或代理人缴付。

河坝租费

凡有装卸轮船或驳船货物堆积河坝者,每吨以重量或容积计,征收河坝租费洋0.075元,此费由接受占用船位准许单之商行缴付。

附注：装卸轮船货物凡缴此租费者,得积存河坝7日(海关假期除外),凡有货物逾此限期仍未提取者,本局得代行收存,其一危险暨费用概由货主担负,倘本局准许该项货物过上列期限仍堆积河坝者,则该项货物以包计或以担计,应征收按日计算之寄存费。此按日计算之寄存费率大概与津埠普通货栈按月计算栈费相等。

码头捐

凡经过英租界河坝货物均按各货物价值1/1000征收码头捐。

坟墓费暨下葬费

火葬费普通瓮值在内 　　　　　　　　　　　　　　　　　　　　　　50元
墓圹暨洋灰顶盖及下葬费在内(牧师费另计) 　　　　　　　　　　　　50元

除在马厂道塚[冢]园已修家族坟墓或在1933年1月1日前已经购定墓穴者外,嗣后该塚[冢]园只备安葬英国人民之灵柩或本租界住户纳税人或纳税人家族之灵柩。

不在本租界居住并不纳本租界捐税之非英国人墓圹暨洋灰顶盖及下葬费在内(牧师费另计) 　　　　　　　　　　　　　　　　　　　　75元

汽车夫执照费

汽车夫请求执照考验费	1元
汽车夫驾驶执照费	每张3元
长途汽车驾驶执照	每年10元

捐照号码牌

载货车号码牌每个	0.5元
狗牌	0.1元

房屋消毒费

每一房间	3元

电流费率

电灯 每一电码	0.2元

电灯用电费率核减表

用电量类别以电码计	每一电码收费(元)
251 至 500	0.195
501 至 750	0.19
751 至 1000	0.185
1001 至 1250	0.18
1251 至 1500	0.175
1501 至 1750	0.17
1751 至 2000	0.165
2001 至 2250	0.16
2251 至 2500	0.155
2501 至 2750	0.15
2751 至 3000	0.145
3001 至 3250	0.14
3251 至 3500	0.135
3501 至 3750	0.13
3751 以上	0.125

暖气	每一电码	0.05元
烹饪	每一电码	0.035元
电马力 用电量在50启罗瓦特为最高限度者	每一电码	0.06元
用电量超过50启罗瓦特者	每一电码	0.04元

其他多量用电取费另行核议。

医院项下

住院费

	住院费			施行手术室收费		
	英租界住户或纳捐人		非本租界住户暨非纳捐人	英租界住户或纳捐人		非本租界住户暨非纳捐人
英国医院	特别病室	每日12元	16元	重要手术	20元	30元
	优等病室	每日9元	12元	次要手术	10元	15元
	普通病室	每日6元	8元			
产妇住院费	优等病室	每日15元	15元			
	普通病室	每日10元	10元			
隔离病院住院费	英法租界住户(或)纳捐人		非英法租界住户(或)纳捐人			
	每日	5.5元	10元			

注射药品非药方谱所列药材暨专利药品、食物、汽水及酒类概另收费

X光照收费

类别 \ 收费	本局收费（元）	医生手续费（元）	总数（元）
牙齿1枚	2	10	12
牙齿2枚	3	13	16
牙齿3枚	4	16	20
牙齿4枚	5	19	24
牙齿5枚	6	22	28
牙齿6枚	7	25	32
牙齿7枚	8	28	36
牙齿8枚	9	31	40
牙齿9枚	10	34	44
牙齿10枚	11	37	48
大印片 10寸×12寸 12寸×14寸	10	15	25
小印片 8寸×10寸 6.5寸×8.5寸	5	15	20
幕影查考	5	15	20

电气治疗

用电气治疗器（院外诊治）由病院职员施诊：

包括按摩费 （每0.5小时）	5元
包括按摩费 （每1小时）	10元
按摩电机用费 每次	1.5元
普通按摩费 每次	5元

2次	10元
3次	15元
三次以上之每1次	3元

捐照费率列下

汽车、载重拖车每年80元,若在一月以后具领每月按7元收费核计至年终止。

载重汽车每年120元,若在2月内具领按115元核收,若在二月以后具领每月按11元,核收计至年终止。

电水自行车连双坐或不连双坐每年40元,若在一月以后具领每月按3.5元收费,核计至年终止。

附注:(一)在一月以后上捐之捐费概按上捐月份一日起计算。

(二)汽车、长途汽车暨载重拖车如停驶不用或运送他埠,其捐照未满期部分之已缴捐费得按每月6元退捐,载重汽车按每月10元退捐,电水自行车按每月3元退捐,惟捐照暨号码牌在退捐时须缴回,捐务股再捐费退回数目须按请求退捐月份之下月一日起计算。

(三)此为英、法、意、日各租界暨特别一、二、三区之通行捐,天津城里城外不在此例。

签发汽车驾驶执照	每张3元
长途汽车驾驶执照	每年10元
长途汽车特别捐	(每季加收特捐20元)
公用汽车特别捐	(每季加收特捐3元)
马车	每年18元
	每月2元
人力车	自用每年12元
	公用每月1元
自行车(全天津)	每年1元
装货排子车或大车	每月2.2元
小本营生小车(胶皮轮)	每月1元
手车	每月0.3元
犬捐	每年5元
小本营生	每月1.3元

电影院	每月 15 元
牛乳房送货人	每年 0.3 元

旅馆

一等	每月 25 元
二等	每月 20 元
三等	每月 15 元
蒸制酒品捐照	每年 250 元

酒柜捐

一等捐	每月 25 元
二等捐	每月 20 元
三等捐	每月 15 元

经售洋酒捐照

一等	每年 25 元
二等	每年 20 元
三等	每年 15 元
经售中国酒捐照	每年 5 元

押当铺捐照

一等	每年 100 元
二等	每年 50 元
手枪执照签发费	每支 5 元
换照费	每年 1 元

食堂餐馆捐照

一等	每月 25 元
二等	每月 20 元
三等	每月 15 元
屠兽场	每年 75 元
铺捐	每月 0.5 元

图样

英租界蓝色影印全图	每张 5 元

公用营业汽车

下列公用汽车租赁费率业经英国工部局核准：

大汽车载客 5 人以上

在 20 分钟以内最少租赁费	每次 1.5 元
首先 40 分钟	2.5 元
第一小时	4 元
每增加 20 分钟	1 元

小汽车只载客 5 人

在 20 分钟以内最少租赁费	每次 1 元
首先 40 分钟	2 元
第一小时	3 元
每增加半小时	1 元

钟点计算由预定时起至乘客离车时止，再加该车开回车行需用时刻。

垃圾箱

工部局规定式样垃圾箱每只	3 元

人力车价

10 分钟或不满 10 分钟每次	0.1 元
续雇时间每 10 分钟	0.1 元
每一小时	0.5 元
车夫二人推拉	加倍

以上车价仅于日间通用，如在夜晚或遇天时不晴应增加之。

起重机

每次起重至少收费	30 元
若以吨位计算每起 1 吨收费	3.75 元
最大重量限制 30 吨	

测量费

普通测量　未兴建筑地亩　每亩或不满 1 亩收费	5 元
已有建筑地亩无论上建房屋是否须位置图样上　每亩或不满 1 亩收费	7 元

水价

本租界给水按下列费率收费

一、家常给水

住宅公事房暨其他普通用水　　每千加伦　　洋 1 元

二、巨量给水

凡"里式"房产公事房暨住宅等之巨量用户,其需水量每月达 50,000 加伦或过此数者,按下列费率核收:

用水量	每千加伦
50,000 加伦或不满 50,000 加伦	洋 1 元
50,000 加伦以上至 100,000 加伦	洋 0.95 元
100,000 加伦以上至 200,000 加伦	洋 0.9 元
200,000 加伦以上至 300,000 加伦	洋 0.85 元
300,000 加伦以上之数量	洋 0.8 元

三、工业给水:纯粹工业暨(或)制造用水

每月用水量	每千加伦
第一　25,000 加伦	洋 1 元
第二　25,000 加伦	洋 0.9 元
其次　50,000 加伦	洋 0.8 元
其次　100,000 加伦	洋 0.7 元
200,000 加伦以上之数量	洋 0.6 元

此项工业用水之费率现按七五折实收

四、轮船暨驳船

凡系靠英租界河坝之轮船、拖船及驳船,由河坝水龙头取水每 1 吨概按洋 0.4 元收费,此费包括水龙头夫役暨水管通接至轮船贮水舱等费用。

附注:前列家常巨量暨工业用水费率概按每处设备之水表任何一整月实在计量核收。

二、三两项特别费率只适用于英租界内之产业,如用户愿利用此项特别费率,可向达文波道水道处工程师接洽一切。

磅房收费

大车过磅每一吨或不满一吨	洋 0.05 元
每次过磅至少收费	洋 0.2 元

估定房产租值捐

每年9月为缴纳全年房产租值捐之期，倘至9月30日仍未缴纳者，按照本局条例第21条，本局得征收额外附加捐，以欠缴捐数之10%为标准。

如本年地亩捐迟至4月30日，房产租值捐迟至9月30日尚未全数照缴者，则本局对于其请求退还房产租值捐事概不受理，凡已缴纳之捐款本局得依照下列特别情形或准予退还，惟须详予声明者，此项捐款之应否退还完全由本局权衡决定。

房产租值捐要求退还规定

一、凡房产于一年度中有未经占用时期，本局可酌核情形按照下列计算表将已缴之捐款退还。

计开：

未占用1个月者退还5%

未占用2个月者退还10%

未占用3个月者退还15%

未占用4个月者退还20%

未占用5个月者退还25%

未占用6个月者退还30%

未占用7个月者退还35%

未占用8个月者退还40%

未占用9个月者退还50%

未占用10个月者退还60%

未占用11个月者退还70%

未占用12个月者退还80%

二、凡非出租之房产应作为有人占用

三、若房屋内置有家具或货物者，应作为有人占用

四、凡房屋空闲满足一整月者，即自本月某日空闲至次月之同一日期得要求退捐，惟该房业主或经租人应即于房屋空出日报告。

工部局并每逢满届一个月继续报告一次,一俟租出应再于租出日立即报告之,倘不依此随时报告注明每假地空闲房屋住址,其退还房捐要求当即失效。

五、第一次房屋空间报告须用特别格式,此种特别格式可向英国工部局会计处索取,该格式内应列房屋号数系业主用以志别其管业地假房屋定有不同额之租金者。

各假房产类别列次

(一)多所成排房屋其租赁以一整所为单位者。

(二)某假地房产系铺面、办公室、住所或分租楼房暨货栈合成者,其出租以全部或一部分为单位者。

(三)货栈其出租以分截部分为单位者。

(四)菜市建有铺面住房摊子概可分租者。

(五)大所住房其出租以房间为单位者。

六、业主或经租人于要求退捐时须采用"首次报告"格式,并于该报告内分别详细说明,每假房产之出租单位与租金之总收入暨各单位之按月租金数目。

七、此后业主或经租人再有退捐要求,只须用信函援引首次报告注明产业假数、号数,工部局主管退捐要求人员当即于该房屋之首次报告照行注明。

八、倘每年地捐至4月30日,房产租值捐至9月30日尚未全数清缴者,其退捐要求本局概不受理。

九、凡有退捐要求应函交驻津英国工部局会计处长,并于封皮注明请求退捐字样。

十、工部局得随时派员查明请求书内所具各节,如查有具报不实或误报情事,其所具要求概作无效。

十一、证书格式须经业主或经租人签注如下:

"鄙人证明房产租值捐退还,请求书内所具各节据鄙人所知所信概系实情。"

秘书长兼工程师　巴恩士

工程处 1937 年报告

1937 年灾患频仍，殊堪注意，如兵灾、水害、霪雨连绵、霍乱、地震，无一不备，尤以下半年为显著。只因兵灾、水害以及霪雨之同时并至，本处事务激增，幸河流泛滥暨雨水滂沱未成灾象。查八月间所得雨水量计 16.03 寸，此为 1890 年 9 月 1 日以来每月气象统计之最高记录，然津埠九十月间所睹河水溢涨与此无关系，缘上述河水泛滥其来源远在西方暨晋省西南丛山区域。迩来内地多事，故山洪泛滥殊难搜集报告，迟至 9 月，津沽西南平原已成一片汪洋，据报告所称，一时水势所占地面约计 1 万英方里。津埠既为五大河尾闾，上述积水之大部终由此宣泄，尤以横穿津埠之海河所载水量为多，因之九月间本处迭与中、日、法当局暨海河工程局举行防泛会议，实地履勘水势，迨险象危急时并与法工部局工程师商榷合作手续，随时并获海河工程局工程师穆拉君报告意见之益，至为可感。

本处防泛工作要在保障本租界边界之安全用防大围堤万一出险，故围墙道一带备装多架抽水机随时准备抽泄墙子河溢流，界内除一二陈旧无标记之沟管稍有渗漏外，河流泛滥未入英国租界也，查当时沿本界之海河河流每秒钟最高速度计达 3.8 万立方尺，同时新开河之水势每秒钟计达 1.3 万立方尺，按 1917 年发生水灾时海河水势记录，每秒钟仅 3.3 万立方尺耳。

嗣后津埠渐脱离水患危险，惟津西大围堤外水势仍积聚不退，故本界防护设备保留至 10 月底方始撤除。

年间 7 月下旬津地突入战事状态，本处所司职务幸得照常进行，无何阻滞，每日清道收集垃圾暨清理脏水井等工作仍依次执行，查此项事务因无疏忽，鲜有人注意及之，惟房屋建筑工程在此时期显有停顿，为时仅三星期而已。

当战事发生之日，工程处职员照常到局者计 75%。至 7 月 31 日，虽系星期六职员之到局者计超过 90%，嗣后即恢复原状。查本处职员之卜居本租界者不及 15%，当时多数职工之照章到局视事，往往须迂迴其行，不顾生命危险绕道乡间始入本界，殊属可嘉。

除执行上述公用职务外,本处为供给本界菜市出售食品起见,尚设法运入菜蔬肉类,并就此济及驻津某某外兵部队之需要。关于菜市内售卖食盐、面粉,本处并襄赞本界"辅警备队"工作。

值此多难时期,本界居民比较往日倍增,职是之故维护公共卫生需要,遂不得不执行特别设施检查界内一切产业,其由本处工员施行清除、消毒者计有352处,同此时期售卖食品店铺暨食堂餐馆之加以检查者计有320处,俱经通知遵守本局规定保持铺面清洁,因执行上述清除、消毒所收业主及住户之费用计洋5835.14元,但为消毒药水暨工料费用计支洋4450元。所有职工人员工资暨车辆运输费用尚未列入,故工部局执行清除设施并无余利,唯此项清除著有成效,嗣后霍乱疫症流行,虽举市为之惊惶,然发现于本界者殊属罕闻。

在此警备时期,本界各处为公众利便暨难民需要起见,建有临时厕所计28处,迨新来居民渐呈安定,本界原有卫生设备恢复正常状况,此项临时厕所遂即拆除。

本处检查各房屋卫生状况期间,深荷津埠工程师杨锦魁君及C.C.Norman(那门君)之志愿赞助,为期计2星期,良用感激,同时本处文案工作得Miss E.M.Binks暨Mrs.C.T.Hall之临时帮助,此系开滦矿务局之热诚襄赞,至深感谢。

自事变以来,本界于下列交道口地点特建立栅栏门用增安全保障:

河坝	开滦胡同口
河坝	宝士徒道口
中街	开滦胡同口
中街	宝士徒道口
海大道	围墙道口
海大道	宝士徒道口
约克道	宝士徒道口
敦桥道	宝士徒道口
登伯敦道	宝士徒道口
奥克尼道	宝士徒道口
海光寺道	宝士徒道口

往年所建立之栅栏门概属伸张式,其时本处工程专员曾声述其效用不若旋转式之适用,故此次新建各门概用本处1928年主张之旋转式样。

敦桥道机料场迁至奥克尼道新址:位置敦桥道,场址之办公室、试验材料室、堆房、榨石机、沥青配制机暨马棚等概经于年间迁移至推广界西北角第

43段,地名为奥克尼道机料场,查敦桥道场址建设于1924年,当时该段地势荒僻,距离住宅区较远,故碾轮榨石暨配制沥青等等无碍公益,惟近12年来该区建筑繁兴,因之董事会决定将该场迁移至奥克尼道新址,搬移手续虽属纷繁,业经安然告竣,并于工事进行无所妨碍。查上述碎石机与配制沥青机件之搬移势须拆卸零件,职是之故,同时加以整理,兹该机件等合拢后几似新置,另有旧式碎石机两架,业经拍卖得价,尚称合宜。

辅捐收入:1937年辅捐收入总计洋248,007.07元,比之1936年之总数241,805.04元计增洋6,202.03元,查大车项下之收入颇现削减,惟人力车小本营生汽车暨铺捐各项概有较多之增加,故增减相抵尚形见增。

桥梁暨河坝:各桥梁年间仅施以例行之修缮,对于河坝修缮因1936年冬气候较为严烈,故工事较繁,1938年间仍须继续修缮。

公共厕所:年间仅施以例行之修缮。

火葬炉:年间炉门改造换用铜质颇壮观瞻,1937年火葬炉公用6次。

推广界填土工作:1937年用脏土填实地段列次:

推广界第44段甲　第371号甲

推广界第44段甲　第371号乙

推广界第47段甲　第373号甲

推广界第65段甲　第386号甲

推广界填土工作现已完全告竣。

工部局房产:除建筑上述奥克尼道新机料场房屋外,本处年间并建造福发道警务分处2层楼暨于林莫克道新建隔离病院暨护士宿舍各一,所有设计及建造工程概由本处专门人员与工役办理。

新建隔离病院及护士宿舍业由工程委员会及其他董事于8月8日亲莅参观,对于建筑工事成绩且及时告竣金称满意,盖津市自事变以来不惟物价腾贵,建筑材料供给并感困难也。

奥克尼道机料场:年间供给

沥青混凝土搀合计	50,388立方尺
路面沥青料	25,518立方尺
碾轮榨碎石块	123,169立方尺大小自1寸半至碎末不等

业主自建房屋:1937年颁发准单之建筑估计总值合洋1,982,560元,查1936年之总值合洋2,858,411元,1937年界内业主新建房屋之估计总值合洋

1,733,780元,内有计值洋58,000元之建筑其准单系在1935年颁发而在本年竣工者,又计值洋937,670元之建筑其准单系在1936年颁发而在本年竣工者,此外尚有计至1937年底建造未完工之房产共估值洋1,786,250元。

1937年1月至12月	颁发建筑准单产值(估计)	1,982,560元
1937年1月至12月	建筑完成之产值(估计)	738,110元
1937年1月至12月	建筑尚未完成或尚未动工之产值(估计)	1,244,450元
总计洋		1,982,560元

马路项下:本年修筑路线面积共计27,366方码(计长1.66英里)其细目列次红砖路基上铺沥青混凝土路面

宝士徒道	自海光寺道至体伯瑞道	5,238方码
登伯敦道	自伦敦道至宝士徒道	4,996方码
香港道	自伦敦道至康伯兰道	3,317方码
林莫克道	自隔离病院西门至大北道	3,970方码
马开内道	自达文波道至博罗斯道	2,400方码
文赛道	自海光寺道至大北道	7,445方码
总计		27,366方码

连同已往14年一并计算修筑路线之总面积合计545,340方码,总计长31.90英里。

阴沟项下:1937年修筑椭圆形高1英尺6英寸宽1英尺之沟管线列次

克伦波道	自伦敦道至康伯兰道	935英尺
福发道	自海光寺道至奥克尼道	618英尺
格林威道	自海光寺道至奥克尼道	620英尺
林莫克道	自海光寺道至奥克尼道	620英尺
伦敦道	自海光寺道至奥克尼道	595英尺
麦达拉道	自内比尔道至戈登道	406英尺
奥克尼道	自伦敦道至宝士徒道	2,552英尺
新加坡道	自伦敦道至康伯兰道	1,060英尺
文赛道	自海光寺道至奥克尼道	675英尺
总长		8,081英尺

连同以往14年界内修筑沟管线一并计算,总长合85,994英尺或16.28英里。

路边水沟石:本年建造之洋灰混凝土路边水沟石共长15,555英尺合2.95英里。

便道:本年铺筑面盖沥青混凝土便道总面积计2,159方码。

暴雨水沟:本年建筑暴雨水沟共计长 223 英尺。

清道工作:本年收集处置之脏土量列次:

住户垃圾	18,037 方
接到脏土	1,957 方
泥土	166 方
炉灰	394 方
马粪	204 方
总计	20,758 方

扫除积雪:年内下雪五次,街头扫除积雪总量约 2500 方。

马棚:本处马棚内豢养之牲口暨置用机件截至 1937 年 12 月 31 日止列册如次:

骡	77 匹
大车	69 辆
载重机车(内有蒸汽机车 2 辆)	6 辆
载重拖车	2 辆
汽力水车	1 辆
马拉水车	11 辆
马鼎	7 架

本年马棚内牲口变动数目列表于次:

	1936 年存数	1937 年废除数	新购	现存
骡	64 匹	1 匹	14 匹	77 匹

洒水:1937 年洒路清道用水总量共计 1,858,100 加伦

其他工程项下:

通接阴沟之路边井子布设	103 个
位置四至界石	155 柱
卫生设备检验	155 处
油刷白色交通指示线	37.29 英里
脏水井清理	1,201 处
通接至路边石水沟或暴雨水沟之雨水承溜管计	117 处
伦敦道小公园设置喷水龙头	1 个

卫生设施:

牛奶:1937 年化验牛乳样品共计 125 起,其中 104 起证明品质合格,又 21 起品质不符规定标准。

菜市暨售卖食品商铺暨里巷产业：上列各处概经按时执行检查。

妨害公益各项：下列各项概经检查并施纠正。

澡堂洗衣房便所暨公共厕所之不合卫生状况：

水沟发生臭味；

烟尘弥漫；

住房容纳多数人居住；

未请准照之建筑物；

铺户占用便道；

乌鸦；

鼠只。

职员：秘书长兼工程师巴恩士君于年间4月26日例假返国，于12月21日回局视事，助理工程员吉浩然君于4月15日例假离职，10月31日销假视事。

本处自10月1日起聘雇巴敦氏为打字员，试用期间定为6个月。

1937年为本处成立以来工事最称繁剧之一年，各级职员咸奋然勤奋，从事忠于职守，至为可嘉。查事变时期本处事务陡增，繁琐逾恒多数，职员皆不辞劳悴，殊为可感，尤以副工程师卢惺园君、助理工程师巴奈司君、卫生视察员克乐君尽力紧急职务，颇为显著，应予志述。

副工程师　乔霭纳

电务处 1937 年报告

绪言

1937 年为本处经营之第 17 年期,所获经营及余利成绩皆颇称意。上年推测年秒之售电增加当于本年继续一节,参看 1937 年上 7 个月之统计,显有实现象征。不幸 7 月底事变发生致工业建设完全停顿,本租界工厂需电遂大受影响,本处业务发展虽遭此顿挫,然按之售电收入本埠市面萧涩影响,于电务处固不若豫料之甚,盖因事变搬移本界避难住户众多之售电增加若与上述工业需电损失相抵尚有裕余也。虽时局早复常态,洵为人所企原,然本租界设施完善能使新来住户长期卜居,本界市政收入因以沾益,是所期望者也。

本处经济状况截至 1937 年底计开于次:

购置成本项下	2,290,435.00 元
折旧存储	1,682,062.00 元
购置存储	514,179.00 元
债款实数	205,751.00 元
机器保险准备	122,064.00 元
售电收入(1937 年)	1,104,740.00 元
扣除折旧	54,581.00 元
之余利总数	570,249.00 元
合成本余利	24.7%
扣除折旧	54,581.00 元
暨债款利息	3,367.00 元
之盈余净数	566,582.00 元

电务处自 1920 年以来归还工部局总账之款额计达洋 4,477,866.00 元,历年拨归折旧暨存储项下计达洋 2,196,211.00 元。

历年营业净利详数胪列于次:

1920 年 10 月开办电流取自购买	11,434 元
1921 年购买总电流再分售用户	88,059 元
1922 年一部分电流本厂摩发其余取自购买	82,194 元
1923 年电流完全由本厂摩发	59,377 元

（续表）

1924 年电流完全由本厂摩发	122,355 元
1925 年电流完全由本厂摩发	132,979 元
1926 年电流完全由本厂摩发	128,310 元
1927 年电流完全由本厂摩发	210,281 元
1928 年电流完全由本厂摩发	299,228 元
1929 年电流完全由本厂摩发	245,659 元
1930 年电流完全由本厂摩发	243,986 元
1931 年电流完全由本厂摩发	201,058 元
1932 年电流完全由本厂摩发	232,514 元
1933 年电流完全由本厂摩发	436,742 元
1934 年电流完全由本厂摩发	442,295 元
1935 年电流完全由本厂摩发"甲"	434,886 元
1936 年电流完全由本厂摩发"乙"	539,947 元
1937 年电流完全由本厂摩发	566,582 元

附注：公共路灯用电概不计价（1935 年至 1937 年）

"甲"用户电灯费率自该年 5 月 1 日起每一电码自 0.2 元改收 0.18 元。

"乙"用户电灯费率自 1936 年 1 月 1 日起每一电码自 0.18 元增加至 0.2 元。

收入：1937 年之售电收入共计洋 1,104,740.00 元，比较预算所列计增洋 43,303.00 元，比之 1936 年收入计增 9.1%，依本年上 7 个月之售电量统计比之 1936 年同一时期计增 10.3%，而收入增加之比例达 8.3%，虽自 8 月起至 12 月 5 个月间之售电量比之上年同一时期只增 0.33%，然收入则增 10.9%，缘此时期之电灯用电因用户增多，故比较上年见增。

经常支出：年间经常支出计洋 538,158 元，比之预算计减支洋 11,878 元，约合 2.2%，此支出包括折旧洋 54,581 元，利息计洋 3,667 元，暨机件保险准备第四次付款计洋 33,707 元，此项准备经电务处存储者已达洋 117,705 元。概投资英金债券，本处经营仍依不妨碍效率状况下力事撙节，鉴于本处需用材料价格之增高，诸须厉行节俭，遂更形切要，仅发电用煤炭一项，因价格增高，发电费用计增多洋 27,000 元。

盈利：本年净利计洋 566,582 元，比之预算计增洋 55,271 元，若与 1936 年盈利比较计增洋 26,635 元，合 5%。本年盈利与成本比合 24.7%，揆之物价高腾及下本年之特殊困难情形，获此成绩尚堪称意。

购置支出：本年此项支出共计洋 65,800 元，其主要费用系购置新变压器电表暨添置其他分输电流机件，计支洋 47,452 元，查本年预算所列购置支出计洋 79,175 元。

摩发电量：1937 年共摩发电量计 16,992,954 千瓦小时（即电码），比之 1936 年计增 7.3%，年间输入分输总线之电量计 15,304,027 千瓦小时，其余量则消耗于发电厂内及本处工厂。

售出电量：年间售出电量共计 13,032,668 电码，比之昨年计增 5.8%，其详数可概分如次。

	电码	费率按电码计
用户电灯	3,317,059	0.2 元（附折扣）
工部局各处所用电	172,901	0.12 元
小电马力器械	725,121	0.06 元
售与特一区电量	3,114,168	0.053 元
暖气暨电冰箱	307,864	0.05 元
烹饪连同暖气等	912,390	0.035 元
工业用电马力	4,483,165	0.035 元

此外尚有不计价供给路灯用电计 494,735 电码，暨界内警备用电计 35,955 电码。

发电厂机件：发电厂全年经营效率灼然，并无停滞情事。所有涡轮推动机交流发电机锅炉等概按时整理，每年至少检验 2 次，一切设备概经保持最优状况，终年运用颇堪称意，整理机件时并执行检验核对，所得结果证明发电机件保持良好状况，所有速率过高暨负荷过多保险机表保险罨暨其他保险仪器概经随时试验核校，效用依然充分妥靠。查工部局已自立机件，意外保险此项仪器之妥靠性暨发电厂机件保持良好状况，是更属切要。

兹备以前未接本处年报人披阅起见，谨将发电厂机件梗概叙述于次：

查发电机件：计有霍和敦厂制涡轮交流电机 2 架，每架发电量为 1,000 瓦暨维格斯厂制涡轮交流电机 2 架，每架发电量为 2,500 千瓦。涡轮推动机之截汽门汽压计每方寸 200 磅，总温度达华氏表 600 度，交流电机辊轴系直联合式旋转，次数每分钟 3000 电流循环数每秒钟 50 相数三摩发电压计 5000 伏次。

锅炉房置有拔柏葛锅炉 6 座，发汽量自每小时 10,000 磅至 45,000 磅不等，诸锅炉寻常发汽总量计每小时 125,000 磅，锅炉注水用水泵计有多级式泵水机 5 架，泵水总量计每小时 160,000 磅。因复 2 之总水管布设锅炉注水得由锅炉房之两个方向泵输,故一方面水管如有破裂障碍情事,锅炉工作仍得继续不受影响。为处理补充锅炉需水之用,厂内并置有蒸发及排气器2座。

发电厂主要开关机件计有约翰生费立波厂制油浸高压开关19具,专备通接发电机暨输电之用,又低压开关6具,以备通接厂内辅用机件暨发电厂邻近区域用电。

高压油浸开关1具,配有4路选择开关附件,倘遇一涡轮交流电机发生意外,即能容厂内辅用机件需电迅速改换通接,再者倘或厂外输电设备发生严重障碍致使发电机与高压汇电条脱开时,并能经变压器直接由发电机通电至厂内辅用机件。

发电厂之负荷:最高负荷计4,340千瓦发现于12月24日下午6时,是日发电总量计58,384千瓦小时,最低负荷计780千瓦,发现于7月30日上午5时,是日发电量计31,560千瓦小时,最高负荷计1,980千瓦。

负荷供求相应数:依据发电厂输入总线最高电量与售出电码总量再加不计价供给电码总量之比较,所得比率约合35.7%,查1936年之比率为34%。

煤炭消耗:1937年共用河北井陉矿务局煤末计22,201公吨,每磅干煤平均含热单位13,000,此项消耗总量包括蒸发补充锅炉注水及供给厂外,需用蒸汽水计53,000加伦,之用煤其平均计每一电码需煤2.885磅。年间墙子河水流温度于夏季见高,惟此水仍为凝水柜之凉水来源,其温度常达华氏表108度,查7月23日之室外空气最高温度达华氏表106度时,是日每小时平均温度达华氏表93.5度,最低达81度,风雨表平均气压计29.53英寸。

电流分输:年间电流分输机件保持备极良好,虽遭事变分输总线新布设约计长15,000码,年间变压器之布设有敦桥道区建200启罗伏次安厯变压器1架,供给达生制线厂用电之分电处添建200启罗伏次安厯变压器1架,又旧有供给敦桥道工程处机料场之变压器业已迁至文赛道新址,所有变压器概经整理核校,此外并在新加坡道与登伯敦道拐角处建立100启罗伏次安厯变压器1架。

电流损失:本年因分输暨变压器之电流损失平均占10.98%,所有变压器暨各分输总线皆昼夜运用24小时。

用户接电:计至1937年底止,通接电流用户总数共计6,733户,年间增加者计974户,比之1936年计增16.9%,查1936年与1935年之比较计增8.48%,查新接电之974户,中其950户为中国用户,外籍者只24户,总计通

1159

接之负荷年间计增加 1,800 瓦,合 13.26%,本处负荷总数计 15,371 瓦,其详数列次:

用户电灯	6,147
公用电灯	192
电马力	5,228
烹饪	2,611
暖气	1,193
共计	15,371 千瓦

电表:计至年底止,通接之电表总计 8,569 个,年间增接之数计 1,134 个,本年就用户装表地点或移发电厂校对查验之电表计 4,213 个,各表校对前之差率平均约合 0.32%。

公用路灯:年间路灯项下有建设扩展改善工事计新建混凝土电杆 77 柱,暨配置装件颇多,所有路灯需电量总计 117.48 千瓦,详数列次:

300 瓦	42 盏
200 瓦	5 盏
150 瓦	129 盏
100 瓦	290 盏
75 瓦	286 盏
60 瓦	560 盏
40 瓦	12 盏

陈列室:该室陈列出售之用具计有电冰箱、电风扇、电水壶暨电炉灶等,多数用具系由本处工厂自行制造,该室并经营出货电炉灶,计至 1937 年底止,租出之电炉灶共 374 座,上年之统计仅 333 座。此外尚有定制未竣工之炉灶计 58 座,倘非因购置需要料件困难,此项炉灶应已制就备用。

英皇加冕装扎灯彩:庆祝英皇加冕,所有戈登堂界内各要冲、领事馆暨住宅之装灯结彩概系由本处承办。关于公司及私人住宅装扎灯彩以及英军表演所用布景电灯设计并由本处赞助,戈登堂灯烛辉煌摄影已插列,报告查戈登堂两面装置英国国徽 3 色电灯计 23,000 盏,其正面备设人造瀑布水池万盏灯火,池水反映颇壮观,瞻瀑布计高 26 英尺,每分钟泻水达 3,900 加伦,戈登堂正面上部并高设银幕映射,设色英皇暨皇后御容光彩夺目。各要路装灯共用带色灯泡 30,000 枚,用户参加庆祝典礼用电概按平时费率四分之一核收。

职员:年间本处职员服务井井有序,成绩斐然,至为可嘉,尤以事变水害并至时期之职员勤奋从公,颇可志述,本处打字员薛女士年间因病出缺遗职,由欧理佛女士接充。

志念:薛利门女士于1937年8月8日患伤寒病症而致不治,殊深怅惜。

本处驻英工程顾问锡拉氏并于年间3月6日病故,不胜惋惜,查锡拉氏学问渊博,多年襄赞处务,深资臂助。

致谢:本处驻英工程顾问事务现由克诚思氏(H.W.Couzens)接办,事变期间订购各项仪器料件,颇费周章,卒获成交,应致谢忱。

电务处工程师　米勒

水道处 1937 年报告

一、绪言

本处历略已于昨年报告叙及所称，1937年最高需水量颇有超过现有各自流井产量之预测，业于7月22日发现是日需水总量共计 2,005,300 加伦，此数量比之1933年之最高量仅减23,000 加伦，查1936年之最高需水量为 1,692,200 加伦，本年需水量增高直接缘由系因时局不靖，避难界内居民剧增，多数住户事后仍居留本界，故下半年售水数量乃现增加，本处河水过滤机件曾于5月初开始运用，以备辅佐井水产量之不足及消防需水等意外紧急需要，惟因水库储水管理审慎，上述最高需水量发现日期搀用过滤河水之数量甚鲜，仅 92,000 加伦而已。除此之外全年给水系完全仰给自流井产量，年间售水总量达 402,003,828 加伦，比之预算计增9%，查1936年之售水总量为 363,558,860 加伦，因售水总量增加所得收入颇为可观，虽利息项下及折旧存储支配数额颇巨然，全年盈利尚堪称意。

关于本处建设及准备供给来日需水问题业经深切研究，最后决以界内自流井为主要水源，遂核准于达克拉道厂址实行添凿（第10号井）自流井之规划，盖此处之水库暨分输机件之配置最合新井需要，此新凿自流井拟用8英寸径内井筒管，其钻凿深度规定为800英尺，该井并配置外井筒管至第5号井深度（420英尺），藉阻该深度以上地层产水之浸入此新井下部当与第9号井相若，用石子填实内井筒管，拟配置水筐备汲引自 465 英尺至 800 英尺深度间之各地层产水，每日产水量希望能达 500,000 加伦。新井开凿工程现由东方铁厂承包，期于1938年正月初开工全井完成，约需5个月。

证之7月29日事变以来困难情况，本租界给水来源位置界内，诚为有见地之建设，除为应付需水总量超过井水产量稍有困难外，对于水源之安全或遭受任何干涉固可无所顾虑，此项保障利益并展至法租界焉，盖当事变发生之日，城内炮火有毁坏该处总水管情事，致法租界给水有受节制之可能，职是之故本处于法租界第21号路与达文波路交道口之总水管即装置准备急需之总水表以备法租界万一需水，即可随时给予通接。

本处工作于事变时期依然顺序进行，无何阻滞情事。虽于事变之始，本处工员有因卜居界外不克到厂办事者，致职工有不敷分配之困难，比今在厂工员概行留宿供给伙食用资调剂，故往时抽水机房值班8小时之工员于是须值职12小时，如此加班工作虽连续数日，然处员皆翕然勤奋从事，处务得井然照常进行，无须另觅助手，颇堪告慰。

年间新布设之总水管计长7,455英尺，新用户接水设备共计176处，昨年之统计为199处，查事变时期新建房屋暨空间旧房之要求装置水表者突然增多，7月下半月装接水表共200余，查前此空房至兹多数被租，故售与用户水量遂现增加。

关于氟素暨水味问题仍继续加以注意。自年初即进行用铝质化合品名"消氟物"者及特制钙性沸石置之家常小压力滤水器之试验，旋因事变发生，此项试验势须中辍，惟年终所获试验结果对于氟素成分减低暨水味改善无何显著象征。据研求所得本界自流井产水所含氟素成分似较低于"消氟物"可以发生效用之百万分比率，查美国试验消氟物石之获得效用乃因水中氟素成分概达百万分之六或超过百万分之六，而本界给水含氟成分仅达百万分之二或不及该比率，关于此问题之研究，本处仍与英美各专家接洽，但年间无何新发明之事实，举凡科学杂志记载虽有述及氟素研究工作，然其经过本处已列入昨年报告。

为准备本界用户乐用剂安公司水量沏茶起见，本处曾规划由该公司沿墙子河布设至特1区之总水管取水，其数量依辅用给水为限，查该水管之布设待上冻时尚未竣事故，拟设之给水所须迟至明春再进行，旧有按户分送规划，因费用太巨已不采用，依现时省俭之办法，用户可自行由给水所取水或由售水人分送，此项给水所沿围墙道共设3处，每处有人管理。

本处拟于1938年由济安公司总水管布设6英寸径备用水管一道至达克拉道水库，以备不时之急需，就此巴克斯道之滤水设备暨河坝之进水管将来当得以废除。

二、河坝进水机厂：该机厂于5月至9月间为存储过滤河水，曾开始运用藉辅自流井产水之不足。

三、巴克斯道达克拉道伦敦道机厂：各该机厂及设备因依规定程序实行检查整理，概得保持所需效率标准暨运用状况，年间3机厂机件运用成绩良好，并无停滞暨意外情事发生，虽于事变时期抽水机件负荷增高，几臻机器之限能，然各机运用仍应付裕如，无瞬息之间断。

　　关于机件之效用妥靠，本处巴克斯道机厂1933年购置之英格苏瑞恩特气压机之运用成绩殊堪记述，该机自设置以来已4年，于兹连年汲引，第9号井产水每日抽输水量均达550,000加伦，从未发生障碍而停止工作，所需修缮仅限于数零件之更换，查1937年该机昼夜运用，一次连接达60余日毫无间断，而是年所需剔旧换新只鼍瓣暨鼍簧各一，其原置调带尚堪续用一、二年，此项记载似可证实采用气压汲引自流井产水颇为妥靠。

　　本处厂房因年间雨水连绵，潮湿逾恒，附以水灾危险，故所施修缮工事较为繁重，查达克拉道抽水机厂房顶软沥青油布须予换新，暨水库顶盖需要特别修缮。

　　各机厂产水量列次：

　（一）巴克斯道机厂（自流井2、3、8、9号）

月　份	产　水　量(加伦仑)
1月	24,483,000
2月	20,826,000
3月	24,191,000
4月	24,165,000
5月	28,621,000
6月	29,770,000
7月	31,259,000
8月	35,250,000
9月	31,907,000
10月	30,743,000
11月	27,524,000
12月	26,409,000
共计	335,148,000

　（二）达克拉道机厂（自流井4、5号）

月份	产水量(加论)
1月	6,690,300
2月	5,374,200
3月	6,631,000
4月	7,293,100
5月	9,006,700
6月	8,881,900
7月	9,869,400

（续表）

月份	产水量（加伦）
8月	11,020,200
9月	10,939,600
10月	10,876,500
11月	8,828,400
12月	8,772,500
共计	104,183,800

（三）伦敦道机厂（自流井6、7号）

月份	产水量（加伦）
1月	5,914,000
2月	5,495,000
3月	5,866,000
4月	6,368,000
5月	6,690,000
6月	5,515,000
7月	5,988,000
8月	6,267,000
9月	5,745,000
10月	4,027,000
11月	6,165,000
12月	6,855,000
共计	70,895,000

四、自流井

除细微变化外，各井产水量尚继续保持往年产量，依每星期测验统计之各井近10年每日平均产量列次（依加伦计）：

井号	1928年	1929年	1930年	1931年	1932年	1933年	1934年	1935年	1936年	1937年
第2号	310,000	316,000	308,000	293,000	271,000	320,000	296,000	302,000	290,000	286,000
第3号	366,000	342,000	334,000	307,000	294,000	278,000	292,000	293,000	276,000	270,000
第4号	228,000	191,000	178,000	190,000	194,000	219,000	236,000	246,000	245,000	241,000
第5号	181,000	191,000	188,000	190,000	199,000	187,000	180,000	181,000	169,000	159,000
第6号	240,000	253,000	256,000	244,000	230,000	224,000	212,000	204,000	191,000	201,000
第7号					56,000	49,500	46,000	53,500	55,000	*
第8号					330,000	308,000	292,000	293,000	274,000	246,000
第9号					500,000	515,000	586,000	567,000	570,000	555,000

* 第7号井于1937年间未加抽汲缘该井产量极弱，一经抽引于第6号井产量即现削减影响。

昨年报告所指因内地自 1935 年以来雨水欠缺,于深井水量不无影响,观之 1937 年各井产水量继续下降现象颇资征实,去夏霪雨连绵及山洪泛滥或有较好之影响,然不克立时应验,盖自流井水源并非如普通所有之意像即"凿井汲取地层下水流"是也,查自流井钻凿穿过多层湿透极细砂系由此汲取积储水量,其水量补充系由内地或附近雨水下渗而来,此渗滤作用倍极迟钝,地下层叠本无定例,故一系之充分积储水量或须悠久时期也。

其他影响自流井产水者为水笕之壅塞暨因汲引水量增加之地底水平下降,水笕之壅塞可藉间断抽引或其他机械方法纠正,至汲引地层下水量之增高诚无法统制,斯须遵循供应相求定例。本处自 1928 年开凿自流井以来,计至 1937 年底汲取水量逐年增加,其总量已超过 4500 兆加仑。

五、总水管水龙头暨用户水管通接:去冬气候温和,故分输水管暨用户接水无何冻裂情事,水表虽有因寒冷而致损坏者,强半系用户疏忽,未注意本处冬季通告所致。

总水管及水龙头年间布设各项列次:

地点	6英寸水管尺数	分段节水门	地面水龙头	地下水龙头
马开内道	713	2	2	0
文赛道	687	1	2	0
奥克尼道	821	4	1	0
福发道	897	1	2	0
香港道	415	0	1	0
康伯兰道	902	1	2	0
宝士徒道	1,173	1	3	0
林莫克道	687	1	1	0
克伦波道	120	0	0	0
新加坡道	208	1	0	0
格林威道	366	1	1	0
海光寺道	466	1	1	0
德崔林花园	0	0	0	1
总计	7,455	14	16	1

年间私人房屋建筑工程进行缓急不一,建筑范围颇广,因之原拟水管布设路线势须变更,用应新建房屋需要推广界总水管之布设,尚需 11,000 英尺即可告齐全。

最近 15 年布设之输水设备列次:

年期	总水管尺数	地面水龙头	地下水龙头
1937	7,455	16	1
1936	7,798	19	1
1935	3,887	13	0
1934	8,431	23	1
1933	11,452	14	5
1932	3,720	16	0
1931	2,302	0	1
1930	354	2	0
1929	3,790	12	1
1928	7,327	12	3
1927	8,589	7	6
1926	17,237	16	22
1925	13,439	15	12
1924	16,180	30	0
1923	7,640	11	1
总数	119,601	206 个	54 个

全部输水设备列次：

10 英寸水管	13,357 英尺
8 英寸水管	7,909 英尺
6 英寸水管	148,304 英尺
4 英寸水管	15,586 英尺
3 英寸水管	8,566 英尺
总　数	153,722 英尺

分段节门：

10 英寸	28 个
8 英寸	17 个
6 英寸	216 个
4 英寸	25 个
3 英寸	11 个
总数	297 个
地面水龙头	211 个
地下水龙头	91 个
轮船用水龙头	8 个
总数	310 个

近 15 年内共布设新水管计长 22 英里半余,总长合 29 英里。

六、用户水管通接

年间用户需水通接共计 176 处,1936 年共通接 199 处,惟本年之接水强半系推广界内单所住房。

除废弃或截断者不计外,历年用户通接水管数目列表于次:

年期	通接给水用户
1923	805
1924	1,027
1925	1,130
1926	1,446
1927	1,579
1928	1,803
1929	1,882
1930	1,905
1931	1,943
1932	2,076
1933	2,276
1934	2,478
1935	2,586
1936	2,773
1937	2,932

七、每日水量需要

三处机厂每日抽水最多总量暨最少总量列次:

月份	最高量	最低量
1月	1,272,400	1,116,000
2月	1,224,900	987,900
3月	1,265,800	1,080,100
4月	1,388,700	1,167,300
5月	1,591,000	1,200,200
6月	1,706,700	1,242,400
7月	2,005,300	1,195,200
8月	1,918,600	1,475,000
9月	1,728,900	1,504,100
10月	1,554,500	1,425,600
11月	1,486,400	1,355,700
12月	1,414,500	1,312,500

本年最高数量记录发现于7月22日，计2,005,300加伦，比之昨年6月15日之1,692,200加伦计增313,100加伦合计18%。

八、全年每月售水总量

	住户用水	里式房产暨巨量用水	工业用水	英工部局处所用水	河坝轮船用水	总数量
1月	14,060,800	5,871,900	5,189,100	2,777,200	321,216	28,220,216
2月	13,185,800	5,437,800	3,255,300	2,261,800	368,704	24,509,404
3月	14,051,400	6,524,400	3,974,200	2,793,900	342,272	27,686,172
4月	14,792,200	6,613,800	4,288,300	3,187,600	201,720	29,084,620
5月	16,987,200	7,904,800	4,190,800	4,490,500	1,213,180	34,786,480
6月	17,918,700	9,053,900	3,699,900	4,559,300	260,512	35,492,312
7月	18,508,300	10,456,200	4,565,500	4,308,500	202,496	38,040,996
8月	20,773,000	13,557,700	3,413,400	4,352,000	75,712	42,171,812
9月	19,193,700	12,931,400	3,558,600	3,694,400	48,384	39,426,484
10月	18,224,400	11,070,000	3,325,300	3,509,300	58,016	36,187,016
11月	17,978,000	9,445,700	3,007,000	3,252,900	291,580	33,975,180
12月	17,575,200	8,724,000	2,979,400	2,984,600	159,936	32,423,136
总数	203,248,700	107,591,600	45,446,800	42,172,000	3,544,728	402,003,828

与上年售量之比较列次

	住户用水	里式房产暨巨量用水	工业用水	英工部局处所用水	河坝输船用水	总数量
1936年	177,782,200	87,795,400	51,659,600	41,632,100	4,689,560	363,558,860
1937年	203,248,700	107,591,600	45,446,800	42,172,000	3,544,728	402,003,828
增	25,466,500	19,796,200		539,900		38,444,968
	14.3%	22.5%		1.3%		10.57%
减			6,212,800		1,144,832	
			12%		24.4%	

住户用水暨里式房产巨量用水显见增加，缘本租界居户因事变突然增多，旋时局虽趋平复，然多数避难住户仍居留本界，故住户需水增高继续存在，但事变影响于工业需水不甚良好，并因海河航行不无阻滞，故河坝轮船用水亦颇现削减。

九、化验家报告

水质清洁暨适合为良好饮料标准，仍继续保持与卫生医官之需要相符，查紧接事变后即有疫症流行暨河水泛滥之危险，幸本界公用需要之给水来源系自流井，绝无类似其他地面水源堪受污浊之可能，故疫症水害危险虽如上述，对于本界水源清洁固无须顾虑。关于存储过滤河水用备万一，前已叙及并经化验，据报告所称此过滤消毒之河水清洁标准颇良好，年间例行水质化验暨微菌检验，仍由天津化验室米大夫暨法国工部局巴斯德菌学院罗大夫分别担承赞助，殊多至深感谢。

十、**职员**：鄙人缮陈上述报告已历十有五载，每年备叙本处员工举止良好、成绩优美各节几成习惯，惟事关非细，鄙人固乐予志述盖考核记录于此15年间从未有乖离不平情事，斯则同人颇堪自满者也。关于下级职员为整饬纲纪施行惩戒者，偶尔有之，然从无需要立时黜革职工事由发现，查给水事业于公用之切要，无庸赘述，其管理要须全体职员勤奋从事，各尽厥职，本处职员昨年忠诚供职一如已往，鄙人对于年间职员服务成绩认为全体之禽然合作称职至为可嘉，尤以事变时期为然，故对于职员个人不事奖许，关于处务技术工作，年间颇荷本处驻英顾问(J.& A. Leslie & Reid)襄赞。

特此志谢

水道处工程师　克拉克

警务处 1937 年报告

兹谨将天津英租界 1937 年警务治理报告叙列于次,备陈察[查]核。

一、罪案:年间通报本处并经侦察之案件总数暨侦察之结果概已附列"一"表。所接报告案件共计 868 起,案情概经证实,其经侦察而获得结果者计 449 起,因此检送法院处理之案犯计 529 名。按此则侦察收效之案件计占实报案件总数 51.7%,昨年此项比数为 64.4%,查 1937 年报告之案件比较 1936 年计减 177 起,惟侦察案情因年间本埠政局变化,侦缉工作殊多困难,致所获成绩不如上年。

二、绑架:1937 年本租界并无绑案发现,参观上 2 年之统计,此项案情绝迹本界已连续 3 整年,颇堪告慰。

三、携械抢案:年间界内发现携械抢案 1 起,查本届伦敦道昭明里 10 号为李德录君住宅,于 1937 年 1 月 30 日下午 6 时 15 分,突有抢匪 5 名闯入,其中 2 匪携有手枪,当时威吓李氏夫妇,将收藏首饰暨现款 2000 元之箱笼交出,并将全家捆绑驱入一室,由 1 匪看守,余匪乃翻箱倒柜从事搜索,至 2 小时始携赃物而去。失盗物品计有大衣、首饰及其他贵重物品共值洋 9048.7 元。盗匪作案并未放枪,故事主等未受任何伤害,其时李德录君备受匪人惊吓,未敢声张,因之警务处未接事主报告,所有肇事消息系于事后 2 月 2 日无意中由私人谈话听得者也。本处得讯即派高级警员访问李君,证实被盗情事如上。是案旋经侦察并获得日租界警署及中国警察之协助,捕获盗匪 4 人,送中国法庭裁处,起回失盗赃物颇多计值洋 6549 元,统经归还原失主。

四、偷盗:1937 年发现偷盗案件共计 23 起,偷盗未遂案件共计 4 起,查 1936 年之统计为 38 起及 8 起,虽自哈尔滨来津之俄籍匪犯有增无已,并自中日事变以来,市面经济状况日趋萧涩,然此项案件得获减少,差强人意。

五、绺窃:1937 年接受并经侦察之失窃报告共计 632 起,上年之统计为 676 起。偷窃自行车案仍占多数,缘车主多半疏于防范,而偷窃自行车又极简便,故此项窃案统计较高。窃贼偷得自行车行后,往往将 4、5 辆自行车之零件互换,致遗失车辆之原样无法查究。

六、指纹股：本处年间逮捕之案犯计有 217，暨法国工部局与天津市公安局逮捕之案犯计有 62 人，皆经指纹股查明前曾作案之匪犯。年间指纹股档案因新案犯而添增指纹样计 913 份，连同前存数共计 16922 份。

七、违犯局章：违犯局章被逮或被传人数（违犯交通规者除外）暨经本处从简发落人数之统计详"二"表，查 1937 年违章案件共计 6657 起，比之上年之 9654 起计减 2997 起，尚堪称意，惟此项案件颇增内勤外勤工作，缘年间关于各案逮捕或被传人数共计 12054 人，界内治安状况因之颇现良好。

八、防范设施：本租界各段昼夜随时均有警捕巡逻各要冲，并有警捕执行搜查，用防携械匪类潜入暨窃盗赃物之偷运，本租界边界入口处多已增建栅栏，于近 5 月间随时有人驻守，各处督察较前甚严界内所布派出所，于前此紧急时期颇著成效，来年拟增布处所俾全区概得保护。本处外勤警捕每日 24 小时无分昼夜，随时有中外警官稽查，近数月来著匪徘徊街头希图作案而被警捕逮获者颇现增多。

九、汽车肇事暨违犯交通规章

1937 年汽车肇事暨驾驶人违犯交通规章统计列次：

	1937 年	1936 年	1935 年
汽车肇事	156 起	104 起	143 起
经警务处科罚或停止执照效用	92 起	64 起	94 起
停止执照效用	2 起	0	2
签注执照	0	0	1
撤回执照	0	0	0
违犯交通规章			
违章报告	1858 起	1931 起	2145 起
经警务处科罚或停止执照效用	443 起	1193 起	1039 起
停止执照效用	0	0	3
签注执照	0	0	0
撤回执照	0	0	0

上列统计比较 1936 年暨 1935 年显见增多，惟详细分析增多案情纯属军人（非英籍）驾驶所致，参看"丙（三）"表即可明了年间车辆肇事类别，查汽车与自行车肇事计有 42 起，强半系骑自行车人不遵指挥之过，汽车与汽车暨汽车与载重汽车肇事多数系驾驶人疏忽所致，本界对于不顾危险疾驰自行车人已备［倍］加注意，以期杜绝此种狂态骑车之险。

若以近 3 年统计比较违犯交通规章已逐年见减。

十、人力车夫暨骑自行车人违犯交通规章统计列次

	第1季	第2季	第3季	第4季	总数
经处办之违章骑自行车人	279	466	287	271	1,303
经处办之违章人力车夫	95	140	71	132	438

比之1936年之统计（骑自行车人3,552名暨人力车夫1,367名）颇形削加，只因多数警捕值职本界栅栏及其他入口处，致各街道施行警章之警捕人数较为减少。

十一、处内行政：查中日事变影响所及，无庸赘述，尤于本界警政为甚。年间因警捕总数足额尚欠40名，故遇有非常职务颇感不敷分配困难，嗣为应付此需要起见，此项缺额业经全数补足，所有补充警捕人员俱通晓书写，选择考试皆及新定选补资格考试，结果且异常优良。

年间撤革退职病老死亡警捕人数列次：

1937年	撤革	告退	病老	死亡	退职	总计
	37	28	4	3	3	75

近4年之警捕损耗统计

年期	撤革	告退	病老	死亡	退职	总计
1936	29	23	9	1	2	64
1935	49	28	11	5	6	99
1934	30	13	5	2	0	50
1933	32	7	4	5	0	48
总数	140	71	29	13	8	261

警捕人员健康良好，秋间概经注射预防霍乱药针，幸全体未曾发现此项症候。年间所历时局虽属非常，不无困难，然本处人员举止咸极安祥[详]，本局警务进行仍荷各区界警务人员及公安局之协助。

卫生股暨消防队报告另附于后。

警务处长　谭礼士

（一表）
1937年英租界内罪案统计

罪案类别	案件			人数			财务	
	报告件数	受理件数	检送法庭	逮捕	检送法庭	释放	失窃数目	缉获数目
谋窃未遂	15	15	14	15	15	—	—	—
图谋扒窃未遂	2	2	2	2	2	—	—	—

(续表)

偷盗未遂	4	4	—	—	—	—	—	—
偷窃住宅未遂	2	2	—	—	—	—	—	—
谋骗财务未遂	2	2	2	2	2	—	—	—
凶杀未遂	2	2	1	1	1	—	—	—
敲诈未遂	2	2	1	3	3	—	—	—
谋骗货品未遂	2	2	2	2	2	—	—	—
谋发伪钞未遂	2	2	2	2	2	—	—	—
谋盗未遂	1	1	1	1	1	—	—	—
强奸未遂	1	1	1	1	1	—	—	—
殴打成伤	29	29	23	33	27	6	—	—
掷弃尸首	1	1	1	2	2	—	—	—
携械抢夺	1	1	1	4	4	—	$9,048.70	$6,549.00
偷盗	23	23	6	7	6	1	3,470.90	609.60
攫取妇女手囊	9	9	6	6	6	—	434.45	262.35
监守自盗	2	2	2	3	3	—	832.19	—
诈取暨诈取未遂	3	3	2	3	2	1	—	—
伪造邮票	1	1	1	3	3	—	—	—
伪造商标	1	1	1	1	1	—	—	—
偷窃住宅	12	12	3	3	3	—	1,620.00	252.00
虐待小孩	1	1	1	1	1	—	—	—
侵犯个人自由	1	1	1	4	4	—	—	—
毁人名誉	1	1	1	5	5	—	—	—
开设鸦片烟暨海洛因馆	12	12	12	49	28	21	—	—
开设赌局	3	3	1	29	5	24	—	—
闲游意图作案	14	14	14	17	17	—	—	—
侵蚀款项	10	10	7	7	7	—	2,653.36	18.80
骗取钱财	9	9	6	9	9	—	1,083.82	56.00
假信用伪计图财	1	1	1	2	2	—	1,000.00	102.00
骗取货品	20	20	10	12	10	2	590.25	221.00
有伤风化	2	2	2	3	3	—	—	—
偷窃公事房	1	1	—	—	—	—	80.00	55.00
扒窃	14	14	7	8	7	1	189.75	18.05
私藏海洛因	1	1	1	1	1	—	—	—
私藏赃物	2	2	2	3	3	—	475.00	475.00
收受赃物	12	12	10	12	11	1	—	—
盗窃	2	2	1	1	1	—	176.50	7.00
深夜偷窃商店	1	1	1	1	1	—	8.00	8.00
偷窃商店	1	1	—	—	—	—	20.00	—

(续表)

售卖鸦片	1	1	1	3	1	2	—	
吸食鸦片	1	1	1	8	4	4		
绺窃	632	632	288	356	313	43	20,957.15	7,293.40
任意侵入住宅	9	9	9	10	10	—		
1937年统计	868	868	449	635	529	106	$42,640.07	$15,927.20
1936年统计	1045	1045	673	1005	910	95	$50,923.92	$26,632.16

(二表)

处理违章人数统计

案件	案犯人数		
	逮捕或被传到案	警诫后释放	取保释放或另行发落
1937年报告案件总数 6,657	12,054	1,259	10,795
1936年报告案件总数 7,654	14,440	1,486	12,954

统计数目显减——比之上年计减2997起。

(三表)

1937年车辆肇事总计

	1月	2月	3月	4月	5月	6月	7月	8月	9月	10月	11月	12月	统计
汽车与汽车	2	3	4	4	3	4	1	5	1	1	2	4	34
汽车与载重汽车	1	—	2	1	1	—	—	2	—	2	1	—	10
汽车与人力车	2	—	1	—	3	1	4	2	2	3	2	—	20
汽车与排子车	2	—	1	2	—	—	2	—	1	2	—	2	15
汽车与自行车	3	3	2	6	5	3	2	1	7	4	4	2	42
汽车与电水自行车	—	—	—	—	1	—	—	—	—	—	—	—	1
汽车与扫街车	—	—	—	1	—	—	—	—	—	—	—	—	1
汽车与公共汽车	1	—	—	—	—	—	—	—	—	—	—	—	1
汽车自行车与人力车	2	—	—	—	—	—	—	—	—	1	1	—	4
电水自行车与人力车	—	1	—	—	1	—	—	—	—	—	—	—	2
载重汽车与载重汽车	—	—	—	—	—	—	—	—	—	—	—	—	
载重汽车与人力车	1	—	1	1	—	—	—	2	—	—	1	1	7
载重汽车与自行车	—	—	—	—	—	1	—	—	—	1	—	—	3
载重汽车与排子车	1	—	—	—	—	—	—	—	—	—	—	3	4
载重汽车与公共汽车	—	—	—	—	—	—	—	—	—	1	—	1	2
公共汽车与人力车	—	1	—	—	—	—	2	—	—	—	—	2	5
公共汽车与自行车	—	—	—	—	—	—	—	—	—	—	—	—	1
公共汽车与排子车	—	—	1	—	—	—	—	—	—	—	—	—	1
公共汽车汽车与排子车	—	—	—	1	—	—	—	—	—	—	—	—	1
公共汽车排子车与自行车	—	—	—	1	—	—	—	—	—	—	—	—	1
每月统计	15	9	14	15	9	11	14	11	15	13	15	156	

1937年卫生报告

本年英租界市民健康良好，年间无传染病症致成流行疫症之发现，良堪告慰。查上半年传染病盛行一时，猩红热报告计有45起，尤以2月、3月为甚，2月间计有猩红热14起，3月间计有12起，腮腺热曾有数起发现，3月间计有6起，4月间计有12起，但下半年只发现猩红热7起暨腮腺热4起，其他传染病症殊鲜报告，10月间虽有东方霍乱报告1起，然检验病性似欠正确，盖基于初次细菌培养之二次细菌考察，对于第一次检验症断未能证实。

关于其他区界传染病症报告有堪注意者，为伤寒症之增多。查上半年计有7起(法租界6起、日租界1起)，下半年法租界计有24起，日租界于10月及11月间计有36起，旋经请求承日、法租界卫生当局给予下列要点：

法租界：

一、发生传染因由未能确定

二、怀疑进食带壳海味暨生菜为病因

三、染病者皆系中国市民

四、对于伤寒未经注射预防菌苗

日租界：

一、传染因由未确定。

二、被传染者并不限定新来住户，因多数旧有住户亦罹此病，查患病者多数未经注射预防伤寒菌苗。

本界虽无伤寒病症盛行，然邻区界病势流行确甚猖獗，可资警诫。住户宜注射伤寒菌苗藉收预防之益。

年间第一次霍乱报告发现于大沽，其时海口检疫所已解散，所务由日本军事当局主管，经急切要求，中国检疫官员旋得复职，检疫所并不久重行建设，嗣后日本军医、主管人员自请协助，势须接受，最后检疫主管权遂无形沦落彼手。

霍乱流行危险因下列各节，本租界始终未视为有严重性。

(一)天津与发现霍乱之上海及华南各海口交通只由海道，并须经大沽，即此海上交通亦颇受限制。

(二)季候甚迟,缘第一霍乱报告发现时已在9月下旬。

本租界且有下列各项预防设施:

1、筹备临时霍乱病院

2、警务处暨卫生股职员全体立即注射预防霍乱疫苗(643人)

3、工程处工员注射预防疫苗(327人)

4、英国医院暨隔离病院护士全体及院役注射预防疫苗(51人)

查上列职员日与公众接触,故首先施行注射预防疫苗,惟疫苗来源甚缺,本局所需疫苗系承日本当局供给,上述注射方得执行。嗣后疫苗又到,故其他职员456人并经注射,惟充量妥靠疫苗仍无法购办,因此未依照卫生需要劝告市民施行普及注射。

邻区界所得霍乱报告共计19起

年间工部局医院有重要之改组,原有陈旧不适用之维多利亚医院院屋业已不用,敦桥道隔离病院宽敞,原址经充分消毒暨施行需要之改建工事后,现已改为英国医院,内设三部,计医务部、手术部与产妇部,并设置最新式之X光器械,现正从事整理添换其他设备。该院之成立于本界医院设施实为显著进步,其医务部暨产妇部之集中一处,于管理经营且称经济,隔离病院现已新建,范围较小用应英、法两界之需,其入院简要列次:

(1)英、法租界住户

(2)设立在英、法两租界商号之各职员,无论该职员是否居住租界。

(3)除常留空病室2间备英、法租界住户需用外,如病院尚有空床位则其他区界病人可予容留。

(4)疫症流行时期,该病院只准收留英、法租界住户

上列第3款系以公共卫生利益为旨,俾急难病症有容留处所用俟享受本界隔离病院,利便之其他区界及时筹备病院也。

年间因医院主任顾德朋女士暨穆女士之退职,工部局顿失劳绩卓著职员2人,查顾女士充任护士及医院主任十有二载,勤奋尽职,为市民所称道者也。穆女士主管产妇部(产妇调养院)有年,忠诚服务,今兹一旦去职,殊深怅惘。

夏秋间中日事变发生,难民之进入本租界者动以千计,因之发生疫症危险可能颇属急切,当时遂有难民收容所之设,逐日有志愿服务之西药、中国医

师检查施诊，其多数系在本租界执行医师业务者，关于征求及组织此项医师服务团深荷伯瑞尔大夫之襄赞，工部局与市民应同致谢忱。

关于前述防范设施，本界卫生检查及清除界内不洁区域同时严厉执行，对此工作，工程处副工程师乔霭纳君尽力殊多，幸任何疫症未曾发现，颇堪告慰。

医院：全年工作详医院主任报告

警务处病室：1937年病室诊治人数共计678人，警捕住病室日数共计2,113日，依病人计每人每年平均占用病室合3.116日，若按警捕全体连同消防队队员合计，每人平均占用病室日数计3.286日，该病室之设立依然颇著效用，其王助理员服务继续称职，除执行病室职务外，该员并督理执行注射工部局中国职员1,426人。

给水：本租界深井给水除所含氟素外，其品质优良，产量充裕，暨微菌清绝一如已往，惟其含有氟素，故不宜于发生稚牙之儿童引用，此项事实应每季通告市民注意，自为同人郑重之主张。

沟渠：所有脏水井概经按时检查清除，效用依然，惟墙子河仍为本界卫生股之困难，其河流污秽触鼻，类似明沟，无待赘述，倘能按时用抽水设备时加冲刷，则该河流自身于公共卫生当不成严重祸害。年间事变时期，中国公用事物之施行不无停顿，该河之抽泄冲刷遂由本局执行，故为市民厌恶，几成公共健康隐患之污浊河流稍获清洁。

牛乳：出售本界牛乳品质仍随时检验，并按检验结果分别品质优劣，因此随时抽验之执行，所有牛奶房势须随时注意，故出售之乳质颇现改善。

卫生医官　葛尔　大夫

卫生股1937年报告

塚[冢]园：年间马厂道塚[冢]园埋葬灵柩共43具，广东道塚[冢]园全年未用，又火葬炉共用6次。

运载病人汽车：本局定购之最新式运载病人汽车已于年杪运津，即付使用。该车机件灵便，弹簧制配精良，乘车者当感舒适，新车跟人已另行选派，倘该车系为女性病人雇用，则跟车另有女雇员随从。

旧有病人汽车嗣后当备马路行人意外伤害之需用。

年间运载病人汽车共用425次，其中收费出赁共计239次。

1937年英租界中外人民死亡统计分别列表于次：

年间界内发现中国人尸体共21具,均系病故;

本年圈留后释放之家犬64只;

圈留后杀除之犬数463只;

总数:527只;

年间经巴斯德菌学院检查,证实之疯狗病计有10起,显见此项可畏病毒仍须严厉预防,以期杜绝。

警务处长　谭礼士

1937年英租界外国人死亡统计

死亡因由	男性	女性	总数
胸痛气咽	1	—	1
盲肠炎	—	1	1
气管支炎	1	—	1
气管支肺炎	—	1	1
痢疾	—	1	1
慢性肾脏炎	—	1	1
足部坏疽	1	—	1
心脏病	1	—	1
痰决	1	—	1
肠结核	1	—	1
中毒	1	—	1
杂病	—	1	1
心脏麻痹	1	—	1
腹膜炎	—	1	1
肺炎	2	1	3
败血症	—	1	1
结核性肺炎	1	—	1
肺结核	—	1	1
心部损坏	—	1	1
总数	11	10	21

1937年英租界中国人死亡统计

死亡因由	男性	女性	总数
腹部膨胀	3	1	4
打胎	—	5	5
肺疮	1	—	1
急性脑贫血	1	—	1
感冒后肺部瘀血	1	—	1

（续表）

急性心膜炎	1	—	1
急性肠炎	—	1	1
急性肠炎及惊风	1	—	1
急性肠胃发炎	1	—	1
急性大肠感冒	1	—	1
急性肾脏炎	—	1	1
急性腹膜炎	1	—	1
急性肺炎	1	1	2
急性肺结核	1	—	1
急性败血症	1	—	1
经期阻塞	—	2	2
煤气熏毙	1	—	1
中风	10	16	26
中煤气毒后痰决	—	1	1
气喘	9	16	25
气喘及心病	—	1	1
气喘痰决	—	1	1
血毒	1	—	1
气管支炎	5	5	10
气管支肺炎	2	3	5
感冒后肺炎	1	—	1
气管支肺炎及心疾	—	1	1
气管支肺炎痰决	1	—	1
肠炎生痫	—	1	1
胃部生痫	—	1	1
胃癌及腹膜水胀	—	1	1
心病	—	1	1
心弱	—	1	1
心房肿胀及慢性肾脏炎	—	1	1
心力虚弱	1	4	5
脑冲血	1	4	5
生产	—	8	8
慢性气喘肾炎尿毒昏迷	1	—	1
慢性肾炎症	—	1	1
慢性心肾动脉发硬	—	1	1
慢性大肠发炎	1	—	1
慢性肚泻	1	1	2
慢性痢疾	—	1	1

（续表）

慢性肠炎	1	—	1
慢性肠胃发炎	1	—	1
慢性心肌炎	—	1	1
慢性心肌胀大	1	—	1
慢性肾脏炎	1	—	1
慢性肾脏炎痰决	—	1	1
慢性肺痨及痰决	1	—	1
中煤气毒	1	2	3
惊风	23	20	43
咳嗽	—	1	1
肚泻	8	10	18
上吊自尽	—	1	1
自房顶跌毙	1	—	1
白喉	—	2	2
浮肿	1	1	2
痢疾	9	3	12
消化不良	2	4	6
心脏内膜炎	1	—	1
急性心脏内膜炎	1	—	1
肠炎	7	3	10
羊痫疯	—	1	1
丹毒	1	1	2
枯耗与心疾	—	1	1
妇女病症	—	38	38
普通肺结核症	—	1	1
胸部生痈	—	1	1
颈项生痈	1	—	1
腰部溃疮	1	—	1
右腿生溃疮	1	—	1
心疾	5	6	11
痰决	18	18	36
痰决与肾疾	—	1	1
痰决与胃病	1	—	1
痰决与尿毒症	1	—	1
慢性气管膨胀而致痰决	1	—	1
肺炎后痰决	1	—	1
半身不遂	2	—	2
流血	2	—	2

（续表）

打胎后心病	—	1	1
疯犬病	—	1	1
流行性感冒	2	—	2
肠黏膜炎	—	1	1
肠结核(1)	1	—	1
肠结核(2)	1	—	1
黑病	1	—	1
触电	1	—	1
汽车撞死	—	1	1
肝病	—	1	1
肺膜炎	1	—	1
肺膜炎与胃部失调	—	1	1
虚脱	6	3	9
虚脱与痨病	1	—	1
虚脱与肺病	1	—	1
疹子	1	1	2
脑膜炎	2	1	3
心窍瓣狭窄	1	—	1
肾病	—	1	1
心脏炎	2	—	2
心脏麻痹	—	1	1
戒除吸食毒品而死	—	1	1
肾脏炎	1	2	3
急性肾脏炎昏睡肺炎	1	—	1
慢性肾脏炎	1	—	1
大肠闭结	5	6	11
老病	—	5	5
风瘫	—	1	1
半身风瘫	1	—	1
腹膜炎	—	4	4
肺痨	1	—	1
有娠胎盘向前血毒症	—	1	1
肺炎	4	1	5
急性肺炎	—	1	1
脊椎骨疡下半身不遂	—	1	1
小产	2	—	2
小产(双生胎)	—	2	2
咯血	—	1	1

（续表）

肺炎痰决	—	1	1
肺部病	1	1	2
肺部生痈	1	—	1
肺病	12	10	22
肺结核	6	2	8
肺结核与心脏膨胀	—	1	1
猩红热	3	—	3
瘰病	2	—	2
老迈衰弱	1	6	7
烈性消化不良	—	1	1
天花	2	—	2
脾病	2	1	3
肺气积阻风肿	1	—	1
死胎	—	2	2
胃病	8	7	15
细菌结毒喉痛	—	1	1
夏痢	1	—	1
服毒	—	1	1
肠结核	1	—	1
肺肠结核	—	1	1
脑膜系结核	—	1	1
扁桃腺溃烂	1	—	1
血液中毒暨痰决	1	—	1
肺结核	7	4	11
臀部溃烂结核	1	—	1
肠结核	1	—	1
结核性脑膜炎	—	1	1
肺部结核	—	1	1
瘤子	—	1	1
瘫症	2	1	3
腹部生疮	—	1	1
胃疮	—	1	1
总计	234	283	517

1937年英租界暨其他区界传染病症报告统计

	英租界		法租界		意租界		日租界		特一区		特二区		特三区		华界		总计
	外人	华人	外人	华人	外人	华人	外人	华人	外人	华人	外人	华人	外人	华人	外人	华人	
流行性脑膜炎	—	—	1	—	—	—	—	—	—	—	—	—	—	—	—	—	1

（续表）

疾病																总数
流行性脑脊髓膜炎	—	1	10	—	—	—	—	—	—	—	—	—	—	—	—	11
水痘	6	2	4	—	2	—	1	—	1	—	1	—	1	—	—	18
霍乱	—	1	—	—	—	—	4	—	—	1	—	2	—	5	7	20
白喉	5	8	1	—	—	—	2	—	1	—	—	—	—	—	—	17
流行性感冒	—	—	2	—	—	—	—	—	—	—	—	—	—	—	—	2
丹毒	—	2	—	—	—	—	—	1	—	—	—	—	—	—	—	3
瘰疬	—	—	6	—	1	—	—	—	—	—	—	—	—	—	—	7
红疹	2	—	—	—	—	—	—	1	—	—	—	—	—	—	—	3
疹子	4	10	8	—	2	—	—	—	1	—	—	—	—	—	—	25
疹子水痘	—	—	1	—	—	—	—	—	—	—	—	—	—	—	—	1
脑膜炎	—	3	—	—	—	—	—	—	—	—	—	—	—	—	—	3
轻性猩红热	1	—	—	—	—	—	—	—	—	—	—	—	—	—	—	1
腮腺热	25	1	9	—	1	—	8	—	—	—	2	—	—	—	—	46
脊髓发炎	—	—	3	—	—	—	—	—	—	—	—	—	—	—	—	3
猩红热	21	26	25	—	2	—	53	—	5	—	—	1	1	—	—	134
疑似猩红热	—	3	—	—	—	—	—	—	—	—	—	—	—	—	—	3
天花	2	3	6	—	—	—	5	—	—	—	—	1	—	—	—	17
隔一日疟疾	—	—	—	—	—	—	—	1	—	—	—	—	—	—	—	1
伤寒	4	1	—	—	—	—	—	—	—	—	—	—	—	—	—	5
伤寒	2	1	36	—	—	—	—	—	1	—	—	—	—	—	1	41
瘰疬	—	4	6	—	—	—	—	—	—	—	—	—	—	—	—	10
疑似伤寒	—	—	1	—	—	—	—	—	—	—	—	—	—	—	—	1
疑似瘰疬	—	—	2	—	—	—	—	—	—	—	—	—	—	—	—	2
瘰疬伤寒	1	—	—	—	—	—	—	—	—	—	—	—	—	—	—	1
瘰疬	2	1	—	—	—	—	—	—	—	—	—	—	—	—	—	3
腹部瘰疬	2	—	—	—	—	—	45	—	4	3	—	—	9	1	1	65
总数	77	67	121	—	8	—	110	—	24	4	—	2	14	7	1	9	444

医院主任报告

英国医院住院人数统计

内科	99
外科	11
手术割治	33
总数	143人
准备射X光照前进食钡化物	5
X光治疗	2
住院人数	150

（续表）

占用床位日数	1,702 日
死亡（儿童 2 成年 6）	8 人
病人（依国籍计）	
美	8
英	127
中	11
德	1
印度	1
意	1
罗孟尼亚	1

院外诊治按摩暨电气治疗统计

照片检验	6
X 光照	53
石膏模型	6
按摩	2
院外诊治人数	20

产妇部住院人数

住院人数	22
占用床位日数	280 日
产生（男 10 女 8）	18
死亡（婴儿）	2

隔离病院住院人数

依 国 籍 计	
美	3
英	18
中	21
法	1
德	3
俄	2
总计	48
依 病 别 计	
猩红热	28
猩红热暨白喉	1
猩红热暨丹毒	1

(续表)

猩红热暨症变	1
丹毒	3
疹子	2
疹子暨水痘	1
白喉	6
腮腺热	1
天花	1
水痘暨疟疾	1
斑疹伤寒	1
疯犬病	1
总计	48
占用床位日数共：1,243 日	
死亡：2 人	

耀华学校 1937 年报告

一年来之重要事项

全年为本校成立之第 11 年，并为高中毕业之第 2 届，年来事绩有足纪者，爱撮举荦荦大端著于篇。

国历 5 月 11 日为本校成立 10 年纪念，举行预祝会之期，以本校成立于 10 年前之 9 月 1 日，兹以是日适值学期开始暑假之中，筹备不便，乃提前举行。本日天气晴明，轻风和暖，校门之内高搭彩坊，环以电灯，操场四周遍悬灯彩。午后 2 时在礼堂开会，莅会者为中外名流及学生家长共 1300 余人。除由管理委员庄乐峰、陈晋卿两先生、英租界中国纳税人干事会主席代表李次武先生、学生家长代表王少溥先生暨校长分别致词外，并请本市教育局长凌勉之先生致训词。表演游艺节目计分话剧、舞蹈、唱歌、机巧、运动等项，每一节终靡不掌声雷动，时至 6 时余始行闭幕。晚 8 时师生同乐游艺会开幕，场中灯彩辉煌悦目，先放鞭炮并举童子军营火，继则游艺、国剧由各师生依次表演，约 30 幕，约甚精彩，尤以陈委员晋卿之洪洋洞及捉放两出最为出色，直至深夜 12 时始行尽欢而散。

5 月 12 日为英皇举行加冕之期，本校休假 1 日藉伸庆祝。

4 月 4 日为儿童节，本校在体育馆举行大规模庆祝会，由孙主任芳仲主席致词，表演、游艺节目 25 项，尤以初中三年之双梯最为精彩，计来校参加者连同校外儿童共有 1000 余人，并赠儿童每人糖果一包，闭会之后莫不欢欣以去。

本市体育联合会将世界运动会影片运津，於 4 月 8 日下午 3 时半由齐守恩先生携带来校映演，计共 10 大本，尤以机巧、运动及游泳为最惊人，全校师生均到礼堂参观，齐先生加以简单说明，观众异常兴奋。

本校今年 7 月，高、初中应届毕业参加会考学生，高中名列甲等者 25 名，初中名列甲等者 23 名。

惟高中毕业生除有少数升学他埠大学，而泰半则以时局关系、交通梗阻未能尽量升学，殊憾事耳。

本租界上次纳税人大会时,佥以本校名额过少,以致投考学生多抱向隅为憾,而谆请管理委员暨校长设法救济,于是管理委员会同校长迭加讨论,乃用最经济方法将各办公室合并腾出教室多间,以资增加班次,爰自9月1日起,将小学男生各级及初中一、二年男生均设甲、乙两组,以便收容投考学生。以后各年级逐年陆续增加。

本校以急于贯彻增班计划,拟于明年秋季始,业时实行中小学男生分组,全校男女生共计36班,经管理委员会议决在第二校舍后方临公学道校墙之地建筑办公处,现正筹备进行,约于明年暑假期中落成。如是,则第一校舍又可腾出教室数间,以应增班之需。

本年7月天津事变以来,英租界居民激增,而学生之失学者尤众。本校原为英租界住户及纳税人子弟而设,乃于9月之初筹备组织特班,10日之内延聘教师、甄别学生、布置设备,煞费经营,始于9月20日开学。授课时间自下午3时30分至6时50分,并于星期六下午及星期日上午照常上课。教职员有自上午7时半到校,而下午7时始行出校者,如此辛勤,亦聊尽区区服务社会救济失学青年之微忱而已。计设特班24班,延聘教职员56人,录取学生1000余名,学费则较正班减低,而特班会计独立,纯以学费收入为挹注。

本校成立之初,仅乃教职员5人,学生46人而已。今则已有正班教职员70人,学生1336人,特班教职员56人,学生1007人矣。

本校为增进教学效率起见,组织中小学正特班各科教学研究会,指定主席负责考核推动,会同该科教员定期举行会议,研究改进问题,中小学教务主任均出席指导并签约会议记录。

本校今年出版刊物计有10周纪念刊1厚册,年刊1册,耀华校刊1册。

今年校友会、耀华社、歌咏团、演说辩论会均异常活跃,并由教职员分别切实指导。

本租界近年住户激增,而本市各学校多以事变之故,未能照常开学,以致失学学生綦众,本校又限于教室及经济不获尽量收容,至以为憾,异日倘能觅地筹款别建校舍,将小学迁移而就原有校舍扩充中学,则此憾可弥,其造福学生为何如哉。

毕业生

本年 6 月毕业生人数

年级	男生	女生	总数
高中	31	15	46
初中	43	18	61
高小	39	47	86
初小	47	42	89

学年考试第一、二名奖品

本年 6 月学年考试各级名列第一、二名之学生，本校颁给奖品、书籍，共计 50 名，年级及姓名列下：

高中三年男生	王肇翔、罗志明
高中三年女生	单又新、赵智铃
高中二年男生	陈文毅、方道尧
高中二年女生	娄钟英、朱湘琴
高中一年男生	胡宗海、张建强
高中一年女生	聂其炜、柳庆宜
初中三年男生	朱敬熙、钱亿年
初中三年女生	聂眉初、娄梅博
初中二年男生	王俶雍、聂其炯
初中二年女生	秦士谦、边嘉蕙
初中一年男生	杜醒中、杨永庆、董继仲、顾达诚
初中一年女生	王文襄、孙家俊
高小二年男生	秦士全、蔡克诚
高小二年女生	孙家慧、顾丽云
高小一年男生	何友慎、李庚铮
高小一年女生	袁家芸、徐永年
初小四年男生	王祖泽、郑元珂
初小四年女生	王华贞、金淑英
初小三年男生	马钺、聂璧初
初小三年女生	孙家敏、徐承芸
初小二年男生	张曾铨、李振洲
初小二年女生	黄玲爱、莫勤文
初小一年男生	吴克俭、马之骢
初小一年女生	魏华、乐静敏

褒奖证书

本校学生于一学年内学行体育考勤，成绩兼优，本校颁给褒奖证书，本年获得是项荣誉者为高中女生 2 名,初中女生 3 名,高小女生 4 名,初小男生 1 名,初小女生 8 名,共 18 名,年级及姓名列下:

高中二年女生	娄钟英
高中一年女生	聂其炜
初中二年女生	秦士谦、边嘉蕙
初中一年女生	王文襄
高小二年女生	孙家慧、顾丽云
高小一年女生	袁家芸、徐永年
初小四年男生	王祖泽
初小四年女生	王华贞、金淑英
初小三年女生	向傅雯、聂珠初、刘文琳
初小二年女生	黄玲爱、莫勤文
初小一年女生	魏华

模范生奖

本校高、初中学生德智体群均列最优等者,于毕业时授以模范生金质奖章,本年获得此项奖章者为:初中毕业男生陈文汉。

全勤奖

本校第一届高中毕业女生王树贞,自初小肄业至高中毕业九年以来,勤恳好学,从未迟到、请假、旷课,本校颁给奖状及手表奖品以昭激劝。

英皇奖学金

今年 6 月,本校参加本市初中会考成绩最优,而继续在本校肄业、应得英皇御极 25 周年纪念奖学金学生之姓名列下:

男 生	陈文汉、袁复
女 生	聂眉初、娄梅博

本校奖学金

本校为提倡家境清寒、品学兼优之学生来校肄业,特设本校奖学金,自经常费项下提出国币 1000 元以充此用,高中每学期 50 元,初中每学期 40 元,高小每学期 30 元,本年得有此项奖学金者共有男女生 5 名。

学生人数

本年年终在校肄业正班学生实有 1336 名,而交纳学费者有 1353 名,特班学生实有 1007 名,而交纳学费者有 1020 名,以有学生因事、因病,或家庭迁移而中途休学或退学者,正班现有学生 32 班,计中学 14 班,小学 18 班,因中学初级一、二年暨小学6个年级男生均分为甲、乙两组，以便容纳校外投考本校之学生，其余各年级均为男女生各1班也。

正班中小学各部详细人数

年级	男生	女生	总数
高中	138	92	230
初中	199	140	339
高小	144	95	239
初小	322	206	528
总共	803	533	1336

正班本年学生人数与上年及10年前之对照

年级	男生	女生	总数
1927	29	17	46
1936	620	495	1115
1937	803	533	1336

本校今年学生人数较上年增加19%而强，实则报名投考者约1000余人，而录取者不过200余人，尤以本租界住户及纳税人子弟之投考而向隅者为多，诚以各班人数逐渐拥挤已无地安插矣。

中学特班现有学生24班，计男生17班，女生7班，因男生除高中二年分为4组，初中一、二年分为2组外，均为3组，女生除高中三年分为2组外，均为1组，人数列下：

年级	男生	女生	总数
高中	403	167	570
初中	295	142	437
总共	698	309	1007

卫生

本校对于卫生向极注意，自9月开学后，全体学生均经体育课切实检查身体，如查明有疾病者，即谆嘱该生延医诊治，经医士具函证明痊愈后，方准其回校上课。至于患病，有传染性者，或家庭患传染病者，即使之隔离，在相当时期内不准到校，故今年全校健康状况经过良好，并无重大病症发生。

图书馆

本校图书馆去年图书总数为21483册，嗣以学生人数日多，图书不敷阅览，爰自本年有增购图书10年计划，计每年指定图书购置费4000元，故今年增购及捐赠计3883册,连同历年购存图书共为25366册。如是则陆续增加,蔚为大观,以供师生之参考阅览,尚冀热心人士踊跃捐助,尤为拜祷。

本馆除由管理员负责外,小学男女生两书报阅览室则指定教职员分任指导,并由学生轮流值日,藉以练习作事之能力,而学生均能认真服务,有条不紊。

体育

本校学生于2月7日参加体联冰上运动会,结果甚佳,计得男童子组及女普通组团体冠军,初级组团体亚军。男童子组翁永庆、董履和冠军,女普通组陈志慧冠军。

本校各班室内篮球比赛自1月4日举行以来极为顺利,至1月14日遂告结束。结果团体总分高中二年女生冠军,高中一年男生冠军,个人总分初中三年女生蔡君郁冠军,高中一年男生陈权冠军,由校长颁发优胜奖品。

本校一年一度之春季运动会于4月24日举行,以细雨绵绵,午前10时始行开会,午后雨势尤大,只得延期至26日午后天晴继续24日未了节目,管理委员诸公均到场,惟以场地泥泞成绩平平,而高中一年男生关福纳之跳高竟以1.652公尺打破华北中级纪录。

本校垒球队与南开校队于6月5日在河北省立工业学院体育场举行体联会垒球决赛,结果本校以7与2之比获胜。

本市电报局主办之水灾赈济篮球赛于5月16日在该局球场举行,本校女子篮球队及南开校队被邀参加,本校以27与24之比获胜。

本校初中男童子军与高中男生体训队于5月30日上午10时由体育课全体及体训教员率领出发,在河北省体育场门前举行露营4日,师生均精神焕发。

天津市中小学春季运动会自5月31日开幕至6月2日结束,本校学生共计参加4组,结果黎大展荣膺大会男子个人总分第一,聂其炜获女子个人总分第一,高中组获径赛团体总分第二,田赛团体总分第三,女子组获田径赛团体总分第三。

本校初中女童子军于6月5日在操场举行第一次露营,炊事一项较男生为优。次日拔营,精神极佳。

本市日本高等女学校乒乓球队、篮球队与本校女子队于6月12日在体育馆举行初次友谊赛,结果乒乓球本校败北,篮球则占首席,并有日本学校学生多人结队来校参观,异常兴奋,此次篮球比赛系用男子规则,在女子比赛中亦别开生面云。

北平市垒球冠军育英中学校队来津,于6月19日与本校垒球队在本校体育场举行友谊比赛,结果本校获胜。

本校特班自9月20日开学以来,情形极为良好,体育一科因平日时间短少,故订于星期日上午上课,共分3节,每节8班同时上课,连同国术共有教员14人。

万国初级运动会于10月9日在民园举行,本校学生参加2组,结果乙组吴克勤得障碍物赛跑第一、掷棒球第二、跳远第二,吴克文得百十公尺低栏第一,黎大展得800公尺第二。

本校班际篮球比赛共分5组举行,结果男子高中组高中三年冠军,男子初中组初中三年冠军,男小学组高小二年甲组冠军,女子高中组高中一年冠军,女子初中组初中一年冠军,优胜奖品由校长在周会中颁发。

万国初级足球赛自11月初举行以来,至27日始告结束,本校计参加2组,结果乙组荣膺本届冠军,甲组以1分之差屈居亚军,本校童子军之课程比赛自11月29日起举行,计分结绳、生火、军步、旗语、操法、演说6项。

世界运动会中国代表所组织之未名队自11月起,每星期日上午来校与本校正、特班校队作篮球友谊赛,以资观摩,共计5次,于校队技术上颇有裨益。

校长 赵天麟

耀华学校

截至1937年12月31日止之收支统计

预算	支 出	决算	预算	收 入	决算
法币		法币	法币		法币
	教职员:		77,500.00	英工部局协款	83,210.43
80,535.00	薪金年积金暨年终双俸	81,423.04	44,000.00	学费	55,134.09
	校役暨门警:		—	利息	724.70
6,254.00	工资暨年终奖金	5,728.37	—	礼堂租赁费	650.00
1,000.00	医药暨卫生设施	423.70			
1,343.00	保险	1,342.28			
6,000.00	燃料电灯暨用水	4,250.25			
3,000.00	修理暨保持费	2,997.37			
3,500.00	纸张暨印刷	3,807.00			

（续表）

3,000.00	体育费用	1,746.82		
396.00	电话	372.00		
4,000.00	杂项	4,744.89		
300.00	课本	166.89		
1,000.00	临时费用	453.40		
5,511.00	准备金存储	5,510.79		
3,000.00	试验室暨室外实习费用	3,078.43		
240.00	例假费用准备	240.00		
1,000.00	奖学金	1,000.00		
1,421.00	结余列入建设项下	22,433.99		
121,500.00		139,719.22	121,500.00	139,719.22

耀华学校
截至1937年12月31日止之结算单

债务		资产	
	法币		法币
零星债务	10,280.05	地亩：	
学生存款	13,952.04	第1段第343号计52.945亩每亩值5,930.07元	313,967.56
准备金	29,921.83	校舍：	
例假费用	1,680.00	第一校舍	129,400.86
英皇御极25周纪念奖学金	6,000.00	第二校舍	129,058.34
耀华奖学金	740.00	第三校舍	132,281.85
建设账目	63,564.81	第四校舍	145,929.90
特别班账目	19,835.24	体育馆	54,985.80
奖学金(积存利息)	487.54	校役室	1,482.00
临时债务(参照对页)(签定费用未清部分)	2,292.40	礼堂	254,226.71
总结余	1,351,037.64	校舍里院铺砌	19,676.59
		院墙暨校门	26,191.74
			893,233.79
		未清付费用(参照对页)	2,292.40
		家具	78,453.97
		科学仪器	55,470.09
		参考书籍	9,912.23
		投资项下(实价)	35,925.21

		零星欠户	6,146.93
		定期存款	37,313.56
		现款	100.00
		英工部局流水账	66,975.81
	1,499,791.55		1,499,791.55

敝公司已将上列截至1937年12月31日止之结算单审核，并得有一切闻料暨解释其所列投资业经查核。据敝公司所知并参照供给之说明暨簿册所列注解，该结算单之开列用以表示耀华学校之正确财政状况是系正当。

汤生公司
特许查账稽核员
天津　1938年1月21日

耀华学校
截至1937年12月31日止之建设账目

	法币		法币
科学仪器	2,257.74	1936年度结存余款	56,880.71
家具	426.50	1937年度收支两抵结存余款	22,433.99
参考书籍	3,152.91		
修理油漆暨杂项	4,105.12		
校舍里院铺砌修整	642.80		
建筑项下：			
体育馆:建筑费	4,399.50		
体育馆:装修设备	765.32		
	——5,164.82		
结余移入1938年账	63,564.81		
	79,314.70		79,314.70

特别班账目

	法币		法币
薪金暨年终奖金：		特别班学费	33,016.00
教职员	10,160.65		
校役	275.51		
修理保持暨添置费	852.32		
医药费暨卫生设施	4.50		
燃料电灯暨用水	1,156.04		

（续表）

纸张暨印刷	287.22		
杂项	354.58		
课本	74.94		
体育费用	15.00		
结余移入1938年账	19,835.24		
	33,016.00		33,016.00

耀华学校1938年预算

收入		支出	
	法币		法币
学费	60,500.00	教职员薪金年积金及年终奖金	90,911.00
英工部局协款	80,000.00	校役门警工资年积金及年终奖金	6,379.00
		修缮维持及添置设备	4,000.00
		医药及卫生设施	1,000.00
		燃料电灯及用水	7,000.00
		文具纸张及印刷	4,500.00
		保险	1,343.00
		电话	600.00
		杂项	5,000.00
		临时用途	1,000.00
		课本	300.00
		体育费用	3,500.00
		准备款项	5,511.00
		试验室及室外实习费用	3,500.00
		例假费用准备	240.00
		奖学金	1,000.00
		参考书籍地图等	4,000.00
		约计结余	716.00
	140,500.00		140,500.00
建设费支出			
第三校舍底层修缮			4,000.00

天津英文学堂

截至 1937 年 12 月 31 日止之收支统计

支出				收入			
预算			决算	预算			决算
英镑	英镑支出		法币	英镑		英镑	法币
3,001	外籍职员薪俸	2,669.4.9	44,605.23	7,382.00	工部局协款	7,382.00	123,331.31
300	外籍职员年积金	266.18.5	4,460.58	法币		法币	
640	外籍职员旅费	719.5.0	12,037.20	59,000.00	学费	50,471.26	
557	外籍职员例假薪俸	557.6.0	9,310.91				
4,498		4,212.14.2	70,413.92				
法币	法币支出	法币		—	利息	183.91	
72,365.00	外籍职员薪俸及年积金	69,462.59					50,655.17
3,220.00	中国员役工资	3,222.00		59,000.00			
2,450.00	医生费	2,339.63					
760.00	保险	760.08					
3,500.00	暖气	2,822.57					
2,000.00	电灯电马力	1,699.19					
500.00	用水	399.34					
3,000.00	修缮暨换新	2,965.00					
2,000.00	纸张印刷	1,965.01					
300.00	职员图书室	309.17					
157.00	电话	156.00					
3,000.00	普通费用	2,668.53					
500.00	临时项下	162.10					
493.00	例假薪俸准备	492.59					
855.00	旅费	855.00					
3,325.00	准备金存储	3,322.49					
300.00	学校奖品费用	173.79					
300.00	运动比赛奖品费用	300.00					
1,500.00	体育场费用	1,200.55					
850.00	英皇加冕庆祝费用	842.88					
1,000.00	家具仪器剔旧换新	378.92					
			96,495.43				

（续表）

102,375.00						
	收支结余列入建设项下	7,077.13				
		——				——
		173,986.48				173,986.48

截至1937年12月31日止之结算单

债务			资产		
		法币			法币
保管款项（奖学金及奖品）		9,900.00	地亩：		
旅费准备		16,429.67	校址计15.587亩，每亩值洋7,264.34	113,229.20	
例假期薪俸准备		16,984.63	体育场计36.682亩，每亩值洋2,520.28	92,448.90	
准备金存储：					205,678.10
上年结存	30,387.76		建筑：		
1937年准备	3,322.49		学校	352,166.71	
5厘利息	1,685.51		体育馆	6,700.00	
	——	35,395.76	体育场凉亭	9,806.00	
奖学金暨奖品（积存利息）		647.61		——	368,672.71
存款（书籍押款）		5,322.11	设备		71,216.97
零星债务		2,229.24	家具		26,896.77
建设项下（参照规画[划]）		24,841.87	试验室仪器		12,273.39
总结余		698,690.53	投资（计值）：		
			准备金存储	35,386.56	
			保管款项	9,900.00	
			建设费	14,777.63	
				——	60,064.19
			英镑账		28,313.18
			预备售与学生之书籍文具（册列价值）		22,249.13
			零星欠户		8,922.03
			现款		100.00
			英工部局流水账		6,054.95
					——
		810,441.42			810,441.42

1198

敝公司已将上列截至1937年12月31日止之结算单审核并得有一切闻料暨解释,其所列投资业经查核,所存书籍、文具业经该校管理员估价,据敝公司所知并参照供给之说明暨簿册所列注解,该结算单之开列用以表示英文学堂之正确,财政状况是系正当。

汤生公司

特许查账稽核员

天津　1938年1月21日

截至1937年12月31日止之建设项下

	法币		法币
理科仪器	1,985.66	1936年结余	19,261.84
杂项	477.50	建设款项投资利息	966.06
结余移后	24,841.87	1937年收支结余盈数	7,077.13
	27,305.03		27,305.03

天津英文学堂1938年预算

收　入	
	法币
工部局协款　英镑7,184.7.6　@1/2—1/4	121,000.00
学费	46,000.00
	167,000.00

支　出	英镑	法币
职员薪金	2,603.6.8	65,072.00
职员年积金	260.6.8	5,647.00
职员旅费	706.10.0	967.00
职员例假期间薪俸	403.6.8	1,788.00
	3,973.10.0	73,474.00
	@1/2–1/4	66,922.00
		140,396.00
	法　币	
中国员役工资	3,220.00	
医生费	2,070.00	
保险	775.00	

（续表）

暖气	3,500.00	
电灯电马力	1,900.00	
用水	400.00	
修缮暨换新	3,000.00	
纸张印刷	2,000.00	
职员图书室	300.00	
电话	156.00	
普通费用	3,000.00	
临时项下	500.00	
家具仪器剔旧换新	500.00	
准备金存储	3,325.00	
学校奖品	300.00	
体育比赛奖品	300.00	
体育场费用	1,000.00	
		26,246.00
预算结余		358.00
		167,000.00

空地保管团

体育场保管团截至1937年12月31日止之收支统计

支 出		收 入	
	法币		法币
修缮及保持费：		英国工部局协款	1,200.00
运动场	95.45	租金	1,608.50
凉亭	162.20	利息	522.20
木质看台	332.20	收支两抵不敷转入折旧不敷账目	211.36
	——589.85		
电灯暖气及用水	465.82		
保险	75.10		
地捐	42.69		
工资	708.00		
普通费用	694.46		
司事年积金	90.24		
稽核账目费	25.00		
投资整理账目	79.12		
折旧项下：			
安德森凉亭房屋	450.55		
安德森凉亭装修设备	89.81		
新凉亭房屋	56.12		
新凉亭装修设备	94.73		
围墙大门等	80.57		
	——771.78		
	3,542.06		3,542.06

天津　1938年1月12日

截至1937年12月31日止之结算单

债　　务	法币	资　　产	法币
折旧项下：		地亩：	
安德森凉亭房屋	8,117.73	面积85.384亩,每亩法币6000元	512,304.00
装修设备	933.48	建筑：	
围墙暨大门	1,113.57	安德森凉亭	28,150.00
木质看台	954.00	围墙暨大门	11,362.69
新凉亭装修设备	270.87	新凉亭	19,854.00
新凉亭房屋	160.47	木质看台	1,004.00
	——11,550.12		——60,370.69
司事年积金	1,009.15	折旧不敷项下	3,449.14
零星债款	801.07	投资	9,582.52
总结余账目	572,674.69	积存利息	278.68
		电话保证金	50.00
	586,035.03		586,035.03

敝公司已将上列结算单连同空地保管团之簿册暨账目审核,并得有一切所需闻料暨解释。据敝公司考核所知,并参照保管团供给之说明书暨簿册所列注解,该结算单之开列用以表示保管团之实在正确财政状况是系正当。

汤生公司

特许查账稽核员

天津　1938年1月12日

空地保管团

民园截至1937年12月31日止之收支统计

支　出	法币	收　入	法币
修理暨保持费：		英国工部局协款	3,000.00
"甲"号看台	50.15	租金	1,977.50
"乙"号看台	110.90	利息	69.97
围栏大门等	981.75		
	——1,142.80		
运动费用：			
赛跑路线暨体育运动	162.45		
扁棒球	159.75		
足球	147.04		

(续表)

	469.24	
园地员役工资	1,528.00	
电灯暖气暨用水	411.93	
普通费用	600.27	
保险	7.00	
地捐	28.65	
稽核账目费	25.00	
折旧项下：		
"甲"号看台	29.68	
"乙"号看台	34.94	
围墙大门等	62.31	
	126.93	
结余转入体育场保管团折旧不敷账目	707.65	
	5,047.47	5,047.47

天津 1938年1月12日

截至1937年12月31日止之结算单

债务		资产	
	法币		法币
折旧项下：		地亩：	
"甲"号看台	258.85	维多利亚花园	
"乙"号看台	260.78	面积18.238亩，每亩法币30,000元	547,140.00
围墙暨围栏	543.42	民园：	
木质看台	504.51	面积57.3亩，每亩法币4,000元	229,200.00
	1,567.56		776,340.00
零星债务	62.20	建筑项下：	
总结余账目	818,699.26	"甲"号看台	7,161.29
		"乙"号看台	9,291.00
		围墙暨围栏	15,028.23
		木质看台	554.51
			32,035.03
		设备增添改善：	
		运动场	3,721.68
		泄水布置	2,512.86
		赛跑路线	3,231.71

(续表)

		电钟等	312.49
			9,778.74
		投资项下	1,000.00
		积存利息	27.50
		零星欠户	726.33
		汇丰银行	421.42
	820,329.02		820,329.02

敝公司已将上列结算单连同空地保管团之簿册暨账目审核，并得有一切所需闻料暨解释，据敝公司考核所知，并参照保管团供给之说明书暨簿册所列注解，该结算单之开列用以表示保管团之实在正确财政状况是系正当。

汤生公司

特许查账稽核员

天津　1938年1月12日

1936年与1937年各月码头捐收入比较表

英租界河坝

月份	进口 1936通用国币	进口 1937通用国币	进口 1937减通用国币	进口 1937增通用国币	出口 1936通用国币	出口 1937通用国币	出口 1937减通用国币	出口 1937增通用国币	进口出口总数 1936通用国币	进口出口总数 1937通用国币	1937年总数 减通用国币	1937年总数 增通用国币
1月	5,195.96	7,107.18	—	1,911.22	3,128.38	5,806.60	—	2,678.22	8,324.34	12,913.78	—	4,589.44
2月	3,315.16	6,035.66	—	2,720.50	2,730.86	3,111.64	—	380.78	6,046.02	9,147.30	—	3,101.28
3月	8,892.28	9,376.34	—	484.06	4,527.87	4,225.13	302.74	—	13,420.15	13,601.47	—	181.32
第1季	17,403.40	22,519.18	—	5,115.78	10,387.11	13,143.37	—	2,756.26	27,790.51	35,662.55	—	7,872.04
4月	7,288.96	11,089.66	—	3,800.70	4,463.14	3,930.33	532.81	—	11,752.10	15,019.99	—	3,267.89
5月	5,391.73	11,111.37	—	5,719.64	4,659.09	6,220.02	—	1,560.93	10,050.82	17,331.39	—	7,280.57
6月	4,615.21	8,132.03	—	3,516.82	4,434.94	5,386.48	—	951.54	9,050.15	13,518.51	—	4,468.36
第2季	17,295.90	30,333.06	—	13,037.16	13,557.17	15,536.83	—	1,979.66	30,853.07	45,869.89	—	15,016.82
上半年	34,699.30	52,852.24	—	18,152.94	23,944.28	28,680.20	—	4,735.92	58,643.58	81,532.44	—	22,888.86
7月	7,657.38	10,247.31	—	2,589.93	3,019.01	3,886.27	—	867.26	10,676.39	14,133.58	—	3,457.19
8月	7,055.12	2,709.37	4,345.75	—	2,960.49	3,373.19	—	412.70	10,015.61	6,082.56	3,933.05	—
9月	6,606.82	2,007.12	4,599.70	—	3,113.52	3,096.18	17.34	—	9,720.34	5,103.30	4,617.04	—
第3季	21,319.32	14,963.80	6,355.52	—	9,093.02	10,355.64	—	1,262.62	30,412.34	25,319.44	5,092.90	—
9个月总计	56,018.62	67,816.04	—	11,797.42	33,037.30	39,035.84	—	5,998.54	89,055.92	106,851.88	—	17,795.96
10月	8,147.82	1,869.36	6,278.46	—	4,089.95	2,845.64	1,244.31	—	12,237.77	4,715.00	7,522.77	—
11月	8,156.10	3,539.46	4,616.64	—	4,193.10	2,982.10	1,211.00	—	12,349.20	6,521.56	5,827.64	—
12月	9,463.01	3,662.69	5,800.32	—	6,401.26	2,961.36	3,439.90	—	15,864.27	6,624.05	9,240.22	—
第4季	25,766.93	9,071.51	16,695.42	—	14,684.31	8,789.10	5,895.21	—	40,451.24	17,860.61	22,590.63	—
全年总计	81,785.55	76,887.55	4,898.00	—	47,721.61	47,824.94	—	103.33	129,507.16	124,712.49	4,794.67	—

1938年1月1日　　　码头捐务股主任刘锡三　　　总数净减通用国币$4,794.67

1937年财政报告

兹为汇报1937年截至12月31日止之财政统计,谨将下列报告附陈察[查]核。

总务经常收入:

1937年此项收入比之预算计增收洋86,000元,其35,000元系因房产租值捐仍按1936年陈例征收,而预算编造本假定重估房产租值捐当现低减,其7,500元之增收系因本租界居户增多致空房退捐支出减少。

年间码头捐收入因上半年海运通畅,比较预算显有增加,河坝收入有货物寄存过期之增收殊多,辅捐暨菜市收入项下概现增加,因上述之增收暨特别支出之主要节目数项迟至年秒始行动支,故流水账透支之利息较之预期数目颇现削减。

总务经常支出:

此项支出比之预算计增支洋49,500元,其详数列次:

英文学堂	洋3,331元(依照增加捐税)
耀华学校	洋5,210元(依照增加捐税)
警备费用	洋19,588元警备时期之用
防范水灾	洋10,200元预防水害
清道器械	洋5,800元因居户增多

警务处支出倘无本界入口处栅栏门之添设应现削减。

总务特别支出:

房屋建筑:董事会核准隔离病院之建设,并因建筑材料之高涨故此项支出超过预算。

新购器械:年间核准新购消防队转台天梯添置零件。

电务处:

售电收入:售电收入因用户增多比之预算计增收洋43,000元。

经常支出:此项支出比较预算计减支洋12,000元,其主要节减为煤炭一项,约减支洋7,000元。

综核收支两抵实在盈数比较预算计增益洋55,000元。

建设购置支出:预算所列分输电机项下有数节目,如路灯等未经动支,虽电表因用户增多致须添购,然实支之数仍比预计低减,计减支约洋13,000元。

水道处:

售水收入:售水收入因用户增多,比之预算计增收洋29,600元。

经常支出:年间因产水量增加,抽水费用亦照增,惟经常支出超过预算只洋2,000元,辅用给水规划因未经施行,故节减洋7,672元。

全年经营收支两抵盈余比之预算计增益洋27,587元。

建设购置支出:原列总水管路线未全布设,又辅用给水器械未经购置。

1938年新凿自流井第一次工程费已照缴。

总结各项全年计减支洋16,000元。

统计总结:

各项经常收支两抵实在结余比之预算所列计增益洋120,000元,特别建设项下不敷之数比之预算所列计减洋122,000元,连同其他各项一并核算,计至年底止现款项下计存洋149,861元。

所有前发债券包括1926年借款,已由发行6厘新债款按票面清付或更换新债券,此外新债券之发行数额计洋637,362元。

会计处长　莫尔德

1937 年财政报告
暨 1938 年预算

1937年经常收支预决算比较截至12月31日止

收入				
1937年收入预算			1937年收入决算截至12月31日止	
法币				法币
		地亩捐：		
	255,721.00	已填地	256,699.38	
	79.00	未填地	79.02	
255,800.00				256,778.40
		房产租值捐：		
	491,300.00	依据估定房产全年租值	583,294.25	
	—	减去：减收之数	57,048.15	
	491,300.00		526,246.10	
	18,300.00	减去：退还之数	10,777.86	
473,000.00				515,468.24
		河坝收入：		
	64,200.00	租定船位	64,237.50	
	21,800.00	备租船位	30,048.24	
	7,500.00	驳船	7,106.00	
	93,500.00		101,391.74	
	1,800.00	减去：费用	1,845.32	
91,700.00				99,546.42
10,000.00		转头船位租金		10,000.00
		执照捐：		
	95,000.00	人力车	97,519.00	
	55,000.00	大车暨排子车	47,401.60	
	7,000.00	商铺执照捐	7,938.00	
	1,000.00	杂项	1,290.00	
	1,400.00	马车	1,068.00	
	7,000.00	旅馆暨售酒执照捐	7,187.00	
	5,500.00	犬捐	6,064.50	
	1,100.00	押当铺	1,150.00	
	6,000.00	自行车	5,635.40	
	40,000.00	汽车	47,249.02	
	1,000.00	汽车捐牌司机暨牛奶房等	1,753.40	
	11,000.00	小本营生	12,807.50	
	2,000.00	河坝货摊	2,046.00	

（续表）

	233,000.00			239,109.42	
	16,050.00		减去:费用	14,498.61	
216,950.00					224,610.81
			菜市收入:		
		5,000.00	铺面	5,195.00	
		4,300.00	摊位	5,848.50	
	9,300.00			11,043.50	
	8,880.00		减去:费用	7,639.41	
420.00					3,404.09
			零星收入:		
	18,100.00		杂项	23,520.96	
	18,600.00		租金	19,102.32	
36,700.00					42,623.28
			码头捐:		
	120,000.00		收入	124,431.10	
	11,500.00		减去:费用	11,295.69	
108,500.00					113,135.41
—			局有地租	3,869.61	
			利息:		
			分处来往利息:		
	74,000.00		水道处拨付之数	74,185.06	
	1,100.00		电务处拨付之数	2,267.41	
	75,100.00			76,452.47	
	14,100.00		减去:流水账暨保管款项	5,832.57	
61,000.00					70,619.90
1,254,070.00					1,340,056.16

1937年支出预算			1937年支出决算截至12月31日止	
法币				法币
		支出		
		总务管理		
	136,146.00	管理人员薪俸暨工资	135,069.06	
	54,800.00	总务公费	54,303.00	
	190,946.00		189,372.06	
		减去:可由电务处暨水道处归还之数		
	26,700.00	电务处	26,700.00	
	17,100.00	水务处	17,100.00	
	43,800.00		43,800.00	
147,146.00				145,572.06
		工部局办公处费用:		
	9,100.00	零星费用	12,236.53	
	600.00	减去:可由戈登堂归还之数	825.00	
8,500.00				11,411.53
		协款项下:		
	1,200.00	体育场保管团	1,200.00	
	3,000.00	民园保管团	3,000.00	
	1,425.00	俄国医院	1,200.00	
	150.00	俄国侨民社	150.00	
	1,549.00	马大夫医院	1,913.50	
	445.00	安立甘教堂	445.00	
	445.00	耶稣教合众教堂	445.00	
	445.00	女青年会	445.00	
	170.00	基督徒圣会所	170.00	
	500.00	英国国徽会	500.00	
	741.00	天津妇女慈善会	741.00	
10,070.00				10,209.50
37,400.00		养老金		37,656.33
		工部局警备队:		
18,550.00		杂项		18,550.00
		工部局藏书楼:		
	310.00	薪俸	310.60	
	497.00	零星费用	529.48	
	993.00	协款	993.00	
1,800.00				1,833.08
		隔离病院:		

(续表)

		12,110.00	薪俸	13,548.40		
		11,410.00	零星费用	9,382.66		
	23,520.00				22,931.06	
		2,220.00	减去:法工部局协款	2,220.00		
		4,000.00	病人住院费	7,986.65		
	6,220.00				10,206.65	
17,300.00						12,724.41
			英国医院:			
		34,563.00	薪俸	38,967.22		
		32,937.00	零星费用	37,325.90		
	67,500.00				76,293.12	
	29,500.00		减去:病人住院费		30,603.11	
38,000.00						45,690.01
			卫生股:			
		1,482.00	卫生医官费	1,482.52		
		2,914.00	卫生股职员	2,867.84		
		2,414.00	零星费用	1,996.56		
	6,810.00				6,346.92	
	1,510.00		减去:收入		1,631.75	
5,300.00						4,715.17
			戈登堂:			
		2,800.00	零星费用	3,284.71		
		1,400.00	减去:赁用费	1,465.00		
1,400.00						1,819.71
			天津英文学堂:			
120,000.00			(须准予拨付之协款按纳捐外人登记管业之地亩暨房产估定产值,依每1万元拨付18元计,须拨付之数按67,45.283行市暨二先令八便士汇兑行市折合)			123,331.31
			耀华学校:			
78,000.00			(须准予拨付之协款按纳捐中国人登记管业之地亩暨房产估定产值依每1万元拨付18元计,须拨付之数)			83,210.43
267,103.00			借款项下			267,048.27
600.00			墙子河维持费			3,345.78
—			警备费用			19,588.26
21,340.00			偿还继续皇家租契用款			21,331.30
20,000.00			英皇加冕庆祝			21,105.89
5,000.00			临时项下			5,074.04
797,509.00						834,217.08

警务处

1937年支出预算 法币		1937年支出决算截至12月31日止 法币
272,010.00	警务处员役暨办公室费用	264,159.95
113,990.00	普通杂费	124,272.87
386,000.00		388,432.82
32,000.00	减去：住户雇用门岗警捕缴费	32,378.00
——————		——————
354,000.00		356,054.82
	消防队	
10,660.00	华洋职员薪俸	9,975.38
9,540.00	普通杂费	5,693.29
——————		——————
20,200.00		15,668.67

器械暨购新补旧

1937年支出预算 法币		1937年支出决算截至12月31日止 法币
11,600.00	工程处	16,401.75
4,000.00	英国医院	6,313.79
500.00	隔离病院	846.44
2,000.00	秘书处暨会计处	1,672.70
——————		——————
18,100.00		25,234.68

工 程 处

1937年支出预算			1937年支出决算截至12月31日止	
法币				法币
		经常支出		
		桥梁:		
50.00		保持费		—
		河坝暨码头:		
150.00		保持费		1,251.06
		土坝(预防水灾):		
200.00		保持费		10,485.50
		工程师费用:		
	146,547.00	薪俸暨工资	146,812.16	
	21,921.00	杂项	20,947.54	
168,468.00				167,759.70
		公共厕所:		
12,000.00		保持费		10,466.08
		工部局房产:		
9,350.00		普通保持费		10,336.60
		机件暨工具项下:		
	9,400.00	保持费暨经常费	9,385.08	
	1,300.00	逐年整理	794.36	
	1,200.00	购新补旧	1,938.29	
11,900.00				12,117.73
		公共院所:		
	1,300.00	隔离病院	1,734.15	
	1,950.00	英国医院	1,802.79	
	450.00	菜市	682.59	
3,700.00				4,219.53
		马路便道路边石暨阴沟项下:		
	41,000.00	马路便道路边石暨阴沟保持费	46,537.83	
	3,000.00	暴雨水沟普通修理费	3,389.47	
	2,500.00	冲洗阴沟费	2,249.84	
	5,500.00	载重汽车汽油工资暨材料	4,262.33	
52,000.00				56,439.47
1,500.00		迁移工程处机料场材料		1,147.87
		路政项下:		
	1,800.00	更换路灯	1,552.55	

(续表)

	23,000.00	清道冲洗马路暨水沟	25,131.82	
	36,100.00	收敛垃圾	34,479.37	
	5,000.00	车辆交通指示线	2,807.64	
	3,500.00	扫除积雪	3,736.90	
	500.00	标志	438.86	
	11,700.00	洒水暨散沙	10,053.27	
81,600.00	————		————	78,200.41
	30,000.00	公园及花园	25,637.32	
370,918.00				378,061.27

特别支出

	法币		法币	
		房产:新建暨添盖房屋		
	30,000.00	福发道警务分处	30,393.94	
	1,050.00	伦敦道警务分处	1,694.31	
	49,700.00	工程处机料场	51,415.29	
	37,000.00	隔离病院	54,733.16	
	18,000.00	隔离病院护士宿舍	19,272.24	
	135,750.00 ————		————157,508.94	
32,500.00		阴沟		28,337.46
90,300.00		马路		99,043.83
8,000.00		便道		6,513.70
2,000.00		塚[冢]园小道		1,300.00
		新购器械:		
	4,000.00	警务处	4,250.00	
	60,000.00	消防队	67,000.00	
	12,000.00	卫生股	11,300.49	
	14,500.00	英国医院	14,562.90	
	5,900.00	工程处	5,900.00	
	96,400.00 ————		————103,013.39	
5,000.00		临时项下		1,846.59
369,950.00				397,563.91

电务处

1937年营业账目

支出				收入		
支出预算	1937年支出决算截至12月31日止			收入预算	1937年收入决算截至12月31日止	
法币			法币	法币		法币
295,390.00	发电费用煤炭工资等		286,551.54	612,017.00	售与用户电价	633,246.12
	发电机件：			156,365.00	售与特别一区电价	176,884.70
25,250.00	修理暨保持费		24,361.73	11,030.00	住户自有路灯	11,214.88
	职员宿舍：			21,180.00	售与英工部局办公处暨附属处所电价	20,748.12
2,580.00	修理暨保持费		3,889.53	246,255.00	电马力	248,122.18
	分输机件：			14,500.00	零星收入	14,524.35
24,150.00	修理暨保持费		21,474.05			
	路灯机件：					
6,000.00	修理暨保持费		5,371.11			
	工具：					
1,750.00	修理暨保持费		917.75			
	出租机件：					
3,500.00	修理暨保持费		2,086.84			
	家具装件暨运输：					
1,000.00	修理暨保持费		1,264.16			
	经理费用：					
	薪俸暨工资	72,424.00	71,491.04			
	杂项	17,892.00	17,230.96			
90,316.00	———		88,722.00			

（续表）

		总务管理项下		26,700.00			
26,700.00							
		会计处：					
	11,999.00	中国职员薪俸	11,998.20				
	4,001.00	杂项	2,689.18				
16,000.00	——		——	14,687.38			
2,500.00		利息		3,667.41			
50,000.00		折旧		54,580.54			
1,400.00		零星机件添置		375.49			
3,500.00		陈列室费用		3,508.65			
——				——			
550,036.00				538,158.18			
511,311.00		收入超过支出之数		566,582.17			
——				——	——		——
1,061,347.00				1,104,740.35	1,061,347.00		1,104,740.35

电务处建设购置支出

法币		法币
3,350.00	房屋	1,278.28
8,300.00	发电机件	1,205.83
42,490.00	分输机件	47,452.43
10,725.00	路灯机件	380.22
425.00	工具	232.17
1,060.00	出租机件	3,382.00
1,275.00	仪器	—
11,550.00	家具装件暨运输	11,869.68
——		——
79,175.00		65,800.61

电务处

1937年结算单截至12月31日止

债务		资产	
	法币		法币
零星债务暨积欠	30,270.67	零星欠户暨欠款结余	151,026.85
用户押款	144,855.00	材料存储	115,289.35

（续表）

寄售商品(参照对页)	16,709.90	陈列室商品	6,352.76
折旧存储	1,682,061.59	寄售商品(参照对页)	16,709.96
资金存储	514,179.51	伦敦金镑账	14,013.79
英工部局流水账	205,751.31	建设购置项下：	
		地亩	52,458.07
		房屋	372,611.67
		发电机件	1,133,156.74
		分输机件	624,436.03
		路灯机件	47,142.46
		出租机件	28,683.53
		电气仪器	2,872.47
		工具机件	5,426.33
		家具装件暨运输	23,648.03
	2,593,828.04		2,593,828.04

　　敝公司已将上列截至1937年12月31日止之结算单审核，并得有一切所需闻料暨解释。据敝公司所知，并参照工部局供给之说明暨簿册所载注解，该结算单之开列用以表示工部局之实在正确财政状况是系正当。

汤生公司
特许查账稽核员

天津　1938年2月15日

水道处

1937年营业账目
1937年支出决算截至12月31日止

支出		支出预算 钞洋	钞洋	
巴克斯道"甲"号机厂：				
抽水费用：			46,666.29	
经常费		39,738.00		
修理暨保持费		950.00	1,428.31	
		40,688.00		48,094.60
厂内水管暨节水门：				
修理暨经常费		100.00		17.52
滤水池：				
修理暨保持费		100.00		66.88
澄水池：				
修理暨经常费		100.00		153.74
"甲"号机厂：				
修理暨经常费		1,860.00	3,007.14	
				51,339.88
达格拉道"乙"号机厂：				
抽水费用：				
经常费		18,617.00	20,144.95	
		42,848.00		

1937年收入决算截至12月31日止

收入	收入预算 法币	法币
1937年收入决算截至12月31日止		
售与用户水价	297,248.00	331,895.07
售与轮船水价	8,391.00	5,319.90
售与英工部局办公处暨附属处所水价	25,016.00	25,303.20
备用接水收费	1,560.00	1,396.11
辅用给水	3,300.00	—
房租及杂项	2,800.00	3,994.55

（续表）

	700.00	修理暨保持费	632.01	
19,317.00		厂内水管暨节水门：		
	50.00	修理暨保持费		20,776.96
		"乙"号机厂费：		
	840.00	修理暨保持费	1,472.69	
		伦敦道"丙"号机厂：		
20,207.00				22,249.65
		抽水费用：		
	16,018.00	经常费	14,701.52	
	550.00	修理暨保持费	668.20	
16,568.00		厂内水管暨节水门：		15,369.72
	50.00	修理暨保持费	4.071	
		"丙"号机厂费		
	450.00	修理暨保持费	582.60	
17,068.00				15,956.39
		总水管，水龙头暨接水材料：		
11,050.00		修理暨保持费		10,625.60
		机件暨工具：		
1,350.00		购新补旧修理保持费用		1,446.14
		出售机件：		
2,200.00		水表修理暨保持费		2,111.30

(续表)

项目			
水龙头售水费		1,326.60	1,307.00
工程职员暨办公处费用：			
华洋职员薪俸	55,224.79		55,263.00
杂项	18,063.90		16,795.00
		73,288.69	72,058.00
管理项下：			
总务		17,100.00	17,100.00
会计处：			
中国职员薪俸	6,464.20		6,500.00
杂项	1,403.62		1,775.00
		7,867.82	8,275.00
消防设备		107.78	105.00
辅用给水			7,672.00
氟素研究		784.95	1,000.00
保险准备金		7,405.64	7,455.00
折旧		51,254.39	51,348.00
利息		74,185.06	74,000.00
		337,049.89	335,043.00
收入超过支出之数		30,858.94	3,272.00
	338,315.00	367,908.83	338,315.00
		367,908.83	

水道处
建设购置支出

法 币		法 币
48,700.00	总水管暨水龙头	33,445.79
4,000.00	接水材料	3,619.40
10,000.00	出租机件:水表	10,288.17
200.00	家具装件暨仪器	261.35
10,800.00	辅用给水设备	—
—	自流井规划"乙"号机厂:初次付款	10,008.67
73,700.00		57,623.38

1937年结算单截至12月31日止

债务		资产	
	法币		法币
零星债务暨积欠	9,701.71	零星欠户暨欠款结余	39,944.92
用户押款	22,918.40	材料存储	95,095.13
折旧存储	394,599.39	建设购置项下：	
购置存储	66,690.19	地亩	175,831.54
英工部局流水账	1,110,711.38	机器	4,269.86
		家具暨装件	2,689.35
		移动机件	3,010.77
		滤水池	8,774.68
		澄水池	7,482.51
		沉渣池	7,187.79
		总水管暨水龙头	578,012.21
		用户水表	118,813.83
		工具机件	8,909.98
		自流井规画[划]下—自流井房屋机厂暨机器：	
		"甲"号机厂	294,565.28
		"乙"号机厂	201,951.69
		"丙"号机厂	58,081.53
	1,604,621.07		1,604,621.07

敝公司已将上列截至1937年12月31日止之结算单审核，并得有一切所需闻料暨解释。据敝公司考核所知，并参照工部局供给之说明暨簿册所列

注解,该结算单之开列用以表示工部局之实在正确财政状况是系正当。

汤生公司

特许查账稽核员

天津 1938年2月15日

1937年财政统计截至12月31日止

	1937年4月7日选举人通过之预算		1937年收入支出决算	
	收 入	支 出	收 入	支 出
	法 币	法 币	法 币	法 币
经常项下:				
工部局总务账目	1,254,070.00	1,560,727.00	1,340,056.16	1,609,236.52
电务处	1,061,347.00	550,036.00	1,104,740.35	538,158.18
水道处	338,315.00	335,043.00	367,908.83	337,049.89
结余:转入特别项下	—	207,926.00	—	328,260.75
	2,653,732.00	2,653,732.00	2,812,705.34	2,812,705.34
特别项下:				
上列结余	207,926.00	—	328,260.75	—
总务特别支出	—	369,950.00	—	397,563.91
电务处:建设购置支出	—	79,175.00	—	65,800.61
水道处:建设购置支出	—	73,700.00	—	57,623.38
结算不敷之数	314,899.00	—	192,727.15	—
	522,825.00	522,825.00	520,987.90	520,987.90

1937年总结算单截至12月31日止

	债务		资产		
		法币	地亩	亩数	法币
工部局借款:					
普通用途借款	518,881.12		老租界地亩	15.790	245,167.00
普通用途借款	960,000.00		扩充界地亩	55.129	461,009.70
普通用途借款	2,700,000.00		推广界地亩	204.807	1,057,572.81
	—	4,178,881.12	租界外地亩	400.368	401,130.40
零星债务暨积欠		200,450.01			2,164,879.91
保管款项:			空地		
旅费	83,915.26		老租界维多利亚花园暨建筑物	18.500	

(续表)

皇家租契用存款	799,433.53		扩充界围墙道公园暨建筑物	6.195		
年积金	589,617.99		推广界民园	57.300		
狄更生氏奖学金	6,000.00		推广界花园地亩	12.020		
杂项	7,216.28		塚[冢]园地址			
		1,486,183.06	塚[冢]园地址			
机件保险准备金		148,881.84	广东道塚[冢]园第9段第166号	11.281		
保管团填土费账目未支用结余		50,182.94	马厂道塚[冢]园:马厂道南面	12.561		
折合行市贴水		19,191.66	马路地亩:			
耀华学校		66,975.81	扩充界	276.478	2,045,937.20	
流水账结余			推广界			
天津英文学堂		6,054.95	马厂道	86.321	509,293.90	
流水账结余			其他马路	474.836	1,424,508.00	
总结余		7,385,284.56			———	3,979,739.10
			本租界街道路基阴沟水沟暨便道等:			
			现时核估价值			2,050,246.23
			桥梁:			
			现时核估价值			149,484.91
			房屋:			
			老租界:			
			维多利亚花园内房屋	16,080.05		
			戈登堂,警务处,保险房暨电务处陈列室	192,269.92		
			捐务股公事房	1,008.27		
			河坝房屋	148.25		
			码头捐公事房	2,074.04		
			中国职员餐堂	1,513.95		
			中街铺面	12,355.62		
			扩充界:			
			球场道警务宿舍	26,689.36		
			职员住房	59,596.89		
			职员居所	87,511.66		
			职员居所汽车房	4,508.48		

(续表)

				工程处机料厂(戈登堂)	9,377.36	
				汽碾房	296.50	
				维多利亚医院旧房产	53,475.18	
				推广界:		
				工程处机料厂(奥克尼道)	51,415.29	
				伦敦道警务处宿舍暨火会所	387,867.46	
				福发道警务分处	66,355.57	
				警备队司令部	11,654.62	
				伦敦道花园	12,279.79	
				英租界内公共厕所	45,287.05	
				租界外马厂道南:		
				马厂道塚[冢]园火葬炉休息室暨围墙	6,614.33	
					———	1,048,379.64
				全年局有地租折合原值		18,324.70
				菜市:		
				房屋		266,705.16
				隔离病院:		
				房屋(画面计值)	71,370.96	
				家具(画面计值)	5,986.30	
					———	77,357.26
				英国医院:		
				房屋(书面计值)	144,502.10	
				家具(书面计值)	14,404.92	
				仪器(书面计值)	7,791.08	
				X光机件(书面计值)	12,900.00	
					———	179,598.10
				消防设备		15,370.76
				动产:		
				册列价值	282,628.69	
				运输中	67,000.00	
					———	349,628.69
				材料项下:		
				总材料所	68,407.09	
				警务处	9,256.72	
				文具材料	2,491.32	
					———	80,155.13
				零星现款		2,020.00

(续表)

		零星欠户暨未清付账目		56,354.02
		投资(实价):		
		保管款额	1,488,636.24	
		机件保险准备金	148,881.84	
			———	1,637,518.08
		电务处:		
		流水账结余		205,751.31
		水道处:		
		流水账结余		1,110,711.38
		银行现款:		
		法币账目	118,861.37	
		金镑账目	31,000.20	
			———	149,861.57
	13,542,085.95			13,542,085.95

1937年12月31日

敝公司已将上列截至1937年12月31日止之结算单审核，并得有一切所需闻料暨解释，其所列投资业经查核。据敝公司所知，并参照工部局供给之说明暨簿册所载注解，该结算单之开列用以表示工部局之实在正确财政状况是系正当。

汤生公司
特许查账稽核员
天津　1938年2月23日

债券保管团账目				
驻津英国工部局市政借款债券保管团				
1937年12月31日				
支出		收入		
	法币			法币
新展路线测量暨修理土坝费用计至1937年12月31日止	2,745.87	1936年12月31日之结余		25,569.18
		债券保管团填地账债权	25,547.59	
法律顾问费用	1,679.76	债券保管团准备账债权	21.59	
偿付借款1937年利息:				
1912"B"字借款	2,223.78	填地费收入截至1937年12月31日止		22,611.67
1920投资银行	693.00	过期填地账之利息收入		6,449.31
1921投资银行	1,456.00	1937年利息准备		246,972.09

（续表）

1921普通用途借款	8,364.36	1937年偿还借款数额	2,062,638.50
1922普通用途借款	2,075.53		
1923普通用途借款	17,603.42		
1924普通用途借款	13,428.64		
1925普通用途借款	40,815.18		
1926普通用途借款	38,916.08		
1932普通用途借款	86,527.28		
1937普通用途借款	64,890.41		
	246,993.68		
1937年中签之债券：			
1912"B"字借款	37,062.95		
1920投资银行	9,900.00		
1921投资银行	20,800.00		
1921普通用途借款	119,490.92		
1922普通用途借款	59,300.70		
1923普通用途借款	293,390.21		
1924普通用途借款	383,675.53		
1925普通用途借款	583,074.13		
1926普通用途借款	555,944.06		
	2,062,638.50		
1937年12月31日之结余	50,182.94		
债券保管团填地账债权			
	2,364,240.75		2,364,240.75

1938年预算总目

收 入

	法币	法币	法币
地亩捐：			
已填地		256,758.00	
未填地		42.00	
			256,800.00
房产租值捐：			
依据估定全年租值		511,000.00	
减去：退还之数		5,000.00	
			506,000.00

（续表）

河坝收入：			
租定船位租金	51,390.00		
备租船位租金	16,000.00		
驳船	6,600.00		
		73,990.00	
减去：费用		1,850.00	
			72,140.00
转头船位租金			10,000.00
码头捐：			
收入		60,000.00	
减去：费用		11,300.00	
			48,700.00
执照捐：			
人力车	96,000.00		
马车	800.00		
大车排子车等	44,000.00		
河坝摊位	2,000.00		
小本营生	12,000.00		
汽车	45,000.00		
旅馆暨售酒执照捐	7,000.00		
犬捐	5,700.00		
自行车	6,000.00		
汽车号码牌、汽车夫、牛奶房等	1,300.00		
押当铺	1,000.00		
铺面执照捐	7,800.00		
杂项	1,000.00		
		229,600.00	
减去：费用		15,600.00	
			214,000.00
菜市：			
铺面	6,000.00		
摊位	5,000.00		
		11,000.00	
减去：费用		8,300.00	
			2,700.00
零星收入：			
杂项		19,400.00	
租金		18,600.00	

（续表）

			38,000.00
利息：			
各分处往来数目			
由水道处归还之数		74,000.00	
由电务处归还之数		3,500.00	
		77,500.00	
流水账暨保管款项		800.00	
			78,300.00
			1,226,640.00

支出

总务

	法币	法币	法币
管理人员薪俸暨工资		133,636.00	
总务公费		51,500.00	
		185,136.00	
减去：可由电务处归还之数	26,700.00		
可由水道处归还之数	17,100.00		
		43,800.00	
			141,336.00
工部局办公处：			
零星费用		9,100.00	
减去：可归还之数		600.00	
			8,500.00
协款项下：			
体育场保管团		6,115.00	
民园保管团		3,740.00	
俄国医院		1,425.00	
俄国侨民社		150.00	
马大夫医院		1,524.00	
安立甘教堂		445.00	
耶稣教合众会堂		445.00	
基督徒圣会所		170.00	
女青年会		445.00	

（续表）

天津妇女慈善会		741.00	
		———	15,200.00
养老金			38,200.00
工部局警备队：			
零星费用			18,712.00
工部局藏书楼：			
薪俸		310.00	
零星费用		497.00	
协款		993.00	
		———	1,800.00
隔离病院：			
薪俸		11,450.00	
零星费用		10,200.00	
		———	
		21,650.00	
减去：法工部局协款	2,220.00		
病人住院费	4,580.00		
	———	6,800.00	
		———	14,850.00
英国医院：			
薪俸		38,480.00	
零星费用		29,620.00	
		———	
		68,100.00	
减去：病人住院费		29,600.00	
		———	38,500.00
卫生股：			
卫生医官费		1,482.00	
卫生股职员		3,005.00	
零星费用		3,013.00	
		———	
		7,500.00	
减去：入款		1,600.00	
		———	5,900.00
戈登堂：			
零星费用		2,800.00	
减去：租赁费		1,400.00	
		———	1,400.00

（续表）

天津英文学堂			
须准予拨付之协款，按纳捐外人登记管业之地亩暨房产估定产值总额，按每一万元拨付18元计，须拨付法币元数按6745283暨2先令8便士汇兑行市折合英金镑数，再按当时汇兑行市核算计折合法币122,500元			122,500.00
耀华学校			
须准予拨付之协款，按纳捐中国人登记管业之地亩暨房产估定产值总额，按每一万元拨付18元计，须拨付之数合法币82,300元			82,300.00
墙子河维持费			600.00
偿还继续皇家租契用款			21,500.00
债款项下			248,530.00
临时用途			5,000.00
			———
			764,828.00

警务处

	法币	法币
警务处员役暨办公室职员薪工	312,337.00	
普通杂费	116,963.00	
	———	429,300.00
减去：住户雇用门岗警捕缴费		35,000.00
		———
		394,300.00

消防队

	法币
华洋职员薪俸	19,800.00
普通杂费	16,250.00
	———
	36,050.00

器械暨换新补旧

	法币
工程处	9,700.00
英国医院	1,250.00
隔离病院	250.00
秘书处暨会计处	3,000.00
	———
	14,200.00

工程处
经常支出

		法币
桥梁		
保持费	50.00	
河坝暨码头		
保持费	800.00	
土坝（预防水灾）		
保持费	50.00	
工程师费用		
薪俸暨工资	151,341.00	
普通杂费	19,080.00	
	——	170,421.00
公共厕所		
保持费	11,500.00	
工部局房产		
普通保持费	8,900.00	
机械暨工具项下		
保持费暨经常费	10,150.00	
逐年整理	1,200.00	
购新补旧	1,200.00	
	——	12,550.00
公共院所保持费		
隔离病院	1,000.00	
英国医院	1,500.00	
菜市	600.00	
	——	3,100.00
马路、便道、路边石暨阴沟项下		
暴雨水沟：普通修理费	3,300.00	
冲洗阴沟费用	2,200.00	
载重汽车用汽油工资材料暨保持费	5,000.00	
英租界马路、便道、路边石暨阴沟保持费	40,500.00	
	——	51,000.00
路政项下		
路灯换新	1,500.00	
清道、冲洗马路暨水沟	24,000.00	
收敛垃圾	40,200.00	
标志	1,000.00	

(续表)

扫除积雪	3,500.00	
交通指示线	4,500.00	
洒水暨散沙	12,000.00	
	———	86,700.00
公园暨花园		30,000.00
		———
		375,071.00

特项暨建设购置支出

新建暨添盖房屋		法币
戈登道旧马棚改为汽车房	4,000.00	
英国医院:修改暨添盖工程	4,000.00	
警务处汽车房	1,100.00	
	———	9,100.00
阴沟	14,100.00	
马路	54,800.00	
敦桥道新公园建设费	8,000.00	
奥克尼道机料场马棚周围阴沟	1,500.00	
新购器械项下		
英国医院	850.00	
隔离病院	750.00	
	———	1,600.00
临时用途		5,000.00
		———
		94,100.00

1938年电务处预算

支出

发电费煤炭工资等项	307,532.00
发电机件	
修理暨保持费	24,550.00
职员宿舍	
修理暨保持与经常费	3,650.00
分输机件	
修理暨保持费	26,580.00
路灯机件	
修理暨保持费	4,750.00

(续表)

工具	
修理暨保持费	1,285.00
租出机件	
修理暨保持费	3,375.00
家具暨装件	
修理暨保持费	1,035.00
经理费用项下	
薪俸暨工资	97,441.00
杂项	23,680.00
	121,121.00
总务管理项下	26,700.00
会计础	
中国职员薪俸	12,885.00
零星费用	3,615.00
	16,500.00
利息	3,850.00
折旧	50,000.00
零星机件添置	750.00
陈列室费用	4,260.00
	595,938.00
预计收入超过支出之数	413,701.00
	1,009,639.00

1938年电务处预算

收入

	法币
售与 用户电价	667,000.00
售与特一区电价	53,000.00
用户自有道路电灯电费	11,250.00
售与英工部局办公处暨附属处所电价	22,744.00
电马力售价	240,645.00
机件租费	11,000.00
零星收入	4,000.00
	1,009,639.00

电务处建设购置支出

	法币
房产	1,850.00
发电机件	8,100.00
分输机件	36,509.00
路灯机件	5,447.00
出租机件	7,380.00
工具	425.00
仪器	1,275.00
家具装件暨运脚	2,450.00
	63,436.00

1938年水道处预算

支 出

支出	法币	收入	法币
巴克斯道机厂"甲"号：		售与用户水价	314,859.00
抽水费用：		售与轮船水价	8,374.00
经常费	44,563.00	售与英工部局办公处暨附属处所水价	24,979.00
修理暨保持费	1,250.00	备用接水收费	1,320.00
	———45,813.00	辅用给水收费	1,148.00
滤水池：		房产租金暨零星收入	3,000.00
修理暨保持费	100.00		
澄水池：			
经常费	100.00		
修理暨保持费	100.00		
	——— 200.00		
厂内水管暨节水门：			
修理暨保持费	100.00		
"甲"号机厂房屋：			
修理暨保持费	2,430.00		
	———48,643.00		
达克拉道机厂"乙"号：			
抽水费用：			
经常费	19,823.00		
修理暨保持费	700.00		
	———20,523.00		
厂内水管暨节水门：			
修理暨保持费	50.00		

（续表）

"乙"号机厂房屋：			
修理暨保持费	950.00		
	————21,523.00		
伦敦道机厂"丙"号：			
抽水费用：			
经常费	15,479.00		
修理暨保持费	550.00		
	————16,129.00		
厂内水管暨节水门：			
修理暨保持费	50.00		
"丙"号机厂房屋：			
修理暨保持费	470.00		
	————16,649.00		
总水管水龙头暨接水料件：			
修理暨保持费	11,400.00		
机件暨工具：			
修理暨保持费	1,200.00		
剔旧置新	550.00		
	————1,750.00		
借用机件：			
水表修理暨保持费	2,910.00		
公用水龙头售水费用	1,382.00		
工程人员暨办公处费用			
华洋职员薪俸	69,220.00		
零星费用	22,925.00		
	————92,145.00		
管理项下：			
总务	17,100.00		
会计处			
中国职员薪俸	7,100.00		
零星费用	1,800.00		
	————8,900.00		
消防设备	110.00		
辅用给水：经常费	2,420.00		
氟素研究费	1,000.00		
保险准备	7,600.00		
折旧	52,735.00		353,680.00
利息	74,000.00	预计支出超过收入之数	6,587.00
	360,267.00		360,267.00

水道处
购置支出

	法币
总水管暨水龙头	51,150.00
接水料件	4,000.00
借出机件：水表	10,000.00
辅用给水设备	6,250.00
家具装件暨仪器	1,000.00
自流井规划项下	
达克拉道机厂"乙"号	55,000.00
	127,400.00

1938年预算总计

经 常 项 下	收 入	支 出
	法币	法币
工部局总务账目	1,226,640.00	1,584,449.00
电务处	1,009,639.00	595,938.00
水道处	353,680.00	360,267.00
结余：盈数移入特别项下	—	49,305.00
	2,589,959.00	2,589,959.00

特 别 项 下		
上列结余	49,305.00	—
总务特别支出	—	94,100.00
电务处建设购置支出	—	63,436.00
水道处建设购置支出	—	127,400.00
出售地亩	43,411.00	—
不敷款项	192,220.00	—
	284,936.00	284,936.00

现 款 状 况		
截至1937年12月31日止之银行存款额数	149,861.00	—
上列预算不敷额数	—	192,220.00
1937年决定用途可在1938年支付之数	—	80,110.00
发还特一区购电押款	—	20,000.00
备1938年用库存材料	21,500.00	—
电务处折旧存储	50,000.00	—
水道处折旧存储	53,147.00	—
截至1938年12月31日止预算透支之数	17,822.00	—
	292,330.00	292,330.00

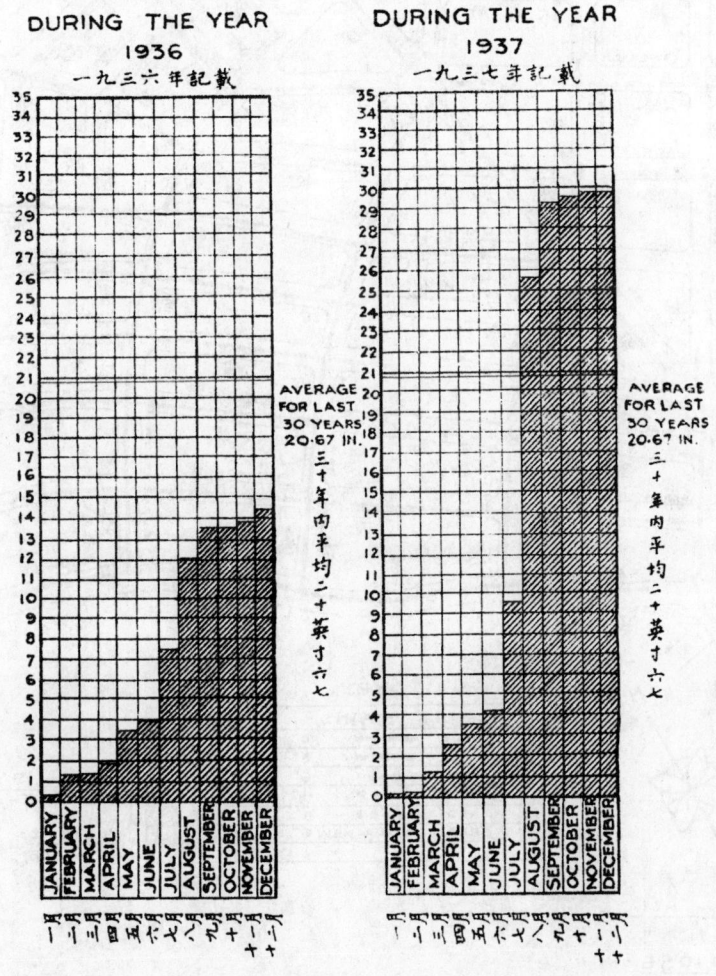

■ 天津英租界工部局史料选编

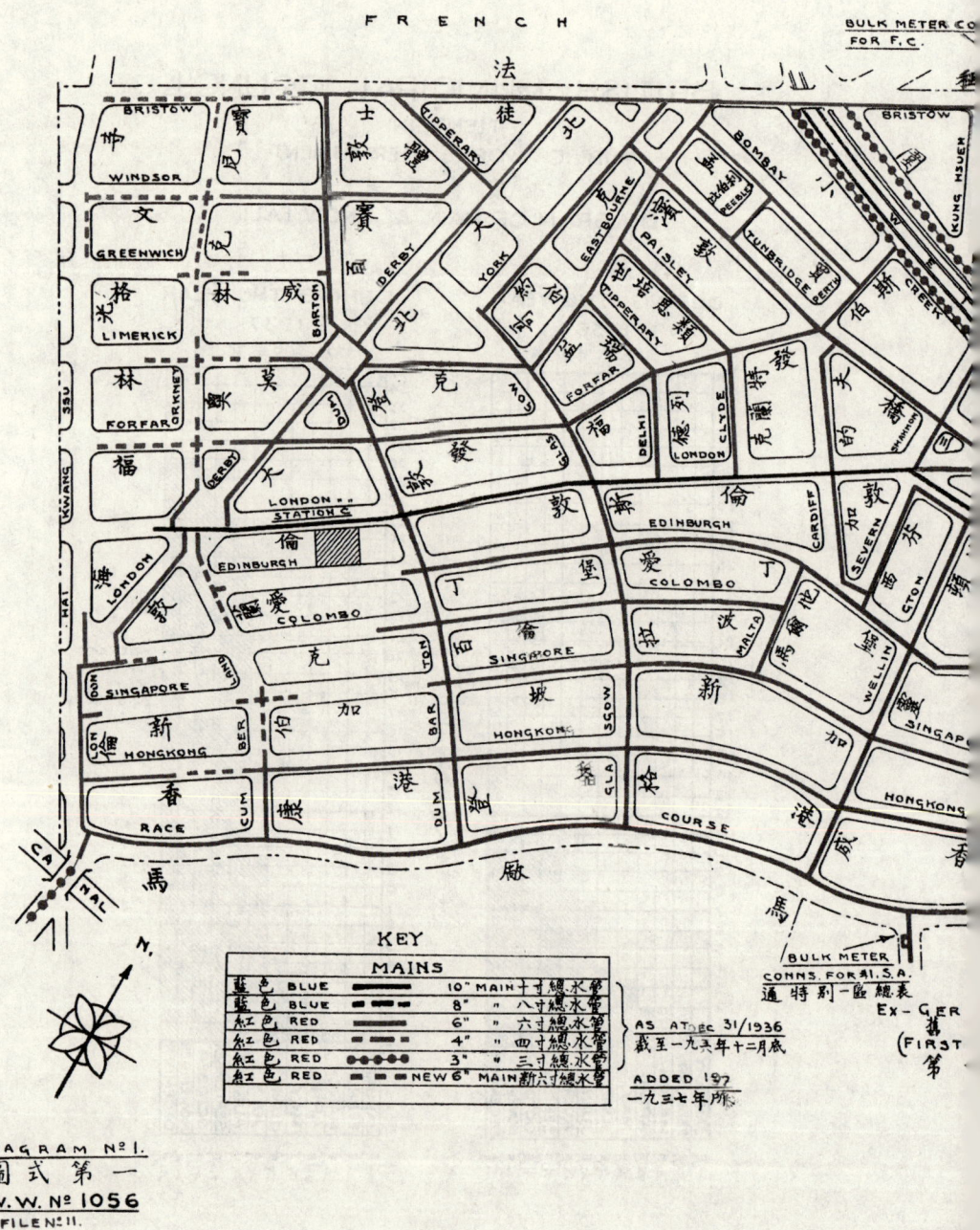

天津英工部局 1937 年董事会报告暨 1938 年预算

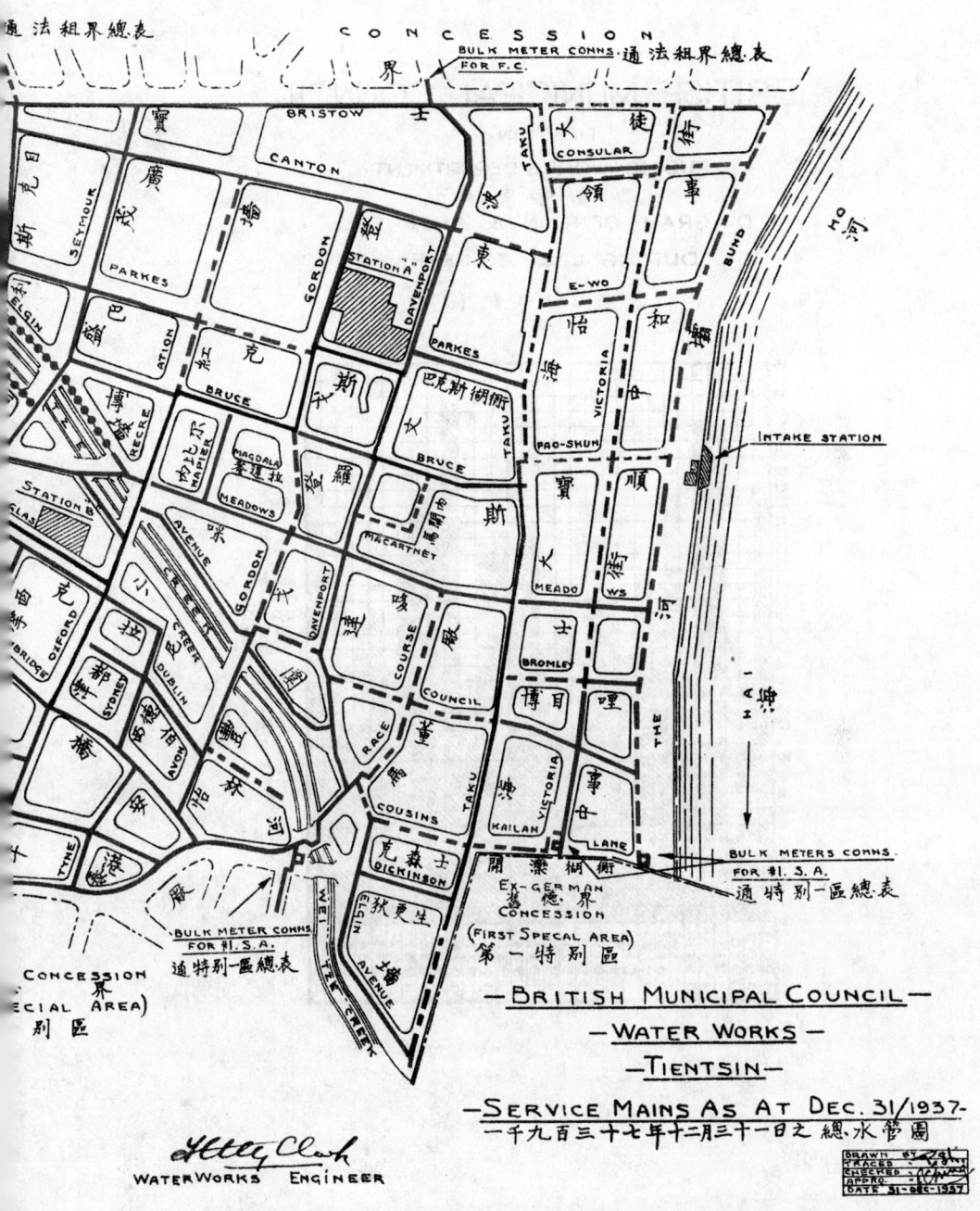

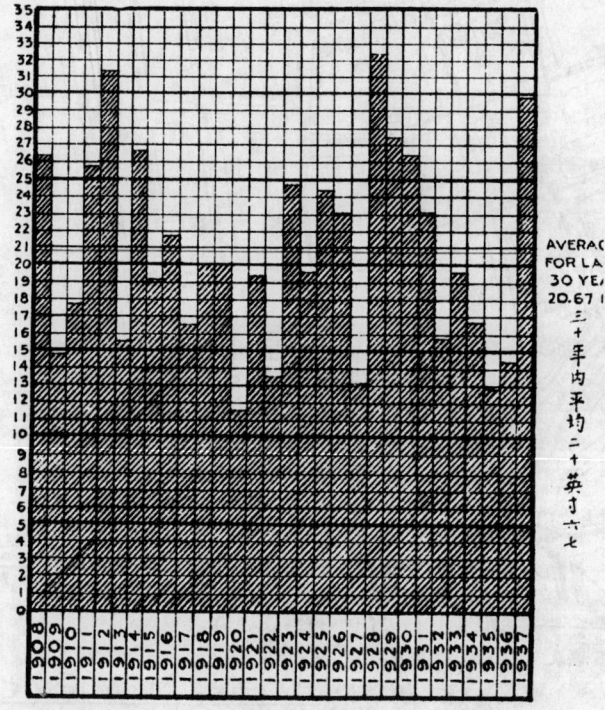

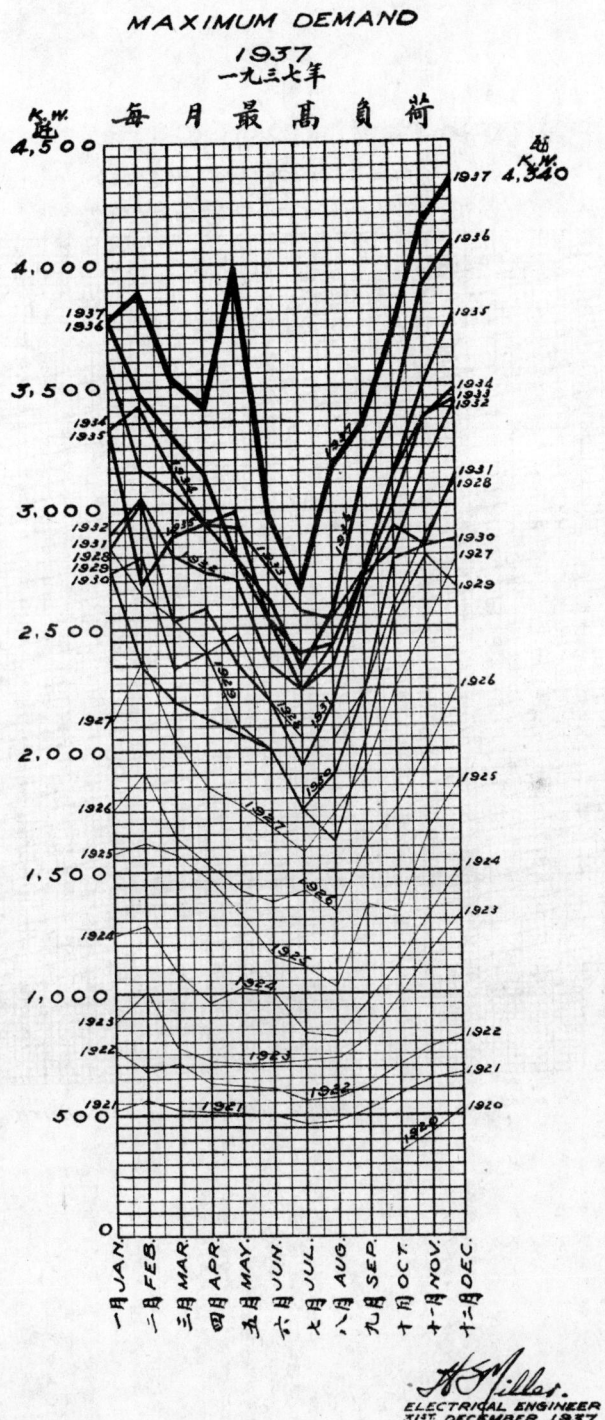

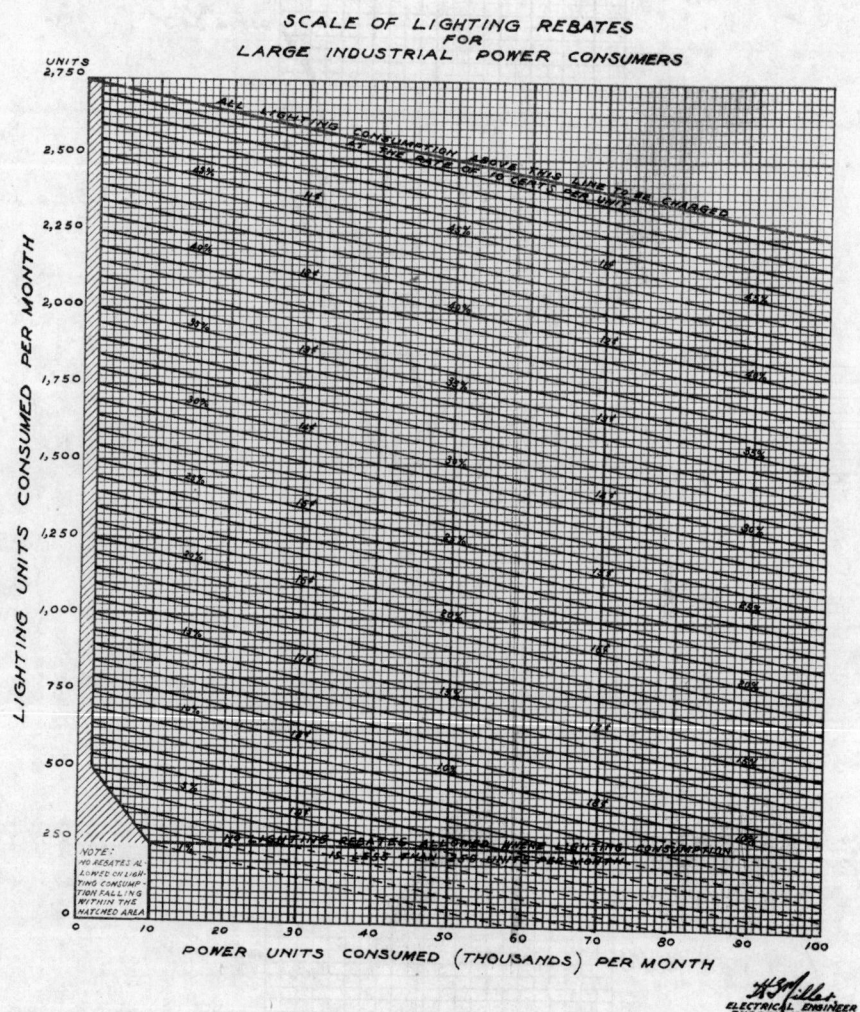

天津英工部局 1938 年董事会报告 暨 1939 年预算

驻津英国工部局 1938 年报告

本董事会兹将常年市政报告，连同 1938 年截至 12 月 31 日止之财政统计暨 1939 年之收支预算，一并陈请选举人察[查]核。

1938 年 4 月 6 日，英租界选举人第 20 次常年大会选出董事会各董事如下：

柏志士君、赵君达君、庄乐峰君、狄克森君、徐柏园君、黄约三君、罗杰君、罗素君、体伯君、王荷舫君。

新董事会于 1938 年 4 月 12 日集议，推举体伯君为董事长，庄乐峰君为副董事长，并分组成立各委员会列次：

人员暨财政委员会：

柏志士君、庄乐峰君、狄克森君、赵君达君、黄约三君、体伯君。

医院委员会：

庄乐峰君、罗杰君、柏志士君、王荷舫君。

工程委员会：

柏志士君、庄乐峰君、徐柏园君、罗杰君、罗素君、王荷舫君、贝克少校（由董事会公请加入）。

公安委员会：

赵君达君、庄乐峰君、狄克森君、罗杰君、体伯君、王荷舫君。

电务委员会：

狄克森君、赵君达君、徐柏园君、罗素君。

水道委员会：

徐柏园君、狄克森君、黄约三君、罗素君。

董事长因职务关系为各委员会之委员。

5 月间，徐柏园君辞职，董事会公请林凤苞君接充徐君遗缺。6 月间，赵君达君遇害，遗缺由董事会公请朱继圣君充任。嗣后，柏志士君例假回国，董事会公请阚德麟君加入。10 月间，贝克少校离津，所遗工程委员会任务董事会公请贝斯少校担任。罗素君于 10 月间辞职。阚得麟君于 11 月间辞职。

董事会自被选以来,其缺额已超过3人。依照天津英工部局章程第十七条,须召集选举人特别大会,为剩余之市政年度选举董事2人。该选举人特别大会,旋于12月2日举行,并举定安德铸君暨柏志士君为董事,补足董事会缺额。

1938年12月6日董事会集会,重行分组成立各委员会列次

人员暨财政委员会:

柏志士君、庄乐峰君、狄克森君、黄约三君、林凤苞君、体伯君。

医院委员会:

庄乐峰君、罗杰君、王荷舫君。

公安委员会:

安德铸君、庄乐峰君、朱继圣君、罗杰君、体伯君、王荷舫君。

电务委员会:

柏志士君、朱继圣君、狄克森君、林凤苞君。

水道委员会:

安德铸君、狄克森君、黄约三君、林凤苞君。

工程委员会:

安德铸君、柏志士君、朱继圣君、庄乐峰君、罗杰君、王荷舫君、贝斯少校(由董事会公请加入)

董事长(体伯君)于1939年1月间准假3个月,并委柏志士君代理其假期任务。

工部局条例

二十二条 马路交通

条例第二十二条第六十二节,业经修正下列增加条文,系自1938年8月4日起施行有效。

"丙"中街:载重汽车暨(或)公共汽车不准直驶通过中街,但为装卸货物之载重汽车准许在中街停放,其因此驶行中街时,须由靠邻存放货物地点最近之马路口出入。

下列新布条例业于1938年9月29日施行有效。

四十二条 无线电放送机登记及管理

一、如无英工部局捐照,英租界内无论因何用途,概不准购置、租借、出售或运用无线电放送机,惟工部局随时认为例外者不在此例。

二、此项捐照应于每年初重行换领。

三、除第一条所指工部局认为例外者外,英租界内任何人氏、商店、公司、企业、会社,因公、私或其他用途,现时置有无线电放送机者,应立即向工部局具领该机捐照。倘自本条例公布之日起7日内,不邀工部局准许者,该无线电放送机之处置,应按工部局随时制定《管理英租界内无捐照之无线电放送机章程》办理。惟现已在界内运用之无线电放送机,于该机捐照声请书尚在审核期间,可以继续其运用。倘工部局审核任何无线电放送机捐照声请书,须展长时期者,除非接有工部局准许继续运用之临时执照,该机在上述7日期限满届时,应即停止其运用。

四、任何人氏、商店、公司、企业、会社,此后如因购置、租界或其他缘由,在英租界内持有无线电放送机者,除第一条所指工部局认为例外者,应立即向工部局具领该机捐照。

五、任何人氏、商店、公司、企业或会社,倘有不遵前条规定,于应领捐照之7日期限内具领所需捐照情事,应按下列条例处罚。

六、任何国籍人氏,无论其于以往或现时享受何种权利,其请领捐照,工部局无必予核准之责任,对于此项驳覆且无须给予任何理由。再,工部局不指明因由不负任何损失责任,并有权将任何捐照取消。

七、凡无线电放送机其捐照声请,业经批驳或其捐照业经颁发而被工部局收回者,该无线电放送机之处置,应按照工部局随时制定《管理英租界内无捐照之无线电放送机章程》办理。

八、所有捐照须遵守工部局为实施本条例制定之规定,工部局对此规定得随时增加、删除或施行其他变更。此项颁发捐照后之修正规定,其适用于该捐照自修正之日起,完全一若于该捐照颁发时已施行有效。

九、除非得有工部局书面许可暨按工部局制定之重行登记章程办理外,任何人氏不准将其所持捐照转移他人。

十、工部局或其委派之委员会,因公共利益起见,如认为有执管任何无线电放送机之必要时,工部局警捕或督察人员得随时进入该机所在处所或信为该机所在之处所,将该机收管。

十一、因业务或其他关系住于本租界之任何人氏、商店、公司、企业、会社或其总办、经理、秘书或其他被雇人员,如有违犯本条例情事,该人氏、商店、公司、企业、会所或其总办、经理、秘书或其他被雇人员,应处以取消捐照,无线电放送机充公暨不逾洋500元之罚金,违犯人或仅受被驱逐出租界之处罚或加科以上所列罚款之全部或其一项。

各种捐率暨租金照费等

地亩捐：英租界内之地亩捐概按估定价值1%征收。

估定房产租值捐：英租界内之估定房产租值捐概按11%征收。

地亩转移暨抵押登记费：地亩转移在工部局登记者，均按照本局勘估价值0.25%收费，以洋40元为收费最低数目，至洋150元为收费最高数目，概由新业主缴纳。地亩抵押登记无论产业价值一概收费洋15元。

杂项收费

广告招贴及告白等：

本租界内建立广告暨招贴告白等须依照下列规定：

一、本租界内公众观瞻处所，未经本局警务处给与准许，不得任意张贴广告。

二、凡备帖广告之招牌，其建立须得有本局工程处之准许。

三、请求准许人于必要时，须将广告式样送呈警务处备阅。

四、凡有通告、广告，务须经本局警务处盖戳记号加注日期然后张贴。

五、违犯以上规定者，得科以不逾洋200元之罚金。

六、本规定对于营业或工业场所，建立于该营业等所在地之广告招贴不适用之。

押款与收费由本局酌定。

现时收费规定每方尺每年收费洋0.075元。

运载病人汽车租赁费

路程起点	路程终点	外国人跟车(元)	中国人跟车(元)
本租界任何地点	本局所立医院	6	4
其他租界	同上	10	8
本租界任何地点	其他租界之任何地点	10	8
其他租界	其他租界之某医院	12	10
本租界	天津城	15	12
天津城	本租界	15	12

附注：特别一区、二区、三区暨佟家楼之费率与其他租界同。

四至石柱

混凝土带字石柱位置于业主地亩工资在内　　　　　　　　　每柱 3.5 元

建筑图样审查费

洋式建筑：

一、每所建筑其容积不超过 2 万立方尺者　　　　　　　　　　6 元

二、增加容积每 5000 立方尺或不满 5000 立方尺　　　　　　1.5 元

三、已核准图样如有更改而于容积无所增减者　　　　　　　1.5 元

四、房屋内部更改与现有墙壁无关者　　　　　　　　　　　4.5 元

依照一、二两项收费。

五、设某图所载系多所同样房屋，则第一所房屋图样审查费，应依上列费率计算之，其他各所仅收规定费率之半数。惟任何一种多所同样房屋图样审查费总数不得超过　　　　　　　　　　　　　　　　　　　　　　　75 元

附注：任何单所房屋图之审查费不得超过　　　　　　　　　35 元

中国式建筑

住房铺面或商行

3 所或不满 3 所附带下房　　　　　　　　　　　　　　　　　4 元

10 所或不满 10 所附带下房　　　　　　　　　　　　　　　7.5 元

每增加房间 1 间或房屋 1 所　　　　　　　　　　　　　　　0.5 元

每段房屋取费至多不得过　　　　　　　　　　　　　　　　75 元

附注：为便利计算上列费率起见，每一中国式房屋所占平地面积除院落不计外，以不超过 400 方尺为准。

卫生设备项下

核准图样费每一装具取费 1 元，至多以 20 元为限。

查验卫生设备费第一次免费，第二次起每次每一装具收费 5 元，至多以 100 元为限。

杂项

婚丧暨寿事牌楼　　　　　　　　　　　　　　　　　　　　　5 元

牌楼如宽至 25 英尺横过马路者　　　　　　　　　　　　　50 元

建筑材料堆积公共道路占地每方码每月应纳费　　　　　　0.5 元

河坝系船费

轮船类

各式轮船凡系靠英租界河坝者,以注册净吨数计,每一吨征收系船费洋 0.075 元,所有纳费轮船得停靠河坝 3 日(即 72 小时由开到时起算),如系靠时间须延长者,每增加 24 小时增加收费洋 22 元。

驳船类

凡系靠英租界河坝驳船装载货物每百吨或不满百吨者,收系船费洋 7.5 元,此项货物吨数以重量或容积计算,均按照轮船货单为凭。

凡有驳船每系靠河坝 1 次,加收系船费洋 10 元,倘系本局请求移动者不在此例。

上列各费概由各该船公司或代理人缴付。

河坝租费

凡有装卸轮船或驳船货物堆积河坝者,每吨以重量或容积计征收河坝租费洋 0.075 元,此费由接受占用船位准许单之商行缴付。

附注:装卸轮船货物,凡缴此租费者,得积存河坝 7 日(海关假期除外),凡有货物逾此限期仍未提取者,本局得代行收存,其一切危险暨费用概由货主担负,倘本局准许该项货物过上列期限仍堆积河坝者,则该项货物以包计或以担计,应征收按日计算之寄存费,此按日计算之寄存费率大概与津埠普通货栈按月计算栈费相等。

码头捐

凡经过英租界河坝货物均按各货物价值 1‰ 征收码头捐。

坟墓费暨下葬费

火葬费普通瓮值在内	50 元
墓圹暨洋灰顶盖及下葬费在内(牧师费另计)	50 元

除在马场道塜[冢]园已修家族坟墓或在 1933 年 1 月 1 日前已经购定墓穴者外,嗣后该塜[冢]园只备安葬英国人民灵柩或本租界住户纳税人或纳税人家族之灵柩。

不在本租界居住并不纳本租界捐税之非英国人墓圹暨洋灰顶盖及下葬费在内(牧师费另计)   75 元

汽车夫执照费

汽车夫驾驶执照费检发　　　　　　　　　　　　每张 3 元

长途汽车驾驶执照　　　　　　　　　　　　　　每年 10 元

房屋消毒费

每一房间　　　　　　　　　　　　　　　　　　3 元

电流费率

电灯　　　　　　　　　　　　　　　　　　　　每度 0.2 元

电灯用电费率核减表

每度收费	用电量类别以度计
0.195	251 至 500
0.19	501 至 750
0.185	751 至 1000
0.18	1001 至 1250
0.175	1251 至 1500
0.17	1501 至 1750
0.165	1751 至 2000
0.16	2001 至 2250
0.155	2251 至 2500
0.15	2501 至 2750
0.145	2751 至 3000
0.14	3001 至 3250
0.135	3251 至 3500
0.13	3501 至 3750
0.125	3751 以上

暖气　　　　　　　　　　　　　　　　　　　　每度 0.05 元

烹饪　　　　　　　　　　　　　　　　　　　　每度 0.035 元

电马力用电量在 50 启罗瓦特为最高限度者　　　每度 0.06 元

用电量超过 50 启罗瓦特者　　　　　　　　　　每度 0.04 元

其他多量用电取费另行核议。

医院项下

		住院费		施行手术室收费	
		英租界住户或纳捐人	非本租界住户暨非纳捐人	英租界住户或纳捐人	非本租界住户暨非纳捐人
英国医院	特别病室	每日12元	16元	重要手术 20元	30元
	优等病室	每日10元	12元	次要手术 10元	15元
	普通病室	每日8元	8元		
产妇住院费	优等病室	每日15元	15元		
	普通病室	每日10元	10元		
隔离病院住院费		英法租界住户(或)纳税人	非英法租界住户(或)纳捐人		
	每日	5.5元	10元		

注射药品非药方谱所列药材暨专利药品、食物、汽水及酒类概另收费。

X光照收费

类别 \ 收费	本局收费（元）	医生手续费（元）	总数（元）
牙齿1枚	2	10	12
牙齿2枚	3	13	16
牙齿3枚	4	16	20
牙齿4枚	5	19	24
牙齿5枚	6	22	28
牙齿6枚	7	25	32
牙齿7枚	8	28	36
牙齿8枚	9	31	40
牙齿9枚	10	34	44
牙齿10枚	11	37	48
大印片 10寸×12寸 12寸×14寸	10	15	25
小印片 8寸×10寸 6.5寸×8.5寸	5	15	20
幕影查考	5	15	20

门诊

电气治疗

用电气治疗器(门诊)由医院职员诊治:包括按摩费(每0.5小时) 5元

包括按摩费(每1小时) 10元

按摩电机用费 每次1.5元

普通按摩费	每次	5元
	2次	10元
	3次	15元
	3次以上之每一次	3元

捐照费率列下

汽车、载重拖车每年80元,若在1月以后具领每月按7元收费核计至年终止。

载重汽车每年120元,若在2月内具领按115元核收,若在2月以后具领每月按11元核收计至年终止。

电水自行车连双坐或不连双坐每年40元,若在1月以后具领每月按3.5元收费核计至年终止。

附注：

一、在1月以后上捐之捐费概按上捐月份1日起计算。

二、汽车、长途汽车暨载重拖车如停驶不用或运送他埠,其捐照未满期部分之已缴捐费得按每月6元退捐,载重汽车按每月10元退捐,电水自行车按每月3元退捐,惟捐照暨号码牌在退捐时须缴回捐物股,再捐费退回数目须按请求退捐月份之下月1日起计算。

三、此为英、法、意、日各租界暨特别一、二、三区之通行捐,天津城里、城外不再此例。

长途汽车特别捐（每季加收特捐20元）

公用汽车特别捐（每季加收特捐3元）

马车	每年	18元
	每月	2元
人力车	自用每年	12元
	公用每月	1元
水车	每月	2.2元
自行车（全天津）	每年	1元
装货排子车或大车（胶皮轮）	每月	2.2元
小本营生小车（胶皮轮）	每月	1元
手车	每月	0.3元
狗捐	每年	5元

小本营生	每月	1.3元
电影院或戏院	每月	15元
牛乳房送货人	每年	0.3元
旅馆	每月	25元
蒸制酒品捐照	每年	250元
酒柜捐	每月	25元
公寓	每年	5元
经售洋酒捐照	每月	25元
经售中国酒捐照	每年	5元
押当铺捐照	每年	100元
手枪执照签发费	每支	5元
换照费	每年	1元
食堂餐馆捐照	每月	25元
屠兽场	每年	75元
铺捐	每月	0.5元
	每年	6元
工厂	每年	6元
长途汽车驾驶执照	每年	10元

图样

英租界蓝色影印全图　　　　　　　　　　　　　每张5元

公用营业汽车

下列公用汽车租赁费率业经英国工部局核准：

在20分钟以内最少租赁费　　　　　　　　　　每次1.3元

每1小时　　　　　　　　　　　　　　　　　　3元

钟点计算由预定时起至乘客离车时止，再加该车开回车行需用时刻。

垃圾箱

工部局规定式样垃圾箱每只　　　　　　　　　　4.5元

人力车价

10分钟或不满10分钟每次　　　　　　　　　　0.1元

续雇时间每10分钟　　　　　　　　　　　　　0.1元

| 每 1 小时 | 0.5 元 |
| 车夫 2 人推拉 | 加倍 |

以上车价仅于日间通用,如在夜晚或遇天时不晴应增加之。

起重机

| 每次起重至少收费 | 30 元 |
| 若以吨位计算每起 1 吨收费 | 3.75 元 |

最大重量限制 30 吨

测量费

| 普通测量 未兴建筑地亩 每亩或不满一亩收费 | 5 元 |

已有建筑地亩无论上建房屋是否须位置图样上,每亩或不满一亩收费 7 元。

水价

本租界给水按下列费率收费:

一、家常给水

| 住宅公事房暨其他普通用水 | 每千加仑洋 1 元 |

二、巨量给水

凡"里式"房产公事房暨住宅等之巨量用户,其需水量每月达 5 万加仑或过此数者,按下列费率核收:

用水量	每千加仑
5 万加仑或不满 5 万加仑	洋 1 元
5 万加仑以上至 10 万加仑	洋 0.95 元
10 万加仑以上至 20 万加仑	洋 0.9 元
20 万加仑以上至 30 万加仑	洋 0.85 元
30 万加仑以上数量	洋 0.8 元

三、工业给水:纯粹工业暨(或)制造用水

每月用水量	每千加仑
第一 2.5 万加仑	洋 1 元
第二 2.5 万加仑	洋 0.9 元
其次 5 万加仑	洋 0.8 元
其次 10 万加仑	洋 0.7 元
20 万加仑以上之数量	洋 0.6 元

此项工业用水之费率现按七五折实收。

四、轮船暨驳船

凡系靠英租界河坝之轮船、拖船及驳船，由河坝水龙头取水，每一吨，概按洋0.4元收费，此费包括水龙头夫役暨水管通接至轮船贮水舱等费用。

附注：前列家常巨量暨工业用水费率概按每处设备之水表任何一整月实在计量核收。

二、三两项特别费率只适用于英租界内之产业，如用户愿利用此项特别费率，可向达文波道水道处工程师接洽一切。

磅房收费

大车过磅每1吨或不满1吨	洋0.05元
每次过磅至少收费	洋0.2元

估定房产租值捐

每年9月为缴纳全年房产租值捐之期,倘至9月30日仍未缴纳者,按照本局条例第二十一条,本局得征收额外附加捐,以欠缴捐数之10%为标准。

如本年地亩捐迟至4月30日房产租值捐迟至9月30日尚未全数照缴者,则本局对于其请求退还房产租值捐事概不受理。

凡已缴纳之捐款,本局得依照下列特别情形或准予退还,惟须详予声明者,此项捐款之应否退还完全由本局权衡决定。

房产租值捐要求退还规定。

一、凡房产于一年度中有未经占用时期,本局可酌核情形按照下列计算表,将已缴之捐款退还。

计开:

未占用1个月者退还5%

未占用2个月者退还10%

未占用3个月者退还15%

未占用4个月者退还20%

未占用5个月者退还25%

未占用6个月者退还30%

未占用7个月者退还35%

未占用8个月者退还40%

未占用9个月者退还50%

未占用10个月者退还60%

未占用11个月者退还70%

未占用12个月者退还80%

二、凡非出租之房产应作为有人占用。

三、若房屋内置有家具或货物者应作为有人占用。

四、凡房屋空闲满足一整月者,即自本月某日空闲至次月之同一日期,得要求退捐,惟该房业主或经租人应即于房屋空出日报告工部局并每逢满届1

个月继续报告一次,一俟租出应再于租出,日立即报告之,倘不依此随时报告,注明每段地空闲房屋住址,其退还房捐要求当即失效。

五、第一次房屋空闲报告须用特别格式,此种特别格式可向英国工部局会计处索取,该格式内应列房屋号数,系业主用以志别其管业地段房屋定有不同额之租金者。

各段房产类别列次:

(一)多所成排房屋其租赁以一整所为单位者;

(二)某段地房产系铺面、办公室、住所或分租楼房暨货栈合成者,其出租以全部或一部份为单位者;

(三)货栈其出租以分截部分为单位者;

(四)菜市建有铺面、住房、摊位概可分租者;

(五)大所住房其出租以房间为单位者。

六、业主或经租人于要求退捐时须采用"首次报告"格式,并于该报告内分别详细说明每段房产之出租单位与租金之总收入暨各单位之按月租金数目。

七、此后业主或经租人再有退捐要求,只须用信函援引首次报告注明产业段数、号数,工部局主管退捐要求人员当即于该房屋之首次报告照行注明。

八、倘每年地捐至4月30日房产租值捐至9月30日尚未全数清缴者,其退捐要求本局概不受理。

九、凡有退捐要求应函交驻津英国工部局会计处长,并于封皮注明请求退捐字样。

十、工部局得随时派员查明请求书内所具各节,如查有具报不实或误报情事,其所具要求概作无效。

十一、证书格式须经业主或经租人签注如下:

"鄙人证明房产租值捐退还请求书内所具各节,据鄙人所知所信概系实情。"

秘书长兼工程师 巴恩士

工程处 1938 年报告

1938年英租界房屋建筑繁兴为历年所未见，全年颁发新屋建筑准单之估计总值超过洋550万元，诚属空前纪录，比之前次最高统计（1933年计洋317.8万元）增加甚多。

新兴建筑既特别增多，1939年新路之建造当随之而增，盖新成及将完竣之房屋概须予以相当交通便利也。

上述建筑繁兴以工厂之建造为显著，故董事会决定将工业区地段扩展用应需要，此改正工业区四至之详图附列报告。

年间电务处改善伦敦道发电厂凝水柜凉水来源（改自海河汲取），本处曾与其事，因之墙子河水平可不必保持从前高度，查前此墙子河水保持较高水平影响所及，致路基以下地层深处之渗水现反升作用，路基及路面概受损害，其为害显著之处，莫甚于路基积水遇寒而冻，本界马路因此所遭损害洵属难以估计，若综核以往数年之损害，为数必臻巨额。为此期望现时墙子河较低水平之保持，可以此后免除上述损害也，获此优良结果，诸荷电务工程师及该处职员之协力合作殊属可感。

年间建设钢质栅栏门7座（其3座系伸张式），地点列次：

克森士道	海大道拐角
狄更生道	又
围墙道	又
马厂（场）道	营盘路口
马厂（场）道	管理局街口
马厂（场）道	山西路口
海大道	开滦胡同口

马路加宽：自敦桥道至孟买道间之伯斯道西边已加宽6英尺。

敦桥道公园：该园位置敦桥道机料场旧址之西半部，内设花池、藤架、儿童游戏场及公共厕所等，有此空敞地段藉以安息怡情养性，颇邀近邻居户欣赏。前此该地本系堆积材料，不堪寓目之处，今兹一变而成幽雅美观花园，其规画[划]经营咸属之花木管理员兰氏与所部职员。

马场道塚[冢]园:该处塚[冢]园之墓穴未经购定者只余三成,故此,该园地址已扩展11余亩,现正从事规画[划]。

辅捐项下:本年辅捐收入总计洋 307,679.05 元,比之1937年之248,007.07元计增收洋 59,671.98 元。除马车项下稍现削减外,其余如人力车、小本营生汽车、自行车、大车及狗捐各项显有较高之增收。

桥梁与河坝:各该处年间仅施以例行保持修缮。

火葬炉:年间共用12次。

公共厕所:各所均施以例行保持修缮。

工部局房屋:年间新建房屋列次:伦敦道警务分处汽车房二个;敦桥道机料场旧址东北角公共厕所一处;河坝电务处用抽水机房一座。

奥克尼道机料场:供给沥青混凝土共33,032立方尺,路面沥青料计25,558立方尺,辗轮榨碎石块共74,032立方尺,榨成石块大小(自1.5寸至碎末)不等。

业主自建房屋:1938年间界内业主建造房屋之估计总值合洋3,540,107.20元,内有计值洋534,100元之建筑,其准单系在1936年颁发,及计值洋870,650元之建筑,其准单系在1937年颁发而于本年落成者。此外,尚有计值洋3,794,965元之建筑,计至1938年底尚未竣工,此总值内包括1936年颁发准单之建筑,计洋7,000元与1937年颁发准单之建筑,计洋368,000元。

1938年1月至12月
颁发准单之总计值(估计)   5,555,322.20元

1938年1月至12月
建筑完成之房屋计值(估计)   2,135,357.20元

1938年1月至12月
建筑尚未完成之房屋计值(估计)   3,419,965元

                                                 总计洋   5,555,322.20元

马路项下:本年修筑之路线面积共计9,660方码(计长0.64英里),其细目列次:

红砖路基上铺沥青混凝土路线:

    伦敦道克伦波道拐角   308方码

大北道东面	自林莫克道	至福发道	1,740 方码
大北道东面	自福发道	至伦敦道	1,520 方码
福发道	自奥克尼道	至大北道	1,436 方码
格林威道	自奥克尼道	至登伯敦道	2,330 方码
林莫克道	自海光寺道	至隔离病院	881 方码
麦达拉道	自内比尔道	至戈登道	990 方码
伯斯道西面	自敦桥道	至孟买道	455 方码
		总计	9,660 方码

计至1938年底止，以往15年修筑路线之总面积合计55.5万方码，计长32.54英里。

阴沟项下：年间修筑沟管线列次：

海光寺道	自宝士徒道	至文赛道	612 英尺
海光寺道	自文赛道	至格林威道	476 英尺
海光寺道	自格林威道	至林莫克道	438 英尺
海光寺道	自林莫克道	至福发道	495 英尺
海光寺道	自福发道	至伦敦道	521 英尺
海光寺道	自伦敦道	至展长拐角	707 英尺
		总计	3,249 英尺

沟管概系椭形，高1.6英尺，宽1英尺。

计至1938年底止，以往15年界内修筑之沟管总计长89,243英尺，合16.9英里。

路边水沟石：本年建造之洋灰、混凝土、路边水沟石共长4,590英尺，合0.87英里。

便道：本年铺筑面盖沥青、混凝土便道总面积计1,134方码。

清道工作：本年收集处置之脏土量列次：

住户垃圾	19,837 方
街道脏土	1,889 方
泥土	421 方
炉灰	2,000 方
马粪	203 方
总计	24,350 方

扫除积雪:年间下雪8次,街头扫除积雪总量约3,000方

马棚:本处马棚内豢养之牲口暨置用机件截至1938年12月31日止列册如次:

骡	80匹
大车	69辆
载重汽车	4辆
蒸汽机水车	1辆
马拉水车	11辆
马帚	7架

本年马棚内牲口变动数目列表于次:

	1937年存数	1938年废除数	新购	现存
骡	77匹	5匹	8匹	80匹

洒水:1938年洒路清道用水量共计742,300加仑。

其他工程项下:

通接阴沟之路边井子布设	34个
位置四至界石	314柱
卫生设备检验	410处
油刷白色交通指示线	34.19英里
脏水井清理	970处
通接至路边石水沟或暴雨水沟之雨水承溜管计	22处

卫生保障

牛奶:本年化验牛奶样品共计106起,其中89起证明品质合格,有17起不符品质规定标准。

黄油:本埠所制黄油曾经化验8起,其余品质标准不符者只有1起。

菜市、食品商店暨里巷式房产:上列各处概经按时执行检查,年间博罗斯道菜市摊位之一部业经重行排列,旧有南部面墙鲜有人顾问之摊位一经迁移,即全数被租,颇益菜市收入。

妨害公益各项:下列有碍公益各项概经检查,并施纠正:

澡堂、洗衣房、便所暨公共厕所之不合卫生状况;

水沟发生臭味;

烟尘弥漫；

住房容留人数过多与无建筑准单之房屋暨铺户占用便道；

蝇蚊、鼠只之清除。

职员：年间自9月4日起，副工程师乔蔼纳君例假回国，助理工程师巴奈司君自3月25日起例假回国，至10月29日销假视事。花木管理员兰氏自12月5日起例假离津，卫生视察员克乐君自3月20日起请假，至12月20日销假视事。本年全体处员勤奋服务，忠于职守。

特此致谢

秘书长兼工程师　巴恩士

电务处 1938 年报告

绪言：特别一区之用电向由本处供给者已自 1938 年 3 月 1 日起改由天津电业新公司供应。按 1937 年之统计，英工部局售与该特别区电量共计 3,114,168 千瓦小时，占本处供应总量 23%，所收电价计洋 176,884 元。

自 1938 年 6 月 1 日起煤价陡增，约合 20%，因之发电费用一项计增加洋 23,000 元。若按本年统计，1938 年之煤价比之 1937 年计增 11.5%，而煤质且较劣，因本埠货币在海外购买力之剧跌及津市之物价腾贵，本处经常暨购置支出并显增多，年间妨碍业务进展各点虽如上述，然 1938 年即本处第 18 年之经营成绩比之昨年尚堪称意，查工部局向以保持合理费率供给电流为旨，故发电厂之经营务须确切撙节，业经认真研究而付之实行，职是之故，煤炭消耗颇获节减，对于热力之得复效用并有收获，因之本界售电费率于 1938 年仍得维持旧有价格，良可告慰。若以远东类似之事业比之，本界费率尚属较低。年间本埠工业进展，工厂、住宅建筑之繁兴，现有工厂之扩充暨居户之增多，在有助于全年经营获得优美成绩者也。

收入：1938 年之售电收入共计洋 1,147,162 元，为历来所未见之最高纪录，比之预算所列计增收洋 137,523 元，比较 1937 年之收入计增收洋 42,422 元。

摩发电量及输入总线电量：年间摩发电量共计 17,146,426 千瓦小时（度），输入总线电量共计 15,332,729 千瓦小时（度），两数相差计 1,813,697 千瓦小时（度），即为发电厂内辅用机件之电量消耗暨分输及变压器之电流损失。

经常支出：本年经常支出共计洋 622,441 元，比之预算所列计增支洋 26,503 元，除经理费用计减支洋 12,389 元，陈列室减支洋 3,199 元外，其他各项咸显增加，此项增加之要因为煤价之高涨及货币贬值之物价腾贵与保持机件运用经济可靠所需之各项保持、修整、添换零件费用。

购置支出：本年此项支出共计洋 93,040 元，比之预算所列计增支洋 29,604 元，其要目系改换凝水柜凉水供给暨供应，增加电流需要之新电表、电线布设及电炉灶之添置,惟此项额外支出因旧锅炉出售得价洋 21,000 元而得稍资抵补。

盈利:1938 年所获净利计洋 524,765 元,比之预算所列计增洋 111,064 元,惟比较 1937 年计减洋 41,817 元。揆之前述,年间所遇种种困难终获成绩,如此可称圆满。

历年营业净利详数胪列于次:

1920 年 10 月开办电流取自购买	11,434
1921 年购买总电流再分售用户	88,059
1922 年一部分电流本厂摩发其余取自购买	82,194
1923 年电流完全由本厂摩发	59,377
1924 年电流完全由本厂摩发	122,355
1925 年电流完全由本厂摩发	132,979
1926 年电流完全由本厂摩发	128,310
1927 年电流完全由本厂摩发	210,281
1928 年电流完全由本厂摩发	299,228
1929 年电流完全由本厂摩发	245,659
1930 年电流完全由本厂摩发	243,986
1931 年电流完全由本厂摩发	201,058
1932 年电流完全由本厂摩发	232,514
1933 年电流完全由本厂摩发	436,742
1934 年电流完全由本厂摩发	442,295
1935 年电流完全由本厂摩发(一)	434,886
1936 年电流完全由本厂摩发(二)	539,947
1937 年电流完全由本厂摩发	566,582
1938 年电流完全由本厂摩发	524,765

附注:公共路灯用电概不计价(1935 年至 1937 年)

(一)用户电灯费率自该年 5 月 1 日起每度自 0.2 元改收 0.18 元。

(二)用户电灯费率自 1936 年 1 月 1 日起每度自 0.18 元增加至 0.2 元。

售出电量

	1937年		1938年	
	电量以度计	每度费率(元)	电量以度计	每度费率(元)
界外用户电灯			73,625	0.25
用户电灯	3,317,059	0.2(附折扣)	3,602,388	0.20
工厂电灯			12,764	0.125
			69,857	0.10
工部局各处所用电	172,901	0.12	185,428	0.12
小电马力器械	725,121	0.06	799,960	0.06
售与特一区电量	3,114,168	0.053	729,980	0.061
暖气暨电冰箱	307,864	0.05	329,994	0.05
烹饪连同暖气等	912,390	0.035	1,224,856	0.035
工业用电马力	4,483,165	0.035	5,317,210	0.035
英国兵营电灯用电			115,755	0.05
稻田汲水用电			26,510	0.045
最低费率			25,973	0
总计	13,032,668		12,514,300	

此外尚有不计价供给路灯用电，1937年计494,735度，1938年计480,163度。

本处经济状况截至1938年底计开于次：	元
购置成本项下	2,327,858
折旧存储	1,717,378
购置存储	514,179
债款实数	280,156
机器保险准备	165,601
售电收入(1938年)	1,147,162
扣除折旧	72,099
之余利概数	530,026
合成本余利	22.54%
扣除折旧	72,099
暨债款利息之	5,260
盈利净数	524,725

电务处自1920年以来归还工部局，总账之款额计达洋5,002,633元，历年拨付折旧存储项下计达洋2,231,557元。

煤炭消耗：本年用煤系由开滦矿务局承揽供给特别末煤，每磅干煤保证含热单位11,700，年间共消耗煤量计20,113公吨（每磅含热单位11,700摩发电量，总计17,146,429千瓦小时）。查1937年至煤量消耗计22,201公吨（每磅含热单位13,000摩发电量，总计16,993,154千瓦小时）。

本年前6个月之用煤平均计每度电量需煤2.90磅，后6个月之平均计每度电量需煤2.28磅，因此，全年用煤之平均每度电量需煤2.58磅（每磅含热单位11,700）。1937年之用煤平均每度电量需煤2.885磅（每磅含热单位13,000）。

本年之煤炭节省暨热力之得复效用成绩与上年比较详第四曲线图。

电流分轮暨变压器：年间需电负荷增加不已，故输电布设需增添总线计长8,500码，并添建200启罗伏次安丕变压器1架于奥克尼道立目克道拐角。

下列各分输变压器概经改换较大容量：

敦桥道　　　原有200K.V.A.改用275K.V.A.
大陆油坊　　原有100K.V.A.改用150K.V.A.
隆茂公司　　原有150K.V.A.改用350K.V.A.
仁立公司　　原有150K.V.A.改用275K.V.A.

用户接电：计至1938年底止通接电流用户总数共计7,543户，本年增加者计810户。

年间新接之电表计914个，计至年底止通接之电表总数计9,483个，所有例行之电表核校概经施行。

本年新接之电马力负荷计1,348千瓦，电灯负荷计435千瓦。计至年底止，英租界通接工部局总线之负荷共计17,154千瓦。

陈列室：年间该室售出之电气用具共计817件，经手修理之用具共计584件，收入总数共计洋26,446元，获利计洋4,003元，此款即列为该室员司薪工及普通杂费之开支。

电炉灶：迩来电炉灶推用颇广，年间新安之电炉灶计114座，计至本年底止，出租之总数共计488座，查1937年底之统计为374座。

发电厂负荷：年间发电厂最高与最低负荷表示于曲线图第一号，该图实线指示最高负荷计4,280千瓦，发现于2月16日下午8时，是日发电总量计58,700千瓦小时，虚线指示最低负荷计750千瓦，发现于6月2日上午6时，是日发电总量计30,240千瓦小时,同日最高负荷为2,250千瓦。

依据输入总线最高电量与售出总量再加不计价供给电量之比较,所得负荷供求相应数约合34.6%,昨年此项比数为35.7%。

发电厂机件:厂内机件之说明已详上年报告,除旧有锅炉第一号(发汽量每小时1万磅)业经出售外,余无变动。

凝水柜凉水:年初凉水来源成为困难问题,盖赖以供给此水之墙子河,其河水浑浊程度与时具增,其为本处需要之水平统制且迭生困难,该水一经化验证明含有些微危险酸素暨实体杂质,职是之,故决定展长自海河至墙子河之旧有24英寸水管,通过伦敦道桥接至靠发电厂墙子河沿之水坑,自6月起,机厂凉水即由此抽引,颇著成效,不惟凝水柜保持及清洗手续因之顿现简单省费,全厂机件之效用并显起色也。

河坝现有之抽水机当于1939年添装一架,用保发电厂所需凉水供给得以继续无间。

职员:6月间发电厂主任王相臣君因健康不良致须辞职,殊属不幸,其重要职务旋由助理工程师郑寿椿君担任,该厂主任一缺已于年底由郑君实任。

年间电流需要日增月盛,应此电量需要之供给与分输设备咸须扩展,所有机件得获经济化运用,必须之保持及整理皆能顺利进行,端赖全体职员之忠诚合作,副工程师范济川君暨署理发电厂主任郑寿椿君之襄赞尤属可感。

志谢:昨年经营成绩斐然,诸荷工程处之协作,若自矿局煤栈之煤炭载运混凝土电杆之及时制造,本处新工厂及库房之暖气布设,河坝新抽水机房之建筑暨总水管筑至发电厂之展长工事具属可志,尤以新工厂之组织电炉灶及其应付需要电气用具之巨量制造,得工程处助理工程员乐富君之赞助合作为可感。

年间本处在英订购料件市面较难,诸荷驻英工程顾问克诚思君(H.W. Couzens)不吝技术指示暨处务迭荷克君襄赞。

特此志[致]谢

电务处工程师　马秀士

水道处 1938 年报告

一、绪言：本年每日产水量暨售水量俱超过以往记载，夏季最高需水量发现于 8 月 2 日，计达 2,067,200 加仑，全年售水总量合计 462,204,572 加仑，比之预算所列计增收洋 7 万元。

达克拉道厂址新凿之自流井产水系自 6 月 11 日起输入总水管。查该井合同规定每日产水量须达 50 万加仑，惟正式接收试验所得之最低产量为 72.5 万加仑，按年杪记录，该井每日产量几达 80 万加仑，如此成绩殊堪满意，因此井产水量之增加，所有需水可以完全用井水供应已颇有准备。

年间房屋建筑繁兴，新用户要求接水者突形增多，统计新装水表共 310 处，查 1937 年装置之数仅 176 处，又本年新布设之总水管计长 8,975 英尺，界内水管布设因之已全部完成，并为改善消防给水起见，有 9 处地下水龙头已改装地面水龙头。

对于用户乐用济安公司水量沏茶辅用给水规画［划］，业于 7 月 5 日实现，所设之给水所计有二处，一在小河道三安道拐角，一在小河道怡丰道拐角，用户暨水车夫可凭水票向给水所取水，此项水票可购自水道处办公处。

二、河坝进水机厂：该厂本为准备万一夏季需要过滤河水之运用，比因井水产量充裕及其他缘由，该机厂乃未开用，其原置备低压消防需水用之煤油机三架，业于 4 月间出售，其剩余之抽水机及电动机等将来如何处理，当于来年审核之。

三、巴克斯道、达克拉道、伦敦道机厂：各该机厂机件及设备依然效用显著，年间并无一次停滞或意外情事发生，溯自本处装置电力抽水机汲引井水以来已历十二寒暑，此种机件之可靠比较普通水厂用之蒸汽机件效率高而费用省，其运用保持并感便利，本处机件完全改用电力推动始自 1930 年 11 月，嗣后除一、二次发生只影响一机厂之孤立障碍外，从无因电力中断致须各机厂完全停顿。职是之故，电力供给之可靠可见一斑。

各机厂产水量列次：

月份	一、巴克斯道机厂 （自流井 2、3、8、9 号） 产水量（加仑）	二、达克拉道机厂 （自流井 4、5、10 号） 产水量	三、伦敦道机厂 （自流井 6 号） 产水量（加仑）
1月	29,395,000	7,160,000	6,462,000
2月	26,727,000	6,918,100	5,632,000
3月	31,085,000	7,821,800	6,253,000
4月	34,625,000	8,312,700	6,146,000
5月	34,536,000	11,236,700	5,813,000
6月	31,848,000	15,283,800	5,953,000
7月	29,796,000	21,744,300	5,962,000
8月	28,012,000	25,027,500	5,862,000
9月	25,473,000	23,438,600	5,339,000
10月	25,060,000	23,433,600	1,892,000
11月	20,267,000	21,078,300	5,752,000
12月	16,922,000	24,736,900	5,767,000
共计	333,746,000	196,192,300	66,833,000

四、自流井

除应季候之变化及其他本有特点之现象外各井产水量仍继续保持往年产量依每星期测验统计之各井近11年每日平均产量列次：

井号	1928年	1929年	1930年	1931年	1932年	1933年	1934年	1935年	1936年	1937年	1938年
第2号	310,000	316,000	308,000	293,000	271,000	320,000	296,000	302,000	290,000	286,000	284,000
第3号	366,000	342,000	334,000	307,000	294,000	278,000	292,000	293,000	276,000	270,000	289,000
第4号	228,000	191,000	178,000	190,000	194,000	219,000	236,000	246,000	245,000	241,000	250,000
第5号	181,000	191,000	188,000	190,000	199,000	187,000	180,000	181,000	169,000	159,000	154,000
第6号	240,000	253,000	256,000	244,000	230,000	224,000	212,000	204,000	191,000	201,000	184,000
第7号					56,000	49,500	46,000	53,500	55,000	*	*
第8号					330,000	308,000	292,000	293,000	274,000	246,000	262,000
第9号					500,000	515,000	586,000	567,000	570,000	555,000	550,000
第10号											750,000

*第7号井于以往二年间未加抽汲，缘该井产量极弱，一经抽引于第6号井产量即现削减，影响其继续运用，殊不经济。现已规画[划]依该井口加深探凿，以备审定采用现有6号井635英尺深度下之产水地层。

达克拉道机厂：第10号井

关于本年开凿新井业于1937年报告述及，该井钻凿由东方铁厂承担，合同规定价格计洋34,500元，预定每日产水量可达50万加仑。钻凿工程始自1月14日进行，颇称顺利，至3月25日深度已达808英尺而止。井筒水莋暨滤水石子遂即位置就绪，继以抽引。第一次正式试验，系于5月2日举行，结果超过希望,盖试验时其最低产量计达 732,000 加仑,所产水量旋于 6 月 11 日输入水库。最后之正式试验系于 6 月 24 日执行,所获每日产量计自 725,000 加仑至 775,000 加仑,超过合同规定之数量,遂正式接收。

查新井之产水量既比预定产额增溢 50%,所有依照原有计画[划]之临时抽水机件势须增加容量,故本处即挪用巴克斯道机厂备用之 8"×9" 英格苏瑞恩特气压机 2 架,另由本埠购置 12"×10" 气压机 1 架,装配于达克拉道之临时建筑内,自 8 月 24 日起开始并行抽汲该井,迄未停止。依照以往惯例,拟继续使用此项临时抽引机件,一俟获得最优效用时,再决定永久机件之配设。按 12 月间最后星期之试验,所得每日产水量计达 795,000 加仑。

该井之原有设计暨开凿第 5 号井底以下地层水系之规画[划]咸经遵行,查新井之 15 英寸径外井筒乃位置至 435 英尺深度,其内井筒或道引管系 8 英寸径所装水蓖堪,以汲取自 435 英尺以下至 808 英尺深度间之各系产水,该水蓖之构造为带孔圆筒,外附依筒管轴心为中心锻加之分隔品垫,绕以"V"形截面涂白铅之铁丝,自导引管以下水蓖至井孔周围之距离间有石子填实,藉收过滤效用,并阻止各水系之细砂内流,此构造之梗概大致与第 9 号井同。

新井筒之开凿记录详附图第 5 号。

该井自开始抽引以来产水即形顺利,虽起初现有细砂混入,然气压供给充分时流砂即现停止,其产水并见稳定,所得抽引成绩与第 9 号井比较堪称媲美,查第 9 号井为旧井中之最优者,新井之静水平为 90 英尺,产水量达 795,000 加仑时,该水平之下降达 61 英尺,按第 9 号井之净水平为 86 英尺,其产水量达 575,000 加仑时,该水平之下降为 95 英尺。

新井位置与第 4、5 号井同一厂址,然于该二井之产水量尚无何影响,但于巴克斯道之第 9 号井显有一种牵涉,盖由此同一较深地底下层抽引巨量积水致有此象征,是属难免兹可预测者,即逾时静水平及抽引水平当下降是也,因之现有抽水机件尚须调整,及将来新井规画[划]应予变更。

据化验报告第 10 号井水质所含盐质成分及硬度比之其他浅井较为低微,惟与第 9 号井之水质则颇相似,其主要化合成分列次:

	氯化钠	炭酸盐	氟素
	百万分为比数本位	十万分为比数本位	百万分为比数本位
第 9 号井	122.85	7.25	2.35
第 10 号井	125.60	8.00	2.30

由此观之此新井之开凿颇称适当,本界优良产水赖以增益,每日产水总量可达270万加仑。

五、总水管水龙头暨用户水管通接

年间分输水管暨用户接水无何严重破裂情事,因用户与本处合作,关于水管节头加意保护,故水表之受冻而损坏者不若以往之甚。

依照惯例,新建筑之水管布设概经本处试验方始接水。据试验所得,新屋布设水管及节头近有采用低劣品质之趋势,惟越过相当时期,此项不良水管工程必致发现渗漏,致用户无故消耗水量,甚且损及房屋,职是之故,业主如能立意饬令水管布设包工人采用品质优良之水管及节头较为明达有益。

(一)总水管及水龙头:年间布设各项列次:

地点	6英寸水管英尺	10英寸水管英尺	分段节水门	地面水龙头
奥克尼道	347	0	0	1
海光寺道	2,643	0	2	7
立目克道	335	0	0	1
格林威道	1,038	0	1	2
公学道	950	0	1	3
爱丁堡道	1,068	0	0	2
康伯兰道	313	0	1	0
克伦波到	972	0	1	2
新加坡道	887	0	0	2
伦敦道	0	422	0	1
宝士徒道	0	0	0	1
广东道	0	0	0	1
董事道	0	0	0	1
克森士道	0	0	0	1
狄更生道	0	0	0	1
加的夫道	0	0	0	1
德列道	0	0	0	1
克兰特到	0	0	0	1
培思类道	0	0	0	1
总数	8,553	422	6	30

为人烟稠密地段设置效率较高之火患防范起见,下列各路之地下水龙头8座:计领事道、宝士徒道、广东道、克森士道、董事道、克兰特道、加的夫道及培思类道,业经截断改设地面水龙头9座,地点罗列如上(右)表:

年间推广界之房屋建筑比之1937年较为繁盛,所有新建产业概已布设水管，查推广界水管之全部布设仅欠 3,000 英尺，其所需管料皆已购置，倘 1939 年新屋及马路建筑需此布设，不难及时完成之。

最近 16 年布设之输水设备列次：

年期	总水管尺数	地面水龙头	地下水龙头
1938	8,975	30	0
1937	7,455	16	1
1936	7,798	19	1
1935	3,887	13	0
1934	8,431	23	1
1933	11,452	14	5
1932	3,720	16	0
1931	2,302	0	1
1930	354	2	0
1929	3,790	12	1
1928	7,327	12	3
1927	8,589	7	6
1926	17,237	16	22
1925	13,439	15	12
1924	16,180	30	0
1923	7,640	11	1
总数	128,576	236 个	54 个

全部输水设备列次：

10 英寸水管	13,779 英尺
8 英寸水管	7,909 英尺
6 英寸水管	116,857 英尺
4 英寸水管	15,586 英尺
3 英寸水管	8,566 英尺
总数	162,697 英尺

分段节门：

10 英寸	28 个
8 英寸	17 个
6 英寸	222 个
4 英寸	25 个
3 英寸	11 个

总数	303 个
地面水龙头	241 个
地下水龙头	83 个
轮船用水龙头	8 个
总数	332 个

近16年内共布设新水管计长24英里余,总长合31英里。

(二)用户水管通接

年间用户需水通接共计310处,1937年共通接176处,惟本年之接水强半系推广界内住房,年间截断不合时用之接水计20处。

除废弃或截断者不计外,历年用户通接水管数目列表于次:

年期	通接给水用户
1923年	805
1924年	1,027
1925年	1,130
1926年	1,446
1927年	1,579
1928年	1,803
1929年	1,882
1930年	1,905
1931年	1,943
1932年	2,076
1933年	2,276
1934年	2,478
1935年	2,586
1936年	2,773
1937年	2,932
1938年	3,222

六、每日水量需要

3处机厂每日抽水最多总量暨最少总量列次:

月份	最高量	最低量
1月	1,553,300	1,258,500
2月	1,459,600	1,321,700
3月	1,559,700	1,370,400
4月	1,782,800	1,488,700
5月	1,884,000	1,477,700
6月	2,007,600	1,582,300
7月	2,005,700	1,723,900
8月	2,067,200	1,689,400
9月	1,898,100	1,675,100
10月	1,691,700	1,501,000
11月	1,667,300	1,435,000
12月	1,614,200	1,431,900

本年最高数量记录发现于8月2日，计2,067,200加仑，比之昨年最高记录计增61,900加仑，惟全年每日平均需水量比之1937年计增加20万加仑。

七、全年每月售水量：

	（甲）住户用水	（乙）里式房产暨巨量用户	（丙）工业用水	（丁）英工部局处所用水	（戊）河坝轮船用水	（己）辅用给水	（庚）总数量
1月	16,904,500	7,773,100	2,943,400	2,999,900	221,760		30,842,660
2月	16,634,500	8,396,800	2,786,500	2,619,700	246,848		30,684,348
3月	17,471,100	8,909,600	3,143,200	3,307,900	312,928		33,144,728
4月	18,563,900	10,045,600	3,676,300	3,764,600	550,816		36,601,216
5月	20,044,700	10,984,800	3,977,200	3,890,300	550,872		39,447,872
6月	19,893,700	11,373,200	4,080,800	3,713,400	563,808		39,624,908
7月	21,005,800	13,003,000	5,211,900	3,899,300	1,088,640	412,900	44,621,540
8月	22,398,800	13,515,200	5,886,700	4,242,000	647,136	583,435	47,273,271
9月	20,807,900	12,867,700	4,970,700	4,167,700	909,032	624,195	44,347,227
10月	19,246,000	11,742,500	4,296,900	3,701,100	619,136	781,805	40,387,441
11月	18,935,400	10,614,900	4,067,600	3,285,500	549,628	695,985	38,149,013
12月	18,577,300	9,836,200	3,907,100	3,165,800	879,648	714,300	37,080,348
	230,483,600	129,062,600	48,948,300	42,757,200	7,140,252	3,812,620	462,204,572

与上年售量之比较列次：

	（甲）住户用水	（乙）里式房产暨巨量用户	（丙）工业用水	（丁）英工部局处所用水	（戊）河坝轮船用水	（己）辅用给水	（庚）总数量
1938年	230,483,600	129,062,600	48,948,300	42,757,200	7,140,252	3,812,620	462,204,572
1937年	203,248,700	107,591,600	45,446,800	42,172,000	3,544,728	0	402,003,828
增	27,234,900	21,471,000	3,501,500	585,200	3,595,524	3,812,620	60,200,744
	3.4%	20.00%	7.72%	1.39%	100.13%	100%	15.00%

附图第 4 号表示近 16 年每年及每月售水量之比较。

各项用水连同里式住房暨巨量用户需水之显著增加自 1937 年 7 月起迄今未减,故售水收入比之预算计增收洋 70,000 元。

(己)项所列系辅用给水所售水量始自 1938 年 7 月。

八、化验家报告

水质清洁暨适合为良好饮料标准仍确切保持,与卫生医官之需要相符。查本处例行水质化验暨微菌检验系由天津化验室米大夫暨法国工部局巴斯德菌学院罗大夫担任,所获赞助殊多,至深感谢。

九、职员:鄙人每叙陈本处员司之举止良好,深感愉快。年间因处员稍有升迁,故下级职员略有更动,助理员陆襄宸君因健康不良已于 4 月间依养老金退职,查陆君任职本处始自 1906 年 5 月,在职共 32 载。陆君忠实任事,不辞劳瘁,于已往 16 年间襄赞处务甚多,今兹不幸抱病,势须退职,鄙人志述及此殊深怅感,其遗缺已由处员苏泽民君升任。

克瑞驹君自本年 5 月起充任副工程师,增添职员实力颇多,年间 6 月至 12 月鄙人在假处务由克瑞驹君代理。本年全体职员勤奋从事,各尽厥职,至属可嘉,尤以鄙人假期中之员司勤劳可予志述。

本处技术工作年间颇荷驻英顾问 J.＆.A. Leslie & Reid 赞助。

特此致谢

水道处工程师　克拉克

警务处1938年报告

兹谨将天津英租界1938年警务处治理报告叙述于次,备陈察核:

一、罪案:年间通报本处并经侦察之案件总数暨侦察之结果概以附列"一"表。所接罪案报告共计949件。案情概经证实,其经侦缉而获得结果者计467起,因此检送法院处理之案犯共计529名。按此,则侦察收效之案件计占实报案件总数49.2%,昨年此项比数为51.7%。依常理论此2.5%之比数减低,诚不足以反应警务工作效率之有何退减,盖际兹时局多故,凡有案情侦察几不可能,如追究案犯行踪,探访赃物以及征求案闻,其于租界外者无不困难丛生,为曩昔所未有。职是之故,本处侦察只以租界为限,据此事实,上列比数之缩减洵属低微,所获成绩已超越所抱合理希望。

二、凶杀:1938年发现之凶杀案共计4起。

(一)第一案发现于2月2日,海大道72号中兴大楼内207号房,有俄人名弗洛宁者(C. Voronin)被杀。旋经侦察,被害者显为罗马诺夫(D.G.Romanoff)暨帮手2人名喀杂钠夫(I.Kaznoff)与古德门(L.Gutmann)所引诱至肇事地点,突遭列维斯基(A.Levitsky)、犹诺夫(S.Ujnoff)及喀杂纳夫3人凶殴捆绑杀害,同时罗马诺夫在外望风,故意喧嚷以掩户内争斗之声。据匪犯计画[划],本拟用司木林尼哥夫(Smolianikoff)驾驶之载重汽车将被害人运走,因该车未到,故其运送计[划]失败。查此案要犯罗马诺夫、喀杂纳夫、列维斯基与司木林尼哥夫概经捕获解送法院讯办,其他案犯因匿藏本租界外,虽经声请颁发拘票缉捕,然终未荷照办。查列维斯基系击毙弗洛宁之凶手,判处三年半监禁,司木林尼哥夫则宣告无罪,喀杂纳夫判处监禁1年,罗马诺夫判处监禁半年,惟此2人之处罚皆缓期2年。

(二)第二案发现于本年6月27日,英工部局董事兼耀华学校校长赵君达君被狙击于其伦敦道寓所前。查赵君适徒步前行,忽有2华人乘自行车就近射击,当时命中身死,匪犯2人旋被警捕袭击枪伤而就捕。当时警捕有1人被匪枪击受伤颇重,嗣后渐复健康。

(三)第三案发现于10月23日,威灵顿道81号甲陈仲孚寓所有仆役1

人名张本堂者,在院内被人狙击。侦察查悉凶手计有华人4名,乘汽车驶至陈氏寓所前空院,当匪人揿电铃时该仆人应声而揭开门上之小格子窗探视,遂被匪人枪击,该匪人等行凶后即乘车逃逸,该案行凶缘由迄今未明。

(四)第四案发现于11月9日,孟买道义庆里56号。该屋住户名朋吉士,向以经商为业。是日,突有不知姓名华人2名入屋行凶,致胸部受伤。当时肇事本局未接报告,被害者暨其夫人自赴马大夫医院就医,被害者当日因伤而死。警捕得悉枪杀情事在肇事时间13小时以后,虽经竭力侦缉探访凶手踪迹,终无所得。

三、凶杀未遂:该案发现于本年11月24日晨8时,伦敦道永定里20号住户王盖淑勤被汽车夫高玉堂于盖氏卧室内用厨刀砍伤头部。关于此案本处未接告诉,旋因请求租赁病人汽车运送盖氏至马大夫医院,旋复用该车载送已中烟毒之汽车夫至该医院而起怀疑,侦察结果高玉堂遂即被捕,解送法院究办。

王盖淑勤因此案关系,终致惨遭凶杀,当其住马大夫医院时,于12月31日下午8时忽有不知姓名之中国人2名潜入该医院盖氏所住特别病室内,将该氏枪杀,事后匪人逃逸,对于此案法工部局警察现仍从事侦查。

揆之上述凶杀案4起,凶杀未遂案1起,其案情背景不无政治关系者计有4起,至凶杀未遂一案结局终致惨杀,似亦有政治背景。

四、携械抢案:1938年本租界内发现携械抢案2起。

(一)第一案发现于本年11月26日,孟买道义庆里40号,刘大同住宅突有不知姓名华人3名闯入,其2名持有手枪匪人将事主等捆绑,遮住双眼后即行劫盗。查被盗财物计有钞票3500元暨戒指等,匪人旋即逃逸,迟延多时,事主始报告警务处。幸作案时匪人并未放枪射击,刘君只被一匪击伤,事后虽竭力侦缉匪踪,然因限于英、法租界以外无法探问,故侦察工作势须中辍。

(二)第二案发现于本年12月23日,狄更生道先农里57号高宝臣夫人寓所,当时突有执枪匪人4名行劫,所有居住人皆被匪人枪迫至一室内,由一匪看守,余匪遂翻箱倒箧大事搜索,所失财物及手饰计值洋2000元,本处接得报告前匪人已携赃远逸,查作案时匪人未鸣枪,事主亦未受任何伤害,只因租界范围限制侦察颇感掣肘。

五、偷盗:今兹时局虽然多故,年间偷盗报告仅有21起,偷盗未遂报告3起,比较1937年之23起及4起显有低减,此项案件之侦察工作事同前述区域影响，颇受限制。

六、绺窃：1938年接受并经侦察之失窃报告共计751起，比之1937年之632起稍有增加。绺窃案件多数案情琐屑，近年自行车偷窃风行仍堪注目，此项窃案处理在现时可能状况下已另施特别规画[划]，惟在英、法租界外追求窃贼行踪以及失窃物品仍感困难。

七、指纹股：年间本处捕获之案犯计有320人，经指纹股证明系前曾作案者，1938年因新获案犯指纹股样本计增加1,431份，连同前存数目总计共18,353份。

八、违犯局章：违犯局章被逮或被传人数（违犯交通规章者除外）暨经本处从简发落人数之统计详"二"表。查1938年违章案件共计7,058起，比1937年之6,657起计增401起。查年间警察人员职务纷繁，上述案件之增多于各分处之工作颇有添增，关于各案逮捕或被传人数共计12,337人，手续所需工作之繁据可见一斑，为此市民务须注意遵守英工部局章程为要。

九、防范设施：本租界各段昼夜随时均有警捕巡逻，各要冲并有警捕执行搜查，用防携械匪类潜入暨窃盗赃物之偷运，本租界边界入口处之各栅栏门并随时有人驻守，故督察较前綦严。年间界内各处派出所效用显著，本界无论何处如遇意外，警捕或市民可立时通报总处，关于警捕举止及工作随时有警官严加稽查。警员所司职务虽有时备尝辛艰，然全体服务极富兴奋，遇有匪犯枪击无不勇敢应付，良可嘉许。查警捕勤务颇有收获，尤以逮捕多数徘徊街头希图作案之匪犯为可记。

十、汽车肇事暨违犯交通规章

1938年汽车肇事暨驾驶人违犯交通规章统计列次：

	1938年	1937年	1936年
汽车肇事	225起	156起	104起
经警务处科罚或停止执照效用	191起	92起	64起
停止执照效用	3起	2起	0
签注执照	0	0	0
撤回执照	0	0	0
违犯交通规章			
违章报告	2,203起	1,858起	1,931起
经警务处科罚或停止执照效用	435起	443起	1,193起
停止执照效用	0	0	0
签注执照	0	0	0
撤回执照	0	0	0

上列统计比较1936年暨1937年显有增多,惟多数肇事系因路面结冻冰滑及其他缘由所致,依管见所及,此种马路状况应使驾驶人格外注意,惟多数案件仍因驾驶人之疏忽,良可憾也,参看"三"表即可明了。年间车辆肇事类别,查汽车与自行车肇事占最大比数,半系骑自行车人不遵指挥之过,汽车与汽车暨汽车与载重汽车肇事多数系驾驶人疏忽所致,本界对于不顾危险疾驰自行车人已备加注意,以期杜绝此种狂态骑车之险。

违犯交通规章统计增多,此为3年以来之第一次,倘当地状况许可,则本处当严行取缔,以期减低此项统计。

十一、人力车暨骑自行车人违犯交通规章统计列次:

	第一季	第二季	第三季	第四季	总数
经处办之违章骑自行车人	157	220	286	242	905
经处办之违章人力车夫	68	40	107	68	283

比较1937年之统计(骑自行车人1,303名暨人力车夫438名)颇形消减,此项统计之低落并非骑自行车人暨人力车夫遵守工部局章程较为认真之结果,依愚见所及,际兹时局不靖,致多数警捕须担任额外职务,故不遑加意顾及此项违章事端。

十二、处内行政: 查事变状态依然继续影响,所及无所不至,尤于本界警政为甚。本处对于保持严正中立态度暨取缔界内抗日行动已竭力从事,所有无捐照之小报概已禁止,举凡查有抗日行动人氏咸经缉捕拘押,本租界各处不分昼夜并有特派检查队执行搜查,藉以侦缉妨碍地方治安份子,因此英租界颇可安居乐业,不亚于中国其他城镇,反此之传闻实无足凭信。

本处警捕缺额业经全数充实,缘时局多故,特殊情形百出,警捕任务较为繁据,故董事会核准警员之添补,年间新招人员皆与新定选补资格相符,所有警捕现已无不通晓文字者插足其间,凡新招候补人员非具有相当学识者不能录取,查每次考试成绩俱非常良好。

年间撤革、退职、病老、死亡警捕人数列次:

1937年	撤革	告退	病老	死亡	退职	总计
	16	22	2	4	0	44

近4年之警捕损耗统计:

年期	撤革	告退	病老	死亡	退职	总计
1937	37	28	4	3	3	75

1936	29	23	9	1	2	64
1935	49	28	11	5	6	99
1934	30	13	5	2	0	50
总数	145	92	29	11	11	288

　　警捕人员健康良好,本年冬季寒冷虽不若往年之甚,然警员中有患冻疮者诚属特殊。际此非常困难时期,警员举止咸极安详,查上列统计年间撤革人数只16名,此数不及昨年撤革人数之半。对于携械匪犯屡次肇事,本处警捕之奋勇应付已载报章,无须赘述,本处警务进行仍荷、法、义租界警务人员之协助。

　　卫生股暨消防队报告另附于后。

警务处长　谭礼士

(一表)

1938年英租界内罪案统计

罪案类别	案件			人数				财务	
	报告件数	受理件数	检送法庭	逮捕	检送法庭	释放	候审	失窃数目	缉获数目
谋窃未遂	9	9	8	10	9	1	—		
偷盗未遂	3	3	1	1	1	—	—		
偷窃住宅未遂	2	2	—	—	—	—	—		
凶杀未遂	1	1	1	1	1	—	—		
殴打成伤	7	7	7	10	10	—	—		
抛弃尸首	1	1	1	1	1	—	—		
携械抢夺	2	2	—	2	—	2	—	5,500.00	
偷盗	21	21	4	9	4	5	—	3,123.00	675.00
攫取妇女手囊	7	7	4	4	4	—	—	165.10	73.10
勒索	1	1	1	1	1	—	—		
斗殴	1	1	1	5	5	—	—		
偷窃货栈	4	4	1	1	1	—	—	847.00	600.00
偷窃汽车房	5	5	1	1	1	—	—	122.00	40.00
偷窃住宅	14	14	2	3	2	1	—	1,078.00	100.00
虐待小孩	1	1	—	1	—	1	—		
开设鸦片烟暨海洛因馆	11	11	10	42	14	28	—	—	—
闲游意图作案	22	22	20	23	20	3	—		
恶意损害	1	1	1	1	1	—	—		
侵蚀款项	12	12	6	6	4	2	—	3,548.80	1,011.45
凶杀	4	4	1	6	4	—	2		
骗取钱财	8	8	6	14	13	1	—	2,661.00	1,539.00
骗取货品	7	7	2	4	2	—	—	1,104.70	758.00

(续表)

偷窃公事房	3	3	1	1	1	—	—	243.70	—
扒窃	7	7	3	4	3	1	—	187.20	24.00
私藏海洛因暨鸦片	10	10	10	20	10	10	—	—	—
私藏赃物	5	5	5	5	5	—	—	16.00	16.00
收受赃物	14	14	13	59	15	44	—	—	—
抢夺	1	1	1	1	1	—	—	50.00	50.00
偷窃店铺	3	3	1	1	1	—	—	580.00	500.00
售卖鸦片	2	2	2	14	2	12	—	—	—
绺窃	751	751	347	473	385	88	—	26,051.26	8,419.00
偷窃汽车	1	1	—	11	—	11	—	4,500.00	4,500.00
偷电	2	2	2	2	2	—	—	—	—
任意侵入住宅	5	5	5	5	5	—	—	—	—
私运鸦片	1	1	1	1	1	—	—	—	—
1938年统计	949	949	467	743	529	212	2	49,777.90	18,305.55
1937年统计	868	868	449	635	529	106	—	42,640.07	15,927.20

(二表)

处理违章人数统计

案件	案犯人数		
	逮捕或被传到案	警戒后释放	取保释放或另行发落
1938年报告案件总数 7,058	12,337	1,738	10,554
1937年报告案件总数 6,657	12,054	1,259	10,795

统计数目显增：比之上年计增401起

(三表)

1938年车辆肇事总计

	1月	2月	3月	4月	5月	6月	7月	8月	9月	10月	11月	12月	统计
汽车与汽车	5	2	4	6	5	3	3	2	1	2	4	9	46
汽车与载重汽车	2	—	—	2	1	—	—	1	2	—	—	2	10
汽车与公共汽车	—	—	—	2	1	—	—	—	—	—	—	2	5
汽车与人力车	2	3	3	2	3	2	1	3	6	5	2	2	34
汽车与自行车	1	1	8	5	6	7	2	6	3	5	6	5	55
汽车与排子车	—	—	—	2	1	1	—	—	—	1	1	2	8
汽车与电水自行车	—	—	—	—	—	—	—	—	—	1	—	—	1
汽车与水车	—	—	—	1	—	—	—	—	—	—	—	—	1
汽车与手车	—	—	—	—	1	—	1	—	—	—	1	—	3

(续表)

汽车、排子车与人力车	—	1	—	1	—	1	—	—	—	—	3
汽车、载重汽车与排子车	—	—	2	—	—	—	1	—	—	2	5
载重汽车与载重汽车	—	—	—	—	—	—	—	1	—	—	1
载重汽车与三轮自行车	—	—	—	—	—	—	—	—	1	—	1
载重汽车与人力车	1	—	1	2	—	1	1	—	2	1	1	10
载重汽车与排子车	—	1	—	1	2	—	1	—	—	—	5
载重汽车与自行车	—	2	6	—	—	—	2	1	—	—	12
载重汽车与公共汽车	—	—	1	—	1	—	—	—	2	2	6
载重汽车与电水自行车	—	—	—	—	—	1	—	1	—	—	2
载重汽车、电水自行车与三轮自行车	—	—	—	—	—	—	—	—	1	—	1
公共汽车与公共汽车	—	—	—	—	—	—	—	—	—	1	1
公共汽车与人力车	1	—	1	—	1	—	—	—	1	—	1	5
公共汽车与排子车	1	—	—	1	—	1	—	—	—	—	3
公共汽车与自行车	—	1	—	—	—	2	—	—	1	—	4
公共汽车、载重汽车与人力车	—	—	—	—	—	1	—	—	—	—	1
电水自行车与自行车	—	1	—	—	—	—	—	—	—	—	1
蒸汽机车与自行车	—	—	—	—	1	—	—	—	—	—	1
每月统计	13	12	27	25	22	17	12	16	16	20	17	28	225

1938年卫生报告

本年英租界市民健康之特殊可记者,为东方霍乱之发现暨白喉症之增多。关于英国医院及隔离病院统计详医院主任报告,查各该医院成绩斐然,端赖主任莫立赛女士管理得宜,各护士之勤奋合作。

警务处病室:年间病室诊治人数共计1,144人,1937年之统计为678人,依病人计,每人每年平均占用病室合3,001日。上述诊治人数增多之要因为下半年轻行流性感冒之普遍,8、9、10月间因东方霍乱发现,凡患泻肚者之亟应治疗暨多数,警捕因未惯着皮靴致脚部起疱。年间王助理员与其副手服务颇著勤劳,除例行病室职服务外,并于卫生医官督察下执行1,847次霍乱预防注射。查该病室为警捕消防队暨卫生股员而设,倘病象需动手术、护士看护或科学化病症辨别,则病人皆嘱赴马大夫医院。

新招警捕消防队及卫生股人员:年间新招人员施行体质检验者共计234人,其中173人检明合格,61人不合格。

东方霍乱:6月间大沽口及沿海村庄有发现霍乱之报告,病症之来源大概为南来之航海帆船,盖所有轮船皆在口外及大沽检疫至6月23日。本市卫生当局及日方均报告霍乱病征[症]之发现,因之日当局对于中国人民立即强迫施行预防霍乱注射,自7月起至10月止注射人数共计约8万,所有火车、旅馆无论中外,概须陈验霍乱预防注射凭证,否则在登车前施行注射,来津之旅客并受此限制,凡自英、法租界外行之中国市民皆须遵守此规定。为此,租界之各出口处咸建立栅栏执行检验暨注射,其经注射者皆给予凭证,此项防范设施遏制疫症蔓延颇现成效。

本界霍乱病症第一报告发现于7月29日,其时工部局员司预防注射已大部蒇事,职员之被注射并给有凭证者共计1,847人,同时外籍住户概经通知应由各人择定之医师执行注射,查火车旅客须有注射凭证之规定颇著效用,并因上述劝告,多数外籍住户皆获注射之保障。

本界发现之霍乱及疑似霍乱患者共计17人,其中西人1名终获痊愈,惟因种种缘由其余16人之存亡比数殊无法确定。

本市卫生当局对于患霍乱之中国人实行断绝局部交通及办理珍视,良堪钦感。关于消毒及与病人接触人之隔离手续系由本局卫生股执行,依断绝局部交通方面观之,上述办法颇称适用,因本租界无须另设临时霍乱病院,惟同人以为长此倚赖此项援助殊非得计,盖本埠疫症盛行之时,特别四区特设霍乱病院已有人满之患,对于本界病霍乱者有不克接受之可能,故工部局竭力寻求一堪以迅速改为临时病院之建筑,但终无结果,缘界内适合此用之建筑及货栈俱已完全占用,而工部局显无征用之权,幸逾临时病院已非必需,然为将来计,依管见所及,本界应筑造一可两用之建筑,遇有急需,可于短期内腾空,改设临时病院。惟此建议未荷董事会赞同,依据所传之沪江要埠人烟稠密,不合卫生状况于来夏溽暑熏蒸之际,霍乱之复发而蔓延至他埠颇属可能。职是之故,同人力申前议,预定一适当建筑应及时办妥。

白喉:年间白喉报告计有 27 起,其中 22 起患者系西人,英国兵士并占其十,旋经考证英国兵营之发现,此症因有兵士 3 人自上海传染而来,即由英军当局从事澈底处理,施行一切防范,制止其蔓延。

给水:本租界深井给水适合食水需要,产量充裕,一若以往。其水质微菌清洁,尤属优良,所含盐质成分有时虽略现减少,仍与往常无异。关于排除所含氟素问题,虽经水道处工程师最近游欧之便力事推求,仍未获得适合实用经济方法,故此仍须通告用户此项食水不宜于 8 岁以下之儿童,因其易生斑牙也。

冰块:查年间人造冰价值公道产量有敷供应需要之可能,故此公布通告禁止天然冰块之售卖,不幸时局多故,预期之人造冰多量供应未能实现。职是之故,天然冰块虽产自污浊水坑,仍未便即事禁售,兹须请注意者,即天然冰块用户切不可任已煮食品、鲜果、黄油及牛乳等,与此项冰块接触,一俟人造冰供给充裕,价值公道时,上述禁售天然冰之通告仍当施行有效。

菜市:工部局菜市仍按时检查,各项设备齐全,依卫生方面观之,继续颇著效用,其所有摊位概经租赁。

沟渠:所有脏水井概经按时检查清楚,效用依然。

卫生医官　葛尔　大夫

卫生股 1938 年报告

运载病人车：年间新运载病人车计使用 160 次，其中 126 次系属收费出赁，旧运载病人车计使用 475 次，其中 164 次系收费出赁。

塚[冢]园：马厂道塚[冢]园计埋葬灵柩 80 具，广东道塚[冢]园全年未用。又，年间火葬炉共计用 12 次。

1938 年英租界中外人民死亡统计参观另表：

年间发现中国人尸体共 57 具

本年圈留后释放之家犬	148 只
圈留后杀除之数	385 只
总数	533 只

年间发现疯狗病计有 3 起，疑似疯狗病 2 起。

警务处长　谭礼士

医院主任报告

英国医院住院人数

内科			133
外科			16
手术割治			53
住院人数			202
占用床位日数			2,170
死亡	成年	3	7 人
	儿童	4	
X 光照		100 次	

到院就诊人数

石膏模子及绷带裹伤			20
产妇部住院人数			44
占用床位日数			525
产生	男	20	40
	女	20	
产生死婴			2

隔离病院住院人数

依国籍计		依病别计	
美	1	猩红热	12
比	1	疹子	5
英	23	水痘暨肺炎	1
中	14	白喉	24
德	2	白喉传鼻	1
印	2	瘢疹	1
犹太	1	脑膜炎	2
罗马尼亚	1	霍乱	2
俄	8	病性测验	4
		急性皮肤剥脱炎	1
总数	53		53
占用床位日数			930
死亡			4
气管割治			1

医院主任　莫立赛　女士

1938年英租界暨其他区界传染病症报告统计

	英租界		法租界		意租界		日租界		特一区		特二区		特三区		华界		总计
	外人	华人	外人	华人	外人	华人	外人	华人	外人	华人	外人	华人	外人	华人	外人	华人	
猩红热兼喉症	—	—	—	—	1	—	—	—	—	—	—	—	—	—	—	—	1
脑脊髓炎	—	—	1	—	—	—	—	—	—	—	—	—	—	—	—	—	1
流行性脑脊髓膜炎	1	1	15	—	—	—	—	—	1	—	—	—	—	—	—	—	18
水痘	4	—	1	—	—	—	1	—	—	—	—	—	—	—	—	—	6
霍乱	1	13	6	—	1	—	4	—	1	7	—	—	—	3	—	3	39
疑似霍乱	—	—	15	—	—	—	1	—	—	—	—	—	—	—	—	—	16
白喉	22	5	2	—	—	—	4	—	—	—	—	—	—	—	1	—	34
丹毒	—	2	—	—	—	—	—	—	—	—	—	—	—	—	—	—	2
发疹伤寒	—	—	3	—	—	—	—	—	—	—	—	—	—	—	—	—	3
疹子	19	14	21	—	—	—	—	—	1	—	—	—	—	—	1	—	56
疹子（疑似）	—	1	—	—	—	—	—	—	—	—	—	—	—	—	—	—	1
脑膜炎	—	1	—	—	—	—	—	—	—	—	—	—	—	—	—	—	1
轻性猩红热	1	—	—	—	—	—	—	—	—	—	—	—	—	—	—	—	1
腮腺热	1	1	—	—	—	—	3	—	—	—	—	—	—	—	—	—	5
鼻部白喉	—	—	—	—	—	—	1	—	—	—	—	—	—	—	—	—	1

(续表)

副伤寒症（乙）	1	—	—	—	—	—	—	—	—	—	—	—	—	1
类似斑疹伤寒(乙)	—	—	—	—	—	2	—	—	—	—	—	—	—	2
类似斑疹伤寒(甲)	—	—	—	—	—	5	—	—	—	—	—	2	—	7
脊髓灰白质炎	—	—	3	—	—	—	—	—	—	—	—	—	—	3
猩红热	11	3	5	1	—	—	11	—	1	1	—	—	2	1	36
天花	—	—	—	—	1	2	—	—	—	—	—	—	—	3
天花(疑似)	—	—	—	—	—	1	—	—	—	—	—	—	—	1
伤寒	—	2	10	—	—	—	—	—	—	—	—	—	—	12
斑疹伤寒	—	—	1	—	—	—	—	—	—	—	—	—	—	1
腹部斑疹	1	1	—	—	—	34	—	2	—	—	4	—	11	6	59
斑疹	—	—	—	—	—	4	—	—	—	—	—	—	4	8
百日咳	1	—	—	—	—	—	—	—	—	—	—	—	—	1
总数	63	44	83	1	3	—	69	—	9	9	—	4	3	21	10	318

1938年英租界外国人死亡统计

死亡因由	男性	女性	总数
胸疼气咽	1	—	1
气管支发喘	—	1	1
气管支肺炎	1	—	1
肺部生痈	—	1	1
胃部生痈	1	—	1
脑冲血	—	1	1
心脏内膜炎	1	—	1
痰决	2	1	3
肺膜炎	2	—	2
脑膜炎	1	—	1
吗啡中毒	1	—	1
小产	—	1	1
变症肺癌	—	1	1
死胎	—	1	1
脐带缢死	—	1	1
肺部结核	—	2	2
结核性脑膜炎	1	—	1
总计	11	10	21

1938年英租界中国人死亡统计

死亡因由	男性	女性	总数
腹部膨胀	2	3	5
打胎	—	1	1
急性肠炎	—	1	1
急性肠胃炎	—	1	1
急性皮肤炎肿	1	—	1
急性肺炎	2	1	3
急性肺结核暨痰决	—	1	1
贫血症	2	3	5
贫血症暨肠黏膜炎	—	1	1
盲肠炎	—	1	1
急性化脓盲肠炎	—	1	1
中风	17	17	34
血管组织硬化	1	1	2
煤气熏毙	6	—	6
气喘	8	15	23
老年气喘	—	1	1
气喘心口痛	1	—	1
气喘暨心病	1	—	1
胸痛气咽	1	—	1
安眠药毒	1	—	1
脑部生瘤	—	1	1
气管支炎	8	14	22
气管支喘息症	2	1	3
气管支肺炎	5	2	7
痈疽	1	—	1
肠部生痈	—	1	1
胃部生痈	1	—	1
子宫生痈	—	4	4
气管细支炎	—	1	1
颈项疗疮	1	—	1
癌症	1	—	1
胃癌	1	1	2
心脏性喘息	1	—	1
心弦脱力	—	1	1
心脏病	1	—	1
心力虚弱	3	—	3
老年心力虚弱	—	1	1

(续表)

心弱	—	2	2
颈项峰窠织炎暨败血症	—	1	1
脑系中风	2	1	3
脑冲血	8	5	13
流行性脑脊髓膜炎	1	—	1
脑系梅毒	1	—	1
生产	—	7	7
慢性蛋白尿病	—	1	1
慢性气管支发喘	—	1	1
慢性肠炎	—	2	2
慢性肚泻	4	2	6
慢性肚泻(肠炎)	—	1	1
慢性结肠炎	—	3	3
慢性胃发炎	2	—	2
慢性肠胃发炎	1	—	1
慢性肠胃病	2	—	2
慢性心脏病	—	1	1
慢性肾脏孔隙炎	1	—	1
慢性心肌炎	2	1	3
慢性肾脏炎	—	4	4
慢性腹膜炎	—	1	1
慢性肺结核	—	1	1
新瓣病	—	1	1
霍乱	—	1	1
霍乱(阴性)	—	1	1
肝部硬化症	—	1	1
中煤气毒	1	—	1
结肠炎	1	—	1
结肠炎暨痰决	—	1	1
先天性心脏病	—	1	1
惊风	20	31	51
糖尿症暨痰决	1	—	1
糖尿症暨慢性肾病	—	1	1
肚泻	10	6	16
白喉	1	—	1
浮肿	—	1	1
痢疾	3	9	12
消化不良	2	2	4

(续表)

癫痫肺炎暨尿毒症	—	1	1
脑膜炎脑炎	1	—	1
急性心内膜炎	—	1	1
肠炎	3	6	9
肠炎暨结肠炎	—	1	1
羊痫风	2	3	5
枯耗与心疾	—	2	2
妇女病症	—	34	34
食物中毒与痰决	1	—	1
脑盖破裂	1	—	1
胃溢血	1	—	1
枪伤	1	—	1
心疾	7	4	11
心脏枯竭	1	—	1
痰决	28	29	57
痰决急性气管支炎并糖尿暨尿毒征象	1	—	1
慢性气喘致成痰决	1	—	1
痰决肺肠部结核	—	1	1
心脏麻痹	4	5	9
半身不遂	3	4	7
流血	3	—	3
流行性感冒	2	—	2
肠黏膜炎	—	1	1
肠病	1	1	2
肠结核	—	1	1
神经错乱	—	1	1
黄疸病	—	1	1
肾黏膜炎	—	1	1
肾病	2	—	2
载重汽车撞毙	1	—	1
肝病	1	2	3
虚脱	3	—	3
虐疾	1	—	1
疹子及肺炎	—	1	1
疹子	2	4	6
脑膜炎	1	—	1
心脏炎	—	2	2
心脏麻痹	—	1	1

(续表)

老迈	—	1	1
肾脏炎	2	1	3
肾脏炎暨肠炎	—	1	1
肾脏炎暨痰决	—	1	1
戒除吸食毒品而死	1	—	1
大肠闭结	7	9	16
老病	—	3	3
年老肠病	—	1	1
老年血管组织硬化	1	—	1
中鸦片毒	1	—	1
头骨软化半身不遂慢性气管支炎暨痰决	1	—	1
腹膜炎	—	2	2
恶性贫血	—	1	1
肺痨	4	—	4
肋膜炎	3	2	5
肺炎	10	12	22
肺炎暨痰决	1	—	1
肺炎暨心脏麻痹	—	1	1
粘膜炎性肺炎	1	—	1
小产	1	3	4
心包炎	1	—	1
产褥热	—	3	3
分娩后流血	—	1	1
肺部病	2	1	3
肺病	21	15	36
肺肠结核	1	1	2
肺结核	8	5	13
肺结核暨痰决	—	1	1
肺结核暨结核性腹膜炎	—	1	1
烫伤致命	1	—	1
瘰疬	1	—	1
老迈衰弱	1	—	1
年老心衰	—	1	1
年老心病	—	1	1
老衰	1	4	5
烈性肺结核	—	1	1
枪击致死	1	—	1
脾病	2	—	2

（续表）

死胎	—	1	1
胃病	7	7	14
轻性肾脏炎暨痰决	—	1	1
闷气	1	—	1
炭气熏毙	1	2	3
服毒自尽	—	1	1
自缢	—	1	1
梅毒	1	—	1
食死鱼虾中毒	—	1	1
结核病	7	10	17
肺结核	2	—	2
双肺结核	1	—	1
肾结核	—	1	1
结核性喉炎	—	1	1
结核性脑膜炎	4	1	5
结核性腹膜炎	2	—	2
肠部生瘤	1	—	1
盲肠炎	—	1	1
伤寒	—	1	1
伤寒暨脑膜炎	—	1	1
腿生溃疮	1	—	1
腰部溃疮	1	1	2
溃烂性结肠炎	1	1	2
尿毒症	2	—	2
血管组织硬化而致尿毒	—	1	1
肾脏炎而致尿毒	—	1	1
子宫生痈	—	1	1
心脏筋肉衰弱	1	—	1
百日咳暨肠炎	—	1	1
总数	309	382	691

耀华学校 1938 年报告

一年来之重要事项：

今年为本校成立之第十二年，并为高中毕业之第三届，乃书年来校务之可纪者，以就正于关垂本校诸公，幸赐教焉。

本届管理委员会管理委员：本届管理委员会管理委员为吴莲伯先生、陈晋卿先生、郑慈荫先生、毕达士先生、Mr.E.C.Peters 及邦平 5 人；至 7 月间邦平转任校长，由倪幼丹先生接任管理委员，至 12 月间毕达士先生辞职，由英文学校管理委员会公推德恩若先生、Mr.James Turner 代表该会为本校管理委员。

庄乐峰先生为本校管理委员会出席英文学校代表，本校创办人庄乐峰先生连任管理委员 11 年之久，热心擘划，勋劳卓著，今年 2 月在英租界中国纳税人大会以年事日高，坚决辞职，公众竭力挽留不获，因另改选，嗣经本校管理委员会公推，庄乐峰先生代表本校管理委员会为英文学校管理委员，以便遇事接洽。

赵前校长逝世：赵前校长君达长校四载，热心改进不遗余力，蜚声士林，群推巨擘，乃以誉重谤生，致被造谣诬陷，竟于 6 月 27 日晨 7 时余遇狙逝世，年五十有三，中外人士靡不伤悼，殡于天津万国公墓，执绋会葬者数千人。

管理委员会与保管团联席会议：赵前校长逝世之后，本校管理委员会委员诸先生于溽暑之际不辞劳瘁，对于本校前途以及延聘校长问题屡经开会筹商，并与本校教育保管团甘博士、戴乐、裴恩德诸先生迭开联席会议商讨本校前途进行诸事宜，全体意见一致，其为圆满。至今本校得以顺利进行，端赖诸先生热心维护之盛意也。

管理委员转任校长：邦平备位管理委员，迭经同仁敦促继任校长，猥以菲材，屡辞不获，爰于 7 月 21 日就职任事以视。赵公长才硕学，诚有盛极之后难以为继之感，幸赖管理委员诸公之指导，校中同仁之赞画，黾勉从公，庶免陨越。

倪幼丹先生继任管理委员：管委诸公于邦平就任校长之初，其管理委员一缺经在职委员公邀，倪幼丹先生担任斯席，溯幼丹先生迭任本租界中国纳税人公会干事,热心公益,驰誉中外,本校创建之始概捐钜款,继乃赞助维护始终不渝,与本校固有深切之关系者也。

今年全校师生人数:本校初成立时仅教职员5人,学生46人而已。今则中小学已有教职员124人,学生2082人矣。

办公处之建筑:本校感于本租界学生之向学者日众,学额有限,教室已不敷分配,势不能不扩充学额以宏造就,乃有各校舍尽量充作教室,别建办公处之动议,俾可腾出教室多间收容学生,而职教员亦能集中,效率益增。当经管理委员会议准,计自本年3月中浣动工,凡4月蒇事,建筑费连同设备共约2万余元。

高中学生文理分科:本校鉴于近年高中毕业学生以种种原因未必均能升学或均愿升入理科,其志欲学文科者既无须肄习高深算学,而志欲习理工科者复感理化程度之不足,其无力升学欲就业者又苦无一技之专长,爰拟将中学普通课程酌加改进,以资适应实际需要,即为高中二、三年级文理分科授课,理科则提高理化程度,文科则免习高深算学,提高国文、同英语程度,并酌加职业科目。如是,则其不宜肄习理科课程之学生庶免方枘圆凿之苦,且获有一技专长,差足谋生,而欲习理工科者又能供其需要,将来升学自有余裕。乃自秋季试办以来,进行尚属顺利,更当随时研讨改进,切合实用,期收良好之效果也。

中小学两部均扩充班级:本校自本年以来,其原称之第一部改称耀部之中学学生及小学学生因办公处之落成腾出教室,乃将男生各设甲乙两组,女生以人数较少则仍各设一班,名额亦较前增加,共计36班。

特班改称华部及提早上课:自去岁7月天津事变以来,英租界居民激增,而学生之失学者尤众,本校原为英租界住户及纳税人子弟而设,乃于9月间筹设特班,聊尽区区服务社会,救济失学青年之微忱。迩来华界各学校虽经恢复,所有肄业本校学生均以设备完全,环境优良,教授热心不欲转学,肫恳继续肄业。本校以其向学情殷,不忍过拂其意,乃决定继续办理,并自9月开学后改称华部,其上学年考试成绩优良,学生则择尤提入耀部。故今年华部学生总数较去年为少,至华部授课时间原订自下午3:30分起至6:50分散学,即星期六下午及星期日上午亦照常上班,于教员学生均有不便,乃迭经筹画改进,将休息时间缩短,并将中学耀部及小学理化、音乐、体育、唱游各科教室上课时间匀出,令学生到大礼堂、理化讲演室、体育馆、健身房、操场、音乐教室上班,尽量腾出教室,俾华部授课时间提前至晚于下午5:43分即可散学,庶师生回家不致过晚,且可增加在家自修时间,而星期日且可休息矣。

教学研究与考核成绩:本校为增进教学效率起见,组织中小学各科教学研究会,指定主席负责,考核推动进行,会同该科教员订期举行会议,研究改进问题,中小学教务主任均出席指导,并签阅会议记录,每月由邦平会同樊、孙两教务主任,召集各科主任开会,讨论各科联络及促进学生德业有效方法,其各科成绩作业由各科定期送由邦平会同樊、孙两主任、各科主任暨指定负责,诸君核阅,以谋改进。

改订校历:本校每学年第一学期秋季始业,向于国历9月1日开学,至阴历年前结束,放年假二星期,翌年正月初第二学期开学,至6月杪结束。故第一学期日期较长,对于招生、收费、进退、教员各事现感不便,故自本年度起,将校历改订寒假自明年1月18日起至24日止,计一星期,第二学期1月25日开学,仍于6月杪结束,并规定28年度第一学期8月25日开学,如此两学期授课日期平均较为便利。

举行恳亲会:本校每年一度之恳亲会及体育表演于4月23日上午8时以阴雨之故全部改在体育馆举行。本校管理委员诸公莅会指导,学生家长到校参观者几近5000人之谱,实为空前盛举。而表演项目共34项,均极精彩,颇博来宾好评。

孙周佩馨夫人捐款购置木凳:此次恳亲会,孙周佩馨夫人莅会,以来宾过多看台不敷应用,慨捐国币500元以为增置体育馆内看台之需,而以物价昂贵,估价太高,改置木凳47条,以资应用,本校为置捐款铜牌两方,悬诸体育馆壁用以表扬。

第五届秋运会:本校第五届秋季田径赛运动大会于10月8日上午8时起举行,男、女生共13组,参加人数计田径赛973人、拔河420人、竞走393人,共计1786人。各项竞争情况极为热烈,创办人庄乐峰先生,管理委员陈晋卿、倪幼丹、郑慈荫、毕达士诸先生均莅场指导,结果打破本校40项纪录,可谓空前收获。是日适值阴历中秋,庄、陈、倪诸公在体育馆与全体教职员欢宴,觥筹交错,谈论风生,,靡不大快朵颐。至10月24日由邦平在中小学周会时间颁发秋运会团体总分与个人总分优胜奖品,并致勉励之词。

购置中英文打字机以利教学:本校中学文理分科,文科自第五学年起授学生以打字技能,故购置Remington牌英文打字机8架,Underwood牌英文打字机8架,商务印书馆舒氏华文打字机1架,日本万能牌华文打字机1架,俾学生对于无论何牌之打字机均能运用娴熟,以备异日就业服务之用。

本校教育保管团代约巴克斯爵士审查教科用书:自去岁事变发生以来,各校对于新陈代谢时期之教科用书殊感无书可用之苦,惟有仍用原采教科书,修改删除其不合环境部分。然此种工作总以第三者客观眼光为宜,当经本校教育保管团主席甘博士先生 Mr.P.H.B.Kent 于今夏代约侨居中国四十载,素以汉学著名之文学大家巴克斯爵士 Sir Edmund Backhouse 代为审查中学史地、小学国语、社会常识各书,其主旨在保存事实而删除无谓之批评。时当酷暑,不辞劳瘁,详为修订,本校得以依据奉为圭臬,嘉惠后学,诚非浅鲜。

学生领取书籍纸簿改订办法及改收保证金:本校中学耀部及小学学生领取书籍纸簿向系预交保证金,随时签字领取,由本校记账至学期之末结算拨付书店。近年学生日多,校务日繁,结算需时过久,且学生以不用现款,动辄任意领取靡费过多,爰改订办法。自下学期起,除初小学生因年龄较幼照旧办理外,其中学耀、华两部及高小均以现款购买为原则,并为便利学生起见,校中仍指定地点,嘱书店派人来校售卖,现款用否听便。惟高小估计一学期用数通知家长,以免学生妄费。至于保证金均予减收,高中耀部原为20元改收10元,华部原为10元仍收10元,初中耀部初中三年原为14元,初中一、二年原为10元均改收6元,华部原无保证金,亦收6元,高小原为6元,改收4元,初小原为4元改收2元,将来毕业或退学时,仍将余款发还。

预算合并:本校中学耀部连同小学与中学华部以性质不同,经费原系各有预算。兹以华部亦改为永久性质,且该部学生大多数为英租界住户或纳税人子弟,亦应享受英工部局协款利益,故决定自1939年(即民国28年)起将两部预算合并。

学生人数:本年年终在校肄业者,中学(包括耀、华两部)及小学共有学生2082名,现有学生51班,计中学耀部18班,华部15班,小学18班。

中、小学两部详细人数:

年级	男生	女生	总数
高中	434	185	619
初中	367	247	614
高小	156	109	265
初小	355	229	584
总共	1312	770	2082

本年学生人数与上年及 10 年前之对照：

年级	男生	女生	总数
1927	29	17	46
1937	1501	842	2343
1938	1312	770	2082

毕业生：本年 6 月毕业生人数：

年级	男生	女生	总数
高中	146	91	237
初中	149	80	229
高小	64	44	108
初小	75	51	126

学年考试第一、二名奖品：本年 6 月学年考试各年级名列第一、二名之学生，本校颁给奖品书藉以资鼓励，共 64 名。年级及姓名列下：

高中三年男生：萧普智　　陈文毅

高中三年女生：娄钟英　　沙逸仙

高中二年男生：崔　枋　　杨逢滨

高中二年女生：张燕馨　　徐国庆

高中一年男生：陈文汉　　钱宇年

高中一年女生：渠川玲　　喻娴士

初中三年男生：徐永强　　李绍膺

初中三年女生：曾和琳　　秦士谦

初中二年男生：曹锡隽　　叶文丘　　顾达诚　　朱起鹤

初中二年女生：靳桂书　　孙家俊

初中一年男生：赵复三　　蔡克诚　　王显文　　秦士全

初中一年女生：冯健美　　孙家慧

高小二年男生：何友慎　　林承先　　李赓铮　　马长义

高小二年女生：徐永平　　袁家芸

高小一年男生：王祖泽　　马祖彭　　郑元珂　　刘开济

高小一年女生：王华贞　　王慧贞

初小四年男生：李国光　　陈大鹏　　范恩滂　　周尧和

初小四年女生：范果明　　李美丽

初小三年男生：阎震南　　刘宝纲　　许福超　　张曾铨

初小三年女生:林桂英　　徐永玲
初小二年男生:马之骢　　沈世良　　吴克俭　　惠庆
初小二年女生:魏　华　　冯忠蕙
初小一年男生:李仲明　　李锡曾　　顾耀南　　胡德强
初小一年女生:王玉贞　　陈琼影

褒奖证书:本校学生于一学年内学业、操行、体育、考勤、成绩兼优者,本校颁给褒奖证书。本年获得是项荣誉者为高中男生1名,高中女生2名,初中男生1名,初中女生6名,高小男生1名,高小女生3名,初小男生11名,初小女生13名,共38名。年级及姓名列下:

高中三年男生:萧普智
高中三年女生:娄钟英　　朱湘琴
初中三年男生:徐永强
初中三年女生:曾和琳　　秦士谦
初中二年女生:靳桂书　　魏铁芬　　王敦梁
初中一年女生:冯健美
高小二年女生:徐永平
高小一年男生:马祖彭
高小一年女生:王华贞　　王慧贞
初小三年女生:黄玲爱
初小二年男生:马之骢　　沈世良　　范恩俊　　王午年　　王秀铭
　　　　　　刘保常　　向传灵
初小二年女生:魏　华　　林颖娴　　倪继芳　　蔡玉如　　罗意祖
　　　　　　阎钟星　　孟金耀　　黄钟毓
初小一年男生:顾耀南　　胡德强　　邬显义　　冯景光
初小一年女生:王玉贞　　阎钟明　　黄卉芳　　吴玉芳

模范生奖:

本校高、初中学生德、智、体、群各育均列最优等者,于毕业时授以模范生金质奖章,本年获得此项奖章者为:

初中毕业女生曾和琳

全勤奖:本校第三届高中毕业女生朱湘琴自高中一年至高中毕业三年以来勤恳向学,从未迟到、请假、旷课,故本校给予二等全勤奖品手表,以昭激劝。

英皇奖学金:本年6月初中毕业成绩最优而继续在本校肄业应得英皇御极25周年纪念奖学金学生之姓名列下:

男生:徐永强　李绍膺

女生:曾和琳　秦士谦

本校奖学金:本校为提倡家境清寒,品学兼优之学生来校肄业,特设奖学金,自经常费项下提出国币1000元以充此用,高中每学期50元,初中每学期40元,高小每学期30元。本年得有此项奖学金者共有男女生11名。

卫生:本校对于卫生向极注意,每年春秋两季通知学生就近觅医种痘,并自9月开学后全体学生均经体育课切实检查身体,如查明有疾病者,即谆嘱该生延医诊治,经医士具函证明痊愈后方准其回校上课。至于患病有传染性者,或家庭患传染病者,即使之隔离,在相当时期内不准到校,故历年全校健康状况经过良好,并无重大病症发生。

图书馆:本校图书馆去年图书总数为25366册,以学生人数日多,图书不敷阅览,乃自去年有增购图书10年计划实行后,指定每年图书购置费4千元。故两年以来购置图书较多,今年增购及捐赠计2871册,连同历年购存图书共为28237册,如是则陆续增加蔚为大观,以供师生之研讨,尚冀热心人士踊跃捐助,尤为感荷。

体育:本校男子初中组参加天津私立学校篮球比赛,与法汉学校于1月9日下午2时举行决赛,结果本校队获得亚军。

本校行健足球队与英文学校足球队于3月10日下午3:30举行友谊比赛,结果一对一平局,双方校长均到场。

本校班际篮球投篮比赛于3月14日起始举行,共分10组,参加人数300余人。

本校班际垒球比赛自5月2日起始举行,共分5组,约计200余人参加。

本校教职员队与全天津市体育教员联合队于5月11日下午4时在本校球场作垒球友谊赛,结果以21:4本校大胜。

本校班际排球比赛于5月18日起始举行。

本校中学耀、华两部篮球联欢赛于6月5日上午10时在体育馆举行,由赵前校长行开球礼,双方表演均极精彩,结果耀部获胜。

本校班际排球比赛于5月18日起始举行。

本校中学耀、华两部篮球联欢赛于6月5日上午10时在体育馆举行,由赵前校长行开球礼,双方表演均极精彩,结果耀部获胜。

本校中学耀、华两部联合排球队与天津市公开排球赛冠军金银队于6月12日上午10时在本校球场作友谊比赛,结果3:2本校告捷。

本学期各种班际比赛优胜奖品由赵前校长于6月13日周会时间颁发,各班并致词勖勉。

本校男子高中排球队参加天津市公开排球赛,于9月29日下午与市师队在究真中学球场举行决赛,结果以3:0我校获得冠军。

本校班际篮球比赛于11月24日起始举行,共13组参加人数600余人。

校长　金邦平

耀华学校

截至1938年12月31日止之收支统计

预算	支出	决算	预算	收入	决算
钞洋		钞洋	钞洋		钞洋
	教职员:		80,000.00	英工部局协款	82,804.75
90,911.00	薪金年积金暨年终双俸	93,393.74	60,500.00	学费	69,250.44
	校役暨门警:		—	利息	2,862.24
6,379.00	工资暨年终奖金	6,119.06	—	零星收入	1,036.53
1,000.00	医药暨卫生设施	168.33			
1,343.00	保险	1,370.56			
7,000.00	燃料电灯暨用水	5,530.84			
4,000.00	修理保持暨添置费	3,043.50			
4,500.00	纸张暨印刷	4,493.59			
3,500.00	体育费用	2,345.77			
600.00	电话	579.26			
5,000.00	杂项	2,766.27			
300.00	课本	745.51			
1,000.00	临时费用	—			
5,511.00	准备金存储	5,510.79			
3,500.00	试验室暨室外实习费用	2,580.51			
240.00	例假费用准备	240.00			
1,000.00	奖学金	1,000.00			
4,000.00	参考书籍	3,587.19			
716.00	结余列入建设项下	22,479.04			
140,500.00		155,953.96	140,500.00		155,953.96

耀华学校

截至1938年12月31日止之结算单

债务		资产		
	钞洋	地亩		钞洋
零星债务	10,479.78	第一段第343号计52.945亩		313,967.56
学生存款	20,659.94	每亩值5,930.07元		
准备金	37,204.25	校舍：		
例假费用	1,920.00	第一校舍	129,400.86	
英皇御极25周纪念奖学金	6,000.00	第二校舍	129,058.34	
耀华奖学金	820.00	第三校舍	132,281.85	
建设账目	63,112.58	第四校舍	145,929.90	
奖学金（积存利息）	616.72	体育馆	54,985.80	
临时债务（参照对页）	2,113.48	校役室	1,482.00	
签定费用未清部分		礼堂	254,226.71	
总结余	1,393,847.69	校舍里院铺砌	19,676.59	
		办公室	26,846.82	
		院墙暨校门	26,191.74	
				920,080.61
		未清付费用（参照对页）		2,113.48
		家具		89,464.44
		科学仪器		56,835.66
		参考书籍		13,499.42
		投资项下（实价）		41,452.71
		零星欠户		13,812.63
		书籍暨材料（实价）		3,018.57
		定期存款		38,613.42
		现款		300.00
		英工部局流水账		43,615.94
	1,536,774.44			1,536,774.44

敝公司已将上列截至1938年12元31日止之结算单审核，并得有一切闻料暨解释，其所列投资业经查核。据敝公司所知并参照供给之说明暨簿册所列注解，该结算单之开列用以表示耀华学校之正确，财政状况是系正当。

汤生公司
特许查账稽核员
天津　1939年1月26日

耀华学校

截至1938年12月31日止之建设账目

	钞洋		钞洋
赵校长治丧费	3,000.00	1937年度结存余款	63,564.81
赵校长遗族恤金	7,000.00	1937年度特别班余款	19,835.24
家具	9,708.07	1938年度收支两抵结存余款	22,479.04
科学仪器	327.80	1938年度特别班收支两抵结存余款	4,474.71
杂项	358.53		
建筑项下:			
办公室:建筑费 20,777.79			
办公室:装修设备 6,069.03	26,846.82		
结余	63,112.58		
	110,353.80		110,353.80

1938年特别班账目

	钞洋		钞洋
薪金暨年终奖金:		特别班学费	43,476.00
教职员	32,573.02		
校役	1,262.00		
修理保持暨添置费	450.46		
医药费暨卫生设施	—		
燃料电灯暨用水	1,980.06		
纸张暨印刷	1,424.86		
杂项	937.40		
课本	114.17		
体育费用	259.32		
收支两抵结余列入建设项下	4,474.71		
	43,476.00		43,476.00

耀华学校

1939年预算

收入		支出	
	钞洋		钞洋
英工部局协款	85,000.00	教员薪金	118,860.00
学费	103,720.00	年积金	5,112.00

（续表）

		年终奖金	8,520.00
		校役门警工资	7,620.00
		校役年终奖金	580.00
		修缮维持及添置费	4,200.00
		医药及卫生设备	1,000.00
		燃料电灯暨用水	9,000.00
		文具及印刷品	5,500.00
		保险费	1,420.00
		电话	600.00
		杂项	5,600.00
		特别费用	1,00.00
		教科书	400.00
		体育费用	3,700.00
		准备金存储	5,600.00
		试验室暨室外实习费用	3,500.00
		假期费用准备	240.00
		奖学金	1,000.00
		参考图书等	4,000.00
		约计余款	1,268.00
	————		————
	188,720.00		188,720.00

1938 年财政报告

因时局关系，1938 年预算之编造备极紧节，惟本年实在收入比之往常年度较为充裕，故收支两抵颇现盈余，可以移作 1939 年用途。

总务经常收入

1938 年此项收入比之预算计增收洋 323,299 元，其要因为新建房屋之增多空房之减少暨预计较低之其他各项收入丰裕。

总务经常支出

此项支出比之预算计增支洋 153,516 元，其大部分系因旅费、养老金暨天津英文学堂协款等各项金镑用途，其他如经董事会核准之工部局办公处更改墙子河浚挖，本租界出入口栅栏门之添建，警务处巡逻汽车与普通员司生活高贵，临时津贴追加各项，概为加增支出款目。

总务特别支出

年间董事会核准警备队司令部添盖房屋，戈登堂办公室改为董事厅暨戈登堂大堂改为会计办公处（缘旧有办公室不敷应用），董事会并核准敦桥道花园建设之追加支出。

特别收入

年间因售卖地亩及房产之收入计洋 143,735 元，此项出售得有债券保管团之同意。

电务处

营业账目：售电收入比之严密编列之预算计增收洋 137,523 元，其中 85,074 元系供给电灯用电之收入，又 56,349 元系供给电马力之收入，特别一区用电之截止比之预计日期较早。

因需电量增高，所有经常及保持费用俱随之而增，惟薪金项下现有节减，盖副工程师一缺未经另行聘任而由职员中升补。

综核收支两抵，盈余比之预算所列计增益洋 111,064 元

建设购置支出：因供给发电厂凉水之建筑添盖及机件增购追加费用概经

核准,其因电流需要增高,故电表与用户接线必须之材料购置暨电炉灶之添购并经核准,惟此项支出因售卖旧锅炉得价洋 2.1 万元,稍资相抵。

水道处

营业账目:水道处与电务处相似,其收入比之预算所列计增益洋 75,616 元,其经常支出亦随之而增,惟旅费项下显有节减,因新添副工程师非聘自英国,而在本地聘任。

综核收支,盈余比之预算计增益洋 50,470 元,查预算原列不敷之数计洋 6,587 元,因而易成盈余洋 43,883 元。

建设购置支出:需水量既增多,水表之添购为事实所必需,又"乙"号机厂新凿自流井项下支出比之预算计减支洋 9,617 元。

统计总结

综核上述,各项经常收支两抵,结余比之预算所列计增益洋 331,317 元,特别建筑项下预算原列不敷之数计洋 192,220 元,易为盈余洋 190,778 元,此数连同其他款目一并合算计至年底止,现款项下计存洋 500,168 元,可以移入 1939 年账目。

会计处长　莫尔德

1938 年英租界户口统计表

国籍	1938 年			1934 年			1929 年	1925 年	1913 年
	壮年	儿童	总数	壮年	儿童	总数	总数	总数	总数
美	143	42	185	183	69	252	273	294	72
亚美尼亚	6	4	10	1	2	3	15	—	—
奥	2	4	6	6	4	10	7	—	5
英	1,165	207	1,327	1,107	344	1,451	755	682	388
印度(英籍)	16	4	18	33	19	52	25	35	48
比	21	5	26	16	8	24	8	4	12
巴西	2	—	2	3	2	5			
坎拿大	—	—	—	1	—	1			
中国	47,850	24,237	72,087	30,424	12,340	42,764	36,029	33,172	15,946
朝鲜	—	—	—	1	—	1		3	3
捷克	4	—	4	4	—	4	5		
丹国	4	—	4	7	3	10	4	11	4
和兰	2	1	3	3	2	5			
法	50	19	69	39	16	55	30	22	15

（续表）

德	102	9	111	73	12	85	90	25	141
希腊	24	4	28	10	4	14	11	—	21
义	28	4	32	23	6	29	13	18	11
日	227	75	294	59	30	89	160	107	84
犹太	—	—	—	232	91	323	24	—	—
拉塔维亚	7	3	10	17	3	20	13	7	—
利苏尼亚	21	1	22	12	4	16	4	—	—
挪威	1	—	1	1	1	2	—	8	—
秘鲁	—	—	—	—	—	—	1	—	—
波兰	61	16	77	34	14	48	75	21	—
葡萄牙	15	6	21	5	2	7	10	2	2
菲律宾	13	6	19	10	5	15	24	70	—
罗马尼亚	3	—	3	4	4	8	6	1	—
俄	1,848	479	2,323	1,086	362	1,448	1,527	731	43
塞尔维亚	5	1	6	—	—	—	—	—	—
西班牙	3	1	4	2	2	4	—	4	—
瑞士	18	4	22	10	—	10	14	—	8
瑞典	5	1	6	—	2	2	3	—	—
土耳其	10	2	12	10	3	13	20	—	—
埃沙尼亚	5	—	5	7	2	9	—	—	—
乌克雷尼亚	—	—	—	3	4	7	—	—	—
波斯	4	2	6	2	1	3	—	—	—
鞑靼	—	—	—	4	7	11	—	—	—
匈牙利	6	1	7	2	1	3	—	—	—
佐治亚	—	—	—	3	3	6	—	—	—
犹可撕拉维亚	3	3	6	—	—	—	—	—	—
总数	51,674	25,141	76,815	33,437	13,372	46,809	39,146	35,217	16,803

天津英文学堂

截至 1938 年 12 月 31 日止之收支统计

	支出			收入	
预算		决算	预算		决算
		钞洋			钞洋
英镑支出					
英镑		英镑	英镑		
2,603. 外籍职员薪俸	2,567.144	60,639.78	7,184.00	工部局协款 7,477.85	163,056.60
260. 外籍职员年积金	256.155	6,050.61		钞洋	
707. 外籍职员旅费	706.100	17,109.80	46,000.00	学费	45,768.47
403. 外籍职员例假薪俸	403.68	9,769.69	—	利息	1,229.51
					46,997.98
3,973.	3,934.65	93,569.88	46,000.00		
钞洋	钞洋支出				
70,719.00	外籍职员薪俸及年积金	68,714.75			
3,220.00	中国员役工资	3,220.00			
2,070.00	医生费	1,923.21			
775.00	保险	773.58			
3,500.00	煤气	3,923.30			
1,900.00	电灯电马力	1,326.46			
400.00	用水	362.46			
3,000.00	修缮及换新	3,980.44			
2,000.00	纸张印刷	1,661.10			
300.00	职员图书室	341.16			
156.00	电话	440.55			
3,000.00	普通费用	2,946.58			
500.00	临时项下	563.68			

1,788.00	例假薪俸准备	1,859.62	
967.00	旅费准备	1,010.49	
3,325.00	准备金存储	3,322.49	
300.00	学校奖品费用	237.95	
300.00	运动比赛奖品费用	300.00	
1,000.00	体育场费用	1,042.22	
500.00	家具仪器剔旧换新	271.59	
		98,221.63	
99,720.00			
	收支结余列入建设项下	18,263.07	
		210,054.58	210,054.58

天津英文学堂

截至1938年12月31日止之结算单

债务		资产	
钞洋		钞洋	
保管款项(奖学金暨奖品)	9,900.00	地亩:	
旅费准备	28,308.24	校址计15.587亩,每亩值113,229.20	
例假期薪俸准备	17,967.90	洋7,264.34元	
准备金存储:		体育场计36.682亩,每亩92,448.90	
上年结存	35,395.76	值洋2,520.28元	
1938年准备	3,322.49		205,678.10
五厘利息	1,935.91	建筑:	
	40,654.16	学校	352,166.71
奖学金暨奖品(积存利息)	1,004.21	体育场	6,700.00
存款(书籍押款)	4,833.66	体育场凉亭	9,806.00
零星债务	8,573.82		368,672.71
建设项下(参照规画[划])	42,485.19	设备	71,216.97
总结余	687,014.88		
		家具	28,754.90

试验室仪器		12,692.20
投资（计值）：		
准备金存储	38,904.06	
保管款项	9,900.00	
建设费	19,966.44	
		68,770.50
英镑账（2,064.152）		41,574.91
预备售与学生之书籍文具（册列价值）		10,622.98
零星欠户		5,030.09
现款		700.00
英工部局流水账		27,028.70
		840,742.06

敝公司已将上列截至 1938 年 12 月 31 日止之结算单审核并得有一切闻料暨解释其所列投资业经查核所存书籍文具业经该校管理员估价，据敝公司所知并参照供给之说明暨簿册所列注解该结算单之开列用以表示英文学堂之正确财政状况是系正当。

汤生公司
特许查账稽核员
天津　1939 年 1 月 26 日

天津英文学堂

建设项下

截至 1938 年 12 月 31 日止

	钞洋		钞洋
学校分舍项下：		1937 年结余	24,841.87
试办所致特别支出：		册列书籍及材料调整	3,781.69
房屋修改包括火险防范	1,217.19	1938 年收支结余盈数	18,263.07
广告暨说明书	78.85		
家具暨装件	1,358.13		
收支两抵不敷之数	430.77		

	3,084.94	
家具	500.00	
杂项	816.50	
结余移后	42,485.19	
	46,886.63	46,886.63

学校分舍项下

截至 1938 年 12 月 31 日止

	钞洋		钞洋	
伙食	1,087.23	寄宿费	2,110.00	
房租	735.00	减去退还之数	83.00	
保险	80.00			2,027.00
燃料水电	158.15	收支不敷之数移入建设项下		430.77
工资	205.00			
杂项	192.39			
	2,457.77			2,457.77

天津英文学堂

1939 年预算

收入

	钞洋
工部局协款 英镑 7,480 以 8.5 便士折合	211,200.00
学费	40,500.00
利息	1,300.00
建设账目不敷之数	5,995.00

支出

	英镑		钞洋
职员薪金	2,929	and	61,434.00
年积金	293		4,783.00
旅费	627		966.00

例假期间薪俸	546	3,072.00
	4,395	70,255.00
减去:敷余	100	
	4,295 at 8$\frac{1}{2}$ d	121,271.00
中国仆役工资		3,340.00
医生费		1,720.00
保险		775.00
煤气		3,500.00
电灯电马力		1,900.00
用水		500.00
修缮暨换新		5,000.00
纸张印刷		3,000.00
职员图书室		500.00
电话		414.00
普通用费		4,000.00
临时项下		500.00
家具修缮维持暨剔旧换新		1,200.00
仪器暨剔旧置新		500.00
准备金存储		3,325.00
学校奖品		500.00
体育比赛奖品		300.00
体育场扩充项下:		
场址占地约10亩每亩约值洋2,000元		20,000.00
建筑砖墙高7英尺长2090英尺每10英尺计洋55元		11,495.00
重填压平校正斜坡暨水沟估计		3,000.00
迁移凉亭以增效用		2,000.00
		258,995.00 258,995.00

空地保管团

体育场保管团

截至 1938 年 12 月 31 日止之收支统计

支出		收入	
	钞洋		钞洋
经常项下：		英工部局协款	6,115.00
修缮及保持	46.10	租金	2,171.00
电灯煤气用水	480.09	汇兑	162.00
保险	214.45		
地捐	58.88		
工费：			
场地夫役	351.00		
司事	246.00		
花匠	165.00		
管理员酬金	450.00		
零星费用	113.28		
银行手续费	49.92		
	2,174.72		
投资出让损失	287.50		
利息	84.93		
稽核费用	35.00		
折旧	280.57		
结余转入总结账目	5,585.28		
	8,448.00		8,448.00
特别支出：			
安德森凉亭重建	12,658.67		

归建筑项下开支其一部系由投资出让支付   天津　1939 年 1 月 21 日

体育场保管团

截至1938年12月31日止之结算单

债务		资产	
	钞洋		钞洋
总结账目：		地亩：	
上年清单	572,674.69	体育场：	
减去：折旧不敷准	3,449.14	面积85.384亩，每亩计 512,304.00 ——洋6000元	
	569,225.55	建筑项下：	
加：收入结余	5,585.28	安德森凉亭 1897年建造	
	574,810.83	1935年重建估计产值	28,150.00
零星债务	1,299.79	减去：计至1938年底止之	
司事年积金	1,105.71	例行折旧	9,618.60
附注：(1)保管团投资包括司事年积金			
暨1938年未及办理之足球场			18,531.40
地面重铺费用		加：1938年重建计值	12,658.67
(2)折旧不敷账表示折旧英有之数			31,190.07
目与保管团现时对此用途执有		围墙大门：	
投资款项之差额，其原列之数洋		1915年建筑	11,362.69
7,401.37元已由收入等项转账而		减去：计至1938年底	1,198.17
减少，现因工部局认保管团无须		止之例行折旧	10,164.52
另立折旧存储投资账目，故所有投		溜冰及网球休息室：	
资已大部让出得款用之重建安德森		1934年筑造计值	19,854.00
凉亭，其余额列为折旧不敷账目转		减去：计至1938年底	589.72
入总结算单。		止之例行折旧	19,264.28
		木质看台：	
		1929年购置计值	1,004.00
		减去：计至1938年底止	954.00
		之例行折旧	50.00
		投资	3,000.00
		银行存款	1,243.46
	577,216.33		577,216.33

敝公司已将上列结算单连同空地保管团之簿册暨账目审核并得有一切所需闻料暨解释，据敝公司考核所知并参照保管团供给之说明暨簿册所列注解，该结算单之开列用以表示保管团之实在正确，财政状况是系正当。

汤生公司

特许查账稽核员

天津　1939年1月21日

体育场保管团 1939 年预算

		1938 年支出决算	1939 年预算
		钞洋	钞洋
地亩捐：			
维多利亚花园		16.19	60.00
红墙道体育场		42.96	
火险 木质看台		10.00	10.00
25,000 @ 0.5%		125.00	
50,000 @ 3‰			150.00
电灯、暖气暨用水截至11月底止		383.02	600.00
12月份估计数		101.50	
修理暨保持费：			
围墙暨大门		40.83	100.00
木质看台			100.00
工资：			
场地夫役		351.00	377.00
花匠		150.00	160.00
司事		221.00	234.00
年积金		100.00	110.00
管理员酬金		450.00	450.00
普通费用截至11月份止	216.15		
12月份估计数	20.00		
		236.15	264.00
稽核费用		25.00	35.00
栽种树木			250.00
溜冰休息室暨木质看台普通修理暨油漆费			800.00
			3,700.00
收入		2,311.00	
网球场租赁费			2,000.00
			1,700.00
需要协款数目		1,700.00	

空地保管团

民园

截至1938年12月31日止之收支统计

支出			收入	
		钞洋		钞洋
经常项下：			英国工部局协款	3,740.00
修理暨保持费：			租金	1,510.00
看台	78.80		利息	32.86
园地及围栏	162.00			
地捐	42.74			
运动费用：				
赛跑路线	391.85			
扁棒球	408.70			
足球	163.90			
工资：				
园地夫役	1,444.40			
花匠	96.00			
电灯、暖气暨用水	400.78			
保险	7.00			
管理员酬金	450.00			
零星费用	26.65			
		3,672.82		
折旧		80.12		
稽核费用		35.00		
结余转入总结账目		1,494.92		
		5,282.86		5,282.86
特别支出：				
"甲"号看台修改暨添加工程		2,460.00		

截至1938年12月31日止之结算单

债务			资产		
		钞洋			钞洋
总结余账目：			地亩		
据上年清单	818,699.26		维多利亚公园：		
加：收入结余	1,494.92		面积18.238亩，每亩计值洋30,000元		547,140.00
		820,194.18	民园：		

(续表)

零星债务		328.80	面积57.300亩,每亩计值洋4,000元	229,200.00
				776,340.00
			民园建筑物:	
			"甲"号看台1926年建造计值	7,161.29
			减去:计至1938年底止之例行折旧	290.01
				6,871.28
			加:1938年修改添加工事计值	2,460.00
				9,331.28
			"乙"号看台1938年建造计值	9,291.00
			减去:计至1938年底止之例行折旧	297.47
				8,993.53
			园墙暨围栏1926年建立1933年完成计值	15,028.23
			减去:计至1938年底止之例行折旧	608.84
				14,419.39
			木质看台1930年建造计值	554.51
			减去:计至1938年底止之例行折旧	504.51
				50.00
			零星产业	9,778.74
			投资项下	1,000.00
			银行现款	610.04
		820,522.98		820,522.98

敝公司已将上列结算单连同空地保管团之簿册暨账目审核并得有一切所需闻料暨解释,据敝公司考核所知并参照保管团供给之说明书暨簿册所列注解,该结算单之开列用以表示保管团之实在正确,财政状况是系正当。

汤生公司
特许稽核查账员
天津　1938[9]年1月21日

民园1939年预算

		1938年支出决算	1939年支出预算
特别支出：		钞洋	钞洋
新赛跑路边石暨重平地面			4,000.00
重筑裁判员暨纪录员箱座			750.00
女厕所			1,260.00
围栏			250.00
树木			200.00
修改暨改良		2,460.00	
经常支出：			
地亩捐		42.74	45.00
火险		7.00	27.00
电灯费截至11月份止	112.77		
12月份估计数	11.40		
	——	124.17	150.00
暖气费截至11月份止	85.70		
12月份估计数	55.00		
	——	140.70	200.00
水费截至11月份止	143.26		
12月份估计数	12.00		
	——	155.26	200.00
体育运动费		391.85	500.00
扁棒球截至11月份止		408.70	620.00
	142.90		
足球12月份估计数	20.00		
	——	162.90	250.00
修理暨保持费 运动场			200.00
修理暨保持费 赛跑路线		78.80	100.00
修理暨保持费 看台		162.00	500.00
工资 园地夫役		1,540.00	1,560.00
花匠		96.00	160.00
管理员		450.00	450.00
普通费用暨临时项下		241.90	93.00
稽核费用		25.00	35.00
			——
			11,550.00
收入		1,510.00	1,250.00
			——
			10,300.00
需要协款数目		10,300.00	

1938 年财政报告暨 1939 年预算

1938年经常收支预算比较截至12月31日止

	1938年收入预算		收入	1938年收入预算截至12月31日止	
钞洋					钞洋
			地亩捐：		
	256,758.00		已填地	257,385.14	
	42.00		未填地	42.15	
256,800.00					257,427.29
			房产租值捐：		
	511,000.00		依据估定房产全年租值	546,049.71	
	5,000.00		减去:退还之数	896.41	
506,000.00					545,153.30
			河坝收入：		
		51,390.00	租定船位	51,390.00	
		16,000.00	备租船位	83,545.92	
		6,600.00	驳船	7,559.50	
	73,990.00			142,495.42	
	1,850.00		减去:费用	1,940.12	
72,140.00					140,555.30
10,000.00			转头船位租金		10,000.00
			码头捐：		
	60,000.00		收入	173,925.75	
	11,300.00		减去:费用	11,190.89	
48,700.00					162,734.86
			执照捐：		
	96,000.00		人力车	119,371.00	
	44,000.00		大车暨排子车	56,771.10	
	7,800.00		商铺执照捐	8,693.50	
	1,000.00		杂项	1,299.00	
	800.00		马车	852.00	
	7,000.00		旅馆暨售酒执照捐	8,067.00	
	5,700.00		犬捐	6,423.30	
	1,000.00		押当铺	1,450.00	
	6,000.00		自行车	12,214.00	
	45,000.00		汽车	56,701.85	
	1,300.00		汽车捐牌司机暨牛奶房等	3,159.20	
	12,000.00		小本营生	18,807.10	

（续表）

	2,000.00	河坝杂摊	2,016.00	
	229,600.00		295,825.05	
	15,600.00	减去:费用	19,587.36	
214,000.00				276,237.69
1107,640.00				1,392,108.44
		菜市收入:		
	6,000.00	铺面	6,300.00	
	5,000.00	摊位	8,185.00	
	11,000.00		14,485.00	
	8,300.00	减去:费用	8,122.55	
2,700.00				6,362.45
		零星收入:		
	19,400.00	杂项	35,266.52	
	18,600.00	租金	18,650.69	
	—	夥用出路	2,869.41	
38,000.00				56,786.62
—		局有地租		1,347.28
		利息:		
		分处来往利息:		
	74,000.00	水道处拨付之数	78,736.65	
	3,500.00	电务处拨付之数	3,975.43	
	77,500.00		82,712.08	
	800.00	流水账暨保管款项	10,622.49	
78,300.00				93,334.57
1,226,640.00				1,549,939.36
1938年支出预算			1938年支出决算截至12月31日止	
		支　出		
钞洋		总务管理	钞洋	
	133,636.00	管理人员薪俸暨工资	134,797.06	
	51,500.00	总务公费	74,077.33	
	185,136.00		208,874.39	

（续表）

			减去:可由电务处暨水道处拨付之数		
		26,700.00	电务处	26,700.00	
		17,100.00	水道处	17,100.00	
	43,800.00			43,800.00	
141,336.00					165,074.39
			工部局办公处费用：		
		9,100.00	零星费用	19,517.13	
		600.00	减去:可由戈登堂归还之数	75.00	
8,500.00					19,442.13
			协款项下：		
		6,115.00	体育场保管团	6,115.00	
		3,740.00	民园保管团	3,740.00	
		1,425.00	俄国医院	400.00	
		150.00	俄国侨民社	150.00	
		1,524.00	马大夫医院	2,956.80	
		445.00	安立甘教堂	445.00	
		445.00	耶稣教合众教堂	445.00	
		445.00	女青年会	445.00	
		170.00	基督徒圣会所	170.00	
		—	英国徽会	500.00	
		741.00	天津妇女慈善会	741.00	
15,200.00					16,107.80
38,200.00			养老金	57,003.18	
18,712.00			工部局警备队	16,332.42	
			工部局藏书楼：		
		310.00	薪俸	325.60	
		497.00	零星费用	568.79	
		993.00	协款	993.00	
1,800.00					1,887.39
223,748.00					275,847.31
			隔离病院：		
		11,450.00	薪俸	11,979.00	
		10,200.00	零星费用	10,806.96	
	21,650.00			22,785.96	

(续表)

			减去:法工部局协款			
		2,220.00		2,220.00		
		4,580.00	病人住院费	5,706.41		
	6,800.00				7,926.41	
14,850.00						14,850.55
			英国医院:			
		38,480.00	薪俸	39,013.10		
		29,620.00	零星费用	31,630.83		
	68,100.00				70,643.93	
	29,600.00		减去:病人住院费		32,937.46	
38,500.00						37,706.47
			卫生股:			
		1,482.00	卫生医官费	1,482.52		
		3,005.00	卫生股职员	3,242.41		
		3,013.00	零星费用	2,418.03		
	7,500.00				7,142.96	
	1,600.00		减去:收入		2,573.10	
5,900.00						4,569.86
			戈登堂:			
	2,800.00		零星费用		606.73	
	1,400.00		减去:赁用费		125.00	
1,400.00					481.73	
			天津英文学堂:			
122,500.00			(须准予拨付之协款按纳捐外人登记管业之地亩暨房产估定产值共计洋 46,189,206 元依每 1 万元拨付 18 元计须拨付之数合 83,140.57 元按六七四五二八三行市暨二先令八便士汇况行市折合)			163,056.60
			耀华学校:			
82,300.00			(须准予拨付之协款按纳捐中国人登记管业之地亩暨房产估定产值共计洋 47,516,150 元,依每 1 万元拨付 18 元计须拨付之数。)			85,529.07
248,530.00			借款项下			248,528.27
600.00			墙子河维持费			7,600.00
21,500.00			偿还继续皇家租契用款			21,289.87
5,000.00			临时项下			3,624.47
764,828.00						863,093.20

(续表)

1938年支出预算	警务处	1938年支出决算截至12月31日止	
钞洋			钞洋
312,337.00	警务处员役暨办公室费用		296,639.61
116,963.00	普通杂费		156,439.96
429,300.00			453,079.57
35,000.00	减去:雇佣门岗警捕缴费		43,661.00
394,300.00			409,418.57
	消防队		
19,800.00	华洋职员薪俸		18,806.96
16,250.00	普通杂费		22,903.70
36,050.00			41,710.66
	器械暨购新补旧		
9,700.00	工程处		7,769.18
1,250.00	英国医院		1,991.14
250.00	隔离医院		675.51
3,000.00	秘书处暨会计处		3,041.82
14,200.00			13,477.65
	工程处		
1938年支出预算		1938年支出决算截至12月31日止	
钞洋			钞洋
	经 常 支 出		
	桥梁:		
50.00	保持费		—
	河坝暨码头:		
800.00	保持费		10.38
	土坝(预防水灾):		
50.00	保持费		—
	工程师费用:		
151,341.00	薪俸暨工资	159,683.73	
19,080.00	杂项	30,031.62	
170,421.00			189,715.35
	公共厕所:		

(续表)

11,500.00		保持费		12,141.21
		工部局房产:		
8,900.00		普通保持费		8,302.69
		机件暨工具项下:		
	10,150.00	保持费暨经常费	15,395.91	
	1,200.00	逐年整理	512.42	
	1,200.00	购新补旧	1,106.63	
12,550.00	——		——	17,014.96
		公共院所:		
	1,000.00	隔离病院	616.83	
	1,500.00	英国医院	1,994.09	
	600.00	菜市	680.20	
207,371.00				230,475.71
3,100.00	——		——	3,291.12
		马路便道路边石暨阴沟项下:		
	40,500.00	马路便道路边石暨阴沟保持费	48,320.25	
	3,300.00	暴雨水沟普通修理费	5,800.04	
	2,200.00	冲洗阴沟费	3,578.63	
	5,000.00	载重汽车汽油工资暨材料	4,516.22	
51,000.00	——		——	62,215.14
		路政项下:		
	1,500.00	更换路灯	1,858.69	
	24,000.00	清道冲洗马路暨水沟	24,076.85	
	40,200.00	收敛垃圾	42,516.41	
	4,500.00	车辆交通指示线	3,191.58	
	3,500.00	扫除积雪	3,278.57	
	1,000.00	标志	1,189.47	
	12,000.00	洒水暨散砂	11,273.24	
86,700.00	——		——	87,384.81
30,000.00		公园暨花园		30,190.11
375,071.00				410,265.77
		特别支出		
1938年特别支出预算		1938年特别支出决算截至12月31日止		
钞洋				钞洋
		房产:新建暨添盖房屋:		
	4,000.00	戈登道老马厩改成汽车房工程	6,536.17	

（续表）

	4,000.00	英国医院:修改暨添盖工程	3,849.51	
	1,100.00	警务处汽车房	1,386.83	
	5,000.00	临时项下	7,301.38	
	—	警备队司令部	10,300.00	
14,100.00			—	29,373.89
14,100.00		阴沟		8,259.87
54,800.00		马路		59,508.82
8,000.00		敦桥道新公园开辟		15,833.05
1,500.00		奥克尼道马厩四周泄水沟		1,473.58
		新购器械：		
	850.00	英国医院	255.50	
	750.00	隔离病院	792.00	
	—	会计处	5,687.40	
	—	董事厅	9,050.45	
1,600.00			—	15,785.35
———				
94,100.00				130,531.56
		特别收入		
43,411.00		售出地亩暨房产	143,735.22	

电务处				
1938 年营业账目				
支出				收入
支出预算	1938 年支出决算截至 12 月 31 日止		收入预算	1938 年收入决算截至 12 月 31 日止
钞洋		钞洋	钞洋	钞洋
307,532.00	发电费用煤炭工资等	314,476.79	667,000.00	售与用户电价 752,074.88
	发电机件：		53,000.00	售与特别一区电价 44,528.74
24,550.00	修理暨保持费	32,144.02	11,250.00	用户自有路灯 11,257.34
	职员宿舍：		22,744.00	售与英工部局办公处暨附属处所电价 22,251.36
3,650.00	修理暨保持费	5,012.05	240,645.00	电马力 296,994.13
	分输机件：		15,000.00	零星收入 20,055.72
26,580.00	修理暨保持费	24,011.94		
	路灯机件；			

（续表）

4,750.00		修理暨保持费		5,995.03			
		工具：					
1,285.00		修理暨保持费		1,718.29			
		出租机件：					
3,375.00		修理暨保持费		4,352.57			
		家具装件暨运输：					
1,035.00		修理暨保持费		1,411.23			
		经理费用：					
	97,441.00	薪俸暨工资	86,587.89				
	23,680.00	杂项	22,144.46				
121,121.00	———			108,732.35			
26,700.00		总务管理项下		26,700.00			
		会计处：					
	12,885.00	中国职员薪俸	13,108.17				
	3,615.00	杂项	4,169.93				
16,500.00	———			17,278.10			
3,850.00		利息		5,260.36			
50,000.00		折旧		72,099.14			
750.00		零星机件添置		2,142.91			
4,260.00		陈列室费用		1,061.69			
———				———			
595,938.00				622,396.47			
413,701.00		收入超过支出之数		524,765.70			
———				———			
1,009,639.00				1,147,162.17	1,009,639.00		1,147,162.17

电务处			
建设购置项下			
钞洋			钞洋
1,850.00	房屋		9,171.91
8,100.00	发电机件		9,967.46
36,509.00	分输机件		51,363.07
5,447.00	路灯机件		315.83

(续表)

	425.00	工具	584.77
	7,380.00	出租机件	17,687.03
	1,275.00	仪器	121.59
	2,450.00	家具装件暨运输	3,828.42
	————		————
	63,436.00		93,040.08
	—	售卖旧锅炉	21,000.00

电务处			
1938年结算单截至12月31日止			
债务		资产	
	钞洋		钞洋
零星债务暨积欠	30,790.80	零星欠户暨欠款结余	164,850.16
用户押款	142,270.00	材料存储	138,010.77
寄售商品(参照对页)	18,781.35	陈列室商品	3,775.81
折旧存储	1,717,378.41	寄售商品(参照对页)	18,781.35
资金存储	514,179.51	伦敦金镑账	50,270.87
英工部局流水账	280,156.01	建设购置项下：	
		地亩	52,458.07
		房屋	381,783.58
		发电机件	1,094,849.80
		分输机件	675,799.10
		路灯机件	47,458.29
		出租机件	43,344.89
		电气仪器	2,701.36
		工具机件	5,500.37
		家具装件暨运输	23,962.66
	————		————
	2,703,556.08		2,703,556.08

1938年12月31日

敝公司已将上列截至1938年12月31日止之结算单审核并得有一切所需闻料暨解释，据敝公司所知并参照工部局供给之说明暨簿册所载注解，该结算单之开列用以表示工部局之实在正确，财政状况是系正当。

汤生公司

特许查账稽核员

天津　1939年2月13日

水道处

1938年营业账目

支出	1938年支出决算截至12月31日止 钞洋	支出预算 钞洋	收入	1938年收入决算截至12月31日止 钞洋
巴克斯道"甲"号机厂:			售与用户水价	381,485.65
抽水费用:	47,790.53	44,563.00	售与轮船水价	12,145.71
经常费	2,523.07	1,250.00	售与英工部局办公处暨附属处所水价	25,845.90
修理暨保持费	50,313.60	45,813.00	备用接水收费	1,443.76
厂内水管暨节水门:			辅用给水	2,694.00
修理暨保持费	26.60	100.00	房租暨杂项	5,681.52
滤水池:				
修理暨保持费	6.03	100.00		
澄水池:				
修理暨保持费	39.53	200.00		
"甲"号机厂厂房				
修理、保持暨经常费	4,573.64	2,430.00		
	54,959.40	48,643.00		
达格拉道"乙"号机厂:				
抽水费用:	34,286.18	19,823.00		
经常费	4,557.98	700.00		
修理暨保持费				

（续表）

项目				
厂内水管暨节水门：	20,523.00		38,844.16	
修理暨保持费	50.00		3.29	
"乙"号机厂房：				
修理暨保持费	950.00		1,841.07	
		21,523.00		40,688.52
伦敦道"丙"号机厂：				
抽水费用：				
经常费	15,579.00		14,608.76	
修理暨保持费	550.00		504.37	
厂内水管暨节水门：	16,129.00		15,113.13	
修理暨保持费	50.00		2.01	
"丙"号机厂房：				
修理暨保持费	470.00		701.13	
		16,649.00		15,816.27
总水管、水龙头暨接水材料：	86,815.00		111,464.19	
修理暨保持费				
机件暨保持工具：	11,400.00		10,855.28	
修理、保持暨购新补旧：				
出借机件	1,750.00		1,600.22	

（续表）

2,910.00	水表修理暨保持费		3,108.06	
1,382.00	水龙头售水费		1,954.77	
	工程职员暨办公处费用：			
69,220.00	华洋职员薪俸	69,457.90		
22,925.00	杂项	17,345.95		
92,145.00			86,803.85	
	管理项下：			
17,100.00	总务		17,100.00	
	会计处：			
7,100.00	中国职员薪俸	7,234.70		
1,800.00	杂项	1,977.84		
8,900.00			9,212.54	
110.00	消防设备		120.92	
2,420.00	辅用给水		3,743.88	
1,000.00	氟素研究		—	
7,600.00	保险费准备		7,601.23	
52,735.00	折旧		53,111.63	
74,000.00	利息		78,736.65	
360,267.00			353,680.00	429,296.54
—	收入超过支出之数		6,587.00	预算收支两抵不敷之数
360,267.00			360,267.00	429,296.54

		水道处	
		建设购置支出	
	钞洋		钞洋
	51,150.00	总水管暨水龙头	50,916.47
	4,000.00	接水材料	10,360.73
	10,000.00	出租机件：水表	15,792.10
	1,000.00	家具装件暨运输	549.40
	6,250.00	辅用给水设备	8,006.31
	55,000.00	自流井规画[划]"乙"号机件	45,383.09
	127,400.00		131,008.10

		水道处	
		1938年结算单截至12月31日止	
	债务	资产	
	钞洋		钞洋
零星债务暨积欠	21,056.03	零星欠户暨欠款结余	45,101.09
用户押款	24,318.40	材料存储	97,674.99
折旧存储	446,065.82	建设购置项下：	
购置存储	66,690.19	地亩	175,831.54
英工部局流水账	1,183,441.36	机器	4,269.86
		家具暨装件	2,914.30
		移动机件	2,709.69
		滤水池	8,774.68
		澄水池	7,482.51
		沉渣池	7,187.79
		总水管暨水龙头	639,289.41
		用户水表	134,605.93
		工具机件	8,349.88
		辅用给水机件暨房屋	8,006.31
		自流井规画[划]下：自流井房屋机厂暨机器：	
		"甲"号机厂	293,957.51
		"乙"号机厂	247,334.78
		"丙"号机厂	58,081.53
	1,741,571.80		1,741,571.80

1938年12月31日止

敝公司已将上列截至1938年12月31日止之结算单审核并得有一切所需闻料暨解释，据敝公司考核所知，并参照工部局供给之说明暨簿册所列注解,该结算单之开列用以表示工部局之实在正确,财政状况是系正当。

汤生公司

特许查账稽核员

天津　1939年2月13日

1938年财政统计截止12月31日止				
	1938年4月6日选举人通过之预算		1938年收入支出决算	
	收入	支出	收入	支出
	钞洋	钞洋	钞洋	钞洋
经常项下:				
工部局总务账目	1,226,640.00	1,584,449.00	1,549,939.36	1,737,965.85
电务处	1,009,639.00	595,938.00	1,147,162.17	622,396.47
水道处	353,680.00	360,267.00	429,296.54	385,413.22
结余:转入特别项下		49,305.00	—	380,622.53
	2,589,959.00	2,589,959.00	3,126,398.07	3,126,398.07
特别项下:				
上列结余	49,305.00	—	380,622.53	
总务特别支出	—	94,100.00		130,531.56
电务处:建设购置支出	—	63,436.00		93,040.08
出售机件	—	—	21,000.00	
水道处:建设购置支出	—	127,400.00		131,008.10
出售地亩	43,411.00	—	143,735.22	
结算:预算不敷:实际盈余	192,220.00	—	—	190,778.01
	284,936.00	284,936.00	545,357.75	545,357.75

1938年总结算单截至12月31日止				
债务		资产		
	钞洋		亩数	钞洋
工部局借款:		地亩:		
普通用途借款 1932 6.5%	518,881.12	老租界地亩	15.790	245,167.00
普通用途借款 1932 5.5%	960,000.00	扩充界地亩	49.321	420,353.70
普通用途借款 1937 6.5%	2,700,000.00	推广界地亩	166.377	800,303.21
	4,178,881.12	租界外地亩	400.368	401,130.40
零星债务暨积欠	242,858.86			1,866,954.31
保管款项:		空地:		

（续表）

旅费	83,529.45		老租界维多利亚花园暨建筑物	18.500		
皇家租契用存款	869,002.51		扩充界围墙道公园暨建筑物	6.195		
年积金	636,515.28		推广界：民园	57.300		
狄更生氏奖学金	6,000.00		推广界伦敦道小花园	12.020		
杂项	7,257.95		推广界敦桥道花园暨毗连空地	31.270		
		1,602,305.19	塚[冢]园地址：			
机件保险准备金		201,984.56	广东道塚[冢]园第9段第166号	11.281		
保管团填土费账目：未支用结余		50,182.94	马厂道塚[冢]园：马场道南面	12.561		
折合行市贴水		19,177.09	马路地亩：			
耀华学校		43,615.94	扩充界	276.478	2,045,937.20	
流水账结余			推广界			
天津英文学堂		27,028.70	马场道	86.321	509,293.90	
流水账结余			其他马路	474.836	1,424,508.00	
总结余		7,385,536.78			———	3,979,739.10
			本租界街道路基阴沟水沟暨便道等：			
			现时核估价值			1,944,937.45
			桥梁：			
			现时核估价值			145,771.84
			房屋：			
			老租界；			
			维多利亚花园内房屋		16,080.05	
			戈登堂警务处保险房暨电务处陈列室		192,269.92	
			捐务股公事房		1,008.27	
			河坝房屋		148.25	
			码头捐房屋		2,074.04	
			中国职员餐堂		1,513.95	
			中街铺面		12,835.62	
———					———	———
13,751,571.18					225,930.10	7,937,402.70

(续表)

				扩充界:			
				球场道警务宿舍		26,689.36	
				职员住房		59,596.89	
				职员居所		87,511.66	
				职员居所汽车房		4,508.48	
				工程处机料场（戈登堂）		15,913.53	
				汽碾房		296.50	
				推广界:			
				工程处机料场（奥克尼道）		52,888.87	
				伦敦道警务处宿舍暨火会所		389,904.29	
				福发道警务分处		66,355.57	
				警备队司令部		21,954.62	
				伦敦道小花园		12,279.79	
				英租界内公共厕所		45,287.05	
				租界外:马场道南:			
				马场道塚[冢]园火葬炉休息室暨围墙		6,614.33	
						————	1,015,731.04
				全年局有地租折合原值			20,168.43
				菜市:			
				房屋			268,142.66
				隔离病院:			
				房屋（书面计值）		71,370.96	
				家具（书面计值）		7,789.00	
						————	79,159.96
				英国医院:			
				房屋（书面计值）		148,351.61	
				家具（书面计值）		13,384.83	
				仪器（书面计值）		7,141.17	

(续表)

				X—光机件 （书面计值）	11,774.35	
						180,651.96
				消防设备		1,853.15
13,751,571.18						9,503,109.90
				动产：		
				册列价值		394,935.90
				材料项下 （册列价值）：		
				总材料所	48,851.29	
				警务处	13,943.89	
				文具材料	3,798.59	
						66,593.77
				零星现款		1,970.00
				零星欠户暨未清付账目		63,646.76
				投资（实价）：		
				保管款额	1,605,835.76	
				机件保险准备金	201,984.56	
						1,807,820.32
				电务处：		
				流水账结余		280,156.01
				水道处：		
				流水账结余		1,183,441.36
				银行现款：		
				钞洋账目	215,780.14	
				金镑暨美金账目	234,117.02	
						449,897.16
		13,751,571.18				13,751,571.18

1938 年 12 月 31 日

敝公司已将上列截至 1938 年 12 月 31 日止之结算单审核并得有一切所需闻料暨解释，据敝公司考核所知并参照工部局供给之说明暨簿册所列注解，该结算单之开列用以表示工部局之实在正确，财政状况是系正当。

汤生公司
特许查账稽核员
天津　1938 年 2 月 16 日

1939年预算总目			
收入			
		钞洋	钞洋
地亩捐:			
已填地			258,000.00
房产租值捐:			
依据估定全年租值		576,000.00	
减去:退还之数		1,000.00	
			575,000.00
河坝收入:			
租定船位租金	51,390.00		
备租船位租金	47,000.00		
驳船	7,110.00		
	——	105,500.00	
减去:费用		2,100.00	
			103,400.00
转头船位租金			10,000.00
码头捐:			
收入		112,200.00	
减去:费用		12,200.00	
			100,000.00
执照捐:			
人力车	120,000.00		
马车	800.00		
大车排子车等	50,000.00		
河坝摊位	2,000.00		
小本营生	16,000.00		
汽车	56,000.00		
旅馆暨售酒执照捐	7,000.00		
犬捐	6,000.00		
自行车	10,000.00		
汽车号码牌,汽车夫,牛奶房等	1,500.00		
押当铺	1,200.00		
铺面执照捐	8,500.00		
杂项	1,000.00		
	——	280,000.00	
减去:费用		19,500.00	
			260,500.00
			1306,900.00

(续表)

菜市：			
铺面	6,000.00		
摊位	7,500.00		
	——	13,500.00	
减去：费用		8,600.00	
		——	4,900.00
零星收入：			
杂项		22,600.00	
租金		18,600.00	
		——	41,200.00
利息：			
各分处往来数目			
可由水道处归还之数		84,000.00	
可由电务处归还之数		4,000.00	
		——	
		88,000.00	
流水账暨保管款项		5,000.00	
		——	93,000.00
			——
			1,446,000.00

支　出			
总务			
	钞洋	钞洋	
管理人员薪俸暨工资		146,920.00	
总务公费		59,500.00	
		——	
		206,420.00	
减去：可由电务处归还之数	26,700.00		
可由水道处归还之数	17,100.00		
	——	43,800.00	
		——	162,620.00
工部局办公处费用			11,200.00
用具剔旧换新			3,000.00
协款项下：			
体育场保管团		1,700.00	
民园保管团		10,300.00	
救世军		100.00	

（续表）

英国徽会		500.00	
马大夫医院		1,954.00	
安立甘教堂		445.00	
耶稣教合众会堂		445.00	
基督徒圣会所		170.00	
女青年会		445.00	
天津妇女慈善会		741.00	
		————	16,800.00
养老金			64,500.00
工部局警备队			20,000.00
工部局藏书楼：			
薪俸		346.00	
零星费用		661.00	
协款		993.00	
		————	2,000.00
			————
			280,120.00
天津英文学堂：			
须准予拨付之协款，按纳捐外人登记管业之地亩暨房产估定产值总额计洋 47,564,000 元按每 1 万元拨付 18 元计须拨付之数洋 85.615 元按六七四五二八三暨二先令八便士汇兑行市折合英金镑数再按当时汇兑行市核算计折合洋 225,000 元。		225,000.00	
耀华学校：			
须准予拨付之协款，按捐纳中国人登记管业之地亩暨房产估定产值总额计洋 50,400,000 元按每 1 万元拨付 18 元计须拨付之数合洋 90,720 元。		90,720.00	
墙子河维持费		700.00	
偿还继续皇家租契用款		21,290.00	
债款项下		248,528.00	
临时用途		5,000.00	
		————	
		871,358.00	
英国医院			
薪俸	38,780.00		
杂项	40,220.00		
	————		
		79,000.00	
减去：病人缴费	30,600.00		
		————	
		48,400.00	

(续表)

隔离病院			
薪俸	15,840.00		
杂项	13,680.00		
		29,520.00	
减去:病人缴费	4,700.00		
法工部局协款	2,220.00		
		6,920.00	
			22,600.00
			71,000.00
警务处			
警务处员司暨办公室职员薪俸	365,774.00		
普通杂费	172,926.00		
		538,700.00	
减去:住户雇佣门岗警捕缴费		58,000.00	
			480,700.00
消防队			
华洋职员薪工		22,941.00	
普通杂费		18,059.00	
		41,000.00	
卫生股			
薪工		3,667.00	
卫生医官费		1,482.00	
普通杂费		3,051.00	
		8,200.00	
减去:出赁病人汽车收费		2,000.00	
		6,200.00	

\multicolumn{4}{c}{工程处}			
\multicolumn{4}{c}{经常支出}			
			钞洋
桥梁：			
保持费			200.00
河坝暨码头：			
保持费			15,800.00
土坝(预防水灾)：			
保持费			50.00
工程师费用：			
薪俸暨工资		190,450.00	
普通杂项		33,020.00	
		————	
			223,470.00
公共厕所：			
保持费			11,500.00
工部局房产：			
普通保持费			6,100.00
机械暨工具项下：			
保持费暨经常费		16,700.00	
逐年整理		1,700.00	
购新补旧		1,500.00	
		————	
			19,900.00
公共院所保持费：			
菜市修理			600.00
马路,便道,路边石暨阴沟项下：			
暴雨水沟:普通修理费		3,300.00	
冲洗阴沟费用		2,200.00	
载重汽车用汽油工资材料暨保持费		7,500.00	
英租界马路,便道,路边石暨阴沟保持费		41,500.00	
		————	
			54,500.00
路政项下：			
路灯换新		1,500.00	
清道,冲洗马路暨水沟		30,000.00	
收敛垃圾		44,500.00	
标志		2,500.00	
扫除积雪		3,500.00	
交通指示线		4,500.00	
沥水暨散沙		13,500.00	
		————	
			100,000.00
公园暨花园			30,000.00
用具剔旧置新			9,200.00
		————	
			471,320.00

天津英租界工部局史料选编

特项暨建设购置支出		
新建暨添盖房屋项下：		
自新展塚[冢]园迁移暨重建花房	1,200.00	
戈登道工厂更换屋顶	2,000.00	
警务处汽车房	3,300.00	
消防队:水龙带去潮塔架	3,000.00	
		9,500.00
阴沟		39,000.00
马路		191,800.00
便道暨暴雨水沟		25,000.00
马路加宽		5,000.00
马场道塚[冢]园项下：		
水沟布设	7,000.00	
新筑引路	1,800.00	
铺填新土	4,500.00	
		13,300.00
新购器具项下：		
工程处	8,500.00	
英国医院	5,300.00	
隔离病院	400.00	
		14,200.00
		297,800.00

1939年电务处预算			
支出		收入	
	钞洋		钞洋
发电费煤炭工资等项	276,650.00	售与用户电价	791,500.00
发电机件：		用户自有路灯	11,760.00
修理暨保持费	33,650.00	售与英工部局办公处暨附属处所	24,000.00
职员宿舍：		电马力	332,160.00
修理暨保持与经常费	4,450.00	出租机件	17,600.00
分输机件：		杂项	5,000.00
修理暨保持费	24,340.00		
路灯机件：			
修理暨保持费	5,950.00		
工具：			
修理暨保持费	1,400.00		

(续表)

出租机件：				
修理暨保持费		5,000.00		
家具暨装件：				
修理暨保持费		1,400.00		
经理费用项下：				
薪俸暨工资	81,924.00			
杂项	23,785.00			
	———	105,709.00		
总务管理项下		26,700.00		
会计处：				
中国职员薪俸	14,950.00			
零星费用	4,350.00			
	———	19,300.00		
利息		4,000.00		
折旧		77,000.00		
保险费存储		52,500.00		
零星机件添置		800.00		
陈列室费用		4,627.00		
		———		
		643,476.00		
预计收入超过支出之数		538,544.00		
		———		———
		1,182,020.00		1,182,020.00

电务处	
建设购置支出	
	钞洋
房产	2,650.00
发电机件	129,300.00
分输机件	48,700.00
路灯机件	12,600.00
出租机件	27,000.00
工具	8,300.00
仪器	3,800.00
家具装件暨运输	7,000.00
	———
	239,350.00

1939年水道处预算					
支出				收入	
			钞洋		钞洋
巴克斯道机厂"甲"号：				售与用户水价	396,994.00
抽水费用：				售与轮船水价	7,520.00
经常费	44,567.00			售与英工部局暨附属处所水价	26,228.00
修理暨保持费	2,600.00			备用接水收费	520.00
		47,167.00		备用给水收费	4,670.00
滤水池：				房屋租金暨零星收入	3,000.00
修理暨保持费		50.00			
澄水池：					
修理暨保持费		50.00			
厂内水管暨节水门：					
修理暨保持费		50.00			
"甲"号机厂房屋：					
修理暨保持费		3,255.00			
			50,572.00		
达克拉道机厂"乙"号：					
抽水费用：					
经常费	41,798.00				
修理暨保持费	930.00				
		42,728.00			
厂内水管暨节水门：					
修理暨保持费		50.00			
"乙"号机厂房屋					
修理暨保持费		1,160.00			
			43,938.00		
伦敦道机厂"丙"号：					
抽水费用：					
经常费	14,102.00				
修理暨保持费	670.00				
		14,772.00			
厂内水管暨节水门：					
修理暨保持费		30.00			
"丙"号机厂房屋：					
修理暨保持费		655.00			
			15,457.00		
			109,967.00		438,932.00

(续表)

总水管水龙头暨接水机件:				
修理暨保持费		12,490.00		
机件暨工具:				
修理暨保持费	2,200.00			
剔旧置新	1,850.00			
	———	4,050.00		
借用机件:				
水表修理暨保持费		3,600.00		
公用水龙头售水费用		1,420.00		
工程人员暨办公处费用:				
华洋职员薪俸	73,081.00			
零星费用	25,845.00			
	———	98,926.00		
管理项下:				
总务		17,100.00		
会计处:				
中国职员薪俸	7,980.00			
零星费用	2,020.00			
	———	10,000.00		
消防设备		95.00		
辅用给水:经常费		4,506.00		
保险准备费		11,530.00		
折旧		58,079.00		
利息		84,000.00		
		———		
		415,763.00		
预算收入超过支出之数		23,169.00		
		———		
		438,932.00		438,932.00

水道处		
建设购置支出		
		钞洋
总水管暨水龙头		27,860.00
接水材料		6,000.00
借出机件:水表		12,000.00
家具装件暨仪器		1,800.00
自流井规画[划]项下:		

（续表）

达克拉道机厂"乙"号	45,000.00	
伦敦道机厂"丙"号	13,000.00	
	——	58,000.00
		——
		105,660.00

1939年预算总计		
经常项下		
	收入	支出
	钞洋	钞洋
工部局总务账目	1,446,000.00	1,941,578.00
电务处	1,182,020.00	643,476.00
水道处	438,932.00	415,763.00
结余：盈数移入特别项下	——	66,135.00
	3,066,952.00	3,066,952.00

特别项下		
上列结余	66,135.00	——
总务特别支出	——	297,800.00
电务处建设购置支出	——	239,350.00
水道处建设购置支出	——	105,660.00
特别存储	——	20,000.00
不敷款项	596,675.00	——
	662,810.00	662,810.00

现款状况		
截至1938年12月31日止之银行存额数	500,168.00	——
上列预算不敷额数	——	596,675.00
1938年决定用途可在1939年支付之数	——	23,000.00
地契转移费（存储）	——	101,998.00
备1939年用库存材料	14,950.00	——
电务处折旧存储	77,000.00	——
水道处折旧存储	58,079.00	——
截至1939年12月31日止预算透支之数	71,476.00	——
	721,673.00	721,673.00

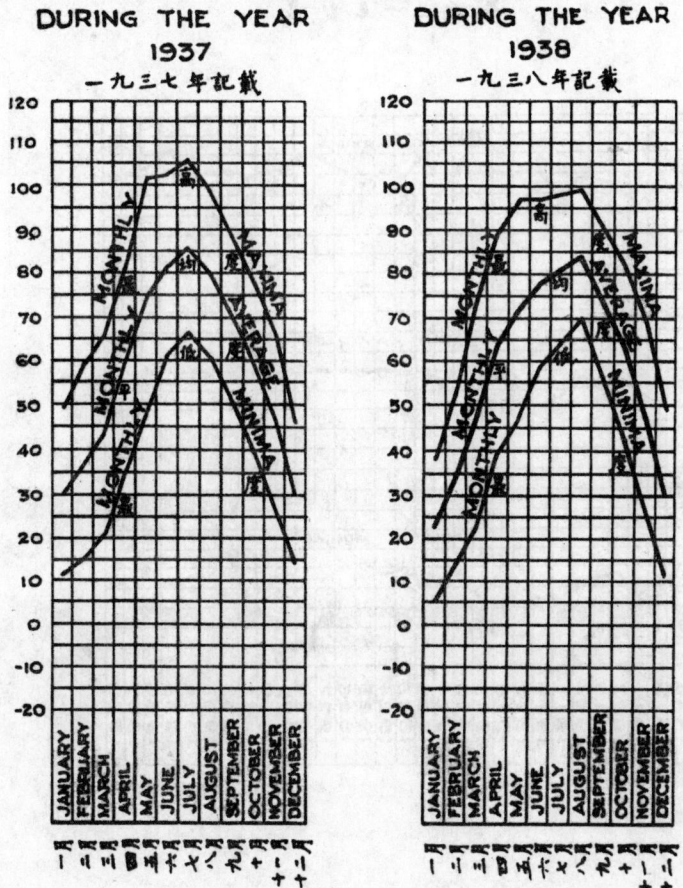

BRITISH MUNICIPAL COUNCIL
TIENTSIN
PUBLIC WORKS DEPARTMENT
最高與最低溫度圖表
DIAGRAM OF MAXIMUM & MINIMUM TEMPERATURES

DURING LAST 30 YEARS
最近三十年記載

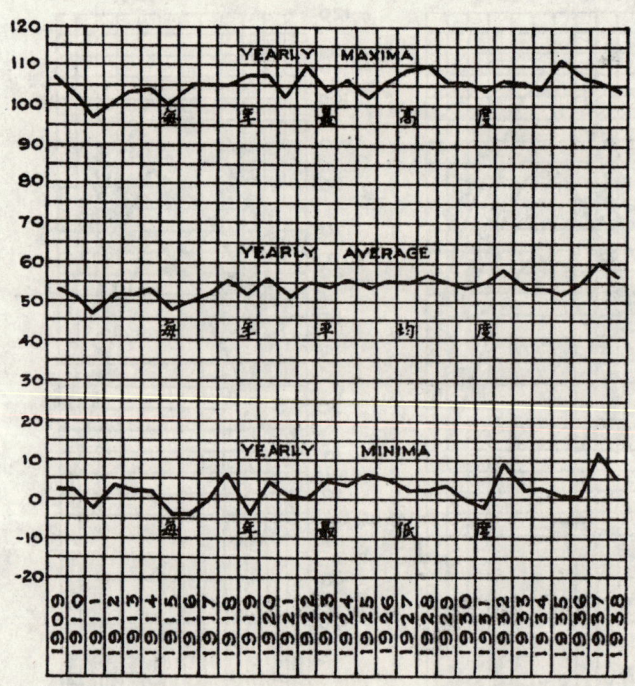

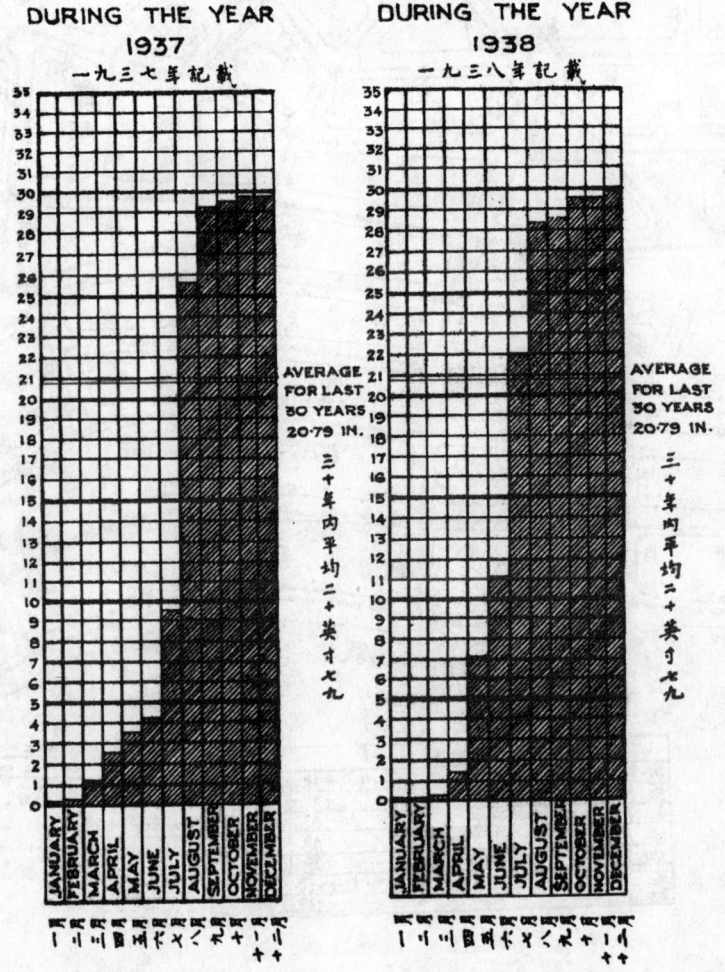

天津英租界工部局史料选编

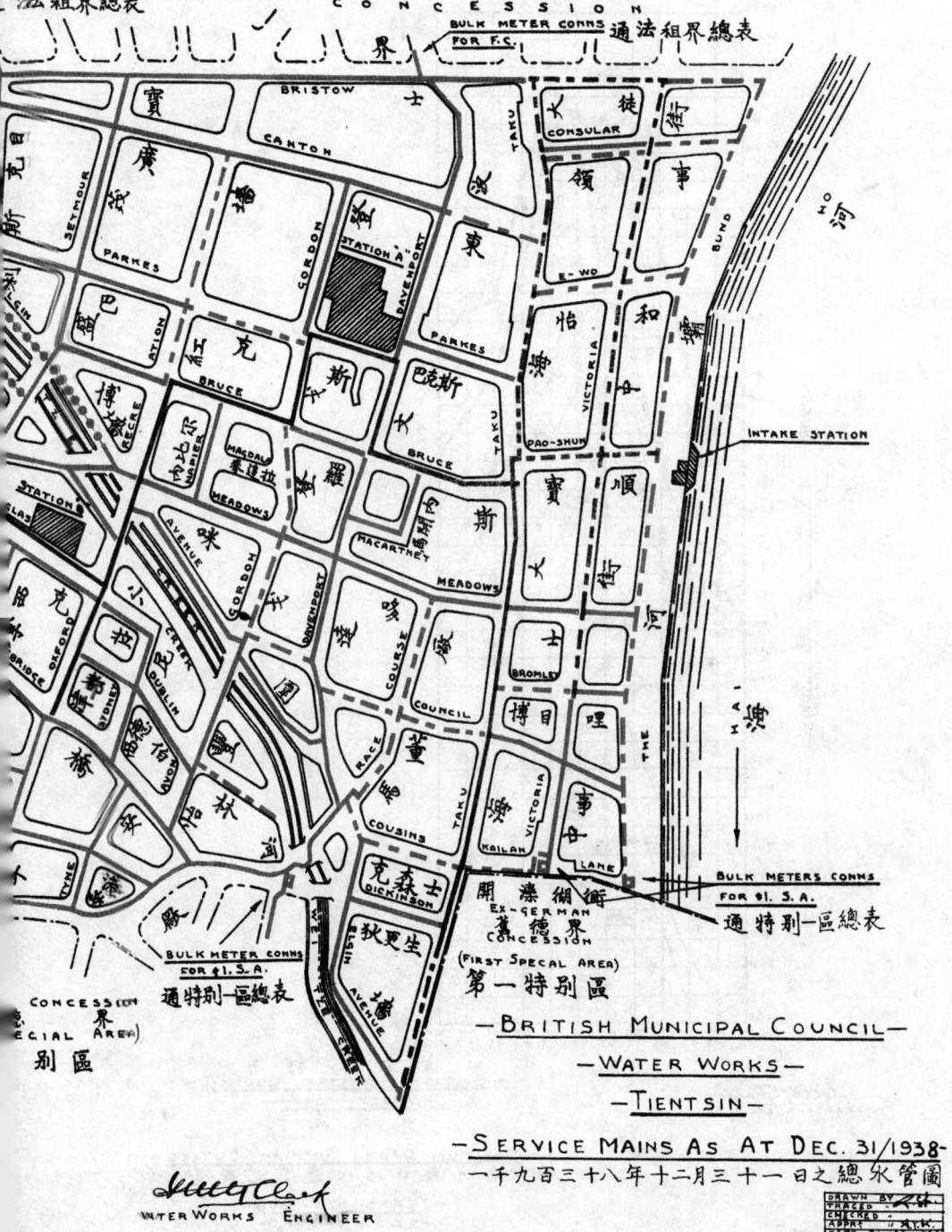

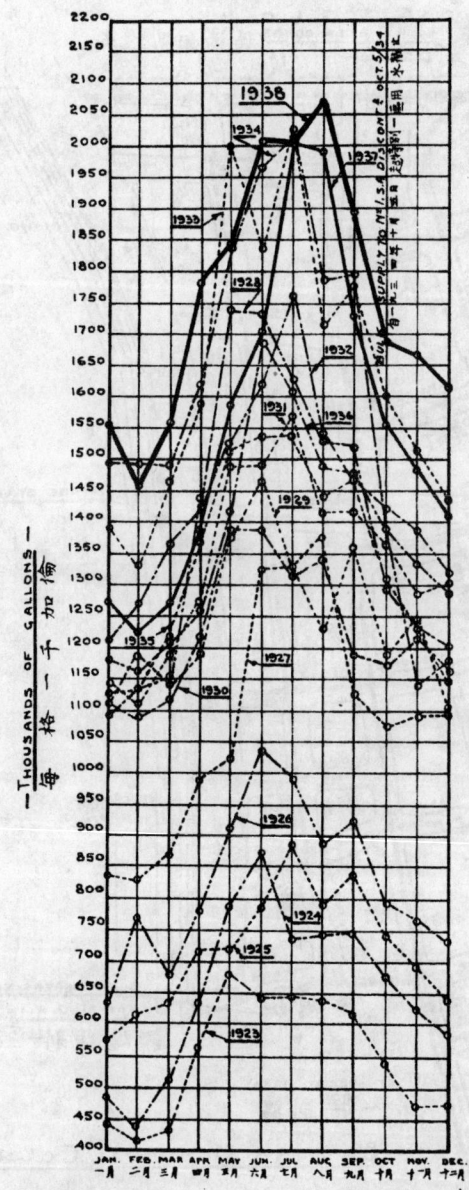

天津英工部局 1938 年董事会报告暨 1939 年预算

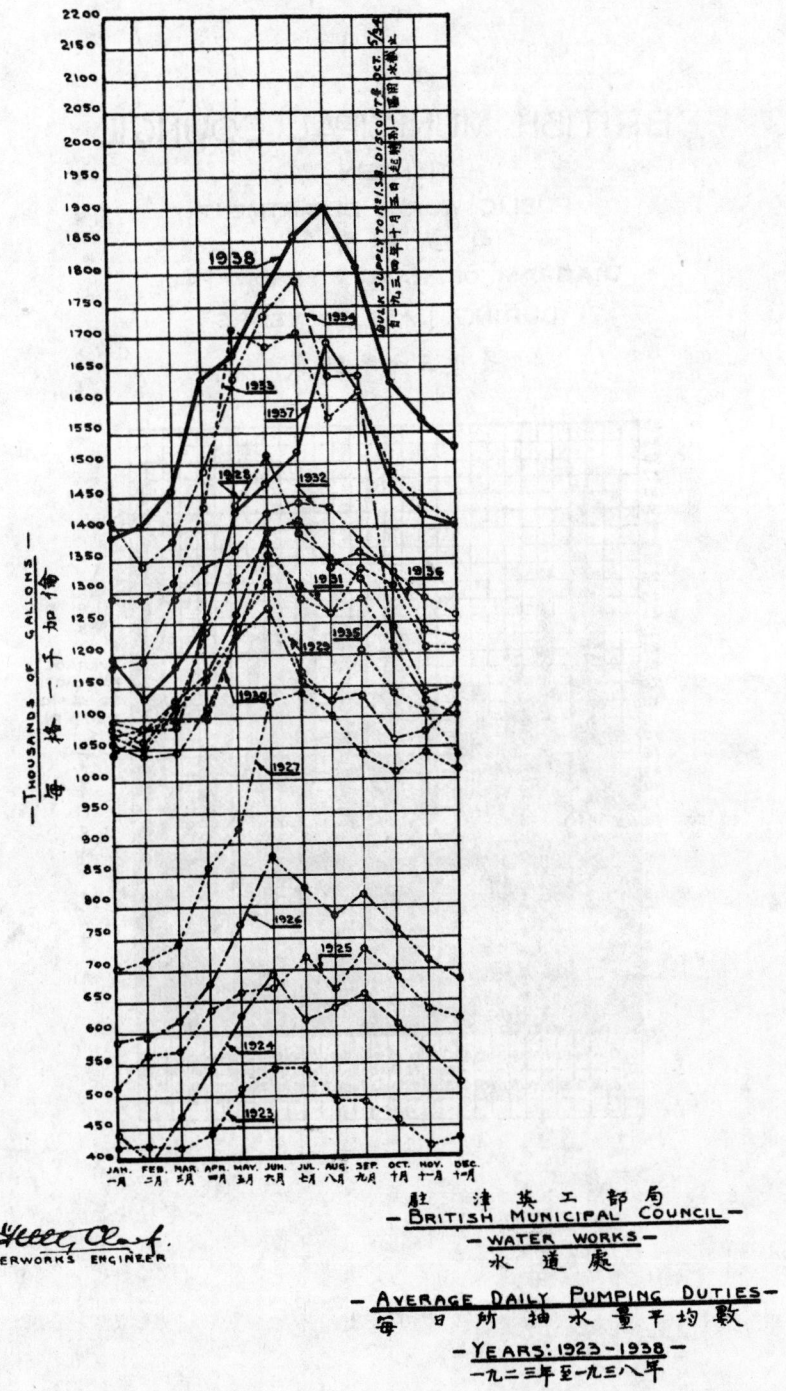

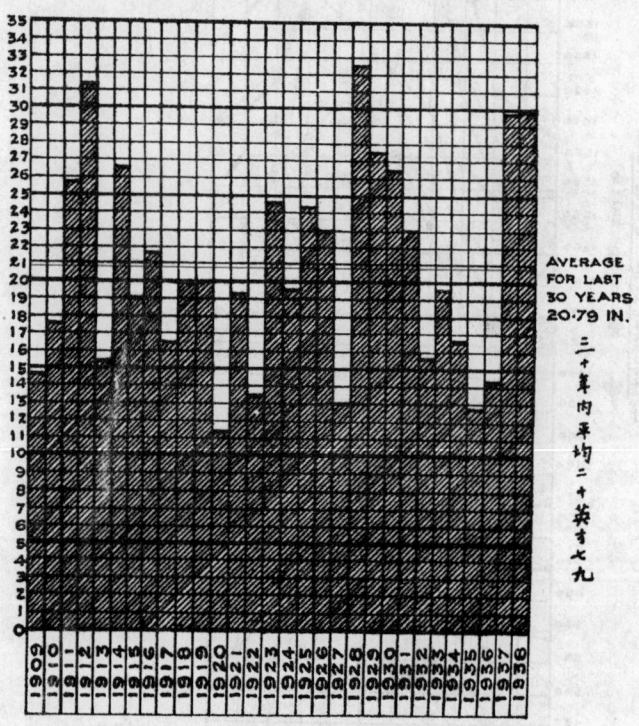

天津英工部局
1939年董事会报告
暨1940年预算

驻津英国工部局 1939 年报告

本董事会兹将常年市政报告连同 1939 年截至 12 月 31 日止之财政统计暨 1940 年之收支预算一并陈请选举人察[查]核。

1939 年 4 月 21 日英租界选举人第 21 次常年大会选出董事会各董事如下：

安德铸君　朱继圣君　庄乐峰君　黄约三君　蓝　荫君
林凤苞君　毕德士君　芮　德君　体　伯君　王荷舫君

新董事会于 1939 年 4 月 26 日集议推举体伯君为董事长，庄乐峰君为副董事长，并分组成立各委员会列次：

人员暨财政委员会：
庄乐峰君　黄约三君　林凤苞君　毕德士君　芮　德君　体　伯君

医院委员会：
蓝　荫君　林凤苞君　芮　德君　王荷舫君

工程委员会：
安德铸君　庄乐峰君　蓝　荫君　林凤苞君　毕德士君　王荷舫君
贝斯少校（由董事会公请加入）

公安委员会：
安德铸君　朱继圣君　庄乐峰君　蓝　荫君　体　伯君　王荷舫君

电务委员会：
朱继圣君　黄约三君　毕德士君　芮　德君

水道委员会：
安德铸君　朱继圣君　黄约三君　芮　德君

董事长因职务关系系为各委员会之委员
5 月间芮德君回国辞职,董事会公请福克纳君接充芮德君遗缺。
11 月间林凤苞君因离津辞职,遗缺由董事会公请资耀华君充任。
毕德士君于 11 月间病故,遗缺由董事会公请甘慕隆君充任。

各种捐率暨租金照费等

地亩捐：

英租界内之地亩捐概按估定价值 1.5%征收。

估定房产租值捐：

英租界内之估定房产租值捐概按 11%征收。

地亩转移暨抵押登记费：

地亩转移在工部局登记者，均按照本局堪估价值八百分之三收费，以洋 60 元为收费最低数目，至洋 225 元为收费最高数目，概由新业主缴纳。

地亩抵押登记无论产业价值，一概收费洋 25 元。

杂项收费

广告招贴及告白等：

本租界内建立广告暨招贴告白等须依照下列规定：

一、本租界内公众观瞻处所未经本局警务处给与准许，不得任意张贴广告。

二、凡备贴广告之招牌，其建立须得有本局工程处之准许。

三、请求准许人于必要时须将广告式样送呈警务处备阅。

四、凡有通告广告务须经本局警务处盖戳记号、加注日期然后张贴。

五、违犯以上规定者，得科以不逾洋 200 元之罚金。

六、本规定对于营业或工业厂所建立于该营业等所在地之广告招贴不适用之。

押款与收费由本局酌定。

现时收费规定每方尺每年收费洋 1 角。

运载病人汽车租赁费

路程起点	路程终点	外国人跟车(元)	中国人跟车(元)
本租界任何地点	本局所立医院	9	6
其他租界	同上	15	12
本租界任何地点	其他租界之任何地点	15	12
其他租界	其他租界之某医院	18	15
本租界	天津城	22.5	18
天津城	本租界		

附注：特别一区二区三区暨佟家楼之费率与其他租界同。

四至石柱

混凝土带字石柱位置于业主地亩工资在内　　　　　　　　每柱 5 元

建筑图样审查费

洋式建筑：

一、每所建筑其容积不超过 2 万立方者　　　　　　　　　　9 元

二、增加容积每 5000 立方尺或不满 5000 立方尺　　　　　2.25 元

三、已核准图样如有更改而于容积无所增减者　　　　　　2.25 元

四、房屋内部更改与现有墙壁无关者　　　　　　　　　　6.75 元

否则，依照甲乙两项收费

五、设某图所载系多所同样房屋，则第一所房屋图样审查费应依上列费率计算之，其他各所仅收规定费率之半数，惟任何一种多所同样房屋图样审查费总数不得超过　　　　　　　　　　　　　　　　　　　　112.50 元

附注：任何单所房图之审查费不得超过　　　　　　　52.50 元

中国式建筑：

住房铺面或商行

3 所或不满 3 所附带下房　　　　　　　　　　　　　　　　6 元

10 所或不满 10 所附带下房　　　　　　　　　　　　　　11.25 元

每增加房间 1 间或房屋 1 所　　　　　　　　　　　　　　0.75 元

每段房屋取费至多不得超过　　　　　　　　　　　　　112.50 元

附注：为便利计算上列费率起见，每一中国式房屋所占平地面积，除院落不计外，以不超过 400 方尺为准。

卫生设备项下

核准图样费每一装具取费 1.5 元，至多以 30 元为限。

查验卫生设备第 1 次免费，第 2 次起每次每一装具收费 7.5 元，至多以 150 元为限。

杂项

婚丧暨寿事牌楼　　　　　　　　　　　　　　　　　　　7.5 元

牌楼如宽至 25 英尺横过马路者　　　　　　　　　　　　　75 元

建筑材料堆积公共道路占地每方码每月应纳费　　　　　0.75 元

河坎系船费

轮船类

各式轮船凡系靠英租界河坝者,以注册净吨数计,每一吨征收系船费洋 0.11 元,所有纳费轮船得停靠河坝 3 日(即 72 小时由开到时起算)。如系靠时间须延长者,每增加 24 小时增加收费洋 37.5 元。

驳船类

凡系靠英租界河坝驳船装载货物,每百吨或不满百吨者收系船费洋 11 元,此项货物吨数以重量或容积计算,均按照轮船货单为凭。

凡有驳船每系靠河坝 1 次加收系船费洋 15 元,倘系本局请求移动者不再此例。

上列各费概由各该船公司或代理人缴费。

河坝租费

凡有装卸轮船或驳船货物堆积河坝者,每吨以重量或容积计征收河坝租费洋 0.11 元,此费由接受占用船位准许单之商行缴付。

附注:装卸轮船货物凡缴此租费者,得积存河坝 7 日(海关假期除外),凡有货物逾此限期仍未提取者,本局得代行收存,其一切危险暨费用概由货主担负,倘本局准许该项货物过上列期限仍堆积河坝者,则该项货物以包计或以担计,应征收按日计算之寄存费,此按日计算之寄存费率大概与津埠普通货栈按月计算栈费相等。

码头捐

凡经过英租界河坝货物均按各货物价值 1.5‰ 征收码头捐。

坟墓费暨下葬费

火葬费普通瓮值在内	75 元
墓圹暨洋灰顶盖及下葬费在内(牧师费另计)	75 元

除在马厂道塚[冢]园已修家族坟墓或在 1933 年 1 月 1 日前已经购定墓穴者,外嗣后该塚[冢]园只备安葬英国人民之灵柩或本租界住户纳税人或纳税人家族之灵柩。

不在本租界居住并不纳本租界捐税之,非英国人墓圹暨洋灰顶盖及下葬费在内(牧师费另计)　　　　　　　　　　　　　　　112.50 元

汽车夫执照费

汽车夫驾驶执照费检发　　　　　　　　　　　　　　　每张 5 元
长途汽车驾驶执照　　　　　　　　　　　　　　　　　每年 15 元

房屋消毒费

每一房间　　　　　　　　　　　　　　　　　　　　　4.5 元

电流供给费率

电灯　　　　　　　　　　　　　　　　　　　　　　　每度 0.3 元
电灯用电费率核减表

每度收费(元)	0.2775	0.2475	0.2175	0.1875
用电量类别以度计	501—1000	1001—2000	2001—3000	3001 以上

电冰箱　　　　　　　　　　　　　　　　　　　　　　每度 0.09 元
暖气　　　　　　　　　　　　　　　　　　　　　　　每度 0.075 元
烹饪　　　　　　　　　　　　　　　　　　　　　　　每度 0.0525 元
烹饪、暖气、电冰箱合计　　　　　　　　　　　　　　每度 0.0525 元
　　　　　　　　　　　　　　　　　　　　　　　　　每月最低收费 5 元
电马力用电量在 50 千瓦为最高限度者　　　　　　　　 每度 0.09 元
用电量超过 50 千瓦者　　　　　　　　　　　　　　　 每度 0.0525 元
装用电表每表　　　　　　　　　　　　　　　　　　　每月收租费 1 元
每表用电费每月最低限度按 1 元核收

医院项下

			住院费(元)		施行手术室收费(元)		
		英租界住户或纳捐人		非本租界住户暨非纳捐人	英租界住户或纳捐人		非本租界住户暨非纳捐人
英国医院	特别病室	每日 12		16	重要手术	20	30
	优等病室	每日 10		12	次要手术	10	15
	普通病室	每日 8		8			
产妇住院费	优等病室	每日 15		15			
	普通病室	每日 10		10			
		英法租界住户(或)纳捐人		非英法租界住户(或)纳捐人			
隔离病院住院费	每日		5.5	10			

注射药品非药方谱所列药材暨专利药品、食物、汽水及酒类概另收费。

X 光照收费

收费 类别	本局收费(元)	医生手续费(元)	总数(元)
牙齿1枚	2	10	12
牙齿2枚	3	13	16
牙齿3枚	4	16	20
牙齿4枚	5	19	24
牙齿5枚	6	22	28
牙齿6枚	7	25	32
牙齿7枚	8	28	36
牙齿8枚	9	31	40
牙齿9枚	10	34	44
牙齿十枚	11	37	48
大印片10寸×12寸 12寸×14寸	10	15	25
小印片8寸×10寸 6.5寸×8.5寸	5	15	20
幕影查考	5	15	20

门诊

电气治疗

用电气治疗器(门诊)由医院职员诊治	包括按摩费(每半小时)	5元
	包括按摩费(每1小时)	10元
按摩电机用费	每次	1.5元
普通按摩费	每次	5元
	2次	10元
	3次	15元
	3次以上之每1次	3元

捐照费率列下

汽车、载重拖车每年80元,若在1月以后具领每月按7元收费,核计至年终止。

载重汽车每年120元,若在2月内具领按115元核收,若在2月以后具领每月按11元核收计至年终止。

电水自行车连双坐或不连双坐每年40元,若在1月以后具领每月按3.5元收费,核计至年终止。

附注：

一、在 1 月以后上捐之捐费,概按上捐月份 1 日计算。

二、汽车、长途汽车暨载重拖车如停驶不用或运送他埠,其捐照未满期部分之已缴捐费得按每月 6 元退捐,载重汽车按每月 10 元退捐,电水自行车按每月 3 元退捐,惟捐照暨号码牌在退捐时须缴回捐物股,再捐费退回数目须按请求退捐月份之下月 1 日起计算。

三、此为英、法、意、日各租界暨特别一、二、三区之通行捐,天津城里城外不在此例。

长途汽车特别捐(每季加收特捐 20 元)	
公用汽车特别捐(每季加收特捐 3 元)	
马车	每年 27 元
	每月 3 元
人力车	自用每年 12 元
	公用每月 1.5 元
水车	每月 3.3 元
自行车(全天津)	每年 1 元
大车	每月 3.3 元
装货排子车或大车(胶皮轮)	每月 3.3 元
小本营生小车(胶皮轮)	每月 1.5 元
手车	每月 0.45 元
狗捐	每年 7.5 元
小本营生	每月 1.95 元
电影院或戏院	每月 22.5 元
牛乳房送货人	每年 0.45 元
旅馆	每月 37.5 元
蒸制酒品捐照	每年 375 元
酒柜捐	每月 37.5 元
公寓	每年 7.5 元
经售洋酒捐照	每月 37.5 元
经售中国酒捐照	每年 7.5 元
押当铺捐照	每年 150 元

手枪执照签发费	每支 10 元
换照费	每年 5 元
食堂餐馆捐照	每月 37.5 元
屠兽场	每年 112.5 元
铺捐	每月 0.75 元
工厂	每年 9 元

图样

英租界蓝色影印全图　　　　　　　　　　　　每张 7.5 元

垃圾箱

工部局规定式样垃圾箱　　　　　　　　　　　每只 9 元

起重机

每次起重至少收费　　　　　　　　　　　　　45 元
若以吨位计算每起 1 吨收费　　　　　　　　　5.65 元
最大重量限制 30 吨

测量费

普通测量　未兴建筑地亩　每亩或不满 1 亩收费 7.5 元
已有建筑地亩无论上建房屋是否须位置图样上，每亩或不满 1 亩收费 10.5 元

水价

本租界给水按下列费率收费：

一、家常给水

住宅公事房暨其他普通用水　　　　　　　　　每千加仑洋 1 元

二、巨量给水

凡"里式"房产公事房暨住宅等之巨量用户，其需水量每月达 5 万加仑或过此数者，按下列费率核收。

用水量	每千加仑
5 万加仑或不满 5 万加仑	洋 1 元
5 万加仑以上至 10 万加仑	洋 0.95 元
10 万加仑以上至 20 万加仑	洋 0.9 元
20 万加仑以上至 30 万加仑	洋 0.85 元

| 30万加仑以上数量 | 洋0.8元 |

三、工业给水：纯粹工业暨（或）制造用水

每月用水量	每千加仑
第一　2.5万加仑	洋1元
第二　2.5万加仑	洋0.9元
其次　5万加仑	洋0.8元
其次　10万加仑	洋0.7元
20万加仑以上之数量	洋0.6元

此项工业用水之费率现按七五折实收。

附注：前列家常巨量暨工业用水费率，概按每处设备之水表任何1整月实在计量核收。

四、水表租费

每月每表收0.5至2元之租费依水表大小为准

五、轮船暨驳船

凡系靠英租界河坝之轮船、拖船及驳船由河坝水龙头取水，每1吨概按洋0.4元收费，此费包括水龙头夫役暨水管通接至轮船贮水舱等费用。

一、二两项特别费率只适用于英租界内之产业，如用户愿利用此项特别费率可向达文波道水道处工程师接洽一切。

磅房收费

| 大车过磅每1吨或不满1吨 | 洋0.1元 |
| 每次过磅至少收费 | 洋0.3元 |

估定房产租值捐

每年 9 月为缴纳全年房产租值捐之期,倘至 9 月 30 日仍未缴纳者,按照本局条例第 21 条,本局得征收额外附加捐以欠缴捐数之 10% 为标准。

如本年地亩捐迟至 4 月 30 日,房产租值捐迟至 9 月 30 日尚未全数照缴者,则本局对于其请求退还房产租值捐事概不受理。

凡已缴纳之捐款本局得依照下列特别情形或准予退还,惟须详予声明者,此项捐款之应否退还完全由本局权衡决定。

房产租值捐要求退还规定。

一、凡房产于 1 年度中有未经占用时期,本局可酌核情形按照下列计算表将已缴之捐款退还。

计开:

未占用 1 个月者退还 5%

未占用 2 个月者退还 10%

未占用 3 个月者退还 15%

未占用 4 个月者退还 20%

未占用 5 个月者退还 25%

未占用 6 个月者退还 30%

未占用 7 个月者退还 35%

未占用 8 个月者退还 40%

未占用 9 个月者退还 50%

未占用 10 个月者退还 60%

未占用 11 个月者退还 70%

未占用 12 个月者退还 80%

二、凡非出租之房产应作为有人占用。

三、若房屋内置有家具或货物者,应作为有人占用。

四、凡房屋空闲满足 1 整月者,即自本月某日空闲至次月之同一日期得要求退捐,惟该房业主或经租人应即于房屋空出日报告工部局,并每逢满届

1个月继续报告1次,一俟租出应再于租出日立即报告之,倘不依此随时报告注明每段地空闲房屋住址,其退还房捐要求当即失效。

五、第一次房屋空闲报告须用特别格式,此种特别格式可向英国工部局会计处索取,该格式内应列房屋号数系业主用以志别其管业地段房屋定有不同额之租金者。

各段房产类别列次:

(一)多所成排房屋其租赁以一整所为单位者。

(二)某段地房产系铺面办公室住所或分租楼房暨货栈合成者,其出租以全部或一部份为单位者。

(三)货栈其出租以分截部分为单位者。

(四)菜市建有铺面住房摊位概可分租者。

(五)大所住房其出租以房间为单位者。

(六)业主或经租人于要求退捐时须采用"首次报告"格式并于该报告内分别详细说明每段房产之出租单位与租金之总收入暨各单位之按月租金数目。

(七)此后业主或经租人再有退捐要求只须用信函援引首次报告注明产业段数号数,工部局主管退捐要求人员当即于该房屋之首次报告照行注明。

(八)倘每年地捐至4月30日,房产租值捐至9月30日尚未全数清缴者,其退捐要求本局概不受理。

(九)凡有退捐要求,应函交驻津英国工部局会计处长并于封皮注明请求退捐字样。

(十)工部局得随时派员查明请求书内所具各节,如查有具报不实或误报情事,其所具要求概作无效。

(十一)证书格式须经业主或经租人签注如下:

"鄙人证明房产租值捐退还请求书内所具各节,据鄙人所知所信概系实情。"

秘书长兼工程师　巴恩士

工程处 1939 年报告

年间，租界内建筑材料之购买及工人雇佣诸多困难，并因财政关系 1939 年预定之建筑工程仅完成其一部。

于敦桥道机料场旧址筑造之新式露天游泳池，系于 5 月动工迟至 8 月 20 日，除更衣室外所有工事概经告竣。

自 8 月初起海河水平即现高涨，旋闻本省各河上游之堤岸有遭破损之讯，8 月 16 日复据海河工程局所得报告，津埠南大堤已塌陷，19 日晚佟家楼及特一区大部地段已被水，20 日晨近本租界边界之新兴路并已没水，同日下午，墙子河水即高涨至 16 英尺，大沽水准不久溢流，该河东岸迨至 21 日早，本租界全部除河坝道一段外已一片汪洋，深度最多之处计达 19.25 英尺，大沽水准比之 1917 年之大水计增涨 3.9 英寸。

洪水未至之前，工程处人员已沿本租界边河坝道、克森士道等处日夜赶筑临时土埝，此项工事足以防御如 1917 年之水势，何奈此次洪水汜[泛]滥水势浩大，短时期间抢筑之任何工事不能收防御之效。

查保护租界之防水大堤远处租界数英里外，比因而来情事特殊，吾人无法从事调查该堤状况遑言保持，惟为公允起见，管辖租界外地方当局对于危险之围堤施行巩固，维护工事洵不遗余力。只因洪水弥漫，一经疾风波浪汩汩冲击堤身侵蚀随之，此次水势高涨，不惟出人意料且为前所未有，因之所施紧急工事统归无效，况沿堤地点有被涨水淹没者，其他损坏之处侵蚀日甚，终至坍塌。

本处奥克尼道机料场几无损失，但戈登道工厂院内水涨深至 5 英尺，因之所有汽车概经移至安全地点或墙子河桥上及河坝道。博目哩道之南端厂内机件工具稍受损坏，际是紧急时期中国式之舢板为惟一运输利器，故本处工匠即就工厂房顶赶造多艘，以资应用。

本界水势停止高涨时，沿租界周围地段筑造准备排水之土埝，当即着手进行。查宝士徒道桥及平安电影院桥边横截墙子河概经筑坝，又沿本界之北边线宝士徒道并自宝士徒道桥之西端至约克道交岔口，自该桥之东端至海大道之东面再本界之南边,沿开滦胡同克森士道、围墙道至墙子河堤岸,又沿马场道自平安桥迤西至牛津道暨自开滦胡同,沿河坝道至怡和道、领事道之间,均筑有土埝,共计长 13,500 英尺,其高度系依地势而不同。

沿河坝道之宝顺道口及博目哩道口曾挖掘深坑汇集暴雨水沟积水藉利抽泄,本局电务处、水道处之水泵以及海河工程局之吸引水泵具日夜开动抽引积水倾入海河。

至 9 月 27 日,本界排水工作完全告竣,惟水势虽退水后所留淤泥及住户由院落倾倒马路之脏土约合 8 千方,旋经本处工员及特组之卫生消毒队次第清除,此次排水工作效率斐然,端赖水道处工程师与电务处工程师及二处人员之襄赞暨海河工程局之协助殊多,至深感谢。本租界收容灾黎及选雇难民壮丁帮同筑造土埝,诸承救世军协力相助,特此志谢。

马路加宽　本年加宽地点列次:

博罗斯道　　达文波道拐角　　　　　　扩充界第 6 段第 133 号

怡和道　　　自海大道至中街之北面

伯斯道　　　自孟买道至小河道之西面　扩充界第 25 段第 211 号

公园:敦桥道皇后花园建设凉亭 2 座,伦敦道小花园建设凉亭 1 座。

马场道塚[冢]园:该员所有墓穴几经完全购定占用,故原有之花池有被改为墓穴者,藉展地势。年间园内布设之暴雨水沟(12 英寸瓦管),计长 1,400 英尺,因本界四周交通困难,故本处特圈定空地一段,以备临时厝葬灾民暨不能移出租界之中国灵柩。

辅捐项下:本年辅捐收入总计洋 265,383.27 元,比之 1938 年 307,679.05 元计减收洋 42,295.78 元,缘出入租界交通不便,本年人力车捐比之上年约计减收洋 5 万元。

桥梁与河坝:各该处年间仅施以例行保持修缮。

火葬炉:年间共用 14 次

公共厕所:各所均施以例行保持修缮

工部局建筑　年间新造建筑如次:

一、敦桥道 皇后花园旁之游泳池

二、福发到 警务分处火会所之水龙带去潮塔

奥克尼道机料场:供给沥青、混凝土共 14,433 立方尺及路面沥青料计 21,080 立方尺,辗轮榨碎石块共 71,731 立方尺,大小自 1.5 英寸至碎末不等。

业主自建房屋：1939年界内业主建造房屋之估计总值合洋3,656,798元，此数包括计值7000元之建筑，其准单系于1936年颁发计值洋28万元之建筑。其准单系于1937年颁发又计值洋2,555,230元之建筑。其准单系于1938年颁发暨计值洋814,568元之建筑。其准单系于1939年颁发而于本年落成者。此外，尚有计值洋2,747,415元之建筑计至1939年底尚未竣工，此总值内包括1937年颁发准单之建筑计值洋2.8万元，1938年颁发准单之建筑计值洋847,935元暨1939年颁发准单之建筑，计值洋1,871,480元。

1939年1月至12月	
颁发准单之建筑估计总值	2,686,048元
此数包括1939年1月至12月	
建筑完成之房屋估值	814,568元
建筑尚未完成之房屋估值	1,871,480元
共计洋	2,686,048元

马路项下　年间因水灾及砖块缺乏并未修筑新路，仅于下列各路面重铺沥青混凝土：

威灵顿道	自马场道至香港道	1,370方码
都伯林道	自西德尼道至怡丰道	1,498方码
剑桥道	自摩西道至牛津道	1,800方码
	总计	4,668方码

计至1939年底止，已往16年修筑路线之总面积合计55.5万方码，计长32.54英里。

阴沟项下　年间修筑沟管线列次：

达文坡道	自巴克斯胡同至巴克斯道	103英尺
巴克斯道	自海大道至达文波道	685英尺
巴克斯道	自达文波道迤西40英尺	40英尺

以上沟管系椭形高1.6英寸，宽1英尺。

巴克斯道	自达文波道至戈登道	487英尺
巴克斯道	自戈登道至红墙道	707英尺

以上沟管系椭形高2.3英尺，宽1.6英尺。

总计	2,022英尺

计至1939年底止，已往16年界内修筑之各式沟管总计长91,265英尺

或 17.28 英里。

　　年间并在伟夫路自花圃之后门至马场道之间，布设高 1.6 英尺，宽 1 英尺之椭形沟管，计长 932 英尺。

　　路边水沟石：1939 年并无此项布设。

　　便道：本年铺筑面盖沥青混凝土便道总面积计 31,459 方码。

　　清道工作：年间收集处置之脏土列次：

住户垃圾	22,215 方
街道脏土	1,709 方
炉灰	1,940 方
泥土	192 方
马粪	203 方
总计	26,259 方

　　扫除积雪：年间下雪 5 次，街头扫除积雪总量约 1,500 方。

　　马棚：本处马棚内豢养之牲口暨置用机件截至 1939 年 12 月 31 日止列册如次：

骡	74 匹
大车	69 辆
载重汽车	5 辆
蒸汽机水车	1 辆
马拉水车	11 辆
马帚	7 架

　　本件马棚内牲口数目变动列表于次：

	1938 年存数	1939 年废除数	新购	现存
骡	80 匹	12 匹	6 匹	74 匹

　　沥水：1939 年洒路清道用水总量共计 1,067,000 加仑

　　其他工程项下：

通接阴沟之路边井子布设	65 个
位置四至界石	91 柱
卫生设备检验	250 处
油刷白色交通指示线	28.07 英里
脏水井清理	940 处

通接至路边石水沟或暴雨水沟之雨水承溜管	62 处
混凝土墓穴（马场道塚[冢]园）	1
河坝粪井	1

卫生保障

牛奶：年间化验牛奶样品共计46起，其中38起证明品质合格，另有8起不符品质规定标准。

菜市暨食品商店：英国菜市按日检查保持清洁卫生状况，海大道小营市场并经按时检查。

食品商店及饭馆除按时检查外，其业主概经饬令保持清洁。

里巷式房屋：各处概经按时视察其业主并经通告随时整理保持良好状况。

妨害公益各项：下列有碍公益各项概经检查并施纠正：

一、澡堂、洗衣房、公共厕所及空地之不合格卫生状况。

二、水沟发生臭味。

三、烟尘弥漫。

四、住房容留人数过多暨未请领准照之建筑物。

五、铺户占用便道。

职员

例假人员：副工程师乔蔼纳君于4月4日销假视事。

助理工程师徐叔沛君自5月1日起例假于8月24日返津销假视事。

花木管理员兰格氏于8月4日返津销假视事。

工程助理员缪炳泽君自8月15日起例假，于12月12日返津销假视事。

辞职人员：工程师乔蔼纳君于1939年5月24日辞职。

助理工程师巴奈司君于年间2月28日辞职。

卫生视察员克乐君于1939年1月31日辞职。

花木管理员兰格氏之职务系于年间9月12日终止。

新职员：沙莫夫君自1939年10月18日起充任本处花木管理员。

年间本处人员咸勤奋服务忠于职守，至深感纫，尤以水灾期间之备尝困难，不辞辛劳为可志。

秘书长兼工程师　巴恩士

电务处 1939 年报告

绪言：本处第 19 年经营经过堪谓最重要多事之一年，津地惨遭空前水灾致本处发电厂失其效用达 5 个星期。查 8 月 20 日下午洪水浸淹本界时，发电厂虽经妥事预防，然水势仍涌入机厂房屋底层发电机，遂于是日下午 3:40 时停止工作，涡轮发电机房暨锅炉房底层水深渐涨至 6.6 英尺。关于发电厂停止开动及自比商电车公司商接电流临时恢复本界给电各节已详。9 月 9 日具陈董事长报告，嗣后于发电厂院内及进门处加筑土堤，至 9 月 19 日排水至安全水平之工事竟获成功，继以整理厂内各被水辅用机件，待至 9 月 24 日下午 11:30 时本界用电即自比商电车公司改由本厂供给。

年间早日施于本界之限制及交通封锁，影响所及于本处用电负荷殊属不利，缘多数工厂势须关闭。又电务处人员之居住租界外者，每日自其家到处往返备极困难，为此对于此项人员须于界内另行备住所。

但至冬季需电状况颇形见佳并臻最高纪录，住户日常用电及暖气负荷，因煤炭缺乏增加尤甚，所有电炉灶暨暖气炉概经租赁出售，其他声请赁用电炉灶及电气用具者，因水灾后材料缺乏暨本处工厂之未整理就绪，致无法应付。查用户安置地窖、厨房之电炉灶，其经被水至数星期者，计有百余座，此项修理工作颇占本处厂工时间。

年间虽艰困丛集，然本处经营成绩自财政方面观之尚堪称意，所得收入及盈利比之上年概显增加，本处因水灾之损失最低限度等于整月之收入，惟自 10 月 1 日起电流费率临时增加十分之五，故此项损失得获抵补。

收入：1939 年之售电收入共计洋 1,363,438 元，为历来未有之最高纪录，比之预算所列计增益洋 181,418 元，比较上年之收入则增多洋 216,276 元。

摩发电量暨输入总线电量：年间摩发电量共计 15,991,390 千瓦小时（度），输入总线之电量共计 14,203,150 千瓦小时，此二数相差计 1,788,240 千瓦小时，即为厂内辅用机件之电量消耗及分输机件变压器之电流损失。

查水灾期间由比商电车公司供给之电量计 455,650 千瓦小时，故输入总线之电量应加增此数共计 14,658,800 千瓦小时。

经常支出：本年经常支出共计洋716,892元，比之预算所列计增收洋73,416元，此支出增加包括汇兑损失、本处职员津贴，因水灾之费用增添与自8月1日起之煤炭增价。

购置支出：本年此项支出共计洋261,449元，比之预算所列计增支洋22,099元，此增加包括添购电表暨公务用汽车1辆。

年间售卖旧房材料计值洋16,150元，有此相抵上述增支得以稍减。

盈利：1939年所获净利计洋646,546元，比之预算所列计增益洋108,002元，比较上年计增洋121,781元，查本年岁月多故困难备至，有此成绩殊堪称意。

近5年本处(除去折旧暨利息)净利胪列于次：

1935年	434,886元
1936年	539,947元
1937年	566,582元
1938年	524,765元
1939年	646,545元

售出电量：近二年售出电量列次：

	1938年		1939年	
	售电以度计	每度费率(元)	售电以度计	每度费率(元)
界外用户电灯	73,625	0.25	49,724	0.25
用户电灯	3,602,388	0.20	3,630,182	0.20
工厂电灯	12,764	0.125	65,771	0.125
	69,857	0.10	79,171	0.10
工部局各处电灯	185,428	0.12	214,461	0.12
小电马力器械	799,960	0.06	811,811	0.06
售与特一区电量	729,980	0.061		
暖气暨电冰箱	329,994	0.05	350,122	0.05
烹饪连同暖气等	1,224,856	0.035	1,553,420	0.035
工业用电马力	5,317,210	0.035	5,757,059	0.035
英国兵营电灯	115,755	0.05	71,342	
稻田	26,510	0.045		
最低费率	25,973		70,452	
总计	12,514,300		12,653,515	

1938年不计价供给路灯用电计480,163度,1939年供给路灯用电计478,996度。

本处截至1939年底之经济状况计开于次：

购置成本项下	2,552,433元
折旧及购置存储	2,287,204元
未清债款	580,290元
机器保险准备	224,476元
售电收入（1939年）	1,363,438元
扣除折旧	76,480元
之余利概数	731,830元
合成本余利	28.67%
扣除折旧	76,480元
暨利息	14,716元
之盈利净数	646,546元

电务处自1920年以来归还工部局总账之款额计洋5,649,179元,历年拨付折旧存储项下计洋2,287,204元。

煤炭消耗:年间所用煤炭系开滦矿务局特别末煤,每磅干煤保证含热单位11,700。

煤质分析均列次：

热单位（每磅干煤）	11,773
潮气	3.764%
灰屑	19.727%

本年消耗煤量共计16,559公吨,依摩发电量计每度平均需煤2.28磅,此为本厂最低之记录。查上年之平均为2.58磅,1937年之平均为2.885磅。近3年煤量消耗暨热力恢复效用之比较详第四曲线图。

用户接电:计至本年底通接总线之用户共7,823户,比之1938年底计增280户。

年间新接之电马力负荷计增600千瓦,电灯负荷计增140千瓦,计至本年底通接工部局总线之负荷共17,894千瓦。

电炉灶暨热水锅:迩来家常日用需电量继续见增,年间新安之电炉灶计69座,计至本年底止出租之总数共557座。查1938年底之统计为488座。

家常日用之电热水锅本年初次推销,年间安装此项热水锅者,计45处。

陈列室:年间业务经营款目计洋 46,542 元,计获利洋 10,814 元。

该室建筑于年间颇有更改修缮计支洋 5,500 元,除此之盈利余数列为该室员司薪工及普通杂项之开支。

电流分输暨变压器:本年输电布设颇有增加,计增添电杆 43 柱暨铜质总线 9000 码,有此增添本处给电设备已布及界内全部。

年间添建之变压器列次:

天津利瑞公司　　　　　　　　　　　　　　　　100K.V.A 1 架
工程处新机料场　　　　　　　　　　　　　　　150K.V.A 1 架

增添容量之变压器列次:

河坝　　　　　　　　原有 100K.V.A 改用 175K.V.A
新加坡道登伯敦道拐角　　原有 100K.V.A 改用 200 K.V.A

路灯布设:关于路灯布设本年初曾于本界各处适用新式反光灯罩,俾光线分布得较为均匀暨二灯杆间之"黑暗"地段得获光明,此新式反光罩试用成绩颇佳当即定制 400 套,业已于下列马路更换旧罩装置新罩:

香港道　咪哆士道　伦敦道　开滦胡同　马场道　领事道　怡和道
河坝道　博目哩道　中　街　海大道　达文波道　围墙道　大北道
宝顺道　牛津道　威灵顿道　　　董事道

至后半年因材料缺乏价格高涨,故此项更换工事未继续进行。

发电厂负荷:年间发电厂最高与最低负荷表示于曲线图第 1 号,该图实线指示最高负荷计 4,020 千瓦,发现于 4 月 28 日下午 8 时,是日发电总量计 56,630 千瓦小时,其虚线指示最低负荷计 660 千瓦,发现于 9 月 25 日即水灾期间发电厂已经恢复效用之次日,是日发电总量计 29,500 千瓦小时,其最高负荷计 1,940 千瓦。

依据输入总线最高电量与售出总量再加不计价供给电量之比较,所得负荷供求相应数约合 37.3%,昨年此项比数为 34.6%。

发电厂机件:年间厂内之高压总配电盘加装重副汇电条,此项添置有助电盘运用颇多,其余电流支配工作不惟较为易使适用并增安全保障也。

所有第 3 号暨第 4 号维格斯厂制涡轮发电机 2 架,每架发电量为 2,500 千瓦,概经完全拆卸加以整理,其第 4 号发电机并换装新制固定鳃叶隔及涡轮旋轴,此项工事系利用水灾期间厂机不开动时办理,此 2 架发电机虽 1 架

天津英租界工部局史料选编

运用十有五载，1架十有三载，经此整理状况备极良好，仍可有多年之效用。

锅炉机件并有改善，故对于煤量消耗暨热力恢复效用具得较高成绩前已述及。

除此之外，发电机厂机件无他变动。

凝水柜凉水：年间凝水柜所需凉水系自海河抽引，为此河坝设置水泵2架轮流开用，每架输送至发电厂水坑之水量每24小时约计600万加仑，此项改换规画[划]水源不仰给墙子河而由海河吸引得以及时完成，殊称幸事。因本界之交通被阻及其他种种限制，如欲维持墙子河水平至一定标准，不惟诸多困难，恐为事实所不许。

因此，改换凉水水源发电厂连用成绩颇现改善，其保持清理以及机件损耗概经减至最低限度，凡此堪以补偿此项改换水源之费用颇有盈余。

职员：本年灾害频仍困难百出，可谓历来所罕见，而本处全体职员服务成绩斐然，至堪嘉许，尤以水灾期间各级员司、工匠奋然尽职，备偿艰辛为可佩，不仅笔者欣予志述，谅亦为各届所乐闻也。

志谢：洪水期间艰难交困，本界临时给电幸荷比商电车公司及时允予接济，至深纫感，V.Leclercq 与 F.Courtois 二君之尽力襄赞，鄙人尤深感激，年间本处迭获本局工程处相助，应予志谢。

本处在英订购及寄运材料机件，诸荷驻英工程顾问克诚思君分神照料并给予技术指示，应志感忱。

电务处工程师　马秀士

水道处 1939 年报告

绪言：查 1939 年时局多故交通阻隔，最后且遭洪水浸淹，凡此种种具增不良印象，故津地人士及四乡居民无不志为特殊岁月不利。虽如上述，然水道处成绩依然可观，本年每日最高需水量发现于 7 月 20 日，计 2,556,500 加仑，比之 1938 年之记录 2,067,200 加仑较高，本年全年售水总量共计 499,507,384 加仑，比之 1938 年之售水总量 462,204,522 加仑显有增加。因之，本年售水收入比之昨年计增益洋 25,700 元。

在大水未至之前，本处给水系完全仰给自流井，各井所产水质备极优良，其产量最多者为达克拉道之新井，每日产量约达 80 万加仑，从无间断，水质非常洁净良好。该厂区给水有此增益，殊堪称意，准备用户乐用济安公司水沏茶之辅用给水。年间每月平均售量计达 716,963 加仑，比之 1938 年之 635,437 加仑增加有限。

1939 年上半年本界房屋建筑颇称繁盛，比因交通阻滞材料购运几不可能，加以通货贬值，致舶来品价格有增无已影响所及新建筑工程顿形消减。故此新水表之装置亦现减少，查 1939 年通接之水表仅 116 处，昨年装置之数计 310 处。

年间筑造之新房屋除一所外，其路线概经布设总水管，故 1939 年无此项工事之需要，惟为供应巴克斯道紧急需水起见，自盛茂道桥至巴克斯道机厂间曾布设 6 英寸备用水管，俾与围墙道之济安公司总水管通接，如遇需要即可随时取水。查 1938 年间达克拉道机厂曾有同样总水管之布设。

河坝进水机厂：该厂机件概经整理准备运用，本年 6 月、7 月及 8 月间，曾吸引河水至巴克斯道之滤水池，以备水量供给万一有增加之必要，此项吸引过滤河水有时弃而不用，惟经微菌检验及水质化验，此过滤水量颇合日用。

济安公司之过滤设备于 6 月间发现障碍，故本处曾经宝士徒道节水门输水至法租界数日，以补其不足，每日接济水量约 40 万加仑。

新机件：为第 10 号井购置之新机件系于春季订购，查该井设计原规画[划]以空气上升吸引水量所用临时抽水泵，每分钟计有压气量 420 立方尺，每日可产水 80 万加仑，依照规画[划]拟订购 500 立方尺二级气压机 1 架，旋为撙节起见未经购置，最后决定加配与临时机件同样之单级气压机 1 架，其压气量为 231 立方尺，此二机若同时运用可供给气量 462 立方尺颇敷该井需要，并为位置此项机件达克拉道机厂房屋已展长 14 英尺，其建筑绘图皆由本处人员办理，所有工程已于 8 月初完竣，惟新购之 12"×10" 英格苏瑞恩特气压机抵大沽口时，适值洪水泛滥未能起运，遂又载至日本，迟至 12 月底方送达本处也。现时其基础已筑造藏事，该机可于 1940 年 1 月开用，其另一气压机当于短期内移置于新机器旁，此项新抽水机器之布设及通接工事颇费筹画[划]，盖其运用如有互相更换，须间以极短促之停止。

查新气压机需用电力较大，故总配电盘之容量须行增加，为此业已向英国通用电气公司订购 600 安丕完全油浸之开关，以代现有之 400 安丕刀形开关及保险。

达克拉道机厂现时每日产水量约合 120 万加仑，因之原有总水表不克测计此容量，其水流最高速率合每分钟 850 加仑，况每一抽水机每分钟供给之水量计达 480 加仑，有时 3 架抽水机同时抽引，每分钟产水量总计超过 1,400 加仑。因上述第 10 号井应用机件改购单级气压机，其机价尚有节减，董事会已核准将此节减，余款列为购置新总水表之用，为此本处已向英国液流速记表公司订购凡条拉水量表一架，堪以计量每分钟 2500 加仑之水流速率，查此新式水表配有巨型针盘测计水流速率，故抽水机管理人员可随时一目了然于何时应开动及何时停止机件，本处希望此新式水表能及时抵津，以应夏季需要。

迩来，达克拉道机厂需水量增加，其抽水机势须添置，俾各井产水得尽量输入总水管，同时抽水机量得稍有剩余。为此，1940 年预算拟列入新机 1 架，每分钟能抽引水量 1 千加仑。

机厂工作：自 6 月 14 日起各机厂之抽水机管理员及其他水道处人员咸经留厂住宿，以便本处业务得以进行，因之达克拉道之办公室暨伦敦道安设水管之地窖皆改成工员住宿处所。惟巴克斯道之情况较为困难，缘该处应容留者除抽水机房多数人员外，尚有常务工员、查表员、修理工匠及其他杂物人员共计约 70 余人，其中 50 人即住宿于本处之大汽车房，该处原备收容本处各汽车暨可移动之气压机者，业经装置门窗改成住宿处所，其余人员即在旧抽水机房住宿至本处之苦力及临时工人则容留于河坝机厂，当时制备应用铺板共计 115 副。

本处办公室职员则寄宿巴克斯道董副工程师住所，因董君其时适在例假中。

状况异常已如上述，但被困之工员无不各尽其能翕然合作，处务赖以顺利进行。

游泳池：董事会年间决定建筑游泳池，故本处与工程处人员即竭力共事选购适用之机件，只因待用甚急不克广事选择，最后决定订购慎昌洋行经理之 Cand 艮特厂制机件，该机件配有艮特式高压空气洗刷滤水器 4 具重力矾石及氯化器暨循环抽水机 2 架，该机件之能力每 6 小时能循环抽吸池中水量一周即 206,000 加仑。

该池及抽水机房之筑造由工程处承办，其滤水机件则由本处布设，自 7 月初即开工，因料件运输延迟至 8 月下半月该机件方布设完工，董事会原定于 8 月 23 日参观游泳池之初次运用，不期 8 月 20 日洪水陡至该池，遂无年内开幕之可能，滤水机件虽经水淹，然未受任何损害，对于 1940 年早日开用业已准备一切。

水灾：8 月 20 日洪水泛滥，本处所有用电机件于是日下午 3:40 时失其效用，但为维持水量供给起见，即请济安公司协助，幸获概允。所有英、法交界宝士徒道之节水门于下午 5 时已有 2 处开放，其余马场道与中街之节水门各一亦于下午 6 时开放，故本租界与特一区之水管获得通接。当时巴克斯道备用之汽油机亦经开动，自水库汲引水量输入总水管共时水压虽见减，然本界给水始终实未停止，因上述节水门之通接，本界内输水遂得维持每英方寸 15 磅最低压力，嗣后每日继有通接给水最低水压渐增至每英方寸 20 磅。

此次济安公司不吝协济水量，至深纫感，尤以 Mr. J.R. Harper, the late Mr. C.H. Ruas 及刘葂祺君之不遗余力竭诚赞助，并帮同寻觅被淹之水门通接输水为可感。

迨至 8 月 25 日伦敦道之机厂因地势较高获得一部份之电力供应，该厂每日即有 20 万加仑输入总水管。

达克拉道水库因 2 处阴沟脏水倒流致遭污浊后，经破碎滚水坝房顶用木塞混凝土，始得将该阴沟截堵水库旋经抽泄干净，清除消毒再贮以第 4 号及第 5 号井之水量，故自 9 月 10 日起每日给水总量多得 45 万加仑，其实第 10 号井因其气压机之电马达尚被水淹未能抽引，该机虽经高垫其高度仍属不敷。

此次水灾因水中含化学物作用，损害达克拉道暨伦敦道之地下电线甚烈，尤以通接机件之电缆绝缘质料为甚，任何用电机件于重新开用之前，所有电缆须取出晒干加漆方可重行通接,嗣后地下之电缆管概经换用较厚之耐水管,其线缆应予更换者,概经换新。

水道处办公处:查达文波道办公处,其被水淹计至地板之深度几合 5 英尺,办公地点致须寻觅他出,当时戈登堂工程处副工程师办公室及花木管理员办公室一部份暂归本处人员占用,其后复占用电务副工程师之办公室。河坝机厂并经设置架阁以存紧要材料,该机厂内且立临时工厂,其原有抽水机 4 架概经拆卸移作排水之用,其中两架设置河坝自暴雨水沟抽泄积水入之海河,其他 2 架为电务处借用排泄发电厂积水。

巴克斯道水库并经微菌检验,因水量储存过久发现微菌,旋即抽净重行清除消毒。其时水势已颇现减退,故第 3 号井重得开始抽引,水质验明优良,巴克斯道机厂即恢复工作,以后各井逐渐恢复效用,总水管恢复往常压力。惟水质继续检验,发现巴克斯道井口有污浊之象征,始以第 9 号井渐波及第 8 号、第 2 号最后至第 3 号井,故此以上各井所产水量统弃而不用,该厂抽水工作因而完全停止,因此,所有给水咸须取自达克拉道与伦敦道之机厂。查达克拉道机厂除抽输各井产外,尚须抽输取自济安公司总水管之"辅用"水量,致该机厂每日输水总量计达 140 万加仑,势须特别布设,其总水表既不敷用,故此开接一枝管,并因其抽水机仅有 3 架,故可以保持之水压未能高于 40 磅左右,惟水量需要时有变异,因之该压力亦许以上下 5 磅之变化,如超过此限度,则用节水门调节之。

巴克斯道机厂停止工作于消防水量准备殊有影响,倘于用户需水最高之时间发生火警,上述抽水机即无余力供给额外需水。职是之故,沿巴克斯道、盛茂道已布设新水管,藉便巴克斯道水库与围墙道之济安公司总水管通接,此项工程于 11 月 25 日竣事。巴克斯道机厂即恢复抽水工作,给水压力并增至每英方寸 50 磅,该水库于贮水前重经清除消毒。

巴克斯道厂房因建筑陈旧,加以地基低洼水灾损失綦重系意料所及,其塌陷之地板已改用混凝土重铺,损毁之墙壁亦已粉除见新,惟 1940 年春季仍须广事修理,该处副工程师住房并须修葺整理。

总水管水龙头暨用户水管通接:据调查所得,总水管并未受水灾损害,但水龙头及用户水管接头间有受害颇重者,水龙头除须重油外,计有 50 处概须起出修理。因用户接水遭受损坏,故用水量有显增加者,多起于可能状况下概经设法调整,以除用户困难所有水表间有被淹而受损害者,因此水表修理员每星期有三日增加晚间服务,俾额外修理工事得以逐渐清理。

当各马路水势退尽时,本处曾于墙子河沿建立抽水机从事抽泄阴沟暨暴雨水沟之积水,本处并为法工部局建立同样之抽水机代事抽泄。

滤水设备:巴克斯道之滤水设备因被水淹,所有砂子碎石概须起出清洗,其砖砌工程及混凝土面概经修补见新,连同池顶与一部份之水管并经修葺换新。该处自流井产水恢复清洁时,拟先使之过滤,然后再输入总水管藉保洁净。

新机件:第10号井用之新气压机业于12月秒交货,其建立工事已于达克拉道开始,所需之电马达及开动机、特种空气管概经齐备,故其建立可循序进行,转年初当可开用,其新总开关虽尚未到,自可代以临时接电。

伦敦道新深井:本处已与东方铁厂签定合同,在伦敦道试凿深度至1,200英尺之井眼一口,该工程当利用第7号井底而穿凿之,缘此旧井已停产,适用之水量据津埠其他地点所得结果,于该深度有获得甜水之可能性极软并含较低之氯化钠成分,依照规画[划]所凿井眼当安置井筒,其产水量希望每日能达20万加仑也,该区产水有此增益颇适需要。查伦敦道机厂原有机件可资应用无须添置,即可从事抽引,其钻凿结果如何并可作为本处将来于界内开凿新井之参考标本,即极深井眼是否比较现时,根本易被私凿井眼污浊之约400英尺深之自流井为可取。

自流井:

各井产量仍属称意,虽因年龄略见削减,然第10号井显有增加,依每星期测验统计之各井近10年每日平均产量列次:

井号	1930年	1931年	1932年	1933年	1934年	1935年	1936年	1937年	1938年	1939年
第2号	308,000	293,000	271,000	320,000	296,000	302,000	290,000	286,000	284,000	276,000
第3号	334,000	307,000	294,000	278,000	292,000	293,000	276,000	270,000	289,000	290,000
第4号	178,000	190,000	194,000	219,000	236,000	246,000	245,000	241,000	250,000	252,000
第5号	188,000	190,000	199,000	187,000	180,000	181,000	196,000	159,000	154,000	160,000
第6号	256,000	244,000	230,000	224,000	212,000	204,000	191,000	201,000	184,000	183,000
第7号			56,000	49,500	46,000	53,500	55,000	*	*	
第8号			330,000	308,000	292,000	293,000	274,000	246,000	262,000	247,000
第9号			500,000	515,000	586,000	567,000	570,000	555,000	550,000	538,000
第10号									750,000	756,000

第7号井产量极弱不合经济,故自1936年起停止抽引。

抽水机厂:本年情势异常,故需水量较为繁多,年间最后4阅月达克拉道各机器无不尽量开用,有时且现过量运用状况,巴克斯道于夏季亦有此种状况,惟各机效用依然,如发生障碍间断工作,殊不多见,除水灾期间之外,电流供给仍属妥靠,年间因电流中断而停止机件者,只有2次。

各机厂产水量列次：

月份	巴克斯道机厂 自流井 2.3.8.9 号 产水量	达克拉道机厂 自流井 4.5.10 号 产水量	伦敦道机厂 自流井 6 号 产水量
1月	20,718,758	19,171,551	5,464,508
2月	17,473,061	19,202,600	5,117,652
3月	18,482,125	22,761,405	5,671,590
4月	21,686,291	23,172,570	5,595,782
5月	28,651,900	22,674,019	5,905,097
6月	31,731,837	25,246,348	5,241,276
7月	31,952,032	26,260,487	5,154,262
8月	19,638,157	18,503,188	4,014,240
9月	9,467,785	8,756,803	5,214,675
10月	19,428,962	19,735,867	5,852,205
11月	1,985,820	33,624,527	5,189,272
12月		35,735,741	5,400,817

	辅用给水	济安公司接济水量
1月	731,770	724,600
2月	689,780	672,560
3月	808,660	787,100
4月	833,680	815,200
5月	835,540	814,300
6月	529,460	516,500
7月	445,290	440,000
8月 9月	347,630	343,200
10月	471,820	466,500
11月	362,780	359,400
12月	313,200	308,900

总水管水龙头暨用户管通接：

年间总水管无何破裂渗漏情事,但用户接水因被大水浸淹而遭损坏者计有多处,然损害性质具属轻微。查低洼地段水表井殊不易使涸净,因之查表增多困难,于冬季且易发现水表被冻情事。

年间除为贮水布设水管,自围墙道济安公司总水管通接至巴克斯道水库外,并无其他总水管布设工事。

最近17年布设之输水设备列次:

年期	总水管尺数	地面水龙头	地下水龙头
1939	3,185	2	2(减)
1938	8,975	30	0
1937	7,455	16	1
1936	7,798	19	1
1935	3,887	13	0
1934	8,431	23	1
1933	11,452	14	5
1932	3,720	16	0
1931	2,302	0	1
1930	354	2	0
1929	3,790	12	1
1928	7,327	12	3
1927	8,589	7	6
1926	17,237	16	23
1925	13,439	15	12
1924	16,180	30	0
1923	7,640	11	1
总数	131,761	238个	52个

全部输水设备列次

10英寸水管	13,779英尺	分段节门			
8英寸水管	7,909英尺	10英寸	28个	地面水龙头	243个
6英寸水管	120,042英尺	8英寸	17个	地下水龙头	81个
4英寸水管	15,586英尺	6英寸	222个	轮船用水龙头	8个
3英寸水管	8,566英尺	4英寸	25个		
		3英寸	11个		
总数	165,882英尺	总数	303个	总数	332个

近16年内共布设新水管计长25英里余,总长合31英里余。

年间用户需水通接共计116处,1938年共通接310处,惟本年接水强半系推广界内住房,又里式房屋巨量用水布设水表计有数起,年间并有翻盖房屋之接水数起。

除废弃或截断者不计外,历年用户通接水管数目列表于次:

年期	通接给水用户
1923 年	805
1924 年	1,027
1925 年	1,130
1926 年	1,446
1927 年	1,579
1928 年	1,803
1929 年	1,882
1930 年	1,905
1931 年	1,943
1932 年	2,076
1933 年	2,276
1934 年	2,478
1935 年	2,586
1936 年	2,773
1937 年	2,932
1938 年	3,222
1939 年	3,886

每日水量需要：

3处机厂每日抽水最多总量暨最少总量列次：

月份	最高量	最低量
1 月	1,613,700	1,408,700
2 月	1,716,000	1,333,400
3 月	1,676,800	1,426,700
4 月	1,868,300	1,521,300
5 月	2,120,300	1,614,800
6 月	2,520,100	1,913,100
7 月	2,556,500	1,736,100
8 月	2,524,800	1,840,300
9 月	2,006,700	445,600
10 月	1,755,900	1,391,000
11 月	1,621,000	1,347,000
12 月	1,587,000	1,401,000

本年最高数量记录发现于7月20日计2,556,500加仑,比之昨年最高记录计增489,300加仑。

在水灾期间供给之水量因自济安公司总水管取水之地点未置水表,故未计量。

全年每月售水量:

	甲住户用水	乙里式房产暨巨量用户	丙工业用水	丁英工部局用水	戊河坝轮船用水	己辅用给水	庚总数量
1月	18,598,800	2,018,600	4,032,800	3,131,500	549,732	789,170	38,120,602
2月	18,182,800	9,663,300	3,358,300	3,041,500	1,048,104	749,380	36,043,484
3月	19,132,600	9,967,900	3,828,500	3,554,000	1,076,860	858,360	38,428,230
4月	19,541,500	9,184,800	3,735,500	4,465,500	822,312	883,880	38,633,492
5月	23,511,500	13,283,300	4,567,800	5,430,800	1,502,476	902,240	49,198,116
6月	24,636,300	16,553,700	4,379,600	5,967,500	850,984	612,360	53,000,444
7月	23,649,200	14,703,900	4,676,300	5,769,700	1,886,628	521,690	51,207,418
8月 9月	43,046,900	25,472,400	8,743,200	7,230,000	1,917,188	431,430	86,841,118
10月	17,754,800	7,118,800	4,415,600	2,737,600	76,832	677,410	32,781,242
11月	20,403,600	9,829,100	5,907,600	3,494,900	55,776	448,180	40,139,456
12月	17,463,700	8,161,000	5,510,500	3,496,400	81,312	400,880	35,113.792
	245,921,700	134,956,800	53,156,200	48,319,500	9,868,204	7,284,980	499,507,384

与上年售量之比较列次:

	甲住户用水	乙里式房产暨巨量用户	丙工业用水	丁英工部局用水	戊河坝轮船用水	己辅用给水	庚总数量
1939年	245,921,700	134,956,800	53,156,200	48,319,500	9,868,204	7,284,980	499,507,384
1938年	230,483,600	129,062,600	48,948,300	42,757,200	7,140,252	3,812,620	462,204,572
增	15,438,100	5,894,200	4,207,900	5,562,300	2,727,952	3,472,360	37,302,812
	6.70%	4.57%	8.60%	13.01%	38.20%	91.07%	8.07%

近16年每年及每月售水量之比较,各项用水俱现增加,只轮船需水因下半年时局关系颇显降落,同此理由,工业用水如清洗羊毛等项亦受时局影响,工厂间有一部份停工者,故需水无显著之增加。

年间售水收入比较预算计增益洋16,100元,再加因临时辅加费之增收洋43,219元,共计增洋59,300元,此数当敷本处1939年水灾损害修理费用并有剩余也。

化验家报告:水质清洁暨适合为良好饮料仍确切保持至水灾时期为止,嗣后洪水浸淹水源可遭污浊因由不胜枚举。职是之,故通告用户凡属饮料及烹饪用水须先沸煮,盖其时水质化验微菌现有增加,虽增率不强,然所有可使给水不洁之根源概经消毒,故不久水质即恢复应由之清洁,合乎卫生医官需要。本处水质化验暨微菌检验系由天津化验室米大夫暨法国工部局巴斯德菌学院罗大夫担任,迭获赞助至深感谢,此次巴克斯道被浊井眼清除手续,复荷二大夫指导襄赞尤为可感。

　　职员:鄙人叙述本处员司举止良好深感愉快,缘昨年之艰困为历来所未见,所有员司限于租界内住宿咸欣然遵从,毫无异言。当洪水泛滥之际,险象环生,各员司无不竭力维持微弱给水,设法增加其供量并为寻觅被淹水门,俾用水不致短缺,毅然潜入污浊脏水,迭尽职责通接水量,殊深钦佩。

　　水道处工程师克拉克君在职十有七年,一旦辞职,本处员司皆与话别,至深惆怅。

　　本处技术工作仍荷驻英顾问 Messrs. J. & A. Leslie & Reid 赞助指导。

　　特此致谢

水道处工程师　克瑞驹

警务处 1939 年报告

兹仅将天津英租界 1939 年警务治理报告叙述于次,备陈查核。

一、罪案:年间通报本处并经侦察之案件总数暨侦察之结果,概以附列"甲(一)"表,所接罪案报告共计 527 件,案情概经证实。其经侦缉而获得结果者计 228 起,因此检送法院处理之案犯共计 442 名,按此则侦察收效之案件计占实报案件总数 43.4%,昨年此项比数为 49.2%,无论如何此 5.8% 之比数减低不得指为因警务工作效率之有何减色。关于案情侦察诸多掣肘,昨年报告已经声述比因。迩来,时局多故困难更甚,除法租界外,无警务协作之可能,故于英法两租界以外,未进行任何侦察工作,况多数罪犯有利用现时特殊状况在英法租界作案,再遁迹租界外图获安全者,洵为可信之事实。

查年间罪案报告之统计比之 1938 年计减 45%,殊堪注意,虽水后灾害状况可为减少罪案之因。由然,警务处因时局紧张,为维护本界而施行之特殊防范实有以致之,警务人员执行此特殊防范设施靡不竭尽其能以收成效。

二、凶杀:1939 年发现之凶杀案件计有 2 起强抢凶杀案 1 起。

(一)1939 年 1 月 27 日下午 3:45 分左右,发现前任中央政府军事委员会参议柴鸿猷在林莫克道达安里六号寓所被一不知名姓中国男性暴徒枪杀。查柴氏居住该处系用刘继生伪名,暴徒以递信为由要求面谒刘继生,甫经接见,凶犯即掏枪射击一发命中,柴鸿猷当时身亡,寓所旁人并未见凶犯之出入。此项狙击似含政治背[影]景,迄今未获凶犯线索。

(二)1939 年 4 月 9 日 7:30 大光明电影院适演映"为国干城"战事影片,激战紧张之际,联合银行经理程锡庚与其眷属正在楼上观剧,突有一不知姓名中国青年以手枪向程氏连发数响,程氏负伤移送医院后不久即殒命。当时附近并有一李姓学生,其手臂为流弹所中,凶犯击中程氏后即奔逃下楼,座中有俄籍青年名满索罗夫目观枪击情事,即先行离座希图拦阻凶犯逃脱,比与凶犯争持,满索罗夫小腹竟被凶犯枪伤甚重遂即昏倒,凶犯继向楼下逃跑,待至第一层楼时,凶犯复枪杀瑞士人克劳柴 1 名,查克氏年 54 岁,因其胸部被枪身亡,由该处梯口克氏手下捡得凶手之弹尽手枪一支,观之当场克氏与凶手相搏,虽无佐证,然克氏奋勇向前拦阻以致伤命,是甚明显,此后凶犯之行动无所考证。警务处从事侦缉凶犯虽不遗余力,然因前述当地特殊情形,本处侦察工作诸多掣肘,程氏之遭狙击含有政治作用固无疑义,满索罗夫伤势虽重,旋经手术成功恢复健康,李姓青年亦获安全。

(三)1939年1月26日上午4:45分发现本界德列道德龙里住户王绍言暨其妾王高氏在其寓所被自用人力车夫王二与另一人力车夫董某凶杀。该凶犯于行凶后,即盗携价值500余元之手[首]饰财物逃逸,本处侦察王二踪迹,不久在法租界捕获,当时于凶犯身边获得赃物、钱财计300余元,旋经解送法院究办。据报该凶犯已于水灾期间枪决,另一凶犯仍无着落。

三、凶杀未遂

(一)年间一年1月13日上午10时左右,本处得报称已革警捕戴金铎在大北道体伯瑞道附近徘徊,形迹可疑,故即派巡逻汽车由督察长爱特蒙率领警员前往,当时并有本处侦察二人在戴某身后呼令止步,该嫌疑犯不但抗命奔逃且掏出手枪转身向探员射击幸未命中,于其逃跑之际并向警捕放枪,警捕乃予回击,遂见戴某带伤为其乘用之汽车前驶携走。查该车号码牌为796,本处警员虽加紧追捕未及在该车驶入日租界前加以阻止,其在法租界行驶之路线为德大夫路,由此经过日、法交界之栅栏而入扶桑街。其实该处栅栏岗警适检查另一汽车乘客,此被追之汽车虽与前车相碰,然值职之日军部及警察人员并未加以拦阻,嗣后探访查悉,该肇事汽车所备之号码牌系属伪造,本处曾邀请日本当局协助侦缉该车之下落,惟未获任何结果。

(二)1939年2月18日下午6:30分左右,本处第441号警捕王筱亭在香港道巡逻时,突被迎面步行之二暴徒出其不意举枪射击,警捕顿受二弹击伤倒卧便道,暴徒复向其头部发枪,遂趋奔乡警区之旷野逃逸。数分钟间本处警捕到达肇事地点时,凶犯已杳无踪迹。查警捕胁骨、臂、眼概受枪伤,立即运送马大夫医院施行救护,虽左眼终至失明,其生命幸获安全。据警捕称与暴徒素不相识并称向无仇人,故无怨忿可言,由此推测肇事之目的无非为扰乱本界治安,企图滋生恐怖现象。因本处侦察工作仍限于英、法二租界,始终未获凶犯线索。

(三)年间7月30日上午4:42分,发现志达学校学生名杜奎英者,年18岁乘人力车赴医院查其咽喉受有刀伤不能言语,旋经本处侦悉,悉该生本寓福发道郑业里15号,其伤口系丁福国手执菜刀希图谋害所致,丁某当时充杜生家厨役,行凶时杜生尚睡眠未醒。因本处未接此凶杀案直接报告,故凶犯得以远逸,嗣后侦察未获结果。

(四)1939年9月8日上午4时左右,发现敦桥道福顺里15号所雇厨夫名刘文阁者操刀行凶,致居住人之兄弟名傅少伍者于寤寐中,身被厨刀砍伤多处,凶犯即到英工部局警务处自首,报称迭受被害人种种欺凌苛刻,待遇无法忍受因而行凶。受伤人经运送医院旋复健康,该凶犯则解送法院讯办。

(五)年间10月25日下午10时,本处警捕2人在马场道西湖饭店附近发现形迹可疑中国男性一人,似拟穿越铁丝障碍物潜出租界,警捕甫拟施行搜查之际,该暴徒即展步奔逃并向警捕开枪,虽经还击,暴徒因藉黑暗逃逸,双方并无受伤。

四、携械抢案:本年英租界内共发现携械抢案5起

(一)第一案发现于1939年1月11日下午5:40分,居住孟买道矩锦里6号关子佳住宅,突有不知姓名华人二名各执手枪闯入,迫令事主人等拥入一室,遂即翻箱倒箧大事搜索,计携走手[首]饰财务共计洋6110元,待通报本处时,匪人已远逸,查匪人并未放枪,故事主眷属未受伤害,以后虽力事侦缉,因限于英、法二租界范围无何结果。

(二)第二案发现于1939年1月29日,格林威道51号久冒煤场突被执枪匪人3名抢劫,厂员被迫入柜房,电话线被割,当时被劫钞洋627元,因未放枪,故事主未受伤害,惜本处得报已在匪人远走24小时后耳。

因限于租界范围,本处侦查未获任何效果,嗣后该匪人复在市区地面作案,卒被逮捕并连带供认曾在本界携械行抢,本处因之破获匪人枪械,遂于中国法庭起诉追究原案也。

(三)第三案发现于1939年2月2日,孟买道集贤里19号寥王氏寓所突有匪人2名,一执手枪,一执尖刀闯入,迫令居住人不得声张,抢劫钞洋45元而逃。本处接得报告时,匪人久已远遁,惟肇事时匪人并未放枪,故事主未受任何损伤,本处侦察工作仍限于英、法二租界。

(四)第四案发现于年间2月4日,敦桥道鹏寿里42号四发盛煤厂突被执枪匪人3名抢劫,厂员被迫入柜房,电话线被割,匪人遂劫钞洋586元逃逸,抢匪未施放手枪,故未致任何伤害。旋经逮捕依法追究办其枪械并经如第二案经过卒遭逮捕。

(五)第五案发现于年间10月19日,培思类道忠厚里16号益昌源米面

铺突遭执枪匪人三名抢劫，铺主被威迫计劫去钞洋105元暨70元支票一张，旋经法租界警捕协助，在法租界捕获中国女性王张氏一名，因其兑换抢劫之支票也。此后查悉该女性系为居住乡警区修业里13号男匪三名所派遣者，当时即通知乡区警察所俾得从事搜查匪徒居所，惜未荷允准，但应许翌日自行办理。嗣后得悉因此稽延，乡区警员执行搜查时，只见女性一名，其男匪三名早已远逸，并悉匪人之一名李善堂，其余一匪姓王，一匪姓鄂，其中一匪似与凶杀未遂案第五起颇有嫌涉。

五、携械抢劫未遂：1939年11月2日下午6时左右，小河道63号福祥煤栈突遭持枪匪人1名劫夺，栈内各人被威迫，电话线并被拆下，抢匪勒令将钱财交出时，适察觉有一住户已自栈内出走，遂仓皇乘自行车奔逃。匪人并未放枪，故被威迫人未受任何伤害或财务损失，惟事后侦察未得匪踪下落。

六、抢案：1939年本界共发现抢案3起，其一案计有抢匪7人，旋经侦缉捕获解送法院处理之。该案匪犯共计5人，其损失财务计值洋2,040元，比经破获追回之数计洋2,025元，其他两案所遭之损失为800元暨31元，侦察案未获结果。

七、偷盗：年间偷盗案件报告共计21起，适与1938年之总数相等，惟侦察结果破案究办者计占33.3%，比之1938年之19%颇有进展，惟此项侦察工作仍不得进行于英、法二租界外，殊多掣肘也。

八、绺窃：1939年接受并经侦察之失窃报告共计347起，查1938年之统计为751起，琐碎绺窃案件占其多数，惟近年盛行之自行车偷窃颇见消减，此乃本处施行特别防范规画[划]之收效也。

九、指纹股：年间本处捕获之案犯中计有183人，经指纹股证明前曾作案，因新获案犯年间指纹股样本计增加1,084份，连同前存数目共计19,437份。

十、防范设施：

（一）昼夜巡逻继续无间。

（二）乘车及徒步之分组检查队随时值职，防范匪类携械出入租内暨窃盗赃物之偷运。

（三）本租界出入口栅栏门随时有人驻守。

（四）值职警捕不分昼夜24小时皆有警官严加稽察[查]，此次英籍警官之添加颇增稽察[查]成效。

（五）遇有希图扰乱治安或滋生恐怖现象时，本处立即加倍派遣巡逻及固定岗位人员，本界喧嚣易于滋事地段皆有探员集中藉是防范。

（六）预测有何事端发生时，本处补充警员暨全体外籍职员，辄分驻本界较为危险地点。

十一、汽车肇事暨违犯交通规章

1939年汽车肇事暨驾驶人违犯交通规章统计列次：

	1939年	1938年	1937年
汽车肇事	153起	225起	156起
经警务处科罚或停止执照效用	129起	191起	92起
停止执照效用	3起	3起	2起
签注执照	0	0	0
撤回执照	1起	0	0
违犯交通规章			
违章报告	1,023起	2,203起	1,858起
经警务处科罚或停止执照效用	257起	435起	443起
停止执照效用	0	0	0
签注执照	0	0	0
撤回执照	0	0	0

本年统计比之前二年显见减少，"丙"表所列显示车辆肇事之类别汽车与自行车肇事较占多数，强半系骑自行车人之过失。查汽车与人力车肇事亦现增加，其要因为多数难民充当人力车夫，对于本地交通规定盲无所知，设非大水浸淹，迫入租界，多数难民从未见过汽车，谅系事实。关于任意疾驶骑自行车人，本处仍继续设法取缔。

1939年违犯交通规章统计比之昨年计减50%有余，前次报告所述各项规画[划]之施行，似已收成效。

十二、人力车暨骑自行车人违犯交通规章列次：

	第一季	第二季	第三季	第四季	总数
经处办之违章骑自行车人	165	170	71	451	857
经处办之违章人力车人[夫]	143	91	77	570	881

查此违章骑自行车人统计似与昨年（905）相差无几，但人力车夫之统计比之1938年（283）显有剧增，此系完全因多数难民充当人力车夫而于交通规

定毫无知识所致。

十三、处内行政：查中日事变状态依然影响所及无所不至，尤于本界警政为甚。本处对于保持严守中立态度暨取缔界内抗日行动已竭力办理，所有无捐照之小报，概已禁止。举凡查有抗日行动人氏咸经缉捕拘押，本租界各处不分昼夜并有特派检查队执行搜查侦缉妨碍地方治安份子，凡于本界住户安居乐业有所裨益诸端，本处已尽力将事。

上年报告叙述之本处警员添增，业已实现并经全数补充，此项人员添补颇著效用。本处迩来应付额外任务，因之有以利赖。又为增强本界警务行政起见，董事会于年杪复添派英籍督察10员，本处稽察[查]效率已渐显增进，督察人员获此增添影响本局来日警务当非浅鲜。本年8月中洪水泛滥，情事异常，新奇事态百出，警捕任务备极纷繁，本处全体人员同心一德维持秩序，从事救护无告灾黎并赞助住户颇堪嘉许。此项详细报告已于秋初递呈董事会并于报章披露，无庸赘述。

年间新招人员皆与新订选补资格相符，考试成绩皆非常优良。

年间撤革、退职、病老、死亡警捕人数列次：

1939年　撤革　告退　病老　死亡　退职　总计
　　　　　23　　45　　4　　4　　0　　76

近4年之警捕损耗统计：

年期	撤革	告退	病老	死亡	退职	总计
1938	16	22	2	4	0	44
1937	37	28	4	3	3	75
1936	29	23	9	1	2	64
1935	49	28	11	5	6	99
总数	131	101	26	13	11	282

处此艰难境况：虽值职钟点延长暨水灾期间之情事异常，警捕人员健康尚称良好，警员举止并极安详。

本处警务进行仍荷法、意二租界警务人员之热情协助。

卫生股暨消防队报告另附于后。

警务处长　谭礼士

(一表)
1939年英租界内罪犯统计

罪案类别	案件			人数			财务	
	报告件数	受理件数	检送法庭或罚办	逮捕	检送法庭或罚办	释放	失窃数目（钞洋）	缉获数目（钞洋）
图谋械劫未遂	1	1	—	—	—	—	—	—
图谋殴打未遂	2	2	2	2	2	—	—	—
图谋弃尸未遂	1	1	1	2	2	—	—	—
图谋偷盗未遂	5	5	—	2	2	—	—	—
图谋勒索未遂	1	1	1	1	1	—	—	—
夜间谋窃住宅未遂	1	1	—	—	—	—	—	—
图谋凶杀未遂	5	5	1	1	1	—	—	—
谋窃店铺未遂	1	1	—	—	—	—	—	—
图谋攫取财务未遂	1	1	—	1	—	1	—	—
谋窃未遂	6	6	4	7	5	2	—	—
携械抢夺	5	5	3	43	13	30	7,471.00	—
殴打成伤	17	17	17	23	23	—	—	—
拐带勒索	1	1	1	1	1	—	—	—
抛弃尸首	1	1	1	3	3	—	—	—
偷盗	21	21	7	15	9	6	10,255.00	1,432.00
假造商标	1	1	1	1	1	—	—	—
恶意损毁	1	1	1	1	1	—	—	—
贩卖海洛因	1	1	1	1	1	—	—	—
伪造印鉴及撞骗	1	1	1	3	1	2	4,590.00	—
偷窃汽车房	1	1	—	—	—	—	40.00	—
偷窃住宅	4	4	—	3	—	3	2,800.00	2,800.00
虐待幼童	1	1	1	1	1	—	—	—
开设鸦片暨海洛因馆	27	27	27	175	175	—	—	—
闲游意图作案	4	4	4	5	5	—	—	—
侵蚀款项	12	12	5	10	7	3	4,620.09	305.00

（续表）

案件								
凶杀	2	2	—	—	—	—	—	—
凶杀暨抢夺	1	1	1	6	1	5	500.00	300.00
骗取钱财	2	2	2	7	7	—	650.00	399.00
骗取货品	6	6	3	5	4	1	2,243.00	2,200.00
有伤风化	2	2	2	2	2	—	—	—
夜间偷窃公事房	3	3	1	1	1	—	45.00	24.00
扒窃	8	8	2	5	4	1	126.40	42.00
私藏军火	1	1	1	1	1	—	—	—
私匿赃物	3	3	3	3	2	1	—	—
私藏鸦片	1	1	1	1	1	—	—	—
收受赃物	3	3	3	4	4	—	—	—
限制自由暨非法逮捕	2	2	2	3	3	—	—	—
盗窃	3	3	1	5	5	—	2,871.00	2,025.00
攫夺	6	6	2	4	4	—	228.00	51.00
偷窃仓库	2	2	—	—	—	—	40.00	—
偷窃店铺	2	2	1	1	1	—	1,150.00	350.00
绺窃	347	347	120	259	146	113	26,813.91	12,025.76
偷窃汽车	1	1	—	—	—	—	11,000.00	10,920.00
偷窃人力车	6	6	2	3	2	1	255.00	110.00
任意侵入住宅	2	2	1	2	1	1	—	—
1939年统计	525	525	228	613	443	170	75,698.40	32,983.76
1938年统计	949	949	467	743	529	212	49,777.90	18,305.55

（二表）
处理违章人数统计

案件	案犯人数		
	逮捕或被传到案	警诫后释放	取保释放或另行发落
1939年报告案件总数 4,480	8,682	1,257	7,425
1938年报告案件总数 7,058	12,337	1,783	10,554

统计数目见减：比之上年计减 2,578 起。

(三表)
1939年车辆肇事统计

	1月	2月	3月	4月	5月	6月	7月	8月	9月	10月	11月	12月	统计
汽车与汽车	1	4	2	1	2	2	2	—	—	—	3	3	20
汽车与电水自行车	—	—	—	1	—	—	1	—	—	—	1	1	4
汽车与人力车	4	3	1	1	2	3	2	2	1	4	4	4	31
汽车与自行车	1	—	4	4	5	6	1	1	—	3	4	6	35
汽车与排子车	3	—	1	1	2	—	1	—	1	1	—	—	10
汽车与蒸汽机车	—	—	—	—	—	—	—	—	—	—	1	—	1
汽车与脏土车	—	—	—	—	—	—	—	—	—	1	—	—	1
汽车与水车	—	—	—	—	—	—	—	—	—	1	—	—	1
汽车与粪车	—	—	—	—	—	—	—	—	—	1	—	—	1
汽车与三轮自行车	1	—	—	—	—	—	—	—	—	—	—	—	1
载重汽车与载重汽车	—	—	—	—	1	2	—	—	—	—	—	—	3
载重汽车与汽车	—	—	—	1	—	1	1	—	—	—	2	1	6
载重汽车与人力车	2	2	—	1	2	1	1	—	—	1	—	—	10
载重汽车与自行车	1	2	—	1	3	2	1	—	—	2	—	—	12
载重汽车汽车与自行车	1	—	—	—	—	—	—	—	—	—	—	—	1
载重汽车与排子车	—	1	—	—	—	—	1	—	—	1	—	—	3
公共汽车与汽车	1	—	—	—	1	—	—	—	—	—	—	—	2
公共汽车人力车与三轮自行车	1	—	—	—	—	—	—	—	—	—	—	—	1
公共汽车与人力车	—	—	1	—	—	—	—	—	—	—	—	—	1
公共汽车与排子车	—	—	—	—	—	—	—	—	—	—	1	—	1
电水自行车载重汽车与自行车	—	1	1	—	—	—	—	—	—	—	—	—	2
电水自行车与自行车	—	—	—	—	—	1	—	—	—	—	1	—	2
电水自行车人力车与行车	—	—	—	—	1	—	—	—	—	—	—	—	1
电水自行车与人力车	—	—	—	—	—	1	—	—	—	—	1	—	2
警务巡逻车与自行车	—	—	—	1	—	—	—	—	—	—	—	—	1
每月统计	16	13	13	13	20	18	7	5	3	14	16	15	153

英国工部局警备队 1939 年报告

兹谨将本队 1939 年工作梗概具报,备陈察[查]核。

1939 年 1 月 1 日全队人数共 115 人,计司令瑞德乐少校暨官佐 3 名,其他队员 112 人,另有正式军队副官及排长教官各一不在此列。

各分组依照原定程序之平时训练仍自 3 月初始,其每年东局子之郊外露营因时局关系未经举行,嗣后只在本队司令部暨推广界空地执行较久之操练。

除每星期晨举行有奖之射枪比赛外,并在英军兵营 30 码枪靶习练打靶。

5 月初本队奉到准备一切之命令,自 6 月中旬起本租界出入要冲被阻,本队即施行一部或全部之动员,在英租界内执行保卫及巡逻任务。

瑞德乐少校于 6 月 14 日例假离津,副司令靳纳上尉因回国辞职,董事会于瑞德乐少校假期中宠任鄙人为司令,至本队副司令职则由军需富克斯少尉接充,该少尉担任军需及副司令任务,工作纷繁备极辛劳,有时且执行副官任务,赞助本队殊多。

8 月间洪水为灾,本队人员协同英军(德亨轻便步队)担任租界巡逻任务。查 9 月 16 日之首次三星期工作报告已递呈英军司令劳瑞旅长在案,以后三星期间(计至 10 月 2 日止),本队人员于其本人正当任务凡能脱身者,无不继续竭诚担任,队伍效率斐然。然工部局对于本队人员如此服务,赞许有加,是为鄙人所深信者也。

洪水期间警备队之车辆、枪械与子弹概经及时救护,所遭损失只限于其他未及搬移之物品、家具暨受屋内脏水浊气熏蒸之损坏。

本队久经借用之榴弹炮二门已由德亨轻便步队离津时运回香港,嗣后本队之炮兵即归并于步兵组。年间最后数月各步兵分组业经重行改编,以符正式军队之新编制。其旧有两半中队每半中队以四排组成者,已改为四半中队每半中队以三排合组之,其间三半中队(合步兵一连)人数充实其第四半中队,系以前炮兵改编者人数尚未补齐,仅列为预备队。

兹为应付此改编暨以后训练起见,工部局已赞同鄙人建议擢升排长华特为少尉带领步兵组并执行副司令任务，富克斯少尉自英军副官离津以来即担任本队副官职务。

查本队训练原拟习用轻便自动机械并操练试用"Brenn"式及防御铁甲车之火炮，故已于天津英军司令官商请派一排长专司教官任务，此事业与劳瑞旅长于其离津前磋商，现时办法乃其结果耳。

计至1939年12月31日止本队全部人数共129人。

本界人士为酬谢本队水灾期间服务起见，于12月16日假利顺德饭店特行招待全体队员，蒙此盛意优待，至深纫感。

本队人员士气奋振，倘遇时机再担警备任务，其效率当依然可观，此次洪水期间艰难交困，其工作成绩可见一斑。

警备队司令　德华史密斯　上尉

1939年卫生报告

1939年计至12月31日止之卫生报告可以下列类别备陈：

一、普通住户

二、灾民

普通住户：年间市民健康依然良好无何疫症发现，关于传染病症报告以白喉及腮腺热为最显著，患白喉之报告外人计有14起，中国人7起，腮腺热外人计有15起，中国人3起。此外尚有真性东方霍乱暨麻风症报告各一，查传染病症报告总计外人41起，中国人41起。

本年外国住户死亡统计共19人，男性12人，女性7人。

中国住户死亡统计共1070人，1938年之统计仅691人，其最普通死亡因由为结核病及呼吸系疾病计占261人，其病名类别列次：

肺部病（不分类）	71人	胸膜炎	1人
肺结核	72	肺炎暨痢疾	1
气喘	35	结核性脑膜炎	5
肺膜炎	28	骨结核	3
气管之肺炎	16	肺部及肠结核	2
急性气管支炎	16	肺结核暨中暑	1
气管支肺炎暨疹子	5	结核性腹膜炎	2
流行性感冒	2	腺系结核	1

患中风伤命者计85人，半身不遂（不分类）死亡者15人，脑系血凝结者1人。

患心疾及痰决（不分类）死亡者共189人计有：

心脏瓣病	50人	心脏炎及血管结塞	1人
痰决（不分类）	124	心包炎	1
心内膜炎	1	胸痛气咽	4
心脏炎	5	年迈痰决	3
因肠胃病死亡者计191人			
盲肠炎	2	急性及久患肠炎（不分类）	29人
结肠炎	3	肠胃黏膜炎	2

(续表)

久患结肠炎	1	霍乱	1
痢疾	56	泻肚(不分类)	14
胃炎	6	肠结塞(不分类)	21
消化不良	4	胃病(不分类)	26
肠黏膜炎(不分类)	6	胃疮	2
溃烂性结肠炎	2	伏泻	2
食物中毒	3	肠病(不分类)	8
伤寒	3		

因生产死亡者计14人,妇女病症(不分类)死亡者50人。

英租界暨其他区界传染病症报告暨本租界中外住户死亡统计详另表。

医院：

英国医院：本年水灾期间医院便利,虽仅能维持其一部,暨多数行将分娩之妇女因水患状况不良而离埠,然住户占用该员之平均统计不减。于往年洪水泛滥时期,该院能以维持一部效用,端赖主任莫立赛女士之干练有为,赋先见之明,凡有所需如食粮及主要用品咸经预为存储以备万一,当时情势及其艰难,殊欠安适,但全体护士暨院役无不勤奋从事忠于职守。年间英国护士计有1人辞职,迄今尚未补充,其余院务殊多损失,此外尚有英籍护士1人拟辞职者,际兹欧战及外汇腾贵时期,此项护士去职诚关重要,缘再由英籍重行聘任,诸多困难,况该院聘用充分训练之英籍护士为其特色,因之多数外籍住户暨内外科医师咸乐赴该院,故希望一俟情形许可,此项缺额补充得以早日实现也。关于医院工作详医院主任报告。

隔离病院：水灾期间虽情事艰难,该院仍继续其院务,年间工作详上述报告。

警务处病室：此病室为警捕消防队及卫生股员轻病而设,年间因水灾曾一度停止。本年诊治人数共计1,167人,上年之统计为1,144人,依病人计每人本年平均占用病室计2.786日。王助理员与其副手依然卓著勤劳。

霍乱预防注射：年间施行市民免费注射计2,746人,此外尚有工部局职员暨警捕1,223人。

东方霍乱：本界发现真性东方霍乱只一起,惟夏秋之间发现急性霍乱多起,鉴于邻区界中、日当局报告东方霍乱之流行,本界即设立一临时霍乱病院,其内部并经略事布设,幸始终无需用此病院之必要。嗣后遂改为灾民普通病院,现尚存在,惟明年夏季仍须施行预防霍乱注射。关于收容患霍乱病症人,如不与中国当局预事接洽,由该管特设霍乱病院收留,则本界须及时准备设立临时霍乱病院也。

给水:于洪水陡至之前,本界给水仍备极良好。大水期间幸荷济安公司之接济,水压虽稍低,然有此接济市民受惠诚非浅鲜。查当时自流井滤水池及总水管间有遭脏水污浊者,因此通知用户对于烹饪、洗涤、饮食器具用水,概须先行沸煮以后。微菌检验证明自流井尚有不符清洁标准者,此项井眼产水仍弃而不用。

给电:本界给电因洪水为害,发电厂及分输设备概受严重损害,所有电表暨电线其在洪水水平线下者,咸失效用。当时有限度之电灯给电,虽经亟事设法幸获比商店车公司通接,然白昼电冰箱及电炉灶仍属无电,鉴于冰块无其他来源,食品存储更感困难,多数倚赖电炉灶烹饪用户因此电流中断,不惟无以为炊且乏沸煮食水之术况,食物输入检查卡口种种阻难,其困苦堪见一斑。查本界对于将来水患浸淹既无安全保障,则发电机厂暨通接用户之总线电表等项给予切实保护,统置于洪水之水平线上是所切望者也。

脏水井:现时弃置秽物之脏水井设备,如仍继续采用,则再遇水患不免仍被浸淹。查洪水期间涵浊墙子河水高涨漫溢,水中化学物质硫酸盐素巨量,砂糖融化发酵在在为,臭气弥漫之因由几窒碍呼吸,至脏水井之被浸溢流[尚]淌,非臭味充斥之要因一。若1917年间各井所受损害,殊属轻微,俱已恢复效用。

水势稍退本界即进行清除手续,惟海大道西水退较迟,故中街及河坝间之东西马路便道一时为售卖食物及小本营生等人占用,百物堆集,扶老携幼,途为之塞。嗣后西部地段渐现干燥,此辈即群迁推界掘地而居,本界切实清除,始得次第进行。凡向阳区域概经先行扫除,各泄水沟道并经氯化石灰消毒,其他地段则清以灭臭消毒药水,其人烟稠密区域之住户,概经通知清除住所底层及院落里巷,因之马路两旁垃圾时有积集,是乃运输车辆不敷分配有以致之,积土收集虽稍形迟缓,惟不久扫除净尽,故小户住房之院落里巷反较往年清洁而合乎卫生也。

茅棚居民:此类居民概为流离失所市民计达数千,非全无生计者,其多数为苦力、河坝小工、杂货铺主、小本营生,牲畜业主及其家族暨各项手艺人,如木匠、铜工、铁工、杠房、工匠等之群众之聚集。因干地渐多而添加此辈拥入租界掘地而居其神速,使正当窝铺无法建搭,设使禁其入界,则吾人顿缺日常需要之工匠矣。当时占用区域几达住宅区之中心,东至威灵顿道,工部局施行整理首令,此类茅棚居民向本界西部迁移,于短期间竟获葳事,惟迁搭之茅棚颇形零乱庞杂,人数拥挤甚不合乎卫生统计,总数约近万人,其次整理为建搭正式窝棚以容纳其半数,再在腾出空地建搭同样窝铺收容其余数,因此,邀请救世军担任建搭及管理任务,奈材料缺乏一再稽延建搭,完成之数仅足收容二三千人,因之集中搬移者,只僻静地段棚居之小数,转瞬朔风凛冽材料困难,其余规画[划]之窝铺遂未及建搭,但多数较大之棚居旋经清除,附设正当厕所以重卫生,并由警捕担任稽查。至录此报告时,1940年2月17日此项茅棚居民人数尚有5750口也,迩来人数已略形见减,故希望于天气炎热,蝇蚋滋生,以前此辈能自动迁出,否则为此辈建搭窝铺问题仍须发生也。

灾民:此次洪水为患,灾区之广几遍全省,受害最甚者莫若津南及津沽之西南区域,无告灾黎难以数计,乡村被水一旦成为泽国田庐荡然,爱群乘小舟向津门奔逃,初尚鹄守大堤之外,迨堤身显有坍塌即长驱直入。查英、法二租界位于津市暨日租界之南适当其来势之冲及,至日本租界边线概不令前进,据称拒绝灾民之理由为日租界受灾奇重,中国住户颠沛失所者不计其数,该界当局对于住户纳税人尚自顾不暇云。无论据何理由,因此拒绝所有无告灾黎乃蜂拥蚁集,群趋英、法租界职是之,故英法租界当局须任救护之责。查灾民进入本界时情况如次,本界全部没水,除难民之船只外,交通完全被阻,电话不通,电灯临时失效,给水顿受限制,所有卫生设备(因脏水井被淹)失其效用,本界内无干地可作埋葬之用,鲜牛奶供给断绝,除法租界外,因检查卡口设施暨轮船、火车交通之取缔,本界与津市及世界之交通遭受严重限制。不仅此也,溯自6月以来,无论商业或个人自由咸受种种束缚,日常用品因以时感不足,几有无以为继之势,凡此顿使生活费用腾贵,主要用品存货日行短绌,如外国药材、绷带及医药用品无不同感缺乏。此外,尚有汇兑行市之继续低落,须予应付。

灾民救护堪[勘]分下列款目陈报:

一、收容　二、食品　三、卫生(连同移置尸体)　四、医药　五、衣服

收容:由工部局获得下列建筑为灾民收容所。

天津英文学堂　耀华学校　黎氏戏院　天津打包公司货栈暨隆茂洋行货栈

以上各处收容难民直至水势退尽地土干燥堪以建搭窝铺时为止,当时迁

移难民至境外无水地点屡经与租界外当局商请协助，未荷许可徐渐明了，如果移送难民出境，势必在检查卡口被阻，因此决定建搭灾民正式窝铺。

食品：洪水期间幸界内存有巨量洋面，旋经工部局统制灾民之主要食品，亦即赖此至菜蔬之供给，因运入本界困难给予灾民之数量殊属些微，纯粹面食既缺乏主要维他命，各种疾病如脚气、夜盲等症乃随之而生，难民普通抵抗力之减低并日行显著，故面食之外，势须附以如小米之粗粮。查河东货栈存有巨量小米，惟设法运输此项主要食品进入检查卡口困难异常，致滋耽延，当时灾民健康愈趋衰弱，幸最后获得需要之粗粮，同时菜蔬供给并渐见增，故此新起营养不足病症始获杜绝。现时供给食品堪称均匀，足济生命需要，惟欲藉以培养体气，抵抗传染病症或藉以病后调养尚感不足。

卫生：查所有脏水井既失效用，暨通达河坝之各马路被水深浅日有变异，同时大小吃水适用之船只只有数艘，故卫生问题之种种困难未得完全解除，各灾黎集中地点虽有少数船只应用。此外，本租界内各处之粪便秽物无不随处倾倒，直接或间接经脏水井而与洪水混合，幸水势浩大，公共卫生未因此而受损害。惟前述墙子河溢流等脏水之臭味因之增强，固无疑义，迨水势退后，各脏水井既未受建筑上之损害逐渐恢复效用，至难民窝铺所在，则另建厕所。其时无干地作埋葬之用，故尸体有须归入河流者，最后干地复现即规复掩埋。

医药：救护灾民事体重大急不容缓，幸荷中外仁人善士、中国红十字会其他慈善会社暨伦敦市长赈款之慷慨捐助，因之应用药品、绷带、纱布以及器械皆得源源购备存储于开滦总局，缘该局惠允办公处暂设临时医院并许其医官担任管理，该医院任务造福灾黎诚非浅鲜。8月26日本界中国西医召集会议推举主席、检讨组织及救济无告灾民办法，当时推举贾世清大夫为主席总理一切，各医师分担职务条理井然，热心公益成绩显灼，各灾民集中地点概设诊病处所，其应用药品及绷带等项则由开滦矿务局药品总处随时取给。

衣服：查多数灾民只单衣蔽身，幸天气和暖，庶得购买材料及时缝制，中外慈善团体与乐善好施人士并得及时募集捐助大宗棉衣，分别收集分发也。

进行上述各项工作警务处人员由处长谭礼士率领任其艰巨。水灾期间警务虽已增剧，关于聚集灾黎妥为安置，输送面粉、散放食物等等靡不厘然处理。查灾民收容地点有耀华学校、天津打包公司、黎氏戏院、隆茂货栈系由监察古林士雷德管理，天津英文学堂则由督察长雷斯经管，二人同时分任食品运送、维持秩序、移处尸体及保持可能之简单卫生状况，际兹情势艰困，此烦琐任务得以处置,裕如诚属难能。又警备队人员对于集中灾民分运食品亦尽力赞助,此外尚有救济灾民志愿人员,如救世军、女青年会均热心参加不辞劳瘁,分担散放食品及看护任务,良可钦佩。各收容所之医药及诊病事宜,系由贾大夫主席之中国西医委员会担任义务,其药品、绷带等分配由开滦存储处取给隆茂货栈收容所,医务由欧大夫随时担任。查此处难民曾一度搬移天津打包公司,最后咸搬入窝铺,欧大夫担任义务。至此时为止,当时耀华收容所不幸发现疹子,所有患疹灾民及已经接触者,虽经局部隔离,最后迁入设于天津打包公司货栈之灾民隔离病院,其余难民概移入窝铺以免蔓延。无奈迁入窝铺灾民已有被传染者,故迟至严冬,病势仍未稍杀,加以诊症易滋变化妨碍肺部,因此死亡者殊多。

商洽灾民迁出租界既无成效,故窝铺之建搭为事实所必需,以度严冬,此项工程由救世军吴昭智少佐负责并担任其管理,所需材料输入虽费尽周折,一部份窝铺总于10月10日完竣,3日后,全部建搭蒇事,各处临时收容所遂得次第结束。

关于茅棚居民前已述及,惟佟楼卡口外马场看台尚有灾民3000余亟待救护也。其救饥食品虽由马会供给,警备队人员运送并由马会中、俄职员分散照料一切,然此项灾民医药需要,仅由持有军部通行证之西医数人分担,缘志愿中国医师无法通过卡口共任义务,而界外该管当局对此需要又不加注意,当时维持该处救急之医务队每星期计有2次,其第一段运输系用船只,中断间以骡车载运,船只经过卡口,最后再用汽车及船运送。

建搭灾民窝铺,同时尚须寻觅适当房屋备作灾民临时普通医院及隔离病院之需,并配置职员及设备等项。查前经择定设立临时霍乱病院之永丰洋行下层货栈,堪作普通病院之用,遂加布设准备收留男性有病灾民及女性有病灾民各40人,并择定天津打包公司之顶层货栈改设灾民临时隔离病院,该处准备容纳150或200灾民。本埠马大夫医院自本年11月起至1940年3月并备病床10架,收留患病灾民职是之,故暂设开滦矿务局之医院,其收容之病人于9月21日咸经迁移至新设临时普通医院,盖该局不久照常办公也。其职员担任迁移事后,于未得教会志愿医师替代前仍继续医院任务。惟临时隔离病院之准备较为困难,幸得工部局医院主任莫立赛女士允许 Mrs. T. Warmsley护士、朱女士、高女士暨其他职员之赞助,连日规画[划]督饬进行一切,始获布设齐备,终由教会职员医师担任经营。

自 1939 年 10 月 26 日起所有各窝铺及收容所之灾民死亡概经登记，计至 12 月 31 日止共 481 人，合每日平均 7.18 人。在设立窝铺暨医院之前其死亡率自必较高，每日平均若以 10 人计，自 8 月 26 日至 12 月底之统计当合 1,081 人计，此巨数时，吾人须记忆多数灾黎营养素缺，忽遭水后生活饥寒，仅免一遇，病症侵袭，殊乏抵抗能力。

9 月至 10 月开滦矿务局暂设医院，收留人数计 339 人，死亡占 71 人。11 月至 12 月临时普通医院收留人数计 137 人，死亡占 28 人。同时期临时隔离病院收留人数计 185 人，死亡占 46 人。

救世军管理之窝铺计至年底止，发现之传染病症共 175 起，其类别有白喉 1、丹毒 1、疹子 153 腮腺热 20，其死亡统计未附本报告，惟灾民之死亡统计详年报另表。

除上述担任灾民救济工作义务者外，尚有下列人员、工部局暨本界全体市民应予志谢者，即担任贾大夫主席之医务委员会义务工作人员是也。计有安士元、陈善理、贾世清（主席委员）、池石清、褚义明、冯德华、徐国香、高施恩、关颂凯、魁文山、雷爱德、梁宝平、梁宝畅、彭可悌、宋子孚、谭遂淮、丁懋英、杜万亨、王韶亭、王虎萃、王垂梓、王慈吾、武惠、吴清源、翁文澜、杨梦福、杨延龄、玉文启各大夫暨李大夫（Dr. R.Ivoff）、萨克尔君（M. Sakker）、斯可勃林君（O. S. Skoblin）。

按时担任窝铺任务及现仍经营管理二处医院之教会医师与义务工作之教友有 Dr. S. Hoyte, Dr. I. MacTavish, Miss D.Boyd, Miss M.Boyd, Miss M. Gay，又李文绅、李雯琛大夫洪水期间协助殊多，其寻觅及将现存药品、绷带暨器械等详列清单颇费周章。救世军队员 Miss Catherine Smith, Miss Ruth Hummerston 同王绍珊上尉、青年会陈锡三君、女青年会郑汝铨女士、陈善祥女士概赞助医务委员会办公处事务。

上述担任义务工作之医务委员会系于 11 月 8 日解散，其时窝铺及临时医院概已布置就绪顺利进行，该会所遗事务由工部局指派之委员会即福克纳君、贾与大夫卫生医官接管，所存药品、款项等概经移交。嗣后窝铺及医院之施诊看护并由该委员会主持，所有捐助救济灾民、医务委员会之捐款暨物品等项，概经详列清单，其药品分配与款额之支付，概经汤生公司查账员随时稽核。

卫生医官　葛尔　大夫

卫生股 1939 年报告

运载病人车：年间新运载病人车计使用 252 次，其中 169 次系属收费出赁，旧运载病人车计使用 544 次，其中 89 次系收费出赁。

本股工作因水灾及善后事宜增添殊多应付，此特殊状况卫生股人员颇形忙碌。

塚[冢]园：迩来交通被阻，界内多数中国住户不能得移灵至祖茔之利便，为此工部局在马场道塚[冢]园外圈定空地一段，作为临时坟地，计至 1939 年 12 月 31 日止，埋葬该处之灵柩共计 570 具，此外尚有难民尸体 601 具，暨水灾期间及以后寻获之尸体皆埋葬于该处。

马场道塚[冢]园计埋葬灵柩 301 具。

广东道塚[冢]园全年未用，又火葬炉年间共计用 14 次。

本年圈留后释放之家犬	72 只
圈留后杀除之犬数	408 只
总数	480 只

年间发现疯犬病 1 起，疑似疯犬病 4 起。

警务处长　谭礼士

医院主任报告

英国医院住院人数

内科	168
外科	87

		1939 年	1938 年
手术割治		71	53
住院人数		205	202
占用床位日数		2408	2170
死亡	成年	26	37
	儿童	46	47
X 光照次数		113	100

到院诊治人数：

| 石膏模及绷带裹伤 | 30 | 20 |
| 电机按摩 | 49 | 15 |

产妇部

		1939年	1938年
住院人数		34	44
占用床位日数		459	525
产生	女	16	20
	男	15	20
产生死婴		0	2
死亡(婴儿)		1	0
手术剖腹出胎		3	0

隔离病院人数：

依国籍计		依病别计	
美	1	淋巴腺炎	1
比	1	脑脊髓膜炎	3
英	29	白喉	20
中	16	丹毒	1
日	1	天花出血	1
利苏尼亚	1	白喉性喉炎	2
瑞士	1	疹子	2
		腮腺炎	5
		察看	3
		猩红热	4
		猩红热暨白喉	1
		皮肤病	2
		天花	1
		结核性脑膜炎	1
		结核病	2
		牛痘毒	1
总计	50		50

医院主任　莫立赛女士

1939年英租界外国人死亡统计

死亡因由	男性	女性	总数
气管支肺炎	1	—	1
肺部生痈	1	—	1
心房癌	—	1	1
肠癌	1	—	1
脑充血	—	1	1
痨瘵	—	1	1
脑髓软化	—	1	1
急性脑炎	—	1	1
血管闭塞	1	—	1
自致枪伤	1	—	1
痰决	2	—	2
心肌炎转变痰决	1	—	1
脑膜炎	1	—	1
肺部结核	1	—	1
麻痹结肠炎	—	1	1
猩红热	1	—	1
妊娠血毒	—	1	1
血毒痰决	1	—	1
总计	12	7	19

1939年英租界中国人死亡统计（灾民在外）

死亡因由	男性	女性	总数
打胎	—	2	2
胸痛气咽	1	3	4
贫血症	—	5	5
中风	46	39	85
盲肠炎	1	1	2
血管组织硬化	—	1	1
煤气熏毙	3	3	6
气喘	16	19	35
膀胱瘤	1	—	1
气管支炎	6	10	16
气管支肺炎	9	6	15
疔疮	2	1	3
痈疽（未分类别）	1	—	1

(续表)

子宫痈	—	2	2
肠癌	—	2	2
食管生癌	1	—	1
胃癌	2	2	4
胃肠生癌	—	1	1
心脏瓣膜病	21	29	50
心力虚弱(未分类别)	57	67	124
心脏麻痹	2	—	2
腿部蜂窠组织炎	1	—	1
虚性脑充血	—	1	1
脑系血结	1	—	1
生产	—	14	14
真性霍乱	1	—	1
肝部硬化症	1	—	1
急性结肠炎	2	1	3
慢性结肠炎	—	1	1
慢性溃疡结肠炎	—	1	1
惊风	31	33	64
刎颈	—	1	1
虚弱	1	—	1
具有糖尿特征之昏睡房	1	—	1
慢性肚泻	3	1	4
肚泻	5	8	13
白喉	1	—	1
浮肿(未分类别)	12	13	25
溺毙	2	—	2
消化不良	—	4	4
痢疾	35	20	55
触电	1	—	1
急性心脏内膜炎	1	—	1
急性肠炎	12	11	23
慢性肠炎	2	2	4
慢性肠炎暨口内炎	1	—	1
肠炎暨肾脏炎	1	—	1
羊痫疯	—	2	2
妇女病症(未分类别)	—	50	50
食物中毒	—	3	3
胃肠黏膜炎	—	1	1

(续表)

慢性胃炎	3	3	6
胃肠炎	1	—	1
胃瘤(未分类别)	—	1	1
胃病(未分类别)	14	14	28
胃疮	1	1	2
枪伤致命	1	—	1
慢性海洛因中毒	—	1	1
中暑	3	4	7
半身不遂(未分类别)	8	7	15
出血	5	1	6
内部出血	—	2	2
寒热过高	—	1	1
饥饿困惫	—	1	1
流行性感冒	—	2	2
神经错乱	—	2	2
急性肠黏膜炎	1	2	3
慢性肠黏膜炎	—	3	3
肠疾(未分类别)	4	4	8
肠部闭塞	10	11	21
黄疸病	2	—	2
刀伤	1	—	1
肝病(未分类别)	2	1	3
疟疾	1	—	1
营养不足	—	1	1
虚脱	2	—	2
麻疹暨气管支肺炎	3	2	5
脑膜炎(未分类别)	1	2	3
子宫炎	—	1	1
心脏炎栓塞	1	—	1
慢性心脏炎	3	2	5
肾脏炎	6	1	7
慢性肾脏炎	5	4	9
肾脏组织硬化	1	—	1
慢性麻醉剂中毒	2	—	2
慢性鸦片中毒	1	—	1
心包炎	—	1	1
急性腹膜炎	1	2	3
肋膜炎	1	—	1

(续表)

肺炎	10	18	28
肺病(未分类别)	44	27	71
小产	5	2	7
肺部浮肿	1	—	1
产褥热	—	6	6
肾盂炎	1	—	1
老衰	8	20	28
腐败血毒症	2	—	2
败血症	2	3	5
败血症暨出血病	1	—	1
天花	1	—	1
脾病(未分类别)	1	—	1
夏季肚泻	2	—	2
中暑	2	1	3
梅毒	1	—	1
梅毒性流产	1	1	2
肺结核	40	32	72
肠结核	—	5	5
肺肠结核	1	1	2
脑膜结核	2	2	4
腹膜结核	2	1	3
腺质结核	1	—	1
骨部结核	2	1	3
脊椎骨结核	—	1	1
重症外伤	—	1	1
伤寒	1	2	3
血结症	1	—	1
扁桃腺溃烂	—	1	1
扁桃腺炎	1	—	1
血液中毒(未分类别)	—	1	1
尿毒症	1	5	6
总计	502	568	1,070

1939年英租界灾民死亡统计

死亡因由	男性	女性	总数
气喘	—	2	2
气喘暨糖尿症	1	—	1
脚气病	3	1	4
气管支炎	3	1	4
气管支肺炎	12	16	28
心力虚弱	5	2	7
生产	—	1	1
惊风	1	—	1
痢疾	128	115	243
痢疾暨脚气病	1	2	3
急性肠炎	1	—	1
麻疹后肠炎	1	—	1
曝露饿毙	1	—	1
胃炎	1	1	2
营养不足	—	1	1
虚脱	1	—	1
麻疹	19	16	35
麻疹暨气管支炎	1	—	1
麻疹暨气管支肺炎	4	3	7
麻疹暨肠炎	—	1	1
麻疹暨肺炎	7	10	17
肾脏炎	1	1	2
水瘟口颊溃烂	1	1	2
小产	3	5	8
肺炎	21	14	35
肺炎暨痢疾	—	1	1
肺部浮肿	1	—	1
硬化症（新生）	—	1	1
老衰	7	5	12
饿毙	3	2	5
肺结核	19	25	44
结核病暨痢疾	—	1	1
肠结核	1	—	1
脑膜结核	—	1	1
腹膜结核	—	1	1
伤寒	3	1	4
总计	250	231	481

耀华学校 1939 年报告

一年来之重要事项

今年为本校成立之第 13 年并为高中毕业之第四届，爰书年来校务之可纪者，以就正于关垂本校诸公幸赐教焉。

本界管理委员会委员：

吴莲伯先生　陈晋卿先生　倪幼丹先生　郑慈荫先生　德恩若先生

本校管理委员会代表出席英文学校管理委员会管理委员。

庄乐峰先生：

本校校长及管理委员会之更调：金伯平校长于 6 月间曾因病辞职，当经本校管理委员会力加挽留并给假修养，且与保管团举行联席会议决定，由管理委员中推举 1 人代理校长，复经管理委员会会议，金以晋卿任职多年熟悉校务再三敦促，晋卿固辞不获，遂于 8 月 1 日来校视事。近金校长假期届满仍坚辞职，复经管理委员会与保管团开联席会议公决照准，即聘请晋卿继任校长并公邀曹润田先生为管理委员。

今年全校师生人数：中小学教职员 117 人，学生 1948 名。

高中毕业生升学状况：燕京大学规定凡经其承认之中学高中毕业生，其成绩列全班 20% 以前之学生得参加该校保荐升学考试。本校本界高中毕业生由本校保荐与考者共为 22 名，被录取者 20 名，其未经录取之两生仍可参加普通升学考试，而其他投考他校者，亦大多数录取升学。

高中毕业生就业情形：本年 10 月天津金城银行函请本校保送高中毕业生 6 名前往应练习生考试，结果本校文六毕业生张家勤、张本、理六毕业生韩荣会 3 名被录取，已入该行练习服务。

中学耀华两部名义取消及提早上课：自本年起将华四、华三、华二，六班男生改称中学男生丙组，女生改称中学女生乙组，仍收原华部学费。上课时间除原定在上午不计外，尽量提前，均自下午 1:30 分起至 4:51 分止，俾学生散学归家不至过晚，抑且有暇得以温习也。

文理科男女生分班授课：本校为谋文理科男女生分班授课起见，已设法腾出教室数间,将耀华两部高中二、三年级学生实行合并分为理五、理六,男生甲、乙两组,女生各一班,文五、文六男女生各一班,关于授课管理均感便利。

改订小学课程:本校小学课程及教科书以种种关系历年屡经改订,近年为适应升入本校中学程度起见,故课程间有与部颁标准及他校课程不同,乃于本年6月间,经小学教务主任孙芳仲主任向各校友征集功课表,详加参考斟酌损益妥拟计划并经管理委员会讨论通过,务使课程完密适应需要。

编制家俱总册:本校所用家俱向来只有英文薄[簿]记,自本年起,除用英文薄[簿]记外并另以中文编制总册,将校内一切家俱分别款目详细登记以清眉目而便统计。

注重卫生并举办种痘及注射疫苗:本校对于一切卫生特别注重,为谋教职员暨学生身体健康起见,曾自英工部局领有种痘执照,于5月18日起至5月27日止,由本校家庭看护教员赵文顺女士分别为全校师生种痘,复于水灾后,由本校负责办理医药之唐沣泉先生又为同人等注射霍乱、伤寒混合疫苗,以策安全。

本校被水概况:8月20日津市发生水灾,来势至猛不容措手防堵,除将重要文件物品及生物仪器、模型标本、打字机、钢琴等于初上水时先行搬移外,其他校具均不能抢护,至下午水势渐大,桌椅等物亦无法迁出,不免有相当损失。而体育馆地板因水之上压力关系,以致涨起凸凹不平。又以收容灾民数逾两千,船只出入篙桨所及门窗、玻璃、桌椅什物不无损坏,体育用具之各种器械损失尤多,操场所植树株因水浸袭亦多枯萎。总之,此次水灾本校损失颇为不赀云。

英工部局假用校舍收容难民:8月22日英工部局警务处派警持函到校,并随来灾民数船,向本校假用校舍尽量收容,晋卿以事关急难救济自不应加以拒绝,况在宣布戒严时期,英工部局对于界内公私财产有绝对支配之权,且英文学校亦已先借,故即允其借用第一、二、三校舍及大礼堂等处以资收容,惟是灾民数逾两千,人类不齐,本校什物不免损失,然亦无可如何之事耳。

本校教职员一部分及警役人等与少数眷属来校避难:此次水灾教职员及警役人等并少数眷属,亦均以住房被淹陆续来校避难,惟人数渐多,饮食已成问题,乃由晋卿商请英工部局警务处送来面粉200袋,烟煤3吨,又由会计处暂支银1千元以为零用添购之需。如是非但寄居校中之教职员人等生活得以维持,而校务亦得以不致停顿。至此次水灾英工部局假用校舍收容灾民、本校教职员及警役亦分值帮同警务处及基督教青年会负责稽查照料并遇事充分援助,故灾民住校数逾2000,尚未发生任何意外,而于水退之后得以赶即开学云。

开学延期设法补足缺课:本校原定8月25日开学,9月1日上课,迨至8月20日水灾发生,各校舍均住有灾民一时未能迁出,及水势渐退,晋卿与英工部局接洽,拟于10月11日开学。旋据贾世清大夫及女青年会总干事郑汝铨女士谈称,本校住居灾民儿童中有患麻疹者,因须避风一时不易迁出,又据卫生医官欧文大夫谈称,麻疹有传染性,难即迁出,故本校开学势不得不再事延期。后由欧、贾两大夫尽力援助并由本校催请英工部局设法早日赶搭席棚,先将打包公司灾民迁入,再将本校灾民迁入打包公司,至15日灾民迁出后,经用重量药剂消毒并严密封闭36小时启封后,复将一切桌椅用具切实洗涤,至10月18日正式开学上课,惟以本学期开学较晚,所有功课自不得不设法补足,因将本学年展至明年7月13日。

今年冬季本校之煤荒:本年入冬以来,英租界燃料缺乏,本校为注意调节起见,一面通知各级学生务著较厚衣服来校上课以重卫生,一面节制用煤计日分配,将室内温度始终保持均匀,故未发生任何影响。

取消学费折扣:本校关于学生交纳学费办法向有折扣之优待,如一家有学生2人同时在校肄业者,减收学费十分之一,3人者减收十分之二,4人以上者减收三分之一。惟以年来,百物昂贵,本校经济状况迥非昔比,现经本校管理委员会议决,自下学期起取消学费折扣,以之增加教职员津贴,已分函学生家长,查照矣。

清寒学生奖学金:本校为提倡家境清寒,品学兼优之学生来校,肄业前曾特设奖学金额,每年自经常费项下提出国币1000元专充此用,计本年清寒学生免费者,共有男女生24名。惟以款额有限难期宏济,清寒学生仍多向隅,晋卿有鉴于此,已提请管理委员会通过,自29年1月起,将校长薪俸每月减支100元,连同养老金及年终奖金之各一部份,全年共为1360元捐作清寒学生奖学金,以谋扩充免费名额。

广募清寒奖学基金:管理委员倪幼丹先生为思广庇清寒学生,积极募集奖学基金,多方接洽,不辞劳瘁。际兹水灾之后,百业凋敝之秋,犹能募集钜款额约3万元之谱,若非倪委员之望重交广及地方人士爱护,本校曷克臻此。将来本校清寒学生奖学基金若能再事增钜,胥肇端于此造福寒畯,诚非浅鲜。

举行恳亲会:本校每年一度之恳亲会及体育表演于5月6日举行,表演节目20余项，每项表演均博来宾之好评，尤以女生之舞蹈、男生之机[技]巧运动及小学学生之表情唱歌为全场所赞美，而学生之各科成绩类多，课内外阅读笔记、文艺创作以及其他别出心裁之作品，学生家长来校参观者约数千人，均称满意。

捐助衣物以济灾民：本年11月，本校将历年保存之学生遗失衣物，又全校中小学各级学生捐助之衣物2612件捐助救世军。英租界难民收容所之伦敦路难民区，俾分发灾民服用，又捐助天津基督教女青年会衣物450件，嘱其分发灾民服用，共计3062件，聊尽人类互助之意。

在校肄业学生人数：

本年年终在校肄业之中、小学学生共为1948名，因水灾之故迁移避难关系较上年减少134名，现有学生46班，计中学28班，小学18班。

中、小学两部详细人数：

年级	男生	女生	总数
高中	329	210	539
初中	333	217	550
高小	161	114	275
初小	349	235	584
总共	1172	776	1948

本年学生人数与上年之对照：

年别	男生	女生	总数
1938	1312	770	2082
1939	1172	776	1948

本年6月毕业生人数：

年级	男生	女生	总数
高中	133	50	183
初中	109	79	188
高小	56	51	107
初小	81	55	136

学生考试第一、二名奖品：

本年6月学年考试各级名列第一、二名之学生，本校颁给奖品、书券以资鼓励，共计100名。年级姓名列下：

高中三年男生：

崔　枋　　杨逢宾　　朱国璋　　林镜良

刘裕昆　周家良　孙兆录　张玉琪
高中三年女生：
姚念英　沈　槃
高中二年男生：
钱宇年　陈文汉　朱敬熙　娄钧昆
宋文林　李经纶　郭寿镛
高中二年女生：
渠川玲　金建申　虞庑眉
高中一年男生：
徐永强　梁思礼　钱宗澜　董履和
赵志一　王显武　李纶彰　傅毅远
高中一年女生：
秦士谦　曾和琳　王希琰　庞文贞
初中三年男生：
顾达诚　曹锡隽　高庭梁　李炳光
程毓征　宁志澄
初中三年女生：
靳桂书　张淑兰　陈佩珍　贾锡安
初中二年男生：
赵复三　张墨海　王显文　林鸿孙
周符珉　李恩镇　张燕伯　邱澄一
初中二年女生：
李　晶　冯健美　王元端　张明星
初中一年男生：
李赓铮　马长义　娄剑昆　张宝瑞
张瑛善　邵延慈
初中一年女生：
徐永平　王观沄　乔舜华　林秀容
高小二年男生：
王祖泽　王孟端　郑元珂　冯学文
高小二年女生：

王华贞　王慧贞

高小一年男生：

范恩滂　李国光　陈达鹏　周尧和

高小一年女生：

王家珍　黄奉珍

初小四年男生：

阎震南　许福超　刘保纲　张曾铨

初小四年女生：

林桂英　黄玲爱

初小三年男生：

梁绍周　宣大中　訾祖光　沈世良

初小三年女生：

魏　华　李燕年

初小二年男生：

顾耀南　李仲明　陈延辉　潘若白

初小二年女生：

叶雅梅　王玉贞

初小一年男生：

胡宗瀛　穆景熙　王　宁　张林昌

初小一年女生：

杨　云　张允凤

褒奖证书：

本校学生于一学年内学业操行、体育考勤成绩兼优者，本校颁给褒奖证书，本年获得是项荣誉者为高中男生1名，高中女生3名，初中男生1名，初中女生3名，高小女生2名，初小男生13名，初小女生10名，共计33名。年级姓名列下：

高中一年男生：王显武

高中一年女生：曾和琳　　秦士谦　王希琰

初中三年女生：靳桂书

初中二年男生：赵复三

初中二年女生：王元端

初中一年女生：徐永平
高小二年女生：王华贞
高小一年女生：王家珍
初小四年女生：黄玲爱
初小三年女生：张令瑛　　魏　华
初小二年男生：李仲明　　李锡曾　黄文元　任汝铿　柳家瀛
　　　　　　　张　标　　马家邃　马可行　顾耀南
初小二年女生：王玉贞　　阎钟明　尚稚珍　胡兆烘
初小一年男生：王　宁　　张林昌　王肇夔　乔慈忠
初小一年女生：吴明训　　吴莲娟　李赓鑫

全勤奖

本年初中毕业女生靳桂书、刘钟兰二名自初中一年至初中毕业三年以来，勤恳向学，从未迟到、请假及旷课，故本校给予二等全勤奖品、礼券各20元，以昭激励。

英皇奖学金

本年6月初中毕业成绩最优而继续在本校肄业，应得英皇御极25周年纪念奖学金学生之姓名列下：

男生：顾达成　曹锡隽　高廷梁　李炳光
女生：靳桂书　张淑兰

图书馆

本校图书馆去年图书总数28237册，以学生人数日多图书不敷阅览，乃自3年前有增购图书10年计划实行后，指定每年购置费4000元，故3年以来购置图书较多。今年增购及捐赠计863册，连同历年购存图书共为29100册，而水灾损失962册，实存28138册，如是则陆续增加蔚为大观，以供师生之研讨，尚冀热心人士踊跃捐助，尤为感荷。

体育

本校28年毕业男、女生于4月17日发起与在校同学作告别联欢赛，男、女生分别以足、篮球举行联欢，并由毕业男、女生合置文房四宝一具亲授在校学生，本校并代置足、篮球联欢杯各一具以为永久纪念。事前由毕业男、女生具名，函请管理委员及在校师长莅临训话，各班学生亦均到场，体育馆内几无隙地。首由主席钱明年报告开会意义，次请倪委员、金校长致训词，语多恳挚闻者奋勉，后由樊主任追述本校经营之艰辛及对于学生之热望尤为剀切，末由毕业学生致谢词毕，即行开始比赛，足球由金校长行开球礼，篮球由樊主任夫人行开球礼，结果毕业班双得优胜，由陈委员夫人发奖，至 5:30 始尽欢而散。

本校参加市公署体育协会主办之夏季排球赛，于 4 月 23 日由男子高中组与工商队在本校操场举行决赛，结果以 3:1 本校荣膺冠军，男子高小组亦以二对一战胜大同，夺得首席，实为本校增光。

本校班际篮球比赛自 11 月 20 日起始比赛以来，男、女生共比赛 40 余场，各班队员之竞争角逐备极兴奋，结果各组冠军为理五女生、理六男生、乙组中三男生、乙组中三女生及高小一年男生乙组云。

校长　陈晋卿

耀华学校
截至 1939 年 12 月 31 日止之收支统计

支出			收入		
预算		决算	预算		决算
钞洋		钞洋	钞洋		钞洋
	教职员：		85,000.00	英工部局协款	94,171.95
132,492.00	薪金年积金暨年终双俸	134,967.16	103,720.00	学费	102,856.72
	校役暨门警：		—	利息	3,854.63
8,200.00	工资暨年终奖金	9,382.40			
1,000.00	医药暨卫生设施	226.88			
1,420.00	保险	1,416.53			
9,000.00	燃料电灯暨用水	10,669.67			
4,200.00	修理保持暨添置	2,874.56			
5,500.00	纸张暨印刷	7,045.51			
3,700.00	体育费用	1,908.15			
600.00	电话	591.30			
5,600.00	杂项	6,698.57			
400.00	课本	54.51			
1,000.00	临时费用	1,628.17			
5,600.00	准备金存储	5,596.09			
3,500.00	实验室暨室外实习费用	1,993.27			
240.00	例假费用准备	240.00			
1,000.00	奖学金	1,000.00			
4,000.00	参考书籍	4,000.00			
—	钞洋兑换贴水	7,484.72			
1,268.00	结余列入建设项下	3,105.81			
188,720.00		200,883.30	188,720.00		200,883.30

耀华学校
截至 1939 年 12 月 31 日止之结算单

债务		资产		
	钞洋	地亩:		钞洋
零星债务	20,168.07	第一段第 343 号计 52.945 亩,每亩值 5,930.07 元		313,967.56
学生存款	13,467.31			
准备金	44,940.36	校舍:		
例假费用	2,160.00	第一校舍	129,400.86	
英皇御极 25 周年纪念奖学金	6,000.00	第二校舍	129,058.34	
耀华奖学金	1,280.90	第三校舍	132,281.85	
建设项目	21,229.00	第四校舍	145,929.90	
小学部校舍扩充建筑费	34,752.00	体育馆	54,985.80	
参考书籍购置费	4,193.54	校役室	1,482.00	
总结余	1,388,353.37	礼堂	254,226.71	
		校舍里院铺砌	19,676.59	
		办公厅	28,930.59	
		院墙暨校门	26,191.74	
				922,164.38
		家具		83,318.34
		科学仪器		54,477.22
		参考书籍		14,425.87
		投资项下(实价)		48,311.83
		零星欠款		6,686.11
		书籍暨材料(实价)		2,381.30
		定期存款		39,673.40
		现款		300.00
		英工部局流水账		50,838.54
	1,536,544.55			1,536,544.55

敝公司已将上列截至 1939 年 12 月 31 日止之结算单审核并得有一切闻料暨解释,其所列投资业经查核。据敝公司所知并参照供给之说明暨簿册所列注解,该结算单之开列用以表示耀华学校之正确财政状况是系正当。

汤生公司

特许查账稽核员

天津　1940 年 2 月 2 日

耀华学校
截至1939年12月31日止之建设账目

		钞洋			钞洋
家具		3,758.00		1938年度结存余款	63,112.58
科学仪器		2,887.32		中学部新生注册费	234.00
参考书籍购置费		1,259.90		1939年度经常收支两抵结存余款	3,105.81
杂项		482.40			
小学部校舍扩充建筑费		34,752.00			
建筑项下:					
办公厅:建筑费	1,687.50				
办公厅:装修设备	396.27				
	———	2,083.77			
结余		21,229.00			
		———			———
		66,452.39			66,452.39

耀华学校
民国29年预算

收入			支出	
	钞洋			钞洋
英工部协款	94,000.00		教员薪水	136,500.00
费学[学费]	117,390.00		年积金	5,033.00
			教员年终奖金	8,389.00
			差役门警薪工	11,208.00
			差役年终奖金	565.00
			修缮维持及添置费	2,000.00
			医药及卫生设备	500.00
			煤炭电灯及用水	12,000.00
			文具及印刷品	5,500.00
			保险费	1,420.00
			电话	560.00
			杂项	5,600.00
			特别费用	2,000.00
			教科书	400.00
			体育费用	3,000.00
			校舍及家具储金	5,596.00
			实习费用	3,500.00
			假期津贴	250.00

（续表）

			奖学金	2,360.00
			参考图书等	4,000.00
			总计	210,381.00
			约计余款	1,009.00
	211,390.00			211,390.00

1939 年财政报告

本年预算编造已属紧节,比因汇兑行市锐跌,交通阻隔,洪水浸淹,种种不幸事态原案完全推翻,秋后各种费率虽有临时应急附加所入,仍不足以弥补巨额支出。

总务经常收入:

因房产租值估计增加 10%暨新建筑之添增,此项收入比较预算计增收洋 74,000 元,码头捐收入并有起色。惟下半年捐照费征收颇现低减,尤以人力车捐为甚,查经常收入总数比之预算计增益洋 116,720 元。

总务经常支出

生活腾贵职员给予特别津贴,连同汇兑行市低落暨钜[巨]额水灾费用,概为此项开支增加洋 503,744 元之缘由。

天津英文学堂:

本年工部局拨付英文学堂之协款,系以该校实需费用为限。

警务处:

年间外籍职员增添暨汇兑行市低落,故支出计增加洋 68,472 元。

工程处:

年初外籍处员辞职缺额未经补充,故薪俸项下颇有撙节,并因洪水浸淹,妨碍经常保持工事之施行,故保持费用间有节减。

总务特别支出:

游泳池之建筑费超过预算所列计洋 88,419 元,惟其他建筑工事之大部未及进行,故开支比较预算计减支洋 125,600 元。

电务处:

营业账目:因电费增加售电收入比较预算所列计增收洋 181,000 元,其支出费用虽有各种困难,比之预算只增支洋 73,000 元,故此盈利总计增益洋 108,000 元。

建设购置支出:查需电量增加,故购买电表费用显有添增,旋因出售拆卸旧房材料进款,其大部已经抵销。

水道处:

■ 天津英租界工部局史料选编

营业账目：本年售水收入比之预算计增益洋 58,700 元，其要因为临时应急附加，惟洪水期间给水产量发生障碍，致须另购水量，并因水灾费用綦重，预计之盈利洋 23,169 元，易成不敷洋 31,883 元。

建设购置支出：预定规画[划]未及完成，兹已从缓并入 1940 年预算案。

统计总结：

综核上述各项经常收支两抵预算，原列之盈余洋 66,135 元，易成不敷洋 273,620 元，计合差额洋 339,755 元。查特别建筑项下约计减支洋 20 万元余，故预算总计原列不敷洋 596,675 元，易成实支不敷洋 801,178 元。

会计处长　莫尔德

（一表）

1939 年英租界内罪案统计

罪案类别	案 件			人 数			财 务	
	报告件数	受理件数	检送法庭或罚办	逮捕	检送法庭或罚办	释放	失窃数目（钞洋）	缉获数目（钞洋）
图谋械劫未遂	1	1	—	—	—	—	—	—
图谋殴打未遂	2	2	2	2	2	—	—	—
图谋弃尸未遂	1	1	1	2	2	—	—	—
图谋偷盗未遂	5	5	1	2	2	—	—	—
图谋勒索未遂	1	1	1	1	1	—	—	—
夜间谋窃住宅未遂	1	1	—	—	—	—	—	—
图谋凶杀未遂	5	5	1	1	1	—	—	—
谋窃店铺未遂	1	1	—	—	—	—	—	—
图谋攫取财务未遂	1	1	—	1	—	1	—	—
谋窃未遂	6	6	4	7	5	2	—	—
携械抢夺	5	5	3	43	13	30	7,471.00	—
殴打成伤	17	17	17	23	23	—	—	—
拐带勒索	1	1	1	1	1	—	—	—
抛弃尸首	1	1	1	3	3	—	—	—
偷盗	21	21	7	15	9	6	10,255.00	1,432.00
假造商标	1	1	1	1	1	—	—	—
恶意损害	1	1	1	1	1	—	—	—
贩卖海洛因	1	1	1	1	1	—	—	—
伪造印鉴及撞骗	1	1	1	3	1	2	4,590.00	—
偷窃汽车房	1	1	—	—	—	—	40.00	—
偷窃住宅	4	4	—	3	—	3	2,800.00	2,800.00
虐待幼童	1	1	1	1	1	—	—	—
开设鸦片暨海洛因馆	27	27	27	175	175	—	—	—

（续表）

闲游意图作案	4	4	4	5	5	—	—	—
侵蚀款项	12	12	5	10	7	3	4,620.09	305.00
凶杀	2	2	—	—	—	—	—	—
凶杀暨抢夺	1	1	1	6	1	5	500.00	300.00
骗取钱财	2	2	2	7	7	—	650.00	399.00
骗取货品	6	6	3	5	4	1	2,243.00	2,200.00
有伤风化	2	2	2	2	2	—	—	—
夜间偷窃公事房	3	3	1	1	1	—	45.00	24.00
扒窃	8	8	2	5	4	1	126.40	42.00
私藏军火	1	1	1	1	1	—	—	—
私匿赃物	3	3	3	3	2	1	—	—
私藏鸦片	1	1	1	1	1	—	—	—
收受赃物	3	3	3	4	4	—	—	—
限制自由暨非法逮捕	2	2	2	3	3	—	—	—
盗窃	3	3	1	5	5	—	2,871.00	2,025.00
攫夺	6	6	2	4	4	—	228.00	51.00
偷窃仓库	2	2	—	—	—	—	40.00	—
偷窃店铺	2	2	1	1	1	—	1,150.00	350.00
绺窃	347	347	12	259	146	113	26,813.91	12,025.76
偷窃汽车	1	1	—	—	—	—	11,000.00	10,920.00
偷窃人力车	6	6	2	3	2	1	255.00	110.00
任意侵入住宅	2	2	1	2	1	1	—	—
1939年统计	525	525	228	613	443	170	75,698.40	32,983.76
1938年统计	949	949	467	743	529	212	49,777.90	18,305.55

（二表）

处理违章人数统计

案件	案犯人数		
	逮捕或被传到案	警诫后释放	取保释放或另行发落
1939年报告案件总数 4,480	8,682	1,257	7,425
1938年报告案件总数 7,058	12,337	1,783	10,554

统计数目见减——比之上年计减2578起。

（三表）
1939年车辆肇事总计

	1月	2月	3月	4月	5月	6月	7月	8月	9月	10月	11月	12月	统计
汽车与汽车	1	4	2	1	2	2	2	–	–	–	3	3	20
汽车与电水自行车	–	–	–	–	1	–	1	–	–	1	1	1	4
汽车与人力车	4	3	1	1	2	3	2	2	1	4	4	4	31
汽车与自行车	1	–	4	4	5	6	1	1	–	3	4	6	35
汽车与排子车	3	–	1	1	2	–	–	1	1	–	1	–	10
汽车与蒸汽机车	–	–	–	–	–	–	–	–	–	–	–	–	1
汽车与脏土车	–	–	–	–	–	–	–	–	–	1	–	–	1
汽车与水车	–	–	–	–	–	–	–	–	–	1	–	–	1
汽车与粪车	–	–	–	–	–	–	–	–	–	1	–	–	1
汽车与三轮自行车	1	–	–	–	–	–	–	–	–	–	–	–	1
载重汽车与载重汽车	–	–	–	1	2	–	–	–	–	–	–	–	3
载重汽车与汽车	–	–	–	1	–	1	1	–	–	–	2	1	6
载重汽车与人力车	2	2	1	2	1	1	–	–	1	–	–	–	10
载重汽车与自行车	1	2	–	1	3	2	1	–	–	2	–	–	12
载重汽车汽车与自行车	1	–	–	–	–	–	–	–	–	–	–	–	1
载重汽车与排子车	–	1	1	–	–	–	–	–	–	–	–	–	3
公共汽车与汽车	1	–	–	–	1	–	–	–	–	–	–	–	2
公共汽车人力车与三轮自行车	1	–	–	–	–	–	–	–	–	–	–	–	1
公共汽车与人力车	–	–	1	–	–	–	–	–	–	–	–	–	1
公共汽车与排子车	–	–	1	–	–	–	–	–	–	–	–	–	1
电水自行车载重汽车与自行车	–	1	1	–	–	–	–	–	–	–	–	–	2
电水自行车与自行车	–	–	–	–	–	1	–	–	–	1	–	–	2
电水自行车人力车与自行车	–	–	–	–	1	–	–	–	–	–	–	–	1
电水自行车与人力车	–	–	–	–	–	1	–	–	–	1	–	–	2
警务巡逻车与自行车	–	–	–	1	–	–	–	–	–	–	–	–	1
每月统计	16	13	13	13	20	18	7	5	3	14	16	15	153

1939年英租界外国人死亡统计

死亡原因	男性	女性	总数
气管支肺炎	1	–	1
肝部生痈	1	–	1
心房癌	–	1	1
肠癌	1	–	1

(续表)

脑冲[充]血	-	1	1
瘠瘵	-	1	1
脑髓软化	-	1	1
急性脑炎	-	1	1
血管闭塞	1	-	1
自致枪伤	1	-	1
痰决[厥]	2	-	2
心肌炎转变痰决[厥]	1	-	1
脑膜炎	1	-	1
肺部结核	1	-	1
麻痹结肠炎	-	1	1
猩红热	1	-	1
妊娠血毒	-	1	1
血毒痰决[厥]	1	-	1
总计	12	7	19

1939年英租界中国人死亡统计（灾民在外）

死亡因由	男性	女性	总数
打胎	—	2	2
胸痛气咽	1	3	4
贫血症	—	5	5
中风	46	39	85
盲肠炎	1	1	2
血管组织硬化	—	1	1
煤气熏毙	3	3	6
气喘	16	19	35
膀胱瘤	1	—	1
气管支炎	6	10	16
气管支肺炎	9	6	15
疔疮	2	1	3
痈疽(未分类别)	1	—	1
子宫痈	—	2	2
肠癌	—	2	2
食管生癌	1	—	1
胃癌	2	2	4
胃肠生癌	—	1	1
心脏瓣膜病	21	29	50
心力虚弱(未分类别)	57	67	124

(续表)

心脏麻痹	2	—	2
腿部蜂窠组织炎	1	—	1
虚性脑充血	—	1	1
脑系血结	1	—	1
生产	—	14	14
真性霍乱	1	—	1
肝部硬化症	1	—	1
急性结肠炎	2	1	3
慢性结肠炎	—	1	1
慢性溃疡结肠炎	—	1	1
惊风	31	33	64
刎颈	—	1	1
虚弱	1	—	1
具有糖尿特征之昏睡房	1	—	1
慢性肚泻	3	1	4
肚泻	5	8	13
白喉	1	—	1
浮肿（未分类别）	12	13	25
溺毙	2	—	2
消化不良	—	4	4
痢疾	35	20	55
触电	1	—	1
急性心脏内膜炎	1	—	1
急性肠炎	12	11	23
慢性肠炎	2	2	4
慢性肠炎暨口内炎	1	—	1
肠炎暨肾脏炎	1	—	1
羊痫疯	—	2	2
妇女病症（未分类别）	—	50	50
食物中毒	—	3	3
胃肠黏膜炎	—	1	1
慢性胃炎	3	3	6
胃肠炎	1	—	1
胃瘤（未分类别）	—	1	1
胃病（未分类别）	14	14	28
胃疮	1	1	2
枪伤致命	1	—	1
慢性海洛因中毒	—	1	1

(续表)

中暑	3	4	7
半身不遂(未分类别)	8	7	15
出血	5	1	6
内部出血	—	2	2
寒热过高	—	1	1
饥饿困惫	—	1	1
流行性感冒	—	2	2
神经错乱	—	2	2
急性肠黏膜炎	1	2	3
慢性肠黏膜炎	—	3	3
肠疾(未分类别)	4	4	8
肠部闭塞	10	11	21
黄疸病	2	—	2
刀伤	1	—	1
肝病(未分类别)	2	1	3
疟疾	1	—	1
营养不足	—	1	1
虚脱	2	—	2
麻疹暨气管支肺炎	3	2	5
脑膜炎(未分类别)	1	2	3
子宫炎	—	1	1
心脏炎栓塞	1	—	1
慢性心脏炎	3	2	5
肾脏炎	6	1	7
慢性肾脏炎	5	4	9
肾脏组织硬化	1	—	1
慢性麻醉剂中毒	2	—	2
慢性鸦片中毒	1	—	1
心包炎	—	1	1
急性腹膜炎	1	2	3
肋膜炎	1	—	1
肺炎	10	18	28
肺病(未分类别)	44	27	71
小产	5	2	7
肺部浮肿	1	—	1
产褥热	—	6	6
肾盂炎	1	—	1
老衰	8	20	28

(续表)

腐败血毒症	2	—	2
败血症	2	3	5
败血症暨出血病	1	—	1
天花	1	—	1
脾病(未分类别)	1	—	1
夏季肚泻	2	—	2
中暑	2	1	3
梅毒	1	—	1
梅毒性流产	1	1	2
肺结核	40	32	72
肠结核	—	5	5
肺肠结核	1	1	2
脑膜结核	2	2	4
腹膜结核	2	1	3
腺质结核	1	—	1
骨部结核	2	1	3
脊椎骨结核	—	1	1
重症外伤	—	1	1
伤寒	1	2	3
血结症	1	—	1
扁桃腺溃烂	—	1	1
扁桃炎	1	—	1
血液中毒(未分类别)	—	1	1
尿毒症	1	5	6
总计	502	568	1,070

1939年英租界灾民死亡统计

死亡因由	男性	女性	总数
气喘	—	2	2
气喘暨糖尿症	1	—	1
脚气病	3	1	4
气管支炎	3	1	4
气管支肺炎	12	16	28
心力虚弱	5	2	7
生产	—	1	1
惊风	1	—	1
痢疾	128	115	243
痢疾暨脚气病	1	2	3
急性肠炎	1	—	1
麻疹后肠炎	1	—	1
曝露饿毙	1	—	1
胃炎	1	1	2
营养不足	—	1	1
虚脱	1	—	1
麻疹	19	16	35
麻疹暨气管支炎	1	—	1
麻疹暨气管支肺炎	4	3	7
麻疹暨肠炎	—	1	1
麻疹暨肺炎	7	10	17
肾脏炎	1	1	2
水瘟口颊溃烂	1	1	2
小产	3	5	8
肺炎	21	14	35
肺炎暨痢疾	—	1	1
肺部浮肿	1	—	1
硬化症（新生）	—	1	1
老衰	7	5	12
饿毙	3	2	5
肺结核	19	25	44
结核病暨痢疾	—	1	1
肠结核	1	—	1
脑膜结核	—	1	1
腹膜结核	—	1	1
伤寒	3	1	4
总计	250	231	481

1939年英租界暨其他区界传染病症报告统计

	英租界		法租界		意租界		日租界		特一区		特二区		特三区		华界		总计
	外人	华人	外人	华人	外人	华人	外人	华人	外人	华人	外人	华人	外人	华人	外人	华人	
阿米巴性赤痢	2	3	-	-	-	-	-	-	-	-	-	-	-	-	-	-	5
脑脊髓炎	-	-	1	-	-	-	-	-	-	-	-	-	-	-	-	-	1
流行性脑脊髓膜炎	-	-	-	-	-	-	-	-	-	-	-	-	-	-	-	1	1
脑脊髓膜炎	-	-	3	1	-	-	-	2	-	-	-	-	-	-	-	-	6
水痘	1	-	1	---	-	-	-	-	-	-	-	-	-	-	-	-	2
霍乱	-	1	-	-	-	-	-	1	-	-	-	-	-	-	-	1	3
白喉	14	7	2	-	1	-	-	6	-	-	-	1	-	2	-	3	36
杆菌性赤痢	1	-	-	-	-	-	-	-	-	-	-	-	-	-	-	-	1
丹毒	1	-	-	-	-	-	-	-	-	-	-	-	-	-	-	-	1
发疹伤寒	-	-	2	-	-	-	-	-	-	-	-	-	-	-	-	-	2
麻疯[风]病	-	1	-	-	-	-	-	-	-	-	-	-	-	-	-	-	1
疹子	-	40	198	-	-	-	-	-	-	-	-	-	-	-	-	-	238
脑膜炎	-	3	4	-	-	-	-	-	-	-	-	-	-	-	-	-	7
球菌脑膜炎	-	1	-	-	-	-	-	-	-	-	-	-	-	-	-	-	1
腮腺热	15	3	-	-	-	-	-	-	-	-	-	-	-	-	-	-	18
副伤寒症	1	-	-	-	-	-	-	-	-	-	-	-	-	-	-	-	1
类似斑疹伤寒	-	-	-	-	-	-	-	1	-	-	-	-	-	-	-	1	2
类似斑疹伤寒(甲)	-	-	-	-	-	-	-	11	-	2	-	1	-	1	1	9	25
类似斑疹伤寒(乙)	-	-	-	-	-	-	-	4	-	-	-	-	-	1	-	4	9
猩红热	4	5	6	-	3	-	-	8	-	-	-	-	-	-	1	5	32
轻性猩红热	-	1	-	-	-	-	-	-	-	-	-	-	-	-	-	-	1
天花	1	3	4	-	2	-	-	1	-	-	-	-	-	-	-	1	12
疑似斑疹伤寒	-	-	-	-	-	-	-	-	-	-	-	-	-	-	-	1	1
伤寒	1	10	15	-	1	-	-	-	-	-	-	-	-	-	-	-	27
斑疹伤寒	-	1	-	-	-	-	-	-	-	-	-	-	-	-	-	-	1
腹部斑疹	-	1	-	-	-	-	37	-	-	-	-	1	-	8	-	48	96
总数	41	80	236	1	7	-	71	-	3	-	3	-	12	1	1	74	530

天津英文学堂

截至 1939 年 12 月 31 日止之收支统计

支出		收入	
预算	决算	预算	决算

钞洋	钞洋					
英镑支出	英镑 7,470.8.6		255,108.88			
英镑	英镑	钞洋	工部局协款	英镑 5,616.18.2		
2,929. 外籍职员薪俸	2,866.13.8	135,584.86		钞洋		
钞洋						
293. 外籍职员年积金	286.13.4	13,355.54	40,500.00	学费	38,253.62	
627. 外籍职员旅费	395. 8.9	16,156.40	1,300.00	利息	1,792.91	
546. 外籍职员例假薪俸	477.19.5	20,356.16	——		——	
					40,046.53	
4,395.	4,026.15.2	185,452.96	41,800.00			

钞洋	钞洋支出	钞洋
66,217.00	外籍职员薪俸及年积金	59,456.73
3,340.00	中国员役工资	3,643.00
1,720.00	医生费	2,221.66
775.00	保险	773.58
3,500.00	暖气	3,648.78
1,900.00	电灯电马力	2,085.28
500.00	用水	388.29
5,000.00	修缮及换新	3,730.12
3,000.00	纸张印刷	2,019.97
500.00	职员图书室	588.31
414.00	电话	424.18
4,000.00	普通用费	5,404.76
500.00	临时项下	804.00
3,072.00	假期薪俸准备	1,400.97
966.00	旅费准备	1,390.25

3,325.00	准备金存储	3,322.49
500.00	学校奖品费用	329.54
300.00	运动比赛奖品费用	300.00
-	体育场费用	2,616.73
1,200.00	家具剔旧换新	1,256.90
500.00	仪器剔旧换新	238.21
-	汇兑贴水	872.39
-	水灾应急费用	12,786.31
36,495.00	扩展体育场	
		109,702.45
137,724.00		
		295,155.41

天津英文学堂

截至1939年12月31日止之结算单

债务		资产	
	钞洋		钞洋
保管款项（奖学金暨奖品）	9,900.00	地亩：	
旅费准备	23,235.17	校址计15.587亩,每亩值洋7,264.34元	113,229.20
例假期薪俸准备	19,165.80		
准备金存储：		体育场计36.682亩,每亩值洋2,520.28元	92,448.90
上年结存	40,654.16		
1939年准备	3,322.49		205,678.10
五厘利息	2,198.83	建筑：	
	46,175.48	学校	352,166.71
奖学金暨奖品（积存利息）	885.81	体育馆	6,700.00
存款（书籍押款）	4,068.10	体育场凉亭	9,806.00
零星债务	5,887.60		368,672.71
建设项下（参照规画[划]）	39,005.86	设备	71,216.97
总结余	685,461.12	家具	27,396.77
		试验室仪器	12,496.57

投资(计值)
准备金存储　　　　　43,803.43
保管款项　　　　　　　9,900.00
建设费　　　　　　　19,966.44
　　　　　　　　　　　　　　　　　　73,669.87
英镑账(1,234.7.0)　　　　　　　　　39,088.24
预备售与学生之书籍文具(册列价值)　9,742.15
零星欠户　　　　　　　　　　　　　 3,470.68
现款　　　　　　　　　　　　　　　 　100.00
英工部局流水账　　　　　　　　　　22,252.88

833,784.94　　　　　　　　　　　　833,784.94

敝公司已将上列截至1939年12月31日止之结算单审核并得有一切闻料暨解释，其所列投资业经查核，所存书籍、文具业经该校管理员估价。据敝公司所知并参照供给之说明暨簿册所列注解，该结算单之开列用以表示英文学堂之正确，财政状况是系正当。

　　　　　　　　　　　　　　　　　　汤生公司
　　　　　　　　　　　　　　　　　特许查账稽核员
　　　　　　　　　　天津　1940年2月19日

天津英文学堂建设项下
截至1939年12月31日止
　　　　　　钞洋　　　　　　　　　　　　钞洋
学校分舍项下　1,808.13　　1938年结余　　42,485.19
修理暨重盖　　2,246.00　　售卖家具装件　　 754.00
杂项　　　　　　179.20
结余移后　　 39,005.86

　　　　　　43,239.19　　　　　　　　　43,239.19

　　　　　　学校分舍项下
　　　　　截至1939年12月31日止
　　　　　　钞洋　　　　　　　　　　　　钞洋

杂项	307.25	寄宿费	2,950.00
修缮暨换新	67.23	收支两抵不敷之数移入建设项下	1,808.13
伙食	2,074.30		
房租	1,320.00		
燃料水电	433.85		
工资	555.50		
4,758.13			4,758.13

天津英文学堂1940年预算

支出

	英镑	钞洋
教职员薪金	2,815.6.8.	54,137.00
年积金	281.10.8.	4,903.00
旅费准备	671.15.0.	891.00
例假期薪俸准备	695.15.0.	611.00
	4,464.7.4.	60,542.00
按四便士折合		267,862.00
		328,404.00
中国员役工资		5,080.00
医生费		2,100.00
保险		775.00
暖气		4,000.00
电灯电马力		3,000.00
用水		750.00
修缮暨换新		3,000.00
纸张印刷		3,000.00
教职员图书室		500.00
电话		420.00
普通费用		5,000.00
临时项下		500.00

家具修缮暨换新	1,200.00
仪器暨剔旧置新	500.00
准备金存储	3,325.00
学校奖品	500.00
体育比赛奖品	300.00
体育场费用	1,000.00
收支两抵盈余之数	173,586.00
	536,940.00

收入

钞洋

学费	50,000.00
利息（建设费项下投资）	1,300.00
依照保管团契约条款英工部局应付协款英镑8094按四便士折合	485,640.00
	536,940.00

附件

兹为陈报选举人暨便于比较起见，编造附列预算显示1940年自1月起至4月30日之4个月须予履行之款额及本年度4月以后之支出，惟假定本校经营其高级职员接受薪俸与年积金之计算概按工部局"甲"级职员之待遇办理。

天津英文学堂1940年预算

支出

	英镑	钞洋
职员薪俸自1月至4月底依现有职员合同条款核计	938. 8.11.	18,046.00
年积金核计同上	93.16.10.	1,634.00
1940年旅费准备	223.18.4.	297.00
1940年例假期间薪俸准备	231.18.4.	204.00
	1488. 2. 5.	20,181.00

按四便士折合		89,287.00
		109,468.00
职员薪俸金自5月1日起至年底止依修正薪俸等级核计		117,736.00
年积金核计同上		20,912.00
旅费准备核计同上	447.16.8.	594.00
例假期间薪俸准备核计同上	463.16.8.	407.00
	911.13.4.	
按四便士折合		54,700.00
		303,817.00
中国员役工资		5,080.00
医生费		2,100.00
保险		775.00
暖气		4,000.00
电灯电马力		3,000.00
用水		750.00
修缮暨换新		3,000.00
纸张印刷		3,000.00
教职员图书室		500.00
电话		420.00
普通费用		5,000.00
临时项下		500.00
家具修缮暨剔旧换新		1,200.00
仪器剔旧换新		500.00
准备金存储		3,325.00
学校奖品		500.00
体育比赛奖品		300.00
体育场费用		1,000.00
		338,767.00

收入

钞洋

学费	50,000.00
利息	1,300.00
工部局应付协款英镑 8094,依照工部局提议章程第十九条甲修正即每元按十便士又十六分之十三折合规定核计之元数	180,000.00
不敷款额	107,467.00
	338,767.00

空地保管员[团]

体育场保管团
截至1939年12月31日止之收支统计

支出	钞洋	收入	钞洋
经常项下：		英工部局协款	1,700.00
修缮及保持	634.60	场地租金：	
电灯暖气用水	491.40	普通项下	2,406.00
保险	160.00	特别项下	540.00
中国政府地亩捐	42.69		2,946.00
工资	729.00		
管理员酬金	450.00		
零星费用	222.24		
	2,729.93		
利息	483.14		
汇兑	58.63		
折旧	685.54		
转移地亩与新保管团之领事馆过户费暨法律费	442.90		
结余转入总结账目	245.86		
	4,646.00		4,646.00

天津1940年1月19日

体育场保管团
截至1939年12月31日止之结算单

债务		资产	
钞洋		钞洋	

天津英工部局 1939 年董事会报告暨 1940 年预算

总结账目：		地亩：	
上年清单	574,810.83	体育场：	
加：收入结余	245.86	面积85.384亩,每亩计值6000元	512,304.00
	575,056.69	建筑项下：	
司事年积金	1,109.25	安德森凉亭 1897 年建造	
		1936 年重建估计产值	28,150.00
		加：1938 年重建计值	12,658.67
			40,808.67
		减去：计至 1939 年底止之例行折旧	10,619.33
			30,189.34
		围墙大门：	
		1915 年建筑计值	11,362.69
		减去：计至 1939 年底止之例行折旧	1,287.00
			10,075.69
		溜冰及网球休息室：	
		1934 年筑造计值	19,854.00
		减去：计至 1939 年底止之例行折旧	756.03
			19,097.97
		木质看台：	
		1929 年购置计值	1,004.00
		减去：计至 1939 年底止之例行折旧	954.00
			50.00
		投资	3,000.00
		银行存款	1,448.94
	576,165.94		576,165.94

体育场保管团名誉秘书暨会计海维林签署

敝公司已将上列结算单连同空地保管团之簿册暨账目审核并得有一切所需闻料暨解释,据敝公司考核所知并参照保管团供给之说明暨簿册所列注解,该结算单之开列用以表示保管团之实在正确,财政状况是系正当。

汤生公司

特许查账稽核员

天津　1940年1月19日

空地保管团

民园

截至1939年12月31日止之收支统计

	支出		收入
	钞洋		钞洋
经常项下：		英工部局协款	6,800.00
保持暨修理费	1,124.33	租金	1,251.00
电灯暖气暨用水	485.69		
保险	7.00		
中国政府地捐：			
维多利亚花园	32.80		
民园	28.65		
	61.45		
工资	1,552.00		
管理员酬金	450.00		
零星费用	334.96		
运动费用：			
赛跑路线	128.20		
扁棒球	278.15		
足球	138.05		
	544.40		
	4,559.83		
利息	3.07		
折旧	241.95		

转移地亩与新保管团之领事馆

过户费暨法律费：

维多利亚花园	650.72	
民园	188.23	
	838.95	
结余转入总结账目	2,407.20	
	8,051.00	8,051.00

特别支出：

"乙"号看台添加卫生设备工程　　1,420.00

天津 1940 年 1 月 19 日

截至 1939 年 12 月 31 日止之结算单

债务		资产	
钞洋		钞洋	
总结账目：		地亩：	
上年清单	820,194.18	维多利亚花园：	
加：收入结余	2,407.20	面积 18,238 亩，每亩	
	822,601.38	计值洋 3 万元	547,140.00
		民园：	
		面积 57,300 亩，每亩	229,200.00
		计值洋 4 万元	776,340.00
		民园建筑物：	
		"甲"号看台 1926 年建造计值	7,161.29
		加：1938 年修改添加工事计值	2,460.00
			9,621.29
		减去：计至 1939 年底止之例行折旧	484.56
			9,136.73
		"乙"号看台 1928 年建造计值	9,291.00

	加：1939年添加工事	1,420.00
	计值	10,711.00
	减去：计至1939年底止之	335.99
	例行折旧	10,375.01
	围墙暨围栏1926年建立	15,028.23
	1933年完成计值	
	减去：计至1939年底止	677.53
	之例行折旧	14,350.70
	木质看台1930年建造计值	554.51
	减去：计至1939年底止	504.51
	之例行折旧	50.00
	零星产业	9,778.74
	投资项下	1,000.00
	银行现款	1,570.20
822,601.38		822,601.38

空地保管团名誉秘书暨会计员　海维林　签署

敝公司已将上列结算单连同空地保管团之簿册暨账目审核并得有一切所需闻料暨解释。据敝公司考核所知并参照保管团供给之说明书暨簿册所列注解，该结算单之开列用以表示保管团之实在准确，财政状况是系正当。

汤生公司
特许查账稽核员

救济水灾赈款

计至1939年12月31日止之收支统计

	钞洋
赈款	301,576.65
英镑1,025=	55,930.66
	357,507.31

费用：

雇船费	15,358.81
购买食品	126,351.00
志愿帮助暨警备队费用	12,069.12
药料及消毒品	25,392.52
临时应急医院	25,864.60
灯及洋蜡	3,107.94
汽油箱	5,462.82
苦力及大车租费	4,611.92
难民窝铺（建搭、食品暨经营费用）	87,214.35
灾民杂项	14,228.11
	319,661.19

计至 1939 年 12 月 31 日之结余　　　　　　　　　37,846.12

　　　　　　　　　　　　　　　　　　查核正确无误

　　　　　　　　　　　　　　　　　　汤生公司

　　　　　　　　　　　　　　　　　　特许查账稽核员

　　　　　　　　　　　　　　天津　1940 年 3 月 11 日

罚款

截至 1939 年 12 月 31 日止之收支统计

　　　　　　　　　　　　　　　　　　钞洋

1939 年 1 月 1 日结存现款	7,963.95
1939 年罚款收入	10,911.79
	18,875.74

开支：

赠送礼物	2,163.34
款待宾客	4,464.51
董事室茶点酒水	3,587.88
案犯食粮	2,857.43
警捕病老赠金	1,464.60
警务零星费用	900.00

杂 项　　　　　　　　　　　2,858.49
　　　　　　　　　　　　　———18,296.25

截至1939年12月31日止之结存现款　　　579.49
　　　　　　　　　　　　查核正确无误

　　　　　　　　　　　　　　汤生公司
　　　　　　　　　　　　特许查账稽核员
　　　　　　　天津　1940年3月11日

1939年财政报告
暨1940年预算

1939年经常收支预决算比较截至12月31日止

收入

1939年收入预算 钞洋		1939年收入决算截至12月31日止 钞洋
	地亩捐:	
258,000.00	已填地	258,062.79
	房产租值捐:	
576,000.00	依据估定房产全年租值	650,028.51
1,000.00	减去:退捐之数	823.72
575,000.00		649,204.79
	河坝收入:	
51,390.00	租定船位	51,990.00
47,000.00	备租船位	47,608.42
7,110.00	驳船	6,281.10
105,500.00		105,879.52
2,100.00	减去:费用	2,100.68
103,400.00		103,778.84
10,000.00	转头船位租金	10,000.00
	码头捐:	
112,200.00	收入	172,150.23
12,200.00	减去:费用	13,231.50
100,000.00		158,918.73
	执照捐:	
120,000.00	人力车	89,063.00
50,000.00	大车暨排子车	41,018.50
8,500.00	商铺执照捐	9,544.50
1,000.00	杂项	2,373.00
800.00	马车	494.00

7,000.00	旅馆暨售酒执照捐	10,130.00
6,000.00	犬捐	6,280.50
1,200.00	押当铺	1,700.00
10,000.00	自行车	10,180.00
56,000.00	汽车	63,556.41
1,500.00	汽车捐牌、司机、牛奶牌等	2,296.25
16,000.00	小本营生	13,729.30
2,000.00	河坝摊位	2,880.00
	临时应急附加费	8,430.90
280,000.00		261,676.36
19,500.00	减去：费用	23,736.91
260,500.00		237,939.45
1,306,900.00		1,417,904.60
	菜市收入：	
6,000.00	铺面	6,840.00
7,500.00	摊位	7,959.00
13,500.00		14,799.00
8,600.00	减去：费用	8,029.76
4,900.00		6,769.24
	零星收入：	
22,600.00	杂项	22,000.93
18,600.00	租金	18,302.03
41,200.00		40,302.96
	利息：	
	分处来往利息：	
84,000.00	水道处拨付之数	82,440.29
4,000.00	电务处拨付之数	14,716.22
88,000.00		97,156.51

5,000.00	流水账暨保管款项	586.88
93,000.00		97,743.39
1,446,000.00		1,562,720.19

1939年支出预算		1939年支出决算截至12月31日止
	支出	
钞洋	总务管理	钞洋
146,920.00	管理人员薪俸暨工资	171,612.83
59,500.00	总务公费	64,479.56
206,420.00		236,092.39
	减去：可由电务处暨水道处拨付之数	
	26,700.00 电务处 26,700.00	
	17,100.00 水道处 17,100.00	
43,800.00		43,800.00
162,620.00		192,292.39
11,200.00	工部局办公处费用	14,974.66
3,000.00	器械购新补旧	4,666.92
	协款项下：	
1,700.00	体育场保管团	1,700.00
10,300.00	民园保管团	6,800.00
100.00	救世军	100.00
1,954.00	马大夫医院	1,590.34
445.00	安立甘教堂	445.00
445.00	耶稣教合众教堂	445.00
445.00	女青年会	445.00
170.00	基督徒圣会所	170.00
500.00	英国徽会	500.00
741.00	天津妇女慈善会	741.00
16,800.00		12,936.34

64,500.00	养老金	64,134.17
20,000.00	工部局警备队	20,743.62
	工部局藏书楼：	
346.00	薪俸	432.02
661.00	零星费用	583.90
993.00	协款	993.00
2,000.00		2,008.92
280,120.00		311,757.00

天津英文学堂：

225,000.00　（须准予拨付之协款,按纳捐外人登记管业之地亩暨房产估定产值共计洋 46,145,979 元,依每 1 万元拨付 18 元计,须拨付之数合 83,062.76 元,按六七四五二八三行市暨二先令八便士汇兑行市折合）　255,108.88

耀华学校：

90,720.00　（须准予拨付之协款,按纳捐中国人登记管业之地亩暨房产估定产值,共计洋 52,317,752 元,依每 1 万元拨付 18 元计,须拨付之数）　94,171.95

248,528.00	借款项下	248,527.28
700.00	墙子河维持费	1,599.19
21,290.00	偿还继续皇家租契用款	21,289.87
5,000.00	临时项下	6,189.00
—	应急费用	368,590.02
—	兑损失	67,869.54
871,358.00		1,375,102.73

医院

隔离医院：

	15,840.00	薪俸	16,290.02
	13,680.00	零星费用	12,256.80
29,520.00			28,546.82

2,220.00	减去:法工部局协款	2,220.00
4,700.00	病人住院费	8,276.91
6,920.00		10,496.91
22,600.00		18,049.91

英国医院：

38,780.00	薪俸	43,535.97
40,220.00	零星费用	46,131.91
79,000.00		89,667.88
30,600.00	减去:病人住院费	43,461.41
48,400.00		46,206.47
71,000.00		64,256.38

警务处

1939年支出预算		1939年支出决算截至12月31日止
钞洋		钞洋
365,774.00	警务处员役暨办公室费用	381,711.68
72,926.00	普通杂费	252,171.49
538,700.00		633,883.17
58,000.00	减去:雇佣门岗警捕缴费	84,710.67
480,700.00		549,172.50

消防队

22,941.00	华洋职员薪俸	21,946.95
18,059.00	普通杂费	19,563.90
41,000.00		41,510.85

卫生股

3,667.00	薪工	3,514.08
1,482.00	卫生医官费	1,873.73
3,051.00	杂项	2,920.72

1939年支出预算		1939年支出决算截至12月31日止	
8,200.00			8,308.53
2,000.00	减去:运载病人车租赁费		2,871.90
6,200.00			5,436.63

工程处

1939年支出预算		1939年支出决算截至12月31日止	
钞洋	经常支出		钞洋
	桥梁:		
200.00	保持费		—
	河坝暨码头:		
15,800.00	保持费		1,280.95
	土坝（预防水灾）:		
50.00	保持费		240.00
	工程师费用:		
190,450.00	薪俸暨工资	173,363.11	
33,020.00	杂项	31,206.02	
223,470.00			204,569.13
	公共厕所:		
11,500.00	保持费		12,235.45
	工部局房产:		
5,600.00	普通保持费		9,372.45
	冢园:		
2,500.00	保持费	5,359.90	
2,000.00	减去:售卖墓穴	26,627.50	
500.00			21,267.60
	机件暨工具项下:		
16,700.00	保持费暨经常费	16,461.75	
1,700.00	逐年整理	753.31	
1,500.00	购新补旧	3,047.92	
19,900.00			20,262.98
	公共院所:		

600.00	菜市修理	140.82
277,620.00		226,834.18

马路便道路边石暨阴沟项下：

41,500.00	马路便道路边石暨阴沟保持费	48,469.42
3,300.00	暴雨水沟普通修理费	5,977.80
2,200.00	冲洗阴沟费	3,125.66
7,500.00	载重汽车汽油工资暨材料	3,442.92
54,500.00		61,015.80

路政项下：

1,500.00	更换路灯	2,129.95
30,000.00	清道冲洗马路暨水沟	20,224.57
44,500.00	收敛垃圾	49,121.91
4,500.00	车辆交通指示线	4,574.67
3,500.00	扫除积雪	1,936.47
2,500.00	标志	287.01
13,500.00	沥水暨散砂	14,018.35
100,000.00		92,292.93
30,000.00	公园暨花园	27,232.92
9,200.00	器械购新补旧	8,148.23
471,320.00		415,524.06

特别支出

1939年特别支出预算		1939年特别支出决算截至12月31日止
钞洋		钞洋

房产：新建暨添盖房屋：

1,200.00	迁移暨重盖塚[冢]园旁花房	—
2,000.00	换新房顶：戈登道工厂	2,748.83
3,300.00	警务处汽车房	—
3,000.00	消防队水龙带去潮塔	4,755.81
—	粪井	983.12
20,000.00	游泳池	108,419.66

29,500.00			116,907.42
39,000.00	阴沟		18,213.39
191,800.00	马路		14,971.43
25,000.00	便道暨暴雨水沟		11,828.93
5,000.00	马路加宽		10,481.28
	马场道塚[冢]园：		
7,000.00	水沟设备	8,575.36	
1,800.00	新引路	—	
4,500.00	新开地段填土	—	
13,300.00			8,575.36
	新购器械：		
8,500.00	工程处	8,375.00	
5,300.00	英国医院	2,850.00	
400.00	隔离病房	—	
14,200.00			11,225.00
317,800.00			192,202.81

电务处

1939年营业账目

支出				收入			
支出预算		1939年支出决算截至12月31止		收入预算		1939年收入决算截至12月31日止	
钞洋			钞洋	钞洋			钞洋
276,650.00	发电费用煤炭工资等		252,310.43	791,500.00	售与用户电价		788,574.12
—	购买电力		21,417.43	11,760.00	用户自有路灯		12,737.97
	发电机件：			24,000.00	售与英工部局办公处暨附属处所灯		25,735.32
33,650.00	修理暨保持费		29,756.36	332,160.00	电马力		325,690.48
	职员宿舍：			5,000.00	零星收入		12,065.10

（续表）

4,450.00		修理暨保持费		6,435.35	17,600.00	机件租费	15,890.50
		分输机件：			—	电表租费	28,858.50
24,340.00		修理暨保持费		27,921.53	—	临时应急附加费	153,886.39
		路灯机件：					
5,950.00		修理暨保持费		6,252.67			
		工具：					
1,400.00		修理暨保持费		2,062.33			
		出租机件：					
5,000.00		修理暨保持费		4,739.83			
		家具装件暨运输：					
1,400.00		修理暨保持费		1,926.27			
		经理费用：					
	81,924.00	薪俸暨工资	86,549.43				
	23,785.00	杂项	19,717.22				
105,709.00	—			106,266.65			
26,700.00		总务管理项下		26,700.00			
		会计处：					
	14,950.00	中国职员薪俸	15,251.73				
	4,350.00	杂项	4,855.44				
19,300.00	—			20,107.17			
—		应急费用		24,077.38			
4,000.00		利息		14,716.22			
77,000.00		折旧		76,479.90			
52,500.00		保险准备		52,471.89			
800.00		零星机件添置		369.45			
—		汇兑损失		41,817.64			
4,627.00		陈列室费用		1,063.60			
643,476.00				716,892.10			
538,544.00		收入超过支出之数		646,546.28			
1,182,020.00				1,363,438.38	1,182,020.00		1,363,438.38

电务处
建设购置支出

钞洋		钞洋
2,650.00	房屋	10,710.79
129,300.00	发电机件	130,845.01
48,700.00	分输机件	63,480.46
12,600.00	路灯机件	1,776.44
8,300.00	工具	7,908.58
27,000.00	出租机件	22,126.15
3,800.00	仪器	7,990.58
7,000.00	家具装件暨运输	16,611.46
239,350.00		261,449.47
—	售卖旧房屋	16,150.00

电务处
1939年结算单截至12月31日止

债务	钞洋	资产	钞洋
零星债务暨积欠	82,484.60	零星欠户暨欠款结余	324,410.17
用户押款	150,890.00	材料存储	205,587.78
寄售商品(参照对页)	12,652.39	陈列室商品	4,338.50
折旧存储	1,777,637.83	寄售商品(参照对页)	12,652.39
资金存储	509,566.70	伦敦金镑账	14,099.10
英工部局流水账	580,289.81	建设购置项下：	
		地亩	52,458.07
		房屋	363,241.24
		发电机件	1,225,694.81
		分输机件	739,279.56
		路灯机件	49,234.73
		出租机件	60,894.65
		电气仪器	10,492.90
		工具机件	13,408.95
		家具装件暨运输	37,728.48
	3,113,521.33		3,113,521.33

1939年12月31日

　　敝公司已将上列截至1939年12月31日止之结算单审核并得有一切所需闻料暨解释。据敝公司所知并参照工部局供给之说明暨簿册所载注解,该结算单之开列用以表示工部局之实在正确,财政状况是系正当。

　　　　　　　　　　　　　　　　　　　　　汤生公司
　　　　　　　　　　　　　　　　　　　　特许查账稽核员
　　　　　　　　　　　　　　　天津　1940年3月11日

水道处

1939年营业账目

支出预算		支出			收入预算	收入	
钞洋	钞洋	1939年支出决算截至12月31日止	钞洋	钞洋	钞洋	1939年收入决算截至12月31日止	钞洋
		巴克斯道"甲"号机厂：			396,994.00	售与用户水价	400,626.67
		抽水费用：			7,520.00	售与轮船水价	11,601.60
	44,567.00	经常费	37,566.74		26,228.00	售与英工部局办公处暨附属所水价	29,522.70
	2,600.00	修理暨保持费	2,435.67	40,002.41	520.00	备用接水收费	469.40
47,167.00		厂内水管暨节水门：			4,670.00	辅用给水	4,515.00
	50.00	修理暨保持费		60,81	3,000.00	房租暨杂项	8,303.49
		滤水池：			—	临时应急附加费	42,584.86
	50.00	修理暨保持费		31,12			
		澄水池：					
	50.00	修理暨保持费经常费		520.27			
		"甲"号机厂房：					
	3,255.00	修理暨保持费	6,189.05				
		达格拉道"乙"号机厂：		46,803.66			
		抽水费用：					
50,572.00	41,798.00	经常费	48,272.17				

1461

（续表）

项目			
修理暨保持费	930.00	2,968.16	
厂内水管暨节水门：	42,728.00	51,240.33	
修理暨保持费	50.00	—	
"乙"号机厂房：	1,160.00		
修理暨保持费	43,938.00	1,629.86	52,870.19
伦敦道"丙"号机厂：			
抽水费用：			
经常费修理暨保持	14,772.00	15,337.68	
厂内水管暨节水门：	30.00	—	
修理暨保持费	655.00	1,253.36	
"丙"号机厂房：			
修理暨保持费	15,457.00		16,591.04
购置水量	109,967.00		
总水管水龙头暨接水材料：		27,362.84	116,264.89
修理暨保持费	12,490.00	13,674.21	
机件暨工具：			
修理保持暨购新补旧	4,050.00	3,251.31	
出借机件：			

（续表）

项目				
水表修理暨保持费		3,799.40		3,600.00
水龙头售水费		1,769.52		1,420.00
工程职员暨办公处费用：				
华洋职员薪俸	95,711.70		73,081.00	
杂项	31,486.52	127,198.22	25,845.00	98,926.00
管理项下：				
总务		17,100.00		17,100.00
会计处：				
中国职员薪俸	8,209.25		7,980.00	
杂项	2,900.89	11,110.14	2,020.00	10,000.00
消防设备		101.73		95.00
辅用给水		4,625.69		4,506.00
应急费用		34,122.25		—
汇兑损失		16,563.73		—
保险费准备		11,528.11		11,530.00
折旧		58,594.75		58,079.00
利息		82,440.29		84,000.00
		529,507.08		415,763.00
收入超过支出之数			438,932.00	23,169.00
				438,932.00
收支两抵不敷之数			497,623.72	
			31,883.36	
		529,507.08	438,932.00	

水道处
建设购置支出

钞洋		钞洋
27,860.00	总水管暨水龙头	15,148.54
6,000.00	接水材料	6,653.49
12,000.00	出租机件:水表	23,798.05
1,800.00	家具装件暨运输	2,367.89
	自流井设计：	
45,000.00	"乙"号机厂 32,658.90	
13,000.00	"丙"号机厂 10,629.57	
58,000.00		43,288.47
105,660.00		91,256.44
—	售卖旧机件	1,200.00

水道处
1939年结算单截至12月31日止

债务		资产	
	钞洋		钞洋
零星债务暨积欠	22,614.71	零星欠户暨欠款结余	75,949.41
用户押款	26,678.40	材料存储	107,076.08
折旧存储	502,477.69	建设购置项下：	
购置存储	66,690.19	地亩	175,831.54
英工部局流水账	1,255.840.92	机器	4,269.86
		家具暨装件	4,749.20
		移动机件	2,438.72
		滤水池	8,774.68
		澄水池	7,482.51
		沉渣池	7,187.79
		总水管暨水龙头	659,961.44
		用户水表	158,403.98
		工具机件	11,778.10
		辅用给水机件暨房屋	8,006.31
		自流井规画[划]下:自流井房屋机厂暨机器：	
		"甲"号机厂	293,957.51
		"乙"号机厂	279,993.68

(续表)

				"丙"号机厂	68,711.10
		1,874,301.91			1,874,301.91

敝公司已将上列截至1939年12月31日止之结算单审核并得有一切所需闻料暨解释,据敝公司考核所知并参照工部局供给之说明暨簿册所列注解,该结算单之开列用以表示工部局之实在正确,财政状况是系正当。

汤生公司

特许查账稽核员

天津 1940年3月11日

1939年财政统计截至12月31日止

	1939年4月21日 选举人通过之预算		1939年收入 支出决算	
	收入 钞洋	支出 钞洋	收入 钞洋	支出 钞洋
经常项下:				
工部局总务账目	1,446,000.00	1,941,578.00	1,562,720.19	2,451,003.15
电务处	1,182,020.00	643,476.00	1,363,438.38	716,892.10
水道处	438,932.00	415,763.00	497,623.72	529,507.08
结余:预计盈余,实际				
不敷转入特别项下	—	66,135.00	273,620.04	—
	3,066,952.00	3,066,952.00	3,697,402.33	3,697,402.33
特别项下:				
上列结余	66,135.00			273,620.04
总务特别支出	—	317,800.00	—	192,202.81
电务处 建设购置支出	—	239,350.00	—	261,449.47
出售旧房屋			16,150.00	—
水道处 建设购置支出	—	105,660.00	—	91,256.44
售卖旧机件			1,200.00	
结算:不敷	596,675.00		801,178.76	
	662,810.00	662,810.00	818,528.76	818,528.76

1939年总结算单截至12月31日止

债务		钞洋	资产		
			地亩：	亩数	钞洋
工部局借款：					
普通用途借款	19326½% 350,000	518,881.12	老租界地亩	15.790	245,167.00
普通用途借款	19325½%	960,000.00	扩充界地亩	49.321	420,353.70
普通用途借款	19376½%	2,700,000.00	推广界地亩	166.377	800,303.21
		4,178,881.12	租界外地亩	400.368	401,130.40
零星债务暨积欠		366,880.94			1,866,954.31
保管款项：			空地		
皇家租契用存款		945,600.02	老租界维多利亚花园暨建筑物	18.500	
年积金		709,460.68	扩充界围墙道花园暨建筑物	6.195	
狄更生氏奖学金		6,000.00	推广界：民园	57,300	
杂项		7,302.12	推广界伦敦道小花园	12,020	
		1,668,362.82	推广界敦桥道花园暨毗连空地	31,270	
救济水灾赈款		37,846.12	塚[冢]园地址		
罚款		579.49	广东道塚[冢]园第九段第166号	11,281	
机件保险准备金		274,403.03	马场道塚[冢]园：马场道南面	12,561	
保管团填土费账目：未支用结余		50,182.94	马路地亩：		
耀华学校		50,838.54	扩界充	276,604	2,046,869.60
流水账结余			推广界		
天津英文学堂		22,252.88	马场道	86.321	509,293.90

（续表）

流水账结余				其他马路	476.519	1,429,557.00	
银行结账：						——	3,985,720.50
老票透支		302,719.36		本租界街道路基阴沟水沟暨便道等：			
减去：存数：				现时核估价值			1,815,987.44
新票	10,741.63			桥梁：			
英镑暨美金帐	33,635.87			现时核估价值			142,058.77
罚款账	579.49			房屋：			
	——	44,956.99		老租界：			
		——	257,762.37	维多利亚花园内房屋		16,080.05	
总结余			7,016,516.62	戈登堂警务处保险房暨电务处陈列室		192,269.92	
附注：1939年英文学堂协款之余数列为未可预决之债务	99,086.52						
				捐务股公事房		1,008.27	
				河坝房屋		148.25	
				码头捐公事房		2,074.04	
				中国职员餐堂		1,513.95	
				中街铺面		12,835.62	
				粪井		983.12	
						——	
						226,913.22	7,810,72102
				扩充界：			
				球场道警务宿舍		26,689.36	
				职员住房		59,596.89	
				职员居所		87,511.66	
				职员居所汽车房		4,508.48	
				工程处机料场（戈登道）		17,287.95	
				汽辗房		296.50	
				推广界：			
				工程处机料场(奥克尼道)		52,888.87	

（续表）

	伦敦道警务处宿舍暨火会所	389,904.29	
	福发道警务分处	66,355.57	
	福发道消防队水龙带去潮塔	4,755.81	
	警备队司令部	21,954.62	
	伦敦道小花园	12,279.79	
	英租界公共厕所	45,287.05	
	租界外：马场道南：		
	马场道塚[冢]园火葬炉休息室围墙暨泄水沟管	15,189.69	
		———	1,031,419.75
	全年局有地租折合原值		18,267.73
	菜市：		
	房屋		268,142.66
	隔离病院：		
13,924,506.87	房屋（书面计值）	71,370.96	
	家具（书面计值）	7,923.00	
		———	79,293.96
	英国医院：		
	房屋（书面计值）	148,351.61	
	家具（书面计值）	15,766.00	
	仪器（书面计值）	10,318.00	
	X光机件（书面计值）	10,550.00	
			184,985.61
	消防设备		1,853.15
	游泳池：		
	房屋暨机件		108,419.66
	动产：		407,978.70
			———
			9,503,103.54
	册列价值		
	材料项下（册列价值）：		
	总材料所	120,735.40	
	警务处	34,992.44	
	文具材料	5,091.83	

（续表）

		160,819.67
零星现款		2,720.00
零星欠户暨未清付账目		68,615.69
投资(实价):		
保管款项	1,670,735.51	
机件保险准备金	274,403.03	
		1,945,138.54
电务处:		
流水账结余		580,289.81
水道处:		
流水账结余		1,255,840.92
		13,924,506.87

1939年12月31日

敝公司已将上列截至1939年12月31日止之算结单审核并得有一切所需闻料暨解释，据敝公司考核所知并参照工部局供给之说明暨簿册所列注解，该结算单之开列用以表示工部局之实在正确，财政状况是系正当。

汤生公司
特许查账稽核员
1940年3月11日

1940年预算总目

收入

	钞洋	钞洋
地亩捐:		
已填地		387,000.00
房产租值捐:		
依据估定全年租值	672,000.00	
减去:退还之数	1,000.00	
		671,000.00
河坝收入:		
租定船位租金	51,990.00	
备租船位租金	32,400.00	
驳船	6,610.00	

		91,000.00
减去：费用	2,800.00	
		88,200.00
转头船位租金		10,000.00
码头捐：		
收入	112,000.00	
减去：费用	15,200.00	
		96,800.00
执照捐：		
人力车	60,000.00	
马车	100.00	
大车排子车等	39,500.00	
河坝摊位	3,500.00	
小本营生	20,000.00	
汽车	60,000.00	
旅馆暨售酒执照捐	13,000.00	
犬捐	9,000.00	
自行车	10,000.00	
汽车号码牌、汽车夫、牛奶房等	2,000.00	
押当铺	2,000.00	
铺面执照捐	14,000.00	
杂项	2,000.00	
		235,100.00
减去：费用		29,100.00
		206,000.00
菜市：		
铺面	9,000.00	
摊位	11,000.00	
		20,000.00
减去：费用		10,000.00
		10,000.00

零星收入：
杂项　　　　　　　　　　　　　　　　　23,400.00
租金　　　　　　　　　　　　　　　　　18,600.00
　　　　　　　　　　　　　　　　　　　―――――　42,000.00

游泳池：
门票收入　　　　　　　　　　　　　　　9,000.00
减去：经营费用　　　　　　　　　　　　8,500.00
　　　　　　　　　　　　　　　　　　　―――――　　　500.00

利息：
各分处往来数目
可由水道处归还之数　　　　　　　　　82,000.00
可由电务处归还之数　　　　　　　　　21,000.00
　　　　　　　　　　　　　　　　　　　――――― 103,000.00

　　　　　　　　　　　　　　　　　　　　　　　1,614,500.00

支出
总务

	钞洋	钞洋
管理人员薪俸暨工资	234,400.00	
总务公费	103,500.00	
	337,900.00	
减去：可由电务处归还之数	26,700.00	
可由水道处归还之数	17,100.00	
	43,800.00	
		294,100.00
工部局办公处费用		15,000.00
用具剔旧换新		6,000.00
协款项下：		
体育场保管团	3,000.00	
民园保管团	5,800.00	

救世军	200.00	
马大夫医院	1,954.00	
安立甘教堂	445.00	
耶稣教合众会堂	445.00	
基督徒圣会所	170.00	
女青年会	445.00	
天津妇女慈善会	741.00	
		13,200.00
养老金		121,800.00
工部局警备队		35,650.00
工部局藏书楼:		
薪俸	550.00	
零星费用	750.00	489,050.00
协款	2,000.00	
		3,300.00

天津英文学堂:

须准予拨付之协款,按纳捐外人登记管业之地亩暨房产估定产值总额计洋 50,833,333 元,按每 1 万元拨付 18 元计,须拨付之数 91,500 元(按每元合一先令九便士八分之五汇兑行市,折合 8244 英镑十先令八便士,再按每元合十便士十六分之十三)汇兑行市核算,计折合洋 183,000.00 元。 183,000.00

耀华学校:

须准予拨付之协款,按纳捐中国人登记管业之地亩暨房产估定产值总额计洋 60,555,555 元,按每 1 万元拨付 18 元计,须拨付之数合洋 109,000 元。 109,000.00

墙子河维持费		1,000.00
偿还继续皇家租契用款		21,290.00
债款项下暨利息		288,528.00
临时用途		7,500.00
		1,099,368.00

英国医院

	钞洋	
薪俸	56,700.00	
杂项	44,000.00	
		100,700.00
减去：病人缴费	35,000.00	
		65,700.00

隔离病院

	钞洋	
薪俸	20,100.00	
杂项	16,320.00	
		36,420.00
减去：病人缴费	6,700.00	
法工部局协款	2,220.00	
	8,920.00	
		27,500.00
		93,200.00

警务处

	钞洋	
警务处员司暨办公室职员薪工	644,415.00	
普通杂费	230,285.00	
		874,700.00
减去：住户雇用门岗警捕缴费	105,000.00	
		769,700.00

消防队

	钞洋
华洋职员薪工	29,613.00
普通杂费	16,287.00

	45,900.00

卫生股

	钞洋
薪工	5,235.00
卫生医官费	1,900.00
普通杂费	5,365.00
	12,500.00
减去：出赁病人汽车收费	3,500.00
	9,000.00

工程处

经常支出

	钞洋
桥梁：	
保持费	200.00
河坝暨码头：	
保持费	23,700.00
土坝（预防水灾）：	
保持费	2,300.00
工程师费用：	
薪俸暨工资	239,800.00
普通杂费	62,450.00
	302,250.00
公共厕所：	
保持费	13,500.00
工部局房产：	
普通保持费	15,400.00
机械暨工具项下：	
保持费暨经常费	21,350.00

逐年整理		1,700.00
购新补旧		2,800.00
		25,850.00

公共院所保持费：
菜市修理		1,200.00
		384,100.00

马路，便道，路边石暨阴沟项下：
暴雨水沟：普通修理费	3,800.00	
冲洗阴沟费用	4,000.00	
载重汽车用汽油工资材料暨保持费	7,500.00	
英租界马路，便道，路边石暨阴沟保持费	58,000.00	
		73,300.00

路政项下：
路灯换新	2,000.00	
清道，冲洗马路暨水沟	32,000.00	
收敛垃圾	49,100.00	
标志	5,000.00	
扫除积雪	3,500.00	
交通指示线	4,500.00	
沥水暨散沙	17,700.00	
		113,800.00
公园暨花园		50,000.00
用具剔旧置新		10,200.00
		631,400.00

特项暨建设购置支出

	钞洋	钞洋
房屋新建暨添盖项下：		
重建中国式花房	2,500.00	
迁移野犬圈留所至马场道南面	6,000.00	

游泳池更衣室	53,500.00
滤水沙等项	20,040.00
马场道塚[冢]园中国灵柩洋灰穴	3,600.00
英国医院:护士宿舍新楼梯	1,450.00
伦敦道火会所:改善暖气设备	500.00
	87,590.00
阴沟	26,450.00
新布道路	407,900.00
整理前铺木砖马路	168,000.00
碎石路基重铺混凝土沥青面	124,740.00
	700,640.00
新筑便道	10,000.00
暴雨水沟暨便道换新	5,000.00

马路加宽项下:

伯斯道	7,500.00
董事道	16,500.00
	24,000.00

马场道冢园:

新筑引路	7,000.00
铺垫新土	9,500.00
	16,500.00

新购器具项下:

警务处	8,800.00
消防队	2,200.00
	11,000.00
	881,180.00

1940年电务处预算

支出		收入	
	钞洋		钞洋
发电费煤炭工资等项	397,120.00	售与用户电价	1,395,000.00
发电机件：		用户自有路灯	19,350.00
修理暨保持费	47,710.00	售与英工部局办公处暨附属处所	27,840.00
职员宿舍：		电马力	511,825.00
修理暨保持与经常费	7,990.00	出租机件	26,400.00
分输机件：		电表租费	121,500.00
修理暨保持费	43,700.00	陈列室盈利	960.00
路灯机件：		杂项	13,500.00
修理暨保持费	8,400.00		
工具：			
修理暨保持费	2,820.00		
出租机件：			
修理暨保持费	7,800.00		
家具暨装件：			
修理暨保持费	2,700.00		
经理费用项下：			
薪俸暨工资	151,590.00		
杂项	48,650.00		
	200,240.00		
总务管理项下	26,700.00		
会计处：			
中国职员薪俸	20,800.00		
零星费用	7,000.00		
	27,800.00		
利息	21,000.00		
折旧	44,000.00		
保险费存储	123,000.00		
零星机件添置	800.00		
养老金	700.00		
	962,480.00		
预计收入超过支出之数	1,153,895.00		
			2,116,375.00
	2,116,375.00		

电务处
建设购置支出

	钞洋
房产	6,000.00
发电机件	55,190.00
分输机件	168,900.00
路灯机件	5,390.00
出租机件	27,000.00
工具	9,150.00
家具装件暨运输	1,500.00
	273,130.00

1940年水道处预算

支出			收入	
巴克斯道机厂"甲"号：		钞洋		钞洋
抽水费用：			售与用户水价	444,848.00
经常费	29,469.00		售与轮船水价	9,450.00
修理暨保持费	1,950.00		售与英工局暨附属处所水价	28,396.00
		31,419.00	备用接水收费	1,620.00
滤水池：			辅用给水收费	6,870.00
修理暨保持费		1,300.00	水表租费	20,250.00
澄水池：			零星收入	4,000.00
修理暨保持费		1,700.00		
厂内水管暨节水门：				
修理暨保持费		80.00		
"甲"号机厂房屋：				
修理暨保持费		3,048.00		
		37,547.00		
达克拉道机厂"乙"号：				
抽水费用：				
经常费	76,566.00			
修理暨保持费	1,300.00			
		77,866.00		
厂内水管暨节水门：				

(续表)

修理暨保持费		50.00			
"乙"号机厂房屋:					515,434.00
修理暨保持费		1,520.00		预计支出超过收入之数	
			79,436.00		2,309.00
伦敦道机厂"丙"号:					517,743.00
抽水费用:					
经常费	21,063.00				
修理暨保持费	850.00				
		21,913.00			
厂内水管暨节水门:					
修理暨保持费		30.00			
"丙"号机厂房屋					
修理暨保持费		1,590.00			
			23,533.00		
140,516.00					
总水管水龙头暨接水料件:					
修理暨保持费		15,982.00			
机件暨工具:					
修理暨保持费		2,350.00			
剔旧置新		900.00			
			3,250.00		
水表修理暨保持费		4,653.00			
公用水龙头售水费用		2,340.00			
工程人员暨办公处费用:					
华洋职员薪俸		99,112.00			
零星费用		23,850.00			
			122,962.00		
管理项下:					
总务		17,100.00			
会计处:					
中国职员薪俸		11,100.00			
零星费用		3,600.00			
			14,700.00		
消防设备			50.00		
辅用给水:经常费			5,810.00		
保险费准备			27,000.00		

(续表)

折旧			60,000.00	
利息			82,000.00	
购水费			5,580.00	
水灾损害修缮			15,800.00	
			——	
			517,743.00	

水道处
建设购置支出

  钞洋

总水管暨水龙头	17,104.00
水表	20,000.00
家具装件暨仪器	400.00
自流井规画[划]项下：	
达克拉道机厂"乙"号	27,720.00
伦敦道机厂"丙"号	27,600.00
	—— 55,320.00
	92,824.00

1940 年预算总计

经常项下

	收入	支出
	钞洋	钞洋
工部局总务账目	1,614,500.00	2,648,568.00
电务处	2,116,375.00	962,480.00
水道处	515,434.00	517,743.00
结余:盈数移入特别项下	—	117,518.00
	4,246,309.00	4,246,309.00

特别项下

上列结余	117,518.00	—
总务特别支出	—	881,180.00
电务处建设购置支出	—	273,130.00
水道处建设购置支出	—	92,824.00
不敷款项	1,129,616.00	—
	1,247,134.00	1,247,134.00

现款状况

	钞洋	钞洋
截至1939年12月31日止之银行透支额数	—	370,719.00
上列预算不敷额数	—	1,129,616.00
1939年决定用途可在1940年支付之数	—	42,000.00
地契转移费(存储)	—	101,486.00
未能预决之负担:天津英文学堂1939年协款(此款列为未能预决,俾工部局对于英国法庭尚未判断之诉讼,如果裁决万一不利于局方时,得以奉行)	—	99,087.00

备1940年用库存材料	52,000.00	—
电务处折旧存储	44,000.00	—
水道处折旧存储	60,000.00	—
截至1940年12月31日止预算透支之数	1,586,908.00	
	1,742,908.00	1,742,908.00

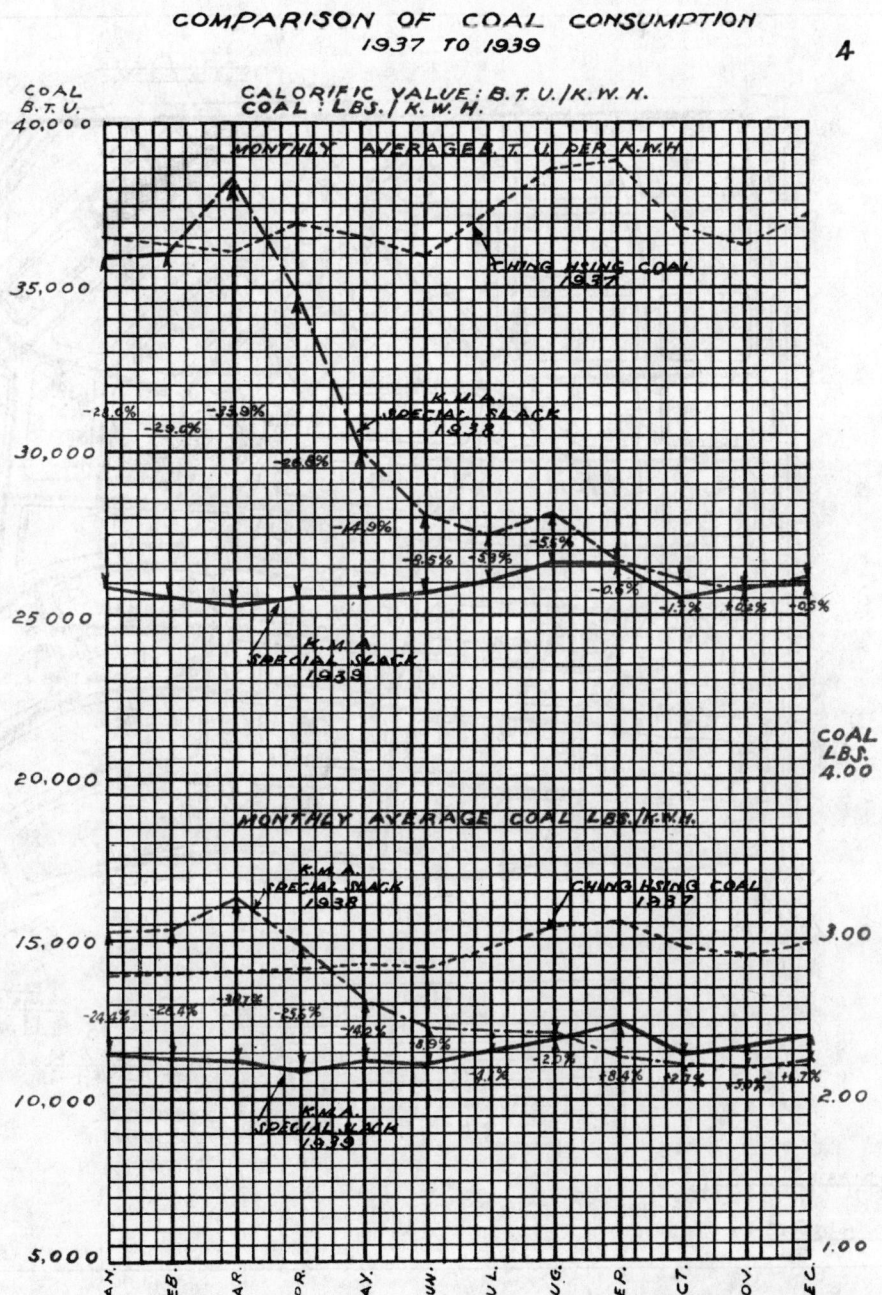

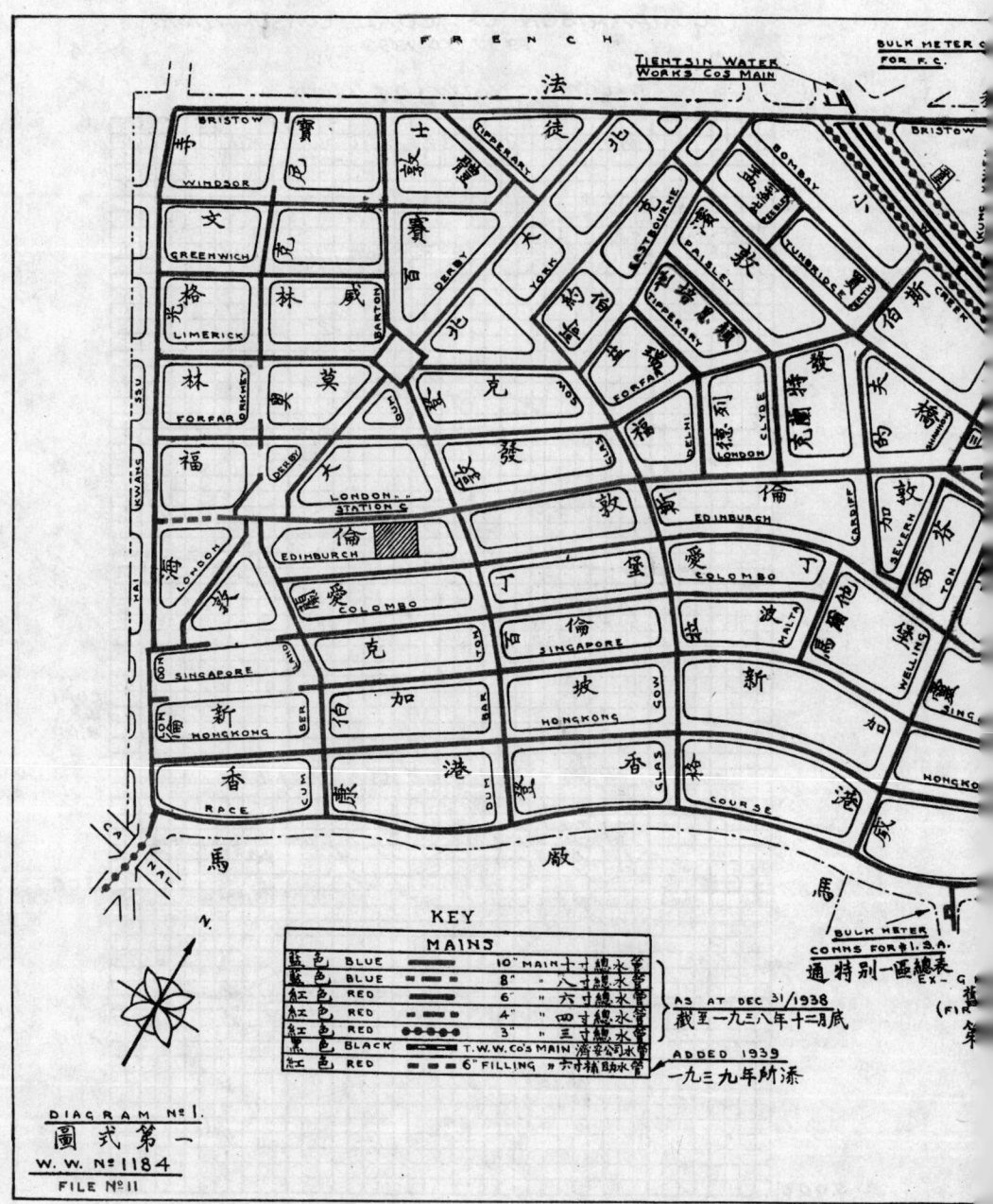

天津英工部局 1939 年董事会报告暨 1940 年预算

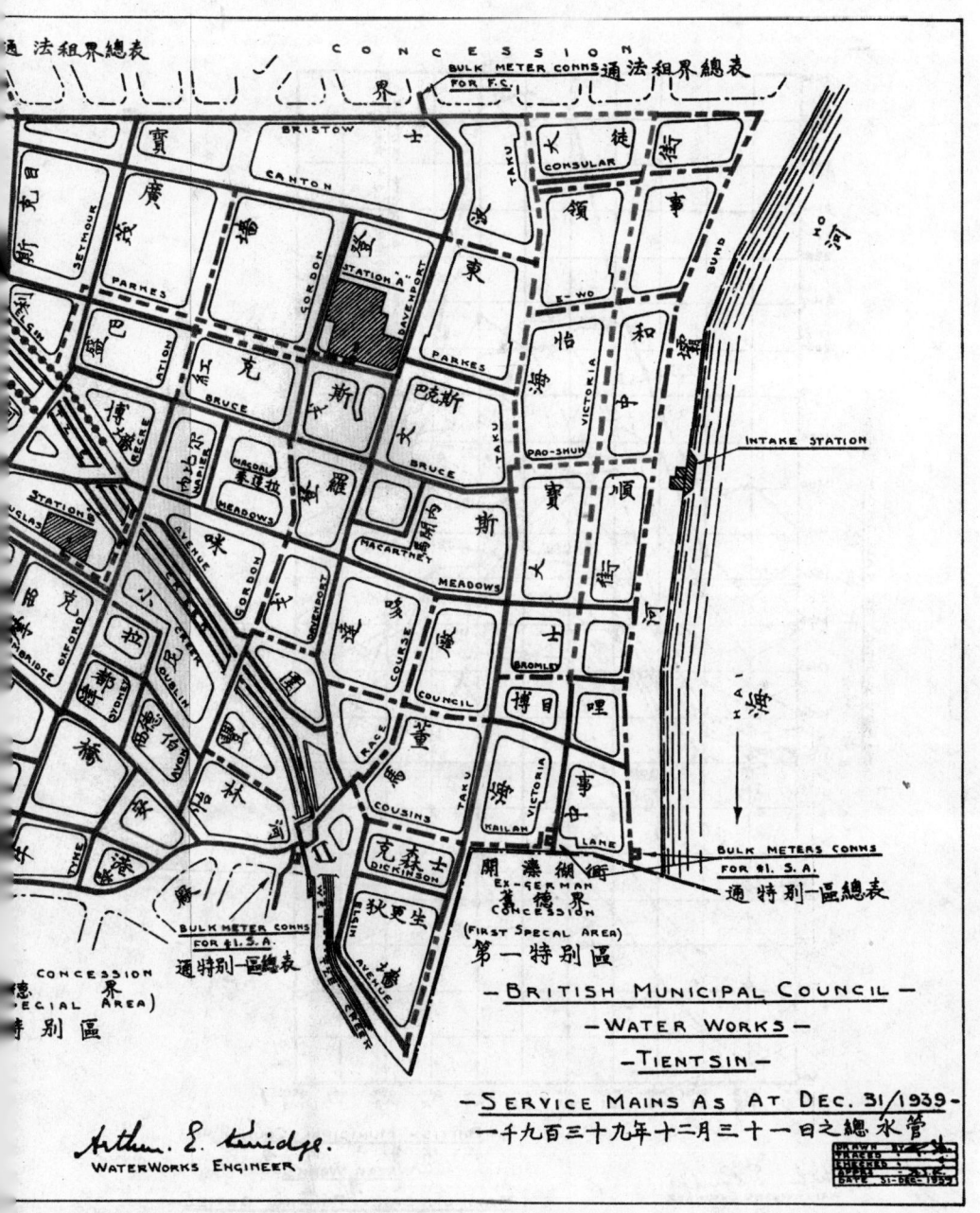

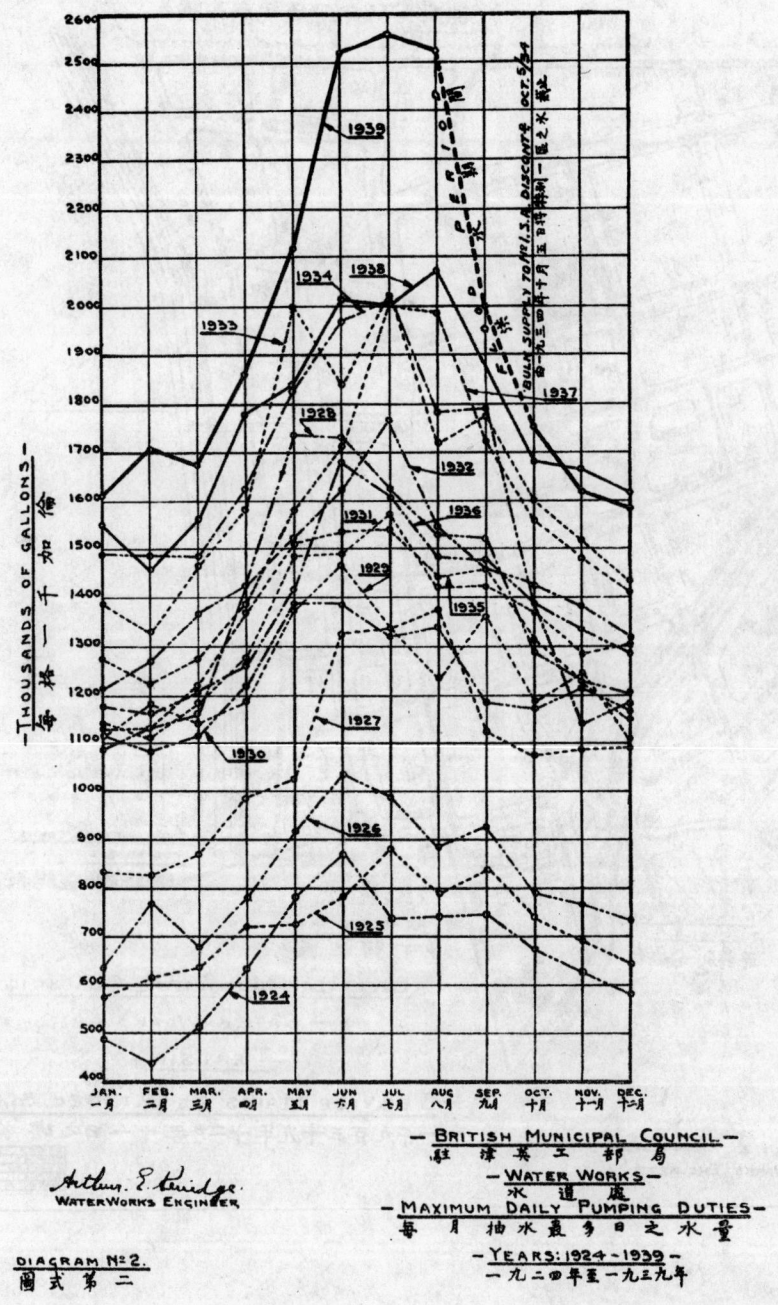

天津英工部局 1939 年董事会报告暨 1940 年预算

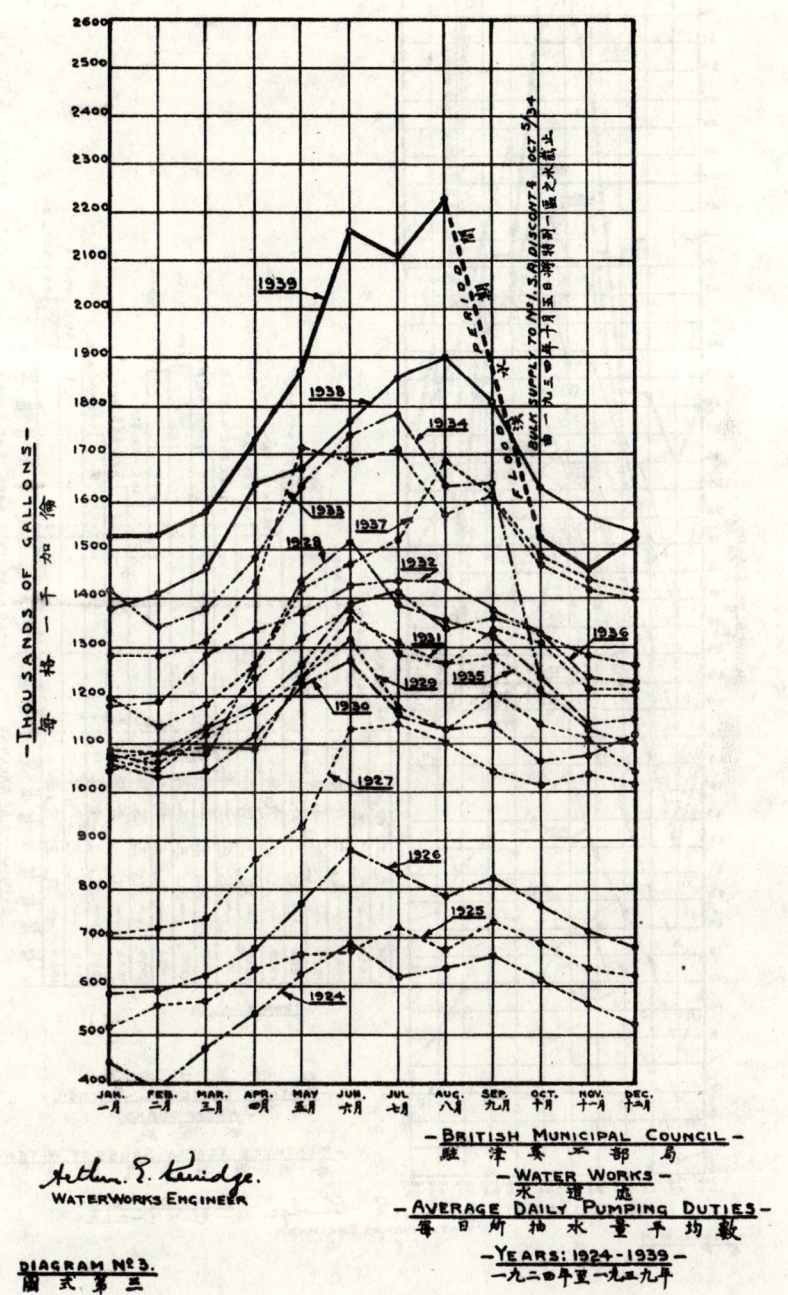

天津英租界工部局史料选编

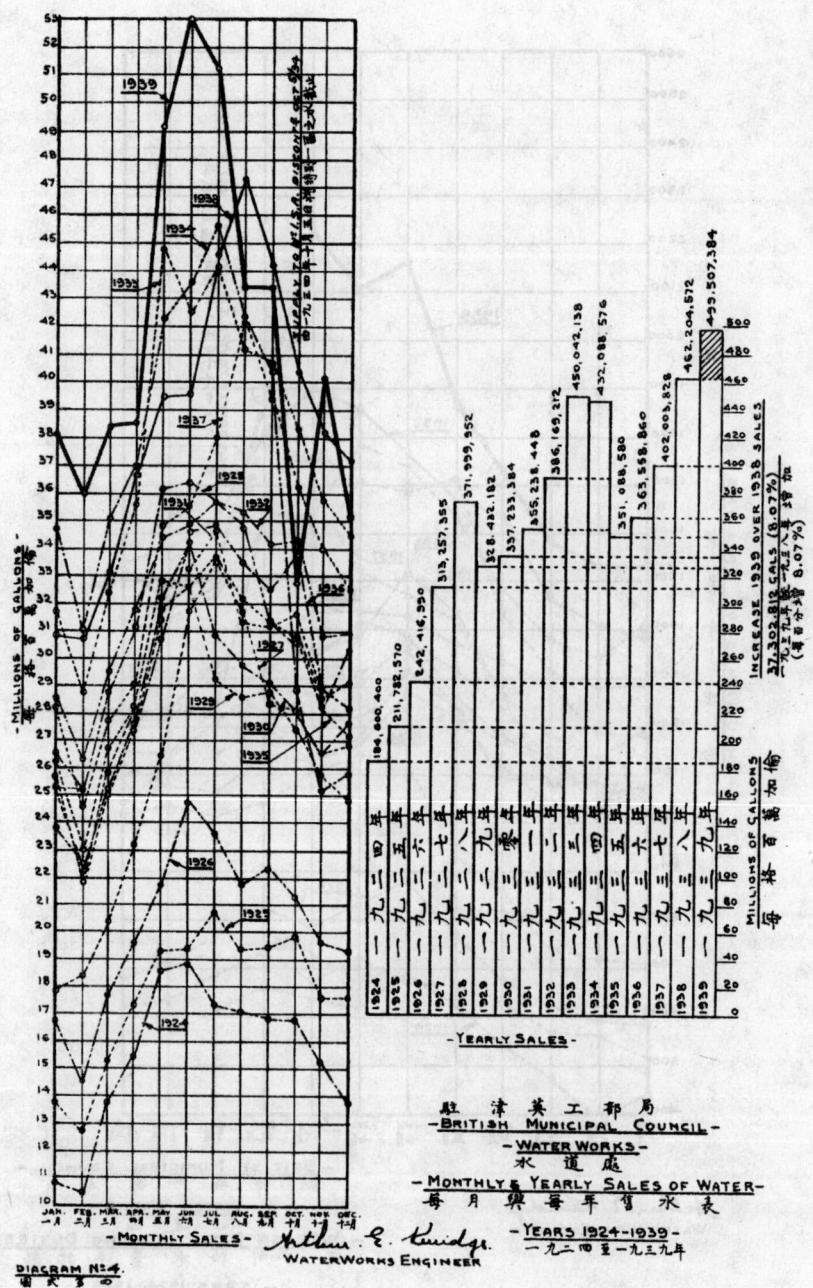

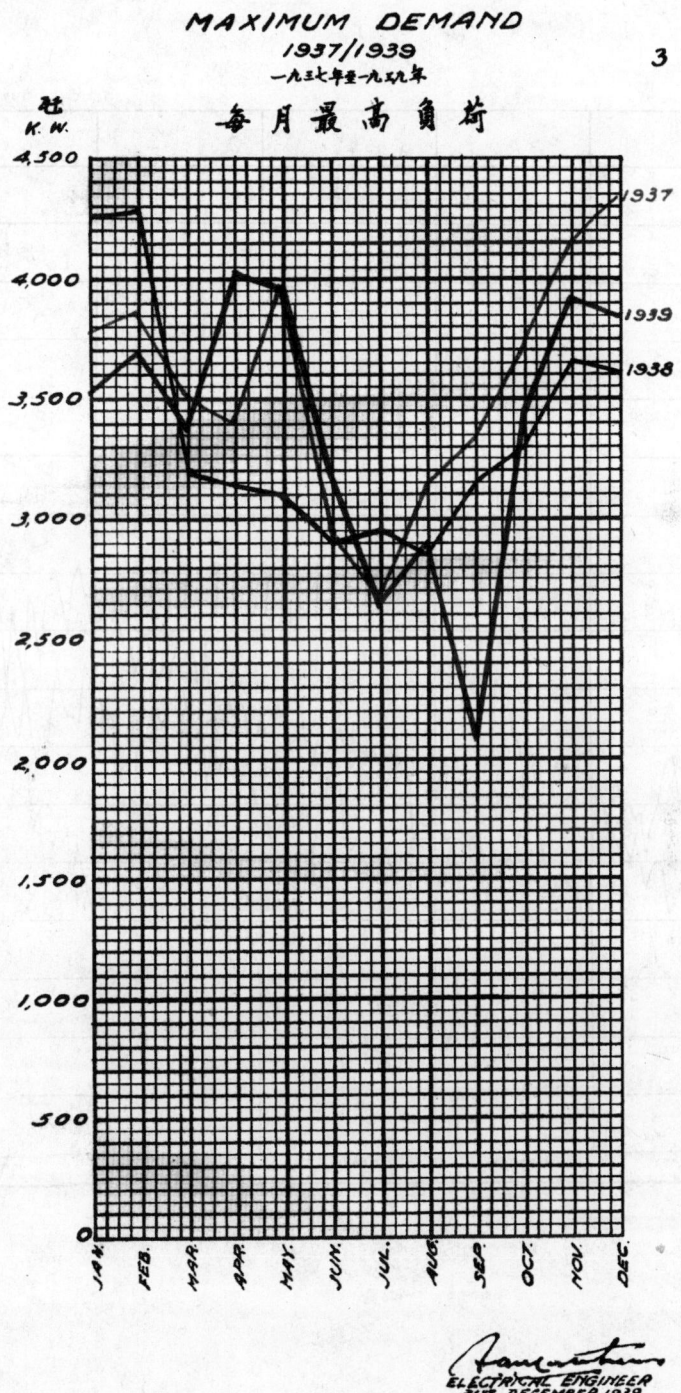

■ 天津英租界工部局史料选编

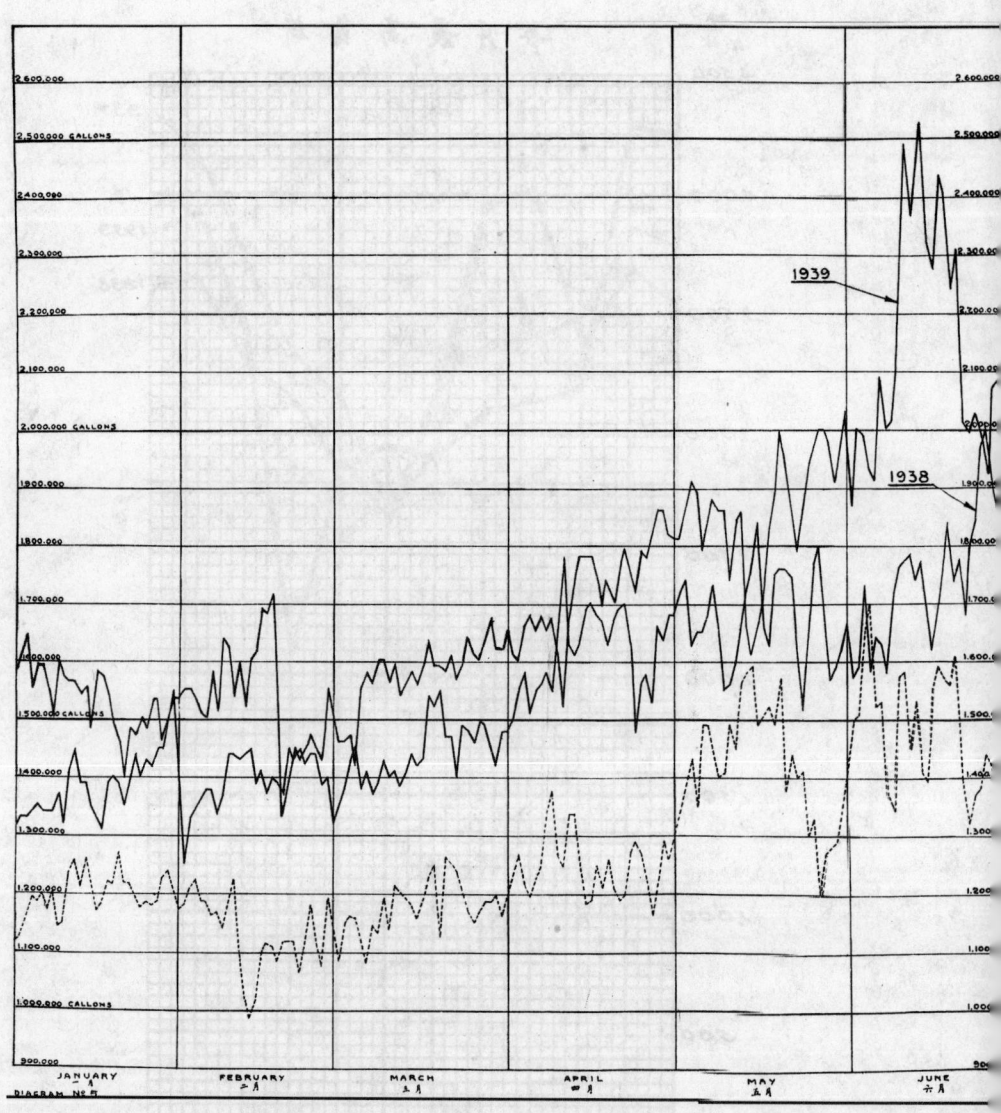

天津英工部局 1939 年董事会报告暨 1940 年预算

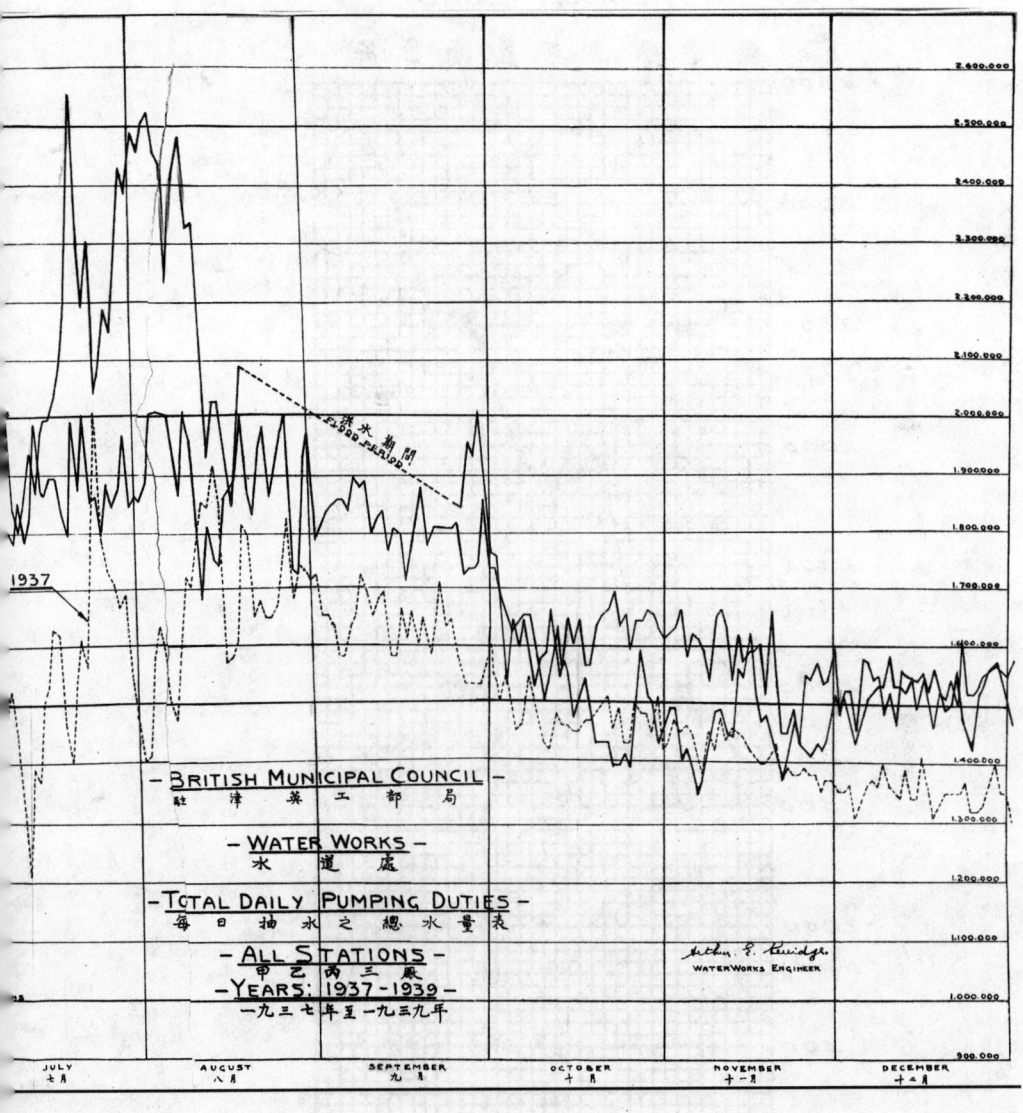

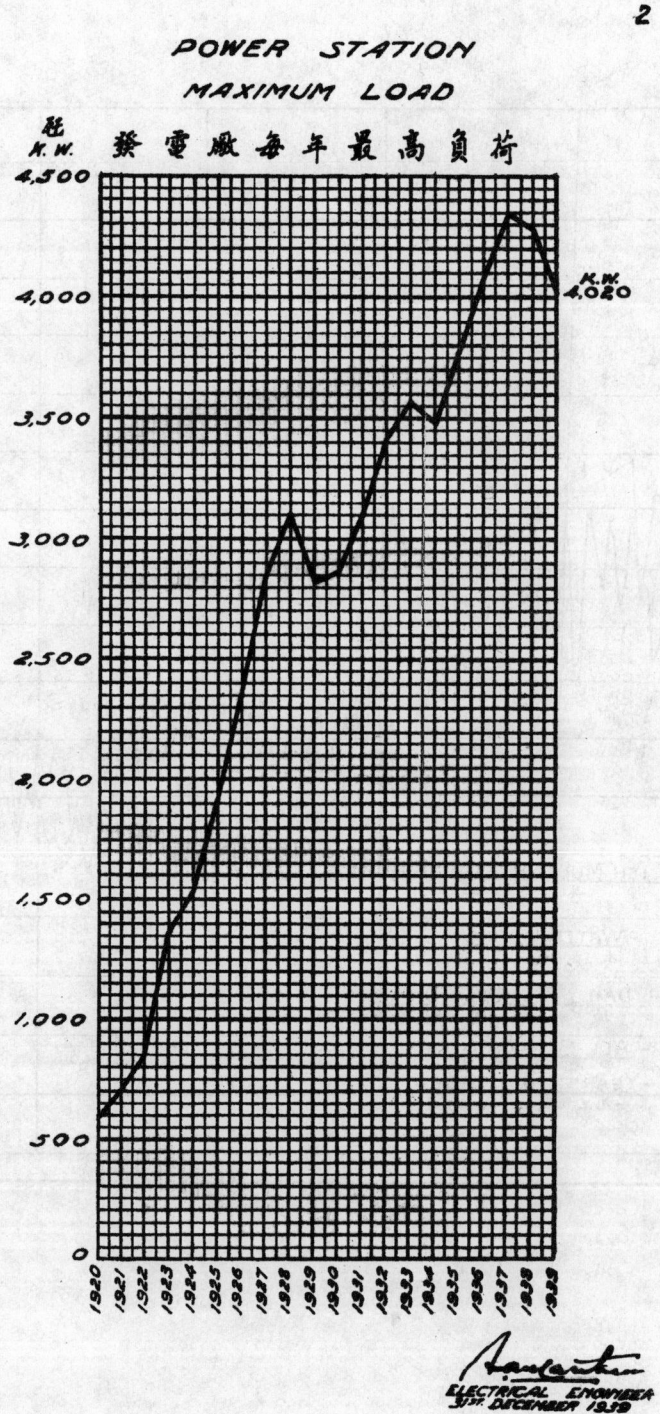

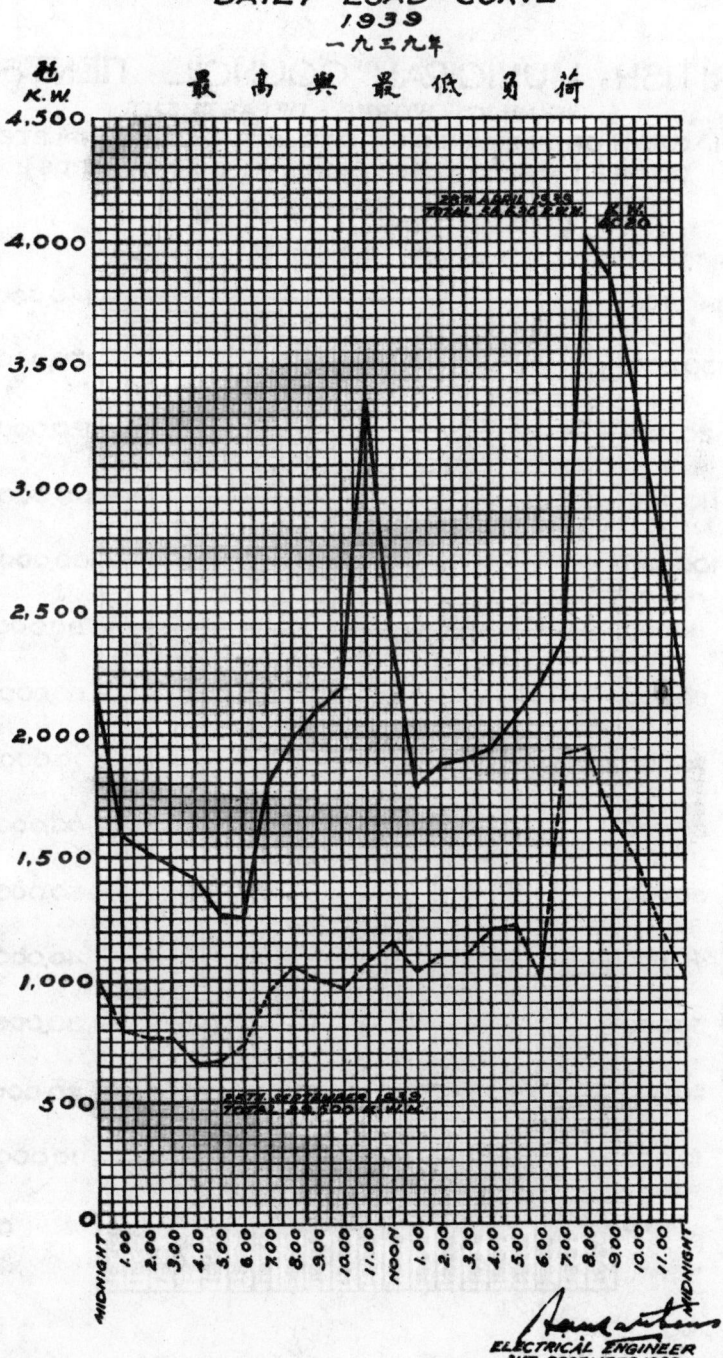

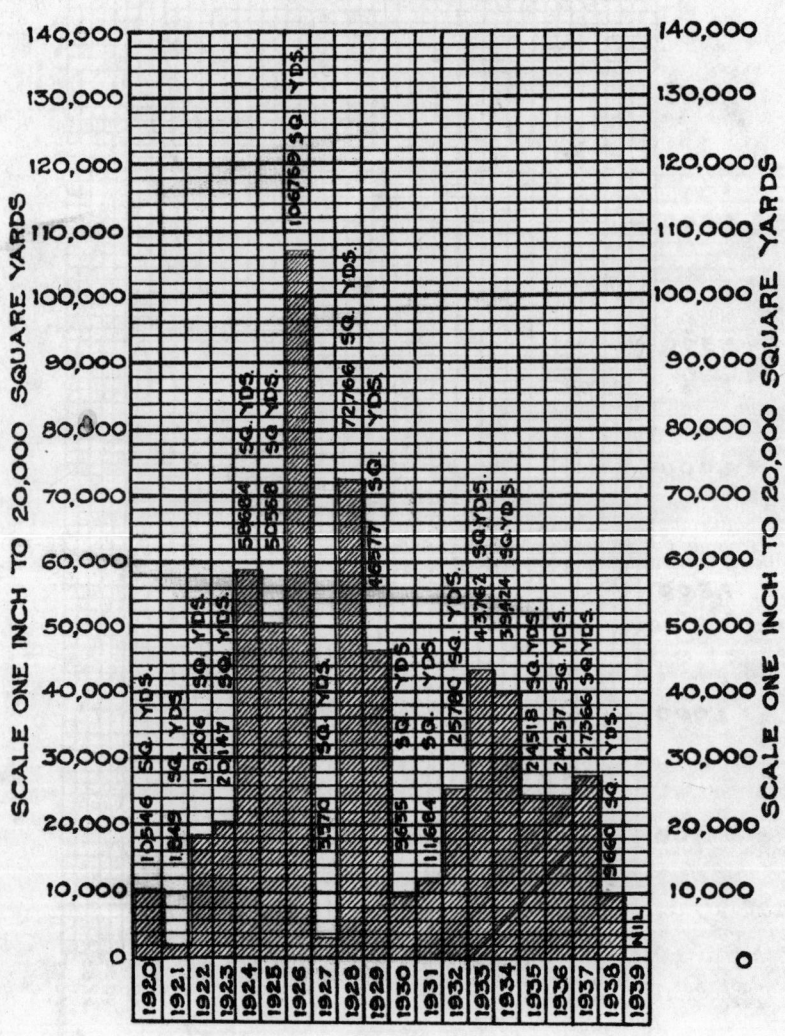

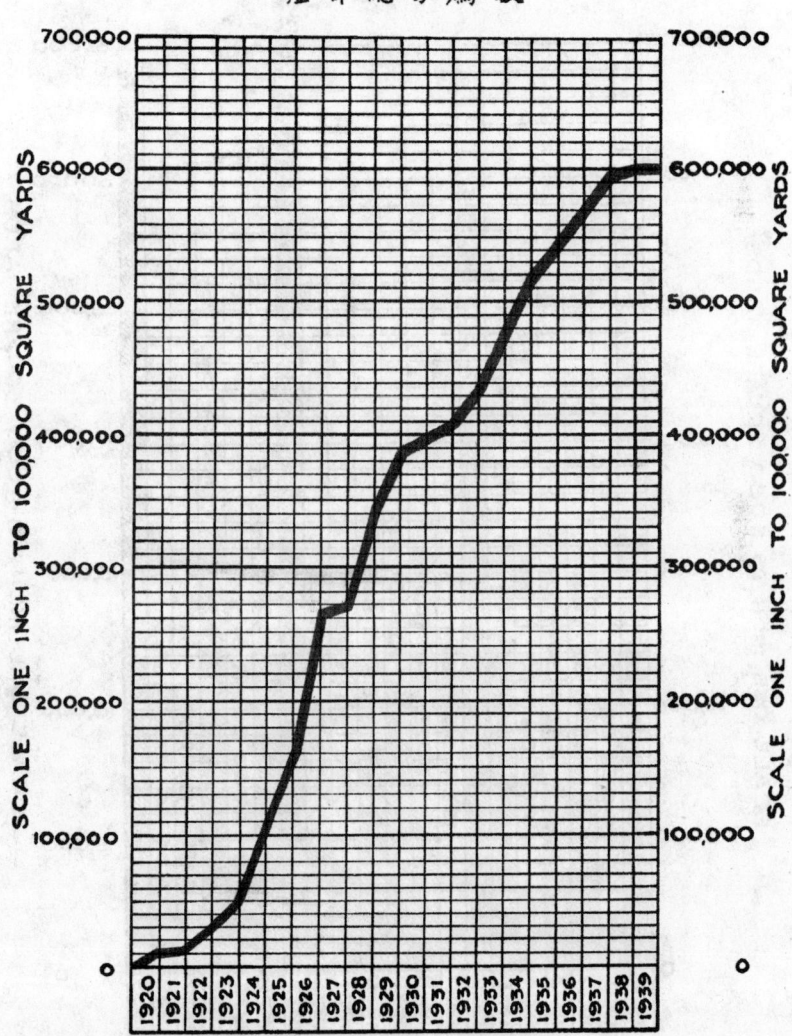

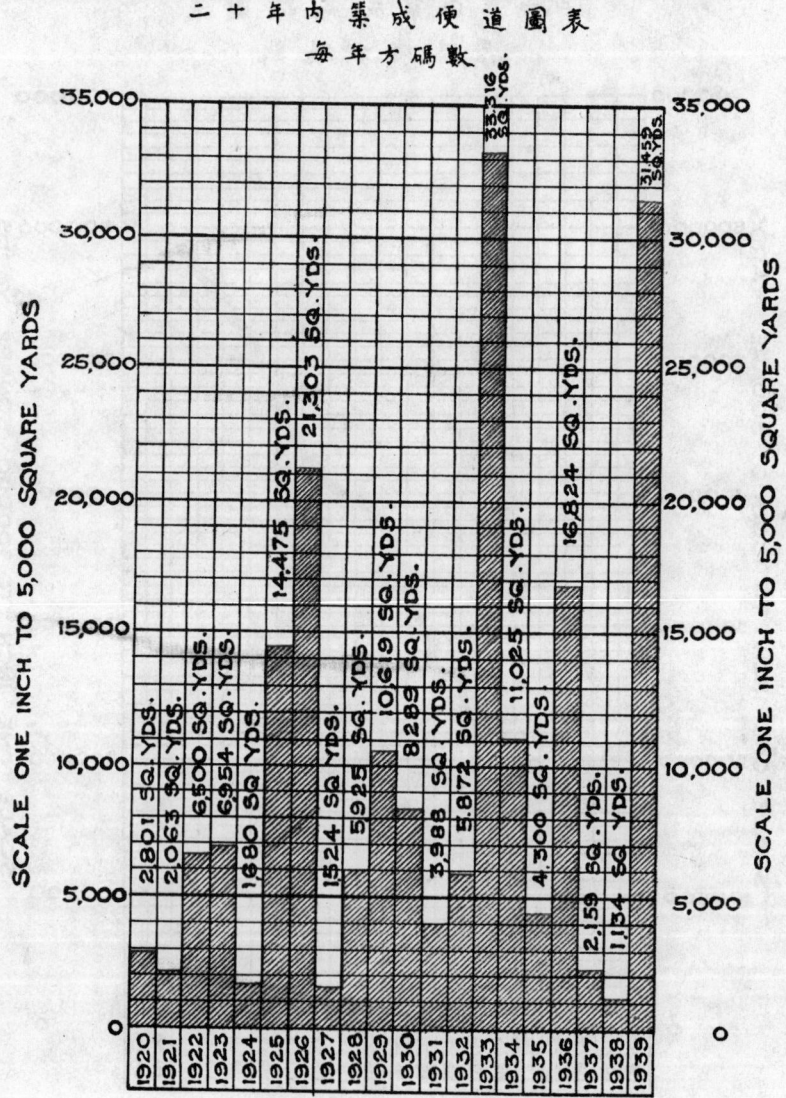

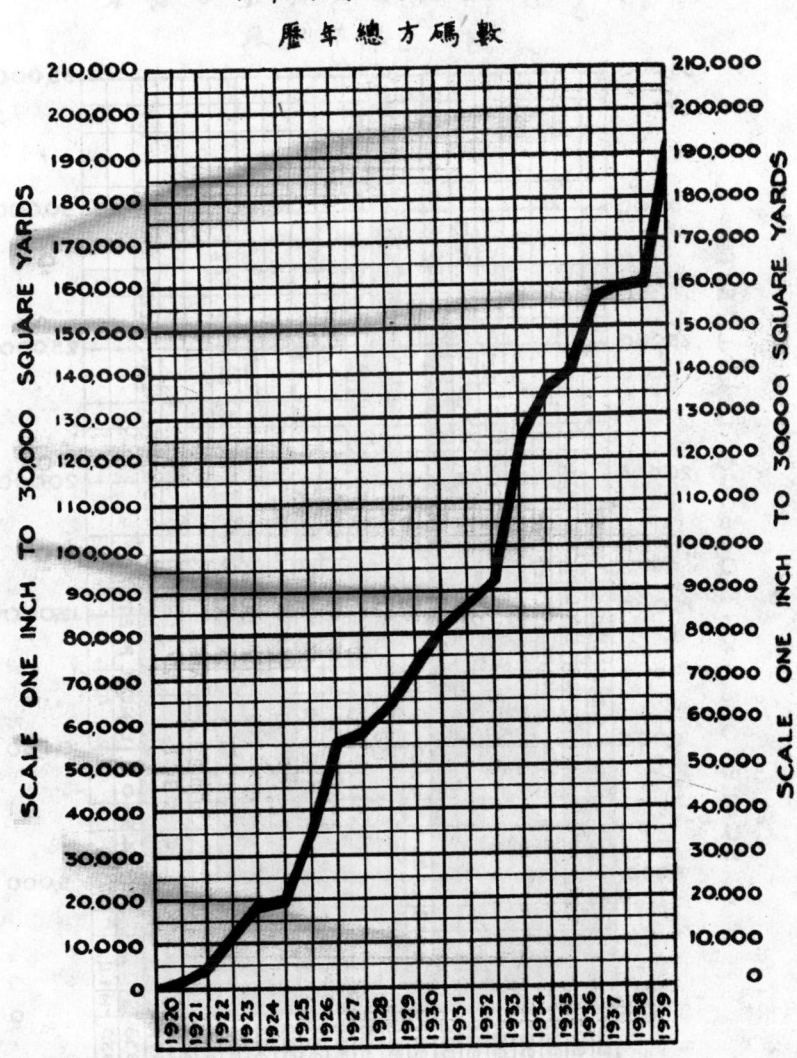

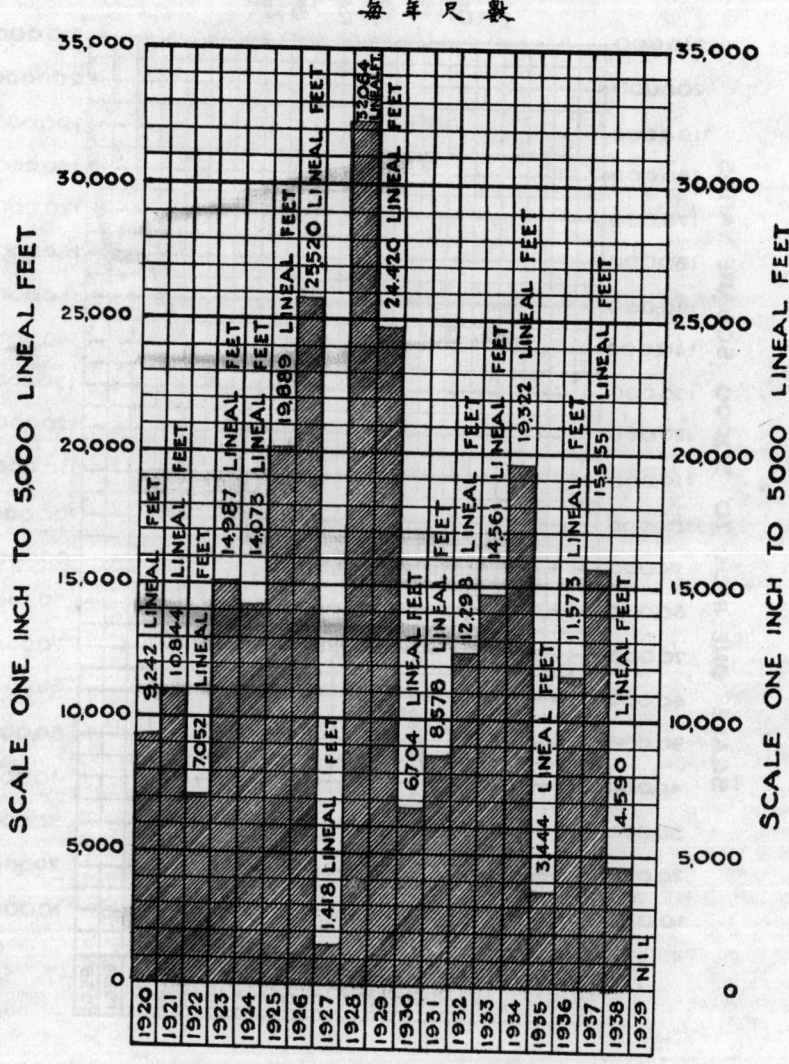

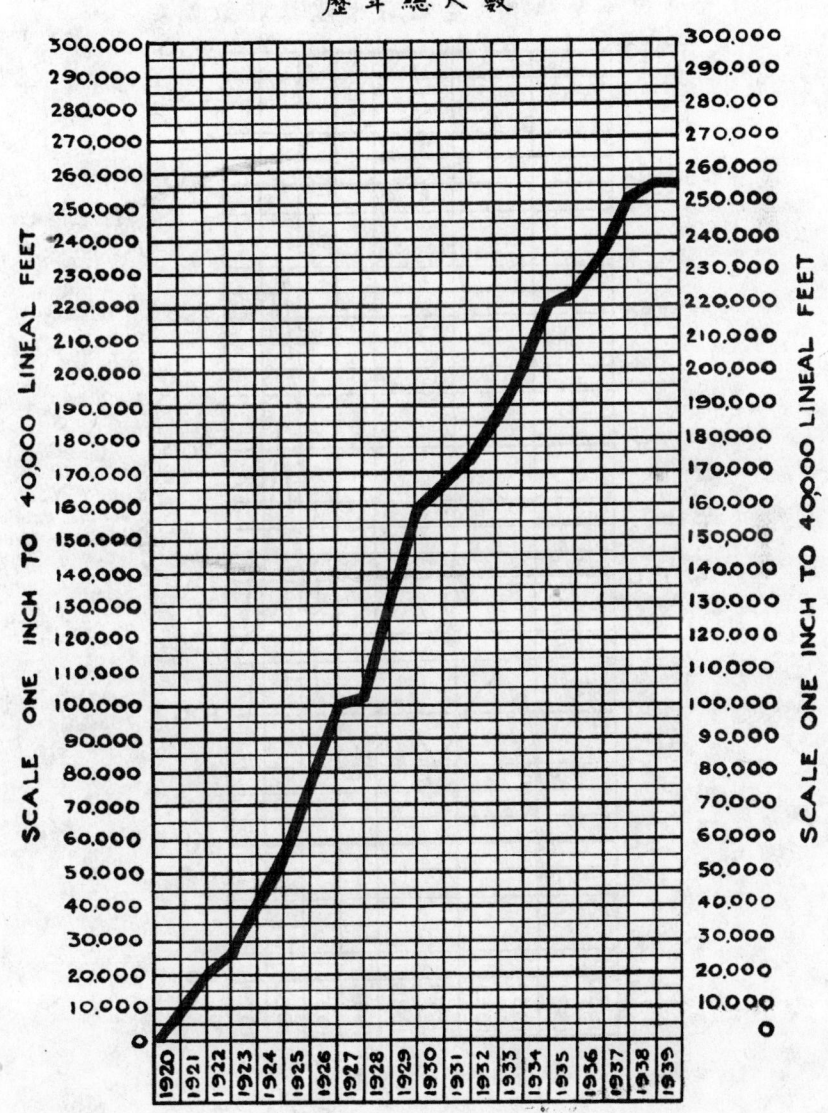

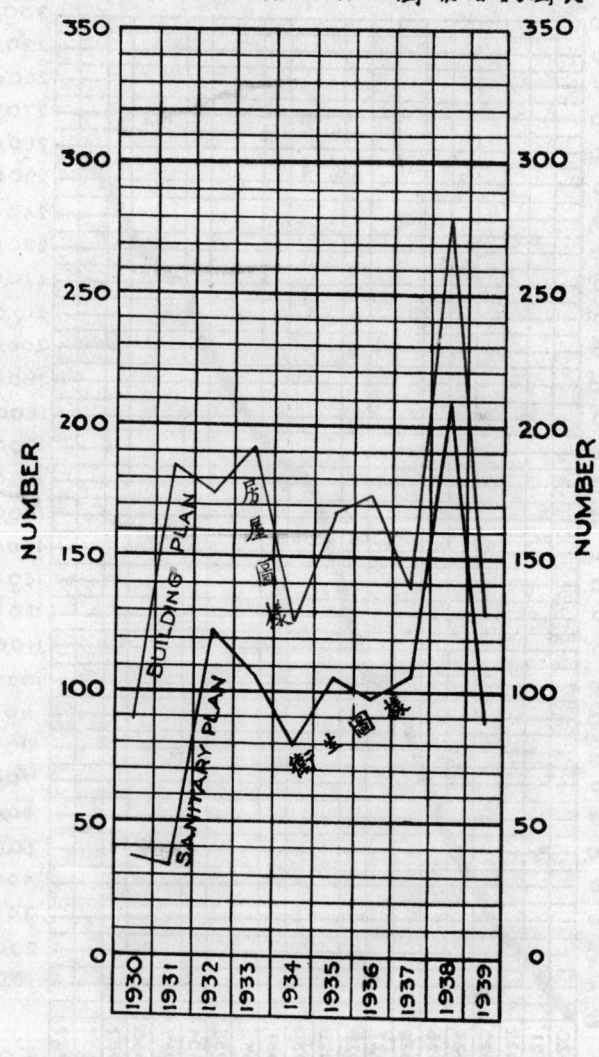

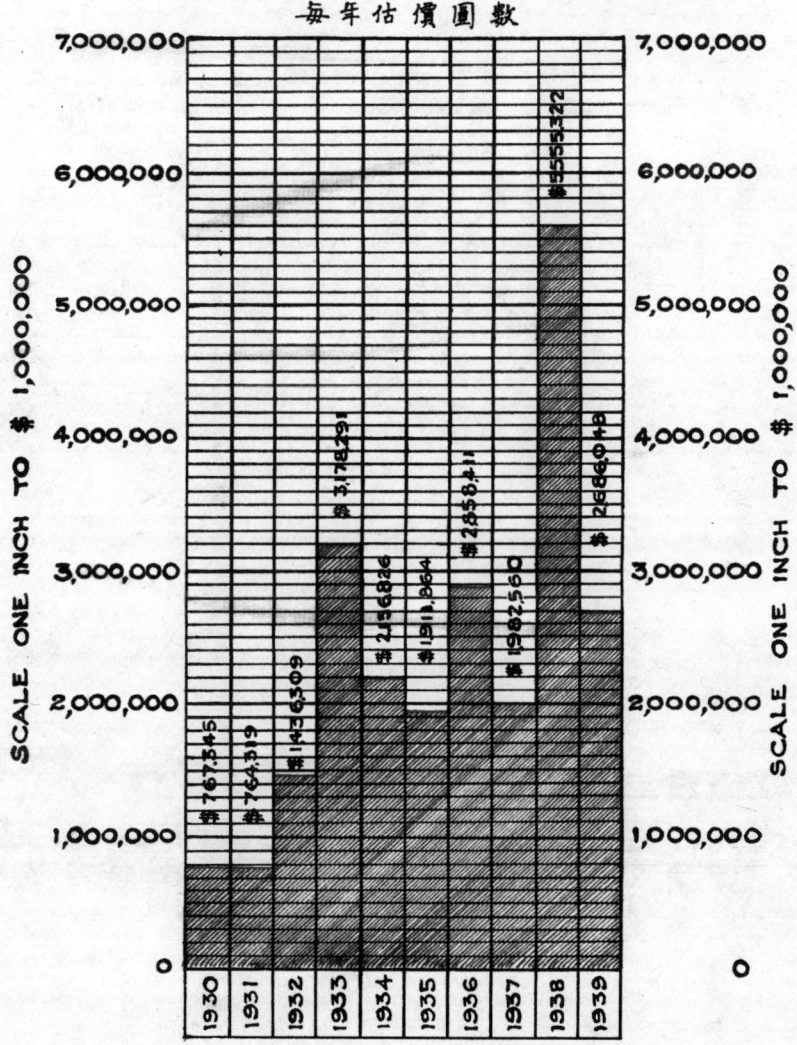

天津英工部局
1940 年董事会报告
暨 1941 年预算

天津英租界选举人常年大会记录

天津英租界选举人常年大会定于本年 4 月 16 日星期三下午 3:30 在天津英文学堂举行

会议日程

一、(一)证实 1940 年 4 月 17 日选举人常年大会议录。

(二)证实 1940 年 8 月 14 日选举人特别大会议录。

(三)证实 1940 年 12 月 18 日选举人特别大会议录。

二、接受 1940 年董事会报告，暨通过该年截至 12 月 31 日止之全年账目。

附注：选举人对于该账目如有质问，务请至迟于大会期五日前函知工部局秘书长兼工程师，避免临时答复有何遗漏或欠周详之处。

三、审查董事会提出本年(1941 年)预算，如荷表示同意，即请执行通过手续。

四、选举本年稽核员(工部局已往账目由汤生公司担任稽核，本年该公司仍愿候选联[连]任)。

五、候选本年估价委员 2 人。

六、考量其他事件。

七、选举本年新董事会董事。

附注：为便利会议进行起见，选举人对于上列议题或其他市政事件如有质问意见，务请至迟于大会期五日前通知秘书长兼工程师，以免临时答复疏略。

驻津英国工部局 1940 年报告

　　本董事会兹将常年市政报告连同 1940 年截至 12 月 31 日止之财政统计暨 1941 年之收支预算一并陈请选举人察[查]核。

　　1940 年 4 月 17 日，英租界选举人第 22 次常年大会选出董事会各董事如下：

安德铸君　甘慕隆君　朱继圣君　庄乐峰君　费巧尔君　黄约三君
蓝　荫君　资耀华君　德恩若君　王荷舫君

　　新董事会于 1940 年 4 月 18 日开会，推举德恩若君为董事长，庄乐峰君为副董事长，并于第二次会议分组成立各委员会列次：

人员暨财政委员会
甘慕隆君　朱继圣君　庄乐峰君　蓝　荫君　德恩若君
医院委员会
费巧尔君　蓝　荫君　资耀华君　王荷舫君
工程委员会
安德铸君　甘慕隆君　费巧尔君　资耀华君　王荷舫君
公安委员会
安德铸君　庄乐峰君　黄约三君　德恩若君　王荷舫君
电务委员会
甘慕隆君　朱继圣君　庄乐峰君　黄约三君　蓝　荫君
水道委员会
安德铸君　朱继圣君　费巧尔君　黄约三君　资耀华君

　　董事长因职务关系为各委员会之委员。

　　十月间蓝荫君因离津辞职，遗缺由董事会公请芮德君充任并接任各委员会蓝荫君之任务。

条例（修正暨增加条文）

1941年1月25日工部局通告第四号关于应予通知之病症条例，业经添改其修正条文（添列病名旁加小圈），重刊于次：

第六条 应予通知之传染病症暨房屋消毒

一、遇有发现霍乱、白喉、麻疹、猩红热、天花、瘰疹、伤寒（肠热症腹部瘰疹）、副伤寒、腺鼠疫及肺鼠疫、瘅疽、脑膜炎、昏睡性脑炎、百日咳、腮腺热（痄腮）等各种传染病症，以及其他工部局业经引用本条例为传染病者。发生该传染病房屋之占用人或租赁人必须于病症判明之12小时内通知工部局秘书长，如已延请医生诊治，则该医生必须另送通知予工部局，如病症结束，发生该传染病房屋之占用人或租赁人必须于12小时内重行通知工部局秘书长，如已延请医生，则医生应另送通知予工部局。

二、发生传染病房屋之占用人或租赁人遵照工部局卫生医官之要求，应于适当时间内迅速办理该房屋消毒手续，并将消毒经过情形呈报工部局卫生股，其消毒费用由该房屋占用人偿付。

三、工部局对于发生传染病症之房屋有随时查察之权，如遇有任何危险传染病症发生得饬令施行特别消毒手续，并执行或饬令执行任何防范病症蔓延所必需之特别手续。凡因为公众卫生利益所必需施行之此项特别手续，其费用由局支付，抑由业主负担，应依审查该病症发生之原因为断。

四、无论何人如有违犯本条例情事，应处以不逾洋300元之罚金。

下列增加条文由1941年1月24日工部局通告第三号公布，当自1941年3月1日起施行有效。

第四十三条 关于买卖货物生金银块暨通货之合同

兹为严厉施行取缔赌博暨制止货物生金银块暨通货倒把之章程起见，工部局颁发之捐照效力应释为限于颁发捐照本旨确定范围内之营业及其他业务。

无论何人不得扩展其经营，至于包括此项捐照未明列或非属旧有事业及习惯通例显然包含之业务或违犯此项捐照任何规定之业务所有捐照之规定，概应视为包括本条例之条款暨按章程第二十九条新制定之各条款。

无论何人如有违犯本条例情事，除按照章程第二十九条应停止其捐照效用或撤销其捐照外，并按照章程第二十五条暨第二十六条加以裁处，因此所科罚金须用当时工部局收款之通货缴付。

电话协定书

天津特别市市长（以下简称甲方）及天津租界联合电话管理委员会代表（以下简称乙方）依照下开各条，由乙方将英、法、义三租界（以下简称地域）内之电话局移交甲方，并经双方同意解散租界联合电话管理委员会，特立本协定书为证。

第一条 甲方约定保证地域内电话之效率，并以现有设备尽力从速使与地域外之电话接连。

第二条 中国政府天津电话局与中国银行团所订立之借款合同由甲方承认其效力。

第三条 中华民国十四年九月一日，中国政府天津电话局与各国租界当局所订立之特许合同由甲方承认其效力。

但因合理的经营所必须之修正得与各租界当局另行协议之。

第四条 工作人员中凡无共产或反政府之倾向而任事干练者，均由甲方积蓄采用之。

第五条 乙方当移交地域内之电话局时，关于该局所属之财产及地域内设备之所有权不负任何责任，应明白谅解之。

此项财产及设备在所有权未获得最后之解决时，应予维持并不迁移至整个区域内之其他部分。

第六条 本协定书制成中英文各两份，由甲乙两方各执中英文1份。

天津特别市市长　温世珍　（印）
天津租界联合电话管理委员会代表
英国工部局董事长　德恩若　（签署）
法国工部局书记长　达威　（签署）
义国工部局书记长　雷威熙　（签署）

1940年9月30日

各种捐率暨租金照费等

地亩捐：

英租界内之地亩捐概按估定价值1.5%征收

估定房产租值捐：

英租界内之估定房产租值捐概按11%征收

地亩转移暨抵押登记费：

地亩转移在工部局登记者，均按照本局勘估价值3/800收费，以洋60元为收费最低数目，至洋225元为收费最高数目，概由新业主缴纳。

地亩抵押登记无论产业价值一概收费洋25元。

娱乐捐：

一、电影、戏剧、音乐或其他一切公共娱乐，每张票价系1.99元或以下者，每张收捐0.1元，票价系2元或2元以上者，每张收捐0.2元。

二、舞厅、夜总会、咖啡馆、饭馆、舞场或旅馆售与顾客之一切食品或饮料，概按账单5%收捐，惟旅馆住客不在此例。

警务捐：

按所有占用房产之估定租值3%征收此捐，应由房客或占用人按月预缴。

杂项收费

广告招贴及告白等：

本租界内建立广告暨招贴告白等须依照下列规定：

一、本租界内公众观瞻处所未经本局警务处给与准许，不得任意张贴广告。

二、凡备帖[贴]广告之招牌其建立须得有本局工程处之准许。

三、请求准许人于必要时，须将广告式样送呈警务处备阅。

四、凡有通告广告务须经本局警务处盖戳记号、加注日期，然后张贴。

五、违犯以上规定者，得科以不逾洋200元之罚金。

六、本规定对于营业或工业厂所建立于该营业等所在地之广告招贴不适用之。

押款与收费由本局酌定。

现时收费规定每方尺每年收费洋 0.1 元。

运载病人汽车租赁费

路程起点	路程终点	外国人跟车(元)	中国人跟车(元)
本租界任何地点	本局所立医院	14	9
其他租界	本局所立医院	23	18
本租界任何地点	其他租界之任何地点	23	18
其他租界	其他租界之某医院	27	23
本租界	天津城	34	27
天津城	本租界		

附注：特别一区、二区、三区暨佟家楼之费率与其他租界同

四至石柱

混凝土带字石柱位置于业主地亩工资在内　　　　　　　每柱 10 元

建筑图样审查费

洋式建筑：

一、每所建筑其容积不超过 2 万立方尺者　　　　　　　9 元

二、增加容积每 5000 立方尺或不满 5000 立方尺　　　　2.25 元

三、已核准图样如有更改而于容积无所增减者　　　　　2.25 元

四、房屋内部更改与现有墙壁无关者　　　　　　　　　6.75 元

否则依照一、二两项收费

五、设某图所载系多所同样房屋，则第一所房屋图样审查费应依上列费率计算之，其他各所仅收规定费率之半数，惟任何一种多所同样房屋图样审查费总数不得超过　　　　　　　　　　　　　　　　　　　　　112.5 元

附注：任何单所房图之审查费不得超过　　　　　　　　52.5 元

中国式建筑：

住房铺面或商行

3 所或不满 3 所附带下房　　　　　　　　　　　　　　6 元

10 所或不满 10 所附带下房　　　　　　　　　　　　　11.25 元

每增加房间 1 间或房屋 1 所　　　　　　　　　　　　　0.75 元

每段房屋取费至多不得超过　　　　　　　　　　　　　112.5 元

附注：为便利计算上列费率起见，每一中国式房屋所占平地面积除院落

不计外,以不超过 400 方尺为准。

卫生设备项下:

核准图样费每一装具取费 1.5 元,至多以 30 元为限。

查验卫生设备费,第一次免费,第二次起每次每一装具收费 7.5 元,至多以 150 元为限。

杂项:

婚丧暨寿事牌楼	7.5 元
牌楼如宽至 25 英尺横过马路者	75 元
建筑材料堆积公共道路占地每方码每月应纳费	0.75 元

河坝系船费

轮船类:

各式轮船凡系靠英租界河坝者,以注册净吨数计,每一吨征收系船费洋 0.11 元,所有纳费轮船得停靠河坝 3 日(即 72 小时,由开到时起算),如系靠时间须延长者,每增加 24 小时增加收费洋 37.5 元。

驳船类:

凡系靠英租界河坝驳船装载货物,每百吨或不满百吨者,收系船费洋 11 元,此项货物吨数以重量或容积计算,均按照轮船货单为凭。

凡有驳船每系靠河坝一次加收系船费洋 15 元,倘系本局请求移动者不在此例。

上列各费概由各该船公司或代理人缴付。

河坝租费

凡有装卸轮船或驳船货物堆积河坝者,每吨以重量或容积计征收河坝租费洋 0.11 元,此费由接受占用船位准许单之商行缴付。

附注:装卸轮船货物凡缴此租费者,得积存河坝 7 日(海关假期除外)。凡有货物逾此限期仍未提取者,本局得代行收存其一切,危险暨费用概由货主担负。倘本局准许该项货物过上列期限仍堆积河坝者,则该项货物以包计或以担计,应征收按日计算之寄存费,此按日计算之寄存费率大概与津埠普通货栈按月计算栈费相等。

码头捐

凡经过英租界河坝货物,均按各货物价值 2.5‰ 征收码头捐。

坟墓费暨下葬费

火葬费普通瓮值在内　　　　　　　　　　　　　　　　　75元

墓圹暨洋灰边框及下葬费在内（牧师费另计）　　　　　75元

除在马场道塚[冢]园已修家族坟墓或在1933年1月1日前已经购定墓穴者外，嗣后该塚[冢]园只备安葬英国人民之灵柩或本租界住户纳税人或纳税人家族之灵柩。

不在本租界居住并不纳本租界捐税之非英国人墓圹暨洋灰边框及下葬费在内（牧师费另计）　　　　　　　　　　　　　　112.5元

汽车夫执照费

汽车夫驾驶执照签发费　　　　　　　　　　　　　每张5元

长途汽车驾驶执照　　　　　　　　　　　　　　每年15元

房屋消毒费

每一房间　　　　　　　　　　　　　　　　　　　　4.5元

电流供给费率

电灯	首次1000度	每度	0.35元
	1000度以上	每度	0.315元
电冰箱		每度	0.14元
暖气		每度	0.08元
烹饪		每度	0.08元
烹饪、暖气、电冰箱合计		每度	0.08元
		每月最低收费5元	
电马力			
用电量在50马力为最高限度者	首次1000度	每度	0.14元
	1000度以上	每度	0.12元
用电量超过50马力者	首次3000度	每度	0.12元
	3000度以上	每度	0.07元
装用电表每表		每月收租费1元	
每表用电费每月最低限度按1元核收			

医院项下

住院费　　　　　施行手术室收费

	英租界住户或纳捐人	非本租界住户暨非纳捐人	英租界住户或纳捐人	非本租界住户暨非纳捐人
英国医院　特别病室	每25元	30元	重要手术 30元	40元
优等病室	每日20元	25元	次要手术 15元	25元
产妇住院费 优等病室	每日30元	35元		

	英法租界住户(或)纳捐人	非英法租界住户(或)纳捐人
隔离病院住院费	每日5.5元	10元

在本局各医院所用药品麻醉品、注射药品、专利食品、汽水暨油类概另收费,由住院人缴付。

在本局各医院对于入院之儿童收费概与成年者同,对于儿童并不减费。

需动次要手术之病人住院只数小时者,其住院费当按整日核收。

X 光照收费

类别 \ 收费	本局收费(元)	医生手续费(元)	总数(元)
牙齿 1 枚	3	10	13
牙齿 2 枚	4.5	13	17.5
牙齿 3 枚	6	16	22
牙齿 4 枚	7.5	19	26.5
牙齿 5 枚	9	22	31
牙齿 6 枚	10.5	25	35.5
牙齿 7 枚	12	28	40
牙齿 8 枚	13.5	31	44.5
牙齿 9 枚	15	34	49
牙齿 10 枚	16.5	37	53.5
大印片 10 寸×12 寸 12 寸×14 寸	15	15	30
小印片 8 寸×10 寸 6.5 寸×8.5 寸	7.5	15	22.5
幕影查考	7.5	15	22.5

门诊

电气治疗:

用电气治疗器(门诊)由医院职员诊治

　　　　　　包括按摩费（每 0.5 小时）　　　　　　7.5 元

　　　　　　包括按摩费（每 1 小时）　　　　　　　15 元

按摩电机用费　　每次　　　　　　　　　　　　　　3 元

普通按摩费　　　每次　　　　　　　　　　　　　　7.5 元

2次	15元
3次	22.5元
3次以上之每1次	4.5元

捐照费率列下

汽车 载重拖车每年80元 若在1月以后具领每月按7元收费,核计至年终止。

载重汽车每年120元 若在2月内具领按115元核收,若在二月以后具领每月按11元,核收计至年终止。

电水自行车连双坐或不连双坐每年40元,若在一月以后具领,每月按3.5元收费,核计至年终止。

附注:

一、在1月以后上捐之捐费,概按上捐月份1日起计算。

二、汽车、长途汽车暨载重拖车如停驶不用或运送他埠,其捐照未满期部分之已缴捐费得按每月6元退捐,载重汽车按每月10元退捐,电水自行车按每月3元退捐,惟捐照暨号码牌在退捐时,须缴回捐务股再捐费退回数目须按请求退捐月份之下月1日起计算。

三、此为英、法、意、日各租界暨特别一、二、三区之通行捐,天津城里城外不在此列。

长途汽车特别捐		(每季加收特捐20元)
出赁公用汽车特别捐		(每季加收特捐3元)
马车	每年	27元
	每月	3元
人力车	自用每年	12元
	公用每月	1.5元
水车	每月	3.3元
自行车(全天津)	每年	1元
大车	每月	3.3元
装货排子车或大车(胶皮轮)	每月	3.3元
小本营生小车(胶皮轮)	每月	1.5元
狗捐	每年	7.5元
小本营生	每月	1.95元

电影院或戏院	每月	22.5元
牛乳房送货人	每年	0.45元
旅馆	每月	37.5元
蒸制酒品捐照	每年	375元
酒柜捐	每月	37.5元
公寓	每年	7.5元
经售洋酒捐照	每月	37.5元
经售中国酒捐照	每年	7.5元
押当铺捐照	每年	150元
专门职业	每月	5–20元
手枪执照签发费	每支	10元
换照费	每年	5元
屠兽场	每年	112.5元
铺捐	每月	1–10元
营业捐	每月	5–50元

图样

| 英租界蓝色影印全图 | 每张 | 7.5元 |

垃圾箱

| 工部局规定式样垃圾箱每只 | | 9元 |

起重机

每次起重至少收费	45元
若以吨位计算每起1吨收费	5.65元
最大重量限制30吨	

测量费

普通测量　未兴建筑地亩	每亩或不满1亩收费	7.5元
已有建筑地亩无论上建房是否须位置图样上		
每亩或不满一亩收费		10.5元

水价

本租界给水按下列费率收费

一、家常给水

住宅、公事房暨其他普通用水　　每千加仑　　　　　　　　洋 1.25 元

二、巨量给水

凡"里式"房产、公事房暨住宅等之巨量用户，其需水量每月达 5 万加仑或过此数者，按下列费率核收：

用水量	每千加仑
5 万加仑或不满 5 万加仑	洋 1.25 元
5 万加仑以上至 10 万加仑	洋 1.2 元
10 万加仑以上至 20 万加仑	洋 1.15 元
20 万加仑以上至 30 万加仑	洋 1.1 元
30 万加仑以上之数量	洋 1.05 元

三、工业给水：纯粹工业暨（或）制造用水

每月用水量	每千加仑
第一　25,000 加仑	洋 1 元
第二　25,000 加仑	洋 0.9 元
其次　50,000 加仑	洋 0.8 元
其次　100,000 加仑	洋 0.7 元
200,000 加仑以上之数量	洋 0.45 元

附注：前列家常巨量暨工业用水费率概按每处设备之水表任何一整月实在计量核收。

四、水表租费

每月每表收 1.5 元至 20 元之租费，依水表大小为准。

五、轮船暨驳船

凡系靠英租界河坝之轮船、拖船及驳船由河坝水龙头取水，每一吨概按洋 1 元收费，此费包括水龙头夫役暨水管通接至轮船贮水舱等费用。

二、三两项特别费率只适用于英租界内之产业，如用户愿利用此项特别费率可向达文波道水道处工程师接洽一切。

估定房产租值捐

纳税人须注意每年房产租值捐规定分二期缴纳，约捐数之半定于六月缴纳，其余半数则于9月缴纳。倘至6月30日或9月30日应缴之数仍未照缴者，按照本局条例第二十一条，本局得征收额外附加捐，以欠缴捐数之10%为标准。

此捐之第一期6月账单当并列本年全年捐数，倘纳捐人对于估价委员会所估全年租值有何不满意处，须于7月31日以前函知工部局秘书长此项要求重行估计全年租值之申请书，如过此指定期限迟到概不受理请求退还捐款。

凡已缴纳之捐款，本局得依照下列特别情形或准予退还，惟须详予声明者，此项捐款之应否退还完全由本局权衡决定。

房产租值捐要求退还规定

一、凡房产于一年度中有未经占用时期，本局可酌核情形，按照下列计算表将已缴之捐款退还。

计开：

未占用1个月者退还5%；

未占用2个月者退还10%；

未占用3个月者退还15%；

未占用4个月者退还20%；

未占用5个月者退还25%；

未占用6个月者退还30%；

未占用7个月者退还35%；

未占用8个月者退还40%；

未占用9个月者退还50%；

未占用10个月者退还60%；

未占用11个月者退还70%；

未占用12个月者退还80%；

二、凡非出租之房产应作为有人占用。

三、若房屋内置有家具或货物者应作为有人占用。

四、凡房屋空闲满足一整月者,即自本月某日空闲至次月之同一日期,得要求退捐,惟该房业主或经租人应即于房屋空出日报告工部局,并每逢满届1个月继续报告1次,一俟租出,应再于租出日立即报告之,倘不依此随时报告注明每段地空闲房屋住址,其退还房捐要求当即失效。

五、第一次房屋空闲报告须用特别格式,此种特别格式可向英国工部局会计处索取,该格式内应列房屋号数,系业主用以志别其管业地段房屋定有不同额之租金者。

各段房产类别列次:

(一)多所成排房屋,其租赁以1整所为单位者;

(二)某段地房产系铺面办公室住所或分租楼房暨货栈合成者,其出租以全部或一部分为单位者;

(三)货栈其出租以分截部分为单位者;

(四)菜市建有铺面住房摊位概可分租者;

(五)大所住房其出租以房间为单位者。

六、业主或经租人于要求退捐时,须采用"首次报告"格式并于该报告内分别详细说明每段房产之出租单位与租金之总收入暨各单位之按月租金数目。

七、此后业主或经租人再有退捐要求,只须用信函援引首次报告注明产业段数、号数,工部局主管退捐要求人员当即于该房屋之首次报告照行注明。

八、倘每年地捐至四月三十日房产租值捐至九月三十日尚未全数清缴者,其退捐要求本局概不受理。

九、凡有退捐要求应函交驻津英国工部局会计处长,并于封皮注明请求退捐字样。

十、工部局得随时派员查明请求书内所具各节,如查有具报不实或误报情事,其所具要求概作无效。

十一、证书格式须经业主或经租人签注如下:

"鄙人证明房产租值捐退还请求书内所具各节,据鄙人所知所信概系实情。"

秘书长兼工程师　巴恩士

工程处 1940 年报告

1940 年财政困难,并因建筑材料高涨,故预定之工程规画[划]只实行一部分。

游泳池:该池于 6 月 1 日开幕,其更衣室系用草席临时建搭,池址周围有炉灰铺垫路线,池址空地并建立凉亭两座。

游泳池开幕期间售票及收入统计列表于次:

月份	季票	收入元数	临时进门票	收入元数	收入元数总计
6 月	204	4,080	10,837	3,251.10	7,331.10
7 月	9	180	17,369	5,210.70	5,390.70
8 月			5,622	1,686.60	1,686.60
9 月			1,166	349.80	349.80
总计	213	4,260	34,994	10,498.20	14,758.20

预防水患:为预防水患自宝士徒道至开滦胡同间之河坝会于 6 月建筑土埝。

河坝堆货地位:河坝第一、二、三、四暨九号堆货地位,概经建立铁蒺藜围篱及木门。

马路加宽:中街至河坝间之董事道北面会予加宽所临产业属之扩充界第三十五段第二号。

公园:年间施以例行保持修缮。

马场道塚[冢]园:该处新辟地段可加墓穴 1,072 个,概经规画[划]测定。

辅捐收入:1940 年辅捐收入总计 395,017.42 元,比之 1939 年之统计 265,383.27 元计增 129,634.15 元,其要因为车辆捐照之增多。

桥梁与河坝:本年各桥梁有例行保持修缮工事,第五号货位之河坝有两段会广事修理。

火葬炉:年间公用 5 次。

公共厕所:各所仅施以例行保持修缮。

工部局建筑:1940 年新建筑列次:

天津英租界工部局史料选编

一、河坝筑造检查棚暨办公室计4处；

二、戈登堂内筑造铁筋混土凝保险房1间；

三、伦敦道旧有野犬圈留所已迁筑于马场道南局有苗圃地址。

奥克尼道机料场：辗轮榨碎石块共13,500立方尺大小不一，自1.5寸至碎末不等，又供给沥青混凝土共41,764立方尺暨路面沥青料计4,972立方尺。

业主自建房屋：1940年界内业主建造房屋之估计总值合2,538,813元，此数包括计值310,735元之建筑，其准单系于1938年颁发计值1,056,478元之建筑，其准单系于1939年颁发，暨计值1,171,500元之建筑，其准单系于1940年颁发。

此外，尚有计值4,792,010元之建筑至1940年底尚未竣工，此总值内包括1937年颁发准单之建筑计值28,000元，1938年颁发准单之建筑计值225,500元，1939年颁发准单之建筑计值180,110元暨1940年颁发准单之建筑计值4,358,400元，另有1938及1939年颁发准单之建筑计值946,592元于1940年未曾动工或撤销准单。

1940年1月至12月颁发准单之建筑估计总值合6,188,750元，此数包括本年建筑完成之房屋估值1,171,500元，建筑未完成或未动工之房屋估值5,017,250元。

马路项下：1940年马路修筑因限于财政只有下列路线用沥青混凝土重行修整。

海大道	自开滦胡同至董事道	2,088方码
海大道	自董事道至咪哆士道	1,736方码
海大道	咪哆士道至巴克斯道	3,918方码
海大道	巴克斯道至广东道	870方码
海大道	广东道至宝士徒道	1,125方码
宝顺道	自海大道至中街	506方码
宝顺道	中街至河坝	522方码
河坝道	自博目哩道至咪哆士道	920方码
河坝道	咪哆士道至宝顺道	3,371方码
河坝道	怡和道至领事道	220方码
河坝道	领事道至宝士徒道	160方码

共计 15,436 方码

计至 1940 年底止,已往 17 年修筑马路之总面积合计 570,436 方码,计长 33.99 英里。

马场道南自塚[冢]园至马场道间之伟夫路原有并行土道业于年间加铺双层砖基,其面宽之半已铺盖旧沥青混凝土计 1,516 方码。

阴沟项下:年间修筑沟管线列次。

巴克斯道	自红墙道至盛茂道	648 英尺
	椭形沟管高 2.3 英尺,宽 1.6 英尺	
巴克斯道	自盛茂道至利斯克目道	518 英尺
利斯克目道	自巴克斯道至围墙道	314 英尺
围墙道	自围墙道至墙子河	136 英尺
	以上沟管系椭形高 3 尺,宽 2 英尺	
	总计	1,616 英尺

计至 1940 年底止,已往 17 年界内修筑之各式沟管总计长 92881 英尺,即 17.59 英里。

便道:本年铺筑面盖沥青混凝土便道计 1,051 方码。

清道工作:年间收集处置之脏土列次。

住户垃圾	27,350 方
街道脏土	2,000 方
炉灰	2,500 方
泥土	239 方
马粪	257 方
总计	32,346 方

扫除积雪:年间下雪 3 次,街头扫除总量约 1,200 方。

马棚:本处马棚内豢养之牲口暨置用机件列次。

骡	80 匹	大车	58 辆
载重汽车	6 辆	蒸汽机水车	1 辆
马拉水车	11 辆	马帚	7 架

本年马棚内牲口数目变动列次:

1939 年存数	1940 年废除数	新购	现存
74	无	6	80

洒水：1940年洒路清道用水总量共573,300加仑。

其他工程项下：

通接阴沟路边井子	31 处
位置四至界石	110 柱
卫生设备检验	90 处
油刷白色交通指示线	32.77 英里
脏水井清理	746 处
通接至路边石水沟或暴雨水沟之雨水承溜管	27 处

卫生保障

牛奶：年间化验牛奶样品共计33起，其中20起证明品质合格，另有13起品质不符规定标准。

菜市暨食品商店：英国菜市按日检查，保持清洁卫生状况；食品商店及饭店除按时检查外，其业主概经饬令保持清洁。

里巷式房屋：各处概经按时视察，其业主并经通知保持良好状况。

职员：助理工程师乐富君业于本年5月18日辞职。

自本年5月21日起，本处戈登道工厂已由水道处工程师克瑞驹君兼管。

年间本处人员咸勤奋服务效率灼然良用致谢。

秘书长兼工程师　巴恩士

电务处 1940 年报告

绪言：本处自 1920 年开办以来，处务逐年显有进展，1940 年之经营事同一律。年间摩发电量暨售出电度总量虽有采用节省日光钟点及英军撤退所致之损失，然全年统计仍超过已往记录甚多，近三年本界需电量增加之比率尤见高速，现时需电量几臻发电厂之最高发电量。查 1941 年须予供应之需电添增计有东亚毛呢纺织公司华北冷藏公司暨工部局水道处之需电。此外，尚有界内行将落成暨已动工之多所住房，凡此皆需供应电力。

依负荷情况预测本界需电不久当超过发电厂之能量，为此恐须请求界外之协助职是之。故发电厂之扩展不惟为必须，且属孔急之要图。

年间发电厂机件无何重要添加更改，各机件概经逐一按时查验，以保运用效率及可靠状况，厂内锅炉 5 座俱经按时试验保持安全情状，第四号锅炉并经配装新火炉暨超热汽锅。

电流分输设备暨变压器年间颇有更改添增之必要，细目详后.

收入：1940 年售电收入共计 1,995,965 元，比之预算所列计减 120,409 元，惟比较 1939 年之统计，则增收 632,527 元。

摩发电量暨输入总线电量：1940 年摩发电量共计 18,444,846 千瓦小时（度），比之 1939 年约增加 20%，本年输入总线之电量共计 16,460,539 千瓦小时，此二数之差额计 1,984,307 千瓦小时，即为厂内辅用机件之电量消耗及分输设备与变压器之电流损失。

经常支出：本年经常支出共计 845,409 元，比之预算计减支 117,070 元，此减支乃因外籍副工程师未经补聘暨机件保险准备费未经汇寄。

购置支出：本年此项支出计 220,545 元，即比较预算计减 52,584 元，其要目系因分输设备一部之重行分配暨变压器之重行位置获得旧材料甚多，堪以用之扩展布设，故新材料之购置得以节减。

盈利：1940 年所获净利计 1,150,555 元，比较预算所列仅减 3,339 元，但比之上年计增益 504,009 元，鉴于迩来物价飞涨，年间煤炭增价二次及加给员司津贴，如此记录尚堪称意。

近5年本处(除去折旧暨利息)净利胪列于次：

1936年	539,947
1937年	566,582
1938年	524,765
1939年	646,546
1940年	1,150,556元

售出电量：近二年售出电量列次：

项目	1939年售电量以度计	费率	1940年售电量以度计	费率
用户电灯(界外)	49,724	0.25元	45,121	0.375元
用户电灯	3630,182	0.2元	4,132,959	0.3元
工厂电灯	65,771	0.125元	76,184	0.1875元
	79,171	0.1元		
工部局各处电灯	214,461	0.12元	258,582	0.12元
小电马力器械	811,811	0.06元	1,044	0.15元
			187,649	0.12元
			199,398	0.1元
			387,564	0.09元
暖气暨电冰箱	350,122	0.05元	254,708	0.075元
烹饪暨暖气等	1,553,420	0.035元	766,868	0.07元
			1,718,699	0.0525元
工业用电马力			964,945	0.06元
	5,757,059	0.035元	1,587,342	0.0525元
工部局分处电马力			3,664,875	0.035元
英兵营电灯	71,3412	0.05元	无	
最低费率	70,452		109,703	
总计	12,653,515		14,355,641	
不计价供给路灯用电	478,996		576,713	

本处截至1940年底之经济状况列次：

购置成本项下	2,759,395元
折旧暨购置存储	2,326,302

未清借款	871,525
机器保险准备	240,170
售电收入(1940年)	1,995,965
扣除折旧	52,902
之余利概数	1,166,073
合成本余利	42.26%
扣除折旧	52,902
暨利息	15,517
之盈利净数	1,150,556元

电务处自1920年以来拨归工部局总账之款额计6,799,735元,历年拨付折旧存储项下计2,326,302元。

电炉灶暨热水锅:年间新接之电炉灶计91处,计至1940年底止,出租之电炉灶共648座,昨年底之统计为557座,关于热水锅因来价太高,年间无何推销,至年底止,通接之热水锅共51处。

陈列室:该室效用依然多数用户俱感利便际,兹商情艰难,本处对于陈列可靠电气用具仍力求齐全。关于电流问题暨工部局制定布设电线新章及售电费率,该室可随时赞助用户给予所需闻料,年间业务经营款目计55,879元,因获利润计14,111元。

发电厂负荷:年间发电厂最高负荷发现于2月7日下午8时计4,100千瓦,是日发电总量计53,020千瓦小时,本年最低负荷发现于7月12日计1,120千瓦,是日发电量计46,300千瓦小时,最高负荷达2,470千瓦。

本年负荷供求相应数合51.3%,此为历年之最高记录。

煤炭消耗:本处所用系开滦矿务总局之特号煤末,保证每磅干煤含英热单位11,000。

近2年所用煤炭分析平均列次:

	1939年	1940年
热力(以干煤热单位计)	11,773	11,237
潮气	3.764%	4.042%
灰	19.727%	20.892%

1940年共用煤19,125.7公吨,按此计算每千瓦小时平均需煤2.285磅,昨年之耗煤平均合2.280磅,1938年之平均合2.58磅。

用户接电：计至本年底止，通接电流用户总数共计 8,271 户,比之 1939 年底之统计增 448 户。

以负荷计年间新接之电马力负荷计 1,187 千瓦,电灯负荷计 257 千瓦,至年底止通接工部局总线之负荷共计 19,354 千瓦。

电流分输设备暨变压器：本年输电布设颇有扩展,新建之架空总线计有高压三相三线之总线 2,300 码及低压三相四线之总线 1,000 码。

下列各处变压器业于年间拆卸：

伦敦道水道处机厂	150 K.V.A	1 架
达文波道天津利瑞公司	100 K.V.A	1 架
敦桥道英国兵营	100 K.V.A	1 架
高林洋行	300 K.V.A	1 架

下列变压器概经增加容量：

达克拉道水道处机厂	150 增至 300 K.V.A
河坝(河水泵)	175 增至 200 K.V.A
敦桥道	275 增至 300 K.V.A
狄更生道花园	400 增至 600 K.V.A
仁立公司	275 增至 300 K.V.A
威灵顿道	300 增至 400 K.V.A

年间新建之变压器列次：

海光寺道新兴纸厂	100 K.V.A
东亚毛呢纺织公司新厂	500 K.V.A
海大道领事道拐角	200 K.V.A
宝顺道	200 K.V.A
海光寺道水道处新机厂	150 K.V.A
华北冷藏公司	100 K.V.A

职员：本处职员咸忠于职守,翕然奉公,处务经营成绩斐然,鄙人志此颇感愉快。

年间承驻英工程顾问克诚思君不吝赞助时加指导并此致谢。

电务处工程师　马秀士

水道处 1940 年报告

一、绪言：1940 年为工部局经营水道处之第 18 年,全年产水售量暨售水收入概显进展,年间最高需水量发现于 7 月 7 日,24 小时抽水总量计 225.2 万加仑,比之 1939 年记录计减 30 万加仑,但全年售水总量共计 52,744.31 加仑,比之 1939 年之售水总量则增 27,935,716 加仑, 故售水收入比较预算显有增益 3.9 万元。本年上半年于租界内购置材料诸多困难,复因物价高昂,新房屋建筑完成者颇现削减,年间装置新水表之申请只有 67 处,如此低额为近年所仅见。

新落成之房屋所临马路间有尚未布设总水管者职是之,故自林莫克道至福发道暨自文赛道至宝士徒道间之奥克尼道二段,已于年间布设 6 英寸径新总水管。

二、河坝进水机厂：此厂所置汲引河水机件暨消防抽水机原备以抽引河水输入混凝土水管用救扩大火患,查该机件及配件等设置有年陈旧无用,故已于年间售出。

巴克斯道抽引河水至滤水池之机件,因昨年洪水浸淹,概经加以整理并配装预行氯化消毒器,故于巴克斯道滤水池按例消毒外,加用此进水管口预行氯化,其结果更使水质良好。惟巴克斯道机厂之自流井被昨年洪水污浊,致须本处自济安公司总水管引用水量以补给水之不足,当滤水池一经整理就绪,自流井产量之不敷即由本处过滤河水添补。

三、新机件：为达克拉道机厂第十号井购置之抽水机件,业于年初装置就绪,其临时机件并经拆卸,该厂同时添置英国通用电气公司制 600 安培完全油浸自动开关 1 架,并自变压器地点至抽水机房配电盘间添布输电缆,所有变压器概经整理其总容量因添置 100 K.V.A 变压器 1 架,而增加各变压器已由电务处重行位置于大沽水准 19.5 英尺之地平,比之昨年洪水水平已较高,此项变压器容量及电缆之增加乃为新置机件所需,并准备将来机件再有添增也。

达克拉道机厂新购之凡条拉水量表已于年间抵津,并经装置于旧有已不适用测计增加产量之总水表原址,此新总水表系英国液流速计表公司制造,测计准确,效用著然,尤以该表之巨形针盘测计水流速率于抽水机管理人员极称便利,随时可一目了然于机厂之输水数量。年间向英国 Pulsometer 唧筒公司订购之每分钟 1,000 加仑抽水机 1 架,亦已运到。此外,尚有为此向维格斯厂订购之摩托及开关机械,当于 1941 年 2 月抵津,届时得于春季装置就绪,以应伏天需要。此抽水机之添置殊属切要,缘现有机件每日于需水最高时间全部开动绝无余量,堪以应付达克拉道及伦敦道区域之消防或其他意外需水。

四、游泳池:英国工部局游泳池系于 6 月 1 日开幕,因其布设周备需费低廉为颇喜游泳者所欢迎,第一日售票总计达 364 人,逐日见增。至 7 月 7 日游泳人数达最高记录,计 1,571 人,游泳者虽多,然所设过滤机件效率依然,池水清洁标准仍保持英美游泳池应有之定例。

该池深处及浅处水质并经按时施行微菌检验,其氯化成分则每数小时检验 1 次。

游泳期间因过滤机件效用优越,池水得保良好清洁标准,故连同第一次池水共更换 4 次,其更换要因尚为清除池内瓷砖及减低池水温度,查开始游泳时之池水温度在 68 至 70 度之间,至暑热时期其温度在 80 至 82 度之间。

查该池经营颇有秩序,游泳人咸能遵守定章,有时虽人数拥挤,然使用该池期间始终只有 1 次因细故发现意外。

五、抽水机厂:各机厂概经充分扩展以应夏间需水,对于该季需量最高期间自流井产水不敷,供应时仍用过滤河水以补不足,察看后列统计可见伦敦道机厂产水量年间逐渐减缩,除需水量增高时期不计外,即于平时经营该厂亦感不利经济职是之,故其他机厂须担额外负荷,尤以达克拉道机厂为甚,然该厂各机件应付裕如,年间并无障碍发现,查各气压机件每次开用辄以 3 整月为期,夜以继日毫无间断,届期方施急速清除整理再备应用。

各机厂之用电布设概经整理所有变压器分址,概经重行位置高过洪水水平,输电之马达咸位置于变压器之高压方面,故变压器之损失归本处承担。

各机厂总水表之产水量记录列次:

月份	巴克斯道机厂 自流井 2389 号 产水量	达克拉道机厂 自流井四五十号 产水量	伦敦道机厂 自流井 6 号 产水量
1 月	7,559,000	35,556,000	4,479,000
2 月	11,868,000	33,560,000	

3月	12,169,000	37,531,000	
4月	16,495,000	34,767,000	
5月	25,914,000	33,661,000	
6月	24,311,000	32,830,000	2,194,000
7月	29,008,000	32,353,000	3,875,000
8月	31,097,000	24,613,000	3,910,000
9月	29,149,000	26,380,000	3,858,000
10月	30,292,000	25,953,000	4,006,000
11月	29,233,000	24,600,000	648,000
12月	30,607,000	24,970,000	

六、自流井：1939年报告曾述及巴克斯道机厂之四井皆因洪水致现水质不洁，至本年初所产水量尚不适用，因之达克拉道暨伦敦道机厂各井概须尽力抽引以增产量，此外，尚须向济安公司引用水量每日自20万至50万加仑，以资供应需要。

上述被浊各井施以继续抽引其产水弃而不用，井中每日并加化学作用物处理，因之所产水质逐渐好转，迟至4月此项处理已历7阅月，第九号井之水即现适于给用至5月间第三号井及至6月间第八号井产水皆经验明良好，输入总水管。惟第二号井至11月间方始适用，其经过处理及产水弃而不用历时共计13阅月，故其清除处理所费不资[赀]可见一斑。

伦敦道暨达克拉道机厂各井始终未现不洁象征，除第六号井外，其余各井产量似无何变化，依每星期测验统计之各井近十年，每日平均产量列次：

井号	1931年	1932年	1933年	1934年	1935年	1936年	1937年	1938年	1939年	1940年
第2号	293,000	271,000	320,000	296,000	302,000	290,000	286,000	284,000	276,000	221,000
第3号	30,7000	294,000	278,000	292,000	293,000	276,000	270,000	289,000	290,000	222,000
第4号	190,000	194,000	219,000	236,000	246,000	245,000	241,000	250,000	252,000	212,000
第5号	190,000	199,000	187,000	180,000	181,000	196,000	159,000	154,000	160,000	144,000
第6号	244,000	230,000	224,000	212,000	204,000	191,000	201,000	184,000	183,000	127,000
第7号		56,000	49,500	46,000	53,500	55,000				
第8号		330,000	308,000	292,000	293,000	274,000	264,000	262,000	247,000	204,000
第9号		500,000	51,5000	586,000	567,000	570,000	555,000	550,000	538,000	527,000
第10号								750,000	756,000	742,000

七、总水管水龙头暨用户水管通接

总水管及用户水管年间颇有修理，查巴克斯道、红墙道与威灵顿道桥梁所在咸于年初发现水管破裂，盖旧总水管暨用户接水有布设在四十年前者，因之随时换新乃属当然应有事实。

自林目克道至福发道间暨自文赛道至宝士徒道间之奥克尼道，年间会布设6英寸径总水管，巴克斯道4英寸径总水管会换新200余英尺。

总水管布设现计总长32英里余。

年间用户需水通接共计67处，比之昨年之116处计减49处，1938年之统计为310处。

对于年间成立之工厂及其他建筑曾布设无水表之消防接水4处，计至1940年底止，历年装置之水表共计3453个。

八、每日需水量：3处机厂每日抽水最多总量暨最少总量列次：

月份	最高量	最低量	平均
1月	1,708,000	1,387,000	1,535,290
2月	1,665,000	1,409,000	1,566,483
3月	1,761,000	1,509,000	1,603,226
4月	1,801,000	1,585,000	1,708,733
5月	2,128,000	1,676,000	1,921,774
6月	2,250,000	1,773,000	1,977,833
7月	2,252,000	1,832,000	2,104,387
8月	2,132,000	1,728,000	1,923,226
9月	2,133,000	1,781,000	1,979,567
10月	2,047,000	1,859,000	1,943,581
11月	1,908,000	1,722,000	1,816,033
12月	1,894,000	1,679,000	1,792,806

本年抽水特殊现象莫若每日数量最高记录计2,252,000加仑之，比较昨年之2,556,500加仑减低是也。然平均则较高，故本年总计达667,446,000加仑，比之1939年计增75,639,000加仑，若下半年数月每日抽水平均之见高显示秋季气候之和暖。查9月10月之平均比较，8月略见高增，洵属特殊。

九、售水：全年每月售水总量列表于次。

	甲、住户用水	乙、里式房产暨巨量用户	丙、工业用水	丁、英工部局用水	戊、输船用水	己、辅用给水	庚、总数量
1月	17,067,800	854,2500	5,280,800	3,621,300	61,600	394,360	34,968,360
2月	17,990,700	8,584,300	4,242,900	3,434,300	179,872	395,100	34,827,172
3月	17,203,900	8,635,100	5,583,800	3,950,300	321,216	438,760	36,133,076
4月	19,208,900	9,664,100	5,621,600	3,384,200	278,208	531,350	38,688,358
5月	22,697,300	13,120,500	6,155,100	6,026,800	277,984	555,880	48,833,564
6月	22,349,800	13,098,200	5,280,000	5,690,200	278,880	531,060	47,228,140
7月	24,336,800	15,873,100	6,015,600	6,440,100	232,736	553,830	53,452,166
8月	22,560,100	15,832,300	5,473,100	5,369,100	170,688	592,270	49,997,558
9月	22,247,400	14,050,500	4,807,300	5,188,500	342,944	598,890	47,235,534
10月	22,764,640	15,362,400	5,003,600	4,947,300	152,768	577,800	48,808,508
11月	21,150,000	13,730,700	5,080,100	4,085,700	185,920	573,480	44,805,900
12月	20,217,100	12,183,000	5,010,600	4,180,600	290,304	583,160	42,464,764
	249,794,440	148,676,700	63,554,500	56,318,400	2,773,120	6,325,940	527,443,100

与上年售量之比较：

1939年	245,921,700	134,956,800	53,156,200	48,319,500	9,868,204	7,284,980	499,507,384
增	3,872,740	13,719,900	10,398,300	7,998,900	减 7,095,084	减 959,040	增 27,935,716
增	1.57%	10.2%	19.6%	16.5%	减 71.9%	减 13.2%	增 5.6%

年间售水收入总计约 55.5 万元，比之预算约增收 3.9 万元，强计"普通用户"项下增收 1.2 万元，"巨量用户"项下增收 1.2 万元，"工业用户"项下增收 8,000 元，"英工部局用水"增收 6,000 元，"杂项收入"增收 1 万元，惟减收之各项计有"输船"项下比之预算减收 4,000 元，"辅用给水"减收 2,000 元，"水表租费"减收 3,000 元。

年间开支总数约 54.8 万元，比之预算所列 51.7 万元计增支 3.1 万元，其要目为三机厂之"经常费用"，因抽水量增多暨材料油价以及抽水机房员司之工资增加，致支出超过预算约计 1.4 万元，"总水管水龙头暨用户水管通接"项下之修理及保持费计超过预算约 1 万元，此乃因工料价格高增，与巴克斯道总水管换新之费用"购水"项下计增支 1.45 万元，原巴克斯道各井未能及时消毒处理清洁，致须向济安公司购用较多水量"水灾损失修理费"，比之预算计增支 1.2 万元，乃因用化合物处理各井而费用增多暨产水弃置不用之时期较长，

"工程职员及办公处"费用比之预算计减支 2.7 万元,此因外籍副工程师之未经补聘。

十、自流井规画[划]:昨年报告已述及本处拟试凿井眼至 1,200 英尺深度,藉资测探于该深度是否能获得充量甜水,故本年 1 月即于伦敦道机厂自第七号井筒底开始下凿期达 1,200 英尺深度,不幸旧置井筒管塌陷致碍工事进行,遂决由地面另行钻凿新井筒,越时 2 月余钻凿经过地下沙系数层,最后达至深度 1,232 英尺,安置井筒管成立新井,其最下之 370 英尺即自 862 英尺以下至井底之井筒管全系水篦,由此未经抽引之各沙系产水概得引用,此项井筒管一经位置就绪当即开始抽引,惟结果殊令人失望,原每日产水总量只 10 万加仑,诚属不敷所期量数,并于建置永久抽水机件不合经济,但此钻凿获得一种事实,即于此深度可以设置真确之自流井,盖此新井产水于已往 6 阅月泉涌溢流地面,井口从未间断,惜其数量只每小时 50 加仑左右耳。

因此新钻井眼无效,本处决定废弃伦敦道机厂,另择海光寺道工程处机料场址建设"丁"号机厂。

十一、海光寺"丁"号机厂:际兹订购钢质井筒管备极困难及价格腾贵时期,利用河水澄水池旧钢板之规画[划],曾加审核获得施行,故与东方铁厂订立钻凿 13 英寸径井眼之合同,其最少深度以 700 英尺为限,其井筒管即用上述钢板制造。

钻凿工程业于 12 月间蒇事遂即进行抽水试验,现时每日产水量尚未达合同保证之 50 万加仑数量,每日仅得 35 万加仑,但包工人现正于井孔周围加凿装填石子孔道,俾前置水篦外周得加填石子用增有效产水面积。查水篦外安置井筒管时已填石子比因微现障碍,致原备石子未得充量填入。

原置伦敦道之总水管水泵水库及水管等拟予留用其气压机件,则于来年出售,故"丙"号机厂于 1941 年当行停办,其厂址地亩归工部局处置,此种改组略需费用拟由本处购置项下支付。

十二、水质化验暨微菌检验报告

输入总水管之水质清洁暨适合为良好饮料仍确切保持合乎工部局卫生医官需要暨美国财政部规定之标准,本处给水及游泳池水质之微菌检验概由法国工部局巴斯德菌学院罗大夫担任,至水质化验及生物理化系由泰尔大夫担任,俱应致谢。

十三、警备职员:本年秋冬辅警备队司令曾派 S.Calligan,J.K.Davison 暨 R.

H.Chandless 诸君担任本处警备任务,各该员恒于星期日早及其他时间茌抽水机厂从事练习获得充分指示,如遇万一本处缺乏职员时,若辈即能执管一机厂之任务,其不辞辛劳,热心公益藉暇见习厂务诚堪钦佩。

十四、职员:本处职员咸忠于职守,翕然合作,鄙人特此志述,良感愉快。各员于上半年迫于大势概须居住界内,遵从之余卒无怨言殊属可嘉,本处助理工程师黄玉成君于8月间例假离津,已于1941年1月1日回处任事。

年间本处迭荷驻爱丁堡之 Messrs.J & A.Leslie & Reid 赞助,并承董事会水道委员会各委员时加指导,备极关切,至深纫感。

水道处工程师　克瑞驹

警务处 1940 年报告

兹谨将天津英租界警务治理报告叙述于次备陈察[查]核。

一、罪案：年间通报本处并经侦察之案件总数暨侦察之结果概已附列"一"表，所接罪案报告共计 724 件，案情概经证实，其经侦缉而获得结果者计 362 起，因此检送法庭之案犯共计 605 名，以资究讯罚办，按此侦察收效之案件计占实报案件总数 50%，查 1939 年之比数合 43.4%。本年因偷盗之财物损失共计 195,226.32 元，经本处破案追回之数计 135,990.41 元，概经发还原业主，此项追回之数合损失总数 69.65%，上年之比数合 43.5%，昨年时局不靖，侦察案情诸多掣肘。本年上半年此种备极不利，情势依然未变，至 6 月下旬交通限制栅栏解除并因华北政局发展，在狱窃犯 500 余名，俱获赦免恢复自由，故侦察之困难较前更甚职是之。故本年罪案统计比之 1939 年见加，惟困难备[倍]增，虽如上述然侦察结果按前列比数显有进步，关于英、法租界外情况，依本处工作论自荷日本宪兵合力协助以来，近时颇现改善，良堪告慰。

二、凶杀：年间 6 月 29 日林目克道恒昌里 12 号发现凶杀二人命案，被害人之一名郭凤梧，年 28 岁，一名郭茂芝年 45 岁，在此寓所被不知姓名暴徒 2 人枪击，郭凤梧当时身死，郭茂芝则到马大夫医院即因伤重致命，本处虽查获行凶手枪 2 支，然未获凶手踪迹下落，此凶杀案似颇有政治背景。

三、凶杀未遂：

（一）1940 年 3 月 24 日克森士道 31 号，发现裁缝匠刑玉华因妒，使斧砍伤其妻暨疑为其妻之情人徐成贵一名，凶手旋经捕获检送法庭讯办，被害人伤口俱获痊愈。

（二）本年 6 月 17 日，马场道 410 号胡同内 12 号发现凶手俞庆华用厨刀砍伤该宅仆人杜德玉 1 名，凶手旋经逮捕检送法庭究办。

四、携械抢案：本年英租界内共发现携械抢案 8 起。

（一）年间 3 月 20 日下午 4.30 时，达文波道 84 号东泰祥杂货店突有不知姓名暴徒 1 人闯入，持有形似手枪器械威胁店员，遂抢劫 40 元而逃，不幸本处接得通报乃于抢匪逃逸 2 小时后，故侦察匪踪未获线索。

(二)年间4月16日下午9时50分左右,加的夫道鸿德里14号住宅,忽闯进匪人2名,用小刀及假手枪威迫居住人不得声张,匪人遂翻箱倒箧携走手[首]饰计值29,640元暨现款837.22元,作案抢匪暨其同党旋遭缉获到案,被劫手饰财物除26.26元外,统经追回。

(三)本年4月26日下午10.30时,海大道先农里20号朱子祥住宅突有携带类似手枪匪人2名侵入,威迫事主家族不令声张,遂大事搜索,终被劫走现款4386元暨手[首]饰计值1,114元,旋经本处侦察获得2抢匪之下落连同谋1人逮捕到案,惜被抢财物不克追回归还事主之数只50元而已,审讯此案证明作案手枪仅系木制模型,业经查获。

(四)年间5月27日上午11时,克森士道宝善里15号,当该宅主妇不在寓所时,其子岳维新年17岁携一同年幼童阎贯君莅宅行抢,阎贯君执刀威吓在宅之岳女士,同时岳维新即从事劫取现款200元暨中国名画1幅,2幼童遂相偕逃逸,此案匪犯旋被捕获,检送法庭究办,所失财物并经追回150元。

(五)本年6月25日下午10时15分,培思类道华荫东里113号刘王雪庭住宅突有3匪闯入执枪威迫室内长幼,遂抢劫手[首]饰暨现款共计值千元而逃脱,旋经查明匪人所用手枪系属玩具,不幸抢案报告本处已在肇事1小时40分钟之后,故侦察匪人线索未获结果。

(六)年间9月29日下午2.30时,克兰特道泰华里9号王祝庭与董少臣住宅发现抢匪3人闯入,各执手枪威迫事主遍搜箱笼,抢劫手[首]饰现款共计5000元逃逸同,出事之2.30小时后,本处始接得通报,匪徒早已远走,案犯迄未破获。

(七)本年11月7日下午9时,体伯瑞道华荫南里221号王项臣住宅突有匪人2名各执手枪侵入,威迫居住人不得声张,遂翻箱倒箧抢劫现款及手[首]饰共计5000元而逃逸,本处侦察此案未获匪犯线索。

(八)年间11月14日下午8时20分,利斯克目道仁厚里3号傅林氏寓所突有3匪闯入,手执形似手枪器械恫吓事主,迫令交出现款120元,匪人得款逃逸未被觉察,旋经侦察未获匪踪。

五、抢案:本年抢案只发现2起,其一被抢财物计值600元,抢匪3名旋经捕获检送法庭究办,但追回失物仅合20元。另一抢案计损失6元,抢犯未经缉获。

六、偷盗:本年共发现偷盗案21起,与前2年之统计适相同,惟侦缉成绩较优,其经破案究办者,计占罪案38%,追回之失物合67.2%,昨年破案究办之比数暨追回失物之比数咸合33.3%。

七、缉窃:1940 年接受之失窃报告共计 532 起,查 1939 年之统计共 347 起,多数窃案一如上年系属琐碎性质,惟偷窃自行车依然惹人注意,计占窃案总数 35.4%,幸侦缉究办窃犯尚获成效,本年统计比数占 43.4%,较之昨年之比数 34.2%收效显见增高。

八、指纹股:年间本处捕获之案犯中计有 180 人,经指纹股证明前曾作案,因新获案犯本年指纹股样本计增加 1,294 份,连同前存样本共计 20,731 份。

九、防范设施:

(一)昼夜巡逻继续无间。

(二)乘车及徒步之分组检查队随时值职,防范匪类携械出入租界暨窃盗赃物之偷运。

(三)至交通限制栅栏解除时止,本租界出入口栅栏门随时有人驻守。

(四)值职警捕不分昼夜 24 小时皆有警官严行稽察。

(五)遇有希图扰乱治安或滋生恐怖现象时,本处立即加倍派遣巡逻及固定岗位人员,本界喧器易于滋事地段皆有探员集中藉事防范。

(六)预测有何事端发生时,本处补充警员暨全体外籍职员辄分驻本界较为危险地点。

(七)当情势有发生严重事端时,本处警员深荷特组警团之协力赞助。

十、汽车肇事暨违犯交通规章:

1940 年汽车肇事暨驾驶人违犯交通规章统计列次。

汽车肇事	1940 年	1939 年	1938 年
汽车肇事报告	201 起	153 起	225 起
经警务处科罚或停止执照效用	76 起	129 起	191 起
停止执照效用	2 起	3 起	3 起
签注执照	1 起	0	0
撤回执照	0	1	0
违犯交通规章:			
违章报告	1,506 起	1,023 起	2,203 起
经警务处科罚或停止执照效用	292 起	257 起	435 起
停止执照效用	0	0	0
签注执照	0	0	0
撤回执照	1	0	0

本年统计虽较昨年见增,然比之前年显见减少,"三"表所列显示 1940 年

车辆肇事之类别汽车与自行车肇事较占多数强,半系骑自行车人之过矢,查汽车与人力车肇事亦现增加。关于任意疾驶之骑自行车人,本处仍继续力事取缔。

1940年违犯交通规章统计比之1939年加增殊多,然比较前年显见削减(参见"三"表)。

十一、人力车夫暨骑自行车人违犯交通规章列次。

	第一季	第二季	第三季	第四季	总数
经处办之违章骑自行车人	523	508	800	992	2,823
经处办之违章人力车夫	262	271	566	490	1,589

查此违章骑自行车人统计暨人力车夫之统计比之1939年显有增加,此乃警捕力行交通规定之收效。

十二、处内行政:中日事变状态依然影响所及无所不至,本租界警政亦同受影响,年间本处聘任日本宪兵官员1人充当联络员,因之本界与日当局暨中国官厅关系极见好转,本处尽力取缔界内有碍中立行为,因此所需工作颇形繁剧,尤以本处英籍警官之任务为重。

本租界不分昼夜有特派检查队执行搜查,侦缉妨碍地方治安份子。对于本界住户安居乐业有所裨益诸端本处无不尽力将事,本处所置弹压车2辆,各载携枪警捕于每24小时间巡逻本界各处,谅此项乘车携枪警员之出现对于不良份子颇收遏制之效,本处警力自1939年员额增添补足以来,本界警务之新增工作暨特殊任务概得应付裕如,各项职务责成警官监察成效斐然。

年间所招补充警员概见与最近规定之资格相符,训习期满考试成绩异常良好,各员手枪射击技术成绩依然优越。

本年警捕变动人数列次:

撤革	辞职	病老	死亡	告退	总计
88	37	9	1	0	135

近四年之警捕损耗统计:

	撤革	辞职	病老	死亡	告退	总计
1939年	23	45	4	4	0	76
1938年	16	22	2	4	0	44
1937年	37	28	4	3	3	75
1936年	29	23	9	1	2	64
总计	105	118	19	12	5	259

现时处境维艰情势辄异寻常值职钟点时须延长,然全体警员健康尚称良好。

本处警务进行仍荷法租界暨日本宪兵官员之热诚协助。

卫生股暨消防队报告另附于后。

警务处长　谭礼士

1940年英租界内罪案统计(一表)

罪案类别	案件			人数			财物	
	报告件数	受理件数	检送法庭	逮捕	检送法庭或罚办	释放	失窃数目钞洋	缉获数目钞洋
殴打	10	10	3	8	8	–	–	–
偷盗未遂	1	1	–	–	–	–	–	–
撞骗未遂	3	3	2	4	3	–	–	–
凶杀未遂	2	2	2	2	2	–	–	–
携械抢夺	8	8	2	17	6	11	$47,487.22	$30,650.96
谋窃未遂	9	9	8	9	9	–	–	–
勒索未遂	5	5	4	4	4	–	–	–
拐带未遂	1	1	1	1	1	–	–	–
偷盗	21	21	8	11	11	–	7,304.00	4,931.00
攫夺手皮包	7	7	3	3	3	–	6,620.00	20.00
伤害人身	2	2	2	2	2	–	–	–
勒索	1	1	1	3	3	–	–	–
欺骗	13	13	9	12	11	1	2,539.10	747.80
殴打成伤	1	1	1	2	2	–	–	–
偷窃货栈	1	1	1	3	3	–	4,000.00	–
偷窃汽车房	4	4	–	–	–	–	330.00	–
偷窃住宅	6	6	1	1	1	–	864.00	45.00
路劫	1	1	–	1	–	1	200.00	–
开设烟管	40	40	40	203	203	–	–	–
闲游意图作案	6	6	6	6	6	–	–	–
仆人偷窃	7	7	7	7	7	–	4,63.00	4,230.00
侵蚀款项	12	12	4	11	5	6	4,554.35	4,121.00
诬告	1	1	1	1	1	–	–	–
凶杀(二命)	1	1	–	–	–	–	–	–
偷窃公事房	2	2	2	3	3	–	2,930.00	2,150.00
夜间偷窃公事房	3	3	1	1	1	–	4,920.00	3,675.00
妨碍公安	1	1	1	11	11	–	–	–
扒窃	7	7	4	6	5	1	192.10	21.20
盗窃	2	2	1	3	3	–	606.00	20.00
	178	178	115	335	314	20	87,185.77	50,593.96
收受赃物	5	5	5	6	6	–	–	–

（续表）

限人自由	1	1	–	8	–	8	–	–
夜间偷窃店铺	5	5	3	4	4	–	2,382.50	1,150.00
假装购物行窃	4	4	2	2	2	–	1,484.00	450.00
贩卖烟土	6	6	6	17	17	–	–	–
绺窃	521	512	222	336	258	78	103,174.05	83,796.65
无端侵占	2	2	2	2	2	–	–	–
1940年统计	722	722	355	710	603	106	$194,226.32	$135,990.61
1939年统计	525	525	228	613	443	170	$75,698.40	$32,983.76

处理违章人数统计（二表）

案件	案犯人数		
	逮捕或被传到案	警诫后释放	取保释放或另行发落
1940年报告案件总数7532	14,049	2,037	12,012
1939年报告案件总数4480	8,682	1,257	7,425

统计数目见增：比之上年计增3052起。

1940年车辆肇事总计（三表）

事故性质	1月	2月	3月	4月	5月	6月	7月	8月	9月	10月	11月	12月	统计
汽车与汽车	4	3	2	7	2	1	2	4	2	5	5	6	43
汽车与载重汽车	1	2	–	2	1	–	1	–	2	1	1	1	12
汽车与公共汽车	–	–	–	–	–	1	–	–	–	1	–	1	3
汽车与蒸汽机车	–	1	–	–	–	–	–	–	1	–	–	–	2
汽车与电水自行车	–	–	–	1	–	–	–	–	–	2	–	–	4
汽车与自行车	–	1	1	2	9	7	8	1	14	8	4	7	62
汽车与人力车	1	1	3	3	3	4	3	3	3	5	2	8	39
汽车与排子车	1	–	–	–	–	–	–	1	1	1	–	1	5
汽车与手车	1	1	–	–	–	–	–	1	–	1	–	1	5
汽车与脏土车	–	–	–	–	–	–	–	–	–	1	–	–	1
汽车与脏土箱车	–	–	–	–	–	–	–	–	–	1	–	–	1
汽车与骡车	–	–	–	–	–	–	–	–	–	–	–	–	2
载重汽车与自行车	–	–	–	–	–	–	–	1	2	–	–	–	3
载重汽车与人力车	–	–	–	–	1	1	–	–	2	–	–	1	6
载重汽车与排子车	–	–	–	–	–	–	–	1	–	–	–	–	1
公共汽车与自行车	–	–	–	–	–	1	–	–	–	1	–	–	2
公共汽车与人力车	–	–	–	–	–	–	–	1	–	1	1	1	4
公共汽车与排子车	–	–	–	–	–	–	–	–	–	1	–	–	1
公共汽车与骡车	–	–	–	–	–	–	–	–	–	–	–	–	
电水自行车与自行车	–	–	–	–	–	–	1	–	1	–	–	–	2
电水自行车与人力车	–	–	–	–	–	–	1	–	–	1	–	–	2
每月统计	8	9	6	16	16	12	17	11	28	32	20	26	201

卫生股 1940 年报告

运载病人车：年间新运载病人车计使用 330 次，其中 192 次系属收费出赁，旧运载病人车计使用 198 次，其中 49 次系收费出赁。

塚[冢]园：马场道塚[冢]园共埋葬灵柩 258 具，火葬炉共用 5 次。

	临时埋葬	火葬炉共用 5 次	灾民灵柩临时埋葬
1939 年	570		601
1940 年	230		164
合计	800		765
1940 年移葬他处	352		61
	448		704

本年圈留后释放之犬数	178 只
圈留后杀除之数	594 只
共计	772 只

本年无疯狗病或疑似疯狗病发现

杂项：

年间界内发现中国人尸体 60 具

遣送之灾民计 386 名

患传染病之灾民共 83 名：

水痘	1	麻疹	69	腮腺炎	1
副伤寒	1	疑似伤寒	1	百日咳	10

英租界内灾民死亡总计	323
中国人死亡总数	790
外国人死亡总数	32
霍乱报告　0　霍乱死亡　0	
免费霍乱注射人数	11,554
警捕受霍乱注射人数	794
工部局员司受霍乱注射人数	382
总计	12,730
市民受施种牛痘人数	208
警务人员种牛痘人数	800
工部局员司种牛痘人数	250
总数	1,258

警务处长　谭礼士

英国工部局警备队 1940 年报告

兹谨将本队 1940 年工作梗概具报备陈察[查]核。

1940 年初本队人数共 129 人,计司令瑞德乐少校暨官佐 3 名,其他队员 125 人。瑞德乐少校自 1939 年 6 月 14 日起请假回国,至本年 6 月 17 日回任,其假期中司令任务系由德华史密斯上尉代理。

本年秋冬青年队员有投效马莱印度暨英本土从事战期军役者,故本队人数颇现削减,至岁末离队人员共计 20 名,此外尚有退伍队员 26 名并已离津。至年底 12 月 31 日止,本队人数计减至 116 人,其中六成系英人。

年间每星期排队训练未事间断,各级队员咸感兴奋,每年郊外露营因时局关系仍感不宜举行,故代以从简之英军兵营 30 码枪靶,全体打靶训练每星期日早,参加此项打靶队员之平均人数达 42 人,惟至年秒因 0.22 子弹缺乏改为每月举行 1 次。

本队机械力因德隆汽车公司赠送希佛莱号车身 1 座,而获增添该车改成装甲载重车工程,由东方铁厂免费承办。

本年接受"准备一切"命令共 3 次,计自 3 月 30 日至 4 月 2 日为第一次,用防本埠治安有何意外,嗣后司令部每晚有队员 2 名值职守卫,旋于年间 11 月 1 日、2 日及 6 日因工部局中国警捕罢岗,本队须寻担各重要市政公用设备之防卫暨装甲车及徒步巡逻任务。人员又于 12 月 13 日及 14 日津市首次举行熄灭灯火演习,本界依照工部局规定办理,本队照例担任守卫及巡逻任务,此项熄灭灯火最低限度系属有益之演习。

6 月 5 日为本队成立以来应志纪念之一日,盖天津英租界英籍住户集款制绣队旗 1 面,系于是日在明园举行赠旗隆重典礼,此为本队第一次受旗,由英总领事白维德君莅场手赠。

8 月间尚有一纪念日即东沙莱军队之离津是也。查英政府饬令驻华之英军撤退,故该队遵命离津,殊深怅惘,本队为表示同人最后敬意,特于是日排队欢送。

自驻军撤退以来,本队即无该军排长充任教官及副官任务,本队人员士气奋振,效率优越,鄙人确信无论何时可担任所定守卫职务,本队车辆计有装甲汽车 2 辆、装甲载重车 1 辆,暨载重车 2 辆,概经妥为保持良好状况。

警备队司令　卫德　上尉

英国工部局辅警备队报告

兹谨将本队报告叙述于次备陈察[查]核。

鉴于迩来国际情势多变,本队爰于5月重行成立,俾于英租界治安暨秩序维持有所赞助,故支配充额队员协助警捕保护本租界生命财产为其首务,但预备相当队员以担公用事业消防设备暨维持运输之任务并须兼顾查住户之愿。分担此项任务者计有130人,概经给予训练指导用维工作效率,缘无论个人如何重要,其学识如何优越,倘不先受指导,组织其服务鲜能应用。

当11月1日发生警捕罢岗时,因上述之预备工作,本界保护任务得以继续无间,倘此项任务须无期延长者,本队并有规划妥事准备关于特组警团之每日服务外界或未悉其任务有保持联络之必要,每逢假期亦不间断。

对此竭诚为公服务人员,若辅组消防队运输组暨其他主要任务补充队员之确然赞助保持英租界之安定,取信本界全体住户,似宜有所认识也。

辅警备队司令　加波斯德　少佐

1940年卫生报告

英租界1940年卫生简报列次：

恰与已往经验相符，昨年洪水之后并无疫症发生，然一如意料所及，患痢疾者则较多，惟关于临区界之传染病症报告有堪注意之点，盖年间晚秋计发现肺鼠疫2起（由巴斯德菌学院暨日本化验所证实），东方霍乱14起暨伤寒129起。查伤寒报告之见增，未必全系水后余波，其另一因由或系日本管辖区内检查较严及病症诊断较为准确所致，今年本租界内无疫症或霍乱发现，伤寒报告亦仅5起。

本年中国住户死亡统计790人，昨年之统计为1,070人，年间死亡因由报告类别列次；

肺部病（非结核）	55	结核病（肺结核除外）	25
肺部病（不分类）	49	心脏病	141
肺结核	50	肠胃病	137
	共154人	生殖器泌尿病	19
恶性（痈）病	16	肝病	6
妇科及产后	51	惊风（不分类）	54
中风	50	其他普通病症	137
总计	790人		

传染病症报告共109起，其38起患病者系中国住户，71起系外国住户，此项报告数额之相差仍系因中国住户不照章具报之故，年间所得传染病症统计列次：

	中	外
流行性脑脊髓膜炎	0	1
水痘	0	13
白喉	12	2
丹毒	0	2
麻疹	8	41

脑膜炎	0	1
腮腺炎	4	3
肺炎菌脑膜炎	1	0
猩红热	5	6
天花	1	0
伤寒	5	0
瘰疬	1	0
百日咳	1	2

本年外国住户死亡共32人,其病别列次:

肺病	4	心脏病	12
肠胃病	3	恶性(瘤)病	5
瘰疬	1	妇女病症产后暨产生死婴	4
其他普通病症	3		

共计32人

灾民窝铺系于3月底撤销,其自1940年1月至3月之死亡报告计有323起,病因列次:

肺部病	176	心脏病	7
肠胃病	58	泌尿病	2
恶性(瘤)病	2	妇女病及产后	19
麻疹	38	流行性感冒	1
伤寒	1	其他病症	19

共323人

同时所得传染病报告如下:

水痘	1	腮腺炎	1
麻疹	69	百日咳	10
甲种副伤寒	1	伤寒	1

前此之死亡通知注明死亡因由要,为防止传染病症之蔓延暨利便必须之消毒隔离手续施行,故对于肺部病、胃病、惊风、妇女病症、痰厥等普通病名曾经许可兹为编列较详之切要统计起见,业经通知各执业医师,凡属此种普通病名,本局当不再接受,此后通知务须详注死亡要因。

霍乱注射:普通受免费注射人数共11,554人,工部局警捕794人,工部局其他员司382人，共计12,730人。

施种牛痘：普通208人，工部局警捕800人，工部局其他员司250人，共计1,258人。

警务处病室：住病室人数共1,510人，依病人计每人本年占用病室平均计2,593日，诊治次数共3,916次。查该病室容量有限不敷支配，旋于调剂，计特于11月30日添设门诊处，因之外科病者换绷带后可不必住于病室，故该门诊处添设颇收效用，王助理员与其副手依然勤劳卓著。

英国医院暨隔离病院：本年统计详医院主任报告。查内外科住院人数虽稍见减，然占用床位日数则与上年无甚差别，惟产妇科住院人数及占用床位日数俱现削减，其要因系外国住户之减少，尤以英国驻军暨眷属之撤退影响为甚。

本年隔离病院住院病人共74人，比之1939年之50人显有增加。

现时最困难之问题莫若外国护士之聘用，盖至1941年秋，外国护士人数当再减3人，只剩医院主任暨护士2人，中外护士之愿补充者，虽经医院主任会见，然无合格者，故在再能聘任富有训练之英国护士以前拟由上海聘请一有经验学识之中国护士1人，以补缺额，现时护士之稀少要因战事关系，本局规定薪金之不足，以鼓励现任护士续订合同或招至合格之补充人员系属事实，年间医院主任率同少数外国职员处理较繁任务，成绩斐然，诚属可佩。

公用设施：卫生给水与灯亮俱依然称意。

卫生医官　葛尔　大夫

医院主任报告

英国医院：

内外科	1940年	1939年	产妇科	1940年	1939年
住院人数	183	205		25	34
占用床位日数	2,329	2,408		315	459
死亡	5	6	产生婴儿	23	31
			产生死婴	1	0
重要手术	20	9	死亡	0	1
次要手术	35	62			
X光照	123次	113次			

隔离病院：

	1940年	1939年
住院人数	74	50
占用床位日数	1,285	
总气管动手术	2	
死亡中国人	3	

医院主任　莫立赛　女士

耀华学校 1940 年报告

一年来之重要事项：

今年为本校成立之第十四年，并为高中毕业之第五届，年来校务有足纪者，爰撮其大端条举如下，以蕲正于关垂本校，诸公幸赐教焉。

本界管理委员会委员：

龚仙舟先生　曹润田先生　倪幼丹先生　德恩若先生　郑慈荫先生

本校管理委员会代表出席英文学校管理委员会管理委员：

庄乐峰先生

中小学教职员人数　111人

中小学学生人数　2,327名

高中毕业生升学状况：本界高中毕业学生计男生98名，女生50名，其因毕业成绩列全班20%以前，经本校保送燕京大学，应考保荐升学考试，被录取者计男生16名，女生4名，其余投考燕大普通考试及辅仁工商暨其他各大学者，亦多被录升学，仅有数人因家境关系已向开滦及唐山启新洋灰公司等处各别就业。

中学学生上课时间及学费均划一：中学高一以下之男生丙组、女生乙组原系由前华部各组改称，其上课时间犹须迟至下午第8时，而学费亦仍华部之旧。本年暑假后，仅有男生高中一年、丙组初中三年、丙组两班，女生高中一年、乙组初中三年乙组两班，爰经设法安排固定教室4间，所有该四班学生上课时间及一切待遇概与其他各班学生相同，以昭划一。

本年招考新生情形：本年暑假本校原只招考初小一新生，而小学初小二以上及中学各年级均拟不收编级生，惟临时来校请求报名投考之男女学生为数甚多，本校感于各该生等向学情殷，尽量设法扩充学额，特予收考，结果虽录取多名，而因校舍关系名额所限，向隅仍有300余人，足见本租界户口增加学生要求入学者日众，非设法添建校舍无以安插。本校此时惟有歉然于怀而已。

学生在校情况：今年本校学生人数较往年增多，惟学生既多首要注重秩序与课业，经教职员之努力，幸本年学生成绩多佳，秩序尤为良好，如此长久保持进行,自足造成良好校风。

本校水灾后修缮情形:去岁水灾本校损失奇重,当以急于开学上课未遑修葺,本年暑假以来始经陆续修缮,如第一校舍墙壁之粉饰、各地窖暖汽炉及汽管之修理,大礼堂所有门户之修补油饰,其工程尤巨者厥为体育馆地板全部之重行装置,以上各项修缮均于本年内先后竣工,但值此工料奇昂之际,而本校亲自估工监修以最经济坚实之计画[划]修理之,按各建筑公司原估价单用费约仅十分之三。

增加学费:年来物价飞涨,较之去岁又复倍增,本校一切支出不敷甚钜,加以去岁水灾损失,大部分犹待修缮补充,而教职员等生活尤须设法维持。查本市各学校学杂等费多已早有增加,本校初不欲轻增家长之担负是以迁延经年兹以万不获已,经本校管理委员会议决,自下学期起将本校学费、杂费略为增加,即以所增数目添加教职员津贴及弥补本校公费不敷之数,已分函学生家长查照矣。

举行秋季体育运动:本校为提高学生对于体育兴趣、增进体育效能起见,特于10月12、13两日举行秋季体育运动,是两日天气晴和,所有全校参加运动男女学生无不兴高采烈、兴奋异常,成绩秩序两均良好。

本校图书馆:去年图书总数共为28,138册,本年陆续添购1,111册,捐赠计38册,共合29,287册。

在校肄业学生人数:

本年年终在校肄业之中小学学生共为2,327名,较上年增加379名,现有学生44班,计中学26班,小学18班。

中小学两部详细人数:

年级	男生	女生	总数
高中	376	261	637
初中	343	250	593
高小	211	150	361
初小	472	264	736
总共	1,402	925	2,327

本年学生人数与上年之对照:

年别	男生	女生	总共
1939年	1,172	776	1,948

| 1940年 | 1,402 | 925 | 2,327 |

毕业生

本年六月毕业学生人数：

年级	男生	女生	总数
高中	98	50	148
初中	91	52	143
高小	62	37	99
初小	75	51	126

学年考试第一、二名奖品：

本年6月学年考试各级名列第一、二名之学生本校颁给奖品、书券以资鼓励，共计92名，年级姓名列下：

高中三年男生	陈文汉	李经纶	钱宇年	宋文林	陈显第	娄钧昆
高中三年女生	渠川玲	虞庑眉	陈淑坚	张秀敏		
高中二年男生	徐永强	梁思礼	董履和	王显武	石乐年	倪松延
高中二年女生	王希琰	秦士谦	刘保绵	宋幼媛		
高中一年男生	曹锡隽	顾达诚	李炳光	高廷梁	史绳美	程毓徵
高中一年女生	王汝璧	董耐芳	张淑兰	靳桂书		
初中三年男生	赵复三	王显文	周符珉	张墨海	胡宗渊	秦奭挈
初中三年女生	张明星	贾春荣	王敦梁	周燕宝		
初中二年男生	刘占洵	李赓铮	娄剑昆	马长义	靳乃瑞	何友慎
初中二年女生	徐永年	袁家芸	陈庭彩	王观沄		
初中一年男生	余其光	王祖泽	靳士宏	郑元珂		
初中一年女生	王华贞	白柯立				
高小二年男生	陈大鹏	范恩滂	魏汝昌	周尧和		
高小二年女生	何敏英	王家珍				
高小一年男生	金怡濂	刘宝纲	张曾铨	王健		
高小一年女生	黄玲爱	林桂英				
初小四年男生	梁绍周	訾祖光	沈世良	范恩俊		
初小四年女生	李燕平	魏华				
初小三年男生	顾耀南	李仲明	潘若白	李锡曾		
初小三年女生	聂锦初	王玉贞				

初小二年男生　刘述临　林　彬　钱家骊　孙骅声
初小二年女生　杨　云　陈大鸣
初小一年男生　乐民成　穆崇桐　娄肇昆　邸葆瑜
初小一年女生　朱传棻　孙雅玲

褒奖证书：

本校学生于一学年内学业、操行、体育、考勤、成绩兼优者，本校颁给褒奖证书。本年获得是项荣誉者为高中男生4名，高中女生7名，初中男生6名，初中女生4名，高小女生2名，初小男生17名，初小女生6名，共计46名，年级姓名列下：

理六甲　陈文汉　理六女　金建申　理五甲　钱宗澜　理五女　秦士谦　刘棣临　文　五　石乐年　中四甲　朱起鹤　中四女甲　董耐芳　张淑兰　靳桂书　冯淑敏　中三甲　赵复三　中三乙　张墨海　中二甲　刘占洵　中二乙　靳乃瑞　何友慎　中二女甲　徐永平　王观沄　袁家芸　中一乙　马祖彭　中一女　朱起芬

高小一女　黄玲爱　徐永秀　初小四甲　梁绍周　范恩俊　初小四乙　沈世良　陈少衡　初小四女　魏　华

初小三甲　顾耀南　陈庭辉　李锡曾　初小三乙　金启昌　初小二甲　乔慈忠　王　宁　初小二乙　刘述临　邓小朋　初小二女　吴莲娟　郭世琳

初小一甲　张伯仁　马　锦　吴克祺　初小一乙　吴秉铭　魏国充　初小一女　曹继纯　张士茹　尚富珍

英皇奖学金：

本年6月初中毕业成绩最优而继续升入本校高中肄业，应得英皇御极25周年纪念奖学金学生之姓名列下：

男生　赵复三　王显文　周符珉　张墨海　胡宗渊　王锡和
女生　张明星　贾春荣　王敦梁　周燕宝

校长　陈晋卿

耀华学校截至1940年12月31日止之收支统计

支出		收入	
预算	决算	预算	决算

钞洋		钞洋		钞洋		钞洋
	教职员：			94,000.00	英工部局协款	109,529.87
149,922.00	薪金年积金暨年终双俸		152,459.60			
				117,390.00	学费	125,747.04
	校役暨门警		——		利息	522.46
11,773.00	工资暨年终奖金		13,145.19			
500.00	医药暨卫生设施		305.00			
1,420.00	保险		1,426.13			
12,000.00	燃料电灯暨用水		14,837.42			
2,000.00	修理保持暨添置		9,494.86			
5,500.00	纸张暨印刷		8,738.80			
3,000.00	体育费用		3,483.74			
560.00	电话		708.77			
5,600.00	杂项		7,915.07			
400.00	课本		406.77			
2,000.00	临时费用		853.00			
5,596.00	准备金存储		5,596.09			
3,500.00	试验室暨室外实习费用		1,139.91			
250.00	例假费用准备		250.00			
2,360.00	奖学金		3,092.00			
4,000.00	参考书籍		4,000.00			
--	钞洋兑换贴水		742.98			
1,009.00	结余列入建设项下		7,204.04			
211,390.00		235,799.37		211,390.00		235,799.37

耀华学校截至 1940 年 12 月 31 日止之结算单

债务		资产	
	钞洋	地亩：	钞洋
零星债务	19,550.36	第一段第 343 号计 52.945 亩，	
学生存款	16,296.57	每亩值 5,930.07 元	313,967.56准
准备金	53,063.27	校舍：	

例假费用	2,410.00	第一校舍	129400.86
英皇御极25周纪念奖学金	6,000.00	第二校舍	129058.34
耀华奖学金	1,280.90	第三校舍	132,281.85
建设账目	17,678.84	第四校舍	145,929.90
小学部校舍扩充建筑费	37,128.00	体育馆	54,985.80
参考书籍购置费	6,733.13	校役室	1,482.00
总结余	1,398,235.98	礼堂	254,226.71
		校舍里院铺砌	19,676.59
		办公厅	28,930.59
		院墙及校门	26,191.74
			922,164.38
		家具	89,305.63
		科学仪器	56,893.79
		参考书籍	15,904.62
		投资项下（实价）	56,511.83
		零星欠款	8,747.53
		书籍暨材料（实价）	2,037.44
		定期存款	60,570.00
		现款	300.00
		英工部局流水账	31,974.27
	1,558,377.05		1,558,377.05

敝公司已将上列截至1940年12月31日止之结算单审核，并得有一切闻料暨解释，其所列投资业经查核，据敝公司所知并参照供给之说明暨簿册所列注解，该结算单之开列用以表示耀华学校之正确，财政状况是系正当。

汤生公司

特许查账稽核员

天津　1941年2月12日

耀华学校截至1940年12月31日止之建设账目

	钞洋		钞洋
家具	10,754.20	1939年度结存余款	21,229.00

结余	17,678.84	1940年度经常收支两抵结存余款	7,204.04
	28,433.04		28,433.04

耀华学校民国三十年预算

收入	钞洋	经常支出	钞洋
英工部局协款	143,000.00	1、教员薪水	176,268.00
学费	145,860.00	2、年积金	5,439.00
		3、教员年终奖金	9,065.00
		4、差役门警薪工	16,264.00
		5、差役年终奖金	528.00
		6、修缮维持及添置费	16,500.00
		7、医药及卫生设备	500.00
		8、煤炭电灯及用水	20,000.00
		9、文具及印刷品	8,000.00
		10、保险费	3,076.00
		11、电话	800.00
		12、杂项	7,600.00
		13、特别费用	2,000.00
		14、教科书	400.00
		15、体育费用	5,000.00
		16、校舍及家具储金	5,596.00
		17、实习费用	5,000.00
		18、假期津贴	250.00
		19、奖学金	2,360.00
		20、参考图书等	4,000.00
		总计	288,646.00
		约计余款	214.00
	288,860.00		288,860.00

天津英文学堂

截至 1940 年 12 月 31 日止之收支统计

支出预算		决算	收入预算		决算
		钞洋			钞洋
英镑支出		8094.0.0	工部局依照保管		8,025.7.7
2,815	外籍职员薪俸	2,656.13.4	166,150.9	团契约协款	
281	外籍职员年积金	265.17.4	16,369.65	工部局支付学校	
672	外籍职员旅费	671.15.0	43,651.43	经费之协款	33,331.12
696	外籍职员例假薪俸	695.15.0	45,212.25		
4,464		4,290.0.8	271,384.24		
			50,000.00	学费	58,384.85
			1,300.00	利息	1,519.23
					59,904.08
钞洋支出			51,300.00		

附注　保管安员暂时此数额以待保管团契约所列其项责任之条件履行

59,040.00	外籍职员薪俸及年积金	55,635.78
5,080.00	中国员役工资	5,972.00
2,100.00	医生费	1,918.36
775.00	保险	972.04
4,000.00	暖气	7,265.30
3,000.00	电灯电马力	2,239.13
750.00	用水	648.12
3,000.00	修缮及换新	1,963.42
3,000.00	纸张印刷	5,209.94
500.00	职员图书室	583.78

420.00	电话	492.25
5,000.00	普通用费	4,179.07
500.00	临时项下	500.00
611.00	假期薪俸准备	1,076.31
891.00	旅费准备	1,044.33
3,325.00	准备金存储	3,322.49
500.00	学校奖品费用	500.00
300.00	运动比赛奖品费用	298.40
1,000.00	体育场费用	990.00
1,200.00	家具剔旧换新	103.25
500.00	仪器剔旧换新	214.80
——	汇兑贴水	3,149.19
——	意外应急费用	23,573.00
		121,850.96
95,492.00		393,235.20	393,235.20

天津英文学堂

截至 1940 年 12 月 31 日止

债务		资产	
	钞洋		钞洋
保管款项（奖学金暨奖品）	9,900.00	地亩：	
旅费准备	54,271.96	校址计 15,578 亩,每	113,229.20
例假薪俸准备	58,399.93	亩值 7,264.34 元	
准备金存储		体育场计 36,682 亩,每	92,448.90
上年结存	46,175.48	亩值 2,520.28 元	
1940 年准备	3,322.49		————205,678.10
五厘利息	2,474.90	建筑：	
	————51,972.87	学校	352,166.71
奖学金暨奖品（积存利息）	1,079.19	体育馆	6,700.00
押款	4,547.05	体育场凉亭	9,806.00
零星债务	9,758.20		————368,672.71
建设项下（参照规划）	36,471.86	设备	71,216.97
未结帐[账]目（参照对页）	99,086.52	家具	27,396.77
总结余	686,425.22	试验室仪器	12,460.67
		投资（计值）	
		准备金存储	49,503.43
		保管款项	9,900.00
		建设费	19,966.44
			————79,369.87
		英镑账（2149.17.8）	108,028.87
		备售予学生之书籍	
		文具（册列价值）	10,306.47
		零星欠户	2,058.39
		现款	100.00

	依照保管团契约工部局协款	
	未拨付额数（参照封页）	99,086.52
	英工部局流水账	26,537.46
1,010,912.80		1,010,912.80

敝公司已将上列截至1940年12月31日止之结算单审核并得有一切闻料暨解释，其所列投资业经查核，所存书籍文具业经该校管理员估价，据敝公司所知并参照供给之说明暨簿册所列注解该结算单之开列用以表示英文学堂之正确，财政状况是系正当。

汤生公司

特许查账稽核员

天津　1941年2月14日

天津英文学堂

建设项下截至1940年12月31日止

	钞洋		钞洋
体育场暨运动器械设备	2,534.00	1939年结余移入之数	39,005.86
结余移后	36,471.86		
	39,005.86		39,005.86

天津英文学堂1941年预算

支出

	钞洋
教职员薪金暨年积金	209,916.00
旅费准备	32,997.00
假期薪金准备	13,142.00
	256,055.00
中国员役工资	6,500.00
医生费	2,500.00

保险费	1,566.00
暖气	5,000.00
电灯电马力	3,850.00
用水	840.00
修缮暨换新	3,000.00
纸张印刷	4,000.00
教职员图书室	750.00
电话	600.00
普通费用	5,000.00
临时项下	500.00
家具修缮暨换新	1,200.00
仪器剔旧置新	500.00
准备金存储	3,325.00
学校奖品	500.00
体育比赛奖品	300.00
体育场费用	1,000.00
临时旅费准备	10,000.00
	306,986.00

收入

学费	70,000.00
利息	1,500.00
英工部局应付协款	235,486.00
	306,986.00

　　注意：本预算之编列系遵照1940年9月3日至10月3日间所开之委员会检讨结果，并以保管委员履行保管团契约所列某项责任为条件。

空地保管团

体育场保管团
截至1940年12月31日止之收支统计

支出	钞洋	收入	钞洋
经常项下：		英工部局协款	2,300.00
修缮及保持	217.75	场地租金	2,426.00
填平北半段场地用费	2,129.32	汇兑	60.44
电灯暖气用水	655.66	结余转入总结账目	1,304.41
保险	15.15		
中国政府地亩捐	42.69		
工资	989.00		
管理员酬金	400.00		
零星费用	320.66		
	4,770.23		
利息（折旧）	510.08		
折旧	685.54		
1939年稽核账目费	50.00		
1940年稽核账目费	75.00		
	6,090.85		6,090.85

天津　1941年1月20日

体育场保管团截至1940年12月31日止之结算单

债务	钞洋	资产	钞洋
总结账目：		地亩：	
上年清单　575,056.69		体育场：	
减少：收入结余 1304.41		面积85384亩,每亩计值6,000.00元	512,304.00
	573,752.28	建筑项下：	

司事年积金	1,013.04	安德森凉亭 1897 年建造	
木质看台储款	1,138.90	1936 年重建估计产值	28,150.00
植树储款	413.50	加：1938 年重建计值	12,658.67
杂项雇工	935.00		40,808.67
		减去：计至 1940 年底止之	
		例行折旧	11,670.10
			29,138.57
		围墙大门	
		1915 年建筑计值	11,362.69
		减去：计至 1940 年底止	
		之例行折旧	1,380.27
			9,982.42
		溜冰及网球休息室	
		1934 年建筑计值	19,854.00
		减去：计至 1940 年底止	930.65
		之例行折旧	
			18,923.35
		投资	6,000.00
		银行存款	904.38
	577,252.72		577,252.72

体育场保管团名誉秘书暨会计海维林签署。

敝公司已将上列结算单连同空地保管团之簿册暨账目审核并得有一切所需闻料暨解释，据敝公司考核所知并参照保管团供给之说明暨簿册所列注解，该结算单之开列用以表示保管团之实在正确，财政状况是系正当。

汤生公司

特许查核稽核员

天津　1941 年 1 月 20 日

空地保管团

截至 1940 年 12 月 31 日止之收支统计

支出	钞洋	收入	钞洋

经常项下		英工部局协款	3,400.00
保持暨修理费	165.06	场地租金	756.00
电灯暖气暨用水	341.65		
保险	3.70		
中国政府地捐			
维多利亚花园	32.80		
民园	28.65		
	——— 61.45		
工资	1,833.90		
管理员酬金	400.00		
零星费用	353.89		
运动费用			
体操	89.37		
扁棒球	69.90		
足球	41.60		
	——— 200.87		
	3,360.52		
利息（折旧项下）	10.62		
折旧	241.95		
1939年稽核账目费	50.00		
1940年稽核账目费	5.00		
结余转入总结账目	417.91		
	4,156.00		4,156.00

天津　1941年1月20日

截至1940年12月31日止之结算单

债务	钞洋	资产	钞洋
总结账目：		地亩：	
上年清单	822,601.38	维多利亚花园	
加：收入结余	417.91	面积18,238亩,计值钞洋3万元	547,140.00
	——— 823,019.29	民园	

杂项雇工	75.00	面积 57,300 亩,每亩计值钞洋 4,000 元	229,200.00
			——— 776,340.00
		民园建筑物:	
		"甲"号看台 1926 年建造,修改添加工事共计值	9,621.29
		减去:计至 1940 年底止之例行折旧	688.84
			——— 8,932.45
		"乙"号看台 1928 年建造及 1939 年添加工事共计值	10,711.00
		减去:计至 1940 年底止之例行折旧	376.44
			——— 10,334.56
		园墙及园栏 1926 年建立,1933 年完成计值	15,028.23
		减去:计至 1940 年底止之例行折旧	749.66
			——— 14,278.57
		木质看台 1930 年建造,计值	554.51
		减去:计至 1940 年底止之例行折算	504.51
			——— 50.00
		零星产业	9,778.74
		投资项下	2,700.00
		银行现款	679.97
	———		———
	823,094.29		823,094.29

空地保管团名誉秘书暨会计员海维林签署。

敝公司已将上列结算单连同空地保管团之簿册暨账目审核并得有一切所需闻料暨解释,据敝公司考核所知,并参照保管团供给之说明书暨簿册所列注解,该结算单之开列用以表示保管团之实在正确,财政状况是系正当。

汤生公司
特许查账稽核员
天津　1941 年 1 月 20 日

罚款

截至1940年12月31日止之收支统计

	钞洋
1940年1月1日结存现款	579.49
1940年罚款收入	53,426.11
	54,005.60

开 支

赠送礼物	1,357.37	
埋葬费	1,265.00	
案犯食粮	6,956.73	
警捕病老赠金	2,198.60	
警务零星费用	1,300.00	
杂项	2,180.16	
		15,257.86
截至1940年12月31日止之结存现款		38,747.74

查核正确无误

汤生公司
特许查账稽核员
天津 1941年2月21日

救济水灾赈款

计至1940年12月31日止之收支统计

	钞洋
1939年12月31日结余	37,846.12
1940年收款	26,637.74
	64,483.86

开 支：

临时灾民医院	20,018.18

灾民窝铺	4,152.60	
灾民杂项	7,111.32	
		31,282.10
		33,201.76
拨还英国救济中国灾害捐款项下		33,201.76

查核正确无误。

汤生公司

特许查账稽核员

天津　1941年2月21日

1940年财政报告

1940年之预算编造,假定本租界交通限制于本年无何变化,此因限制交通之栅栏于年间撤销,本局收入遂颇见起色,尤以人力车暨大车之捐照增收较为显著。

总务经常收入:本年8月选举人核准房产租值捐增加30%暨营业捐之开征。

河坝船位租赁人承认1940年下半年之租费增缴50%,暨码头捐亦现增加,故收入统计比较预算所列,计增益394,000元。

总务经常支出:年间支出实数超过预算计28万元,其要目列次:

英文学堂:增拨协款以应付经常费用:	155,195元
英文学堂:法律费用:	10,000元
辅警备队:强半系制服费:	46,047元
准备票与旧票折价损失:	25,539元
旅费暨养老金之英镑汇兑:	18,000元
文具及印刷费增价:	20,000元

岁末普通中国职员之薪工增加,因外籍职员之未经补聘而抵销。

医院:所有食品、燃料等项涨价之支出增多,因住院费率之增高稍获抵补。

警务处:薪俸项下支出超过预算,其要因为薪工暨津贴之增加,与年终双俸之列入津贴。

杂项计增支14.8万元,其要目为一、服装费因材料涨价及汇兑行市之低落;二、督察新住所之修缮;三、行驶汽车费之增多;四、文具纸张之增价。

工程处:外籍职员未经补聘,故薪俸项下计节减4万元。

马路项下保持费,因预算未列年初施行之工员津贴,致所估工费较低,故实支之数超出预算颇多。

总务特别支出:年间因财政紧涩,所有重要路政建设规画[划]未经进行,年间有一、二项预算未列之要目,如河坝之检查,棚舍等曾追加核准,总核此项支出全年计减支 617,000 元强。

电务处：

营业账目：全年收入比之预算计减收 12 万元，其要因系电灯需电未臻预估数量，惟因 2,000 英镑之机件保险准备未经汇英，故售电收入之低减已全数抵销。关于经常费用，因摩发电量稍减，煤炭消耗亦有所节减，又外籍职员未经补聘，故职员薪俸并见减支。

纸张印刷项下计增支 1 万元，准备票与旧票折价损失计 1.2 万元强。

总计，由此盈利净数比之预算所列尚无甚差别。

水道处：

营业账目：全年实收比较预算计增益 4 万元，倘所列之机件保险准备计英镑 450，若予汇寄，则营业总结当现不敷。水灾修理暨洪水后之购买水量俱比预算额数增加，惟因该处外籍职员未经补聘，故此项增支之大部因薪金节减而获抵销。

统计总结：

综述上述各项经常收支两抵，预算原列之盈余计 117,518 元，易成不敷 61,913 元，查预算总计包括特别及建设购置用费，原列不敷 1,129,616 元，兹易成实支不敷 622,344 元。

年间发行之 6 厘债券计 922,500 元，此数包括发给债券保管团之券额（近年售地偿价）计 14 万元，此数无须付予利息。

会计处长　莫尔德

1940 年经常收支预决算比较
截至 12 月 31 日止

1940 年收入预算

1940 年收入决算 钞洋	收入	截至 12 月 31 日止 钞洋
	地亩捐：	
387,000.00	已填地	386,922.51
	房产租值捐：	
672,000.00	依据估定房产全年租值	869,979.67
1,000.00	减去：退捐	1,013.78
671,000.00		868,965.89
	河坝收入：	
51,990.00	租定船位	64,237.48
32,400.00	备租船位	36,970.83
6,610.00	驳船	6,630.57
91,000.00		107,839.06
2,800.00	减去：费用	3,207.12
88,220.00		104,631.94
10,000.00	转头船位租金	10,000.00
	码头捐：	
112,000.00	收入	165,711.34
15,200.00	减去：费用	16,877.21
96,800.00		148,834.13
	捐照费：	
60,000.00	人力车	145,906.50
39,500.00	大车暨排子车	52,072.20
14,000.00	铺捐暨营业捐	37,549.50
2,000.00	杂项	1,770.00
100.00	马车	471.00
13,000.00	旅馆暨售酒捐照	18,247.50

9,000.00	犬捐	8,701.50	
2,000.00	押当铺	2,250.00	
10,000.00	自行车	12,368.50	
60,000.00	汽车	64,627.12	
2,000.00	汽车捐牌、司机、牛奶牌等	3,387.35	
20,000.00	小本营生	22,282.65	
3,500.00	河坝摊位	4,320.00	
235,100.00		373,953.82	
29,100.00	减去:费用	43,081.04	
206,000.00			328,872.78
1,459,000.00			328,872.76
	菜市收入:		
9,000.00	铺面	10,180.00	
11,000.00	摊位	14,851.50	
20,000.00		25,031.50	
10,000.00	减去:费用	19,493.63	
10,000.00			5,537.87
	零星收入:		
23,400.00	杂项	34,283.29	
18,600.00	租金	19,160.00	
42,000.00			53,443.29
	游泳池:		
9,000.00	门票收入	14,758.20	
8,500.00	减去:经营费用	17,412.65	
500.00			欠 2,654.45
	利息:		
	分处来往利息		
82,000.00	水道处拨付之数	88,182.61	
21,000.00	电务处拨付之数	15,517.44	
103,000.00			103,700.05
1,614,500.00			2,008,254.01

1940年支出预算

1940年支出决算截至12月31日止

支 出

钞洋	总务管理	钞洋
234,400.00	管理人员薪俸暨工资	232,928.82
103,500.00	总务公费	148,436.02
337,900.00		831,364.84
	减去：可由	
26,700.00	电务处拨付之数 26,700.00	
17,100.00	道处拨付之数 17,100.00	
43,800.00		43,800.00
294,100.00		337,564.84
15,000.00	工部局办公处费用	22,614.23
6,000.00	器械购新补旧	4,023.16
	协款项下：	
3,000.00	体育场保管团	2,300.00
5,800.00	民园保管团	3,400.00
200.00	救世军	200.00
1,954.00	马大夫医院	3,395.20
445.00	安立甘教堂	645.00
445.00	耶稣教合众教堂	445.00
445.00	女青年会	445.00
170.00	基督徒圣会所	170.00
741.00	天津妇女慈善会	741.00
13,200.00		11,741.20
121,800.00	养老金	131,375.06
35,650.00	工部局警备队	32,842.92
	工部局藏书楼	
550.00	薪俸	928.49
750.00	零星费用	721.31
2,000.00	协款	7,000.00
3,300.00		8,649.80
489,050.00		548,811.21

	天津英文学堂：	
183,000.00	（须准予拨付之协款,按捐纳外人登记管业之地亩暨房产估定产值共计洋 50,833,333 元,依每 1 万元拨付 18 元计,须拨付之数合 91,500 元,按一先令九便士八分之五行市,折合英镑 8,244.10.8,再按 10 便士 16 分之 13 汇兑行市折合）	178,135.59
—	加拨款额以付学堂费用	155,195.53
	耀华学校：	
109,000.00	（须准予拨付之协款,按捐纳中国人登记管业之地亩暨房产估定产值,共计洋 60,555,555 元,依每 1 万元拨付 18 元计,须拨付之数）	109,529.87
1,000.00	墙子河维持费	2,672.63
21,290.00	偿还继续皇家租契用款	21,289.87
288,528.00	债款项下暨利息	290,120.33
7,500.00	临时项下	2,198.66
—	辅警备队	46,047.02
—	汇兑损失	25,538.92
1,099,368.00		1,379,539.63

医院

英国医院：

	56,700.00	薪俸	55,862.37
	44,000.00	杂项	53,916.96
	100,700.00		109,779.33
	35,000.00	减去:病人住院费	39,571.74
65,700.00			70,207.59

隔离病院：

20,100.00	薪俸	20,335.10
16,320.00	杂项	20,581.97
36,420.00		40,917.07
	减去：	
6,700.00	病人住院费	9,872.60
2,220.00	法工部局协款	2,220.00

8,920.00	12,092.60
27,500.00	28,824.47
93,200.00	99,032.06

警务处

1940年支出预算 钞洋		1940年支出决算截至12月31日止 钞洋
644,415.00	警务人员暨办公室职员薪俸	677,394.80
230,285.00	杂项	378,402.36
874,700.00		1,055,797.16
105,000.00	减去：住户雇佣门岗警捕缴费	98,023.54
769,700.00		957,773.62

消防队

29,613.00	华洋队员薪俸	25,828.49
16,287.00	普通杂项	21,587.21
45,900.00		47,415.70

卫生股

5,235.00	薪工	6,947.65
1,900.00	卫生医官费	1,945.80
5,365.00	杂项	7,579.58
12,500.00		16,473.03
3,500.00	减去：出赁病人汽车收费	3,838.50
9,000.00		12,634.53

工程处

1940年支出预算 钞洋	经常支出	1940年支出决算截至12月31日止 钞洋
	桥梁：	
200.00	保持费	—
	河坝暨码头：	
23,700.00	保持费	8,761.36

	土坝(预防水灾):		
2,000.00	保持费		7,174.07
	工程师费用:		
	239,800.00	薪俸工资	199,594.54
	62,450.00	杂项	55,951.56
302,250.00			255,546.10
	公共厕所:		
13,500.00	保持费		23,035.19
	工部局房产:		
15,400.00	普通保持费		14,496.96
	机械工具项下:		
	21,350.00	保持暨经常费	24,439.79
	1,700.00	按年整理	767.63
	2,800.00	购新补旧	4,001.38
25,850.00			29,208.80
	公共院所保持费:		
1,200.00	菜市修缮		4,275.53
384,100.00			342,498.53
	马路,便道,路边石暨阴沟项下:		
	58,000.00	马路、便道、路边石暨阴沟保持费	81,619.40
	3,800.00	暴雨水沟普通修缮	15,153.97
	4,000.00	冲洗阴沟	13,753.85
	7,500.00	载重汽车,汽油,工资暨材料	9,145.78
73,300.00			119,673.00
	路政项下:		
	2,000.00	更换路灯	5,247.74
	32,000.00	清道冲洗马路暨水沟	52,495.71
	49,100.00	收敛垃圾	114,557.60
	4,500.00	车辆交通指示线	9,924.86
	3,500.00	扫除积雪	3,588.49
	5,000.00	标志	1,412.35
	17,700.00	沥水暨散砂	32,863.67
113,800.00			220,090.42
50,000.00	公园暨花园		56,844.50
10,200.00	器械购新补旧		5,062.33

特别支出

1940年特别支出预算 钞洋		1940年特别支出决算截至12月31日止 钞洋
631,400.00		744,168.26
	房产—新建暨添盖房屋：	
2,500.00	重盖苗圃中国花房	—
6,000.00	迁移野犬圈留所至马场道南	6,160.22
53,500.00	游泳池：更衣室	8,566.93
20,040.00	砂等	2,131.78
3,600.00	马场道塚[冢]园停灵穴	1,284.05
1,450.00	英国医院护士宿舍新楼梯	—
500.00	伦敦道火会所	463.16
—	河坝棚舍	19,680.31
—	隔离病院停尸室	1,520.58
—	警员住所更改	1,102.28
—	新保险房	15,369.89
87,590.00		56,279.20
26,450.00	阴沟	33,433.38
407,900.00	新布道路	1,117.01
168,000.00	整理前铺木砖道路	140,166.83
124,740.00	碎石马路重铺混凝土沥青	—
700,640.00		141,283.84
10,000.00	新筑便道	7,378.23
5,000.00	暴雨水沟暨便道换新	928.82
24,000.00	马路加宽	4,689.37
	马场道塚[冢]园：	
7,000.00	新路	10,099.91
9,500.00	填土推广	6,110.24
16,500.00		16,210.15
	新购器具：	
8,800.00	警务处	1,680.00
2,200.00	消防队	1,844.97
11,000.00		3,524.97
881,180.00		263,727.96

电务处

1940 年营业账目

支出				收入		
支出预算			1940 年支出决算截至 12 月 31 止	收入预算		1940 年收入决算截至 12 月 31 日止
钞洋			钞洋	钞洋		钞洋
397,120.00		发电费用煤炭工资等	382,228.15	1,395,000.00	售与用户电价	1,257,332.92
		发电机件：		19,350.00	用户自有路灯	17,619.82
47,710.00		修理暨保持费	48,029.94	27,840.00	售与英工部局办公处暨附属处所电灯	31,029.84
		职员宿舍：		511,825.00	电马力	520,153.39
7,990.00		修理暨保持费	9,582.52	13,500.00	零星收入	21,646.89
		分输机件：		26,400.00	机件租费	29,183.65
43,700.00		修理暨保持费	40,083.68	121,500.00	电表租费	116,061.50
		路灯机件：		960.00	陈列室盈利	2,937.19
8,400.00		修理暨保持费	8,397.47			
		工具：				
2,820.00		修理暨保持费	2,265.09			
		出租机件：				
7,800.00		修理暨保持费	11,586.57			
		家具装件暨运输：				
2,700.00		修理暨保持费	4,684.22			
		经理费用：				
	151,590.00	薪俸暨工资	133,418.34			
	48,650.00	杂项	60,058.83			

（续表）

200,240.00				193,477.17				
26,700.00		总务管理项下		26,700.00				
		会计处：						
	20,800.00	中国职员薪俸	21,857.75					
	7,000.00	杂项	14,545.58					
27,800.00				36,403.33				
21,000.00		利息		15,517.44				
44,000.00		折旧		52,901.86				
123,000.00		保险准备		—				
800.00		零星机件添置		438.81				
—		汇兑损失		12,256.95				
700.00		养老金		856.12				
962,480.00				845,409.32				
1,153,895.00		收入超过支出之数		1,150,555.88				
21,116,375.00				1,995,965.20	2,116,375.00			1,995,965.20

电务处
建设购置支出

钞洋		钞洋
6,000.00	房屋	5,105.29
55,190.00	发电机件	36,529.65
168,000.00	分输机件	130,774.16
5,390.00	路灯机件	6,245.91
9,150.00	工具	6,869.79
27,000.00	出租机件	33,874.44
1,500.00	家具装件暨运输	1,146.31
273,130.00		220,545.55

电务处

1940年结算单截至12月31日至

债务		资产	
	钞洋		钞洋
零星债务暨积欠	61,734.18	零星欠户暨欠款结余	321,308.81
用户押款	160,630.00	材料存储	319,142.42
寄售商品(参照对员〔页〕)	18,050.16	陈列室商品	7,972.54
折旧存储	1,816,735.01	寄售商品(参照对页)	18,050.16
资金存储	509,566.70	伦敦金镑账	12,372.02
英工部局流水账	871,525.39	建设购置项下:	
		地亩	52,458.07
		房屋	368,346.53
		发电机件	1,262,224.46
		分输机件	870,053.72
		路灯机件	55,480.64
		出租机件	87,105.13
		电气仪器	9,434.54
		工具机件	18,657.09
		家具装件暨运输	35,635.31
	3,438,241.44		3,438,241.44

1940年12月31日

敝公司已将上列截至1940年12月31日止之结算单审核并得有一切所需闻料暨解释,据敝公司所知并参照工部局供给之说明暨簿册所载注解,该结算单之开列用以表示工部局之实在正确,财政状况是系正当。

汤生公司

特许查账稽核员

天津　1941年2月14日

水道处
1940年营业账目

支出		支出预算 钞洋	1940年支出决算截至12月31日止 钞洋	收入	收入预算 钞洋	1940年收入决算截至12月31日止 钞洋
巴克斯道"甲"号机厂：				售与用户水价	444,848.00	471,457.93
	抽水费用：			售与轮船水价	9,450.00	5,563.20
	经常费	29,469.00	44,596.98	售与英工部局办公处暨附属处所水价	28,396.00	34,434.12
	修理暨保持费	1,950.00	4,579.24	备用接水收费	1,620.00	1,572.65
		31,419.00	49,176.22	辅用给水	6,870.00	4,749.00
厂内水管暨节水门：				房租暨杂项	4,000.00	22,424.67
	修理暨保持费	80.00	—	水表租费	20,250.00	17,801.50
滤水池：						
	修理暨保持费	1,300.00	330.58			
澄水池：						
	修理暨保持暨经常费	1,700.00	1,453.85			
"甲"号机厂厂房：						
	修理暨保持费	3,048.00	8,040.64			
			59,001.29			
达格拉道"乙"号机厂：						
	抽水费用：					
	经常费	76,566.00	69,708.91			
	修理暨保持费	1,300.00	3,857.33			
		37,547.00				

(续表)

77,866.00			73,584.24	515,434.00	588,003.07
	厂内水管暨节水门:				
50.00	修理暨保持费		—		
	"乙"号机厂房:				
1,520.00	修理暨保持费		2,121.68		
79,436.00				75,705.92	
	伦敦道"丙"号机厂:				
	抽水费用:				
	经常费	12,035.24			
21,063.00	修理暨保持费	792.94	12,828.18		
850.00					
	厂内水管暨节水门:				
21,913.00	修理暨保持费		193.81		
	"丙"号机厂房:				
30.00	修理暨保持费		2,250.45		
1,590.00				15,272.44	
23,533.00	购置水量				
—				149,979.65	
140,516.00	总水管水龙头暨接水材料:				
5,580.00	修理暨保持费			19,996.59	
	机件暨工具:				
15,982.00	修理保持暨购新补旧			24,977.53	
	出售机件:				
3,250.00				4,393.57	

(续表)

4,653.00	水表修理暨保持费		5,277.89	
2,340.00	水龙头售水费		1,426.87	
	工程职员暨办公处费用：			
99,112.00	华洋职员薪俸	79,223.57		
23,850.00	杂项	34,410.91		
122,962.00			113,634.48	
17,100.00	管理项下：			
	总务		17,100.00	
	会计处：			
11,100.00	中国职员薪俸	11,575.62		
3,600.00	杂项	5,712.35		
14,700.00			17,287.97	
50.00	消防设备		59.64	
5,810.00	辅用给水经营费		4,943.41	
—	汇兑		3,708.26	
15,800.00	水灾损害修理费		31,485.05	
27,000.00	保险费准备		—	
60,000.00	折旧		55,709.16	
82,000.00	利息		88,182.61	
			538,162.68	515,434.00
—	收入超过支出之数		19,840.39	2,309.00
517,743.00	预计收支两抵不敷之数		558,003.07	517,743.00
				—558,003.07

水道处
建设购置支出

支出预算		
钞洋		钞洋
17,104.00	总水管暨水龙头	3,250.72
20,000.00	出租机件：水表	13,238.71
400.00	家具装件暨仪器	—
	自流井设计：	
27,720.00	达格拉道"乙"号机厂	28,233.91
27,600.00	伦敦道"丙"号机厂	1,903.26
—	海光寺道"丁"号机厂	35,555.77
55,320.00———		———65,692.94
92,824.00		82,182.37
—	售卖旧机件	6,025.00

水道处
1940年结算单截至12月31日止

债务		资产	
	钞洋		钞洋
零星债务暨积欠	52,838.26	零星欠户暨欠款结余	99,499.46
用户押款	29,254.30	材料存储	174,625.01
折旧存储	560,269.97	建设购置项下：	
购置存储	87,176.91	地亩	175,831.54
英工部局流水账	1,313,727.42	机器	4,269.86
		家具暨装件	4,231.40
		移动机件	2,194.85
		滤水池	8,774.68
		澄水池	4,988.34
		沉渣池	7,187.79
		总水管暨水龙头	662,942.16
		用户水表	171,642.69
		工具机件	10,747.54
		辅用给水机件暨房屋	8,006.31
		自流井规画[划]下——自流井房屋机厂暨机器：	

(续表)

			"甲"号机厂	293,927.51
			"乙"号机厂	308,227.59
			"丙"号机厂	70,614.36
			"丁"号机厂	35,555.77
	——2,043,266.86			——2,043,266.86

1940年12月31日

敝公司已将上列截至1940年12月31日止之结算单审核并得有一切所需闻料暨解释，据敝公司考核所知并参照工部局供给之说明暨簿册所列注解，该结算单之开列用以表示工部局之实在正确，财政状况是系正当。

汤生公司

特许查账稽核员

天津　1941年2月14日

1940 年财政统计
截至 12 月 31 日止

	1940 年 4 月 17 日 选举人通过之预算		1940 年收入 支出决算	
	收入	支出	收入	支出
	钞洋	钞洋	钞洋	钞洋
经常项下：				
工部局总务账目	1,614,500.00	2,648,568.00	2,008,254.01	3,240,563.80
电务处	2,116,375.00	962,480.00	1,995,965.20	845,409.32
水道处	515,434.00	517,743.00	558,003.07	538,162.68
结余：预计盈余,实际				
不敷,转入特别项下	—	117,518.00	61,913.52	—
	4,246,309.00	4,246,309.00	4,624,135.80	4,624,135.80
特别项下：				
上列结余	117,518.00	—	—	61,913.52
总务特别支出	—	881,180.00	—	263,727.96
电务处建设购置支出	—	273,130.00	—	220,545.55
水道处建设购置支出	—	92,824.00	—	82,182.37
售出旧机件	—	—	6,025.00	—
结算：不敷	1,129,616.00	—	622,344.40	—
	1,247,134.00	1,247,134.00	628,369.40	628,369.40

1940年总结算单截至12月31日止

债务		钞洋	资产 地亩：	亩数	钞洋	
工部局借款：						
普通用途借款 1932 6.5% 350,000		518,881.12	老租界地亩	15,790	245,167.00	
普通用途借款 1932 5.5%		960,000.00	扩充界地亩	49,321	420,353.70	
普通用途借款 1937 6%(持票者)		2,700,000.00	推广界地亩	166,377	800,303.21	
普通用途借款 1937 6%(记名的)		922,500.00	租界外地亩	399,368	398,490.53	
	————	5,101,381.12				1,864,314.44
零星债务暨积欠		426,924.98	空地			
保管款项：			老租界维多利亚花园暨建筑物		18,500	
皇家租契用存款		1,026,532.92	扩充界围墙道花园暨建筑物		6,195	
年积金		782,651.59	推广界——民园		57,300	
狄更生氏奖学金		6,000.00	推广界伦敦道小花园		12,020	
杂项		7,348.94	推广界皇后花园暨毗连地址		31,270	
	————	1,822,533.45				
罚款		38,747.74	塚[冢]地址			
机件保险准备金		292,936.36	广东道塚[冢]园第九段第一六六号		11,281	

（续表）

保管团填土费账目—未支用结余			50,182.94	马场道塚[冢]园——马场道路南		12,561	
耀华学校			31,974.27	马路占用地亩：			
流水账结余				扩界充	276,736	2,047,846.40	
天津英文学堂流水账结余			26,537.46	推广界			
				马场道	86,321	509,293.90	
总结余			6,585,481.15	其他马路	476,519	1,429,557.00	
银行结账：						————	3,986,697.30
老票透支	20,584.14			本租界街道、路基、阴沟、水沟暨便道等项			
准备票透支	137,168.44			现时估计价值			1,681,402.55
	————	157,752.58		桥梁：			
减去：存数：				现时估计价值			138,345.70
英镑及美元帐		1,574.38					
		————	156,178.20	房屋：			
附注：尚有工部局与英文学堂保管委员争论之款额计309,754.85元。				老租界			
				维多利亚花园内房屋		16,080.05	
				戈登堂,警务处,保险房暨电务处陈列室		208,742.09	
				捐务股办公室		1,008.27	
				河坝房屋		148.25	
				河坝棚舍		19,680.31	
				码头捐公事房		2,074.04	
				中国职员餐堂		1,513.95	
				粪井		983.12	
				中街铺面		12,835.62	
						————	————
						263,065.70	3670,759.99

(续表)

	扩充界：		
	红墙道警务宿舍	26,689.36	
	职员住房	59,596.89	
	职员居所	87,511.66	
	职员居所汽车房	4,508.48	
	工程处机料场（戈登道）	17,287.95	
	汽辗房	296.50	
	推广界：		
	工程处机料场（奥克尼道）	52,888.87	
	伦敦道警务处宿舍暨火会所	390,367.45	
	福发道警务分处	66,355.57	
	福发道消防队水龙带去潮塔	4,755.81	
	警备队司令部	21,954.62	
	伦敦道小花园	12,279.79	
	英租界公共厕所	45,287.05	
	租界外马场道南：		
	马场道塚[冢]园火葬炉、休息室、围墙泄水沟管暨停灵穴	16,473.74	
14,532,876.67		———	1,069,319.44
	全年局有地租折合原值		16,584.85
	菜市：		
	房屋		268,142.66
	隔离病院：		
	房屋(书面计值)	71,370.96	
	家具(书面计值)	8,402.00	
		———	79,772.96
	英国医院：		
	房屋(书面计值)	148,351.61	

（续表）

	家具(书面计值)	15,866.00	
	仪器(书面计值)	13,742.00	
	X光机件(书面计值)	10,550.00	
		———	188,509.61
	消防设备		1,853.15
	游泳池:		
	房屋暨机件		112,459.46
			———
			9,407,402.12
	动产:		
	册列价值		395,632.93
	材料项下(册列价值):		
	总材料所	103,728.53	
	警务处	72,615.39	
	文具材料	6,066.89	
		———	182,410.83
	零星现款		1,970.00
	零星欠户暨未清付账目		80,694.15
	债券保管团投资		140,000.00
	投资(实价):		
	保管款项	1,846,577.47	
	机件保险准备金	292,936.36	
		———	2,139,513.83
	电务处:		
	流水账结余		871,525.39
	水道处:		
	流水账结余		1,313,727.42
			14,532,876.67

1940年12月31日

敝公司已将上列截至1940年12月31日止之结算单审核并得有一切所需闻料暨解释，其所列计至1940年12月31日止之本埠投资暨计至6月30日之伦敦投资(查此项投资之6月30日清单为最近之报告)，业经查核证实，据敝公司考核所知并参照工部局供给之说明暨簿册所列注解，该结算单之开列用以表示工部局之实在正确,财政状况是系正当。

汤生公司
特许查账稽核员
1941 年 2 月 14 日

1941年预算总目

收入

地亩捐：	钞洋	钞洋
已填地		533,000.00
房产租值捐：		
依据估定全年租值	1047,000.00	
减去：退还之数	2,000.00	
		1,045,000.00
警务捐		175,000.00
娱乐捐：		
电影院	60,000.00	
食堂餐馆等	35,000.00	
		95,000.00
河坝收入：		
租定船位租金	77,000.00	
备租船位租金	33,000.00	
驳船	6,000.00	
	116,000.00	
减去：费用	3,600.00	
		112,400.00
转头船位租金		10,000.00
码头捐：		
收入	225,000.00	
减去：费用	18,500.00	
		206,500.00
		2,176,900.00

执照捐:
人力车	204,000.00	
马车	100.00	
大车排子车	50,000.00	
河坝摊位	4,000.00	
小本营生	20,000.00	
汽车	62,000.00	
旅馆暨售酒执照捐	13,000.00	
犬捐	8,000.00	
自行车	12,000.00	
汽车,号码牌,汽车夫,牛奶房等	2,500.00	
押当铺	2,000.00	
铺捐暨营业捐	90,000.00	
杂项	1,400.00	
		469,000.00
减去:费用	55,000.00	
		414,000.00

菜市:
铺面	10,000.00	
摊位	14,000.00	
		24,000.00
减去:费用	16,600.00	
		7,400.00

零星收入:
杂项	25,400.00	
租金	19,600.00	
		45,000.00

游泳池:
门票收入	19,000.00	
减去:经营费用	18,500.00	
		500.00

利息：

各分处往来数目

可由水道处归还之数	87,000.00	
可由电务处归还之数	21,000.00	
		108,000.00
		2,751,800.00

支出

总务

	钞洋	钞洋
管理人员薪俸暨工资	355,600.00	
总务公费	118,100.00	
	473,700.00	
减去：可由电务处归还之数	52,200.00	
可由水道处归还之数	34,800.00	
	87,000.00	
		386,700.00
工部局办公处费用		19,000.00
用具剔旧换新		11,000.00
协款项下：		
体育场保管团	3,500.00	
民园保管团	4,000.00	
救世军	200.00	
马大夫医院	2,654.00	
安立甘教堂	645.00	
耶稣教合众会堂	445.00	
基督徒圣会所	170.00	
女青年会	445.00	
天津妇女慈善会	741.00	
		12,800.00

养老金		126,900.00
工部局警备队		34,000.00
工部局藏书楼:		
薪俸	660.00	
零星费用	1,240.00	
协款	6,500.00	
	———	8,400.00
		598,800.00

天津英文学堂: 270,000.00

须准予拨付之协款:按纳捐外人登记管业之地亩暨房产估定产值总额计洋 7500 万元,按每 1 万元拨付 18 元计,须拨付之数 13.5 万元(按每元合一先令九便士八分之五汇兑行市,折合 12,164 英镑一先令三便士,再按每元合十便士十六分之十三)汇兑行市核算,计折合 27 万元。

耀华学校:

须准予拨付之协款:按纳捐中国人登记管业之地亩暨房产估定 170,000.00
产值总额计洋 94,444,444 元,按每 1 万元拨付 18 元计,须拨付之数合洋 17 万元。

墙子河维持费		2,500.00
偿还继续皇家租契用款		21,300.00
债款项下暨利息		316,000.00
		———
		1,378,600.00

英国医院

薪俸		71,300.00
杂项		60,200.00
		———
		131,500.00
减去:病人缴费		40,000.00
		———
		91,500.00

隔离病院

薪俸		25,800.00
杂项		17,800.00
		43,600.00
减去：病人缴费	8,080.00	
法工部局协款	2,220.00	
		10,300.00
		33,300.00
		124,800.00

警务处

钞洋

警务处员司暨办公室职员薪工	907,500.00
普通杂费	298,000.00
	1,205,500.00
减去：住户雇佣门岗警捕缴费	105,000.00
	1,100,500.00

辅警备队

钞洋

普通杂项	10,000.00

消防队

钞洋

华洋职员薪工	40,300.00
普通杂项	56,100.00
	96,400.00

卫生股

钞洋

薪工	7,100.00
卫生医官费	2,000.00

普通杂项		5,600.00
		14,700.00
减去：出赁病人汽车收费		5,000.00
		9,700.00

工程处

经常支出

钞洋

桥梁：		
保持费		400.00
河坝暨码头：		
保持费		41,000.00
土坝（预防水灾）：		
保持费		30,300.00
工程师费用：		
薪俸暨工资	268,150.00	
普通杂项	41,850.00	
		310,000.00
公共厕所：		
保持费		25,000.00
工部局房产：		
普通保持费		14,700.00
机械暨工具项下：		
保持费暨经常费	26,500.00	
逐年整理	1,700.00	
购新补旧	4,500.00	
		32,700.00
公共院所保持费：		
菜市修理		1,500.00
		455,600.00

马路、便道、路边石暨阴沟项下：
暴雨水沟：普通修理费	10,000.00	
冲洗阴沟费用	10,000.00	
载重汽车用汽油工资材料暨保持费	7,500.00	
英租界马路、便道、路边石暨阴沟保持费	72,000.00	
		99,500.00

路政项下：
路灯换新	7,000.00	
清道、冲洗马路暨水沟	49,000.00	
收敛垃圾	116,000.00	
标志	6,000.00	
扫除积雪	5,500.00	
交通指示线	14,200.00	
沥水暨散沙	31,000.00	
		228,700.00
公园暨花园		50,000.00
用具剔旧置新		23,300.00
		857,100.00

临时费用

	钞洋
各分处合计	170,000.00

特项暨建设购置支出

	钞洋	钞洋
房屋新建暨添盖项下：		
游泳池衣柜	6,500.00	
伦敦道警务分处：新锅炉	8,000.00	
		14,500.00
新布道路	466,200.00	
整理前铺木砖马路	5,100.00	
		471,300.00
新筑便道		3,000.00
暴雨水沟暨便道换新		2,500.00

马路加宽项下：
伯斯道	9,000.00	
董事道	19,500.00	
		28,500.00

新购器具项下：
工程处	20,000.00	
英国医院	3,200.00	
		23,200.00
		543,000.00

1941年电务处预算

支出		钞洋	收入	钞洋
发电费煤炭工资等项		455,300.00	售与用户电价	1,430,200.00
发电机件：			用户自有路灯	18,700.00
修理暨保持费		45,000.00	售与英工部局办公处暨附属处所	29,900.00
职员宿舍暨工厂：			电马力	731,700.00
修理暨保持与经常费		9,000.00	出租机件	26,500.00
分输机件：			电表租费	115,000.00
修理暨保持费		42,300.00	陈列室盈利	3,000.00
路灯机件：			杂项	20,000.00
修理暨保持费		9,000.00		
工具：				
修理暨保持费		2,600.00		
出租机件：				
修理暨保持费		12,500.00		
家具暨装件：				
修理暨保持费		4,600.00		
经理费用项下：				
薪俸暨工资	167,700.00			
杂项	36,800.00			
		204,500.00		
总务管理项下		52,200.00		
会计处：				2,375,500.00
中国职员薪俸	23,900.00			

零星费用	15,100.00	
		39,000.00
利息		21,000.00
折旧		44,000.00
保险费存储		123,000.00
零星机件添置		800.00
养老金		17,000.00
		1,081,800.00
预计收入超过支出之数		1,293,200.00
		2,375,000.00

电务处
建设购置支出

	钞洋
房产	18,000.00
发电机件	47,800.00
分轮机件	130,700.00
路灯机件	3,500.00
出租机件	5,000.00
工具	1,000.00
家具装件暨运输	1,000.00
	207,000.00

1941年水道处预算

支出			收入	
巴克斯道机厂"甲"号：		钞洋		钞洋
抽水费用：			售与用户水价	569,900.00
经常费	85,320.00		售与轮船水价	12,900.00
修理暨保持费	3,200.00		售与英工部局暨附属处所水价	35,300.00
		88,520.00		
滤水池：			备用接水收费	1,300.00
修理暨保持费	300.00		辅用给水收费	6,900.00
澄水池：			水表租费	69,200.00

(续表)

修理暨保持费		100.00	零星收入	4,000.00
厂内水管暨节水门：				
修理暨保持费		50.00		
"甲"号机厂房屋：				
修理暨保持费		3,330.00		
		92,300.00		
达克拉道机厂"乙"号：				
抽水费用：				
经常费	104,110.00			
修理暨保持费	2,100.00			
		106,210.00		
厂内水管暨节水门：				
修理暨保持费		50.00		
"乙"号机厂房屋：				
修理暨保持费		1,940.00		
		108,200.00		
海光寺道机厂"丁"号：				
抽水费用：				
经常费	26,540.00			
修理暨保持费	1,350.00			
		27,890.00		
厂内水管暨节水门：				
修理暨保持费		30.00		
"丁"号机厂房屋				
修理暨保持费		780.00		
		28,700.00		
		229,200.00		699,500.00
总水管水龙头暨接水料件：				
修理暨保持费		21,600.00		
机件暨工具：				
修理暨保持费		3,400.00		
剔旧置新		900		
		4,300.00		
水表修理暨保持费		5,500.00		
公用水龙头售水费用		2,100.00		
工程人员暨办公处费用：				
华洋职员薪俸		138,400.00		

零星费用		25,500.00	
		———	
		163,900.00	
管理项下：			
总务		34,800.00	
会计处：			
中国职员薪俸	12,500.00		
零星费用	6,500.00		
		———	
		19,000.00	
消防设备		100.00	
辅用给水：经常费		5,200.00	
保险费准备		27,000.00	
折旧		70,000.00	
利息		87,000.00	
		———	
		669,700.00	
预计收支两抵盈数		29,800.00	
		———	
		699,500.00	

水道处

建设购置支出

		钞洋
总水管暨水龙头		15,100.00
水表		15,000.00
家具装件暨仪器		500.00
自流井规画[划]项下：		
达克拉道机厂"乙"号	6,500.00	
海光寺道机厂"丁"号	109,700.00	
	———	116,200.00
		———
		146,800.00
减去：出售旧机件		30,000.00
		———
		116,800.00

1941年预算总计

经常项下

	收入	支出
	钞洋	钞洋
工部局总务账目	2,751,800.00	3,577,100.00
电务处	2,375,000.00	1,081,800.00
水道处	699,500.00	669,700.00
临时费用	—	170,000.00
结余:盈数移入特别项下	—	327,700.00
	5,826,300.00	5,826,300.00

特别项下

上列结余	327,700.00	—
总务特别支出	—	543,000.00
电务处建设购置支出	—	207,000.00
水道处建设购置支出	—	116,800.00
结余:不敷款额	539,100.00	—
	866,800.00	866,800.00

现款状况

	钞洋	钞洋
截至1940年12月31日止之银行透支额数	—	143,806.00
上列预算不敷额数	—	539,100.00
地契转移费(存储)	—	151,823.00
备1941年用库存材料暨预付款项	24,700.00	—
电务处折旧存储	44,000.00	—
水道处折旧存储	70,000.00	—
截至1941年12月31日止预算透支之数	696,029.00	
	834,729.00	834,729.00

附注:尚有工部局与英文学堂保管委员争论之款项,其数额计至1941年底可达85万元。

1940年英国租界选举人常年大会记录

天津英租界选举人1940年4月17日星期三下午3:30
在天津英文学堂举行第22次常年大会议录

是日，大会系由英国总领事白维德君主席，董事会席次计有董事长体伯君、副董事长庄乐峰君，董事安德铸君、朱继圣君、甘慕隆君、黄约三君、蓝荫君、王荷舫君，秘书长兼工程师巴恩士君，秘书陈贯一君。

议会秘书由首席英国领事高德禄君充任。

选举人出席者计有下列诸君：

安德生	安德森	贝铎	卞理智	陶灵少校	柏志士	阚海麟
高尔德	奚似乐	史马克	艾文斯	费巧尔	佛令德	富克斯
费根	哈溥	郝为乐	少甘博士	甘博士	狄克森	那森
欧哈雷	裴恩德	潘纳禄	西门士	森木司	端纳	雷敦
吴楼	杨保罗	德恩若	奥克纳	吴焕之	张静山	张静记
叶刚侯	巢章甫	宁彩轩	徐仙舫	程荫南	吴聿修	陈子澜
陈西甫	陈致中	赵恩荣	李千里	王金镛	孟敬慎	峰泽堂金
杨石门	杨仲记	福佑堂王	庆德堂蔡	张祥斋	崔时文	彭盛先
武子洲	李哲甫	曹定辰	曹景唐	魏继尧	杨星六	蔡述谈
王敷五	吴颂平	吴其焯	孙保滋	王景陈	臧逖	朱振铭
李相璟	张仲柔	马伯声	仁静堂金	樊樊圃	李东馥	陈泊萍
蔚耕堂	赵海岳	文德堂振记	韩文友	斌熙堂姚	单允工	张务滋
王桐轩	阎子亨	冯信德堂	田本堂	济安堂	孙梦祺	赵子贞
徐燕珊	惠中堂张	宋裴卿	焦子清	高少洲	李次武	三槐堂乾记
朱健珊	曾公赞	张焕文	胡彬叔	孙少轩	严智桐	孙芳仲
张士骏	吴熙莹	倪幼丹	林寿人	逸园陈	常小川	孙伯延
郑冕	苏玉书	孙季鲁	苏铁航	馀庆堂蔡	张慰民	蔡朴
何廷贤	郭汝巽	郭绳如	李警予	訾玉甫	李伯彤	焦世卿

刘敬斋	王子长	俞荫才	訾铭谦	德本堂李	孔赐安	赵桂生
娄筑孙	杨固之	赵师复	梁幼臣	周愚夫	福厚堂王	张吟樵
王少堂	徐韬斋	积庆堂朱	陈士杰	王更三	杜亚新	蔡福荫
蔡硕臣	吴次衡	冯馨坡	靳少卿	吴清源	刘宗林	卞俶成
友爱堂	陈晋卿	王少溥	徐心初	于信臣	刘子兰	庄云九
张式虞	宋道生	李文康	周敬之	张嘏臣	桐华堂于	李兆庚
杜乐园	沈云甫	唐乐禧堂	永禧堂唐	于 慎	孟锡三	孟伯铭
严智寿	任振采	赵星荪	张伯驹	梁孟亭	张镇芳	严智实

主席宣布开会,由议会秘书宣读召集会议通告为开会仪式。

天津英租界选举人第22次常年大会定于本年4月17日星期三下午3:30在天津英文学堂礼堂举行。

此布

大英国驻津总领事　白维德
1940年3月27日

议　录

主席：会议日程第一项为证实1939年4月21日选举人常年大会议录、10月27日暨12月12日特别大会议录。

端纳君：鄙人动议证实1939年4月21日选举人常年大会议录、10月27日暨12月12日特别大会议录。

陈晋卿君附议。

主席：兹经端纳君动议,陈晋卿君附议,证实1939年4月21日选举人常年大会议录、10月27日暨12月12日特别大会议录。诸君如表示同意请举右手——有人反对否？鄙人宣布动议通过。

会议日程第二项为接受1939年董事会报告暨通过该年截至12月31日止之全年账目。

董事会报告

董事长：于陈请审核1939年账目之先,关于年间重要事端,鄙人愿略加声述,谅荷诸君许可。昨年诚堪称为本租界有史以来最困难之一年,查自6月中旬起,施于出入本界货物之限制,不惟严重妨碍贸易自由,有时且威胁及于本界住户生活需要及食品之供给,当食品情况显趋尖锐化时,物价腾贵,几达不合事理指数,同人幸获英总领事暨领馆人员之赞助,得设法用本界载重汽车运入肉类及新鲜菜蔬至英国菜市出售,因之吾人所需此项切要物品之供给,虽不十分充裕以副吾人愿望,然菜市物品之供应于品质显见优良,数量并已增加,同时售价并现适当之减低也。

关于其他食品、米面供给问题,敝董事会仍随时切加注意,按现状论,除通告本租界内所存面粉概行登记外,尚无须其他措置必之要。据鄙人所知,近来运出之数量甚巨,惟行将载至天津已在途中之数量更为巨大,现时价格已降落,与订购新货需价无所轩轾,只因汇兑行市不利异常,此时市价于一般贫苦市民殊增艰困,若折合外币(如英镑或美元)尚称公道,依管见所及,吾人任务是在可能范围保证遏制囤积渔利,设法在本租界内随时保持相当数量以应本界市民食粮需要,并使内地向赖本埠供给之各县其寻常需要米面数量无所阻滞,运输得以继续,盖本租界向为华北大部之分输中心也。

关于此点,鄙人愿极端郑重声述,本租界当轴从无限制米面外输情事,而对于此项输出反而尽力赞助奖励,俾于本省有所裨益,并于保持本界充分需要之旨无所抵触。查本界需要比之由此输入内地之数量,诚属微细。

洎至寒风凛冽,本界发电及用户所需煤炭发生问题至深忧虑,旋亦获得总领事署官员赞助,所需燃料供给始有办法。

昨年夏季冰块颇感缺乏,现于爱丁堡道左近建有冰窖存有天然冰块,关于人造冰,敝董事会希望不久有商行能于本界设立机厂制造,现时人造冰之供给殊感不敷,吾人对于此项事业之建设愿尽力之所及从事鼓励,给予赞助暨便利。

是年8、9月间所历洪水泛滥,水势之大堪称空前,对此年报中已叙及一切,谅诸君既经历灾害之严酷,痛遭损失无须鄙人赘述矣,惟此暗淡环境中固有一线曙光在也,即本界住户际此急难,无不同心一德,奋勇应付。此触目惊心之患难,所有艰困本已不胜枚举。洪水之外,虽遇欧战爆发,先后仅隔数日,然本界市民绝不因此丧志,此环境或感不欢,但最低限度仍毅然镇静,坚定欣然,决予应付,殊堪钦佩者也。

洪水期间及水后,本租界灾民充斥,诸荷各界仁人赞助救济工作,至深感谢。于此困难时期,吾人得以进行一切,端赖各善士舍已从公。今者时间仓卒,虽不克一一举名表示谢忱,但对于英军及本局警备队与辅警备队之巡逻本界维持秩序,本局卫生医官尔、葛二大夫,开滦矿务总局贾世清大夫暨其从事各中国西医以及霍爱德大夫、麦克太维司大夫、同包爱特女士之经营灾民临时医院担任医务工作，及马大夫医院随时给予有效之切要协助，与开滦矿务总局天津英文学堂、耀华学校、天津打包公司暨其他各商行会社及私人之借予房屋、空地便利，救世军吴昭智少佐与其军佐之担任组织建搭及经营小花园左近难民窝铺分任此项切要任务，同人咸须表示感忱。

空地保管委员会并予襄赞，尤以该会名誉秘书海维林君之协助为可志。

于此紧急时期，本局职员概皆勤奋尽责，与多数志愿工作人员之尽力协助，鄙人并须致谢。本局救济水灾赈款承蒙各界人士慷慨捐输，本埠收集之数计超过洋30万元。再伦敦市长慈善款下（此系英国救济中国灾害之款项）并捐助英镑1,000镑及巨量切要药品，鄙人特此致谢。

最后，鄙人如不提及已故毕德士君之伟大事迹，自不能结束此段声述。查洪水泛滥之初，鄙人在假，毕德士君代理董事长，有董事会同人相辅，鞠躬尽瘁，总理切要任务与患难相抗争，毕君一旦作古，殊增悲伤，鄙人于昨年12月12日特别大会已予志述。

预防本界水灾重见问题现已获得正当主管机关之注意，所谓"内大堤"位置于本界西靠近新兴路外者，即当增添高度，加强堤身，此项工事期于本年7月初完工。一经葳事，吾人对于夏令水患是可藉以保护，据闻外大堤之工事须待至1941年也。

谅诸君记忆昨年纳税人大会曾令同人召集选举人特别大会审议关于天津英文学堂协款章程第19条甲之修正，该特别大会系于1939年12月12日召集，当时纳税人核准之决议已由敝董事会按正当手续递陈英国大使矣。在此时期，关于该校协款事件教育保管团已向英国法庭对工部局起诉（鄙人相信并期望此可指为友谊之诉讼），吾人希望于下月或可接得法庭之裁决也。

关于纳税人通过之决议，英国大使现欲保留，俟法庭裁决再行批复。查此案仍在法庭，现时鄙人自无须或不宜再加注释。兹仅为报告最近经过及敝董事会已执行纳税人于大会给予之命令，故有此声述。

关于1939年账目，因年间发现当时绝对不能预知之情况，致昨年4月21日常年大会所抱之乐观灼然令人失望。昨年10月27日纳税人特别大会，鄙人已报告年间灾患频仍，汇兑锐跌，洪水氾[泛]滥，工料价格暴涨在在。为推翻上年4月纳税人大会所通过预算之缘由，查10月27日特别大会核准之50%临时应急附加费，业已施行，当时虽济一时之急难（备极危险之急难），然未能永久解决吾人困难,此后仍须另行开源筹措款项,尤以添购发电厂机件之需款,似属切要,宜予进行者也。

按年报 108 页统计,经常项下各项收入比之预算显现增益(依千位整数计)。总务账目收入计洋 156.3 万元,比之预算所列洋 144.6 万元计增收洋 11.7 万元。电务处收入洋 136.3 万元,比之预算洋 118.2 万元计增洋 18.1 万元。水道处收入洋 49.8 万元,比之预算洋 43.9 万元计增洋 5.9 万元,故经常收入总计比之预算约计增洋 35.7 万元,如此成绩可云称意。不期经常支出之增加更形迅速,其概数如此。总务账目实支洋 245.1 万元,比之预算洋 194.2 万元计增支洋 50.9 万元。电务处实支洋 71.7 万元,比之预算洋 64.3 万元计增支洋 7.4 万元。水道处实支洋 53 万元,比之预算洋 41.6 万元计增支洋 11.4 万元。关于电务处及水道处之支出增加,同人并须注意该 2 处磨电产水之总量概经添增,亦为支出加多之因由。职是之,故各该处收入并现增加也。

合计上列各数,经常支出比之预算计增之洋 69.7 万元,由此减除增收之数洋 35.7 万元,尚余差额洋 34 万元。查上年 4 月 21 日核准之预算,经常项下预计盈余洋 6.6 万元,今已易成实支不敷洋 27.4 万元(依会计处长之详数,原列预计盈余洋 66,135 元,易为实支不敷洋 273,620.04 元),此不敷之数已转入特别项下。

关于上述经常项下之增支洋 50.9 万元,其要目为水灾应急开支(36.9 万元)、英文学堂协款增拨(3 万元)、汇兑损失(6.8 万元)暨因生活增高之职员津贴及其他款目。

特别项下:总务特别支出实支之数只洋 19.2 万元,比之预算所列洋 31.8 万元计减支洋 12.6 万元。查工程处因经费短绌及材料困难,所有拟筑新路未经开工为减支之要因。

电务处建设购置支出计增支洋 2.2 万元(预算 23.9 万元,实支 26.1 万元),其要目为因需电量增加之新电表及其他器械购置。水道处之此项支出计减支洋 1.5 万元(预算 10.6 万元实支 9.1 万元),因其原定建设规画[划]未完全实行。

该 2 处因出售旧房屋及机件计得价洋 1.7 万元。

综核以上各项 1939 年收支两抵实在不敷总额计达洋 80.1 万元,比之是年预算所列洋 59.7 万元不敷额数计增加洋 20.4 万元。

年报 133 页载列计至 1939 年底止之银行透支计洋 37.1 万元。

附此声述,鄙人动议谨请诸君接受董事会所陈 1939 年报告暨账目。

庄乐峰君附议。

主席：董事长之演说词已译成汉文分发，现经体伯君动议，庄乐峰君附议，接受董事会 1939 年报告暨刊布之账目，在提案付表决之前，诸君有何意见？

张子胜君：鄙人视 1939 年开支过巨，倘在往年经费充裕当无如此感想，惟吾人迩来所历经过非常艰难，英租界不产米、面、煤炭及衣料等项，乃人所共知，一切需要咸须付以高贵代价，市政开支一旦增多，影响市民生活当非浅鲜。故希望董事会量入为出，从事撙节。例如职员聘任倘需薪金优厚人员，或能物色资格相似薪金较低者担任其事，修葺旧有建筑或能代替新建工程以节经费。鄙人对于报告无何异议，只期董事会注意所提各点耳。

伯志士君：主席先生，鄙人兹愿藉此机会，敬贺体伯君报告昨年董事会工作演词，盖今兹所闻只其往日佳作之一，鄙人有时思及董事长每年演辞，往往包含要点纳税人应预加研究。俾有所据，如果英文演词得以付刊预行分送纳税人是属相宜。按现时程序，对于董事长演词欲聆悉无遗，即予有效之答复辄感困难，选举人藉刊布之报告暨预算得以了解市政经过事实，颇资帮助。兹请诸君注意年报第 93 页所列公用建设一项，1939 年预算原指定 2 万元，为此建筑之基本款额，鄙人今日莅会，并非讨论公用建设，鄙人个人对此建筑表示赞成，但须请诸君注意者，昨年选举人大会之预算，仅列 2 万元，而董事会所费竟达 10.8 万元。据此事实，鄙人以为破坏通过预算之原则，夫实支不能与预算如数吻合，乃人所共知，尤为有董事会经验者所洞悉。例如常年大会决置新机件预计需费 5 万元，倘设置之时需费须增 5,000 元，因而中止设置致不克蒇事显系不合。但于前述，建筑董事会之措置是不能依此相提并论，嗣后如有类此情事发现，鄙人希望董事会注意拙见也。最后鄙人建议一切应力事节俭，对于前发言人之意见完全赞同。

董事长：张君意见颇属适当，查昨年本局因试行节省薪金，已损失外籍职员 5 人（其中 2 人系分处处长），其悬缺迄今未补，盖同人现时未能由英国聘任。

关于伯志士君之意见，鄙人须请诸君追忆昨年 4 月同此地点所举行之大会，其时伯志士君代理董事长自动提出此事，其于结论声称如所需款额有着此游泳池之建造，当即进行。盖此公共建筑，乃为本租界住户所久需者也。当时并有出席会议著名纳税人 2 人极力赞成此游泳池之应予兴筑，并云设法撙节其他费用,尽力筹款,俾游泳池之建造得以进行。该发言人虽如此表示,然当时会议并无异议。查发言人之一(外籍)为候选董事之一人,旋经投票当选者也。故嗣后董事会集会时,对此经过不能视有其他用意,只有认纳税人已准许游泳池之建造,故此决予进行。其时汇兑行市无何不利,待至滤水机件付价时,该机件为维持池水鲜明,清洁所必须者? 因非吾人可左右之缘由(汇兑行市剧跌),致须交付巨款,是则非吾人所能预知者也。不但此也建造,此游泳池必需之各项材料价格俱已大涨,故实支之数比较先时认为敷用之数相差甚巨。

伯志士君:鄙人很记得昨年4月21日之大会,当日鄙人所占地位即今日体伯君站立处也。兹请诸君注意该会议所通过之预算原列2万元,为基本款额,当时董事会未尝设想所指建设应于该年度完成,讨论此公共建筑时在会确有选举人2人起立赞成。于是年进行。但诸君须注意当时讨论绝无结果,该2发言人未提任何决议所得结果,只该会议通过预算耳! 倘若吾人今日到会以选举人全体通过预算案,详列本年度之某种款项,鄙人以为如所指款项开支超出预算数额过巨,则董事会已违背选举人之命令,希望以后不再发现。

庄乐峰君:主席先生、诸君,鄙人愿代表董事长略加声述,缘体伯君发言颇多,已感疲乏。关于游泳池,鄙人须请伯志士君注意,其代理董事长时,昨年4月大会,当时出席之选举人曾声称欲游泳池之即行建造,谅鄙人记忆不误,其时伯志士君以代理董事长资格曾声述,倘可由工部局款项筹得建筑费用,当予进行,鄙人记忆此为君之允诺,及至5月董事长体伯君返津,斯时本局财政状况颇佳,辅捐收入极有起色,码头捐亦超过预算。查选举人既愿进行,于前复经代理董事长于大会允许,如款项有着即行建造,故此进行是则同人并未违背命令也(庄君并将其意见译成汉文)。

伯志士君:主席先生,得君之容忍鄙人请再进一词,即鄙人对于游泳池并不反对,盖游泳于20于年前为鄙人最喜欢之健身运动,本年如有人邀余至游泳池担任公断员,则赏心适意当无过于此,但筑造此公益建设筹措款项,尚有较为适当时机也。

主席:尚有其他意见否? 如无有动议,即付表决赞成者请举右手。有人反对否? 动议通过。

1940年预算

会议日程第三项为审查董事会1940年预算如何? 表示同意即请执行通

过手续。兹请体伯君陈报董事会预算。

董事长：兹为陈报 1940 年预算，谨请诸君披阅年报第 133 页载列之经常收入，其总数计洋 4,246,309 元，比之上年预算（3,066,952 元）计增洋 1,179,357 元，其增加之要目如次：总数账目 168,500 元，电务处 934,355 元，水道处 76,502 元，此项增加之得以编列，因有上年 10 月 27 日选举人核准之附加费，今除本租界用户水费之附加，应自本月 1 日起停止暨医院费之附加已经停止外，同人请诸君核准前述附加费继续至下次常年大会期为止。

本年支出经常项下计列洋 4,128,791 元，比之 1939 年预算（3,000,817 元）计增洋 1,127,974 元，其要目如次：总务账目计增洋 706,990 元，电务处计增洋 319,004 元，水道处计增洋 101,980 元。

总务项下之增加计有总务管理（包括二学校协款），增洋 228,010 元，医院 22,200 元，警务处 28.9 万元，消防队 4,900 元，卫生股 2,800 元，工程处增洋 160,080 元。

上述增加之要因为薪工之增高及材料价格之高涨。

电务处经营费用增加之要目：为煤炭及其他物价之高涨、机件（英镑）、保险费存储因汇兑行市低落需用较大款额、管理费用因薪工增多而添加等项。

水道处开支增加之要目：为抽水电费之增价、工程人员及办公处费用之增加，因薪工必须高涨。

按经常预算，总计收入共洋 4,246,309 元，支出共洋 4,128,791 元，收支两抵，合计盈余洋 117,518 元，此数业已转入特别项下。

查预算所列特别支出共列洋 1,247,134 元，比之上年预算洋 662,810 元计增洋 584,324 元，此项数额已完全属之总务特别支出（1940 年 881,180 元，比之 1939 年 298,000 元计增 583,380 元），此增数之 50 万元强系列作建造新路之用（1940 年 700,640 元，比之 1939 年 191,800 元计增 508,840 元）。鄙人已声述上年因经历非吾人所能左右之情况，故所定路政规画[划]未能付之实行，前此数年并因从事撙节，路政项下迭有消减。不仅此也，昨年洪水浸淹海大道及河坝道大部之木砖，路面漂流遗失，因之，现应筑造道路之繁广可见一斑，如款项可以筹措暨材料有着，此项切要工程，应即兴筑，不再迟延。

特别开支项下列有"新建房屋"计洋 87,590 元，比之上年 9,500 元计增 78,090 元，其中 53,500 元系新游泳池更衣室及其他建筑费用。此项工程之进行，端赖建筑材料之有无，如果无着，则届时只可代以席棚或其他临时建筑。

倘若上列工程堪以实现，则依照年报第133页所列，吾人预计至本年底止之不敷款额当达洋1,129,616元。

按之现在状况，透支如此巨额是不应设想。惟上述工程如果予以实行，则敝董事会当发行债券以应此特别开支，谅诸君记忆昨年纳税人常年大会代理董事长在此礼堂曾声述1937年债款尚有280万元未经发行，董事会如获得选举人之准许，可随时发行该数额之一部。

诸君披阅年报第133页，谅察及现款项下所有预计至本年底止之透支，当达洋1,586,908元。故现在时机已至，吾人迫不得已，须请诸君核准发行此额数之一部之债券，其发行数目不定，但最高总额当以预算所列透支之数即1,586,908元为度。兹须请诸君注意者即诸君通过预算时，鄙人并请诸君授予董事会权限，随时认为必要，于本年依照需要发行。1937年借款之债券（依所需建筑材料能以办到为准），惟规定本年发行之总额，不得超过预算所列之1,586,908元限度，同时并请诸君准许董事会继续已经施行之附加费（本租界用户水费暨医院费之附加皆行停止），前已述及。

此外，于本年度或须请诸君另行核准开源办法，惟此事应由新董事会注意，徐当召集特别大会，俾便陈请诸君审核。据吾人现时所知，此开源办法当包括一种分等级之各项营业及专门职业捐，此实系现时每年征收之9元，铺捐扩大其范围耳。同人并觉察码头捐当有增加，现时仅按1.5‰征收之，诚属低微。

关于增加估定房产租值捐问题，敝董事会已缜密考量，拟按房租实数之一种方式，核计现时收集之房租报告虽已逾3,000余份，比因时间紧促未及全数整理，规画[划]一确定建议提陈本日会议，惟同人相信不久当有一具体方案陈请诸君审核。

依广义论，敝董事会以为本局财政状况虽属稳固，亦应另辟税源，更加增强之殊无疑问，盖揆之事实。鄙人前已声述计至本年底之透支当超过洋150万元，欲请银行照垫，如此巨额似属不情也。

上列各项开源办法，如营业及专门职业捐之征收、码头捐之增加、暨依照租金实数之房产租值捐概当受新董事会之考虑，一俟规划细目筹备就绪，当召集特别大会，将具体方案陈请诸君详加审核，获得诸君同意也。

尚有发电厂之扩充，应请新董事会注意，如能设法筹措充分款额，应予进行。盖该厂亟需添置能以磨发5,000千瓦或6,000千瓦之发电机，此项电机之添置历年因种种缘由屡经延搁,年复一年,致需电量超过发电量状况之实现日见切近,如果需电负荷一如已往,继续显有增加,则除非现时设法添购电机,吾人当陷于须向界外购电之处境,以应本界用电。惟向界外购买电流是否可能并充分供应,吾人需要诚无把握。

鄙人深知所需款额(因汇兑行市关系)颇属不资,按现时状况筹措购买此机件之巨款,殊属困难,虽然吾人当记忆电务处之盈利诚为本局收入之最大要目,年报第 94 页载列昨年电务处收支两抵盈余计洋 646,546.28 元,年报第 124 页载列该处本年预计收支两抵盈余当达洋 1,153,895 元也。

得获如此成绩,如此利益之事业,实应充分受吾人全力赞助,故所需款项如能设法筹措,其亟需之机件是应添置。

鄙人适才所陈报 1940 年预算设非尽惬诸君所期,鄙人可保证声述如此预算断非敝董事会于 12 阅月前就任时所能预料者也。

经营本租界市政之费用日增,一若本界其他事业。查昨年津市之经过无一商行、住户及个人不经历物价之暴涨严酷,处此情势,市政管理机关何能独异,凡有增高商行暨个人生活费用之经济势力影响所及,本局备受同等压迫。职事之,故所陈市政预算系处此极度特殊、极度不良情况下,乃吾人尽力之所及者也。

附此声述,鄙人动议谨请诸君通过所陈 1940 年预算(鼓掌)。

庄乐峰君附议。

倪幼丹君:关于 1940 年预算昨年特别大会董事长曾声明,所有应急附加费系属临时性质并允许研究另筹开源办法,藉便取消附加费,惟此次预算报告已提议此项附加费继续施行一年至下次常年大会为止。鄙人感觉如开支不切事撙节,此项附加费恐无取消之可能。故请新董事会于 1940 年力事节减,紧缩各项开支,素仰董事会以维护纳税人利益为前提,倘于 1941 年此项加费尤以地捐及电费之附加得以免除,则董事会与纳税人之利益得获一致矣。

董事长:关于倪君声称所有附加费完全施行有效诚非事实,盖鄙人已报告水费及医院费之附加已经取消于该会议,鄙人确曾述及或能另行开源增加本局收入,但决定开征何项捐费事非简易,鄙人并未指定新收捐费当顶替旧有征收,此项开源如果新董事会依此决定当列为增加收入,盖鄙人视此似甚需要者也。本局财政必须建树稳固,方能举行公债,而举债事在必行,但筹措 150 万元非属易事,本埠银行除非见稳固。本局财政办法已有所实施,决不愿予通融，同人不能完全依赖于举行公债，但于需要公债时，必须证明对于巩固本局财政已有准备，如此方能进行债款。鄙人以为现行之附加费尚无特殊之处，若与邻区界比较尚属相称，如与上海比较颇现低减，故可以责难之处无多也。至云撙节，鄙人适才答复张君时，已声述昨年试行节约殊遭损失，本局因节减经费已有数分处至感欠缺实需人员，盖因吾人撙节而辞职之人员遗缺迄今尚无法补充也。

伯志士君：主席先生，鄙人见今日体伯君所陈述之数额，虽不得视为惊人，然已超过吾人所预期者。对于新董事会之困难任务，鄙人固不欲再事增剧，但关于提案愿动议修正，即董事会发行或准许发行150万元债券应减至半数，俟该款用尽时，董事会可召集选举人大会，陈述清帐，再请求选举人增加发行额数。鄙人感觉经费支出必须加以限制，新董事会应权宜分别开支之最要及次要，其非必要者，应不予动支，鄙人希望有人附议此修正。

阚德麟君：附议修正。

主席：请伯志士君将修正动议用书面陈说，所提通过预算之动议，须暂搁置，现先议伯志士君动议阚德麟君附议之修正，即"兹为节制费用起见，债券发行应以75万元为限，迨此款用尽时，董事会可召集选举人大会陈述账目，再请求增加"。

董事长：主席先生、诸君，鄙人前已述及预算所列各工程所需材料欲全数办到，殊鲜可能，鄙人并无此希望，除非检查卡口取消商务，复常决无此可能。查预算所列各项为同人认为紧要应予进行之工程，随时如有机会，董事会愿有购办所需材料之准备。诸君一睹海大道及河坝道水后失修状况，其亟应修整可见一斑，现时尚有吾人预料，诸君可予核准。业已动工之工程并需款项，鄙人不知给予董事会筹措半数之权限是否合宜，惟个人深信现时需款当不超过额数之半，盖无此需要也。但如遇时机，董事会应有购办所需材料之准备。

伯志士君：鄙人以为体伯君之声述乃直接赞同所提修正。

庄乐峰君：主席先生、诸君，关于伯志士君适才所提修正，其声述即鄙人于年报付刊前，在董事会所发表者也，吾人深知一若董事长所表示者，因现时状况购办建筑材料诸多困难，谅无动支150万元之机会，所陈预算虽如所列，然计至年底透支之数，决不达此巨额，因多数节目可事节减，多数材料无法购办，故工程无进行之可能。事实虽然如此，鄙人仍请求给予新董事会发行150万元强债券之权限，缘鄙人感觉，只准许发行半数，俟至需款时再召集特别大会,诚非良策,待至二次给予准许之时,金融组合如银行等,是否愿予通融,甚属问题。盖若辈当询问"贵局诚属怪异,何故不要求全数于前,现时又要增加?"故鄙人请求诸君准许董事会发行债券以150万元为度(庄君复用汉文声述此意见)。

伯志士君:在所提修正付表决之前,鄙人拟请问董事长发行债券是否全数或其一部份由银行经手认销暨利率几何?

董事长:主席先生、诸君,银行并不认销此债款,董事会已决定自行发行,其利率系6厘。此次债券为前(1937年)债款之一部,其利息规定6厘,董事会此次拟不邀人认销而由本局发行。

伯志士君:如果会议准许发行债券至150万元额数,请问如不经银行认销,董事会对于发行额数完全销售有何绝对把握?

董事长:处此世界,凡事具不能一定,鄙人何能云其必然。

甘波斯德君:鄙人以为所计额数应就远处观察,则于董事会方称公允。按此数额于10年前约合银20万两,为核准此额数之债款,董事会决无需要二次大会征求选举人之同意也。

主席:如无其他意见,修正动议即付表决,刻再宣读修正动议即"兹为节制费用起见,债券发行应以75万元为限,迨此款用尽时,董事会可召集选举人大会陈述账目,再请求增加。"(举手赞成者只4人,主席宣布修正动议被否决)

现当讨论原有动议即通过本年预算是也,如无其他意见,即付表决。

倪幼丹君:鄙人适才声述仅系昨年之经过,并非对董事会有所质难。鄙人稔知工部局之困难,此项附加费于1940年系属必需者,但希望董事会力事撙节,紧缩费用。俾编造1941年预算时,所有附加费尤以地捐及电费之附加得以取消,盖此二项征收,殊增纳税人之担负也。

主席:谅阁下之意见系予新董事会之一种建议。

倪幼丹君:诚然。

(既无其他意见,主席遂将议案付表决,全体通过。)

地捐暨房产租值捐缴付

主席:会议日程第四项系1940年地亩捐暨房产租值捐缴付议案。

董事长提议:

天津英租界选举人在本会议决定地亩捐应于4月缴纳,房产租值捐应于

9月缴纳,并就此授予新董事会于4月、9月征收此项捐税之权。

庄乐峰君附议。

主席:诸君已听见体伯君动议,庄乐峰君附议之提案,对此有何意见?

(既无意见,依举手表示,主席宣布议案通过。)

选举稽核员

会议日程第五项为选举本年稽核员,现任稽核员之汤生公司声称愿联[连]任,兹可进行推举。

费巧尔君:鄙人动议重举汤生公司为本年稽核员。

李次武君附议。

主席:兹经费巧尔君动议,李次武君附议,推举汤生公司担任本年稽核员。

(依举手表示推举汤生公司为稽核员之动议,全体通过)

估价委员

会议日程第六项为选举本年估价委员2人。

傅礼君:鄙人推举杨嘉礼君为本年估价委员。

贝铎君附议。

宁彩轩君:鄙人推举阎子亨君为本年估价委员。

吴聿修君附议。

主席:兹经傅礼君动议,贝铎君附议,推举杨嘉礼为估价委员;宁彩轩君动议,吴聿修君附议,推举阎子亨君为本年估价委员。如无其他推举,诸君赞成该2人当选者,请举手。

(依举手表示杨嘉礼君、阎子亨君当选为本年估价委员。)

其他事件

会议日程第七项为审核其他事件,纳税人有无其他事件提出。

赞颂体伯君

甘博士:鄙人见礼堂尽处黑板载列准备服务之各候选董事台篆,惟其中无素孚众望体伯先生之名,谅本会议对此不愿无人表示遗憾并致谢忱也。(鼓掌)此时鄙人起立不知是否合乎程序,惟董事会一经主席宣布当选出席,诸君往往即匆匆离会,致鄙人无发言之机会。适在会议开幕之前,有纳税人曾示意鄙人应表示莅会同人之感想似属洽[恰]当,兹感抱歉者为前此未得机会准备得体之措辞耳,现时纳税人已有离会者,谅诸君有感疲乏,愿鄙人声说已经完毕。鄙人愿声述者为体伯君担任本租界董事几历二十寒暑,其中六七载并任董事长,其任职董事长年度堪分为二期,第一期约三载,第二期约四载,按之津地历史,诚多事故。惟吾人近3年经历之患难诚非轻微,际此时期,体伯君适任董事长,鄙人不欲歌颂其宏才盛德,致体伯君踧踖不安并使诸君感觉厌倦。体伯君担任董事长荩筹硕画[划]大展经纶,尤以近3年为然,谅为诸君所共知。今年时局多故应付,每须英断雄谋,鄙人现时声述,出席会议人同感体伯君担任董事长长于外交兼富英断,不仅代表外籍纳税人并代表中国纳税人,也关于本埠公益事业,鄙人与体伯君共事历有年所殊感荣幸,因此冒昧发言认本租界同人对体伯君应深致感谢也。

董事长:鄙人素性惟仅值此大庭广众面聆甘博士备加奖饰极力推许,并闻赞颂译成汉文,益使鄙人惭涊不安,兹承谬奖至深感激鄙人为本界服务致有值得称谢之处,殊堪欣慰,为本界市政工作服务获此酬报,诚足称意,尤深感纫,特此致谢甘博士。

吴颂平君:鄙人居津颇久,自幼三四十年前即认识体伯君,深信莅会中国纳税诸君对于甘博士之赞扬皆表示赞同。今候选董事名单中未见体伯君列名,殊增遗憾。嗣后体伯君既无市政事物相扰,当能于夏季享受北戴河暑期清福,鄙人并希望届时有走谒之机缘也。(鼓掌)

董事长:谢谢吴君。

煤炭供给

陈晋卿君:昨年冬季煤炭缺乏,幸荷总领事及领馆人员暨董事会之设法始获接济,其数量虽不充裕,颇敷度过严冬之用。现时暖气已不需煤炭,惟烹饪燃料尚感缺乏,尤以硬煤末及煤球为然,查多数贫苦中国住户多倚此为日常炊煮之用。迩来,界内制造煤球材料殆已用尽,价格因之暴涨,据闻界外存储此项材料颇多,关于此事,中国纳税人公会前曾函请董事会及总领事设法以期获得输入煤球材料之便利,俾本界贫苦中国市民焦虑得以稍苏并免无以为炊之苦。

董事长:关于煤球问题,董事会已备极关切,谅新董事会必极力设法解除阁下所提之困难,是为鄙人所深信者也。

洪水防范

朱健珊君:昨年本界因洪水浸淹损失綦重,鄙人以为防范水灾应加研究。关于此事,中国纳税人曾致函董事会并荷答复。转瞬7月即至,洪水灾害或有重见可能要非遥远,故鄙人希望新董事会对此注意。

董事长:鄙人报告内已声述防水工事业于租界及津市外进行,请君明了欲在界内建筑土埝有极度困难并需巨额费用,倘在界内筑堤藉以防御,如昨年之洪水须占用本界沿边马路之大部,不惟费用浩大且因交通阻滞殊碍本界住户利便,昨年因排水所筑砂袋土埝,纳税人已啧有烦言,责工部局试行阻止彼辈于界外,因此,须添筑坡道,故欲在界内筑堤藉防水患堪谓事实所不许。本界此项保障是在界外之堤岸,如遇洪水将至,工部局自当随时准备于界内打埝以固防务。

伯志士君:关于水灾鄙人请问董事长或秘书长兼工程师之意见,对于水道处及发电厂能否有防护办法,依工程专家观察此举是否可能?

董事长:答复伯志士君之质问,如昨年之洪水重现,除非不惜糜费将发电厂厂址全部提高多尺,实无切实防御被淹之可能。关于水道处请君注意该处并未停止工作,其实鄙人不在津地,惟据称洪水期间该处仍能维持给水,发电厂则较为困难。但鄙人已于报告内声述发电厂是否应由现址迁移至较为适宜地点,自值得新董事会之注意。

主席:现时宜进行会议日程最后一项,即选举本年董事会。查候选董事只有10人(其姓名已罗列黑板),而董事会缺额亦属10人,故宣布下列各位当选为本年董事。(欢声)

安德铸君　甘慕隆君　朱继圣君　庄乐峰君　费巧尔君
黄约三君　蓝　荫君　资耀华君　端　纳君　王荷舫君

张吟樵君:本界多数住户系属房客及业主,昨年因洪水为害,多数房屋颇遭损害,尤以墙壁及卫生设备为甚此种状况是与公共卫生及健康需要不合,公共道路暨沟渠虽已由工部局清除,然业主似不甚注意,此项亟须修葺工事。任令弃置不加修理,伏暑不久即至,颇有滋生疫病,可能致工部局及本界居户遭受重大损失。故鄙人希望董事会设法经工程处或警务处使业主注意,俾收改善纠正之效。

董事长:张君既提此事使大众注意,谅新董事会必有所措置,倘君之声述系属正确,主管处当即进行纠正手续。

主席:倘无其他事件,即宣布闭会。

董事长提议致谢总领事主持本日会议,全体鼓掌赞成。

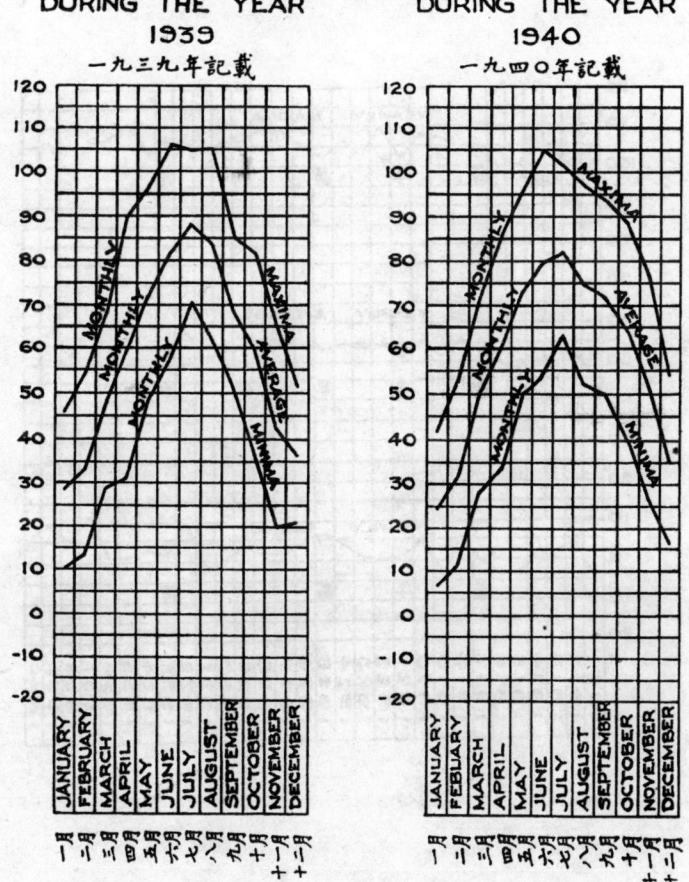

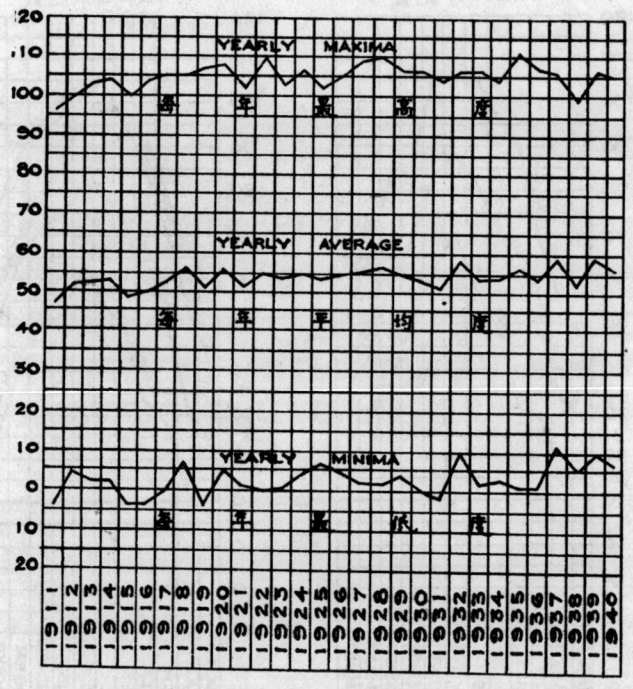

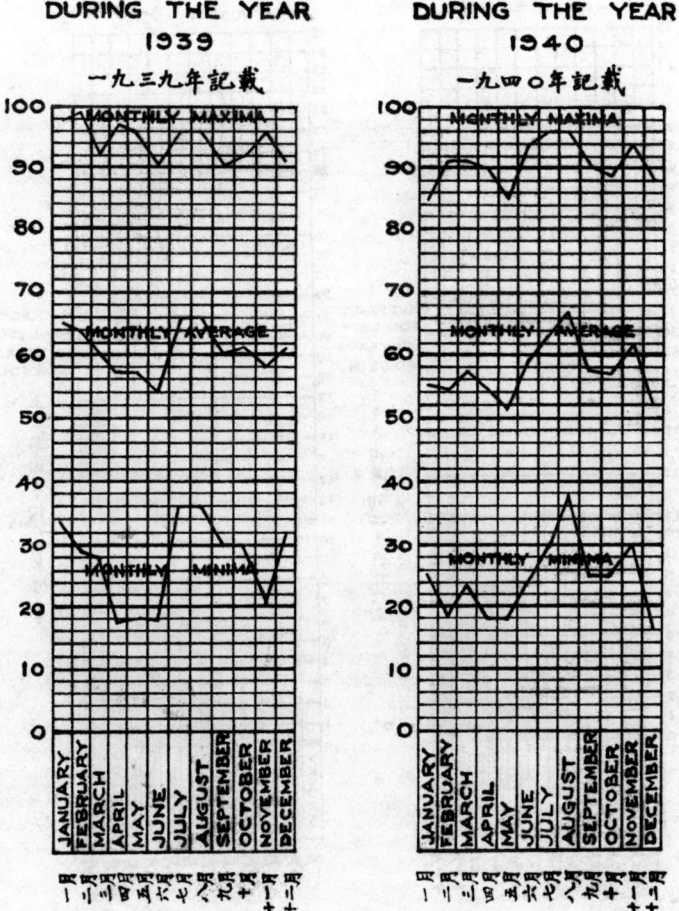

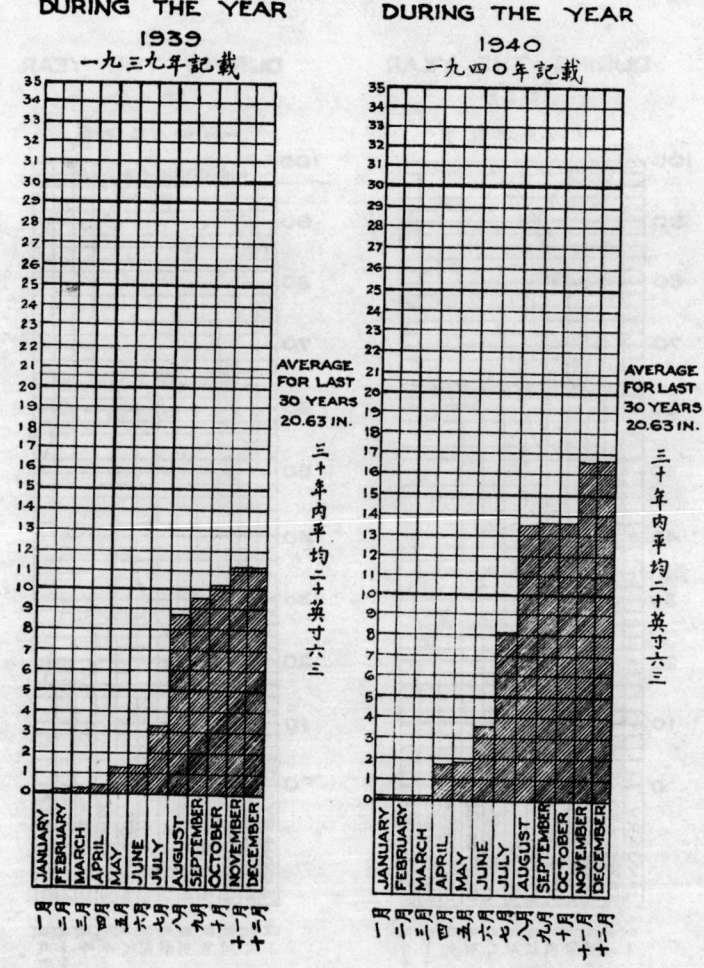

BRITISH MUNICIPAL COUNCIL
TIENTSIN
PUBLIC WORKS DEPARTMENT
雨雪量圖表
DIAGRAM OF RAIN & SNOW FALL
DURING LAST 30 YEARS
最近三十年記載

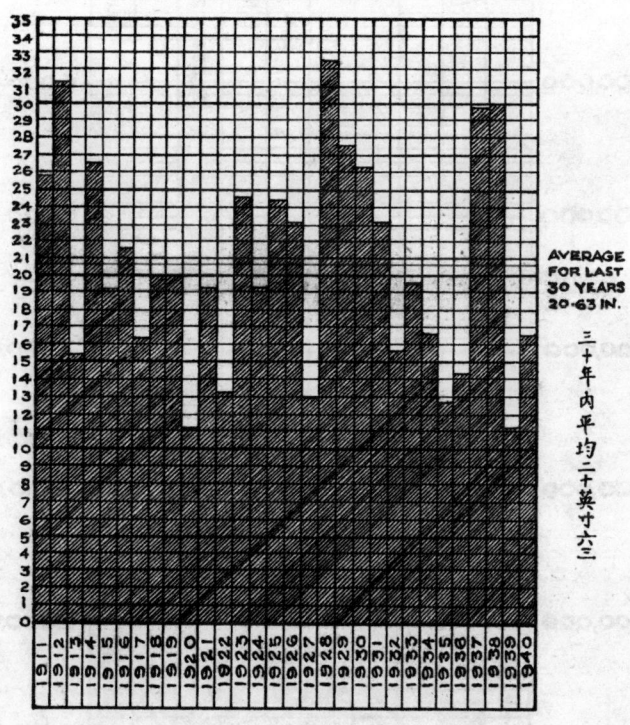

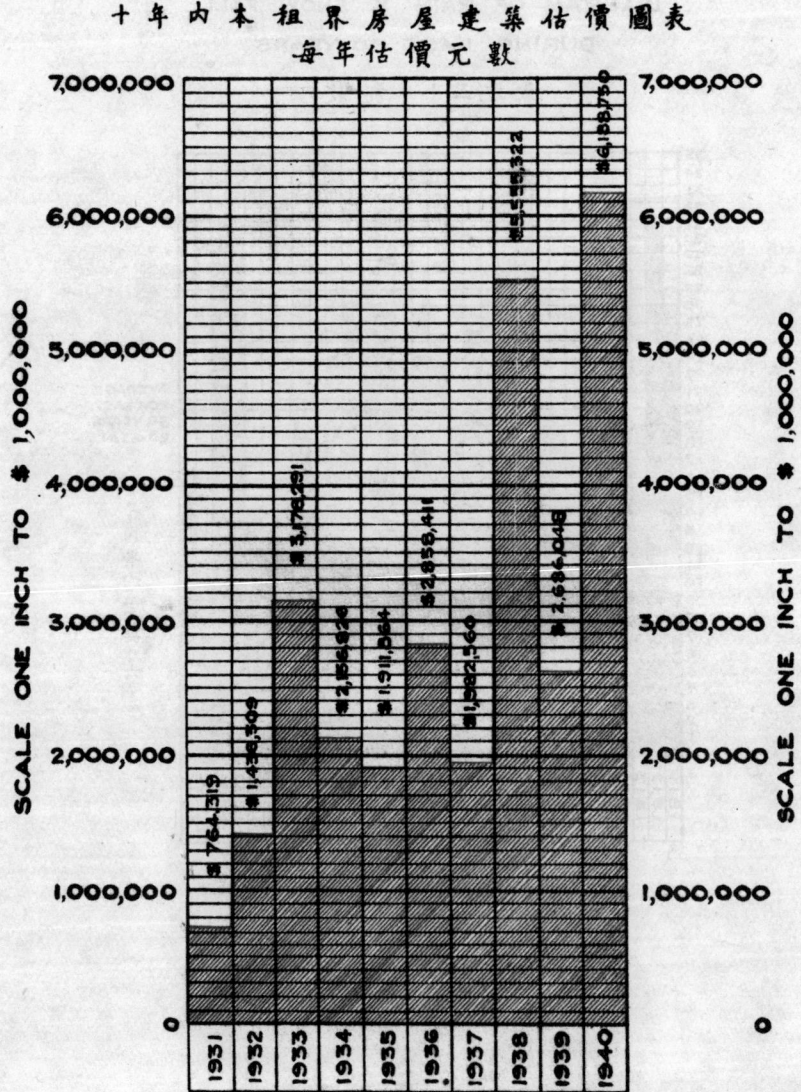

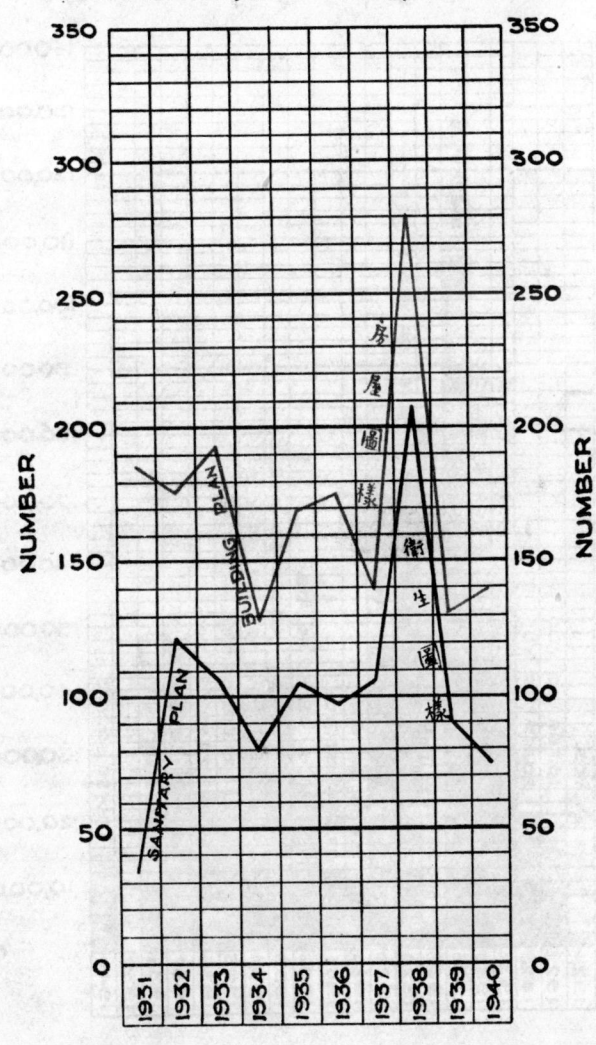

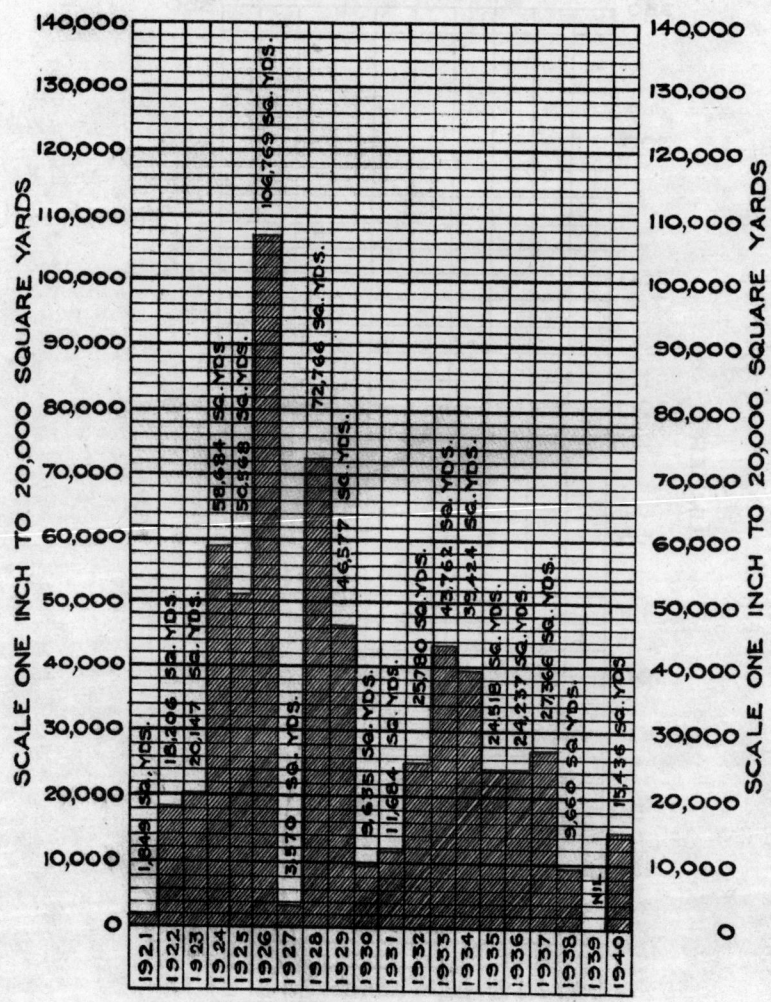

BRITISH MUNICIPAL COUNCIL TIENTSIN
PUBLIC WORKS DEPARTMENT
DIAGRAM OF PERMANENT ROAD SURFACES COMPLETED DURING LAST 20 YEARS (AREA IN SQUARE YARDS)

二十年內築成馬路圖表
歷年總方碼數

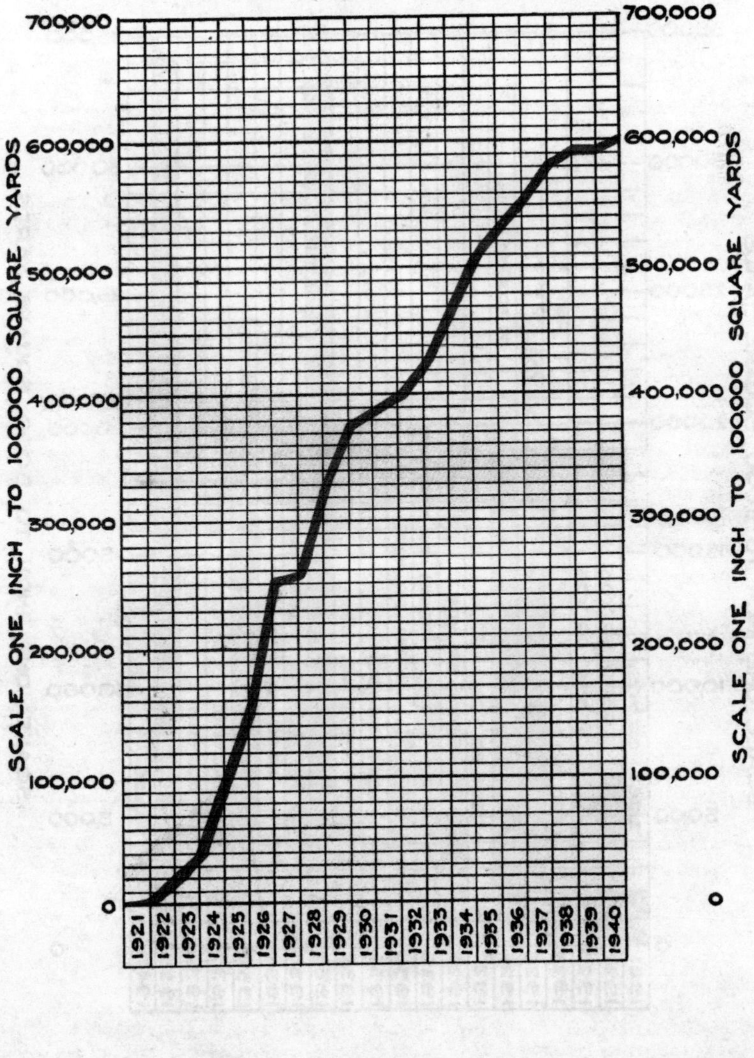

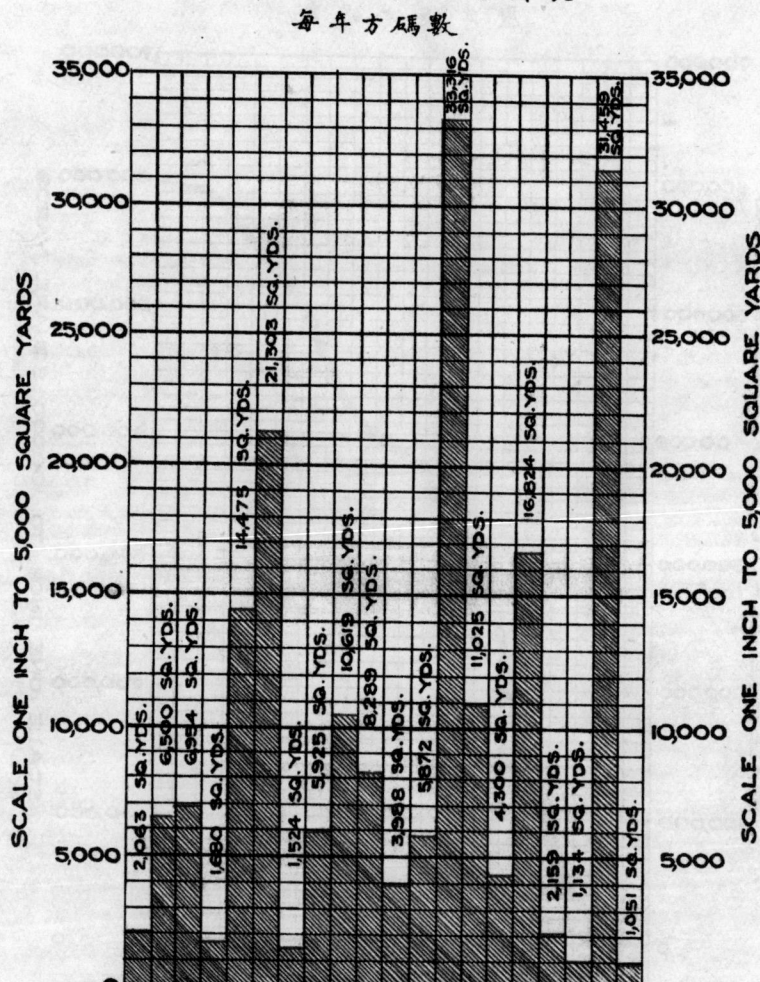

天津英工部局 1940 年董事会报告暨 1941 年预算

BRITISH MUNICIPAL COUNCIL TIENTSIN
PUBLIC WORKS DEPARTMENT
DIAGRAM OF FOOTPATH COMPLETED DURING LAST 20 YEARS (AREA IN SQUARE YARDS)

二十年内築成便道圖表

歷年總方碼數

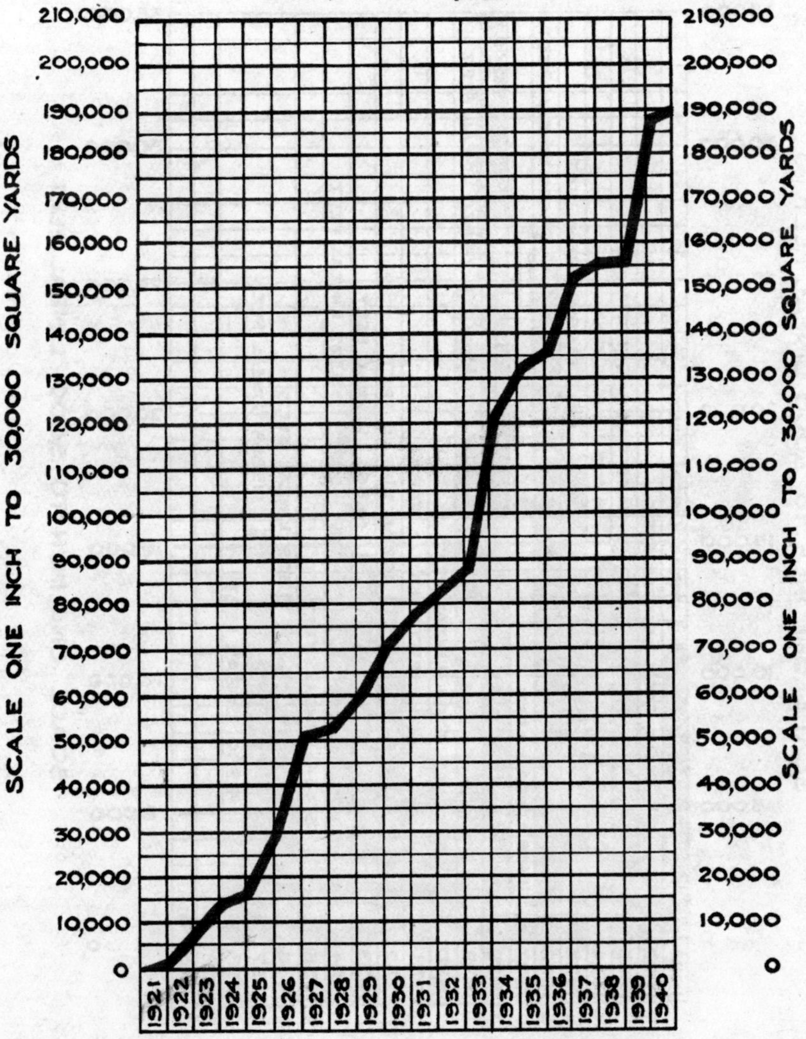

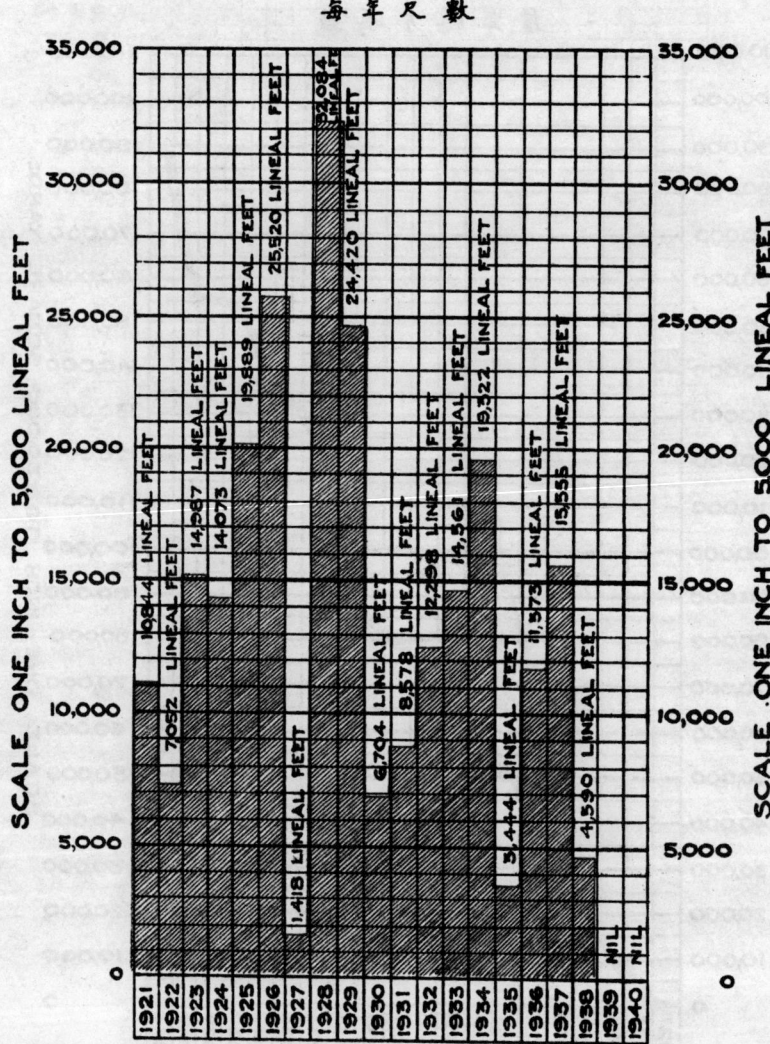

BRITISH MUNICIPAL COUNCIL TIENTSIN
PUBLIC WORKS DEPARTMENT
DIAGRAM OF CURB & DRAIN STONES COMPLETED DURING LAST 20 YEARS (LENGTH IN LINEAL FEET)

二十年內築成路邊石圖表
歷年總尺數

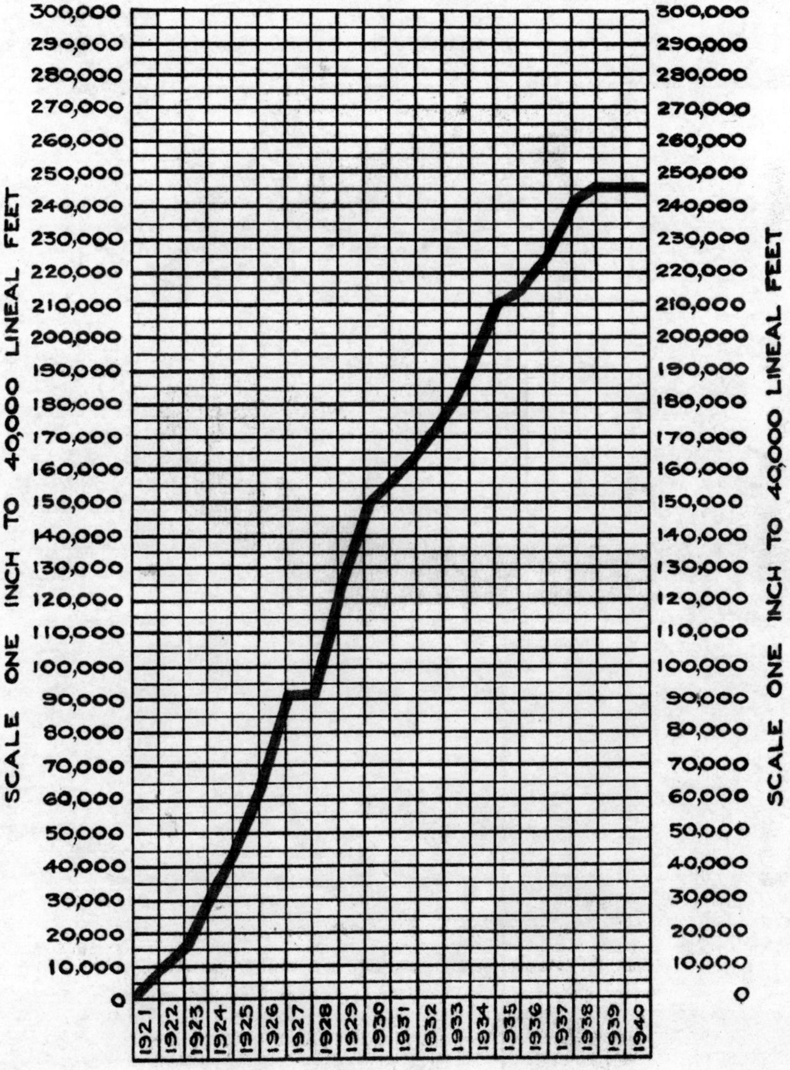